# ウィーン/オーストリア 二〇世紀社会史

## 1890–1990

エルンスト・ハーニッシュ

岡田浩平訳

SAN GEN SHA

Österreichische Geschichte 1890-1990 —
Der lange Schatten des Staates. Österreichische Gesellschaftsgeschichte im 20. Jahrhundert
ERNST HANISCH

Japanese edition published by arrangement through The Sakai Agency

ウィーン／オーストリア二〇世紀社会史　1890-1990　目次

# 第Ⅱ部　君主制時代

# 第Ⅲ部　第一共和制

# 第Ⅳ部　ナチズム支配

# 第V部　第二共和制

## 一九八〇年頃の生活状態　747

## [illegible]て

1 本書は Ernst Hanisch『Der lange Schattten des Staates—Österreichische Gesellschaftsgeschichte im 20. Jahrhundert 1890–1990（国家の長き影——二〇世紀オーストリア社会史、1890–1990）』1994, W[illegible]の全訳である。

2 原題は、二〇[illegible]なっても国家が社会の様々な領域に介入／影[illegible]／痕跡を顕著に残している状況を言おうとするタイトル。しかしこの原題名をそのまま訳書名にしたのでは、日本の読者には[illegible]かりにくいと思う。そこで『二〇世紀オーストリア[illegible]考えた。ところが「オーストリア」というと、[illegible]たとえば南国「オーストラリア」としばしば誤解される。在東京のオーストリア大使館からも、国名表記に工夫をと注文がついたほどである。そこで『ウィーン／オーストリア二〇世紀社会史——1890–1990』という訳書題名にした。ちなみにウイリアム・ジョンソンの有名な『The Austrian Mind』が『ウィーン精神』（みすず書房）として紹介されている例もある。またハプスブルク王朝解体後の歴史において「ウィーン」という都市の占める比重は、異常なほど大きいのも事実。そうした点を考えると、訳書のタイトルに「ウィーン」を添えてもご了解いただけると思う。

3 原注は、ほとんど引用資料・出典書名なので、巻末に原語のまま載せることにした。

4 読者の理解を助けるために、訳者注を必要と思われるかぎりとりいれ、訳文のなかで、活字を落して入れてある。ただし本文と同じ大きさの活字で括弧に入れてあるのは、原文に挿入されていたものである。

5 「Die Christlichsoziale Partei」の訳語について触れて置きたい。この党の名称を文字通り訳すと、「キスリト教社会党」となる（これはドイツの「Christlich-Sozial Union（キリスト教社会同盟）」と同じ趣旨の使い方であろう）。だから、上記の党名に「キリスト教社会党」の訳名をあてると、誤解を招きやすい。なぜなら、この党結成の経緯や綱領を見ても社会主義とは全然関係がない。むしろ自由主義を敵視し、マルクス主義に反対し、一般大衆や労働者が社会主義勢力に抱き込まれていくのを、阻止しようとした政党というのが真相。そこで「キリスト教的な社会主義」の政党という誤解を避けるために、本訳書では『キリスト教「社会」党』、『キリスト教「社会」派』と表記することにした。

6 人名索引は原書にあるもの。そして、こんな分厚い訳書ゆえ、事項索引が是非とも必要と考えて、訳者の手で作成した。

オーストリア＝ハンガリー帝国全図

# はじめに

## 1

一つの世紀、一つの千年期が終わろうとしている。冷静に過去を締めくくる結論を引きだす時といえるだろう。歴史家がやらないとしたら、誰かそうした決算の書を事実に則して書ける人がほかにいるだろうか？　昔からよく出される質問がある。我われは誰なのか、我われはどこから来て、どこへ行こうとしているのか、といった問いである——しかし、既存の答えですませるわけにはいかない。活き活きとしたどんな歴史も、出発点は現在でなければならない。現在の焦眉の諸問題が推進力となって、歴史的な省察が行なわれ、つづけられていくのである。そうはいっても過去を現在に合うように削り均すのではないし、そうあってはならない。ましてや、歴史家が過去に関する倫理的な裁判官ぶってもいけない。偉大な歴史家マルク・ブロックがこう言っている。倫理的な評価をくだそうとしたら、それは悪しき歴史叙述だと思っていい、と。[1]どんな過去も、それ固有の現在、それ固有の権利があり、公正さを求めている。公正さであって、無実の証明ではない。公正という要請が求めているのは、触れずにやり過ごしたり、取り繕ったりすることが何一つない、批判的な歴史叙述なのである。

分析をいくらきっぱりやろう、明晰な判断をしようといくら努めても、歴史家は、歴史的な現実の矛盾やアンビヴァレントな性格をたえず意識していなければならない。あれかこれかと問題になるのは稀で、たいていはあれもこれもとなるのである。ひどく単純化する人の声高で魅惑的な歌声に対して、歴史家にできるのは、「微妙なニュアンスや表立って言われずに示唆だけに留まっているもの（Zwischentöne）」が聞きとれるよう努めることである。これは歴史家の立場を、たやすくも心地よくもさせてはくれない。歴史家には、あらゆる社会階層をとおしてわが家にいるような気分になれる能力、つまり貴族の館でも、小農の小さな納屋でも、工場でも事務所でも、わが家のような気分になれる能力が必要である。「空や水、村々や森に林、息づく自然全体を流れこませて」（ルシアン・フェーブル）感性に訴える活き活きとした歴史を書こうとするなら、文書館や図書館、コンピューターに蓄えられている知識ではあまりにも少なすぎるのである。

## 2

歴史学をめぐる現状の特徴は、テーマや方法、特殊専門家の爆発的な増大である。どんな家、どんな畑、どんな人間（男・女）の言行にも、歴史的価値があり、歴史が非常により豊かで、より多様、より興味深いものになっている。だが、今では歴史がふたたび個々の出来事に解体しかねない恐れがでてきている。ポスト・モダン的な理論は、分節化したものや断片的なものを綱領にまでまつりあげた[2]〔そうした理論とは、進歩、人間解放といった啓蒙の理念に支えられた近代主義の原理を批判しつつ、芸術・文化・経済・学問などにおける複数原理主義を主張する潮流〕。我われが実際に必要とするのは、できるだけ多くの領域における斬新な個別研究である。だが、同時にくりかえし綜合の試みもなければならないし、全体像を構想しなければならない。それをしなかったなら、この分野(歴史学)が解体してしまうし、それをしなかったら、足跡をまとめねばならない。それをしなかったら、歴史学が読者のみずみずしい欲求、展望をえようとする欲求を拒むことになってしまうだろう。それをしなかったら、学問的研究がこの分野をすっかりジャーナリストにまかせてしまって、かれらが、研究の実際のプロセスとは切り離して、かれらなりの歴史を語ることになってしまうだろう。

二〇世紀のオーストリアの歴史とは、どんな構想にしたらいいのだろうか? 大事なのは、全般的な歴史であるし、大事なのは綜合である。現代の歴史学が用意しているパラダイム(理論的枠組み)から、まずは「社会史(Gesellschaftsgeschichte)」というパラダイムが役を買ってでる。そうした社会史というのが基礎とするのは、労働/権力/言語、あるいはマックス・ウェーバー流の伝統にそっていうなら、経済/支配/文化、というどの人間集団にもみられる基本的な柱である。[3]社会史という構想については、揶揄する人たちがかなり前からみられた。(たとえば)あるドイツの大新聞ではこうした三本の柱立てについて、アイデア不足によって社会史が手に入れた支配的な(独善的な)地位だ、[4]といわれている。またミヒャエル・ゲーラー〔インスブルック大学の現代史研究所所長〕は、そうしたカテゴリーの神聖視をあざ笑っている。[5]こうした嘲笑には、我慢もできよう。だが、それに対してそれに代わるどんな構想があるのかと問いかえすと、たいていは困惑した沈黙しかえられないのである。

もっと真剣に受け止めねばならないのは、二つの別な方面からの批判である。一つは、この間に「歴史人類学」となった「日常の歴史」からの批判であり、[6]二つ目は、「性別の歴史」(フェミニズムの歴史)からの批判である。オーストリアでその種の批判を専門的な知識の裏づけをもって披露したのは、ラインハルト・ジーダーであった。[7]社会史は自己を構造の歴史と理解している。社会史は、ある社会の支えとなる骨格をあらわにしなければならず、中心問題として経済成長、景気変動、階級構成、政治システム、大衆文化などの規定や把握に努めねばならない。しかし行動し苦悩する生身の人間は、どこにいるのだろうか?というのだ。こう問うて、「冷たい」構造の歴史と、「熱き」歴史人類学との間の対峙ラインをいおうとしているのである。こう問うて、構造と称するものと、折々に行動する人間の、あるいは当該の人間の、もろもろの経験、実践、主体性との間の仲介の問題が投げかけられているのである。ジーダーは問題を解決しようとして、「日常」を社会的現実の二重の構成要素にしようとこころみる。その場合、もろもろの構造が人間の主体的な対応方式と激しくぶつかりあうのである。「日常の歴史学」が新たな問題設定を開拓して、歴史家の視野を非常に推し広げたことは、誰しも否定しはしないだろう。しかしながら全体的歴史となると、この構想では対応することができない。「日常の歴史」は、あきらかに研究領域をミクロの歴史研究にひたすら限定して、「綜合的な歴史叙述」を拒否している。[8]そうだとなると、(非常に大事な)問題は、ミクロの歴史とマクロの歴史との仲介というようになってしまうだろう。[9]

じつに悩ましいのは、フェミニズム的な歴史研究による批判である。その研究は、人間は男性と女性という二つの性の存在からなっている、という陳腐だがじつに実り多い問題提起から発している。[10]その意味するところは、一つの単純な例ではっきり示すことができるだろう。長い間、一九〇七年にオーストリアで「普通一般選挙権」が導入された、とむぞうさに言われてきた。しかし、この普通一般は、成人男子だけをいう半端なものだというのをまったく見落としていたのである。フェミニズム的な学問でもってようやく、我われの視点が根本から変えられた。その結果はいかなるものだろう? イングリート・バウアーは、もっとも優秀で、方法論や理論の明確な自覚のもとに活動するオーストリアの女性歴史家たちの一人であるが、その彼女が、女性研究の二つの戦略を提示している。[11]一つは、「日常の歴史」と同じように、統合(組み入れ)や綜合(まとめ)を一切拒否する戦略。女性史研究の斬新な潜在能力のもとは、男性中心の歴史的カテゴリーの普遍性を「批判的に解体」することであり、女性史研究は、「ほかの歴史叙述形態から締めだされているものを語ろう」[12]とするものである。もう一つの戦略は、女性史を全般的歴史にリンクさせようとするが、同時に分析の構造を変えたいのである。男（女）もほんとうにそうしなければならないのだろうか？　労働／権力／言語などの一般的カテゴリーを、男女の性別、年齢、階級、人種、地域などの特殊カテゴリーによってそれぞれ打破しようと考えることに、いっそう意義深いものがあるのだろうか？　こうした打破のいずれにも、相互に比較できないものや時間的な食い違いという別な形態が生じて、その形態もそれぞれ歴史的に変化していくのである。構造の歴史学の先達の一人ルシアン・フェーブルは、こうきっぱり言っている。「歴史家を名乗る人は誰であれ、人間を追い求めない人、どんなところに埋もれていようとも、生きた人間、感情をもつそうした人間を情熱や熱き心をもって追い求めないような人がいたら——その人は鈍い精神の持ち主である」。[13] そうした人間とは、女性に男性、子どもに老人、労働者に農民、大都会生活者に田舎で暮らす人のことである。わたしにも「歴史の書き換え」というプログラムにそって徹底して性別に特有の視点にたってオーストリアの歴史をじゅうぶん思い描くことはできるだろう。しかし、それに先立って構造の歴史がないことには、ほとんど不可能なことだろう。

## 3

こんなことすべては、理論的にいうのはたやすい。しかし、全般的歴史の実際の叙述となると、まったく厄介な問題があらわになるだろう。そこには一つには抽象化レベルの選択問題があり、叙述規模の問題もある。二〇世紀のオーストリアの歴史でも、一冊の本ではすべてを網羅するわけにはいかない。取捨選択を行ない、重要性の判断基準を据えなければならない。そうした重要性の判断基準を決めるのは、構造の歴史を書くと決めることであり、労働／権力／言語をどんな社会にあっても中心的な次元とする決断である。つまり——一つの具体例でいえば——一九三〇年代の世界経済危機の経済構造の諸条件を探りだし、明瞭にしなければならない。これだけでも抽象的なきつい作業であるが、それから政治的な帰結や、他面ではたくさんの有力関係者たちの役割を明らかにする必要もある。そして今度は視点を変えて、それに巻きこまれた人たちを探す必要がある。だが、どうやってそれをやるのか？　六〇〇万以上の個々の人たち、その人たちのそれぞれ個別的な運命や苦境をどうやって？それだから典型的なタイプをつくりだし、階級概念を据え、いくつかの例をとりださねばならないだろう——だがそれをかぎられた紙数でやらねばならないのである！　これだけでも課題の困難さはじゅうぶん明らかだ、とわたしは思っている。

構造と「日常の歴史」との媒介の問題解決に、わたしが利用するのは視点を一貫して変えることである。まず、人びとの背後にある出来事、構造、プロセスを分析しなければならないし、それに経済的・政治的・文化的上層部の主要人物たちの行動範囲に限定して出来事、構造、プロセスを分析しなければならない。それから視点を変えてこう問うてみる。たとえば「支配」というのは、その支配下にあった当該の人びとにどんな影響をもたらしていたのだろうか、その人びとは経済危機にどう対処したのだろうか、と。その点は、一連の統計的な数字に伝記的な証拠で生気を与え、該当する人たちの声が聞けるようにし、構造の「骨と皮」に、生活という「肉」を与えることによって、具象的な形で行なえるだろう。それはまた、方法論的にはもっと欲張っているが、「目のつんだ叙述」という形で行なうこともできる。[14]　個々の個別的な事例、伝記的な物語から出発して、それから話を通じて紡がれるもろもろの糸筋を集め、新たな視点にたって、その背後にあるものや、社会の構造的な諸要素をみつけだすのである。フランスや英米系の歴史叙述は、構造の歴史がひろく、生活に密着し彩り豊かな、語りの部分と結びあって描けるのを示している。そのための資料となっているのが二〇世紀の場合、豊富な自伝的な文献であり、それは「偉大な人たち」の回想録ばかりではない。たとえば、ミヒャエル・ミッテラウアー〔ウィーン大学の経済史、社会史の教授。とくに日常の歴史、オーラル・ヒストリーに重きを置く研究者〕が編纂しベーラウ出版社から出しているような実生活の側面に則した『失われてはならない』というシリーズ物がある。[15] それからもちろんのこと、たくさんあるオーラル・ヒストリーの企画物（人びとに直接会ってテープに録音した歴史資料）も無視することはできない。構造の歴史は、なるほど「偉大な人たち」の位置を相対化するが、それを完全に抹殺することにはならない。それゆえ、偉大な個性ある人びとの素描をあちこちに差し挟むことによって、構造の分析も硬さのとれたものになるに違いない。

しかし、相互媒介の問題は構造の歴史そのものの領域にもある。労働／権力／言語という「分野」分けをするのも、分析的な構成、研究の実践的な取り組みからするのであって、歴史の現実のなかでは、たえず相互に入り組んでいる。たとえば文化というのは、「モダニズムの文化」等の高度な文化といった次元で捉えられる分野だけをいうのではない〔モダニズムとは一九世紀末に目立つようになった文学・芸術の潮流を指す言葉で、伝統的な芸術規範を捨て去って、批判的なデカダンス意識を表現しようとするもの〕。文化とは、つねにあらゆる歴史的な生活実践や分析の媒体であり、現実の象徴的な解釈の媒体である。同時にこうした解釈のなかには、経済的な基本状況や政治的な決断、権力と支配という問題などが、肯定的な形あるいは否定する形で、一緒に流れこんでいるのである。

社会史というプログラムは、社会の歴史を使って全般的な歴史を総合的に把握しようとするものである。そうすることで、経済／政治／文化という領域が括られる。こうして社会史という総合の役をする形は、ますます個別分野に枝わかれしていく歴史叙述に――それはたしかにやむをえないものであるが――歯止めをかけようとする試みである。

全般的な歴史を把握する方法として、歴史主義のスタイルの政治史が支配的であったのを、社会史が取って代わって優勢となった〔歴史主義の原則では、社会的な事象はすべて歴史的プロセスのなかにあらわれるものであり、そうしたプロセスや構造は相互比較のできないものであり、それぞれ独自的なものと考える。一九世紀後半につよい思潮としてみられたもの〕。社会史によって、今までよりもはるかにひろい歴史生活の領域が把握できるようになるのが、変化の前提になっていなければならない。しかしそうしたアプローチの仕方をマルクス主義的な公準――「経済」や「階級」が究極の要因となってそのつど歴史事象を規定する――と混同してはならない。個々の具体的なケースでどんなものが優先されるかは、個々の分析でしか示すことができない。二〇世紀の権威主義的・全体主義的な政体風潮のなかで、それぞれ「政治」が主導的であったといえることがいくつかあった。ここで重要なのは、政治も社会史的なパースペクティヴのなかに具体的にみえるよう、分析的にアプローチすることである。

統合（組みこむ）にあたってとくに厄介な問題となるのが文化の次元である。一つには文化は、すべての生活実践のなかを意味づけしつつ貫く「特定の雰囲気を醸しだす影響力（Fluidum）」である。それに対応するのは、政治文化、大衆文化、社会文化的なミリューの解釈である。もう一つに、文化は高い芸術の形をとった独自のセクションである。オーストリアの歴史では、芸術がもつ現実解明の力を使わないわけにはいかないだろう。[16] その場合にどんなやり方をしたらいいだろうか？　芸術家とその作品をならべたてるだけでは、目的をはたせない。わたしがとった方法は、作品の示唆に富んだ事例の分析というやり方である。社会の精神面での状態、想像の世界が感じられるような、いわば結節点としての作品分析である。社会史は、芸術関連の研究学問と競いあうつもりもないし、競いあうこともできない。それらの学問にはそれ特有の問題設定と方法論とがある。社会史が行なえるのはたんに、芸術の特徴的なものを社会の特徴的なものへと転移させるだけにすぎない。つまり「テクスト（Text）」から新たな次元、つまり「脈絡、関連（Kontext）」のための、ふだんと違ったパースペクティヴを獲得することである。その際たちまちそれ特有の限界に突きあたることだろう。わたしは生涯をとおして文学とかかわってきた。文学のないわたしの人生など想像もできない。それは必然的に文学のある種の優先性につながり、音楽や造形芸術は残念ながらいくぶん継子扱いとなってしまう。そうなる原因は、わたし自身の限界にあるだけでない。わたしにはいずれにしても、二〇世紀のオーストリア文学は――音楽や造形芸術の領域関連の専門研究での取り組みよりも――アカデミックな文学研究によって、より精力的より徹底的に取り扱われてきたように思えるのである。

この点は、オーストリアのアイデンティティーの中核のことを考えると、いっそう心痛むものとなる。典型的なオーストリア神話とはなんであろうか？　あらゆる政治陣営、あらゆる世界観、あらゆる社会階層、あらゆる年齢層に共通するものをあらわす根源となる場所はどこにあるのだろうか？　あらゆる驚愕を突き抜けて、二〇世紀のさまざまな断裂を引き起こした根源地帯はどこにあるのだろうか？　わたしの答えは、さんざん熟慮したにもかかわらずそれほど独創的なものではない。オーストリアの中心的伝統神話は、音楽である。つまりハイドンから誰それまでの音楽に。ウィーン・フィルハーモニーのニューイヤー・コンサートは、とにかく田舎にとっても都会にとっても、真にオーストリア的な独特の祝祭である。

## 4

一世紀全体にわたっての展望には、調査にお供をし、アドバイスもする主導的パースペクティヴ、社会の三つの次元を相互に結び合わせるような主導的パースペクティブが必要である。現代性の一般理論の枠内でラルフ・ダーレンドルフ（一九二九－二〇〇九）は、「生活のチャンス（Lebenschancen）」というカデゴリーを提唱した。社会科学的理論と歴史学的分析の蝶番《ちょうつがい》として役立つカテゴリーである。構造的に／理論的に／歴史的に規定しようとする、つまりある程度まで柔軟に作用するカテゴリーである。[17]「生活のチャンス」というのは、比較的価値中立的な概念という役をはたすものであろう。この概念なら測定可能であるし、さまざまな分野で分析的に適用できる。個人一人あたりの収入の増大も、資金のより適正な配分も、よりいっそうの生活のチャンスを意味する。社会的可動性の増大、つまり家庭や村落共同体による社会的なコントロールの減少となれば、生活のチャンスのいっそうの高まりとなるだろう。政治的な参加のつよまり（一般の選挙、市民イニシアティブ、女性運動）は個々人の発展のチャンスを高めることになるだろう。学校教育の効果的な積み増し、文化的な催し参加の増大も同じように生活のチャンスの多元化とみなすことができるし、生活世界や社会文化的ミリューの多元主義化ともいえるだろう。

　さまざまな生活のチャンスを、「幸福」と混同してはならない。幸福とは、個々人と結びついた状態である。その点に関して歴史家はほとんど発言することができない。しかし構造的な可能性としての生活のチャンスについては発言することができる。

　ラルフ・ダーレンドルフは、生活のチャンスという理論に、歴史記述上有益といえる安全弁を導入した。生活のチャンスの実現というのは、たんに伝統を離れて現代的なものにはいりこむことではない。生活のチャンスとは、「選択可能性（Wahlmöglichkeiten）」（Optionen）や、いろいろな「絆・結びつき（Bindungen）」（Ligaturen）の機能である。そうした絆・結びつき、意味を与える構造、「人びとが社会生活の霧のなかを歩く場合に、自分をしっかり支えられるような、導きの糸」[18]というのは、自由な選択可能性と同じように、必要不可欠なものである。そうした絆・結びつきをつくりだすのは空間であり――ここで言おうとしているのは、大いなる自然である（山々の心踊らす輝きを考えてみるがいい）――地域、故郷、ネーション（国家・国民）、芸術である。社会的にみると、家庭、団体、政治陣営、そして最後には今なお、どんなに世俗化しようとも、宗教である。最高の生活のチャンスというのは、絆・結びつきと選択可能性とのバランスのとれた関係である。絆・結びつきに短期間でも亀裂が生じると、一切の新しいもの／異質なものに反発し、一気に全体主義的な図式に急変しかねない攻撃性が簡単に解き放たれる恐れがでてくるのである。絆・結びつきというカテゴリーは、また素朴な近代化理論の、せっかちで無批判的な受容も阻んでくれる。分断のなかに、進歩のなかに損失や犠牲が在るのも視野に入れて初めて、近代化の潜在能力が歴史的に＝冷静に展開可能となるのである。

　生活のチャンスという主導パースペクティヴは、一般的な近代化理論の枠内でも拡がりをみせる。ポスト・モダンは、モデルネ（モダニズム）の終焉と挫折を宣言し、いやそれどころか歴史そのものの終わりも宣言した。[19]だが歴史家たちは、哲学的に黙示録を思わせるようなさまざまな理論に対してつねに懐疑的でありつづけた。というのも、物質的な生活のチャンスが、少なくとも西側において、二〇世紀の間に途方もなく増大したのを、経験論的に否定できる人がいるだろうか？　その一方で歴史家こそ、二〇世紀に焼きつけられ、消しがたい汚点となってこびりついている出来事を考えに入れなければならない。アウシュヴィッツであり、オーストリアでいうなら、マウトハウゼン〔リンツ近郊にあったオーストリア最大の強制収容所〕である。数万人、数百万人の生活のチャンスをすべて徹底的に抹殺しようとするこうした事態を直視して初めて、他の人たちに危害をくわえる気持ちの人がいることをくりかえし記憶に呼び起こして初めて、生活のチャンスの積み増しに関する問題を、平板でお粗末なオプティミズムに陥ることなく、提起することが許されるのである。

一九七三年、石油危機の年にあって、ノーベル文学賞受賞のスピーチで、ハインリヒ・ベル（一九一七―一九八五）は、西側文明の「道具的理性」〔啓蒙思想では科学的認識をとおして自然を支配し宗教のしばりから脱しようとしているが、そのとき理性は実際のところ自然と社会とを搾取する道具となっているのだという、フランクフルト学派の人たちの主張〕のことに触れた。「水や風、水牛や草のポエジーにとってあるのは、嘲笑だけであった。――それが今では、我われ西欧で文明化した者はわれらが町のなかに、我われの全体的理性の最終的産物のなかに、水や風のポエジーとは実際どんなものなのか、そのポエジーのなかに何が具現されているのかを、うすうす感じ始めるようになっている」[20]、と。西側文明の基礎をつくった西洋の合理主義は、二〇世紀において危機的な地点に陥ってしまった。自然は以前になかったほど搾取され、自然との闘い、数千年の人間の歴史のシンボルといえたものが終焉に向かっているようにみえる。自然はみずからを守る術もない状態にされてしまっていて、人間の生活のチャンスをこれからも実現しようとするなら、保護を必要としている。まさに文学こそ、自然の冒瀆をこの惑星からの生命の乱暴な追放であると告発してきた。しかし答えは、モダニズムのプロジェクトを放棄し、批判的科学的な合理性を投げ捨てることではありえない。モダニズムのプロジェクトに当初からこびりついていた矛盾する性格を知っていたのは、まさに歴史家である。歴史家こそ犠牲・代価と断裂と非同時性のことを報告できる存在である。信念めいたものを簡潔に言おうとすると、こうである。わたしは犠牲や損失をそのつど配慮に入れる、批判的近代化理論を放棄したくはないし、またそれに代わる知的に適切なものも、わたしには見当たらないのである。

生活のチャンスというコンセプトは、すべてのことを解明するスーパー理論をめざすものではない。でもこの構想は歴史の流れに区切りを与え、構造化する主導ともいえるパースペクティヴを拓いてくれる。それとならんで、個々の時代や分野においてはそのつど特殊な理論を用いる必要があるだろう。組織化された資本主義の理論、比較政治学のモデル、危機の理論、ミリューの理論などである。そのうえさらにわたしはオーストリアの歴史の基本モデルを二つ、つまり反宗教改革的＝権威主義的なモデル、および啓蒙主義的＝民主主義的なモデルの二つ、それらが二〇世紀の歴史をとおして交互に移り変わるのを探りだしたいと思う。

## 5

『国家の長き影（*Der lange Schatten des Staates*）』というこの著書のタイトルには、あるテーゼが含まれている。すなわち、オーストリアでは国家的＝官僚主義的なとくべつ強力な伝統が形成されたこと、近代化がしばしば上から進められたこと、「市民社会」が決してそれほどまともには国家から自由に動けなかったことをいうテーゼである。それはテーゼであって、決して論争の対象といったものではない。というのも、国家的＝官僚主義的な伝統は、また福祉国家の比較的早期の形成を可能にしたからである。

サブタイトルの「二〇世紀オーストリア社会史」には、説明が必要であり限定も要するさらに二つの概念が含まれている。一九一八年以前のオーストリアとはどの範囲をいうのだろうか。世間一般の言語の使い方では、たいていハプスブルク王朝の西側半分（ハンガリー地域を除いた部分）をいおうとしている。概念のこうした規模は、二〇世紀の社会史という計画にとってはひろすぎる。もっとも適切なのは、統計学が使う「アルペン諸州(Alpenländer)」という用語、要するにのちのオーストリア共和国である。「オーストリア」の理解のこうした狭め方についてはゲーラルト・シュトルツ（一九二九年生まれ）が立派な論拠をもって厳しく批判した。[21] かれの批判は理論的には正しいが、実際的にはあまり実りがない。比較的長期にわたっての一切の調査も、比較データの集合資料をあるときは西側の帝国半分に、別な機会には共和国の領域にかかわらせるとなると、説得力を失うし、技術的にも不可能となるだろう。パースペクティヴを開いておく、視野をせっかちにのちの共和国にかぎらないような組み合わせを一緒に考慮に入れることが、たしかに必要なのである。

たとえばより大きなオーストリアの枠内で、チェコスロヴァキア民族の歴史も、そしてドイツ系＝オーストリアの歴史も併せて展開したのである。一九一八年以前のオーストリアのこうした二極性には注意を払う必要がある。リヒャルト・ゲオルク・プラシュカ（一九二五—二〇〇一）は、そのための印象深く不気味な事例をあげている。一九一八年の夏、ロシア側にたって戦ったチェコ人義勇兵たちが処刑される前、オーストリア＝ハンガリー二重帝国軍の軍曹から、君たちは何のために戦ったのかと問われた。するとかれらの答えは祖国（チェコスロヴァキア）の自由のためにだ、というのだった。しかし、処刑される者たちがぶら下げていた札には、祖国の裏切り者とあった。[22]

オーストリアの二〇世紀はいつが始まりだったのだろうか。叙述は一八九〇年代のなかばに置いている。しかも次のようないくつかの理由からである。すなわちこの時期に、組織化された資本主義の新たな局面がみられたこと、同時にかなりの経済成長率のはっきりとした好景気が始まったこと。一八九六年の選挙法改革が男子のための選挙権を大幅に拡大したこと〔五段階におよぶ階級・階層に分けた改革が行なわれた。それでも広範な市民層は僅かしか代表を送れなかった〕。一八九七年に初めて女性が大学における正式な聴講生として学籍登録を許されたこと。この年に大衆政党の指導者、カール・ルーエガー（一八四四―一九一〇）がウィーン市長のポストについたこと。バデーニ危機が国家を奈落の淵に追いやり〔一八九七年、時の首相バデーニ伯爵は言語令を発して、ボヘミアやモラヴィア地方の司法や行政に携わる官吏は、ドイツ語とチェコ語二カ国語の使用能力が必要であるとした。これをめぐって主にドイツ系の議員が反発行動にでて、議会などが大混乱に陥った〕、かなりの爆発力をもった民族間の抗争があらわになったこと。芸術では一八九七年の「分離派」〔画家のクリムトなどが立ち上げた分派行動。伝統的で、公式的な芸術家協会とは袂をわかって、独自の芸術運動を目指したもの〕の立ち上げが分岐点となったこと。テオドーア・ヘルツェル（一八六〇―一九〇四）の夢想的な著作『ユダヤ人国家（*Die Judenstaat*）』が出されたこと。この頃最初の自動車が大胆にも路上を走るようになり、最初の映画館が開設されたし、スポーツをする人たちが冬でも山へでかけるようになったこと。さまざまな分野からこうした要素を集めてみると、叙述を一八九〇年代のなかばから始めるという決断もじゅうぶん根拠があるように思われる。それだから一九八〇年代のなかばで終わるというのも、他の箇所でじゅうぶんな論拠でもって支持されるだろう（第V部第四章第一節「節目――六〇年代のなかばと八〇年代のなかば」を参照してほしい）。

叙述は、政治的な断裂を越える長期的な分析（Längsschnittanalysen）と、その折々の政治政体によって規定される特定の時点の断面分析（Querschnittanalysen）とを結びつけるものである〔社会学上の用語として、「Längsschnittuntersuchung」と「Querschnittsuntersuchung」とがある。前者は、同じ個々人やグループを同じ方法で比較的長期にわたって観察して、発展傾向をつきとめる研究方法のことをいい、後者は、ある特定の時点で比較的大きな調査対象を社会的に重要な断面を例にその特徴を調べる方法をいう〕。ところでオーストリアの立ち位置を定めるには、もろもろの比較が必要である。この研究書は、決して体系的な比較をめざすものではないが――それをするには違った問題設定が必要であろうし、それには歴史素材の別な組織化がなされねばならないだろう――それでもオーストリアの活躍度、オーストリアの特別な点や特殊な点は統計的にわかるようにするつもりである。わたしは二つの国を選んだ。ドイツ

／西ドイツ、とスイスである。この二つの国は、それぞれ比較のパースペクティヴを提供してくれるし、さまざまな時期、さまざまな規模で、近代化の発展の図式を提示してくれるからである。[23]

## 6

歴史家は、政治的＝世界観的になんの決断もしない人、というような振る舞いをしてはならない。歴史家は、自分の立場を明らかにすべきであろう。わたしはカトリックのミリューの出である。母なる教会には、人を放さないところがある。たしかに教会を信じる気持ちはわたしの場合かなり後景に遠のいてしまったが、それでもカトリック文化は、わたしの情緒的な故郷である。

政治的にはわたしは、啓蒙主義の伝統に根を置くリベラルな信条の持ち主だと思っている。そうしたリベラリズムは、ヨルク・ハイダー（一九五〇―二〇〇八）がいうような「自由主義」とは少しもかかわるところがない〔ハイダーは自由党党首の地位にありながら、右翼的ポピュリズムをたっぷりふりまいた。かれと連立を組んだ国民党政府のオーストリアは、EU諸国を初め、世界諸国からボイコットをくう羽目になった〕。ハイダーは啓蒙主義の終焉を公言している。[24] しかし啓蒙主義の大きな視野にたつ企図は歩みつづけるし、啓蒙のユートピア的ビジョンは困難にもくじけることはない。つまり、各自おのれの諸権利をもち、相手にもそれぞれの尊厳を認め、連帯的に振る舞う一人前といえる国民の発展である。自己批判も啓蒙の本質の一つである。「啓蒙が自分自身について解明し、啓蒙がしでかした災いの原因を解きあかすのも、同じく啓蒙の本性の一つである。そうした行為が抑圧される場合にのみ、アンチ啓蒙が啓蒙についての啓蒙として勧められることもできるだろう」。[25] この種の啓蒙は、くりかえし挫折し、くりかえし基本に立ちかえり、くりかえし立ち直る必要があるだろう。啓蒙された啓蒙は、人間の攻撃的な本性を否定はしない、それでもより人間的な世界という対抗の像を描きだす。こうした人間主義は、叩きのめされることもあれば、さいさんひどく失望させられることもある、それでもそれを諦めてはならないのである。

## 7

一九八七年アイゼンシュタットで開かれた「オーストリア歴史家大会」の席でヘルヴィッヒ・ヴォルフラム（一九三四年生まれ）〔オーストリア古代・中世の歴史家で、一〇巻からなる、浩瀚な『オーストリア史』の編集責任者〕にこう聞かれた。あなたは広範なオーストリア史の枠内で二〇世紀の叙述をくわだてるつもりがあるか、と。わたしは、とっさにありますと答えた。六年間の仕事、書き物机での孤独な多くの時間、たいはんは幸せな気分、時どき課題の難しさに絶望的な気持ちになったが——これも歴史家の定めの一つであった。それは大きな挑戦であった。その挑戦をルシアン・フェーブルの言葉を肝に銘じながら引き受けた。「長大な歴史をまともに理解し、まともにまとめるのにいつもただ一つの手段しか知らない。その手段とは、なによりある地方、ある地域の歴史を徹底的にその発展のすべてにわたって縦横無尽にこなせるようになることだ」[26]、と。わたしは二冊の拙著と多くの論文のなかで二〇世紀におけるザルツブルクの歴史を研究しようとしてきた。[27]その点は役にたったかもしれない。しかしわたしがこの大きな挑戦にじっさい耐えられたかどうかを、判断できるのは読者だけである。

ヘルヴィッヒ・ヴォルフラムのような経験豊富な歴史著述家は、賢い所見を述べている。「我われ学問研究者が、その時点で最良の仕事を発表できる幸運に恵まれるのは、他の最良と言われる研究がまだ日の目をみない間だけのことである」[28]。たしかにそのとおりである。

わたしが感謝すべき人はたくさんいる。ヘルヴィッヒ・ヴォルフラム、かれは『オーストリアの歴史』という大規模プロジェクトを立ち上げた編集責任者であり、ブリギッテ・メルタおよびファニー・エステルハージーと一緒にわたしの草稿を非常に詳しく、非常に批判的に読んでくれた人だった。パウシュ夫人とクロワホーファー夫人は、わたしの原稿をパソコンで打ちだしてくれた。とくにメルタ夫人は、年表と文献リストの制作にあたってくれた。装丁と手助けをしてくれたカール・ユーバーロイター出版社に対しても、謝意をあらわしておきたい。

わたしがこの著作を現在そして将来の批評家に捧げたいと思うのは、決してシニカルな意味合いでなく、学問は批判を糧としており、批判から、生きるに必要なインパクトをうけるものとわたしは深く信じているからである。

エルンスト・ハーニッシュ

ザルツブルクにて、一九九四年夏

# 今とは違った生活——一九〇〇年頃の世界スケッチ

あの頃は、時が「まだ非常にゆっくりと流れ、あちこちに集まり、あるいは流れるのを忘れて、沼地に留まり、大空を写していた」。[1] しかし、その頃すでに現代的な神経の苛立ちのことが話題になり、「神経衰弱」が時代の病として発見されていた。また当時すでにせわしなく吸う巻きタバコが、ゆったりとくゆらす葉巻に取って代わろうとしていた。

ある老婦人の思い出話は、「昨日の世界」と「今日の世界」との違いを我われの目にはっきりさせてくれよう。一二歳の男の子と九歳の女の子の、どちらもブルジョアの家柄の子ども二人が、新しい遊びに興じていた。付き添いの家庭教師の監視の目を盗んで二人は口づけをする。女の子が泣きだしてしまい、「不埒な行為」がばれてしまう。——するとひどい事態が待っていた。「自分の娘がそんなことまで忘れてしまうなんて、母親にとって、まあなんという屈辱でしょう。わたしにはそんなこと想像もできない、とママがいう。女の子なら男に対してどんなに誇り高く、はねつけるように、冷たく、控えめに振る舞ってもじゅうぶんすぎることはないのだ。その点を(九歳の)わたしが知っていなければならない、というのだった」。[2] 月並みな話ではあるが、ブルジョア階層の人びとの厳しく規格化された振る舞いを物語っている。すべてが、レパートリー豊富な礼儀作法と美辞麗句調のスタイルをもっていて、かなり形式ばった運びとなっていた。社会的な差異には大きな開きがあったし、同時にそれぞれの個人的行動には、まだ揺るぎない集団の構造的なきまりを習得する行動規範があって、個人的には荷の軽い状態だった。社会の上層、あるいは下層の人びとも、何がふさわしいのか知っていた。社会的な自己操縦の負担は、それほど大きくなかったのである。[3]

いたるところにまだ厳しい肉体労働がみられたし、個人的にはひどい困窮もみられた。社会ピラミッドの底辺には、下層階級が広範に存在しており、就学児童の三四%が学業のかたわら働かねばならなかった。[4] 病気や失業、また老齢になっても、生活にはまだ社会的保障もなく、現代的な福祉国家は、ようやく緒についたばかりだった。だが生活の方はおそらくいくぶんより彩りを増しニュアンスに富んだものであったろう。

力の差異は、はっきりとつよいタッチで線引きされていた。男性と女性との間、両親と子どもたちとの、企業家と労働者との、支配者と被支配者との間がはっきりと線引きされていた。――頂点には皇帝がたっており、その皇帝から支配の腺が下方に向かって伸び、臣下的な色調を帯びていた。頭を上げて歩くことの習得も難しかったが、同時に解放の最初の推進力もはたらきだす。政治的には現代的な国民をめざす解放の推進力がつよくなり、社会的には労働者階級が企業家権力の対抗勢力となりつつあった。性別のヒエラルキーが揺らぎだし、女性たちがおのれの解放の第一歩を踏みだしていた。貴族はまだ敬意の的になる社会階層であり、旧来の主人の権利の輝きに包まれていたが、いたるところで労働者たちの突き上げる拳がみられたし、農民たちが政治的な主張をし始めていた。

カトリック的な結婚が社会的再生産の中核として揺るぎない地位を保っていた。もっとも結婚があまりに退屈なものとなり、家長は「第二の所帯」を設えていた。[5] 皇帝フランツ・ヨーゼフ（一八三〇―一九一六）とカタリーナ・シュラット婦人（一八五三―一九四〇）とは、そういう形を内々に処理する方法を示していた［カタリーナは当時の第一級の舞台女優で、皇帝フランツ・ヨーゼフと親交があり、一八八六年以降は、旅に明け暮れて留守がちな王妃エリーザベト（一八三七―一八九八）の了解のもと、皇帝のもとに頻繁に出入りして、生活をともにする仲となっていた］。

あの当時以来、多くのものが姿を消していった。一九五〇年代になって、そのすべてをリストアップしてみせてくれた人がいる。古きオーストリアの役人を長らく務めた実直な人の書いた文章である。「オーストリア＝ハンガリー帝国、皇帝、大公たちとその宮廷生活、貴族院とその政治家的個性をもったメンバーたち、国家的権力要素と制度としての貴族階級、名誉に関する不文律とその背後にある決闘というおぞましい妖怪。この決闘はなるほど具体的に行なわれることはきわめて稀であったが、折り目正しい礼儀作法の遵守をつねに保証していた。豪華な馬車とヒゲをたくわえ選帝侯のようないでたちのお抱えの猟師と御者、優雅でいくぶん自惚れ気味の辻馬車とすてきな馬たち……。庇護と寵愛の対象であって、男の競争相手ともオートバイの同乗同伴者ともなれなかった女性たち。社交上のエチケットと、人を訪ね人を招くときのきまり、社会的倫理的な価値としての純潔、いわゆる奔放な

バート・イシュルにおける皇帝フランツ・ヨーゼフ１世とカタリーナ・シュラット婦人

スタイル一切を避けるまでになっていた洗練された身だしなみ、助っ人にして趣味の対象でときには人間の教師としての馬たち、個々の家計の存在基盤であると同時に全体経済の豊富な予備基金でもあったほんらいの意味での資産、父親と同じ人生行路をたどろうとするあらゆる階層にみられた傾向、それがたいていは職業の世襲となっていた。男子教育の本質的な要素となっていたフェンシング、あらゆる出来事にそこはかとない雰囲気となって紛れこんでいた伝統、そして軍隊」[6]など、そんなものが姿を消していった、と言われている。

村では子どもたちがなお司祭の手に口づけをして、「イエス・キリストに讃えあれ」〔カトリックの挨拶の文句〕と言っていた。東チロル地方ではまだ、祈願の行列を年に一二回も行なう習慣が残っていた。[7]機械と化学肥料がすでに使われていたが、すべてなお神の御手のなかにあった。かつて農家の奉公人として働いていたマリーア・グレーメルによると、「農民たちは畑地と厩舎が与えるものに頼って暮らしていて、購入するのは人間と家畜のための塩だけであり、砂糖は贅沢品で、コーヒーは祭りの日だけのものだった。お菓子の発酵生地、卵入りのパンケーキなどの小麦粉食品は、砂糖なしで食べていた」[8]、という。幼いカール・レナー（一八七〇―一九五〇）〔のちになんどか首相となる〕は、両親の農場家屋が競売にかけられたとき、何時間もすすり泣いていた。「俺たちみんなにはもう生まれ育った家がない、何もかも思うようにいかないとき、身をよせていた場所がもうないのだ。……この予期せぬ打撃ほど、わたしをひどく打ちのめした運命の急変はいまだかつてなかった」[9]。

そうはいっても、多くの人びとにとって第一次世界大戦以前の時代は、安定の「黄金時代」であった。どんなブルジョア家庭も、いやプチ・ブルの家庭でも、召使いたちを雇っていた。支配的な生活感情の意識にのぼるのは、富の増大と深化であった。いたるところに上昇気運があり、古くて壊れやすいオーストリアにおいてもそうだった。文化ペシミズムが広まっていたにもかかわらず、日常生活を支配していたのは、ある種の進歩オプティミズムであった。[10]都市や田舎の衛生事情はより改善されたものになり、スポーツが普及し、自転車、いやオートバイすら道路を賑わしていた。映画館が人びとをとりこにし始める。労働者階級により新しい問題が提起されてもいた。五月一日、反乱の日曜日に大量の労働者たちが、上流ブルジョア階級の貴族趣味的な花馬車行列を、ウィーンのプラーター公園〔ほんらい宮廷の動物園と狩猟場であったものを、ヨーゼフ二世が一般にも解放した（一七六六年）。巨大な観覧車（高さ六四メートル）で有名。規模の大きな催しやさまざまな遊技施設、飲食施設のあるウィーン二区にある公園〕から締めだしてしまった。労働者の指導者ヴィクトル・アードラー（一八五二―一九一八）〔オーストリア労働運動の先駆的な指導者〕が皮肉っぽく書いている。「何十万というプロレタリアにも、自然の誇る目覚めというものをみる機会が与えられるだろう。自然の目覚めは、すべての詩人たちには讃えられるが、工場の労働者たちにはさっぱり気づかれないものだった」。[11] はなやかに着飾って、五月の印と赤いカーネーションをつけて、何千という労働者たちがプラーター公園に向けて行進する。一八九〇年の最初の「メーデー」は、不安と恐怖を呼び起こした。政府は戒厳令を敷いて、軍に非常召集をかける。ブルジョア層は「怒リノ日（Dies irae）」、復讐の日の到来を恐れ、街から逃げだした人も何人かいた。けれどもそうした「聖ナル春（Ver sacrum）」、プロレタリアートの聖なる祭典は、平穏裡に終わる。そうした労働者の祝日はさらにたくさん祝われるようになる。しかし世界革命の勃発ということにはならなかった。

人びとは新しい二〇世紀に何を予期したのだろうか。キリスト教「社会」党系の『帝国新報（*Reichspost*）』は、「一九世紀の臨終」に立ち会う場面を想像した。この新聞は、唯物主義と脱キリスト教化に染まって終わろうとするこの世紀を、最後の瞬間になって神と和解させようとした。[12] もっとオプティミスティックな反応をみせたのは、（ザルツブルクの）リベラルな地方新聞であって、二〇世紀に社会問題の解決を期待していた。福祉国家の充実が「働く権利」も「生きる権利」も定着させるだろう。「それなら新しい世紀に、皇帝ヴィルヘルム（二世）（一八五九―一九四一）のモットーを携えて行こうではないか。……さあ、全力前進だ！」[13]

一九〇〇年頃の世界は……一九世紀が、終焉に近づき、一九一四年の夏をもって決定的に終わる。他方で二〇世紀が、一八九〇年代にちらちら姿をみせ始めていた。一九〇〇年頃の世界は、部分的に重なりあう時期、移行する時期であって、ヤヌスの頭のように後方と前方に向けられた時期であった。その証拠となる資料を以下の叙述で提供しようと思う。その際この二〇世紀の特徴となるのは、時代や歴史の歩みの加速であり、大きな破局であった。

# 第I部　発展のプロット

# 第一章　政治文化の歴史的伝統

## 第一節　「壁にプディングを釘留めするようなものでしかない」

このしきりに引用される論文タイトルで、マックス・カーゼは、「政治文化」という概念の曖昧さを皮肉ったし、[1]もっと冷やかなのはカール・ローイのオーストリア研究に関する批評である。「どの著者たちも政治文化のことを口にするが、考えていることは、それぞれ違うのだ」。[2]それだから厳密に規定する必要があるだろう。政治文化というのは、政治の過程や構造に対する方向づけ、姿勢、位置づけをセットにしたものである。それに政治的なメンタリティー研究の意味でいう行動図式でもあり、その図式は、そのつど歴史的な伝統をとおして体得され、政治的なシンボルによって支えられている。[3]政治文化とは、国民全体の政治的に重要な世界像（国民文化）、大きな集団のそれ（陣営文化）、幹部エリートのそれ（エリート文化）のことである。「政治文化」という分析的カテ

表1　非因習的な参加形態──ドイツ／オーストリア／スイス

| 参加意志のない人（%） | ドイツ | オーストリア | スイス |
|---|---|---|---|
| 市民運動の署名集め | 41 | 51 | 38 |
| 特定の会社や商品のボイコット | 49 | 57 | 47 |
| デモへの参加 | 56 | 71 | 63 |
| ストライキ参加 | 63 | 66 | 67 |
| 市民運動の共闘 | 47 | 55 | 39 |

アントン・ペーリンカ『オーストリアのアイデンティティーについて──ドイツ統一と中部ヨーロッパの間で』（Anton *Pelinka*, Zur österreichischen Identität. Zwischen deutscher Vereinigung und Mitteleuropa）ウィーン、1990年刊、29頁より。

ゴリーは、さしあたり形式的、価値中立的で、開かれたものであり、ファシズム的な政治文化までも含むのである。

ある社会の文化とは、突然つくられるものではない。価値が維持される深部構造には、何世紀にもわたる集団的経験が流れこんでいる。歴史家は、「長い持続の牢獄」にぶちあたる──動きのないような歴史にぶちあたる。[4] 政治的なメンタリティーには、たいていはじゅうぶんな熟考を経ない姿勢や、無意識な姿勢、気分の基礎的な過程や日々の関係が一緒に含まれる。メンタリティーの歴史に反映されるのは、ある社会のそうした希望、夢、不安である。[5] それには、何世紀にもわたる大きな構えの出立が要求されるが、この端緒も例示的断片的にしか持ちこたえることはできない。

わたしの考慮の出発点となっているのは、オーストリア人の政治参加と価値変遷に関する歴史家を挑発するような研究である。[6] その研究が挑発的なのは、結果が歴史的な解釈をまさに求めているからであり、その研究に意義があるのは、国際的な比較をしているからである。

表1にみられるように、オーストリアは政治的無関心と体制順応の点で一番高い率を示し、改革や積極的行動、プロテストの点でもっとも低い率を示している。オーストリアの政治文化は、反抗的な姿勢、体制批判、別なありかたに対して僅かな余地しか与えていない。要するに、調査対象になった国々のうちオーストリアが「臣下の文化（Untertanenkultur）」という特徴をもっとも明瞭に示している。現在にいたるまでのオーストリアの政治文化は、政治的エリートに対する信頼の

高さと、何かを変える自己能力への信頼度の低さが特徴である。

スイスの国民的神話は、ヴィルヘルム・テルや、ハプスブルク家に対する抵抗にかかわっている。それに対してオーストリアの神話は、「愛しのアウグスティン」〔トルコ軍の度重なるウィーン襲撃やペストの流行など、深刻な事態に遭遇しても、それを軽くやり過ごす、軽薄な姿勢を象徴する流行り歌の主人公の名前〕や、「陽気な黙示録」〔黙示録を思わせるような災い・破滅的状況を暗い気分にならずにやりすごすこと〕(ヘルマン・ブロッホ)に関するものであり、「自分の葬儀屋について微笑する」(ゲルハルト・フリッチ)ものであった。ドイツとオーストリアは多くの点で似通った歴史的な構造特徴をもっている。それでも一九四五年以降のドイツでは――さまざまな研究がはっきり示しているように――臣下のメンタリティーが、オーストリアよりも大きく低下している。その説明として、ドイツの方がオーストリアよりも、自分の過去との決別、ファシズムとの決別があきらかに深く浸透したとする仮説がわかりやすいだろう。オーストリアの場合、おのれの権威主義的な過去をテーマにするよりも、むしろさまざまな理由から「ハプスブルク神話」に逃げこんだのであった。

## 第二節　二つの形成的な局面――バロックとヨーゼフ主義

二〇世紀の政治文化には、さまざまな時代の経験が沈澱している。それだから政治文化はさまざまな過去から成り立っているが、区分としては二つの時期、つまりバロックとヨーゼフ主義とをとりあげることにしよう〔「バロック」とは反宗教改革と絶対主義の芸術のことで、教会と貴族階層によって推し進められた。その表現志向は、とりわけ芸術作品の規模やパトスとなって現実化する。「ヨーゼフ主義」とは、ヨーゼフ二世(一七四一―一七九〇)により、一七六五～九〇年の治世の間にとられた「啓蒙的絶対主義」といわれるもの。オーストリアの文化や教会の存在に対して国家の監督視点を強化する。またプロテスタントその他にも宗教の自由を認め、オーストリアの官僚層や学校制度にも改革理念にもとづく精神的姿勢を浸透させた」。もっとも研究者は、あまりに単純な線引きにならないよう注意すべきであろう。取り扱うのは、権威主義的な要素と民主主義的な要素との混合である。あるときは一方がより目立ち、別なときには他方がよりつよくあらわれる。オーストリア文化を単純にもっぱらバロック時代に還元することはできない。もう一つの伝統のスジとして啓蒙主義も同じように、顕著な痕跡を残している。

歴史的な深層分析なら、少なくとも一七世紀の国家の形成過程にまでさかのぼる必要があるだろう。支配の面からみると絶対主義、文化の点でいうとバロックの刻印を帯びた節目の時代であった。オーストリアの近代的な形態は、十字軍的な帝国として形成された——外敵のトルコ人に対する戦いと、内敵であるプロテスタンティズムに対する戦いのなかで形成されたのである。国家形成のそうした形態により、絶対主義的な君主制、軍隊、官僚層と教会との緊密な連携が生みだされた。それでも超民族的な帝国として、君主制は多くの民族のための余地も提供していた。

内面的な反宗教改革は、国家と教会の主導のもとに行なわれながら、一部粗暴な洗脳であり、人間の従属化への規制であった。初めて教会と国家は、住民のプライベートな生活領域までもコントロールしようとしたのである。誰もが疑わしく、これみよがしに設えられた告解場に座りながら、何事言葉の果てしない責めたてにあう。誰もが告解証明書によって自己正当化をはからねばならなかった。[7] 反宗教改革は、性愛の快楽にも終止符を打ったし（公衆浴場の廃止）、道徳的な冷凍化を招いた。比較的厳しい罰則でもって結婚にもとづく規範に合った性風俗が強制され、祈りを捧げる冷たい夜が、愛の熱き夜に取って代わった。[8] こうした事態が、人間を体系的に偽善に導くことになっていく。体制に追従的な公的な領域と、体制に追従することなく振る舞うプライベートな領域に分けられていく（密かな抵抗の精神姿勢といっていい）。

「万物コトゴトク神ノ栄光ノタメニ」——この言葉はまた神の敵を共同体から排除することでもあった。厳格な神に対する大きな畏怖の念が、異端者や、ユダヤ人、トルコ人など敵と断定される人物像への攻撃的言動を解き放つことになった。これらの敵は、改宗するか、追放あるいは打倒され、焼き殺されるべきものとなった。しかしバロック時代は、反宗教改革の時代ばかりでなく、カトリックの改革の時代でもあった。民衆の敬虔さが、同一の形をとるようにされ、官僚化され、統一化されて、中心には教区がたっていた。もっとも同時にこの宗教的な民衆文化もその形態は豊かで、官能の祭典であったり、形式豊かで多面的なレパートリーの儀式や身振りであったりもした。都市ではイエズス会、地方ではカプチン会なる修道会が精神的な再獲得運動を担うことになる。ほとんどがよそからやって来ながらかれらは、古く＝新しい伝統を編みだした――巡礼、祝祭の行進、芝居がかった儀式としての説教などである。民衆文化の魔術的な要素は一面では聖人祭礼の奇跡として取り入れられ、他面では悪魔を呼びだす魔術として締めだされ、魔女信仰として迫害された。[9]

庶民文化とエリート文化とは、かなりかけ離れてしまう。絶対主義的君主制、装い新たにした教会と、ふたたび封建化した貴族階層が、バロックの大冒険に向けてスタートする。勝ち誇る反宗教改革が、トルコ軍に対する勝利の追い風にのって〔一六八三年、ウィーンを執拗に攻めたてたトルコ軍を最終的に打ち破る〕、美の礼拝の演出にあたる。すなわち、オペラや音楽をとおして、また城館や修道院の大規模建築から、はては村の教会のなかにいたるまで、美の礼拝を演出したのである。そこにオーストリア風の宗教的な景観が生まれた。コスモポリタニズムとローカル主義との混合、文化的な規範の多元性が高じて、威信や装飾文様、ヒエラルキーの乱舞となった。もっともその際忘れてならないのは、バロックの偉大な芸術の根が農民の汗にあったことである。

祭礼の中心となったのが、「聖体の祝日（**Fronleichnamfest**）〔カトリック教会の儀式で、パンやぶどう酒がキリストの肉体や血に変わった秘蹟を祝う祝日〕」であり、この儀式は政治的な祭典として、カトリックの凱旋気分を二〇世紀にまでもちこむことになった。アントン・ヴィルトガンス（一八八一―一九三二）は一八九〇年代のそうした祭典を色彩豊かに描いている。「独自の神聖化された人物となったイエス様がすべての聖人を記念する凱旋行進と一緒に歩む」模様。

祝日の衣装をまとった民衆が、軍隊によって制止されながら密集した人垣をつくっている様子。こうした聖体行列は、「ハプスブルク国家の聖職的・世俗的な権力シンボルの公示広告であった」。[10] ヴィルトガンスはすでに背後にある官能のオルギー（過度な露出・乱舞）をイデオロギー批判的に目に入れていた。「同じようなことが何のために誰のためになされようと、それにはいつの時代でもたった一つの同じ目的しかなかった。つまり、まだじゅうぶん明瞭には考えることのできない人たちに何かを信じこませるよう仕向ける。そうして、そうした人たちが、すでに少しはものがわかって狡賢くなっている人たちによって、より簡単に飼い馴らされ支配されるようにすることにあった」。[11]

ところで、バロック文化はオーストリアの政治文化にどんな色合いをつけたのだろうか。二〇世紀になっても影を残しているいくつかの要素がみられる。

1　社会の異常なほどくっきりとしたヒエラルキー化であり、その階層差別化が細かく張りめぐらした網のように階級構造を覆っている。それと関連しているのが称号に対するオーストリア特有のこだわりであった。「オーストリア帝国（kaiserlichen）にしてハンガリー王国（königlichen）皇室下の、k.u.k. 省庁のk.u.k. 公務員」と、つねにウィーン警察長官の父フランツ・ブランドルは署名していた。[12] ある意味で非常にオーストリア的な学識者のアルフォンス・ローツキー（一九〇三―一九六八）は、「当時の人びとの表面を繕った振る舞い、厳格で七面倒くさい形式、おおやけの場面での生真面目さ、肩書で呼びあうこと、見るからにまったく事実と違う視点にたった特別視など」[13]について苦笑していた。人びとは位階と称号がなかったら裸で人前に晒される、と感じてしまうのだった。

2　こうしたヒエラルキーの外的な表現としての儀式めいたものは、距離をとってランクを強調するものだったし、宮中にかぎったことでもなかった。――一風変わったレーオポルト・ヴィルフリング大公（一八六八

―一九三五）〔後に大公の称号を返上した人〕は儀式めいたことに囚われた人のことを話題にしていた。家族の人たちも、皇帝フランツ・ヨーゼフに向かって「人目につかないところでも」恭しさを出すだけでなかった。[14]——それは教会や同業の職員組合にも波及し、下層階級にまで広まっていった。手工業の（見習い）職人にもかれらの名誉の象徴的な資本があったし、労働運動でもそれなりの儀式を発達させた。司法試験受験候補者であったノルベルト・レーザー（一九三三年生まれ）〔法律家にして政治学者、オーストリア社会主義の理論家〕は、一九五〇年代に社会主義学生同盟の執行委員をしていた人だが、そのかれが、ある機会に連邦大臣の工学博士カール・ヴァルトブルンナー（一九〇六―一九八〇）〔当時オーストリア社会党の書記長で、同時に交通と国営企業の連邦大臣〕に話しかけたとき、この同志から怒りの答えをうけとった。「わしはなんのかんのいっても一介の大臣である。大臣たるものにそんなに気安く話しかけるものではない。手紙を書くか、事前に申しでておかねばならないものだ」[15]、と。

3 演劇についてのセンス。バロック演劇によって初めて観客は消費する役割（観る役）に押しやられ、「演技」はたいして重要でもないことを過度に誇張するようなものになってしまった。マーク・トウェーン（一八三五―一九一〇）はオーストリア議会におけるバデーニの日々〔一八九七年の言語令に発する政治的混乱の日々のこと〕を大規模な演技の上演だと描写した。オペラのように議場において、優雅に着飾った傍聴人と本会議場における偉大な議員役者が、長時間弁舌を振るいあい、取っ組み合いの喧嘩をし、罵りあう、要するに記憶に残るような演技をする。[16] このアメリカ人作家がうけた印象は度はずれていて、その日々を「世界で忘れられない出来事」だったと語っている。テレビをとおしての政治のビジュアル化はこうした芝居の伝統に応じたものである。政治的な紛争は国会選挙を前にした二人の役者の鶏の喧嘩に堕してしまっている。[17]

4 飾りたてた、不明瞭な、ありきたりの言葉を好む。素早く的確に把握する分析とは違って、機智に富んだ警句や娯楽的スタイルでまとめた文章を好む傾向である。「封建的な残滓」があとあとまで残っている。「封建主義」の基盤は、資本主義的な業績原理とは違って、個人的な関係にあった。絶対主義的＝バロック的な言葉でいえば、支配者／主人に対する個人的な距離の近さに根ざしていた。二〇世紀にいたるまで、生活のチャンスの配分に関しては個人的な関係が本質的な決定に一役買っていた。この点は大臣から小さな田舎町の町長にいたるまでにいえることだった。キリスト教「社会」党系の州長官フランツ・レールル（一八九〇―一九四七）〔一九二二〜三八年の間ザルツブルクの州長官、ザルツブルク音楽祭の施設の建設発展に尽力し、グロース・グロックナー峠にいたる道路の建設、数々の発電所の建設、合意形成の巧みな政治家とみなされ、迫害をうけた社会民主党の同僚たちの支援に力を尽くした〕が、一九二〇年代なかばこう嘆いている。「我われのオーストリアでは手続きが一つとして正規の方法ですまされることがない」[18]、と。政治政党各派のパトロン的システムの広がりがそうした伝統の上に根をはっていた。一九八〇年代にあって年間ほぼ八万件の口利き依頼がウィーン地区の気の毒な局長のところに寄せられていた。[19]

こうしたバロック的オーストリア精神、それは一九一七年首相のシュトゥルク伯爵（一八五九―一九一六）を暗殺したフリードリヒ・アードラー（一八七九―一九六〇）がおのれの殺人行為の理由としてあげたものでもあった〔シュトゥルク伯は一九一四年三月帝国議会開催停止を宣言し、国民代表会議のさいさんにわたる召集要求に逆らい、そのため暗殺される羽目になる。また、フリードリヒ・アードラーは、オーストリア社会民主党のもっとも有力な指導者ヴィクトル・アードラーの息子〕。「我われの居る国は、かつて反宗教改革の時代に武力をもってふたたびカトリックにされた国である。それは、人間の信念にたえず軽蔑をもっている国である。個々人が自分の信念にしたがって行動すべきことを決して承認しない国である。（一八）四八年革命のオーストリアをロシアとならんでヨーロッパにおける非文明的な国におとしめたメッテルニヒ的精神の国であり、自由な発言を封じ住民のなかに奴隷根性と役人根性を植えつけた国であって、わたしからしたらつねにひどい恥辱に感じてきた国である」[20]〔メッテルニヒ（一七七三―一八五九）は、ナポレオン体制打倒後のヨーロッパの復古調の保守的な大枠を決めたウィーン会議の議長を務め、ドイツ生まれでオーストリアの政治で大きな影響力を振るった人物〕。

ところで、別な伝統をもった、別なオーストリアもあった。啓蒙され、醒めた意識をもち、事柄に取り組むことを意識するオーストリア――それはヨーゼフ主義的な伝統、啓蒙の精神に源をもつものであった。啓蒙は人間の恒常的な教育プログラムと理解され、自由への自己教育のプロセスと理解された。その際上からのものと下からのものとがあったが、オーストリアでは上からの教育の方が圧倒的に多かった。

『鋤で畑仕事をするヨーゼフ2世』、1769年作、作者不明の木版画

政治文化のこうした要素を定着させたのは、マリア・テレジアの／ヨーゼフ二世の、改革の時期であった。オーストリアは前方への圧倒的な飛躍をとげ、上からの近代化を体験する。改革の目標は、統一的な家臣団体の創出であって、国民の解放ではなかった。それでも国家は家臣たちの生活のチャンスを改善したし、福祉国家のもろもろの端緒のさきがけとなるものをくわだてたと書き留めていいだろう。象徴的にみずから鋤を手にしている、皇帝ヨーゼフ二世〔在位期間一七六五～九〇年〕の肖像画は、遠く二〇世紀にまで影響をおよぼした。今日でもそうした肖像画を掲げている農家が何軒かある。ここに、オーストリア政治文化の別な要素が根づいている。お上に対する信頼、深く根を張った、疑似宗教的な国家への敬虔な態度、他方では司法の専権に守られながらのいくぶん硬直化した遵法精神。専横的な父親像がこうした超自我〔命令や禁令を受け入れて、そこを行動

のコントロールの基地にする人格の層のこと〕を強化した。こうした父親像は――慈悲深く、だが厳格――ヨーゼフ二世からフランツ・ヨーゼフ一世、イグナーツ・ザイペル（一八七六－一九三二）〔一九二二～二四年、二六～二九年首相〕、アドルフ・ヒトラー（一八八九－一九四五）〔オーストリア生まれ〕、ユーリウス・ラープ（一八九一－一九六四）〔一九五三～六一年首相〕からブルーノ・クライスキー（一九一一－一九九〇）〔一九七〇～八三年首相〕にまで引き継がれている。[21]

同時に官僚機構も独自の権力行使の余地を獲得する。啓蒙的で改革意欲と教養のある人びとに率いられて、この官僚機構は臣民のプライベートな生活に深くはいりこむ。衛生上の諸規定、埋葬の規定、衣装の規定……。（そこで）民衆は国家のあまりに過大な要求、あまりに性急な要求に抵抗した。オーストリアの政治文化を省察する際にはこの点についても目を向けなければならない。強情で粘りづよい農民の反抗姿勢――農民は飲食店で帽子をかぶったままだった。そうした抵抗姿勢は、農村ミリューのレジスタンスとして、ナチス時代にもふたたび登場する。だが全体としてみると像は変わらなかった。改革は上から与えられるもので、下から闘いとられたものではなかった。改革は臣民たち向けに官僚主義的に執り行なわれた。それでも改革は総じて生活のチャンス向上をもたらした。一九七〇年代になってもなお、社会に対する国家の影響はまったく肯定的に受け止められていた。

政治文化のこうした官僚機構的基本特徴は、色とりどりな国全体を束ねる決定的なファクターであった。官僚機構の枠内で妥協や暫定的な措置の術を学び、諍いを避けることを学んだのである。その一方でか弱い市民社会は、いつでも下部機構として国家に依存せざるをえなかった。

ヨーゼフ主義は、また市民社会の世論の初期形態を据えることにもなった。啓蒙的な議論がラディカルな底流の形をとりながらデモクラシー的議論の中核となる部分をとりあげる。[22]すべては民衆のために／だが民衆抜きにである、というスローガンに抗して、別なスローガンを据える人もでてくる。「臣民はそれがほんとうに自分たちの幸せのためになるのかと、まったく素直に疑う勝手なことをしている」。[23]さらにこうも言われる。民衆は「みずからその点について考える、その点に関してみずから提案する必要があるし、してよいはずである」[24]、と。こうした声はまだか細いものだったし、周辺で当てもなく口にされているものだった。それでも上の方では、いくつかの変化を記録していた。警察庁の書記がこうメモしている。「以前なら屁理屈も言わずに盲目的な従順性をもって法の呼びかけにしたがい、畏怖の念をもってお上を見、ドイツ人皇帝の臣民であることに名誉をかけていた善良な民衆は、もはやいない。……こうした善良で誠実、不満をもたない民衆など今時この首都で探しても無駄である」。[25] その種の「屁理屈をならべること」が、政治的な参加をせっつきながら、デモクラシー的な論議へと転化していくのだった。それは実際また、しばしばあったように、臣民根性とは逆の側に変質していく。ビールを呑むテーブルで際限なく不平をならびたてるのである。「男性評議会」におけるそうした居酒屋談義を――第一次世界大戦中ユゥーベルバッハ〔グラーツの北方二五キロ位の所にある町〕で行なわれたもの――アントン・ヴィルトガンスが作品『縁日（*Kirbisch*）』（一九二七年）のなかでこう書いている。「政治的指導者たちは、あまり気に入られていない。ある人にとっては厳しすぎるし、別な人にとっては手ぬるすぎる、そして誰からみても指導部は考えも理性もない、救いがたく愚鈍である。こんなふうに議論はもりあがるのであった」。[26]

もう一人の作家ゲオルゲ・ザイコ（一八九二―一九六二）は、不満分子のこうしたタイプを深層心理的に規定して、心的に抑圧された苦情屋で、最終的には諦める人である、[27] と言っていた。

## 第三節　世紀の転換期頃の濃縮増幅

ところで、一方のむしろ権威主義的な、他方のどちらかというと民主主義的な、二つの発展ラインは、一九世紀を越えて生き延びながらえて、それらの結びつきもありうるかにみえた。しかしそんなことがあるはずもなかった。それでも二〇世紀の初めに関するちょっとした総括は必要であるだろう。

アングロサクソンの市民文化にくらべると、分割的参加傾向のつよい構図のオーストリアの政治文化は、お上からのイニシアティブを期待するような国家文化であり、政治的な個人主義はまともに発展することがなかった。共同体のなかに身を沈めていたいという気持ちが、時どき異常につよくあらわれるのである。しかし市民社会が弱体というのは、部分的には利点へと逆転する、つまり近代化の先駆けへと逆転することになった。他のどこよりも早めに、福祉国家が根づいて、国家が、あまりに厳しい生活リスクから守ってくれる保証を引き受けたのである。[28]

オーストリアの民衆文化には、先々の細い根にいたるまでカトリック的な浸透がみられる。反教権主義的な人たちでもその呪縛からほとんど逃れられなかった。またカトリシズムは、一九世紀末に新たな形をつくりだした。「モデルネ」(モダニズム)に対する防御的イデオロギーとしての在り方である。一八五〇年から一九五〇年の間に教会にみなぎっていたのは、反革命的、反啓蒙的な精神であった。[29]村の教会の鐘が生活のリズムを刻む、日々の、一年の、洗礼から墓場までの一生のサイクルのリズムを区分するような、閉じられた評価のシステム。そのようなシステムは、天国の永遠の秩序、自然や社会の永遠の秩序に基礎を置いていた。こうした秩序により支えられていたのが聖なるトリオ、つまり「父なる神(Gottvater)」―「領主(Landesvater)」―「家長(Hausvater)」であった。人間はこうした権威にしたがわねばならず、反抗する者には地獄が待っていた。カトリック的な子ども時代の自伝的な証言にはそうした地獄への不安がわななき震えている。[30]厳しいタブー――くりかえし、典型的に悪しきものや性的なもののタブー――が日常を包囲していた。もっとも同時にカトリシズムは、保護されているという感じ、意味のある美的な生活世界を拓いたし、作法のある生活、「カリタス」〔カトリックの社会福祉事業団、大学生など若者の集団〕、つまり密かに反抗する人たちの生活で、告解の場〔カトリック教会で「許しの秘蹟」のことをいう〕であっさり罪の贖いができるような生活世界を拓いたのである。

システムの保護には、ステレオタイプの敵も必要であった。つまり、反教権主義者、自由主義者、シェーネラー一派〔ゲオルク・シェーネラー（一八四二―一九二一）、ドイツナショナル的で反教権主義者、「ローマと手を切ろう運動」の首謀者〕、社会民主主義者、そしてあらゆる敵のなかの敵、イエス・キリストを殺すのにかかわったユダヤ人である。どんな歴史的分析も、オーストリアの民衆文化の深い根の構造には、反ユダヤ主義が特徴的にみられるという立場にたっている。[31] 聖金曜日〔キリスト受難の日、復活祭前の金曜日〕ごとにこうした敵の像が意識・無意識のうちに確認され更新されてきた。キリスト教「社会」派もドイツ民族主義者たちも、こうして反ユダヤ主義を政治的な道具として利用するのをやすやすとやってのけた。称賛すべき啓蒙主義的な意図からとはいえ、ホロコーストを知って反ユダヤ主義がなくなっていくだろうと期待するのは、少々素朴であった。教会が第二回バチカン公会議（一九六二～六五年）ののち自己浄化のプロセスをとったというのは、ほんとうに決定的な意義をもっていた。一九六〇年頃からのち、民衆カトリシズムの閉じられたシステムが、ほころび始める。一九六五年以来教会に通う人の数が落ちこみ、復活祭の義務の履行も少なくなっていった。[32] 夕べのテレビ放送の儀式が、家庭内での祈祷に取って代わった。ツーリズム奉仕の方が、神への奉仕より重要になっていく。伝統に支えられていた民衆教会は、たえず生活の困窮や、生きる意味の欠落におびえて身を寄せようとする選択肢の一つのキリスト教へと変わってしまった。[33] 教会自身もより開かれたもの、より問題を意識したもの、より世俗的なもの、より思いやりのあるものになってきている。この変化の主導的な人物は、フランツ・ケーニヒ枢機卿（一九〇五―二〇〇四）である。――歴史家に、醒めた分析のフィールドをまかせると許してくれた人――二〇世紀後半におけるおそらくオーストリア最大の人であるだろう。

政治的な陣営の形成や、はっきりとした社会の民主化にもかかわらず、オーストリア人の基本タイプは生き長らえ、二〇世紀にまでおよんでいる。快楽的、非政治的、日和見主義的なオーストリア人というタイプである。そういうタイプを支えているのは調和（バランス）を求める根深い欲求であり、このタイプは公然たる抗争を平安の攪乱要素として嫌い、どんなことがあっても「自分の平安」を欲する。フリードリヒ・シュレーゲル（一八二一―一八九二）

〔ウィーンのフモリスト的風刺作家〕は、こうした「臣民モデル」の綱領をリベラルな視点から批判的にあらわにしてみせた。「おいらには面白可笑しきことは許されているが——政治については一言も口にしない——そして議論もユーモアばっかり」。[34] 一九一二年のヴィーナー・リートにも、そうした人生訓が次のように響いていた。[35]

俺は自分の隅っこに引きこもる、それが俺の静かな幸せ、
おいらはどうのこうのと言いはしない。政治なんか問題にしない。
争いごとは他の連中にまかせて、静かにおいらのワインを口にする、
時代のことなどでおいらが気に病むことはない、好んでほろ酔い機嫌でいたいだけだ。

平穏さの保証人は「シェーンブルンの老公」、すなわち皇帝であった。つまり詳しくいうと皇帝神話であった。皇帝の肖像画は、帝国のどんな役所にも見張り役として壁にかかっていた。皇帝の目には、神の目のように、すべてが見えていた。皇帝は、最上級の官僚であり、禁欲的な義務観念にみちている人、つねに制服を着てあらわれ、弾むような足どりの人は不死身のように思えて、皇帝はオーストリアのすべての政治的な徳を代表しているようであった。しかしそうした徳は、たしかにとくべつデモクラティックなものではなかった。皇帝は、荘厳な秩序に属する人で、かれの周囲には神のオーラが揺らめいていた。必然的に皇帝の儀式の中心にあったのは、祝日の礼拝であった。[36] 皇帝に向かって立っていたのは、自意識のある国民でも、「自由の身分生まれのオーストリア人」でもなくて、畏敬にみちた臣民であった。民衆は道の両側に人垣をつくってならび、しゃべっていいのは（町の）有力者たちだけである。しかし——これも思い出にあるのだが——この有力者たちが、村の会議室で、州議会で、国会で民主主義を学び始めたのである。カール・ルーエガー（一八四四—一九一〇）のような民衆護民官は、民衆の人気をめぐる争いで皇帝に公然と挑戦し、皇帝に抵抗することができたのである〔ルーエガーは、ウィーンの工業専門

学校の職員の息子という低い身分から頭角をあらわし、一八九七〜一九一〇年の間ウィーン市長を務める。大衆の人気は、皇帝も気にするほどのもので、市長に選ばれるも皇帝から任命を拒否されることもあった。ウィーン市政にさまざまな大きな功績を残すが、その政治スタイルや民衆操縦の手法はのちのヒトラーに影響を与えたといわれる」。

結局のところオーストリアの政治文化にまとわりついているのは深いペシミズムであった。進展したものは何もなく、いたるところにみられたのは、停滞であり／だらだらとした仕事ぶり／即興的な産物であった。まあこのようにひろく行き渡っていた生活感情を言いあらわすことができるだろう。片方には反抗的なスラブ系の国民がいて、従卒の民族であり、主人の身分になりたがっていた。他方には有能な本国ドイツ人がいて、世界市場を支配しようとしていた。重大なアイデンティティー危機に発した自己懐疑——ときおりたしかに「おいらはおいら（「Mir-san-mir」〔mir san mirとはwir sind wirの意である。世の中で起こっていることを自分に関わりないものとして、自分の世界だけに閉じこもる、オーストリア人にしばしばみられる心情・姿勢をいう〕の陶酔した気分に転化することもあったが、この自己懐疑が知識人たちのもとでオーストリアに対する一種の愛と憎しみの形となってあらわれた。——カール・クラウス（一八七四—一九三六）からトーマス・ベルンハルト（一九三一—一九八九）をみられるがいい。自己懐疑は政治文化の特徴的な落款であって、第二共和国まで流れこんでいる。この点が、オーストリア人気質のドイツ人気質と違うところである。一方には責め苛むような自己懐疑、他方には、しばしば高飛車にでがちな自己意識である。

## 第四節　陣営文化——国の祝日の場合

これがどうしてうまく結びつくのだろうか？　一方で「非政治的なオーストリア人」というタイプをあげ、他方で政治文化の深い分節化が第一共和国の特徴的なメルクマールだといっているのに？　さしあたり分析のレベルを分けて考える必要があるだろう。これまで考察は、全体的な文化にかかわらせてきたが、今度はパースペクティヴを変えて、視野のなかに部分文化を取り入れることにしよう。しかし、階級社会の頂点からしても、陣営的結びつきの頂点からしても、すべてのオーストリア人を一様に把握できはしないのである。住民のスペクトルは、広範なものであって、政治が触れるのはごく僅かな部分でしかない。それゆえ党員一人ひとりですら陣営文化の一部とはいえない。「非政治的なオーストリア人」は陣営の内部にもみられるのである。現代史家たちは、自国内のさまざまなグループの対決に目を奪われて、政治の浸透領域を過大に評価する傾向が少々あるように思える。これに対して、納得のいく論拠は次のようになるであろう。つまり、一九一四年から四九年まで五つの政治的政体が総体的な安定をえられたのは、そもそも、住民のかなりの部分が「非政治的に」暮らしつづけ、そのつどの現状（Status quo）に好感をもっていたからであった、と。そうした住民部分は、支配の立場にある人の手に落ちた獲物といってよかった。静かにワインを呑もうとするものは、ワインがじゅうぶんあるかぎり、誰が統治しているかなど、あまり気にならなかったのである。

そうはいっても、住民の別な部分は、かなり政治化されていた。過激化した党の活動家たちが政治的な音頭をとり、むしろ非政治的な人たちがもっとも具合がいい場合には、それに反響する層として役立ったのである。もちろんこうした考察は、研究・作業上の仮説的なものにすぎない。量的な評価が存在しないかぎり、経験的な基礎づけのある説明とはならない。

第一共和制の国の祝日を政治文化の例にとってみると、より確かなことをいうことができるだろう。その祝日の設定は、民主主義的・共和主義的な基本的合意から行なわれたものだった。一九一九年四月二四日、国会で五月一日と一一月一二日を祝日と休日にしようとの提案が出された。民主主義は、国家と住民とが一つということを一一月一二日に祝って、自由国家ドイツ人オーストリアという宣言を永続的に偲ぼうとしたのである〔一九一八年一一月一二日、暫定国民議会において「ドイツ人のオーストリア共和国」を宣言。国の統治規定などを採択する〕。四月二五日にすでに、議論もなく全会一致で提案は承認されていた。[37]

みるからに、五月一日（メーデー）の影が一一月一二日（共和国誕生の日）の上につよく落ちていて、それは国の祝日のための重要な保証物件であった。その日（一一月一二日）は、広い範囲にわたって、労働者階級の祝日でありつづけていた。「ブルジョワジーは、法律で決められた祝日を決して一緒に祝おうとせず、その日はかれらにとって、いつもプロレタリアートに対する屈伏の日であった」。[38] とにかくそんなふうにオットー・バウアー（一八八一―一九三八）は、いくぶん誇張気味にみてとっていた。

ところで一一月一二日は間接的にもう一つの厳しい競合相手と対峙しなければならなかった。皇帝の誕生日である八月一八日というライバルである。そしてその際、共和国の祝日は同時にもう一つの厄介な重荷、まったく俗な言い方をすると、天候気象という厄介ものと付きあわねばならなかった。暖かい八月の国民の祝日なら、薄暗くどんよりした感じの一一月より楽しく祝えるのは、わかりきったことだった。ロベルト・ムージル（一八八〇―一九四二）がハプスブルク神話を敷衍して述べているように、エロっぽくゆらめく夏の日の思い出と、「塞ぎの虫の落ち着きのなさに震えながら」の夜な夜なの思い出――後者の思い出は、共和制最初の年月の雨模様のどんよりとしてひもじさの募る一一月の日々に重くのしかかっていた。

### 儀礼的ポーズと儀式のレパートリー

「聖なるもの・荘厳なもの（Sakrale）」を共和国や、共通の体制愛国主義に転移させるのは、うまくいかなかった。一方の社会民主主義者たちは、かれらの政党政治を神聖化したし、他方のキリスト教「社会」派は聖なるものの政治化を――政治的カトリシズムの形ではかろうとした。しかし両者とも、国の祝日の式典の儀式では、古い形式に立ちかえってしまう。社会民主党の人たちの五月一日への立ちかえりも、キリスト教「社会」派の伝統的な巡礼への立ちかえりも、そのレパートリーは、すでに一九世紀に政治的に充電されていたものだった。
キリスト教「社会」党の祝典からみていくことにしよう。第一次大戦前のキリスト教「社会」派の集会では、ハインリヒ・アーベル（一八四三―一九二六）という（イエズス会の）神父、大衆人気があって言葉の操作に長けていた「ウィーンの使徒」が、毎年一一月一五日にはクロスターノイブルク、つまりオーストリア国の聖者、聖なる辺境伯レーオポルト三世（一〇七三―一一三六）の墓所への男子巡礼を組織し始めたのである〔クロスターノイブルクはウィーンのすぐ北、ドナウ河畔にある町。レーオポルト三世は、治世時代に現在オーストリアの主たる都市を傘下に収めた人物〕。一九一九年以降この巡礼はあっさり一一月一二日に前倒しされ、カトリシズムの政治的な祝日として新たに意味づけをされるようになった。[39]
（聖）レーオポルト／クロスターノイブルク／男子巡礼は、それぞれ象徴的なものをたっぷり含んだ付随的意義の分野のものだった。辺境伯は世俗化されない明確な意味で、国家と教会のなお揺るぎない一体性を示していたし、[40]カトリック教会と政治的カトリシズムは、第一共和制にあって、社会民主党によって脅威に晒されている教会の特権の維持のために必死に闘う。オーストリア領邦主権の「創造者」である辺境伯は、オーストリア愛国主義の擁護者でもあり、その愛国主義はキリスト教「社会」派陣営の方に、社会民主党陣営よりも深く根づいていた。バーベンベルク時代のオーストリア〔一一五六～一二四六年の間オストマルク（オーストリア）を支配した大公の名〕にまで立ちもどるのは、巧みな選択であった。ハプスブルク時代以前に立ちもどることによって、ハプスブルク的タブーに触れずに、帝国の伝統に結びつくことができるのであった。つまり、ハプスブルクの大国的野望に反して、バーベンベルク＝小オーストリアという小国家イデオロギーに結びつくのである。とりわけ聖レーオポルトは、曇りなき教皇権至上主義、ローマ教皇への忠誠の象徴でもあった。
それに対してクロスターノイブルクは、一連の違った連想を呼び起こした。その修道院は、ウィーンの郊外間近の、カーレンベルク〔ウィーンの森がドナウ河の淵まで達する一連の山並みをいい、その中心にあるのがカーレンベルク（四八三メートル）である〕の麓にある。政治的なカトリシズムは、その地で「赤いウィーン」〔社会民主党が支配するウィーン〕の外で自分たちの式典を祝うことができたし、それでいて首都ウィーンの都市権圏内に留まることができるのであった。カーレンベルクから一六八三年トルコ軍に対する大規模な防衛戦争が始まったという歴史もある。キリスト教的な西洋がここで「東方からの危険」に立ち向かって――そして勝利したのだった。ところで今カトリック的な目からみると「東方」（ボルシュヴィズム＝社会民主主義＝ユダヤ人）があらためて国土深く侵入してきていて、首都そのものを占領下に置いているのだった。トルコ軍に対してウィーンを守る闘いにキリスト教の戦士が挑んだのと同じように、今ではカトリックの巡礼者たちが「赤いウィーン」に対抗しなければならなかった――レコンキスタ〔異教徒に占拠された土地を取りもどす運動〕、十字軍、西欧的な伝統の救済として。イデオロギー的なプログラムであり、心理的には東方に対する根深い恐怖心にもとづくものであり、一九三四年には短期的に成功裏に貫徹できたし[41]〔ドルフースのオーストロ・ファシズムが政権を握る〕、ヒトラーも一九四一年から四五年にかけてそうしたプログラムを受け継ごうとしたのだった。

　キリスト教「社会」派の式典は、一九一九年以降女性たちにも選挙権が与えられた事実にもかかわらず、男子の催しとして祝われた。女性たちはとにかく比較的確実な票田とみられていたゆえ、引きよせるターゲットとなっていたのは男子の票であった。まず男子を「押さえてしまえば」、女性たちは女性のカトリック的な理想像にそって、どっちみちキリスト教「社会」派陣営のものとなる、というのである。キリスト教「社会」派の式典の場は、街頭というより、教会や集会室であった。祈りに説教、宗教的なセレモニーが政治を取り巻き、政治に祝福を与えていた。

　社会民主党系の式典はまったく違っていた。一九二三年から始まった行進やデモンストレーションが年ごとに大規模になっていく。一九二七年の流血となった七月の出来事のあと〔オーストリア東部の僻村で起こった事件の判決に怒った労働者たちが法務省を襲撃したことに発した抗議と弾圧の事件〕、最初の頂点を迎えた。モットーは、「君たち屈することなかれ」、であった。党が呼びかけた場合には、それがシグナルとなって、やってくるのは統制のとれた労働者階級であって、荒れる暴徒ではなかった。[42]

そのときから社会民主党は、国の祝日を大規模な労働者の、リング通りにおけるデモンストレーションをもって執り行なうようになった。リング通りを選んだのも非常に意識的なことである。リング通りは、貴族たちの文化的な主導的地位をリベラルな大ブルジョアジーが取って代わった、石畳みのシンボルであった。[43] ところがそこを今では、ハプスブルク君主制の華麗な大通りに大量の労働者たちがあふれ、赤い市庁舎(ウィーン市庁舎)前の仮設の演壇上に立つ党指導部の前をパレードするのだった。「共和国の祝日」とメーデーとの違いがますますなくなっていく。どちらの場合も催しを開いて楽しんでいるのは大衆であった。「SDAP(社会民主主義労働者党)」(Sozialdemokratische Arbeiterpartei)〔社会民主党の正式名称〕は大衆の神話に酔っていた。「ブラスバンド、赤旗、地響きを立てながらの行進、まるで強力な軍団が行進してくるようであった」。「……共和国に対する愛と忠誠の酔うようなシンホニー」。大衆、「決して老いることなく永遠に若さを保つ、根源的な力をもつ巨人」、驚嘆すべき規律、連帯、勇気、自己コントロールと冷静さにみちている。[44] 大衆、それは人民であり、それは労働者であり、もっと局限していえば、ウィーンの労働者であって、それ以外の何ものでもなかった。それでも行進する大衆は、きちんと隊列を組み、軍隊的に統率されていた。地区ごとに――報道のなかで地方組織が無視されるか、その特殊な行進の様子にじゅうぶん注目が払われていないと、惨めだった。社会的なはたらきにそって――鉄道員、家政婦の人たち……。周辺の組織にそって――耳の聞こえない人たち、エスペラント主義者……。その間に次々と赤旗。党の機関紙では(詩人)リルケ(一八七五―一九二六)の若者らしい感動の言葉つきでこうトランペット吹奏がされていた。「すると旗もまたふたたびほんらいの自分にかえった、決して旗はそんなに皇帝的なものでなかったのだ。……言うまでもなくそこで旗は輝き始め、大いにうち振られて、赤く大きなものとなった」。[45] 大衆は希望のしるしを帯び、「新しい人間」という夢を身体であらわしており、かれらとともに新しい時代が行進していた。それに反して、地方にとっては、またウィーンの資産や教養ブルジョアにとっては、赤い悪魔の行進であり、巨大なモンスターがウィーンの道路を練り歩いているようであり、不安をかきたて、現存社会の転覆が迫っているのを告げているように思えた。[46]

こうした行進とならんで、一九二〇年代の中頃より新しい祝祭形式が発達する。新たな余暇社会の諸要素を取りこみ、スポーツ的な形をとったやり方である。ゾフィア・ホールでの男女労働者たちの体操の模範演技の催し、子どもの遊戯、新たに開設したウィーン・スタジアムにおけるフットボール（サッカー）の試合などのスポーツの催しであった。

結果として確認できるのは、次のようなことである。政治的な部分文化の主流といえる祝祭やその儀式と儀礼的振る舞いは、お互いの敵のイメージを効果的に増幅したし、憎悪を煽り、威嚇の身振りを誇張し、合意形成的な国民文化の成立を阻んでしまったこと。それと同時に酔い心地にする祝典は、おのれの力の実態についてつい思い違いをさせてしまうことである。社会民主党の例でみると、大衆体験の陶酔が一九三〇年代の初め権力状況の現実を非常につよく覆っていて、自己錯覚に導いてしまったのである。ドルフース政府が一九三三年の国の祝日にデモをいっさい禁止すると、社会民主党にはデモンストレーション的な散歩程度の組織能力しか残っていなかった。唯一赤いカーネーションが控えめな抗議のシグナルとして輝きを発しているだけであった。警察は散歩参加者二二五人を逮捕したが、そのなかには引退した元国会議長カール・レナー博士〔なんどか首相を務め、一九三一～三三年の間国会議長〕もはいっていた。[47]

## 部分文化のレトリック

社会民主党の祝祭のレトリック的な形状は、共和制の最初の歳月につくりだされ、その後の時代にほとんど変わることはなかった。そのつど初めにはハプスブルク王朝を罵る儀式があった。オーストリアを六五〇年にわたって専制支配した「呪いにみちた」「残虐な一族」だ、[48]というのである。「我われがハプスブルク一族とその佞臣、大臣、将軍どもを追い払った一一月一二日が復讐の日なのである」、[49]という。かつての時代のこうした罵りのパトスは、陰鬱な精神的背景をつくりだし、共和国の困難な年月をいっそうくっきり浮き立たせ、未来の輝く星が昇りでるはずのところに暗い影を落とすことになった。とにかく、こうした罵りの儀式は、歴史的事実のいくつかを押し退けてしまい、社会民主党の指導部が君主制国家（ハプスブルク）を長い間、最後の瞬間まで救おうとこころみていたのを、忘れさせてしまうものでもあった。

そのあとにくるのは、自分たちの業績の強調だった。「プロレタリアートの意志があってこそ一年前に共和国を力ずくでえられたのである」。[50]たえずくりかえされるこうしたレトリックの形も歴史的にはかなり疑問のあるものだった。というのもこうした言い方では、一九一八年の秋には大部分の農民、市民階級の一部も精力的に（ハプスブルク）君主政体に背を向け、共和制を望んでいた事実を、覆い隠してしまうからである。これにつづいて論拠がさらに次元を広げる。「プロレタリアートの力だけが共和国を守り維持することができる。共和国という案件は、過去においても現在にあっても労働者階級の案件なのである」。[51]この場合いわれていたのは、反論の余地のない事態のことだった。つまり、革命的な局面で民主主義的な共和国を救って、レーテ評議会的独裁〔労働者や兵士たちの代表が独裁的に権力を握る過激な直接民主主義の一形態〕の直接的実験を阻んだのは、社会民主党なのであった。しかしそうした事実は、市民・ブルジョア階級から少しも感謝されなかった。それでも共和国は労働者たちにとってまったく具体的なものだった。八時間労働、労働者にもウアラウプ（長期休暇）〔ほんらい高級官僚だけが享受していたもの〕、事業所委員会の法律〔被雇用者側の利害を代表して、企業側と交渉する委員会設置の法律〕、失業保険などである。

社会民主党のレトリックは、弁証法的な三段論法の原則にそったものだった。過去の罵りのあとに現在の業績の称賛がやってきて、この称賛はまた未来の目標によって取って代わられるものだった。「市民的な共和国、民主主義的な共和国は、発展の最後のものでなかった。というのも、真の目標、偉大な目標、意欲する人類の崇高な目標は、社会的な解放」[52]、社会主義的な共和国であったからだった。「市民的な共和国は、人民の苦境に照らしてみれば、端緒であり、それだから、そうした共和国は克服するに値するものだった」[53]。社会民主党がすでに力なく片隅に追いやられていたとき、つまり一九三二年の国の祝日の行進の際にすら、横断幕には次のようなスローガンが掲げられていた。「共和国はまだたいしたことはない／目標は社会主義である」[54]。それでも社会民主主義労働者党は実践では、社会主義への道はひとえに民主主義をとおしてのみありうる、ということに疑問をもたせてはいなかった。

それを鏡に映したように逆になった形で反応したのがキリスト教「社会」派のレトリックであった。ハプスブルクの罵りに対抗してかれらは、（一九二〇年代の終わりにはますます力を込めて）君主政体の称賛、ハプスブルク神話をもちだした。とりわけカトリック教会にとっては、保護的パトロンとしての使徒的な皇帝の喪失は「大きく焼けるようにうずく」痛手であった[55]。一九二八年の国の祝日にあたって、連邦首相のザイペルはウィーン大学で講演を行なった。いつものようによそよそしい態度でかれが口にしたのは、君主制の崩壊が人びとに与えた「大きな苦痛」のことだった。広い大きな昔の帝国を心から受け止めていたのに、今では狭い弱小国家でどうにか息をしている人たちの苦痛である[56]。共和国という概念をできるだけ避けようとするザイペルは、完全に古代ローマの市民流儀で、「公共のもの、国家（Res publica）」という概念を好んで使うのであった。かれは国の祝日に一切の喜びの要素を認めなかった。共和国が君主政体の倫理的な理念に見合うようなものを対置できなかったからである。倫理神学（道徳神学）者のザイペルには、連邦首相としての自分の任務は、オーストリア革命の「塵芥」を片づけることだと思っていた。キリスト教「社会」派の論理は、この路線をたどっていた。どんな共和国の日も――それがくりかえされるごとに――一九一八年のオーストリアのカタストローフを思いださせるものであり、「かさぶたもまだできていない傷口」を暴くものであった。[57] そして社会民主党員たちが君主政体のあらゆるシンボルに「泥をぬろうとする」場合、そうした傷口につねに新たに塩を振り撒くようなものである、[58] というのだった。

社会民主党による共和国の祝いの添加物に対してキリスト教「社会」派陣営は、仏頂面と反抗の姿勢で反応する。「明日は国の祝日かもしれない。だが、そんなのはどうでもよい。一一月一二日が法律でもってオーストリアの人たちの祝日になるなんて我慢ならない。ある政治的党派が、この日を独占的に利用して、毎年政治的敵対者に対するデモンストレーションでもって冒涜している」。[59] こうした論拠などまったく偽善的だったのはたしかである、しかし戦闘的なほど反教権的であった社会民主党となると、カトリック陣営に共和制への道を容易にしてくれるような話ではなかった。後者の陣営にはそれで情緒的に満足できるような共和国的なシンボルなどみいだせなかった。レナーのつくった国歌などむしろ「滑稽な歌詞」[60] だと思ったのは、カトリックの人たちだけではなかった。そこで解決策としてあらわれたのは、程度に差はあるが、曖昧なオーストリア意識でしかなかった。だがそれは同時に神話的にはオーバーにされたものであって（「独特のゴルゴタの丘・受難」）、新旧国家の和解をはかろうとするオーストリア意識であり、この国の文化上誇張された偉大な使命を唱えるオーストリア意識であった。オーストリアはヨーロッパにおける政治面での大国の役割は失ったとはいえ、ハイドン（一七三二―一八〇九）、モーツァルト（一七五六―一七九一）、ベートーヴェン（一七七〇―一八二七）の国としてオーストリアはヨーロッパの文化大国に変わりはない、[61] というのである。一九三二年の国の祝日に関する『帝国新報』〔キリスト教「社会」党系の新聞〕の社説は、「よろしい、いたるところにオーストリア在りだ！」[62] という文言で終わっていた。

キリスト教「社会」派のレトリックがとくに苦々しく返答したのは、社会民主党の未来に予想される姿であった。社会民主主義の人たちは、期限つきの共和主義者であって、民主主義の解約予告を狙っている、[63] というのである。「社会民主党が欲しているのは、共和国などではぜんぜんなくて、社会主義という未来の国家なのである」。[64]

社会主義というビジョンに対抗して、キリスト教「社会」派はオーストリアの再カトリック化というビジョンを据えた。社会主義という間違ったデモクラシーに対して、キリスト教的な身分制国家という「真のデモクラシー」を、現存の分節化した社会やその政治的な部分文化に対して、客観性と社会的調和にみちた「真の民族共同体」を、ユダヤ人カール・マルクス（一八一八—一八八三）に対してイエス・キリストが「王」である、[65]としたのである。

そしてすでに一九三三年の国の祝日にあたって『帝国新報』は、脅すように単刀直入に「オーストリアはキリスト教的＝ドイツ的国家である、それに合わせて振る舞う者が、一緒にはたらいていいし、はたらくことができる、そうでない者はそうできないし、許されないのである」。[66]社会民主主義者たちは、一緒にはたらいてはならないのであった。

## 第五節　ナチズムの政治文化

この表題は少々驚きを含んだ響きをもつかもしれない。とりわけ政治文化にはアングロサクソン的意味で「civic culture」〔文字通りにとると「公民文化」となる〕を当てている言葉の使い方にとってはそう響くかもしれない。しかしそれでも、ナチズム時代を考慮から外すのは、次のような事態に目を閉ざすことになるだろう。つまり無数の人びとがナチズムの学校に通ったことや、ナチズムの「もろもろの理想」が一部国民の意識のなかに沈澱していた事実である。しばしばちぐはぐで、表にはわからない形であるが——それでも「ヒトラーのもとでだったらそんなことはなかったろう」とか、「小型のヒトラーなら来てもらう必要がある」、などというセリフは、今日なおそうした意識への沈澱をじゅうぶん証明している。

ある点からみるとナチズム支配は、急速に近代化を突き動かすことになった。アドルフ・ヒトラーが一九三八年四月一五日、大々的なプロパガンダの喧騒のもとヴァルザーベルクでザルツブルク–リンツ–ウィーン間のアウトバーン建設の最初の鍬入れをしたとき、それはもろもろの期待の束をかきたてる象徴的な行為であった〔五三九頁の写真参照〕。工業化のプロセスが、とくにオーストリア西部において、はっきりとつよめられ、社会の流動性が突き進められた。帝国主義的な生存圏拡張の野望により新旧の中産階層の間に、東方で待ちうけている偉大な任務と称するものをめぐって結晶するビジョンを生みだした。（神聖なる国という）帝国の夢は、まだ死んではいなかった。夢はハプスブルク的な装いに隠れてあちこち彷徨っていた。その夢はカトリックの「新たな国柄」的な充電をされていた。その夢が、『ドイツの家庭読本（*Deutsche Hausbuch*）』にあるように、突然「ドイツ的な」と突然変異することもあり、そこは「東の大地（Ostland）」と呼ばれる。「東の大地《オストラント》、お前には拡がりと遠方への視野がある。力にみちた河川と果てしない森がざわざわと音をたてており、茶色の移動砂丘がメルヘンのハープのようにすばらしい音色を響かせている。……そして次々とひろい農地が真夏の太陽の灼熱のなかで見事に輝く、実り豊かな食料の大地……そこには、力づよい軍団の堅牢な武器が激しくぶつかりあう音、闘いの雄叫び、勝利の歓声がある」。[67] こうしたお粗末な使い古された詩歌の調子が、各行ごとにしみとおっている。そのパトスは、欠如のパトス、夢と現実との食い違いのパトスであった。それは殺人者的なパトスであった。というのも、東方の人たちは、下等な人間としてのみ視野にはいるのであり、結局のところ、「東の大地」に存したのはアウシュヴィッツ！であったのだから。

オーストリアにおけるナチズム的近代化は、家庭や教会への伝統的な結びつき、地域や社会的なミリューへの伝統的な結びつきを弛緩させた。カトリック的な農民の倅がヒトラー・ユーゲント（青少年団）をとおして、はるかにひろい社会的・空間的な場とかかわるよう変身する。ヒトラー・ユーゲントの歌がアジりながら言うように、「前進、前進、甲高いファンファーレが朗々と鳴り響く！　前進！　前進！　若者は、危険など何も感じない」。もちろん同時に国家はすべての生活領域に介入し、おのれの全体主義的な図式にしたがって、それらの領域を形づくろうとしたのだった。
ナチズムのエセ革命的な要素により、保守的な権威や旧来のエリート層が弱体化し、新たなエリートがつくられた。このエリート層には身分階層や伝統による結びつきなどほとんどなかった。オーストリアのドイツ帝国への「併合《アンシュルス》（Anschluß）」はまた、無理気味に力んだ資本主義的能力主義社会への併合であり、ひろい経済圏への併合であった。ドイツの働きのテンポがオーストリア流のだらだらした仕事ぶりの逆の姿として執拗に宣伝された。仕事ぶりのこうした礼賛は、かなりの反響を呼んだ。イノヴェーション渇望のサラリーマンのもとで、テクノクラート的なインテリのもとで、反響を呼んだのである。この種の人たちは、立派な修業を積み、自分たちが業績発揮の能力のあるのがやっと示せることを熱望していたのだった。ところが、能力主義社会は、戦争能力へとたどりつき、近代化のダイナミズムは、途方もない破壊力を解き放ってしまい、その破壊力は人間的なバリアなどとっくに意に介さなくなっていた。
オーストリアの政治文化の権威主義的な特徴がつよまった——だがそれは旧来の伝統的なものではなくて、新たな現代化した権威主義であった。またしても資料として選ばれたのは、『ドイツの家庭読本』であった。その本のなかではドイツの戦闘機が、自分や仲間の引き起こしたイングランド島の火災をみている。その島はドイツの戦闘機からすると、時代遅れの朽ちた「民主主義世界」が没落していく象徴なのであった。[68]
ナチズム支配のそもそも特徴的なものは、近代化だけでなく、近代化と逆行する交錯や併存、テクノロジー的な能力主義社会と「血と大地」張りの反動的な典型的イデオロギーの別なバージョンの形をとった混合併存、つまり、紛い物と死との、身の毛がよだつような結びつきであった。[69]
イデオロギー的プロパガンダは、タコのできた拳で草刈り鎌を使う、人種意識のつよい農民に向けられた。一方でじっさい農業の機械化は、市場に左右され、いな、国家に依存する農業テクノクラートに道を拓いた。村にトラクターがはいり、処罰の儀式では（ナチスの）地区グループ長が古風な意識の儀式をもちだして手出しをする。

たとえば外国人労働者と関係をもった女子は、恥辱の非常に古い印として、公衆の面前で髪の毛を切り落とされてしまう。それが「人民裁判」であり、「健全な民衆感覚」と称された。平凡な男の田舎臭いメンタリティーに向かって巧みな呼びかけが行なわれ、「居酒屋の哲学（Biertischphilosophie）」が「国家の哲学（Staatsphilosopie）」へと普遍化された。秩序をつくりだし、犯罪人やアウトサイダー的存在の人たちはあっさり片づけられねばならないと言われ、芸術は「もっとわかりやすいものであるべきだし、インテリ的なアヴァンギャルドはユダヤ的で堕落しているのだ。生きるとは闘いであり、よりつよい者が生き残る。女は家庭にあって子どもの面倒をみるものだし、命令と服従とはどんな社会にあっても基本原則である」、というのだ。――こうした意見や類似の意見がひろく賛同をえていく。華美と輝きのある制服が明確な指導のヒエラルキーを強調していた。――黒い制服のスポーツマンらしいすらりとした親衛隊のリーダー、ラフな制服の飛行士が、民主主義的な政治家のだぶだぶのズボンとは違う像をみせつけた。ナチスは、歌の方がいろんな言葉より情動的につよい効果を発揮することを知っていた。この点は、「国民国家の歌」、たとえば『ホルスト・ヴェッセルの歌』〔「Die Fahne hoch! Die Reihen fest geschlossen!」（旗を高く掲げ！　隊列をしっかり組んで！）で始まる歌。一九三〇年にベルリンの突撃隊指揮官によってつくられたもの。ナチ党員ヴェッセルは私的な動機によって射殺されてしまうが、死後ナチ党の殉教者に祭り上げられる。一九三三年以降、この歌が「すべてに冠たるドイツ……」という歌詞が出てくる「ドイチラント・リート（Deutschlandlied）」とならんで第二の国歌にされた〕に言えることで、音楽的に興奮させて、麻薬のようにはっきりした分析的な意識を麻痺させるこの歌に当てはまるだけでなく、月並みな流行歌にも言えることだった。おそらく、戦争末期の年月において、『リリー・マルレーン』、『ラ・パロマ』、『そんなことに船乗りはびくともしない』などの歌は、管区のいろんなプロパガンダ演説者たちより、頑張るのにより多く貢献したであったろう。

指導者神話は、アドルフ・ヒトラーを神にも似た、なんでもできてなんでも知っている、絶大な尊敬の的の超父親的な存在のようにさせた。こうした神話はもっぱらプロパガンダの産物だと誤解してはならない。こうした神話には、民衆の非常にリアルな憧れや、とても現実的なフラストレーションがともに作用していたのであり――そしてこれらすべてをいわば宗教的な光のなかに浮かび上がらせていたのである。ナチスは、くわえて古い神話も動員する（ウンタースベルク〔ドイツ・オーストリア国境付近のベルヒテスガーデン・アルプスの一部地帯。ちなみにベルヒテスガーデンにはヒトラーの別荘があった〕のカール大帝の伝説）、つまり何百年もの間、民衆のなかに生き生きと残っている救済者神話である。多くの純朴な人びとにとっては、ヒトラーは老皇帝フランツ・ヨーゼフのような存在であり、人びと（自分の配下のものだけ！　この点に注意）に好意をもち、権利と秩序を配慮してくれる人なのであった。

すでにいろんな研究が実証しているように、ヒトラー神話の方が、政党に対する関心よりはるかに効果を発揮していたし、長く持続していた。[70] 外交上や軍事上の成果があがらないときには、神話が短期間麻薬の役割を引き受けて、不安や気持ちの動揺に耐えさせるのであった。一九四三年後成果がみられなくなると、神話もまた徐々に力を失っていく。神話の影響力が、ひどい最後まで持続していたのはナチスの中核層だけであった。それでも一九四五年の三月一三日になってもまだ、四人の子持ちの家庭の主婦が、日記に必死な思いでこう書きこんでいた。「総統がいずれにせよ何をすべきか知っておられるだろう。信頼を失ってはいけない」、[71] と。ヒトラーが死んでようやく全能の父という像が崩壊する。今や一九四五年五月一二日の彼女の日記にはこうある。「かれは我われを悲惨さのなかに置いてきぼりにしたのだ」。[72]「救済者」ヒトラーが「悪魔」のヒトラーになった。――それは、自分たちの共犯性から逃れようとする心理的な防御メカニズムであった。

ナチスは、階級社会や階級闘争に、「民族共同体（Volksgemeinschaft）」〔ナチス用語で、ドイツ人の運命共同体をいい、それは同時に防衛共同体であり血の共同体であって、階級や身分の規則はこの共同体には無縁のもの、といわれた〕を対置した。そうした像から農民的なタイル張り暖炉の温かみ、理想化された農村社会の温かみが流れでた。それは調和への憧れへと繋がったが、この憧れは、分節化した社会にあってつねに底流にあったものである。「民族共同体」

もたんにプロパガンダのフレーズや産物ではなかった。ナチズムの儀式には、日常を突き抜け——部分的に象徴的に——階級の垣根を消し去る機能があった。メーデーには企業の重役が労働者とならんで行進し、ヒトラー・ユーゲントでは公証人の息子が小作人の息子と顔を合わせ、「ドイツ労働戦線」(ナチスの労働組合) 陣営では、企業の幹部が労働者と一つの部屋に寝ることに価値が置かれた。党における市民的な名称の廃止は、同じく、身分の平等化効果を狙っていた。甘やかされて育ったブルジョア息子が「国家勤労奉仕 (Reichsarbeitsdienst)」〔一九三五年に導入された勤労奉仕義務の実行のための組織。その労働義務とは、(兵役前の) すべての若い男子と一七～二五歳までの女子が、職業教育や学校教育修了のあと肉体労働にそれなりの畏敬の念をもつよう教育しようとするものだった〕に行き、上流家庭の娘が「家事見習い期間 (Haushaltsjahr)」〔女子が他家に行って家事見習いをする期間のこと〕をすませねばならないというのは住民のひろい層に気に入られた。それでもリアルな階層ラインに少しも変化はなかったし、資産所有形態にちっとも触れるものでなかったが、しかし勤勉で純真な「国民同胞 (Volksgenosse)」〔ナチの用語で、民族共同体の一員だと思われるドイツ人のこと〕なら誰でも、何か意義があり、上昇のチャンスをもっているような思いを象徴的に伝えることになっていた。他方でナチズムにとって典型的なのは、殺人的に除け者を生みだす社会政策が——ユダヤ人種の抹殺、アウトサイダーの「除去」、奴隷労働、〝ドイツ民族に属さない人たち〟の動員——「民族共同体」のための部分的に現代的な社会政策と結びついていることだった。[73]

戦争が長引くほど、ますます宣伝された民族共同体がキメラ〔ほんらい異質なものが共同体をつくっているもの〕である実態をあらわにした。富める者と貧しき者、教養のある人とない人との間の旧来の溝が真剣に除去されたわけではなかった。住民の憎悪は、民衆が前線で血を流しているのに、背後で「仕事をせずにのうのうと暮らし」、調子よい生活を送っている政党のボスたちに集中するようになった。しかしそうした憎悪は、多くの人たちを巻きこんだ反体制運動とはならずに、諦めとやたら不平をならすことや、生き延びる個人的な戦術にしかならなかった。またしても民衆は支配層にだまされたという思いをもった。もっとも空襲に曝される夜ごとの苦境、軍事的な敗北への不安は――あらゆる政策の彼方で――事実上、下からの連帯（助けあう気分）を生みだすことになった。ナチ党が住民の三分の一をそれまでになかった規模で政治化するのに成功したのに対して、多くの人たちのもとでは、政治的な無関心、個人の領域への引きこもり、底なしの疲労困憊が蔓延していた。

## 第六節　デモクラシーの洪水？

わが国の歴史のきわめて権威主義的な政体は一九四五年に崩壊するが、国外から打倒されたのであって、国内からではなかった。一九一八年と同じように一九四五年も政治的なデモクラシーの到来は、軍事的な敗北の結果としてであった。[74]そうはいっても結びつくことのできる、現地育ちの（オーストリア生まれの）いくつかの伝統は存在していた。啓蒙主義、一八四八年、リベラリズム、第一次大戦前のデモクラシー的な一連の動き、一九一八年や、ナチズム独裁に対する抵抗運動などである。しかしながら比較的根づよい権威主義的な伝統のたいはんが一九四五年時に一気に消滅したわけではなかった。

当座定着したものに政治文化の分断状態があった。上の方の新旧の政治的エリートのもとでは、はっきりと民主主義的な基本観念があって、ナチズム独裁政体とオーストリアとのどんな関連も否定する。しかし下の方の民衆のなかでは「灰色《グレー》の伝統」が生きつづけていて、ナチズムのいくつかはそれほど悪くなかったと捉えていた。とにかく、一九四六年から四八年の間にオーストリアのほぼ三〇％から五〇％の人たちが、ナチズムはよい理念であって、その実行の仕方が悪かっただけだ、[75]と思っていた。そして一九七〇年代になってもほぼ二〇％の人たちが、「それほど悪くないことも時にはあった、もう一度小型のヒトラーがやってくる」、[76]という見解に与していた。戦争直後の飢餓の数年間はデモクラシー的な自覚などぜんぜん登場させることはなく、むしろ社会の基盤層では政治システムの憂慮すべき危機を招いていた。[77] 政治家でジャーナリストのエドゥアルト・ルートヴィッヒ（一八八三—一九六七）〔一九四六年から一二年間ウィーン大学の新聞学研究所の所長を務める〕が気にしながら、鉄道旅行中の次のような会話を伝えている。「〝国家〟を罵る機会を見逃すような人など誰もいやしません。……〝デモクラシー〟といって何かを思い浮かべられる人なんてほとんど誰一人いません。たいはんの人が知っているのはデモクラシーの影の部分（マイナスの部分）だけであって、デモクラシーなど余計ものと思うのがせいぜいといったところです」。[78] 一九五〇年代の持続的な経済成長になってようやく、デモクラシーの下からの支持がみられるようになるのだった。

大多数のオーストリア人は、ナチスでも抵抗者でもなかった。かれらはおのれの「義務」をはたし、ひろく自分は「非政治的」だと理解していた。このことが、一九四五年後の政治文化のどっちつかずの性格を説明してくれるだろう。それは、デモクラシー的な新たな端緒とならんで権威主義的な図式が作用しつづけた性格のことである。なるほどナチズム独裁制からデモクラシーへの政治的メンタリティーの移行は、滑るように進行した。命令や服従を好む、権威主義的モデルは、公的な妥当性を失ってしまった。ドイツ的なシンボルはがらくた置き場に投げこまれた。しかしそれらに代わってすぐにデモクラシー的モデルが登場したわけではない。支配的だったのは経済的な業績主義思考や、再建のパトス、抑えがたい消費欲であった。[79]

「長い一九五〇年代」がつくりだしたのは、強固な支柱をもった「コンセンサス・デモクラシー（Konsens-demokratie）」であった。[80] 国全体は相互に保証しあう比較的独立的な影響圏に分けられた。陣営の結びつきは、なお比較的密度が濃かった。しかし第一共和制とくらべると、世界観的な色合いは少なくなっていて、むしろ費用＝利益計算〔みずからの社会生活や経済的な利益の点でより効率的なものを選ぶ姿勢のこと〕にもとづいていた。同時に陣営の軍事的色合いはなくなって、精神的で物質的なものとなっていた。連立と社会パートナーシップが住民のなかでかなりの程度まで受け入れられた。この二つがデモクラシーや安定、完全雇用の保証のようにみなされた。[81] 中立性の意識が高く、一九五五年時で八六％が賛成していた――それはそのとき以降、オーストリアのアイデンティティーの安定した軸となっていくのである。[82]

しかし一九六〇年代以降二つの大政党の中核となる層が縮小し始める。「SPÖ」(オーストリア社会党)の場合中核支持層が七五%(一九六一年)から五三%(一九八五年)へ、「ÖVP」(オーストリア国民党)では五七%から三〇%へと減ってしまった。[83] 有権者たちはより独立的になり、今や政党を実際的に「選んで投票する」ようになり始める。陣営内の結びつきは緩み始める、ことに国民の目からみると政党同士がより似かよってきたからであった。

そうはいっても、政治文化の基本図式は非常に僅かしか変わらなかった。伝統的、権威主義的、とりわけテクノクラート的な価値があいかわらず上位に位置していた。生活のチャンスの改善、保障する国家の能力への信頼は、揺るがぬものであったが、それでも同時に政治的な無力感は持続していた。[84] あいかわらず民衆のなかには、次のような根拠のある疑念が根づよかった。つまり、ある当局に知り合いがいたら何事容易にはこぶ、というのである(この見解に賛成は九一%になっていた)。[85]

とにかく有権者層にかなりの流動性が生まれていて、最初はÖVPが、次いで社会主義者たちが単独政権をつくった。政治文化の次元では一九七〇年代に社民=自由党的な合意のタイプができあがった。[86] 福祉国家の拡充、教育革命、経営への共同参加のチャンス拡大などがこのタイプのいくつかの特徴といえる。しかしあらゆる生活領域にデモクラシーを浸透させるというプログラムは、下から(国民の方から)はっきり求められたわけでもなかった。啓蒙的で、民衆に親切なテクノクラート主義(技術至上主義)でじゅうぶんというのだった。

一九八〇年代になると、しかし技術至上主義ではもはや満足できなくなった。今では政治学者たちは不満の文化を究めている。[87] 政治的に活発な市民層が幅ひろくなり、政党政治への不満があきらかに増大する。今ではもちろんぶつくさ不平をならすだけでは留まらなくなった。いたるところに市民イニシアティブが誕生し、いたるところで国の官僚層や党の官僚主義が厳しく弾劾された。オーストリア人がその臣民根性を投げ捨て始め、市民文化の一切れをもつようになった。

しばしば話題になる「政党国家における不満」をどう解したらいいのだろうか？　短いパースペクティヴにたって、一九五〇年代や六〇年代を基準にすると、政治家たちの大騒ぎは理解できる。それに対してもっとひろい歴史的なパースペクティヴにたつと、発言の衝撃性がなくなる。政党批判や、政党に対する不満はこの二〇世紀になんどか高いレベルに達していた。たとえば、一九二〇年代の終わりや、一九四五年から四九年の間がそうであった。決定的なのはもう一つのファクターである。今では市民のプロテストが第一共和制のときのように民主主義嫌悪になることも、権威主義的図式を好む流れとなることもない。オーストリアの人たちの圧倒的多数（九一％）がデモクラシーをとにかく独裁制よりはましだと思っている。[88]

ところでこの二〇世紀を見渡してみると――その前半は我われにとっても「狼たちの世紀」（ナディイジュダ・マンデルシュタム（一八九九―一九八〇））〔夫のオシップ・エミリェヴィッチ・マンデルシュタムは、スターリン批判の詩を書いた廉で逮捕され収容所で死亡する。そのあと彼女は『涙のない世代』という自伝めいた作品（一九七二年）を残している〕であった――帳尻はさしあたり簡単なものである。オーストリアは二度目の試みで教訓を学んだのであり、社会は一九八〇年代には一九〇〇年の頃よりいくぶんかより民主的になったといえる。それまでの道は、骨の折れるものであり躓いた人がたくさんいた。「誰もが時代の浅瀬を無事に渡れたわけでない。水に足元の石を流されてしまった人たちがたくさんいた」。[89]　もちろん次のような問いに答はでていない。歴史的な教訓がこれから先にも記憶に留まるだろうか？　国民文化の欠損が、草の根デモクラシーの欠如が、長期的にみて埋め合わせされるのだろうか？　権威主義的要素がほんとうに払拭されたのだろうか？

# 第二章　数の戯れ——人口

数——数の背後でファンタジーは、人びとを生き生きとさせ、「我慢づよく目標に向かって進み、行動する人間をつくりだす」（ヤーコプ・ブルクハルト（一八一八–一八九七））。名前と履歴をもった人物たち、苦痛のなかで生まれ、しばしば苦労しながら死んでいく男女の人たち。そうした事実を我われは意識に留めて、そうした味気ない数の戯れのなかで生々しい現実を見失わないようにしなければならない。

一九一〇年当時オーストリア＝ハンガリー帝国の住民の数は、およそ五一〇〇万人であった。そのうち西側部分（ハンガリーを除いたオーストリア帝国部分）に二八〇〇万人以上が住んでいた。さらにいくぶん視野を——アルプス地方とのちの共和国に——局限してみると、この一帯での住民は五五〇万人（一八九〇年）から七五〇万人（一九七一年）に増えている。[1] もっとも活発な動きをみせたのは、ハプスブルク王朝時代最後の二〇年間の人口増加である（毎年一％超のプラス）。それがその後の第二共和制になると増加率は半分以下になってしまう。[2]

二〇世紀において住民の数はたった一度だけ減少する。一九一〇年から二三年にかけての時期で、政治的な出来事の結果であった。一方ではハプスブルク王朝の解体のためであり、他方は第一次世界大戦での死者による損失であった。

他の国々とくらべると、オーストリアの増え方のプロセスは、むしろ緩やかな方であった。この点でも「より強力な」ドイツ本国はもっと急激な増え方であった。三つの要因が人口増加を規定する。出生数、死亡数、そして人の流入である。

## 第一節　人口移動

第一次世界大戦以前には、帝国の都市／首都／王宮の都ウィーンは、図抜けて強力な磁石として、オーストリア資本主義のセンターとして、人びとを引きつけていた。[3] 仕事、豪華と思われるもの、文化、それに地方の村落よりはより自由な、管理される面のより少ない生活が引きつける力の源となっていた。マネス・シュペルバー（一九〇五―一九八四）〔ガリツィアに生まれてパリで暮らしたオーストリア出身の作家〕は、回想録のなかでガリツィアのユダヤ的な「シュテートゥル（Schtetl）」〔東ヨーロッパ、とくにガリツィアの小都市のユダヤ的な呼び方。ユダヤ人住民の社会構造や、とくにハシディズム――一八世紀にウクライナやポーランドで起こったユダヤ神秘主義運動――につよく彩られていた〕とは違ったウィーンの魅力を色彩豊かに描いている。「首都で王宮の所在地の街という二つとない名称は、帝国の遠く離れた最辺境にある町に対していつもうっとりするような作用の響きをもっていた。ウィーンは、輝きと華やかさ、この世における絶対的な美しさ、レンガや石でなく、光輝くクリスタルでつくられているに違いない王宮の街、夜のとばりも決して降りようとはしない街であると思えたのは、九歳の男の子だけでなかった。わたくしのように多くの人たちが将来いつか皇帝のいる街に住んでみたいと夢みており、ウィーン生まれの人たちのように、微光を発する素敵で豪華な馬車に乗るフランツ・ヨーゼフ一世を日々感嘆しながら目にするのを夢想していたのである」。[4]

　ウィーンだけが、一八八〇年から一九一〇年の間に二二・一%という人口移入の増加を記録していて、ほかののちに連邦州となるところからは（ザルツブルク、チロル、フォーアアルルベルクを除いて）人口が流出していた。[5]首都ウィーンの人口増は、とくにボヘミアとモラヴィアからの流入であった。――一九〇〇年頃ウィーンの人口の二五%以上が（チェコ）ズデーテン地方の生まれであり――アルプス諸州からは少なかった（四%）。[6]これはその後、第一共和制にとって重要性を帯びる要因である。何世紀もとおしてウィーンは、人口の面でも経済の点でも「いうなればアルプス諸州に背を向けていた」[7]のである。

　一九〇〇年頃のウィーンには、チェコ生まれやスロヴァキア生まれの人たち二五万人が暮らしていた、もっと適切にいうなら、条件のよくない環境に住むか、細々と暮らしていたのである。[8]ボヘミア出の料理女が民衆神話にのめりこんでいて、ウィーンの台所にも影響を刻みこんだ。この種の移民たちは――たいはんが若くて希望にみちていて――大都市ウィーンでショックを味わう。自伝的な報告は涙で濡れている。フランツ＝ヨーゼフ駅は、あるリベラルな観察者によると、完全な「奴隷市場」だと思われた[9]〔当時はこの駅が東欧からウィーンに入ってくる玄関口といえるところであった〕。気持ちのうえで／金銭面で支えとなっていたのは親戚や友人たちであった。あるシュレージエン生まれの織物の遍歴職人の若者が徒歩でウィーンに向かい、旅籠の硬いベンチで眠り、水とパンで凌いでいた。その男がある日曜の朝、街の境にたどりつく。「向こう岸には大きな家並みの海があって、そこから大都会の喧騒が鈍い感じでこちらにも聞こえる。その喧騒は田舎育ちの者にとっては驚愕と驚きの気分にさせるものだった。……ウィーンにやってくる、そしてこの地で自分を幸せにする、これがわたしのごく小さい少年時代からの夢であり、同じく多くの人たちの夢であった。そのわたしが今ではウィーンに、この何百万人もの街にいるのだが、孤独に見捨てられたようにじっと座っている。今までなかったような孤独感であった」[10]。この織工の遍歴職人は出世をとげ、第一共和制の初めには大臣となり、進歩的な社会立法のための大きな仕事をしたのである。かれの名はフェルディナント・ハーヌッシュ（一八六六—一九二三）という〔社民党の政治家で、さまざまな社会立法の構想・成立に貢献する。一日八時間労働、事業所委員会、労働者のウアラウプ〔長めの休暇〕、集団協約、社会保障の充実。人間的闘争的な姿勢で多くの文献的著書も書いている〕。しかし何十万という人びとは押し黙ったままであり、灰色の（生彩のない）大衆として留まった。「レンガを次々と積み上げ、敷石を次々とならべる、薄暗い屋根裏で靴をあみあげ、照明の悪い部屋で布地を裁断し、埃っぽい地下室でカンナをかける。そして狭く不健康で湿気の多い部屋に押しこめられながら夜の安らぎをさがすのだった」と、ある生活報告のなかでは波瀾に富んだ姿が強調して描写されていた。[11]

第一次世界大戦の初め、オーストリア＝ハンガリー軍が東部で退却を余儀なくされたとき、ガリツィアの避難民の波が帝国の内部へと押し寄せる。たいはんがロシアのポグロム〔特定の集団に対する政治的迫害〕を恐れたユダヤ人であった。三四万人の難民であり、一九一五年には七万七〇〇〇人のユダヤ人がウィーンにやってくる。ほとんどがひどく貧しかった。そしてガリツィアで裕福であった人たちも、ウィーンでは、マネス・シュペルバー一家のように、「貧困への転落」を味わうのである。[12]『放浪途上のユダヤ人（*Juden auf Wanderschaft*）』という悲しくも素晴らしいエッセイのなかでヨーゼフ・ロート（一八九四—一九三九）〔没落直前のハプスブルク君主制の姿を好んで描く。一九三三年以降パリに亡命、客死する〕がよく引用される一文を書いている。「東方ユダヤ人（Ostjuden）であることは、恐ろしく難儀であった。ウィーンでよそ者である東方ユダヤ人の運命より困難なものはない」[13]〔東方ユダヤ人とは、東／南東ヨーロッパ系の、社会的にたいはんが下層に属するユダヤ人のことをあらわす表現。かれらは、啓蒙と解放を特徴とする中部／西ヨーロッパ系のユダヤ人とは違って、正統派のユダヤ教の立場をとって伝統につよく結びついていた。オスト・ユダヤ系文化の中心はガリツィアであった〕。ウィーンの同化したユダヤ人にとってはショッキングな体験であった。二、三世代まえから捨て去っていた、黒いカフタンにこめかみの巻き毛という生涯の思い出にあらためてでくわす。シュテファン・ツヴァイク（一八八一—一九四二）〔富豪のユダヤ人としてウィーンに生まれるが、亡命を強いられ、南米アルゼンチンで自殺した作家〕はちょっと気分を損ねて日記に書いている。「故郷を捨ててきた難民の群れ、妻と乳飲み子を抱えた貧しいポーランド系ユダヤ人。すべてに惨めさの奇妙なきつい臭いと、逃亡の混乱がつきまとっていた」。[14] こうしたユダヤ人のおよそ半分は第一次世界大戦後ウィーンに留まり、荒れ狂う反ユダヤ主義の格好のターゲットとなっていく。しかし一〇年ごとに行なわれる人口調査では——一九一四年から四九年の間に実際みられたような民族移動の激しい動きは、かなり前からみられなくなっていた。

カルメルリーテル広場の正統派ユダヤ人たち、1915 年頃

　一九一八年後に近隣諸国の人たちが、チェコ人一〇万人を筆頭に、オーストリア共和国から去っていった。[15] それに対して役人や将校がもどる流れをつくっていた。ウィーンは一九一六年時人口二二〇万人で、住民数では最高を記録する。[16] 第一共和制になると、トレンドの逆転が起こる。一九世紀は、アルプス諸州の「地方化現象」という特徴がみられたのに対して、二〇世紀になると、地方の爆発的な「脱地方化」（一九一八年から二〇年、一九三八年から四〇年）がみられ、そしてその後ゆっくりとした「脱地方化」となる。一九二三年時にはオーストリア人の半分以上がウィーンとニーダー・オーストリア州に住んでいた。しかし一九八一年には三九％だけになっている。[17] 一九一〇年には人口の二一・三％がウィーンで暮らしていたが、一九七一年になると二一・七％だけになっている。[18] ウィーンは、（ほんらい）五〇〇〇万人の帝国の首

都としてサイズ採りされていたのである。それが小国となった共和国では過度な人口を抱えた首都のように、多くの人には思われるのであった。第一共和国の数多くの政治問題域の一つは、こうした人口統計的なアンバランスから生じていた。さまざまな社会科学的研究のなかでオーストリアは、スイス、イタリアやドイツの国などといった「多頭型的な」（いくつかの大都市をもつ）構造とは違って「単頭型的な」（飛び抜けた中心をもつ）特徴の国として描かれている。[19] 権力、富、文化が首都に集中しており――それが今では社会民主党員の手で市政が行なわれているのだった。

　移民を二つのタイプに区別することができる。程度の差こそあれ自由な意志でよりよい生活のチャンスを求めての大量移動と、戦争や政策が原因の強いられた大量移動である。最初のタイプにはいるものは、国内移動と国外流出である――転出喪失（一九一八年から二三年）ののち、ウィーンは一九二三年から三四年の間にふたたびほぼ一〇万人の人口増加を記録する。[20] それに対してブルゲンラント州〔ハンガリーとの国境にある地域〕に住む人二万三〇〇〇人が一九一九年から三三年の間に故郷を去っていった。[21] 他方で第一次世界大戦中のユダヤ人難民は、第二のタイプの先触れにすぎなかった。ナチズム専制政治の覇権政策により別な大量の人間の移動が引き起こされた。何百万人にさらに何百万人という人たちが大陸中を動きまわった。それはしばしば死の行進であり、マウトハウゼンをめざしたハンガリーのユダヤ人がそうであり、あるいは第二次世界大戦後にも「モラヴィアの人たちの死の行進」があった。「アンシュルス」（ヒトラーによるオーストリア併合）ののちオーストリアのユダヤ人は国外移住を強いられた。一九三八年から四一年の間に一三万人から二〇万人のオーストリア人が国を去っているが、ユダヤ人の三分の二が、そのようにして辛うじて生命だけは助かったのである。[22] 今日にいたるまでオーストリアは、こうした創造力の損失を取りもどせていない。[23] そして恥辱は残りつづけるだろう。住み着いたユダヤ人たちの幻滅も底なしのものだった。多くの人たちのうちの一人が次のように伝えている。「平凡な商人として家族とともに〝芸術と文化の都〟ウィーンで暮らしていた。ここで学校に通い、心の髄の髄までわたしの故郷の町と一

オーストリアの全人口に占めるアルプス地帯の人口の変化（1869～1981年）

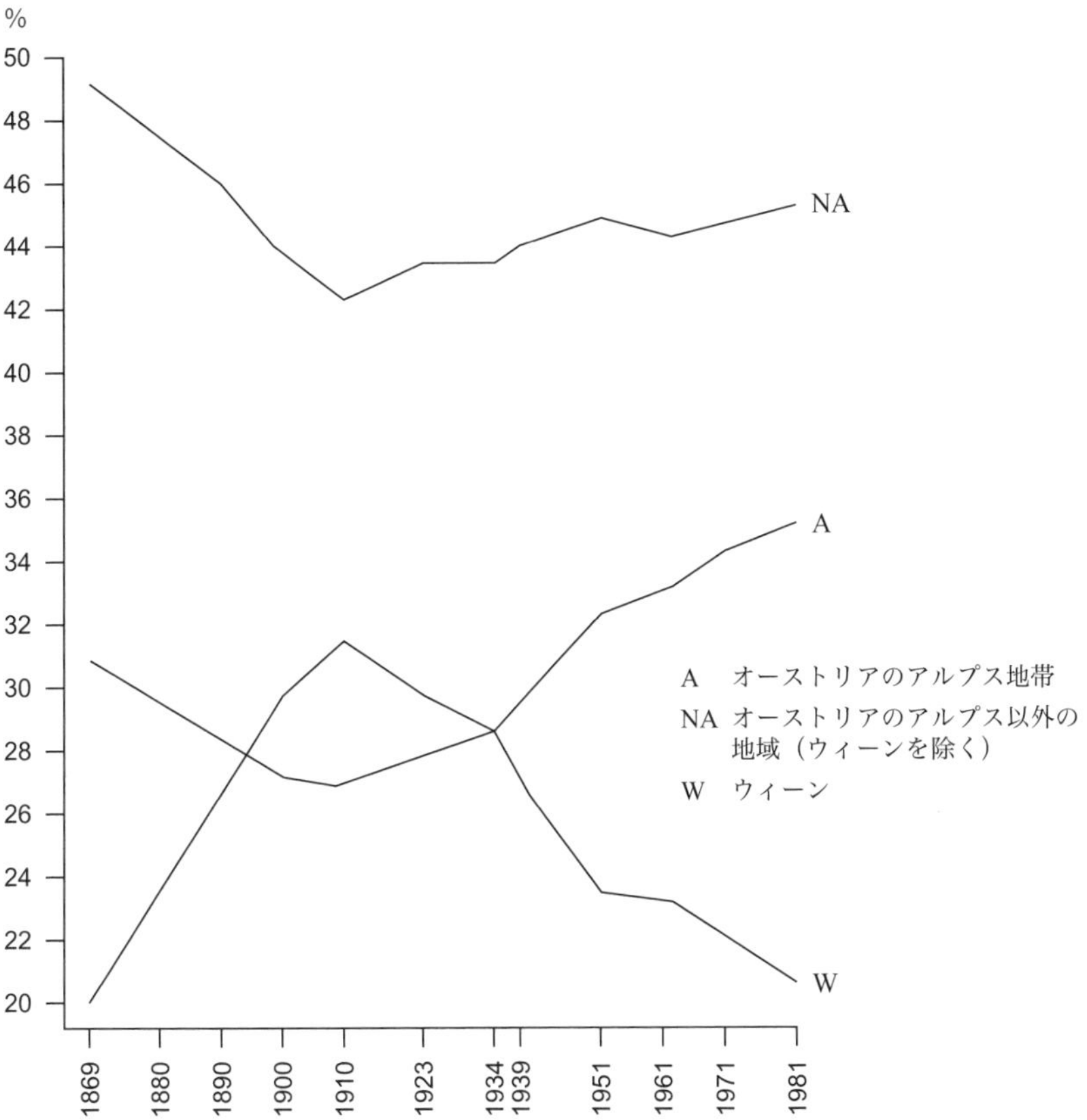


カール・フーザ／ヘルムート・ヴォールシュレーゲル『オーストリアのアルプス地方における人口変動の時間・空間的展開』（カール・フーザほか編）（Karl *Husa*/Helmt *Wohlschlägl,* Raumzeitliche Aspekte der Bevölkerungsentwicklung im österreichischen Alpenraum. Beiträge zur Bevölkerungsforschung [hg. von Karl *Husa* u.a.]）ウィーン、1986年刊、22頁より。

つになっていた。〝黄金のウィーンの心〟はわたしにとってたんなる言葉だけでなかった！　〝居心地のいいウィーン〟の行為がわたしに用意していた幻滅を誰か想定できた人がいるだろうか?!」[24]住民たちの一人の、工場の持ち主で大学の教授でカトリックの洗礼を受けた人が、誇りをもって、反応している。「列車が夜明け前にスイスの国境を通過したとき、わたしは誰にいうともなくつぶやいた。〝こうして、今ではおれも乞食の一人だ〟。するとまだ薄暗いコンパートメントから見知らぬ声がした。〝……でも誇り高き物乞いだぜ〟。そのあとまもなくわたしは食堂車に行った、そんなことは一年前からできなかったことだった。すなわちわたしは新聞『チューリッヒャー・ツァイトゥンク』〔伝統あるスイス第一の新聞〕を買って自由のなかで朝食をとったのである」。[25]

第二次世界大戦の終了時にオーストリアの異国人は一六〇万人を数えた（およそ住民の二七％）。[26]それはわが国の歴史でおそらく最大の人口移動の結果であった。ジーベンビルゲン〔ルーマニアのカルパチア地帯などを含む一帯〕から「国民同胞」、バーチカ〔ドナウ河とタイス川に挟まれた地域で、一部はハンガリー、一部は旧ユーゴスラヴィアに属していた〕から来た人、バナート地域〔ハンガリーとルーマニアの国境にまたがっていて、ドナウとタイス両河川に挟まれた一帯〕から来た人、地域戦争捕虜、強制労働者、戦争で故国を失った難民、それにズデーテン地方から追いだされたドイツ人、生き残ったユダヤ人などである。加害者と犠牲者とがごっちゃになっていた。そして非常にすみやかに犠牲者が加害者になっていくのだった。一九四七年さらに一一万三〇〇〇人の避難民がやってきた。[27]かれらは、たいていはオーバー・オーストリア州に設けられたおよそ一〇〇〇のキャンプで肩を寄せあって暮らしていたが、多くの人たちがふたたびオーストリアを去っていった。しかし全体としてみると（第一次世界大戦時とは違って）人口移動のプラスは、戦死者による損失をかなり埋めあわせしていた。一九三四年から五一年の間に人口は一七万三七〇〇人ほど増え、そのうち出生数は〇・三％、それに対して流入人口が二・三％増となっていた。[28]

第二共和制では、他面で平和的な人口移動が生じた。一九七〇年時で二〇万人以上の「ガストアルバイター」（外国人労働者）がオーストリアで厳しい労働をこなしていた。[29]しかしあいかわらず政治的な難民が断続的にやってくる。一九五六年（動乱の）ハンガリーから、一九六八年（プラハの春の弾圧）チェコスロヴァキアから、一九八〇年には（戒厳令下の）ポーランドから。オーストリアは当時、避難先の国であることに誇りをもっていた。

## 第二節　誕生と死亡

二〇世紀の初めオーストリアは「人口動態変動」の第二の局面を迎える。（一八八〇年代以降の）最初の局面は、死亡者数の減少で特徴づけられ、第二の局面では出生者数の減少となる。[30] 一九〇二年時出生数が一九万一九二六人でたしかに最高の値であった。だがそれでも出生率はすでに、三・二％（一八八六〜九〇年）から三・〇三％（一九〇一〜〇五年）にやや落ちている。[31] フランス、産児制限のパイオニア的な国のフランスでは、この値はすでに一八三〇年の頃に達していた。二〇世紀の前半、出生率は政治的・経済的な危機のあとを追うように、三つの目立った最低ポイントを記録する。一つは第一次世界大戦の時期、一九一七／一八年に出生率は一九一三年の値の半分に急落する。二つ目は世界経済危機の影響下の数年間で、一九三七年一・二八％の出生率となり、これまでで最低を記録する。[32]「身分制的」政体〔ドルフース／シュシュニク率いる政体〕の政治的な安定性というのは、人口統計的なデータからも評価してみなければならない。するとその安定性はきわめて僅かなものであった。三つ目は第二次世界大戦の最終局面、第一次世界大戦とは違って、ナチズム時代の出生率低下は、一九四五年頃、最終局面にさしかかってはじめて著しいものになっていた。

低い出生数の最低局面というのは、いつでもそのあとに、先延ばしになっていた子ども欲しさを取りもどそうとする局面をともなう。一九二〇年代の初め、ナチズム時代の初期、第二次世界大戦の直後がそうである。もっとも、ナチズム時代の出生率の目立った増加は、取りもどしの欲求だけでは説明がつかない。イデオロギ

出生者数と死亡者数（1880～1980年）

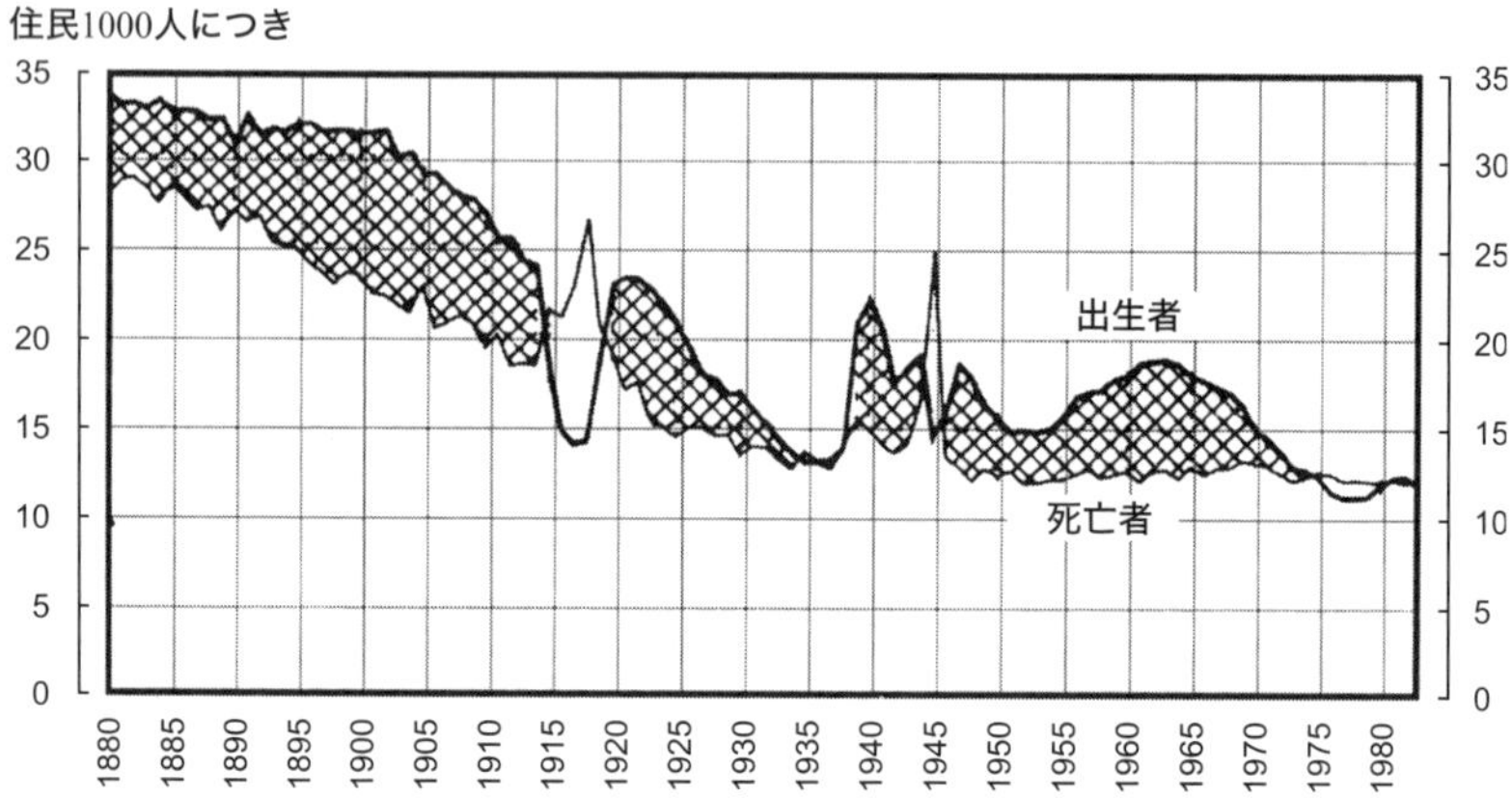


ペーター・フィンドル『人口と福祉国家』(Peter *Findl* u.a., Bevölkerung und Sozialstaat) ウィーン、1987年刊、15頁より。

ー的社会政策的な要素（子ども手当て！）も一緒に作用していた。人口統計上の結果は、いずれにせよ次のような単純化理論とは合致しない。つまり、たしかに多くのオーストリア人が短期間ナチズムに酔ったが一九三八年の秋にはすでに背を向け始めた、というテーゼには合わないのである。

　世紀の後半には別な要因が出生のリズムに作用した。一般的にいえるのは合理的な生活プランがあらゆる社会層でますます浸透し始めたこと、つまり家族計画である。社会的なコントロール拠点が、外的なコントロール——司法、教会、村落共同体から外れて、人びとの（個人的な）内部に移ったのである。

　こうした一般的背景のもとでは一九六〇年代初めのベビーブームの説明は難しい。目を向けねばならないのは、婚期のことであり、結婚である。その時点で男女が親密になる関係が頂点を迎える。経済成長の増大が、どんな男女にとっても結婚ができるようにした。人口統計学者たちによると、一九六〇年代の初期は、「結婚と子どもをもうけることの黄金期」[33]といわれる。一つの世代のうちこれほど大きな部分が結婚し、嫡出の跡継ぎをこの世に送りだしたことは、ヨーロッパにおいて以前にはなかったことだった。

　ほとんどのアルプス地帯の社会で、伝統的に結婚年齢が異常に高く（男で三七歳）、独身者の数が多かった（三〇%から六〇%）[34]が、それが二〇世紀において急激に変化する。五〇過ぎの独身女性の割合はオーストリアの場合一八八〇年時で二四・七%であったのに、一九六一年になると一二・二%でしかなかった。五〇過ぎの独身男性の割合が一八八〇年に二二・二%であったのが一九六一年には八%。同時に結婚年齢も下がっていた。

表2は、生活のチャンスの増大をはっきり示している。しかも二つの次元で、つまり結婚のチャンスと、社会的に認められる性の体験の面で。家庭をもつことが、特権から標準的な状態になった。同じように数値は、新たな問題領域も示唆している。男女はますます長期にわたって一緒に暮らし、折りあいながら暮らさねばならないのだった。

表2　平均的な結婚年齢と平均的な結婚持続年数

| | 生まれた年 | 平均的結婚年齢 | 平均的な結婚期間（離婚なし） |
|---|---|---|---|
| 男性 | 1870 | 30 | 28.2 |
| 女性 | 1873 | 27 | |
| 男性 | 1902 | 28 | 36.0 |
| 女性 | 1905 | 25 | |
| 男性 | 1922 | 28 | 38.8 |
| 女性 | 1925 | 25 | |
| 男性 | 1946 | 24 | 43.1 |
| 女性 | 1948 | 22 | |

ヴォルフガング・ルッツ『結婚、離婚と子どもの数。人口統計的情報　』（Wolfgang *Lutz*, Heiraten, Scheidungen und Kinderzahl. Demographische Infomationen）、1985年刊、7頁より。

一九六三年時の出生率は、一・八八%でベビーブームの頂点を迎えていたが（比較すると一九〇〇年時には三・一三%を記録していた）、七〇年代の終わりには急激に低下し始める（一九七七／七八年で一・一三%）。出生率は人口全体にかかわるパーセンテージあり、妊娠可能な状態の女性にかかわる出生率である。二〇世紀の初めオーストリアの女性は一人平均して四人以上の子どもをもっていたが、一九八四年には一・五二人となってしまった。[35]子ども二人という標準はあらゆる社会層で貫徹されていく。宗教や地域などの要因は——これらのファクターは、たとえばチロルではひろく二〇世紀にいたるまで高い子どもの数となってあらわれていたが——影が薄くなって、現代的な家庭モデルがチロル地方でも浸透するようになっていく。[36]

どうやら、生活スタイルの現代化と個性化というのがさまざまな文化的価値の図式と結びつくようになったらしい。「長い五〇年代」の保守的な文化体系が正式の結婚を生活目標としていた。それに対して一九六〇年代の「セックス革命」、現代的な消費社会とその魅惑的な余暇の提供の推進力、女性たちの急激に高まる家庭外での職業活動、女性解放などが総じて、今までとは違った生活目標を浮かび上がらせた。七〇年代になると子どもの数が急激に減少する。この流れを結婚も追う。ますます多くの男女が婚姻証明書なしに一緒に暮らす――これは教会によって長い間、内縁関係として非難されてきたものだった。非婚率や、非婚で生まれた子どもの割合は、二四・五%（一九〇〇年）から一一・二%（一九六五年）に減少し、一九七〇年代／八〇年代になるとふたたび急激に増えていく。その割合は一九八三年にはすでに二二・四%もの値になっていた。[37]一九〇〇年頃子どもは貧困の文化から非婚の形で生まれていたのに対して、一九八〇年代のその種の決断は、たいていが自由な意志による、別な生活構想が動機となっている。[38]それとならんで統計は、独り世帯の劇的な増大を示している。これは歴史的には例のない現象である。というのも以前では独身の人でも独りで暮らしていたのではなかったからである。オーストリアではこの独り世帯は一九八四年ですでに二七%になっている。[39]

出生率とならんで死亡率も人口動態を調節している。五年間の平均でみると、死亡率は、二・三三%（一八九六～一九〇〇年）から一・二二%（一九五一～五五年）に、つまりほとんど半分に落ちている。一九六〇年代の数字は、高齢の割合が増したためふたたびいくぶん上昇する。[40]この世紀の偉大な業績は、乳幼児の死亡を減少させたことである。男の子の乳幼児の場合、二三・〇%（一八九九～一九〇二年）が二・〇%（一九七五／七七年）、女の子の乳飲み子で同じ期間に一九・三%から一・六%に低下していた。[41]二〇世紀の初めでは一般的な死亡原因のトップにくるのは結核であって、プロレタリア病／ウィーン病とも言われた。それが裕福病の心臓障害や循環器機能不全に取って代わられた。

人類の三つの大きな災い、飢餓、ペスト、戦争のうちわが国では、前の二つは除去することができた。それに反して戦争は、二〇世紀の前半で以前になかったほど多くの死の犠牲者をもたらし、第一次世界大戦で一八万人から一九万人、第二次大戦で二四万七〇〇〇人の戦死者を出した。[42] 全体的な数字が裏づけているのは、どの村の墓地の戦争記念碑がそうでなくとも教えていること、つまり第二次世界大戦のはるかに多い犠牲者の数である。その数字を人間に置き換えてみる、つまり父、兄弟、息子に置き換えてみると、苦痛の規模、社会経済的な帰結の規模をありありと思い浮かべられるだろう。いつでも地方の地域ほどより大きな犠牲を嘆かねばならなかった。第一次世界大戦ではケルンテン州が犠牲者決算書のトップであったが、第二次世界大戦では、ニーダー・オーストリア州とオーバー・オーストリア州がトップとなってしまった。

## 第三節　伸びる寿命

「制御仕切れない力をもって老人たちが前面にでてきている」。この文言をペーター・ボルシャイトはその著『老人の歴史（*Geschichte des Alters*）』の書き出しに使っている。[43] これは、世界的にみられる社会発展のプロセスである。こうした展開のオーストリアのリズムを示しているのが表3である。

この一世紀の間に、子どもがますます減り、他方老人の占める割合が、二倍以上になった。地域別の分布は、経済成長や人口増加が目立って多いほど社会も若くなる、というテーゼを裏づけている。

高度工業化の図式——比較的若い中心都市、比較的歳をとった地方——は二〇世紀において逆になってしまった。脱地方化のもう一つの指標がある（表4参照）。経済的にもっとも活気のある連邦州、フォーアアルルベルク州が、同時にもっとも若い人たちの住む州になっている。

ところで問題を別の視点からみることにしよう。誕生から期待できる寿命が男で三二・七歳（一八六八／七一

表3　総人口に占める子どもと老人の割合（%）

| 子ども（15歳以下） | | 老人（60歳以上） | |
|---|---|---|---|
| 1870 | 28.2 | 1869/70 | 8.6 |
| 1957 | 21.8 | 1951 | 15.0 |
| 1986 | 17.9 | 1986 | 20.0 |

ペーター・フィンドル『人口と福祉国家』（Peter *Findl* u.a., Bevölkerung und Sozialstaat）ウィーン、1987年刊、24頁より。

表4　オーストリアおよびウィーンにおける老人（%）

| | オーストリア | ウィーン |
|---|---|---|
| 1900 | 9.4 | 6.6 |
| 1950 | 15.6 | 17.4 |
| 1970 | 20.2 | 27.8 |

ヨーゼフ・エマー『家計と家庭における老齢者の地位。歴史にみる老人』（ヘルムート・コンラート編）（Josef *Ehmer*, Zur Stellung alter Menschen in Haushalt und Familie. Der alte Mensch in der Geschichte [hg. von Helmut *Konrad*]）ウィーン、1982年刊、69頁より。

年）から七〇・四歳（一九八五年）へと伸び、女の場合三六・二歳から七七・四歳になる。[44]この場合もドイツの方が上まわっていた。というのも、一九〇〇年時でオーストリア女性の平均寿命が四一・一歳であったのに対して、ドイツでは四八・三歳だったからである。もっとも一九七〇年代までにその寿命年数は接近する。オーストリアが追いついたのである。[45]

寿命が二倍に伸びたということは、生活のチャンスにおまけがついたことを示唆している。その場合決定的な要素は、乳幼児死亡率が劇的に低下したことである。たとえば今四五歳の成人男性を考えた場合、一八六八／七一年時より二一年平均寿命のおまけがついたことになり、一九八五年では二九年のおまけになっている。[46]この増加はすでにそれほど劇的な響きとはなっていない。それでもはっきりしていることは、人間はますます、おのれの生物的寿命をじっさい終わりまで生きられる可能性をもったことであり、女性はこの展開から男性よりも多く恩恵に与っていることである。

「選択肢《オプション》」の次元で生活のチャンスの増大が意味しているものは、「絆・結びつき（Ligature）」の次元で考えると、損失という決算を生みだしかねない。ドイツの社会史家のアルトゥル・イムホーフは挑発的な見解を次のように述べている。「寿命」は伸びていないでむしろかなり短くなっている。なぜなら我われは「永遠」の次元、彼岸の次元を失ってしまったからである。「しかしながら我われがこの世で数年間ほどおまけの寿命を手に入れたことは、それにより同時に永遠への信仰を失ったのではなかろうか？」。[47]これは、思考のなかだけでの実験にすぎない、それはたしかである。しかし警告とはなっているだろう。というのも、もう一つ違った問い方をとりあげてみると、死亡率の低下は、病気の状態持続の増加と結びついている。[48]死せる状態が長くなったのである。そしてしばしば病院の個室における孤独な死となっている。第四の年齢、高齢が、セバスティアン・ブラントがすでに近代の初期に過激な表現で言っていたように、「廃馬業者のナイフがケツに刺してある（im Arsch das Schindermesser sticht）〔老いると、体全体が痛くなるという比喩〕」人生局面にまでなりかねないのである。[49]

二〇世紀になってようやく、一生の典型的な局面が固定化してきた。ますます時間が長くなる教育期間、青年時代、しだいに短縮される就業期間、長くなった退職後の期間[50]——労働と死亡との間の人生境界としての老齢、したがって老齢の余暇、「晩年の自由」というのは、歴史的にみると比較的新しい現象である。我われの世紀（二〇世紀）になって初めて特殊な高齢者文化が一つの層をなすようになったのである。その前提となるのが、老齢の経済的な保障であった。そうした保障は、少しずつ世紀をまたいで結果した。国がそうした老後の経済保障を始めたのは、将校や役人の場合一八世紀、正確にいうと一七八一年における退職年金（恩給）の導入であった。この件で一九世紀にはたいして何も起こらなかった。二〇世紀の初めになってようやく、次の段階として民間就業者の老齢保障の確立が一九〇六年に結果する。住民のたいはんの労働者階級はあいかわらず老齢になっても比較的保障のない状態のままであった。一九三九年、ナチズム支配期間中の一九三九年になって初めて、労働者たちは高齢保障（老齢年金）にはいることになったのである。そして最後に自営業者たちが年金受給資格をもてるようになる。一九五八年の「商工業＝自営業老齢年金（Gewerblich-Selbstädigen-Pensionsversicherung）」および「農業年金保険助成金（Landwirtschaftliche Zuschußrentenversicherung）」——なんとバロック的な名称であろう！——である。一九一〇年には就業人口のやっと二％が年金保障されていたにすぎなかったが、一九七〇年には七八％となっている。[51]

年金保障のなかった時代でも高齢者が完全に無保障でいたわけではなかった。家族、私的なイニシアティブ、共同体、教会、企業、労働組合、福祉事業、公共施設などが支援の手を差し伸べていた。しかし援助は、しばしば恵みとして与えられ、自尊心を損なうような依存性の根拠となるもので、それは権利ではなかった。たとえば「独身で生業を営む（Einlegewesen）」というのは、じっさい農業社会史のもっとも悪い一章であって――「隠居後の財産の持ち分（Austrag）」とは対照的に――二〇世紀になってようやく排除されるのであった。[52]

# 第三章　経済成長——数の戯れをもう一つ

## 第一節　地方の工業化

工業化の進行は、国全体に均等に進んだわけでなく、集中的に起こったのは二、三の地域であった。ハプスブルク君主制は、近代工業史のこうしたテーゼの印象的な例を提供している。[1]

工業化の進んだ地域——共和制後期の、ウィーン、ウィーン南東地域、シュタイヤーマルク州北部、フォーアアルルベルク州——と後進地域——たとえばダルマチア（アドリア海沿岸地帯）との間には、かなりの発展の格差がみられた。工業地帯は、西ヨーロッパの工業地域とほとんど肩をならべられるものだった。しかし、あまり発展しなかった諸地域は、帝国の全体レベルを著しく押し下げることになった。それでもハプスブルク君主制の終わりの数十年の間に、発展の格差縮小の傾向がみられるようになる。帝国各地の経済的なレベルを比較してみ

表5　帝国領各地の一人あたりの収入（1911～1913年）

| 各　地 | 1人あたり（クローネ） |
|---|---|
| 帝国西側部分 | 569 |
| ニーダー・オーストリア（ウィーンを含む） | 850 |
| ボヘミア | 761 |
| ダルマチア | 264 |
| ブコヴィナ | 310 |

ダーフィット・ゴート『ハプスブルク帝国の経済的興隆 1750 － 1914』(David *F. Good*, Der wirtschaftliche Aufstieg des Habsburgerreiches 1750-1914) ウィーン、1986年刊、133頁より。

表6　1913年時における抽出数カ国の一人あたり国民総生産額
（オーストリア共和国を100として、1960年時のドル換算）

| 国 | 1913年 |
|---|---|
| オーストリア共和国地域 | 100 |
| 帝国の西側半分 | 62 |
| オーストリア＝ハンガリー | 55 |
| ドイツ帝国 | 109 |
| イギリス | 142 |
| スイス | 142 |
| ロシア | 48 |

同上、211頁より。

よう。[2]

君主政体は経済的な脆弱状態によっても没落したのだ、との古くからある見解は、最近の研究によって激しい論議の的になっている。[3] 実際にはハプスブルク君主制は遅れを取りもどしていたのである。一人あたりの年間成長率は、オーストリア＝ハンガリーで一八七〇年から一九一三年の間、ほぼ一・四五％、ドイツ帝国で一・五一％、スイスが一・三二％、ロシアが〇・六二％であった。[4]

第一次世界大戦前夜における経済力のランクを示しているのが表6である。

あいかわらず、地域によってかなりの不均衡がみられる。アルプス諸州（オーストリア共和国域）がドイツ帝国のレベルにほぼ近かったのに対して、ハプスブルク帝国全体ではドイツの発展状態の半分ほどに留まっていた。この点が他方では、外交や集団的メンタリティーの分野にも影響をおよぼしていた。オーストリア＝ハンガリー帝国は、同盟パートナーのドイツ帝国からしばしば見下す形の扱いをされていた、いわば貧しい弟分とみられていたが、これは、経済的・軍事的によりつよい者（ドイツ帝国）の傲慢さから生じていたことだった。そしてドイツ語を話すオーストリア人の多くが、ガリツィアのような立ち遅れた地域を経済的にも足手まとい的な存在だと感じていた。そうなるとますます「ドイツ的な」未来が光輝あるものにならざるをえなかった。

国民所得の配分の点でみると、(ドイツ人だけの第一)共和国は、比較的恵まれたスタート状況を示している。共和国は帝国の西側半分の住民の二二・三%、国民所得の二九・七%を引き継いでいた。これより恵まれていたのは(独立した)チェコスロヴァキアだけであった(住民の三四・三%、国民所得の四四・七%)。[5] 戦間期の経済的な停滞は、次のような推測を裏づけている。つまりハプスブルク君主制によく馴染んだ経済地域は、その評判よりはるかによい業績をあげていたのだ、との推測である。

## 第二節　構造の断裂

二〇世紀におけるオーストリアの経済発展は、三つのはっきり目立つ局面に分けられる。

1　第一次世界大戦直前の二〇年間の成長の局面で、それには一九〇四年以来の活気ある好景気がともなっていた(第二の会社設立ブームの時代)。

2　第一次世界大戦から第二次大戦後の数年にいたる、経済の停滞と縮小の局面、ただしナチズム政体の軍備増強による好景気が一時この期間にはいってはいる。

3　一九五〇年代の急激な景気上昇の局面(「黄金の時代」)。この局面はオーストリアにこれまでなかったような好景気をもたらし、一九七〇年代のなかば以降ふたたび、危機的な発展の障害のなかに引き移っていく。

実質経済成長（1920～1983年）（1913年を基準とする）

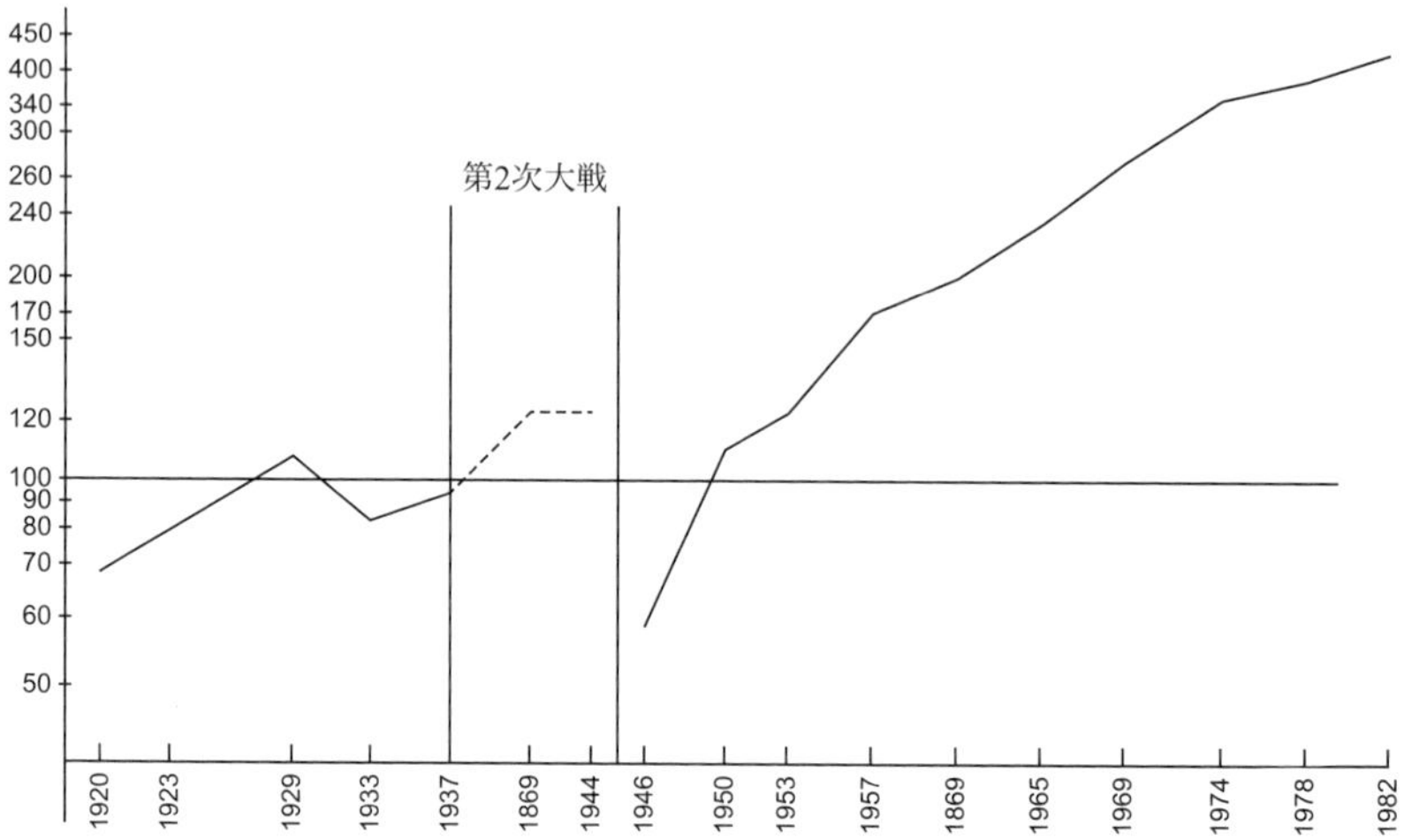


フリッツ・ウェーバー『第一・第二共和国における経済と経済政策。オーストリア第一・第二共和国』（エーリヒ・ツォルナー編）Fritz *Weber*, Wirtschaft und Wirtschaftspolitik in der Ersten und Zweiten Republik. Österreichs Erste und Zweite Republik (hg. von Erich Zöllner) ウィーン、1985年刊、122頁より。

一九二八／二九年のほんの短期間、第一共和国の国民所得が一九一三年の水準を越えることができたが、総じて戦間期のオーストリア経済は収縮していた。そのあと短期間の戦争景気がやってくる。一九四六年にオーストリア経済は、どん底から飛躍へとスタートしなければならなかった。それでも四年間のうちに、一九一三年の状態にたどりつき、そののち急激な上昇をみせるのである。一九七四／七五年から成長のサイクルはふたたびはっきりと鈍化する。

どんな解釈図式が相応しいであろうか？　構造分断の仮説がもっとも適しているように思える。その仮説がいうには、長いスパンにわたっての発展経過を説明するのはほとんど不可能である。どんなブロック局面も、その時代特有の原因の複合から説明する必要がある。[6] 構造仮説の解説の地平を経済史から社会史に拡大していくと、次のように総括できるだろう。「昨日の世界」とか、古きヨーロッパの社会経済的な構造が、一九一四年

表7　実質社会生産の平均的な年成長率（1913～1981年）（%）

| | 1913-1919 | 1920-1929 | 1929-1938 | 1950-1960 | 1962-1973 | 1974-1981 |
|---|---|---|---|---|---|---|
| オーストリア | 0.3 | 5.2 | －0.5 | 5.8 | 4.9 | 2.6 |
| ドイツ | 1.1 | 4.5 | 3.9 | 7.8 | 4.4 | 2.1 |
| スイス | 2.8 | 3.7 | 0.6 | 4.4 | 4.1 | 0.3 |
| ヨーロッパ全体（ソビエトを除く） | 1.9 | 3.9 | 1.1 | 4.7 | 4.9 | 2.6 |

ゲーロルト・アンブロシウス／ウィリアム・ハバッド『20世紀ヨーロッパの社会史および経済史』（Gerold Ambrosius/William H. *Hubbard*, Sozial- und Wirtschaftsgeschichte Europas im 20. Jahrhundert）ミュンヘン、1986年刊、136頁より。

に経済的・社会的・政治的・メンタル的に重大な危機に陥ったのである。数十年にわたる動乱と深刻な文明の断裂——オーストリアでは五つの政治体制が相次いで登場した——のあと、一九四五年後に新しい社会経済的構造が形成された。その構造は、今では、工業化された西側や西欧的なデモクラシーの図式とよりつよく合致するような経過をたどっている。デモクラシー、政治的・国家的結合にもとづいて一体性をもつ国民（Staatsnation）、共和制の経済的生活力というのが、住民の圧倒的たいはんによって肯定的に受け止められている。

構造の断裂によって、長期的に継続され持続してきたものが、すっかり解体されたのでは決してない。そうしたものは、新たな構造の枠組みのなかにたんに融けこんでいるにすぎない。いつも我われが相手にするのは、継続・持続したものと、継続・持続しないものとのミックスである。[7] 政治文化、たとえば官僚機構の行政上の振る舞いは、数十年いや数百年を越えて持続する影響・刻印をみせている。オーストリア国民党のある国会議員が一九四六年、印象的にこう述べている。「一九一八年、一九三八年、一九四五年はどうだったろうか？お役人の親玉がやってきて、仲間を集めて多少の感情を込めて、新しい国家形態が支配するのだと、伝えた。そしてその仲間たちに宣誓をさせた。すると人びとは、ふたたび自分の仕事に就いたのである」。[8]

1　表7からわかるように、オーストリアは、一九一三年から六〇年の時期にもっとも大きく揺れ動いた国である。この時期ののちになってようやく共和国はヨーロッパ全体のリズムに合うようになる。

2　一九二〇年代後半の比較的好調な経済発展は——オーストリアはヨーロッパの水準よりほぼ二ポイント上まわっていた——その後のひどい不景気に覆われてしまい、記憶から消えてしまった。経済的な視点からみると、第一共和制の安定化のチャンスは完全に存在していたといえる。[9]

3　一九三〇年代の後半になって、オーストリアとドイツとの発展の道に差が生じる。オーストリアでは収縮になったのに対して、ドイツではナチズムの軍備増強景気がフル展開をみせていた。その点は政治的な自負にも国民的なアイデンティティーにも影響をおよぼした。オーストリアの危機とドイツの好景気とのコントラストは、オーストリアの人たちのドイツ志向をつよめることになった。

4　第二共和制になると、ドイツもオーストリアも「経済の奇跡」が大いにパラレルに進行する。こうしたマクロ経済的なデータによってオーストリア人の潜在的な「ドイツ憧憬」が阻まれていく。[10]一九七五年後の成長率の鈍化はオーストリアの方が西ドイツより小さいものでさえあった。

## 第三節　消費社会の限界

一世代の間に、一人あたりの国民生産が四倍になり、一九五四年以降個人消費は三倍になった。[11]二〇世紀の初めにユートピアと思われていたものが、世紀の後半には実現した。住民のたいはんにとってじゅうぶんすぎるほどの経済的豊さである。たしかにすべての貧しさがなくなったわけではない。豊さから「新たな貧しさ」がするりとあらわれてきた。それでも（アメリカ的な）消費社会がひろい範囲にわたって浸透する。不足の文化が過剰の文化へと変身する。豊富で美味しい食べ物への欲求（Freßwelle）に衣服の欲求（Bekleidungswelle）がつづいて、それから家具調度欲求（Möblierungswelle）、そして最後に自動車購入の欲求（Mobilisierungswelle）となった。さらに多くの人たちが、庶民の旧来の夢を実現するようになる。つまり自分の家を建てることであった。ますます多くのことが、不足／不十分な社会から抜けだしてきたばかりの人びとの生活原則となる。もっと多くの家、もっと多くの車、もっと多くの道路である。

それから五〇年代になると、「原子力の時代」という誇らしげな謳い文句から高い高揚気分が発生した。無限のエネルギーを手にするという、プロメテウス〔人間に火を与えたというギリシャ神話の人物〕の夢が実現可能に思われた。七〇年代／八〇年代にはこの夢が邪道であることがあらわになる。ツヴェンテンドルフのオーストリア最初の原子力発電所は、工場の廃墟となっている〔二度の石油危機にみまわれて時の社民党クライスキー率いるオーストリア政府は、一九七七年ドナウ河畔の村に原子力発電所を建設する。稼働を前に原発の是非を国民投票にかけると僅差で否決されてしまった。原発を断念したオーストリアには、現在原発は一基もなく、もっぱら豊富な水力に頼っている〕。

もてはやされた経済成長がいくつかの社会的陥穽に陥り、成長の前提を台なしにする恐れがでてきた。ツーリズムがますます多くの人びとを湖に送りこむようになると、水がたちまち汚れて、誰も泳ぐことができないほどになった。環境の危機というキーワードが新聞の文芸欄を埋め、人間の不安の夢となった。ゲルハルト・ブルックマン（一九三二年生まれ）〔国民党所属の環境保護論者〕のような醒めた観察者は、クールに次のように評価している。「人類の文明の発展が今日では、従来の道をつづけると理性がナンセンスになり、善行が悲嘆になってしまうような地点に達している」[12]、と。

ところで視点を変えて、人びとの主観的な反応を問うてみることにしよう。生活のチャンスという理論的構想を多義的なものとして捉えようとすると、自伝的な報告のなかに悲嘆にくれた形でさまざまにあらわれている。

一つには、当時以前の生活の厳しさについての果てしなき嘆き節が聞こえてくる。「いつも身を粉にして働き、非常に苦労する以外何もなかったし、金もなかった」。[13] あるいは、「わたしたちの暮らしぶりを思い描いてもらわねばなりません。わたしたち七人にあるのは三つのベッドでした。(ところが)今日では、当時の暮らしのように山羊一匹飼おうものなら、さっそく投獄されて、動物保護連盟とかかわりあうことになるのです」。[14] ある年配の農婦が思いだしている。「わたしたちは苦労し身を粉にして働いた。……今日の農民たちは幸せです。ずっと素敵に暮らしています」。[15] さらに年老いた小農が断定的にこう言っている。「人びとのいうよき皇帝時代など、投げ捨ててやりたい。そのときのおいらの暮らしはたいへんひどいものだった。おいらは、平和にみちたなかで飢えに苦しんでいたのだ」。[16] 辛い時代とのコントラストをなすのが、再建の時代であり明るく光り輝いている。「上昇の可能性がいくらでもあったものです」。[17]

明かり、電化が一九三〇年代や四〇年代、そののち田舎にもやってきたとき、その印象を聖書にあるような言葉で描いている。人びとは、天国に行ったかのような感じがし、この世に天国が到来し、すばらしいこと、奇跡が始まったかのようだった。[18]

もう一つは、失われた世界に対する同じく際限ない嘆き節が響いている。ある老農婦が「以前は、もっと住み心地がよかった」[19]、という。農場にもたくさんの人がいたし、社会的な付き合いももっと濃かった。電化は秘密めいたものを破壊した。ロウソクや石油ランプは、ごく小さな部分しか照らさなかった。それ以外のところを支配していたのは暗闇、幽霊や、口にされる不安、ファンタジーなどの世界であった。もっとも、そうこうしているうちに、不安が再来する、新たな形となって。ある八〇歳の女性が生活記のなかで懸念の気持ちでこう書いている。「電化によって、生活が楽になった手放しの喜びから人間は節度を失って、際限なしになってしまった。その犠牲が残念なことに自然である。……たとえばドナウ河はなんと力づよく流れる河川であったことだろう。それが今日ではよどみから別なものになろうとしている。わたしたちの山岳風景もなんとみすぼらしいものになってしまったことだろう！　いたるところ山肌や斜面に深い傷がついている。それらの傷を、擁壁やリフト装置のために我慢しなければならないのだ。……それは人間にとってどんな恩寵も呪いにしてしまう運命の前兆ではなかろうか?」。[20]

## 第四節　経済構造のなかの変動

それでもいくつかの長期にわたる傾向は、構造の断裂を越えて進行し、近代化の図式として定着した。農業部門の縮小とサービス業のまさに爆発的な膨張である。二〇世紀における農業人口の減少はほんとうに劇的な経過をたどった。

農業人口は一〇〇万人以上減少した。戦間期においてこの減少傾向にはむしろブレーキがかかるようにみえたが、ナチズム時代の「血と土地」〔ナチズムの農民政策/土地政策のスローガンで、基本的財産(土地)を家族と結びつけながら進める農民対策〕のイデオロギーにもかかわらず、傾向は促進され、一九六〇年代/七〇年代にはその頂点に達する。数百年にわたってヨーロッパにつよい刻印を残してきた一つの生活方法が、取りもどしようもなく過去の深みへと沈みこんでいったのである。それでもオーストリアのこの部門(農業)の人口は一九八〇年で八%、スイスの五%や西ドイツの四%より多かった。[21]

「農民」が、「ファーマー」(大規模農業経営者)や「副業的に農業に従事する農民」という形になっていったにしても、「農民」タイプの方が減少は少なかった。減少が著しかったのは農村の下層で、(農家の)下男や女中など、他の職種に引き寄せられていった人たちだった。というのも農業企業者数の減少は、一九五〇年代以降一五%にすぎなかったからである。それに反して農業の生産性は、機械化のおかげで大いに高まった。一九五一年時で一人の農業者が生産する食料は四人分であったのに対して、一九八〇年になると二三人分の食料を生産している。[22] 同時に国民総生産に占める農業の割合、実質生産高の割合もこの期間に一〇%から五%に落ちこむ。[23] もっともこうした展開の負の面も記憶に留めておかねばならない。単一作物の栽培、種類の貧困化、過度の肥料使用、地下水を汚染する物質の増加である。

戦間期の停滞は主に、第二次産業部門の停滞であった。工業や手工業者の就業者の数がやや低下する（マイナス〇・八％）。工業生産物そのものも第一共和制の間、一九一三年の水準に達していなかった。[24]

こうした遅々とした歩みの平時産業に対峙したのが、一九三八年時フル回転で作動するドイツ主導の軍需産業であった。オーストリアは、工業国家へとまさに追いたてられることになった。工業と手工業就業者の数が一九三四年から五一年にかけて一八％も跳ね上がる。[25] 遅れていた状態がバネになって、戦争の間にオーストリアの工業成長は、ドイツよりはるかに大きかった。同時に工業生産の重点が消費財産業から重工業や投資財生産部門に移っていく。同じように、工業の地理的な立地場所も（国の）東部から西部に移る。一九三六年を一〇〇とすると、工業就業者の数は五八年までにウィーンで一七五ポイント増えるが、それに対してオーバー・オーストリア州で三五四、ザルツブルクで三五〇、チロルで三〇一ポイントの増加となっていた。[26]

もっとも大枠の諸条件が一九四五年以降変化する。第一共和国とは違って、重工業の大部分が国有化される。工業就業者の五分の一が一九五九年時で「国有化された企業」で働いていた。[27] ところで、こうした国有化部門は決して社会主義的経済モデルの端緒となるものでなく、「私企業にできるだけ組織的な折りこみをされた」ものである。[28] こうした混合経済モデルは、さしあたり高い成果をあらわす。しかし一九七〇年代になると基本財産業は危機に陥る。一九七三年以降、工業就業者の数は全般的にみれば減っていく。[29]

表8　産業部門別の就業者（1910～1981年）（%）

| | 1910 | 1934 | 1951 | 1961 | 1971 | 1981 |
|---|---|---|---|---|---|---|
| 農・林業 | 39.4 | 37.1 | 32.6 | 23.0 | 15.0 | 8.5 |
| 工業・自営業 | 31.1 | 32.1 | 37.6 | 41.4 | 42.2 | 41.0 |
| サービス業 | 29.5 | 30.8 | 29.8 | 35.6 | 42.8 | 50.5 |

フェーリクス・ブーチェク『二〇世紀のオーストリア経済』（Felix *Butschek*, Die österreichische Wirtschaft im 20. Jahrhundert）ウィーン、1985年刊、197頁より。

二〇世紀の初めオーストリアは、第三次産業に比較的多くの人間を抱えてスタートしている。そこにはオーストリア社会の伝統的な官僚主義化や、首都ウィーンの支配的な地位、たくさんの家庭内使用人の存在が反映していた。二〇世紀の過程で、自然、美術、文化などの資源が観光事業に利用される。サービス業部門が一九一〇年から八一年の間に相対的におよそ二〇％増加する。たとえば一九五〇年代において被雇用者（非独立就業者）に占めるサラリーマンの割合はオーストリアが三二％、スイスで二九％、西ドイツは二八％でしかなかった。[30]

観光事業に目を向けてみると、この分野はハプスブルク君主制の終末数十年の間に発展し始めた。その後第一次世界大戦の間に落ちこむが、一九二〇年代のなかばより、宿泊者数が一四〇〇万人から二〇〇〇万人（一九三一／三二年）に増大する。世界経済危機の結果や「一〇〇〇マルク課徴金」は驚くほどすみやかに克服することができた〔ヒトラーのドイツ政府が一九三三年五月、オーストリアに対する威嚇の一つとして課した政策。それはドイツ本国人でオーストリアに滞在しようとする者、住居をもつ者には一〇〇〇マルクの課徴金を課すというものだった。これはオーストリアの観光産業にかなりの打撃を与えた〕。一九三六／三七年宿泊者の数はふたたび二〇〇〇万人を取りもどしている。[31]

一九五〇年代のなかば観光事業は「産業」へと発展する。田舎の生活、アルプス地帯の田園風景が一変する。「一世代の間に貧しい山岳地帯の農民を抱える農山村が、観光事業の中心になり、高い生活水準、現代的なインフラ、周囲世界との密接な接触をもつところとなった」。[32] 経済研究家ハンス・ザイデルの目からすると、肯定的な変容プロセスであったが、エコロジーの視点、民俗研究家や建築史家の目からみると、かなりアンビヴァレントなプロセスであった。[33] よくみると、アルプス諸州ほど、破壊的なポテンシャルを秘めながらの生産性の展開をみせたところはほかになかった。たとえば一九七〇年代なかば、チロル地方のオーバーグルグル〔インスブルック南西五〇キロくらいのところの南チロル国境に近い村〕の人口三二四人の村に、通いの労働力が五五八人、それに約三〇〇〇人の滞在客が顔を合わせることになった。[34] もちろん観光産業という成長分野のありのままの数字は魅力的に響いた。一九六〇年で四五〇〇万人の宿泊数、一九八一年で一億二一〇〇万人である。スキーが、水泳や登山をする人の数にますます追いつき、ウィンター・スポーツが宿泊者の割合で二二%から三七%に増えた。[35]

経済の発展過程を振りかえってみると、スイスと比較してオーストリアは、第一次世界大戦前には農業と第三次産業がより高い割合をみせ、それに反して工業と自営業は、スイスの数字を下まわっていた。一九八〇年代になると――それぞれ違った水準においてではあるにしても――同じような構造の差が浮かび上がるのだった。[36]

## 第五節　失業という亡霊

二〇世紀の初め、「自由な賃金労働」というのがほとんどの分野で浸透していた。物質的な生活のチャンスは、労働市場に移り、その市場の受け入れ能力は他方で経済成長に左右された。長期にわたる失業は、個人や家庭を厳しく直撃し、記憶に深く刻まれた。

第一次世界大戦前、労働市場の状況は失業者七万人で比較的よい方であった。短期間の戦後景気とインフレーションの時期に失業率も一・三%の低さにまでなる。ところがそれにつづく安定化の時期には失業者の数が二〇万超と跳ね上がる。第一共和制の「良好な」年月でも、高い失業率（八%～一一%）にみまわれていた。そのような高い（失業）ベースをもってオーストリアは、世界経済危機に飲みこまれていく。結果は周知のとおり、一九三三年時でほとんど六〇万人の失業者であった。それは一九三七年までにほんの僅かしか下がらない数字であった。遭遇した世代にとってはほんとうにトラウマとなる体験であった。それが失業にまつわる一連の神話の説明となっている。ここで歴史的な比較はいくつかの醒めた洞察を提供してくれるだろう。

1　オーストリアの政治的な安定の欠如も、二つの独裁制（ドルフースのオーストロ・ファシズムとヒトラーのナチズム）への移行も、居酒屋談義でしばしばいわれるのとは違って、失業率という要因からだけでは説明できない。ノルウェー、デンマーク、オランダのような安定したデモクラシーも同じように高い失業状態、いやさらに、権威主義的な実験のリスクを冒さずとも比較的高い失業率をみせていた。[37]

2　一九二九年から三三年の間、ドイツにおける失業率は、オーストリアよりもはっきりと高い。しかしそのあと、ナチズム支配の開始以降、総じて世界経済危機の快復以降、とりわけ軍備増強景気の始まり以降、つまり一九三四年以降、ドイツにおける失業率は、二六・三％（一九三三年）から四・六％（一九三七年）へと激減する。それに反してオーストリアは、危機に留まりつづけた数少ない国の一つであった。一九三七年でもあいかわらず失業率は二一・七ポイントを示していた。[38] 危機解決のドイツ・モデルはそんなわけで、オーストリアで魅力を増していかざるをえなかった。途方に暮れる失業者たちは、希望の微光もない状態で、藁をもつかむ思いだった。共産党系のデモに参加したことのある、ある失業中の機械整備工が、ナチス系の集会でこう叫んでいた。「君たちが我われに呼びかけてくれていたら、君たちのあとをついていっていたのに。我われのために尽力してくれる人なら誰にでもしたがうよ」。[39]

長期的に持続する失業状態の政治的・社会的・文化的帰結については、しばしば描写されてきた。[40] オーストリアではパウル・ラツァールスフェルト（一九〇一―一九七六）〔社会学者にして数学者、一九三三年以降主にアメリカの大学で教鞭をとるが、一九六三年ウィーンに高等研究所を設立。かれの経験的な社会研究の方法論の仕事は、社会的・政治的なプロセスの量的な分析の開発に貢献した〕を中心とする研究グループが社会科学上のパイオニア的仕事『マリーエンタールの失業者（*Die Arbeitslosen von Marienthal*）』をなし遂げる[41]〔マリーエンタールとは、ニーダー・オーストリア州のウィーンに近いところ〕。この研究では、現地において人びとのアパシーと諦念の分析が行なわれ、目的もなくうろつきまわる青年に目を留め、次のようなことを立証している。「月五シンリグの違いだけでも、サッカリンだけで料理するか、なお砂糖

失業率（1913～1984年）

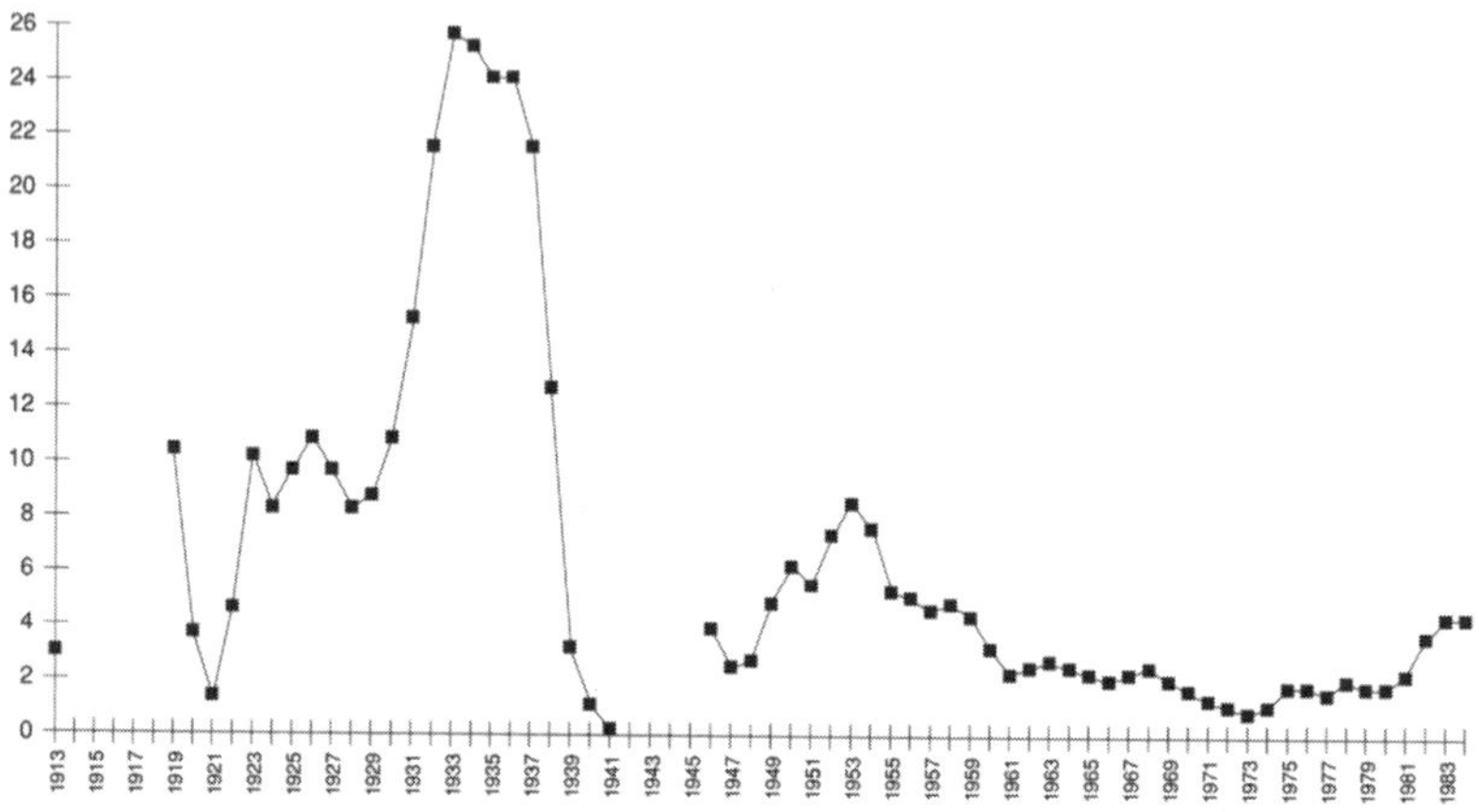


フェーリクス・ブーチェク『二〇世紀のオーストリア経済』（Felix *Butschek*, Die österreichische Wirtschaft im 20. Jahrhundert）ウィーン、1985年刊、223頁以下より。

を使うかの差となり、靴を修理に出せるか、子どもたちを学校に通わせるのをやめるかになる。子どもたちの足に履かせるものが何もないからである。その五シリングの差だけでも、三グロスの巻きタバコがときには奮発できるか、それとも路上の吸殻を拾い集めるかとなる。五シリングは、程度の差こそあれ、違った生活スタイルに属することを意味するのである」。[42]

この研究のなかで我われは次のような強烈な文章を目にする。「もし猫や犬がいなくなったら、飼い主には（探す）広告を出す気にはならないだろう。その動物たちが誰かに食われてしまったのが、わかっているからである」。[43]

そしてこのマリーエンタールは、オーストリアのほとんどいたるところにみられるものだった。いたるところ乞食の一団が足をひきずって歩いていた。文書館は、政府に対する絶望的な請願書であふれている。（ザルツブルクの北方の）ビュルモースという悲惨な地域から八人の子持ちの母親が書いている。――父親は数年にわたって失業状態。「子どもたちに食べ物をねだられると、なんとしばしば心痛む思いをしたことだろう。なんにもないのだ！、というしかなかった。母親にとって、それがもっとも辛いことだった」。[44]

「アンシュルス」（ヒトラーによるオーストリア併合）のあと、失業者の数はめざましい形で減少する。一九三八年時点で四〇％減り、一九三九年で七六％減少、一九四一年になると記録されていたのはもはや三〇〇〇人の失業者でしかなかった。ナチズムの容赦ない厳格なやり方も考慮しなければならないが――短期的には、失業問題の急激な解消は（ナチズムに）ためらいや懐疑の念をみせる多くの人たちにも印象を与えた。そしてその点は今日でも残っている。それから第二次世界大戦が始まって何十万人というオーストリアの若者が「仕事」をみいだした。――「第三帝国」の殺人マシーン機構のなかに。

表9　国民総生産における国庫支出の割合（％）

| | | | |
|---|---|---|---|
| 1880 | 11.7 | 1930 | 19.8 |
| 1900 | 15.0 | 1952 | 26.6 |
| 1913 | 18.5 | 1967 | 29.3 |
| 1925 | 13.7 | 1983 | 32.9 |

ディーター・シュティーフェル『小国における大きな危機。オーストリアの財政政策・経済政策 1929 － 1938』（Dieter *Stiefel*, Die große Krise in einem kleinen Land. Österreichische Finanz- und Wirtschaftspolitik 1929-1938）ウィーン、1988 年刊、2 頁より。

第二次世界大戦後の再建の時期には、あらためて比較的高い失業率をともなっていた（一九五三年が頂点）。その後、経済成長の急激な増大にともなって、失業率は二ポイント付近を行ったり来たりしていた。オーストロ＝ケインズ主義の「労働市場の奇跡」とみられているのは、他のＯＥＣＤ（経済開発協力機構）諸国と比較して、一九七五年以降の新たな危機の際の目立って低い失業率である。[45]もっとも、この成果がえられた手法については、経済学者の間で激しい論争を招いている。[46]いずれにしても、雇用創出政策は――三〇年代の政治的経験を踏まえての――はっきりした優先事項となっていた。それは具体的にいうと、財政支出の増大である。またしても我われは、この世紀（二〇世紀）を貫く一般的な傾向にでくわす。福祉国家をてこに基礎を固める方向での国庫支出の増大である。

一九二五年のときだけがこの傾向から外れている。それは、経済政策的にとくに市場経済が強調された時期であった。同時に一九二〇年こうした時期の初めには失業保険が国庫の参加によって確立されたのである。一九〇〇年頃の失業者は程度の差こそあれ、労働市場の変動に無防備に晒されていたのに対して、福祉国家の充実により、しだいに手厚い社会ネットが編成されていった。一九八〇年時の失業者の運命は――個々にみるとあいかわらず厳しくたえねばならない面があるにしても――それでも別な社会的枠組みのなかにあり、厳しさもいくぶんかやわらいでいた。[47]

# 第四章　階級と社会階層

## 第一節　簡潔な概念規定

どんな社会も、多様で複雑な階層をなしていて、社会的な不均等にみちている。こうした階層ラインを目にみえるようにし、歴史叙述に利用できるようにするには、多くの分析的努力が必要である。そのためには、あいかわらず階級概念を使わないわけにはいかない。たしかに、この概念はイデオロギー的につくられたものであり、偽善の泡がこびりついている。それでもこれに勝るものがないのである。[1]

研究にとってもっとも成果があるのを実証したのは、カール・マルクスとマックス・ウェーバーの概念モデルのコンビネーションである。階級とは——マルクスによれば——生産手段を所有しているか、いないかによって規定される。ウェーバーによると、階級とは社会階層を条件とする立場であり、所有階級、営業階級、職業階級となる。[2] マルクス・モデルが単純化して、傾向としては二分法で社会を二つの階級につづめることで多様性を消し去っているのに対して、ウェーバーの方法論は、たしかに社会階層の多様性を考慮に入れている。しかし史的分析にとっては使いにくい。

コンビネーション・モデルにすれば、たいした理論的苦労もなしに、社会階級を完全に発達した階級、マルクスの意味でいう「即自的」「対自的」に階級として、つまり二分法的に使用して——ブルジョアジーとプロレタリアート——理解できるし、そしてその他の社会階層は、マックス・ウェーバー的な意味で、まだ未熟な階級と言うことができるだろう。

階級は、天から降ってきたものではない。階級とは資本主義とともに、階級形成の複雑なプロセスをたどって成立したものである。[3] 例として労働者階級をとりあげてみると、階級形成に含まれるのは、経済的な次元（自由な賃金労働）、社会的な次元（たとえば「生まれつきのプロレタリアート」「労働者家庭」としての挑戦）、[4] 政治的な次元（労働者政党の形成）、そしてイデオロギー的＝文化的な次元（マルクス主義の受容、「労働者文化」）などがある。階級形成は、決して硬直したモデルにもとづいたものでなく、開かれたプロセスである。社会階級への進展があるように、階級からの転向／反転もある。

ここで主張のテーゼによれば、二〇世紀の初めにブルジョアジーとプロレタリアートとの階級形成は本質的に完結した、ということができるだろう。カール・レナーは、労働者層についてこう言っている。階級形成は、「誕生から死にいたるまでのプロレタリアートの人生のあらゆる起伏を含んで、組織化されていた。もろもろの組織には（先頭にくるのは政治的な組織）、それ独自の目的意識をもった担い手や独自の物質的手段が備えられていた。——換言すれば、そのようにして初めて階級が構成されたのである」。[5] その後第一共和制のなかで階級社会はその頂点を迎える。——やがて一九三四年二月の内戦状態になるまでがそうであった。だが、「身分制国家」とナチズムが階級形成を緩めるようにした。当座は力ずくで、その後は「民族共同体」を触れまわって誘惑することにより緩めたのである。一九四五年以降ブルジョアジーは国有化によって中心的な資材を奪われ、ちらちらほのみえ始めた消費社会が労働者層においても階級の結びつきを弱めていく。またしてもカール・レナーがこうみてとっている。「まったくあきらかなのは、実際の内実が、社会の下部構造が一〇〇年来すっかり変わってしまったことであり、労働者階級が、カール・マルクスの資本論の体制にみられるような在り方では、……もはや存在しないのである」。[6] 要するに「サービス業社会」がそれ自体じつにさまざまな複雑な形で形成され、あいかわらず社会的な不均等がしみとおっている。だが階層を画するラインは、今ではきわめて弱い形でしか、旧来の階級ラインをなぞっていないのであった。[7]

## 第二節　最初の接近

統計の形の通常の判断基準は――生産過程における位置――階級ラインからずれてしまっていて、せいぜい大雑把な近似的な比較を許すにすぎない。

一〇〇年間をとおしての諸傾向というのが表10からはっきり読みとることができよう。一九〇〇年頃のオーストリア社会は、小規模の自営業、たくさんの一緒に働く家族メンバー（四〇%超）に、はっきりした形の労働者階層（五一%）をもつ社会であって、数字は敵対的な階級社会を示している。それに対して一九八〇年代のオーストリア社会は、サラリーマンの社会となっている。自営業者が半減し、手伝いの使用人――とりわけ農業経営における――は、ほぼ完全に姿を消し、労働者も一九七〇年代以降激しい減少を甘受しなければならなかった。敵対的なモデルは弱まっている。

これまでに存在しているものは、不十分な階層モデルにすぎない。そのいくつかを表11にまとめてみた。

表10　就業者の社会的立場（1910～1981年）（%）

| | 自営業 | 補助使用人 | サラリーマン／公務員 | 労働者 |
|---|---|---|---|---|
| 1910* | 24 | 18 | 7 | 51 |
| 1934 | 19 | 18 | 14 | 49 |
| 1981 | 12 | 4 | 45 | 39 |

＊1918以前の国境内のアルプス諸州
エルンスト・ブルックミュラー『オーストリア社会史』（Ernst *Bruckmüller*, Sozialgeschichte Österreichs）ウィーン、1985年刊、377頁／478頁以下より。

表11　オーストリアにおける社会階層の展望の試み（1900～1982年）（%）

| | 1900* | 1934 | 1951 | 1970 | 1982 |
|---|---|---|---|---|---|
| 上層部 | 0.8 | 1.7 | 約10 | 8 | 10 |
| 中間層 | 16.6 | 11.5 | 30 | 68 | 60 |
| 下層部 | 82.6 | 86.8 | 60 | 24 | 30 |

＊グラーツ
エーリヒ・ボートツェンタ『第一／第二共和制におけるオーストリア社会構造の変化。歴史的に見るオーストリアの社会構造』（エーリヒ・ツォルナー編）（Erich *Bodzenta*, Änderungen der österreichischen Sozialstruktur in der Ersten und Zwiten Republik. Österreichs Sozialstrukturen in historischer Sicht [hg. von Erich Zöllner]）ウィーン、1980年刊、166頁；エルンスト・ブルックミュラー『オーストリア社会史』（Ernst *Bruckmüller*, Sozialgeschichte Österreichs）ウィーン、1985年刊、522頁；ウィリアム・ハバード『大都市への道。グラーツの社会史』（William H. *Hubbard*, Auf dem Weg zur Großstadt. Eine Sozialgeschichte der Stadt Graz 1850-1914）ウィーン、1984年刊、112頁より。

これらの数値から一つのことだけははっきり読みとれる。二〇世紀の過程で中間層が増えたこと――サラリーマン・グループの急激な増加によってひきつづき流れが明瞭になっていることである。これには、生活のチャンスの増大がともなっているのも議論の余地がない。そうはいっても、下層部分の減少のテンポが、ここにみる数値のとおりかどうかは、かなり疑問のあるところである。同じような疑問は上層部の増加にもいえるだろう。それでも平均化のある種の傾向は、歴史的な長期スパンの展望にたつと、間違いなくみえてくる。

より正確な数値資料がみられるのは、国民所得における賃金（Lohn）と給料（Gehalt）の割合である〔労働者に支払われる賃金をLohnといい、職員の給料、官吏・吏員の俸給はGehaltといわれる〕。賃金の割合は、第一次世界大戦前の五〇％から三〇年代の初めには六〇％に増えている。それはこの時期における労働者階級の政治的な力の表れであった。ハプスブルク君主制末期の数十年に数のうえでは増えた個人自営業や年金生活者のタイプは、消え去っている。世界経済危機のなかでまず企業家の所得がもっともひどく減少するが、その後危機の帰結は、被雇用者に転化される。一九三七年までに、賃金の割合は五四％に落ちている。[8]

経済的なデータは、政治的に高い重みをもっている。というのも、一九三一年という危機の年に賃金の割合は六一％と増えて、最高を記録している。これは企業家の目からみると、社会民主党の一貫した階級闘争政策の帰結であった。それだから企業家側の論理は、社会民主党／労働組合の政治的な影響力の排除を迫り、危機からの脱出路として権威主義的な指導の確立をせっついたのである。[9] そんな事態となって賃金の割合が減少する。賃金の割合は、ナチズム時代をとおして低いままであり、戦後再建の最初の年月の間も低かった（一九五〇年で五五％）、それは、企業家の収入が比較的高いのが特徴の局面であった。

五〇年代のなかば以降になってようやく補正後の賃金比率はふたたび上昇する（一九五五年で六〇％）。世界的な賃金の比率は、非独立的就業者の急激な増大の結果、一九七九年までに七三％に増えるが、オーストリアでは補正後の賃金比率は、五五％から五九％の間を動いていた。[10] 結果として確認できることは、第一共和国では、被雇用者に有利なように再分配（Umverteilung）〔国家が社会的な理由にもとづいて所得の流れを修正すること〕が行なわれたのに対して、第二共和国ではその種の傾向が欠けていた。賃金と（事業主）利益が周知のエレベーター効果のなかで一、二階程度、しかし比較的コンスタントな水準の差をもって上下している。こうした歩みによりとくに不利益をこうむったのが女性たちであり、さらに低い賃金で職につかねばならなかった。男女の違いによる収入の差は、一九五〇年代以降拡大していった。男の就業者が稼ぐのは、女性の就業者より一部では五〇％も多かった。[11]

その際就業者の女性と男性との割合は、この数十年をとおして驚くほど僅かしか変わっていない。その割合は、ほぼ四〇％対六〇％（一九一〇年）、三八％対六二％（一九三四年）、三九％対六一％（一九八一年）であった。[12] そうはいっても、女性の就業活動を巻きこんだ社会的変遷は、男性労働よりはるかに劇的に進行したのである。一九〇〇年時で働く女性の三分の二は、農業に従事していたが、これに対して一九八一年ではその六四％がサービ

表12　教育のチャンス——20歳から24歳に占める大学生の割合

| 国名 | 1890 | 1900 | 1910 | 1920 | 1930 |
|---|---|---|---|---|---|
| オーストリア | 0.85 | 1.06 | 3.77 | 4.30 | 3.87 |
| ドイツ・ライヒ | 0.77 | 0.89 | 1.22 | 2.05 | 1.96 |
| スイス | 0.90 | 1.40 | 2.16 | 1.99 | 1.83 |

| 国名 | 1940 | 1950 | 1960 | 1970 | 1980 |
|---|---|---|---|---|---|
| オーストリア | 2.29 | 4.55 | 7.86 | 11.50 | 21.86 |
| ドイツ・ライヒ/西ドイツ | 1.06 | 4.39 | 6.31 | 13.53 | 25.46 |
| スイス | 2.71 | 3.67 | 5.80 | 8.42 | 16.74 |

ハルトムート・ケールブレ『ヨーロッパ社会への途上で。西ヨーロッパの社会史　1880 − 1980』Hartmut *Kaelble*, Auf dem Weg zu einer europäischen Gesellschaft. Eine Sozialgeschichte Westeuropas 1880-1980）ミュンヘン、1987年刊、41頁より。

ス業であった。工業と商工業はほとんどもっぱら男性の多い部門であったのである。[13]

二〇世紀のオーストリアに社会的な（労働力などの）移動性があったろうか？　答は慎重に出さねばならない。疑いもなく、下層階層から中間層へ、労働者や農民から下級のサラリーマンや吏員への上昇のルートは開かれていた。とにかく一九七八年時でリーダー的なサラリーマンは、下層階層のミリューの出であった。[14] しかしこうした職業可動のチャンスは、特権階層を犠牲にして広まったというより、職業構造の変遷——サラリーマン社会への進行——によるものであった。[15] とにかくマックス・ハラーは次のような結論——残念ながら社会学者たちのジャルゴンといった形での結論にいたっている。「職業的な変動可能性の図式における変化の重要性というのは、階級特有の変動可能性・不可能性の基本的図式の高度にみられた固定制・持続性にくらべると——これらはあきらかに基本的な階層変換の過程でもひろく持続しつづけていた——比較的低く評価しなければならない」。[16] これはざっくばらんにいうと、職業的な変動可能性は比較的僅かだった、ということである。

変動性の促進剤として作用したのは、二〇世紀の場合、教育の要素であった。より多くの教育とは——我われの推定もそうなっているが——より多くの生活のチャンスをいうのであった。

この教育の分野で、オーストリアがやっとドイツよりも現代化がある程度先行している領域となる。その先行も、一九七〇年代になると失われてしまうものであったが（表12参照）。そうはいっても、控えめにみなければならないこととして、ハプスブルク君主制時代における比較的高い大学生の比率の理由には、帝国領地出身の多くの大学志望者がウィーン大学にはいろうとし、学生の数を押し上げていた点がある。三カ国すべてにおいて、戦間期の危機は上昇の展開を弱めている。そして三カ国とも一九六〇年代／七〇年代になって真の教育の爆発的進展が始まっている。

この教育熱から女性たちも御利益を得ている。彼女たちの大学生に占める割合は、八％（一九一〇年）から三四％（一九七五年）に増加している。[17] これは、女性解放の歩みであることは明らかだった。もっとも一九七〇年代における大学教育の普及は、すでに八〇年代になると高等教育の有用性の低下を招くことになる。学士号が今では決して社会的に高い地位の職業活動に就ける保証にはなっていなかった。

学生層の社会的な出身母体も変わったのではなかろうか？　大学教育と官吏としての出世とが密接であるというオーストリアの伝統にそって、一九一〇年時では中間層が五二％と支配的であり、つづいて上流層が二八％、労働者階級出身の大学生は僅か四％にすぎなかった。一九三〇年まで中間層出の割合ははっきり減少し（マイナス九ポイント）、労働者の子どもたちは低率に留まりつづけた。一九六〇年代になってようやく、労働者出身が増えて一一％（一九七〇年）、サラリーマン層出の割合が五％から三五％になっている。[18] こうして学生層の社会的基盤は二〇世紀にはっきり広がったのであった。しかし、教育に見合った生活のチャンスの配分など、あいかわらず話にならなかった。

## 第三節　ブルジョアジー——経済市民階層

一九一一年に『経済発展の理論（*Theorie der wirtschaftlichen Entwicklung*）』という著書が出版される。書いたのはまだ三〇歳にもならない経済学者で、のちに銀行の部長や大蔵大臣としてとくべつ名をなすことはなかったが、学者としては国民経済学の古典的な代表的人物となる人であった。このヨーゼフ・シュンペーター（一八八三―一九五〇）が当時の企業家を褒め讃える書を著したのである。シュンペーターは企業家を、新たなコンビネーションを達成しうる偉大な技術革新者として讃える。リーダーとして経済的な新開地に進出し、因習的なものの突破にじゅうぶんすぎるほどの力を投入する者として讃える。[19]タイプとしての企業家は、なんら階級的立場に属さない。しかしかれは、階級らしき立場をおのれや自分の身内のためにつくりだす。企業家はひとり先頭にたっていくことに慣れており、不確実性や抵抗を障害理由とは思わないようになっており、しばしばアウトサイダーであり、向上心のつよい男であり、伝統に囚われる者ではない。

ユダヤ人であるシュンペーターは、何を問題にし、どんなところで問題にしているかじゅうぶんわかっていた。つまり、企業家タイプがとくべつ高い評価をされていない国で、じっさい企業家タイプはしばしば宗教的に民族的にマイノリティーに属するか、異国からやってきたような国であり、支配的なカトリック的基本観念が資本主義一般に対して／商人に対してとくに不信感をもっているような国であり、旧来のエリート層、ことに高級官僚が権力的な地位をなおしっかり握っていて、官僚層と経済との特殊的な密着が支配しており、自営業の圧倒的多数が小規模経営となっている国で、シュンペーターは企業家タイプを讃えていたのである。[20]

第一次世界大戦前の時期にオーストリアでは、さらに国民経済学のもう一つの古典的な著書が出される。まだ三〇歳にもなっていないマルクス主義者、ルドルフ・ヒルファーデング（一八七七―一九四一）の書いた『金融資本論（*Das Finanzkapital*）』（一九一〇年）である。[21]ヒルファーデングは、「新たな資本主義」のことをとりあげ、自由競争の減少が目立っていて、大企業に集中する傾向があり、カルテルやトラストの形成、産業資本と銀行資本が金融資本という形で国内的に結びつき、利害連盟の設立、国内経済への国家の介入が特徴となっていることを述べていた。

たいていは株式会社という形をとっての大規模産業の興隆は、大ブルジョアジーの内部に立場の違いをつくりだし、資本所有者のなかに機能的・人物的区別、持ち主（オーナー）企業家と雇われ企業家（マネージャー）とに分ける流れをつくりだしていた。のちになると国有化された企業のなかにさらに役職企業家が登場し、政党に依存するような存在になっていく。[22]

さらに第三の理論的構想は、少なくとも部分的にはオーストリアの経験を背景にして生まれたもので、アレクサンダー・ゲルシェンクーロン（一九〇四－一九七八）の相対的に遅れた状態に関する理論である。[23] この理論の方ではこういわれる。遅れた社会における遅れ取りもどしのプロセスでは、国家や銀行に特別な舵取り機能が与えられる。産業ブルジョアジーが比較的弱いところでは、それに代わる存在が必要で、動産銀行（企業の資金調達にかかわり経営にも参加する銀行）と国家である。エドゥアルト・メルツ（一九〇八－一九八七）が実際上の証拠素材を提供する。すなわちかれは、オーストリア最大の銀行、「クレディット・アンシュタルト銀行」の産業への参加を調査し、この銀行が二〇世紀の初めで一九の、一九一四年ですでに五七のコンツェルン企業を傘下に置いていることを確かめた。[24] そして企業集中の流れは持続し――切れ目はあるものの――二〇世紀全体にわたってつづいた。

またもや危機にみちた戦間期にはこの一般的な傾向が途切れる。企業の集中現象は絶対的にも相対的にも低下する。それに対して第二共和国にはひきつづき集中の波が副次的な分野を巻きこみ、一九七〇年から七五年の間に「国有化」という集中でその頂点を迎える。はっきりみてとれるのは、大企業が独占的地位を占めたのではなくて、あいかわらず中小の企業が支配的な存在であって、持ち主企業家が運営に当たっていたのである。しかし大企業における所有者構造は一九四五年後に急激に変化する。一九四六／四七年の国有化法とともに国家が大規

表13　鉱山、工業、加工業における集中化

| | 1910/13 | 1934/37 | 1960/61 | 1979/81 |
|---|---|---|---|---|
| 大企業の数 | 74 | 49 | 94 | 86 |
| 就業者数 | 183,900 | 103,400 | 279,900 | 293,300 |
| この種部門の大企業就業者の割合 | 20.0 | 11.7 | 25.6 | 31.4 |

フランツ・マティス『オーストリア大企業における連合と集中化。企業家と企業』(Franz *Mathis*, Fusion und Konzentration in der österreichischen Großindustrie. Unternehmer und Unternehmen. Festschrift für Alois Brusatti) ウィーン、1989年刊、192頁より。

模所有権者として——比較的長期の展開にそって——大企業のなかにはいっていき、大ブルジョアジーを駆逐していった。国家は工業生産のおよそ三〇%を支配する。[25] しかしそこに生じたのは私的資本と国家資本との緊密なもたれ合いであった。私的大企業の数多くの代表者たちが国有化された企業の経営監査役員会に席を占め、逆に国有大企業の多くのマネージャーたちが私企業の利益代表者会議に出席し発言していた。[26]

第一次世界大戦以前の大経済ブルジョアジーの社会的地位と比較すると、いずれにしても重要性のはっきりとした喪失がみてとれる。国家の介入と「福祉国家(Sozialstaat)」が以前の大ブルジョアジーの中心的な地位を占めるようになった。

経済ブルジョアジーそのものの階級的性格は、本質的に階級としての労働者層の形成に左右されるようになった。一九世紀の九〇年代以来、労働組合や政治的な労働運動の圧力が増してくると、企業家サイドも自分たちの共通の利害を組織的にまとめあげ、より明確に発言せざるをえなくなった。地方レベルで活動していた伝統豊かな商工会議所とならんで、各業種を越えた中央連盟が登場する。一八九二年、大工業の産業中央連盟。一八九七年、中小企業のオーストリア工業同盟。一九〇七年、企業家組織の中央本部がそれぞれ誕生する。

それでも階級としての経済ブルジョアジーの経済的・社会的形成は、はるか遠い過去にさかのぼる。それは中央では産業資本主義の台頭とかかわっていて、イデオロギー的には自由主義に支えられ、日々工場で労働者たちと対決している中小の企業家も含むものであった。

大ブルジョアジーは、一部は上級の貴族層から身を落とした人たちで、相互に婚姻関係などをとおして、みずから独立の企業家ファミリーをつくりあげる。しかし高級官僚との緊密な接触は保たれていて、たいていは家父長制的な政体を贔屓《ひいき》にする。[27] それでもかれらの市民的なエートス〔倫理規範の刻印をうけた心情・精神・態度のこと〕は、市場に目を向け、競争相手に目を向ける。生産手段の所有にもとづく仕事の仕上げ方と個人的な独立性が、近代化の先兵となって作用する。——そうはいってもこうしたことがオーストリアの企業家をして、危機の時代に国家的な支援を求める妨げとはならなかった。逆に上級貴族から大銀行の企業家としての役割への道は、ごく自然のように思われた。世紀の転換期頃、官僚のなかで目を見張るような出世を遂げたルドルフ・ジークハルト（一八六六―一九三四）はそうした道をたどった男で、一九一〇年には不動産金融機関の頭取となり、そのリスキーな営業政策が怖がられる強引な企業家となる。そしてかれは第一共和制でその金融機関を破綻させてしまう。かれの「お互いよく知りあっていながら、埋めがたい溝のあるライバル（Intimfeind）」であったアレクサンダー・シュピッツミュラー（一八六二―一九五三）も、同じくトップ官僚であり、余暇には（古代ギリシャの詩人）ホメーロスを原語で読むくらい教養も高く、ウィーンの音楽生活にも深く根を下ろしていた男だが、クレディット・アンシュタルト銀行の頭取になっていた。[28]

大ブルジョアジーの国家に対する影響力は直接的に議会——一九一一年時、五一二人の議員のうち産業界代表は二一名であった——をとおして発揮され、その影響力は、世紀の転換期頃成立した数多くの諮問委員会をとおして実現する。しかしまた間接的には数多くの裏ルートをとおして——とりわけ賄賂ルートによって——実現するのだった。[29] オーストリアの大ブルジョアジーは、考え方はリベラルでナショナルにしても、国家や王朝に対して忠実であった。かれらは大きな国内市場の御利益を評価していたし、玉座は、大企業を国に結びつけるためにはあらゆることを行なった。たとえばオーストリアにおいてとくに鷹揚に実行された貴族身分への取り立て処遇がある。一九世紀の後半、新たに貴族に列せられた者のうち「財力ゆえに貴族とされたもの（Geldadel）」が一三％にもなった。[30]それでは、オーストリアの大ブルジョア層はどれくらい「封建的」であったのだろうか？　市民階層の封建性の理論は、最近の実証研究によって、以前よりはるかに懐疑的にみられている。[31]そうした理論は――もしあったとして――大ブルジョア層のトップクラスにはいえるにしても、中間の企業家層には当てはまらなかった。このトップの人物たちは、ある種の封建的な生活スタイルをじっさい好んでいて、街中に豪華な館を建て、大規模な狩猟、競走馬の厩舎をもち、芸術のパトロン役をきどり、自分たちの妻にサロンを開かせ、貴族院の政治的なポストをたしかに占めていた。[32]しかし大ブルジョア層のトップも「社交の二次リーグ」で我慢しなければならなかった。かれらが社交的な交流でほんらいの高級貴族に接することはまず滅多になかった。大ブルジョア層の高貴な野心は、貴族に実際的に合わせるよりも、むしろ貴族身分の完全な承認を拒否することに発していた。逆に貴族の方が農業資本家や団体の業務監査役員などになっていった。「アルピン＝モンタン会社」のような大企業では第一次世界大戦前、業務監査委員会構成で貴族が三四％にもなっていた。[33]それだから、大ブルジョアジーの封建的傾向とならんで、上級貴族のある種の市民化の傾向もみられたのである〔ここでいう市民化や市民層とは、財産や教養をもって力をつけてきた、貴族階級と労働者階級の間にたつ階層のこと〕。

全体からして大ブルジョア階層は、極端に僅かな層でしかなかった。一八八〇年当時ライタ川此岸全体〔オーストリア・ハンガリー二重帝国のうち、ライタ川の西側地域、つまりオーストリア部分を指した非公式名称で一八六七〜一九一八年の間使われた。ライタ川とは、ドナウ河の支流の一つで、ヴィーナーノイシュタットから北に向かって流れハンガリーでドナウに注ぐ一八〇キロもある川〕で株式会社に二五〇〇の執行部ポストがあった。[34]エルンスト・ブルックミュラーとハネス・シュテイーケルの見積もりによると、市民階層は総じて（つまり経済市民階層も含めて）二〇世紀の初め頃全住民のほぼ三％から五％で、ウィーンに極端に集中していた（ほとんど三分の一）。[35]

オーストリアの企業家階層の際立った人物たちの一人にカール・ヴィトゲンシュタイン（一八四七―一九一三）がいる。ユダヤ系の生まれで、プロテスタントの洗礼をうけ、真の冒険気質の持ち主――すでに若い時期にアメリカにでかける——、技術革新者で、短期間のうちにボヘミアの鉄道産業で想像できないほどの出世をとげ、その後オーストリアの鉄道企業連合を形成する。厳格で、容赦せず、攻撃的で、不振に陥った企業の再建者として恐れられていた。社会ダーウィニズム的な色彩の合理化推進者で、アメリカ的なモデルを動作の緩慢なオーストリアに導入しようとしていた。かれはこう書いている。「あらゆる障害を克服して、言葉も風習もわからないような、遠く西洋の異国人のなかで、よりましな生活を築こうとする人は、生まれつき特別な人だけである。病弱なもの、懐の淋しいものはそうしたことには向かないし、置き去りにされるのである」。[36] ヴィトゲンシュタイン、ことにかれやそのグループがアルピン＝モンタン会社の大部分を買い取っていただけに、社会民主党の批判の格好の標的になっていたのも、不思議ではなかった。資本主義的な搾取者の典型的な例としてヴィトゲンシュタインは「比較的短期間に自分の労働者の骨の髄から何億という金を自分のためにうまいことせしめたのである」。[37] しかし同時にこの厳しい企業家は、芸術的にも、音楽的にも才能のある人間であった。モダニズムに対して心を開いていて、（ウィーン分離派の）「セセッション」の建物の大部分はかれが財政支援をしたものであった。父親としても厳しく、高い業績を要求する人であった。夭折せずにすんだ子どもがいたが、そのうち三人もの息子たちが自殺している。残酷さと、芸術的な繊細さと悲劇とが一家に輝きを与え、影を落としている。その家庭に偉大な哲学者のルートヴィヒ・ヴィトゲンシュタイン（一八八九―一九五一）が一八八九年に生まれたのだった。[38]

こうした大ブルジョア層、しばしばユダヤ系の大市民層は、世紀末芸術の開花をもたらす根源の叢となっていたし、その逸れた水脈でも生産的で、それらは同時に敵対者、つまり労働運動などの分野でももっとも強力な政治的才能の持ち主までつくりだしていた。ボヘミアのドイツ・ユダヤ系の繊維工場主の息子のオットー・バウアーに始まって、ツナイム〔南モラヴィアにあった町〕のグルケン王フェーリクスの末裔、ブルーノ・クライスキーにいたるまでの人たちである。[39]

そうはいってもここで厳しく区別しなければならないのは、階級としての経済市民層と、市民階層、市民性、市民的な生活形態とは、別物だということである。ここで市民層にはいるものには、またさらに階層的な事情がある。――旧来のしだいに消えていく都市市民層、生業・職業階層出身の向上心のある教養市民層、そしていくぶん曖昧な捉え方だが、一部のプチブル市民層などである。[40] 教養市民層についてはのちにみることにしよう。さしあたり一九一八年という節目ははっきり強調しておかねばならない。生活形態としての市民性、市民的な安全性や安心感は弱まっていき、しだいに消滅していった。[41] そうした「市民性」に印象的な追悼の思いを述べていたのがオットー・バウアーである。「戦争以前は裕福であった何千という人たちが今では、昔からの家財や装飾品を売り、部屋を他人に貸して、どうにか露命をつないでいる。かれらには家政婦も雇うことができないし、そして本も、芝居や音楽会も劇場も、手が届かない贅沢品になってしまった。……かれらは一〇〇年来オーストリア特有の文化、ウィーンの文学、ウィーンの音楽、ウィーンの演劇の担い手であった。かれらこそ戦争のほんとうの敗者なのであった。一九一八年の一〇月に崩壊したのはかれらの帝国であった。そしてその帝国とともにかれらの富もまた失われたのである」。[42]

それでも、オーストリア革命の「恐怖の年月」のあとでも、ブルジョアジーの階級的性格はむしろいっそう顕著になった。もっとも今では萎縮して露骨な利害政治にこだわって、文化的な雰囲気も失くして、異国のボルシェヴィズムと国内の社会民主党に対して不安にかられ恐れおののきながらであった。文化に代えて、経済市民層は、「防郷団」〔第一次世界大戦直後の国境画定紛争の頃につくられ、国内の左翼運動に対抗しながら勢力を増す。イタリアのファシスト運動に範をとりながら、一九三〇年の綱領で指導者国家体制を唱え、ドルフースの身分制国家樹立を支援する。オーストロ・ファシズムの中核を担った疑似軍隊組織〕のような武装団体を財政的に支援し、アルピン＝モンタン会社におけるように、「黄色の」企業家寄りの労働組合をつくり、権威主義的な抗争解決戦術に期待をかけた。[43] 旧来の富裕層が脅威に晒されている一方で、一九二〇年代には新興成り金層が派手にけばけばしく台頭する。厚顔無恥な戦時利得者やありとあらゆるリスキーな投機家たちである。その一人が、カミロ・カスティリオーニ（一八七九―一九五七）である。トリエステ生まれで、急速に巨大な株券をかき集める――とりわけ自動車産業の現代的な部門の株を――そして副社長として短期間アルピン＝モンタン会社の運営にも手を出した。[44] 一九二〇年代なかばにはこうした妖怪も姿を消していく。

　戦間期におけるオーストリアの大ブルジョア層の危機をとくにはっきり知らせてくれるのは、アルピン＝モンタン会社の運命である。その会社の株式の大部分はボールのようにあちらこちらへともてあそばれた。まずその株はイタリアのフィアット・グループの手に落ち、その後ドイツの大企業フーゴー・ステネスの手に、それから一九二六年には、ルールのコンツェルンの鉄鋼工業連盟に、そして（ヒトラーのオーストリア）「併合」ののちには国有化され、ヘルマン・ゲーリング会社に強引に吸収された。[45] すでに一九三〇年代に間接的な国有化の波は始まっていた。というのも、一九三一年のクレディット・アンシュタルト銀行の破綻のあと、この会社とその産業コンツェルンは国家の影響下にはいったからである。そのあとナチズムは、こうした政策を一貫してつづける。オーストリアの産業市民層は、すでに第一共和国時代に国家や外国資本の干渉に晒されていたのである。

　第二共和国になるとこうした介入がもっと密接になる。国有化された企業は一九五〇年代／六〇年代にその経済的な最盛期を迎える。外国資本は一九七〇年時ですでに（就業者数でみて）二〇％ラインに達していた。トップにくるのが西ドイツで、この傾向はつよまっていった。[46]

　そうはいっても、一部の旧来の産業市民層も存在をつづけていた。たとえば、シェラー・グループ、あるいはデパート・ファミリーのユーリウス・マインル。この百貨店では、もうすでに五代目のユーリウス・マインルが実権を握っている。一九四五年後には新たな私的産業王国も誕生する。たとえばヘルベルト・トゥルナウアー（一九〇七―二〇〇〇）のごときである。[47] しかしこうしたブルジョアジーの社会的な相貌ははっきりしないものとなった。産業への参加割合の入り組んだ状態、持ち株会社、匿名の資金提供会社などが、階級対決の明白な相貌を消し去ってしまった。階級社会の構造が崩れたことにより、労働者階級も資本家階級も解体していく。社会パートナーシップ、新たな企業文化――キーワードは従属身分から共働者へ[48]――、利害の対立調整の新たなメカニズム、別な儀式を導入したのである。一九八〇年時の資本主義は、一九〇〇年の資本主義とは、まったく別ものになっていたのだった。

## 第四節　労働者階級

ピルゼン〔プラハ西南部にあるピルスナー・ビールで有名な都市〕出の商人の息子で、のちにハイデルベルク大学やベルリン大学の教授となったエーミール・レーデラー（一八八二―一九三九）が一九二九年に雑誌『ノイエ・ルントシァウ（*Neue Rundschau*）』でこう注意を促していた。「プロレタリアートは外からみると、〝グレーの大衆階層〟にすぎない。……内側からみると、労働者階級はじつに豊富な区別をもった階級であり、そのヒエラルキーと独特の段階分けをもっている」。[49]もっとも重要な区分けラインで同時にヒエラルキー化の基礎となっているのは、熟練労働者か、それとも非熟練労働者であるか、男女の性別間、働く場所――大企業か、それとも小規模経営、農家の屋敷か――、国籍によるもの、都会的な産業の中心地か、村の工場か、世界観的な立場の間――社会民主党系の労働者層かキリスト教系の労働者層か。これらの労働者階層のすべてに共通していたのは、（たいはんが）運命として、厳しい肉体的労苦として、生涯にわたって賃金労働に従事することであった。

生計費を稼ぐ階層としての労働者階級は、二〇世紀の初めに狭い意味での社会階級の形をつくった――同じ利害、同じ生活形態、高い密度の心的交流作用、似たような価値図式、要するに「即自的な（無意識的な）」階級は、「対自的にも（自覚的にも）」階級へと成熟したのだった。しかしこうした階級形成のプロセスは決してすべての労働者階層を巻きこんだわけではなかった。形成プロセスでは、産業中心地の熟練労働者に関して力が入れられたが、農業労働者や、田舎の自営業、家庭労働、女性の場合にはそのはたらきかけは弱いものだった。そして社会民主党員たちが執着したプロレタリアート神話について、ユーリウス・ドイチ（一八八四―一九六八）〔オーストリア社民党の軍事関係のエキスパート、第一次世界大戦後に人民防衛隊を組織し、のちに「共和国防衛同盟」をつくりあげる〕が熱烈な思いを込めて書いている。「プロレタリアの心にある最良のものは、明るい未来に対する信仰となってあらわれている。日常の軛によって抑えつけられているプロレタリアの人間の尊厳が階級の未来への信仰とともに立ち上がる。……労働者たちは心も体も社会主義に捧げているのだ」。[50]――こうした神話は二〇世紀の過程で蒸発してしまった。労働者たちは物質的な生活のチャンスをえたが、期待を失い、生きる意味を失っていく。ユートピアの力は、現代の消費社会のなかで干からびてしまった。[51]

一九〇〇年時、階級意識のある労働者たちが、労働勤務以外のときには誇りにみちてブルーのジャンパーを着ていたのに、一九七〇年代になると伝統にみちた『労働者新聞（*Arbeiter-Zeitung*）』が象徴的なことに『AZ』というなんの変哲もない名称に変わってしまい、一九九一年には完全に廃刊になってしまった。[52]プロレタリア的な狭隘な生活環境、社会派レポーターのマックス・ヴィンター（一八九五―一九五九）が君主制時代に描いたようなしばしば惨めな姿――そこでは、土木工事の人夫が人間よりむしろ動物の暮らしをしていた。あるいはアーデルハイト・ポップ（一八六九―一九三九）〔オーストリアの女性運動のリーダー、八歳のときから工場で働く。ウィーンの女性労働者―教育連盟のメンバー。『労働者新聞』の編集責任者も務める〕、アルフォンス・ペッツォルト（一八八二―一九二三）〔作家、労働者詩人〕や他の人たちの自叙伝が印象深く情動的な調子で伝えたような情景、そうした姿は消え去ってしまったか、少なくとも隅に追いやられてしまった。[53]第二共和国では、労働運動の手で達成したものへの満足にみちた回顧の姿勢が目立ってくる。その典型といえるのが、オーストリア労働総同盟の議長ヨーハン・ベーム（一八八六―一九五九）の回想記のまえがきであろう。「かつての徒弟（職業見習い）の辛さ、搾取される労働者階級の筆舌に尽くしがたい苦境は、今日の多くの人たちにとって、とりわけ若い世代にとって、もはや馴染みのないものである。だが、そうした時代のあったことを想

表14　ウィーンの労働者家計の消費支出（1910〜1977年）（%）

| 支出費目 | 1910 | 1925 | 1953 | 1977 |
|---|---|---|---|---|
| 食費 | 59.2 | 57.5 | 49.9 | 27.2 |
| 家賃 | 14.2 | 2.6 | 4.3 | 7.7 |
| 光熱費 | 4.5 | 4.6 | 5.5 | 5.3 |
| 家具用品 | 1.3 | 1.9 | 5.4 | 6.7 |
| 衣服 | 8.8 | 14.0 | 13.5 | 8.9 |
| その他 | 12.0 | 19.4 | 21.4 | 44.2 |
| | 100 | 100 | 100 | 100 |

エーリヒ・ボートツェンタ『第一／第二共和国におけるオーストリア社会構造の変化。歴史的に見るオーストリアの社会構造』（エーリヒ・ツォルナー編）（Erich *Bodzenta*, Änderungen der österreichischen Sozialstruktur in der Ersten und Zwiten Republik. Österreichs Sozialstrukturen in historischer Sicht [hg. von Erich *Zöllner*]）ウィーン、1980年刊、161頁;『社会学論集』第2号（Beiträge zur historischen Sozialkunde, Heft 2)、1989年刊、35-62頁より。

起するのも大事である。というのも、当時の状態に対する思い出だけが、これまでオーストリアの労働運動のおかげで何が達成されたかを完全に示せるからである」。[54]

はっきりしているのは、経済的な生活のチャンスの改善は、労働者たちにとって「一切れの自由」をおまけに獲得してくれたのである。[55] その明白な指標としてウィーンの労働者の家計における消費支出をあげることができよう。

食料のための出費は半減し、生活に不可欠なものを越える特別なことへの支出は五〇％ほど増えた。一九七〇年代になると自動車も労働者家庭にとってもはや贅沢品ではなくなった。そうはいっても極度の幸福感となる契機はない。賃金配分の分析は、すでにはっきりと警戒信号を発していた。賃金のピラミッドは一八八五年から一九八〇年までの間、驚くことにほとんど形を変えていないのである。あいかわらず三五％が二つの最高の範疇に、六％から七％が二つの最低のカテゴリーの間を動いているのである。[56]

それに対して変わったのは、技術的な大枠条件である。二〇世紀の労働者階級の歴史は、第二の技術革命――化学、電化、石油に発するものと、第三の技術革命――電子工学（マイクロエレクトロニクス）に発する――に縁取られている。[57] こうした革命は、そのつど労働者階級の、じつにさまざまな、交錯しあう「既得の技能では対応不能（Dequalifizierung）」や「技能の再訓練（Requalifizierung）」を誘発した。発展の小道は、徒弟労働者から高度な技能を身につけた専門労働者へと導いた。外国人労働者とあまり技術力のない労働者（圧倒的に女性たち）は、旧来の下層のポジションを占めることになった。いずれにしても二〇世紀の初め頃の多くの社会民主党員の期待はみたされなかった。

表15　就業者のなかの（男女）労働者の数

| セクター | 1910 | 1934 | 1981 |
|---|---|---|---|
| 農林業 | 608,275 | 348,000 | 31,700 |
| 鉱山と工業 | 928,270 | 822,348 | 854,200 |
| サービス業 | 423,400 | 510,732 | 340,500 |
| 総数 | 1,959,945 | 1,681,080 | 1,226,400 |

エルンスト・ブルックミュラー『オーストリア社会史』(Ernst *Bruckmüller*, Sozialgeschichte Österreichs) ウィーン、1985 年刊、377 頁／ 478 頁以下より。

表16　労働組合の組織率（1900 ～ 1980 年）(%)

| | 1900 | 1910 | 1920 | 1930 | 1940 |
|---|---|---|---|---|---|
| オーストリア | 3 | 7 | 59 | 47 | – |
| ドイツ | 5 | 18 | 53 | 34 | – |
| スイス | 2 | 9 | 26 | 23 | 25 |

| | 1950 | 1960 | 1970 | 1980 |
|---|---|---|---|---|
| オーストリア | 67 | 66 | 63 | 60 |
| ドイツ | 33 | 37 | 36 | 38 |
| スイス | 39 | 36 | 33 | 37 |

ハルトムート・ケールブレ『ヨーロッパ社会への途上で。西ヨーロッパ社会史 1880 － 1980』(Hartmut *Kaelble*, Auf dem Weg zu einer europäischen Gesellschaft. Eine Sozialgeschichte Westeuropas 1880-1980) ミュンヘン、1987 年刊、84 頁より。

つまり労働者の数は、決して一貫して増えていかなかったのである。

文字通り劇的な経過をたどったのは農業部門であった。農業労働者の五〇万人以上、田舎の下層階層のほとんど全部が姿を消したのである。労働者階層は、工業や商業の分野に集中した。――はっきりとした同じような職種への画一化プロセスである。一九八一年時でこの種の分野にすでに七〇％が集まっていた。労働者階層で男性が占める割合も長期的にみれば増えていった。

こうした要因は、階層形成の社会的なプロセスをつよめた。労働組合の組織率がそのことを裏づけている。

階層形成を話題にするときには、相互比較を意識してかからねばならない。一九〇〇年頃では労働組合に組織されたのはやっと就業者の三％でしかなかった。オーストリアはドイツの模範にはるかに遅れをとっていた。たしかに一八九二／九三年に中央センターとして「労働組合委員会」が設立された——その決議にあるように、「巨大な資本に対抗して強固な防波堤をつくる、資本の利得をかすめ取るためにである」。[58]——階級の政治的な形成は、ためらいがちに遅々としてしか進まなかった。労働組合の前衛であった印刷工は、一九〇六年時で労働組合メンバー九三％という誇るべき数に達していた。しかし、もっともひろい分野を占める繊維産業の場合、たとえば裁断工で六％しか組織されていなかったのである。[59]

しかしその後、一九一八年から二〇年にかけての革命の結果、オーストリアは、ヨーロッパの労働組合のトップに跳ね上がる。それはたしかにまた、首都ウィーンの人口統計上の優勢の結果でもあった。自意識たっぷりに一九一九年、第一回目のドイツ系オーストリアの労働組合会議の開催がおおやけに発表される。就業者の数に照らしてみるとオーストリアは世界でもっとも強力な労働組合をもっていた。[60]階層形成は組織率六〇％で最高の値に達していた。そのあと世界経済危機の到来となって——いたるところで労働組合員の数は減少する。それにさまざまなファシズムの変種がつづいて——誇らしい構造も瓦解する。

第二次世界大戦後になってオーストリアは（スウェーデンとともに）ふたたびヨーロッパの労働組合のトップになる。しかし、労働組合の組織率は、ファシズムの前とあとではいくぶん違っている。一九三四年以前の組織率は、政治的な階級形成にとっての少なくとも大雑把な指標である。一九四五年後では社会パートナーシップ〔経営者側と被雇用者側、それに政府、この三者の間で話し合って、それぞれの利害を調整し合うシステム〕の基盤層に根づいていることの指標である。階級対決の道具としての労働組合が徐々にサービス機関となり、経済政策や社会政策上国家を担う機構となっていくのであった。生活スタイルの個人個性化、まとまったプロレタリア的ミリューの解体や、その他多くのことが労働者階級を引きちぎって消費社会に投げ入れたのである。労働組合は「福祉国家」の充実や生活リスクの緩和のためのエージェント機構として奉仕する。下からの闘争の道具というより、当局の一部となったのである。

当局とのこうした近い関係は、まず「身分制国家」における統一労働組合の設立によって誘発され、「(ナチス)ドイツの労働戦線」によってつよめられ、そののち第二共和国の公式に超党派的な「オーストリア労働組合連盟」のなかにまで影響をおよぼした。これに反して君主制時代や第一共和国時代の「志向別－政党や宗派別－労働組合(Richtungsgewerkschaft)」ははるかにつよく基盤層に目を向けねばならなかったし、相互に競合関係にたっていた。社会民主党系自由労働組合の優越した地位は、決して深刻な問題になることはなかった。それでも相互の関係の変動は明らかである。第一次世界大戦前キリスト教系労働組合の「自由労働組合」に対する力関係は一対一〇であり、革命の時期には一対二五となるが、(第一)共和国末には一対五と飛躍的に改善される。[61] 二つの労働組合間の変わらぬ争点は、第一共和国では社会民主党系の基盤がめざした「クローズト・ショップ志向」(組合員だけを雇うことにする制度)——キリスト教系の労働者と職場で一緒に働くことも拒否するまでの——で、それは、キリスト教「社会」派の人たちから「赤い職場テロル」だとして排撃された傾向であった。[62]

### 社会民主党系ミリュー

しかし耳目を惹くような政治的闘争の背後では、あまり目立たなかったが、社会的変化がはたらいていた。ハプスブルク君主政体の最後の二〇年間における新しきこと／特徴的なことは、社会民主党系の特殊な労働者ミリューの確立であった。そうしたミリューのいくつかの特徴を、おもにウィーンを例にして取りだしてみることにしよう。

第二の技術革命にもかかわらず、一九〇〇年時ウィーンの労働者の二〇%が工場に雇われ、そのうちの三%から四%が大企業であった。[63] そうした大企業、とりわけ電気産業は現代的な労働形態——「出来高払いの賃金システム(Akkordsystem)」、「特定の仕事に必要とする時間を決めてかかる(Zeitkontrolle)」、まさに「テーラー・システム（Taylorismus）」〔アメリカの技術者、テーラー（一八五六―一九一五）が提唱した工場管理・労務管理の方式。できるだけ効率的な経営活動をめざそうとする科学的企業運営〕――を導入し、目標指標を設定したのである。[64]

あいかわらず家庭が社会的な位置づけ（職にありつけること）の基になっていた。一九世紀の終わり頃、「純粋な」労働者家庭が形成されてくる。[65] 村の工場においてすら――たとえば、ニーダー・オーストリア州のトライゼンタール〔ウィーンの西南西六〇キロ〕のフルトホーフのヤスリ製造職人の場合でも――労働者のすでに六五％はプロレタリア的な所帯の出身であった。[66] 住居の立ち入りを左右する家主の権利に従属する状態も減っていった。ベッドだけを賃借する宿泊人や部屋の又借り人の数も減少する。「なかばオフィシャルな」労働者家庭が、流れとしては、尊敬される労働者の親密な「大家族とは違って夫婦と（未婚の）子どもたちからなる一家（Kernfamilie）」に変身していった。このことは父親の立場を強化した。父ちゃんは「なんのかんのいっても全権の持ち主であり、お金を稼いでくるし、すべてを分け与え、すべてを決める人なんです」。[67] 大企業に勤める尊敬される熟練労働者と、たとえばヴィナーベルクのレンガ製造工場〔世界最大級のレンガ製造株式会社〕のほとんどがチェコ人の出稼ぎ労働者たち――かれらの生活や労働の実態をヴィクトル・アードラーは、センセーションを巻き起こすようなルポルタージュで暴露した――との間には、大きな隔たりがあった。[68]

そうはいっても、一目置かれる労働者家庭の場合でもかつかつの調度品という生活に明け暮れ、収入のほぼ二〇％を住居費として支出せねばならず、道路は子どもたちにとって、自由の風が吹きぬけ社会を学び溶けこむ場であった。しかししだいに――二〇年代になるとつよまる形で――発展した労働者ミリューに次のような意見が定着するようになる。すなわち、子どもたちはもっとましな生活ができるだろう。自分だけのベッドをもち、もっとましな衣服、洗練された言葉、そしてなによりも学校と修業をとおして熟練した職業教育をさせる――少なくとも男の子にはさせる、という考えだった。[69]

都市部では労働者住民は特定の街の地域に集中して住む――ウィーンではファヴォリーテン、オタクリング、フロリッツドルフであり、田舎では個人の住居や、工場側が就業者たちのために建てた集合住宅に住むようになる。[70]そういう場で狭い地域の密接な近隣関係がつくられた。賃貸住宅街で主婦たちは、共同井戸や通りの水道など家事コミュニケーションの中心地で、おしゃべりをし、愚痴をこぼし、助け合いをしあった。「なんでも借り貸しをしあった。なんでも、酢でも塩でも。……貸し借りはわたしたちの間ではごく自然なことだった」。[71]同じように子どもたちの面倒も隣近所の女性がしてくれた。僅かにある家具をすばやく廊下に寄せると、小規模の集会用の空間ができあがった。家主とか家の管理人という嫌な存在の姿や、外からの圧力もあって、そうした近所付き合い／集まりをもつような気持ちにさせていた。

一九一七年以降「借家人保護法（Mieterschutz）〔家主の勝手な処置から借り主を法律にもとづいて守ること〕」によって違った類の保護バリアとなり、その保護措置のもつ政治的・社会心理的影響効果は、いくら評価しても評価しきれないものであった。家賃支出が収入のほぼ二〇％になっていたのが三％に急減する。借家人の自意識が決定的に高まった。[72]ますます多くの家庭が、一緒に住む親類も又借り人もいない、自分の住居をもてるようになった。

一九二〇年代のなかば、自治体ウィーンの大規模な住宅建設構想のなかで近隣関係の、いっそうつよく政治的な色合いの濃い、新たな形態が展開する。記念碑的な「カール・マルクス・ホーフ」〔ウィーンの社会民主党市政は、一九二〇年代後半に労働者向けの住宅建設に力を入れた。市内のあちこちに比較的大きな集合住宅をつくり、一九二五年には「フリードリヒ・エンゲルス・ホーフ」、三〇年には「カール・マルクス・ホーフ」という名の団地を完成させ、目に見える形で自分たちの業績のアピールに努めた〕は、すでに建築上労働者階級の砦、階級闘争の装飾文様的な暗喩であった。「あちこち転居する」高い移動性の労働者階級が、一定の場所に固定的に住むようになった。ひろく張りめぐらされた扶助システムが、衛生、健康、余計な装飾を省いた簡素な状態、合理的な時間の使い方などを視野に入れながら、政治的な団結を促進し、同時に外から面倒をみ、官僚制化やコントロール機関として、まさに強制として作用した。政治陣営としての社会民主党系のシステムが労働者階級の自然発生的な（あまり規制のない）生活世界を支配するようになった。[73]

親身な付き合い関係というのは、住居という再生産の領域だけに当てあまることではなかった。そうした関係は、あまり機械化されていない工場、たとえばハライン〔ハラインはザルツブルク南方二〇キロ位にある都市で産業の中心地〕の葉巻工場においても特別な連帯となって作用していた。そこで雇われていたのはほとんど女性たちだけであり、深く心に染みついた労働エートス（倫理規範にもとづく心情）にかられて、二重、三重の負担を課せられていた。それでも、こうした女性たちは、労働過程のなかの時間の合間を利用する。出来高払いの仕事で互いに助けあい、民謡を歌い、最近観た映画の筋を語りあい、子どもの教育のためのアドバイスを交換しあった。[74]

こうしたミリューの女性たちにとって、自由労働組合のメンバーになるのは、しごく自然なことであった。——「労働組合というのは、不当なものを追いだすためにあるのです」——また「社会民主主義労働者党」（SDAP）〔社会民主党の正式名称〕の党員であるのは当然のことであった。「わたしはつねに社会主義者だと思っていました。ほかのことは何も知りませんでした。わたしは労働者家庭の生まれでしたから」。[75] 党と労働組合は階級意識のためのコルセットのようなはたらきをした。[76] 一八九二年以降組合の職場委員の体制がつくられ、こうしたコルセットの安定強化のはたらきをした。ヴィクトル・アードラーは、こうした底辺の奉仕の精神に富んだ活動層を労働組合の貴族層だと讃えている。「我われには我われ独自の貴族がいる。我われの貴族の基本と原則は、我われができるかぎり有能で、闘争力があり、力づよくなれるよう努めることである。というのも、我われはおのれの戦う能力や力づよさをおのれの神聖な事柄、おのれの神聖な解放闘争のために捧げるからである」。[77]

不当な扱いをうけたという労働者たちの初歩的な体験は、社会民主党系の新聞でプロレタリア的なおおやけの情報の一つとしてたえず生き生きと保持されていく。「我われは、どんな扱いをされたか」、労働者の日常の姿を日々伝えるコラム欄はそういう見出しになっていた。

党は、社会民主党系ミリューの主柱であった。党の酒場、労働者の家が一種のアンチ教会となっていた。たくさんの団体が設置されているところでは、もろもろの社会的関係の糸が交差しあっていた。ヨーゼフ・ブッティンガー（一九〇六―一九九二）はとくべつ階級意識のつよい労働者家庭の出身ではなかったが、こうした党のなかに生まれ育ったことを、宗教的な目覚め、解放感、途方もない幸せな気持ち、生活のチャンスの高まりだった、[78]と述べている。

社会民主党は、マルクス主義の政党だと自覚していた。たしかに、マルクス主義は、イデオロギー的な収斂の場であり、「聖書」であり、最終的な拠り所であった。しかし、マルクス主義の理論家たちの練り上げたコンセプト（オーストロ・マルクス主義）と基盤層における階級意識との間には、深い乖離があった。底辺部分では、ある意味で特定のおのれの体験と結びついた（マルクスの）「高尚神学」の要素だけが受け入れられた。しばしばたんに象徴的に、ただの俗っぽい趣味として、素人づくりのマルクスの顔つきの杖、あるいはマルクスとラサール（一八二五―一八六四）の顔をつけた帽子もある。まさに社会民主党的な信心用具であった。

先に触れたブッティンガーは、回想記のなかで、底辺の活動家たちの世界観的自負の念を皮肉っている。その気持ちは、急に「唯物論的」な解釈を用意して、世界史の経過を「原始の霧の世界から社会主義の時代へ」と解釈しようとしている、[79]と。そうした明るい未来への解釈はたしかに学問的には、根拠薄弱なものであったが、目覚めた労働者たちにとっては、自分たち自身の人生をうまくはめこむことのできるわかりやすい統合システムを提供するものだった。

興味をもった労働者たちがマルクス主義から摂取したものはというと、仮説的に（矛盾はないが、学問的な実証もない）次の四点にまとめることができる。一つは、大衆化した理論で合理性を外れたもろもろの憧れ――すなわち「宗教が退却の過程で、主のいない犬のように彷徨うべく置き去りにしてきた憧れ――と、合理主義的・唯物論的な時代の潮流との結びつけに成功したこと」。[80]二つ目は、マルクスによって資本家による労働者の搾取が「学問的に」実証されたこと。三つ目は、階級闘争を成功裏に闘うには労働者たちは団結しなければならないこと。四つ目は社会主義の勝利は押し止めがたいものである、[81]ということであった。

どこのミリューにも独自の文化があった。そしてこうした「文化」はさまざまな次元に分類できるものであった。[82]まず我われが出会うのは、グループ文化としての「ワイルドな」労働者文化である。この文化はまだいろいろな糸で民衆文化と結びついていた。たとえば伝承されてきた語り文化、口頭による文化、あるいは伝統的な鉱山労働者文化との結びつきである。こうした糸は、都市におけるよりも、「村の工場」の方が結びつきをつよくしていた。一方また大都市では田舎は「物言わぬ伝統」のように映っていた。[83]その後それぞれ特色のある労働者文化が誕生する。いたるところで自分たちの巧みな技量や、とりわけ自分たちの体力に誇りをもつ文化である。こうした労働者文化は、典型的な肉体経験にもとづいた独特のボディーランゲージをつくりだした。[84]結局のところアルコールにとてもつよい能力も、そうした特殊「ワイルドな」労働者文化の一つだった。

緊張を孕みながら、しばしばこの労働者文化と張りあいながら、党の膝元で労働運動文化が発展し、優位にあるブルジョア文化に対抗する文化だと、思われるようになった。労働運動文化が掲げるモットーは、「プロレタリア的に暮らし、プロレタリア的に死んで、文化の進歩に合わせてあっさり灰になっていく」、[85]というのである。こうした労働運動文化は、ウィーンで第一次世界大戦前後にそのヨーロッパ的な隆盛の頂点を迎える。五〇もの文化団体が関心の高い労働者たちに活用できるようになっていた。――「労働者速記団体」に始まって労働者＝釣り連盟にいたるものまであった。[86]「赤いウィーン」にあっては労働運動文化が一部では主導的な文化となる。目標とされたのは「新しい人間」で、社会民主党的な説法によれば、あらゆる生活態度においてブルジョアの世界とは違っていなければならず、「我われの精神にそわないものは、根絶する。それは大きな要件においてだけでなく、日常生活のものの見方や習慣においても――我われのなかのブルジョア的なものは、抑えこむのであった」。[87]スポーツプラッツ（運動場）においてもダンスホールにおいてもである。新しいもの、聖なるものは党からくることになっていた。党が信仰と希望と愛を具現しているのである。「我われは党によって巨人の力をもてるように思っている。我われは党と一緒に今日のひどい世界をよりよくするのを期待しているし、それゆえ党を心の底から愛している」。[88]

こうした聖なる高揚感は、教養をえようとする巨大な情熱を呼び起こした。とくに出世を遂げた労働者（そしてサラリーマン）の回想録は、教養や読書に対するそうした飢餓感にみちている。[89] しかし我われは思い違いをしてはならない。社会民主党的な宗教に浮かれた活動的労働者に対して、そうした教育活動にはごく僅かばかりしか触れられない労働者たちが何十万人といたのである。「新しい女性」という神話の事例に関連して最近詳しい記述が著わされた。[90] 女性神話では、すらりとしていて、スポーティーで、改良された衣服に身をまとい、教養があり、パートナーとの付き合いもよく、政治的に積極的となっていた。しかし一九二〇年代の女性労働者の現実は、二重、三重に負担を強いられ、たえず時間に追い立てられ、ジャガイモや安い肉を常食としていて、むしろ太り気味……であった。それでもたとえば、五月の祭典（メーデー）には政治的には完全に組み入れられていないグループの人たちも、覚醒の社会民主党的な高揚感に引きこまれるのであった。グラーツのある報告の描写がそうした熱狂的信心を証明している。「遠くからすでに音楽が聞こえる。わたしがシャワーを浴びたり、朝食をする時間になる前に、労働者音楽連盟の楽隊が目にはいってくる。……ホルンが高らかに鳴り響き、フルートがトリルを奏でる。バスの声が低音で歌う。〝目を覚まして立ち上がれ、この世でひどい目にあっている人たちよ〟。……先頭をいくのは、ジーベンロック氏であり、ポトチェック氏である。二人ともわたしの父と同じような服を着て、太い杖にすがっている。わたしの父は窓のところに直立不動の姿勢で立っていて、帽子をとる。ジーベンロックとポトチェック両氏も、父を見上げて、杖を剣のように振り上げ、挨拶を投げ上げてくる」。[91]

ラフな労働者文化が垢抜けした労働運動文化に押され気味になる。——後者の綱領には労働者の読書による向上が謳われていた。その文化が今度は新たな大衆文化、ラジオや映画によって、厳しい圧迫をうける。労働運動はたしかに、労働者たちにより多くの余暇を闘い取った。しかし余暇を埋めるものは、利益追求型の余暇産業に委ねざるをえなくなった。[92]

もっと多くの余暇をめぐる闘いは、独特のリズムにしたがっていた。第一次世界大戦前はたいていの職業分野で（土曜日も含めて）一日一〇時間労働が浸透していた。労働者のウアラウプ（有給休暇）はふつう皆無であった。その後オーストリア革命が労働者たちに八時間労働をもたらし、さらに一週間の有給のウアラウプをもたらした。それから社会政策的にはなんの改善もない長い期間があった。一九五九年になってようやく週四五時間労働となり、一九七〇年代になって週四〇時間労働と四週間のウアラウプとなった。[93] 余暇が増えるにつれて、ますます文化産業が労働者階級に影響をおよぼすようになっていく。流れとしては労働者ミリューが解体の方向にあった。

もしこの著書が映画であったとしたら、ここにワンカットを入れてまったく様子の違った労働者ミリューを挿入しなければならないだろう。つまり高度に工業化されたフォーァアルルベルク州の労働者ミリューのことである。村落の社会的なシステムに組みこまれる特徴をもちながら、一種の混合経済に支えられていたし――家をもつ小規模な土地所有が労働者たちの間でも稀ではなかった――カトリック教会の宗教的なコントロールと社会民主党の弱さを特徴としていて、要するに階級の形成にブレーキがかかっているのが特徴であった。[94]

## 階級闘争の彼方で

狭い意味での社会階級の振る舞いは敵対的であった。それらは階級の敵を必要としていた。階級対決のなかで初めて階級のフル展開がみられるのであった。一八九〇年代以降オーストリアでは巨人の闘いが始まった。一方にビッグ・ビジネス（大企業）、他方にビッグ・レーバー（労働者組織）――現代市場社会の基本的利害対立の表現である。「企業家組織と労働者組織とが組織の拡大と戦闘資材の集積で競いあっている」、と一九一一年オーストリア＝ハンガリーの陸軍少尉オットー・バウアーが社会民主党の機関紙『闘争（*Der Kampf*）』のなかで評していた。[95] 企業側が武器としてもっていたのは、ブラックリスト、当局の手で書きこまれたある労働者の仕事ぶり、解雇、ロックアウト、「御用労働組合」の形成、それに労働者懐柔のための企業内福祉政策も。労働者側では、社会的プロテストのさまざまな形態を動員する。企業の日常における反抗的な姿勢の豊富なレパートリー、調子ハズレの音楽、公然たる非難、ビールボイコット運動（Bierboykott）〔労働者が醸造所での労働条件などの改善のためにビールを飲むのをやめるボイコット運動〕のようなボイコット、雇用斡旋を介してのコントロール、決定的な武器としてのストライキ。

一九〇〇年当時双方の階級闘争の儀式は、すでに形の決まったものになっていた。二〇世紀の前半でいえるのは、ストライキの激しさが好景気のときには増して、不景気のときにはやわらぐことであった。第一次世界大戦前、一九〇〇年と一九〇六／〇七年の好景気のときにはストライキ行動が急激に活発化する。[96] 第一共和国では一九二〇年代の前半、二四年を頂点にして、とくべつ精力的なストライキ活動が呼びかけられる。[97] 失業者数の急激な増大とともにストライキの頻度は減少していった。それに対して第二共和国ではすでに図式が変わって、今ではストライキは決して好景気に付随するものではなくなっていた。

表17のいっていることはかなりはっきりしている。争う気構えが第一共和国ではより高く、第二共和国ではより低い。社会パートナーシップの交渉ラウンドが労働争議に代わっている。それに反して一九七〇年代になると労働組合連盟の参加のない山猫ストライキの数が、かなり増えている。

総じて二〇世紀の後半になるとストライキを忌み嫌うような政治的・社会的雰囲気が濃厚になる。一九八〇年時アンケートに答えた労働者の六一％が決してストライキをしよう

表17　第一／第二共和国におけるストライキ

| 年　代 | 数 | 参加者 | 労働忌避の日数 |
|---|---|---|---|
| 1918～1932 | 238 | 86,855 | 720,078 |
| 1954～1979 | 35 | 33,316 | 69,975 |

フェルディナント・カールホーファー『オーストリアにおけるワイルドなストライキ』（Ferdinand *Karlhofer*, »Wilde« Streiks in Österreich）ウィーン、1983 年刊、31 頁より。

としていない。そうした雰囲気に応じて心的なバリアも培われてくる。[98]たとえばある労働者が言っている。「ストライキをすると、世界中を敵にまわしたような気分になるんだ。――お前も長い間に、指示を受け入れることを学んだし、そうしないのを怖がるようになっていたのだ」。[99]

こうした変化をどのように説明したらいいのだろうか？　一つにはその背後に労働組合の戦術の変化がある。その戦術の変化のことは社会パートナーシップを体系的に分析する折に取り扱うことにしよう。しかし他方ではこうした所見は、労働者階級そのものの変化も示唆している。ある文言を使えば、マルクス的な意味での社会階級がウェーバー的な意味での生業階級になってしまっているのである。この逆転形成のプロセスのいくつかの特徴をここではごく短く触れておくことにしよう。

まず一九三四年から一九四五年の二つの独裁体制（ドルフースとヒトラーの政体）が労働者たちの闘争的な伝統の破壊にひろく浸透し、空洞化させ、一部破壊した。「民族共同体」というスローガンが労働者階級のなかにも反響をみいだした。カール・ベドナリクは、一九五三年に労働者の新しいタイプを描こうとして、こう報告している。「今日でもでくわすのは、自分たちの社会主義的な父親たちが脅迫と迫害をうけたのに、ヒトラー・ユーゲントにおける〝青少年の支援〟をあいかわらず熱を込めて口にする若い労働者たちである」。[100]その帰結は、私的な要素の強化や非政治化の傾向である。具体的にいうと、個人の生活スタイルの多元化による、脱連帯化の傾向であった。かなりの実質賃金の上昇が消費のための個人的な資金をつくりだし、余暇社会の価値が労働社会の価値を覆ってしまい、一九五〇年代になると映画館が文化空間として労働者の家に取って代わった。[101]

「企業における経営者と被雇用者の間の団体原則を決める基本秩序（Betriebsverfassung）」の変化が企業の支配性格に制約をくわえた。ささやかな上昇のチャンスが労働者たちにも拓けてきた。少なくとも「襟カラーのライン（Kragenlinie）」、つまり労働者と（下層）サラリーマンの間の社会的な差が消えていった。[102]「企業勤めを主にして、かたわら農業に従事する者（Arbeiter-Bauern）」や「自宅と職場との間を通勤する者（Pendler）」の増加がしばしば忠誠心の分裂を招いた。これやあれやが旧来の労働者ミリューの解体につながった。都市のなかの古典的な労働者の住む一郭が混在しあい、別な社会関係が別な意識を生みだした。労働者たちは労働者であることをやめたわけではなかったが、「プロレタリアート」からは離れていった。聖体ともいうべきテレビを中心に置いた住居が、プロレタリア的な「台所が同時に居間を兼ねる住まい（Wohnküche）」に取って代わり、労働者たちがそうこうするうちにその絆以上のものを失っていった。

現代社会のリスクがしばしば階級とは関係ないものとなっていく。昔の苦境は階級的差別のあるものであり、不平等に割り振られたものであったのに対して、スモッグは、デモクラシー（皆平等）的に自然環境を汚染する。スモッグはあらゆる人たちの呼吸を苦しくする。「いたるところで有害物質がほくそえみ、中世における悪魔のように悪事をはたらく」。[103]

## 第五節　貴族

オーストリアの貴族階級は、「あまり肩肘はらない」振る舞いをしていた[104]（ロベルト・ムージル）。ルドルフ・ジークハルトのような鋭い観察者のみるところ、伯爵クラスの管区長でも、住民との付き合いで「オーストリア貴族階級の伝統的な愛想の良さと気張らない態度」をみせていた。[105] フーゴー・フォン・ホフマンスタール（一八七四―一九二九）の、オーストリア貴族のための文学的なレクイエムといえる『付きあい難い男（*Der Schwierige*）』（一九二一年）のなかで、クレッセンスは、兄カーリ・ビュール伯を次のように讃えている。「……君が人びとを遇する仕方ほどエレガントなものはなかった。君がいろんな人たちに与えた鷹揚な態度、気の遣い方――それにまた最下層の人たちに対しても文句のつけようのないバランスと人の良さのことである」。[106]

高級貴族が人の好さをあえて発揮していた、というのも親しみを込めた「Du」〔ごく親しい間柄で相手をいうときの言葉、「君」ぐらいの意味〕で付きあう同じ身分の人たちと、すぐ下に位置する人たちとを厳しく区別していたからである。[107] そしてこうしたヒエラルキー的な秩序にあっては、高級貴族に属さないすぐ下にいる人たちすべては、自分たちの「世界」に属するものでなかった。その区別ラインは、高級貴族（一八七七年以降男爵以上の者）と身分の低い貴族の間に置かれていた。[108] しかしもっと重要な区別は、宮廷への出入りが許された旧来の貴族と、新米の「国王への勤務奉仕により与えられた貴族身分（Dienstadel）」、俗にいう「価値の低い貴族（Bagatelladel）」との間の区別であった。[109]

一九世紀末には、たくさんの金銭やこれ見よがしの慈善行為によって、低い価値の貴族（称号）は比較的簡単に取得することができた――省庁官房における得体の知れない機密費の賄賂提供のことを忘れてはならない。[110] それでも、貴族に列せられる者の主要割り当て分は、軍隊や高級官僚出身の「勤務奉仕により与えられた貴族身分(Dienstadel)」が占めていた。[111] 結局のところ四〇年勤務した非のうちどころのない将校は誰でも、貴族の身分を取得する権利があった。こうした特権は、「カール・ゲルプ・エードラー・フォン・ジーゲスシュテルン（Karl Gelb Edler von Siegesstern）〔ドイツ語の字面から訳すと、「勝利の星の高貴な人……」となる〕、「ドナー・フォン・ブリッツベルゲン（Donner von Blitzbergen）」〔「稲妻山地の雷鳴」といった意味合い〕とかいうような大げさでグロテスクな貴族の称号まで生みだした。[112]「第二社交界」は、いろんな点で市民的な特徴をもちつづけていた。なるほど高級貴族の偏見にとらわれない男たちは、「第二社交界」のサロンでも付き合いをもっていたが、かれらの妻や娘たちは、そんなことは決してしなかった。[113] 平和主義者のベルタ・フォン・ズットナー（一八四三―一九一四）〔駆け落ちした先のティフリスでロシア・トルコ戦争の悲惨さを知り、平和主義者となる。著作『武器を捨てよ！』（一八八九年）を発表。パリで一時アルフレート・ノーベル（一八三三―一八九六）の秘書をしていたこともあり、かれに「ノーベル平和賞」の設立を提唱。設立五回目の一九〇五年彼女もこの賞を受賞している〕は、伯爵家キンスキーの出の女性であったが、自分の母が「貴族の生まれでなく」、ただの「フオン（von）」しかつかなかったこと〔伯爵、男爵、侯爵などの称号がつかないたんなる貴族のこと〕に一生涯悩んでいた。[114]

一九世紀末になると旧来の貴族は、支配的な地位としての資格を失ってしまった。なるほどこうした貴族は、あいかわらず近代以前の権力エリートの特徴をもってはいたが、しかし貴族の中核は、身分的な痕跡をつよくもつ大土地所有者という資産階級であった。貴族的な名誉概念の強調は、素朴な市民的業績観念を阻んでいた。[115]底では封建主義時代がなお深く市民社会に根を下ろしていた――決闘というものの存在を考えてみるがいい。[116]家族世襲財産という法的な制度は、財産の分割を禁じていて、大土地所有の完全な商取り引き化を阻んでいた。一方で貴族は新しい時代への顕著な適応能力もみせた。貴族はいたるところで現代的な企業家として登場し、すばやく政治や経済に大きな影響力をもつ資本家や銀行と手を結んだ。やんごとなき高級貴族の一家は、クレディット・アンシュタルト銀行の設立の際に一役買っている。シュヴァルツェンベルク家〔一六世紀以来の貴族で、シュタイヤーマルク州や、クラインやボヘミアに広大な土地を所有し、オーストリアの歴史のなかで帝政の維持に大きな貢献をしてきた一族〕、フィリュルステンベルク家〔一七世紀後半以来の侯爵一族〕、アウエルスペルク家〔一七世紀以来の侯爵一族で、数多くの政治家、役人将校を輩出している〕など。[117]

貴族の力の主柱は「家」であって、出自家系の神話に支えられていた。先祖に対する思い出はいつでも呼びだせるもので、ありありとしたものだった。栄光にみちた一族というのは、社会における特権的な地位の正当化になったし、家のメンバーに対する厳しい社会的コントロールの規格化にも役立った。厳しい貴族的な家庭秩序というのは財産と名誉の保全を狙ったものである。厳しい教育によって若い貴族の生活図式に「立派な振る舞い」――平静を保つ――を焼きつける。バロック時代以来オーストリアの貴族は、国際的になっていく。その国際化によりオーストリア貴族には世間的・都会的な作法が与えられ、世故に長けた資質の基礎がつくられ、軽蔑しながらプロイセン的な豪農ユンカーを見下すようにさせるのだった（「ほんらいのドイツ人にはなにか不面目でぎごちなく、俗物的なところがある」）。[118]こうした貴族は、おのれのオーストリア的なアイデンティティーを超民族的で、どこにでもみられる民族紛争の彼岸にいて、ひとり玉座にだけ結びつきをもっている、というのである。

貴族の生活スタイルとその変化に富んだ陰影――季節によってウィーン、所有地での田舎暮らし、キジからシカにいたる狩猟のリズム――は、他の階層にはない特権的な生活のチャンスを保証していた。[119] こうした生活スタイルの魅力は、若い時期のカール・マルクスにすら印象を与えていて、かれは、貴族的な田舎暮らしの様式に疎外されない「よい生活」のビジョンをみてとってこう描写している。――「今日はこれ、明日はあれをやり、朝には狩りをし、午後には釣りをし、夕方には家畜の飼育をする。そして食べものにもケチをつける」。[120] ジョッキー・クラブ、花で飾った馬車行列、競走馬の厩舎、賭博熱、古城の再建なども、これ見よがしの消費生活の一つであった。

高い身分にある者は、ごく自然体で家父長主義の振る舞いをすることができた――一八八〇年代の社会政策であれ、たくさんの使用人との日々の付き合いや、狩猟においてであれ。エルンスト・リューディガー・シュタルヘムベルク侯爵（一八九九―一九五六）〔防郷団のリーダーで、オーストロ・ファシズムの主導的活動家〕が自分の祖父やみずからについて語っている。自分たちは、貴族の仲間たちよりも、農民、狩人、木こりといった人たち相手の方が、いつでもいい気分になれた、[121] と。

権力と財産、プレステージ、社会的な序列の三つの次元が第一次世界大戦前でさえ高級貴族のもとでなお一つになっているのがみられた。たしかにほとんどの法律上のさまざまな特権は一九世紀のなかば頃にはすでに廃止されていて、貴族も公式には国民に突然変異していたが、それでも実際上は多くの資産をもつ男たちであった。一九〇六／〇七年の男子普通選挙権の導入にいたるまで、貴族は議会において大土地所有者の議員団に対して公的な政治的影響力を維持しており、その場合むしろ貴族は政党間の抗争には関わりをもたずに過ごしていた。また地方の議会やとりわけ貴族院においてはその政治的な力を保っていた。一九〇〇年頃になって初めて、首相の地位が高級貴族の代わりに「より身分の低い貴族（Bagatelladel）」により占められるようになる。アウエルスペルク（一八一四―一八九〇）やターへ（一八三三―一八九五）のあとにつづいたのはケルバー（一八五〇―一九一九）であり、ベック（一八五四―一九四三）であった〔後者二人とも普通身分の政治家〕。

表18　1913年時における各州のそれぞれ最大の大土地所有者（1万ヘクタール以上）

| 地方名 | 名　前 | ヘクタール |
|---|---|---|
| ボヘミア | シュヴァルツェン侯爵 | 176,000 |
| ニーダー・オーストリア | ホヨス伯爵 | 33,000 |
| オーバー・オーストリア | ランベルク伯爵 | 33,600 |
| シュタイヤーマルク | マイア・メルンホーフ男爵 | 35,800 |
| ケルンテン | ヘンケル＝ドナスマルク伯爵 | 26,600 |

ローマン・ザントグルーバー『オーストリアの農業統計 1750 － 1918』(Roman *Sandgruber*, Österreichische Agrarstatistik 1750-1918) ウィーン、1978 年刊、234-238 頁より。

軍隊にも、高級貴族はめっきりいなくなった。――一九一三年時で参謀本部勤務の軍人のうち貴族出身は一二%だけになっていた。[122]その点の原因を、厳しい貴族批判者でもあった皇太子のルドルフ（一八五八―一八八九）は、「たいはんの貴族たちの極度の怠惰や、苦労にみちた学習をいっさい嫌がる」点にみいだしていた。[123]それに反して政治的行政の面ではかなりの登場をみせていた（専門の行政部門では比較的少なかったが）。地方の長官や管区長としての、それはまた地方における皇帝の名代としての、独立した比較的安穏な生活は、あいかわらず魅力的なものであった。ザルツブルクでは一九一三年まで州の知事を務めていたのは高級貴族だけであったし、オーバー・オーストリア州では一九一四年時で一五人の管区長のうち九人が貴族出身であった。[124]高位の政治、外務省や外交的役職では問題なく貴族が支配的でありつづけていた。一九〇八年時で大使や公使のうち貴族出身でない者は一人もいなかった。そうはいっても市民的な要素が徐々に増えていく――とりわけ領事の役職の分野で。[125]

貴族の生活スタイルの経済的な基盤は、その頃まで大規模な土地所有にあった。こうした一部巨大な所有状態は長い間、農業資本主義の原理によって支えられていた。ボヘミアの土地（一〇〇ヘクタール以上のもののうち）の半分以上が貴族の手にあった。[126]アルプス地方の州については正確な調査が欠けている。

のちにオーストリアの連邦州の一つとなるブルゲンラントのエステルハージー

侯爵（およそ五万ヘクタール）をくわえると一九一三年当時の土地所有者の名前は、一九八〇年になってもトップクラスの大土地所有者であった。[127] オーストリア共和国においては（チェコスロヴァキアと同様）思い切った土地改革はみられなかった。貴族は自分の経済基盤を深い政治的な断裂を越えて救うことができたし、同じように社会的プレステージも救えたのである。「支配体制」との何世紀にもわたる関わり合い、何世紀もの恭順さは、民衆の間であとあとまで影響を残した。その民衆の心に残るものを基盤にして自分の身分保護となる整えられた体制ができあがる。そうした体制の中心、皇帝の館を足場に、その種のきめ細かいネットワークが下層の人たちまで深く連なっていた。オーストリア＝ハンガリー帝国の地方長官エーリヒ・キールマンゼック伯爵（一八四七—一九二三）のような老練な行政マンが批評していうには、「そうした保護体制がなかったらオーストリアでは何もできなかったろうし、その保護体制でいろんなことがやれたのだというのが残念ながら民衆の間で信仰のようになっていた。誰もがもつどんな願いにも、人はまず庇護者をさがす。世間で地位が高い場合ほど、より好都合であった。……公的な役職の面でなんの地位もない、奨学金やその他聖職禄の貸与権限もないような地位、あれやこれやの請願にとって侯爵邸の室長や、伯爵邸の事務長、宮廷の女官、その他皇帝陛下の威厳を借りた名のもとの無数の推薦状がなかったような時代はなかった」。[128] こうしたシステムが——配役を替えながら——今日まで影響を残している。

　しかしながら一九一八年の断裂は深刻な分かれ目となった。貴族からその政治的な権力ポストが急速に失われていった。皇帝と一緒に政治的なエリートとしての貴族も姿を消した。オーストリア社会では、一九一八年以降事実上いくつかの分野において脱封建主義化が進行する。一九一九年四月三日の法律〔宮廷の財産の無償での国有化と、貴族身分の廃止を決める〕はオーストリアの貴族制度を廃止した。憲法制定会議においてクレッシン〔南チロルの都市〕の紳士が辛辣な報告を読み上げる。それは歴史的伝統のある貴族に対する判決の瞬間であった。貴族を擁護する人などほとんど一人もいなかった。社会民主党員のカール・レナーが議会に対して声を張り上げてこう言った。「こうした栄光にみちた伯爵や侯爵の名前は、人間性の搾取の歴史における真の意味のさらし首の主柱を意味するもの以上のものであっただろうか？」、[129] と。アーデルハイト・ポップが共和国的な自意識に訴えてこう言った。オーストリアの住民は、「貴族たちが担っていたすべてのものに対する恐縮しきっている気持ち」を捨てねばならない、[130] と。そうはいっても、この大きな名前（貴族）に対して熱心にシッポを振る姿勢の払拭、法律による貴族の称号の廃止、皇帝的なシンボルの排除などにはかなり苦労する。一九一九年四月三日の法律は、大貴族にはあまりこたえなかった。かれらはイロニーをもって反応する。たとえば、有名なアーダルベルト・シュテルンベルク伯爵（一八六八—一九三〇）は、名刺にこう印刷させた。「カール大帝によって貴族の称号を与えられ、カール・レナーによってその称号を奪われた（Geadelt von Karl dem Großen, entadelt von Karl Renner）」。[131] むしろ、役職貴族や将校貴族などそれでなくても、経済的にやつれていた人たちにとっては影響が大きく、今では名前の色褪せた輝きをも失ったのである。これらの階層に——もちろんこの部分だけではないが——共和国に対する根深い怨念がよどむことになった。

　この種のルサンチマン（怨念）はその他の貴族をも蝕むことになった。かれらにとってどうやら耐えがたかったのは——（叙情詩人の）レーオポルト・フォン・アンドリアン（一八七五—一九五一）がフーゴー・フォン・ホフマンスタールに軽蔑一杯になって手紙を書いているように——「ホーフブルク宮殿において陛下に代わって、ハイニッシュ氏（一八五八—一九四〇）〔農業や社会政策通の政治家、のちに共和国初代大統領も務める〕がオーストリアの宮廷使用人の差配をしている」[132] ことであった。それにくわえて一九一八年皇帝（カール）に関して少しも「財産と生活」とを守ってやれなかったという良心のやましさがくわわり、[133]「ロシア（革命）的状況」への不安、将校としての名誉が傷つけられたこと、などがあった。シュタルヘムベルク侯爵が回想記のなかで一九一八年秋のリンツにおける決定的な場面を描いている。激昂した兵士たちがかれの襟章を引きちぎり、かれのサーベル——それにはオーストリアの騎士隊の格言、「理由もなしに吾を取りだすな、名誉もなしに吾に触れるな」が刻みこまれていた——すなわち、男と紳士のシンボルをへし折ったのである。それをみてわたしは、「このあきれ果てたならず者ども、わしはお前たちと決着をつけてやるからな」と思った、と。[134]

共和国は貴族たちの資産に手をつけようとしなかったし、かれらの社会的地位を排除できなかった。それなのに貴族たちはいたるところで、廃位させられたと思い、ファシスト的な防郷団のリーダー層へと流れこんでいった。ブラウナウの管区長ハンス・フォン・ハマーシュタインが陰鬱な気分で次のように確かめている。「今日なお出自、身分、貴族、将校の辞令が保証しているものはなんであろうか？　こうした階層の人たちこそ大胆な企てのあらかたの模範、しばしばもっとも危険な模範をみせてきたのだ」。[135]　たとえば、一九三〇年の国民議会選挙の折ニーダー・オーストリア州の「防郷団の郷土連合（Heimatblock）」の候補者の一二％が大土地所有者であった。[136]

「身分制国家」〔ドルフースを首相としたオーストリアのファシズム政体〕は、貴族の社会的地位をかなり評価上げした。「身分制国家」の理論的コンセプトは、生まれの身分でなく、職業の身分を意図していた――貴族は「農業・林業」という職業身分の主要グループのなかでたいていトップにくる――、しかし旧来のオーストリアと新しいオーストリアとの和解をめざす努力、皇帝的なシンボルの復活や復古主義の強化は、総じて貴族階級と権威主義的な政体とのかなりの接近をもたらした。上から盛んに口にされた新たなオーストリアの愛国主義は、貴族的なメンタリティに合っていたし、ドイツ帝国への「併合」に対して懐疑の念をつよめていく。ドルフース／シュシュニク政体に対する教会の賛同は、一九世紀に敬虔になった貴族への支援を容易にした。レーオポルト・アンドリアンの少々苦痛にみちた著書『理念のプリズムのなかのオーストリア。指導者たちの教理問答書（*Österreich im prisma der Idee. Katechismus der Führenden*）』は――それは、館もなく使用人もいない貴族が主要な会話の相手として登場していて、「新しいオーストリア」のイデオロギー的な主導理念を長々と大仰に議論している作品であるが、「皇帝万歳、オーストリア万歳」という歓呼で終わっている。[137]

その本が出されたのは一九三七年、その一年後には遠くまで響く歓呼の声「ハイル・ヒトラー」が耳に届いた。オーストリアの貴族たちは全体的にみて控えめな態度であった。ヒトラーによって貴族たちは軽蔑され、貴族の方ではヒトラーを人種的に堕落し国籍を失い〔かれは元オーストリアの生まれで今はドイツ国籍〕、指導者のポストには不向きだと思っていた。[138] ナチズムによってようやく、家族世襲財産という由緒ある制度が廃止される——この点でも業績社会の原理が貫徹していく。[139] 一九四四年七月二〇日事件〔ヒトラー暗殺未遂事件〕周辺のプロイセン貴族がつくった反体制的な一団は、オーストリアの場合にはもちろんみられなかった。しかしたいはんの高級貴族たちのナチ政体への違和感についてはほとんど疑問の余地がない。一九四四年七月後のケルンテン州の伯爵グループの逮捕にみるように、逮捕劇はさいさんあった。[140]

ナチズム体験は貴族に対しても共和国と和解させ、復古主義も弱まっていった。抗争ゾーンは一九五〇年代のシュタルヘムベルク資産をめぐる争いや、もっと激しかったのは一九六三年のハプスブルク事案の際であった[141]〔オーストリア最後の皇帝カールの長男の帰国をめぐって国民党と社会党との関係が危機的状況を迎えた〕。その後オットー・ハプスブルクの偉大な調停和解者としてはたらいたのが連邦首相ブルーノ・クライスキーである。

あいかわらず貴族層は比較的まとまった社会をつくっており、苦労して再建した館に住居を構えていて、ケルンテン州やシュタイヤーマルク州では私的な森林業のなかで支配的な企業家の役割を演じている。あれこれの銀行は著名な伯爵を擁している。しかし貴族という一章はオーストリアの歴史で終わりを告げてしまった。一九八九年に行なわれた皇帝夫人ツィータ（一八九二–一九八九）〔ハプスブルク最後の皇帝カール一世の妻〕の疑似国葬的な埋葬は、劇的効果をねらった見せ物、「素晴らしい埋葬の儀」として演出された。——しかし、そこにどんな社会的な影響力もみられなかった。

# 第六節　農民

## 農民の伝統的な暮らし方

貴族と農民とはつねに隣り合わせになって存在していた。二〇世紀にいたるまで伝統主義的な生活スタイルがかれらを結びつけていたのである。土地と農地のもつ大きな意義、風習と習慣に根ざした宗教的な生活スタイル、余韻を残している身分制的な考え方……。貴族にとって家であるものは、農民にとって農場であった。あらゆる個人的な必要性は、農業の作業組織に従属しなければならなかった。二〇世紀にいたるまでまだ農民一家の姓は村ではほとんど知られていなくて、農場名だけが口にされていた。そうした農場が傾向としては、生産＝消費の、社会性の統一体を形づくっていた。とりわけ比較的辺鄙なアルプスの谷間では第一次世界大戦以前まで、比較的小規模の市場関係をもった高度に自給自足的な経済が支配的であった。

農民の生産の特殊専門化がそれほど進行しない、ひろくいまだ伝統的な働き方や機械化も僅かといったことが、抽象的・数理的・市場を睨んだ考え方を培うことにはならず、たくさんの象徴的な特徴を有する実際的論理を勧めたのである。農民的な生産方法から発するものに、深い信心深さもあった。天候の偶然に直接晒された者、激しい雹に収穫が駄目になり、土石流に飲みこまれて長年の苦労が水泡に帰しても、また山地の農民のようにたえず危険な作業に従事し、毎年木材や干し草の運搬の際事故にみまわれるような場合、そういうとき誰でも、あの世に（神に）支援と安全の保障を求めたのである。別な根は、農民の秩序感覚や権威主義的な考え方にあった。この種の権威は、財産管理や作業の専門知識の裏づけも必要であるばかりでなく、世界像による保証も必要であった。世界像は、神―皇帝―家長が厳しいヒエラルキーや権威構造の相互入れ込みのなかに投影されているのだった。家長が口火をきる食卓での祈り、夕べのロザリオの祈り〔ロザリオを繰りながらとくに主の祈りとアヴェ・マリアを唱えること」は、第一次世界大戦前まで農民的な日常の一部であった。[142] こうした宗教的実践は、二〇世紀の間にしだいに廃れていく。ある女性使用人が伝えている。「わたしたちはしばしば自問したものです。誰のために祈るのでしょう、僅かばかりの食べ物のために、多くの仕事のために、貪欲な農民のために、祈らねばならないのでしょうか？」[143]、と。

村での暮らしは、厳しいものであった。過剰なまでの辛い肉体労働、僅かな消費のチャンス、比較的硬直した社会的ヒエラルキー、村落共同体をとおしての密なるコントロール——噂は田舎娘の部屋の隅まで伝わった。[144] 教会がモラル上の基準を倦むことなく見張っていた。いたるところに不安が顕在していた。自然災害に対する不安、放火に対する不安、望まない妊娠に対する不安、化け物や妖怪に対する不安、悪魔や地獄に対する不安。ケルンテン州の山村農民の息子ミヒャエル・ウンターーレルヒャーが思いだしている。「地獄！ 全部が火！ 大きな釜があって、なかにピッチ！ 悪者が釜茹でになっている、悪魔たちが堆肥用フォークで掻き混ぜている」。[145] 選択肢は僅かしかなかったし、結び付きは息苦しいものであった。しかし人びとは、自分を合わせるのを心得ていた。村は情緒的な故郷であり、生きがいをつくりだしてくれ、連帯を生みだし、不幸のなかで助けてくれ、沸き立つような祭りの喜びの大枠となっていた。村落における近代化のプロセスは、ツーリズムをとおして、伝統的な意味連関も壊していった。村の年老いた住民の憂鬱そうな思い出は、たんなるノスタルジーやイデオロギーをあらわしているだけではないのである。

### 多様な生活条件に適応した集団と資産の大きさ

農業の生活世界というのは、都会的なよそ者の目に映るよりも、はるかに多様で錯綜したものであった。理解する道具としては、「エコタイプ」〔さまざまな生活条件に適応する在り方〕の図式という捉え方が有効である。エコタイプがいうところでは、自然の資源のじゅうぶんな利用の図式は所与のマクロ的・経済的な大枠条件のもとにあるという。エコロジーとエコノミーの緊密な相互作用である。[146] ミヒャエル・ミッテラウアー（一九三七年生まれ）（ウィーン大学の経済史と社会史の教授）は、オーストリアにおけるそうした図式を初めて取り入れた人であるが、地域において支配的な三つの経済体制を区別している。[147]

1 アルプス地方の牧畜地帯。大規模な土地をもっているが、しかし生産性があまり高くない。家畜の飼育には、かなりの使用人を必要とする（牧畜農家）。

2 アルプス近郊やドナウ河流域の穀物栽培地帯。使用人は少数で、日雇い労務者を多く必要とする（穀物栽培農家）。

3 ワイン栽培地帯。早々と市場経済向けに組織化されており、オーストリア東部やシュタイヤーマルク州にあって、土地の所有規模は小さく、日雇い労務者の割合が高い。

二〇世紀の初頭、農業の特殊専門化の程度が低いなかで、こうしたエコタイプは純粋な形では目立たなかった。混合経済が普通の在り方であったが、それでもはっきりと目立つ特徴をもっていて、山村農民も自分たちの需要のために穀物を栽培していた。

二〇世紀における工業経済と市場経済がこうしたエコタイプに覆いかぶさり、いろいろな違いをつくりだした。今では四つのエコタイプが形成されている。

1 農業好適地、インフラの点、農業以外での労働可能性の点でも大変恵まれている（平地、丘陵地、アルプスの麓、都会中心の近く）。

表19　農業／林業経営規模別区分け1902年時（1918時のブルゲンラント州を除いた国境線内の共和国諸州）

| 区分け | 経営規模 | 営業個数 | 割合（%） |
|---|---|---|---|
| 零細農民 | 2ヘクタール以下 | 142,632 | 28.2 |
| 小農 | 2～5ヘクタール | 116,610 | 23.1 |
| 中農 | 5～20ヘクタール | 166,691 | 32.9 |
| 大規模農家 | 20～100ヘクタール | 72,587 | 14.4 |
| 大土地所有者 | 100ヘクタール以上 | 6,929 | 1.4 |

ローマン・ザントグルーバー『オーストリアの農業統計 1750 － 1918』（Roman *Sandgruber*, Österreichische Agrarstatistik 1750-1918）ウィーン、1978年刊、140頁以下より。

2　インフラや農業以外の発展ではじゅうぶんな水準にあるが、農業には不向きなところ（高地アルプス地帯の一部）。

3　インフラの点では不十分、しかし観光産業の点では恵まれた発展のみられる農業には不向きなところ（高地アルプス地帯の一部）。

4　農業には不向き、観光産業も工業もないところ（オーストリア東部・南部の国境地帯）。[148]

階層区別のもっとも重要な物差しの一つは、あいかわらず農場の規模から読みとれる。「農民たちはお互い資産高の大きさで評価しあっている」、とキリスト教「社会」派の司教政治家ヨーゼフ・シャイヒャー（一八四二―一九二四）〔キリスト教「社会」党の創立者の一人で、反リベラリスト〕が回想記のなかで書いている。[149]「資産の有無の点で身分の釣りあわない結婚（Mißheirat）」が起こらないようじゅうぶん注意が払われており、その種のヒエラルキーは、飲食店にまでおよんでいて（主人のテーブル、使用人のテーブル）、教会においても特定の席が社会的な身分の高さをあらわすようになっていた。村の子どもたちの間ですら、友だちが裕福な家系の出で、名声あるポストについている家の場合には威張っていて、もらえるプレゼントを誇らしげにする場合に、貧しい家の子は黙って「いなければならないのははっきりしていた。〝Sternsingen〟〔クリスマスの時期や大晦日、元日に行なわれる風習。子どもたちが三人一組になって東方の三博士の仮装をし、家々をまわり、金銭やケーキのプレゼントをもらうもの〕、〝Ratschengehen〟〔復活祭の風習。鳴子をならしながら歩くこと〕、〝Sonnwendfeuer〟〔夏至と冬至の日にとくに山で焚かれる炎〕のための薪集めの場合などでも、無造作に自分のものにはならなかった。何事わたしは、より劣るものとみなされ、自分をかれらと一緒に比肩するなど考えてはならなかった」。[150]

オーストリアでは中規模農民の層が、小規模／大規模になっていくのを含みながらも、比較的安定したグループとなっていた。大規模土地所有は――ボヘミアやハンガリーとは違って――むしろ周辺的な役割しかもっていなかった。それでも農民的な「Dorfprotzen」がいて――フランス人たちがあからさまにいうところの村一番の金持ち／伊達男（coqs de village）――、その紳士的な挙動をしきりに発揮するのであった。[151]ピンツガウ〔ザルツブルク南方に広がる一帯〕にみるように「農民の帝王」が経済的・政治的・社会的に谷間全体に君臨していた。[152]一九二〇年代になると、こうした対照的な姿が、政治的に風向きが変わって、妙ちきりんな光景となる。その一帯では、キリスト教「社会」派の村の有力者（Dorfstier）が「社会民主党系の男たち（Kuh）」をもはや手なずけることができなくなる。[153]

一九世紀最後の三〇年間の重大な農業危機に対して農民たちは、家族の労働力、とりわけ子どもたちに頼ることで反応する。――それゆえ、国会や州議会の農民代表議員たちが学期の短縮を求めるような、リベラルな思考に苛立ちを覚える苦労がたえずみられたのである。[154]すでに一九〇二年時、農場の六四％が家族だけの経営となっていて、常時労働力を雇っている経営は二九％であった。しかしさまざまなエコタイプ（状況にあった在り方）にそって、地方的な違いも大きかった。ニーダー・オーストリア州では使用人を雇った農場経営は二七％でしかなかったのに、ザルツブルク州では四四％となっている。[155]

農業部門の数のうえでの減少にもかかわらず、生産価値の点でのその潜在力は決して一貫して縮小したわけではない。工業分野の危機や飢餓の時代には当然ながら農民たちの経済的・社会的・政治的な立場はつよまった。一九一三年に国民総生産における農林業の割合は一一・二％であったが、不景気の間に一五％に上がり、第二の戦後期、一九五〇年には一八％にも達した。しかしそれ以降農業部門は急減し、一九八〇年代には四・八％にまで落ちこんでしまう。[156]

社会的な近代化プロセスはいたるところで、農場の数を減らした。一九三〇年時オーストリアにはおよそ四三万の農業経営があったが、一九八〇年になるとおよそ三〇万でしかなかった。同時に所有の規模も変化する。小農場が減り、大規模土地所有も同様に縮小した。農業テクノクラートたちのイデオロギーが求めたように、中規模経営への集約が起こったのである。[157] それに、この間に農業経営の五五％が副業として行なわれるようになった事実をくわえると[158]——いろんな機械化にもかかわらず——農家の女性たちの負担の増大ははっきりしている。彼女たちは国民全体の「労働奴隷」であると、一九五〇年代にあるカトリック系のパンフレットが断定的に確認している。[159]

### 職業身分それとも階級?

農民たちほど、イデオロギー的にいろいろ言われた者はほかにまずいない。民族の血の源、自由な紳士で根っからのデモクラート、あるいはまた民族の従順さのリーダー、他に依存しない自給生活者。教会、農業連盟、また農民自身の理解でも身分として、農民身分としての農民階層を描きだしていた。こうした前近代的な階層資質が、農民たちを市場社会から引き離し、古い畏敬すべき伝統のなかに根づかせ、保守的な自意識をもたせて、労働者階級に対峙させるよう仕向けた。農民階層のこうしたイデオロギー化が頂点を迎えるのは、一九三〇年代の身分制国家においてであり、それからナチズムの時代であり、最後に一九五〇年代においてであった。[160]

すべてのイデオロギーと同様、農民階層のイデオロギーも全面的に間違っているとはいえなかった。それは、いくつかの現実の断片に結びつく面をもっていて、じじつ農民階層は——比較的市場から縁遠いこともあって——他の社会階層より、職業身分的な残滓をより多く保持していた。たとえば社会的名誉が、生産性の規模に完全に帰するものでもなかった。

しかしながら一九世紀の後半以降、明白な矛盾がみられるようになる。資本主義的な市場社会の経済的な強制が、経営の合理化・機械化や生産性をあらゆる手段で向上させるよう圧力をかけてくる。こうした強制は、農民の伝統的なメンタリティーと衝突する。抜け道を提供したのは、保守的な「カトリック農民連盟」やナチズム系の「全国農林業連盟（Reichsnährstand）」〔一九三三年に設立のドイツ農業の組織で、安定した農産物価格と自前の生産物で国民の食料供給をはかろうとした団体〕に逃れようとする者などの二重戦略であった。経済的な面ではプロパガンダは経営近代化を指向していて、農民を市場経済的な企業家として定着させようとする。しかし文化的な面では、近代化の犠牲のことは旧来の農民像を徹底的に宣伝することで免れようとした。農民にとってそうした移行を情緒的に容易にしようと意図してのことであった。[161] こうした二重戦略は一九五〇年代の後半まで機能する。そのあとは、その戦略も不必要になった。農業テクノクラートたちの図案が完全に現実のものとなり、なんのおべんちゃらも必要としなくなっていた——そののちは、エコロジー的カタストローフが地平線上に兆し始め、農民たちはあらためて矛盾した状態に陥っていった。数十年にわたって農業のエキスパートたちは、もっと多くの肥料の投入、土地の干拓、いっそうの生産性、もっと高い特殊専門化を唱えてきた。そのあと突然ストップがかけられるようになった。そして農民たちは、今では自然との接触を失って、エコロジーとエコノミーの相互作用を、エコノミーがエコロジーを支配するための犠牲にしてしまった、と非難されるようになったのである。[162]

職業身分的な構想は一九世紀後半以降、農民の間では次のような理由もあって反響が大きかった。つまり、農民と小農民、農民と日雇い人夫、農民と使用人との間の社会的・経済的関係がまだ市場経済に合った形で機能しておらず、「モラル・エコノミー」のなかに置かれていたからである。そうしたエコノミーが、不均等ではあるが、ある程度の相互性に基礎を置いて象徴的にじゅうぶんな展開をみたのである。

そんなわけで一九三〇年代までの農村社会は、二つの競合しあうモデルによって説明できよう。一つの古い型のモデルとしてはノルベルト・オルトマイヤーが例としてつくりだしたように、パトロンとクライアントとの関係である。[163]この関係は、金銭的な関係なしに、もしくは僅かな金銭関係のものでしかなかった。住み込みの者（農家同居人）は農家のもとである種の労働義務はあるが、その代わり少数の家畜を飼ってよく、その家畜の餌は農家の主が拠出してやった。あるいは農家の主が小農民に家畜を畑作作業のために貸してやって、見返りに小農民の労働力を一定数の日にち提供してもらうのである（「働いて返す」）。[164]

村の「モラル・エコノミー」には、子どもたちも一緒に組みこまれる。子どもたちが下層農民クラスの両親の苦しい時代には、農家の夫人のところに食用油や牛乳を求めて遣わされる場合、それは物乞いにいくのではなくて、農家の主婦の「母性的な」義務がなせる行為を意味していた。こうした社会関係がとくに目立った印象を与えるのは、幼児洗礼の際の立会人（代父）の選定の場合である。いろんな伝記があらわにしているように、この選び方は、たんに大事な人格的決定だけでなく、経済面も考慮した決め方なのである。というのも、洗礼立会人は贈り物をするだけでなく、両親が亡くなったような場合にアクチュアルとなるような、ある種面倒をみる義務もまた引き受けるのであった。[165]

村に裕福な者と貧しい者がいるのは、子どもたちにとってごく自然なことであった。聖書、（司祭の）説教、農民年間行事表の比喩的な世界がこうした考え方の支えとなっていた。ある自伝のなかでこう言われている。「そうした物語や詩作品が、すでに子ども時代に社会的不満を操る意図のために部分的に子どもたちの教科書的な生活を生みだしていたようである。男の子にとってその種の疑問など縁遠いものだった。自分が貧しいのは、孤児であることや、疑い深い目でみられることなどと同じく、なにかごく自然なことであった。自分が資産もなくこの世に生まれてきたのも、ほかの者が裕福な環境に生まれてきたのも自然なことで、自分はそのために、冬の寒さや悪天候のことと同じように、誰に責任があるとも思わなかった」。[166]

この疑似「自然的な」パトロン＝クライアント関係が、使用人秩序も采配していて、健康のための気配りや、使用人を子どものように扱い、ある場合にはなお肉体的な懲罰権までも含む厳しさなどといった家父長的な特徴をもっていた。[167]社会民主党員からみると、啓蒙の二〇世紀の真っ只中におけるスキャンダルであり、真の「奴隷秩序」といえるものであった。[168]第一共和国の当初にあたって各州における旧来の使用人秩序もまた急速に近代的な農業労働秩序に替えられていった。

そこに今度は農業社会を解きあかす第二のモデルがくわわってくる。階級モデルである。実際のところ、大規模経営で比較的つよく市場にかかわる農民のもとでは、すでに第一次世界大戦前からそうした階級形成のプロセスがみられるようになっていた。つまりかれらは生産手段の所有階層であった。第一にその種の農民たちは、企業家階級の中心的な徴表（メルクマール）を示している。第二に農業の景気への依存性が、客観的にも主観的にも、農民意識のなかで共通利害の徐々なる形成をもたらした。三つ目に農業団体の設立、共同組合、（信用機関としての）金庫、政治的な組織（農業同盟）などが「それ自体階級」といっていい自意識の確立につながった。[169]四つ目に比較的規模の大きい農家のもとでは使用人とはっきり距離を置くようになった。一九三〇年代になって年俸に代わって月給制になり、頻繁に使用人は秋に解雇されるようになった。

それでも、こうした目に見える階級形成のプロセスは、自分ではほとんど労働をしなくなっている農業主だけにいえることだった。オーストリア農民の大多数にとっては、決定的なファクターがブレーキとしてはたらいた。共通の労働経験である。アルプス地方の農村社会の社会学者であるアドルフ・ギュンターはこの点を次のように表現している。「労働作業はしなければならない。身分による分業はごくかぎられたものでしかなかった。主人と使用人、双方とも働く人には違いなかった」。[170]こうした共通の労働経験はあまりに厳しい対立的な利害状況の形成にあらがうように作用した。――たいはんの使用人は農民の息子や娘であったこともあり、性別による分業もあまりはっきりした取り扱いがされていなかったことも理由の一つであった。

むしろ「オーストリア革命」が独自の階級形成のプロセスをつよめる。根本において何かきわめて異常なことが起こった。農民たちが君主制に背を向けたのである。農民たちの苦難に耐える能力も失われてしまったようだった。旧来の威厳にみちた家父長制度もちょっとの間、崩壊してしまった。大土地所有者と農民との間の共通の「農業利害」、そうした苦労してつくりだした同質の響きの利害の一致がくずれてしまったのである。社会民主党は農林業の労働者の組織化を始める——当座成功裏に。社民党系農林業労働者同盟のメンバーは戦争前の七五三名から一九一九年には三万二一三三人と増える。マルヒフエルト〔ウィーンの東方からスロヴァキア国境にいたる地域〕やシュタイヤーマルク州など一部で農業労働者のストライキも発生する。[171] しかし、革命的な時期は急速に終わりを迎える。そして農村的な家父長主義がふたたび復活するようになっていくのだった。

ザルクブルク地方の山岳農民の家庭とその使用人たち、1900 年頃

それでも二つの争点が伝染性のあるものでありつづけ、階級形成を推し進める。一つには農業労働者保険をめぐる長引く対決であった。——いくつかの州では農民たちが長期にわたって抵抗を行なった。もう一つは農業労働者がつくられたばかりの職業身分制的な団体に加盟するかどうかの問題であった。農村の下層階層はどこにはいったらいいのだろうか？　使用人たちは当然農業会議所に所属すると農業代表者たちは言い、農業労働者なのだから当然労働者会議所だと社会民主党員たちがいう。そ

うした抗争のうねりが、各州において長い間つづいた。――そしてたいていの場合決着がつかなかった。[172]

こうして、二〇世紀の前半の農民階層とはなんであったろうか？　かれらは長い間、イデオロギー的な言葉で言おうとするのとは違って、職業的身分でもなかった。かといって社会民主党員たちが主張するようにマルクス主義的な意味でいう社会階級でもなかった。職業身分階層でもなければ階級でもなく、農民層は、分析上はっきりと割りきれない緊張した領域に位置していたのである。

その後二〇世紀後半の農民がたどった道は、それほど矛盾にみちたものではなくなる。使用人や農業労働者は、二次ランクの分野に移行する。年とともに完全な機械化経営が、ひろくマックス・ウェーバー的な意味でいう農民所有者の経済的基盤をつくりだす。――とはいっても、共同組合、信用金庫、市場連合などといった強力で官僚的な農業圧力団体に組みこまれていった。「独立自営農民」は今では祝辞用のレトリックな像でしかなかった。兼業農家は――そうこうしているうちに支配的な社会タイプとなっていく――新たな「異なるベクトルを併せもつ状況」になった。本業のなかの補助労働者、副業のなかの農民。古いタイプの農民は、貴族たちと同じように、歴史の谷底に沈んでいった。

## 「ファーマー」（比較的大規模経営の農家）への道

ハプスブルク君主政体の経済的な分業の枠内で、アルプス諸州の農業経営は相対的に遅れた状態にあった。第一次世界大戦前、ザルツブルクの農村視察官という立場の威厳ある人が次のように診断している。「ところでわが国の農業経営のどこをみても、いたるところに立ち遅れた、時代に合わない虚弱なやり方が目につく……」[173]、と。

農業技術的近代化の場合四つの次元が区別できる。一つは、機械化の波、二つ目は、肥料や農薬投入の増加、三つ目は、生産力の高い種苗の使用や生産力の上がる家畜数の飼育、四つ目は、餌の補強となるサプリメントの利用である。[174]

オーストリアの農業近代化の大きな飛躍のきっかけとなった二つの局面がまず目につく。ナチズム支配の最初の歳月。──たとえば「ジュートマルク」〔ナチズム支配下のシュタイヤーマルク州、ケルンテン州のこと〕の農村地帯では一九三三／三八年時、鋤が二二〇〇しか新たな購入がなかったのに、一九三八／三九年には一万二〇〇〇となっていた。トラクターの数も五倍になる。窒素肥料の使用も三七七トン（一九三七年）から三一八五トン（四二年）に増える。[175] ある郷土史では印象深くこう言われている。「最初の草刈り機がわたしたちのところにも導入された。……農業にとってこれは以前になかったほどの躍進である」。[176]

『シュタイヤーマルク地方の農民階層の歴史図表集（*Atlas zur Geschichte des steirischen Bauerntums*）』は一九五〇年代末と六〇年代初期の第二の局面を明瞭に示している。この時期には馬の頭数と農業者の数の減少曲線とトラクターや収穫用農業機械の増大曲線とが交差しあっている。[177] 国全体で農業は一九五一年から七六年の間にほぼ六五万人の労働力を失っている。しかし実際の収穫量は六五％増えていて、労働生産性が三六〇％も上がっている。[178] 力不足の経済が生産物過剰気味の経済になり、自給自足経済が（一九三〇年代以降の）とにかく厳しい規制のある市場経済になった。農民が農業技術に目を配るファーマーになったのである。これに相応して、農業社会に劇的な社会的変化が生じた。

1　市場に合わせた特殊化により、恵まれた地域と恵まれない地域との差がよりはっきりあらわれるようになった。農民社会のなかで「裕福な」者と「貧しい」者の間の違いが大きくなる。[179] 小農たちは、収入の面でまったく下の方に──工業労働者たちよりはるか下の方に位置する。[180] 同時に地域全体が──とりわけ東部の国境地帯では──隅に追いやられ、経済成長からおいてきぼりにされた。[181]

2　都市と田舎との伝統的な対立が傾向としては薄れてきた。消費社会は脱農村化・脱地方化の趨勢をたどる。傾向として一体化した世界文明がいたるところで始まり、自動車、テレビ、食料品、衣服が同質化や均一化を招いた。村における旧来のヒエラルキーが崩れていった。昔からあった村の貧困が姿を消していく。それでも現在まで、消費社会の特徴的なものは――ウアラウプ（長期有給休暇）の取得――村ではむしろ稀にしかみられない。

3　経営や生活の仕方の合理化が農民の家や村の風景を急激に変えていった。家畜小屋が物造りの場所となり、「居心地のいい」農民の家が規格的などこにでもある家となった。農家屋敷の生活保護的な機能は国の手に委ねられた。農民的な家庭がそうこうしているうちに、すっかり社会システムに組み入れられた。[182] 個人的な依存性が官僚制度の匿名の依存性に代わった。農村的な民衆文化が、民俗文化の衣装をまとうようになった。要するに、のちには町になっていったが、しかしそのためには比較的短期間ではるかに厳しい断裂のもと、村が情緒を喪失した現代的な消費社会に組みこまれていった――農民にとっては「余暇」が非農民よりも貴重なものであったにしてもである。その断裂の厳しい指標は自殺率のなかにみいだすことができる。一九世紀や二〇世紀の初期には、自殺者数は都市における方が田舎よりどこでも多かった。一九六〇年代になると、この傾向が逆転する。「自殺は現代では田舎の残っている地域や危機的地域や観光事業地域の現象になってしまった」、と若い社会史家が総括的に評している。[183]

## 第七節　商工業

表20　工業、商工業、サービス業における自営業者（1910～1981年）

| | 工業／商工業の自営業者 | サービス業の自営業者 | 総　数 |
|---|---|---|---|
| 1910 | 207,370 | 221,805 | 429,175 |
| 1934 | 165,907 | 193,031 | 358,938 |
| 1981 | 64,400 | 141,900 | 206,300 |

エルンスト・ブルックミュラー『オーストリア社会史』（Ernst *Bruckmüller*, Sozialgeschichte Österreichs）ウィーン、1985年刊、377頁／478頁以下より。



一八九八年マールブルク大学の教授ハインリヒ・ヴェンティッヒは、商工業的中産階級に関する基礎的研究のなかで次のように書いている。「……これまで商工業的中産階級政策が典型的な展開をみせているのはオーストリアだけである」。[184] ヴェンティッヒが引き合いに出しているのは、一八八〇年代の商工業の大きな改革である。改革は一方では、産業における労働保護の現代的で進歩的な政策をもたらしたが、他方では断固社会保護主義的で、過去を向いた営業保護を定着させるものでもあった。マイスター（手工業での資格試験で認定された親方）関連の強制加入の共同組合と資格証明書は、商工業労働者や家庭労働者にくらべてほとんど完璧なものであった。背後で動いた超保守主義者たちは、商工業改正法の形でかれらの社会モデルを実現させた。モデルは基本においてアンチ資本主義的、アンチ工業的、アンチ・リベラル的、アンチ・ユダヤ的であり――アンチをつけない言い方をすると、今なお「職業身分制的な」色合いのものであった。[185] 商工業にとっての社会保護主義の強化というオーストリアの特別な道は、統計的な所見によってもはっきりみてとれる。工業化したあらゆる諸国のうち、一八九〇年から一九一〇年の間に工業や商工業のなかで自営業者が占める割合がやや増加（年率プラス〇・二％）したのはオーストリアだけであり、他のところでは減っている（ドイツでは年マイナス二・一％）。[186] 第一次世界大戦のあとになってオーストリアも一般的な展開に結びつくのであった。

表20の数字は、きわめて慎重に扱わねばならない。大まかな傾向が読みとれるにすぎ

ない。商工業の場合、物を生産する分野ではサービス業よりはるかに大きく減っている。サービス業の場合には、貿易と観光産業の膨張がそうした減少傾向にブレーキをかけたのである。

二つの危機の局面が際立っている。一八七〇年代／八〇年代と第一共和国の時代である。第一の危機の局面は我われが問題にしている時間枠の外になっている。しかしはっきりしているのは、当時の（保守的な、あるいは社会主義的な出どころの）声高な悲観的見通しも間違っていたことである。商工業は一九〇〇年頃に経営基盤が強固になり、商工業法に支えられながら、工業的＝資本主義的市場経済に適合していき、一種の階級形成の特徴を示すようになった。家族経営への傾向がつよまり、ますます多くの息子たちが商売を引き継ぐ。それは他方ではより慎重な結婚計画を前提にしており、徐々に職人や見習いが住居の点で家主への依存性から抜けだしていった。マイスター（親方）と職人との階級の区別が厳しくなり、同時に手工業はますます伝統の意識的な擁護に価値を置くようになる。とくにアルプス地方では伝統的な手工業的社会体制が一九五〇年代にいたるまで粘りづよい持続能力を示していた。[187]

それから第一共和国において、製造産業における生産量が平均して毎年一・一％ずつ縮小する。それは経済全体（年マイナス〇・四％）より大きかった。とりわけ建築業が停滞し、いたるところで資本不足が投資を抑えることになる。さらに多くの零細手工業者たちが細々とした生活を送り、プロレタリア化する不安に苛まれていた。[188]

一九四五年ののち、物を生産する商工業の方は快復したようにみえた。修理業が膨れ上がる。一九三七年から五九年の間、就業者全体に占めるかれらの割合は一二％から一四％に増える。一九五〇年代のなかば以降、昔からの伝統的な手工業が最終的に姿を消していく――洋服仕立屋、製靴職人、皮革職人が仕事をやめていった。[189] 一九七〇年から八二年までに、物造りの商工業は（連邦経済会議所のメンバーでみると）七・二％減っており、同じ時期に観光産業は一一％増えている。[190] 総じて、国民総生産に占める商工業の割合は、一九一三年と七三年の間に実質半減している。[191]

ところでそもそも「商工業（Gewerbe）」〔「商工業」とは（大）工業の反対概念として、「手工業」、「中小企業」、「商業」を総括する概念である〕とは何をいうのだろうか？　まずオーストリアの「商工業（Gewerbe）」概念は、手工業を越えて、旅館業や交通運輸業のようなサービス業も含んでいる。そうなると、とてもいろいろな商工業を分析に取り入れなければならない。ウィーンの裕福な食肉マイスターや多くの職人を抱えている家主と、村に住んで飼っているのが牛一頭、豚一頭で、多くの注文に応ずることができず、マイスター一人でどうにか暮らしている製靴の親方とを結びつけるものはなんであったろうか。裕福な村の旅館の主人――かたわら大きな規模で農業も経営し、製材工場ももっている――と、ウィーンの洋服仕立てのマイスター――マイスター一人で問屋のために生産し、問屋に完全に依存している――とに共通しているのは職業的自立性であり――たんなる幻想であることが多いが――ごく僅かな資本と商売としてマイスターの手作業による共通作業である。上層や下層との境界も鮮明ではない。上に向かってはマイスターが、固定資本の投入規模が大きくなるほど雇える労働者も多くなり――営業規則における線引きは作業員二〇名――市場向けの生産が多くなるほどますます経営管理能力が必要となるが――企業家の仲間、ブルジョアジーの仲間入りとなる。[192]下に向かっては、一人稼業のマイスターは賃金労働者とほとんど区別がつかない。こうした小規模マイスターは、社会民主党につくことがしばしばである。[193]

さらにかれらを結びつけているものとして、市民的な徳の基準があげられる。業績志向、勤勉、倹約、それから少なくとも尊敬される市民的生活スタイルを模倣する試みである。「身分に相応しい」身なりをし、子どもたちに一定の教育をうけさせ、「プロレタリアート」との違いをみせることである。その際にみられたのは少なくとも第一次世界大戦前ではプチ・ブルジョアジーのきわめて独特な矛盾を孕んだ姿であった。一つには、とりわけ生活文化の点でブルジョアジーに近いこと、もう一つはとりわけ経済的な競合状況や政治の面で、資本主義的な志向のブルジョアジーに反対の姿勢をみせることだった。[194]

多くの小さな手工業者や旅館業者は、きわめて不自由な生活をしなければならなかった。独立的なものから非自立的な立場に変わったり、その逆のことも急激に起こりうる。一日一六時間働くことも稀ではなかった。生活のリスクにかれらはしばしば無防備で晒されていた。一八九七年以降重い病気に対してたしかにマイスター疾病保険で保障されてはいた。しかし自営業者の老齢年金給付制度は、一九五八年まで待たねばならなかった。[195]

クラーゲンフルト〔オーストリア最南端ケルンテン州の州都〕の営業監督官の一八九〇年代の報告にはこうある。「多くの零細マイスターは家族と一緒に、しばしば監督官の同情を誘発するような、狭くて非衛生的な暮らしをしている。小さな部屋、その部屋が仕事場、居間、台所であるが、そこに多数あるいは少数、健康あるいは病気の家族全員が住んでいる。その部屋で夏も冬も、朝早くから夜遅くまで働き、食事をし、体を洗い、眠る。たいていは、ドアを空ける以外に換気となるものがほかにないのである」。[196]

いろんな惨めさがあるにもかかわらず、過去の「ツンフト」〔中世以来の手工業者の同業組合〕のいくつかの伝統は残っていた。それゆえ、職業身分的思考がこの階層では幅ひろい反響を保持していた。党派的な道具と化すことに抵抗する「ザッハリヒカイト」(事柄に則した態度・考え)の原理として、社会民主党的階級闘争の論理に対抗してカトリック的な調和や「民族共同体」というドイツ・ナショナル的な夢として、また「中間の身分」として――一九五一年にユーリウス・ラープがいうには――商工業は工業と労働者階級との橋渡しの役割と思っているのだった。[197]

### 商工業のプロテストと中間層的自意識

資本主義的生産方法が一九世紀には商工業にも押し寄せてきた。それはすなわち、商工業が機械生産の工場と張りあうこと、商売で大きな百貨店や消費共同組合の力に耐えなければならないこと、商工業そのものが市場向けの卸業の形で営まれることであった。小規模経営が低い賃金とむらのある作業リズムにもとづきながら、脆弱な資金で対応することになったのである。納期がすむごとに、忙しなく活動する時期と完全にぐったりする局面が交互に訪れるのだった。しかし中央ヨーロッパでは手工業マイスターの世帯が支配的であった。経済的な自立性という理想が、粘りづよく、心理的にも経済的にも信じられないほど柔軟性をもった動きを展開していたのである。[198]

そうはいってもこうした一般的な趨勢は、地域により業種によって違っていた。一九〇二年の商工業統計によると、ライタ川此岸（ハンガリーを除いたオーストリア部分地域）では、取次業者のために働く商工業者は五％しかいなかったのに対して、ウィーンでは二六％になっていた。どうやら取次業者はとりわけ首都で利益をあげていたらしい。また中規模の商工業者もウィーンに集中していた。つまりウィーンで単独のマイスターは――農業的な副業がないため――二〇％であったのに対して、ニーダー・オーストリア州では四二％になっていた。[199]

手工業の色とりどりの多様さが薄れていく。一部は事実上没落していき、ブラシ製造、パイプ製造、カツラ製造の職人や他の職種も縮小していった。その反面伸びていった職種もある。一つだけ例をあげておこう。一八六二年から九〇年の間に、釘や板金の製造業の数が半減したのに対して、家具、経師屋、印刷業種の職人はかなり増えている。[200]もっともよく持ちこたえていたのは、パン屋、肉屋、旅館業で、工業社会の社会的変化により有利になり、それぞれマイナスの影響を感ずることもなかった。[201]

しばしばみられたように、状況への適応の危機の個々の特徴が一般にみられ、黙示録的な（この世の終わりのような）未来像を深めていった。新たなちょっとしたテクノロジー（電動モーター）の導入可能性といった、商工業の柔軟性があまり評価されてこなかった。たしかに、手工業者の脆弱な経済は、市場圧力を下層のものに向けるようになる。同時代の決まり文句は「徒弟の惨めさ」であった。営業視察官の嘆きの言葉が果てしなくこう口をついてでていた。「たとえば靴製造職人のところでは、七人のマイスターの補佐役的職人（Gehilfe）と見習いが天井の低い、暖房もない、塵だらけの屋根裏部屋で寝起きしている。窓には応急措置として紙が張られている」[202]。ウィーンにいるチェコ系の見習い少年の惨めな姿はほとんど筆舌に尽くせないもので、「よそ者は原っぱの切り株のように黙って耐え、細々と暮らしている」[203]。

慰めを与えてくれるものは、懐具合と同じように、貧弱なものだった。見習い期間はまさに苦難の時であった、という。マイスターも若い時代には似たような体験をしていた。じっさい仕事場は、「よき古き時代」から「緊張と力関係に支配された場」であり、絆・結びつきと疎隔という体制が同時に隣り合わせに存在するところだった[204]。作業のこうした舞台では、いろいろなドラマが演ぜられた。共通の作業経験が結びつきの中心的な要素であるにもかかわらず、言葉や肉体上の暴力の雰囲気が支配し、諍いがしつこく一気に燃え上がる。だがそれでも同じように一気に収まるのである。作業場における権威がまさにイデアールティピッシュに（理念型・思考上の典型的な形で）発揮される。父親として、マイスター、お上の一部としての権威がである。

それから商工業の経営者そのものも、抗争を作業場の外の世間で味わうことになる。社会的に隅っこに追いやられて、マイスターたちは工業的な市場経済の犠牲者となっていき、一八八〇年代以降、かなり過激な中産階級的な幅ひろい抗議運動でもって反応する。運動は、反ユダヤ主義を疑似階級意識のように受け入れ、政治的には、少なくともウィーンでは、キリスト教「社会」党の設立へと立ちいたるのだった。

プロテストの主要人物たちは、機械工マイスターで反ユダヤ主義者のエルンスト・シュナイダー（一八九四―一九七五）のように、「改革連盟」や共同組合の集会にもぐりこんで、手工業者たちをリベラルな支持者群から引き離すこともした[205]。「グリュンアンガー通りの八百屋」（ウィーンにある古い通り）のヘルマン・ビーローラヴェック（一八六一―一九一八）のような記憶に残る人物は――かれのことは党友たちですら恥知らずな言動の男と陰口を言っていた――議会で下品でいかつく反知性的な発言で目立っていた。「またしても書物か、そんなのはうんざりだ。……わしは実践的な男なんだ」[206]。そしてのちに連邦首相となる名高い政治家ユーリウス・ラープですら――ザンクト・ペルテンの建築マイスターで、ニーダー・オーストリア州の防郷団のリーダー――一九三〇年にオーストロ・マルキストのオットー・バウアーに向かって「不快なユダヤ人め！（Saujud!）」という聞き間違いようのない言葉を投げつけたのである。[207]

さまざまな商工業の組織化の試みを見通すのは難しい。もっとも下のレベルでは強制加入の共同組合が存在したが、少なくとも地方ではうまく機能していなかった。ついで自由加入の団体があって、トップがドイツ＝オーストリア中小企業連盟であった。一九〇八年にカール・ルーエガーの音頭で設立され、公式には「非政治的」、だが実際はキリスト教「社会」党寄りで――一九三二年になってこの連盟は党に吸収された。むしろ大ドイツ主義的（ドイツ本国との連帯をつよく主張する）傾向がつよかったのがオーストリア商工業連盟の本部団体で、ザルツブルクで一九二一年に結成された。最後にさらに商工会議所があった。小規模中小企業によるもので、いつも胡散臭そうにみられていた。リベラルで工業的で、「富も権力もない小市民（der kleine Mann）」とは接触がなかったからである。[208] なるほど一九二〇年にはこの会議所の選挙権の民主化がはかられた。だがそれでも社会的なランクによる隔たりはあいかわらず残っていた。一九三〇年代に会議所――「見かけ倒しの死せる巨人」――は、重大な存続の危機に陥ってしまい、一九三七年になってようやく危機も解消できるようになった。[209] ユーリウス・ラープが次のように言ったのはたぶん正しかったろう。ラープは――全国農民同盟の中央集権化した組織を前にして――これ（商工会議所）は「商工業家たちの上層・下層・ごちゃ混ぜ組織」だと言ったのである。[210]

商工業は政治の舞台では大企業反対の立場をとっていた。しかし社会民主党がますます強力になるにつれて、そして階級闘争が仕事場までもちこまれるにつれて、そうした抗争ラインは色褪せて、共通の企業家利害が前面にでてくる。マイスター（親方）はますます自分を企業家と思い、職人たちは一段と労働者と感じるようになった。手工業の「職業身分制的な」共通の基盤が崩れてしまった。

第一共和国の社会関連立法が労働者保護を商工業にまでおよぶようにしたとき、とりわけ地方の手工業者は、陰では反対の姿勢をみせて反応した。たとえば（一日）八時間労働に関しては、労働組合が憤慨したことには、一貫して法をかいくぐる姿勢がみられたのである。

そのあと停滞の年月のあとさらに大きな危機がやってくる。なるほど商工業は、市場経済の片隅で、工業よりはましに持ちこたえられるが、しかしその反面中間階層が過激化し始める。一八八〇年代の抗議の波は党の設立にいたったのに対して（一八八六年キリスト教の精神に則って活動する手工業者の団体「キリスト教社会連盟」が結成され、これがのちにキリスト教「社会」党になる）、一九三〇年代初期のプロテストは、政党システムそのものに、キリスト教「社会」党にも向けられ、党は崩壊の危機に晒された。

ツンフトの伝統のような仕事場での経験が、自立的で、職業身分制的、「経済そのものに則した」、政治的解決可能性に走ったのも、わかりやすいことだった。まず商工業者は、防郷団に傾斜する。――ニーダー・オーストリア州の商工業連盟は一九二九年に集団で防郷団に加入した。[211] その防郷団の果てしない派閥抗争と指導者たちのライバル争いに明け暮れる商工業の一部が、まず田舎の商工業が、一九世紀以来ドイツ・ナショナル的な考えをつよめていた部分が、ナチ党に引き寄せられていった。農民たちにも発していた中産階層身分の抗議の波を前にして、ドルフース政権は、（議会の承認なしに発令する）緊急命令的独裁体制を打ち立てる。その明確な目標は、その種の抗議の抑えこみであり、「ブルジョアジー」を新たに取りこみ、社会民主党を撃退することにあった。経済のほんとうの景気づけに成功しなかったので、プロテストはくすぶりつづけた。

ナチズムはこうした商工業者たちの抗議の姿勢から得点を稼いだのであろうか？ ゲルハルト・ボッツの数字でみる研究によると意外な結果になっていて、「旧来の中間層は」オーストリア・ナチ党のなかでつねに数値が平均を下まわっていた、という。一九四一年の最盛期ですら、党内の商工業者は、あらゆる就業者では二一％であったのに対して、一七％でしかなかった、[212] というのである。例外は小売り商人たちで、かれらはナチ党のなかにかなりひろく流れこんでいた。[213] どんなふうに解したらいいのだろう？ 解答は小売り業者の過剰に求められねばならない。ウィーンでは、小売り商の数が四万一〇〇〇（一九一〇年）から五万六〇〇〇（三〇年）に増えていた。[214] 結果はあきらかに不安定な社会状況であった。倒産の点で小売り業は不釣り合いなほど多い数字となっていた。小売業の三〇％が一九三〇年代最低の生活水準以下の状態であった。[215] それに、「ユダヤ系の」百貨店や大規模商人という競争相手がくわわる。小売り業ではじっさい「中間階層のパニック」に似たようなものが生じていて、そこからナチスは得点をあげていたのである。

ユダヤ人商店ボイコット運動、1938 年

もう一つの問題は、商工業もナチズムから御利益をえたのか、というものである。この問題はナチズム研究のなかで論争の的になっているし、オーストリアでは特別な研究が欠けている。[216] それでも次のようにはいうことができるだろう。一九三八年（オーストリア併合）後の全般的な景気上昇は中小企業にも波及したし、その最前線は建築業、部分的には観光産業にもおよんだ。ドイツの手工業が一九三三年に達成したもの、つまり「同業組合への強制加入（Zwangsinnung）」と資格証明は、オーストリアの場合一九一四年のかなり前から存在していた。商工業の前々からあった、独自の手工業会議所を設けたいという要求がやっと実現する。しかしその会議所も一九四二年までしかつづかなかった。

ドイツ本国よりも強力に推し進められたのは、ドイツ語でいうアーリア化、ユダヤ人資産のカモフラージュした盗み取りであった。反ユダヤ主義的な嘆きの裏にあるイデオロギー的症候群は、昔からみられたものだった。ウィーンのある婦人服専門店主が一九三八年四月その症候群を激しい言葉で次のように言っていた。「アーリア的な商人はかれらユダヤ人たちによって没落してしまい、たいへんひどい惨めさに晒され、ひもじい思いをしている」。[217] 一九三八年にブレーキの利かない所有欲の時が到来した。そのモットーがいうには「お前らユダヤ人は去れ、だが店はそこに置いたままにな!」。[218] 一夜にして競争相手を厄介払いすることになった。たくさんの「古参の勇士たち」がユダヤ人の犠牲のうえに自立的な生活を打ち立てようとこころみる。一九三八年の春だけでも、ユダヤ人の店七〇〇〇店が閉められた。全体でウィーンではユダヤ人の商工業の店の八〇%が整理解散となった。ベルリンでは一九三九年の五月の時点でともかく自営業のユダヤ人の三〇%がまだ営業していたのに対して、ウィーンではかれらの占める割合は今や六%でしかなかった。[219]

国家的に正当化された窃盗行為により、多くのユダヤ人が苦労してつくりあげた生涯の資産を台なしにされたし、同時にこうした残虐な措置は非ユダヤ人の営業の生活のチャンスの改善となったのである。アーリア化措置のリーダー、工学士のヴァルター・ラーフェルスベルガーがこう結論づけている。「非ユダヤ化による商工業的経営における構造変化は、途方もない規模の階層変化のプロセスである。……大規模な清算の規模と店の配置替え(アーリア化の過程での用地の所有者替え)は、たくさんの部門で(ユダヤ人の)過剰な経営占有状態を徹底的に排除し、さらによりよい諸条件をつくりだした」。[220]

一九三九年から四三年にかけて行なわれた戦時措置の過程での「選抜淘汰アクション」は、「アーリア系」の中小企業にもおよんだ。結果として残ったのは、第二次世界大戦後の商工業にとってのスタート諸条件が第一次世界大戦後よりいくぶん恵まれていたことだった——ユダヤ人と零細商工業を犠牲にしてのものである。

非ナチ化の法律は効き目がなかった。[221] 経済的な再建には商工業が必要であったし、消費社会は商取り引きを、余暇社会は観光産業の経営を必要とした。発展した工業社会において手工業は、工業の「立派な付き人」(フリードリヒ・レンガー)としての地位を手にした。ポスト工業社会の際立った輪郭は、追加的に零細サービス業の誕生を促したことである。

組織の次元では第二共和国における商工業は第一共和国におけるものといくつかの点ではっきり違っている。分散の代わりに統一組織が登場し、地方色優勢の代わりに中央集中、階級闘争の代わりに、社会パートナーシップが定着した。一九四六年の統一的な連邦経済会議所の成立でもって「職業身分制国家」の展開が引き継がれ、上部団体の会議所への統合にナチ時代の管区経済会議所の伝統が引き継がれた。[222]商工業へのドイツ・ナショナル派の影響は抑えられた。その結果「オーストリア国民党」(ÖVP)がほとんどすべての路線にわたって自己の主張をとおすことができるようになった。第二共和国の「経済」は第一共和国よりはるかに統一的に行動できた。当初二〇年間の誰もが認めるその代表者は、ユーリウス・ラープであった。かれは自分の身で政治的な変遷を――そしてまた(心的)抑圧を具現していた。ファシスト的な防郷団のリーダーから民主主義的なコンセンサスの政治家となり、会議所の激烈な批判者から連邦経済会議所の会長になり、最後には国家条約(一九五五年の講和条約)の首相になっていた。かれの熱烈なオーストリア愛国主義は、経済がナチズムに巻きこまれたのを威厳にみち悠然とした態度で覆い隠してしまった。

商工業的な経済企業は、少なくはなったが、より規模が大きくなり、資本と技術をより備えるようになった。一九七〇年時、中小の自営業者は、就業者のほぼ七%で、ほとんどが女性であった。その政治的な好みも変化した。[223]オーストリア社民党(SPÖ)の脱プロレタリア化が小規模自営業者のもとで魅力を増した(第一共和国では考えられない展開)。たとえば、男子経営者のうち三六%がSPÖ、五二%がÖVP、一二%だけがFPÖ(自由党)支持となっていた。[224]

他の西側諸国と違ってオーストリアの小規模自営業者は、独特の社会的プロフィールを示している。職人(専門労働者)への道は非常に可動性がつよいのであるが、それでいて転身する道はかなり規制されており、労働者の地位に落ちるのもむしろ稀であった。伝統的な社会保護主義がブレーキのはたらきをしていたのである。[225]他方で自営業者の地位は、我われの社会においてきわめて重要な上昇の小道の一つになるのだった。というのも、自営業の男子の場合、自分の店（工場）をもっている父親を継いでいるのはほぼその半分にすぎないからである。[226]

オーストリア社会の中心的な変動可能性は、見習い修業制度にある。少年は修業を積まねばならない、これが労働者家庭の信条となっていた。そしてこの信条が実行された。最高の（職業）教育をうける見習い訓練生の割合が、二九％（一九三〇～三四年）から六〇％（一九六五～七〇年）に増えている。[227] それに応じてたんなる義務教育修業の者は四四％から一一％に下がっていた。そして見習い修業のなかで多かったのは商工業と小売り業であった。一九七〇年時点でこの分野が職業見習い生の七八％を占めていた。[228] この点でもいえるのは、商工業の経済的な生活のチャンスが一八八〇年にくらべて大きく改善されたことである。その他にこの点は、二〇世紀におけるオーストリアの社会構造がもたらした幅ひろい「中間層の膨らみ」にもあらわれている（表11を参照）。

## 第八節　サラリーマン

### 襟カラーによる区別ライン

サラリーマンが、事務所や販売部門、設計部門、商店で大量に出現したとき、かれらがもっていたのは学問（高度な教育）であった。この新人種はどんな人であり、階級構造にはどのように組み入れられるのだろうか？

一九一二年、エーミール・レーデラー（一八八二―一九三九）はサラリーマンを「階級と階級の間」に位置づけた。示唆に富んだ研究でかれはこう書いていた。「産業サラリーマンの大きな集団を目にして確認できるのは——それがたぶん特徴的なのだろうが——このグループがじつに独特の形で〝階級と階級の間〟に位置していることである。こうした事態を生みだしているのは次のような事情であろう。つまり企業において（技術的／営業的に活動する）大量の集団サラリーマン層は、非独立的な就業者という印象を与えるが、それでもかれらの技術的な仕事からすると、作業の指揮や企画準備にあたり、まとめ役をしている。独立的な職業活動と非独立的な職業活動という特殊要素が混合されており、それで同時に異質な階級状況的要素が生じているのである」[229]。これに対して、プラハ大学の教授であった著名な統計学者ハインリヒ・ラウフベルク（一八六〇—一九三八）は、一九一〇年に「……サラリーマンたちが、中間層の減っていく隊列をふたたび埋めてくれるだろう」[230]、と期待していた。それとは対照的にオットー・バウアーは、一九二七年時に振りかえってみて、こう結論づけている。サラリーマンたちは「その職業からみると労働者階級に属するが、伝統のありとあらゆる結びつきにより当時はまだブルジョアジーの囚われ人といった、厳しい労働をさせられる人たち」[231]であった、と。

階級の間、新たな中間層、賃金依存の階級……。学術上だけでなく、同時代の用語でもいろいろ揺らいでいて定まったものがなかった。一八九〇年代になって「サラリーマン（Angestellte）」という概念が国勢調査に登場する[232]〔被雇用者のうち、主に事務的な労働に従事し、（「賃金」でなく）「給料」をもらう人。ホワイトカラーのほかに、工場のマイスター（職長）なども含まれる〕。一八九七年刊の浩瀚な『オーストリア国家単語辞典（*Österreichische Staatwörterbush*）』には「Angestellte」という見出し語はなく、「Privatbeamte」（「私的公務員」）というのが載っていた。奇妙なことに、「Gesinde」（使用人）や「Winzer」（ワイン栽培・製造業者）という項目と一括りにされていた。しかし本文のなかにその用語（Angestellte）が突然あらわれて、そこでこう言われていた。「……したがって我われの究明の枠内にはいるのは、たんにほんらいの〝私的公務員〟だけでなく、〝私的被雇用者（Privatangestellte）〟一般である。ほんらいの労働者や奉公人は除く」[233]、と。

同時代の叙述では、三つのメルクマール（徴表）が目立っていた。非独立的な地位、公務員との社会的な近さ、労働者たちとの区別——つまり周知の襟カラー・ラインである。

資料編纂もそうした点を引き継いでいる。「サラリーマン（Angestellte）」とは、直接製造にはかかわらない、通常はきつい肉体労働はしない。一日中、さっぱりとした白い襟カラーをみせられる。まかされた業務の担い手で、もらうのは（たいてい比較的高額の）給料で、週ごとの賃金ではない。かれらの仕事場は比較的安定していて、かれらの職業訓練も比較的ましなもの、というのである。[234]

労働者たちと違い、公務員に近いというのがオーストリア（やドイツ）の「サラリーマン（Angestellte）」の特徴である。すでに一八九八年にはウィーンで共同の「オーストリア補佐公務員および私的公務員の会議」が開かれている。[235] オーストリア社会の激しいヒエラルキー化と官僚主義化は、下に向かっても浸透する。サラリーマンたちは、身分に相応しい生活をしようと努め、家庭的な評判や「教養」に重きを置いた。[236] なんのかんの言ってもかれらの大部分そのものが、市民的な中間層の出であった。そして企業家たちにも、そうした傾向をつよめる理由がいろいろあった。というのもサラリーマンたちは、企業家の役割の一部を担っていたし、工業者連盟（Industrie-verband）は、第一次共和国にいたるまでサラリーマンと団体協約を結ぶことを拒んでいたし、業績原理に応じて個別契約を結ぶ方を好んでいたからである。[237]

一九〇六年の「サラリーマン年金保険法」は、「プロレタリア」とのそうした区別を強調するものであった。サラリーマンに――労働者とは対照的に――老後の手当て、のちにはさらに有給休暇を与えるものであった。こうした優遇は、たぶん中間層向けの統合（体制組み入れ）政策の試みと解釈するのが当たっているだろう。この法律の決定が、（男子）普通選挙権にもとづく議会選挙の前年であったのも偶然ではなかった。[238]

オーストリアのサラリーマン（と公務員）の大多数、ほとんど八〇％が、一九一〇年時で第三次産業、つまりサービス業部門で働いていた。[239] ここで我われが出会うのは、そうこうしているうちに「番頭（Handlungsgehilfe）」になっている「店員（Commis）」という人たちで、いつの日にか自分が「店主（Prinzipal）」になることを夢みている人たちであった。そうした番頭たちは日曜日も含めた超時間労働で辛い思いをしていた。何年にもわたってかれらは、日曜休みを獲得しようと闘い、一八九二年「商店サラリーマン協会」という最初の労働組合を組織する。社会民主党系のもので、すでに一八九八年「ウィーン補助使用人委員会」の選挙で勝利を収める。[240]商店職員のなかのユダヤ人の高い割合が、勝利に大きく影響していたらしい。[241]

地方では違っていた。そこでは一九〇三年創立の（オーストリア系）「ドイツ補助使用人連盟」（DHV）がおよそ九〇〇〇人のメンバーを惹きつけていた。幅ひろい戦線には「ドイツ本国」から戦闘的なドイツ・ナショナリズムが流れこんでいた。わたし（著者ハーニシュ）の父の遺品のなかにみつけた「ドイツ・ナショナル補助使用人年報一九一三」に、一五歳のとき父は自分の手で熱狂的に「ドイツ補助使用人連盟万歳」、と書きこんでいた。その年報では、オストマルク大管区〔オーストリア地域〕とその周辺の人びとが、すでに無造作にノルトマルク大管区〔シュレスヴッヒ＝ホルシュタイン地域〕の次に載っていた。[242]この年報誌上ではすでに「アンシュルス」（オーストリアの併合）が実行されていたのである。こうした謀叛的な、それでも他面では市民的なメンタリティーがやすやすとナチ党に取りこまれていったのである。[243]

一九〇〇年頃女性たちがオフィスや商店にはいり始める。事務作業が専門的な能力を必要としなくなったこと、また正確で厳格な処理規定に則って行なわれるようになったことが、そうした事態を可能にしたのだった。男性たちはタイプライターを争うこともなく女性たちに委ねた。速記術が――多くの私立や公立の商業学校で教えられていた――主として女性向きの職業となった。ウィーンでは、女性サラリーマンの割合が三％（一八九〇年）から二四％（一九三四年）に増えている。そうした一般的傾向は、第一次世界大戦中にとくに急速に進行して、四五％（一九一八年）になり、第一共和国ではふたたび鈍化の傾向をみせた。[244]こうした事態は女性解放の飛躍的な動きであり、動きは長期的にみると男女の役割関係にも変化をもたらすことになった。たしかに、女性たちはサラリーマンとして低いレベルの仕事を行ない、男性よりもはるかに給料が安かった。労働組合の調べによると、一九二六年時で女性サラリーマンの半分以上が最低生活水準以下の稼ぎであった。[245]それでも、回想のインタビューには自尊心の高まりがはっきりと浮かびでている。「わたしは自転車をもっていて、自転車で事務所に通い、そこで働いていました。好んで屋外にでかけたし、非常に楽しかった、そこにはじつにたくさんの人たちがいた」。[246] 一九三二年時でウィーンの産業女性サラリーマンの二三%が労働者家庭の出身であった。[247] それだから〝ブルジョア〟育ちの者は、よりましでなければならないという感情に支えられていた。一九〇四年生まれの将校の娘で、かつてサラリーマンをしていた女性が言っている。「品のいい身なりをしていなければなりませんでした。わたしは一角の人たち、実際にそれなりの人たちと付きあわねばなりませんでした。その場合それ相応の作法と服装をしていなければならなかったのです」。[248]

## 近代化のエージェント、それとも職業身分的な自負心の表れ？

二つの解釈図式が、サラリーマンのメンタリティーの分析解明をこころみている。第一の図式は、工業時代以前の伝統が生き延びているのを強調する。――ある種の身分制思考、特定のヒエラルキー的文化意識、公務員のステータスにしがみつこうとする意識などである。[249] もう一つの解釈図式は、サラリーマンの「現代的な」生活形態の先取り的な姿を強調する。――平均して小人数の家庭、消費に関する自発的な意欲、新しい大衆文化（ラジオ、映画館）への高い関与度。[250] 二つの解釈は見方が違っていても、相互に矛盾するものではない。おそらく伝統と近代化のこうしたミックスした状態こそサラリーマンの特徴であるだろう。それはのちにナチズムが、典型的な形で具現する混合であった。しかし我われはまずサラリーマンという職業の展開がみせるダイナミズムをみることにしよう。

職業グループの数のうえの競争でサラリーマンは、勝利者となっていく。――農業従事者を追い抜き、急激なラストスパートでもって労働者たちをも追い越してしまう。千年紀の転換期頃オーストリア社会は事実上サラリーマン社会となっているのである。

とりあえずオーストリアがドイツと比較して遅れていたというのは、ドイツの経済的な近代化の飛躍を反映している。オーストリアが第二共和国において「アンシュルス」〔「アンシュルス」というと通例ヒトラーによるオーストリア併合をいうが、ここでは遅れを取りもどして追いつくことをいっている〕を果たしたというのは、一般的な遅れの取りもどしプロセスの枠内のことだった。長いスパンの展開をみると、もちろん断裂も飛躍もこもごもあらわれている。

表21　オーストリアとドイツ、就業者におけるサラリーマンと公務員の割合（%）

| 年 | オーストリア | 年 | ドイツ／西ドイツ |
|---|---|---|---|
| 1910 | 7 | 1907 | 13 |
| 1934 | 14 | 1933 | 17 |
| 1951 | 21 | 1950 | 20 |
| 1961 | 28 | 1961 | 29 |
| 1981 | 45 | 1980 | 44 |

エルンスト・ブルックミュラー『オーストリアの社会史』Ernst *Bruckmüller*, Sozialgeschichte Österreichs）ウィーン、1985年刊、377頁／478頁以下；エドゥアルト・メルツ『オーストリア第二共和制の階級構造。オーストリア政治の諸問題』（Eduard *März*, Die Klassenstruktur der zweiten österreichischen Republik. Probleme der österreichischen Politik）ウィーン、1968年刊、79頁；カール・マルティーン・ボルテ『ドイツ社会の変遷』（Karl Martin *Bolte*, Deutsche Gesellschaft im Wandel）オプラーデン、1967年刊、279頁より。

長い間、一九二〇年代におけるサラリーマンのプロレタリア化というテーゼが基礎になっていた。[251] このテーゼを支持するいくつかの徴候もある。飢餓、インフレーション、君主制の崩壊は、窮乏生活にむしろなれていた労働者たちよりも、サラリーマン層により厳しい影響を与えた。たいはんのサラリーマン出自の市民的ミリューの崩壊は、サラリーマン層から経済的・社会的な基盤を奪ったのである。サラリーマンの収入が労働者の収入に近づいていき、一九一三年には労働者の平均的な収入の一・四六倍になり、一九二四年には一・一三倍にすぎない状態となる、そして一九三七年にはふたたび上昇し始める。[252] 余剰な（整理された）公務員の急激な流入（一九二二年の財政破綻阻止のために厳しい緊縮策を求めた「ジュネーヴ議定書」が原因となっていた）〔オーストリアの窮状を救うため、六億五〇〇〇万クローネの借款が供与されたが、オーストリアの国家財政は国際連盟の管理委員の監視下に置かれた〕、そしてオーストリア＝ハンガリー帝国軍の解体は、慢性的なサラリーマンの失業を招く事態となった。

しかしながら肌理の粗いプロレタリア化テーゼと合わないいくつかのファクターもみられた。一九二一年の「サラリーマン法」には、サラリーマンたちの社会福祉的な優遇措置が書きこまれていたし、適用範囲も広げられていた。サラリーマン層だけが「退職時の一時金支給（Abfertigung）」をされていたし、解雇予告からもほかよりも恵まれた保護をされており、比較的長い有給休暇の請求権ももっていた。サラリーマン層は自分たち独自の「事業所委員会」を設けて、「労働者会議所」で独自のセクションをもち、固有の社会保険施設の「サラリーマン社会保険の中央施設」ももっていた。[253] 銀行勤めの人はほとんど解雇されず、安定した人生航路模様を将来的にもちつづけられる勤務形態すら実現しようとしていた。[254] 結局のところサラリーマンは、一九三〇年代の大不況にも、労働者たちよりはうまく耐え抜くことができた。第一次世界大戦後には、全般的なプロレタリアート化とは逆の傾向がなによりまず観察された。サラリーマン社会そのものの内部的分化、下層、中間層、上層サラリーマンへの分化傾向である。[255] 観察できるプロレタリアート化があるとすれば、せいぜい下層サラリーマン層にしかみられないことであった。

もう一つのテーゼは次のように言っている。サラリーマンたちはオーストリア革命のときには政治的に左向きになり、世界経済危機の期間中はむしろ右向きになり、ナチズムに身を寄せた、と。このテーゼにも訂正が施された。実際面でも、第一次世界大戦前には社会民主党的に組織されたものでなかった大勢の産業サラリーマンが一九一八年後には（社民党系の）「自由労働組合」にくわわった。社会民主党系組織のサラリーマンの数は二万二〇〇〇人（一九一三年）から一四万四〇〇〇人（一九二一年）に増えた。この動きの背後にあったのは突然目覚めた「プロレタリア的な反逆」というより、むしろ風見鶏的な理由であったというのは、その後の展開が説明している。一九三二年までに「自由労働組合」所属のサラリーマンの数は、七万五〇〇〇人にまで減少してしまう。[256] それでもとにかくオーストリアのサラリーマンは、ドイツのそれよりもはるかにつよく社会民主党に根を置いていた。

表22からはっきりしているのは、オーストリア社会民主党は、ドイツ社会民主党よりはるかに多くのサラリーマンを引き寄せていた点である。一九二〇年代で八四％対四六％、危機の時代にあっても七二％対三三％であった。この差には二つの主な理由をあげてよいであろう。一つにはオーストリアの社会民主党はサラリーマンの特別な意識に対してより柔軟性に富んだ反応をみせ、労働者との違いの配慮をよりつよくもったことである。もう一つは、首都（ウィーン）の経済的・人口統計的重みが数字となってフルにあらわれていること——オーストリアのサラリーマン全体の半分以上（五三％）がウィーンで生活していたことである。[257]

表22　オーストリアとドイツにおけるサラリーマン運動の（宗派別／政党別）労働組合（1921～1931年）（%）

| オーストリア | 1921 | 1931 |
|---|---|---|
| キリスト教系サラリーマン連盟 | 3.2 | 7.4 |
| ドイツ・ナショナル・サラリーマン同盟 | 6.2 | 11.3 |
| 中立系サラリーマン同盟 | 6.4 | 9.5 |
| 自由労働組合のなかの個人加入のサラリーマン | 84.2 | 71.8 |

| ドイツ | 1922 | 1930 |
|---|---|---|
| 中立系同盟 | 21.3 | 26.5 |
| ドイツ補助使用人／ドイツ・ナショナル番頭連盟 | 32.4 | 40.6 |
| 自由労働組合連盟 | 46.3 | 32.9 |

ミヒャエル・プリンツ「辛抱強さを通しての変化。歴史的展望のなかのに社会民主党と「新中間層」」『社会史アルヒーフ』29号（Michael Prinz, Wandel durch Beharrung. Sozialdemokratie und »neue Mittelschichten« in historischer Perspektiv. Archiv für Sozialgeschichte 29）、1989年刊、39頁より。

一九二六年の労働者／サラリーマン会議所のための選挙は、オーストリアのサラリーマンの政治的なプロフィールのいっそう確かな洞察を与えてくれよう。六五％が社会民主党の候補者リストに投票している。それに目をひくのは、ドイツ・ナショナル系の労働組合が二〇％の強さであったのに対して、僅か一三％しかえられなかったキリスト教系グループの弱さであった。[258]こうしたデータは近代化テーゼを支持してくれる。サラリーマンがとくに急激に宗教的な結びつきを投げ捨ててしまったらしいのである。この選挙では中央＝周辺の問題性もはっきりあらわれていた。「自由労働組合」がウィーンではっきり絶対多数をえていたのに対して、個々の連邦州——ザルツブルク、ケルンテン、フォーアアルルベルク——ではドイツ・ナショナル系が多数を勝ち取っている。[259]この点はすでに次なる問題を引きだしている。一九二〇年代の末、サラリーマンのなかで右展開がじっさい起こっていたのだろうか？

この問題の追求は二つの次元で行なうことができる。一つは一九二七年から三二年までの普通選挙の次元で――この場合大いに統計的な精密さで実施した正確な選挙分析によって確認されるのは、サラリーマン部分の（右傾関連は）ごく弱い賛同関連だけであって、一九三二年まで目立った右展開などほとんど問題にならない。[260]二つ目は、一九三三年までのナチ党のメンバー構成の次元のことである。――この場合ゲルハルト・ボッツによる研究はサラリーマンのあきらかに平均より上まわった（右傾）数値を――自由業や公務員たちの場合とそれほど際立っているわけではないにしても――結果として出している。[261]すでにドイツ・ナショナル系に賛同していたサラリーマン部分が、比較的たやすくナチに移行していたのである。

理論的にはサラリーマンも労働者階級に入れるが、しかし実際面では労働者との違いを福祉政策面などで保証していた社会民主党よりも、ナチスの方がむしろ、「ドイツ労働戦線」のなかで（サラリーマンと労働者との）差をなくそうとかなりの苦労をしていた。多くのことがたんなる机上の論理でしかなかったが、労働者たちがサラリーマンの地位につけるチャンスは拡大していたのである。社会保障の点では同等の地位に傾向としてはなっていたし、総力戦の影響が――たとえばサラリーマンを事務机から製造部門へ「配置換え」する――いくつかのバリアを押し流してしまった。ナチズムは意図する意図しないにせよ、平均化を一歩進めたのである。[262]

## 接　近

ナチズム時代に突き動かされ、戦後の第二共和国になると、熟練労働者と下層サラリーマンの間の生活のチャンスの似かよりがさらにいっそう進んだ。労働者そのものが社会的に区別されることがあまりなくなったし、かれらのプロレタリアート的な特徴も失われていたので、際立った違いをいう必要もなかった。収入の面でも（労働者の）賃金と（サラリーマンの）低いランクの給料とが互いに似かよった額になってきた。一九五〇年代までこれが一般的な傾向であったが、その後新たな隔たりが生じてくる。――比較的高額の給料取りたちが抜け駆けしていったのである。[263]

労働者の組合がつよい圧力を行使して、差異が一般的な被雇用者身分のなかで解消するように努め、そして組織的に産業別単一組合結成主義（同じ産業に従事する被雇用者を、職業／職種や熟練／非熟練に関係なく組合に組織しようとするもの）を実現しようとする。この圧力は、サラリーマン労働組合の解消を意味していた。この点が「オーストリア労働組合連盟」（ÖGB）のなかで厳しい緊張を招くことになり、[264]サラリーマン労働組合の活動家たちが激しく抵抗する。民間サラリーマン労働組合の委員長フリードリヒ・ヒレガイストは一九六二年にこうはっきり口にした。「我われは、自分たちの権利を改善しようという我らの努力を妨げられたくないだけだ。我われは、とりわけ被雇用者という概念が今ではむやみに拡大されている事態を欲していないし、我われは、サラリーマンという名称を自力で手に入れたのだし、それをこの先も保持していきたいのだ」。[265]しかし決定的であったのは、社会的法制上労働者たちがしだいにサラリーマンに近づいていったことである。一九五五年の（給与に関する）「基本法律」、一般社会保険法において、労働者とサラリーマンは傾向として同列に置かれた。なお違いがあったのは、有給休暇の期間や、「退職時の一時金支給（Abfertigung）」の問題であった。しかしそれも一九七〇年代の社会党単独政権時代に均されていった[266]（「オーストリア社会民主党」は、第二次大戦後一九九一年まで、「オーストリア社会党」と名乗っていた）。

しかし同時に、新たな差別化ラインがつよく打ちだされてくる。そのラインはすでに第一共和国のなかで兆し始め、今や現代的に階層化した社会の特徴的な徴表となったものである。一方の労働者大衆や単純なサラリーマンと、他方の高い専門資格をもちリーダー的立場にあるサラリーマンとの間の内面的な差別化であった。そうした新たな区別ラインにより、労働者とサラリーマンとの間の差は、ひろく取って代わられたのであった。[267]

こうして旧来の襟カラー・ラインは重要性を失った。「被雇用者（Arbeitnehmer）」（原義は「仕事を受けとる者」）という自己の性格づけが、下層や中間層のサラリーマン・カテゴリーにも浸透した。[268]——それでも、生活の仕方やメンタリティーにおいては、はっきりした違いがあいかわらずいくつかみられた。

ゲーァノート・ヴォルフグルーバー（一九四四年生まれ）が、自分の経験にもとづいて書いた印象深い小説のなかで、新旧の違いを個々の生活分野——仕事、旅館、恋愛——にわたって思い描いている。トイレにまでわたっての描写である。「外の集会場のトイレとは違って匂いがしないだけでなく、トウヒの葉の匂いがしていた。この種のサラリーマンたちは、ひょっとすると別な人種なのかもしれない。というのもかれらはトウヒの葉の匂いがするような糞をするからである、とクライン（主人公）は思った」。[269]地方ではまだ旧来の襟カラー・ラインが感じられたが、ウィーンではすでにそのラインは消え去っていた。「労働者たちとサラリーマンでは、触れているのが機械なのかそれとも書き物机なのか、その現場でないかぎり、じっさい区別がつかないことがよくあった。仕事場の人では、そして総じて週末になると、お互い似たような服装をしているような感じにすらなっていた」。[270]

そしてウィーンでも両者にはなお——社会科学的調査が綿密に証明しているように——違いがあった。サラリーマンは、労働者より業績意識が高く、昇進志向がつよい。平均してサラリーマンは自分の仕事にも満足感がよりつよい。かれらは、学歴もよりましなものだし、子どもの数も少ない。文化面でも幅ひろい対応をしているし、より活動的である。政治的には流動的で、旧来の陣営思考をなし崩しにしてしまったのもサラリーマンである。労働者たちの社会像はあいかわらず二分法的に形づくられている——やつらは上層で、おいらは下層だ、と。サラリーマンの社会像は、よりオープンで、より個性的であり、より多くの昇進の期待と結びついており、まさにプロフェッショナルなしつらえとなっていた。[271]

会議所選挙も同じように、第一共和制とははっきり違うものを示している。オーストリア社民党は、サラリーマンのもとで魅力を失った。一九二六年時この党は（サラリーマンの）投票の六四％をえていたのに対して、一九七〇年代の終わりではほぼ五〇%あたりに停滞してしまっている。目新しかったのはサラリーマンたちのもとで「オーストリア国民党」の支持者が増えたことである。この党の先輩組織（「キリスト教「社会」党」）は一九二六年時（サラリーマン投票の）僅か一三%に留まっていた。「ÖAAB」（「オーストリア労働者＝サラリーマン同盟」、国民党の被雇用者組織）は一九四九年時ですでに二八%をえて、大いに増やしていたし、一九七九年までに四三%になっていた。それとはまったく反対にドイツ民族派系の自由主義派の隊列は、二〇%（一九二六年）から五%（一九七九年）に落ちこんでしまった。[272]

たいした説明の術がなくとも、次のようにいうことができるだろう。すなわち、地方の地位の向上が、社民党に不利にはたらいたのである。ウィーンは国民のなかでも、またサラリーマンのもとでもその占める比率を落としたのである。サラリーマン層は、この間に「敬虔」になったのではなく、「国民党」が教会の陰から抜けだして、この党独自の、サラリーマンに合ったプロフィールをもつようになったのである。一九七〇年代の有権者の社会構造は、同じようにこうした展開を証明している。社民党に今なお投票しているものが、労働者層では半分以上いるのに対して、公務員／サラリーマンではほぼ四〇%でしかなく、国民党の方には三五%の支持が寄せられている。[273]

そして女性層では？　彼女たちの投票割合は、三五%（一九三四年）から四五%（一九八一年）まで、一貫して増えている。[274] 女性たちは下層サラリーマン層という席次を占めているが、就いている地位はそれほど高くない。

こうして我われはオーストリアの社会構造の複雑な章も終わりにたどりついた。旧来の階級構造は解体した。新たな階層化が、古い階級構造を覆ってしまった。そしてサラリーマンは、そうした新しい層のもっともはっきりしたシンボルである。業績意識がつよく、個性的であり、グループ・アイデンティティーにあまり囚われていない。しかし近代化への道は大きな犠牲を払っている。[275] その犠牲とは、我われの世紀（二〇世紀）のもっとも鋭い社会診断学者の一人であるマックス・ウェーバーの言葉を借りれば、「個々人の未曾有の精神的孤独化」であって、そうした個人には神も助けにならない。[276] それでも安易な文化ペシミズムになるのは、適切ではない。年老いた労働者たちがきわめて正確に記憶しているのは、一九一四年以前の生活の方が今日よりよかったか、それとも悪かったかと問われれば、七〇％の者がはっきりと悪かった！と答えている。[277]

# 第五章　政治陣営

一九七〇年代まで陣営パラダイムには、大きな解説力があると認められてきた。この軍事的な用語は政治的な図式を細やかに照らしだしてくれたし、その図式は、市場の経済的なモデルや平和的な競争よりも、戦場や敵の像の描写にむしろ向いている。「陣営」とは、いくつかの政党を取りこむ政治的グループ、つまり保守的／キリスト教「社会」派、社会主義的／共産主義的な政党、自由党的／ドイツ民族派的な政党を包摂するものである。

オーストリアの諸政党は、世界観政党として急速に結成され、党員たちの利害の政治的な実現や、政権獲得を目標とすることより、つねにそれ以上のものを欲したのである。かれら政党は「全体である」のを自負する。つまりそれぞれに社会や人生のトータルな構想を重要視する。経済や、共通の目的・利害をもつ集団、文化、日常、の一切の分野を取りこもうとする——揺り籠から墓場までを組み入れようとしたのである。努められたのは、自分たちの仲間うちだけとの付き合いだけであり、子どもたちはなるべく、読むのも自派の新聞・雑誌、祝うのも自分たちの祭りであった。居酒屋ですら政治党派的に帰属するものであった。挨拶の言葉も陣営に応じて、「グリュース・ゴット（Grüß Gott!）」、「フロイントシャフト（Freundschaft!）」、「ハイル！（Heil!）」となっていた。陣営ごとにステロタイプの敵の像を案出する。攻撃的に彩りをつよめながら、「自陣営」と「他の陣営」とはなるべく明瞭に、なるべく相手のマイナス面を浮き立たせる。それからプロパガンダでは、「敵」が憤慨するようなことをいう。政治上の敵の私生活が無遠慮におおやけの場にひっぱりだされ、さらしものにされる。自分の陣営の方は、要塞のように設えられ、防御される。前陣にある組織やたくさんみられるイデオロギー的な防御の楯などを用いての守りである。こうした要塞的な性格が独特の恐怖症を生みだす。他の陣営に対する恐怖心が、すなわち深層の意識に宿る敵の典型的な像が、少しもリアルな基盤もないのに独り歩きをする。そうしたイメージが脅迫観念になっていく。

二〇世紀において、どの陣営にも全体主義的な誘惑が忍び寄った。一九一八／一九年、一九四五／四八年には左翼陣営向けの誘惑があった。社会民主党は第一共和国の当初、レーテ独裁〔農民や兵士の労兵評議会が独裁的に権力を握ろうとした動き〕の老兵に対して抵抗したし、第二共和制の初めには共産主義者との統一戦線の誘惑に対して抵抗した。他の二つの陣営はそうした抵抗をしなかった。キリスト教「社会」派陣営は一九三三／三四年、誘惑に負けて、傾向的にはキリスト教のマスクをつけた独裁制を樹立しようとこころみたし、ドイツ・ナショナル派陣営は、ドイツ本国の支援のもと、ナチズム独裁政体を樹立した。

この二つの独裁体制の誕生は、とりわけ政党政治の評判がきわめて悪かったことと関連していた。それにもかかわらずオーストリアの政党メンバーの数は、比較できる民主主義諸国よりもはるかに多かった。オーストリアでは組織率が二三％なのに、西ドイツでは五％でしかなかった。[1]オーストリア国民が西ドイツ国民より政治的により積極的で、民主主義的にも成熟しているなどという指標は何もない。理由は別なところに求めなければならない。一つにはひろくおよんでいた「イデオロギーを主柱とする（Versäulung）」陣営へのしっかりとした結びつき、他方では特徴的な情実人事の機能と政党の党員保証のことである。政党にはいるのは――少なくとも半分は――意識的に政治的プロセスに参加するためでなく、公職に就かせてもらう、住居や勤め口を手に入れるためであった。[2]こうした身内保証はすでにハプスブルク君主制時代の政治陣営形成に始まっている。そうはいっても当時はまだ、支配的なエリート、つまり宮廷に仕える廷臣、高級貴族層、高級官僚、教会などと張りあう関係にあった。共和国ではこうしたことの決定にあたっての重要な各層が一部存在しなくなって、政党がほとんど一手にいくつかの重要な生活のチャンスの分配を決めるようになっていた。

## 第一節　陣営の形成

わたしは出発点としてノルウェーの社会学者シュタイン・ロッカーンの基本モデルをとりあげることにする。かれは、四つの社会構造に深く沈澱している抗争の溝を一九世紀における政治的党派結成の端緒として捉えている。[3]

オーストリアに適用すると、もう一つの抗争分野が分割対象となる。工業と商工業間の競合である（「商工業（Gewerbe）」とは（大）工業の反対概念として、「手工業」、「中小企業」、「商業経営」を総括する概念）。陣営形成は、まず中央での抗争ラインの政治化をめぐって結晶し始め、他の抗争領域に広がっていく。

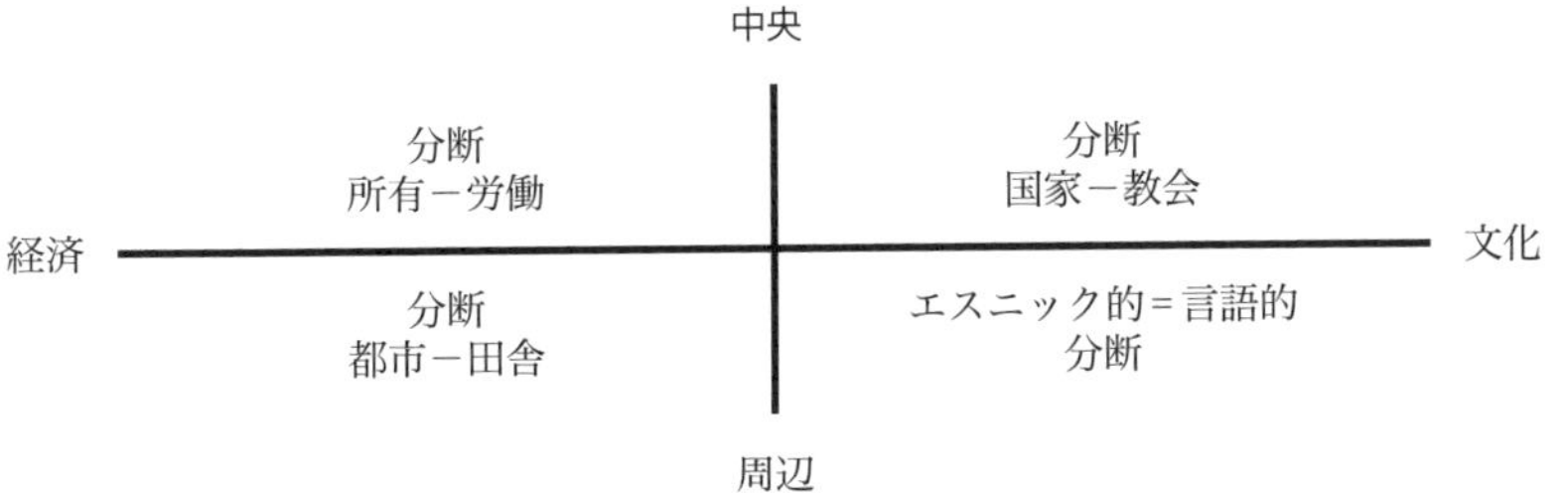

## キリスト教「社会」派

とくに錯綜しているのは、キリスト教「社会」党誕生の経緯である。[4] この党は、商工業と工業との抗争の場をめぐって形ができてくる——まだじつに緩い結びつきのものだったが。商工業の上述した位置転換の危機から出発することにしよう（第I部第四章第七節「商工業」参照）。そうした挑戦に対する答えは、しだいに反工業的・反資本主義的な方向に走るような政治化であった。

また同時に、第二の抗争戦線が活発化する。従来のものを補完する新たな「人種的反ユダヤ主義」〔ユダヤ人の信ずる宗教に反対するだけでなく、ユダヤ人という人種そのものが許せないとする主張〕のなかで民族的な分裂が生じたのである。[5] 一八八〇年代の初めの初期の段階では、キリスト教「社会」派とドイツ民族派の立場とは、まだつよく混交しあっていて、違いはほとんどなかった（統一キリスト教徒、反自由主義的市民クラブ）。一八八〇年代なかば以降、第三の抗争場裡が活発化し、反抗的で反司教主義的な下層の聖職者たちの指導のもとに新たな政治的カトリシズムがあらわれて初めて、ドイツ民族派陣営とキリスト教「社会」派陣営との決定的な分裂が生じることになった。[6] それでも両陣営に共通していたのは、社会改革的＝ポピュリズム的なアジテーション・スタイルであり、大衆動員的な、といってもニュアンスの違いのある人種的反ユダヤ主義であった。だが、教権主義と反教権主義との対決路線がもとになって、かれらはかなり急激に袂を分かつことになった〔教権主義とは、国家や公的な次元でひろく自分たちの影響力をつくりだそうとするカトリック教会の努力志向のこと〕。

一八九〇年代のなかば以降——とくにウィーンで——資産階層のますます多くが、とりわけよく組織された家主たちが、労働者階層の階級形成の圧力をうけて、キリスト教「社会」党に合流していった。これはその際に、また資産家たちと労働者たちとの分断の活性化も意味していた。もちろん新身分階層としての装いをもった形ではあった。職業身分の理論的構造は、カール・フォン・フォーゲルザング（一八一八—一八九〇）が先人として考えたように、少なくともイデオロギーからすれば、両者の抗争の潜在力を吸収できるものであった。じっさい一八九〇年代のなかば以降レーオポルト・クンシャク（一八七一―一九五三）率いるキリスト教「社会」派系の労働運動も陣営内に取りこむことができた。この労働運動は、階級形成のプロセスにまだほとんど捉えられておらず、さまざまな面で家政的な依存状態にあり、宗教的にカトリック教会に結びつきをもっていた男性労働者および（比較的多めに）女性労働者たちを糾合した。[7] まだぼんやりとしていたが、しかし傾向としては目に見える形で、一九世紀の末以降キリスト教「社会」党が、カトリック系的な国民政党の形を取り始めたのである。

この党のそれ以降の発展の特徴としては、地方と都市という抗争領域の政治化、別な言い方をすると、第一次産業と第二次産業との間の抗争の政治化であった。世紀の転換期頃までキリスト教「社会」派の影響圏は首都ウィーンとそれに隣接するニーダー・オーストリア州にかぎられていた。その後農民たちは、大農的／貴族的な、また官僚的／都市的で後見的取り扱い方を脱して、他方で下層の聖職者たちの指導のもと独自の共同組合運動・階級運動を展開し始め、カトリック系の農民同盟という形で自覚的な利害組織をつくり始めた。[8] 一九〇七年の（男子）普通一般選挙権の過程で、たいはんの州の力をつけた農民同盟は――ケルンテン州を除いて――キリスト教「社会」党に接近していった。同時にその時点で、長年くすぶっていた保守派（チロルを除いて）との厳しい抗争も本質的にやわらいで、保守派も取りこむことに成功した。[9]

第一次世界大戦前の数年間にキリスト教「社会」党は穏健なものとなり、国を担う政党へと発展し、「政府を守る隊列」となり――キリスト教「社会」党設立者の一人で、元大修道院長ヨーゼフ・シャイヒャー（一八四二―一九二四）が声高に言っていたように――「すでに将軍や高級官僚の域を越えて」いた。[10] 多民族国家という条件のもとで、こうした発展はその後、この党の「ドイツ的」、反スラブ的性格のかなりの強調や、玉座との異常な近さ、具体的には王位継承者との異常な近さの強調につながるものとなった。

一九一一年のウィーンにおける壊滅的な選挙敗北ののち、党内でカトリック回帰のプロセスが始まる。旧来のルーエガー支持者の党がもつ、いい加減で漠然としたキリスト教的下地が、闘争的でドグマ的な、教会と密着したカトリシズムに――まずウィーンで、それから全国各地で置き換えられていった。「オーストロ・マルクス主義」の若い知識層が敵となって、必然的にキリスト教「社会」党にカトリック的な学生世代の台頭を招くようになる。「国民連盟（Volksbund）」、つまり一九一〇年創立のカトリック的政治連盟は、より引き締まった組織、社会政策的にはリベラルな色調、親資本主義的なイデオロギーを提供していた。[11] しかしその背後では「民衆宗教（Volksreligion）」〔世界宗教とはちがって地域にかぎられた、民間的信心〕のなかに、陰鬱で不健康な敬虔さ、頑迷さ一杯、幸福の拒絶、罪に対する不安、自責と悔恨の情が鬱積していた。

話題になるのは、構造的な抗争、社会的プロセス、メンタリティーなどのことであった。しかしこの不均質な社会的スペクトル、この形のうえで一貫した組織化のない政党は、カリスマ的な指導的人物、カール・ルーエガー博士がいなかったとしたら、現実に存在した党のようにはならなかったろう。左翼でリベラル、民主的な分野出身のこの男は、統合の大人物になりあがった。ルーエガーが一九一〇年に亡くなると、ただちに党は重大な危機に陥ってしまう。ルーエガーは伝統と近代性の妥協のシンボルであった。かれは、居酒屋でテーブルを囲む仲間、庶民有権者連盟、地方の地区の有力者やその支持者、カトリック的な敬虔の儀式、といった非公式の社会構造にまで手を伸ばし、政治的スタイルを確立し、盛りだくさんの連盟レパートリーと地方的な経済利害とを巧みにあやつり、長く効果のあるものとしてデマゴーギッシュな反ユダヤ主義を使いながら、現代的な大衆アジテーションを採用する。ウィーン市長としてルーエガーは、現代的な自治体政治を実行し、独自の名声のためにはどんな小さなシンボリックなゼスチャーにも気を配った。旧来のパトロン情実人事システムを、大きなスタイルの新規の政党情実人事システムへと推し進める。少なくともキリスト教「社会」派の衣を身につけない者は、自治体の使用人や教師に採用されることはなかった。ルーエガーは、他の人には滅多になかったほど権力を満喫し、同じくその権力を容赦なく振りまわした。――それでも、単純なウィーンっ子でありつづけたという印象を残している。[12]

## ドイツ・ナショナル（民族）派

とくにひどいのは、ドイツ民族派の研究領域の干からびた状態である。もっともさしせまって欠けているのは、ドイツ民族派が自由主義的なスペクトルから離反した問題である。[13] そうした離反が時期と地域によってどんなに違いをみせているにせよ、決定的な違いの点を画しているのは、新たな反ユダヤ主義であった。反ユダヤ主義がつよまってくるほど、自由主義的な伝統がますます姿を消していった。それに対して歪んだ印象を与えているのは、一九四五年後にしばしばみられる傾向、つまりそれ自体分裂している幅ひろいドイツ民族派陣営をゲオルク・フォン・シェーネラー（一八四二－一九二一）とその支持者にまで立ち入ってみようとする傾向である。

出発点のモデルに立ちかえってみよう。帝国西側半分地域におけるスラブ民族の急速に進む国家形成、ドイツ・ライヒの確立、ホーエンヴァルト／シェッフル政府の連邦制的な改革プラン〔カール・ホーエンヴァルト（一八二四－一八九九／一八七一年首相）、アルベルト・シェッフル（一八三一－一九〇三／商務相）。チェコやポーランドとの統一を連邦制的な意味で行なおうとして挫折する〕などにより、民族的／言語的な抗争場裡の政治化が一段とつよまった。ドイツ自由主義の内部でドイツ民族派の煽動がやたらに増大し、旧来のリベラルな、合理的で人道主義的な信念が隅に追いやられていった。[14] 同時にオーストリア国家の愛国主義もめっきり弱体化する。一部では「ドイツ国民」をめざすドイツ語を話す人たちの部分的な国民形成のプロセスがみられ、一部では――ハプスブルク君主制という特殊条件のもとに――オーストリアにおけるドイツ人の特権的地位を保証しようということになった。というのも、ドグマとして確固不動のものは、「ドイツ」文化のいわば神意にかなった優越であったからだ。基本抗争は容易に描きだすことができる。自立傾向をつよめる非ドイツ系諸国民が、（もっともひろい意味での）エリート・ポジションへの門戸拡大を求めたのに対して、ドイツ系オーストリア人がそれを可能なかぎり阻もうとしたのである。

形成されつつあったドイツ民族派陣営はバラバラであったにせよ――あるリベラルな新聞が皮肉っているように、「ドイツ的な人、よりドイツ的な人、もっともドイツ的な人（Deutsche, Deutschere und Deutscheste）」[15]がいて――核心では二つの選択の道が目立っていた。一つは、ゲオルク・フォン・シェーネラーを中心とする比較的少数の過激派グループで、この集団は、程度の差こそあれ、はっきりとハプスブルク君主制の打倒に照準をあわせ、（ドイツの）ホーエンツォレルン帝国へのドイツ系オーストリアの併合を唱えていた。もう一つは、比較的穏健なグループで、オーストリアにしがみつきながら、「ドイツの資産」を死守しようとしていた。民族的な抗争の政治化でもって直ちに浮かび上がったのは、ユダヤ人はドイツ人かどうかという問題であった。旧来のリベラルな答えは、ヤー！（肯定）であり、新たなドイツ民族派の答えはナイン！（否）であった。こうして、反ユダヤ主義の錯綜したアジテーションの分野が、ありふれた俗っぽくてまたより精緻な質の分野のものが拓けた。同時にそうしてユダヤ人はドイツ民族派から排除されてしまった。

一八九七年のバデーニ危機[16]で頂点に達した、まさに病的に高じたドイツ・ナショナリズムにより、当初にはみられた社会改革的でデモクラシー的な潜在力が窒息させられてしまう。民族的な抗争とならんで、超民族的なカトリック教会相手の抗争が長年のテーマとして存在しつづけた。そこにさらに「自由」の諸テーマが――たとえば大学問題における――たえず現実問題として登場してくる。学生のラディカリズムがドイツ・ナショナリズムに大きな推進力をもたらし、知的な後継者になることを請けあい、国家の権威に対するたえざる挑発となった。

大学を拠点に、地方の当初リベラルな教養市民層がドイツ民族派的、反ユダヤ主義的、反中央主義的、反教権的になっていった。若い弁護士、医師、技術者、ジャーナリスト、教師たちがいろんな団体にはいりこみ、「ドイツ学校連盟」、「体操連盟」、「合唱連盟」など、次々と味方につけていった。かれらは、カトリック的な世界解釈の独占状態に対して、科学的な世界解釈の独占を対峙させる。村における社会的重要性をめぐる、司教たちと教師たちとの日常的ないざこざが持続的な競合状態をつよめていったのである。[17]

中央＝地方の緊張状態は、二様の結果をもたらした。ウィーンにおいては、優勢なキリスト教「社会」派がドイツ民族派を吸収する。それに反して地方では、ドイツ民族派的な変身をとげた教養市民層が、また一部では商工業の人たちが、カトリック的、キリスト教「社会」派的農民と対峙していた。[18]

女性詩人のパウラ・グロッガー（一八九二―一九八四）は、オーバー・オーストリア州の僻村で育った人であるが、自分の子ども時代について次のように伝えている。「……〝ラインの守り〟〔一八四〇年に作られた愛国歌〕がわたしを高揚した気分にさせてくれて、わたしは、この歌が禁じられていることを知っていながら、力のかぎり皆と一緒に歌った。また一方、何も知らずに、純粋な遊び心でヤグルマ草や樫の葉を摘みにいき花束にして〔樫の葉はナチス時代の勲章〕、体操のポスターにあるように、ドイツ人の学校連盟やジュートマルク〔ナチス時代のシュタイヤーマルク州とケルンテン州地域をいう〕のためにその花束を売ったものです」。[19]

ドイツ民族派陣営の議員クラブの、分裂、新設、名称替えなどの込み入った複雑な動きをなぞるのが、ここでのわたしの課題ではない。しかし二つの確認だけは欠かせないであろう。

1　バデーニ危機の騒然とした状況のなかで、比較的穏健なドイツ民族派の人びとが「ドイツ民族党」をつくってふたたび先頭にたち、自由主義的な要請があらためてよりいっそう強調された。一九一〇年のドイツ民族連盟（Deutscher Nationalverband）の結成運動にはふたたび進歩党も取りこまれた。

2　民族問題が政治をどれほどつよく支配していたにしても、長期的に他の抗争分野が鎮静化したわけではなかった。田舎／都市間＝抗争は、一九〇五年に反カトリック的な「ドイツ農業党」を生み、資本／労働間の抗争は一九〇四年、反マルクス主義的「ドイツ労働者党」の誕生となった。農業党の地域的中心は、ケルンテン州であり、（ドイツ）労働者党は北ボヘミアやアルプス諸州の地方都市に根を張った。[20]

ドイツ民族主義の政治的スペクトルは、ゲオルク・フォン・シェーネラーのような、わめき立てる人が占める政治領域より、本質的にはるかにひろいものだった。それにもかかわらず、ハプスブルク君主制末期の波瀾含みの雰囲気のなかでシェーネラーは、ある種の象徴的人物にのし上がった。かれほど、アドルフ・ヒトラーへの道を前もって整えた者はほかにいない。新興成り金として貴族に列せられた経済ブルジョアジーの出というシェーネラーの政治的な経歴は、若い急進的な左翼に始まって、急進的な右翼として終わっている。思春期から高齢にいたるまで、かれは生涯にわたって、自分の父が体現していたもの、つまりハプスブルク、資本主義、（ユダヤ的な）金融界などのすべてに反抗していた。さらにのちには、反抗の対象にカトリック教会もくわえる。崇拝の対象をシェーネラーは、フランツ・ヨーゼフ皇帝からビスマルク（一八一五―一八九八）に置き換える。実際的な政治にはまったく無能であったシェーネラーは、レトリックの象徴的な政治と、センセーショナルな行動を大げさに展開する。悪口雑言の才のある騒擾家として、シェーネラーは、中間階層のなかにちらつく瀰漫性の不安のすべてを引っかきまわした。非常に巧みにかれは、敵の像をもてあそぶ――その先頭にくるのはユダヤ人たちであった――そして高い大衆人気を博した。「ギャングスター、俗物と貴族」とのミックス（カール・ショースキー）、それに自慢し横暴に振る舞い、酒びたりという持ち前の才能が、モダニズムによって不安をかきたてられながら道を探している人たちに、訴えかけられるようになった。誰よりもシェーネラーこそ、オーストリア政治を堕落させ、その暴虐性を純粋なドイツ語と称するもので粉飾した人であった。虚栄心と権力欲がつよかったシェーネラーは――カール・ルーエガーとは違って――糾合したというより、むしろ分極化させたのである。[21]

## 社会民主主義者たち

近代的な政党タイプを代表するのが「社会民主主義労働者党」である。ドイツ民族派は――大衆アジテーションをさかんにやったにもかかわらず――「名望家政党(Honoratiorenpartei)」〔党のメンバーや指導者たちが主に地域の名士、資産/教養ブルジョア層出身の者たちから構成されている政党〕の性格を決して失うことはなかったし、キリスト教「社会」派はなるほど「有権者に頼る政党(Wählerpartei)」〔その力がとりわけ党に投票してくれる人の数にもとづく政党〕から大衆政党へと進んだのであったが、組織面ではばらばらな面があったのに対して、社会民主党は、二〇世紀の初め頃には典型的な「党員政党(Mitgliederpartei)」〔その力の本質的な部分が、党員の数に基礎を置く政党のこと〕としての地歩を固めていた。社会民主党についてだけおよその党員数が知られていて、それはオーストリア＝ハンガリー帝国の西側部分でおよそ一二万人であった。[22]

オーストリアの状況におけるパラドックス、それでいて典型的といえるのは――ほんらい法律で禁止されていたのに、社会民主党が官僚主義的で近代的な政党としての構造をもつようになったことである。世紀の転換期ののち警察の嫌がらせも下火になったことにより、暗黙のうちに、中央集権的な構造ができあがり、そうした構造が存在感のあるヒエラルキー的な階層分けをつくりあげた。有権者/党員/積極的活動家/党のエリートという階層分別である。党エリートのなかでは、専門職業化した政治家が支配権を握っていた。一八九七年の選挙の際にはすでに、(もっともひろい意味での)党の職員が帝国議会の議員候補者の半分を占めていた。[23]

社会民主党が資産(Besitz)/労働(Arbeit)という抗争ラインを設定したのは、とくべつ目新しいことではないが、しかし歴史的には大きな意義をもつものだった。労働組合と政党との緊密な連携が――一九〇九年になってようやくこの二つの組織は分離する――社会民主党に初めから明確な階級政党の特徴を与えた。企業家サイドでは、こうした結びつきは、はるかに不明瞭なものであった。なるほどリベラル派の人びとはその最盛期の時代にははっきり資産ブルジョア的な利害を代表していた——行政顧問政党とも呼ばれる——が、自由主義の没落後、企業家たちは控えめな姿勢になって、政治的にはあまり特徴のない、まとまった利害連盟に集まっていた。

社会民主党になってようやく、リベラル系の人たちが放棄したデモクラシーのプロジェクトがふたたびとりあげられる。この党の、一九〇七年までの政治的な歴史は、選挙権をめぐる戦いであった。当座、一八八八／八九年のハインフェルト〔ウィーンの西南西五〇キロ〕の党綱領で、議会主義はまだ近代の階級支配の形態であるとして、公然と非難されていた。しかし選挙権闘争を数多くやっていくうちに、政治的なデモクラシーはたんなる手段から目的へと引き上げられる——階級のない社会という最終目標のレトリックや信条を放棄することはなかったけれども。[24]

それ以降の抗争場裡においても社会民主党員たちは、自由主義者たちのあとを追っていた。オーストリアで政治をやろうとする者は誰でも、カトリック教会の政治勢力圏にぶちあたる。そしてこの教会は、民主的に振る舞う政治的カトリシズムのなかで神父を党員活動家にして、新しい形をつくりだしていた。社会民主党のジレンマは、長い間にわたって次のようなことであったし、そうでありつづけた。自分たちの反教権主義がつよまればつよまるほど、なお宗教的な結びつきの強い社会層、とりわけ地方の住民への浸透の道をますます閉ざしてしまうことにあった。ウィーンで社会民主党は急激に単独で強力なキリスト教「社会」党とわたりあうことができたのに対して、地方では反教権的なドイツ民族派とさまざまな連携のチャンスを展開していた。[25]

しかし社会民主党は、核心では都市型政党であった。この党を支えていたビジョンは、オーストリアの工業化と近代化に担われたものであり、煙を吐く煙突に満足を覚える人たちのビジョンを担えるものであった。もし、資本主義が西側のレベルに達していたとしたら、そのとき初めて近代的な階級闘争も始まっていたであろうが。インテリ層——たいていはユダヤ人たち——の流入が都市的な色合いをつよめ、「オーストロ・マルクス主義」という形で独特の理論ビジョンを生みだした。一九〇四年、限界効用理論のベーム＝バヴェルク（一八五一—一九一四）が大蔵大臣就任後に講義をもったとき、ウィーン大学はなんという幸せな瞬間であったろう。その講義を聞いていたのは、才能溢れるヨーゼフ・シュンペーター、明確に自由主義者のルートヴィヒ・フォン・ミーゼス（一八八一—一九七三）であり、オーストロ・マルクス主義者たち、つまりオットー・ノイラート（一八八二—一九四五）、エーミール・レーデラー、ルドルフ・ヒルファーデング、オットー・バウアーたちであり、こうした人たちが一緒に学び、研究し、議論を闘わせていたのであった。[26]

近代化の決定的なエージェントとしての社会民主党にとっては、ハプスブルク君主制の「封建的な」残滓を、大きな経済圏それ自体を壊すことなしに払拭するのが大事とならざるをえなかった。それを具体的にいうと、支配的な力をもつカルテル、つまり（ハンガリーの）小麦と（オーストリアの）繊維産業とを結びつけて、工業の中心的存在を強化することであった。大農と大工業との間の闘争、つまり関税問題では労働者政党は必然的に工業の側についた。

最後の抗争、国家そのものの基本抗争、民族的な抗争を、社会民主党は長い間軽視していた。自分たちのインターナショナル的な立場を誇って、この党は民族的な抗争を社会的には一段格下の抗争だと思っており、数年の間インターナショナルな社会民主党は唯一の全国党としての役割を担っていた。すでにハンス・モムゼン（一九三〇年生まれ）〔労働運動やナチズムの研究者〕はこう指摘していた。レトリック的なインターナショナリズムは、党のエリートたちのドイツ民族的な実際上の優勢さを隠すのにずい分苦労していた、[27]と。ヴィクトル・アードラーの戦術上の見事な手際、引き延ばしや締めだし回避など不動の戦術にもかかわらず、「小さなインターナショナル」は瓦解してしまった——まず労働組合において、それから党そのものにおいて。[28]社会民主党は、すでに第一次世界大戦前に萎んで、ドナウ帝国の維持を目標にした、ドイツ人オーストリアの党になってしまった。

ヴィクトル・アードラー、それは、オーストリアの政党政治のもう一つの偉大な主導的人物であった。かれもまたブルジョアの息子が脱走したようなものであり、立派な邸宅と領地をもつ成り上がりのユダヤ人相場師の息

表23　1907 / 11年選挙後の議会における政治陣営の議員数
（オーストリア＝ハンガリー帝国の西側部分）

| | 1907 | 1911 |
|---|---|---|
| 保守派／キリスト教「社会」派 | 96 | 73 |
| 社会民主党（ナショナル・クラブ） | 87 | 83 |
| 自由主義派／ドイツ民族主義派 | 82 | 104 |

カール・ウカカール『オーストリアにおけるデモクラシーと選挙権』(Karl *Ucakar*, Demokratie und Wahlrecht in Österreich) ウィーン、1985年刊、362頁以下より。

子であった。過激にアードラーは、自分のユダヤ人素性からの逃避をこころみ、ドイツ民族主義に飛びこみ、シェーネラーと一緒に一八八二年のリンツ綱領の作成にかかわる。挫折にみち、個人的な危機に彩られた男であった。かれは自分の相続した資産を社会民主主義のためにつぎこみ、その主義のためになんどか監獄にもはいっている。――そして労働者の卓越した指導者といえども、自分のモンテ・カルロでの賭博熱を抑えこむことができなかった。詩人のペーター・アルテンベルク（一八五九―一九一九）はアードラーのことを「ちょっぴり気になる男」と呼んだが、[29]当人の家族はかれに悩まされる。苦労しながらアードラーは、ハインフェルトで労働者党の統一をなし遂げる。――タバコの煙でもうもうとしたいくつかの小さな居酒屋における何週間にもわたる議論――、そしてかれはこの統一を粘りづよく、ぶれることなく推し進める。かれは、諸問題のあとを追っかけることを巧みに扱うすべを知り、教条主義的な理論を不信の目でみる、オーストリアの政治家であった。そして、プロレタリアートについて机上の論議をする多くのマルクス主義的インテリたちよりも、強靭な肉体の「プロレタリア」をはるかに身近に感じられるオーストリアの政治家でもあった。[30]その人柄と同じように、アードラーの政策もまたときおり懐疑的になったり、イローニッシュに、矛盾にみちたものになったりした。一九一四年時アードラーは、国際的にも一目置かれる「マルクス主義的な」大政党を率いていた。ところがこの政党は、戦争の勃発にあたってまったく惨めな機能不全に陥ってしまう。かれの新聞『労働者新聞』には次のように書かれてあった。「相手側にはお粗末な思惑、暴利取得者連合があって、それには倫理的な理念のかけらもない。こらち側には、少しばかり力づよく感動した人民がいる。もしドイツ人が公正な扱いを受けないなら、世界史の歩みはあともどりすることになるだろう！」。[31] 世界史はまたしても描いた筋書きどおりには進まなかった。それでも、四年後にはヴィクトル・アードラーはなお共和制の勝利を味わうことができたのであった。

男子の普通選挙法導入後、政治陣営の力関係はどのようになったであろうか？

一九〇七年キリスト教「社会」派は大きな勝利を収める。だが次の選挙では壊滅的な敗北を喫する、とりわけ首都ウィーンにおいて敗北する。鏡に映したように展開がその逆となったのが、分裂気味のドイツ民族派の場合であった。ドイツ民族派連合のゆるい連合集団は、第一次世界大戦前の最後の選挙でもっとも強力なグループとなった。民族的な抗争がほかのあらゆる抗争問題を覆ってしまっていた。もっとも頭に入れておかねばならないのは、ハプスブルク君主制の政治的システムにおいては、議会にあまり大きな意義がなかったことである。

## 第二節　密集と分散

一九一八年（のちの一九四五年と同じように）政治的な優位は、政党と各州に移っていた。政党と州が第一共和制、第二共和制を樹立したのである。階級形成につづいて、一九二〇年代／三〇年代初期の政治陣営は、その最盛期、そのもっとも強力な結集度を達成する。この時期にオーストリア社会は、政治的にもっともきわだった分節化をみせた。政治陣営は国家から暴力装置の独占を奪い、自衛集団をもつようになる。政治的な暴力が、多くの死者や負傷者を生みだしながら、街路や居酒屋を支配していた。[32] 社会の軍事化はしまいには、一九三四年に二重の内戦となっていくのだった〔二重の内戦とは、オーストロ・ファシズム対オーストリア社会民主党との闘い／オーストロ・ファシズム対オーストリア・ナチスとの闘い〕。

同時にもちろんのこと、政治的な動員も激しくなっていった。動員には女性たちも巻きこまれる（一九一九年には女性にも参政権）。熱のこもった政治化が家庭や日常へと浸透する。「（政治的な）集会に行くこと」は、大きな娯楽的意味合いをもった「スポーツ」であった。

特筆すべきは、抗争の潜在力があちこちに飛び火したことである。資産と労働との分断ラインが他のあらゆる分断を強引に飲みこんだ。そうした分断が支配的な抗争事例となる。一九一七年のロシアの一〇月革命以来、「赤い亡霊」が、「赤い洪水」が脅威となって、市民の財産が危険に晒されているように思われた。一九一九年、ザルツブルクのベックシュタインのある裕福な農民が管区の役員たち宛てにこう手紙を書いている。「最近バート・ガスタインの町〔ザルツブルク南方九〇キロ〕では、社会主義的、もっというなら、私的財産に対するボルシェビキ的またはコミュニスト的政党の攻撃が、不安を呼び起こすような形で増えている。……たとえば、バート・ガスタインの労働者評議会の議長率いる革命党は、最近開いた集会で個々の市民や農民の財産の正真正銘の分配を不当にも口にしていた」。[33] こうした脅威に対する答えは、持てる階層の人たちのより緊密な団結であった。一九二〇年以降オーストリアで権力を握っていたのは「市民ブロック」、正確にいうと、市民ブロックと農民ブロックであった。かれらを分けていた文化政策、とくに国家＝教会の分離は、後景に退いた。これに対して、政治的なカトリシズムと社会民主党は、そうした抗争ライン上で情動を危険な形でもてあそぶリスキーな振る舞いをしていた。信仰問題が政治的な問題へと姿を変え、そうすることで政治が情動的な使嗾《けしかけ》をつよくうけるようになったのである。[34] ヴァイマル共和国やスイスと違って、オーストリアには緩衝地帯としての、政治的に声をあげるだけの力をもつリベラリズムがもはや存在していなかった。[35] なお自由主義的な色合いを維持していたのはたんに直接政治を離れた位置にあるもの、つまり新聞、商工会議所、芸術などでしかなかった。

共和国においては民族的な分断も、マイノリティーの問題を除いては、ほとんど意味がなかった。ドイツ本国への合併要求も、さまざまな力を込めて主張されていたが、あちこちバラバラであった。それに対してむしろ厳しかったのは、都市と地方との分断であった。黒（キリスト教「社会」派）ないしヤグルマギクのように青い（ド

表24　第一共和国における議会選挙結果（有効票の%）

| | 1919 | 1920 | 1923 | 1927 | 1930 |
|---|---|---|---|---|---|
| キリスト教「社会」派 | 36 | 42 | 45 | 49[1] | 36 |
| 社会民主党 | 41 | 36 | 40 | 42 | 41 |
| ドイツ民族派 | 18 | 17 | 13 | 6[2] | 12 |
| その他 | 5 | 5 | 3 | 3 | 12[3] |

1　統一リスト（キリスト教「社会」派および大ドイツ主義派）
2　州連盟だけ
3　ここには「防郷団の郷土連合」の 6% も含む
＊ 100%からずれるのは、すべての数字に関して四捨五入しているから
エーリカ・ヴァインツィールル編『オーストリア 1918 − 1938。第一共和制の歴史』、その 2（Österreich 1918-1938. Geschichte der Ersten Republik. 2. Bd.[hg. von Erika *Weinzierl* u.a.]）グラーツ、1983 年刊、1092 頁以下より。

イツ民族派の）地方、それに対する赤い（社会民主党）ウィーンの対立であった。[36] 第一共和制において深く根を張っていた陣営は——一九三三年と四五年の間の深い断絶を越えて——第二共和制でも変わらぬ強靭さをもってふたたび立ちあらわれるのであった。

もっともしっかりした安定度を示しているのは社会民主党である。かれらの浮き沈みは、およそ六ポイントの幅である。それよりも変化が激しいのはキリスト教「社会」派で九ポイントの浮き沈みをみせていた。ドイツ民族派は、一九三〇年まで一貫して票を失っている。表24には、一九三一／三二年のナチ連中の増大は含まれていない。その他諸政党の凋落をみても、政党体制の安定度——一九三〇年までの——を示している。三〇年には、「防郷団の郷土連合（Heimatblock）」によってとりわけ市民的＝農民的陣営が一部かじり取られてはいたのだったが。一九三〇年時には、二つの大政党とも、一九一九年に占めていた数字と同じものになっている。もっとも——政治的フィールドは、大きく変わっている。一九一九年に動いたのは、ヨーロッパをとおしての左翼的、革命的な波であり、一九三〇年の場合、右翼過激派の波であった。

一九四五年時、二大政党は票を伸ばす。伝統的に存在した第三陣営がさしあたり凋落したからである。一九四九年になると、旧来の構造が復活する。しかしながら、オーストリア共産党（ＫＰÖ）を一九六〇年代まで左翼陣営にくわえると——それはパラダイム的には合っているが、政治的に

表25　第二共和制における国会選挙の結果（1945～1983年）（%）

| | 1945 | 1949 | 1953 | 1956 | 1959 | 1962 |
|---|---|---|---|---|---|---|
| 国民党 | 50 | 44 | 41 | 46 | 44 | 45 |
| 社民党 | 45 | 39 | 42 | 43 | 45 | 44 |
| 独立選挙党／自由党 | – | 12 | 11 | 7 | 8 | 7 |
| 共産党 | 5 | 5 | 5 | 4 | 3 | 3 |
| その他 | – | – | – | – | – | – |

| | 1966 | 1970 | 1971 | 1975 | 1979 | 1983 |
|---|---|---|---|---|---|---|
| 国民党 | 48 | 45 | 43 | 43 | 42 | 43 |
| 社民党 | 43 | 48 | 50 | 50 | 51 | 48 |
| 独立選挙党／自由党 | 5 | 6 | 6 | 5 | 6 | 5 |
| 共産党 | 0.5 | 1 | 1 | 1 | 1 | 1 |
| その他 | 3 | – | – | – | – | 3 |

＊ 100%からずれるのは、すべての数字に関して四捨五入しているから

ペーター・ゲルリッヒほか編『連立とライバル争いの間で。1945年以降のオーストリア諸政党』（Zwischen Koalition und Konkurrenz. Österreichs Parteien seit 1945 [hg. von Peter *Gerlich* u.a.]）ウィーン、1983年刊、143頁;『オーストリアの政治』（クルト・リヒャルト・ルターほか編）（Politics in Austria [hg. von Kurt Richard *Luther* u.a.]）ロンドン、1992年刊、207頁より。

は間違っている――この陣営は第一共和制よりもはっきり増えている。その後一九七〇年にはオーストリア社会党（SPÖ）はオーストリア共産党（KPÖ）抜きでも、絶対多数をつくりだす。第三陣営は、第一共和制よりはるかに弱体化しているが（とにかくこの陣営がナチ党の政治的中核層をなしていたことを考えると、さらに驚きはつよくなる）、しかしその後第一共和制と同じ道をたどる。第三陣営は一九八〇年代まで一貫して減りつづける。表25がはっきり示しているように、オーストリアの政党システムは、「たえずふらつく二党体制」となっている。しかしこの表ではもはや示されていないが、他の選挙分析から窺えるのは、一九六〇年代のなかばから浮動投票者〔選挙ごとに違った政党に投票する者〕の部分がかなり増えていること、別な言い方をすれば、伝統的な陣営構造が崩れて、一九八〇年代には、部分的に新たな政党体制の形成がみられるようになったことである。二党体制の傾向にストップがかかったのである。「緑の選択肢（Grünalternative）」〔環境問題や原発問題に対案を提示する人たち〕が新たなグループとなって議会に登場する。「ハイダー効果」が「FPÖ」（オーストリア自由党）の低落傾向に風穴をあける〔ヨルク・ハイダーは、三六歳の若さ

で自由党の議員団長になり、ポピュリズム的な政策で人気をえるようになる」。組織上もハンドル操作上も過度になりすぎていた政党体制がその限界に突きあたる。固定支持層の部分が減って、プロテスト的な有権者層が増える。旧来の抗争ラインがぼやけてきて、新たな緊張関係が登場する。たとえば、エコロジー（環境重視）対エコノミー（景気重視）という緊張、女性対男性という性別の緊張である。[37]

二〇世紀においてオーストリア社会の構造がどんなに変わろうとも、また政治が違った理想像を追いかけようとも、有権者の社会的基盤の基本的な図柄は一九七〇年代まで、執拗につづいていた。SPÖ（社民党）はあいかわらず労働者層の五〇％以上、サラリーマンや公務員の四〇％から支持をえており、自営業者になると六％〜八％しか票がえられていなかった。それに対してÖVP（オーストリア国民党）〔キリスト教「社会」党の後継党〕はなお自営業の党でありつづける（ほぼ四〇％）、サラリーマンや公務員ではいくぶん弱かった（ほぼ三四％）。それでも労働者のもとではっきりと支持を持ち直している（二一％）。[38]職業と宗教、別な言い方をすると、利害構造と世界観が何十年にもわたって政治的な陣営形成に影響を与えていたのである。

## キリスト教「社会」党／国民党

第一共和国の建設の局面で主役を務めていたのは、諸州のキリスト教「社会」派の人たちだった（ヨーハン・ネポムク・ハウザー（一八六六―一九二七）、ヨードク・フィンク（一八五三―一九二九）たちなど）。かれらは田舎の住民の気分にもっとも敏感に反応する。気分を色濃く支配していたのは、戦争疲れであり、経済の中心地ウィーンに対する憎悪、反ユダヤ主義、反君主制主義であった。かれらは最後の瞬間になって――ウィーンのキリスト教「社会」派の意向に逆らって――デモクラシーと共和制に賛成すると決断する。[39]そうはいっても心理上かなりの留保を残したままの賛成であった。キリスト教「社会」派は「変節者の政党」という評判をたてられる。かれらの「より大きな災いを阻止する」、つまり社会主義を阻止するという戦術は、かれらを民主主義者や共和主義者に変身させるという試練に晒したが、個々の州ではデモクラシー理解が（ウィーンのキリスト教「社会」派よりも）かなりつよく根をはっていたのである。

党の全国指導部は、議員団にくらべても州にくらべても弱体のままであり、つねに個々の部分の離脱の脅威に晒されていた。それに応じて、党首の地位も弱かった。第一共和国の一六年の間に六人の党首を次々と替えている。（ルーエガーの死後党首となった）君主制主義者のプリンツ・アーロイス・リヒテンシュタイン（一八四六―一九二〇）が一九一八年コンセンサス形成に努める政治家ヨーハン・ネポムク・ハウザーに代わり、そのあと短期間福祉政策家のレーオポルト・クンシャクとなる。もっとも長かったのは、一九二一年から三〇年にかけて党首の地位にあった、政治的カトリシズムの際立った人物で、高位聖職者のイグナーツ・ザイペル（一八七六―一九三二）であった。かれのあとを継いだのが、権威主義的なカール・ヴォゴワン（一八七三―一九四九）で、かれは好んで軍服を着て登場するのだった。そして党の清算人（最後の党首）は、エメリッヒ・チェルマック（一八八五―一九六五）である。[40]

党の統合上や世界観上の性格は、君主制時代よりもよりはっきりとあらわれる。旧来のクライアント（相手とした階層）――商工業、農民、それに弱体であるが力を増しつつあるキリスト教系労働組合――を糾合するのが大事であった。目新しかったのは、工業資本や金融資本が、かつてのエリート層の脱落のあと、政治的により強力にキリスト教「社会」党を支援せねばならなかったことである。一九二三年以降工業界は、クラブ（特定の利害団体）に三名の議員、キリスト教「社会」派には七名の議員を出して財政支援をしていた。それに対して大ドイツ主義派には、三名分しか支援対象にしていなかった。一時（一九二九年の五月から九月まで）キリスト教「社会」派系の工業界代表エルンスト・フォン・シュトリールヴィッツ（一八七四―一九五二）が連邦首相として政府を率いたこともある。[41] 都市型の反ユダヤ主義者にもかかわらず、イグナーツ・ザイペルは、体の不自由な謎に包まれたユダヤ人法律家ゴットフリート・クーンヴァルトという輝ける才能の持ち主を、経済の（通貨政策や緊縮財政策の）

アドバイザーとして活用していた（この人物は一九三八年三月一四日——ヒトラーによるオーストリア併合後——自殺している）。[42] この党の金融資本との接近は、キリスト教「社会」党の政治家たちを、第一共和国においてときおり生じた数多くの銀行スキャンダルにしばしば巻きこむことになった。[43] 政党体制誕生の推進となったほとんどすべての抗争分野が、今ではキリスト教「社会」党そのものの内部でみられるようになっていた。そうした事態はたぶん、党の弱々しく不安定な状態の説明になるだろう。結局のところこの党をまとめる力となっていたのは、カトリック教会であり、私有財産の保護、社会民主党の際立った反教権主義であった。[44]

つまり、教会の保護者としての皇帝がいなくなって以降、教会はキリスト教「社会」党を政治的な保護権力として利用したのである。[45] スローガンは「教会の自由」を謳っていたが、その実は教会の特権維持であった。実際も、教会政治的な状況は、君主制時代から共和国へと移るのに決定的な変化もなかったが、それでも結婚と学校の問題は、激しい議論を引き起こした。[46] 物議をかもした基本権の規定は、憲法をめぐる妥協から外され、この問題は現在にいたるまで解決をみていない。第一共和国においてキリスト教「社会」党の統合をひろく保証していたのは、教会であった。いろいろな形で党組織の形成にあたったのも、教会系の団体であり、キリスト教「社会」党のエリートの重要な部分を出していたのも（カトリックの）聖職者階級であった（そのなかに二人の党首、ハウザーとザイペルがいる）。——時代が経つにつれてようやく、「カトリック系学生連盟（Cartellverband）」（CV）のなかでカトリック系の一般信徒の知識層が台頭してきて、かれらがこの党の有力な存在となり始める。また、カトリック大衆、とりわけ女性たちを党のために動員したのも、教会であった。そして事実上党の機関紙の役割をはたしたのもカトリックの新聞（『帝国新報（Reichspost）』）であった。ドルフース政府の権威主義路線を力のかぎりともに担ったのも教会であったし、一九三三年、まだ議会主義的とみられていたキリスト教「社会」党（オーバー・オーストリア州）を解党するのに決定的な支援の一翼を担ったのも教会にほかならない。あるクラブのなかでフランツ・シュパロホスキーが苦々しく嘆いていた。「……やるべきことをやったものは、去らねばならないのだ」、[47]と。またオットー・エンダー（一八七五―一九六〇）は公然と「司教たちがキリスト教「社会」党を抹殺した」、[48]と口にした。

カール・ルーエガーの死後初めてこの党は、並以上の質の指導者をもつことができた。イグナーツ・ザイペルである。[49]かれもウィーンのプチ・ブルジョアジーの出であった。母なしで育ったが、カトリック教会が大きな出世の道を拓いてくれて、ザイペルは死ぬまで教会の男でありつづけた。禁欲的で頑固、時代を超越した、人間味の薄いモラル原理に囚われながら、個人的にはつつましいが、それでも燃えるような名誉欲に駆られていた。途方もない行動力に酔いしれながら、病弱な肉体をぎりぎりまで酷使していた。デマゴギー的なところは少しもなかったが――かれの演説は、そっけない印象のもので、ペダンチックな学者のレトリックのものだった――ザイペルは、権力の秘密めいた、曖昧模糊としたオーラを好みにしていた。理論家としては、敵役のオットー・バウアーにはかなり劣っていたが、政治家としてはバウアーよりはるかに上をいっていた。ザイペルはほぼ二〇〇〇年にもなるカトリックの奸策を活用する。かれが愛したのは、自然のままの人びとでなく、抽象的に公的な存在（国家）であった。かれの周囲には冷気が漂っていた。キリスト教「社会」党はかれを恐れ、カール・ルーエガーの場合に感じられたような一体感を、党はザイペルには感じられなかった。

この党の構造に関して我われはあまりわかっていない。研究不足のためだけでなく、典型的な「有権者に頼る政党（Wählerpartei）」として、カトリック教会の連盟構造を共通に利用できる古風な組織構造のせいでもある。それでものちの「ÖVP」（国民党）の同盟的構造は、すでにキリスト教「社会」派に色濃く反映されていた――強力な農民同盟、組合員を増やしているキリスト教系労働運動、メンバーは多いが政治的には弱体のカトリック系女性運動、ぼんやりした形ではあるが組織化された商工業などの党への結びつきがあった。キリスト教「社会」党の有権者基盤の分析はまだ行なわれていない。はっきりしているのはただ、女性たちがこの党に好んで投票したことである。党員数のような基本的データも同じように存在していない。比較的研究されているのは、たんに党のエリートだけである。キリスト教「社会」派の国会議員の社会的プロフィールは、共和国の初期の時点では、社会民主党議員の場合より、いくぶん年齢が高めであった。キリスト教「社会」党の議員団は、君主制時代の帝国議会と色合いの点での持続性をかなり示していた。一九一九／二〇年時、キリスト教「社会」派議員たちの民主主義的＝議会主義的経験は、社会民主党議員たちのそれより大きかった。この点はたぶん、キリスト教「社会」党が、民主主義的＝議会主義的な局面に方針転換する気構えでいたことを物語っていることであったろう。こうした姿勢が、一九三〇／三四年の議会主義の終わりの局面の頃にははっきり変わってしまう。キリスト教「社会」党の議員たちはその頃にははるかに若がえっており、社会民主党の議員はかなり年配になった人たちであった。キリスト教「社会」党議員団の急激な若がえりは、議会主義的経験のあまりない、反民主主義的危機管理の傾向をはっきりみせるような「戦時生まれの世代」(みずからは戦争体験のない世代)を政治的責任のある立場にたたせることになった。ウィーン生まれの人たちが、社会民主党でもキリスト教「社会」党の場合と同じく二倍近くになっていた。この状態は、商工業や農民の党(キリスト教「社会」党)の「連邦主義的な」設立趣旨にとって一つの警報であった。職業の熟練度でみると、キリスト教「社会」党のエリートたちは予期どおり、自営業者の党となっていて(五三％)、公的な分野の代表者(公務員代表)の部分も高かったし(三六％)、賃金で暮らす人たち(労働者)は僅かであった。[50]

党幹部と党基盤層との関係をみると、次のような(当面の)仮説をいうことができるだろう。つまり、共和国初期の革命的な局面では党基盤層(党員、支持有権者たち)は、政治制度の民主化や連邦主義化をよりつよく求めていた。それに対して党の幹部層は、ためらいがちに、不安げに、ときには君主制にしがみつきながらくっついてきていた。民主主義の終末の局面、一九三〇年代の初めになると、党基盤層は、経済的・政治的な危機に直面して——幹部層の罪もなくはなかったが——デモクラシーとその諸政党の問題解決に対する信頼を失ってしまう。かれらはしだいにつよく権威主義的な図式を求めるようになる。そうした圧力に、キリスト教「社会」党の幹部たちは、革命的な局面のときとは違ってためらうことなく、むしろまったく逆の反応をみせた。イグナーツ・ザイペル周囲の、一部の幹部たちは、完全に意識的にデモクラシー批判を煽り、見境のない反社会主義の立場にたって、権威主義的、反議会主義的、たいはんが身分制的モデルを強硬に推し進めたのであった。

オーストリアにおけるデモクラシーの危機は、決定的にキリスト教「社会」党の危機であった。この党は、とりわけウィーンで、有権者離れを引き起し、地方では「防郷団」に圧され気味であった。一九三二年には公然とあるナチ系の州議会議員が、「キリスト教「社会」党員のためにはすでに霊柩車が用意されている」、[51]とあざ笑っていた。致命的な一突きは、中央の党執行部そのものから発せられた。末期は惨めなもので、[52]党は自壊したのである。ぶつぶつ不平をいう活動家が少なからずいたが、幹部も党員たちも「祖国戦線」〔一九三三年五月に結成された権威主義的な、オーストリア祖国戦線〕へとはいっていった。かれらは、「身分制国家」を建設しようとした。そしてそうした試みが最終的に頓挫したとき、かれらは当座ナチスからもっとも厳しく弾圧されるのであった。

党は一九三四年に死んだ、しかし陣営は生き延びる。その中核となる階層はナチズム時代も生き延びられたのである。「ÖVP」（オーストリア国民党）の設立を非合法下に置くのは（ヒトラー併合時代の非合法組織が戦後集まってつくったとする）確かに神話（造り話）であるが、それでも一九四五年時に急激に組織構造に姿を替えた細胞の核は形成されていた。[53]オーストリア国民党は、権威主義時代の負い目を逃れようとして、新党としてみられることを欲した。しかし総じて、戦前からの持続性が、世界観的にも人物の点でも組織上でも、勝っていたといえるだろう。[54]家庭的な伝統、友人・知人関係がフォーマルな次元のもとで、つよい結びつきを確保することができた。そうはいっても、注目すべき違いもみられた。国民党の民主主義的な基本理念にはなんの疑念ももたれることはない。党の組織と教会連盟とは、よりはっきりと分けられた。オーストリアに対する熱のこもった心情吐露は、まさに鼻につくような性格を帯びている。それに反して旧来のリベラリズムの拒否は弱まった。リベラル＝ナショナル的な州連盟の残滓の糾合が、政治的にひろい統一農民層をつくりだした——「オーストリア農民同盟」であり、同盟は敗戦直後の飢餓の時代、「国民党」を支配し、レーオポルト・フィーグル（一九〇二—一九六五）を党首、さらに連邦首相にした。そしてまたこうした持続性も、諸同盟がそのつど党指導部より力があるという印象をあとあとまで残した。一九一八年時のキリスト教「社会」派のように、国民党（ÖVP）も一九四五年から四七／四八年までの短い期間ではあるが「左に」振れた。「我われはこの時代の革命的な体験により、新たな組織を通じて成長したのである」。[55] 一九四七年、国民党最初の全国大会でこう言ったのは、ほかならぬ党首のレーオポルト・フィーグルであった。強制収容所の囚人であったフィーグルは、民主主義的な学習過程を個人的に（身をもって）信頼をえられるよう表現できたのである。反資本主義的なレトリックのためには、カトリック的な社会学習の武器庫のなかに火薬をみいだすことができたし、こうした遺産を保持していた「オーストリア労働者＝サラリーマン同盟」（ÖAAB）が、その遺産をじゅうぶん活用したのである。とにかくÖVPのそうした「左翼的」時代は、国有化の法律に賛成することも可能にしたのである。

一九五〇年代になると——それはたぶんマーシャル・プランとの関連とみることができるだろう——国民党の内部で経済的にリベラル、政治的には保守的な思考が、ラープ＝カーミッツ路線に象徴されるように、優勢になる。ラインハルト・カーミッツ（一九〇七—一九九三）〔オーストリアの経済奇跡の立役者〕は、テクノクラート的な志向のナチス部局から連邦経済会議所を経て大蔵省に転じる。経済成長の展開とともに、経済連盟の政治的重みも増すことになり、カーミッツとともに産業界の影響も増した。ユーリウス・ラープ（一八九一—一九六四）は、フィーグルに代わって、当初は党首となり、それから連邦首相になる。フィーグルのコーポラティブ的なスタイル〔産業界／労働組合／政府、三者協議・協調のもとにことを進めること〕は、ラープの権威主義的なスタイルに取って代わられる。有名な逸話として次のようなものがある。一九五〇年代のなかば、全国党指導部の会合を終わるにあたって押し黙っていた首相（ラープ）がユーモアたっぷりにこう言った、という。「わたしがみるに、みんなはすべて反対、わたしは賛成。したがって提案は全員一致でとおったことになります」。[56] ラープがフィーグルに取って代わったことは、ÖVPにおいて伝統的となる指導者交替の図式をつくりだしたものであった。国民党党首の交替は、自分の意向で退陣したヨーゼフ・クラウスのような例外を除いて、おおやけの政治的またはイデオロギー的な対決によるのではなく、ちょっとした個人的諍いや陰謀的画策によるものであった。その帰結はしばしば人間的悲哀と思われるものだった。

リベラリズムの面での（たいていは経済的な）開かれた姿勢は、「大卒者同盟」の設立によって組織的に保証されることになった。しかしほんらいの幹部のリクルートはひきつづき、「CV」（カトリック系学生連盟）において、またそれよりいくぶん弱い形ではカトリック系諸連盟をとおして行なわれた。この点は、ÖVP（国民党）をつらぬく緊張ラインの一つであった。ナチズム官僚機構の解体によって、多くのトップ・ポジションを新たに埋める必要があったし、社会民主党には大卒の教育をうけた専門家が不足していたので、「カトリック系学生連盟」が、国民党内や官僚機構において急速に影響力をつよめていった。もっとも、ヘルマン・ヴィットハルム（一九一二―二〇〇二）のように、庇護にあたる組織を「支援対象の組織」と思う人もいた。ヴィットハルムがレーオポルト・フィーグルについて書いている。「いつなんどきCVや連盟のメンバーがやってきても、その人はいついかなる場合でもフィーグルの支援を当てにできたものです」。[57] 国民党は、それぞれの場面で統率能力を発揮しなければならなかった――資本と労働の間、都市部と地方との間、教会と世俗化をつよめる社会との間、官僚機構と「州や団体への帰属を基本とするのでなく、オーストリアという国に所属する、つまり国民であることをまず基本とする社会（Staatsbürgerschaft）」との間、伝統主義と現代性との間の統合能力の発揮である。「長い五〇年代」において党内において利害の調整がこころみられ、国の政策すら一種の「高い次元における家庭政策」（ルートヴィヒ・ライヒホルト）として遂行され、ワイングラスと高級葉巻の政策をもって行なわれる。悠然と葉巻をくゆらす家父長的な人物ラープが――この人物に対して党は、「ヘビに睨まれたウサギ」のように目をやっていた[58]――すべてを牛耳っていた。一九六〇年代になると、こんなことはもはや不可能になる。社会はサラリーマン（被雇用者）社会の方向に進んでしまって、自営業者の部分が減少し、カトリシズムのミリューが解体する。党の機構は専門職分化せざるをえなかった。政治的な宣伝のスタイルは、自己流の装いを失った。マネージメント、広報活動、事柄にそったやり方、科学性により、村の視点や本能や経験から政治を解放することになった。「改革者たち」がやってくる。全国事務局長としてヘルマン・ヴィットハルムがアルフレート・マレータ（一九〇六―一九九〇）の後継者になり、アルフォンス・ゴルバッハ（一八九八―一九七二）が党首を務めその地位をかなり不名誉な形で奪われた幕間劇のあと[59]、ヨーゼフ・クラウス（一九一〇―二〇〇一）が事実に明るい輝ける改革者として登場する――最初は全国党首、そのあと連邦首相として。[60]社会民主党（SPÖ）との連立（一九六四〜六六年の間）はとっくに破綻していた。今なお旧来の世界観の衣を着ているようにみえた社会民主党に対して、国民党（ÖVP）はモダンで開かれた、未来志向の政党としての姿をみせた。右と左の間に位置をとりながら、国民党の選挙綱領は、社会民主党より左ですらあった。[61]国民党は一九六六年に思いがけなく単独政権を勝ち取る。陣営の結びつきは、融通性のあるものになり始めていたのだった。

ヨーゼフ・クラウスの性格づけとなると、当人ほど適切にやれるものはほかにいない〔かれ自身『オーストリアにおける力と無力。もろもろの対決と試み』ウィーン一九七一年刊という回想録を書いている〕。[62]――ここにはたぶん、懺悔経験の豊富なカトリック教徒の良心の検証が滲みでているのかもしれない。クラウスは回想録のなかで厳しく自己批判してこう書いている。名だたる早起き人の些事にこだわる癖、学校教師じみた説教癖、すぐ苛立って、急行列車と各駅停車の普通列車を一つにしたいという性癖、イロニーに乏しく、賭博師的な情熱、それにくわえて御しがたい栄誉心、その気持ちは傷つきやすく、たちまち侮辱されたという気分に転化するのだ、と。クラウスは、いまなお多くの伝統的な考えを引きずっているÖVP（国民党）内において、たちまち孤立してしまった。それでもかれの政府はオーストリアを改革路線に乗せてしまう。クラウス（国民党）とクライスキー（社民党）は、二人のまったく違った政治家であったけれども、歴史的にみると、クラウス―クライスキー時代は一体となっていて、先行する「長い五〇年代」の局面とは違って浮きだっている。視覚的にみただけでも、スポーツマン的で、日焼けしたクラウスは、ユーリウス・ラープのような丸顔の大学ＯＢタイプやゴルバッハのごとき傷痍軍人的人物とも違っていた。テレビの時代になると、視覚的な印象がますます重要性を増していくのだった。

それからまたクラウス政府が代表していたのは、東部オーストリアの強力なÖＶＰブロックにくらべて、南部／西部オーストリア地域の経済的意識的な立ち遅れを取りもどすプロセスであった。さらに各州のエゴイズムを抑えこみ、全国党の重みを強化する試みであった。[63] クラウスのあと、一九七〇年ÖＶＰが野党に転落すると、人事の回転木馬はますます速度を増して回り始める。ヘルマン・ヴィットハルム、カール・シュラインツァー（一九二四―一九七五）、ヨーゼフ・タウス（一九三三年生まれ）、そのあと、手堅く忍耐の人アーロイス・モック（一九三四年生まれ）の長い党首時代となる（一〇年間）。一九四五年から八三年の間に国民党は党首を九人要したが、それに反して社民党は四人だけであった。

ÖＶＰが現代的になっていたなら有能な党員の数も抱えられたといってよいかもしれない。しかし政治学者が懸念することには、そうした党員が欠けている。同時に二つの党のメンバーであったり、家族名で党員になったりしていることが混乱を招いている。そうした混乱を解きほぐそうとすると、次のような結果がえられる。[64] 一九四七年時で国民党は、六四万人の党員で出発している（エリートの党だと自認していたナチ党員も、ほぼ同じくらいの数の「党員（Parteigenosse）」〔とくにナチ党員に使われたもの。ヒトラーが演説の際呼びかけによく使った言葉〕を有していた）。単独政権の時代〔一九六六年四月一九日～七〇年四月二一日の間〕には党員数が頂点に達して、およそ八二万人となり、野党時代には予想どおり七七万人の党員数に落ちて、一九八〇年代になると、数はやや持ち直すのであった。なるほど、オーストリアの西部／南部地方が党内的にときには影響力をつよめる。しかし結局のところニーダー・オーストリア地域部分が党員の三七％から四〇％を占めていて、国民党の中央本部において強力にして不動の地位を保っていた。農民ブロックも同じようであった。農業部門は縮んでいったが、「オーストリア農民同盟」は、メンバーがもっとも多くÖＶＰの砦でありつづけた。

こうしてÖVPの典型的な党員の姿は、およそ次のようになる。大都市よりも田舎で暮らしていて、むしろ自営業的か、あるいは公務員であり、むしろ定期的にミサに通い、どちらかというと民俗衣装、あるいはディアンドル〔ドイツのバイエルン／オーストリアの女性用民族衣装〕を着用している。

## 社会民主党員／革命的社会主義者／SPÖ

革命というものをほんとうにいくらか理解していた人、レオ・トロツキー（一八七九―一九四〇）のような人は、オーストロ・マルクス主義の党エリートをきつい調子でこう皮肉っている。「さまざまな分野に関してわたしなどより多くの知識をもつ非常に教養のある人たちである。……ところがわたしが気づいたことには、すぐさま驚いてしまうのである。この人たちは、革命的な人ではないのである。かれらの声のヴァイブレーションのなかにときおり小市民的凡俗さを聴くかのような思いにすら、わたしはなるのである」。[65] トロツキーが「左側から」示唆していたことを、ノルベルト・レーザー（一九三三―二〇一四）が「右側から」述べている。過激な理論や、過激なフレーズの氾濫と、そして日常のなかでのプラグマティックな改良政策との間に隔たりがあって、それは「狼の毛皮を着た羊」というってよく、別な側からすぐに見抜かれてしまう姿であり、そのあとその狼の毛皮を脱がされて、一九三四年に屠殺台へと引っ張って行かれたものであった。[66]

すでに第一共和制において革命と改革の関係の問題は、多くの声、多くの側から弁証法的に論じられてきた。社会民主党内における理論の消費量はつねに膨大なものであったし、そして歴史的な研究もそうした小道に誘導されてしまうのである。過去のイデオロギー的な闘いが、机上の戦略でもってもう一度闘われたが、しかし社会民主党陣営の構造についての精密な研究となると、むしろ避けられてきたのである。

確認しておくに値するのは、過激な言葉が特定の機能をはたしてきたこと、党の統一を確保する役割をはたしてきたことである。というのも、ハインフェルト大会（一八八八／八九年）での統一以来、「社会民主主義労働者党（Sozialdemokratische Arbeiterpartei）」（ＳＤＡＰ）は、ちりぢりの派閥に瓦解するという脅威の「根源的トラウマ」に悩まされてきたからである。実際に党は一九一八年に分裂を避け、多様な左翼の統合に成功する。それに対してオーストリア共産党（ＫＰÖ）の方は周辺的存在の分派グループに留まっていた。こうした点がオーストリア社会民主党にヨーロッパの社会主義のなかで独特の地位をもたらした。ボルシェヴィズムと妥協的な改良主義との間の「第三の」道を行き、過激な改革政党として、資本主義社会において社会主義の実験を敢行する（「赤いウィーン」）という位置が与えられたのである。

ザルツブルクのある小さなシーンが、シンボリックな政治戦略と過激な言葉の緩衝機能とを具体的によくあらわしているといえるだろう。いたるところで革命的な興奮状態がみられた一九一九年の夏、労働者たちはブルジョア的＝ドイツ・ナショナル的な『ザルツブルク民衆新報』の意地の悪い寸評に怒って編集部に押しかけ、公式の謝罪と慰謝料を求める。かれらについていった労働者のリーダーがこう宣言する。「わしが君たちから強請《ゆすり》取ろうとするのは、『ザルツブルク民衆新報』でのそうした声明と一万クローネである。わしがそんなことをするのは、いっそう大きな災いを阻むためである」[67]。そうしてくれない場合には、労働者たちは、編集局を荒らし、印刷機器を壊す気でいたであろう。ちなみに慰謝料はのちに返却されている。肝心な点はこうである。社会民主党の指導部は、不穏な基盤層に対して、革命的なエネルギーをうまくコントロールし、方向替えをしてやるためにじゅうぶん柔軟でなければならなかった。たいていの場合、それは次のようなやり方で行なわれた。過激な言葉や象徴的な威嚇の身振りを精一杯かれらにやらしておいて、しかし具体的な行動はさせないのである。こうした手法は、共和国の初期にはきわめて効果をあげて、不安におののくブルジョアジーから重要な改革をもぎ取ることができた。しかし長い目でみると、党指導部そのものが、過激な言葉の囚われ人になっていた。社会民主党の議論は、希望とその現実化との溝を埋めようと、かなり骨を折らねばならなかった。巧妙に論理をあやつるこうした綱渡りの、誰もが認める名手は、オットー・バウアーであった。過激な言葉は、党の内部では統合のはたらきの効果をあげていたのに対して、ブルジョアや農民層のもとでは「大いなる不安」をかき立てる。ややもすればオーストリア社会民主党は、そのデマゴーギッシュな意図の点では、ボルシェヴィズムと同一視されてしまう。しかも、そうみられる背後には、かなり根の深い不安があった。小農民や自営業者のおのれの財産をめぐる不安、公務員たちの自分の市民的な生活スタイルをめぐる不安、旧来の敬虔な女性たちの宗教をめぐる不安などである。カール・レナーははっきりこう批判していた。「声高な階級闘争スローガンがつよくするのは我われの方ではなくて、敵を団結させて強化するのである」[68]、と。一九三二年から三四年頃になると、そうした過激な言葉遣いは、党のエリートたちがあいかわらず脅しに使っても、空虚に響くだけであって、実際は壁に押しつけられて次々と地位を放棄せざるをえなかったのである。

誰もが認めるのは、一九一八／一九年時オーストリアにおいて社会民主党は議会主義的デモクラシーの保障役を務め、レーテ独裁体制に陥るのを阻んだことである。その際オーストリア社民党は共和制をかれらなりの共和制と誤解していたのも不思議ではない。実際の政治面でこの党は、デモクラシーの地盤を、夢みる社会主義のために相応しい闘争の場とみなして、決してそこから離れることはなかった。もっとも憧れはそれ以上の捉え方をしていた。そして党のイデオローグたちは、その種の憧れで危険な言葉遊びをしていたのである。たとえばマックス・アードラー（一八七三―一九三七）などは、こう言っていた。ブルジョア的（！）デモクラシーは悲劇的で大きな世界幻想として、自己欺瞞である本性をあらわにした。デモクラシーの実現は――それを越えて社会主義的な共和国にいたる決定的な一歩である、と。「それだからプロレタリアートは国家権力を自分のものにし、この権力をブルジョアジーに対して独裁的に行使する場合でも、そこにデモクラシーの理念に対してなんの矛盾もなくなる。というのも、デモクラシーの理念はブルジョアジーの世界ではそもそもまったく存立しえないからである。むしろ、プロレタリアートの独裁は、そうした民主主義理念実現の最初の始まりといえるのである」[69]。それだから革命的な社会民主主義は、「真のデモクラシー」を貫徹するためには、プロレタリアートの独裁に固執しなければならない、というのだった。

独裁という言葉のこうしたいちゃつき気味の戯れは、そのあと一九二六年のリンツ党綱領で復活する。[70] たしかにその綱領でははっきりこうなっていた。ブルジョアジー側がデモクラシーの地盤を放棄した場合にのみ独裁は検討される、と。この言い方は、他の側(ブルジョアジー側)に対する威嚇として考えられたものだし、自分の側の擁護戦術としてもちだされたものである。しかしながら、この言葉遣いは、市民層や農民層の不安をかきたてた——誰が最初に独裁体制を築くかが大事という不安であった。というのも、最初に独裁体制を敷いたものが勝利者でありつづけるからであった。マルクス主義の理論の枠内で巧妙にいろいろ条件をつけていわれていたことが、政治的なプロパガンダでは粗暴なものになっていった。「デモクラシーなどたいしたものでない、目標は社会主義である」。そして別な側では、「社会主義が狙っているのは独裁制だ!」。

イデオロギー的な議論と、具体的な政治とは、それぞれ別個の事柄であった。そして具体的な政治は、社会民主党陣営の「三位一体」、つまり党/労働組合/消費共同組合であり、労働者の党は最大の資金資産をもつ政治的なグループであった。この点一見パラドックスのように聞こえるが、それでもその説明は簡単であろう。この社民党には経済界あるいは教会の支援は望めなかった。そこで労働者の手段を使って自分たちで対抗社会(カウンター・ソサイティ)の財政運営をしなければならなかった。たくさんの消費連盟——まとまって一九〇五年には「オーストリア消費連盟」という大規模購買会社となる——、ハマー・ブロート工場のような産業工場、印刷工場、一二七の新聞や、三〇〇万部の部数を誇る雑誌、一九二二年以降は、労働者金庫という銀行までもっていた。党だけでも約一〇〇〇人の職員を抱え、それにほぼ労働者三八〇〇人の同志組合員がいた。[71] そうした巨大な企業は、経済界に深く手足を伸ばしているので、汚職からも自由ではなかった。巨大な機構はそれ特有の組織エゴイズムを展開し、指導部の決定にも影響を与える。というのもいつも大事なのは次のような問題であったからだ。苦労して文字通り労働者の汗でつくられた組織、その組織が危険に晒されることはないか、という点であった。こうして一九一四年、一九二七年、一九三二／三四年、現状に対するとてつもないプレッシャーがかかった。「国家の中の国家」（ユーリウス・ドイチ）はどんなことがあっても生き延びさせねばならなかった。

人びとを、子ども時代から掴んでお墓まで放さない、多くの組織分枝や、独自の儀式や祭典をもっている党は、情緒的なミリューをつくりだし、そうした環境が何千という労働者にとって、故郷であり、慣れ親しんだもの、人生の意義となっていた。一九三四年の場合、問題は政治的な労働運動の破壊だけでなく、故郷の喪失であり、情緒的な深い結びつきの解消であったことなど、教会にも、キリスト教「社会」党にも、のちのÖVP（国民党）にもわからなかったろう。

党指導部は、大衆という神話に信頼をよせていたが、その大衆はきわめて脆いものだった。赤旗をもった何十万もの人をリング通りに駆りだすことは比較的容易であったが、世界恐慌という危機的条件下に不安におののく人びとをゼネストへと動かすことは、とてつもなく難しいことであった。さいさん党指導部は大衆という神話を口にした。――しかし大衆は、エリート指導部が予感していたよりも、より急激に崩壊していった。

中央化と官僚化を遂げた党員政党として「SDAP」（社会民主主義労働者党）は詳しい統計をとっていた。予期したように、党は第一次世界大戦中に重大な損失を被っていた。一九一六年までに党員は三万四〇〇〇人へとガタ落ちする。[72] そののち革命的な波のなかで、途方もない上昇に転じ、一九一九年には党員三三万人となる。そして野党の時代においても一貫して増え、一九二九年には七一万八〇〇〇人という同志たちを集めて頂点を記録する。世界経済の危機の間に数字はたしかに落ちるが、それでも不景気な年の一九三二年ですら一九一九年の二倍の党員、六四万八〇〇〇人を今なお抱えていた。[73] そんな印象的な数字は党指導部の間に、強さの幻想を培った。SDAPは、ヨーロッパで最強の社会民主党であった。一九三〇年当時、オーストリアの社会民主党員の組織率は四六％、スイスで二〇％、ドイツは一二％でしかなかった。[74] そののちオーストリアで大きな落ち込みが起きるのが一九三三年である。[75] 一九三四年二月五日、党書記のリヒャルト・ベルナチェックがオーバー・オーストリア州から冷静にこう報告している。「集会の集まりは数が少ない。……年次の集会を期に辞めていく役員に次の年の役割を引き受けてくれと説得するのはかなり難しい。新たな役員をみつけるのも難しい。気が滅入るような雰囲気である」。[76]

党が拡大するとますますメンバーはウィーンに集中するようになった。一九一九年党員数に占めるウィーンの割合は、住民数からいって比較的バランスがとれていて、三〇％であった。[77] それに対して一九三〇年には六〇％となる。こうしたことが、地方と首都との緊張を高める。社会的構成からみると、SDAPは階級的な労働者政党であった。ウィーンに関して一九二〇年代末の比較的正確な数字がある。党員の五五％が労働者階級、二〇％が「新中産身分」であった。社会民主党陣営がいかに労働者たちをまとめていたかは、労働者会議所の選挙からもはっきりわかる。（選出役員）労働者のほぼ八〇％を「自由労働組合」が出していた。[78] この労働者党は、人びとの動員ができ、かれらに人生の意味を与えていた。ウィーンだけでも、二万人の代議員が活動していた。たくさんの理想主義が口にされ、他人のために政治的な関与をする気構えがなおみられた。毎月党員たちはセクションの集会に駆けつけた。もっともカトリック教会は、日曜のミサには毎週支持者を集め、人びとのリードに数百年来培ってきたレパートリーをもっていたのに対して、こちらの「対抗教会」（党員たちの集い）のレパートリーは、目立ったほどの進展はなく立ち遅れていた。

キリスト教「社会」派のしばしばみられた党首交替からすると、SDAPはきわめて安定した要素をみせていた。一九一八年から三四年までに、カール・ザイツ（一八六九—一九五〇）、元教師でその後共和国の最初の大統領、そののちウィーンの市長となる人、街中でもよく知られたエレガントな男が、名義上党を率いていた。[79] 他方、党執行部もユダヤ系の多くの政治家を抱えていたが、注目すべき持続性をみせていた。[80] 本質的な党の指導は、オットー・バウアーの手のなかにあった。広範な教養をもった素晴らしい理論家で、労働者にも理解できる言葉で語り、党のために身を粉にし、単純な労働者たち相手でもへりくだることなく付きあい、議会においては、知的な面で貧相な「田舎代弁者」を気位高く軽蔑して、そうした人種を激怒させる男、[81] オットー・バウアーは、オーストリア共和国への関わりで悩んでいた。「田舎染みた狭隘さ」に悩んでいたのであり、闘う相手がもはやひろい教養の持ち主の市民層ではなく、アルプス地方の田舎町のプチ・ブル階層であったからだった。かれらは「大都市的なもの、新しい、ヨーロッパ的なものすべてにルサンチマンをもち、無知で田舎臭くて、教権主義的な俗物市民階級であったからである」。[82] オットー・バウアーは、それゆえオーストリア人の「ドイツへの憧れ」をかきたて、ドイツの社会主義的な共和国においての実現を夢想していて、オーストリアの社会民主党を一九三四年の二月の敗北へと導いてしまったのである。バウアーは権力を握るのを厭うように振る舞った。かれの理論的分析の素晴らしさが、実現可能な戦術をくりひろげる点での無能力さを覆い隠していたし、絶望の政治に終わらせてしまったのである。イグナーツ・ザイペルのごとき者の冷たいレーゾン・デタ〔国家の安寧や秩序を最優先基準とする考え方〕やエンゲルベルト・ドルフース（一八九二―一九三四）のごとき狡猾な権力に対してバウアーは、この国の母親たちに対する責任を対置したが、かれは権力ゲームに負けてしまうのだった。バウアーが二月の日々にチェコスロヴァキアに逃げてしまったとき、厳しく非難したのはカール・クラウスだけでなかった。[83] 責任の政治、革命の忌避が、危機の歳月にあって党指導部にそのつどブレーキの役割を与えることになった。一九一八／一九年しかり、一九二七年、一九三二／三四年しかりであった。党基盤層の一部がときおり過激化する、他の一部は諦め気分になると、指導部は、一方ではマルクス主義的な飾りつけの理論に引きこもり、他面では妥協の用意があるのをみせて、争いのなかに割ってはいろうとするのだった。その妥協の気構えたるや――党の組織が救われるのならば――身分制国家の受容や、緊急事態独裁制の一時的な容認も辞さないものであった。[84]

一九三四年二月一二日にすでに、SDAPは活動禁止となった。共和国防衛同盟の一部が政府の挑発にのって蜂起をこころみたあと、亡命、無茶な死刑判決、監獄、ヴェラースドルフ〔ヴィーナーシュタットの西方一〇キロ位のところ」に造られた「強制収容所（Anhaltelager)」〔一九三三〜三八年までのオーストリア独自の強制収容所〕、「国内亡命」への退却を招き――有名な事例がカール・レナーである――、一部の政治家たちは日和見的に政府側に鞍替えしたのだった。[85] 一部の過激化した活動家たちは、共産主義者の方に向かった。かれらは非合法下で政治的な重みをました（約一万人）。他の者たちは、ナチスにくわわる。約四〇〇〇人の共和国防衛同盟の人たちが、二月事件のあとナチスに鞍替えしたといわれる。――とにかくナチスの労働者の割合は一時三〇％になった。――地方では教員社会主義というタイプ、社会的＝ナショナル的＝反教権的という三つ星を担っていたタイプが、比較的スムーズにナチス陣営にはいり、一九四五年あらためてＳＰÖに舞いもどるのだった。[86]

社会民主党員の多くは、諦めの気持ちで身を引いた。しかし積極的中核は、「革命的な社会主義者(Revolutionäre Sozialisten)」〔ドルフースやヒトラーのファシズム体制下で非合法活動をつづけたグループの名称〕のまわりに結集した。このグループははっきりと左旋回していた。[87] ＫＰÖ（オーストリア共産党）とたえずイデオロギー的な喧嘩をしていたにもかかわらず、部分的な協力を始めた。一九三〇年代のなかばにイデオロギー的戦線が替わった。ナチズムに対する「人民戦線」というコミンテルン・スローガンにしたがっていたＫＰÖが、戦術的な理由から、「デモクラシー的な共和国」の支持を口にする。それに対して「革命的な社会主義者たち」は、「デモクラシー」の「改革主義」の機能不全への幻滅と憤激から、いくぶん色褪せた「プロレタリアートの独裁」を口にする。

しかしシュシュニク政府が左翼ウィングとの提携を最後の瞬間まで拒否したにもかかわらず、共産主義者たちと「革命的社会主義者たち」は最終的には、ヒトラーに対するオーストリアの独立擁護にまわる。しかし無駄であった！

出発点のモデルを振りかえってみよう。抗争状態を党内的に処理しなければならなかったキリスト教「社会」党とは違って、社会民主党の立場を記録するのは簡単である。かれらは中央の立場にたっていた――時を経るにつれて「赤いウィーン」がますます退却の援護基地になっていく。かれらは教会と国家との分離を主張する。反教権的なプロパガンダは度を越して、しまいにはヒステリックに「恥知らずをひねりつぶせ！（Ecrasez l'infâme!)」〔ヴォルテールが手紙の末尾によく書いた文字〕と言うにいたった。SDAPが労働者の利益を代表していたことは、正しくも陳腐な確認である。もっとも問題点としてよく論議の的になるのは、この党が世界経済危機のときに社会政策上もっと柔軟に対応する必要があったかどうか、という点である。そして結局のところ社会民主党は、工業化のプログラムにも、低い農産物価格と大土地所有の分割にも賛成した。もちろん農民獲得の闘いは失敗するが、所与の条件下では頓挫するのが当然であったろう。

二つの独裁体制（ドルフースのオーストロ・ファシズムとヒトラーのナチズム）を潜りぬけて、第二共和制にいたる。他の政党よりも力づよくこの労働者党は一貫性をいうことができた。この党は一九三二／三三年の脈絡にふたたび取りついた。しかしさっそく名称変更を実行する。「オーストリア社会党（Sozialistische Partei Österreichs)」（社会民主党と革命的社会主義者の合同したもの）。非合法下のもろもろの伝統を統合しようとしたのである。じっさい活動的な基幹部分が二つの独裁政体を乗りこえて生き長らえ、動員することもできた。もっとも労働者階級そのものが変わっていた。階級意識はより脆弱なものとなり、ミリューは閉鎖性を解かれ、党の指導は非ユダヤ系のかつての党内右派の人たちの手に握られた。カール・レナー、アドルフ・シェルフ（一八九〇―一九六五）、オスカー・ヘルメル（一八八七―一九六三）たちの手にである。ソビエトの占領下にあって、プロレタリアートの独裁という文言はいっさいの魅力を失った。求められたのは政党各派の妥協能力であった。カール・ザイツから党の指導を引き継いだのは、永遠の優等生であり巧みな実践家で、高級官僚でたいへん几帳面な役人のアドルフ・シェルフであった。[88]

（ほとんどが）ユダヤ系の党エリートを亡命先から連れもどすには時間がかかったが、特別な関心も示されなかった。党のエリートたちはさしあたり一つになることができた。政治的な議論にはイデオロギー的な議論の部分が当座一九四七年頃まで非常に多かったし、[89] マルクス主義的特殊用語があいかわらず保持されていた。それから左派系が孤立し、しばらくすると、人間的にはあまり感じのよくない手段で排除されていった。[90] 始まりつつあった冷戦がSPÖにも影響する。党は厳しい反共産主義の特色を明確にする。この点は支持基盤層においても、企業職場でも、KPÖとの厳しく、ときには仮借ない対決をともなった。

SPÖ、とりわけオーストリア東部のSPÖは、旧来の労働者ミリューに結びつくことができたにしても、政権にくわわっていた。かれらはこの政権から離脱することのないよう、固く心に決めていた。一つにはSPÖは連立の枠内での政治は、第一共和国の社会民主党の政治とははっきりと違っていた。一九三四年二月のトラウマが、党に「プロポルツ（Proporz）」〔得票や獲得議席数に応じて、公的な部門の役職・職場を配分すること〕を迫った。つまりポストを手に入れ維持することが肝心であった。しかし、専門的な能力の持ち主が不足していたので、元ナチスのテクノクラート的で、反教権的な知識階級にも手を差し伸べた。「社会主義大卒者同盟（Der Bund Sozialistische Akademiker）」（BSA）に関してじつまた、「B（大卒者同盟）はSA（ナチの突撃隊）の前で何をするの?」というジョークまで流布していた。たとえばシュタイヤーマルク州では元ナチスがBSAメンバーの七〇%を占めていた。[91] 二つ目は、SPÖの政策の基本路線は、かつての社会民主党とは違っていた。労働組合と党とは次の点で意見が一致していた。まず生産に努め、そのあとで消費する。別の言い方をすれば、労働者階級からは、消費の諦めがきつく求められ、企業家の利益や投資の強化がはかられた。そのあとようやく分配について話しあうというのだった。党指導部のそうした政策を基盤層に浸透させるのはかなり難儀であったことは、第二共和国の最初の一〇年間にストライキの気構えが比較的つよかった事実から読みとることができる。[92] つまるところ党の規律が浸透したのは、共産主義に対する不安に支えられてのことであった。三つ目はSPÖがイデオロギー的戦線から身を引いたことである。情緒的にかなりヒートアップしていた反教権主義も放棄され、「自由思想家同盟（Freidenkerbund）」〔どんな教会の権威も認めない人たちの連盟〕もかつての影響力ある地位を失った。一方カトリック教会は政治的な直接的影響を断念することでSPÖに一歩歩み寄った。レトリックな目標——社会主義、階級のない社会――は、なるほど老若のマルキストたちを宥めるために、ペーパーのうえでは登場しつづけていたが、しかしSPÖの真のモットーは、小市民階層を支援し、自陣営の人たちの面倒をみることであった。[93]この点は、具体的な政策でいうと、また次のようになる。経済成長の促進＋完全雇用＋国家的な大枠計画＋福祉国家と国家介入の拡充であった。

SPÖ内でマルクス主義の精気がなくなるにつれて、ますます社会主義の核心部があらわになった。その社会主義は、私有財産問題を離れて、「産業労働の自由化神学」（ジークフリート・マトル）へと仕立てあげられたものだった。一九五〇年代にはテクノロジー礼賛が今までに例のない形で浸透する。崇拝の対象物はタウエルンのカプルーン発電所であった〔グロースグロックナー峠の北方に広がる三〇〇〇メートル級の山々に囲まれたウィンタースポーツのメッカと言われる一帯。そこのザルツァッハ河の淵につくられたダムを利用した大規模発電所〕。ÖVP（国民党）の西洋風の縁取りをした伝統的な文化政策〔ハインリヒ・ドゥリンメルの主に教育改革に努める時代〕（エーラ・ドゥリンメル）に対して、SPÖは技術の美化に力を入れた。「エネルギーにみちた静けさが深く我われを捉える発電所、製鉄工場の電線を張りめぐらし、蒸気に包まれ灼熱する建物、労働の源となる風景、巨大なクレーンが重い荷物を船に積みこむ港、現代的な巨大な鳥が離着陸する空港、――これらすべてを我われは素晴らしいことと思う」。[94]こうした揺るぎない進歩オプティミズムが、人間が「神にも似た生活を送れる」ようなユートピア的な世界像に立ちいるのだった。[95]

党組織の形態は第一共和国を引き継いで、ウィーンを中心とする中央化した党員政党となっていた。社会主義的な未来の期待を失って以来、「赤いウィーン」も対抗文化（カウンター・カルチャー）としての、意味を与える力としての性格を失った。ウィーンは、形骸化した、超官僚主義化した政党支配と同義語となってしまった。社会発展のダイナミズムはウィーンのポジションをしだいに空洞化していった。社会民主党〔第二次大戦後一九四五〜九一年の間は「社会党」を名のる〕の党員に占めるウィーンの割合は、第一共和国の伝説的な六〇％から一九六五年には四〇％に落ちている。[96] それゆえに党の改革は、必然的に（地方の）州に発するものとなった。

党員の数は一九六〇年になってようやく、一九二九年の水準を越える。およそ七〇万人の党員数でSPÖは、一九六〇年代／七〇年代いつもÖVPより僅かばかり少なかった。説明を要するのは、SPÖにおける女性の割合が驚くほど一貫している点である。その割合は一九三二年に三四％であったが、第二共和制の多くの歳月をとおしてもこの水準を維持しつづけている。[97] 労働者の割合は落ちて、一九五五年時には四二％、七八年時には三〇％となってしまった。[98] 党員と支持有権者のこうした核が融解したことで、党はその流れに合わせる必要があった。SPÖは、閉鎖的な労働者の党から開かれた被雇用者の党に変身する。それにともなって、イデオロギー上の開かれた姿勢へのプレッシャーもつよまったことは、党の綱領からも読みとれるだろう。[99]

ブルーノ・ピッターマン（一九〇五—一九八三）が一九五七年アドルフ・シェルフに党首の座を取って代わる。ピッターマンは、ウィットに富み情熱的な議会人であり、強靭で巧みな交渉人であった。だが、始まりつつあったメディア時代にあって外に向けてのパフォーマンスがあまりうまくなかった。——かれは、改革の必要性とウィーンの伝統主義の間をあちこち揺れ動いていた。くわえてピッターマンは、フランツ・オーラ（一九一〇—二〇〇九）との権力闘争、正確にいうなら、オーラと法務大臣のクリスティアン・ブローダ（一九一六—一九八七）との間の権力闘争に巻きこまれる。社会民主党にあってはハインフェルトにおける党創立以来、初めての公然たる抗争であった。[100]

「オーラの事例」（六九三頁以降参照）はいろんな様相をあらわにしてくれる。[101] ここでは一つの様相だけを分析してみることにしよう。——SPÖの構造改革を実現しようとした癖のある党指導者の試みのことである。[102] というのも、一九五〇年代がこの党をも走り抜けていたからである。権力の分けまえをそのつど保証し、自陣の支持者の要求に応える「プロポルツ」システムは評判が悪くなっていて、ヨーゼフ・クラウス率いるÖVPの改革の意図によって直接攻撃に晒されていた。階級のゲットーは、社会文化的な変化の出現に直面して、狭すぎるように思われた。SPÖにおける旧来の世論向けの顔が、新たなメディア（テレビジョン）の圧力のもとで潰されていった。生活スタイルの個性化や匿名化、政治的なものの私的領域からの離脱などが、党内的なコミュニケーションを壊してしまった。ようするに陣営が徐々に下から解体していったのである。[103] そしてオーラは、こうした挑戦に対する最初の対応、まだ不十分ではあるが一つの答えであった。かれは、党のゲットーを打ち破ろうとした政治家のタイプであった。――カトリック教徒であり、大衆的、実践的、政治的には向こうみずな人、陣営を越えた新たな開かれた世界をつくりだそうと意図しており、それだから、テレビにも頻繁に顔を出し、ウィーン社会党の優勢を打破しようと狙っていたのである。しかしオーラはこうした任務のためには心理的な備えがじゅうぶんでなかった。監獄における境遇との対応からもわかるように〔オーラはドルフースの独裁下で二度の監獄、そしてヒトラーのもとではダッハウを初めあちこちの強制収容所を転々とする〕、オーラは、あまりに権威主義的であり、公然と権力欲をみせすぎで、あまりに突飛すぎて何をしでかすかわからないところがありすぎたし、デマゴギー的でありすぎた。オーラは、陰謀の網に足をとられ、転落する。その網は、クリスティアン・ブローダのような醒めた策謀家や、第二共和国の最低の政治家といっていいカール・ヴァルトブルンナー（一九〇六―一九八〇）たちにより仕掛けられたものであった。[104] 少しもシステマティックでなく、政治的な熟考もされず、むしろ本能的につくられた改革の試みは頓挫する。そしてSPÖは、重大な党の危機に陥る。オーラ独自の党設立による分裂にも晒されてしまい、この危機は一九六六年の総選挙敗北へとつながった。

そこで今度は二番目の試みとなる。一九六七年の劇的な党大会の席上――この党大会では「兄弟同士が争う」（ローザ・ヨッホマン）ことになり、[105] 党首ブルーノ・ピッターマンは、哀れっぽさと古い敵の像とを使って粘りづよく自分の立場の擁護に努める――ブルーノ・クライスキーが、連邦州の手で担ぎだされ、労働組合やウィーンの党の明確な意志に逆らって、党首に選ばれた。

ÖVPとのパラレルな姿勢が目につく。双方の党とも社会の変化により現代化への跳躍を強いられたのであり、地方の州が推進力となり、科学的な専門家の鑑定に期待を寄せたのである（ÖVPでは「行動二〇」、SPÖでは「一四〇〇の専門家」)。現代化のプログラムの違いは、ニュアンスぐらいの差でしかなかった。しかしSPÖの方がより一貫して行動した――ÖVPを悩ましたような、西洋風の余計な議論もなく、各州を厄介物扱いすることもなく、たえざる個人的諍いもなかった。なんのかんのいっても、ブルーノ・クライスキーはヨーゼフ・クラウスにくらべて多くの抽斗をもち、知的にも一段上、戦術的にも抜け目のない政治家であった。SPÖのなかの大ブルジョアが、ÖVPのプチ・ブルジョアに勝っていたのである[106]〔クライスキーは裕福なユダヤ系一族の生まれ〕。

クライスキーが自己貫徹できたのも、かれには二重の属性があったからである。[107]筋金入りの社会民主党員であって、監獄暮らしを通じても党に対する忠誠を保ち、身分制独裁国家の裁判の席で勇気ある弁舌をし、亡命生活を送り、労働者たちへの畏敬の念をともなった謙虚な登場をみせていた。[108]一方また大ブルジョア的なリベラリストでもあった――それは社会民主党のなかに長らく残っていた遺産であった――、かれは外交官であり、世馴れた洗練さを身につけた外務大臣〔一九五九〜六六年の間、連立政府の外相〕として振る舞った。かれは、穏やかに慎重な巧みさで、党を開くことを実行した。クライスキーはピッターマンや労働組合、ウィーンの党とも和解する。そして、党を外部から批判する者を敵とみなし党の団結を肩を組み合って顕示するという古い図式も克服する。それどころかかれは逆の交際ぶりをみせた。党派には属さない社会のリベラルな人たちと息を詰まらせんばかりの親密さを込めて抱擁しあい、FPÖ(オーストリア自由党)に向けて秋波をつよく振りまき、党の間口を広げようとピアノを巨匠ばりに弾いたのである。クライスキーは真の意味でのメディア向きの人であった。知識人、若者、中間層の人たちの心も掴んだ。これもクライスキー支持の有権者である。この人たちは、クライスキーと同じ道を、一九七〇年代の末頃までたどってくれた。もっともそれ以降は離れていく。クライスキーはいろんな言葉を口にした。党の反抗的な若者相手にはマルクス主義的に、メディア相手にはリベラルに、住民相手には庶民的に、世界の世論相手には英語で(そしてアンチ・ヘブライ語的な調子で)語った。かれはSPÖを最終的にオーストリアと和解させ、三本の矢という党のシンボル(一九三〇年代制作のもの)を「赤=白=赤」の象徴に置き換えた。SPÖは国家権力を担える政党にならねばならなかった。この党はプロレタリア政党という評判を捨てて、一九七〇年には比較多数を、一九七一年には絶対多数を獲得する。

社会の緩やかで密かな構造変化がSPÖを改革の気構えにさせていた。もっと多くのリベラル性、社会へのデモクラシーの浸透、そして目標としての社会的（社会正義を重んずる）デモクラシーである。しかし第一共和国の社会的デモクラシーと違って、誰も自分の財産を不安がる必要はなかった。社会はもう一段リベラルになっていて、アウトサイダーたちの生活のチャンスも増えており、たとえば同性愛も罰せられることはなくなった。

しかし同時にSPÖは、権力の落とし穴の真っ只中を走ることにもなった。一九世紀の偉大な歴史家たちが権力について懐疑的に事情通らしく言ったこと――「権力とは腐敗させるものである」――が起こったのである。SPÖ内には派閥が形成され――たとえば有名な宮廷出入りのケーキの店デーメルに集う「クラブ四五」など――勝手気ままに振る舞っていた。新たな政治階級は、収賄の神の虜になり、権力と収入とを溜めこむ。クライスキーは、多くのことを辛抱づよく見て見ないふりをしなければならなかった。苦々しく思う年配の男としてようやくクライスキーは、より公然とはっきりと言った。「上層出の人なら誰でも、そうした事柄に関して、非常に醒めた本能をもちあわせている。出世階段を駆け上ってきた人たちにとっては、ことはまったく別である。かれらはいくら手に入れてもじゅうぶんとは思わない」[109]。そうした新たな階級の一人がびっくりしたようにこう言った。「労働者の倅としてわたしは、今のようにこんなに多くの金がはいるとは夢にも思っていなかった」[110]。大蔵大臣ハネス・アンドロシュ（一九三八年生まれ）〔一九七〇～八〇年の間大蔵大臣、七六～八〇年副首相、収賄罪の嫌疑で八四～九一年の間いくつかの裁判にかけられ、嘘の証言と脱税の有罪判決をうける〕相手のクライスキーの闘いは、いろんな次元を内包していたとはいえ、そうした新たな階級との遅きに失した決着のつけ方であり、情動的に誇張気味の、おのれの機能不全の埋めあわせをする決着であった。

権力の座にあるSPÖは、労働組合にかれらの歴史上なかったほどの地位を保証した。国有企業内の事業所委員会〔被雇用者側の利益を代表するもの〕が、企業経営者にその行動の指示を出すのである。「VOEST」（オーストリア製鉄鉄鋼統一連盟）中央事業所委員会委員長のフランツ・ルーアルティンガーには「アーヤトゥラー」〔イスラム教シーア派の最高聖職者の称号〕という綽名さえつけられることになった。[111]——構造改革がおろそかにされてしまったのである。労働組合の「Atom-Beton戦線」〔原子力利用とコンクリート工事関連事業の推進を唱え支援するグループ〕は、旧来のテクノロジー熱狂に浸りながら、一九七〇年代なかばにあらわになるエコロジー危機に対する敏感さをほとんど示せなかった。若い時代の政治的に強烈な経験がクライスキーや、労働組合連盟議長のアントン・ベニヤ（一九一二―二〇〇一）の考えをも規定していた。ひたすら失業のない状態！である。しかし歴史の教訓は、機械的に利用できる処方箋を提供してはくれない——一九三〇年時ならまともだったろうものが、一九八〇年には間違っていたのである。

### 大ドイツ主義／農村同盟／独立者連盟／ナチ党／FPÖ

ナショナル、これはオーストリアの文脈ではとりあえず「ドイツ・ナショナル」のことであった。リベラル派の残党部分と一緒になって「ドイツ・ナショナル」は、君主政体最後の連邦議会において多数派となっていた。共和国になるとかれらは三番目の位置に転落する。かれらに特徴的な内部の分裂状態はつづいていた。なるほど市民グループは、一九二〇年に「大ドイツ民族党」としての統一には成功する。しかし「ドイツ的な」考えの農民たちは合流しないで一九二二年「農村同盟（Landbund）」を設立する。そしてナショナルな労働組合は、公勤務の人たち、とくに鉄道員を中心にして、独自の政党を樹立する。ナチ党のはしりであった。[112]

もっとも強力な集団、大ドイツ主義派は共和国にあっても、「支持有権者の数に頼る政党」および「名望家政党」としての不安定な性格を維持しつづけた。この党派は、市民的な抗議の票を集めたり、離反させたりしたが、この点が地方においてくりかえし新たな党派結成を招くことになる。過激なシェーネラー流の主張は共和国においてその魅力を失ったし、反教権主義も色褪せた。ボルシェヴィズムの妖怪が市民陣営を連携へと駆り立てていた。一九二二年から三二年の一〇年間、キリスト教「社会」派と大ドイツ主義派は政権ブロックを結成していた。

大ドイツ主義派はリベラルな遺産を完全に捨て去っていたのも同然であった。リベラリズム、それはかれらの綱領の言葉遣いのなかでは、なにかユダヤ的なもの、非ドイツ的なものであった。自由主義の代わりに登場したのが、民族への、「民族共同体」への、不可解な信仰であった。それに対応してドイツへの合邦が喧伝された。在ベルリン（オーストリア）公使館は、ほとんどつねにドイツ・ナショナル派の人が任についていた。たしかに大ドイツ主義派の人たちはデモクラートを自称していた。しかしそのデモクラシーはかれらの言葉では「ナショナルなデモクラシー」――「異民族的なもの」を締めだしたもので、まずユダヤ人を排除した民族的デモクラシーであった。[113] 大ドイツ主義派の人たちは、「国民政党」であろうとした。だが、党はメンバーの点でも貧弱で、一九三〇年時でほぼ六万五〇〇〇の得票しかえられなかった（比較のためにあげると、ＳＤＡＰ（社会民主主義労働者党）の得票はおよそ七〇万票）。[114] そしてかれらは、民衆を代表するどころの話では全然なかった。都市ザルツブルクについて一九二九年の大ドイツ主義的な社会構造に関するかなり詳しいデータがある。五七％が商業、手工業、工業の自営業者で、自由な職業を営んでいた。三九％が公勤務かあるいは私的な被雇用者であった。[115] 大ドイツ民族党は、官吏や教師の政党とみられていて、農民や労働者は、ほとんど完全に欠けていた。政権にくわわっているゆえに、この党は政府の緊縮政策を支持しなければならなかった。たとえば、「ジュネーヴ議定書」にもとづく公務員削減などである。だがこれは自分の支持基盤層にとっては不評であった。キリスト教「社会」派と同様、大ドイツ主義派の場合でも、しょっちゅう指導のトップが代わった。商工会議所会員ヘルマン・カンドルのち、一九二四年から三〇年まで党首を務めたのはフランツ・ヴォタヴァ博士、そのあとハンス・シュルフ、その一年後にはヘルマン・フォッパとなる。[116]

ドイツ・ナショナル陣営を担っていたのは、政治的な政党というより、もろもろの協会・連盟であった。そしてこの点もあって、陣営の影響は政治的な部門を越えて社会的な領域におよぶのだった。一九三三年、カール・ヴァッヘが、すでに大きなハーケン・クロイツとアドルフ・ヒトラーの写真を飾ったオストマルク（オーストリア）の民族的生活ハンドブックのなかで次のように書いていた。「一〇〇〇を越える連盟、同盟、連合、協会、社交界、クラブや団体が今日オーストリアにあって、どれもがある方向をめざすドイツ民族的な思考に奉仕しようとしている」[117]と。地方レベルで影響力のあったのは、体操連盟や合唱連盟。大きな民族的な動員連盟であるジュートマルク〔シュタイヤーマルク州とケルンテン州地域〕学校連盟、世代特有の学生組合、同盟青少年団、それにドイツ＝オーストリア・アルプス連盟であった。くわえて、地方の商工会議所、行政、報道機関、研究などのそれぞれのポストがあった。要するに一九三〇年代初期に、ナチス、つまり早々と民族党の性格を帯びた党が浸透していける幅ひろいアジテーション領域、進出領域が存在していたのである。[118]

人びとはこうした「民族的な」ミリュー、社会的に意気盛んなミリューに、ごく自然体で吸いよせられていく。体操をしようとする者は、ついでに民族的な跳躍剤を吸いこみ、民族的なシンボルに慣れていく。合唱しようとする者は、自分の情緒に「ドイツ的な」深淵さ、「ドイツ的な」感傷性をふんだんに取りこむ。情動化した我らが感情に浸って、優越した民族の一部となった思いをし、自分をなにかよりましなものと感じて、「冷酷な」ユダヤ系知識人を見下すようになる。ドイツとの、つまり「ライヒ」との統一を夢みて、英雄的なもの、規律、ドイツ人（したがって自分たち自身）の有能さを畏敬する。自画像としてイメージするのは、勝負づよい小麦色の髪をした（ゲルマン伝説の英雄）ジークフリート的若者であり、ナチの親衛隊にはいるのも珍しくなかった。

そもそもドイツ民族派的文学というものがあった。現代の文学史ではしばしば無視されているが、その種の作家たちは成功した物書きであった。たとえば、ブルーノ・ブレーム（一八九二―一九七四）、ミルコ・イェルジッヒ（一八八六―一九六九）、ロベルト・ホールバウム（一八八六―一九五五）、カール・ハインリヒ・ヴァッガルル（一八九七―一九七三）などである。かれらは、カトリックとドイツ民族派との間をしばしば行き来しながら、人びとの空想力を「血と土地」とのレパートリーの像でみたし、苦境からの、偉大な指導者、カリスマ的な指導者のメッセージを告知していた。[119] ドイツ民族派陣営は、「軛を断つ」指導者をたえず求めていた。「過去の故郷を弾劾し／永遠の故郷へ、そこはじつに大きなところで、また大きかった／主人はまた主人で、厳しい規律はまた規律であった」（シュテファン・ゲオルゲ〔一八六八－一九三三〕の詩）、しかしたくさんの手頃な指導者が名のりでたが、相手の打倒に大いに時間をくった。

一九二七年七月一五日〔法務省焼き討ち事件〕のあと一時期、ウィーンの警察長官ヨハネス・ショーバー〔一八七四－一九三二〕がそうした指導者の役割をはたせるかのように思われた。これは、あきらかに平均的なものが官僚タイプに成り上がった人物、秩序と権威の男、同時にカトリック右派とドイツ民族系であり（軍人と高級官僚によくあるミックス）、したがってショーバーは、たしかにドイツ民族派陣営にとっては、一種の統合の象徴的人物であり、「民族経済ブロック」のなかで市民と農民を短期的に一つにすることができた。しかし、一九世紀に由来する人物ゆえに、大衆アジテーター、政治的なメシアの役割には向いていなかった。[120]

一九三〇年代の若いドイツ民族派からみると、大ドイツ民族党は古くて、民族問題にはあまり熱心でなく、使い古しで、議会主義的な腐敗に取りこまれていた。政治的な世代間断裂が兆していた。そこから頭角をあらわしたのが青年のアグレッシヴな民族社会主義であった。苛立ちをみせながら、大ドイツ主義派の活動家が党首に報告している。「貴殿は一度ご覧になるべきです。地方の住民のもとでは、アドルフ・ヒトラーの国が心弾むものとなっており、ドイツ魂が目覚めているのを。小さな子どもから農村の老婆、下働きの使用人、失業者まで、誰もがヒトラーの計画に熱狂しているのです」。[121] 一九三二年の州議会選挙は、大ドイツ主義派に壊滅的な敗北をもたらした。党本部は、「闘争共同体」の形でナチ党にドッキングを強いられた。大ドイツ主義派は結局今となっては、ナチズムを上流社会に出入り可能にするような役割しかもたなかった。たんにまったく小さなグループが抵抗して、一九三八年のあとでも、勝ち誇るナチ党の触手の外に居つづけただけであった。

従来の都会と田舎の分裂は、ドイツ民族派陣営に党派結成の作用をおよぼした。自意識のある、比較的規模の大きな農民たち（たいていは、同時に農場主と中小企業の経営者との中間層に属する人たち）は、都会的な教養市民層の後見下にはいるのを拒絶していた。かれらは、「オーストリア農村同盟」に結集し、この同盟は同時にドイツ本国の農村同盟に加入していた。農村同盟がオーストリア南部において比較的勢力がつよかったのは、この領域で農民共同組合を管理下に置いていたからである。農村同盟は、純粋に利害の政策を推し進めて、イデオロギー的綱領を同じくする大ドイツ主義派との統一の試みも避け、また、同じ経済的利害をもつ全国農民同盟(Reichbauernbund）との統一も避けていた。そしてイグナーツ・ザイペルの統一リストも拒否する。一九三〇年になってようやく、大ドイツ主義派と農村同盟とを、ナショナル経済ブロック（ショーバー・ブロック）で統一することができた。そしてドルフース政権下で農村同盟は、防郷団に対して（なお）デモクラシー的なイチジクの葉としての役割をはたしていた。[122]

ナチ党も特別な道をたどった。当初は政党というより、一セクトであったが、もっとも（ドイツ補助使用人連盟（ＤＨＶ）のような）民族的な労働組合に深く根を下ろす形ではあった。労働組合的形を帯びていると、初期の段階では、じつに攻撃的なプロパガンダをしても、なおデモクラシー的な決定構造をもつような格好になっていた。メンバーの基盤は小さく、一九二三年時に約三万四〇〇〇人で、しかもいくつかの地方センターをもつだけであった。その後アドルフ・ヒトラーの登場は、党の分断をもたらした。一つは、主に青少年、大学生たちで、カリスマ的な指導者原理に期待をかける。もう一つは、労働組合出身の人たちで、デモクラシー的な正当化原理を謳っていた。それから一九二六年以降、オーストリアには二つのナチズムの党が存在することになる。ヒトラー運動とシュルツ派で、セクトによくあるように、お互いせめぎあっていた〔カール・シュルツはオーストリアにおける初期のナチズム運動の指導者の一人〕。

それから世界経済危機の到来、そしてドイツにおけるナチズムの彗星のごとき興隆に、そしてその吸引力のなかに、民衆の言葉遣いでいうと、「ヒトラー・シンパ（Hitlern）」、「ハーケン・クロイツ信奉者（Hakenkreuzler）」が地歩を築いていく。メンバーが一九三一年で一万五〇〇〇人、三三年に四万三〇〇〇人、「アンシュルス（併合）」前で一五万人であった。一九三二年以降他の政党とナチ党との違いは、プロパガンダの新しいスタイルにあって、それまでにない動員戦術であった。[123]

1　宣伝活動は、選挙期間中にかぎったものでなく、毎日つづけられ、それぞれの階層ごとに狙いを定めたものであった。幟、楽隊、制服などをもった次々と膨れ上がる集団が、弁舌の修練を積んだアジ演説者に先導されて、町や村を練り歩く。のちに、一九三三年一月三〇日（ドイツでヒトラー政権掌握）以後になると、ドイツ本国の支援をえて、近代的なコミュニケーション手段もくわわる。——ラジオ、映画、飛行機である。

2　ひっきりなしに、政治的権力エリートが直接・個人的攻撃の対象にされる。かれらの生活事情、住んでいる場所、収入などの点で攻撃ターゲットにされる。スキャンダルと称するものが、次々と「みつけだされた」。政治的暴力の水準が急激に高まる。というのもナチスの狙いは、敵対する者をその核心分野で、その本源的ミリューで挑発することにあったからである。

3　ナチ党員の人的動員は、他の政党よりはっきり多かった。家々を訪ねまわり、宣伝行動によってかなりの幻想をかきたてる。およそありえないところにハーケン・クロイツの旗を掲げ、制服が禁止になると、上半身裸で行進してみせた。よくある悪ふざけが今ではナチ党のための動員となった。警察を挑発することが、際限のない楽しみ一杯のお遊びとなった。[124]

4　ナチたちだけがテロルを意識的に政治的なアジテーション手段として使った。狙ったのはあらゆる手段を使って道路を占拠し、どんなことがあっても世間の注目を引き寄せ、政府を物笑いにすることであった。必要な資金は、信奉者たち自身で工面したし、またドイツ本国から流れこんだし、オーストリアの一部の産業からも提供された。[125]

一九三〇年代のナチ党員の社会的構成について、我われは比較的詳しい情報をもっている。かれらは比較的若かった。――粋な雰囲気が党を取り巻いていた。党員の数はかなり変動していて、党への出入りも慌ただしかった。党指導部の不安定さが下部の方まで影響していた――内部分裂の結果であり、それゆえドイツ本国から地方監視役の上司としてテーオ・ハービヒト（一八九八―一九四四）が任命された。これに対して党は教育をうけた層の張出し部分をつくりあげていた。――大学生、自由業の人、公務員の数がバランスを欠いて異常に多かった。サラリーマンや農民は住民の割合に見合っていたが、労働者の数ははっきりと低率であった。ナチ党の階級的性格は、なにか漠然としていて――「民衆政党（Volkspartei）」という触れこみからみると――労働者の党とははるかに縁遠いものであった。[126]それでも別な側面では、ナチ党員たちは「ナショナル陣営」の社会的基盤を決定的に推し広げる点では成功したのである。一九三三年六月のドルフース政府によるナチ党の活動禁止は、この党を完全に非合法に追いやった。テロルが増える。一九三四年の初めには毎日四〇個の爆弾（ただしほとんどが紙製の爆弾）が爆発していた。そうしたテロルは、一九三四年七月二五日の失敗した一揆にまでいたる。何千人ものナチたちが投獄され、党そのものが重大な危機に陥る。三つのグループが指導部のポストをめぐって争った。一つは、テーオ・ハービヒト、アルフレート・プロクシュ（一八九一―一九八一）、アルフレート・エドゥアルト・フラウエンフェルト（一八九八―一九七七）率いる古い指導者グループ、二番目は、ヨーゼフ・レーオポルト大尉（一八八九―一九四一）を中心とするＳＡ（突撃隊）に拠点を置く過激なグループで、地下活動を積極的に行なっていた。三つ目は、フーベルト・クラウスナー（一八九二―一九三九）とフリードリヒ・ライナー（一九〇三―一九四七）周囲の、成功にみちたケルンテン州のグループで、ＳＳ（親衛隊）に近く、「良好な社会」や、アルトゥル・ザイス＝インクヴァルト弁護士（一八九二―一九四六）を中心とする「カトリック・ナショナル系の人」たちと最良の接触をもっていた。この最後のグループが、一九三八年に勝利を収め、新たな権力エリートとなったのである。[127]

「権力奪取」のメカニズムも、またナチズム支配の年月のことも、この箇所ではまだテーマではない。ここでたんに確認しておきたいのは、一九三四年から四五年の間にドイツ・ナショナル陣営を代表していたのは、ナチスだけであったことである。この点こそ一九四五年後になって決定的な問題となっていく。第三の政治陣営の再建はいずれも、必然的にナチズムの影を引きずることになるのだった。

その外側に意義のあるドイツ・ナショナルグループの形成などありえなかった。（一九四九年の）「独立者連盟（Verband der Unabhängigen）」（VdU）の設立は、核心では次の三つの主な陣営利害にもとづいていたといえるだろう。一つは、SPÖの熱を込めた努力、すなわちブルジョア陣営の政治的な分裂を画し、ÖVP（国民党）を二番目の市民政党の地位に落としておき、かれらから絶対多数をもぎ取ろうとする熱心な努力にあった。[128] 二つ目は、広範で漠然とした抗議の潜在力のことであった。それはとりわけ地方都市にみられて、政党政治やプロポルツに向けられたもの、階級的にいうとむしろ「市民的なもの」であったが、サラリーマンや労働者の領域にもおよんでいた（「独立事業所委員会」）。三つ目は、かつてのナチ党員たちのブロックで、かれらは大政党にもぐりこもうとせず、幻滅感と屈辱感をもった連中であり、一部は「徒党を組んだ共同体」にくわわっていた者たちであった。しかし別な部分は移り気の者もいて政治体制にふたたびはいろうとする者もいた。[129]

新たな党指導部がそれほど大きな価値を置くリベラルな潜勢力がそこにあったろうか。わたしは疑問に思う。ヨーロッパ的な意味でいうリベラリズムはオーストリアにはもはや存在しなかった。最終的には一九三八年の時点で駆逐されてしまうのであった。たしかに（「独立者連盟」）党創立者のヘルベルト・クラウス（一九一一―二〇〇八）やヴィクトル・ライマン（一九一五―一九九六）は一九四八／四九年の党設立の局面で、「リベラル」な相貌を――デモクラシーの政治、経済政策、社会（福祉）政策的にも――つけようとこころみる。しかし詳しくみると、残っているのはたんに痩せこけた「厳しい秩序に縛られたリベラリズム（Ordoliberalismus）」か、経済自由主義くらいで、反国営経済の姿勢をとり、業績社会を支持して闘うものであった。もっともこうした綱領は、オーバー・オーストリア州やオーストリア南部の工業の一部を新たな党に関心をもたせるにはじゅうぶんであった。[130] その地の工業はじっさい党の建設の資金援助をしたのである。[131]

ヘルベルト・クラウスが回想録のなかで主張しているところによると、かれとライマンの意図は、かつてのナチスをデモクラティックな政治体制にふたたび組み入れることを狙ったものであり、こうしたグループをオーストリアと和解させようとしたのであった、[132] という。そのようなプロジェクトはあったとしても、まったく信じがたいことでもなかった。それはたしかに必要なプロジェクトであった。というのも何十万という人たちを永久に政治的な場外に押しやっておくわけにもいかなかったからである。もっともこれには、ナチズム支配への仮借ない批判、「ナショナルな」側の真剣な良心テスト、誠実な罪の告白が前提となっていなければならない。しかしそんなものはなかった。たんに一九四五年後の「ナチズム清算に関する法律（Nationalsozialistengesetz）」〔ナチズムの完全な払拭を狙って占領軍政下で、元ナチ党員の選挙権の喪失、職業禁止、非ナチ化裁判など、いろいろな措置がとられていた。そこにオーストリア国会が一九四七年二月みずからこうした名称の法律を決議する。この法律により、戦争犯罪者リストにある五三万七〇〇〇人の元ナチたちを罪の軽重に応じて分類して対応の措置をとった〕が激しく、執拗に批判されただけであった。

かつてのナチスの中核である部分からは、「独立者連盟」の創立はいずれにしても、別な受け止め方をされた。かれらには、「リベラルな」目標設定には心中たいして関心がなかった。かれらにとって大事だったのは、占領軍と政治的な事情によりおおやけの政治的な登場が阻まれているかぎり、党の指導部にはたらいてもらい、それらを防護シェルターとして活用することであった。そして時が代われば、「ドイツを意識した」政治に舞いもどれるようにすることであった。[133]

一九四九年三月二六日、ザルツブルクのフローンブルクで党の設立が行なわれたのも、偶然ではなかった。この町は、かつてのドイツ・ナショナルのセンターであった。アメリカの情報機関は、冷戦が兆し始めた頃、かなり前から（かつての）ＳＳ（親衛隊）の人たちと繋がりをつけていた。政党のプロポルツに対する不満がとくにこの地域では顕著であったし、『ザルツブルク報知』、「赤＝白＝赤」放送、それからクラウス自身の雑誌『報告と情報』などは公然たる対決を可能にしていた。それにつづく一九四九年の選挙戦は、窃盗、スパイ、悪評や裁判沙汰頻発の真の泥仕合となった。[134] 有効投票の一二％が「独立選挙党（Wahlpartei der Unabhängigen）」（ＷｄＵ）に投ぜられ、かつての陣営システムがふたたび登場した。

反ファシズム的な刻印をもつ「独立者連盟」に「ネオナチ的」というのは当たらない点もあるが、かつてと同じ面をもっていた。つまり第一共和国のドイツ・ナショナル陣営と同様、この連盟は数多くのプロテスト有権者を引き寄せた。かつてのナチたちからえたものは、得票の半分にすらならなかった。しかし、孤立して情緒的に政治的な無人地帯に暮らしていたドイツ国防軍の多くの旧兵士にとって、追放の身の「民族上のドイツ人」の多くにとっては、アンチ階級闘争のスローガンは、たとえば有能な者には開かれた道を、政党的利益配分に対して事実に則した対応をというスローガンは、じつに魅力的であった。底流にあるドイツ・ナショナル的な響きは、あまりかれらの気にならなかった。

不安定な党の構造の点でも昔と同じだった。各州の組織がそれぞれ独立して活動して、独自の政治的相貌を呈していた。ウィーンでは旧来のナショナル的といってよい時代遅れのシェーネラー的伝統を引きずっていた（フリッツ・シテューバー）。オーバー・オーストリア州では社会福祉的な指針を多くみせていて、「ＶＯＥＳＴ」（オーストリア製鉄鉄鋼統一連盟）の労働者の支援をうけていた。結果は、党指導部内におけるひっきりなしの争いで、それには党からの除名もともなっていた。「オーストリアのナチズム清算に関する法律」に対するたえまない反対活動が党をまとめる役をはたしていた。一九五〇年代の中頃以降かつてのナチたちの社会的取りこみが終わると、「独立者連盟」もさまざまに分裂する。[135] 以前からの反教権主義的伝統も引きずっていた。党首のヘルベルト・クラウスのようなイエズス会出身の者は、旧来の学生組合の生活ミリューには全然そぐわなかった。そして大学においては、ドイツ・ナショナル的な部分はあいかわらずかなりの立場を占めつづけていた（およそ三〇％）。[136]

もっとも第一次共和国とは違って、「独立者連盟」は農民たちをÖVP（国民党）の方に取られてしまっていた。政権党と一緒に政務につこうとする試みは、たとえば一九五三年時のユーリウス・ラープを相手に、すべて頓挫してしまう。ザイペル流のブルジョア連立は不可能だと判明する。それには、国民党のなかの「KZグループ」〔ヒトラーの併合下に強制収容所暮らしを強いられた人たち〕がつよすぎたこともあった。「独立者連盟」はしだいに時代遅れの守旧的な人たちのゲットー的な政党となっていった。

「大ドイツ民族党」と同様、「独立者連盟」も党員の少ない典型的な「有権者に頼る党（Wählerpartei）」であって、一九五〇年代で二万二〇〇〇人の党員しかいなかった。[137] 後継政党の「FPÖ」（オーストリア自由党）も大ドイツ主義派の党員数まで達したことがなかった。一九四九年の党綱領では実際いくつかのリベラルな特徴をもっていたのに対して、一九五四年の「アウセー綱領」はすっかりドイツ・ナショナル的な言葉遣いに逆もどりしてしまった。第一条の最初の文章では、「我われは民族共同体のなかでの個々人の発展の自由を求める」、[138] と謳っている。第二条の最初の二つの文章には、「オーストリアはドイツ国家である。その政策は、ドイツ民族全体に奉仕するものであって、他のドイツ人国家に対抗するものであってはならない」、[139] とあった。リベラリズムをとおしてのドイツ民族主義の抑制は、頓挫してしまっていた。

「オーストリア自由党（Freiheitliche Partei Österreich）」（FPÖ）の新設は、一九五五／五六年「自由党」という回り道を経て結果する。[140] 表看板の人物となったのは、アントン・ラインターラー（一八九五―一九五八）で、重鎮だが、かつての温厚なナチ党員で、ザイス＝インクヴァルト政権の大臣を務め、親衛隊の高い栄誉ランクにあった人だった。かれのうしろには、ごつい感じのウィーンの薬剤師エーミール・ファン・トンゲルがいた。その際誕生の手助けに一役買ったのは、ＳＰÖではなくて、ÖＶＰであった。「民族主義者」の反乱は、「リベラルな」党執行部を追いやり、新たな党指導部には、いつもながらの属性がつきまとい、かれらの伝統の血を受け継いでおり、体操連盟、戦友同盟（Kameradschaftsbund）といった復活したドイツ民族主義の伝統的連盟にもっともつよく根を置いていた。しかし、この新党に対して簡単に「ナチス的」と烙印を押したがる分析は、この事例の場合見当違いであろう。ナチズムは政治的には途方もないカタストローフのうちに没落していった。そのことはナチズム信奉者でもわかっている。残ったのは、カタストローフをどうにか生き延び、でもそれにもかかわらず、過去を思い切って清算する気構えのない、漠然としたドイツ民族主義的ミリューであった。

一八四八年のリベラルな基盤にミリューが立ちもどるというのは、二〇世紀にあってはたんなるレトリックでしかなかった。より「リベラルな」路線とより「民族的な」路線との間の揺れ動きは、リアルな重心移動よりも、むしろ視覚的な幻想を生みだした。もっともＦＰÖの選挙綱領のいくつかは、ＳＰÖのそれより左ですらあった（一九五六年、六六年、七五年のもの）[141]――こうした「左翼」的視覚は、シェーネラー時代のオーストリア的ドイツ・ナショナリズムの伝統在庫の一つでもあった。

もしかして時とともにリベラルな潜在力が引き継がれるようになったであろうか？　端緒めいたものはあった。長年（一九五八～七八年の間）党首を務めたフリードリヒ・ペーター（一九二一―二〇〇五）は、教師であり武装親衛隊の将校で、民族的な「前線指揮官」として政治的な出世を始めたが、人生の終わりには別人になっていた。傑出した議会主義者（他のＦＰÖ議員にもいたように）、心からのデモクラートになっていて、ユダヤ人（首相）のクライスキー（ＳＰÖ）が議会から引退する（一九八三年の）折には、目に涙を浮かべていた。しかしペーターはリベラリストといえただろうか？　「ＦＤＰ」（ドイツの自由民主党）にくらべると、たしかに自由主義者とはいえなかった。「我われ自由主義者は」というかれの口癖には、いつもぎごちない響きがあった。たとえば、「長い一九五〇年代」の地方的で保守的な文化の雰囲気を打ち破るような自由主義的なイニシアティブがどこかにみられたろうか？　そんなものはなかった。それでもペーターは、フリードヘルム・フリッシェンシュラーガー（一九四三年生まれ）やノルベルト・シュティーガー（一九四四年生まれ）を中心とするアッタゼー・グループの知的な党の若者たちが一九七〇年代の初めに、なにかもっとリベラルなものを党にもちこもうとした試みを、旧来の民族主義者たちに抗して擁護している。イロニーシュに次のようにいうこともできるだろう。FPÖのそれまでの最大のリベラルな業績は、一九七〇年にクライスキーのSPÖ少数政権を――選挙法改革を犠牲にして――生き長らえさせたことにあった、と。

アレクサンダー・ゲッツ（一九二八年生まれ）でやろうとした実験が頓挫したあと、ノルベルト・シュティーガー――FPÖにとってはじつに非典型的なタイプの人物――が党の再リベラル化をはかろうとするが、それも頓挫する。

FPÖの典型的な支持有権者層は一九七〇年代になっても大ドイツ主義者たちの支持者層との継続性が認められるのであった。かれらは、オーストリア国民にはもっとも縁遠い存在で、（ミサへの出席でみると）教会的敬虔さのもっとも少ない人たちであった。この人たちは、平均以上に教育をうけており、中間階層にしっかり根を張っていた。くわえてFPÖは、とりわけ男性の多い政党であった。[142]

## 第三節　政治と生活のチャンス

オーストリアにおける政治党派は、他のどこよりも密に生活のチャンスを左右するようになっていた。この点はウィーンにおけるカール・ルーエガーに始まって、ブルーノ・クライスキーをもってしても終わらなかった。就職の便宜、市場での立場の改善、住居の割り当て――こうした経済的な生活のチャンスの多くが、政党によって采配されていた。社会的な政策次元においても、大枠の条件を決めるのは政党であった――誕生の際の補助支援から養老年金にいたるまで。結局のところ福祉国家の充実も同じように政党の仕事であった。

政党は、世界観の政党として、さまざまな結びつきも用意していたし、陣営が機能しているかぎり、生活の意味や伝統も伝えていた。同時に政党のもつ世界観的性格は、全体的な要請からの解放も制約する。世界観からみて、全体として社会を統一的に支配しようとするが、それは傾向としては複数（多元）主義の否定である。社会主義的な「赤いウィーン」、キリスト教（カトリック）的なオーストリア、ドイツ・ナショナル的な「オストマルク」――それらから結果したのは、深刻な体制の分断であり、政治的な敵対者の監獄送りや強制収容所送りであり、住民のかなりの部分の追放、最後にはシステマティックな民族抹殺であった。そのつどの政権支配の党が、敵だと思う政治的反対者の生活のチャンスを根本的に制限したのである。

こうした経験的背景を前にして初めて、デモクラシーはその高い地位をみせるのである。マイノリティーの生活の権利を保証し、反対の人たちにフェアなチャンスを与え、自己の要求を相対化し、権力のコントロール機関を確立する。各政治的党派がこうした学習過程を第二共和国においても短期間ですませたわけではなかった。権力の支配するところ、権力濫用に傾きがちである。政党間のお互いにバランスをとった王国――黒（キリスト系）と赤（社会民主党系）の省庁、黒と赤の州、もろもろの利害代表、経済企業者たち、それらが――社会の各部分に対する全体的な要請による社会に取って代わった。この点は、先行した独裁制にくらべると進歩であった。しかしまだリベラルなデモクラシー・モデルからはほど遠い状態である。

一九七〇年代以降の陣営の解体によって、政党の干渉も緩んできた。市民権の一部が取りもどされ、自分の生活形成の自由の一部が求められた。一九五〇年代の世論の機能と七〇年代のそれとを比較しさえすれば、自由度の増加が認識できるであろう。

# 第六章　矛盾したプロセス——オーストリアの国民形成

## 第一節　二重のアイデンティティー

西側の国民国家形成のタイプは、中部ヨーロッパおよび東部ヨーロッパでは民族的、言語的、宗教的な多様性に行き当たる。[1] それゆえ近代におけるハプスブルク君主制の根本的な問題は、次のようにいうことができるだろう。国家形成のプロセスは注目に値するほどうまくいったのに対して、国民形成のプロセスの方は、オーストリア国民全体をねらった点ではうまくいかなかった、と。このまだら模様の民族混合体においては——「両性具有的な、生命体らしくない成り立ちの、寄せ集めの王朝」[2] では——構造的な違いが西側諸国よりはるかにつよい特徴となっていた。民族／地理的条件／文化的抗争関係からくる分断、宗教／言語／メンタリティーによる分断、経済的な発展水準による分断がみられたのである。一九世紀の過程で言語を境にした民族性が国民の形成の基になっていった。――「ライヒ」（国）として超民族的な自負に固執する国全体と諍いを起こし交錯しながらの国民形成であった。他の諸国民に対して、ドイツ語を話すオーストリア人は、「ドイツ人の国民」としてまとまっていった。しかしながら、これが決定的なのであるが、「支配的な地位にある国民」に属する者としてかれらは、国全体に対してもっともつよい結びつきをもち、王朝のなかで人事面でも力を握っていた。[3]

すでに君主政体のなかで、ドイツ語を話すオーストリアの場合、二重のアイデンティティーが生じていた。出自、言語、教育システム、文学、コミュニケーション・サークルを介して、つよくドイツ的なアイデンティティーをもち、そしてドナウ王朝にかかわり王朝的にもろもろのシンボルにもとづく弱めのオーストリア的アイデンティティーの二つである。このオーストリア的アイデンティティーは、上層貴族、高級官僚、軍人の上層部、大ブルジョアジーなどにおいて、また部分的にはカトリック教会においても、しばしば「超民族的なもの」と理解され、混合文化として他の民族的要素も共生的に包含していた。オーストリア的アイデンティティーの支えは、多くは上から――王冠と上層階層から発していた。そのアイデンティティーは核心では保守的な装いをしていたのに対して、ドイツ的なアイデンティティーの形成は、反抗的な臭いがするものであった。先頭にたつのは大学生たちであり、ある種の革命家気取りがつきまとっていた。こうした二重のアイデンティティーはほとんどの場合、問題なく併存していた。それでも危機の局面になると、特定の社会層ではドイツ的なものがオーストリア的なものと厳しい抗争に陥るのであった。中間層、とくに知識層は、上層や下層の人たちより、よりはっきりと「ドイツ的」だと思っていた。

この書でとりあげている時代の当初、一八九七／九八年のバデーニ危機〔一八九七年時の首相バデーニは、官僚に二つの言語、この場合ドイツ語とチェコ語の習得を義務づけようとした。これに負担を感じたドイツ系の人たちが激しく反発した〕は、ドイツ的な熱情をかきたてた。伯爵バデーニ首相のボヘミアとモラヴィアに関する言語令、つまりドイツ語とチェコ語を役所用語とし、役人に一九〇一年以降両言語の知識を求めた政令は、アルプス諸州（グラーツが中心）

で幅ひろい反対運動を引き起こした。生まれつきドイツ語を話す人たちの、ドイツ文化の特権的地位が危険に晒されているように思われたのである。手がつけられないほどの新聞のデマゴギー、ドイツ民族の日を謳っての動員、「ドイツ共同市民連盟」の設立、帝国議会における異常な議事妨害行動などは、幅ひろい抵抗戦線を形づくった。[4] オスヴァルト・トゥーン伯ような穏健な男ですら、日記にこう書いていた。「この絶望的な状況からの脱出路は、誰にもみいだせない。バデーニは二年間の間にじっさいオーストリアを奈落の淵に突き落としてしまった」。[5] 体制に忠実な大土地所有者たちが絶望的な思いで、帝国愛国主義の残滓を救おうと努める。上述のトゥーン伯が一八九八年の三月きっぱりと首相のフランツ・トゥーン伯爵（一八四七―一九一六）に宛てて書いている。「我われの（ドイツ的）国民性は、それを決して否定しようとは思わないが、我われの愛国主義のなかでは限界がある」。[6] かれの党友で活動的なヨーゼフ・マリーア・バエルンライターがこう補っている。「ドイツ人は、オーストリアの党であることを決してやめてはならない」[7]、と。

しかしドイツ人のアジテーションに誤導されてはならない。オーストリア的愛国主義はまだ存在していたのである。一八九三年には『オーストリア帝国史（*Österreichische Reichsgeschichte*）』が各大学で教科科目として取り入れられた。[8] 学校で、軍隊で、官僚機構ではなお、古風で前近代的ないくぶん色褪せた愛国主義が、宮廷と皇帝を的にした愛国主義が存在していた。[9] こうした皇帝神話は、お祝いの日に下層に向かって光を放っていた。毎年皇帝の誕生日に――祭りのミサ、軍隊の行進、白い衣装の女の子たち、旗やイルミネーション、祝砲として使う爆竹、山上での野焼き、晩餐会などのある祝日。それにラデツキー行進曲〔ヨーゼフ・ラデツキー将軍（一七六六―一八五八）は、イタリア北部の戦いで勝利を収めたオーストリアの英雄的指揮官、かれにちなんでヨーハン・シュトラウス（父）が「ラデツキー行進曲」をつくった〕、たいへんポピュラーで心に染みる「神のお加護を！」という言葉、ヨーゼフ・ハイドンのメロディーによる国歌などをともなった国民の祝日。皇帝の時代、その身体、その誕生日、その行為を祝った。同時に民衆と皇帝の絆は永遠のものとされた。祝われたのは、「絶大な尊敬の的となっている超父親的な存在

(Übervater)」、「ずっと以前からよく知られているお人（der Uralte)」、老皇帝、聖なる権威トリオ、神－皇帝－父親のうちの二番目に位置する人のことであった。[10] 一九一九年に父なる理想像が欠け落ちたあと、心理分析家のパウル・フェーデルン（一八七一－一九五〇）が書き記したようにである。学生・大卒者たちの過激な、ドイツ・ナショナル的な反オーストリア的アジテーションにはこうしてつねに「父親殺し」の要素が含まれていたのであった。

　田舎の民衆文化は違っていた。多くのシンボルを媒介にして、よき支配者のイメージにしっかりかじりついていた。そして結局のところ、都会の中間層の好きな芸術であるウィーンのオペレッタも——そのオペレッタが偉大な君主政体の（しばしばカリカチュアした）タイプを登場させ、「国内各民族」の民族音楽を溶けこませる場合には——間接的には国の全体意識の促進になったのである。[11]

　それでもオーストリア意識の（弱い）知識層は、守勢に追いこまれていると感じ、心深く食いこむペシミズム一杯になっていた。オーストリアの『全体国家理念（*Gesamt-Staats-Idee*)』という歴史書の第二巻のなかで、グラーツ皇帝／王立大学の教授であったヘルマン・イグナーツ・ビーダーマン（一八三二－一八九二）はこう記している。「というのも、オーストリアの総合国家の理念の実現が以前より遠ざかってしまっている時代、そうした国家の実現への関心が生き生きとあるのは軍人の間でしかない時代にあっては、——そうした陰鬱な観察と結びついた仕事にあたって無気力にならないためには、自己否定が必要であろう」。[12] ロベルト・ムージルはのちに、不安定で矛盾にみちたオーストリアのアイデンティティーを次のように皮肉っている。「地球が誕生して以来、言葉の遣い間違いで死んだ者などいまだかつていない。しかしそれにもかかわらず、〝オーストリアとハンガリーの二重帝国、オーストリア＝ハンガリー二重帝国（die österreichische und ungarische österreichisch-ungarische Doppelmonarchie)〟は、その発音のし難さによって没落にみまわれたのだ、ということを付け足しておいてもいいだろう」。[13]

　ドイツ的アイデンティティーとオーストリア的アイデンティティーを分けるラインは、たえずブレていた。アイデンティティーの要素が重なりあっては離れていき、新たな形をとるようになる。こうした変化は個々人のなかでも演じられた。チロル地方の医師で作家のハインリヒ・フォン・シュラルン（一八六五―一九五五）は、文学的には価値はないが、メンタリティーの歴史面ではきわめて示唆のある小説『若きオーストリア（*Jung-Österreich*）』のなかでそうしたアイデンティティーの変化を叙述している。[14] その種の変化は家庭のなかや、その他の集団においても引き起こされていた。

ちなみに数量分析が示すところによると、ドイツ本国とのコミュニケーションのルートは、世紀の転換期以降むしろ少なくなっており、世論の分析をみると、オーストリア的アイデンティティーの部分が目立って増えている。「オーストリア」というシンボルの価値は、ドナウ王朝の最後の一〇年の間に「ドイツ」というシンボル価値よりも、二倍から三倍も増えている。[15]

第一次世界大戦の開始は、オーストリア的愛国主義をその頂点にまで押し上げ、ショーヴィニズム（狂信的な愛国主義）の反吐がでるほどの悪の華を生みだした。訝しい思いでロシア人亡命者レオ・トロツキーが、ウィーンの大衆のそうした愛国主義的な痙攣を目にして、こう言っている。「何が、ウィーンの靴職人の徒弟たち、半分ドイツ系―半分チェコ系の男ポスピシュル、あるいは我われの八百屋の小母さんのマレシュ、辻馬車の御者フランクルを国防省前の広場へ駆りたてるのだろう？」。[16] 数日間にわたって人びとは、「プリンツ・オイゲンの歌」を大声で歌いながら、通りを練り歩き、「スパイ」探しをするのだった。一九一四年九月一二日、シュテファン・ツヴァイクが日記に書いている。「わたしには人びとと話すことができない。かれらはみんな愚かでまったく真実味のない愛国主義に釘づけになっている」。[17] それから数カ月後にはこうある。「愛国主義はとっくになくなっていて、今では飢餓が始まっている。楽観主義の御仁たちは甘い声を口にするのをやめてしまった」[18]、と。

挙げ句の果てに、一九一五年オーストリアという名称は、帝国の西側半分――比較的長い伝統にもとづいて――を指すよう国法的に決められた。[19] 上の方からの指示で強力なオーストリア・プロパガンダが始まった。その種のプロパガンダにフーゴー・フォン・ホフマンスタールはみずからのエッセイ的な文章すべてをもって奉仕する。

――たぶん本心からでもあったし、また前線での勤務を免れようとしてでもあったろう。ホフマンスタールは「オーストリア精神」をとりあえず音楽のなかに探しだす。――「スラヴ的なものの息吹、イタリア的なものの輝き、もっとも深奥のドイツ性からくみだされたこの（オーストリア）音楽のなかに」[20]みいだす。こうして、二重のアイデンティティーのもとに、「感情の二元性のもとに」在りつづける。「我われのオーストリアへの帰属、ドイツ的な全体存在への我われの文化的な帰属を、維持する術を我われは知らねばならない」。[21]オーストリアはヨーロッパにおける「ドイツ的課題」と定義づけられる。かれの友人レーオポルト・フォン・アンドリアン（一八七五―一九五一）は、詩人で外交官、いうなれば「純粋種の」オーストリア人であったが、すでに一九一三年にこう警告していた。「同時にドイツ人とオーストリア人であるようなことは、よく言われるのとは違って、わたしには不可能のように思われる」。[22]ホフマンスタールが狙っていたのは、オーストリアという極の強化であった。そのためにかれは『オーストリア文庫（*Österreichische Bibliothek*）』を編纂する。それゆえに（戦時のバージョンとしては）第一次世界大戦を一六八三年（トルコ軍の撃退）後のバロック的な偉大なオーストリアの世紀に結びつける。東方に対する戦いであり、防衛戦争である。そして（平和時のバージョンとして）「オーストリアの理念」を、オーストリアのレーゾン・デタを、「古きヨーロッパ―ラテン―ゲルマンと、新しいヨーロッパ的なスラヴ世界との調停」にあるとしたのだった。[23]

　これらすべての試みは、カール・クラウスも弾劾するように、戦争プロパガンダに奉仕するものだった。同じようにこうした文脈のなかに位置づけられるものに、全体規模の国家意識を歴史的に基礎づけようとするドイツ・ナショナル的な思考の歴史家たちの努力も、いささか度をこした努力もあった。トルソとして、戦争末期頃『オーストリア』という名の歴史雑誌が発刊される。雑誌は一年間しか発行されなかった。「オーストリアの人たちは十人十色で自分の意見を主張したにしても、かれらの心が口にするのは一つの言語である」。[24]そうした心の言語は空虚なレトリックに留まった。というのも、文学的なオーストリア・イデオロギーと、飢えと厭戦気分、民族的分裂状態にあった人たちの生活世界との間には、ますます深い溝ができていた。全体総合的な国は、散りじりになったのである。

今度はドイツ的要素が支配的になる。オーストリア、それは、さまざまな民族が一緒に集っていた、全体規模の国家の西側部分であった。その新たな小規模国家は当然の帰結として、「ドイツ人のオーストリア（Deutsch-Österreich）」として樹立され――そしてドイツ本国への合併をめざした。古きオーストリアに関するもっともひどい悪口を口にしたのはカール・クラウスである。たいへん一方的な質の、同情など一切ない「追悼の辞」である。慰めがあるとすれば夜のなかのこの夜、空腹と寒さに凍えながら、「もはやオーストリア人ではない」[25]ということだ。オーストリア――何世紀にもわたる地獄であり、磊落な死刑執行人たちの結社、この惨めな共同体、汚物の山、ならず者の国家……。別な人たち、軍人、官僚、教会、経済界の古きエリートたちは、こうしたオーストリアのことを嘆き悲しんだ。それに傷つき、ハプスブルク神話に救いを求めた。こうした人びとから当座発せられたのは、新たなオーストリア意識をつくりだそうとする試みだった。

## 第二節　「オーストリア的人間」

君主制と共和国との敷居のところに――第二刷りの序言の日付けは、一九一八年一一月三日、停戦の日となっていた――『オーストリア文庫』の第九巻として、（経済地理学者）ロベルト・ジーガー（一八六四―一九二六）のオーストリア＝ハンガリー帝政を地理学的に論拠づけようとする試みが出版された。かれの論拠によると、ウィーンの中心的交差点周囲にハプスブルク君主制が堆積しているというのは、空間の論理に合っている。その君主制が崩壊すればその代わりに似たような別の構造物が登場するのは必然である。[26]

一九二〇年代のなかば以降、「オーストリア的人間」のビジョンを描く試みがしばしばみられた。そういうオーストリア人像は、知的な舞台に登場する。ヨーゼフ・アウグスト・ルクス（一八七一—一八四七）、オスカル・シュミッツ（一八七三—一九三一）、アントン・ヴィルトガンス（一八八一—一九三二）、エルンスト・カール・ヴィンター（一八九五—一九五九）、リヒャルト・シャウカル（一八七四—一九四二）その他の人たち。ほとんどすべての人が（ドイツとの）合邦に反対論を述べる。シュミッツは、反体制的な「ドイツ本国人」として、古きメロディーを口ずさんだ。オーストリア人は——プロイセンとは違って——バロック的、感性的、カトリック的、貴族的である、と。オーストリアのなかのドイツ・ナショナル的田舎市民性を明白な国事犯だと非難し、イグナーツ・ザイペルをオーストリア的人間の模範だと讃える。[27]じっさい「ジュネーヴ借款議定書」のあと〔一九二二年深刻な経済危機を乗り切ろうと、ザイペルが周辺各国をまわって、支援を訴える。イギリス／フランス／イタリア／チェコスロヴァキア四カ国の保証により六億五〇〇〇万クローネの国際借款を、国際連盟が管理する形で取りつけた〕、ザイペル神話めいたものが生まれて、その神話はオーストリア的要素の強化と、短期間ではあるが、パラレルな歩みをする。シュミッツはおのれの論拠のために六八頁を必要とした。それに対する回答の際、明白なオーストリア合邦論者フリードリヒ・クラインヴェヒターは二四〇頁を要している。この人の、ドイツ＝オーストリア的人間に関する饒舌な類型学は、社会史的な素描をちりばめたものであるが、次のように流れていく。「オーストリア人は、ドイツ人であって他の何ものでもない。いくつかの特別さをもったドイツ人であるが、その特別性は他のドイツ種族のなかにみられる特別性とほとんど同じものである」。[28]

　オーストリア的人間について勝手気ままで男性中心的にあれこれ思いを巡らしたのは、アウグスト・クノル（一九〇〇—一九六三）、アルフレート・ミソング（一九〇二—一九六五）、エルンスト・カール・ヴィンターを中心とする復古主義的グループの人たちであった。かれらの綱領文書が一九二七年に出されるが——自社出版で『オーストリアのカールの死んだ日（*am Todestag Karls von Österreich*）』となっていた。オーストリア賛歌は曖昧な原始時代に始まっている。そのとき以来オーストリアの地は、独立をめざしてきた。しかしオーストリアという理念は、超民族的でヨーロッパ的な理念として、その後君主制という形でしか現実化できなかった。それでも君主制の深奥の核心は、父なるものの支配である。「父に対する――天にいます父、聖なる父、国の父、家庭の父――裏切りが原因で我われはこんなにも惨めになってしまった」[29]。共和制とデモクラシーはこの綱領にはでてこない。――流れとしては父を失った社会がかれらを不安にさせるのだった。そしてマリア・テレジア（一七一七―一七八〇）。しかし従来、この女帝はオーストリア神話のなかで、それほど目立った人物であったろうか？　当然の帰結ながら彼女には、「オーストリアの歴史の軌道」を混乱させた罪があるとされる[30]。当時すでに（女性が支配者という）災いが始まっていた。そしてヨーゼフ二世は破滅の道を突き進んだ。唯一妥当するものでモデルとなるものは、ユニバーサルで――バロック――カトリック的オーストリアであった。すべてのオーストリア神話と同様、この神話もひどく反プロイセン的な先鋭化をみせていた。オーストリアは、創造的精神、貴族階級、カトリシズム、愛と自由のためにあり、プロイセンは、悪魔に取りつかれた状態、成り上がり者、プロテスタンティズム、憎悪、抑圧のためにある、という。

すでにかなり前にロベルト・ムージルが嘲笑的にこう言っていた。「我われのなかで西洋と東洋、北と南を結婚させるほど、我われにはたいへんな才能がある。魅力的な多様性、種族と民族の素晴らしい交差点、あらゆる文化のメルヘン的な共存と混合、それが我われなのだ。そして我われには古きゆかしさがある！（〝つまり我われはバロックまでもどって描写できる。それにくらべたら、ベルリンの国などなんという成り上がり者だろう〟）」[31]。ストレートに皮肉も交えずに、「オーストリア的人間」に「オーストリア的な顔」を突きつけたのはカール・クラウスである。不快ににやにやしている死刑執行人の顔を！[32]　オーストリア的人間をめぐる肯定的あるいは否定的、繊細あるいは荒っぽい、のいずれにせよフィユトニスティッシュな（文芸欄的）取り扱いはイデオローグたちや物書きたちの戯れであり、具体的な内容より、むしろ素敵で実質何も言っていない言葉であった。オーストリアの住民がそんな戯れにかかわることはほとんどなかった。それではオーストリアの住民はどう考え、どんなアイデンティティーをもっていたのだろうか？　歴史書は、こうした問いに対して何も答えてくれない。正確に答えるのは不可能であって、許されるのは仮説だけであろう、と思う。

第一の仮説——一九二一年春のチロルやザルツブルクにおける合邦決議、それは民衆の「ドイツ的」な心情、少なくとも西部オーストリアの人びとの心情の証拠であったろうか？　とりあえず、合邦とドイツ的アイデンティティーとは区別しなければならない。一九二一年の「合邦」が意味していたのは、世界経済危機からの脱出路を示す「救イノ神」であり、最後の期待であった。がさつなプロパガンダは単一方向のもので、決議をとおすにあたっての無数の手練手管、不正確な数字が結果を疑問視させた。疑問視させたが、しかしそれ以上ではなかった[33]。決議に対していろんな批判があるにもかかわらず、第一共和国の初めに西部オーストリアの住民のあきらかに多くの人たちが「ドイツ民族」への漠然とした帰属意識をもっていて、それを表現したという結果は残りつづけた。

第二の仮説——ペーター・カッツェンシュタインの数量分析によると、一九二二年以降オーストリアのシンボルとアイデンティティーの証しの増加がみられるようになる。一九二〇年代のなかば以降オーストリア的国家心情が確立されるチャンスがいろいろあった。世界経済危機を迎えて初めて、ドイツ的アイデンティティー部分がふたたび増加する[34]。「意志に反しての国家」というテーゼは決して第一共和国のすべてを通じて当てはまるものではなかった。

第三の仮説——リアルな分析をめざすなら、第一共和国のオーストリアの三つのアイデンティティー図式、つまり相互に不安定な関係にある三つの図式から出発しなければならないだろう。いろんな危機を乗りこえてきた確固とし安定した国の意識——各州から生まれたオーストリア[35]。さらにはむしろ不安定なオーストリア意識で、オーストリア・ライヒ（国）における方が西側部分よりもはるかにつよくて意識的なもの。最後にあるのは、君主制時代から引き継いだドイツ民族への帰属意識。これは非常に漠然としたものだから、イデオロギー的にたやすく拡大可能なものである。

わたしも採りたいこの三番目の仮説は、ある資料によって具体的に示すことができる。『ザルツブルクの家の本

(*Buch für das Salzburger Haus*)』というポピュラーな民衆本は、基本的な経験として家の単位から始まって、地平を村から州にまで広げる。そして次のアイデンティティーの範囲として国、連邦国家オーストリアが提示される——郷愁にかられて次の言葉が覆いかぶさってくる。「かつて豊穣な大地に立派な樫《オーク》の木が立っていた。突風がその木をなぎ倒してしまった。そしてその木が地面に倒れているのを見た人がみんなで、その木について口々に言った。〝この木があんなにも背が高く力づよかったなんて思っていなかった!〟と。それが我われの古きオーストリアなのだった。立派な木の在ったところに、オークの若木が生えてきた。弱そうで華奢、病気に取りつかれていて、養分もじゅうぶんでないし、お日様も僅かしか当たらない、自分の存在を、力のかぎり守ろうとしている。これが我われの若きオーストリアなのである。もしかしてやがてその木についてこう言われる時代がくるかもしれない。〝弱そうな若木がこんなにも大きく、力づよく、素敵な木になるなんて、ちっとも思っていなかった!〟、と」。[36]

物書きたちがオーストリアとかかわろうと努める場合ですら、ドイツのシンボル(樫《オーク》!)に立ちかえっている。たぶん君主制時代の無意識の反射的な意識なのだろう。ドイツの樫《オーク》対スラヴのシナノキ(菩提樹)というシンボル対決という反射的な意識である。

究極のもっともひろい生活圏として示されるのは、民族であり、当然ながらドイツ民族である。テキストにはトイトブルクの森にあるヘルマンの記念像が描かれている〔ドイツ北部のオスナブリュックからビーレフェルトにかけての南方に広がる森にある記念碑。ゲルマン諸族を率いたヘルマン(アルミニウス)がその森でローマ軍団と戦い(紀元後九年)勝利する。その古代の勝利を記念して一八七五年に建立されたもの〕。要約すると、たしかにオーストリア的国家意識は存在する。しかしそれは「ドイツ」民族性のなかに埋めこまれたものだった。小学校の教科科目もこの主導ラインにまさしくそったもので、歴史の授業で提供されねばならないのは、故郷(連邦各州)、祖国(オーストリア)、そしてドイツ民族のもろもろの像であった。[37]

アイデンティティーの危機は、政治的なシンボルの惨めさをみればわかる。たとえば国歌。皇帝賛歌は共和国では通用しなくなった。首相のカール・レナー博士みずから詩作の面倒な作業に取り組み、新たな国歌の歌詞をつくり、ヴィルヘルム・キーンツル（一八五七―一九四一）に作曲させる。「ドイツ＝オーストリアよ、お前素晴らしい国よ、おいらはお前が好きだ（Deutsch-Österreich, Du herrliches Land, wir lieben Dich!）」。国歌は屑籠行きになるだけで、誰一人――ウィーンの小学生の数人を除いて――歌詞を知っている者などいなかった。結局一九二九年、やはりハイドンのメロディーにもどらざるをえなかった。ただし、それには、オットカル・ケルンシュトック（一八四八―一九二八）、「ドイツに忠実な詩人で忠誠、忠実な司祭」の歌詞がついた〔オーストリアの皇帝賛歌「Gott erhalte Franz Kaiser」のメロディーはハイドンの作曲であった。それはのちにドイツの国歌のメロディーともなった〕「Sei gesegnet ohne Ende, Heimaterde, wunderhold!」。その後一九三〇年代になると、しばしばみられたのは、おおやけの事があると、ハイドンのメロディーで、ある人たちは、「Sei gesegnet ohne Erde」と歌い、他の者たちは「Deutschland, Deutschland über alles」と、また別な人たちは「Gott erhalte」と歌っていた。[38]

同じように、オーストリアのアイデンティティーの中身をつけるのも難しかった。ある人たちは、複数併存性を出発点とした。民族的、文化的、宗教的な混合地域としてオーストリアは、民族的多様性のなかにもっぱら「意義」があるという。――中世の「ライヒ」（国）の宗教的＝神話的残滓でもあった。別な人たちは、中間的に東西、北と南の間の橋渡しの役に舞いもどった。またもう一つ別な人たちは、ドイツという極につよく惹きつけられて、東方の残忍な敵に対する西洋の最先端にいる歩哨として「オストマルク」の防塁の機能のことを口にした。それに反して、明確なドイツ人意識をもつ人たちは、はっきりと帝国主義的な傾斜をみせながらドナウ圏におけるオーストリアのドイツ的使命を強調するのだった。

微妙なニュアンスのうちに差がでようとも、ナショナリズムというのは、それぞれ個々の生き方に意味を与えるにあたってしっかりした支えとなるようにみえる。宗教が「結びつき（Ligatur）」として安定した意味を与えることができなくなったときに、それを与えるのはしばしば政治的な宗教としてのナショナリズムである。ドイツ・ナショナル的な形をとったナショナリズムの方が、オーストリア的な刻印を帯びたものより決定的につよかった。というのも、脆いオーストリア的な自己感情は、そのメンタル的な基調音ではカトリック教会との結びつきがあいかわらずあって、傾向的には超ナショナル的であった。その点は、一九三三年以降はっきりと示された。すなわち世界経済危機以来、オーストリア人たちの二重のアイデンティティーは、あらためて分極化した。「身分制国家（Ständestaat）」という実験が経済的な危機に対する答えとしてオーストリア意識を強調し、君主制時代のシンボル（たとえば国のワッペンとしての二重の鷲）をふたたび復活させ、第二のドイツ国家、「よりよい」ドイツ国家としてのオーストリアを支援しようとした。[39] こうしたイデオロギー的攻勢は、オーストリア的国家意識を上から強制的に浸透させようとする欠陥をもっていた。そして攻勢は、一九三四年の市街戦で敗北した社会民主党を締めだしていた。守勢にたちながら、そうしたオーストリア・イデオロギーは、ナチズム的なドイツ本国に抗して国の独立を貫こうとする運命になるのだった。

オーストリア国家・国民（ネーション）をイデオロギー的・歴史的に根拠づけようとする完全左翼の試みもまた守勢的なはたらきしかもたなかった。ファシズムに対する人民戦線政策の意味にたってオーストリアの共産主義者アルフレート・クラール（一九〇四—一九四四）〔非合法オーストリア共産党のメンバー、「オーストリア・ネーション」という概念の最初の主唱者の一人、ナチに逮捕されアウシュヴィッツに送られるが、脱出に成功するも、ワルシャワで親衛隊にみつかり射殺される〕は、論拠づけようとする。スターリン（一八七九—一九五三）のネーション規定、つまりネーションの基本的メルクマールとして自己の領土をくっているという規定にたちながら、クラールがいうには、オーストリアは一八六六／七一年以降（国として）分離してやってきており、それゆえ独立したネーションとみなすことができる、[40] と。アイデンティティーのこのような過激な規定の言い換えがとおったのは、中央が一手に統率する政党においてだけのことであった。

経済指数がドイツ本国の数字のはるかうしろをよろよろと追っているかぎり、一般民衆にとってのオーストリア意識は、イデオロギーと定めない情動の雲のなかに留まっていた。そして上層の、政治家クラスにおいてすら、不安定さと不安が支配していた。そんなわけで、一九三七年「ブルク劇場」の演出監督も、次のような言葉を言わせる勇気はもはやなかった。つまりフランツ・テオドーア・チョコーア（一八八五―一九六九）〔一九一八年『赤い大通り』を書いた表現主義の代表的な劇作家、一九三八年亡命を強いられる〕がドラマ『一九一八年一一月三日』〔パドゥア近郊でオーストリア＝ハンガリー帝国と協商国側との間で停戦協定が締結された日のこと〕のなかで、ユダヤ人の連隊つき医師のドクター・グリューンに言わせている、「オーストリアの大地」という言葉のことである。[41]

## 第三節　生みの苦しみ

一九三八年、新たな権力者は、オーストリアとのラディカルな断絶を演出する。国の隅々にいたるまで、オーストリアという名前は「根絶」される羽目になった。もっとも、オーストリア人のドイツに対する憧憬は、「第三帝国」との「結婚生活」という現実のなかで徐々に幻滅に変わっていった。——一気にではなく、戦争という事態を追いながら、足音を忍ばせるように、矛盾だらけの形をとって変わっていった。

オーストリア系のナチスの一部でさえ、（ドイツ）ナチスよりも、よりオーストリア人であることを示した。[42] そうしたテーゼの豊富な資料となっているのが、かぎりなく虚栄心がつよいが、歴史的には繊細で短期間、副首相の地位にあったエドムント・グレーゼ・フォン・ホルステナウ（一八八二―一九四六）の日記である。ほんの一例をあげると、一九四三年の二月かれはこう記している。「そのくせ我われオーストリア人は半分冗談にしても、次のような疑問、つまり我われはここ数年のうちにそもそも独自のネーションに——たとえばオランダのような——なったのではなかろうか、という疑問をもっている」。[43]

研究戦略的には、住民の間に形成された散漫なオーストリア意識と、個々の抵抗グループの省察を経たうえでのオーストリア・イデオロギーとは、はっきり区別してかからねばならない。[44] とりわけウィーン人たちは、首都的な役割を喪失したからといって、ドイツ的な地方都市に格下げとなることに甘んじてはいられなかった。「そっと囁く・耳打ちする（Raunzen）」、ナチの隠語で「ぶつぶつ不平をいう（Meckern）」というものが、ウィーンでは楽しみ多い技法として利用された。「異質なもの」との違いを際立たせる、「敵の像」の創造はほとんどどこでも心理的な国家・国民形成のよくある形態の一つである。ナチズム時代のオーストリアでは、伝統的な反プロイセン的な反応姿勢、「ドイツ野郎、威張りくさった奴（Piefke）」という戯画像が、オーストリアという特別意識が堆積する際の結晶の核となったものである。それがまず、バイエルンなどでみられたような、一種の分離主義となり始め、その後戦争の間に、ドイツ本国からオーストリアを引き離すようせっつく形をとるようになった。

ジョーク、ざれ歌、噂話、路上や「バッセナ（Bassena）」〔とくにウィーンなどの古い住居で、複数の所帯が水を汲みあう大きな容器〕のかたわらでの日常的な小さな嘆きが、全体としてオーストリア意識の目覚めの証しといえるものになる。とくに目立って感じられたのは、本国ドイツ人のつっけんどんな命令口調、肩肘はった軍隊調の人間タイプであった。ジョークでこう言われていた。「ドイツ野郎たちの両耳ははるか後方についている。うん、それはまたどうして？　それはな、やつらが口をもっと大きく開けるようになんだよ」。[45]

ドイツ的なてきぱきした有能さに対する賛嘆が、ドイツ的尊大さへの批判に変わってしまった。ウィーンの人びとは、ドイツの生活文化よりもはるかに優れていると思っている、古きオーストリア的な生活文化を引き合いに出す。この視点からするとドイツ人は、「ジャガイモを食べる野蛮人（erdäpfelessende Barbaren）」、「パンにママレードをつけて食べる人種（Marmeladinger）」であって、かれらはオーストリア人からみると、鵞鳥や鶏の分まで「食べてしまい」、そのくせ威張りくさっているのであった。

05――ウィーンのシュテファン大聖堂の外壁に書かれたオーストリア抵抗運動の印

戦争の罪、夜な夜なの空襲の罪は、ドイツ人のせいにされ、オーストリアはどうにか免れられるのではないか、とあわい期待をかけるのであった。大多数の民衆の場合、オーストリア意識をかきたてたのは、全般的な戦争の苦境であって、ユダヤ人の強制移送ではなかった。ある程度楽観的な気持ちで――とりわけ一九四三年の「モスクワ宣言」以降――連合国の勝利後の、かれらによる（オーストリアに対する）寛大な措置を当てにしていた〔モスクワ宣言とは、一九四三年一一月一日に出された、米英ソの外相たちによる声明。そのなかでは、ドイツによるオーストリア占領は不当とみなし、自由で独立したオーストリアの再生を望むとされていた。しかしオーストリアは戦争参加への責任を思いだし、自分たちの解放のためにオーストリア自身が寄与することを求めていた〕。

一九四四年四月になってもあるアメリカの秘密報告は次のように確認していた。オーストリア人たちは、一部では愛国主義を示しているところもあるが、仏英的な意味での真に国民的な感情はみられない。「併合」はきわめて不人気、オーストリア・ナチスの間でも不人気。しかし国の独立への願いの拡がりは、はるかに少ないものである、[46]と。

オーストリア内の抵抗運動は、したがって幅ひろい民衆運動でもないし、組織化された抵抗運動ですらなくて、非合法下に緩い接触しかもてない個々バラバラのグループからなるものであった。逆に他方では、民衆の伝統のなかでは抵抗運動の力や活動ははるかに低い評価しかもたれていなかった。いうまでもなく結果として残ったのは、次の事実であった。一九四五年後のオーストリアの独立性は、オーストリア人自身のなせることではなく（いくつかの例外はあるが）、連合国の勝利の結果であった。

一九一八年には――イローニッシュにいうなら――オーストリアからの共和国の脱出が結果したとすれば、一九四五年に生じたのはドイツからの脱出であった。疑問の余地なき「Staatsnation」〔一体性が政治的・国家的まとまりにもとづいていること。これに対して「Kulturnation」といえば、文化的な面での一体性にもとづいた国家・国民のことに言われる〕の樹立である。「ドイツ的な」アイデンティティーの部分は、抑えこまれ、解体していった。そうはいっても残滓の形であちこちに残りつづける。こうした変遷の特徴はいくつか確認できるだろう。

1　〔オーストリア〕政府の手により、国際世論に対して、オーストリアは罪のない犠牲者だと言いふらされた。「我われの祖国、世界におけるファシズム的帝国主義の最初の犠牲者は、ふたたび自由になって、独り立ちしたのである」、と一九四五年一二月二一日の政府声明では言われていた。オーストリアは抵抗をこころみた。「オーストリアの本質とは大いに矛盾する政体を、基本的に拒否する姿勢から生まれた」抵抗運動であり、「その異質な政体のなかに、オーストリアが長年の厳しく犠牲多き抵抗ののち、未曾有のテロルによって押しこめられたものだった」[47]、と言われていた。こんなわけで、ナチズム犯罪に関するオーストリアの責任はネグられてしまったのである。

2　第一共和国とは違って、第二共和国当初のオーストリア像は、決定的に反ドイツ的な色合いのものだった。政府声明のなかでの否定的なドイツ像が占める割合は、当面高いものだった。割合は、一九四六年から五五年の時期に七三％、それが一九五六年から七〇年の段階になると一〇％に下がっている。報道機関もこうした基本傾向にしたがっていた。[48]こうしたドイツという敵の像の様式化がたとえ歴史的にみて疑問があるにしても、国家・国民形成の過程でそれはおそらく必要な経過段階であったろう。というのも、かねてよりオーストリアは、なんとなく「ドイツ」との関わりで自己規定するよう強いられてきたからである。

3　あらためて激しいオーストリア・プロパガンダが行なわれた。またしても上からであったが、このたびはひろく世論に担われたものであり、右も左も似たようなレトリック的構図を使っていた。[49]その際に起こったのは、「伝統の案出（Erfindung von Traditionen）」と性格づけるのがもっとも適切であったろう。[50]オーストリア神話がその一千年もあると称する歴史から生みだされた。同時にハプスブルク・ノスタルジーも広がった。君主制が、「第三帝国」の犯罪によっていわば浄化され、新たに輝きを放つようになったのである。一九五〇年代の映画『シシ（*Sissi*）』〔シシとは、皇帝夫人エリーザベトの愛称〕、無数のウィーン賛美の著作物やウィーンの映像――その先頭にくるのは『宮廷顧問官ガイガー（*Hofrat Geiger*）』〔一九四七年制作の映画〕――は、その創造性のない無難な作り方で幅ひろい受け入れ方をされ、他方でそれが同時に国家・国民形成の支えとなった。[51]公共放送の映像、たとえばテレビ放映番組の「週間ニュース」、おおやけに正当化された映像は、ハプスブルク神話と農民的な民衆文化とからなる伝統的なオーストリア像を手放しの経済成長オイフォリーの技術的な進歩の像と結びつけた――その際象徴的役割をはたしたのが、とりわけタウエルンのカプルーン発電所であった。「飾りのついた帽子を被った猟師（Gamsbartträger）」仲間に、社会パートナーシップ的にヘルメットを被った建築労働者がくわわった。「オーストロ・ビジョン」の構成は、迷うことなく一貫して、ナチズムの過去、反ユダヤ主義、異国人憎悪など、一切の恥ずべき事柄を締めだしてしまった。[52]

オーストリアの国民・国家形成のほんらいの始まりの局面は、ようやく一九五五年（国家条約締結）後になって

料金受取人払郵便

本郷局承認

9647

差出有効期限
2018年5月31日
まで
（切手不要）

郵 便 は が き

113-8790

（受取人）
文京区本郷1―28―36
鳳明ビル1階
株式会社三元社　行

1 1 3 8 7 9 0　　17

**1冊から送料無料☺**（国内のみ／冊子小包またはメール便でお届け。お支払いは郵便振替で）

| お名前（ふりがな） | 年齢 |
| --- | --- |
| ご住所（ふりがな）<br>〒<br>（電話　　　） | |
| Email（一字ずつ正確にご記入ください） | |
| ご職業（勤務先・学校名） | 所属学会など |
| お買上書店　市 区・町　書店 | |

20160513/10000

## 愛読者カード

ご購読ありがとうございました。今後、出版の参考にさせていただきますので、各欄にご記入の上、お送り下さい。

書名

▶本書を何でお知りになりましたか

□書店で　□広告で（　　　　　　　　　）　□書評で（　　　　　　　　　）

□人からすすめられて　□本に入っていた（広告文・出版案内のチラシ）を見て

□小社から（送られてきた・取り寄せた）出版案内を見て　□教科書・参考書

□その他（　　　　　　　　　　　　　　　　　　　　　　　　）

▶新刊案内メールをお送りします　□ 要　　□ 不要

▶本書へのご意見および今後の出版希望（テーマ、著者名）など、お聞かせ下さい

●ご注文の書籍がありましたらご記入の上お送り下さい。

（送料無料／国内のみ）

●ゆうメールにて発送し、代金は郵便振替でお支払いいただきます。

| 書　　名 | 本体価格 | 注文冊数 |
|---|---|---|
| | | 冊 |
| | | 冊 |

**http://www.sangensha.co.jp**

始まる。その局面は、オーストリアの「経済の奇跡」と密接にからんでいた。（ドイツと）似たように経過する経済成長率は、もはや妬ましそうにドイツに視線をやる必要もなかった。オーストリア国民への賛意は、アンケートによると、一九五六年の四九％から一九八〇年代には八〇％超に増えていた。[53]ところでアンケートに答えた人たちは「ネーション」をどう解していたのだろうか。その点に関するさらなる研究がいくぶん明瞭にしてくれる。[54]「ネーション」とはおおかたのオーストリア人にとって「Staatsnation」、「Konsensualnation」、「Staatsbürgernation」、すなわち一つの国のなかで市民が望む政治的共同生活のことであった。こうしてオーストリアにおいても、脱イデオロギー的で脱情動的な西側的な国家・国民が定着したのである。

それでも一段深いところでは、別なアイデンティティーが流れつづけている。オーストリア＝スロヴェニア的、オーストリア＝ユダヤ的、オーストリア＝ハンガリー的な……アイデンティティー、そしてまたオーストリア＝ドイツ的なアイデンティティーがいくつかのグループにはみられるのであった。最後の二重アイデンティティーは、オーストリア・ショービニスト（狂信的な愛国主義者）には——その種の人たちもいた——耐えがたかったろう。しかしそうしたアイデンティティー（オーストリア＝ドイツ的なそれ）は（ハプスブルク帝国のなかのドイツ人住民領域という）残存部分として、我われの歴史の産物なのである。しかしながら、オーストリアがあいかわらず属そうとしているドイツ民族という構成は、比較的若いオーストリア人の大多数にとっては（少なくとも現在のところ）中身のない空虚なものになってしまっている。ごく少数の古風な歴史家たちや若いドイツ・ナショナル的なイデオローグたちがもてあそぶものでしかないのである。[55]

民族的に／言語的に一つになった国民国家というモデルが歴史の目標とされていた間は、オーストリア人たちの複雑なアイデンティティーは、古風で非近代的なようにみられざるをえなかった。しかし、ヨーロッパにおける国民国家そのものが、一方では内部的な地域（強調）主義、他方では超国家的な結びつきによって危機に陥って以来、また東部ヨーロッパにおいて先祖帰り的といえる血なまぐさい殺人狂的なナショナリズムが立ちあらわれて以来、問いはまったく別様なものになっている。もしかして、オーストリア人たちの二重アイデンティティーは、それを好んだ、あるいは嫌った人たちが感じていたよりも、より近代的なアイデンティティー形態ではなかったろうか？

# 第七章　大衆文化

## 第一節　ビートルズ、あるいは文化的な論考の多様性

一九六五年の三月一五日、ビートルズがザルツブルク空港に降り立った。四〇〇〇から五〇〇〇人もの熱烈な若いファンがひっきりなしに「エィー・エィー」と叫んで、「リヴァプールからの騒々しい歌い手たち」を出迎えた。警察は広範な安全確保の措置をとっていて、放水車も用意してあった。保守的な『ザルツブルク国民新聞』が憂慮しながら書いている。「どんな高い叙勲の政治家でも、定評ある祝祭劇の演出家でも、また好成績を出したスポーツ選手でも、ここ数年これほどのデビューをやってのけた者はいない」[1]、と。しかし「わめき立てる大衆吸引器」一行のファンは、仲間ばかりではなかった。高校生のグループがブラスバンドを従えて、空港で反対のデモ行進をした。掲げている幟のスローガンは、はっきりと「ビートルズ・ゴーホーム」、「アルプス動物園用の

代用品」、「去勢された男たちのコーラス万歳！」となっていた。ホテル「エースターライヒッシェン・ホーフ」で――新聞『ザルツブルク報知』のコメントによると、そのホテルはかつてヒトラー、ゲッベルス（一八九七―一九四五）、チアノ伯爵（一九〇三―一九四四）が泊まったところ――、ビートルズは軽い食事をとってから待機しているジャーナリスト相手に記者会見を行なう。もちろんテレビは「ライブ」放映のために現場にいたし、ミュージシャンたちの髪の毛がほんものかどうか試しに触ってみた報道関係者もいたという。その際モーツァルトについて訊かれると、ジョン・レノン（一九四〇―一九八〇）が挑発するように「かれ元気かい？」と答える。それからビートルズ一行は車で、映画撮影のためにオーバー・タウエルン〔ハルシュタットの南に広がるアルプス地帯〕に行き、そこであまり上手とはいえない、スキーをたっぷり楽しんだのだった。[2]

同じ頃、グラーツ大学で法律学を勉強中の学生が「深みから」、つまりジュークボックス〔レコードの自動演奏装置〕から「音楽を聴くが、それはかれの人生で初めてのもので、後年では恋の瞬間だけでしか体験しないようなもの、これを専門用語でいうと〝空中浮遊（Levitation）〟〔空間を自由に浮遊するような主観的体験のこと〕というものを味わった」[3]、という。数十年経って、「かれが思うには、耳にしたビートルズの初期のレコードは、公園の木々のなかでの電子オルガンの音楽のように思われ、いつかふたたびその種の優美な響きがこの世にあらわれることがあるだろうか」[4]、と。「不埒な天使のさわやかな舌のコーラス」に魅了された大学生は、ペーター・ハントケ（一九四二年生まれ）であった。

クルミの殻に集めるように、我われは文化の議論の諸要素を一手にもっている。空港におけるビートルズとそのファンたちは、現代大衆文化（文化産業）の側にたっていた。[5]（それに対して）抗議行動にでた――おそらく何人かの教師たちの刺激もえたであろう――高校生たちは、エリート的な古典的ハイクラス文化の代表であった。かれらのあとを行くブラスバンドの楽隊は、伝統的な民族文化の本質的要素を代表していた。ビートルズの髪型は、一九六五年当時にはまだみられないものだったが、六〇年代の末には一般的な流行となり、日常文化の符号としてみられるようになるのだった。

また大衆文化の技術的な推進力を次のような一群、つまりラジオ、自動車、映画、テレビにみることができるし、そして、少なくとも映画のなかのパロディーとして現代の大衆スポーツもまた加わる。

こうしたさまざまな文化媒体は共存しあい、刺激を与えあって実り多いものにし、無視しあったり、闘いあったりしている。一九六五年の高校生たちは、ビートルズを動物や野蛮人と同列のようにみなしていた。かれらの女性を思わせる髪型ゆえに、その男性資質に疑問がもたれたものである（去勢された男たちのコーラス！）。苛立ちの種になったのは、とりわけ少女たちがビートルズを目にし、かれらの音楽を聴くと、われを忘れてしまうことだった。――しばらくすると、抗議運動をする男性たち自身も長い髪をするようになる。さらに苛つくのは、一九七〇年代すでに高級文化の文学的聖人の一人になっていて、作品が教科書にまでとりあげられていたペーター・ハントケほどの人が、ビートルズを荘重な言葉で称賛していることであった。ビートルズの方ではイローニッシュに高級文化の無意味な模倣の裏をかいて、高級文化が丁重に扱っている死せるモーツァルトに生けるモーツァルト（「かれ元気かい？」）を対置させたのである。大衆文化は、左あるいは右からの文化批判が思っているより、症候的にはより複雑であり、そして大衆は決して操作の対象だけの存在ではないのである。かれらは、――とにかく部分的にしろ――文化産業の諸要素とまったく選択的に付き合うことができるのであった。

## 第二節　はじまり

一八九〇年代すべてが非常にのろのろと始まった。当時飛行機が空を飛び、自動車が走り、カメラの使い方を習い、人びとは夏も冬も山にでかけるようになった。まだ多くのものがエリート的であり、特殊階層的な制約につつまれていた。狩猟や馬術は貴族階級だけのものだった。オーストリアにおける最初の自動車、蒸気自動車は、一八九二年にある伯爵が運転している。現代的な屋外の芝生でのテニス（Lawn tennis）が――「ラケットやボールのパン・ポンという音」が――上流ブルジョア階級を魅了し、かれらのご夫人たちをも活動的にした。中間市民層のドイツ・ナショナル的、反ユダヤ的な体操連盟においては、「スポーツマン」というイギリス由来のタイプに対して懐疑心がくすぶりつづけていた。しかし、同じようにイギリス渡来のフットボール（サッカー）は、まもなくあっさりとプロレタリア・スポーツとなり、ひろく普及していった。「バイシクル」（自転車）は一九一四年前にはすでに大衆の交通手段となり、映画撮影機が民衆の日頃夢みる対象となった。流れとしては、台頭する大衆文化が階級各層の区別ラインを消し去っていく。自動車、ラジオ、映画、テレビ、スポーツは結局のところ平均化／標準化のはたらきをもたらしたのである。[6]

生活がいろんな点で楽なもの／快適なものになる。その一方また落ち着きのない、ナーバスなものにもなる。時間に余裕がなくなり、忙しさが増していく。新たな生活感覚は、進行テンポに合うものにされていく。

## 自転車

事態は以下のようにみることができるだろう。一九世紀の終わりは自転車の時代、二〇世紀の初めは自動車が特徴的であったが、一九七〇年代／八〇年代になると自動車批判がしだいにつよくなり、自転車が選択肢の牽引車的存在になった、と。一九〇〇年頃オーストリアで自転車のペダルを踏んでいた男女はおよそ一五万人であった。神経の細やかな詩人作家たちも自転車を使っていた。一八九五年九月一日、アルトゥル・シュニッツラー（一八六二―一九三一）はフーゴー・ホフマンスタール宛てにこう伝えている。「ザルツブルクからわたしとフェーリクス・ザルテン（一八六九―一九四五）〔『バンビ』の著者〕は自転車で出発しました。それはとても素晴らしかった。村々や辺鄙なところの真っ只中、その土地の生活のなかをたっぷりと走りまわった。当然のことながら人工的なものが集積している地点からみると、すべて目にはいるものが違ったふうに見える。郊外の道路も再び活気を帯び、息を吹きかえす。予想しなかったようなものにもでくわす。……それに反して不愉快なのは、雨に降られることがあって、びしょ濡れや泥だらけになったり、転倒したりすること、重大な事態になることはあまりありませんが」。[7]

市民時代のすべての関心と同様、自転車乗りたちも連盟（およそ三〇〇のクラブ）をつくって、かれらの利害が新聞（ほぼ二〇の自前の新聞）をとおして主張された。そうはいっても自転車を入手する人が多くなるにつれて、その特権的な性格もしだいに失われていった。一八九六年に最初の「労働者自転車乗り連盟」がグラーツで設立される。そして自転車が政治的なプロパガンダにも使われる。行進の折に自転車を赤く塗って乗りまわす。自転車を地方遊説のために利用する。[8] 一九二〇年代から五〇年代にかけて自転車は下層階級（および若者）が確実に手にできるものになった。

## 自動車

メンタルの面からみて自転車は自動車の準備段階であった。鉄道に対抗して、空間を個人的に支配する手段といえたし、時間のリズムを自分で決められるもの、スピード狂への橋渡し役の麻薬ともいえた。[9] 挑発するようにロラン・バルト（一九一五―一九八〇）〔フランスの文学研究家〕が次のように言っている。「自動車は、偉大なゴシック風寺院と同じような価値をもつものだと思っている。わたしが言いたいのは、無名の芸術家たちが情熱をもって考案した、時代を画する偉大な創造物であり、民衆全体によって利用されることはないにしろ、そのイメージのなかに魔術的な対象をそなえもっている想像物である」。[10] 自動車はたぶん二〇世紀文化の主導的な痕跡、近代化のシンボル、生活のチャンスの象徴とみることができるだろう――もっとも、そうした近代化が呼び起こした、もろもろの断絶、アンビヴァレンツ、非難すべきもの、の象徴でもある。若くして亡くなったあるドイツの歴史家がそうした相反する相貌についてアウトバーンを例に明らかにしようとした。「動物や歩行者にとってもはや動きまわる余地はなくなってしまったし、妖怪が潜む山中を通る小道などとっくに忘れ去られてしまっている。交通形態の合理化がアウトバーンにおいて完璧に貫徹されている。そして夜や霧のなかで我われに出会うのはなんであろうか？　もはや街道筋の妖怪ではなく、ドライバーという幽霊なのである」。[11] スピードに乗った個性的な前進は、渋滞となることがしばしばであった。

当座、第一次世界大戦前の歳月では、自動車交通は決して愛好家だけをみいだしたわけでなかった。びくついた馬たちのせいで御者たちは怒っていたし、州議会には埃の苦情から抗議の決議案が提出された。[12] 農民たちは、車にひき殺された小さな家畜のことで嘆いていた。というのも車をわがもの顔に乗りまわす貴族たちは、集落と集落とを結ぶ舗装道路でも、かれらの伝統的な狩猟の仕方に固執したからである。ウィーン生まれのミヒャエル・フライヘル・フォン・ピドルが『抗議と警告の叫び（*Protest und Weckruf*）』（一九一二年）を大声であげた。「自動車を操縦する人に、自慢げに、道路をわがもの顔に支配する権利がどこから与えられたのだろうか。道路はドライバーのものでなく、住民全体のものであるのに。いたるところで住民の邪魔をし、住民に自分の私道だけを行くがいい！といった振る舞いを指示する権利がどこから与えられたのだろうか？」。[13] 一九二〇年代になってようやく自動車は住民から受け入れられるようになる。自動車の凱旋は、一九七〇年代までつづくが、そのあと象徴的な価値に変化が生ずる。自動車は走り方の実際面よりも、感受性の次元ではっきりと、環境の敵ナンバー・ワンという（文字通りの）悪評に晒されることになるのだった。

動きに乏しいハプスブルク君主制という我われのイメージも、次のような事実を（ハプスブルク流の用語を使って）「ad notam nehmen」（ココロニ留メオク）ならば、変わることになるだろう。つまり、一九〇〇年頃のオーストリア＝ハンガリー二重帝国は、ヨーロッパ最大の産油国であったこと、超保守主義者の皇太子フランツ・フェルデナント（一八六三―一九一四）の、「わたし自身自動車の賛美者である。……それはこの世で最も素晴らしいものだ」[14]という文章を読むなら、イメージが変わるだろう。そうはいってもその場合、石油精製に投資したのは外国資本であった（一八九六年カグランのモービル石油）。一八九八年設立の「オーストリア自動車クラブ」の旗揚げ声明のなかで果たせるかな自己批判めいてこうコメントしていた。「我われがじゅうぶん意識しているところでは、オーストリア人は総じて、たしかに外国の業績に賛嘆の声をあげる癖があるが、目新らしいものは、我われの郷里の事情ではそれでも控えめに取り扱うのがよろしい、ということです」。[15]グスタフ・ペッテング＝ベルジング伯やアルトゥル・クルップ（一八五六―一九三八）〔ベルンドルフ出身の大企業家〕、貴族や経済ブルジョアジーなどの幹事団が、最初の自動車持ち主層を代表していた。そしてまもなく自由な職業人たちがくわわる。たとえばレッツ〔ウィーンの北方七〇キロ、チェコ国境に近い町〕の田舎医者が一九一四年初めて自動車を購入する。その娘が思いだしている。「自動車というのは当時センセーショナルであった。車が走ってくるのが聞こえると、人びとは家から飛びだしてきて、びっくりしながら眺めたものです。……道路事情は悪く、石がゴロゴロしていて穴凹だらけ、激しい雨が降ったあとでは、水たまりだらけだった。道路では蹄鉄用の釘にぶつかってパンクすることもよくあった。路上の真ん中でジャッキを使って、スペアタイヤをつけねばならないことも、しばしば起こった。わたしの父は、タイヤのチューブの修理をなんどやったことだろう」。[16]

最初の自動車は、箱型馬車のような格好であった。それだから、オーストリア＝ハンガリーの「ヤーコプ・ローナー宮廷馬車工場」が自動車工場製造にくわわって、オーストリア最初の自動車をつくった。電気自動車であった。——この開発路線はその後つづけられることはなかった。ウィーンやグラーツにいくつかの自動車工場が誕生する。もっとも個性的な自動車設計者の一人、オーストリア人のフェルディナント・ポルシェ（一九〇九―一九九八）〔同姓同名の父と一緒に、スポーツカーの設計・製造に努める〕が、ウィーンでその世界的な出世のスタートを切っている。ドイツの世界的なロゴの「メルセデス」が——したがってアドルフ・ヒトラー好みの自動車のマークが——オーストリアのユダヤ系大企業家エーミール・イェリネク（一八五三―一九一八）の娘メルセデス・イェリネク（一八八九―一九二九）の名前から採られているのは、ちょっとした歴史の皮肉といえなくもないだろう。[17]

一九一一年すでにオーストリアでは、自動車が七七〇三台走っていた。オーストリア東部では左側、オーストリア西部／南部では右側走行であった。一九一〇年の季節スローガンは、「さあ、俺にも車を買ってくれ」であり、たいはんの人たちにとって最大の夢であった。というのも一九〇五年の自動車レースの折のカール・ルーエガー博士の皮肉めいた挨拶は、「侯爵、伯爵、男爵、車をお持ちの諸君、車をもたない諸君！」[18]となっていて、これは車購買層宛ての呼びかけであった。一九〇六年に導入の車のナンバーがヒエラルキー的な社会図式を目に見えるようしていなかったとしたら、それはオーストリアとはいえないだろう。つまり大公たちは若い方のナンバーを手に入れた。若い数字のプレステージ・ナンバー獲得をめぐる争いは、第二共和制になってからもつづけられた。

一九一八年時、小国オーストリアに自動車製造工場が八つもあり、小さな市場にしては多すぎた。厳しい競争が始まり、その競争は一九二九年に大規模合併をしてシュタイヤー＝ダイムラー＝プーフAG（株式会社）となって終わった。第一共和制の典型的な車は、乗用車（一九二九年に約二万台）ではなくて、オートバイ（同年で四万台超）であった。[19]自動車は貧しいオーストリアでは富める者たちの手中にありつづけ、かれらは毎年「エレガンス・コンクール」を催していた。影響力ある自動車産業は、一九三三年には権威主義的な新秩序（ドルフース身分制体制）の側にはっきりついたものである。以下のように確認してよいだろう――四月六日付けのオーストリア自動車工業連盟の文書にはこうあった。「経済の利害は議会よりも政府の手ではるかによく守られるであろう。議会の方はかなりひどく政治化されており、長年その無能ぶりを発揮しているのだから」。[20]

車と道路は一つのものである。道路は埃が舞うのを防止され、平坦にされ、最初の交通標識も据えられ――一九二六年に交通信号の初おみ見えが、しかるべく、国立劇場前の交差点で行なわれ――、新たな道路が建設された。「身分制国家」の数少ない大規模工事といえば、道路であった――ウィーンの森を貫く高地道路、グロースグロックナー高地アルペン道路。社会的訓練の新たな波、交通教育の波が始まる、問題は生死にかかわることであった。すでに一九一二年の前半の半年だけでウィーンで一六名の自動車による死者がでていた。[21]

しかしほんとうに意識上の自動車化が始まったのは、ナチズムの時代になってからである。「民族共同体(Volksgemeinschaft)」〔ナチ用語では、ドイツ人の運命共同体で、同時に価値と血の共同体でもあり、この共同体に「階級や身分の法律体系」は無縁のものとされた〕のビジョンに合わせて「車の上での民族」のビジョンがあり、アドルフ・ヒトラーは綱領的に公言する。「自動車が以前もっていた階級強調的な性格、それでいて残念ながら階級分断を意味していた性格を、取り除いてやらねばならない。もう自動車が贅沢な手段でいつづけるわけにはいかないのであり、普通の利用手段とならねばならない」[22]のであった。「アウトバーン」と「フォルクスワーゲン」(民衆車)がナチズム・モータリーゼーションの意をあらわす言葉となる。そうした考えは今日まで民衆意識のなかにしっかり根を下ろしている。しかしオーストリアにおけるアウトバーン建設はたちまちストップしてしまい、節約して金をためて夢にみていたフォルクスワーゲンは、ヒトラーの戦争中の爆撃で吹き飛んでしまった。そののち勝ち誇るアメリカ人が――一九二〇年代にはすでに浸透していた――かれらの自動車文化をヨーロッパにもちこむのであった。[23]

## 映画館

すでに一九二〇年代にはアメリカ映画がヨーロッパの映画館にあふれていた。[24]ウィーンで最初の映画理論の一つが誕生する。それは、ハンガリーの革命家で、ホルティ政体(一八六八―一九五七)〔反ユダヤ主義的で、ドイツ/イタリア枢軸側について闘う〕を逃れ、ウィーンで映画批評家として活動していたベラ・バラージュ(一八八四―一九四九)の構想したもので、『視覚的人間、または映画の文化(*Der sichtbare Mensch oder die Kultur des Films*)』(一九二四年)であった。[25]新しい媒体が熱狂的に讃えられている。映画は芸術であり、二〇世紀の民衆のポエジーとなった。——ありそうにもない冒険、夢、恐ろしいこと、妖怪など一切がもどってきた。映画は古い神話や口承伝承のメルヘンに取って代わり、実際に「民衆芸術」となった。——一九二〇年代にウィーンだけでも二〇〇の映画館が開設され、毎日およそ二〇万人の来館者を記録する。——そして暗い館内は教養の垣根を覆い隠し、そこでは学者も子どもになれる、というのである。

社会批評的にバラージュは、素敵な叙述部分で人気の探偵映画を鋭く観察する。「こうした映画の主人公は、私有財産の勇敢な守護者、探偵（私服刑事）であった。主人公は資本主義の（守護神）聖なる騎士ゲオルクである〔ゲオルクは伝説のなかで殉教者とされ、中世以来苦難の救済者として騎士の姿をとってあらわれている。デューラーやラファエロなどの画家にも、その姿を描いた作品がある〕。古代の英雄讃歌のなかで甲冑を着た騎士が鞍に飛び乗り王女のために尽力するように、探偵はポケットにピストルをしのばせ、車に飛び乗って、生命をかけて聖なる宝の箱（車）を守ろうとする」。[26]

映画来館者の数は、フーゴー・フォン・ホフマンスタールにも印象を与える。かれはこの技法について考えて、その潮流の一部を自分のフィールドに取りこもうとする。[27] むしろ不興げに反応したのは演劇史家のヨーゼフ・グレゴール（一八八一—一九六〇）であり、一九三二年に映画について本を著すが、しかしかれはテーマを分析するよりもむしろ（幼稚主義、空想力の死といって）中傷するのであった。[28]

映画の分野も二〇世紀は一八九〇年代に始まっている。一八九六年三月二七日、オーストリア最初の映画館が、ウィーンのケルントナー通り四五番地にオープンする。——この種の技術革新は、中央（ウィーン）に発し、しだいに地方へと推し広がっていく。数週間経つと、（映画の）使徒として皇帝陛下が映画館にお出ましになる。[29] 第一次世界大戦までにウィーンだけでも一五〇もの映画館が開設された。一九一二年アレクサンダー（サーシャ）・クロフラート（＝クラコフスキー）伯爵（一八八六—一九二七）〔映画産業の創設者、一九一〇年ボヘミアに「サーシャ映画制作所」を設立、数多くの映画俳優をみいだす」——のちに「やりすぎの男」と言われた人物——は、映画制作所をウィーンに移す。一九一八年に「クレディット・アンシュタルト銀行」の支援の下「サーシャ映画産業株式会社」が設立される。一部の作家たち、たとえばペーター・アルテンベルクなどは、熱狂的に新たな媒体に惚れこみ、副収入をえようとする。それに対して別な人たちは、映画館に辛辣な言葉を浴びせていた。

映画制作は周辺に転がっているあらゆるテーマをとりあげた。「まったくごた混ぜの文学、何千という演劇、小説、スリラーものの制作、英雄小話、見霊者の幻覚、冒険物語。また同時に素晴らしい作品やみえすいたゼスチャーなど……」。[30] きわどいもの、「紳士の夕べ」用のポルノグラフィー的な映画もなくてはならないものだった。オーストリアの神話をとりあげた映画が一番人気であった。ヨーゼフ二世、アンドレアス・ホーファー（一七六七—一八一〇）〔ナポレオンに占領されたチロル地方の解放闘争で奔走。捕らえられナポレオンの指令により即決裁判により銃殺された人物〕であり、ヨーハン・シュトラウス……。第一次世界大戦中、映画館はすべてをあげて戦争プロパガンダに奉仕する。じつにディレッタント的であり、ひたすらその後に来るもの（ナチズム時代）の前触れでしかなかった。

戦後を支配したのは娯楽であった。それには映画館もくわわり、また下層の人たちにとっても——夢の場であり、恋人たちの避難所であった。余暇のおまけがそれらを可能にしたのである。[31] じっさい動く映像の圧倒的な力は非常に強力であった。というのも民衆文化のなかで文字によるものが浸透するのは、遅れてようやくの感じ、しかも表面的なものでしかなかったからである。社会民主党系の教養エリートが懸念しながら事態をみていた。「……かれら民衆は気持ちよさそうに豊さ、権力、卑俗さの雰囲気を呼吸し……こうした娯楽のために苦労して稼いだお金を費やしている」。[32] とにかく社会民主党は、いくぶんピューリタン的に反応して二重戦略をとる。一つはプロレタリア的な映画（ロシア映画）を宣伝し、他方では映画館チェーンや独自の映画配給をとおして資本主義的な映画菓子のつまみ食いにくわわる。一九三一年には映画館チェーンの手で豪華な「映画劇場」スカラ座がオープンした。

ちょうどその頃、映画はまた直接的に政治的な破壊力を試していた。アメリカで制作された反戦映画『西部戦線異状なし』が極右グループの反感を呼び起こす〔原作はドイツの作家エーリッヒ・レマルク（一八九八―一九七〇）が従軍体験を基に書いたもの。一九二九年に発表されると小説は世界的な反響をよんだ。発表翌年さっそくアメリカの映画会社ユニヴァーサル社の手で映画化された〕。ドイツと同様オーストリアでもこの映画は上映禁止となる。映画館内に悪臭弾が投げられ、上映反対のデモ、「ドイツよ目覚めよ、ユダはくたばれ！」の叫び声が聞かれる。この映画を支持する社会民主党は自分の町「赤いウィーン」でもセンセーショナルな敗北を喫する。この映画を観るには隣国チェコのプレスブルク（ブラチスラヴァ）まで行くしかなかった。[33]

一九二〇年代の末、無声映画の時代が終わりをつげる。追悼の辞を批評家アルフレート・ポルガル（一八七三―一九五五）〔一九三三年ナチを逃れてプラハに、四〇年アメリカに亡命〕が述べている。「映画の例のない饒舌さは、無声映画が語っているときにはなかったのに。ここに音の波（Schallwelle）が紛れこんでくると、映像の波（Lichtwelle）を強化するのでなく、損なうことになった。映像のせっかちな流れ、あちらとこちら、近くと遠くとの瞬間的な交錯、コントラストの迫力、ビジョンの自由さと大胆さ――これらすべてが萎えてしまう。視覚的なファンタジーの飛翔に音のリアリティーの重みがつきまとって、萎えさせてしまうのである」。[34]

一九三二年時オーストリアでは、九〇九の映画館が活動しており、ウィーンでは年間およそ三〇〇〇万人が映画を観るのに足を運んだ。[35] 映画の黄金期は一九三〇年代から五〇年代までつづいた。（文化史家）フリードリヒ・ヘーァ（一九一六―一九八三）によると、失業者たちにとって映画は（富も権力もない）小市民の「麻薬」であった。徐々にドイツ資本がオーストリアの映画産業にはいりこんでくる（とにかくそこでドイツの制作費用の四分三の収益をあげていた）。一九三三年以降は、雰囲気がしだいに悪化する。自己検閲、ついでユダヤ系の映画関係者の閉めだし、そして一九三七年にはオーストリアの映画産業にも、アーリア条項〔政治／経済／文化などの分野で異質な人種、とりわけユダヤ人の影響を排除し、「ドイツの血の純粋さを守ろう」とした、法律や指令のこと〕が暗黙のうちに作動するようになっていく。[36]

この数年の間に「ウィーン映画」というタイプが生まれる。ドイツからみると、ウィーンは前々から異国的な魅力を発しており、「パラダイスの華」であった。[37] 音楽、ヴィリー・フォルスト（一九〇三―一九八〇）〔映画俳優兼監督〕、ハンス・モーザァ（一八八〇―一九六四）、パウラ・ヴェスリー（一九〇七―二〇〇〇）〔ドイツ語圏のもっとも重要な女優の一人〕、ヒェルビガー兄弟〔パウル・ヒェルビガー（一八九四―一九八一）／アッティラ・ヒェルビガー（一八九六―一九八七）（パウラ・ヴェスリーの夫）、ブタペスト生まれの兄弟〕といった人気俳優、たわいもないストーリー、閉鎖的なミリュー。文学と同様ハプスブルク神話の活性化がはかられる。批判のポイントははっきりしていた。しかしこうした型にはまったスタイルがまたオーストリアのアイデンティティーの主柱ではなかったろうか？ ジークフリート・クラカウワー（一八八九―一九六六）〔一九三三年アメリカに亡命。社会学者・ジャーナリスト、ドイツ映画の歴史も書いている〕が言うように、映画が集団的無意識のなかに浸透していき、こうした映画はむしろドイツ本国との違いを強調するようになる。フリッツ・ラング（一八九〇―一九七六）は『ニーベルンゲンの歌』の映画でもって〔ドイツ中世の有名な叙事詩を主人公の名前「ジークフリート」という題名で無声映画化してヒットした作品（一九二五年）〕――上述のように――プレ・ナチズム時代の政治的演説家にはまだ手の届かなかった感情層にまで触れていた。つまり、ある民族の集団的屈辱の感情とそれに勢いをえた復讐のファンタジーである。[38] 身分制国家の活動家たちの政治的レトリックが情動的な隙間をみせたとき、そこにウィーンの像の神秘的な魅力が割りこんだのではなかろうか。この逆説的な論拠によると、こうしたジャンルがナチズム時代でもまったく無傷で生き長らえられた、ということができる。ゲッベルスはウィーン映画をプロイセン映画に対する民族的コントラストだとみてとって、政治的なプロパガンダから意識的に外していたのである。それでもウィーン映画は、ナチズム文化綱領のなかで明確な機能をもたされていた。それだから、一九四五年後のヴィリー・フォルストの無実を言い立てる発言は、懐疑の念をもって読まねばならないのである。「わたしの故郷はナチスによって占領されてしまい、わたしの仕事は密かなプロテストとなった。それはグロテスクに聞こえようが、真実なのである。オーストリアの映画をわたしがつくったのは、オーストリアが存在をやめたときであった」。[39] しかし受容の面からみると、古き良き（オーストリアの）時代という美化は、欲せずしてオーストリアの特別な意識のうちにその潜伏状態を培っていたのではなかろうか？

## ラジオ

ラジオは聴き手にとって、いっそうアクチュアルで直接的なものだから、ひろく政治的なはたらきかけをした。一九二四年九月オーストリアのラジオ放送「Ｒａｖａｇ」（オーストリア・ラジオ放送株式会社）がラジオ放送を毎日始める。一万一〇〇〇の聴取者がすでにラジオ受信の権利をもっていた。[40] それは番組制作者たちの黄金の瞬間でもあった。一九二五年、宣伝ソングのなかでフリッツ・イムホフ（一八九一―一九六一）〔オペレッタ俳優〕は呼びかけ調でこう歌っていた。「ハロー、ハロー！　こちらラジオ・ウィーン！……かあさんが大声でいう。始まったぞ！――いらっしゃい、子どもたち、急いで……お手伝いさんであれ、部長さんであれ――誰もが受信機のそばに座っている」。[41]

オーストリア社会の国家の重みは、ラジオ放送にも反映される。株式のたいはんが公的な機関の握るところとなる。連邦の手、自治体ウィーン、シュタイラー銀行の手をとおして。かなりの数になるさまざまな委員会に、社会パートナーシップ的に分かれて、政党やそれぞれの会議所代表者たちが顔を出している。[42] 総支配人のオスカー・チャイラ（一八八七―一九五八）〔Ｒａｖａｇの創立者にして初代総支配人〕、典型的なタイプの革新的な企業家タイプの持ち主、そのかれが、党派政治的には厳格な中立主義を貫いて、政治的な陰謀には巻きこまれずにいた。キリスト教「社会」党の道具楽器とみなされるような分節化した政治文化のなかでは、いくぶんなりとも難しい、バランスをとろうとする行動であった。[43]

ラジオの普及は急激なものであった。一九二六年時で聴取申請者が二〇万人、一九三八年には八〇万人、一九四三年には一〇〇万人を越える。言葉の真の意味で趣味に合った大衆メディアの出現であった。一九三〇年代のアンケートによると、もっとも人気のあった放送は、「娯楽の夕べ」、「放送劇」、「旅行案内」、「オペレッタ」であった。[44]

政治的な危機の瞬間には、ラジオ放送を独占するのが決定的な意義をもった。それは一九三四年二月一二日、政府がラジオを使って戦闘〔社民党の「共和国防衛同盟」隊とドルフース政府との間で内戦状態となる〕に介入したときにあらわになった。その点は一九三四年七月二五日、ナチスがいくぶん狡猾に、ただちにヤハネス通りのラジオ放送局を占拠したとき〔オーストリア・ナチスの一揆の企て〕にもみられた。すでにそれ以前からミュンヘンとウィーンの間に激しいラジオ放送の戦争が荒れ狂っていた。そうは言ってもこのメディア媒体を無制限に利用できたわけではない。ドルフース政府がラジオをかなり退屈な祖国プロパガンダにむやみやたらと動員しようとしたとき、聴視者は大量の聴取取り消し申請で応じた。[45]

ナチス時代になると、そうした聴取取り消しなどそう簡単なことではなかったろう。「大衆ラジオ(Volksempfänger)」〔ナチ時代に大衆普及のためにつくられた廉価なラジオ器機〕によってラジオは初めてどんな農村にも普及する。[46] 民衆の祭壇にまでなったラジオは、ヒトラー演説のような場合には、ナチズム祭礼の宗教儀式的センターとなった。神聖なるものすべてと同じように、ラジオは「冒涜」から守られねばならなかった。ナチたちはこれを極端にまでやらかす。異国の放送を聴いた者や、それについて話をした者は、死をもって罰せられた。あらゆる政治的なプロパガンダの彼方にあってラジオはすでに、日頃生き延びる重要な道具の一つとなっており、——気象状況の報告やその他の生活に大切な情報のための器具の一つでもあった。もっとも独裁政治にあってはつねにそうであるように、「ラジオ(Rundfunk)」より「口コミ・噂(Mundfunk)」の方の機能が勝っていた。

## スポーツ

ラジオとスポーツは、非常に急速に相互に助けあった。一九三〇年代にオーストリアの「奇跡のチーム」がウィーンのスタジアムで「音楽的で踊るような試合」を演じたとき、ヴィリー・シュミーガー（ちなみにラテン語の教師）（一八八七―一九五〇）〔スポーツ・リポーター、中等学校の教師、サッカー・ナショナルチームの選手、オーストリア・ラジオにおけるスポーツ放送のパイオニア〕が、試合の緊迫感を田舎に伝えた。[47] 近代スポーツは――これも一八九〇年代に生まれたもの――それ以前の時代の遊びとはまったく違っていた。なるほど体操連盟のような普及部局は存在していたが、当初目立っていたのは、体操の「ドイツ気質」とイギリス由来のスポーツとのコントラストであった。指導的な人物は、（作家で批評家の）フェーリクス・ザルテンがウィーン貴族階級の独特の典型として描きだしたような「スポーツ伯爵にして自動車伯爵たち」であった。[48] ジェントルマンという理想が支配していた。フェアプレー精神が情熱・熱狂を制御し、競争や成績がブルジョア社会の大枠を吹き飛ばすのでなく、強固にするのでなければならなかった。もっともほどなく、コントラストを薄めるような要素が浸透する。スポーツが階級的な差別を消し去ったというのではなく――下層階層で多くみられたのは、たとえば重量上げのごとく肉体的な力を強調する種目、上層階層では、たとえば乗馬、ゴルフ、テニスなど格好良さに重きを置くもの――スポーツはフットボール（サッカー）のように、労働者子弟たちにもヒーローやスターになるチャンスを拓いたのである。フットボール会場においてすら社会学者たちは「集団的芸術作品」（ノルベルト・エリアス）〔ブレスラウ生まれのドイツの社会学者（一八九七―一九九〇）、『文明化の過程』二巻が主著〕をみいだすのであった。それは文明の高いレベルの一部である。つまり、バランスのとれた緊張のコントロールであり、荒々しい力のコントロールであった。[49] ロベルト・ムージルが皮肉っぽい所見を述べているように、「フットボールの芝生の天才やボクシングのリングの天才が話題になる時代」が始まったのであり、「スポーツと即物性がそれなりに、天才や人間的偉大さの古き概念を押し退ける出番となる時代」が始まったのである。[50]

次のように言われる。スポーツの熱狂は、「スポーツが我われの文明のとくに典型的な特性だとか、その対抗的特性をもっているから生じるのでなく、その双方の側面をもっているから生まれるのである。スポーツは、金を稼ぐ冷淡さと肉体の情熱とを結びつけ、運動の技と闘いの情緒とを、各種スポーツの人工性と強くあろうとする原初的欲望とを結びつけ、体育競技の荒々しさと肉体的な熟練とを、権力への迎合と破壊活動的な副作用とを、エローティッシュなものと死への身近さとを結びつけた」[51]、と。

スポーツは、持続している世俗化のプロセスからもその力を引きだす。彼岸への信仰を間違いと決めつけることで此岸における喜びや渇望を増大させる。つまり、自分の肉体を良好にする、調子よく保たねばというたえざる配慮である。スポーツは死を無視し、意味の問題を一時停止させる。その点を教会は非常にすばやく察知する。日曜日の山歩きやスキーは、民衆の教会訪問を遠ざけてしまう。たとえば一九三〇年代に田舎のある司祭が嘆いていた。「スポーツがあまりに盛んに行なわれるので、若者たちが教会との接触を失ってしまい、心への配慮の戒めが馬に念仏気味となり、効果をあげていない」[52]、と。一九二〇年代／三〇年代の登山映画（ルイス・トゥレンカー（一八九二―一九九〇）〔作家で映画監督。山岳ガイドでスキーの指導者、数多くの登山映画を制作〕や、レーニ・リーフェンシュタール（一九〇二―二〇〇三）〔女性映画監督、写真家、ナチのプロパガンダ映画を数多く制作〕）が他方で、登山の冒険それ自体の神話化につとめ、いわば山頂において「ミサの儀式」を行なったのである。[53]

当初からスポーツはまた政治化されていた。スポーツ団体は、政治陣営にそった姿勢をとっていて、早々とその影響圏下に入っていった。他面で組織化した資本主義の原理がスポーツにも乗り移る。中央集権化の原理である。一九〇八年には肉体スポーツの中央連盟が設立された。

フットボールというスポーツを定着させたのは、ウィーンに住むイギリス人集団であった。当時すでに――「ヴィエンナ・フットボール・クラブの第一回大会」、つまり一八九四年以降――英語の専門用語が日常会話に浸透してくる。一九〇二年「ウィーン対ブダペスト」の試合が大陸における歴史を重ねる国別対抗試合の幕開けとなった（五対〇でウィーンの勝利）。もちろんその際大事だったのは、ボールをゴールに押しこむことだけではなかった。ボールには国民的な情熱がつきまとっていた。フットボールでの負けは、国民の敗北と感じられ、敗者はいわば国家反逆罪に相当する負い目を感じさせられるのであった。「ドイツ的である」ウィーンが一般的習わしであったように、ヨーゼフ（愛称〝ペッピ〟）・ウリディール（一八九五―一九六二）〔フットボール選手、一九一九～二六年の間オーストリア・ナショナルチームに八回選出され、八ゴールを挙げる〕――作曲家ヘルマン・レオポルディー（一八八八―一九五九）により、「今日プレーするのはウリディール」がつくられよく歌われた――やマティアス・ジンデラル（一九〇三―一九三九）〔フットボール選手、オーストリア・ナショナルチームとして四三試合に出場して二七得点をあげる〕が国民的英雄になっていく。人びとは、小国オーストリアにあって「奇跡のチーム」の「世界的に通用する姿」に誇りをもてたのである。一九三八年以降は「オーストリア」連盟は存在しなくなって、「オストマルク」と名前替えしなければならなかった。少なくともフットボール会場にあっては、ぎごちない「プロイセン」が「軟弱なウィーン人」から技をいくつか学ぶことになったのである。[54]

オーストリアそのものの大衆スポーツとしては、もちろんスキーがひろく行きわたる。そのかぎりで、文化の決定的な断裂と向き合う必要があるだろう。冬季の山々の「自然な」静けさを乱すことや冬季ウアラウプの追加、高山地帯の自然な情景のなかにリフトや送電線付設などをとおして重大で影響の多い介入を行なったことである。最初のスキーヤーは、変わり者と思われた。（二〇）世紀の初め頃、ハネス・シュナイダー（一八九〇―一九五五）〔スキーのパイオニア、オーストリア・アルプスのゲレンデに相応しいスキー走法を開発〕は、アルルベルク〔オーストリアの西部のチロル地方の山中の町〕の若者たちの嘲笑を避けようと、夜に滑る練習をした。[55] 一八九一年以降ウィーンにも初めてスキー・クラブが誕生する。一八九三年ミュルツツーベルク〔ニーダーオーストリア州のカルクアルプス地帯〕で最初のスキー・レースが行なわれ、見物人たちは驚きの体験をする。それなりに整形した堆肥を越えるスキー・ジャンプが行なわれた。[56] スキーの技術はまだ実験段階であって、冒険の域をでなかった。スキーのパイオニアの一人、マティアス・ツダルスキー（一八五六―一九四〇）〔スキー技術のパイオニアとして、斜面滑降や旗門滑降などの技術を開発〕は、そうした冒険について次のように報告している。「わたしの心を神に委ね、スキーでスタートした。跳ぶように素早い滑走。どんどん進んだ。前方には急激に下がる滑斜面があった。――わたしは別な言い方をしたい。そうしないと状況をはっきりわかってもらえない――つまり流れのある川の方に向かっているのだった。他は平坦で、不思議な力でわたしを惹きつけている場所に小さな切り株があった。右か左かに避けて通れば簡単であったろうが、そうはいかなかった。何に魅了されたのかわたしは、この切り株にまともにぶつかった。それで、聴力も視力も失ってしまった。わたしは二、三度空中でひっくりかえった、それから、脛にひどい擦り傷をつくってそこに横たわっていた」。[57]

ツダルスキーは、その点で練習を重ね、ノルウェーの「テレマーク・スキー」〔双方のスキー板を前後にずらし腰を落として滑降・回転をする技術〕に対して、「シュテムボーゲン」〔双方のスキー板の先端を内側に方向づける姿勢で制動する技術〕の技を考えだした。「正しい」スキー走法に関する論争は、まともな信仰戦争のように激しく闘われた。第一次世界大戦によって初めてこのスキーは大衆スポーツとなっていく。何万もの兵士がイタリア相手の戦争のためにスキーを学んだ。敗北後うちひしがれた軍隊は、何千ものスキー板を住民に譲りわたしたのである。[58]

戦間期にウィンター・スポーツはかなりのスピードで普及する。学校にスキー練習科目が取り入れられ、ロープウェーが一九三九年までに一二カ所もつくられ、板を担いで昇る苦労を省いてくれた。[59] しかしたいはんのスキーヤーたちはなお歩いて山頂までスキー板をかつぎ上げていた。都会の金持ちの息子たちは、熱狂して山中にはいっていく。そのうちの一人、ハイミート・フォン・ドーデラー（一八九六―一九六六）は、その長編小説『魔神たち（*Die Dämonen*）』のなかでウィーンの森のその種のスキーヤーのことを、こう描いている。「冬の冷たい森の木々の幹の間や、白い包帯をまいた枝格子のなかへと一気に引きこまれ、まだ降ったばかりの雪のなかに長い直線のシュプール（足跡）を残しながら、斜面にそって、ときおりちょっと跳躍を入れてスピードにブレーキをかけながら滑りおりるのである」。[60]

## フォークロア（民間伝承）

伝統的な民衆文化が維持されていたのは、都会との関わりをもつところだけであった。[61]衣装の変革も都会地域に発していたし、建築思考や文化運動としての「郷土の自然的・芸術的な特性の保護維持（Heimatschutz）」も同じように都市圏に発するものだった。二〇世紀の真に存在していた民衆文化は、文化産業と民間伝承の諸要素がミックスしたものであり、ツーリズムや、伝統的な、もしくは新たに目覚めた伝統の（たいていは農民的）民衆文化とのミックスであった。

民間伝承（フォークロア）とは、間接的な手がはいり、商業的な目的のために利用される伝統的な民衆文化のことである。[62]つまり、立ち遅れた地域に対する中央の文化的ヘゲモニーといった感じである。民衆音楽の真の担い手も、もはや下女や下僕、農民や手工業者たちではなく、教師や公務員など、まさに「民衆文化のパトロン」たちなのである。民間伝承は工業社会とコントラストをみせながら、疎外されていない人間関係とユートピア的な、違った世界を開いてみせ、農家のタイル張りの暖かいストーブを囲む部屋のなかで一家がチターとバイオリンをもって集まり民謡を歌う、といった健康な世界の夢を培うものであった。それゆえ民間伝承は、イデオロギー的には簡単に搾取される運命にある（「身分制国家」やナチズム支配の間）、あるいは逆にイデオロギー批判的にあっさり中傷される（一九四五年後のように）ものだった。二〇世紀の前半においてなら、初夏の新鮮な空気のなかで民族衣装を着るのはシックなモードであった。皇帝や上級貴族層は、模範としてそうした身なりをした。そのあとこうした民衆らしい衣装に対してナチスは異を唱えて露骨な形で禁令を出す。「非アーリア系の者」

に対して（もっともかれらについてだけであったが）レーダー・ホーゼン〔民族衣装の革製のズボン〕やディアンドル〔女性用の民族衣装〕の着用を禁じたのである。[63]

イデオロギーを孕んだ姿勢とイデオロギー批判的な姿勢との二つは、民間伝承の次元でときおりでくわす。演出の背後や、間違いなく民間伝承である「演劇」の背後には、それ以上のものが潜んでいた。音楽や遊戯、演劇に対する自然発生的な喜びである。情緒にみち、別な違った生活へのリアルな憧れである。民間伝承のなかには、文化産業における消費姿勢丸出しのものよりも、積極的な参加姿勢がよりつよくみられたのである。

伝承（習俗）保護には当初から（この概念からして人工的な意味合いを匂わせる）抗争がしみついていた。「真なるもの」と「虚偽なるもの」との諍いである。しかしこうした仕分けは、時代遅れもいいところだった。「真の」民衆文化とは、人間がその折々に行なう文化活動であり、伝統の保護者たちが人びとのやるべきものと思っているものではなかった。「真の」民衆文化を大声で口にする人たちのなかの純粋主義者の場合、いつしか「民衆」が欠け落ちてしまうのであった。いつのまにか「真の」民衆文化はエリートの文化になってしまっていた。しかし実際には、地方の地域に根づいている習俗は、ますます増える余暇社会のなかの成長部門として定着する。民衆文化と文化産業とはかなり前から緊密な関係になっていたのである。

## 第三節　普遍的文化の展開

一九五〇年代にいたるまで、すべてがまだ比較的無風状態にあった。その後になって初めて大衆文化の爆発をみる。今やじっさい自動車とテレビが大衆をとらえる。乗用車の数が一九八〇年代で二〇〇万台を越え、テレビ受像機の数が二五〇万台となり――オーストリアの家庭の九三％がもつようになった。[64] 生活のリズム、日常の生活感覚が新たな軌道に乗るようになる。消費欲が他のあらゆる欲望の上にかぶさる。食べる欲望に装う欲望、それに家具調度への欲求、そして自動車やテレビへの欲望がつづく。一九三〇年代に映画制作で活動していた人が、のちに文化社会学の代表的人物となる。アルノルト・ハウザー（一八九二―一九七八）〔ブダペスト生まれで一九三八年イギリスに亡命、主著に『芸術と文学の社会史』一九五一／五三年刊がある〕という人で、文化ペシミズム的観点にたって、大衆文化の落款の謎解きをしようとし、時代を画する新しい芸術の局面だ、という。「ハリウッドの言語が西洋の〝リングァフランカ（lingua franca）〟となっているのだ」[65]〔リングァフランカとはアフリカや近東地域で交易用に使われるフランス語／イタリア語／スペイン語／トルコ語／アラビア語などの混成語のこと〕。さらにラジオ、テレビがくわわる。過剰な音と映像が、時と空間の同時性〔一つの像のなかで時間的・空間的に別々な出来事を同時に映しだすこと〕をつくりだした。すべてが体験できるといわれるが、人が触れられるものは何一つない。マス・メディアは大きな埋め草（隙間・空所を埋めるもの）として登場し、「人がおのれの余暇では何もできないことを、忘れさせてくれる」[66]。つまりそれは、テレビをひねる場合にいつもあらわれる精神的な空虚のことである。それは左右を問わず現代の情報社会に関して浴びせられる絶えざる嘆きである。しかしハウザーは、生活のチャンスのアンビヴァレントな点をみている。かれがいうには、テレビは老人、病人、孤独なひとたちになんという至福をもたらしたのであろう、と言い、同時に人びとはお互いなんと孤立してしまったことだろう[67]、という。テレビの存在価値を特徴づけるのに、かつてお手伝いをしていた貧しい老女の次のような文章ほど、うまく表現しているものはないだろう。「わたしは睡眠用の頭巾とテレビ用の頭巾をそれぞれ一つずつもっていた。それからさらに二枚の新たな日曜日用の頭巾をもつようになった」[68]。平日と日曜日の間に、テレビを観る時間が、日々の小さな楽しみとしてはいってきて、しかもそれなりの独自の頭巾を備えながらの楽しみであった。

「第三帝国」の敗北は、「ライヒ」（全体としての国）の「ゲルマン的な」夢も葬り去った。制服に行進、指導に服従、優越する人間と下等な人間（Untermensch）〔ナチスが人種的・政治的に中傷し差別するために用いた用語。とくにユダヤ人、共産主義者、ジプシーを指していたが、一九四一年以降はロシア人、さらにスラヴ人一般向けに使われるようになった」、これらすべてが、消えてなくなり、アメリカ的な夢が立ちのぼる。素敵な生活とは今では、ヨーロッパの政治的な支配にあるのでなく、素敵な生活は消費のなかにあるのだった。オーストリアの「コカコーラゼーション」に対抗して、なにかチャンスがもてるなど他の占領権力にはありえないことだった。[69] しかしそこには、ある種の不一致が存続しつづけることになった。

1 高等文化はヨーロッパ的／オーストリア的なもので占められていた。モーツァルトとグリルパルツァー（一七九一―一八七二）、クリムトにマーラー――こうした文化的聖画像に対してアメリカはまったく太刀打ちできなかった。アメリカに「幼児らしい全体的な魅力」があるとは思われたものの、[70] 成熟した文化となると、それは感じられなかった。オーストリアの人たちは、アメリカ人たちが足を取られそうな高等文化の罠をずるそうに設定する。アメリカ人が得意とするのは、こうした世間一般の考え方によれば、大衆文化の領域だけである。アメリカ人たちは、「ザルツブルク音楽祭」の神聖なホールも、ロッキー・バンド的な変種に変えてしまうことも厭わなかったことが、こうした見解をいやがうえにも実証していた。「ラジオ・ウィーン」（ロシア軍の影響下に、クラシック的、荘重的に高等文化を志向していた）と「赤＝白＝赤―放送」（アメリカ軍指導で、よりテンポよく、よりモダン、より娯楽的）との間の放送戦争、こうした競合状況は、冷戦のなかでの政治的な戦争、世界観の戦争だけでなく、それは二つの文化コンセプトの抗争でもあった。[71]

2 こうした文化抗争のなかに世代間抗争が早々と紛れこんでくる。一九三〇年代から五〇年代の後期にいたるまでの文化の大きな領域、保守的で、権威主義的、地方的な文化が、浸食され空洞化され、そして空っぽにされていく。民族舞踊やワルツに対するにロックンロールである。それをまだ「ニグロ・

ミュージック」だと罵ることもできたが、もはや制御の利かない新たな生活感情が浸透してきた。[72]

ミュールフィアテル〔リンツ北方、チェコとの国境の間の一帯〕の村の教師の息子が思いだしている。「あらゆるものに染みついていたこの世代の倫理的自負の念、そんなものは何も知らずにいたとあとから主張するが……その世代がすっかり〝ニグロの音楽〟のような概念をやたら振りまわして、それが着る物にもかかわってきて、それから象徴的人物としてのエルヴィス・プレスリー（一九三五－一九七七）に、かれのいかがわしい腰の振りなど……それはおいらにとっては信じられないほど自由なこと、信じられないほどさりげないデモンストレーションであった。……アメリカ文化が体現していたものは、まったくの反権威であり、権威に対する謀叛であった」。[73]

コカコーラ、ブルージーンズ、Tシャツ、ミッキーマウス、チューインガム、アメリカ映画やポップ・ミュージックなどの日常文化の常態化した浸透は、一九五〇年代以降、消費をとおしてアメリカ的現代性のコード（情報信号）を広範囲にわたって浸透させたのである。それに対する抵抗もしだいに減っていく。もう一つの記憶がすでに消費社会の受容を物語っていた。「七〇年代は時が経つにつれて、何かをやってのけ、発展させることのできた時代であった。そこで目にしたのは世界的な潮流の何かであった。ウアラウプ（長期休暇）がますます素敵なものになり、わたしは車を数台もっていたし、部屋にはラジオとテレビがあり、金の指輪も買いこんだことがあるし、ネックレスや素敵なシャツなど、以前なら手にできなかったようなものも手に入れた。こうしたことができたのも、お前が立派な働き口をえて、身を粉にして働いた、かなりの時間働き、業績をあげたからである。裕福と体験、それは八〇年代にも継続し、さらに高まって、さらに飛躍し、ウアラウプも長くなったからである」。[74]

消費社会のモデルはたしかにいたるところに広まったが、疚しい良心は残りつづけた。（生きる）意味の問題がすっかり片づいていたわけでなかったし、保守派からの批判、左側からの批判に、ほどなくまた生活様式の選択肢が違った可能性を期待させながら視野にはいってきた。環境の危機が消費社会を批判の矢面にたたせた。社会のあらゆる分野にわたってエコロジー的な意識が芽生える。しかし実際の行動はあまり変わらなかったし、豊さの指数が上がりつづけた。

消費社会と地方文化との衝突の度合いは、都市の領域よりはるかにつよいものであった。「農民滅亡」、ツーリズム、自動車、テレビ、大衆モードは、都市と地方との差異を、以前になかったほど消し去ってしまった。地方は、田舎臭い時代離れした性格を失い、周辺的な文化を捨て去り、大衆文化に組みこまれていった。[75]

例としてザルツブルクのピンツガウのザールバッハ〔ザルツブルク南西六〇キロのところ〕をとりあげてみよう。その町の郷土史のサブタイトルは、まともにこう表記されている。「貧しい農山村から国際的な観光地へと」。[76] 一九一三年時の写真は、教会の周囲に不安げに肩を寄せ合う数軒の家を示している。一九八〇年代の写真になると、観光業の店がすでに自負にみちて谷全体を覆い、丘陵の上の方まで連なっている。一九一〇年当時この村には一〇八一人の住民が暮らしていた。それが一九八四年には二五一四人。第一次世界大戦前ザールバッハは、数あるうちの山村の一つでしかなく、靴屋が三軒、食料品店三軒、数軒の居酒屋、その他は農家であった。またアウトサイダーに対しては厳しい対応がみられた。社会民主党的な活動をしていた二人の靴屋は追いだしをくってしまい、同棲関係にあった唯一のカップルも、世間の憤激興奮にあって、同じように転居せざるをえなかった。[77]

それでも一九一二年時すでに六〇名のスキー客が村にやってきていて、戦間期にはその数が急激に増えていく。最初のコーヒー店——典型的な都会的施設——が開店する。村のなかで、営業権をもっている者と、もっていない者との間の抗争が激しくなる。営業店主たちの方が支配力をつよめ、一族郎党が地歩を固め、直接・間接的に村をコントロールするようになる。遠くアメリカにおけるのと同じように、あるホテルにとってよいものは、ザールバッハにとってもよいもの、といったモットーが通用することになっていく。

一九五〇年代以降の繁盛は、目がくらむほどのものだった。八〇年代になると一万七〇〇〇のベッド、年間二〇〇万人の宿泊数、六〇のリフトで、これは一時間ごとに五万人（ザンクト・ペルテン市の人口に相当）を運ぶことができた。[78] こうしたカルチャー・ショックが土地の人たちの心に傷を与えずにはいなかった。そのことは、若いチロル出身の作家〔ノルベルト・クシュトライン（一九六一年生まれ）〕の物語『ある男（*Einer*）』[79] のなかで典型的に描かれている。唖然とした状態、その状態がもっとも日常的な必要不可欠な事柄まで捉えている。安いお金で土地ほんらいの文化を売り渡し、よそ者の前でへりくだって繕った態度をみせるが、内心は憎悪の念であり、シーズンの忙しなさに、そののちにくる憔悴しきった空虚、というのだ。

ここで最後に別な視点からみると、ローカルな次元から全国的な次元への視野、さまざまな興味と抗争の焦点となったラジオとテレビの放送という視野が目にはいってくる。かつての「Ｒａｖａｇ」〔一九二四年創設の「オーストリア・ラジオ放送株式会社」〕がナチズム的に設えられるが、それも一九四五年には瓦解してしまっていた。再建は当面、技術的な面で放送の可能性を切り拓くことであって、人事面では一九三八年以前の状態を取りもどすことであった。もどってきたのは、エドゥアルト・ハインル（一八八〇―一九五七）〔一九二六年から三八年までＲａｖａｇの会長〕、（初代総支配人の）オスカー・チャイラ、ルドルフ・ヘンツ（一八九七―一九八七）〔オーストリアにおけるラジオ放送のパイオニア的存在〕たちであった。そうはいっても、一九三八年時に停止したところで簡単に再出発するのは、それほど容易なことでなかった。というのも、四つの占領軍当局が、ラジオ放送を支配下において、それぞれのイデオロギー的なプログラムをもっており、それを一部はおおっぴらに、一部は密かな形で推し進めていたからである。それとともに、四つの放送局グループごと、中央でラジオ放送をまとめることにも失敗する。この点は、連邦各州にとって連邦制的な立場を建前上主張するのを容易にしただけでない。こうした状態を担保にして、より効果的に行動するのも容易にしたのである。[80] 人口統計上のデータや政治的・経済的データによりすでに確認されていた脱地方化の現象が、今や大衆文化の点でも広がることになったのであった。

さらに二つの紛争のポテンシャルが浮上する。占領軍当局との耐えざる紛糾（たとえば放送時間「ロシア・タイム」をめぐっての抗争）、それから一九五〇年代になるとラジオ放送をめぐる政党政治的な紛争である。占領軍の連中は、干渉を緩めることはほとんどなかったし、二つの大きな政党は臆面もなく手出しをしてくる。プロポルツ・システムが――ウィーンの日刊紙『プレッセ（*Die Presse*）』が皮肉っぽく書いているように「とっくに第二共和制のスペイン流宮廷セレモニーとなっている」[81]――二重のポスト配置と、厳しい相互監視を要求する。結局のところテレビ放映が台頭してから、つまり一九五四／五五年以降、勢力分野の分割ができあがる。技術面ではむしろ保守的なÖVP（国民党）はラジオという旧来のメディア媒体を手中にし、技術面ではむしろイノヴェーション的な気風のSPÖ（社会党）がテレビ局を確保する。テレビの方は当時まだ喫茶店に置かれるくらいで、個人の家庭には僅かしかなかった。ラジオとテレビは危機から危機へとよろめきながら歩いていった。

たくさんの政治的な阻害行動のあと、一九五七年に持ち株会社「オーストリア・ラジオ放送」の設立にこぎ着ける。しかしこのプロポルツ的なラジオ放送局は、すぐにわかったように、死産であった。[82]テレビ放送とラジオ局の間で熾烈な表面下の冷戦が荒れ狂う。首相のユーリウス・ラープは、とことんやれるところまでやって、直接、国民党の中央から副書記長ヨーゼフ・シャイドルをラジオ放送局のトップに据える。しかし保守的な五〇年代は終わりを告げる。無党派系の新聞がますます激しく政党の強引なやり方の批判記事を書きたて、一九六四年には、党派に左右されないラジオ放送を求めて、共和国で最初の「国民請願（Volksbegehren）」運動をスタートさせる〔ある事案につき有権者一〇万人の署名が集まったら、連邦議会はその案件を議題として審議しなければならない、と憲法で規定されている〕。たちまち八〇万人の署名が集まった。[83]それは、市民動員にとって民主政治的に重要なシグナルであった！　国民党は、独立制（無党派制）と市民性（プチブル的な考え方）とを同列におく社会党よりも、今では速やかに反応して、「国民請願」を少なくとも口先では支持する。ブルーノ・ピッターマンの社会党はまたもや、イデオロギー的に硬直化しているという非難を招くことになった。

ヨーゼフ・クラウス下の国民党の現代化の推進が貫徹される。そしてこの推進力は、一九六六年の「放送法」をもたらした〔国民党と自由党（FPÖ）の賛成により、従来の重要ポストの党派的配分に代えて、専門局長配置の原理が取り入れられた。これで憲法に規定されている国民請願という直接民主主義が初めて効果をあげたことになる」。トップには、党派に関係のない、責任ある強力な総局長がつくことになった。そのトップの選抜にすべてがかかることになった(マネージャー原理あるいは隠れた指導者原理?・)。一九六七年ゲールト・バッヒャー(一九二五年生まれ)〔一九六七~七四年、一九七八~八六年、一九九〇~九四年にわたって「ORF」(「オーストリア・ラジオ」/オーストリア国営放送)の総局長を務め、この放送局を国際的にも名声あるラジオ・テレビ局にした〕が選ばれる。リベラル右派の飛び抜けて有能なマネージャーで、何事とんちゃくしない、デモクラティックな節度を身につけた指導者気質の持ち主であった。ザルツブルク生まれのこの人物は、当座かなり右よりのグループを引き立てたが、それでも国民党の人ではなかった。かれが知っていたのは一つの党だけで、その党の名は、「ゲールト・バッヒャー」であった。かれのプログラムは野心的であって、「ラジオ放送はオーストリアの精神的地方化に抵抗しなければならない。その際、共和国を各州の総和として捉えなければならず、ウィーン=オーストリアという観念の共和国でもない」[84]というのだった。それだからバッヒャーはかなり非オーストリア的な印象を与える。かれは抗争を排除するのでなく、むしろ抗争を求めたからである。バッヒャーは放送の改革に成功する。かれは、より自負の念にみち、より開放的、よりリベラル、より批判的になっていった。——その点で点数を稼いで長期的にみて利益をえたのは、国民党ではなく、むしろ社会党であった。しかしバッヒャーは聖なる社会パートナーシップとも悶着を起こそうとする。策略にとんだクライスキーは「この扱い難い人物」を一九七四年ORFから追いだした。しかし敏捷なバッヒャーは信じられないことに、うまくかわす。さらに二度もORFに舞いもどったのである。

# 第Ⅱ部　君主制時代

# 第一章　組織化した資本主義

一九世紀末の二五年間に社会経済面における変化がひろく進行したことについては、歴史家たちの意見も一致するが、しかしその位置づけになると見解が分かれる。ガリツィアの出納係の息子に生まれ、ウィーンで医者になり、オーストロ・マルクス主義のリーダー格となったルドルフ・ヒルファーディング（一八七七―一九四一）は、この変化を「組織的になった資本主義」だといって究明する。[1] かれの考え方は、一九八〇年代になってとりあげられ、激しく批判されると同時につよい支持もえられた。[2] さかんに行なわれた議論の要旨の再述をここでするわけにはいかないが、この考え方は――多くの異論はあるにせよ――思考を進める際の大まかな枠としてオーストリアの場合には有効のように思われる。理由の一つは、その思考モデルがオーストリアの考察からえられたものであること、二つには、ほかに納得のいく考え方が見当たらないからである。ゲーラルト・シュトルツ（一九二八年生まれ）〔オーストリアの外交史や、現代史の専門家〕が博識な著書のなかで提唱した「集合的なリベラリズム」、あるいは「社会統合的なリベラリズム」という考え方は、説得力がないように思われる。[3]シュトルツの提唱する概念では、次のような決定的な問題がむしろ霞んでしまう。つまり、オーストリアでは自由主義的競争の資本主義が一八五〇年代の終わりから一八八〇年代の初めまでのきわめて短期間しかつづかなかったこと、また一八七三年以降のリベラリズムの重大な危機が経済面でも政治面でも、シュトルツの概念のとらえ方では適切に視野にはいってこないのである。いやそれどころか、オーストリア自由主義の際立った弱点がむしろ曖昧になってしまうのである。[4]

さて、ヒルファーディングのいう新たな組織的になった資本主義という特徴はなんであろうか？

まずそれは第二の技術革命であって、新たなエネルギー源（石油・電気）を登場させ、化学、電気産業、自動車生産など新しい主力産業部門を前面に押しだした。それは固定資本部分の高額な投資を要する高価な技術革新であり、同時に国内市場と国際市場が絡みあうようになっていく。新しい主力産業部門のレールにそって、ドイツ資本がオーストリアにつよい力をもって殺到してくる。ヨーロッパ地域に対するドイツの国外投資の四分の一がオーストリア＝ハンガリー帝国地域に向けられたのである。[5]

こうした新たな技術革新に対応できるのは、今や大企業しかなかった。一八八〇年から九〇年のこの局面は、オーストリアの大企業にとって決定的な時期であった。この間に三七もの大企業が誕生し、それが一九世紀と二〇世紀に好調に展開する大規模企業のほぼ二〇％にもなったのである。言い換えれば、二〇世紀のオーストリア大企業のうち優に三分の一は、第一次世界大戦以前に誕生したものであった。[6]ドイツ資本の影響範囲は、大企業設立者の二一・五％がドイツ出身者であるという点からも裏づけられよう。[7]その大企業の集中先は主にオーストリアであり、大企業経営の七〇％は、ウィーン、ニーダー・オーストリア州に拠点を置いていた。むろん高度に工業化したフォーァアルルベルク州も、従来からの繊維産業を抱えてもう一つの拠点地区となっていた。[8]

こうした局面のさらなる特徴となったのは、強力な集中傾向であり、垂直的な統合の増大、つまり周辺にある生産工場の編入と独自の販売部門の設立であった。そうはいっても完全に統合のできた企業といえるのは、巨大なアルピン＝モンタン会社だけであり、この企業は、鉱石採掘、鉄鋼業、自前の炭坑などをもっていた。基幹事業を踏み越えた生産活動や企業活動という経営の多角化は、オーストリアではまだそれほど進んでいなかった。大企業の国外進出もこの国ではむしろ控え目で、自国の大きなオーストリア＝ハンガリー帝国市場だけでじゅうぶん事足りていた。全体的にみて産業の集中傾向を過大視してはならない。とりわけマルクス主義の論者たちは、逆の傾向や受容能力の限界を無視した理論的極論に陥りやすい（ヒルファーディングもまたそうだった）。実際に観察できる集中現象はあったが（とくに鉱業や製錬業）、独占体の形成とはいかなかった。[9]

ビッグ・ビジネスには巨額の資本が必要で、それは株式会社という形でしか調達できないものであったが、[10]その点オーストリアにはある種の阻害要因があった。時どき膨張する反資本主義的風潮があったし、伝統的な社会保護主義論もまたそれに反対の傾向のものだった。そのうえ銀行もきわめて慎重な産業政策を展開していて、リスクをおかす資本などいつも僅かであった。市場現象だけに頼ることなど、オーストリアで顕著になることはなかった。[11]こうした姿勢は、株式会社への高い課税からも読みとれる。それは、ヨーロッパで最高の税率であった。

さまざまな障害にもかかわらず一八九〇年代以降ふたたび株式会社設立の新たなうねりが生じてくる。[12]この流れがその後所有者と企業家との役割分離のいっそうの促進となっていった。雇われ企業家というタイプがますます目立つようになっていく。企業の現場では分業化が一段と進み、それにより官僚主義的な傾向が誘発され、私的な役人とか企業吏員とか、給料で暮らす新たな階層が増えていった。

オーストリア経済において中心的な位置にあったのは、銀行である。[13]たいていの場合、銀行それ自身も株式会社であったが、銀行が支配主導的な役割を発揮した。これが金融資本と産業資本の密接な関連をつくりあげていく。それは、ヒルファーディングが『金融資本論（*Finanzkapital*）』（一九一〇年）のなかで論じたものであり、また（ユダヤ人が目立つ）「金融界のトップグループ」の特別な地位を生みだしたものだった。一九〇七年から一三年の間に銀行関与のもとにオーストリア＝ハンガリーで、一四六の株式会社が四億九四〇〇万クローネの株式資本をもって設立されている。最大のブロックを傘下に収めたのは、「クレディット・アンシュタルト」と「アングロ・オーストリア」の両銀行である。[14] オーストリアにある株式会社の資本の五三%を銀行がもち、機械製造業ではそれが一〇〇%に達したといわれる。[15] 銀行と産業との結婚は、世紀の転換期頃になってようやく実現するが、「結婚協約」の対象になったのは大企業だけであり、決して経済全体ではなかった。[16]

一九〇四年以降の好景気は、銀行の設立をかきたてた。ウィーンだけでも民間銀行の数が一六〇行から二三〇行になる。[17] それでもオーストリアの最強の銀行「クレディット・アンシュタルト」の地位は不動のもので、最大の株主はロスチャイルド・グループであった。この銀行の慎重で優雅な運営の象徴とみられていたのが、白髪の会長マックス・フォン・ゴンペルツ（一八二二―一九一三）である。かれの一族は、ウィーンの「第二社交界」の精神と資金との緊密な結合を見事に体現していた。かなりの規模の株券所有者としては、ほかにドーデラー家やホフマンスタール家〔その代表的知名人が作家のフーゴー・フォン・ホフマンスタールである〕の名前があった。[18]

組織化した資本主義のもう一つの特徴がみられるのは、カルテル、価格協定や、生産量の割当て・市場持ち分の割当ての取り決めなどによる自由市場のコントロールであった。この種のカルテル協定は、一八九七年の四〇から一九一二年には二〇〇に増えている。[19] ナッフム・グロスによると、一九世紀末オーストリアにおけるカルテル化は、ドイツ帝国よりも広まっていた。また銀行もそうした方針にそって圧力をかけていた。[20] しかしながら慎重にみる必要があるだろう。たしかに鉄鋼カルテル、砂糖やアルコール類のカルテルなど強力なカルテルがあった。けれども、取り決めは短期間で変わりやすいものであって、市場からの締めだし行為など問題にならない。一九三〇年代にエルンスト・シュトリールヴィッツ（一八七四―一九五二）〔保守派の政治家、一九二九年連邦首相、経済院の総裁〕は、第一次世界大戦前の産業界を振りかえって、いくぶん軽蔑的にこう言っている。産業界は「値引き、現金割引、売れ残り品のセールやカルテルの策謀がやたら支配しているところだった」[21]、と。

組織化した資本主義にはさらに、経済的な利害それ自体の組織化ということがある、つまり利害団体の形成である。ほぼ時を同じくして利害団体があらわれた。それは、労働者の側では一八九三年の「中央労働組合委員会」、大企業側では九二年の「産業中央連盟」である。その少しあとにもっと戦闘的な「工業同盟」(一八九七年)が業種別というより地域別の編成でつくられ、少々の抗争を経て統一され、「工業者連盟」(一九〇六年)となった。産業会館が建てられたシュヴァルツェンベルク・プラッツは産業界の象徴的な意義をもつようになり、それはちょうど国の外交にとってのバルハウス・プラッツ〔首相府と外務省のあるところ〕と同じような意味をもっていた。一八九八年には大農業者たちが二二〇の加盟団体からなる「農業中央本部」をつくる。アルフレート・ジミッチュ・フォン・ホーエンブルーム(一八四〇―一九二五)は恐れられるロビイストとなり、その中央本部が帝国議会にかなりの圧力をかけた。一九〇八年には農業者たちは、地方文化評議会と農業協会の会長会議を経て一つになっていった。労働組合との戦いに、連携をめざした雇用者側団体の中央本部の設置をもって、さしあたり一連の設立ラッシュは終わりとなる。[22] 各団体の中央集権化がはかられると、賃金交渉も中央で行なわれるようになる。一八九〇年代末には集団協約システムが始まった。一八九六年には最初の全国賃金協定が、もっともよく組織された労働者階層の一つ、印刷工相手に締結された。一九〇四年から〇七年にかけて景気上昇と平行して集団賃金協約の数が増えていく。一九一二年時で産業労働者〔農業や自由業以外で働く者〕の一八%が集団賃金協約の枠に組みこまれていた。[23] 全体的にみて、賃金協定は抗争の抑止作用をもち、階級闘争のいっそうの組織化を招いた。ゲーラルト・シュトルツが的確にその特徴を描写しているように、階級闘争の敵同士から交渉の相手となり、そして労働協約の相手同士になり(この段階は一部第一次世界大戦前にすでに達成されていた)、さらに労働市場のパートナー(第一共和制時代)、そして第二共和制の社会パートナー同士へと進んでいくのであった。[24]

しかしこの流れを国家が黙って眺めていたわけではなく、たえず一枚かんでいた。自由主義的な「夜警国家」というのはいつも実体のない話であり、オーストリアの場合とくにそうだった。組織化した資本主義の初期段階ですら目立っていたのは、資本と労働と国家との共同という三分主義の形態であった。なるほど一八八〇年代の鳴り物入りの社会立法以降、君主制時代最後の二〇年間、社会政策の領域はかなり停滞していたが、それでも別な形の労使対等の共同作業が進行する。それは産業裁判所や社会保険にもいえたし、行政機関に設置された労使対等の協議委員会の場合にもいえた。たとえば、商務省の労働統計局（一八九八年）の場合、使用者側と被雇用者側から審議会が構成されていた。第一次世界大戦中に、軍需産業用に労使対等の苦情処理委員会がつくられる。[25] 労働者階級の国家へのゆっくりとした統合がしぶしぶおずおずと始まる。階級闘争がやむことはなかったが、より手なずけられたものとなり、いくつかの分野では穏健なものとなっていった。

全体としてみるなら、近代化という中心的現象と、体制内部各領域の分化独立という現象がみられた。経済の分野では市場経済の拡大、政治の領域では議会や政治党派の誕生によって、一部独自の政治体制の確立、文化領域では芸術部門の自立化など、こうした分化独立のすべてが、国家の介入により新たに括られていた。[26] オーストリアという、この「役人的＝ヒエラルキー的国民」（ハイミート・フォン・ドーデラー）の場合、そうした傾向が他のどこよりもつよかった。その点は国の歳出の点からも窺うことができよう。その出費は一九〇六年から急激に増えている。国民所得からみると、国の歳出の伸びはオーストリア特有のケースであった。[27]

## 第一節　経済各分野──構造的な考察

世界経済危機の暗澹たる雰囲気のなかにあった一九三〇年代から振りかえってみると、少なくともブルジョア層の出身者にとっては、第一次世界大戦前の歳月は「古きよき時代」の光芒を放っている。じじつ一八九〇年代のなかば以降ダイナミックな景気上昇が始まって、世紀の転換期後に短期間の激しい危機により中断したものの、一九〇四／〇五年から〇八／〇九年にかけて過熱気味となり、一九一三年にはふたたび緩やかになる。[28] オー

表26　3つの分野の就業者数比較（%）

| | 農業 | 工業／商業 | サービス業 |
|---|---|---|---|
| オーストリア=ハンガリー（1910） | 53 | 24 | 23 |
| オーストリア部分（1910） | 39 | 27 | 34 |
| ドイツ（1907） | 35 | 40 | 25 |
| スイス（1910） | 27 | 46 | 27 |

ヴォルフラム・フィッシャーほか編『ヨーロッパ経済史／社会史ハンドブック』第5巻（Handbuch der europäischen Wirtschafts- und Sozialgeschichte, 5. Bd.[hg. von Wolfram *Fischer* u.a.]）シュトゥットガルト、1985年刊、126/484頁より。

ストリアが遅れを取りもどし始める。商業と工業の年間成長率は、一八九五年から一九一二年にかけて平均して三・三%、一九〇三年から〇七年の間では五・六%すら記録する。[29]その間に企業家たちの組織化が進み、笑顔になっていられたのに対して、労働者たちの組織化はいくぶん立ち遅れていた。好景気のときによくあるように、賃金取得者よりも利潤取得者の方に利益の配分が多くなる兆候がみられたのである。一八九〇年代に実質賃金はたしかに急激に上昇したが、二〇世紀の最初の一〇年間には停滞している。ただ労働組合としてうまく組織された労働者グループだけが、この時期でも実質賃金の増加を達成することができたのだった。[30]

時代の流行語は「物価騰貴」だった。牛肉一kgあたりの平均価格がウィーンでは一三六ヘラー（一九〇〇年）から一六八ヘラー（一九〇八年）になる〔ヘラーは一クローネの一〇〇分の一。一九二四年まで使われていた貨幣単位〕。全体として世紀の転換期以降生活費が三〇%ほど上昇する。[31]社会民主党は、議会や街頭や新聞で激しい抗議活動を展開する。オットー・バウアー（一八八一―一九三八）はパンフレットをつくって、民衆に食料品高騰の経済的な原因を説明した。たくみで要領をえたまとめ方であったが、少々デマゴーギッシュでもあった。物価高騰の本質的な三つの原因を的確にとりだしてバウアーがいうには、一つはオーストリアの農業の立ち遅れた状態。二つ目は、世界市場における価格高騰。三つ目は、オーストリアにおける農業や工業の相対的に高い関税であった。[32]意外なことに社会民主主義者バウアーの結論は、さしあたりは自由市場経済を！となっていた。「企業家たちの利潤利害が経済の全体利害と衝突しているのに対して、労働者階級の利害は経済の進歩の利害と合致している。……

持てる階級の関税政策に反対する闘争で労働者階級は、経済的進歩の擁護者となっている」。[33] もちろんそんな見解に産業家も農業家も耳をかそうとはしなかった。一方はなるほど、農業関税に反対するが工業関税には賛成し、もう一方の人たちは、農業関税には賛成、工業関税には反対の態度であった。政府に対して圧力がかけられ、権力のバランス維持が困難になっていく。しかし年間の成長率が示すように、結果はなかなかのものだった。

君主制全体は、近代化の立ち遅れをはっきり示していた。多くの人口を抱えた農業、相対的に発達度の低い工業、それにまずまずのサービス業の部門である。のちにオーストリア共和国となる地域をみると、すでにいくぶんましにみえる。この地域では農業の従事者がドイツの水準にまでほぼ落ちている。もっとも工業／商業部門はこの地域でも発達が遅れていた。それに対してサービス業部門が不釣り合いに高い数字となっているが、それは首都／王宮の所在地ウィーンの優越した存在の影響であった。

一八七〇年から一九一三年の時期の労働生産性の上昇率をみると、オーストリアは一・七％を示してヨーロッパで七番目、ドイツ（一・九％）より低く、スイス（一・四％）よりも高い。これは遅れの挽回のはっきりした印であった。それでもオーストリアは一九一三年になってもヨーロッパの序列ではスイスやドイツより下だった。[34]

## 農業

アメリカ訪問から帰ってきた大工場主のカール・ヴィトゲンシュタイン（一八四七―一九一三）〔哲学者ルートヴィヒ・ヴィトゲンシュタインの父。ドイツ出身のユダヤ人でウィーンにおいて鉄道用レールの生産などをとおして大富豪となる〕が、「わが国の弱点は農業状態にある」と断言する。[35] 一八九八年にはもう一つの寄稿論文のなかでさらに突っこんでこう言っている。「わたしが言いたいのは、自分も学ばなかったし息子にも何も学ばせようとしない教養のない農民、卑屈になって帽子を手に地主や司祭や国の役人の前に立つ農民、これが産業の進歩にとって最大の障害だということです」。[36] この点ではいずれにせよ大工業家のヴィトゲンシュタインも社会民主党の理論家オットー・バウアーも同じ意見であった。こうした発言には、大都市的な尊大さの響き、自由主義的もしくは社会民主主義的な思い上がりの響きが混じっていた。とにかく目標ははっきりしていて、なにをおいても生産性の向上であり、農業資本主義的な市場思考を農業に浸透させることであった。

　農業もその警告の合図を聞き入れる。農業の生産高が農業に従事する人間一人あたり三五八クローネ（一九〇一／〇三年）から六三三クローネ（一九一一／一三年）に、つまり七七％増加する。[37] オーストリア＝ハンガリー帝国の西側半分地域でも一八七〇年から一九一三年の間に小麦の生産量が七七％増えるが、のちの共和国地域部分では二六％の増加にすぎなかった。[38] ジャガイモの収穫量は（農業従事者一人あたり）約七八％増えるが、後者の地域（のちの共和国地域）では、五四五〇kg（一八九一／九五年）から九五〇〇kg（一九〇六／一〇年）の増加であった。[39] しかしながら牛の飼育数は、一九世紀に大きく増加したものの、世紀の変わり目頃には停滞し、絶対数ではむしろ減っている。[40] もっとも全体としてみると農業は、今日非常に懐疑的な目でみられているような成長路線をたどっていたのである。

　それでは何故、観察者のほぼすべての人がオーストリアの農業は遅れていると考えたのだろうか？　理由は比較してみるとすぐにはっきりする。一ヘクタールあたりの小麦の平均収穫量が一九一〇年時オーストリアでは一二九〇kgだったのに対して、ドイツでは一九九〇kg、ライ麦のそれがオーストリアの一三四〇kgに対して、ドイツが一七〇〇kgであった。[41] 農業の生産性が世紀の転換時でオーストリアが一一〇の指数だったのに対して、スイスが一五〇、ドイツが二二〇であった。化学肥料の投入量では一ヘクタールあたりオーストリアが三kg、ドイツが二九kg、スイスが五kgであった。[42] こうした遅れの原因を一九一六年ジークフリート・シュトラーコッシュ（一八六七―一九三三）が模範的な研究で指摘している。[43] 原因は、山岳や気候からくる自然的な生産阻害要因、アルプス地帯では森の占める割合が高く（四三％）、放牧地帯の手入れも怠たりがちである。一経営者の農地があちこちに散在している度合いが高く、これが合理的な経営を難しくしている。機械化が進んでいない（ニーダー・オーストリア州で世紀の転換期頃、脱穀機をもっていたのが農業経営の二四％、チロル州ではやっと五％）。[44] 山間の農民に自給自足的な心理的傾向があって、これが資本主義的な市場指向の台頭を簡単には許さなかったのである。

理念型的に要約すると、ある観察者がケルンテン州の農業を一八九四年にこう描写していた。「オーストリアの農民は、とりわけ畜産に従事するアルプス地帯では、国に現金で納税する必要がなければ、お金をぜんぜん必要としないだろう。自分の経営上必要なものはすべて自分の耕地や家畜小屋で調達しようと努めるからである。口にするパンのために、自分で穀類を栽培する。ローデン製〔防寒・防水用の厚手の粗織のウール地〕の衣服に使う羊毛は、自分で飼っている羊からえる。長靴や靴は、自分で飼育の牛を肉の調達用に屠殺する場合の皮革をもとに村の靴屋につくってもらう。資材や燃料用の木材は自分の森から、ミルクやバター、チーズは自分で飼育の牛や山羊から調達する。農民が購入する必要があったのは僅かばかりの鉄に、また稀には砂糖やコーヒーだった。後者の場合には、クナイプ式の処方〔セバスティアン・クナイプ（一八二一－一八九七）の提唱する自然療法にしたがった飲食の仕方〕にしたがって炒った大麦からつくる方法もあったが、それを好まない場合に購入するのだった」。[45]

もっとも都市への農産物供給地帯では農業の商品化もすでにかなり進んでいて、世紀の替わり目以降、共同組合、農業信用金庫、家畜取り引き市場、品種改良施設、農業立法、特殊な学校制度の拡充などが二〇世紀に大きな進歩をもたらす要因となっていた。

市場との関係の強弱によって、牧畜農家と穀物栽培農家との差が広がる。山岳地帯の農民は、日の当たらない農家組の部類だった。その点はウィーンの家畜屠殺市場に出される家畜頭数をみればはっきりする。一九〇九／一三年時で肉牛の六九％はハンガリーからであり、アルプス地帯からのものは一四％にすぎなかった。[46]

オットー・バウアー（や他の多くの人びと）は、綱領的な著書『森と牧草地をめぐる戦い（*Der Kampf um Wald und Weide*）』（一九二五年）のなかで、もう一つの欠陥、つまりシュタイヤーマルク州北部やニーダー・オーストリア州南部の農作地からの農民追放のことを指摘する。シュタイヤーマルク州北部だけでも二万五〇〇〇ヘクタールの農地が狩猟地所有者の手に落ちてしまい、ニーダー・オーストリア州南部では、新旧の貴族的狩猟領主たちの手で世紀の転換期頃に農民の土地の一〇%から二三%が買い占められていた。[47]その領主たちの一人が大企業家のカール・ヴィトゲンシュタインであった。この事態を弁証法的に先鋭化してバウアーは「かつて雌牛が草を食んでいたところで、今では鹿の群れが増えている」[48]と印象的な書き方をしている。すでにそれ以前にこの問題は、ペーター・ローゼッガー（一八四三―一九一八）の小説『最後の人ヤコブ（*Jakob der Letzte*）』（一八八八年）のなかでいくぶん感傷的にひろく世間に訴えられていた。[49]

　ローゼッガーは、かなり前から「農村離脱」を長期的な問題としてとらえて嘆いていたが、この問題が農業陣営のプロパガンダではひどく誇張されていた。経済の近代化は産業構造の変化を求める。だがこの展開は、第一次世界大戦以前ではむしろ緩慢なもので、地域によりきわめて大きな違いがあった。たとえば、オーバー・オーストリア州のアンドリクスフルトでは、一八九六年から一九〇九年の間に村の人口に占める使用人の割合が三〇%から二三%に低下する。[50]農業陣営のプロパガンダが見落としていたのは、農村の下層民の転出がもっていた経済的な生活のチャンスの増大である。その場合に情緒的な結びつきが失われはする。しかしそれは近代化にともなっていたるところでみられた犠牲であった。

　第一次世界大戦前の田舎の農業では、一部矛盾する二つの傾向がみられた。一九〇六年の農業の高関税政策以降、穀物価格がかなり上昇する（五〇%ほど）。その恩恵に与かったのはとりわけ大土地所有者たちや穀物栽培の農業者たちであったが、それとは逆にアルプス地方の畜産業者たちは、高い飼料の購入を強いられた。[51]他方で農業経営の近代化、つまり市場に対応する経営姿勢への転換には、ますます多くの資金が必要になる。つまり農民の抵当つきの借金が増大する。たとえばザルツブルクの場合、一八九七年時の借金額が収入のおよそ半分にまでなっていた。[52]

それから重要なのは森であった。森は民族の神話世界の主役であり、かなりの国有林があって（オーストリア＝ハンガリー帝国の西側半分地域で一〇〇万ヘクタール以上）[53]、オーストリア社会の偏った状態を映す鏡でもあった。森は昔からの封建的な諸制度をたくさんもちつづけていた。古い貴族の森林所有、領主権としての狩猟、木こりや猟師たちの素朴で旧態依然たる生活形態、使用権や、森林のなかの牧草地・落ち葉をめぐるたえざる争いなどである。一方で森は、オーストリアの輸出にとって重要性を高めてゆく産品であり、増大するツーリズムにとっての大事な環境であった。

### 工業と商工業

けれども、各国民の経済的なランクを決める分野は、工業であった。国民所得に占める農業の割合は、帝国のオーストリア側部分では一貫して減りつづけ、一八八〇年から一九一三年の間に四六％から二七％に落ちる。それに応じて工業の割合は三五％から五〇％に上昇する。[54]たしかにオーストリアは遅れをかなり取りもどすが、それでも先進工業諸国とくらべるとあいかわらず遅れた状態にあった。どの地域と比較するかが問題であるが、オーストリアの模範はバルカン地方ではなくて、中部・西部ヨーロッパである。当時すでにドイツ経済がオーストリアに影を落としていた。

オーストリアの国全体が第一次世界大戦前から「西側諸国」によってひどい打撃をうけていた。賢い経済学者たちは、この国の産業的な立ち遅れの原因にくりかえし言及している。たとえば、（社会学者・歴史家）フリードリヒ・ヘルツ（一八七八―一九六四）は、ドイツとオーストリアの国民一人あたりの鉄と石炭の消費量を計算している。[55]鉄の場合ドイツが一三五kg、オーストリアが四五kg、石炭ではドイツが三七㎥、オーストリアが一六㎥となる。[56]それからヘルツは、立ち遅れの錯綜したもろもろの理由を組上にのせる。理由の一つとして、一部は自然環境に、一部はハプスブルク王朝の歴史にかかわるものだった。ここにいくつかの要因だけをとりあげてみよう。割安の水路輸送を欠くためによる交通障害がみられたこと（一九〇七年に木材産業家のアレクサンダー・フォン・エンゲルが嘆いている。カラヴァンケン鉄道〔クラーゲンフルトの南方、旧ユーゴスラヴィアとの国境近くの山岳地帯を走る鉄道〕の建設前には、数時間の距離にあるケルンテン州からの木材運搬の方が、アメリカからトリエステまでの運賃より高くついた、と）。[57] 社会的な分業と産業特殊化の形成があまりにも未熟で、国内市場が脆弱であり僅かな消費力しかなかったこと。都市化の程度が低く、零細商店が多すぎて、資本力のある大規模商店がなかったこと。給料の安定した公的なポストにつくという国民の生活理想が動機になって、企業家的冒険精神が不足していたこと。それにまた、伝統的な社会保護主義があって、旧来の産業状態の固定化・化石化を招いていたこと。そこで支配するのは市場ではなく、国家や同業組合の狭量な利害関心であったこと。こうした点に関して、グロテスクな例をいくらでもあげることができよう。理髪師が髭剃り用の石鹸を売ってもよいか？死人の髭を剃ることが許されているのは、墓堀り

表27　1890～1913年の経済成長（国民1人あたりの実質国民生産）

| | 1890 | 1900 | 1910 | 1913 |
|---|---|---|---|---|
| のちのオーストリア地域 | 100 | 100 | 100 | 100 |
| ライタ川此岸地域 | 64 | 61 | 63 | 62 |
| ドイツ | 113 | 113 | 110 | 109 |
| スイス | 148 | 139 | 139 | 142 |

アロワ・モッサー編『ハプスブルク帝国の経済。皇帝フランツ・ヨーゼフの時代、第二部1880-1916』第1巻（Alois *Mosser*, Die Wirtschaft im Habsburgerreich. Das Zeitalter Kaiser Franz Josephs. 2. Teil, 1880-1916, Bd. 1）ウィーン、1987年刊、64頁より。

表28　鉱工業生産の指数（1913年）
（イギリス・アイルランド連合王国　1900年を100とする）

| | 全体（1913） | 国民1人あたり |
|---|---|---|
| イギリス・アイルランド | 127.0 | 115 |
| スイス | 8.0 | 87 |
| オーストリア＝ハンガリー | 41.0 | 32 |
| ドイツ | 138.0 | 85 |
| セルビア | 0.8 | 12 |

ヴォルフラム・フィッシャーほか編『ヨーロッパ経済史／社会史ハンドブック』第5巻（Handbuch der europäischen Wirtschafts- und Sozialgeschichte, 5. Bd.[hg. von Wolfram *Fischer* u.a.]）シュトゥットガルト、1985年刊、149頁より。

人夫かそれとも理髪師か？　パン屋とケーキ屋との間に「カーニバルの揚げパン戦争」を引き起こしていたのは、なんという情熱であったろう！[58]

たいていの経済学者が主張したのは、オーストリアにもっと多くの資本主義を、という処方箋だった。だが、一般の国民の目に映ったのは、資本主義のみせる生産的な力よりも、むしろ破壊的な力の方だった。この点は他方で、営業構造とかかわっていた。一九〇二年の営業調査によると、家内労働と手工業生産とが営業の九七％で、就業者の五五％を占めていた。[59]産業構造そのものも、消費財生産に大きく傾斜していた。繊維産業、食料や嗜好品産業が一九一〇年時で産業生産能力の（就業者でみて）二八％になっていた。[60]ところが繊維産業は一九世紀末には産業化過程のかつての牽引者的役割を終えて、その座をとっくに機械産業や、電気、化学産業に明け渡していた。一九一二年時点でオーストリア＝ハンガリー帝国は、機械の輸入が一億二九〇〇万マルクに対し、輸出は三一〇〇万マルクでしかなかった。ドイツが機械の輸入で七七〇〇万マルク、輸出が六億三〇〇〇万マルクだったのにくらべると、大きく数字が違っていた。[61]

それでも技術者や経済学者たちの想像力をたくましく駆りたてる希望があった。アルプス地方に豊富に存在する資源、つまり水力発電である。一八九一年に電気を遠くまで送れるようになってから、オーストリアのアルプスには「白い石炭」が埋もれているように思われた。エネルギー源としての電気には、はっきりとした利点がある。つまり電気は再生可能なエネルギーであり、ある場所で一括して生産して、各地に分散して使用できるし、好きな分量だけ消費可能なものであった。[62]当時オーストリア・アルプスには二〇〇万馬力の開発可能な水力発電があるとみられていた。[63]

しかし実際上の水力発電開発の進展は、遅々としたものでしかなかった。人目につかない田舎町シャイプス〔ドナウ河畔の修道院のあるメルクの南方三〇キロ〕に一八八六年初めて一般向けの発電所がつくられる。田舎が二〇世紀に向けて輝きだしたのである。一八九五年には六〇、一九一一年には八三〇の発電所が帝国の西側半分につくられていき、二〇〇万馬力のうち一九〇四年までに開発されたのはようやく一万六〇〇〇馬力であった。[64] ここには大きな資金が欠けていた。銀行と緊密な関係にある石炭産業の利害が、水力発電の大規模開発を阻むことになり、国の態度もためらいがちのものだった。それでも電気モーターが営業の機械化を推進する。ウィーンの電気モーターの数が一三六六（一九〇二年）から一万九〇七六（一二年）になり、[65] 一九〇八年までにウィーンの市電が電化される――これは、ルーエガー市政の大きな業績の一つであった。もっとも世紀当初のウィーンの住宅で電気を引いていたのはやっと三％であり、[66] 僻地の集落に電灯がともるのは一九五〇年代になってからであった。

オーストリアにおける電化の歴史は、経済に国家の手が伸びる典型的な例である。当初たいていは私的なイニシアティヴがあり、次の段階の第一共和制時代には公私混合の会社（民間と各州）となり、ついには第二共和制になって電力産業の国営化がほとんど完全に実現したのだった。

もう一度産業の発展という図式をみていくことにしよう。産業発展のために戦ったのは、企業家、一部の政治家であり、軍部（軍需産業）と社会民主党のエリートたちであり、その発展にためらいの姿勢をみせたのは、教会、貴族、農民、中小企業であった。労働者階級の指導者たちは、倫理的なムチでもってブルジョア階級にはっぱをかけ、たえず前進するよう駆りたてて、後者の怠惰やチャレンジ精神の欠如、けちで薄汚い小店主的精神をなじったものである。[67]

工業には、また工業の労働者階級がいた。かれらは、なるほど産業の発展から同じように御利益をえていたが、払った代価もまた大きかった。出来高払いの賃金の例をとりあげてみよう。この賃金形態は、近代の産業経営のなかでますます広まっていった。この形態により労働の集約性が高まり、厳しい体験の訓練が増えていき、労働者の賃金が市場の変動に結びつけられることになった。労働組合は、たしかに出来高払い賃金に反対して長い間闘っていたが（「出来高払い賃金は殺人である」）、世紀の転換後までこの賃金形態を受け入れていた。[68]

社会問題のレポーターとして活躍したマックス・ヴィンター（一八七〇―一九三七）（『労働者新聞』でプロレタリアートの生活状況

などをとりあげ、労働者や子どもたちの権利のために活躍する」が、補助労働者に扮して「アルピーネ工場の奴隷」のなかに紛れこみ、錬鉄工たちを観察する。これは、高度の技術を身につけた労働者で、銑鉄を加工しやすい鉄や鋼にする作業に従事するもの。長い曲がった棒で灼熱の鉄炉をかきまわすのだが、摂氏六〇度にもなる温度に耐えねばならず、極度の肉体的な厳しさに晒されて、頑張れるのも四〇歳くらいまでである。[69] ある年配の錬鉄工がため息まじりにいう。「鉄に人間がやられるんだ。誰かが病気になると——一週間後にはもう板切れの上さ。鉱炉からお墓までの道は近いもんだ」。そうした出来高払いの賃金で働く錬鉄工が精錬所に妻や子どもがもってきた夕食弁当をとる様子をマックス・ヴィンターが描いている。「かれはベンチに行って小さな女の子を抱き上げ、頬ずりし、それから妻の方を向く。彼女は夫に濡らしたタオルを差しだす。そのタオルで汗と煤で汚れた顔を拭き、両手をぬぐう。汗を拭きとってから、妻がベンチの子どもの脇においた手提げ鍋からスプーンで肉塊をとりだす。忙しげに食べ物を口に流しこんだとおもうと、次の瞬間にはふたたび棒をつかんで鉄をかきまわしている。……そんな（食事）光景が三〇分ほどつづく。働きながら一口また一口とかれは噛んでいる」。[71]

しかし労働者階級がこの工業の好景気の時期にでくわしたものは、全体的にみれば、過度の物価高騰であり、大都市でたびたび遭遇する住宅難であった。その反応の一つが、一九一一年の九月一七日にウィーンで起こった物価高騰騒動である。一〇万人以上のデモ隊が当初は整然と行進していたが、そのあとデモ行進の終わりにひどい混乱騒ぎになってしまった。乱暴狼藉をはたらく群衆により二〇万クローネ以上の被害が引き起こされ、軍隊が民衆めがけて発砲し、数人の死者と一〇〇人をこえる重傷者を出した。社民党指導部はジレンマに陥ってしまう。労使協調的な政策では、党の基盤層の圧力は一部しか吸収できていなかったのである。[72]

産業成長の奨励にともなう別な問題の一つであり、第一次世界大戦前にはそれほど注目されなかったものに、自然の破壊がある。自然という領域は、まだ無尽蔵のように思われていたので、警鐘を鳴らしたのは一部の芸術家だけであった。たとえば、詩人ゲオルク・トラークル（一八八七—一九一四）がそうだった。ザルツブルクから西に向かう鉄道でインスブルックに行く人は、アウサーフェルデンやレント〔ザルツブルクの南六〇キロ〕辺りに（銅の精錬やアルミニウム生産の結果）とても深刻な煙害を目にする。枯れた樹木、黄色く干からびた牧草地、悪臭のするもうもうたる煙に何週間にもわたって包まれる村落などである。被害にあった農民たちが抗議すると、その家屋敷が工場の手で買い上げられてしまう。工場に対する苦情のリーダーたちは、当局に訴えるチャンスもない。トラークルは、詩を書いてそうした事態を捉えているが、空想力にみちていた。

汚水のなかに朽ち果てたものが赤々と光っている。
風が焼けただれた庭の苦痛を鈍く呼び覚ます。
取りつかれた者たちが、黄金の夢を追いかける。
……
労働者たちが、のろのろとゲートをくぐっていく。
高炉が大空にそびえたっている。
工場のなかの虚偽が灰色に閉じこめられている。
……
宿舎が悲惨と悪臭とに晒されている。
まやかしの色と出来高払いとが
地下室の窓際の飢えたる人びとの前を通りすぎる。
……

ゲオルク・トラークル『道すがら（*Unterwegs*）』[73]

## 小売業、交通、サービス業

オーストリアの場合多くの就業者を抱えていた第三次産業部門では、伝統的な形態や生活圏と近代的なそれとが混ざりあっていた。上流階級の家庭にも、スタートしたばかりの観光産業にも、手伝いの奉公人がいた。山村僻地と都市の間の荷物運搬には、幌つき荷馬車を使う運送人たちがいたし、自動車タクシーもあって、これはフィアカー（辻馬車）と競合しあっていた。全国的にみられた行商（しばしば「Landjuden」といわれていた）と華やかな百貨店とが共存していたのである。

この第三次部門にはたくさんの自営業者がいたし（そこで働く人の二五％）、同時にこの部門は、二〇世紀の傾向を顕著に示していた。というのもこの部門には、被雇用者全体の八〇％が集まっていたのである。そして第三次産業部門は成長しつづける。[74] 一八九一年から一九一〇年までに、オーストリア＝ハンガリー帝国の西側半分地域の商品販売業は七六％ほど増え、金融機関は二二五％、鉄道機関が一二七％、飲食・旅館業、酒類の販売と提供業は五七％増加している。[75]

まず商品販売業をみると、ここではある種の特化がみられた。[76] 都市の中心部では有名な特殊専門店が多く、新開地や郊外、小都市や農山村では種々の商品を扱う雑貨店が普及しており、これは小売り商店タイプで、少ない資本で素早く独立できるチャンスに恵まれていた。さらに大きな都市にはモダンな百貨店があった。ウィーンのゲルングロースやヘルツマンスキー、ザルツブルクのシュヴァルツ百貨店などは豊富な品揃え、徹底した合理化による割安感のある真の消費の殿堂であった。さらに下層階級のための消費団体が急激に増えつつあった。

小売り商店は、しばしば経済的な脅威を感じることになる。かれらは第I部で述べたような自営業者の抗議行動という形で対抗し、イデオロギー的には反ユダヤ主義でまとまるようになっていた。かれらはいたるところの背後に「ユダヤ人」がいるとみるのだった。こうした近代の反ユダヤ主義は、いろんな役割をはたしていた。反ユダヤ主義の根の一つは、とくにウィーンの商売競争の状況のなかにあった。いくつかの基礎的数字がその点をはっきり説明してくれるだろう。一九一〇年時のウィーンの商業と交通部門で働いていたのは、「キリスト教」の人たちが三二%に対し、ユダヤ人が六四%であった。独立自営業者をみるとウィーンで働いていたのは、非ユダヤ系の者が（全国の）六%、ユダヤ人が二五%、被雇用者をみると非ユダヤ系が六%、ユダヤ系が二二%であった。この分野ではユダヤ人が平均以上の高い比率を占めていたが、決して多くがそうだったわけではない。絶対的な数字では自営業者の場合の関係は、キリスト教系が二万七〇〇〇人に対しユダヤ人が一万三〇〇〇人、被雇用者の場合のそれは、二万七〇〇〇人対一万一〇〇〇人であった。[77]

それでもユダヤ人はこの第三次部門用の有利な前提をもちあわせていた。その一部はかれらのマイノリティー身分にあって、その状況こそかれらにたゆまず働くことで生き延びるよう仕向けていたものだった。ユダヤ人商人のジグムント・マイヤーがゲットーで暮らすユダヤ人の世俗内的な禁欲を描写して、こう書いている。「生活も思考もすっかり商売に囚われており」[78]、お店とシナゴーグが生活の中心であった、と。さらにもう一つの理由は、何世紀にもわたるユダヤ人の商売経験にあった。ユダヤ人たちは早くから都会化されていて、上昇志向をつよくもち、全体として革新の気風を比較的つよくもっていた。サラリーマンという範疇をいち早く占めたのもユダヤ人であった。要するにユダヤ人たちは、非ユダヤ人たちよりもつよく社会のなかの近代的な要素を体現していたのである。それだからかれらは、近代化のエージェントとして、近代化のあらゆる危機の場合にはたやすくスケープゴートにされがちであった。資本主義のたえざる変転過程で不利になった者たちは、ルサンチマン、ドイツ語でいう「Neid」（嫉妬）に走る。こうした見方はわかりやすく、自分の機能不全の言い訳になりやすいし、一見すべてを説明してくれそうな世俗観として満足のいくものであった。

小さな商売から大きな取り引きに目を転ずると、オーストリア＝ハンガリー帝国は、輸出志向の国ではなかった。ヨーロッパ諸国の輸出は、国民総生産の一二%というのが平均であったが、ハプスブルク帝国の場合のそれは七%でしかなかった。[79]フリードリヒ・ヘルツの計算によると、国民一人あたりの輸出がライタ川此岸地域で八七クローネ、ドイツでは一七七クローネ、スイスでは三三三クローネとなる。[80]経済のほぼあらゆる指数と同様に、外国との貿易量も増え、一八九七年から一九一三年までの年間増加率は六・五%であった。[81]もっとも大きく伸びたのは輸入である。第一次大戦前の好景気の時期にはオーストリアの貿易収支はマイナス、一九〇七年から一三年の間にとにかく三二億八三〇〇万クローネの赤字となる。[82]この数字は、元大蔵大臣のオイゲン・フォン・ベーム＝バヴェルク（一八五一―一九一四）のような倹約の達人をひどく不安がらせた。木材や砂糖などの輸出ヒット商品も、この帝国を第二の技術革命時代に産業大国にすることはなかった。[83]

　輸出先を左右していたのは、地理と言語である。貿易の主要相手国は、すべての輸出入の四〇%を占めるドイツ帝国であった。[84]さらにくわえて、一九〇〇年当時オーストリアの国の借金の約半分はドイツからのものだった。このことを考えると、オーストリアが当時からすでに、いかにドイツ帝国に依存していたかがはっきりする。[85]この点は内政外交面にも影響をおよぼしていたし、またオーストリアにおけるドイツ的要素の心理面での強化にもつながっていた。ハプスブルク帝国は、相対的に力の劣る弟分の地位にますます追いやられていったのである。

　もっとも貿易の流れからみると別な見方もできよう。（ハンガリーの）マジャール人たちは、政治面では離反傾向にあったにもかかわらず、大きな経済圏としては固く結びついていた。――この点が、逆に一九一八年後の分断が経済的に大きかったことを物語っている。つまりハンガリーの農産物輸出の五分の四以上がオーストリア向けであり、オーストリアの繊維輸出の六〇%がハンガリー行きだった。[86]これが、しきりに唱えられた「繊維と小麦の結婚」の経済的な基盤であって、これを通貨に換算すると、一九〇五年以降はオーストリアの方が優位にたつパートナーとなり、貿易収支で黒字を出していた。[87]

　すでに最初の自動車が道路のほこりを巻きあげていたが、人や物資のもっとも重要な輸送手段は鉄道であった。鉄道の重要性は、一八九六年に独立の鉄道省が設置されたことにも明瞭にあらわれていた。二〇世紀の初めには国有化の第三次の波が始まり、それは何十年間も論議の的になっていたロスチャイルド所有のカイザー・フェルディナント北鉄道にもおよんだ。[88]オーストリア＝ハンガリー帝国は鉄道敷設の長さではドイツに遅れをとっていたが（一九一三年時でドイツの六万四〇〇〇㎞に対して四万六〇〇〇㎞）、[89]トンネル工事を必要とする（オーストリアの）たくさんの山岳地帯のことを考えれば、決して見劣りするものではなかった。道路建設でオーストリアは（国民一人あたり）ドイツには少しばかり劣るが、スイスよりは上であった。[90]当時もっともモダンであった電話の場合、オーストリアはドイツにはるかに遅れをとっていた（一九一〇年時でドイツの一八億五一〇〇万通話に対して、オーストリアは二億七〇〇〇万通話で、これはほぼフランスの水準であった）。[91]

鉄道と結びついたものに観光産業があり、工業発達のみられない地域でいろいろな期待を呼び起こすことになる。工業がなくとも、ツーリズムにより経済成長が可能に思えた。裕福な人たちの、カールスバートやガスシュタインへの湯治旅行、信心深い人たちの巡礼の中心地であるマリアツェル（一九一三年時でここは一六万六〇〇〇人、ウィーン、インスブルックについで三番目の集客数であった）。[92]中産階級の人たちののんびりした夏の保養逗留はいたるところに分散していたが、高給取りの人たちはゼメリングやザルツカンマーグートに集中し、後者ではバート・イシュルの皇帝の避暑先が高貴な人びとや野次馬的な人たちを引きつけていた。元気でスポーツ好きの人たちは、山に挑戦する。また忘れてならないのは、イストリアやダルマチア（オーストリア・リヴィエラ）での徐々にポピュラーになっていった海水浴逗留である。

一九一一年当時、ライタ川此岸地域ですでに五〇〇万人の観光客がみられた。そのうち外国人が一四〇万人で、トップが予想どおりドイツ人の六七％、その次が――意外なことに――ロシア人であったが、ただし九％でしかなかった。[93]外国人ツーリストからの収入を『オーストリア展望（*Österreichische Rundschau*）』は一九〇二年で六三〇〇万クローネと見積もっている。しかし、一億五〇〇〇万スイス・フランを稼いでいたスイスのことをひどく羨ましがっていた。[94]それでもオーストリアでのツーリズムは上昇傾向にあったのである。

観光産業の組織は、当初まったく個人的な基盤にたつものであったが、その後かいがいしく活動する美化団体の連盟が州連盟となり、ついには国単位の公的な仕事分野となって、観光事業の諸要件を担当する省庁ができた（一九〇八年）。[95] チロルが先頭にたつアルプス諸州がたいへん力を入れ、観光分野でウィーンを追い抜く。ウィーンの観光協会宛ての手紙では激しい調子でこう言われていた。「ウィーンのホテルやコーヒー店の支配人たちが、陽気な客たちをカウンターからほくそ笑みながら眺めているのに対して、勇敢な人びとがオーストリアの山々の最高の頂上に、寒さにふるえ吹雪にふらつきながら科学の勝利の幟をたてていく。レストランやビリヤード店のきらめくシャンデリヤやぴかぴかの床のもとで紳士たちが危なげなく歩きまわっているのに対して、勇敢なアルピニストたちが切りたつ断崖のかたわらに道や小径の印をつけていく」。[96]

## 第二節　経済政策

一九〇六年にある参事官が雑誌『オーストリア展望』で、「……経済政策といえるような政策はもうほとんど存在しない」[97]と書いた。この意見の当否は分かれるところだった。いずれにせよその五年前にはエルンスト・フォン・ケルバー（一八五〇―一九一九）、この有能にして世事にも明るい行政官で今や首相として政府の仕事の指揮にあたるようになった男が、経済政策に着手して、民族間の争いごとを根本的に変えようとする。ケルバーは議会に対して世論の動員をはかった。かれはアイデアに富む男であったが、同時にかなりのオーストリア的ペシミストであり、行動型の人ではなかった。親友の（経済専門家）ルドルフ・ジークハルト（一八六六―一九三四）がケルバーを評して「かれは生涯賭け事をしたことも、酔ったことも、馬の手綱を取ったこともなかった」[98]というとき、否定的なニュアンスがこめられていた。ケルバーの計画は単純明快だった。経済全体が民族的な抗争に悩まされているが、各民族とも経済の興隆には関心が深い。それゆえ、民族間抗争に費やされているエネルギーを経済に向かわせ、世論の想像力に新たなビジョンと目標を与えることで、民族的な抗争を鎮静させねばならない、という。ケルバーは大規模プランを引っ提げて議会に臨んだ。鉄道の拡張（トリエステとのもう一つの連絡路）、巨大な水路の建設（夢想されていたドナウ＝オーデル河運河）などで、国家の手になるそうした「大きなスパート」をかけ、一〇億クローネという国の投資が長期にわたって計画に組みこまれていた。[99] さしあたりケルバーは成果をあげる。民族間の抗争は、バデーニによる混乱のあといくぶんやわらいでいたし、社会民主党に対する当局のいやがらせもやんでいた。しかしこの大計画は頓挫する。タウエルン鉄道とカラヴァンケン鉄道の建設は実現する（観光業にとって大きな後押しとなった）。しかし、運河計画は、その発端といえる雲のなかに現実離れのものとして消えていった。[100] たちまち民族の利害をめぐる了見の狭い争いが再発する。大蔵大臣をしていたベーム＝バヴェルクは、ケルバーの計画に資金面から懐疑的な態度をとっていたが、少しのちにこう評している。「今日では政治や民族の政党がそれぞれの民族同胞や選挙民のためのいろんな利得を貪欲に追求するのが義務だと型どおり思って、全体的なものを犠牲にしながらそれを推し進める。……各党間には細かくソロバンをはじくライバル意識と嫉妬心があるゆえ、ある党に譲歩したものは、すぐさま埋め合わせ的に他の政党にも提供せざるをえない。こんな光景がじつにしばしばみられる」。[101] この評言には、政府の経済政策的なジレンマが慎重に言いあらわされていた。

政府は関税問題でも、そうした板挟みに陥っていた。関税問題は第一次世界大戦前の経済政策上の典型的な抗争問題であった。一九〇六年の通商条約がその前後の数年間にわたって世論の関心を引きつける。利害の妥協をみいだすのはじつに困難であった。工業の利害と農業の利害が対立しあっていただけでない。それぞれのグループ内でも、さまざまな利害が錯綜する状況であった。輸出指向の企業はできるだけ低い関税、国内市場向けに生産する企業は（鉄鉱産業のように）できるだけ高い関税を要求する。農業分野の方では穀物生産の大土地所有者がアルプスの畜産業者と争っていた。帝国議会議員でシュタイヤーマルク州出身のフェルディナント・パンツ（一八六八一九三二）は、大規模農業者たちの高い保護関税を激しく攻撃して、大土地所有者と農民の利害の連帯というアピールは農民をごまかすための「メルヘン」だ、と言っていた。[102]

　一九〇六年の通商条約がもたらしたものは、大規模農業者たちの勝利だと一般に受けとられた。ヨーゼフ・グルンツェル（一八六八―一九三四）が『オーストリア展望』で公然と嘲笑する。「わが国が食料品の輸出国でなくなった瞬間に、我われは西側諸国との最近の通商条約で穀類や肉類のための優遇措置をあがなう。一方バルカン諸国農業の主要産物を受け入れないことにして、かれらを不倶戴天の敵にしてしまった」[103]、と。また組織力のある鉄鋼産業も主張を貫徹する。鉄鋼の関税は、商品価格の五〇％にもなっていた。[104]一九〇七年時で銑鉄の値段がオーストリアで一二〇クローネ、これに対してドイツでは九七クローネであった。イギリス産の工業製品は、ドイツで平均二五％の関税、オーストリア＝ハンガリーで三五％、ロシアでは一三一％の関税を課せられた。[105]この三つの数値だけをみても列強のオーケストラのなかでのオーストリア経済の位置が明瞭になるだろう。

　オーストリアはドイツ帝国の衛星国の地位にますます陥っていく。そんなときに政治や経済のエリートたちは、大国ぶった振る舞いをする。ゲームの対象となったのはバルカン諸国であり、ゲームはセルビアとの「忌ま忌ましい戦争」であった。ゲームのルールとなったのは、当時の社会ダーウィニズムの基本的主張、つまり、強者にはより高いと思う文化的使命のために弱者を支配する権利がある、というものだった。具体的にいうと、セルビアをハプスブルク君主制の政治的支配下に組み入れることだった。セルビアがそうした被後見人の地位を避けようとすると、一九〇五年から一〇年にかけて恐喝的な貿易戦争で報復されることになった。セルビアからオーストリア向けの家畜の輸出が、大規模農業者の利害のために停止となる。これは、セルビア経済の痛いところをつく措置であった。というのも、セルビアの輸出のほとんどすべてがオーストリア向けだったからである。ショックが大きく、また怒りも大きかった。結局そうしたオーストリアの権勢欲は頓挫する。セルビアは新たな市場を探し、オーストリアの食品価格が上がりつづける。[106]経済と政治の動機が分かちがたく絡んでいた「忌ま忌ましい戦争」は、数年後にオーストリアがやらかす戦争、すなわち大きなゲームの前哨戦といってよかったろう。

## 第三節　戦時経済

資本主義の組織化は、第一次世界大戦でその頂点に達するが、同時にその基盤の一つを失ってしまう。というのも、その基本原理は、市場利害の組織化と市場の調節といわれていたのに、招いたのは戦争による市場機能の排除という伝統的なものだったからである。協商国側のしだいに厳しくなる封鎖によって、オーストリアは国際市場から締めだされ、国内市場の方は国家の手が過剰にはいる。[107] その結果は、ヤミ市場の形成であった。ヤミ取り引きや戦時利得者たちが大小さまざまな規模で、隙間をついて巣くうようになる。労働者・企業・国家という三者間の力関係にずれが生ずる。労働者組織は戦争の初期段階（一九一六年まで）ほぼ完全に抑圧され、大企業（とりわけ軍需産業）には大いに特典が与えられた。だが決定的な要因は、経済に国家の手が深く浸透したことだった。何人かの人たちがすでに「戦時社会主義」（カール・レナー）とか、「経済の超国家主義」（ヨーゼフ・レートリヒ）などと言っていた。

### 組織化の遅れと遅々とした歩み

戦時経済の問題の核心は、その前提にあった。オーストリア政治の担い手たちは、世界戦争にあえて踏みだしたが、国にはそうした戦争の経済的な準備がなかった。誰一人（戦争の相手側も）長期戦争など予想していなかった。備蓄品もなく、組織化計画や戦争をまかなう計画もなかった。徐々にやっと必要に迫られて即席の組織化をはかろうとする。「遅きにすぎる（Zu-Spät）」というハプスブルク流のオーストリア統治がまたしてもみられた。それでも一九一二年の一二月二六日には、「戦時動員法」が成立し、この法律をもとに国民全体や経済全体が戦争に奉仕させられることになった。個人財産の廃棄ではないが制約はうけ、企業利潤への手出しが原則生じたわけではないが、軍事的な需要に経済はしたがわねばならなかった。[108]

戦争の遂行から御利益をえたのはまず軍事的に重要な大企業であった。かれらは巨額の特別利得を手にする――だから企業家たちも戦時動員にわれ先に参加しようとした。その種の企業には優先的に資材の提供があり、労働者たちは「戦時服務違反処罰法」の下に置かれ、その基本権は廃止となる。職を変えることも、ストライキや賃上げも許されなかった。[109]戦争当初の局面における労働者階級の権利の剥奪が、オーストリアほど徹底していたところはなかった。もっとも企業家も、戦時動員法下にあった会社の持ち主なら、軍人の指導を受け入れねばならなかった。これは、労働者たちの抵抗の抑止には、当座助けになったが、結果的には紛糾の恒常的な火種となってしまった。

いろんな予言や最悪の条件にもかかわらず、オーストリア経済は、四年にわたる厳しい戦争の歳月を耐え抜く、曲がりなりにもとにかく持ちこたえたのである。もっと不思議に思うのは、ばらばらの各民族が四年もの間、好きでもない国家のために戦ったことである。たしかに厳しい軍事司法の強制力もあったが、[110]諸民族間の緊密な結びつきは、多くの悲観論者が思うよりもつよいものであったに違いない。

戦争に負けると、派手に責任のなすり合いが始まった。軍部は文民政府に、文民政府の方では軍部に責任ありとする。そしてこの二つが一緒になって「利己的な」ハンガリーに非難の矛先を向けた。[111]しかしほんとうの歴史的問題は、敗けたことでなく、どうして君主制がそんな長期間の戦争に耐えられたのか、実際どんな強制や構造の問題があったのか、そのことであった。

一九一四年夏の戦争に対する大衆の熱狂の陰には、経済的なカオスが控えていた。所轄の商務省の局長をしていたハンス・レーヴェンフェルト＝ルスが一九一四年の八月一六日、妻に宛てて書いている。「石炭も原料もない。車輛も不足し、労働者も支払い手段も足りない――これが戦争勃発後数週間を経た現状だ！」。[112] 数日後その夫宛てにこう書かれる。「わたしのように、経済事情が少しでも覗ける者には、戦争の経済的な成り行きのことが徐々に気がかりになっています」。[113]

戦争が勃発して二、三カ月もすると工場には原料がなかった。そこで打ちだされたのが、ドイツの例にならって考えた、原料の手配と配分にあたる中央機関の設置であった。作家のフランツ・ヴェルフェル（一八九〇―一九四五）が嘲笑して、これは「戦争という父親が経済という淫蕩な奥方に産ませた空想的な野望である」[114]、と言っていた。最終的には九一を数えるにいたった。[115] そうした中央機関の組織模様はじつに多彩であった。たとえば、戦前からすでにあったカルテル組織を拡充した団体や、株式会社で企業や銀行が担い手のものもあったが、そこではたちまち私的資本の利害と、公益奉仕という性格との矛盾があらわになった。そうした中央機関の指導を引き受けたのは、リーダー的な企業家たちであったが[116]――評判の悪かったのは酒類中央機関の会長ヨーゼフ・クランツ博士である。かれは、アウシュヴィッツ生まれの弁護士で酒類カルテルの創立者であったが、一九一七年にはセンセーショナルな刑事事件に巻きこまれる。[117] それからもっとつよく国家の管理下に置かれた中央機関もあって、「戦時穀物取り引き所」（一九一五年）などは、独占機関的に運営されていた。他の中央機関でも、鉄鋼や非鉄重金属などのように、軍の手が直接介入して運営されているところもあった。

中央機関は必然的に大企業を優遇した。中央機関のほかには、強制的性格の公法上の団体として「戦時連盟」があって、特定の物資の生産にあたる企業をすべて統括していた。この連盟が協議や運営の特定課題を引き受けるが、中央機関と違って、直接物流の過程に介入することはなかった。[118] この連盟の活動はあまりテキパキとしたものではなかった。たとえば、農業にとって大事な化学肥料の生産のような重要な問題の場合、化学肥料工業連盟が設立されたのはようやく一九一八年の五月八日のことだった。[119] すべてに君臨していたのが「戦時経済総司令部」であって、計画は雄大だが、実際的意義は小さなものだった。[120]

オーストリア＝ハンガリー二重帝国という国の構造ゆえに、帝国全土にわたる統一的な組織をつくることは不可能であった。端緒くらいはできたにしても、遅きに失して、机上の計画に終わってしまう。オーストリアとハンガリーとのたえざる抗争は――とりわけ食料確保をめぐる抗争は――戦時経済全体の障害となり、組織化に慣れたドイツ人たちから軽蔑の眼でみられ、オーストリアはまたまた貧しくだらしない親類という立場だ、と思われたものだった。[121]

もう一つの長期抗争は、軍と文民当局の間でくりひろげられた。オーストリアは議会も開かず（一九一四年三月以来休会になっていた）、戦争に突入する。戦争の最初の局面を支配したのは、政治でも経済でもなく、優越する軍部の地位であって、そうした戦時絶対主義の拠り所となったのが、憲法の「独裁条項」（ヨーゼフ・レートリヒ）、つまり緊急事態条項であった。[122] 文民当局も軍部当局もそれぞれ違った見通しのもと権威をもって統治しようとする。だが有利な権力をもっていたのは、さしあたり軍部であった。軍は一九一五年以降チロル、ケルンテン両州でみられたように、一部で政治的な行政も握っていたし、また一部で裁判権も掌握する。コンラート・フォン・ヘッツェンドルフ参謀総長（一八五二―一九二五）の指揮下にあった軍司令部の計画ではさらに大胆に、公然たる軍部独裁、行政および経済の全面的管理をめざしていた。[123] そうした目論見のあるところに、文民政府とその中央官庁がつよく邪魔だてをして抵抗する。その結果が軍部と文民当局とのたえまない抗争であり、その軋轢は中央機関から地方の役所まで広がっていた。どちらも経済のもっとましな組織化が可能だと思っていた。そこで、軍部と文民の二つの戦時経済が存在することになったのである。

第三の抗争の場は、軍部・文民両分野をとおしてあちこちに出現する。備えのない即席の事態に直面して、役所でも信じられないような混乱が生じた。検閲が一種の自己遮断状態をつくりだし、いろんな情報の流れを阻んでいたので、正確には誰がなんの担当なのか、誰にもわからなかった。こうした事態や物価騰貴、インフレや飢餓などにより戦争の後半には、「社会の分解状態」（ヨーゼフ・レートリヒ）になってしまった。長年にわたって要職にあったハインリヒ・フォン・ヴィティック（一八四四—一九三〇）〔鉄道大臣や首相を務めたこともある〕が嘆いたのは、「住民側の理解や共同精神の欠如」であり、「際限のない我欲、利潤欲、不当利得」であり、「詐欺行為、ヤミ商売や流通段階での値段のつり上げなどが東方からのいかがわしい輩の殺到もあってはびこっている。要するに当初の観念的な熱狂ののち、戦争の長期化につれて多くの人びとが、市民的な正直さ、礼儀正しさ、道徳的宗教的な考え方からしだいに離れてしまった」[124]ことだった。「市民社会」が崩壊し、個々の構成部分に解体してしまった。市民社会を構成していた倫理的道徳的な絆がますます薄っぺらになり、あとに残ったのは利害や欲望であり、それらがいっそう無遠慮に顔を出すようになっていったのである。

官憲国家がその不都合な面をさらけだす。下からのデモクラシー的自発的な組織や自発的な動機に欠けていたので、その結果、今や過大な要求に晒されている当局を国内の喧嘩相手としかみようとしない姿勢があらわになっていく。とりわけ中央機関への農民や中産階級の批判は、際限なく膨れあがった。裏の取り引きが猛威をふるう。公然と「無秩序の汚い経済」だとか、「オーストリア帝国ハンガリー王国の特権的盗賊集団」などという言葉が言われていた。[125]

### 生産力の低下

戦争の前から帝国の西側半分は自分で食料を調達することができず、アルプス諸州になるとまったく話にならなかった。戦争中に帝国の軍隊の撤退によりガリツィア地方が完全に脱落する。それは、オーストリアの農地面積の三分の一を占める地帯であった。他方で軍は備蓄品を傍若無人に買い集め、それが値段の高騰を招いた。軍は住民の食料事情などほとんど配慮しなかった。つまり当座中央機関の手で行なわれたのは、調達と分配で、生産はあまり問題にされなかった。戦前期の物価騰貴の議論に触発されて、世論により上限価格の要求が出され、たしかにその設定が行なわれたが、その結果は貯蔵品の多くが秘匿されて、一般の供給にはまわらず、ヤミ市場に消えていった。軍自体も農業から労働力と農耕馬牛を大量に吸いあげてしまっていた。[126]

　その結果がたちまちあらわになる。戦争前に年間国民一人あたりの小麦粉の消費量が一四五kgであったものが、一九一七／一八年には六五kgですまさねばならなかった。平均的オーストリア人が一九一三年にはジャガイモ一八〇kgを食べていたのに、一六年には四三kgでしかなかった。アルプス諸州の牛の頭数が一四％、豚では四四％も減少する。ただ山羊——貧しい人たちの牛と言われる——の数だけが増えていた。[127] 都市は、パンや肉の配給券（ちなみに後者は一九一八年になって導入）があっても飢えていた——この点は文字通りに理解する必要がある。すなわち、人びとは憔悴しきって街路にへたりこむありさまだった。田舎では当然ながら食料事情はいくぶんましだった。自給の生産物で暮らす人がはるかに多かったからである。ところで州や各地区が自衛手段をとるようになると、工業地帯の飢餓はいっそうひどいものになる。戦争末期のウィーン人は、一日通常二〇〇〇カロリーのところ、八三一カロリーでしのがなければならなかった。[128] 大企業は食料品売り場を設けて、従業員に危機をしのぐ手当てをしようとする。国と自治体は、戦時共同キッチンをつくって、最悪の飢餓だけでも静めようとした。

　ガリツィアで「黄金のウィーン」を夢みていた作家のマネス・シュペルバー（一九〇五—一九八四）は、今やまったく違うウィーンを体験する。「というのも今では日を追うごとに生活が困難になっていく。この大都会が重病人のように、呻きながら息をしているように思えることがある。……男に女、老人に子どもたちが薄暗い路地で、一キロのジャガイモをどうにか手に入れようと期待して、風のつよい夜や雨に降りこめられた寒い夜に、毎晩何時間もむだに待ち尽くしている。そのジャガイモも霜枯れていてほとんど食べられないものなのだ」。[129] 飢餓状態にある人びとの顔つきは、エーゴン・シーレ（一八九〇—一九一八）が描く人物、「醜く奇妙に歪んだ、寒さに硬直している顔」[130] にますます似てくるのだった。

検閲をうけた何百万通もの手紙に書かれてあったのは、まもなく飢えるというテーマだけになってしまう。ある絶望した妻が夫宛てに書いている。「わたしも今までにいろんなことを体験してきましたが、こんな惨めさと飢えは初めてです。子どもたちに手をかけて始末するか、一緒に川に飛びこもうかとなんど考えたことでしょう。でもあなたが、悲惨な住居にいつか帰ってくることが気の毒でなりません。子どもたちは空腹のあまり泣くことがよくありますが、わたしには子どもたちにやれる食べ物がありません」。[131] ハライン〔ザルツブルクの南約二〇キロ、ザルツァッハ川河畔の町〕に住むある労働者の娘がパンを買いに行かされた。早朝の四時に彼女は並び、七時にようやく家族みんな用の白パン一斤を手にする。するとそれから、彼女が年配になってから思いだしても恥ずかしいようなことになる。「ああ、なんということでしょう。思いだしたくもありません。——わたしがそのパンをみんな食べてしまったのです。家に着くまでにパンはすべてなくなっていました。空腹にたまりかねて……パンの縁を引きちぎると、もう食べるのが止まらなくなってしまったのです」。[132]

パンがあったとしても、それはトウモロコシの粉のものがしばしばで、手に取るとぼろぼろ崩れるものだった。「人びとが言っていた。俺たちはもう働けない。食うものがなければ、もう働けないよ」。[133] しばしば飢餓暴動、飢餓デモ、略奪が起こり、パンと同じく、国もまたぼろぼろになっていた。

工業製品の落ちこみは、それほどひどくなかった。高い失業率（ウィーンで二一％）、[134] 多くの企業の閉鎖、とくに有能な熟練労働者たちが多数無計画に軍隊に動員されたことや、一九一四年夏の戦時体制への切り替えで輸送の混乱といった危機があったのち、一五年の春には工業は回復に転じていた。戦時景気が始まって、軍需産業に巨大な利潤をもたらし、東部方面での軍事的勝利もあって、産業界の人びとの間に高揚した気分が生まれていた。もちろん上辺だけの好景気であったが、それは一六年の秋までつづいて、一九一七／一八年になると経済がこの分野でも瓦解する。

表29　帝国西側部分の銑鉄と粗鋼生産

| | 銑鉄（単位1000 t） | 粗鋼　1912/13＝100 |
|---|---|---|
| 1913 | 1782 | 100 |
| 1914 | − | 82 |
| 1915 | − | 105 |
| 1916 | 1766 | 130 |
| 1917 | 1447 | 117 |
| 1918 | 551 | 77.5 |

ハインリヒ・メツリク『第一次世界大戦時における鉄鋼の調達。k.u.k（帝国にして王国の略語、オーストリア／ハンガリー二重帝国を意味する）陸軍省の計画経済』（Heinrich *Mejzlik,* Die Eisenbewirtschaftung im Ersten Weltkrieg. Die Planwirtschaft des k.u.k. Kriegsministeriums）ウィーン、1977 年刊、628 頁より。

表30　石炭、鉄、鋼の生産（単位100万トン）

| | 中欧諸国 | | | 連合国 | | |
|---|---|---|---|---|---|---|
| | 1914 | 1915 | 1917 | 1914 | 1915 | 1917 |
| 石炭 | 331 | 355 | 340 | 394 | 346 | 841 |
| 鋼 | 21 | 24 | 16 | 24 | 13 | 58 |
| 鉄 | 22 | 25 | 15 | 25 | 16 | 50 |

マルク・フェロー『世界大戦 1914−1918』（Marc *Ferro*, Der große Krieg 1914-1918）フランクフルト、1988 年刊、216 頁より。

戦時産業の中枢は、鉄と鋼であった。その生産指数をみると、一九一六年が頂点であったことがわかる。

武器の生産も一六年が最高を記録する。[135] 石炭の産出量も少々落ちこんで五七〇〇万トン（一九一三年）から五〇〇〇万トン（一七年）となるが、輸送の大きな困難がますます工業の障害となっていた。[136] 軍需産業の中央の複合体では軍と経済とであらゆる勢力を動員し、かなりの組織的業績を達成する。[137] だが、ほんとうの力関係を明らかにするのは表30であろう。よく口にされる「戦場では負けていなかった」といった陳腐な見方もこの数字には歯がたたないであろう。

戦争の資金は、さしあたり紙幣の印刷でまかなった。このやり方と物価の高騰がインフレを煽る。お金の流通量が一九一四年を一〇〇とすれば、一九一八年には九七七となっていた。[138] オーストリアでは物価統制がそれほど厳しくなかったから、「インフレという狂犬病が伝染病のように広まる」ことになったのである。

一九一四年の秋には、別な資金源をみつける。最初の戦時国債である。その国債を購入するのに、とくべつ愛国者である必要はない。というのも利子五％での発行は、おいしい話であったからだった。銀行や郵便局が応募の受けつけにあたり、二〇億クローネを調達できた。大土地所有者や農業関係者がおおむね控えた姿勢であったのに対して、大きな機関筋や市民階級がこぞって債券に応募する。[139]全部で八回の戦時国債の募集があって、名目で三五〇億クローネが集まった。[140]もっとも終わりの方の起債では、小額預金者の応募はなくなっていた。希望にみちて始まった戦争が国民資産の四分の一から三分の一までも飲みこんで、例のない財政破綻に終わってしまう。[141]華麗な平時の制服を着た誇り高き軍隊も、今ではじつにひどいありさまだった。「多くの兵士がもはやシャツもなく、ボロ布に近い上着を素肌の上にまとっていた。ほとんどの兵士が裸足で歩きまわるか、穴だらけの靴でしのいでいて、その靴はばらけないように紙紐で結わいてあった。軍隊は、栄養不良といろんな物資の不自由さの恐るべきありさまをみせていた」。[142]

## 階級社会とコーポラティズム的な政策

第一次世界大戦時のオーストリア国内の歴史は、はっきりと二つの時期に区分できて、その分け目は一九一六年の秋になる。具体的な人物でみれば、一九一六年の一〇月二一日に起きた首相カール・シュトゥルク伯爵（一八五九―一九一六）の暗殺と、同年一一月二一日の皇帝フランツ・ヨーゼフの死が、一つの時代の終焉を印象づけるものであった。政治史的にみれば危機がくりかえされ、その危機が戦時絶対主義の終わりと新たな政治の始まりを強いることになる。社会経済の面からみても時代の流れの転換がみてとれる。第一の時期では企業者側の力がつよまった。一方では大きな戦時利得、他方では対抗勢力の労働組合の排除により、ひどくアンバランスな支配構造ができあがった。二番目の時期になると企業側の利益が急激に落ちこみ、[143]反対に労働組合や労働運動の政治力の失地回復がみられた。戦争末期には支配のシーソー台の大企業側が地上間近にまで下がり、労働側の方が高くなる。多くの人が夢みていたような、ほとんど社会主義の高みにまで上がった。一九一六年秋の節目はまた、第一の時期の軍部優位と第二の時期の政治優位とを画するものであり、フランツ・コンラート・フォン・ヘッツェンドルフが一九一七年の三月には、参謀総長の地位を退かねばならなくなり、オーストリアの帝国議会が一九一七年の五月末には、再開の運びとなった。[144]

階級図式からみるなら、戦争の間に階級社会がより鮮明に透けてみえるようになった。貧富の差が大きくなり、中産階級がすり減って、労働者やサラリーマン、公務員の経済的な生活のチャンスが似かよってくる。商工業の人びとにプロレタリア化する恐れが迫っていた。[145]

農業も同じく、労働力や牽引牛馬の不足、軍による物資の徴発、とくに女性たちの長時間労働などに苦しんでいた。だが、自作自給のできる立場により飢えに苦しむこともなかったし、都会の人びとの統制をかいくぐった買いだしにより、金と物資が農家の手に転がりこみ、インフレが借金状態を楽にしてくれた。都市と農村との対照が際立つようになったのである。

兵役における義務の民主化はたしかに賛美されたが、それが権利の民主化、ましてや生活のチャンスの平等化に結びつくこともなかった。軍隊勤務では、危機をはらんだ緊張の水位が高くなり、いたるところでプロテストの潜在力が鬱積していて、抗議の矛先は「上にあるもの」、つまり国家や、恥知らずな戦時利得者、ユダヤ人、資本家に向けられ——最終的には君主政体に向けられた。

基礎的データはそれほど揃っていないが、大まかな図を描くことはできよう。ウィーンの労働者家庭の収入が一九一三／一四年時を一〇〇とすると、一九一七／一八年には三四となり、公務員家庭の所得は同じ計算で一〇〇から一九に下がっている。[146] 裕福な歴史家で政治家のヨーゼフ・レートリヒ（一八六九―一九三六）は、まだ優雅にザッハー・ホテルで食事をしていたが、一九一六年の三月一〇日付けでこう書いている。「聞くところでは、民衆の惨めさは女性や子どもたちのもとでとくにひどい。最近もヌスドルフでパンを運ぶ車が女たちによりひっくりかえされ略奪にあった。ほとんどの下っ端役人たちは栄養不良で体力がひどく消耗するまでになっている」。[147] 兵役資格能力のある男たちの六〇％は出征していたので、以前になかったほど女性たちが工場に進出した。ライタ川此岸地域では一〇〇万人以上の女性が職場で働いていた。[148] 就業者に占める女性の割合がウィーンでは一九一三年の三一％から一八年には五三％となった。[149] 軍需産業の必要に応じて、女性の仕事が繊維産業から金属産業に移っていく。家族の食事の面倒をみるのは伝統的に女性であったから、食料不足は彼女たちを厳しくもろに直撃する。女性たちは飢餓暴動の先頭にたち、また兵役による懲罰を恐れる必要もなかったので、公然と反抗騒ぎを引き起こした。アルプス諸州でのストライキ参加者の数は（一切禁止にもかかわらず）一九一五年の一七〇〇名から一七年には八万八七〇〇名になっていた。[150]

戦時絶対主義があきらかに頓挫したのち、支配層はふたたびコーポラティズム的な政策に転ずる〔コーポラティズムとは、経済界を代表する組織（経済会議所や農業会議所）、労働界を代表する組織（労働組合総同盟や労働者会議所）、それに国家機関という三者のトップたちの合意形成をはかりながら経済政策や政治を進めていく手法〕。国家と経済と労働との協調の新たな時期が始まり、共和制の最初の数年までつづくことになった。一九一七年、政令により「借家人保護法」が公布されて、下層の人びとには少なくとも住まいが保証された。だが、他方で以前は意のままに振る舞っていた家主の気分をひどく損ねることになった──それは、永遠の争点となって、共和制時代にまで持ち越される。労働力の疲弊により今では軍部も労働者の利害に配慮せざるをえなくなった。「苦情処理委員会」を設置することで労働者組織を戦時経済に組みこもうとする。この委員会の長を務めるのは将校であったが、裁判官と労働者代表が一人ずつくわわっていたので、賃金事情と労働条件のみるべき改善をはたした。苦情処理委員会は企業者側の力の裁量範囲をかなり制限することもできたのである。[151]

一九一六年、食料の一貫した統制が始まる。食料統制の中央機関となったのは、「全国食料管理局」という省庁に似た組織で、州や地区の食料管理局を介して津々浦々まで管理下に置いていた。仕事の指揮には長官を補佐する理事会があって、それには三つの政治陣営の代表、ドイツ民族派のロベルト・フライスラー、キリスト教「社会」派のヨードク・フィンク（一八五三―一九二九）、社会民主党のカール・レナー（一八七〇―一九五〇）がくわわっていた。[152] この理事会は行政のお役所的なやり方を打破するが、もっと象徴的に大きな意味をもっていたのは、初めて社会民主党員が公的なポストについたことであった。その代表として政府に好意的なカール・レナーが選ばれたのは偶然ではなく、のちにオーストリア革命を担うことになる構図の浮上であった。ヨーゼフ・レートリヒは皮肉っぽく日記に書いている。「不思議なこともあるものだ。オーストリアの社会主義者たちから愛国心を絞りだすなんて、長年願っても、難しく、いな、不可能なことであったのに」。[153]（ハプスブルク王朝最後の）皇帝カール（一八八七―一九二二）すら一九一七年の夏にこうメモしている。「社会主義者たちは大臣になることすら望んでいる。しかも非常に喜んで。たとえば、たいへん有能だと聞くレナーという男などである。でも、党内では大きな困難にぶちあたっている」。[154] じっさい社会民主党は一九一七年以降ふたたび政局にかかわるようになる。かれらはしだいに事態の安定化要素になっていった。もっとも同時に組織的な労働運動と労働者階級との間の乖離の深まりが兆し始めていた。飢餓に苦しみ絶望的になった大衆、ロシア一〇月革命の狼煙に接し、しだいに過激化する大衆に、ブレーキをかけると同時に大衆の信頼をすっかり失わないようにするというのは、かなり危険度の高い空中サーカスにも似たものであった。[155]

政府の議会主義化がとるべき道のように思われた。もっともその道を確かなものにしなければならなかったが、そのとき奇妙なことが起こる。それまでの経済最優先の体制の拠り所は、皇帝の命令にあったし——結局は有名な憲法一四条、緊急事態条項にあった。ところが、戦時中の経済の緊急処置は議会主義的基盤にもとづくものとなる。そのために一九一七年の七月二四日、「戦時経済全権委任法」がつくられた。社会民主党も積極的に支援する。その当時、この法律が三〇年代初期になって反議会主義的破壊力をどれほどもつようになるか、誰一人予想できなかったのである。[156]

# 第二章　支配体制——王朝的・官僚的官憲国家

二〇世紀の初め頃——荒れ狂う民族主義に対抗しようと——中等学校の新たな時間割でオーストリアの「祖国学」がいっそう力を込めて教えられた。プラハのドイツ語系帝国大学の教授であったハインリヒ・ラウフベルク（一八六〇—一九三八）が教師用ハンドブックとして『オーストリア国民学（*Österreichische Bürgerkunde*）』という本を書いた。客観的で手堅く、国法上の情報がたくさん盛られていて、国家形態に関する章では重要な区別がされている。立憲君主制の場合、君主が議会のために自分の全権の一部を譲る。つまり憲法のそもそもの発案者として君主は自分の全面的な権力を、憲法に定められている分だけ制限するのである。こういうタイプの憲法は、支配者の慈悲からでた贈り物とみることができるし——そこには支配者が憲法の撤回もできるという密かな展望も混じっていた（オーストリアの一部の政治エリートたちは、一八九〇年代以降かれらの孤独な根城にこもりながら、帝国の構造問題の解決策として「クーデタ」の可能性を執拗にもてあそんでいた）。[1] これに対し議会主義的君主制というタイプは違ったもので、その正当性は国民主権から導きだされる。議会の権力は非常につよく、大臣たちもきちんと議会多数派から登用するものであり、君主は憲法に規定されている範囲以外の権限をなんらもっていないものだ、[2]という。

オーストリア゠ハンガリーという、この不安定できわめて錯綜した構造の国は、上述の類型によれば、立憲君主制ということができ、議会主義的君主制への途上でもたつき、封建的絶対主義的な断片がたくさんこびりついていた。オーストリアは官憲国家——国家理念の中心は、王朝、「オーストリアという家（Haus Österreich）」にあり、政治支配の執行は、中央集権的・官僚制的——であった。それでもオーストリアは、また法治国家（帝国最高裁判所、行政裁判所、国事裁判所などをもっている）であった。個人的恣意は——たとえ君主のそれであれ——ひろく排除されていた。もっとも個人的な関係が法治国家的な裁判に紛れこむことはしょっちゅう起こっていたものである。

オーストリアはさらに「ドイツ系」が支配的であった。ウィーンやアルプス諸州からすれば、ドイツ系オーストリア人の優位は昔から慣れ親しんだノーマルで当然のものであり、その状態がまた脅威に晒されていると思われていたのだった。プラハやライバッハ（現在のリュブリアナ）からみれば、そんな優位を認めるわけにはいかなかった。君主制内の各民族間の抗争をここでわざわざとりあげるわけにはいかない。それらはたんに以下の分析の背景としてのみに留めおくことにしよう。[3]

ただし統治体制の民主化については、決定的なテーマとしてとりあげることにしたい。「ドイツの特別な道」という論争によって問題は非常に鮮明になった。つまり——ドイツ帝国において——大いに成功した社会経済面での近代化というものが決して——近代的なデモクラシーの方向における——政治的な面での近代化となるような成功をもたらしはしなかった。権力を握る立場にあった古い伝統的なエリートたちが、帝国政治体制の必要な議会主義化を阻んでいたのである。[4]

この図式がオーストリアにも当てはまるだろうか？　二〇世紀当初多くの人たちが民主化の進展に期待をかけていた。一九〇六年の男子に対する普通選挙権は、政治的意思疎通が滞っているチャンネルに流れを取りもどす打開策のように思われた。皇帝の利害と二大政党、社会民主党とキリスト教「社会」党との利害は、この見方では一致する。この三者の期待がしがみついたのは、民主化した議会なら諸国民の主要関心事、つまり経済や社会の諸問題をもっと力づよく政治の舞台でとりあげられるだろうし、したがって過熱した民族的パトスを冷やす助けにもなるだろう、という思いであった。この構想も一九〇七年後には挫折する。ジョン・ボイヤーの過激な表現を借りれば、民主化された議会も「自分の体を食べる」こと、つまり自己破壊の政治をやめなかったからである。[5]

そうなった理由は、諸問題の山積という特徴にある。オーストリアでは、遅れをとった国民形成と民主化とのプロセスが重なって進行する。この二つのプロセスの重なり合いが、抗争のポテンシャルを途方もなく高めてしまった。一八八二年以降の少しずつ進展する民主化では、民族的な抗争は鎮静化せず、逆にたえまない議事妨害により議会が麻痺状態になってしまった。ウィーンの議会の場は、ヨーロッパ全体から嘲笑の的になってしまい――アウグスト・ベーベル（一八四〇―一九一三）〔ドイツ社民党のリーダー〕などは「まったくの猿芝居小屋」だと、容赦ない批評を口にしていた。民族主義という政治宗教の手で感情の政治が行なわれ、それが自由な政治の冷静な合理性を押し退けてしまう。ほしいままの大衆迎合的なデマゴギーにより、政治の新たな民主的エリートたちが、結局は妥協不能に陥ってしまった。ところがひどく分節化した社会にあってこそ、政治的エリートたちのコンセンサスの姿勢が、デモクラシーの存続には必要不可欠なのであった。どんな批判的な観察者も認めざるをえないのは、少なくとも民族主義の問題では旧来のエリートたち――王室、封建貴族、高級官僚、高位聖職者――の方が、新参の民主主義のエリートたちより、はるかに妥協能力のある態度を示していたことである。後者のエリートたちは、自分で口にした空虚な言葉に縛られて動きがとれなくなっていたのである。

しかしこうした説明だけではまだじゅうぶんとはいえない。一九〇六／〇七年の政治体制の改革により、二〇世紀の民主主義的な統治技術が、一九世紀の官憲主義的な枠組みの行政文化のなかにもちこまれた。[6] こうして生じた断層——一方に議会の妨害にあっていると思う官僚体制、他方に地域や民族ごとに溝があり中央次元では組織もじゅうぶんでない脆弱な政党体制——が、オーストリア政府の度重なる脱線を招くこととなる。あるときは前方に、またあるときは後方に跳ねる。「夏に絶対主義的な統治をみたかと思うと、秋には憲法にそった統治があり、一月の前半に憲法を踏みにじったかと思うと、その後半では憲法尊重とくる」。[7]

もっとも政党や民族主義各派が相互に妨害しあっているかぎり、君主の特権や中央官僚層の支配が制約をうけることはなかった。内閣府は、有能にして厚顔無恥のルドルフ・ジークハルトに率いられて、中央機関の中心になり、ますます権力を集中していった。[8] 政党や民族各派は、おおやけの議会闘争では相互に妨害しあうだけで、度重なる議事妨害により議会が麻痺状態に陥ってしまう。そこで、「アンチ政治（Anti-Politik）」（ジョン・W・ボイヤー）の体制ができあがる。各省庁の裏口をとおして議員たちは、実利的な取り引きをし、それぞれの町や州、民族のために必要なものを引きだす。介入調整の技が今や政治の技となり、情実政治が官僚層や政党にとって日々の日課となっていった。同じくはっきり目立つようになったのは、元来は客観的で誠実な思考の持ち主でまた融通のきく官僚層が、しだいに賄賂というおいしい毒に汚染されるようになったことだった。[9]

オットー・バウアーが問題を先鋭化して問うている、押しよせる諸問題を解決できるのは、議会なのかそれとも官僚の特権なのか、[10] と。解決できるのは、たいていの場合議会ではなく、あいかわらず省庁の役人、緊急事態条項という有名な憲法一四条であった。だがこうした事態の政治文化への影響により強化されたのは、民主主義的な要素ではなく、権威主義的な要素であった。オットー・バウアーが言っている。「絶対主義は民衆そのもののなかに基盤をもっている。つまり議会に対する民衆の不信感や絶望感、議会権限の侵害に対する民衆の無関心のなかにその根がある」[11]、と。

ところで民衆の支配体験はいろいろと違うものだった。この点は研究の大きなテーマとなるものだろうが、ここではいくつかの自叙伝のなかから二、三の断片を提供するだけにしておこう。村や小都市の大多数の人たちの静かで地味な生活が、政治の支配や官憲当局と直接かかわりあうことは、むしろ滅多になく、徴税の役人、営林署員、将校や巡査との接触くらいであった。巡査は国家権力の典型的な体現者であり、かれの後ろには大きなオーストリア＝ハンガリー帝国の権力が一塊になってたっていた。一例として徴兵検査、軍役への適性検査、つまり男子若者への直接的な国家の関わりをとりあげてみよう。この徴兵検査は一九世紀後半にはひろく受け入れられた華やかな儀式にまでなっていく。「わたしたちはコーニッツまで楽隊つきで歩いた。徴兵検査合格者たちには、非合格者たちから造花の花束と、葉巻がプレゼントされ、それらを各自帽子の上にさすのである。さらにこの日我われは非合格者たちから奢ってもらう。徴兵検査のあと我われは楽隊つきで郷里のレストランに行き、そこでダンス・パーティーが催された」[12]。あるいはもう一つの例をみると、これは有名な行状証明書のことである。カール・レナーが公務員に任用されることになったとき、警察の秘密情報部員がかれの住居にやってくる。「手には僕（レナー）のこれまで住んだ家の長いリストがあった。〝これを、見て下さい。あなたは四年間に一二回以上も住居を変えている。渡り鳥ですな、あなたは。わたしにはウィーンの半分近くも歩いてこれらの家の管理人に一々、あなたがどんな行状をしていたか尋ね歩くことはできません。何かあなたに問題点があるでしょうか？　わたしが歩きまわらないですむよう、あなたからその点言ってくれませんか〟」[13]。レナーは不利にならないようにすることができた。のちの同僚閣僚のフェルディナント・ハーヌッシュ（一八六六―一九二三）〔社会民主党の政治家として、労働者福祉の充実――八時間労働、事業所委員会、労働者にもウアラウプ（長期休暇）、集団協約など――に貢献する〕が、一八九七年に体験した国家権力は、あまり心地よいものでなく数週間の刑務所暮らしだった。「国家と教会を、裁判長の言葉によると、不穏当な仕方で批判したからである。当時正義がわたしを逮捕しなかったら、今日教会と国家はもはや存在していなかっただろう、というのだ」[14]。

アーデルハイト・ポップ（一八六九―一九三九）〔社会民主党の女性政治家、オーストリア女性運動の指導的活動家、『女性労働者新聞』の編集長などを務めた〕の政治権力体験は、もっと極限されたもので、りっぱな体つきの馬を使った威圧であり――直接的で非常に危険なものだった。それは、リング通りにおけるデモの折のことである。「警察は大胆不敵にもデモ隊を蹴散らそうとしていた。我われは〝国家は危機に瀕している〟という歌を口ずさんでいた。騎馬警官の一団が駆け寄ってきた。リーダーは気性の激しい男だった。その男の乗るバカでかい巨体が我われをリング通りの樹木へと押しつける。……騎乗の警官は、わたしに何もしなかったけれど、馬のからだで木につよく押しつけてきたので、叫び声をあげることもできず、息が止まるのではないかと思った」。[15]

## 第一節　神の加護あれ、王室に

政治権力の中心は王室であった。数百年来、はるか昔からオーストリアはハプスブルク家の手で統治されてきた。老皇帝がいつも権力の座にあったようにみえた。ラウフベルク教授が簡潔に述べている。皇帝の意志が国家の意志であり、[16]皇帝という人物は神聖であり、不可侵にして責任を問われない存在であり、君主の権限は他に依拠するものでなく、神に直結している、つまり王権神授のものだった、[17]と。

皇帝は最高司令官として軍隊を指揮し、兵士は皇帝の服（軍服）を着る。皇帝が条約の締結にあたり、戦争や平和の決断をし、外交政策を決定する。皇帝の名において判決が下され、皇帝が政府の任命・罷免にあたり、帝国議会の召集・閉会をつかさどり、法律に署名し発効させる。皇帝が教会関係の高位聖職者をノミネートし、新任の枢機卿に赤いビレッタ帽を渡す。とっくに神話になっていた老皇帝は社会のあらゆるグループから敬愛されるか、あるいは少なくとも注目されていた。スロベニアの国民詩人イヴァン・チァンカル（一八七六―一九一八）は、二人のスラヴ系の子どもにこう語らせている。「はるか遠くにオーラに包まれた強力な人物を見て、二人は目がくらくらした。動くことができず、息をほとんど止めていた――教会で祝福の祈りを受けるときのように」。[18]

国全体の象徴や保証にあたる人物としての皇帝神話は特別なもので、実物のフランツ・ヨーゼフは少々違っていた。人間としての皇帝描写はしばしばあるが、かれの禁欲的な義務観念と途方もない執務意欲は、誰もが認めるところであった。あらゆる証言が一致しているのは、フランツ・ヨーゼフが古いタイプの紳士であり、気品（そして偏見）にみちた高潔な人という点である。[19] かれとくらべたらドイツの皇帝などなんといったって成り上がり者であった。「名誉」のために、皇帝自身の名誉、国家の名誉のために、高齢の男が世界戦争に打ってでた――しかしそのために何百万という庶民が惨めに死んでいったのである。

さらにくりかえし言われるのは、不幸にみまわれる皇帝という言葉であった。いくたびかの敗戦、弟マクシミリアン（一八三二―一八六七）のメキシコでの処刑〔この弟は一八六四年フランス王の勧めでメキシコの王位につく。アメリカがメキシコからフランス軍の撤退を要求すると、このハプスブルク家出身の国王は内戦に巻きこまれ、捕らえられて銃殺されてしまった〕、息子ルドルフ（一八五八―一八八九）の自殺、妻エリーザベト（一八三七―一八九八）の暗殺などなど〔息子ルドルフ皇太子の自殺のあと、旅行熱がますます高じていた彼女はイタリア人アナーキストによってジュネーブ湖畔の船着場で暗殺された〕、こうした点が皇帝に人間味＝とても人間味のある陰影を与えている。皇帝の奇妙な恋愛沙汰も、非常に冷酷に国事業務にこだわる人というイメージに、それとは別な感じを与えるものだった。[20] 表情を押し殺し、継ぎ当てのある下着を着て戸惑い気味に恋する男と、大きな国家セレモニーの際に代表として重要な役割を担う輝かしい元首、あるいは皇帝が一二人の老人たちの足を洗ってやる「洗足木曜日」〔復活祭直前の木曜日〕の儀式の際の謙虚さなどの間には、なんと大きな落差があったことだろう。

フランツ・ヨーゼフは、たぶん自分では大切と思っていなかった憲法を几帳面に遵守した。クーデタなどにこの皇帝を引き入れることはできない話であったろう。守って、維持して、何も実行しない――これが、最高位にある役人（皇帝）の中庸な姿であって、その姿勢が極度に推し進められた。君主制の真の近代化のセンスなどこの皇帝にはなく、そうした想像力も実行力も欠けていた。皇帝にとって二〇世紀はあくまで無縁な存在で、技術、現代芸術、コミュニケーション手段、大衆社会も関係がなかった。フランツ・ヨーゼフは、旧派の最後の皇帝であったし――かれもそう自覚していた。[21]

頑固な老農民のように皇帝は、後釜狙いにあくせくする王位継承者フランツ・フェルディナント（一八六三―一九一四）を統治の仕事から遠ざけていた。その王位継承者は力のかぎり仕返しをする。一九一〇年にヨーゼフ・レートリヒは、「シェーンブルン宮殿とベルヴェデーレ宮殿とが、それぞれの丘で支配者ライバル同士の居城として対峙しあっている感じがした」[22]、と言っている。フェルディナント大公の軍事官房がますます皇帝と競合する権力の新たな中心になっていく。またしてもじつに炯眼なルドルフ・ジークハルトが評している。大臣たちは、「次に皇帝になる人への流し目の方が真に国政を担当する者の眼差しであると思うように」[23]なっている、と。この皇位継承者はすでに二〇世紀の人だった。権威主義的で、どんな矛盾も我慢がならず、信心深いほど教権主義的で、気が変わりやすく、マニアックな狩猟熱に浮かれていて、大きな憎悪を胸に抱く人であった。それは、その後の二〇世紀において政治家のなかに何人かみられるようになるタイプだった。「民の声は――衆愚の声だ」、とフェルディナントのアドバイザーの一人で、のちに外相を務めるオトカル・チェルニン伯爵（一八七二―一九三二）がぬけぬけと書いている。[24]しかしフェルディナントは、自分が引き立てた参謀総長コンラート・ヘッツェンドルフの好戦的な冒険政策には抵抗してみせた。

皇帝の周囲には、大勢の皇帝一族がいた。厳しい一族秩序をもった大家族で、その秩序のもっとも著名な犠牲者（その身分違いの結婚ゆえに）となったのがフェルディナント大公その人であった。王朝の周囲を廷臣たちが取り巻いていた。それは――もったいぶった官庁用語でいうと――「君主という立場の光輝と崇高さとを外に向かって示す使命をもった」[25]、一群の人たちであった。現実生活からほど遠く、堅苦しいスペイン風儀式を踏襲し、しゃちこばっていて、居心地悪く、きわめて退屈であるが、それでいて名誉欲と威信とにみちた独特の世界であった。[26] そのなかには上級貴族もいれば、従僕や宮廷役人もいたが、すべては、荘厳なオーラに包まれていた。そうした後光は現在にまで尾を引いている。ハプスブルク・ノスタルジーの持続は、そう解釈するしか説明がつかないだろう。後継の共和制が悩まされた欠点は、「荘厳さの伝達引き継ぎ」がこの新体制にはできなかったことにある。共和制には、見るべき光輝も後光もほとんどなく、人びとの心を捉えるまでにはいたらなかった。

## 第二節　玉座と祭壇——教会

帝国の終わり間際になって、君主政体とカトリック教会とのバロック的で反宗教改革的な古き統一体がもう一度光り輝いたことがあった。一九一二年ウィーンで開かれた「第二三回国際聖体大会」〔一八八一年以降二年または四年ごとに開かれていたカトリックの国際会議〕の折である。大規模な行列行進を行なってオーストリアのカトリックは、ローマと緊密に結ぶ超民族的で超階級的な組織である姿をみせようとした。皇帝みずから後援を引き受け、王室の婦人たちや上級貴族の女性たちが組織準備に活躍する。行列行進を指揮するのも貴族が務めた。ルドルフ・フォン・ハプスブルク（一二一八—一二九一）が自分の馬を聖体もちの司祭に譲ってあげたというハプスブルク家の創立期の伝説にちなんで——これは君主制下の学校読本の欠かせぬ教材となっていた伝説であった[27]——老皇帝が、使徒的な陛下として「あらゆる理想的な徳の素晴らしい模範」だと讃えられる。教会は地獄の門の脅威に晒されるにしても潰えさることはありえず、おなじく君主制も民族独立運動や信仰なき社会民主党に攻撃されることはあっても、倒されることは考えられなかった。聖体と老君主を崇めながら、君主制下の民衆たちがそれぞれ相並んで立ち、跪いていた。つまりハンガリー貴族（マグナート）と素朴な労働者たち、かつての領主と農民に、マイスターと徒弟たちである。一五万人もの男たちがリング通りの聖体行列に参加する。女性たちには、通りの縁に立つことしか許されなかった（反教権的な声が皮肉っていた、ウィーンの売春婦たちはその数日間に一生の仕事をしてしまう、と）。「英雄広場」（ヘルデン・プラッツ）の祝祭ミサには何十万もの人びとが参加する。その一世代のちには同じところでこれとは違った「儀式」が挙行されることになる――残滓オーストリアを大ドイツ帝国に組み入れる、というヒトラーの布告の儀式であった。[28]

オーストリアは文句なしにカトリックの国であった。一九一〇年時でライタ川此岸地域に住む人の七九％がカトリック教徒で、アルプス諸州ではもっと比率が高かった。たとえば、ザルツブルク教区では二八〇万人のカトリック教徒に対してそれ以外の宗徒（それには「Akatholiken」なる表記が用いられた）は三万一〇〇〇人にすぎなかった。[29] 外国人の目からみると、国家と教会との密接さは、つねに驚きであった。たとえば（イギリスのオーストリア史家）ヘンリー・ウィッカム・スティードなども、教会の半分政治的な役割について驚きを述べている。[30] じじつ自由主義的な時代の反聖職者的な法律も、実践上ではとっくに骨抜きにされていた。[31] 教会はあいかわらず伝統擁護の立場をとり、政治の支配者たちの権威を保証していた。一つにはヨーゼフ主義的なカトリシズムが生き残っていたし、二つには教会と国家との密着は、国家に対して自由な立場をとることのできる市民社会の力不足の証明であり、三つ目にはカトリシズムがこの間に、民主化が進む社会形態の扱い方を知っていたことにある。[32]

自由主義時代に力を削がれたにもかかわらず、教会は多くの特権をもつ「公的な特権団体」であることに変わりはなかった。聖職者階級は「身分」としておおやけに国家の承認と保護をうける存在なのであった。かれらは、振る舞い、身振り、身分象徴物など、俗人「身分」とは違っていた。聖職者階級はまた国の定めるところにより、身分上の特定の権利と義務をもっていて、たとえば、衣服までも特定のものと決まっていたし、「神父さま（Hochwürden）」という称号も法律で守られていた。[33]

皇帝がローマ教皇庁との合意のもとに高位聖職者をノミネートし、国家が教会財政の面倒をみる。爵位をもつ司教たちは「貴族院（Herrenhaus）」において、その他の司教たちは州議会において「個人表決権」をもっていた。もっとも（一八四八年）三月革命以降は、高位聖職者のもとで急速に脱封建制のプロセスが進行する。司教の九三％がすでに農民や市民出身となってしまう[34]（ちなみにこれが、農民の息子が旧来の貴族階級と同権だと認められる唯一の道であった）。結婚と学校とは教会により直接または間接に監督下に置かれた（たとえば、カトリック信者の再婚は禁止された）。逆に国家と貴族とは、パトロン役をとおして司祭の任命に影響力を行使する。ニーダー・オーストリア州では貴族が教区の三分の一において、聖職者推薦権をもっていた。[35]

教会はみたところ裕福で、その総資産は一九〇〇年時でおよそ二億五〇〇〇万クローネになっていた。[36] しかしこれにはかなり見かけだおしのところがあった。司教座所在地でも、大修道院領でも、豊かなところと貧しいところが併存しあっていた。たしかに教会の聖職禄所有も、封建制的な土地領主制から資本主義的な大土地所有への転換が進むことになったが——たとえば、アドモント修道院はシュタイヤーマルク州での農民追放に精力的に手をかし、一八八五年から一九一三年の間に四一の農場を買い集めている[37]——それでも教会の大土地所有は、通常「進歩的な経営」ということはできない。

一九世紀の六〇年代以降、司祭志望学生のリクルート市場が狭くなり始める。新たな中等学校の存在が、小市民階層の司祭志望者の減少や、農民層の司祭志望者割合の急激な増加を招く。農民層では旧来の反抗心に伝統的な身分思考が結びついていた。若い助任司祭の手当てはきわめて低く——かれらは「大学出」でも機関車の機関士よりも稼ぎが少なかった[38]——、それゆえこの人びとのもとでは、一部は経済的な理由から、一部は司祭特権の削減という恐れから特殊な形態の「聖職者ラディカリズム」が生まれ、それは国家に忠実なヨーゼフ主義的教会ヒエラルキーにも、また自由主義や社会主義にも反対するものだった。この聖職者ラディカリズムは、古い身分的姿勢と労働組合に似た利益代表とが結びついた形となって、反ユダヤ主義や、カール・フォン・フォーゲルザング（一八一八―一八九〇）の職業身分を中心とする社会改革理論にそのイデオロギーをみいだし、キリスト教「社会」党の初期のポピュリズムとなっていった。――これは、国家に忠誠な高位聖職者たちにとっては大きなショックであり、ローマ教皇庁の激しい抗議を招いたものだった。[39]

神学の主流となっていたのは、いずこも同じように硬直したネオ・スコラ神学であり、一般庶民向けに伝えられたのも同じように硬直した教理問答書信奉だった。だが、教養市民層の大部分はとっくに教会に背を向けていたし、大学を支配していたのも、進歩楽観主義や、宗教に無縁の自由主義精神か、もしくはドイツ民族主義の精神であった。これらが世紀の初めにいくつかの抗争の原因となる。戦闘的なカトリシズムがふたたび、大学は自分たちの影響圏だと言いだす。この種の激しい闘争は、ザルツブルクにカトリック系の大学を創設しようとする試み[40]や、インスブルック大学の教会批判的な教会法の教授をめぐる争い、[41]すなわち「ヴァールムント（一八六〇―一九三二）事件」〔ルードヴィヒ・ヴァールムントは一九〇八年、反教会的な著書『カトリックの世界観と自由な学問』により、インスブルック大学からプラハ大学に左遷された〕でエスカレートし、大学の日常の次元にまでおよぶようになる。大学キャンパスでは、カトリック系の学生団体が大学に拠点をつくろうと躍起になっていた。もっとも具体的な問題というのは、教養市民層の再獲得であって、官僚層や自由業に対するカトリックの影響力の確保、要するに出世のチャンスの確保にあった。しかしながら教会と現代世俗世界との溝がますます拡大し、それがカトリシズムそのものにまでおよんでいく。短期間ウィーン大学で教えたことのある神学者アルベルト・エーアハルト（一八六二―一九四〇）がその溝を慎重に埋めようとする。[42]だがこれは、危険な企てであった。というのもヨーロッパ中の教会内で、近代主義者といわれる人たちに対していわゆる「統合論者（der Integralist）」〔教会の基本原理だけが信者たちの宗教や世俗の活動を定める、との信念の持ち主たち〕たちが闘っていたからである。いたるところに異端者を嗅ぎまわる人が徘徊していたし、密告行為が盛んであった。[43]全体的にみてウィーンを支配していたのは、どちらかというと保守的な立場だった。その代表は、神学では教理神学者エルンスト・コマー（一八四七―一九二八）であり、文学ではリヒャルト・フォン・クラーリク（一八五二―一九三四）といった自惚れ屋のディレッタントであった。とりわけ芸術にこそ、教会とモダニズムとの隔たりをひときわ鮮明にみてとることができよう。世紀末の芸術とカトリック的な姿勢の芸術とでは美学的にみて、なんとレベルに大きな差があることだろう！

もっともカトリックの民衆信者には、そうした知識層の派手な闘争はほとんど無縁であった。地方で支配的だったのは、司祭の緩い監視あるいは厳しい監視下にある古い伝統的な信心深さであった。もっともその時代の民衆の敬虔な信条についてはごく僅かしか知られていない。[44]観察できるのは、現代世俗世界に対する防御戦線の形成や、また反対闘争に自覚的に参加するなど、明確な政治化であった。「聖ヨーゼフの日」を「メーデー」にぶつけて労働者の祭典に仕立てあげたが、これなど聖人祭礼の政治化であった。マリアツェルやクロースター・ノイブルクへの男子巡礼も政治的なデモンストレーションとなっていた。[45]

教会は、宮廷人や将校団の決闘作法もあえて非難する。カトリックの貴族たちが一九〇二年に結成した「反決闘同盟」では、皇帝や将校、教養市民層をかたく結びつけていた男らしさという像の核心が攻撃の対象とされる。これが他面では、教会は女性や子どもの側にある、教会はきわめて非男性的な特徴を帯びているという考え、そうでなくとも潜在的にあったそうした考えをつよめることになっていく。[46]

教会を脱会したのは、まず教養市民層、それから工業中心地の労働者階級であったが、それには理由がたくさんあった。ここではそのうちの一つだけをあげておこう。つまり、ウィーン郊外の小教区の一つが擁する信者数が六万人から八万人にもなっていたことを考えると、そうしたミリューのなかにおける教会の社会的統制力はしだいに確実に落ちていっていたのである。[47]

しかしそれでも、なお存在していたカトリック的ミリューが、世紀の転換期頃ますます活発なはたらきをみせる。それには、戦闘的なカトリック大会、キリスト教「社会」党、『帝国新報』を先頭にしてじつに攻撃的な文字が躍るカトリック系の新聞、多様なカトリック系の文書、そして団体形式をとった市民社会諸組織の活動などがあった。一八九〇年代にウィーンだけでも二〇〇ものカトリック系団体が新たに設立される。たとえば、カトリックの娘布教団、マリア子ども協会、ウィーン女性裁縫師協会、「ホーホ・ハプスブルク」労働者合唱団、敬虔な心のカトリック青少年団、キリスト教自転車乗り連盟、キリスト教系実践速記者中央連盟、といった具合である。[48]上級貴族の夫人たちがリーダーのカトリック婦人運動は、（従来のように）お茶にお喋りをしながら地方の貧者のために手編みのソックスなどをつくるのではなく、今ではほんらいの会らしく少女たちのカトリック的な教育や家事の講習などを手がけるようになっていた。こうした女性運動が（古風な形態のものとは違って）間接的に女性解放にゆるやかな前進をもたらすようになる。なぜなら、多くのカトリック系のそうした平信徒の積極的な活動には、意図するしないにかかわらず、あきらかな副産物があったからである。つまり、教会内の厳しい位階秩序や根づよい聖職者信奉があったにもかかわらず――民主主義的な方法に関する慣れや実際の生活が、平信徒的要素を強化し、カトリシズムに部分的な近代化を強いることになり、地方のカトリック的なポピュリズムにとって反官憲国家的な推進力を与えたのである。そして一九一八年には地方における完全に「民主主義的な」カトリックの潜在力となって姿をあらわすことになるのだった。

　カトリックの国ならいたるところでみられたように、一九世紀には教養層の反聖職者主義が声高になる。これはたしかに政治的分節化の重要なポイントであって、自由主義者たちやドイツ民族主義者たち、社会民主主義者たちの場合などにみられた。だが――その点で記憶しておくべきことは――カトリック系の反聖職者主義もあったことである。反聖職者たちの圧倒的多数が教会に留まりつづけ、クリスマス・イヴには「メッテ」〔きわめて重要な祭日前の真夜中または早朝に行われるミサ〕に参加し、妻や子どもたちをミサに行かせていた。かまびすしく進められた「ローマと手を切ろう運動」――シェーネラー（一八四二―一九二一）シンパの人びとが教会脱会のうねりを起こそうとした動きのこと――が、たちまちこけ威しにすぎないことが判明する。教会ではたしかに大きな不安をかきたてたが、結果をみると、脱会したのは七万人のドイツ系オーストリア人だけで、カトリシズムの実体を揺るがすほどにはならなかった。[49]オーストリアのカトリシズムにより深刻な脅威となったのは、民族問題であった。第一次世界大戦の直前に社会民主党が民族的な境界線にそって分裂したように、カトリシズムも、全オーストリアのカトリック大会を催すことはもはや不可能になっていた。[50]

教会が世俗世界で庶民のなかに深く定着させていたものは——意味を与える傑出した教会の力、辛いときの慰め、感覚に訴える多彩な祭礼により生活にリズムを与えることと並んで——広範囲にわたる慈善活動であった。スタートしたての福祉国家が機能しないところでは、あいかわらず教会がある種の支えになっていた。教会のスープはみすぼらしいものであったかもしれないし、多くのカトリック系の機関ではそうした慈善活動の考えに圧力がかかったかもしれない。しかし、最終的な決め手になったものは、助けを求めている人がそこにいる、ということであった。

## 第三節　物いわぬ大きな存在——軍隊

教会の精神的な力と、軍の物理的な力とは互いに緊密な関係にあり、この両者に君主制の基盤が置かれていた。教会と軍とは、前線におけるミサや国の祝日などで時どき一緒に登場したが、それでもオーストリアは、軍国主義的な国家ではなかった。なるほど皇帝は平日でも軍服を着ていたが——一八四八／四九年以降皇帝は、自分の座は軍のおかげとわきまえていた——、オーストリアの軍事予算は列強のなかでもっとも小さなものだった（ただし国力からすると国家予算の三〇％にもなっていてかなり高い方だった）。[51]ドイツ帝国が一九〇六年時で国民の〇・四七％、フランスが〇・七五％の徴兵率であったのに対して、オーストリアは〇・二九％でしかなかった。[52]

将校の社会的な名声は、それほど高いものでなく、将校との結婚は決してよい縁組とは思われていなかった。というのも、通常花嫁の父は、部屋の敷金も払うことになったからである。それだけにいっそう軍は、名誉にかかわる問題となると小心翼々と気にするのだった。「我われは、金のためにあくせく働く市民を尊大に――だが少々の嫉妬心をもって――見下していた。市民の仕事は我われには卑しいものにみえた。我われは満足をうるのに金という回り道をする必要がなかった。皇帝は我われが幸せになり紳士らしくなれるいろんなものを与えてくれた。つまり、モールの制服に勲章、馬、従卒に武器、それに自分の名誉を守る特権である」[53]と（元オーストリアの将校だった）作家のアレクサンダー・ローダ＝ローダ（一八七二―一九四五）が思い出にふけりながら述べている。

一九〇一年の四月二六日、軍医中尉アルトゥル・シュニッツラー（一八六二―一九三一）は、名誉裁判所より予備役将校の資格剥奪を言い渡された。かれはつい最近、短編小説『グストル少尉（*Leutnant Gustl*）』（一九〇〇年）を出版した。ドイツ文学の傑作といえるもので、形式的には一貫して心のモノローグという原則になっている。グストル少尉というタイプは、オーストリア＝ハンガリー二重帝国軍の平均的な軍人像である。かれは立派な階層の出で、叔父の一人などは大農場をもっていた。グストルはギムナージウムから放校処分になったことがあり、幼年学校や下級将校の養成学校を転々とする。かれには特別な名誉欲はなかった。ガリツィアの駐屯地時代は「いやな」体験だったが、今ウィーンでは人生を楽しんでいる。月並な蓮っ葉な女の子たち、借金、それに決闘。かれは市民生活には不向きだと思っているが、軍隊でも同じ思いだった。そんなわけで、軍医中尉シュニッツラーが将校という身分を失うことになったのは、軍隊の中心イデオロギーで特別な身分意識である男子の名誉の実態にけちをつけたからである。「というのも、高潔な男子の看板の最上部に掲げねばならないのは〝名誉〟というキーワードで、それは国民の最高の財である。自分の名誉を護るにあたって弱虫か、あるいは全然守ろうとしない者は、いずれ辛い思いをし、仲間外れになってしまうからであった」[54]。つまりこの作家は、その男子の名誉をたんなる上辺だけのものだと世間に暴露したからであり、主人公グストルが滅多にない自己認識の瞬間に言ったように、「虚勢をはっている」のを暴露したからであった。[55]

多くの将校にとって軍隊は、故郷のようなものであり、幼年時代から死ぬまで彼らを包みこむ特殊なミリューである。それはしばしば数世代にわたることもある。そのミリューは、安全と確固たる拠り所を約束してくれる。それは「帽子の形から縁組の形態にいたるまでおよんでいた」[56]（ロベルト・ムージル）。このミリューのイデオロギーは、皇帝が中心であり、個々の民族を越える帝国理念をもっていた。「背嚢を背負った子どもたち」が駐屯地から駐屯地へと渡り鳥のような生活をしていて、かなりの部分はおのれの階層からリクルートされていた。[57]しかし軍隊のそうしたエートスも、時代の基本的潮流、つまり民族的で民主主義的な動員のプロセスと合わなくなる。ハンガリーだけでなくオーストリアにおいても合わなくなっていた。カール・フォン・バルドルフ（一八六五—一九五三）〔ウィーンのドイツ・クラブの会長で、のちにナチス突撃隊の上級幹部となる〕やエドムント・グレーゼ＝ホルステナウ（一八八二—一九四六）〔ウィーンの軍事史博物館の館長、シュシュニク政府の内務大臣、ザイス＝インクヴァルト政府の副首相を務め、ヒトラーのオーストリア併合に貢献するも、のちに幻滅を味わう〕などのような将校は、ドイツ民族主義的な思考とカトリック保守的な思考とが緊密に共存している好例であった。

この点は、将校団における市民的要素の進出とも関係しているのかもしれない。一八九六年にはまだ将校の二九%が貴族出身で、このうちほぼ半分が新興貴族であり、伝統ある貴族家庭はすでに影が薄くなっていた。[58]キャリア将校の七八%がドイツ語を日常語としていたが、それは軍隊ドイツ語で、民族的な出自を明示するものでなかった。[59]というのも、軍隊共通の指揮用語、勤務用語は一貫してドイツ語だったからである。この点を皇帝は厳格に守りつづけた。各連隊ではいろいろな言葉が話されていたが、将校と兵士たちとの意思疎通にかならずしも好都合ではなかった。一九一二年まで軍隊勤務は三年で、その後は二年となる。下士官は一二年間務めて、その後は低い地位の公務員になることができた。兵役時代は、若者をそれぞれの村落から引き離し、少しはひろい世間に触れさせ、ある種の洗練さを与えることになった。けれどもいろんなノスタルジックな思い出とは逆に、オーストリア＝ハンガリー帝国軍の自殺率はヨーロッパで最高という厳しい現実もあった。ハプスブルク君主制下では、自殺率が兵士一万人あたり一〇・五人、これがドイツ軍では二・六人でしかなかった。[60]その理由の解明には慎重な調査が必要であるが、ここでするわけにはいかない。手足の縛りつけとか牢獄監禁などの野蛮な刑罰だけでは、いずれによせ、この高い自殺率の説明にはならない。[61]

軍は国法上、複雑な存在であった。オーストリア＝ハンガリー帝国の共通の軍は、二重帝国共通の軍事省に属していた。オーストリア帝国国防軍、ますます多く第一の国防軍に昇進していく第二国防軍は、オーストリア帝国国国防省に属していて、ここでは、帝国共通の軍よりも、民族化傾向が顕著になっていた。[62]それから三つ目に補充兵、四番目に兵役経験者よりなる国民軍が存在していた。

軍の内部構造に関する議会の影響力は、僅かなものだった。それでも議会は、二つの権限をもっていて、最大限活用しようとする。一つは、軍事予算も含めての予算承認権であった。ハプスブルク帝国の軍事費は最近数十年の間に、不穏なバルカン半島情勢もあって、三億五九〇〇万クローネ（一八九五年）から七億八一〇〇万クローネ（一九一二年）へと、目立って増えていた。[63]もう一つは、新兵徴募の承認権で、議会は（農村の労働力確保のため）頑固な引き延ばし策をとろうとする。一九一二年の新たな国防法によりようやく年間の徴兵数が、一三万九〇〇〇人から一八万一〇〇〇人へと引き上げられた。[64]

軍は、政治に口を出さない「大きな沈黙者」とみられていた。それが、二〇世紀になると変化する。一つには、新参謀総長コンラート・フォン・ヘッツェンドルフの登場によりはっきりと政治的な将軍が決定的な地位についたからである。もう一つは、帝国内の不穏な民族に対して軍が予備態勢の補助として動員されることがより頻繁に必要になったからである。それでも軍は国民のなかで嫌われる存在ではなかった。世紀転換期頃の男らしさの崇拝や華やかな制服の魅力が、労働者階級にも受け入れられる共通の基盤をつくりだしていた。社会に軍人賛美の風潮を吹きこむことは、学校の授業でも行なわれ、第一次世界大戦前の時期には体育で、軍事教練の前段階的な訓練も始まっていた。

これに対して、平和運動の方はどうだったろう？　一八八九年にベルタ・フォン・ズットナー（一八四三－一九一四）の小説『武器を捨てよ！（*Die Waffen nieder!*）』が出版される。[65] いくぶん苦痛にみちた、感傷的な作品だが、それだからこそベストセラーとなる。もっともこの小説は、まともに政治問題を提起し（二〇世紀の視点からみて）、その問題に納得のいく論拠を提示していた。君主制下の社会に対しては、この小説でも無数の辛辣な批評がくわえられ、男らしさの崇拝も明確に問題視される。彼女は「平和のベルタ」と揶揄されるが、一八九一年に「オーストリア平和協会」を設立する。この協会はのちにドイツ系オーストリア人のメンバー約八〇〇〇名を数える。エリート層ではあるが、狭いものであって、この「平和協会」がひろくオーストリア全土に広がることはなかった。リベラルで、反教権主義、親ユダヤ的な姿勢のズットナーには、優雅な雰囲気があって、彼女は陰謀も揶揄も恐れず、ついに一九〇五年にはノーベル平和賞を手にする。[66] 平和運動の成果は僅かなものであったが、ともかく軍はいらだちの反応をみせたものである。

彼女の敵役コンラート・フォン・ヘッツェンドルフは、ズットナーと同様、軍人家庭の生まれであった。軍人として輝かしい出世ののち、一九〇六年かれは参謀本部の指揮をまかせられる。ズットナーと同様、ヘッツェンドルフも自然科学的進化論の信奉者であったが、それは攻撃的な社会ダーウィニズムの形をとっていた。[67] これがかれの時代の基本的信念であった。「生存競争をこの世のあらゆる現象の基本原理と認めることが、一切の政治の現実的理性的な唯一の基本である。この競争のために可能なかぎりのチャンスを捉え、有利な瞬間に粘りづよく断固として戦いを進めることが政治的な英知の要諦なのである」。[68] ピューリタン的で厳しく喜びもない教育をうけたヘッツェンドルフは、一切をそうした「原則」から導く兵士として頭角をあらわす。それはオーストリアには珍しい政治的な将軍であり、数々の建白書でイタリアやセルビアに対する予防戦争を唱える。さらに軍備増強のために倦まず奮闘し、しょっちゅう外交政策にも嘴を入れた。こうしたことが皇帝の厳しいお叱りを招き、一九一一年には短期間任務を解かれた。ヘッツェンドルフは筆まめであったにもかかわらず、近代戦争の経済的な前提については一行も触れていない。かれは、世間的名誉など意に介さないといったふうだった（この点でも型破りだった）が、じつのところは激しい野心で一杯であった。壮大に自分をみせながら古代の英雄のように自分を思っていた。「幸福のなかにあっても無関心、不幸にもめげず、称賛にあっても心動かされず、非難に対しても冷静。わたしは二人の大事な子を失ったが、心痛にはそっと耐えていた。耐えながらわたしは、職務上の義務という道を悠然と行なったものである」。[69]

一九一四年時にはかれの戦争となった。この戦争をヘッツェンドルフは、もう自分の戦争とは認められなくなっていた。終わりがみえていて、国民はその終わりを恐れていた。というのもこんな言葉が言いふらされていたからである。「老皇帝が亡くなった場合には、大量自殺が起きるだろう」。[70]

## 第四節　日常の支配者——官僚機構

ヘルマン・バール（一八六三—一九三四）は、オーストリアの役所を次のように特徴づけている。それには戯画化した誇張もあるが、まったく的外れでもなかった。「わが国の役所は、長い鼻と高い靴の、鼻にかかった声の紳士たちから構成されており、かれらは精神的な緊張を癒すために、狩猟にでかけたり、八月一八日の皇帝の誕生日のお祝いをすますと、ウアラウプ（長期休暇）にでかけねばならない人たちである」。[71] ここで言われているのは、どこか遠くの田舎にいる高級貴族の地方支所長のことであるが、官僚機構のたいはんの人たちには当てはまらない。このたいはんの官僚階層は、ヨーゼフ主義のなかで、封建貴族に対する皇帝の武器として誕生したのであり、世紀の転換期を越えて官僚層は、教養市民層が台頭する重要な階段であった。[72] 官僚階級の徳（勤勉、従順、几帳面、予測可能な行動）とその悪癖（融通のなさ、世事に疎い、煩わしい形式に拘泥など）は、折にふれて批判の対象になり、ヘルマン・バールも官僚層批判の長い伝統にたっていた。官僚たちの抱く統治者像というものも、現実離れした神話的要素で飾られていた。つまり、役人とは非政治的で、党派を越え、民族を越え、勤務で身をすり減らす存在である、というのである。しかし異論のないのは、役人階級が帝国を日常支えており、最低限度の合理性を保証していたことである。[73] 第一次世界大戦の直前に批判がふたたび高まって、一九一一年には、今日でもよくみられるように、「特別委員会」（当時は皇帝の委員会）が設けられ、行政改革について協議することになった。

その改革の推進力となったのは、法律家で歴史家のヨーゼフ・レートリヒで、かれは苦情を議会における長い演説で総括的に述べたて、それをさらに印刷して単独のパンフレットにした。[74] リベラルで、イギリスを模範とする立場から、レートリヒは批判する。オーストリアでは国家に異常に高い価値が置かれていて、社会のすべての悪も国家のせいにされ、「救済」も国家の手によるものが期待されている、という。これがまた、オーストリア社会の国家信仰となり、生活のチャンスも、生活の展開の場も国家に依存する。両親が息子たちに期待するのも、国家の役人ポストである。すなわち、それは定まった人間らしい勤務時間、安定した給料、それほどハードでもない仕事、まずまずの昇進に――老後の面倒の保証。これらはとにかく、時代の基準からいってわかりやすい特権であった。

レートリヒは、一八九〇年代以降の役人層の大量出現を目の当たりにする。とにかく公共の職務につく人数が、一〇万人（一八八〇年）から四〇万人（一九一〇年）へ、つまり四倍になっていた。同じ時期のドイツ帝国の場合その増加率は三倍であった。もっとも、「公務員」を狭い意味にとると、一九〇〇年時で約六万六〇〇〇人でしかなかった。[75] 一九世紀末以降新たな階層が国家の職員になろうとする。一方に第二の技術革命、他方に新規の福祉政策が新たな公務員タイプを必要としていた。すなわち技術的、経済的、あるいは医学的な知識をもつ公務員である。これは一八八〇年代以降、民族主義的な学生集団が国家公務につこうとますますめざすようになった事情とも関連があった。かれらが多数を占めるようになるのは、技術職に次いで法曹関係であった。これに対して教職関係にはカトリック系の学生団体が進出する。とりわけ下っ端の職場では事実上、民族的な比例配分的均衡が生まれていた。公務の職場が、レートリヒが嘆くように、「民族的同胞」のための世話役ポストと思われていたのである。一九一〇年までにチェコ人公務員はその人口の数に見合った割合になっていた。もっともドイツ人たちの割合はかなり高く、イタリア人でいくぶん高め、その他の民族の場合にははっきりと低いものであった。[76]

民族主義と民主主義の浸透は、官公吏層の政治化を招き、これを政府は恐怖の目でみる。というのも、非政治的な公務員という像が徐々に姿を消し、「国家のアナーキー化」（ヨーゼフ・レートリヒ）の恐れがでてきたからである。一八九五年にはそうした傾向を阻止しようとする法令が出された。官公吏には、「その勤務関係の本質からして」市民的権利に「制約」があるとされた。おおやけにそして外から政府を批判することが官公吏には禁じられ、公然とある党派に与することや、さらには「煽動的な活動」をすることも禁じられた。[77] 結果は、偽装的保身術に向かうようになる。――フリードリヒ・クラインヴェヒター（一八七七―一九五九）が評したように――「上に向かってはへつらいのオーストリア的愛国主義をふりまき、内心ではすでに国から離反して」しまっていた。[78] 国家公務の超政治的・超党派的「客観性」という擬制は、なるほどガタガタになってしまった。しかし、それでもそうした擬制が一九一八年まで君主制を維持していたのである。たとえば、オーストリア＝ハンガリー帝国の税務署の中級公務員で、アドルフ・ヒトラーの父であるアーロイス・ヒトラー（一八三七―一九〇三）は、個人的にはドイツ民族主義者で反教権主義的思想の持ち主であったが、不平もいわずに務めをはたし、皇帝の誕生日には役人の制服を着てミサに参加していたのだった。[79]

リベラリズムと官僚機構層との同盟は、一八八〇年代以降壊れてしまった。亀裂はまず公務員の下層および中間層であらわになった。公務員志望の学生の間では、特権のうちかなりの部分の喪失が顕著な影響となってあらわれる。すなわち、期待と実際の現実との差が大きいのである。こうした志望学生たちは、熱心に勉強しようとしていたが、経済的な理由からしばしば挫折してしまった。逆に、大学にはたくさんのユダヤ人学生がみられるようになる（一九〇〇年時でウィーンの学生の二四％）。[80] 多くのユダヤ人学生たちが驚くべき窮状のなかで学生生活を送っていたことは、人びとの目にはいらなかった。「新たな」反ユダヤ主義が、恰好の効果的なスケープゴート主義の哲学となる。それをうまく利用したのがウィーンのキリスト教「社会」党であり、地方のドイツ民族主義派であった。上級役人のなかにユダヤ人がちらほらいたが、その数は僅かなものでしかなかった。[81]

ほかのグループと同様、公務員たちも利害代表の組織をつくる。伝統的な請願の気風もうすれ、今では公務員たちも国家に要求を突きつけ、極端な場合にはストライキで脅そうとした。だが公務員のストライキとなると、やりすぎの感もあった。国法学者のカール・ブロックハウゼン（一八五九–一九五一）は――かれの口癖は、「国法がオーストリアをだめにし、行政がオーストリアを支える」[82] であった――ストライキ権で法もたちまち無力となる、とはっきり言っていた。それでも数十年にわたる闘争ののち、公務員たちは一九一四年、「国家公務員法」をかちとる。その公務員法にはこう定められていた。第一に、自動的な昇進――とくべつ努力をしなくとも徐々に昇進できるようにする。第二には、二週間から五週間のウアラウプ権の規定――当時はこうした休暇権は、公務員層の重要なステータス・シンボルで特権の象徴的な印であった（かれらはすでに一八世紀以来年金受給資格をもっていた）。第三に、身分にふさわしい生活の指標基準である。たとえば料理女と結婚したら、昇進はストップとする。要するに、階級序列が役人階級の重要な尺度となっていて、社会的な振る舞いを私的な日常にいたるまで規定することになった。[83] それゆえ公務員は、支配の合理性の担い手として一面では「近代的」であるが、他面では特権的な身分名誉の保持者として「前近代的」であった。その身分にふさわしい名誉は、工夫をこらした称号によってさらに強調されていく。もっとも全体としてみれば、こうした特性や特権は、かならずしも民主化の促進にはならなかった。

上級役人の供給源はというと、そのもっとも重要な機関は、「テレジアーヌム」というウィーンのエリート・ギムナージウム〔一七四六年マリア・テレジアによって、国家公務員養成のために王宮内に設立された学校。ヨーゼフ二世によって廃校にされるが、フランツ・ヨーゼフ一世の手で復活された名門ギムナージウム〕だった。一九世紀の後半には、この学校の卒業生の六八％が国家公務員になっている。[84] とりわけ官庁の総務部は――省庁の司令塔――テレジアーヌムの卒業生で占められていた。長年オーストリア帝国の地方長官を務めたエーリヒ・キールマンゼック伯爵（一八四七―一九二三）〔首相や内相を務めた政治家〕は、テレジアーヌム出の人たちのことを、相互に支援し昇進を助けあう秘密結社のようなものだ、[85] と書いている。かれらのたいはんは、役人貴族の家庭の出であった。大学と高級官僚との間には非常に密接な関係があり、有能な高級官僚が大学の教授資格を与えられているのも、それほど珍しいことではなかった。オーストリアの錯綜した国法にすみずみまで精通している優れた法律家の、有能な部課長もいた。だが、各省庁で数多くポストについていたのは、融通のきかない役人タイプであった。最高位のチーフである皇帝は、国勢調査の際、職業欄に「自主独立の公務員」と書いたほどであり、最高の模範であった。[86] 皇帝のことをキールマンゼックは、こう述べている。「このタイプの役人となると、そこらにあるようなどんな概念も当てはまらない。まして

や、国民のなかや世界中にもいないタイプだ」。「公文書ニナキモノハ、コノ世ニ存在シナイ」が、皇帝の第一原則であり、「静カナルモノヲ、動カスナカレ」（過ぎ去ったものには、あえて触れない）が、もう一つの原則であった。[87] 議会でリッター・フォン・オンチウルが皮肉っていう。紹介、提示、指示があり、優先権をえて、構想、修正、裁可があり、清書、調整されて、派遣されて統治される、[88] と。

この複雑な帝国のすべてと同様、行政も複雑に機能し、同時に二重にはたらいていた。

つまり、第一は、帝国の中央行政（政治当局）としてのはたらきで、上から下への組織をもっていた――ウィーンの中央省庁から各州の地方政府を経て地区の当局にいたる流れである。各地の首長は、住民に対して皇帝の権威を直接代表するものだった。

第二は、自律的行政で、むしろ下から上に向かってはたらき――地方市町村の自治行政から州議会を経て各州委

員会にいたるものだった。この手の行政は、国民により身近なものだった。だが影響力や威信からいうと（中央の）政治当局に敵わなかった。中央の省庁が、州の法律の裁可を皇帝に求めないことがなんどとなくあって――それでその州の法律は潰されてしまうのだった。[89]

行政の中央集権的な特徴は持続しつづける、いやいっそうつよまった。この特徴はやがて第一共和制の初期段階で「地方の反乱」を招き、この反乱でできたての共和国があやうく瓦解するところだった。それでもこのさんざんそしられる行政の二重構造は、たしかに二重路線的な感じを招いていたが、地方や地域、各民族の利害に対しては、ある程度柔軟に対応することができたのである。だから、そうした二重路線にはそれなりの存在理由がじゅうぶんあったといえるだろう。

第一次世界大戦中の「官僚主義的戦時絶対主義」（オットー・バウアー）の時代に軍部と中央官僚層という、支配の二つの担い手の権力が途方もなく増殖した。いまだかつてなかったほど、官僚階級層が直接――生産や分配など――経済に干渉する。戦時国債の調達にあたっても、国家と各利益代表と銀行との協力のまったく新しい形ができあがった。同時にまた大農経営、財界首脳部、大企業などの代表者も官僚主義的な決定過程に組みこまれる、いや、疑似官僚層にまでされてしまう。調達、配分、価格統制、不当利得の監視といった現実的負担が地方当局の肩にかかってくる。こうした経済的課題は、どこの政治当局にとっても荷が重く対応しきれないものになっていた。くわえて日常の指示の実行でさえ底辺ではもはや受け入れなくなっていた。行政に対する批判がしだいに声高になる。こうしてたえず新たな公共の職場が生まれて、新たな任務と職員がはりつき、経済から国家公務へと移行していく。そこにじつにいかがわしい人物が出現して役人に成り上がって、巨大な利益を手にし、賄賂をはびこらせるようになっていく。しかし国民は飢えに苦しみ、中央に対する怒りが帝国の公務員にもぶつけられる。

さきに引用した演説のなかでヨーゼフ・レートリヒは、もっともな疑問を発していた。「どうしてオーストリアの行政は、生活を楽にすることを嫌がるのだろうか、色合い、色彩、光、通気……などを嫌がるのだろうか」。[90] その演説よりも前の一九〇四年にすでに、ガリツィア出身の官僚批判家、ヨーゼフ・オルシチェフスキーは次のように簡潔な断定をして、はからずも二〇世紀を見通す恰好になっていた。官僚階級の奴隷根性というものがかれらをどんな形の政治支配にも、外国による支配にも、役立つようにしている、[91] と。この実証は二〇世紀の前半がはたしてくれることになるのだった。

## 第五節　皇帝に依存する政府

オーストリアにおける政治体制の不安定さは、二つの数字にはっきりあらわれている。一八七一年から一九一七年にかけてドイツ帝国は五人の宰相ですんだのに、オーストリアはその期間に二〇人の首相を費やした。[92] 原因は政治家の能力不足というより――もっともビスマルクのようなカリスマ的人物は見当たらなかったが――むしろオーストリアにおける統治術の、客観的にみて、より難しい条件にあった。首相のマックス・ウラジミール・ベック男爵（一八五四―一九四三）〔一九〇六～〇八年にかけて首相〕がそうした困難を適切にこう書いている。「摂理により我われには、他のヨーロッパ諸国にはみられない問題が与えられた。八つの民族、一七の国、二〇の議会、二七の議会主義政党、二つの異なる世界観、ハンガリーとの複雑な関係、緯度で約八度半、経度でもそれと同じくらいの空間のなかの文化の違い――これらを一つに統一し、これらからベクトルの和を求める、これがオーストリアの統治には必要なのだ」。[93]

大企業家のカール・ヴィトゲンシュタインがオーストリアの大臣タイプを次のように描写するとき、そこには皮肉が込められ、したがっていくぶん誇張もあった。「少しばかりエレガントで、少々聖職者的な雰囲気をもち、由緒ある貴族階級の出である」。[94] そうした大臣たちのなかにはじつに有能な人もいたが、たとえばカール・ルーエガーにみられたような、政治の土の香りは誰ももっておらず、かれらは政治の官僚として振る舞う。この官僚臭さというのは、かれらの出身をみると、なるほどであった。一五七人の大臣のうち七〇人、二六人の首相のうち一七人までもが、官僚家庭の出であった。[95]

かれらを任命し解任するのは皇帝であった。皇帝に対して彼らは責任があり、議会に対する責任はずっと僅かなものだった。しかし立憲君主制では、首相・閣僚たちの連署が必要だった。もっともそうした連署が皇帝に対して拒まれることは皆無にひとしかった。皇帝は、政府に対して一種の国家後見人の立場にあり、それはかならずしも民衆との身近さを生みだすことにはならなかった。一九一四年の五月一〇日、ヨーゼフ・レートリヒの日記にはこうある。大臣たちは「実際の生活に疎く、政治のあらゆる決定を〝上から〟するように慣れており、人びとそのものと触れあうことなどぜんぜん考えていない」[96]、と。

大臣のほとんどがズデーテン地方、ウィーンおよびニーダー・オーストリア州の出身であり[97]、ウィーンはアルプス諸州を、社会政策や経済政策の面でも重視することなく、政治のエリートの選出にあたっても同様であった。当時すでにウィーンは、政治的陰謀の盛んな坩堝と化していた。任命されたばかりの大臣の地位を揺さぶって、次の大臣職のお鉢がまわるのを待つというのがスポーツであり、わくわくするゲームと思われていた。ゲームを楽にするために大臣ポストの数が徐々に増やされていく。政治的野心から政府にはいろうとする男がいて、大臣ポストが塞がっていたとなると、新たな大臣職の創設となる。こうして一九〇八年頃には大臣ポストは、開かれた勤め口になっていた。[98] とりわけ州担当大臣というポストは、各民族の代表として、そうしたゲームの恰好の対象にされた。またその他各省が、産業協議会、農業協議会、労働協議会などたくさんの協議会をつくった。権限はほとんどなかったが、協議会メンバーの虚栄心を満足させるものではあった。舞台裏でキングメーカーとして活躍していたのが、議会議院議長のヨーハン・フォン・クルメツキー（一八三四－一九二四）と、議会議院事務総長をしていたハインリヒ・フォン・ブルーメンシュトック＝ハルバーンであった。

すべての政府にそれぞれ言及するのが、本書の意図ではない。典型的な三つの政府だけをとりあげることにしよう。カシミール・バデーニ伯爵の首相時代（一八九五～九七年）、エルネスト・フォン・ケルバーの政府（一九〇〇～〇四年）、ベック男爵の政府（一九〇六～〇八年）の三つである。

カシミール・バデーニ伯爵（一八四六―一九〇九）は、貴族の出であるがいくぶんはっきりしないところがあって、いずれにせよ成り上がり者には違いなかった。ガリツィアで有能な行政家として名をなしていたが[99]、かといって他の諸州に関するかれの知識は僅かなものだった。とりあえずかれは成果をあげる。一八九六年の選挙法改革を実現する。民主化の方向の重要な一歩だった。男子一般選挙権にもとづく第五部門〔新たに追加された議員選出枠で、二四歳以上のすべての男子に選挙権が与えられ、職業・身分にとらわれず、七二名の議員を選ぶことになった〕を設けることによって有権者の数が一七〇万人から五三〇万人に増えた。[100]

それからバデーニは、難事に真っ正面から取り組もうとする、つまり「ドイツ・チェコ問題」に取り組もうとしたのである。目前にはハンガリーとの「アウスグライヒ交渉」〔一八六七年、ハンガリーに対してかなりの統治主権を認める協定ができ、いわゆる「オーストリア＝ハンガリー二重帝国」の誕生となる。その後協定の追加変更をはかりながら一九一八年までこの政治体制は維持される。このバデーニ内閣前後の協議では一九〇二年に「共通で統一的な経済圏」の持続に関する協定が結ばれている〕が控えていた。その交渉内容を議会で認めさせるには、チェコ系、ドイツ系議員の票を取りこむ必要があった。それゆえバデーニは、一八九七年四月に「言語令」を発してチェコ系議員を味方につけようとする。この言語令の核心は、ボヘミアとモラヴィアに役所内用語としてチェコ語を導入しようとするものであり、その具体的な帰結はボヘミアやモラヴィアで勤務するドイツ人役人に（一九〇一年までに）チェコ語の習得を強いるものだった。[101]なるほどバデーニはドイツ系議員の反対は計算に入れていたが、コップのなかの嵐くらいと予想していた。ところが、それがほとんど革命的な騒ぎとなる。言語令のつめも悪く、ドイツ系議員との交渉が断続的につづく。バデーニ首相はあきらかに状況を読み違えていた。というのも、問題にされていたのはほかでもない、オーストリアにおけるドイツ語優先状況を象徴的に排除することであった。[102]議会では全ドイツ主義者のカール・ヘルマン・ヴォルフ議員がチェコ人たちへの怒りをあらわにしていう。「文化的に低俗な民族の言語を我われドイツ人に押しつけようと無茶なことをするなら、我われはもちろん徹底して抵抗するだろう」。[103]この感情的な激情には醒めた利害政策が込められていた。すなわち、チェコ人官吏たちのたいはんはドイツ語を母語に次ぐ言葉として使いこなしていたが、ドイツ語系の役人はチェコ語ができなかった。役人としての出世が左右される事態だったから、もっとも大声で騒いだのは大学生たちだった。ハインリヒ・フォン・ジルビク（一八七八―一九五一）などのような、いくぶんドイツ贔屓の歴史家は（もっとも第二次大戦後になってから）こう述べている。「バデーニの言語令は、出し方がまずかったが、核心では当然のものだった。……あの騒ぎは髭面の男たちの狭量な三流政治の芝居だった」[104]、と。

この危機の間に市民社会の一般的出し物のあらゆるレパートリーが演ぜられた。ドイツ民族主義的な地方紙が煽動し、集会の洪水が国中にあふれ、各種団体が決議し、通りにはデモ行進、議会では議事妨害が行なわれ、バデーニ首相は、もっとも声高に絶叫する国会議員カール・ヘルマン・ヴォルフと渡りあった。この男が若者のヒーローにのし上がる。騒ぎの中心はグラーツで、そこではバデーニの人形が街灯に吊るされ、聖職者の新聞が焼かれ、軍がデモ隊に発砲した。[105]

「バデーニ危機」には、いくつかの抗争ラインが入り組んでいた。カトリック的・ユダヤ的なウィーンに対するプロテスタント的・ドイツ的な地方の反乱もあったし、[106]国家に対する大学やグラーツ市議会の反対もあって、超民族的な軍隊と「ドイツ系」大学生との抗争もあり――予備役将校身分の学生三三名が資格を剥奪された。感情のこうした煮えたぎる渦が爆発寸前の状態になる。街路での騒擾により皇帝が王宮への通い慣れた道を通れなくなったとき、バデーニの命運はつき、退陣に追いこまれる。[107]だが、かれの罷免でバデーニ危機が収束したわけではなかった。

そこで今度はエルネスト・フォン・ケルバー（一八五〇―一九一九）が、経済政策や文化政策で打開の道をさぐろうとする。ケルバーは、オーストリアのための「大きなビジョン」を描き、国民の想像力を、民族的なスローガンとは別な像で埋めようとする。経済的・文化的な関心を前面に出し、民族的なアイデンティティー問題を抑えこもうとした。ケルバーは下層階級に一歩歩み寄る。[108]かれの選挙法改正案は、一八九六年の改革よりいっそう民主的なものだった。かれはとりわけ大土地所有者部門、つまり貴族部門の力を削ぎ、経済的市民層・教養市民層を政治の中心に置こうとしたのである。ケルバーは社会民主党の政治生活も楽にしてくれた。というのもかれは、「社会民主党が頼もしい国家要素になったことは明らかだ」[109]と信じていたからである。ケルバーは新聞にも活動の自由を与える。ドイツ系とチェコ系の人たちの大きな協調会議が頓挫したにもかかわらず、議会は少しばかり落ちつきを取りもどした。ケルバーは大掛かりな経済計画の承認をとりつけた。かれは、議員たちを個人的に手なずける術を心得ていたのである。その背後ではルドルフ・ジークハルトがすでに影の実力者として振る舞っていた。[110]この男は、「オーストリア統治のもっとも重要な権力手段の一つ」[111]、つまり有産者たちの功名心を、勲章と貴族の称号で癒すやり方にたけていた。流れこむ金は、自由に使える資金であり、あからさまにいうと、国会議員やジャーナリストたちへの賄賂として活用できるのだった。

ケルバー内閣の文化教育大臣ヴィルヘルム・フォン・ハルテル（一八三九―一九〇七）は――ロベルト・ムージルが作品の登場人物について皮肉めいて書いていたように――かつての貧しい「家庭教師（Hauslehrer）」が「貴族院の教師（Herrenhauslehrer）」にまで出世した男である。かれは、分離派の現代芸術〔ウィーン分離派の創立は一八九七年、画家のクリムト、モーザー、オルブリヒなどが代表的芸術家〕を支援し、女性たちに大学の門戸を開いた。このハルテルは、政治的にはあまり気骨がなく、開明的なリベラリストでありながら、政治的カトリシズムにますます屈するようになる。また現代芸術の友でありながら、グスタフ・クリムトが描いた大学の天井画〔文化省はクリムトにウィーン大学大講堂の天井画の制作を依頼する。人間の知性の勝利を高らかに歌い上げるものを描いてくれというのが依頼の主旨だった。これに対してクリムトが描いた絵は理性の優越性を否定するような寓意にみちたもので、大学の教授団を初め、広い範囲にわたって反発や議論を招くことになった」をめぐる大きな論争では変節する。かれは世論を怖がっていたし、現代芸術の怪しげな側面には理解がなかった。罰としてかれはアルトゥル・シュニッツラーの作品にとりあげられ、政治的な喜劇『ベルンハルディ教授（*Professor Bernhardi*）』（一九一二年）のなかの移り気な教育大臣フリントのモデルにされてしまった。[112]

ケルバー自身は四年間ののち議会の妨害の圧力に耐えられなくなって、退陣を強いられる。「大きなスパート」も挫折する。[113]もっともケルバーは一九一六年に再度首相を短期間だが務めることになった。

そのあと新たな発進を試みたのがベック政府である。首相マックス・ウラジミール・ベック男爵は、役人家庭の出で、自身も役人務めをしていた。かれはいくつかの言葉を話すことができ、生まれからして親チェコ派とみられていた。ベックには役人のある種の鈍感さが――ある不快な事柄を無為のままじっと耐え抜く力が――あったし、バロック的な敬虔さと皇帝への忠誠心があった。内閣が発足したとき（一九〇六年）ベックは、皇太子フェルディナント側の人物とみられていた。というのもベックは皇太子の国法学の教師であったし、皇太子の身分不相応な結婚を法律的に可能にした人であったからだった。しかし実際は、フェルディナント皇太子は、新首相ベックにひどく立腹していた。ベックが老皇帝の命に応じて、あまりにも早く首相になったからである。

おのれの政治的な命運がつきたことを知った保守派の人びとや貴族たちの激しい抵抗を押し切って、ベックは一九〇六／〇七年に選挙法の一大改革を実現する。その際首相は、じつに奇妙な同盟の上、つまり皇帝と社会民主党の上にたっていた。それは、（チロルの政治家）カール・フォン・グラープマイヤー（一八四八―一九二三）が軽蔑的に断じたように、「王冠と街頭との同盟」であった。[114]この首相は一九〇七年にハンガリーとの「アウスグライヒ」も達成する。我慢のエネルギーをもっていたかれは、譲歩と金でもって議員を味方につける巧みな才能を発揮する。ベック内閣でも陰で活躍するルドルフ・ジークハルトは、かれのやり方を思う存分展開する。ベックもキリスト教「社会」党と緊密に接触し（その際、自由に使える資金がまたしても大きな役割を演ずる）、この大衆政党の二人の代表者を入閣させた。けれどもキリスト教「社会」党はのちに皇太子の命によりベックの打倒にまわる。（皇太子の居城）ベルヴェデーレ宮殿では、ドラマティックな言い方をすれば、この（オーストリアの枠内で）もっとも成果のあった政府を暗殺する短刀が磨かれていたのだった。[115]

そのあと「なんとかお茶を濁しながらやっていく」のを原則とする政府がいくつかつづく。政府の議会との関係がますます悪くなっていった。そこで首相シュトゥルク伯は、一九一四年の三月議会を休業状態にしてしまう。オーストリアの絶対主義が戦争開始の数カ月前から始まっていたのである。社会民主党の人びとを除いては、誰一人その事態を憂える者はいなかった。人びとは、それでも生活はどうにかやっていけるよ、という昔からの処世術にすがっていたのである。

戦争の最初の局面では軍指導部が事実上国内政治の指揮をとった。それから一九一六年（一〇月二一日）には、首相シュトゥルク伯がフリードリヒ・アードラー（一八七九―一九六〇）〔オーストリア社会民主党の創設者の一人ヴィクトル・アードラーの息子。死刑判決をうけるも、一九一八年一一月、皇帝の出した恩赦により釈放され、ただちにウィーンにもどり、社会民主党左派系の指導的存在となる〕に射殺される。政治が出口を失っている状況を告げるものだった。その直後に老皇帝が死去する（一九一六年一一月二一日）。公式には、皇帝死すとも、皇帝陛下万歳のモットーに変わりはなかったが、オーストリア・ハプスブルク君主制の終焉の前触れのようだった。王朝の終わりという点では、一九一六年以降の政治の枠組みの変更があっても、ほとんど押しとどめることはできなかった。たくさんの改革プランが練られたが、[116]実際は、ヨーゼフ・レートリヒの日記にあるように、「わが国の社会全体が徐々に解体し始めている」[117]のだった。

「新しい主人」皇帝カール（一八八七―一九二二）は、素直に平和を願った。かれには、個人的な親しみやすさと気さくな社交スタイルがあったが、気弱で気まぐれであった——かれは誰にでも気に入られようとした。かれの肩にはハプスブルク王朝の遺産全体が、窮状全体がのしかかっていた。もっとも重要なアドバイザーは、皇太子フェルディナントのアドバイザー役でもあった、コンラート・ホーエンローエ侯爵（一八六三—一九一八）やオトカル・チェルニン伯である。皇帝カールの例をみれば、経済構造や社会や政治の構造が磨耗してしまったなら、支配者といえども、その行動の自由というものがいかにかぎられたものであるかがわかるだろう。[118] 選択の余地などもはやなかったし、くわえて皇帝神話も崩れていく。皇帝神話とは、老皇帝フランツ・ヨーゼフと結びついたものだった。若い皇帝は——不当ではあったが——「飲んだくれ」と思われていて、その妻ツィータ（一八九二—一九八九）〔イタリアのジェノヴァ湾沿岸の都市ヴィアレッジョ生まれ〕は、「イタリア女」、裏切り者とみられていた。民衆の空想力は、窮状にあって否定的な皇帝神話をつくりだしていたのである。

　実際に驚きだったのは、いくつかの情景がアンバランスだった点である。つまり、ウィーンやバーデンの軍司令部では旧態依然とした政治がくりかえされていた。大臣が登場しては去り、勲章と称号が与えられ、大掛かりな陰謀がいつものようにめぐらされていた。町外れでは青白い顔の工場勤めの女性たちが飢えに苦しみ、田舎では農家の女性たちがくたくたになるまで働いており、前線ではおぞましい死の想像を絶する光景がくりひろげられていた。自然でさえとことんずたずたにされていた——「樹齢何百年もの老木が引き裂かれ、腐植土も干からびて、燃えていた」。[119] 政治は旧来の軌道を、戦争の現実とはかけ離れたところでまわっていた。だが、主役たちは不安に駆られる。ロシアの革命に発する遠雷に対する恐れだった。

## 第六節　たえざる危機にある議会

国法学者のフリードリヒ・テツナー（一八五六―一九二五）が国民の代表機関について分厚い本を書いた頃（一九一二年）、議会は「政治的に最低のレベルにまで」落ちこみ、「それ以上落ちこみようがないように思われた」。[120] リベラル左派のジャーナリストで政治家のエルンスト・ツェンカーは、議会主義に関する著書をこう始めている。「オーストリアの議会は、世界中とはいわないまでも、文化世界では一番脆弱な議会である」。[121] 最上層部ではかなり以前から、オーストリアは議会主義的には統治できないと信じられていた。オトカル・チェルニン伯も、議会を「放蕩のならず者の集まり」[122] としかみていなかった。外務大臣のアロア・フォン・エーレンタール男爵（一八五四―一九一二）〔外相時代にボスニア＝ヘルツェゴビナを併合する〕は、議会主義体制の無意味さを論証しようとしていた。[123]

オーストリア議会主義の危機はどのように説明できるだろうか？

憲法は、一八六七年の憲法制定委員会が決定的なはたらきをしたにしても、「下から」戦いとられたというより、「上から」公布されたものだった。[124] 国民はこの憲法に真の関わりをもたなかった。帝国議会も「主権をもつもの」と構想されておらず、「立法と行政に関する皇帝の権利に関与する」権限を認められていたにすぎなかった。[125] なるほど議会には、予算承認、新兵徴募、行政監査、大臣が法律違反した場合の告発などの議会基本権はあった。けれども議会が真剣に命懸けで渡りあうよう強いられることはなかった。皇帝とか、その政府――また悪名高い憲法一四条といった安全用ネットがあって、「国家の急務」は議会抜きでも保証できたのである。

言葉の境界にそう民族形成のプロセスはすでにかなり進んでいて、解決不能な矛盾があらわれていた。ドイツ語系の人びとは、歴史的に培われた指導的な地位に固執する――かれらの見解によると、ドイツ人のリーダーシップによってのみ帝国のまとまりが保障されるという。他の民族も憲法で保障される同権をえようとする。男子普通選挙法にもかかわらずなるほどドイツ系の人たちは、「選挙区幾何学」のおかげで特権的地位を維持しつづけるが——ルテニア人は議員一人出すのに九万五〇〇〇票を必要としたのに、ドイツ人は三万七〇〇〇票でよかった[126]——それでもスラヴ系議員の数がたえず増えていった。[127] それに対してドイツ人の政治は、まったくの絶望の政治となっていく。政党の形は、イデオロギーないし利害にもとづく断片化路線に制約されたものとなる。政党はむしろ早々と民族的な政党スペクトルに組みこまれていった。すべての民族にわたり、大衆をまとめるような全国政党は一つもなかった。社会民主党は、全国政党の性格を一番もちやすかったが、まだ政府を担う力はなく、結局は同じように民族ごとに分解していった。この事態により政党体制の、一方では細分化、他方では民族的なしばりが生まれ、これが多数派形成を困難にしてしまった。結局は政党が本腰を入れて政府に参加しようなどまったく欲しないことになる。どのみち政党は役人政府を見込んでいて、できるだけその政府の足をひっぱろうとするのだった。[128]

議会における議事妨害、木版画、1900年頃制作

議事妨害は絶望の表現でしかなかったが、それによりオーストリア議会はヨーロッパ中から嘲笑されるような不名誉な情景をさらけだすことになる。議事日程の徹底した利用、怒鳴り合い、机の上で鐘や笛を掻き鳴らす、肉体的な暴力、最後には議事規則の違法な変更と警察力の導入。[129] 議会は、お客のお定まりの喧嘩をみせる居酒屋のようであった。くりかえし議会そのものが麻痺状態となる。「あいつは議事妨害の達人だ」と言われ

るのは、議員にとって名誉なことだった。[130] 民族間の抗争が議会にたくさんの瘢痕を残したので、呼吸のできる皮膚など残っていないありさまだった。

議会での議事妨害は政府を憲法一四条という緊急令の乱用に駆りたてた。一八六八年から九七年の三〇年間に歴代の政府は、一四条による三〇の指令を発している。そのあと一八九七年から一九〇四年の間に頂点がきて、一七六の緊急令が出された。もっとも多かったのがバデーニ危機の余韻が残る世紀の転換期頃だった。世界大戦前や戦中の絶対主義の緊急令は、結局一七六におよんだ。[131] こうした「イチジクの葉をもつ絶対主義」(カール・グラープマイヤー)はあきらかに憲法の侵害だったが、同時に政府の頼みの綱でもあった。国民から憤激の声があがることはなかったし、政党がこの「独裁条項」の廃止や制限に努めたがむだであった。

一九〇四年から一四年の間の政治はそれでも比較的平穏に経過する。バデーニの混乱が収まるにつれ、パラダイムの転換がみられるようになる。イデオロギー的な政治に代わって、ふたたび利害の政治が登場する。民主化の強力な波がオーストリアにも押し寄せる。それはハンガリーの危機と一九〇五年のロシア革命により呼び起こされたものだった。社会民主党は今や中途半端なやり方を避けようとする。大衆ストライキで威嚇し、大規模なデモ行進をくわだてる。たとえば、一九〇五年の一一月二八日のデモは、参加者が二〇万人だった。キリスト教「社会」党も、そうした強力な運動を展開するようになる。大衆アジテーションが皇帝との同盟をえるようになる。保守派や、自由派の残党や上層貴族などは貴族院で新しい選挙法に最後まで執拗に抵抗した(結局かれらはその政治的延命のために戦ったのである)にもかかわらず、民主化のそうした推進力を押しとどめることはできなかった。一九〇七年は、オーストリアの政治的民主化の一里塚といえる年であった。たしかに選挙規則にはまだ制限が残っていたし、「選挙区幾何学」はドイツ系オーストリア人や高額納税者に有利な改正となっていたし、たしかに女性の参政権は認められなかっただけでなく、彼女たちはこれまで大資産家という枠でもっていた選挙権も失うことになった。こんなことすべてを考慮に入れても、それでも一九世紀のもっともつよい流れの一つが実現したことに変わりはない。一九〇七年と一九一一年の選挙は、大衆政党の勝利をはっきりさせたものである。〇七年の勝利順序は、キリスト教「社会」党、社会民主党、ドイツ民族主義派、一一年の場合には、傾向が逆転して、ドイツ民族派、社会民主党、キリスト教「社会」党の順であった。[132]

ヨーゼフ・レートリヒは、自分も帝国議会の議員だったが、日記のなかで同僚議員の臆病さをまるで方向の違う下僕根性だと嘲っている。議員たちは内心では政府の考えとほとんど同じなのに、選挙民のなかでの人気を気にして政府反対の演説をし、票決にあたる。[133]議会内で行われたのは、しばしば象徴的な政治、隠喩の政治であって、厳しい利害の政治は、仲介者がはいって各省庁内で交渉が行なわれたのである。一つの選挙区で多数票をえたものが当選する仕組みだったので、議員は再当選するために必死に努力しなければならなかった。リング通り沿いの議会には定員五一六名のところ、かなりの数の利害仲介役が集まっていた。

議会の社会的な構成も、資産と教養が強固な多数を占めるものであった。選挙の行なわれた一九〇四年と一九〇七年、つまり男子普通選挙法施行前と施行後とをくらべてみよう。一九〇四年では、農業利害（代表）が議員の三四％（大土地所有者が二〇％、農民が一四％）でトップ、これに反して工業は三・五％という僅かな代表しか出しておらず、弁護士や公証人などの自由業が一八％、公務員が一六％だった。一九〇七年になると社会の容貌が目立って変化する。農業代表が二〇％に落ちこむ、わけても大土地所有者が予想されていた後退を甘受せねばならなかった。公務員代表が二四％に上昇し、サラリーマンやジャーナリストが――たいはんが社会民主党員――議会での割合を倍増する。[134]ここにもすでに政治の専門職業化の兆しがあらわれていた。けれども議会の危機が、それで取り除かれることにはならなかった。

## 第七節　強者のゲーム——外交

すでにこれまでハプスブルク君主制の分析にあたって、「アルプス諸州」とか帝国の西半分とか、そのつど視野をかぎらねばならなかった。だが今度は二重帝国としてのオーストリア＝ハンガリー全体を視野に入れなければならない。というのも、「(オーストリア) 帝国と (ハンガリー) 王国の家・外務の省」は二重帝国共通の案件だったからである。オーストリア帝国＝ハンガリー王国という君主国では、他の国にはみられないほど、内政と外交が絡みあっていた。[135] イレデンタ主義的潮流〔隣接国内にあって自国語を話す人びとの居住地域を自国に統合しようとする民族統一運動〕によってセルビア人、イタリア人、ルーマニア人、ルテニア人——ハプスブルク王朝内の少数民族で、隣接して民族的な独自国家が存在していた——のもとでは、内政問題がすぐさま外交問題に、そして外交的抗争が内政的抗争に波及するのだった。他方でドイツ系オーストリア人にとってかれらの帝国内での支配的な地位は、ハプスブルク帝国とドイツ帝国との同盟が維持される場合にのみ保証されるのだった。

「バルハウス・プラッツ」(外務省)、それは一番洗練されたところであって、今なお昔からの優雅な生活文化の魅力を発していた。この外務省では、一七世紀の宮廷政策や王朝政治がそのまま二〇世紀にもちこまれていた(たとえば、とにかくカール・レナーはいつも国の儀式のセンスをもちあわせていた)。[136] 外務大臣は最高位の大臣で、共同の閣僚会議の議長を務め、外交政策は嫉妬深い視線を浴びる最高の権限だった。だが、優雅な仕草全体も、少しばかり時代遅れであり、外務省全体もすでに「見かけ倒しの巨人」[137](現代史家ヘルムート・ルンプラー)であった。そして外交政策は、議会を迂回していて、「代表団」だけが、ある種の影響力をもつのみであった。

ハプスブルク王朝の晩年の外交を規定していた三つの前提がある。

1　オーストリア＝ハンガリー帝国が強国として存在することは、ヨーロッパの利益にかなっている。この立場にたってのみ、中小の多くの民族国家を有意義にヨーロッパ・レベルに同化することができる。
2　ドイツ帝国との同盟が安定した力づよい外交の保証となる。この同盟には、ドナウ王朝を弟分格にするなど、たしかに多くの不満があるが、エーレンタール外相時代（一九〇六～一二年）を除けば、それは「小さな齟齬」[138]でしかなかったし、まともな選択肢もほかになかった。
3　バルカン地域は、経済的にも、政治的、文化的にも、ハプスブルク君主制の当然の影響圏である。この考えは、帝国主義の時代なら「帝国主義的」と言ってもいいだろう。だがそれは、ほんらいの帝国主義ではなかった。もちろんいつでも、またそう願う人も何人かいて、ほんらいの帝国主義に変身できるものではあった。いずれにせよ、オーストリアのバルカン半島への伸張願望はロシアとのたえざる抗争を必然的にともなっていた。[139]

この時期の三人の外相の名が、外交の三つの時期にもつけられる。
第一の時期は、いくぶん気楽なアゲノア・ゴルホフスキー伯爵（一八四九―一九二一）の時代（一八九五～一九〇六年）で、ロシアとの関係も比較的良好な時期といってよい。「和親協商」がドイツ同盟の対抗軸として結ばれる。「ドイツが我われの首を締める」、と一九〇四年に外務省の絶望的な叫びが口走っていた。[140]〇三年ミュルツシュテーク（ウィーン南西）においてロシアとオーストリアの皇帝が会談し、マケドニア改革案が協議され、〇四年ロシアと中立条約が締結されたのがこの時期の特徴的なことだった。[141]
このあとに、アロア・フォン・エーレンタール男爵の声高な力を誇示する時期（一九〇六～一二年）が来る。ゴルホフスキーが、王朝内の弱さ（バデーニ危機）ゆえに外交面ではできるだけ積極的な手出しはしない、という原則にたっていたのに対し、エーレンタールはそれを引っくりかえす。国内に弱点を抱えているからこそ、オーストリア＝ハンガリー帝国には積極的な外交が必要であり、国外に向けての強者の政策だけが国内問題を解決に導くことができる」という。[142] エーレンタールは南東においてことを起こし、一九〇八年ボスニアとヘルツェゴヴィナの併合を宣言する。それに先立ってロシアとの二枚舌的合意があったが、何人かの解釈者たちはこの併合を本質的には「保守的な」行動だとみなしている。[143] オーストリア＝ハンガリー帝国は、そうでなくとも事実上行政下に置いていた地域を法的にも自分たちの主権下に置いたもので、二重帝国は不安定な国境をなくし、大きな変革の状態にあるオスマン・トルコとの関係をすっきりさせようとしたのだった。しかし実際にはこの併合は重大な国際的危機を呼び起こした。オーストリア＝ハンガリー帝国は、戦争の淵にたたされ、すっかり孤立してしまった。その外交行動は、国際協定にもはっきり抵触する攻撃的な行為とひろく受けとられた。それは、一時の勝利であって——エーレンタールはオーストリアのビスマルクだと早くも持て囃されていた——その結果は来るべき重大な敗北を用意していた。ハプスブルク君主政体は、セルビアの不倶戴天の敵とされ、ロシアとの当座は「冷戦」を背負いこむ。オーストリアではふたたび、反抗的なセルビアは一度懲らしめてやる必要がある、セルビア死すべし、という観念がつよまった。それは強者の、つよい神経をもった外交官たちのゲームであり、威信と民族の名誉をかけた強国政治のゲームだった。その影響をうける相手たちが問題になることは一瞬たりともなく、かれらの生活のチャンスは虫けらのようにみられていた。この強引な行動のあと、オーストリア＝ハンガリー二重帝国は、ふたたび現状維持の政策に方針を転換する。

　第三の時期は、レーオポルト・ベルヒトルト伯爵（一八六三－一九四二）の破局的な外交政策の時代（一九一二〜一五年）である。このオーストリア型の世馴れた男は、チャーミングだが、あまり活力がなく、いずれにせよ権力志向のつよい人ではなかったが、この人物が二度のバルカン戦争という困難な歳月、帝国をつねに戦争の瀬戸際で巧みに操っていた。その際の基本理念は、「国民なんて結局のところ、先頭が進む道を盲目的についていく羊の群れにすぎない」[144]というものだった。その信念は一九一四年の夏、国民が熱狂しながら政府の戦争政策についてきたとき、印象的に実証されたようにみえたが、二、三年後にはそれも変わってしまうのだった。

しかしながらまず象徴的な聖ファイツの日、一九一四年六月二八日、サラエボでオーストリアの皇太子夫妻が暗殺されるという事態が起こる。暗殺者ガヴリオ・プリンツィプとその同志たちは、ボスニア出身の理想的な考えのセルビアの学生と生徒たちで、セルビアの統一と独立を夢みて、セルビアの英雄の歌に鼓舞されながら民族の自由のために戦う者たちであり、「暴君の暗殺」によって民族の神話になろうとする青少年であった。[145]（セルビアの叙情詩人）イーヴォ・アンドリツエ（一八九二―一九七五）はセルビアの若者、「若きボスニア」の政治的雰囲気をその傑作『ドリナ河の橋（*Die Brücke über die Drina*）』（一九四五年）のなかで印象的にこう書いている。「夏休みごとにかれらは、社会や宗教の問題では教会の権威に囚われない見解や新たに活発化した民族主義を抱く、そしてこの民族主義は最近、とりわけバルカン戦争におけるセルビアの勝利ののち、普遍的な信仰となり、多くの若者たちのもとで行為と個人的な犠牲への狂信的な願望にまで膨れあがった」。[146] ボスニアの犯人たちもウィーン外務省の外交官たちも誰一人、自分たちの決断によって一九世紀の「インディアン・サマー（小春日和）」がこの世紀そのものの決定的な終止符となり、そして危機と破局の世紀の二〇世紀の始まりとなろうとは、予感できなかった。外相ベルヒトルト伯は――外務省の貴族的なグループのアレクサンダー・ホヨシュ伯、ヨーハン・フォルガッハ伯、アレクサンダー・ムスリン男爵に駆りたてられて――ベルヒトルト伯の伝記史家フーゴー・ハンチが簡明に述べているように、「世界大戦勃発の点火ボタン」を押したのだった。[147]

**戦争政策**

オーストリア=ハンガリー帝国も、戦争を決断した外務省サロンの貴族紳士たちも、第一次世界大戦を引き起こした主要責任をじゅうぶん負わねばならない。[148] なるほどオーストリアの政治家たちが欲したのは、セルビアとの戦争で、世界大戦ではなかったが、しかし世界戦争のリスクがあることは、かれらにもわかっていたのだった。

第一次世界大戦勃発に関するおびただしい文献から（オーストリア＝ハンガリー二重帝国について）四つの仮説が引きだせる。[149]

1　防御テーゼ。一九一四年夏の支配的なイデオロギーが主張するもので、オーストリアはセルビアの挑発とロシア主導の凡スラヴ主義に対して強力な「ナイン（否）」を突きつけなければならない。ほかならぬ野蛮な東方に対する西洋の防衛がふたたび危険に晒されているのだ。この戦争の意義は、かつての東方防衛基地の機能の再活性化にある。ドイツ帝国の支援をうけてオーストリアはこの戦争に打ってでる。敗北なんて、自然や歴史にもとることで、ありえない。[150] カール・クラウス（一八七四―一九三六）は、愛国心に燃えるウィーン男に、「俺がやるのは聖なる防衛戦争（einen heiligen Verteidigungskrieg）なんだ」というべきところを、「聖なる分割戦争（einen heiligen Verteilungskrieg）なんだ」[151]と言い間違えをさせて、そうしたイデオロギーにとても簡明な反応をみせていた。

2　とりわけマルクス主義たちが主張したテーゼ。ドイツとオーストリアの侵略的な帝国主義は、ヨーロッパの経済的な分割をめぐるかねて計画中の戦争を始める時期を一九一四年の七月にみいだした、[152]という。非マルクス主義的な見方にたって歴史家のフリッツ・フィッシャーは、ドイツ帝国の指導部の侵略的な意図との連続性を描きだした。[153]だが、マルクス主義的なテーゼにとって具合が悪いのは――少なくともオーストリアに関しては――戦争を決断するにあたって大企業のなんらかの影響があったという実証に、これまで誰も成功していないことである。[154]それは、あくまで外交官たちのゲームであった。

3　もう一つのテーゼ。オーストリア＝ハンガリー二重帝国は大国としての機能を諦めるか、リスクの多い攻勢にでて苦しい状況を打開するかの選択肢の前にたたされていた、[155]という。そうした選択肢がオーストリアの決断の担い手たちをじじつ動かしていたこと、また一九世紀的な威信思考が世界大戦を引き起こす一連の動機の一つになっていたことは、疑問の余地がない。ヘッツェンドルフ将軍は一九〇七年にすでにこう言っていた。「積極的な目標をもって攻勢にでる政策だけが、破滅から身を守り成功を勝ちとることができる」。[156] 問題はただ、オーストリア＝ハンガリー二重帝国が強国を演じようとした時期が、資源財源がもはやじゅうぶんになく、君主制がとうに二流の権力に落ちてしまっていた頃だった。政治の力のどんな誇示も、強さよりもむしろ弱さから発するものだった。もっとも、無理な強国姿勢の提示には、オーストリア特有の死への憧れも含まれていた。そのことを皇帝自身がじつにはっきりとこう言っていた。「もし君主制が没落の運命にあるというなら、少なくとも品よく没落して行かせようじゃないか」。[157] よくみると恐ろしい言葉である。というのは、それは品位のために（どんな品位？）皇帝は何百万もの罪なき人びとの生命を犠牲にしようというのだから。同じようなことをその数年前に支配者集団の別なメンバーがもっと呑気そうに言っていた。それはチェルニン伯で、オーストリアは少なくとも「ある種の優雅さをもってくたばることにしようぜ」[158] だった。

4

戦争決断の説明としてもっとも説得力があるのは、第三のテーゼと第四のテーゼ、つまり社会帝国主義テーゼとのリンクである。[159] この第四のテーゼはいう。支配者エリート層の国内支配の安定や強力なオーストリア再建のために攻勢にでる積極的な外交政策が、つまり具体的にはセルビア相手の戦争が必要であった。[160] 勝利にみちた戦争は、国内において社会の現状を維持し更新する——民族運動の破壊的な傾向や、社会民主主義の社会的分解酵素に対抗して維持し更新する諸前提をつくってくれる。戦争だけが、超民族的な共通のハプスブルク＝オーストリアの帝国愛国主義を盛り上げることができる。作家で外交官のレーオポルト・アンドリアン（一八七五―一九五一）がメモしている。「戦争だけがオーストリアの救済を可能にする基本理念だ」[161]、と。その改造計画は、上からの権威主義的なものであって、民主的な基礎工事のないものだった。歴史的な連続性でみると、政治体制改革の三番目の試みだった。最初の試みはエルンスト・ケルバーが経済を介してスタートさせ、二番目は男性普通選挙法の実験でもって一九〇六／〇七年に行なわれ、三つ目の試みは一九一四年、戦争に目をつけたものだった。

当初第三の試みは成功したようにみえた。戦争熱に浮かれた国民の例がたくさん知られている。歓呼の声をあげ、歌い、スパイ探しをする大衆。戦争に直面して恍惚となりやたら詩をつくりだす、羽目を外した知識人。「重苦しい時代、それは過去のこと／わがオーストリア、お前は今や新しくなる／誇らしい力をもって蘇る」（ハインリヒ・フォン・シュラルン）。あるいは、尊敬すべき図書館長たちが好戦的＝民族主義的な詩をつくる。「おいらはおいらだ。雄牛みてぇだ。喧嘩のことなら、おいらの足元に誰も及びはしない。また殴り合いが始まるぜ」[162]。カール・クラウスは、作家たちの詩の力の消耗に対して傑作な答え方をする。「何か言いたい奴は前にでろ、でも何も言うな！（Wer etwas zu sagen hat, der trete vor und schweige!）」[163]。おのれの市民的な退屈に悩む閉塞感にみちた社会を「英雄主義」へと駆りたてたメカニズムのこともある。巨大な絶頂感のように、歓声が長年の張りつめた雰囲気を吹き払う。エーゴン・フォン・ベルガー＝ヴァルデネッグ（一八八〇―一九六〇）が一九一四年七月三一日の日記に書いている。「平和享楽主義者や市民が着用のフロックコート、礼装の半ズボン、シルクハット、エナメル靴など今の俺になんの用もない。俺は戦争に行く。過去はすっかり消し飛んでしまった」[164]。こういうことはすべて知られているが、一九一四年夏の地域ごとの状況、熱狂の社会層ごとの突っこんだ区分けがみられない。慎重さを求める示唆もある。たとえば、オスワルド・ジントの思い出にあるように、農民のこういう例がある。「二〇歳になる若者のことをわたしは忘れることができない。たった今向こうの隠居小屋の老母に別れを告げてきたばかりだった。涙がかれの頬をつたわり、嗚咽を抑えることができない。それでも居酒屋の前で狙撃兵退役者が大声で歓声をあげているのを耳にして、若者は元気をみせよう、自分も歓声をあげようとするが、その試みも嗚咽になってしまうのだった」[165]。あるいは労働者のこんな例がある――失業していた人たちの、戦争の報せの受け止め方は、ほかの人びととは違っていた。「おいらには仕事がない。おいらも戦争に連れてってくれ！　少なくとも食べ物にはありつけるだろう」。[166]

裏側に潜んでいるものをジグムント・フロイト（一八五六―一九三九）は、一九一五年二月一六日、ユダヤ人男子共済組合支部の友人たちに解説をこころみる。「我われは無数の殺人者たちの子孫なんだ。我われの血のなかには殺人欲が流れている」。今度の戦争のなかで文化の被覆がはげ落ちて、太古の獣性がむきだしになるだろう、[167]というのだ。

熱狂的気分は、長つづきはしなかった。戦争勃発の際オーストリア＝ハンガリー帝国は、六つの軍団に一八〇万人の兵士を動員する。大いに称賛されるヘッツェンドルフ将軍が、第二軍団をロシア軍向けでなく、セルビア向けに派遣するという間違った決断によって、オーストリアは東部戦線で重大な敗北を喫し、それからセルビアでも敗北する。ほとんどガリツィア全体が失われ、セルビアでの退却もあって戦争当初の半年で六〇万人の犠牲者を出し、そのうちには職業将校のエリートたちが含まれていた。[168]こうしたことは歓声の持続のためにはならなかった。ヤロスラフ・ハシェク（一八八三―一九二三）の有名な小説のなかで勇敢な兵士シュヴェイクは、戦争という現象をかれなりにこう言っている。「俺たちは麦粒のように脱穀されたのだった」[169]、と。

外交戦線でも、イタリアの中立を確保しようとする格闘が始まる。オーストリア＝ハンガリー帝国がセルビアに攻撃を仕掛けたのだから――イタリアの解釈によれば――三国同盟〔ドイツ、オーストリア＝ハンガリー、イタリア三国間の同盟〕の発動事例ではなかった。イタリアは領土上の代償を要求する。オーストリア外務省では、拒否する態度にでてから、トレンティーノを割譲してもよいとしたときには、すでに遅きに失した。イタリア、オーストリアの双方とも、詐欺師的なトリックで相手を騙そうとしたのだったが、「裏切り」という汚名はもっぱらイタリアに向けられた。今ではオーストリアは南方でも新たな戦線を構築しなければならなかった。[170]

それでもとにかく一九一五年の戦況は全般的に改善される。ガリツィアの奪還に成功し、セルビアを打倒し、ポーランドを占領する。もっともこれらすべてはドイツ軍の支援があってのことだった。ドイツ／オーストリア軍の戦線が前進するやいなや、戦争目標も際限なくふくらむ。セルビアとモンテネグロのオーストリア帝国への併合、[171]それからドイツとのたえざる抗争対象だったオーストリア領ポーランド問題の解決。[172]さらにはルーマニアまで要求の地平に浮かび上がる。従来どおりの古い領土獲得競争が二〇世紀にももちこまれたのである。

表向きはドイツとオーストリア＝ハンガリー帝国は、「ニーベルンゲンの信義」〔英雄叙事詩『ニーベルンゲンの歌』に歌われる英雄たちの信義のように、生死をかけての無条件の信義。ボスニアの危機（一九〇八〜〇九年）にあたってドイツの宰相ビューローがドイツとオーストリアとの盟約に関して発した言葉〕で相互に結ばれていたが、同盟の実際は面倒な抗争が次々とつづいていた。ドイツ人はオーストリア人を無気力で無能だと思い、引きずって行かねばならないポンコツ同然の人たちと思っていた。オーストリア人はオーストリア人で、ドイツ人を尊大な頑固頭の持ち主で、ドナウ帝国内の複雑な統治技術など理解できない、と思っていた。それでもオーストリアは、ドイツ側からの食料援助や財政支援に頼っていた。とくにまたドイツ軍は軍事的な苦境にあるオーストリア軍をさいさん救いださねばならなかった。もっともオーストリアの参謀総長コンラート・フォン・ヘッツェンドルフは、人付き合いがよく付き合い甲斐のあるパートナーなどでは全然なく、強情で自信家であり、オーストリアの威信を鼻にかけていて、簡単に折れるような人ではなかった。ドイツ、オーストリアの双方とも、相手の領土は割譲させるという外交的なゲームに戯れながら、自分の領土は頑として譲らない、という癖があった。戦争が長引き、オーストリアの資源・資金が底をつき、飢餓が容赦なく荒れ狂うほど、ますますオーストリア＝ハンガリー帝国はドイツ帝国の衛星国家的地位になっていく。和平へのオーストリアの願いも、ドイツ帝国の勝利の期待感にぶつかって潰されてしまう。[173]

かなり前から政治家や知識人の議論では言及されていたことだが、世界大戦中に「中央ヨーロッパ」という晴れやかなビジョンが浮かび上がる。[174]本国ドイツ人が優位のブロックで、最大構想ではスカンジナヴィアから中央アジアまでを含み、中心となる地域としてドイツ帝国とオーストリア＝ハンガリー帝国を考えていた。一九一八年五月調印のオーストリアの軍事主権を大幅に制限する軍事同盟に始まり、[175]一八年の夏にはザルツブルクで関税同盟と貿易同盟の交渉が行なわれた。[176]経済学者のヨーゼフ・シュンペーター（一八八三―一九五〇）が中央ヨーロッパ構想について「オーストリアの征服がドイツの最重要な戦争目標なんだ」[177]と、そっけなくコメントする。戦争が終結したので、この同盟案は机上の計画に終わったが、すでに大戦中に、第一共和制の当初にすぐさまドイツとの合併が議論になる心理的な雰囲気は準備されていたのだった。

　オーストリアの古い政治階層は、むしろためらっていた。ドイツの優勢を恐れてのことである。一九一七年の五月に皇帝カールは「ドイツの輝かしい勝利はわが国の破滅となろう」[178]と口にする。けれども、ブレスト＝リトフスクの法外な講和条約（革命直後のロシアと、ドイツ、オーストリア＝ハンガリー帝国などが一九一八年三月三日に結んだ条約。不安定なロシア革命政権に対して、ドイツ、オーストリア側にかなり有利な条件のものとなった）と「ジクストゥス事件」によって（皇帝カールは、皇帝夫人ツィータの兄ジクストゥス王子（ベルギーの将校）をとおしてオーストリアと協商国側との単独講和の可能性について密かに交渉させる。その際フランスの大統領ポアンカレ宛てに二通の手紙を書く（「ジクストゥス書簡」）。その書簡のなかで皇帝カールはエルザス・ロートリンゲンのフランスへの返還などいくつかの条件をドイツとの協議なしに提示していた。秘密交渉の挫折後、ポアンカレがこの手紙を公表すると、皇帝カールはその手紙の信憑性を否定する。この事件は、オーストリアとドイツとの関係を悪化させただけでなく、オーストリア外交の手ひどい失態となった）、オーストリアはますますドイツへの依存度をつよめる。[179]オーストリア外相のチェルニン伯は、有能にして傲慢、ときには「民主的な姿勢」もみせるし、また皇帝の権威にすがる男だった。だが、込み入った外交ゲームから抜けでる方策をみつけられなかった。皇帝も外務大臣も講和を欲していたが、それぞれ別なやり方をする。うぶで経験に乏しい皇帝は、夫人の縁戚関係をとおしてこころみる。有名な「ジクストゥス書簡」のなかで皇帝は、（ドイツに相談することなく）事実上エルザス・ロートリンゲンのフランスへの割譲を認める。ドイツへの信義を重んじて、チェルニン外相は――自分の発言の責任もあって事件がもちあがったとき――皇帝に虚偽の誓約を強要するが、それによりまた宮廷の信用がひどく傷つけられることになった。要するにオーストリアは、一九一八年の五月スパにいたドイツ皇帝のもとに「カノッサ詣で」(屈伏の旅)をしなければならなくなり、ドイツ帝国にますます結びつけられる。協商国側は、オーストリアとの単独講和は話にならないこと、ハプスブルク君主制の解体のみが——オーストリアからの各民族の離脱を考えながらの——現実的な選択肢であることを確信したのだった。

あとから歴史的に振りかえってみると、行き詰まった状況から抜けだすたった一つのチャンスはあったろう。それは、どんな犠牲を払っても講和を、とレーニン流の絶望的な勇気を発揮することだった。まったく新たな政策というリスクの多い決断が必要だった。つまり、オーストリア＝ハンガリー帝国は単独講和を結ぶ必要があった。この政策は同時にドイツとの関係に亀裂をつくることになったろうし——ドイツによる占領という危険すらあったろう。時のドイツ民族主義派の言葉遣いでいう「裏切り」のリスクを冒すことになったろう。同時にオーストリアは、はっきり領土の放棄(たとえば、トレンティーノの放棄)をし、帝国の連邦主義的な改造を始めねばならなかったろう。もちろんこれらすべては、事後の視点である。実際は——チェルニン自身が言ったように——「そうした裏切りをちらつかせながら、実行しないという最大の愚作」[180]をやらかしたのだった。

一九一八年の一〇月そうした方向を選んだときには、すでに手遅れだった。[181]オーストリア＝ハンガリー二重帝国が崩壊する。そのうえ一八年の秋には「スペイン風邪」が戦争の狂乱よりもっと質悪く猛威をふるった。一般の国民がどうであったかを、ある小さな山村の教区年代記が記録している。「……我われは今では、平和な時代には豚ですら食わなかったようなものも食わねばならない。それに物凄い物価騰貴で、一般の人には何も買えないありさまだ。それもあって窃盗が日常的になっていて、なんでも盗まれてしまう」。[182]

# 第三章　世紀末の芸術

## 第一節　教養市民層と芸術

教養市民層とは、学士の学歴をもつ者、大学出とか、少なくとも高校卒業資格試験にパスした者であり、中・上級の役人、いろんな種類の教員、自由業——医師や弁護士、増加傾向にある技術系の職業従事者たちといった人びとであり、その片隅に芸術家がいた。列挙してみると、独立・非独立の職業があって、社会的帰属もはっきりしない。経済市民層も大学をでるようになって、教養という判断基準がこの経済市民層にも浸透する。教養市民層を結びつけていたのは、教養へのある種の誇りであり、「非教養人」や生まれが自慢の貴族とは一線を画した「超身分的な職業階級」（ハンス＝ウルリヒ・ヴェーラー）であり、——素人の知識とは違って——専門的知識を独占的にもっていて、有利に活用もできる。教養は上昇階段を登る通行手形であった。教養市民層は、資産面では大きな差があるにもかかわらず、高度な文化との接触を共有し、標準的言語にとくべつ馴染んでいたし、オーストリア特有の官僚の特殊形態により国家にある程度近い存在となっていた。[1]

高い教養は、非常に苦労しながら身につけることが多かったが、大学出の称号は特別なステータス・シンボルで（「ヘル・ドクトル（Herr Doktor）」と博士号所有者への呼びかけの言葉が使われた）、社会的に認められた名誉ある地位を意味していた。この点は、世間的には、軍隊における一年志願兵という権利〔オーストリアでもドイツと同様、高い学歴があれば、兵役義務は一年間だけですますことができた〕や名誉回復の権利〔誰かに名誉が汚されたと思った場合、決闘を申しこむ権利〕などにもあらわれていた。

社会的なサブ・システム（独自の権利体制、健康や教育体制など）が重要性を帯びてくるにつれて、教養市民層が急激に増えていった。一九〇〇年以降の一〇年間にライタ川此岸の大学生の数は六〇％増加する。学生の層は比較的には下に向かって開かれるが、教育はたぶん社会的上昇のもっとも重要な道であったろう。一九〇〇年時でウィーンの大学生のうち三三％が教養市民層の出であり、四四％が農民やプチ・ブル市民層の出身だった。ただ、労働者の子弟にはそうした上昇のチャンスはほとんど閉ざされたままであり、そうしたチャンスをもっとも活発に利用したのはユダヤ人である。かれらは二〇世紀初頭で、ウィーンの大学生の二五％、ギムナージウムの生徒の三〇％を占めていた。[2] ウィーンの教養市民層の革新的な中核の供給源はユダヤ人たちであった。カール・ルーエガーは議会で大げさにこう言った。「どこに行ってもユダヤ人だらけ、劇場に行ってもユダヤ人、リング通りに行ってもユダヤ人……コンサートに行けばユダヤ人、舞踏会に行けばユダヤ人、大学に行ってもこれまたユダヤ人だらけである」。[3]

教養市民層は政治的には分節化していて、あらゆる陣営の政治的エリートになっていた。社会民主党員、反ユダヤ主義者、シオニスト、そして極端な場合にはユダヤ人なのに反ユダヤ主義者となっていた人たちもいた。もう一つの分節化ラインは、首都と地方の間にあったが、田舎の教養市民層は、首都とは違った性格であった。地方出身の知識層は大学の学生団体を介して現代の反ユダヤ主義や民族主義を「政治的な宗教」として受容し、そうしたイデオロギーの地方伝播の役割を担っていた。ドイツ民族主義陣営では、この田舎のインテリがはっきり支配的になっており、かれらは地方文化のリーダー格でもあった。ドイツ古典主義へのあふれるような感激は、たとえば一九〇五年のシラー記念祭（シラー（一七五九―一八〇五）没後百年）という地方の大きな行事となってあらわれる。現代的な教養の担い手と自負する教師たちは、地方ではしばしば狭量な田舎の知性と対峙しあうことになったので――芸術のなかに逃げこむ。絵を描き、作曲し、詩をつくり、伝統的に馴染んだ手本の真似に走るのだった。忘れてならないのは女性たちである。ある程度裕福な女性たちは家事から解放されて、文化のなかに自分たちの活動の領域を求め、「文化の夕べ」を企画したり、ディレッタントとして出演したり、文学茶話会やホーム・コンサートを催し、読者クラブをつくっていき、また活発な専門的な物書きとなったりした。市民・小市民層のポピュラーな文学趣味が、たとえば「ザルツブルク公共図書館」の貸出リストから窺うことができる。もっとも読まれた作家は、一九一二年の貸出数によれば、ルートヴィヒ・ガングホーファー（一八五五―一九二〇）で二八八四回、ペーター・ローゼッガー（一八四三―一九一八）一一一七回、フェーリクス・ダーン（一八三四―一九一二）一一四三回、フリードリヒ・ゲルステッカー（一八一六―一八七二）が六〇〇回であった。人気のあった「郷土芸術」と歴史ロマンがあきらかに読書リストのトップになっている。フランスの自然主義がなお受容されていたが、ウィーンのモダニズムのものはなかった。[4]

　さらにいくつかの教養階層を詳しくみると、識字率の向上を強調しておかねばならない。全体として第一次世界大戦以前で国民は読み書きができた。もっともシュタイヤーマルク州西部やケルンテン州の東部には、かなりの非識字率の地区があり、たとえば、フォルカー・マルクト地区ではそれは二六％にもなっていた。[5]学校をめぐる政治的な争いは、決してやむことがなかったし、教師の専門職業化ののち、教師の党派的な政治化が起こり、今日でもつづいている。とりわけウィーンやニーダー・オーストリア州ではカール・ルーエガーが荒療治にでて、小学校教師たちをキリスト教「社会」党寄りにしてしまった。世論の場では、リベラル的、ドイツ民族主義的、社会民主主義的な傾向の「自由学校」協会と、「カトリック学校協会」とが激しい論争をくりひろげていた。[6]

二〇世紀の初めに、女性高等教育に人びとが殺到する。女子学校は、ほとんどが私立のリセ（女子高等中学校）の次元で行なわれていた。一九一一年時で二七校のリセがあり、徐々に女性向けの教養機関が開かれていき、少しずつ職業チャンスを提供するようになっていく。一八九六年のウィーンではすでに小学校教師の四四％が女性であった。[7]

それでは芸術はどうだったろうか？　ロベルト・ムージルが書いている。「死せる一九世紀には、人びとは古代人と同じように絵を描き、ゲーテやシラーのように詩作し、家はゴシックやルネッサンス様式で建てていた。理想の要求がいわば監視官といった形になっていて、生のあらゆる表現を支配していたのである」。[8] こうした伝統が教養市民層を支配する状況は、二〇世紀になっても当座ほんの僅かしか揺らぐことがなかった。芸術が、市民生活の一部となり、あたかも世俗的な「芸術宗教」となって、意味創出の役割をはたし、高尚なものの担当役、「日曜祭日の生活の一部」[9] となっていた。とりわけ定評のある過去の芸術が崇拝の対象となっていた。聖画像、博物館、オペラ、劇場が教養の殿堂として、昼間の苦労のあとで、人生の高尚な楽しみをもたらしてくれた。芸術には、伝統的な市民的趣味にそって実生活を表現し高めてくれる役割が求められ、また人生の傷の覆いとなり、癒してくれることが求められた。シトゥーベンリング通りの国防省の建物が、いってみれば象徴的存在となっていた。現代の軍需産業と緊密な関係にあるこの国防省の建築担当は、機能主義者アドルフ・ロース（一八七〇―一九三三）であってはならない。それをネオ・バロック様式で建てたのは、皇太子贔屓の建築家ルートヴィヒ・バウマン（一八五三―一九三六）であった。[10]

モダニズムによって、芸術と教養市民層との共通の基盤が崩れる。解き放たれた主観性が、教養市民層的伝統に逆らうようになる。真・善・美の一体性が崩壊する。モダニズムと教養市民層との間に埋めがたい溝が生まれてきたのだった。

## 第二節　ウィーンのモダニズム

文化と芸術とは、分析的にはっきり区別してかからねばならない。文化ならどんな人間でも「持っている」特定の生活スタイルであり、各人が現実を象徴的に解釈する。芸術は、高等芸術であってエリート的であり、ごく少数の人たちのものである。この点をはっきり見据えておく必要があるだろう。第一次世界大戦前でモダニズムに関心をもっていたのは、数百人でしかなかったろう。モダニズムは、一種の「精神的なフリーメーソン主義」（ホフマンスタール）であった。たしかに読書熱は急激に高まったが、定期的な読者層は、国民全体の六％にすぎなかったとみられる。その読者たちが読んでいたのも、ウィーンのモダニズムでなく、ルートヴィヒ・ガングホーファーや同類の作家たちだった。ひとりシュニッツラーだけが「大衆」の講読リストにはいるが、きわどいものを書く作家と思われていた。[11]

ところで、モダニズムとはなんであろうか？　ユルゲン・ハーバマース（一九二九年生まれ）が唱えた有力な概念規定によると、「現代的（modern）とは、時代精神が自発的に自己更新しようとする積極性に、客観的な表現を与えるものをいう。そうした作品の特徴は新しさであって、その新しさは、次にくる様式の革新的要素により追い越され、価値を奪われる」。[12]社会史的には、「未知の領域に先駆けとして突き進む中核は、アヴァンギャルドであり、そのアヴァンギャルドが、突然のショッキングな遭遇といったリスクに身を晒しながら、なお未踏の未来を征服する」。[13]芸術は、また市民層の支配下から一人立ちして、自立的になり、自前の規則や形式にしたがうようになる。自由に浮遊する主観性を自己体験することによって美的なるものの独自の意図が解き放たれる。独創性や真正さとは、伝統の重荷や模倣・追随主義の重荷をかなぐり捨てることであり、実験への過激な意欲のことだった。これが広範な帰結をもたらすことになっていった。モダニズムは、自然の模倣、現実（自然）と表現の照応関係という数世紀におよぶ芸術の原理を吹き飛ばしてしまったのである。芸術家の自由な主観性は、もはや「実在」をチェック機関として気にする姿勢など必要なくなった。こうして必然的に、芸術家とその享受者たちとの溝が深く大きくなっていく。一方では市民（教養俗物）と近代芸術との際立った対置となり、他方では、華美な叙情詩、サロン音楽や「擬古的感傷詩」（アルトゥル・シュニッツラー）などの通俗芸術が高等芸術から分離していった。

理性的な人間、自然の科学的征服、経済の（ゆっくりではあるが）進歩などが、あいかわらず支配的な世界像であった。近代芸術は、安全や快適さというこうした防護シールドを破壊し、市民社会がおのれの諸制度の強固さを信じていたところに、芸術は移ろいやすさを嗅ぎとった。強固さの裏では血なまぐさい本能が顔を出し、遠い昔からの闘争が市民階層の自負の真っ只中に、公然と顔を出すのだった。日ごとの神話や、潜んでいた情熱が発見される。語られる神話は、オイディプスが父を殺して母と交わるといったもので、途方もなくショッキングなものだった。今や、社会の近代化というプログラムと、近代芸術のプログラムとは隔絶したものとなる。近代芸術が過激に指し示していたのは、はるか遠い過去であると同時にはるかかなたの未来であった。[14]

「政治文化」に関する章（第I部第一章）では、バロックとヨーゼフ主義というオーストリアを特徴づける二つの時代をとりあげておいた。これと似たように、カール・ショースキーは、論議を呼んだ論文のなかで、オーストリアの（高等）文化の領域における二つの極、二つの中心のことを言っている。一つの極は、審美的、宗教的、具象的な文化で、感性と優雅に支えられ、美と恩寵の線を追いながら、神学・哲学的には「在るものの類比（Analogia entis）」にもとづき、歴史的には反宗教改革とバロックに根を置く。美しい表象というこうした芸術の起点は、劇場であり、大掛かりなオペラ音楽や建築であった。[15] シュニッツラーの『アナトール（*Anatol*）』（一八九二年）が本になって出版された折、ホフマンスタールがつけた序文にはこうあった。

かくして我われは芝居を演ずる、

我われ独自の戯曲を演ずる、
早熟で華奢で悲しい、
我われの魂の喜劇、
我われの感情の昨日と今日、
よからぬことのきれいな形式、
なめらかな言葉、多彩な像、
生半可な密やかな感情、
断末魔の苦しみ、エピソード……

こうした文化が民衆劇場や民謡歌手やホイリゲ・レストランの音楽にまで浸透する。もう一つの極には、法と言葉の合理的な文化があり、それは道徳的で政治的、啓蒙とヨーゼフ主義の時代に形づくられ、冷静で明晰でエリート的なものであった。こうした禁欲文化の出発点は、学問、大学であり、また議会という（しばしば乱用されるが）論争文化（Streitkultur）であった。

こうした二つの極を対置したり、カール・クラウスの方がフーゴー・ホフマンスタールより正しいとしたり（あるいはその逆といったり）、芸術を何がなんでもアヴァンギャルドと結びつけたりするのが問題なのではない。形式的には保守的な信念でも、偉大な芸術を生みだせることは、（ホフマンスタールの）『バラの騎士（*Rosenkavalier*）』（一九一一年）をみてくれればいい。決定的なのは、別なことである。つまり、モダニズムの時代の芸術は、現代の表現手段（形式言語）を原則的に拒否したり簡単には認めようとしない場合、見劣りするか亜流に堕することである。まさにそうした現象が、郷土文化や田舎文化で起こった。芸術家がモダニズムをくぐり抜け、形式的に保守的な解決をみいだして初めて、そこに偉大な芸術が誕生可能になるのだった。それは歴史家の場合には、装飾と禁欲との間の緊張、優雅・恩寵の文化と冷静・法則の文化の間の緊張を解消することより、それを世紀末の創造的なポテンシャルの培養基盤にと捉えることが大切である。決定的なことはさらに、双方の極が二〇世紀にまで影響してオーストリア芸術の構造をつくっている点である。文学を例にして第二共和制にまでいたるモデルを示すと上のようになる。

オーストリアの二つの文化

| 審美的な感情文化 | | 合理的な言語文化 |
|---|---|---|
| ホフマンスタール | ― | クラウス |
| ヴェルフェル | ― | ムージル |
| ドーデラー | ― | ヤンドル |

この点はまた、その混合状態がなかったようにとってはならない。この二つの極が一人の同一作家のなかにみられることもしばしばであった。それでもたいていの場合どちらか一方が支配的なものだった。もっともあくまで意識してかからねばならないのは、こうしたモデルはすべて、錯綜した諸現象をどうにかして把握しようとする試みの補助手段にすぎないことである。

ウィーンはいくぶん遅れて芸術のモデルニズムを迎える。最初の波は、フランスからのもので、文学ではボードレール（一八二一―一八六七）に発していた。[16] 第二の波によって初めてウィーンも先頭グループに仲間入りをする。[17] 活動的なヘルマン・バール（一八六三―一九三四）――つまり「大衆のなかの騒々しい男」[18]（かれはそう自称していた）は、むしろ月並な才能の持ち主だったが、時代精神の嗅覚に関してはきわめて啓発的なところがあって、一八九〇年代には、モダニズムをふれまわっていた。かれには、『モダニズム批判（*Zur Kritik der Moderne*）』（一八九一年）、『モダニズム批判の研究（*Studien zur Kritik der Moderne*）』（一八九四年）、『ルネサンス、モダニズム批判の新研究（*Renaissance. Neue Studien zur Kritik der Moderne*）』（一八九七年）といったタイトルの著書があった。ウィーンにとって決定的な年は、「分離派」設立の一八九七年だった[19]〔伝統への反逆・既存の芸術家協会への反旗を意図してクリムトなどを中心に「分離派（Secession）」を設立する。Secessionとはローマの平民一派の名からとったもの。平民が貴族を相手に臆することなく、悪政を糾弾してローマの都市共和制から脱退した故事に依拠している。「分離派」は機関誌『聖なる春』を出して美術の再生をめざそうとした〕。当時、年輩者に対する若者の反乱が持て囃されていた――それは、進歩のリベラルな政治、ブルジョア的な安全、建築や文学における歴史主義に対する反逆であった。「Ver Sacrum（聖ナル春）」〔ほんらいは苦難の時代に春に生まれたすべての子どもや動物をマルスとジュピターの神に捧げるようとする古代ローマの風習のこと〕、つまり「聖なる春」のなかで生活やオーストリアの革新を芸術から起こそうとするものだった。[20]ウィーンのこのモダニズムが、バロック的耽美的な感情の文化を革新しようとする。その強みは心理学にあり、魂の気分の細やかな嗅覚にあった。ウィーンのモダニズムでは、政治的な深いペシミズムとナルシス的な自己謳歌が一つになっていた。

「分離派」は声高な断絶を演出するが、断絶はそれほどの溝にはならなかった。結果が示していたのは、虚偽に対する抗議、抑圧の建築術へのプロテストであったが、芸術には装飾があいかわらずこびりついており、また「自然の模倣」の原理が疑問視されたが、放棄されたわけではなかった。様式芸術は、ときには困難もあったが、市民的な人びとにも受け入れられていた。「若いウィーン」の美学は、エリート的な「美しい人生」という少々気障な綱領を掲げながら、市民的な支援を当てにすることもできた。

モダニズムの第三の波になって、そうした関係が完全に壊れてしまう。「自然の模倣」の原理が砕け散り、美と真実との同盟が解体する。[21]アヴァンギャルドほんらいの革命が実現するのは、絵画ではオスカー・ココシュカ（一八八六―一九八〇）、建築のアドルフ・ロース、文学ではゲオルク・トラークル（一八八七―一九一四）、音楽のアルノルト・シェーンベルク（一八七四―一九五一）などの場合であった。それは、装飾重視主義者に対するピューリタンの反乱、耽美主義者に対する倫理主義者の革命であった。別な言い方をすればそれは、バロックに対する再度の反乱であり、オーストリアの文化と政治で昔からみられた葛藤の再現であった。そうしたアヴァンギャルドが、市民階層の一般人に突きつけたものはあきらかに過大な要求であった。アヴァンギャルドは実際に挑発しようとしていた。というのもその要求は、美のたんなる受容の気構えだけでなく、いわば享受・消費の姿勢、つまり鑑賞者の積極的創造的な動員であった。アルノルト・シェーンベルクがずばりこう言っている。「芸術から印象をうるためには、個々人の想像力が創造的にはたらかねばならない。……各自発散することのできる温かみだけが芸術作品を活き活きとさせる、つまるところどんな芸術の印象でも、受け手の想像力によってつくられたものなのである」[22]。こうしたアヴァンギャルドに火をつけたのは、オーストリアの月並な虚飾の泥沼、通俗的な文芸批評、気負いのある演劇であったし、ルートヴィヒ・ヴィトゲンシュタイン（一八八九―一九五一）がはっきり言うように、「多くの人が口からでまかせに喋っているすべて」[23]だった。

ウィーン世紀末の創造的な潜在力は、ここ数年熱狂的にとりあげられる研究テーマとなっている[24]。強調しておかねばならないのは、ウィーンがモダニズムの唯一の工房ではなかったこと、パリ、ベルリン、レニングラード、ミラノなどもモダニズムの仕事場であったし、プラハやブタペストなどでも――ウィーンでは無視されているが――芸術家たちが同じような仕事に取りかかっていた。またインスブルックでも、文芸雑誌『ブレナー(*Brenner*)』〔作家でエッセイストのルートヴィヒ・フィッカー（一八八〇―一九六七）が一九一〇年に創刊した雑誌。カール・クラウスが「ドイツ・オーストリアで唯一信用のおける評論誌」だと讃えていた。友人トラークルの作品を世に出し、ヴィトゲンシュタインやリルケにも近かった〕により独自の貢献がみられた。

人名や業績をずらずらとならべあげる代わりに、さまざまなウィーンの文化圏の人びとの相互の関係を図示するものを次ページに掲げておくことにしよう。

もっとも、どうしてこの時期にウィーンで根本的な刷新をめざす才能がたくさん輩出したのか、という問題が残るが、答えは簡単ではない。明快な説明はつかないが、もっともらしい仮説をいくつかあげるだけにしておこう。

1　偉大な歴史家のフェルナン・ブローデル（一九〇二―一九八五）〔フランスの歴史家。地中海の歴史を主に研究する。第二次大戦中、リューベックのドイツの捕虜キャンプに収容されている間に、記憶をもとに『フェリップ二世治下の地中海と地

1910年頃のウィーンにおける創造的なサークル

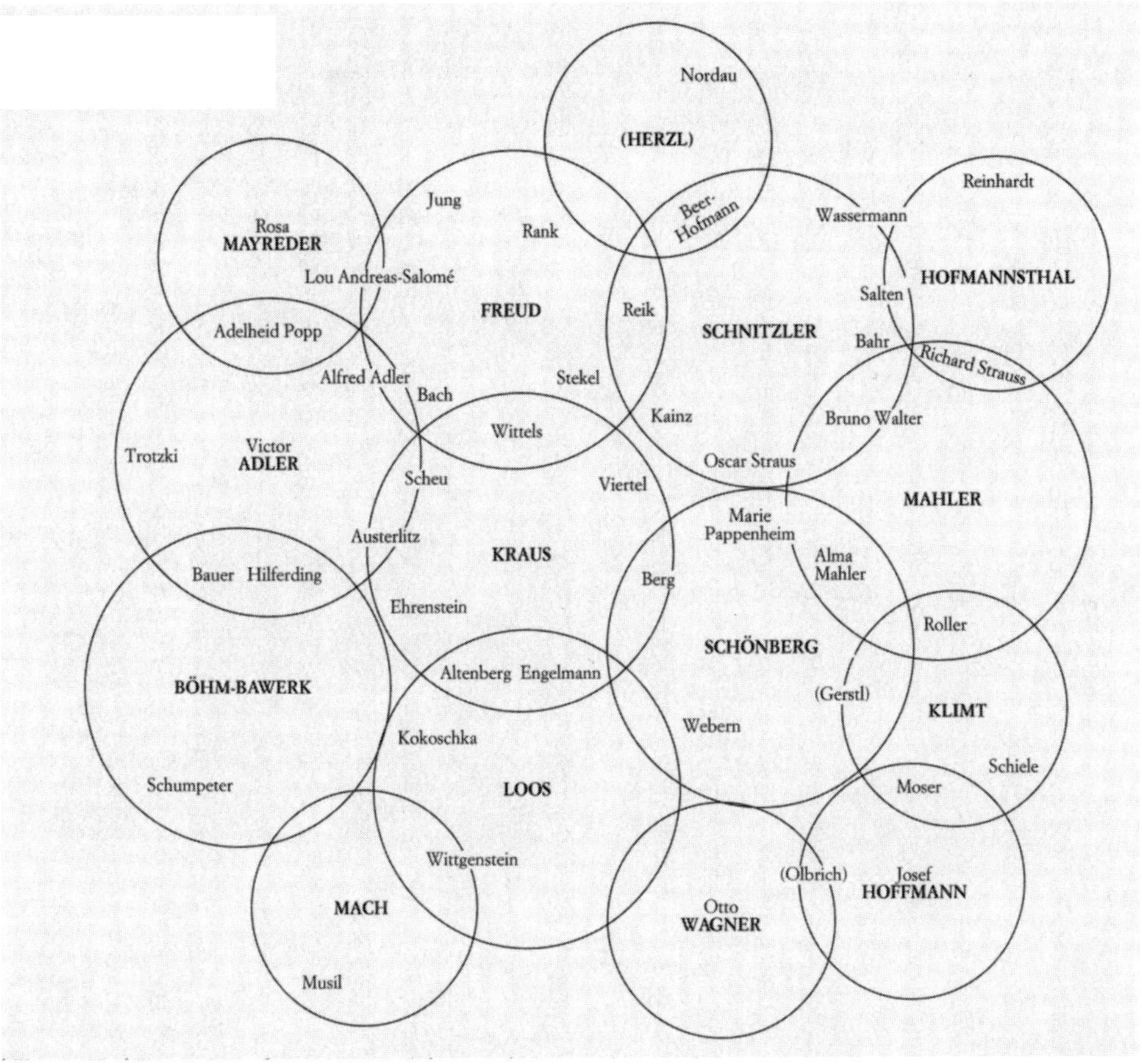


エドアルト・ティムス『カール・クラウス。アポカリスティック・サティリスト。ハプスブルク・ヴィンナにおける文化とカタストローフ』(Edward *Timms,* Karl Kraus. Apocalyptic Satirist.and Catastrophe in Habsburg Vienna)ニュウヘブン／ロンドン、1986年、8頁より。

中海世界』を書き上げ、戦後出版した）は、ヴェニスを例に、燃え尽きようとする国がしばしば文化的に全盛期を迎えことがある、というテーゼを唱えた。[25]このテーゼは、二〇世紀初頭のオーストリアにもたぶん当てはまるだろう。ハプスブルク君主制の終末気分が促したものは、「陽気な黙示録」（ヘルマン・ブロッホ）であり、「色鮮やかな没落」（F・T・チョコーア）であった。いたるところに漲ったペシミズムにより、二〇世紀の破局を先取りする感覚、批判的なモダニズムの感覚を鋭くし、これにより、理性や進歩、市民的な保安の根本的な批判に始まって、やがてくる文明崩壊の「人類最期の日々」を予感していた。[26]

2　大工場主であったカール・ヴィトゲンシュタインが書き残している。「かなり前から政治に距離を置く傾向がみられる――それもわが国の場合には、他の国よりもたしかにつよいものだ」[27]、と。同じようなことをのちに一外交官がもっとはっきりとこう言っている。「当時のオーストリアのおおやけの生活の沈滞した雰囲気と、そこから生まれた諦念の蔓延がかなり影響して、一部の若者たちが政治に背を向け、耽美的な生き方に大きな関心をもつようになった」[28]、と。こうしたテーゼは最近の研究（カール・ショースキー、ウィリアム・ジョンストン）[29]でもとりあげられ、いっそう詳しく展開された。リベラリズムの危機に自分なりの結論を引きだし、政治に背を向け、芸術に政治行動の代替物をみつけようとしたブルジョアの息子たちの実例なら我われも目にしている。アドルフ・ヒトラーなども、芸術的な才能にもう少し恵まれていたなら、そうした道をたどったであろう。ところがそうでなかったヒトラーはのちに、芸術から政治へと道を逆にたどることになった。

3　多民族、多文化構造の存在、君主政体やことに首都ウィーンの多様なさまざまなミリューが、芸術や学問における新たな道の模索へと大きく挑戦させることになった。[30]緊張状態、抗争、非難合戦により（ドイツやスイス、あるいはオーストリアの他のドイツ語地方とは違って）自己満足的な充足感を生みだすこともなく、独立した芸術分野の個別化がこのウィーンでのみ実現することになった。[31]ウィーンのモダニズムは、現実生活、社会や芸術の分節化を受け入れる――偽りの一体性を巧みにみせようとはしなかった。[32] この点がウィーンのモダニズムが、カトリック的あるいはドイツ民族主義的な批評家たちと違うところだった。それに対して後者の批評家たちは、かつての一体性や全体性を力ずくでつくりだそうとする。そして、一九三〇年代や四〇年代には反啓蒙主義的な地方文化に行き着くのだった。

4 帝国の危機、オーストリア社会の危機は、さまざまなアイデンティティーの危機を招いたが、これらの危機を創造的に活用することができた。リベラルな自信が崩れさっていて、世俗化が長い時間をかけて進展していたが、今や意味の危機が全面的に勃発する。オーストリア人がもつ最低二つのアイデンティティーについてはすでにわたしも触れたが、その点についてさらにジャック・ル＝リーダーの診断によると、ウィーンのモダニズムには三つのアイデンティティーの危機があった。[33] すなわち一つは人格的なアイデンティティーの危機――この「価値真空」（ヘルマン・ブロッホ）のなかで、なお確固とした自我はいかにして可能か、であった。これが芸術の心理主義化に向かわせ、古典的な主体の自意識を解体させた。二つ目は、性のアイデンティティーの危機である――ジグムント・フロイトやとりわけオットー・ヴァイニンガー（一八八〇―一九〇三）では、男性と女性との明確な定義が突然できなくなって、男のなかにも女性的なもの、女性のなかにも男性的なものが「在る」のだった。三つ目は、ユダヤ的アイデンティティーの危機だった――正統主義、同化主義に、そしてシオニズムの間を翻弄されていた。要するに、ウィーン（オーストリア）の脈絡には未来を確実にするような現代主義のイデオロギーがなかった。この欠落こそ、近代化の多くの危機に対して敏感に反応させたものである。

5 ウィーンのモダニズムに、ユダヤ人がかなり参加していたことが危機意識を鋭くさせたし、また同時に創造的な高い生産力をもたらした。[34] たしかに、親ユダヤ主義者と反ユダヤ主義者たちが珍しく一致して主張したがるのとは違って、ウィーンのモダニズムは、決してユダヤ人のモダニズムではなかった。[35] それでも、ユダヤ系の人たちの割合は不釣り合いなほど高い。前にあげたウィーンの創造的なサークルの図をみていただくと、こうした文化サークルの知的リーダーたちのおよそ半分は、ユダヤ系の人たちである。演劇やコンサートの観客のおよそ三分の一は、ユダヤ人と見積もられている。[36]

## 第三節　四つの例――マーラー、フロイト、ムージル、ロース

たくさんの人物や作品のなかから四つの例を取りだしてみよう。音楽、学問、文学、造形芸術の各領域でそれぞれの頂点を伝えるものの四つの作品で、それを具体例として簡潔に分析してみる。

### グスタフ・マーラーの『第三交響曲』

おしゃべり好きな夫人のアルマ・マーラー・ヴェルフェル（一八七九―一九六四）は、作曲家マーラー（一八六〇―一九一一）の名言を伝えている。「僕は三重に異邦人である。オーストリア人の間ではボヘミア人であり、ドイツ人のもとではオーストリア人であり、世界のなかではユダヤ人である」。[37] 第四の次元として、低い社会階層の生まれをつけくわえることもできよう。もしかしたらこうした異邦人状態によりマーラーは、上昇し、上層でがんばりたいという衝迫、「たえず狙っている野心」に駆られていたのかもしれない。ともかくマーラーは、一八九七年には宮廷オペラ座の監督となり、そのポストに一〇年間留まる。しかしそのために代償も払った。カトリックに改宗しただけでない。かれの生活は、両端から燃える蝋燭のようであった。自分も音楽家たちも思い煩うことなく、かれが作曲できたのは、オペラのオフの間だけだった。

『第三交響曲』をマーラーが構想したのは、一八九五／九六年のそれぞれの夏で、アッター湖畔のシュタインバッハの町（湖岸の有名な作曲の館）だった。オーストリアの風景が曲に流れこむ。ある訪問者にマーラーが言ったそうである。「もう景色など眺める必要はありませんよ。すべて曲のなかに取りこみましたから」[38]。またこうも書いている。「自然全体が曲のなかで声となって、非常に奥深い秘密めいたものを物語っている。おそらく夢でしかでくわさないような秘密である」[39]（ちょうどその頃もう一人の男、フロイトが夢の秘密を解き明かそうとしていた）。マーラーが実現しようとしたのは、創造の行為を音楽に取り入れることにほかならず、それは「鈍く、硬直した、たんに元素的な存在（自然力）を人間の心のしなやかな産物にすることであり、この産物はこれで人間の心を越えて（神に）いたるのである」[40]。巨大な第一楽章に――三五分の長さ――マーラーは「牧羊神が目覚める！夏が入場してくる」と添え書きしている。指揮者としてマーラーが、ウィーンの人びとの芸術愛好や芸術理解の実態を暴いたように、かれはウィーン人の自然像も破壊する。音楽的に呼びだされるのは、日曜日の遠出や夏の避暑地の柔和で心地よいのんびりとした自然ではない。ディオニソスという、おぞましき神の登場である[41]。人生そのものが、戦いながら上昇する、たえず高い形式へと昇っていく。そして第四楽章が、「人間がわたしに語るもの」として、知的な最高点となる。この楽章では、フリードリヒ・ニーチェ（一八四四―一九〇〇）の言葉が鳴り響く。ニーチェの方は、ウィーンのモダニズムでは異議申し立ての中心的な存在になっていた。かれは、政治的・経済的な日常生活を蔑視する側にあり、エリート的貴族的な超俗性の味方で、教養俗物や賤民の軽蔑者であった。マーラーは『ツァラトゥストラかく語りき（*Also sprach Zarathustra*）』から言葉を引いてくる。「おお、人間よ、気をつけよ。真夜中が何を語るか？」[42]、という夜の旅人の歌である。『ツァラトゥストラ』から多くのフレーズをマーラーはいろんな旋律でくりかえすが、この作品の最後の文章にマーラーは音楽的に特徴ある仕方で――ウィリアム・マクグラースが示したように[43]――別な解釈をくわえる。ニーチェの最後の力のはいった口調――「しかし、すべての快楽は永遠を欲する――深い、深い永遠を欲する」――を諦念へと逆転する。その点ではショーペンハウアー（一七八一—一八六〇）やリヒャルト・ワーグナー（一八一三—一八八三）にそっているのだった。

## ジグムント・フロイトの『夢の解釈』

自嘲気味ではあったが、おのれの抑えがたい野心を仄めかしながら、フロイトがこう書いた。「かつてこの家の大理石盤にこう書かれていたのを君は信じられるかね、一八九五年七月二四日、ここでジクムント・フロイト博士に夢の秘密が明かされた」[44]、と。フロイト自身はそう信じていたのだろう。『夢の解釈（*Traumdeutung*）』を書いているとき、フロイトは職業的にも政治的にも孤独であった。首を長くして教授任命を待っていたが、ぜんぜん実現にはいたらなかった。リベラルなユダヤ人というフロイトの政治的なアイデンティティーは、リベラリズムの危機や、粗暴な反ユダヤ主義のもとで苦悩する。『夢の解釈』は一八九九年に出版されるが、その二年前には公然たる反ユダヤ主義者のカール・ルーエガーがウィーン市長に就任することが承認されていた。

『夢の解釈』は、学問的な解釈と隠れた自叙伝としての二つの読み方ができよう。わたしは——カール・ショースキーに倣って[45]——二つ目の読み解き方をしようと思う。ヒロイックで謀叛的なモットーがいう。「高イ権力ドモヲ挫ケナイナラ、ワタシハ地下ノ世界ヲ煽動スルコトニシヨウ」。フロイトが始めたのは、地下の世界の「眠り」を揺さぶることだった。この「眠り」がウィーンとかかわるものだったかどうかは、議論の余地がある。[46] それはともかく、抑圧の研究がもっとうまくできる都市がほかにあったろうか？　ヨーハン・シュトラウス（一八二五—一八九九）に発するウィーンの生活モットーは、「忘れられる人は幸せ。だって何が変えられるというの?!」であった。そのウィーンの町でフロイトは当初人目を引かなかったが、やがてスキャンダルとなる。無邪気な子どもといったような愛らしく聖なる観念をフロイトは揺さぶって、その無邪気な子どもが、今や性的な動きにみちた存在だというのだった。

フロイトの大好きな学問である考古学と同じように、心理学者も一つ一つ層を剥いでから、無意識にたどりつかねばならなかった。その補助手段はこうだった。「見る目をもち、聞く耳をもつ者なら、人間どんな秘密も隠しおおせないことを知っている。唇が黙っていても、指先がしゃべってしまう。あらゆる毛穴がかれを裏切ろうとするのだ」。[47] 無意識の世界を知る王道として、フロイトは夢の解釈をし、自分自身も例にする。こうして『夢の解釈』は、一つの自己分析とみることができる。序文で認めているように、それは父の死に対する反応だった。[48] 自分の父が、ある反ユダヤ主義者の乱暴な攻撃に対して卑屈に振る舞ったことが、息子フロイトには決して許せなかった。[49]

そうした卑屈さは、フロイトの場合少しもなかった。叔父の夢をきっかけにして、フロイトは自分の大きな願望のいくつかを口にする。そこにはある農婦の話があって、彼女は母親に、あなたは偉大な男を世の中に贈ったことになる、と予言したという。また――もっと特徴的なことに――プラター公園の接客係の話がある。その男はフロイトが一一歳か一二歳の頃、この少年はいつか「大臣」になるかもしれないとフロイトの両親に請けあったという。[50] これも一八六〇年代、社会へのユダヤ人の完全な同化が保証されたようにみえた市民階級の大臣時代には〔一八六八年に最初の議会制政府が任命され、オーストリアのドイツ・リベラル派の時代が始まる。その際ほとんどの大臣は市民階級の出身だった〕、まったくありえない話ではなかった。だが、そんな時代はすでに過ぎ去っていた。教授への任命も、妨害にあっているようだった。フロイトがユダヤ人という理由も一因となっていた。フロイトは、並外れた学問的業績や心の大きな広野の発見をとおして、父親のかつての卑屈な無抵抗ぶりに復讐しよう、教授職就任が拒否された屈辱を埋め合わせしよう、と努めた。

フロイトの日常生活での振る舞いがどんなに市民的慣習的なものであろうと、学問ではなんのタブーも知らなかった。トイレの夢の解明では、こう言われる。「分析ですぐにわたしには、ヘラクレスが掃除したアウゲイアスの王の牛舎が思い浮かんだ。そのヘラクレスがわたしなのです」[51]〔ギリシア神話にでてくる話で、エリスの王アウゲイアスの牛舎は三〇年間掃除されなかった。王はその掃除をヘラクレスに命じた、という」。フランツ・トゥーン伯爵（一八四七—一九一六）についての夢の場合でも、市民フロイトの反抗心がみえている。[52] この夢の記述に先立って、実際にあった体験が描写されている。保養地バート・アウセー〔バート・イシュル南東二〇キロ位のところにある町〕への休暇旅行の途上ウィーン西駅でフロイトは、当時の首相トゥーン伯〔在任一八九八年三～九月〕に出会う。ボヘミア出身の保守派の頭目で、バート・イシュルに滞在の皇帝のもとへ行くところだった。伯爵は、切符を検めようとした列車のドアマンを横柄な手振りで押し退けていた（オーストリアの封建的なメンタリティーをみるちょっとした光景！）。フロイトは、やっとの思いで列車の乗降デッキのところに踏み留まる。フロイトは、特権的な仕方でコンパートメントを整えさせようとしている者を観察しようとするが、かれ自身も騒ぎたて、市民として同等の権利を要求したくなる。その間フロイトは、『フィガロの結婚』のなかの反抗的なアリアをひとり口ずさんでいた。

もし伯爵様が、踊り子をものにしたい、踊り子をものにしたいとお望みなら、
わしも一つ踊ることにしようとおっしゃればいいのに。

列車の走行中、フロイトはかなり長い夢をみる。その最初の部分だけを引用することにしよう。「群衆、大学生の集会。……ある伯爵（トゥーン伯、あるいはターへ伯）が演説している。ドイツ人について何かしゃべれ、と要求される。伯爵は、嘲笑的な身振りでフキタンポポがドイツ人の好きな花だと言い、千切った紙切れか何かのように、その花のぐしゃぐしゃにした葉脈をボタンの穴に刺した。わたしは怒って跳び上がる。つまり夢から覚めたのだった。わたしはこのわたしの態度を不思議に思った」。[53] フロイトはつづいて夢のかなり長い解釈をする。その際フロイトは、夢の政治的で同時代的な次元を抜かしている。この政治的な次元は一八九九年時ではまだ自明のことだったが、現在の読者にはわかりにくい。トゥーン伯は、親チェコ人的で反ドイツ人的だとみられてい

た。フキタンポポのシーンは、ドイツ民族主義者たちの好きな花、ヤグルマギクに対するはっきりとした嘲笑である。夢をみていた男の激昂した目覚めも、バデーニ危機のなかでフロイトがかなり「ドイツ」側に肩入れしていたことを示すものだった。

## ロベルト・ムージル『若きテルレスの惑い』(一九〇六年)

この小説の社会的な背景は、ムージル(一八八〇―一九四二)がメーリッシュ=ヴァイスキルヒェン〔チェコ名で現在フラニィーチェといわれているところで、チェコ北東部ポーランド国境に近い町〕の軍幹部養成学校でえた体験からとられている。[54] けれども小説『若きテルレスの惑い(*Die Verwirrungen des Zöglings Törleß*)』は、当時さかんにはやっていたものとは違って、決して告発調の学校小説ではない。主題になっているのは、典型的な状況であり、内的な心の発展である。[55] あらゆる偉大な芸術と同じように、この小説も多義的であるが、ここではその典型的な惑いのうち三つだけを取りだしてみよう。

第一は「女性」との出会いである。出会いは書き出しから始まる。村の娼婦ボゼナのところに行く途中、友人たちは近在の女性たちに出会う。「彼女たちは、若くてピチピチしていたので、スラヴ語の卑猥な冗句のいくつかを友人たちが口にする。女たちは身を寄せあって、〝若い紳士たち〟のことをくすくす笑う。通りすがりに胸をつくさわられた一人など、ときには叫び声をあげた」。[56] 友人たちは破廉恥な振る舞いで、お世辞にもスマートとはいえなかったのに対して、「寡黙で気後れするテルレスの心はかき乱され、ほんとうの破廉恥さに追いたてられていた」。[57] 娼婦の部屋で突然テルレスは母親の姿を思いだす。ここにあるのは、母親と娼婦という女性の二つのタイプ、それは当時の議論をつよく動かしていたものだった。テルレスの当惑のなかで、当初母親と娼婦は対立的にあらわれる。二人の女を分けているものは、越えがたい溝だろうか?「この娼婦なる女は、僕からみると、あらゆる性的な欲望の塊だし、母親は、これまで澄みきった距離をもって明確に深淵も感じさせることなく、あらゆる欲望の彼岸にある星のように僕の人生を経めぐっていたものだった」。[58] それから二人の女は、互いに近似した存在となる。というのも、突然、本能的に心理的な関連が生じたからである。振り払おうといくら努めても、テルレスにあらわになったのは、母も性を隠しもっている、母も性的な存在である、ということだった。そしてこの唯一の事実が、「ぞっとするような理解しがたい意味をもってきて、底意のある微笑のように、あらゆる努力についてまわるのだった」。[59]

二つ目は、虚数との出会いだった。またしても二つの世界が向かいあう。明るく堅固な市民的世界と、暗闇と秘密にみちた世界である。無限なものがあるのだ。テルレスは数学の授業で「理性を越えるもの、粗野なもの、破壊的なもの」[60] の存在を知った。驚きは、そうした戸惑いが、精密な数学、合理的な学問そのものでみられることであり、近代の自然科学に決定的な成功をもたらし、リベラルな世界秩序の基礎となった学問において広がっていることだった。今やこの数学の分野でも、非合理的な別の世界が姿をみせているのである。その典型となっているのが虚数であった。計算の初めには、しっかりした実数があり、その終わりも実数である。「けれども、計算のこの両者はまったく存在しないものによって繋がっている。それは、橋脚が初めと終わりにだけある橋のようなもの、それでもちゃんと存在するかのように、たしかに渡り通せる橋のようなものではなかろうか?」。[61] この問いに数学の教師は即答しないで、あとにしよう、と言った。テルレスは目眩に襲われる。ここに危機が、自由な世界の危機があるのだ。もっとも確実視されている存在の数学の合理性すら、非合理的なものを帯びている。小説『テルレス』で典型的な形をとった問題は、生涯ムージルから離れることはなかった。しかしムージルは、非合理の世界に逃げこむという同時代人の安易な道はとらずに、独自の道をいく。「別な状態」を求める、「昼のように明るい神秘」を探す道であった。

三つ目は暴力との出会いだった。一九四五年以降に『テルレス』を読むと、たどりつかざるをえない結論は、二人の生徒が盗みを認めた同級生を肉体的にも精神的にも計画的・徹底的に痛めつけるありさまや、それをテルレス自身も立ちすくんでみている状況、この状況のなかにファシズムの典型が先取りされていたことだった。ムージルはそうした読み方を日記で認めていた。「ライティング、バイネベルクの二人とも、本質的には現代の独裁者たちであり、〝大衆〟のとらえ方も強制の受け手としての存在である」[62]。そうした符合は、いじめの部屋である図書室、つまり学校の小さな秘密空間、伝統的な権威主義の場からすでに始まっている。いじめが根をおろす権威主義的枠組みは、ありきたりのものである。部屋には、血のように真っ赤な旗布が張られており、壁には弾をこめられた拳銃が下がっている。部屋があらわしているのは、今度も新たな対照をみせる別な世界だった。「そこでは、テルレスがこれまでそれしか知らなかった明るい日常の世界からドア一つ隔てて別な世界、薄暗く、どよめき、熱気のこもった、破滅的で剥きだしの世界に足を踏み入れることもありうるのだった」[63]。いじめに先立って、従属と、リーダーと従者＝関係が定着していた。ムージルは、ストレートにその関係に服する盲目的な従属といったキーワードを使っている[64]。従属させられるのは、肉体だけでない。心の提供も強いられる。そうやって初めて全面的な支配が可能となり、そうした支配がより高い目標を据えることで、イデオロギー的に正当化される。「囚人」相手の実験もすでに予想されていた。いじめのサド・マゾ的な要素すら、ムージルはこの物語のなかに取り入れていた。このように読んでみると、小説『テルレス』は、二〇世紀の権力のメカニズムや文明の挫折に対する不気味な洞察であった。文明の挫折は、その場でとっさに起こったものでなく、古い世界に埋めこまれていたものであり、君主制そのものも跳躍板となっていたのである。

## 建築家アドルフ・ロースのミヒャエラー・プラッツの家（一九一〇／一一年）

ミヒャエラー・プラッツといえば、ホーフブルク宮殿の隣の通りだが、その真ん中、この「原初ウィーンの一郭」にあるその家屋は、スキャンダルであった。それは、「ロースがウィーン市の顔の真ん中に投げつけた挑戦の家」[65]であった。何に対する挑戦だったのか？　ロースは、生涯一貫した原則にそって――実際的なものはまた美しい――建築を構想していた。市民タイプのごてごてしない実用的な家である。そこには、伝統とモダニズムとの弁証法が卓越した技法のもとに貫かれていた。自信たっぷりの市民の家が王宮の隣に登場したのだった。同権の国民として、控えめだが、しっかりと自分たちの皇帝をみやっているのである。このようにみるなら、市民的な新聞『ノイエ・フライエ・プレッセ（新自由新聞）』は、このロースの構想の家をほんらいなら弁護しなければならないものだった。ところがその反対で、この新聞は、乱暴な論調でこの家を「心臓部への一撃」、「ウィーンに対する宣戦布告」、「国籍のない芸術」などと、こき下ろしたのである。[66]市民階級の趣味はとっくに封建化され、歴史的なものになっていたが、『ノイエ・フライエ・プレッセ』は、危険を感じとったのであろう。もし、アドルフ・ロースの後継者で才能のないものがそんな建築をするとなったら、どんなことになるだろうか、と。その心配は、一九五〇年代や六〇年代に現実とな

アドルフ・ロース。ミヒャエラー・プラッツに建てた家に関する講演の予告ビラ、1911 年

る。結果は、当時の顔のない建築物であった。実際のところ建築技術的にはミヒャエラー・プラッツで一九世紀は終わり、二〇世紀が始まるのである。

『ノイエ・フライエ・プレッセ』が口を開くと、カール・クラウスは黙っていられなかった。アドルフ・ロース擁護の戦いにただちに参加する。この建築家がやったことは、ウィーンの人たちに一考を促すことであったが、かれらはそれに我慢ならなかったのだ、という。「発展の転換点を新聞の犬どもがあれこれいじくりまわしているのだ」。[67]

憤激がどうしてそんなに大きかったかは、きわめて簡単な理由からだった。ウィーン・モダニズムの仕事が、オペレッタやホイリゲの歌手たちで満足している多くの大衆の側で実を結んだからである。このロースの家でもって今や、モダニズムはひろい世間へと躍りでたのである。誰もがそれをみることができ、憤慨することもできたし、楽しみながらみたり、憤ったりしたのである。[68]

## 第四節　「女」という謎

ロベルト・ムージルが書いている。「当時は、女性たちが首からくるぶしにまで達する衣服を着ていて」、そうした衣装ゆえに近づきがたく、エロティックな緊張をみせる鞘の趣を呈し、「その内側にはほっそりした白いものが潜んでいて、好奇心を煽り、ひどく欲望をそそるものとなっていた」。[69] いずれにせよ当時は、日常における男女の役割はまだはっきり区別されていた。アルマ・マーラーが最初の結婚について皮肉っぽく書いている。「男は、外の世界で孔雀の尾羽を広げなければならない一方で、家では休息したいと願っていることが、わたしにはわかっていた」。[70] ところが芸術ではそうした像が流動化し始める。世間の議論のなかで、「社会的な問題」とならんで

「性の問題」が登場するようになる。男と女の関係が、「性の闘争」というように神話めいた形をとるようになり、このテーマが、心理的な傾向のつよいウィーン・モダニズムをとくに刺激する。女性の役割が、母親、娼婦、魔女、妖婦、聖女、処女などと分かれていく。その両極端が、「全面的な女性崇拝」（ペーター・アルテンベルク）と、同じく「全面的な女性侮蔑」（オットー・ヴァイニンガー）であって、その間に、いろんなニュアンスの結びつきや交差したものがうごめいていた。[71] ウィーンのモダニズムのエロティシズムにみちた雰囲気のなかで、ポルノグラフィー的な長編小説『ヨゼフィーネ・ムッツェンバッハー（*Josefine Mutzenbacher*）』が書かれ、[72] またクリムト、シーレ、ココシュカ、シュニッツラーといった人たちのエロティックな多様な芸術が生まれた。

　ここでは、グスタフ・クリムト（一八六二―一九一八）をとりあげてみよう。クリムトは、古い流派の若い巨匠として出発し、若い流派の年配の巨匠として終わった。かれは、ほの暗い、本能に左右された世界を探ろうとする。[73] クリム

グスタフ・クリムト『ユーディットＩ』、1901 年作

トは、美学的な性革命の支持者であった。(カール・ルーエガーと同様) 生涯独身のかれは、母親や姉妹と暮らす。――かれの色恋沙汰や婚外子たちは、街の話題となる。[74] クリムトは、何かのとりこになるタイプであり、女性の体にとりつかれて、倦むことなくたえず女性の身体を描く。「高貴な女性」のタイプとして、社交界の女性の装飾文様の多彩な半身像、より優しくよりよい世界を代表する(ペーター・アルテンベルクがいうような)「王女様たち」[75]、職業柄誤解に晒される女性の裸身(カール・クラウスがいうような女性)などを描く。[76] 装飾文様により女性を讃え、また女性を慣習の軛のとりこにする――まったく肯定的な描き方である。ついで、裸身のエロティシズムをぷんぷんさせる女性を描く。さまざまなポーズをとる裸の女性、太っているか、あるいはスマートな女性、身重の、手淫するレズビアン的なといった、いろんな状況にある裸の女性のスケッチのとめどない洪水である。そうしたスケッチは、解放された感覚の美学的なパラダイスを示していたが、そうはいっても男性の覗き見的な視点からみたものでもあった。[77]

　カール・ショースキーによると、クリムトは人生のなかばで重大な危機に直面する。[78] 性の解放が反転して、不安がもちあがる。女性に対する男の根源的な不安、去勢恐怖感である。クリムトは「災い多き女性(femme fatale)」に対する魅惑的な不安を、いろいろな形で表現し、『ユーディットI』(一九〇一年)でもっとも印象的に描いている。去勢の仕事(殺人)が実行され、女の顔は官能の喜びの享受にみちている。性の新たな自由が、「不安の悪夢」に転化する。そうした不安はモダニズム全体、アルフレート・クービン(一八七七—一九五九)や、その他の人びとでもあらわされていた。

　装飾文様はより抑制の効いた穏やかなものになっていたが、次の世代のエーゴン・シーレ(一八九〇—一九一八)やオスカー・ココシュカは、完全に装飾文様をかなぐり捨てて――衝動のほしいままの野性へと突き進む。ヴェルナー・ホフマンが言ったように、「肉の認識」である。[79] この二人の画家とも、性の戦いののちに残された、酷使され汚名を着せられた肉体というレトリックを使った。色調はよりけばけばしく、表現がよりきつくなる。エーゴン・シーレは、皮膚の下の腐朽、死を描くが、[80]視線はあいかわらず男のもの、つまり覗き見的なものだった。だが、より卑猥、より煽情的になり、その目はストレートに性に注がれる。シーレは女性の性器を、武器あるいは「槍で貫かれたイエスの心臓」(キリストの愛の象徴)だと表現する。[81]ここにみるのはふたたび、殺人者的な女性と聖なる女性であった。モデルは、クリムトの場合より若く、「子どもめいた女性(Kindfrauen)」〔無垢と成熟、素朴さと誘惑性とをあわせもつような女の子〕、思春期の少女であった。この少女モデルの件でシーレは、一九一二年に数日間の監獄暮らしとなるが、[82]かれは頑として「エロティックな芸術作品も神聖である」と主張しつづけた。[83]

オスカー・ココシュカは、まったくの局外者として、髪の毛を剃り坊主頭にしてウィーン芸術界に登場する。アルノルト・シェーンベルクと同様、あえてスキャンダルを引き起こす。かれの戯曲『殺人者・女たちの希望(*Mörder Hoffnung der Frauen*)』が、一九〇九年の「芸術展」で演ぜられたとき、センセーションとなる。案内のポスターからしてすでにショックだった。それは、教会にとっては神の冒涜である表現主義的なピエタ像で、白い女(死の象徴)と血のように真っ赤な男(生の象徴)とが格闘のうえ痙攣している姿をあらわしていた。舞台でも性の戦いが、ストレートに荒々しく、過度に誇張した表現となって演ぜられた。戯曲は、ト書きにあるとおり「甲高い叫び声で淫らに」進行する。性行為を模した男女ペアが舞台の上を放縦に転げまわる。またしても、それは、女性のなかに「女狐(Weibtier)」を見る男の視点であった。「あんた方の間で動物のように威張りくさって草をはんでいるのは誰か」。[84]そしてそのあと男が憤慨しながら命じる。「君たち男どもよ、わたしの印を熱い鉄でもって赤い肉へと焼くがいい」。[85]けれども女が抵抗して、ナイフで男に突きかかり怪我をさせる。エロスと暴力とが分かちがたく絡みあっている。吸血鬼、強欲な者として男が勝利し、血に染まりながら退場する。だが、かれ自身も重傷を負っている。観客が満足と憤激のあまり大声でわめく。取っ組み合いの喧嘩にもなり、警察の介入となる。ウィーンは、ほんとうの芸術スキャンダルを経験する。[86]

すでにオットー・ヴァイニンガーは『性と性格(*Geschlecht und Charakter*)』(一九〇三年)のなかで、理論的な視線を「女狐（Weibtier）」に向けていたが、女性に対する恐怖は、たえず新たな像、たえず新しい理論的モデルをつくりだし、そうした像をあれこれいじっては、名称をつけ、罵る――ただひたすら女性に憧れながら距離をとろうとした。ヴァイニンガーの著書は、「男根切除の絶望の歌」だといわれた。[87]この著書の成功の一部は、ヴァイニンガーの「感傷的な」自殺にあり、それは時代のセンシビリティーを響かせることになったからである。[88]ヴァイニンガーが断定的にいうには、女性はつねに性的な存在以外の何ものでもない。昼となく夜となく女性は性交したがる。男を無意味な世界へと引きずりこむ、この貪欲な性の「女狐」から身を守るには、女を虚無の奈落に封じこめるしかない、[89]という。時代の支配的な男性妄想を、オットー・ヴァイニンガーほどストレートに口にした人はいない。また、社会の女性化（女権の伸張）に対する恐怖をヴァイニンガーほどはっきり言葉にした人もいない。組織化される資本主義の時代に誕生しつつあった女性運動（「女性労働者教育協会」一八九〇年、「全オーストリア女性協会」一八九三年、「オーストリア女性団体連盟」一九〇二年）に対してヴァイニンガーは、「女権論をいう女性」は「男性化」していると中傷非難するしかなかった。[90]

だが、女性たちはすでに知的に対抗することができた。ヴァイニンガーの本と同じ年に、ヘレーネ・ドゥルスコヴィッツ（一八五六―一九一八）が、「男は論理的・倫理的に不能であり、この世の呪いである」と宣言する。[91]女性運動の精神的指導者であったローザ・マイレーダー（一八五八―一九三八）が『女性性の批判について（*Zur Kritik der Weiblichkeit*）』（一九〇五年）というエッセイ集のなかで戦闘的に答える。ヴァイニンガーには「男根を魂の担い手」に祭り上げてしまった罪があると言い、[92]過剰になっている男性的要素の評価引き下げをたくみに行なう。文明そのもののプロセスが男性的要素の解体になっているのだ、という。マイレーダーによると、（ヴァイニンガーの）『性と性格』という著書は、深刻な危機に陥った男性のアイデンティティーをなお救おうとする絶望的な試みと読める、という。男性の力を過度に評価したのは、ヴァイニンガーが、文明化された社会では「つよい力」がすでに余計者になっているのを感じていたからだ、という。この観点からすると、一九一四年の夏に男性妄想が突発したのは、古くなったものの突然の再出現、「文化的な遅滞」（カルチュア・ラグ）であり、時代遅れの男性的仕草の最高潮ということができた。もっともそれには、千倍もの致命的な帰結がともなったのである。文明のプロセスがほんとうに求めていたのは、男性力のもっときめ細かなものだった、[93]という。

なるほどきめ細かに、だが社会層にそったきめ細かさでシュニッツラーの『輪舞（*Reigen*）』（一九〇〇年）は、性の舞踏を死の舞踏としてその振り付けを描いた。「獣的な男（Manntier）」がどこにでもいて、いつもただ「一つのこと」をしようとする――これはテキストでは長めのダッシュで示されている。社会的な身分の違いだけは、そのことの前後の言葉や振る舞いの違いとして示される。『輪舞』は、アンチ・ヴァイニンガーとみることもできる。男がセックスを欲するのに対して、女は愛を、あるいは少なくとも愛の幻想を欲しがる。娼婦が性の輪舞の最初に登場し、最後にその幕引きもする。この娼婦だけは、自分のことばかりでなく、小間使い女性のことも考えている。「さあ、でていくときに彼女に何かやってよ」、[94]と娼婦は伯爵に向かっていう。社会的階層からいうと、一兵卒から伯爵へと身分が高まるが、両者とも相手は娼婦のもとで終わる。結局のところ非常に悲しい戯曲で、誰もが人形のように性の力学のとりこにされている。社会的な様相が変わるのは、周囲の添えものだけである。

結論として二つのことを言ってこの分析のまとめとしよう。一つは、女性についての理論的芸術家的な論議は、教養市民層という狭い領域にかぎられたままだった。フォーァアルルベルク州の繊維工場の女工たちとか、あるいはケルンテン州の農婦の現実の生活問題など少しもとりあげられなかった。もう一つは、ウィーンのモダニズムと、経済や政治の現実の近代化プロセスとの関連はどこにあったろうか？　その出会いは否定的なものだった。芸術のモダニズムは、近代化の裏面に目を向けた。近代化のプロセスを推し進めるために、抑圧され阻まれているものをモダニズムは白日の下に晒す。綺麗な美的な生活という夢、本能的構造の底知れない深層、不安、暴力の潜勢力などであった。ウィーンのモダニズムがしたことは、近代化のアンビヴァレントな状態を指摘することであった。

# 第Ⅲ部　第一共和制

# 第一章　断絶の演出――オーストリア革命

## 第一節　政治的革命

### 君主制の崩壊

ハプスブルク君主制の崩壊に「革命」以外の言い方ができるだろうか？　何百年にもわたって築きあげられたものが、数週間、数日間、数時間のうちに崩壊したのだった。君主制のもとでの各民族住民は、それぞれに成長して国民にまで熟しており、自由と独立という冒険へと漕ぎだそうとしていたし、このプロセスは戦争により大いに加速されていた。一九一八年一〇月一六日の皇帝の宣言が――ライタ川此岸の国家を国家連邦に組み換えるという予告が――最後の一押しとなる。[1]　この宣言は「上からの革命」として、連合国側への外交的シグナル、和平の用意と改革の意志との証したらんとするものだった。このシグナルは外部に対しては遅きに失し、内部には解体の是認となってしまう。なるほど国民評議会の構想は、ゆるやかな連邦国家という枠で考えられたものであったが、各国の代表たちはもはや帝国のことなど気にしていなかった。皇帝も、皇帝一家もとっくに信頼を失っており、かれらの神話も地に落ちていた。[2] 保守派のアーロイス・シェーンブルク＝ハルテンシュタイン公爵〔一八五八—一九四四〕が、一九一八年の一〇月二四日付けの手紙で書いている。「……オーストリアという概念を解体した張本人が皇帝その人であった、というのはなかなか理解しにくいことだろう」。[3]

まだ、前線には一体となった軍隊がいた。しかしかつての誇り高い軍隊も、乞食の群れ同然となっていた。ピアーヴェ河畔〔イタリア戦線、ヴェニスの北方〕での六月攻勢にあたって軍隊は、装備、食料、指揮などすべてが悪く、まったく無意味な投入となってしまった。攻撃は頓挫し、負傷兵たちが「南国の焼きつく太陽の下に残され、かれらの眼窩や開いた口にはウジ虫がはいまわっていた」。社会民主党の議員カール・ロイトナー〔一八六九—一九四四〕〔長らく『労働者新聞』の外交・軍事面を担当していた〕が、一九一八年七月二四日の議会秘密会で憤慨しながら激しい口調でいう。「これは何千人もの殺人、いや殺人よりも悪く、犯罪である。この犯罪により我われの息子たちや兄弟たちが、塗炭の苦しみに飲みこまれたのだ。だがその苦しみたるや、宗教的な狂気の妄想によっても地獄で演出できないほどのものだった」、[4] と。

中欧諸国戦線〔第一次世界大戦時のドイツとその同盟諸国、つまりオーストリア＝ハンガリー帝国、ブルガリア、トルコのこと〕からのブルガリアの離脱により、ドナウ国家域の南東側面に穴があくことになる。[5] 一九一八年の一〇月、イタリア軍が攻勢にでる。[6] 後方の戦線で始まった反抗的姿勢がオーストリア＝ハンガリー帝国の前線部隊にまで伝染する。本質的な原因は、どこでも飢餓にあった。一九一八年五月のユーデンブルク〔グラーツの西方六〇キロにある町〕での大きな暴動の際には、パンの配給量の引き下げが、将校食堂の略奪やさらに乱暴狼藉を招くことになる。一人の兵士が軍隊や国民の基本感情を、「我われにもっと食べるものを与え、戦争を終わらせるべきである」、[7]

と単純明快に書いている。軍部はまだ厳しい対応にでる。ユーデンブルク事件では七名に死刑判決を言い渡した。[8]兵士の脱走が増加する。数千人の兵士がウィーンに身を隠す。中央地帯やニーダー・オーストリア州の境界地帯ですら、「緑の隊員」といわれる武装逃亡兵たちの一団が周辺一帯を不安がらせていた。かれらのモットーは「自由な生活、密猟、森林の徘徊」[9]であった。

国防省では、社会民主主義者のユーリウス・ドイチ少尉（一八八四―一九六八）が秘密の軍事組織をつくりあげていて、この組織により軍隊が労働者に向けて発砲するのを阻もうとする。このドイチはやがて、一介の陰謀者から共和国の国防大臣にまで登りつめるのである。[10]

前線の状況も似たようなものだった。いたるところで将校や司令部の幕僚たちに対するつよい憎しみがみられた。かれらは当てつけがましくよりましな生活をしているのに、兵士たちは塹壕のなかで食べ物としてはトウモロコシのパンを若干手にするだけだった。[11]結局はますます多くの兵士団が結束して戦線を離脱していく。反抗気分が中核部隊、アルプス一帯の兵士にまで広まっていった。軍隊がばらばらになる。参謀総長のアルツ・フォン・シュトラウセンブルク（一八五七―一九三五）〔ヘッツェンドルフの後継者〕自身がこう断定している。「後方補給地にカオス、前線にも埋めがたい溝、ますます数を増す敵の予備軍の殺到により、完全な敗北が避けがたくなってしまった」。[12]オーストリアは停戦を請うしかなかった。パドゥアにおける停戦交渉（一九一八年一一月三日）の際の誤解により〔オーストリアとイタリア双方の軍司令部の間で停戦発効の日時に関して見解が違っていた〕、つまりオーストリア側の早まった戦闘行為の中止により、さらに四〇万人ものオーストリア帝国の軍隊が捕虜になってしまった。[13]

このヘマな事態も、かならずしも不都合というわけではなかった。なるほど軍隊は存続をやめたが、前線にはまだ兵士がいて、かれらは混乱のうちに故郷に向かっていた。昼夜とおしてガタコト揺れる列車にしがみついていたので、トンネルのなかで死ぬ者もなおたくさんいた。駅での乱暴な撃ち合いあり略奪ありの、筆舌につくしがたい状態だった。その状態をコントロールする意志も能力も新しい政府にはなかった。

一〇月宣言の主旨にそう形で一九一八年一〇月二一日、ドイツ語圏地域の帝国議会議員たちは、ニーダー・オーストリア州の州議会会館〔ウィーン市中一区にあった建物〕に集まって、「ドイツ人のオーストリア（Deutsch-Österreich）」なる国づくりの国民議会を宣言する。[14] 名目的にはリベラル派＝ドイツ民族派のグループが多数を占め（一〇二名）、社会民主党は——一九一一年の帝国議会選挙結果が生きていて——少数派（四二名）であった。しかしその少数派の手に急遽政治の指導が委ねられることになる。一〇月二一日から一一月一二日にかけては、ハプスブルク君主制最後の歴史の命脈と、「ドイツ人のオーストリア」という共和国最初の歴史の糸とが絡みあっていた。「ドイツ人のオーストリア」という名称の選択は、ドイツ民族主義的な考えにとくべつ発するというより、むしろ状況のしからしむるところであった。オーストリアは、帝国の西側半分でしかなく、したがって「手足をもがれて血を流している残滓部分」（ジャック・ハナーク）であり、ドイツ語圏のオーストリア、まさにドイツ人のオーストリアであった。

生まれようとする国は、国境も画定していなかった。というのもすぐさま複数言語で、多民族併存の中部ヨーロッパ圏の旧来の抗争が吹きだしたからである。国づくりの国民集会は、民族の「自決権」にすがる——つまりそれは、ドイツ語を話す人たちで一つの国家をつくろうとするが、チェコ・スロヴァキア国家の建設では、旧来の国境線に固執する——すなわち、（その境界内では）強力な少数民族であるドイツ人もチェコ・スロヴァキア国家に含めようとするものだった。また南方でも西方でも国境は未画定のままで、いたるところで厄介な民族政策的な紛糾がもちあがっていた。ここに、ハプスブルク君主制の瓦解から、オットー・バウアーがいうように、「民族革命」[15] が生じたのであった。

一〇月二一日、ヴィクトル・アードラー（一八五二—一九一八）は、次のような選択肢をあげていた。ドイツ人の民族国家という国づくりは、「近隣諸国民が望むなら、かれらと一つになって自由な民族同盟をつくるべきであろう。だが、近隣諸国民がそうした共同体を拒むなら……ドイツ人のオーストリア国家は、自分たちだけになるが、経済的にも未発達の集団なので、特別な連邦州としてドイツ本国に組みこまれざるをえないことになろう」。[16]第一の選択肢は、一〇月宣言の枠内、つまり民主的なドナウ共同国家ということになる。二番目の選択肢は、ドイツへの合併であり、これは第一共和国から一九三八年にいたるまでの歴史に一貫して流れるテーマであった。しかし第三の選択肢がもっとも現実的なことがすぐに明らかになる。それはアードラーが詳述しなかったもので、ドイツ人だけのオーストリアという選択肢だった。というのもアードラーのいう二つの選択肢が時代に合わないことがほどなく判明したからである。帝国内のうち非ドイツ語系の諸民族は、決して共同して一つの国をつくるなど望まなかったし、もう一つのドイツへの合併は、連合国により拒否される。そこで残ったのが単独のドイツ人によるオーストリアである。しかし夢は死に絶えることなく、二つの夢は、共和国の特定のグループのなかで生きつづけることになる。ドナウ国家の夢は、君主制主義者たちや大企業家たち、キリスト教「社会」党の一部の人たちのもとで生きつづけ、ドイツ国家という夢は、ニュアンスの違いはあれほとんどすべての人たち、とりわけドイツ民族主義者や社会民主主義者たちの間で生きつづけたのである。

### 新しい国家形成のプロセス

ハプスブルク君主制の構造は崩壊したが、二つの構造要素が生き残った。かつての帝国州と政治的な党派である。各州は、中央政府の瓦解ののち急に独立感情をもつようになった。この各州を一つの国家のなかに組みこむのにかなりの苦労を強いられる。また状況に迫られて政党が、旧支配者の地位を引き継ぐことになった。差し迫っていたカオスが政党各派に連立を強いた。国の安定をはかることができるのは、政治陣営の共同行動だけしかなく、無政府状態を阻止できるのは、労働者や農民、市民など各階級間のコンセンサスしかなかった。この基本的コンセンサスが共和国最初の数年間を乗り切る助けとなり、希望をつなぐような経験的資本の集積となった。[17]だが同時に各党派のイデオロギー的な特色がはっきり刻まれることにもなる。キリスト教「社会」党の場合には、序列づけはカトリック的・オーストリア的・ドイツ的であり、社会民主党の場合は社会主義的・ドイツ的であり、ドイツ民族主義者たちの場合には、ひたすらドイツ的であった。共通していたのは、ニュアンスの違いはあれドイツ的な姿勢と、ドイツとの合併志向であり、また一九一八年の時点では民主主義を樹立しようとする気構えであった。もっとも危険なイデオロギー的分極化がみられたのは、カトリック的な生活観念と社会主義的な生活観念との間であった。二つの生活観念は、すでに君主制時代に発していた。一九〇九年、チロルにおけるカトリックの年次大会で大修道院長のフォン・ヴィルテンは、情動的な深層構造にみられる中央と地方や、「赤色」(社会主義)と「黒色」(カトリック)とのメンタルな違いに訴えてこう言っていた。「赤がかれらの色であるが、チロルの鷲の高貴な赤ではないし、太陽の灼熱の赤、ワインの赤でもない。聖なる争いのなかで刻まれた敵愾心の赤でもない。いな、それは、憤激の粗暴な赤で、革命的な党の手で身分制のなかに不満と諍いとを煽動しつつ焚きつけられたものであり、それは陰惨な炎の赤であり、あらゆる国家機構に投げこまれた革命の狼煙にかきたてられたものであり、革命的な党がいたるところで喝采を叫ぶ国王殺しの、ぞっとするような血の赤なのである」。[18]もっともこうした特徴づけに、一九一八年時の社会民主党はほとんど合致していなかった。かれらはとうに国家を担う党へと変身していた。社会民主党とキリスト教「社会」党の両者とも、ボルシェヴィキ的な革命の赤という脅威に恐怖心をもっていたのである。

一〇月三〇日、「暫定国民議会」は暫定的な憲法、つまり新生国家の仮の覆いを決議する。[19]ところでこれは、ハンス・ケルゼン(一八八一－一九七三)がいうには、「合法的な革命」であって、古い国家との法的な継続性が絶たれたことになった。[20]それはまた、オットー・バウアーがいうように、「議会主義的な革命」であった。というのも、君主制時代における議会の弱い立場の反省から、今や政治の重心を極度に議会中心主義へと移していたからである。[21]だがまだ、新旧のものが併存していた。古い帝国参事会と暫定的な国民議会、枢密院幹事会と内閣、君主制の省庁と新たな国家官庁との併存である。権限の委譲は、友好裡に行なわれた。習わしとなっていたとおり、なお君主的な勲章や名誉職的なポストが与えられた。共和制か君主制かという問題は、当座曖昧なままであったが、[22]しだいに内閣長官、つまりのちに首相（Staatskanzler）といわれるようになる地位に機敏なカール・レナー博士がつき、政治の中心に登場するようになる。共和制の方向への圧力がつよまる——そうした圧力は、ドイツ民族主義者たちからも、労働者、農民たちからも発していた。ウィーンの警察本部の報告によると、君主制の支持者がほとんど完全に姿を消した、という。「国民の圧倒的大多数は、共和国的な国家形態に賛成している」。[23]ブルジョア生ま

皇帝カールの帝位放棄の声明

皇帝の地位について以来、余は、国民を戦争——戦争の勃発に余は何の責任もないが——の悲惨さから救い出そうと絶えず努めてきた。

余はためらうことなく、憲法に沿った生活が再生されるようにし、諸民族にそれぞれ独立的な国家への発展の道を拓いてやった。余の民族すべてに対する以前と変わらぬ愛情をもちながら、諸君の自由な発展にとって、余個人が障害となるようなことはしたくないと思っている。

ドイツ人のオーストリアが国家形態に関して行なう決定を余は前もって承認するものである。

国民はその代表者によって政府を引き受けた。余は国務への関与を一切断念する。

同時に余のオーストリア統治への職務も返上するものである。

ドイツ人オーストリアの国民は協調と宥和のうちに新秩序をつくりだし強固にしてくれんことを願う。余の諸民族の幸せこそ、当初から余の心からの願いであった。

心の平和だけがこの戦争の傷を癒すことができるだろう。

カール　自筆

1918年11月11日付け、皇帝カールの帝位放棄の声明（シェーンブルンからドイツ・オーストリア国民に宛てて出されたもの）

れのローザ・マイレーダーが一九一八年一一月四日の日記に書いている。「忌まわしい帝国が崩壊した。もし、オーストリアのドイツ人に再生の可能性がまだあるなら、今こそそれがみられるかもしれない」。[24]

その後ドイツの皇帝が退位するが、今ではオーストリアの皇帝カールにとっても救われる道はなかった。一九一八年一一月一一日、皇帝はみずからの権限放棄を宣言する。宣言の中心部分を練ったのは帝政側の大臣イグナーツ・ザイペル（一八七六―一九三二）であったが、この皇帝宣言は、外交的な多義性の最たるものであった。[25]「ドイツ人のオーストリアが国家形態に関して行なう決定を余は前もって承認するものである」、というくだりは、最終的な諦めとみなすことができる。だが「国事への関与を一切断念する」という部分は、心理的な留保と思われる。つまり目下のところは断念するが、支配権の請求は保持する、というふうに受けとることもできた。[26]また官僚も兵士もすでにそれ以前に宣誓の束縛を解かれていたが、このやり方も「上からの革命」という、もう一つの要因であった。

枢密院（帝政政府）と暫定国民議会とが共和国の樹立を決める。一九一八年一一月一二日の共和国宣言の際に、「赤衛兵（Rote Garde）」が赤―白―赤の国旗から白の部分を消して赤色だけのものにするという場面もあった。よく引き合いにだされる緊迫した出来事で、市民や農民の階層にとっては驚愕の前兆にみえた。ところで共和国に関する法令のパラドックスは、この立ち上げようとする国家が同時に第二条で、別な国家、つまりドイツ共和国の構成部分である、と規定されていたことだった。「合併」という考えが多くの役職に浸透して、たくさんの情動的な動きを束ねることになる。この状況にあって「合併」志向が、今や「急場ヲ救ウ方策」といった感じになる。それが、共和国の脅威となっていたたくさんの難局から脱する憧れの方策となっていたのだった。

世界史的な視点にたてば、一九一八年にデモクラシーが専制的な君主制に勝利し、未来はデモクラシーにあるように思われた。そして政府も、デモクラシーの定着のためにいろんなことを行なった。首相レナーは、「働いて働いて、絶望しないこと」[27]、という味気ないスローガンを口にする。民主化の推進力――オットー・バウアーの

「民主主義革命」[28]——も社会に浸透し、国民生活の政治的なチャンスもはっきりと拡大した。選挙権は今では女性にも与えられ、州や地方自治体における財産評価にもとづく非民主的な被選挙権も廃止された。

だが、それはどんな国家であったろうか？　政府が依拠していたのはどんな権力手段であったのか？　君主制的な行政官僚がなお存在していたが、かれらは共和国のためにはたらいた（もっとも、心理的な留保は残っていたが）。一部政府の助けとなり、一部では政府の監視役、一部では政府の障害となったのは、新生の兵士評議会や労働者評議会であった。それほどのためらいもなく警察は、ウィーンの警察庁長官ヨハネス・ショーバー（一八七四—一九三二）を先頭にして、新しい秩序に乗り換えた。官僚機構や警察の場合、継続性が目立っていたが、外的な権力手段、つまり軍隊の場合には深い断絶がみられた。この点、オーストリア革命とドイツ革命とでは、はっきり違うところである。旧来の軍隊と新生共和国との間になんの妥協もなかった。旧来の軍隊はひとりでに解体するか、社会民主党の手で意識的に解体に追いこまれた。「反動勢力」から内戦用の権力手段を取り除こうとしたのである。[29]それに代わって登場したのが、共和主義的な人民軍で、当座はかなり不穏なものだったが、「社会主義的な精神にみちあふれた軍隊」[30]であった。こうしてオーストリアでは、「匕首伝説」が生まれることはなかった〔第一次大戦敗北の原因として戦後ドイツの一部で口にされた言い訳。ドイツは戦場では決して負けていなかった。左派勢力が革命騒ぎなどを起こしたからだ。いわば身内に背後から匕首で一突きされたから敗北に追いこまれたのだという説のこと〕。

一九一九年二月の選挙後、社会民主党が民主主義的な正当化をえて政府のトップにつく。社会民主党とキリスト教「社会」党との連立（カール・レナーとヨードク・フィンク）が、共和国を率いて一九一九年という困難な時局を乗り切る。具体的には、社会民主党の社会改良主義的なグループとキリスト教「社会」党の農民派の連立であった。政治面での革命は、本質的な点では無血で、平和裡にはこんで、継続性の要素がつよく残った。安寧と秩序の優先が貫かれたのである。しょっちゅう害毒をおよぼす文化闘争〔宗教や教会が学校教育や結婚などではたす役割についての論争〕も意識的に排除される。こうした展開の保証人となったのが、首相のカール・レナー博士であ

1919年選挙後——女性に選挙権が与えられて初めての選挙——の議会における社会民主党議員たち

った。学者タイプのゆったりした風貌で、多面的な教養の持ち主であり、古典的なタイプの国家寄りのヨーゼフ主義者、オプティミストでプラグマティスト、快活で「軟体動物的で」（かれの自己描写にそうある）、ご都合主義的な傾向がいつもあり、好んで前面にでたがる人でもあった。[31]

　共和主義的な首相とならんで、なお皇帝とその一家がエカルトザウ〔ウィーンの東約三〇キロ、ドナウ河近くにある町〕に滞在していた。身を引いてはいるが、独特の宮廷風の居を構えていて、これが当惑の増幅につながっていた。一九一九年三月の末になってようやく皇帝一家は、イギリスの保護下にスイスに向かう。一九年の四月三日には、「アンチ・ハプスブルク法」〔この法律ではハプスブルク家の国外追放、宮廷資産の無償での没収・国有化等が決められる。ただし個人の所有物は対象から除外し、また共和国に忠誠を誓い／ハプスブルク家から離脱した者はオーストリアに留まってよいとされた〕が提出される。[32]王冠の保持者の国外追放は、過去とのラディカルな決着のつけ方であり、共和国の自信にみちた行動であった。けれどもそれは潜在的な不満の源泉ともなる。いたるところで皇帝関係のシンボルが片づけられるが、戦争前の「古きよき時代」の思い出は残り、それがしだいにふたたびハプスブルク神話の浮上を促すことになっていく。王朝の崩壊は、旧来のエリートたちに癒しがたい人生の傷を与えていたのである。

二つの大きな政党の連立は、一九二〇年の六月まで維持できたが、そのあと破局が訪れる。それに先立って、キリスト教「社会」党内での勢力関係に変化が生じていた。ザイペルやクンシャク（一八七一―一九五三）〔キリスト教系労働運動の指導者〕周辺の、紛糾も辞さないブルジョア派が、調停者型ヨードク・フィンクを中心とする妥協の用意のある農民派に対して優勢になったのだった。特徴的だったのは、国防法問題でレーオポルト・クンシャクが連立の破棄を引き起こしたとき、社会民主党も同様に連立破棄を望んだことである。後世からみると、この連立破棄が共和国の運命にとって致命的だったとみることができよう。というのも、今やふたたび二つの政治陣営の鋭い分極化が始まり、それがエリート層の次元にまでおよんで、結局はデモクラシーを擦りつぶすことになったからである。[33]

もう一度政治陣営は、奮いたって大規模なコンセンサスをめざし、一九二〇年一〇月一日の連邦憲法に関する決議にいたる。なるほど基本法の新たな設定を手がけることにはならず、一八六七年一二月二一日の憲法（「一二月憲法」）にまで立ちかえらねばならなかった。だが、制憲国民議会は、課せられた任務を本質的にははたした。[34] 苦労にみちた作業であった。数多くの草案が提出される。[35] 憲法論議には、政党、各州、官僚やハンス・ケルゼンを先頭とするその道の優秀な専門家などがくわわっていた。

基礎的な紛糾が生じていたのは、国と州との関係の点で、一九一八年の一一月以来、州の主権要求が声高になっていた。それは、一部独立的な経済政策や外交の要求となって出されていた。先頭にたっていたのはチロルで、そこでは州の統一を守ろうとして、独立した中立的な国家構想が用心深く練られていた。いたるところで中央に対する憎悪が、戦争の後遺症の形で沸き上がっていた。フォーァアルルベルク州では、住民の八〇％がスイスへの合併に賛成する。州の分離主義のなかには、一連の集団的情動が結晶していた。すなわち、ウィーンの人口統計上の優位に関する不快の念、それに結びつく形で、解決困難な食料問題、それまで伏せられていた伝統的な反中央主義、それに付随する反ユダヤ主義、反社会主義、またなかでもウィーンからやってきかねないボルシェヴィキ的な革命に対する恐怖（お前の財産があぶない！）であった。これらすべてが集まって「ウィーンの独裁」という言葉になっていた。[36] 国民議会議長役の一人であったカール・ザイツ（一八六九―一九五〇）は、警告を込めてこう言った。「もし各州が、不治の病の患者を避けるようにウィーンから離れようとするなら、各州にとってははなはだ困ったことになるだろう。というのもウィーンの主導力なしには各州は生き延びられないだろうからである」[37]と。たくさんのこけ脅しがあったが、結局は七度の諸州会議ののち合意にこぎ着ける。憲法起草委員会の報告にオットー・バウアーとイグナーツ・ザイペルが署名する。妥協成立への象徴的な光景であった。一九二〇年の憲法は、歴史家たちの間であまり評価されていない。[38] つまり、政府の安定を犠牲にしても、「議会主義的革命」を徹底させることができなかったのだろうか？　キリスト教「社会」党と社会民主党とのほぼ拮抗した力を前にして、憲法秩序の「民主主義的な発展にいたる道が大きく誤って」しまったのではなかろうか[39]、と。しかしこうした評価は、憲法というフレームの過大評価といってよいだろう。憲法が「紙製の砦」（アドルフ・メルクル）だというのもオーバーだろうが、どんな憲法でもその善し悪しは、ひとえに政治勢力の憲法の扱い方に左右される。オーストリアにおける民主主義の欠損の責めは、憲法よりも――この憲法でうまくやっていくこともできたろう――むしろ民主主義的な政治文化の欠如にあり、コンセンサスの用意のあるエリート層が存在しなかったことにある。そういう気構えをもつグループの存在は、基盤が分節化している場合には、民主主義の安定にはとにかく欠かせないものだった。もっともはっきりしていたのは、憲法が庶民の間でほとんど信頼されず、安心感も生みださず、温かみも生みださなかったことである。君主制から新しいタイプの憲法愛国主義への「聖なるものの転移」は、第一共和制の場合、完全に失敗であった。

## サン・ジェルマンと国境線（一九一九年）

サン・ジェルマン条約の諸条件は、オーストリアのあらゆるグループから破局だ、「破滅の平和」（カール・ザイツ）だ、と受けとられた。『労働者新聞』が条約草案を評していう。「案文のどの規定も冷酷さと身勝手さにみちており、人間的な思い遣りのかけらもない。この草案は、人間と人間とを結ぶもの一切を否定していて、人類そのものに対する犯罪である」。[40] 小国オーストリアの比較的実り多い経験を踏まえて、この平和条約も時を経るうちに、歴史学からはより冷静にみられるようになった。サン・ジェルマン条約は——フリッツ・フェルナー（一九三三年生まれ）〔ザルツブルク大学の近代史の教授〕が簡潔に総括するように——「苛酷ではあったが、履行不可能なものではなかった」。[41] 列強は相反するおびただしい利害を調整し、中部ヨーロッパの新秩序をこころみ、国際連盟という法秩序を確立し、社会関係を国際的な物差しで整理しなければならなかったし、その一方で共産主義という妖怪がちらついていた。たしかにそれは、敗者に無理強いの和平とばかりはいえなかった。首相のカール・レナーを団長とするオーストリア代表団は、書面で異議を申したてることができたし、その異議は一部考慮されもした。もっとも、無視できなかったのは、オーストリアが敗戦国だという点であり、これに対して他のハプスブルク後継諸国家が、今や勝利者の側にたって、言い分は聞き入れてもらえるようになっていた点であった。[42] 以下に本質的な問題分野をいくつかとりだすことにしよう。

1　新生国家は君主制が残したものを背負わねばならなかった。「二重」の表記が落ち、「ドイツ人のオーストリア共和国」が、「オーストリア共和国」となった。ドイツ人のオーストリアを、「犠牲者」として押しだそうとする政府の作戦が頓挫する。「わが共和国は、他の国々と同じように誕生したのであり、君主制の後継者としてはそうした諸国とまったく同じなのである」、[43] とカール・レナーが説明するも、効果はなかった。そんな言い方は、他の後継諸国家には受け入れがたいものであり、ウィーンに対するかれらの憎悪はなお激しかった。

2　サン・ジェルマンでオーストリアを迎えた旗印は、「民族自決権」であった。その民族の自決権が今や非常に多義的なスローガンとなっていた。[44]それは、アングロ・サクロン流には民主主義的内政の意味合いのものだったが、中部ヨーロッパ流には国家的＝民族的な意味合いをもっていた。民族的には「モザイク絨毯」の中部ヨーロッパでは、統一的な民族国家という原理は、たちまちその限界につきあたる。どのように国境線を引いたにしても、民族の自決権がねじ曲げられた、という苦情は避けがたかった。オーストリアは旧帝国のドイツ語圏の人びとをすべて共和国に含めるという要求を掲げるが、この計画は挫折する。計画では一〇〇〇万人になる住民のうち、組み入れたのは六五〇〇万人でしかなかった。それでもともかく、南ケルンテンを救って、西ハンガリー（ブルゲンラント）を追加獲得することができた。

3　オーストリア代表団は、外交的には慎重に振る舞って、一九一九年の春から夏にかけてドイツとの合併という要求はむしろ控え気味にしていた。だが条約の第八八条で合併が禁じられたとき、不平の声が大きくなる。オットー・バウアーの決然たる合併政策が水泡に帰して、外務大臣の地位にあったかれは退陣せざるをえなくなる。[45]大きな夢の挫折は、いろんな面で利用できそうにみえた脱出路を塞いでしまった。たんなるオーストリア国ではやっていけないという恒常的な嘆きが虚しく響くことになる（たとえば、一九年の六月一〇日のカール・レナーの発言――「残されたドイツ人オーストリアでは、もはや生きていけない」）。[46]だがそうした嘆きにより連合国は、ボルシェヴィズムの危険を封じることもあって、オーストリアの扶養を強いられる。好むと好まざるとにかかわりなく、小国に合わせた対応をするしかなかった。後世からみてもわかるように、それは徹底して行なわれた。だが、大きな帝国から小国への切り替えの実行には、どんな場合でも情緒的に困難なものがあって、苛立った感情も計算に入れる必要があった。

4　サン・ジェルマン条約の財政的な諸規定が、威嚇する雲のようにオーストリアの上に垂れこめていた。[47] しかし、かつての帝国の後継諸国家におけるオーストリア資産の没収は、阻止することができた。旧帝国の負債は、後継諸国家に分割される。賠償問題が差し迫っていたが、具体的な数字はあげられず、賠償委員会に委ねられた。オーストリアは賠償を支払うことはなく、むしろ逆に西側からの借款に頼って辛うじて切り抜けるありさまだった。

5　痛かったのは、南チロルの喪失である。何世紀も前から一緒だったものが、もぎ取られてしまった。サン・ジェルマンの影は、現在も引きずっている（南チロルの自治制）。決定は一九一九年の一月、アメリカの大統領ウィルソンがイタリアに地政的＝戦略的な境界、つまりブレナー峠の国境を認めたときに、すでに行なわれていた。[48] オーストリアとチロルは抗議し、代表団の引き揚げ計画も練られたが、すべて効果がなかった。境界線が引かれ、チロルは二つに分断されてしまう。南チロル選出の議員ロイト＝ニコルシが議会で叫んだ。「この条約に我われは、心の底から怒りと苦痛にみちて、ただナイン（否）！というのみ。引っこめることのない、永遠のナインである！」。さらに威嚇しながらつづける。「人類の顔から憎しみと復讐心の醜い皺が消え、正義が新たに生まれるか、それともドイツ人奴隷の蜂起を招くことになろう。すべてのドイツ人が自由であり、ドイツの土地が決して隷属状態を知らないことを実証するためにである（嵐のような、長くつづく喝采があらゆる党派や傍聴席でみられた）」。[49]

6　歴史的マグマがなお熱く流れている。「防衛闘争」と一九二〇年のケルンテン州の住民投票に発するマグマである〔ケルンテン州では、スラブ系の住民が多い地域があったため、大戦終了後その地域の帰属をめぐって、南スラブ王国の軍隊が州都クラーゲンフルトまでも占領する事態となる。その占拠集団を排除し、ケルンテン州の分割を避けようとする防衛闘争をめぐって、地元ケルンテン州とウィーンの中央政府との間で、姿勢に違いがあった。再度の戦争行為になるのを恐れる消極的なウィーンの中央政府に対して、地元では郷土防衛隊を組織して積極的に戦った。一九二〇年一〇月一〇日の住民投票により、スロヴェニア人の多い地域も、オーストリアに帰属することが最終的に決まった」。現在の少数民族政策は、いつも新たに歴史的な論争をかきたて、さらに特殊「ケルンテン的な神話」がくわわる。大昔の男性崇拝とドイツ民族主義の残滓からつくられた神話で、毎年一〇月一〇日——住民投票の記念日——ごとに更新されている。[50] 学問的な論争は、スロヴェニアの現代史とケルンテンの現代史の間でもみられる。だが、いっそう熱のはいった論議は、クラーゲンフルトの州立文書館とオーストリア現代史との間に生じてくる。その場合、歴史叙述の過程によくみられる現象が出現する。つまり一方に、軍事的な防衛闘争と住民投票の間には不可分の原因連鎖があった、とする強固なテーゼがあり、[51] これに対して他方には、防衛闘争は住民投票の実施になんの影響もおよぼさなかった、という根づよいテーゼである。[52] 論争しているうちに、きめ細かな立場にたどりついて、「それは、闘争の結果であり、外交の結果である」[53] といった解釈になる。同じようによくみられるのは、歴史的な立場の規定にアクチュアルな時の政治問題が影響することである。だが、その場合そうしたアクチュアルな沈澱物を学問的にきちんと整理してかかる必要があろう。まさにこの点がケルンテン問題の論争の場合非常にまずい形になっている。ケルンテン問題の事例はまた、民族自決の相対的な面を浮かび上がらせる。ドイツ人地区ボヘミアや、ドイツ人地区モラヴィアの場合に、オーストリアは民族的な原理を論拠とするのに、ケルンテン問題では、逆に歴史的な国境（「一つにして分割不可能」）がスロヴェニア人居住区を当然のようにケルンテン州に含む論拠とする。ユーゴスラヴィアの方でも民族自決の原理をたてに、クラーゲンフルトやフィラッハを含む南部ケルンテンを要求した。外交面での複雑なやりとりのあと住民投票ということになった。決定的な決め手となったのは、クラーゲンフルト盆地の地理的経済的な体制、つまり自然の国境であった。双方の手で一般住民に暴力がくわえられ、[54] 双方ともプロパガンダのあらゆる手段を動員した。[55] オーストリア側からは、自由で民主主義的な、社会的に開かれた「民衆共和国」のよさが、権威主義的な南スラブ国家の軍人君主制に対して強調された。決定的な意義をもつAゾーン〔ドラウ川の両岸からユーゴスラヴィア国境にかけての地域で住民の約七〇%が日常語としてスロヴェニア語を話していた。この地域の北側、ヴェルター湖やクラーゲンフルトを含む主にドイツ語を話す住民地域がBゾーンとされる〕では五九対四一でオーストリア帰属に賛成とでる。約一万人のスロヴェニア人がケルンテン州の分割に反対したのであった。[56]

1921年オーデンブルク地区における住民投票用のプラカード。ケルンテン地区がオーストリアに留まるよう訴えている

一九二〇年の一〇月一〇日は——ヘルムート・ルンプラーがいうように——「少数派民族と多数派民族との妥協」[57]であって、その住民投票にあたって投票を左右したのは、民族感情よりも経済的な考慮であった。スロヴェニア系の農民が、食料の逼迫するオーストリアに、農業的なセルビア=クロアチア=スロヴェニア王国よりも良好な市場チャンスがある、とみたからである。[58] 南部ケルンテンは投票でオーストリアのものになったが、南部シュタイヤーマルクは投票を経ずして失われてしま

った。[59]

7 条約により、西ハンガリー、つまりのちのブルゲンラント州がオーストリアの帰属となった。このことを誇り高いハンガリーは、そうでなくてもバラバラにされていたので、とくべつ屈辱と思った。そうした処理には三つの動機が決定的となっていた。民族的な国境の線引きに、ウィーンと農業地域との一体化した市場関係、それに——レーテ共和国ハンガリーを弱体化しオーストリアの抵抗を強化しようとする政治的な意図であった。ハンガリー義勇軍は一九二一年のブルゲンラントのオーストリア編入を阻止しようとし、小競り合いとなる。イタリアが調停にはいって「ヴェニス覚書」が取り決められる。予期されたように、エーデンブルク（現在のハンガリーのショプロン）が手のこんだ取り決め〔ハンガリーはブルゲンラントをオーストリアに渡す代わりにエーデンブルクとその周辺地域とを要求していた〕で失われることになる。その代わり一九二一年の一二月五日にブルゲンラントが正式にオーストリアの手に委ねられた。[60]

サン・ジェルマン条約の込み入った条項のなかで非常に無味乾燥にみえるものが、当該の国境地域住民の生活にはもろに具体的な影響をもたらす。国籍という大きな枠組みが変わり、それとともに慣れた日常も変わるのだった。

## 第二節　社会的革命

どんな社会革命も、社会の不平等の程度を変えようとする。一九一八年から二〇年にかけてもっと平等を実現しよう、という推進力がはたらき、社会が目にみえて脱封建化していった。底辺階層に自意識が芽ばえる。ウィーンの既婚者の数が三五％（一九一〇年）から四五％（三四年）に増え、その人たちが今では固有の住居を求め、保持するようになる。これに対して、戦時国債とインフレとにより、中間階層が貧窮化する。もっとも痛手を被ったのは公務員であって、生活レベルが下がり、「余計者」としてリストラの脅威に晒される、そのうえ国家の威光が弱まるなかでその自己理解にも苦しむことになっていく。というのも、労働者評議会や兵士評議会はくりかえし官僚的なやり方にくちばしを入れたからである。皇帝、貴族、軍隊といった旧来のヒエラルキーが崩壊する。教会の手になる規制すら弱体化した。ベック男爵が書いている。「ひとの生まれや教育の支えになっていたもの、働きの目標になっていたものすべてが地に落ち破滅してしまったのだ……と自分に言い聞かせねばならないというのは、つらい運命である」。[61]

将校たちが帝国の帽章をもぎとられる、というよくあるシーンほど価値崩壊を明瞭に示すものはなかった。次のような話も印象的だった。つまり、一人の大尉が「従卒」をしたがえてウィーン北駅に着いた。その従卒は、荷物を重そうにもち、「命令にはきわめて従順」と口許に書いてあって、主人のあとを足早についていく。若い兵士たちが大尉の軍帽から徽章をもぎとる。すると突然へいこらしていた従卒が荷物を放りだし、立ちはだかって大尉にバシュッとびんたを二つ見舞った、というのである。[62]

所有財産も揺らいでいた。予告されていた国有化よりも、むしろ略奪や盗難の頻発による揺らぎであり、また住居チェックや買い出しの食料品の押収などによるものだった。後者については、兵士評議会や労働者評議会が、国の官僚組織の手を経ずに独自に実行していた。田舎の資産家たちは、自衛団体、地区防衛隊や農民防衛隊などをつくって対応し、自分たちの財産を守ろうとする。いたるところに共産主義革命という脅威がただよっていたが、それは現実の危険としては小さく、不安としては大きかった。社会民主党は、反体制のエリートから権力エリートへと格上げされていた。決定的なことは、この社民党に、不穏な大衆を手なずけ、革命的なエネルギーを吸い上げて、広範な社会改革へと方向替えさせることができるか否かであった。それをテコにして、うろたえている経済ブルジョアジーから社会改革をもぎ取ろう、というのである。

ロシアから、また一九一九年春にはブダペストやミュンヘンからも、革命の息吹が迫っていた。ロシアのモデルは、帰還者たちやハンガリー系の密使によってオーストリアに影響をおよぼしていた。歴史家がロシア十月革命を模範とするなら、オーストリアの革命は不十分なものにみえるに違いない。[63] 資本主義的な財産秩序の原則的な変更もなかった。もっとも、オーストリア革命を独自のタイプと理解する方がかえって意味がある。平等主義的な国民社会をつよく福祉国家的な要素をもとにつくりだそうとするタイプであった。社会民主党は、レーテ独裁がオーストリアには不可能なことを示そうと、あらゆる努力を惜しまなかった。連合国の食料支援への依存、現状に満足の保守的な農民たちが力をもっていることなどが、主要な論拠だった。[64] 目標——つまり社会主義——を放棄したのではなかった。だがオットー・バウアーは、改革も革命と同じように根本的なものたりうる、しかも引き起こす犠牲はより少ない、としきりに指摘する。労働者階級は民主主義の枠内でも権力を獲得できる、とも言っていた。この点が幻想であることがたちまち露見する。それでも革命的な局面では「社会主義」という展望が、統一体としての社会民主党にとって重要な統合の道具として効果があった。

オーストリア革命は（カール・プリーブラムによれば）三つの局面に分けられる。最初は、政治的革命で、一九一八年の一〇月末から一九年二月までであり、この時期に関係する社会基盤がもっとも広範におよび、市民階層や農民層にまで波及することになった。二つ目は一九一九年の三月から七月の社会革命の局面であり、主に労働者、兵士、傷痍軍人、失業者が担い手となり、めざす方向は社会主義を視野に入れての社会の力ずくでの変革であった。三つ目は一九一九年八月から二〇年一〇月にいたる革命の疲労と収束の局面であり、市民圏の人びとがふたたび力を盛りかえすが、改革の情熱はなお持続していた。[65]

ここでとくに興味を引くのは、不穏な大衆と、そうした大衆を手なずけようとする社会民主党の戦術という状況下での第二の局面である。ただし理解するには一九一八年一月の大規模なストライキからみていかなければならない。そのときのストライキはウィーナー・ノイシュタット〔ウィーンの南方四五キロ位のところにある都市〕の軍需工場の中心地に始まって、またたくまに広まった。きっかけは、小麦粉配給量の再度の削減であった。だが、それが急激に講和を求める政治的な大衆ストライキ（ライタ川此岸地域での参加者およそ五五万人）になっていった。憂慮した皇帝カールが外務大臣に電報を打っている。「平和が到来しないなら、革命となるだろう」。[66] 社会民主党は自然発生的に生まれた労働者評議会にはたらきかけて、それを党組織とストライキ参加者たちとの連絡回路にしてしまう。同時に社民党指導部は、政府と交渉して僅かな譲歩をひきだす。ストライキは中止となった。左翼過激派的な方向は、空ぶりに終わってしまった。[67] 国防省が称賛しながら記録している。「社会民主党のリーダーたちは……工場における安寧秩序の確保に尽力してくれた。……いずれにしても彼らはいつも労働者たちが暴走するのを成功裡に抑えてくれた」[68]、と。

そうした巧みな戦術を社会民主党は、革命の第二の局面でもとりつづける。一方で広範な社会改革を実行しながら、左方向には柔軟な政策、だが共産主義的な実験に対してははっきりと一線を画す。[69] それは、綱渡り的な困難な振る舞いであった。というのも人びとは異常なほど政治化していたからである。毎日のようにデモや集会があり、いたるところで飢餓暴動が自然発生的に突発し、一部では荒っぽい国有化が始まる。たとえば、ドナヴィッツ〔グラーツの北西四五キロにある町〕やホーホケーニッヒのミュールバッハ〔ハルシュタットの南西五〇キロにある町〕などの例にみられたごとくである。農民が接収に抵抗する。大衆コントロールの手立てを提供したのは労働者評議会であった。つよいオーラを帯びたフリードリヒ・アードラーが労働者評議会に路線を守らせる。この評議会はときに路線を外れることもあったが、結局のところは状況の安定化に貢献した。労働者評議会のなかでは、オットー・バウアーが断言するように、共産主義に対する闘争が行なわれた。[70] 評議会では共産主義者たちが社会民主主義者たちに数で圧倒され、労働運動の統一が維持されたのである。

兵士評議会相手の場合にはもっと困難であった。この評議会については――とりわけウィーンの場合――共産主義者たちがかなりつよい影響力をもっていた。しかし国防大臣ユーリウス・ドイチの巧みな政策が、ここでも行動主義的な「赤衛兵」を人民軍に編入し、かれらを分裂させ、そして解体させてしまう。[71]一九一八年一一月に結党された共産党は、失業者、帰還者、傷痍軍人などの周辺階層を動員する。だが産業労働者をほとんど取りこめなかった。一九一九年前半の二つの「反乱」の試み（四月一七日および六月一五日）により死者や負傷者を出し〔前者は、ウィーンで失業者や帰還者たちが共産党左派の支援のもとにさまざまな生活改善要求を掲げてデモをする。警官隊と衝突し、死者六名と負傷者多数を出す。俗に「緑の木曜日の行動」といわれる。後者は、レーテ共和国ハンガリー（ベラ・クーン首相）の支援のもとにかなり綿密に練られたもので、プロレタリアート独裁の樹立をめざしていた。警官隊との衝突により双方合わせて二〇名の死者、八四名の負傷者を出す〕、市民階層や農民階層を驚愕させるが、成果をあげることはなかった。[72]

社会民主党がこうした難しい政策を実行できたのは、ひとえに次のような理由からであった。一つには食料事情が連合国の援助により一九一九年の春にはいくぶん改善されたこと、[73]二つ目は、過激な言葉で同じ目標を追求しているようでいて、やり方に違いがあったこと、三つ目はちょうど一九一九年の春から夏の時期に強力な社会改革作業が開始され、虚脱感に陥っていた経済市民層が一緒に行動しようとする気になっていたことである。議会で社会福祉省次官のフェルディナント・ハーヌッシュがこう言っていた。「労働者たちに今の国家や政府への信頼を植えつけたのは、もっぱら我われの福祉立法である。バイエルンやブダペストと同じような道をウィーンもとりたいという誘惑に抵抗する力の源は、福祉立法のおかげとしなければならない」。[74]そして四つ目の理由は、各評議会が議会外でじゅうぶん圧力をかけて、経済団体や議会に対策をとるよう強いたからであった。

もっとも広い展望を拓いたのは国有化というキーワードだった。キリスト教「社会」党もこの言葉でことにあたることができた。というのもカトリックの伝統にははっきりと私有財産を批判する要素があったからである。国有化委員会は、情熱を込めて仕事にかかる。計画は数年にわたるものが練られていた。委員会副委員長のイグナーツ・ザイペルは、国有化の引き延ばしをねらっていたが——その狙いをつらぬく。革命的な局面が終わりになると、国有化プログラムで残っているものはほとんどなかった。[75]その代わり労働者たちは、出し抜けに「事業所委員会法（der Betriebsrätegesetz）」（一九一九年五月一五日）〔最低二〇名以上の被雇用者をもつ事業所に設けるもので、労働者や職員の経済的、社会的、文化的な利益を代表して、経営者との折衝にあたる機関の設置に関するもの〕を手にする。これは、ちょっとした経済民主主義であり、一片の共同決定権であって、企業家と労働者層との関係を改善し、長期的には紛争を静めるはたらきをするものだった。というのも、企業紛争が法律の土俵に乗り、制度化した機関でとりあげられることになったからである。[76]さらにいくつかの社会立法がくわわる。一日八時間労働、休暇（ウアラウプ）法、失業保険、それに労使同数の委員からなる「企業地区委員会」〔管轄地区において労働斡旋、職業相談、失業保険、失業者のケア、老齢年金の認可などに協力する機関、一九一八年に暫定的に設けられ、二〇年の失業保険法で恒常的な制度となった〕や「調停事務局」も設けられ、さらに一九二〇年には「労働者会議所法」も成立する。国有化は頓挫したが、経済的な階層の法的な立場は、カール・レナーが満足しながら確認しているように、本質的には労働者階級に有利に動いたのだった。[77]オーストリアは、いきなり福祉国家としてはヨーロッパのトップの地位に躍りでる。しかし状況が落ちつき、経済成長率がひきつづき低迷すると、企業家層は福祉の削減を迫るようになっていく。

## 第三節　経済構造の断絶

ハプスブルク君主制の解体により、さまざまな依存関係のうちに機能していた経済圏が壊れてしまった。それはなるほど経済革命ではなかったが、広範な影響をもたらした構造断絶であった。あとに残されたのは、従来国家を構成していた地域（後継諸国家）から切り離され、多くの構造的弱点がこびりついた経済であった。すなわち、エネルギー基盤は脆弱で、チェコの石炭供給に依存していたものが、当座それも途絶えてしまった。農業の発達度も低く、国民を食べさせていく力もなかった。ウィーン近郊には高度な軍需産業があったが、仕事を失い、平和産業への切り替えも、それほど急にはできないでいた。またたとえば、繊維関係のように、バランスを欠いた工場立地や、過剰な人員を抱えた第三次産業、とりわけ膨張した銀行機関、さらに公共機関の職員のかなりの肥大（就業者の一〇％）などがみられた。[78]

構造の断絶にもっとも手ひどい打撃をうけたのは、ウィーンとその近郊であった。また飢餓、寒さ、病気（スペイン風邪）も首都を容赦なく襲う。一九一九年の春にはウィーンの人びとは、一日一二七一カロリーで暮らさなければならなかった。[79] 連合国の食料支援の開始は、オーストリアを餓死から救うだけでなく、ボルシェヴィズムからも守ろうとしたものである。一九一九年の社会的な危機は、未曾有の生産力の危機によって高じたもので、工業生産高は、一九一三年の三分の一、農業生産は二分の一でしかなかった。[80] 失業者数は急激に増えて、四万六〇〇〇人（一九一八年一二月）から一八万六〇〇〇人（一九年五月）となった。ただちに失業者支援策がとられ、企業は従業員の増加を強いられた。[81]

オーストリアが一九一九年という困難な年を乗り越えられたのは、政治の連立提携のおかげであり、労使同数の委員構成の「企業委員会」に組織された経済諸団体の協力のおかげであった。[82] 世界大戦の末期における市場関係各陣営の協力モデルが、共和国初期の歳月に新たな基盤の上に引き継がれていたのである。

# 第二章　安定化を脅かすもの

オーストリアの現代史研究の分野でかねてより出されているのは、何故に第一共和制の民主主義は失敗したのか、という問題である。気軽に罪のなすり合いをやるというのが、政治家たちや一部現代史家たちの熱のはいったやりとりであったし、現在もそうである。以下の叙述では、そうしたやりとりをさらに展開するのではなく、別な糸口を選ぶことにしたいと思う。中心となるテーゼは、どんな政治体制でも、自己崩壊せずに処理できる危機の数には限りがある、ということだ。じっさい第一共和制の政治体制には、あまりに多くの危機が殺到した。その危機も互いに重なりあったり、増幅しあったりするもので――やがて民主主義的な体制を頓挫させてしまった。危機のいくつかを分析してみよう。といってもこうするのは、なにも民主主義の破壊の責任を匿名の勢力に押しつけようとするのではない。それはたんに、判断をくだす前に、行動の余地や構造の諸条件により正確な照明を当ててみようとしたいだけである。

## 第一節　経済の停滞

民主主義を身につけるには、たえざる苦境よりは比較的裕福な状態の方が容易であるというのは、歴史的経験にたぶん合致しているであろう。食うに困らないというのがデモクラシーのための有力な根拠である。この点が第一共和制には欠けていた。

いくつかの重要なデータからみていくことにしよう（表31・32）。

オーストリアは、戦間期のヨーロッパの景気停滞の時期、もっとも激しい落ちこみ方をしていた。民主主義の直面する危機は、じゅうぶんな成長率があって、しかも比較的長期にわたる成長があって初めて克服可能であったろう。

たった一度、一九二九年当時の「よい歳月」にだけ、国民生産は一九一三年の水準に達するが、それ以外は時によってかなり下まわっていた。とりわけ工業と建設業が不況だった。これがまた原因となって長期にわたる比較的高い率の失業状態を招く。成長部門として展開したのは、エネルギー産業（水力発電の増設）、観光産業と木材産業だけである。農業も持ちなおして、一九三七年の生産高は一九一三年の水準を一六％ほど上まわった。[1]共通の経済圏の寸断と後継諸国家による閉めだし措置により、製品の輸出が大きく落ちこみ、五八・六％（一九二〇年）から三一・八％（三七年）となる。[2]くわえて貿易収支や経常収支の慢性的な赤字と投資意欲の長期にわたる減退がみられた。

経済はあえいでいた。それに対して労働者階級は、経済的な地位の向上、影響力の強化を実現する。団体協約法でもって労働者たちは市場での有利な地位を手にし、議会では社会民主党が団結して強力な牽制勢力となっていた。ウィーンでは社民党的な再建プログラムが、具体的な例示のように実行される。国民所得に占める賃金や給料の割合が増えて五一％（一三年）から五七％（二四年）になり、それに反比例して財産や企業設立などからの収入が減って四八％（一三年）から四〇％（二四年）となった。[3] 賃金が高すぎる、福祉の負担が大きすぎる、といった企業家たちの嘆きが声高になる。実際のところ実質賃金は、国際的に比較するとむしろ低いものだった。

表31　1913～38年にかけての国民総生産の年間成長率

| | 全体 | 国民1人あたり |
|---|---|---|
| オーストリア | −0.2 | −0.3 |
| ドイツ | 2.1 | 1.6 |
| スイス | 1.3 | 0.9 |
| ヨーロッパ | 1.6 | 0.9 |

ヴォルフラム・フィッシャーほか編『ヨーロッパ経済史／社会史ハンドブック』第6巻（Handbuch der europäischen Wirtschafts- und Sozialgeschichte, 6. Bd.[hg. von Wolfram Fischer u.a.]）シュトゥットガルト、1987年刊、85頁より。

表32　1913年とくらべたオーストリアの実質国民総生産（1913年＝100）

| 1913 | 1920 | 1924 | 1929 | 1933 | 1937 |
|---|---|---|---|---|---|
| 100 | 66.4 | 88.5 | 105.1 | 81.5 | 90.0 |

フリッツ・ウェーバー「大きな破局の前。20年代におけるオーストリア銀行制度の危機」（Fritz *Weber*, Vor dem großen Krach. Die Krise des österreichischen Bankwesens in den zwanziger Jahren）（未公刊の学位論文）ザルツブルク、1991年刊、8頁より。

たとえば、一九三〇年の時点でイギリスの実質賃金を一〇〇とすると、ドイツが七三、オーストリアは四八であった。[4] オーストリア経済の真の問題は高い賃金コストにあるというより、むしろ工場における技術的合理化の低さにあった。もっとも、労働収入の増加が国民総生産の増加を上まわっていたのも事実である。一九一三年から二四年までに国民総生産は国民一人あたりにして八・七％ほど低下していたのに、被雇用者一人あたりの収入は同じ時期に六％増加している。[5] 要するに企業家サイドでは賃金問題だけしか目にはいらず、経済危機の際には賃金コストの引き下げに全力をあげることになる。この目標の達成には社会民主党の弱体化しかなかった。そこでおのずと、権威主義的なモデルの提示となる。このモデルが一九三三／三四年にキリスト教「社会」党の支援で実現する。賃金や（社会保険負担金など、企業側の負担する）賃金付帯費用が低下する。けれども「身分制国家」〔一九三四年に出現したオーストリアのファシズム国家の形態のこと〕における経済は、それでも持ちなおすことはなかった。

景気動向は詳細にみるとどんなものであったろうか?

## 戦後のインフレーション(一九一八〜二二年)

インフレの時期、とりわけ一九二二年の超インフレは、国民の記憶にトラウマとなって残った。——平常時には二分の一クローネだったパン一個に六六〇〇クローネを払わされ、[6] 左官屋が週に三九万八四〇〇クローネを稼いだ時代のことである。また物価が時間ごとに上昇し、街角の商店で売るものといってもほかに品物がないので、ひねた独身男が子ども用品を買っていた時代である。[7]

巨額の予算不足が——一九二二年時で歳出の六四%に達した——インフレの時期につきまとう。[8] 発券銀行が休みなく紙幣を印刷する。家計費を低く抑えるため、食料品には国による支援が行なわれ、その額が一九二〇/二一年にはすでに歳出の五九%にもなっていた。[9] 計画された財産税も、そうした気違いじみためまぐるしいインフレのなかではまったく効果がなかった。オーストリアが外国人たちを引きつける。かれらはこの国のインフレのおかげで——土地の者が苦々しい思いをしたことには——贅沢三昧ができたのである。

しかしインフレは、見せかけの景気によって社会をふたたび軌道に乗せる。一九一九年には大量にいた失業者を吸収することになっていく。インフレ御利益のおかげで、木材や製紙の輸出が好調となる。いたるところで投機が行なわれ、投機的な利益に期待が集まった。銀行機関が増えて、その数が二六行(一九一三年)から六一行(二四年)となった。[10]

ついには放置できない状況となる。ブルジョア陣営側一番の強力な政治指導者であったイグナーツ・ザイペルが政治の責任ある立場にたたざるをえなくなる。すべての再建計画が企画倒れになるか、効果なしに終わった。

100万クローネ紙幣（1920年代のインフレ通貨）

インフレーションと通貨価値の下落（1914～1922年）

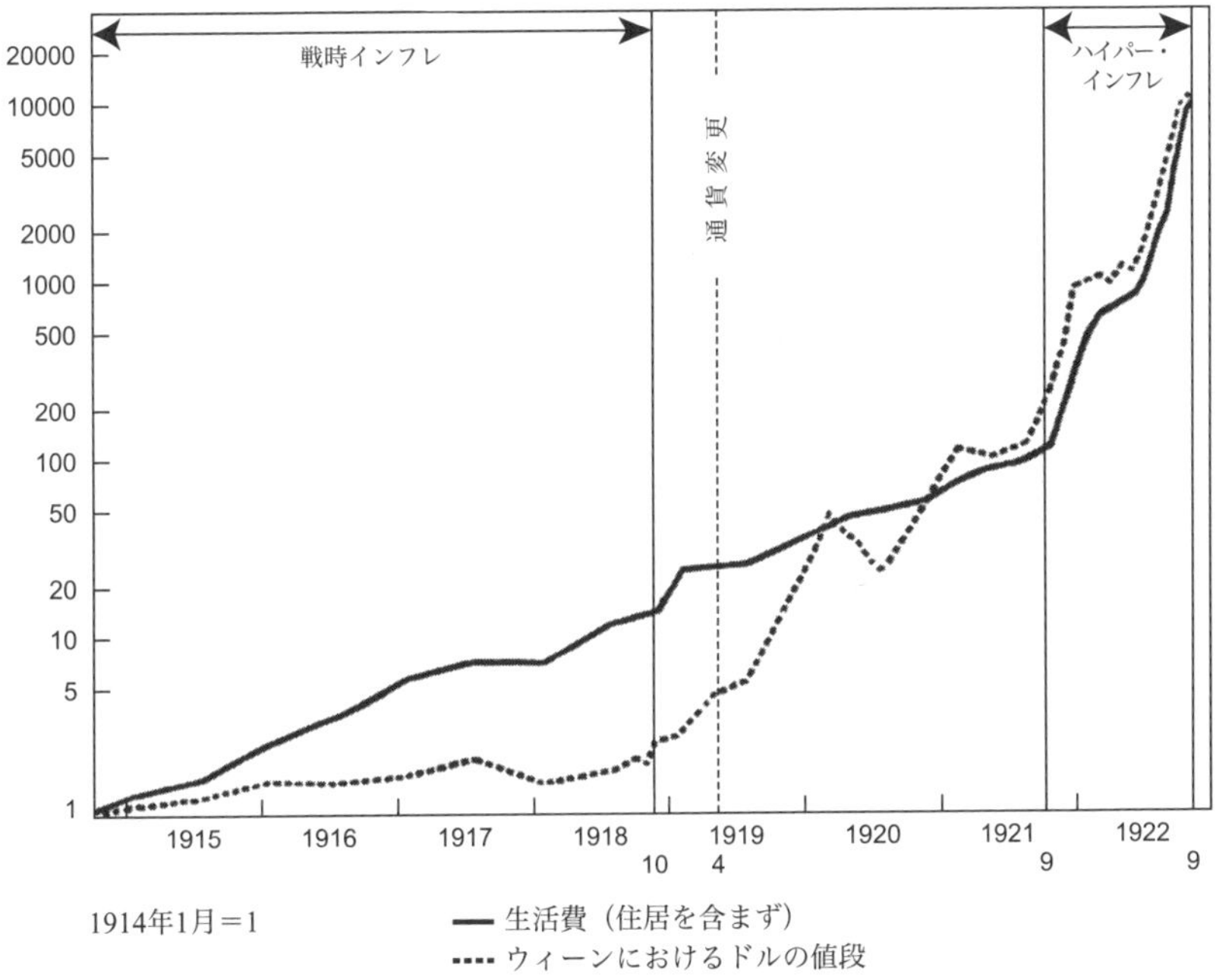


ハンス・ケルンバウアー『戦間期における通貨政策』（Hans *Kernbauer*, Währungspolitik in der Zwischenkriegszeit）ウィーン、1991年刊、29頁より。

ザイペルは、必須の外国支援にすがろうとする——その外国からの援助は、国際連盟を通じてのみえられるものでなければならなかった。すでに近隣諸国は、オーストリアが破産した場合に介入しようと身構えていた。ザイペルの妙手は、オーストリアの経済問題を今や中部ヨーロッパの政治問題にすり替えることだった。ザイペルは——前任首相ヨハネス・ショーバーの重要な予備作業を引き継いで——オーストリアの瓦解が「ヨーロッパの地図に穴」をあけることになり、中部ヨーロッパ全体の安定化に危機を招き、ひいてはサン・ジェルマンの平和事業が危うくなるだろう、と説いた。そこで今や列強が救援に乗りだす。一九二二年の一〇月四日、「ジュネーヴ議定書」が調印され、オーストリアは——列強の保証のもとに——六億五〇〇〇万金クローネ（実質手取りで六億一一〇〇万金クローネ）の借款を手にした。[11]

ほかにも再建計画がたくさん出されたが、ジュネーヴ再建策に代わるまともな選択肢はたぶんほかになかったろう。[12] 選択肢がなかったというのは、社会心理的にみて、外国からの借款だけが興奮した気分を落ちつかせることができたし、自己懐疑と生き残れるかどうかという不安に苛まれた国家への信頼を引きだすことができたからである。もっとも激しい論争のまとになったのは、ドイツとの合併のあらためての禁止であり、議会権限の一部制限、外国による監視などであった。合併禁止は、大ドイツ主義派の人たちの感情を激昂させたが、現実的な帰結はなかった。大ドイツ主義者たちは再建を一緒に担い、社会民主党は、血の気の多いアジテーションに転調しようとする。ジュネーヴ議定書が要求したオーストリア議会の権限の一部制限は、大臣と議員二六名で構成する「特別閣僚評議会」の設置により民主政治的に対応することができた。もっとも、外国による監視は受け入れざるをえず——オーストリアは主権の一部を放棄する——国際連盟の全権委員であるアルフレッド・ツィママン（元ロッテルダム市長）が厳しい目で財政再建を見張ることになった。

社会民主党は、財政再建に対して激しい攻撃を展開する。かれらは、「ジュネーヴ借款」がブルジョアと農民の権力連合の安定化につながることを知っていた。だが、攻撃の仕方は極端にオーバーなものだった。オットー・

バウアーは「公然たる売国行為」[13]だと言い、ロベルト・ダンネベルク（一八八五―一九四二）は、財政再建を「労働者に対する悪魔的な憎悪に」[14]支えられた行動だ、と解説する。社会民主党は、特別閣僚評議会の設置に賛成することでジュネーヴ協定による財政再建それ自体をある程度一緒に担っていたのだから、攻撃することがすでにかなりの場外活動であった。こういう姿勢こそ、第一共和制にあって、イデオロギー的な固執と党派的な打算とが、冷静な国家理性を圧倒し、憎悪ばかりを残して、政治の雰囲気をあとあとまで毒する要因の一つであった。

もちろんイグナーツ・ザイペルはそれに惑わされることなく、財政再建に取り組む。税金の引き上げ、商品売上税のような新税の導入、公務員一〇万人の削減が数字上打ちだされ（そのうち実際に八万人以上が解雇された）[15]、発券銀行として国立銀行が設立される。総括すると、ジュネーヴ議定書による財政再建は、通貨や国家財政の安定に成功するが――すでに一九二五年度財政が黒字となる[16]――、再建は中途半端なものに終わり、経済の再建には失敗する。ザイペルは一部の人びとからオーストリアの救世主と讃えられるが、他方の人たちには、国をだめにした人、権力欲のつよい坊主と謗られた。

インフレの時期には、戦時中にすでに始まっていた社会的な階層変動がいっそう推し進められた。不運な組は、年金生活者、家主、固定給の公務員であり、幸運な組には農民がはいる。農民たちの戦前の借金は、戦後簡単に稼いだ金で一気に返すことができたからである。幸運組にはまた労働者やサラリーマンがはいるだろう。かれらは戦時中に失った実質所得の一部を取りもどしていた。それになにより一掴みの投機家たちも幸運組に入れなければならない。その一部はユダヤ系の人たちで、今や国民の憎悪を浴びることになる。共和国の当初は、反ユダヤ主義がさまざまな形をとって新たにうごめきだした時期でもあった。

## 景気の緩慢な上昇（一九二二〜二九年）

「ジュネーヴ借款」後のオーストリア経済政策のドグマは、財政均衡の優先、通貨の安定、積極的な景気対策の敬遠であった。インフレのトラウマが長期にわたって執拗に影響していて、経済政策の運用範囲を狭めていたのである。[17]

一九二二年以降のオーストリア経済の緩慢な回復には、安定化を脅かす危機（外国貿易の突然の停滞）と株式投機の巨大な波がともなっていた。投機熱があらゆる階層をとらえる。「エレベーター・ボーイ、お手伝いの女の子、夫に死別の未亡人や夫不在の仮未亡人、高校生、寄宿舎の掃除婦、要するにしがない人びとを初め、社会全体の人たちが株に手を出していた」。[18] 一九二四年フランス・フラン（通貨）に対する投機がしくじると、株式市場が混乱して、大規模な銀行破綻となり、この銀行破綻を共和国は年ごとに経験するようになった。[19] ウィーンの銀行六六行のうち二四年の危機を生き延びられたのは三六行でしかなかった。[20] 銀行機関の必要以上の肥大は、危機を避けられず、その破産により失業率が押し上げられた。この失業率はそうでなくとも、第一共和制の全期間を通じて異常に高かったのである。その理由には、就業可能な世代の数が増えて、四〇四万人（一九一〇年）から四三三万人（三四年）となり、これが今や労働市場を圧迫していた。[21]

経済危機のもっとも重要な領域の一つとなったのは、銀行界である。大きな銀行は、ドナウ圏での活動を放棄しようとはしなかったし、西側からの短期の外国借款が、ドナウ圏の旧来の顧客に長期の借款としてひきつづき与えられた。オーストリア内の資本が逼迫し、利子がつり上がる。ウィーンの大規模銀行への外国の参加割合が一〇％（一九一三年）から三〇％（二三年）に上がる。旧帝国の後継諸国家内ですべての立場をできるだけ維持しようとする銀行の「英雄的な」戦いが頓挫した。そうした大規模領域政策は、すでに同時代の批評家が指摘し（シュタイヤーマルク州の経済綱領、一九二五年）、現代の経済史家が裏づけているように、誤れる方針であった。[22]

それでも、たえざる銀行危機にもかかわらず、一九二五年以降経済の僅かな回復がみられるようになり、三〇年までつづいた。エドゥアルト・メルツとその研究者仲間の叙述によると、この期間に実質国民総生産は、年平均で三・五%増えている。[23] それでもこの期間に生産能力がフル稼働することはなかった。一九二七年以後オーストリアは国際的な好景気の渦に飲みこまれ、国の投資（国営鉄道の電化）やウィーン市当局（福祉住宅建設）がその趨勢に勢いをつけた。一九二八／二九年は、共和国時代の経済的に最良の歳月となった。ある種の経済楽観主義が広がり始めていた。

この時期の経済と政治とは、かけ離れた歩みをしていて、比較的ましな経済の展開（兆し始めた農業危機を別にすれば）に対して、政治の緊張は高まる。それは、一九二七年七月一五日の出来事、つまり後述する「ユスティーツ・パラスト（法務省）」の火災が引き起こした緊張であった。一九三〇年以降の世界経済危機になって初めて経済と政治とがふたたび同じ歩調をとるようになる。

外国貿易はまずまずの成果をもたらす。まずまずという理由には、帝政の後継諸国家が、ウィーンの影響圏から脱すべく、努めて高い保護関税政策をとっていたのに対して、オーストリアは低い関税率の、むしろ自由貿易政策を優先していたからであった。

一九三〇年の危機はまたしても銀行部門で起こる。一九二九年にルドルフ・ジークハルト率いる「ボーデン・クレディット・アンシュタルト」銀行がつぶれた。この有力銀行は、政治的にはキリスト教「社会」党と「防郷団」に近いものだったが、かれらの拡大路線的産業政策によって無理をしていたのである。政治が古い図式にそって動きだす。危機に瀕した機関は——政治の圧力により——よりつよい銀行の手で引きとられる。このケースでもそのとおりになった。引き受け手として名があがるのは、「クレディット・アンシュタルト」銀行だけであった。首相のショーバーは、この銀行の筆頭株主であるルイ・ロスチャイルド（一八八二－一九五五）の胸にピストルでなく、機関銃を押しつけて迫ったと言われた。[24]「クレディット・アンシュタルト」は引き受け手となるが、その二年後には、みずから危機に陥ってしまう。

一九二〇年代の経済の展開の素描によって、次のような一事を明らかにしておきたい。つまり、オーストリアの経済が一九一八年の構造破綻からの回復にはまだほど遠い時期に、外部から世界経済危機がすごい勢いでオーストリア経済を襲った。それゆえにオーストリアがとくべつ強烈な打撃を被ったことである。経済の停滞が、それから経済の危機そのものが、民主主義的な政治体制に持続的な重圧をかける。さらに政治の分野の危機がくわわる。これらが一緒になると、政治システムの弾力では対応しきれなくなるのだった。

## 第二節　政治的な緊張

主要な疑問はたしかに、オーストリアのデモクラシーが挫折した原因は何か、ということだろう。だが歴史家なら、考察の視点を一九三三／三四年からのみえようとするのは避けるべきである。つまり一九一八年から二〇年までのコンセンサスという視点から、それ以降の歳月をみるのも正当性があるだろう。とにかくデモクラシーは、さまざまな困難にもかかわらず、三三／三四年まで生き延びたのである。共和国成立一〇周年の国民議会の祝賀の席で国会議長のヴィルヘルム・ミクラス（一八七二―一九五六）がこう強調した。「当時もそれ以降も既存の政治勢力がしばしば激烈な姿で登場したというのは、否定すべくもありません。だがそこから連邦にとって持続的な損害などは生じなかった、むしろ党派の見解の激しい衝突にもかかわらず、再生のために肯定的な仕事がたくさん行なわれたのです。これは、わが国家制度のしっかりした根づきの明白な証しだとみてよいでしょう」。[25] 一九二九年の四月三日、イグナーツ・ザイペルは首相を退くにあたって、よりアンビヴァレントな発言をする。かれも国内政治の緊張を強調する。だがその緊張も、ザイペルの意見によれば、「決して取りかえしのつかないような損害」

をもたらしはしなかった。「現在の緊張は、国内の平和、ましてやデモクラシーなどを真に脅威に晒すような危険ではない、とわたしは思っているのです」。[26] ザイペルは「防郷団」（軍隊に似た故郷護衛組織。第一次大戦後の混乱のなかでできたもの。その後イタリアのファシズムを見習って、共和制の政治的危機のたびに勢力を拡大し、独裁制的な統治をめざす運動の主要勢力となる）相手に危険な遊びをしていたが、それを政治的な無関心の克服だ、「革命の路線からノーマルな展開へ」[27]の切り換えだ、と言い張っていた。

結局のところ記憶すべきは、膨張する防郷団がかなりの圧力をかけ、公然とクーデタを呼びかけ、民主的な妥協をすべて「弱虫の泣き落とし平和」[28]だと中傷していたのに、それでも一九二九年の憲法改正では、まだ大きな妥協ができたことである。出発点は大きくかけ離れていた――とりわけ地方と都市ウィーンの立場が攻撃の中心となっていた――けれども、連邦首相のショーバーと社会民主党の憲法の専門家ロベルト・ダンネベルクとは、前者がいうごとく「平和事業」を達成できたのである。それは「勝者も敗者もあってはならない、の言葉が当てはまる」[29]ような事業だった。なるほど憲法上では、「純粋に議会優位の体制から執行上議会に責任をもつ大統領制的共和国体制」（ヨハネス・ショーバー）への移行が起こった。けれども社会民主党はその本質的な立場を維持することはできた。[30] 妥協の決定的な結果はこうである。すなわち、従来は大統領と政府が国民議会に従属していたのに、改正後は大統領が政府の任命・罷免権をもち、議会と対等となり、政府は議会と大統領に対して責任をもつようになった。これはたしかに国家権威の強化であった。けれども防郷団が期待していた権威主義的な政体とはほど遠いものだった。[31] 実際ほとんどの州では――役職の比例配分に支えられて――合意形成をめざす民主主義モデルが機能していたが、抗争は連邦段階から州次元へと広がっていった。[32]

連邦次元ではすなわち、二〇年代に抗争紛糾の目立った民主主義モデルがしだいに定着していく。そして基盤階層の分節化が、階級や陣営の境界線にそって増えていった。ウィーンでは社会民主党の組織密度が一九三〇年時で六〇％にもなっていた。[33] ブルジョア＝農民陣営は内部で激しく分裂していたし、ここに中央対地方の緊張（ウイーン対各州）が政治的な集団にまで浸透していく。基盤階層における高い暴力志向や、自衛団体の構築が陣営間の溝を深めていった。政治のエリートたちがコンセンサスにいたることはしだいに難しくなり、くわえて一般の前での対決の言葉が過激なものになっていく。一般聴衆向け、とくに党内の聴衆向けになるほど、それだけ対決のスタイルもいっそう乱暴粗野となった。政治的な争いがしだいに「農機具センス次元の階級闘争」（カール・レナー）となっていった。すでに一九一九年時に国防省の部長をしていたテオドーア・ケルナー大佐（一八七三―一九五七）は先見の明ある意見を手紙に書いている。「なるほど我われには民主的な憲法がある。だが、民主主義に見合う感覚の国民がいない。国民を自治へと教育するのが、立場を越えてすべての指導的人びとの最重要な課題なのだと、わたしには思える」。[34] 民主主義への教育とは、寛容と妥協能力との教育のことにほかならなかった。こうした能力が上層部にも基盤層にも欠けていた。

　政治体制の不安定さを、単純な指標からみてとることができる。一九一八年の一〇月三〇日から三四年の七月二五日の間に共和国は、一二人の首相、二三の政府を費やしている。先頭にくるのはイグナーツ・ザイペルの五回の政府（二二～二四年、二六～二九年）、次いでヨハネス・ショーバーの三回の政府（二一～二二年、二九～三〇年）[35]だが、これには途中、ヴァルター・ブライスキー首相（一八七一―一九四四）の「一日政府」（二二年一月の二六／二七日）という珍事が間にはいっていた。

　じじつザイペルとショーバーは、ブルジョア陣営のもっとも強力な人物の双璧で、司祭あがりと警察官僚であった。一方がかなり抽象的な国家に義務感をもちながら、たえず教会の利害を視野に入れていたのに対して、他方は警察長官としてつねに法と秩序のために意をもちい、必要とあれば厳格さの発動も辞さなかった。両者とも民主主義にはある種の懐疑をもっていた。二人とも煽動的な「防郷団」を「番犬」として使って、社会民主党陣営をひるませようとする。両者とも大衆を嫌っており、二人にはアジテーター的な才能もなかった。結局二人の間で対決しあうことになる。反政治（ショーバー）と政治（ザイペル）との対決である。二人は、一九二七年の七月一五日以降、労働運動の憎悪の対象となり、短絡的な目には一方は「慈悲なき坊主」、他方は「労働者殺し」と映り罵られた。ザイペルに対しては二〇年代の初めにすでにこんな戯れ歌がはやっていた。

どのガス灯にも、どのガス灯にも、
あの上に誰か御仁が吊るされる、
……
その御仁第一号は、その御仁第一号は、
それは、ザイペルという御仁だろう。
……[36]

一九二四年の六月二日、実際にザイペルは刺客の弾丸にみまわれ、重傷を負う。「ショーバーがあいかわらず非政治的な行政官であったのに対して」――二人の政治家の晩年に関するクレメンス・フォン・クレンペラーの見解によると――「ザイペルは議会主義的デモクラシーの設計士からオーストロ・ファシズムの覚醒した共鳴者へと変身したのだった」。[37]

ところで構造の歴史にもどると、一九二〇年から三三年にかけてのブルジョア＝農民ブロック政府は、不安定なものであったにしても、議会で議員の過半数の支持をえていた。二〇年時で政府は議員の六二％の支持を取りつけていたが、三〇年時では五六％になっていた。これに対して社会民主党は、この期間全体を通じて欲求不満の募る野党暮らしをつづけざるをえなかった。もっとも議員数が（議員定数の）三八％（一九二〇年）から四四％（三〇年）に増えたことによって気をよくして、選挙をとおして多数を獲得しようという希望をかきたてていた。[38]他面で長年にわたるキリスト教「社会」党＝ドイツ民族派の連立は、宗教文化政策面ではかなりの違いがあったのだから、「マルクス主義」への恐怖がこれら二党に手を握らせてできあがったものなのである。

## 政治的な暴力の次元

二〇世紀のオーストリア史のなかで第一共和制の特記すべき点は、国家の暴力独占の喪失にあった。一九三四年の二度にわたる内戦以前、つまり一九一八年の一一月一二日から一九三四年二月一一日までにすでに政治的な理由から二一七人が殺され、六四二人が重傷を負っていた。[39] その際、犠牲者のたいはんは左派陣営の者たちだった。暴力の周期は、共和国の歴史の局面に連動していて、暴力の潮位は、オーストリア革命時には高く、一九二〇年から二六年の相対的安定の時期には低く、一九二九年から三三年の内戦を孕んだ時期に高まって、一九三四年の公然たる内戦で頂点に達する（二月に死者三二〇名、七月には死者二六九名を出している）。[40]

暴力の基本的な撚りあわせは、そのつど抗争の特定の構図を浮かび上がらせる。オーストリア革命の時期には、左翼過激派－社会民主党系労働組合－ブルジョアジーという力の三角形がみられた。安定化の局面になるとこの三角形が社会民主党系労働者階級対ブルジョア階級という抗争になる。一九二八年から三二年というそれ以後の局面では、「防郷団」と「共和国防衛同盟」〔オーストリア社会民主党の准軍隊的な防衛組織といえるもので、一九二三年に結成され、最大時で八万人ほどの規模になっていた〕とが決定的な抗争相手であり、やがて防郷団が軍隊調のナチズム信奉者に取って代わられる。だが、「身分制国家」時代の権力陣営は、最終局面でナチズムに抵抗することになるのだった。[41]

暴力の際立った図式の一つは、相手陣営の集会の蹴散らし行為であった。当初はむしろ左翼陣営が使ったが、その後右翼の自衛団体がこの政治対決スタイルを取り入れる。二〇年代の末には、デモ行進－対抗のデモ行進－衝突という特定の構図ができあがった。抗争を孕んだ雰囲気は、心理的に不安定な人びとを惑わして、さいさん暗殺行為へと向かわせた。たとえば、党指導者のイグナーツ・ザイペルやカール・ザイツに対する暗殺未遂の事例がそうである。この両者はそのつど経済や政治の悲惨と困窮の「責任者」とされてしまう象徴的人物であった。[42]高い暴力潮位は、一面では社会の深刻な軍事化の表れであり、軍隊ごっこ好み、制服好みや、きびきびした男らしさ願望の表れであったし（若い男の力のシンボルとして防郷団の帽子につける「おんどりの尾」があった）、それは他面では政治体制の危機のたぶんもっともはっきりした表現であった。積み重なる抗争は、平和的な解決も誘導もなされずに、政治的な暴力の噴火的突発の形で吐きだされるのだった。

この点は、一九二七年七月一五日にひろく知られることになる。それは第一共和制の重度のトラウマであり、真に歴史的な日であった。「シャッテンドルフの裁判」における無罪判決が労働者たちの素朴な正義感を刺激した。さらにくわえてシャッテンドルフ村の敵対デモの折に射殺されたのは、傷痍軍人と子どもであった〔ブルゲンラント州の僻村シャッテンドルフでの左右両派のデモの際に、右派系の者が機関銃をもちだして二人の死者を出す（一九二七年一月）。この事件について、ウィーンの高等裁判所の裁判において無罪の判決がでたのが七月一四日であった〕。『労働者新聞』に掲載された反発の記事、さらに自然発生的な抗議行動――これらはある程度予想できた。ところが実際は、コントロール不能な無数のデモ隊が二〇万人にも膨れ上がって、ウィーンのリング通りを練り歩いた。社会民主党の指導部は不意を突かれた恰好となり、統制要員として「共和国防衛同盟」の動員にかかるも、遅きに失した。騎馬警察官がデモ参加者の怒りをさらに刺激する。「ユスティーツ・パラスト（法務省）」が「階級司法庁」のシンボルのような形となって、そこに火が放たれる。それに今度は警察の姿勢がエスカレートした。機関銃をもった六〇〇名の警官隊が群衆めがけて発砲する。結果は八九名の死者と無数の負傷者であった。社会民主党はザイペル首相の退陣、一日間のゼネスト、無期限の交通ストなどをかまえて、大衆の掌握力を取りもどそうとする。地方では「防郷団」が示威行動にでて、交通ストライキは頓挫する。ＳＤＡＰ〔社会民主主義労働者党、社会民主党の正式名称〕は手ひどい敗北を喫する。[43]労働者階級の力という神話が崩壊してしまった。ザイペルはきっぱりとこう言った。「この数日間で我われがえた印象は、社会民主主義者たちが内部的にバラバラで弱体だということだ」[44]と。

一九二七年七月一五日の影響を理解するには、火災の象徴的な意義を一緒に考慮する必要がある。つまり、放火、ボルシェヴィズム、財産の脅威、過激な平等主義などである。この事件を取り扱った文学的な作品も四〇を数える。[45]死者を出したことが、陣営の分極化をいっそう進めた。議会ではイグナーツ・ザイペルとオットー・バウアーが演説で劇的な対決をする。一方が冷徹な権力テクニシャンなら、他方は自己懐疑と格闘する政治の倫理家であった。大きな歴史の流れのなかでとらえると、オーストリア近代史の古くからある対立がまたしても対峙しあっているのだった。つまり、カトリック的な反宗教改革対人間主義的啓蒙である。[46]

## 「防郷団」と「共和国防衛同盟」

未組織的な暴力とならんで、疑似軍隊的な団体の組織的暴力が存在していて、国家の暴力独占状態を崩していた。「防郷団」(護国団)は、戦後当初のブルジョア的農民的な自衛組織や、南部におけるユーゴスラヴィア人の攻撃に対する防衛団体から生まれたものだった。一九一九年の春に革命の波がオーストリアにまでおよんだのに対して、その後一九/二〇年には反革命の風が吹いてきた。とりわけバイエルンの義勇軍が接触をはかり、武器を提供してオーストリア西部での防郷団の設立を支援する。[47]安定の時期に防郷団はむしろそれほど目立たず、各州の政府などと親密または疎遠な、地域によって差のある存在であった。

しかしその後一九二七年の七月一五日以後になると、防郷団は勢力をつよめるようになり、それが三一年までつづいた。この防郷団を、いつ何をしでかすかわからないようなものにしたのは、その不均質で気まぐれな性格だった。そこには少なくともしょっちゅう抗争しあう二つの潮流がみてとれた。ドイツ民族主義的・小都市的で過激な潮流と、保守的・カトリック的・農民的な潮流である。[48]一方はシュタイヤーマルク州でみられ、他方はチロル地方にみられた。[49] かれらを一つに束ねていたのは、その戦闘的な反マルクス主義であり、ついでますますつよまる反議会主義的・反民主主義的＝ファシズム的な志向であった。一九三〇年五月一八日の悪評高い「コルノエブルクの盟約」〔ニーダー・オーストリア州の防郷団がウィーン北方の小都市コルノエブルクに集まる。その総会で、内部対立の目立っていた防郷団を独立した、統一ある政治勢力に仕立てあげようとする綱領めいたものをまとめた〕では、はっきりとこう言われていた。「我われは、西洋的な民主主義的議会主義や政党国家を唾棄する」[50]〔政党国家とは、政治的な意志形成に政党が主役を演じるような国家体制のこと〕。防郷団は、当初産業界や市民＝農民系の政党によりマルクス主義に対する武器として養育されていたが、しだいに自立性をもつようになる。一九三〇年には「郷土連合（Heimatblock）」をつくって育ての親たちに対抗して選挙を戦う存在となり、イタリア・ファシズムの例にならった方針をつよめていく。「我われの綱領は、オーストロ・ファシズムというものだ」、と防郷団総裁のエルンスト・リューディガー・フォン・シュタルヘムベルク侯爵（一八九九―一九五六）〔防郷団の全国指揮団長、ドルフースの支援者で一九三四～三六年の間副首相、のちに「祖国戦線」のリーダーとなり、イタリア・ファシズムと提携しながらオーストロ・ファシズム路線を進めた〕は公言していた。[51]

　イタリアとハンガリーから資金や武器が提供され、ついには社会民主主義者たちに対する一揆、「ウィーンに向けての行進」敢行のアドバイスも提供される。[52] 防郷団の行進がしだいにウィーン包囲網をつくり、あちこちの社会民主党の牙城が頻繁に挑発をうけるようになった。しかし一九三一年シュタイヤーマルク州の防郷団リーダーのヴァルター・プフリーマー（一八八一―一九六八）が一揆をこころみたときには、ディレッタント的な惨めな企てでしかなく、すぐに頓挫してしまう〔一九三一年九月、プフリーマーがみずから「国家指導者」を名のり、シュタイヤーマルク州北部地域の役人のすげ替え、社民党系の市長の逮捕、交通網の遮断を訴え、全国の防郷団指導者に支持を呼びかけた。だが、共鳴をえられず、一揆は一日で頓挫した〕。一揆参加者たちに裁判で無罪判決がでるが、この判決はオーストリアのデモクラシーの実態に光を当てる点で、一揆そのものよりも特徴的なものだった。[53] 防郷団の政策は、政府参加（たとえば一九三〇年の例）と一揆という脅し、公然たるファシズム信条吐露と政府陣営への加担との間を揺れていた。防郷団はその多くの団員にとっては、より過激なより一徹なナチズム信奉者になる通過過程にすぎなかった。その一方、他の団員グループは一九三三年以降首相ドルフースのオーストリア擁護の政府路線をともに担うようになっていった。

防郷団メンバーの数量的な評価には、正確なものがない。一九二八年から三〇年の間で一五万人から二〇万人のメンバーというのが現実に近い数字だろう。そのうち四万人から五万人が軍事的な訓練をつんでいた。[54] 一九三四年の二月初めで防郷団のおおやけの数は五万人から六万人、これに対して共和国防衛同盟は三万人から四万人であった。[55] 三四年のこの数は、防郷団ではナチスへの転身がすでに進み、共和国防衛同盟の場合には非合法化に追いやられ、多くのメンバーを失った時点のものである。それはともかく歴史全体をとおして重要なのは、この二つの重要な自衛団体のいずれも、国家の権力独占の基本をなす国防軍よりも強力だったという事実である。国家の正規軍は三万人たらずであった。社会民主党にとって二重に難儀であったのは、かれらの党が二〇年代の末には国軍や警察に対してもっていた影響力をとっくに失っていて、それなのに今ではその国家的な権力独占装置や防郷団に対峙していることだった。

地域的に分裂していて均質性がなく、たえず指導部の問題を抱えていたことが、防郷団の社会的な構成の評価判断を困難にしている。この運動の基盤の由来は、地方的＝農村的な環境にあったようだが、防郷団の基盤を純粋な農民運動とみるのは、間違いであろう。その基盤は、社会史的にはかなりひろい層にまたがっていた。一九三〇年代における家事手伝い的家族構成員の統計的な増加や、経済危機ゆえに多くの息子たちが屋敷内で暮らしていたという事情が、ある程度人的供給源となっていた。[56] リーダー格には、（リヒャルト・シュタイドル（一八八一－一九四〇）〔チロルの政治家、防郷団の全国指導者、ナチにねらわれる存在となる〕やヴァルター・プフリーマーのように）過激化した田舎の大卒者や、ステータスを失った軍人、復讐欲にもえる多くの貴族たちなどが顔をみせていた。[57]

防郷団の右にはさらに、「前線兵士協会」から「緑の軍団」にいたる一連の軍人団体が存在していたが、ここでは無視しておいていいだろう。[58]

社会民主党の軍事的な手足は、「共和国防衛同盟（der Republikanische Schutzbund）」であった。右翼団体が共和主義的＝民主的な政治体制に攻撃的な態度で憎悪をもやし、ヨーロッパのファシズム的風潮のなかで権威主義的＝身分主義的な社会変革をねらっていたのに対して、共和国防衛同盟は、一九一八年革命の成果を守ろうと、守勢の立場にたっていた。右翼系の軍事団体が政治陣営の外側に位置する傾向にあったのに対して、「共和国防衛同盟」はつねに社会民主党の政治的コントロール下にあった。この点が根本的な違いであった。[59]

一九二三年、武装した労働者防衛隊や統率組織が「共和国防衛同盟」に統合された。「社会主義的な街頭政治の実力行使部隊」だと反対派の新聞は書いたが、[60]じじつこの「共和国防衛同盟」は、街頭で社会民主党が優位になる保証となっていた。

一九二七年以後、防衛同盟の武装化がつよめられるようになり、軍事教練が労働者たちにまで広まる。集会に代わって点呼があり、指導部の任命が上から行われ、位階制が設けられた。軍事面での指揮官には、将校のアレクサンダー・アイフラー（一八九〇―一九四五）が就任する。テオドーア・ケルナーのような老練な軍人の反対に逆らって〔かつて参謀本部の将校であったケルナーは、軍隊組織

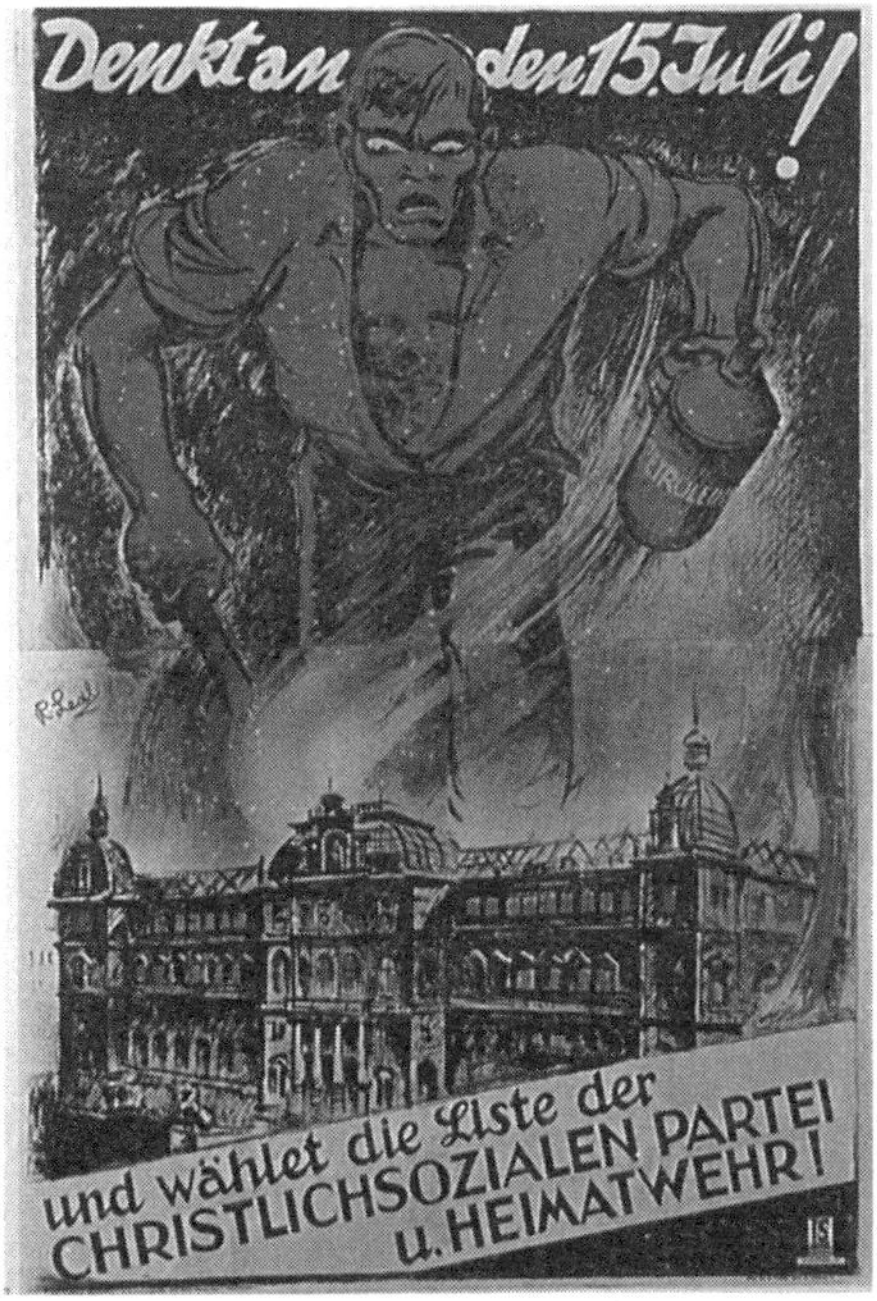

選挙戦のテーマとなった法務省焼き討ち事件。1930 年のキリスト教「社会」派の選挙プラカード。「7 月 15 日を思いだして、キリスト教「社会」党と防郷団のリストに投票せよ」とある

をもつ体制に軍事的な抵抗は不可能との信念の持ち主だった。そこで、国内の衝突にそなえて共和国防衛同盟を武装化しようとする方針にも反対した」、「共和国防衛同盟」は「内戦心理の弁証法」（カール・レナー）にしたがって疑似軍隊的な組織へと変身していった。それは一九三四年の二月に完全に失敗する戦術であった。二〇年代末で「共和国防衛同盟」が動員できるメンバーは、およそ八万人から九万人であったが、一九三三年の三月にはそれは半分ほどの数にすぎなかった。[61]

政治陣営の武装化の評価にはさまざまなものがあろうが、この武装化が民主的な政治体制にとり重大な障害となる。武装解除の提案はすべて水泡に帰し、内戦に向かう傾向がつよまっていった。

## イデオロギーの次元

キリスト教「社会」党のカール・ドゥレクセルは、党首ザイペルよりも烱眼に議会でこう言い切っていた。「我われは、双方ともポケットにナイフをもち、相手方がそれをほんとうに手放すことなどどちらも信用しない二人のようである。それでもなお我われは、相互信頼をみいださねばならない」[62]、と。イデオロギー的に二つの全面的な人生観が真っ向から対峙しあっていた。カトリック的な人生観と社会民主主義的な人生観である。両者ともそれぞれに完結したミリューに立脚していた。カトリック系のミリューは、教会を中心に群れをなし、社民党系のミリューは党会館が中心になっていた。

一九二六年、社会民主党とキリスト教「社会」党は、それぞれ新たな党綱領を発表する。社民党の綱領は一七ページあり、入念に検討をくわえ、民主的な色合いをつよめたマルクス主義に依拠していたが、防衛上緊急の場合にはプロレタリアートの独裁も排除してはいなかった。これに反してキリスト教「社会」党の綱領は、たったの二ページの貧相な印象のもので、概して大雑把なものにとどまっていた。[63]

基本的な争点は、宗教の例にみることができる。社会民主党からすると、宗教はプライベートな要件で、政治という公的な領域において出る幕はない。だからかれらは、教会と国家との峻別を要求する。結婚と学校とは、世俗主義にたつ国家の要件だという。これに対してキリスト教「社会」党は違った考えだった。かれらの信念では、キリスト教の基本理念によってのみ社会や国家の生活を順調に導くことができる。社会的なハーモニーは教会の懐のなかにしかみいだすことはできない、という。こうして、第一共和制時代の政治闘争は、ますますひどく情動的に支配される世界観的な闘争になっていった。いつでも究極的なものが問題となり、どこにおいても信仰が問題にされる。否定すべくもない世俗化の進行は、抑制する、いな、旧にもどさねばならぬ、という。そのために教会があり、その政治的手足としてキリスト教「社会」党があるのだった。議論の沸騰した婚姻法改革、つまり一度離婚したカトリック信者が再度（少なくとも国法上）結婚することが許されるかどうかという問題で教会は、厳しく「ナイン（否）」と言っていた。教会法は国家にも当てはまるべきだ、という。神学教授のエーミリアン・シェップファー（一八四八―一九三六）は議会できっぱりとこう言っている。「問題は、そうした法律によってこの一〇人、あの二〇人、あるいは何千人という人たちが個人的に不幸になるかどうかといったものではなく、むしろ一つの社会が不幸になるかどうかなのである」。[64]もっとも、「上の方の連中」が教皇庁と話をつけて（シュタルヘムベルクの例のように）うまくやっているのに、庶民は惨めな結婚をつづけている、そんな事態をみせられるのは一般庶民には苛つくことであった。

カトリック教会は、ザイペルの慎重なイデオロギー的先導もあって、共和制への移行をスムーズにはたしていた。[65]ただ皇帝の喪失は司教団や多くの司祭たちの間に、決して癒えることのない傷を残していた。ゼッカウの司教シュースター（一八四二―一九二七）〔グラーツ大学の教会史の教授、「ローマと手を切ろう運動」と戦う〕は、「突然オーストリアは皇帝のいない国となり、よき母アウストリアはその顔を隠してしまった」[66]、と嘆いた。教会政策のすべての立場を守るというのがスローガンとなる。この点は、第一共和制の間はかなりうまくいっていた。教会はキリスト教「社会」党のための強力な党派的宣伝を行ない、一九三三年まで司祭を党の議員にしていた（三三年時には連邦議会議員五名、参議院議員三名、州議会議員数名）。[67] さまざまな分野にわたるカトリック系団体は、二〇〇以上もの個々の協会をつくって五〇万人以上の人たちを擁していた。[68] カトリシズムは、現代的な言葉遣いをする心得ももっていた。けれども、ロシアやメキシコにみるような教会迫害に対する「大きな不安」が心理的にカトリシズムをしばっていた。これに対して社会民主党は、カトリック信者たちからそうした不安を取り除く努力をほとんどしなかったし、聖職者への度をこした非難攻撃、宗教的な催しの際にときおり邪魔だてをすることもあって、そうした不安の解消にはほど遠かった。「玉座とともに説教壇も滅びるに違いない」、[69] と喧伝されていた。一九二三年と二七年の二度の大掛かりな脱教会プロパガンダが教会に深い衝撃を与える。[70]「反キリスト」という社会民主党のイメージが信心深いカトリック教徒たちのもとで定着していった。

もっとも敵愾心だけがあったのではない。政治陣営を引きあわせるイデオロギー的要素がいくつかあった。それはなによりドイツとの合併志向にいえることで、この志向は一九一八年から二〇年、それに三〇年以降、とそれぞれ危機の時代に勢いづき、生活の糧とはいえないまでも、一つの信頼、救済的な理念となっていた。なるほどそれにはさまざまなニュアンスがあり、ドイツ民族主義派の動員団体（オーストリア・ドイツ活動連盟、オーストリア・ドイツ民族同盟、ドイツ・クラブ）などの構成員は政治的にみてかなり偏ったものであったが、それでも一九三三年までは少なくともドイツとの合併論理で共通するものを呼び起こすことができていた。[71] 類似のことは、反ユダヤ主義にもみてとることができる。反ユダヤ主義は、民衆のなかに根を下ろしていたがゆえに、危機の時代にそのつどすばやい動員が可能だった。キリスト教「社会」党や大ドイツ主義派のような、公然たる反ユダヤ主義政党と、社会民主党のように公式には反ユダヤ主義でない政党との違いには、注意を払う必要がある。民衆文化の次元、政治文化の次元になると、反ユダヤ主義は左翼政党にもおよんでいた。一九三八年ナチズム信奉者たちはその目的のために、そうした共通性を動員できたのである。[72]

# 第三章　世界経済危機とデモクラシーの危機

## 第一節　リスク――工場の墓場

一九三〇年、世界経済危機の深刻な衝撃をうけたとき、オーストリアの国民経済は、構造変革の真っただなかにあった。オーストリアの場合の特徴的な点は、危機それ自体の厳しさよりも――もっとひどいみまわれ方をした国がいくつかある――むしろ（一九三七年までもつづく）危機の執拗な持続にあった。危機のこのしつこい継続が戦間期の人びとの第三のトラウマ的経験となっていく。

危機の輪郭を簡単にたどってみることにしよう。

スイスは比較的一貫して危機を乗り越えている。注目すべきはドイツとの比較である。ドイツでは、いくぶん早めに危機が始まって、一九三二年に経済の落ちこみが最低点になる。それはオーストリアの水準より低い落ちこ

表33　オーストリア、ドイツ、スイスの経済発展（1913年＝100）

| | オーストリア | ドイツ | スイス |
|---|---|---|---|
| 1929 | 105.1 | 98.6 | 143.4 |
| 1930 | 102.2 | 94.0 | 148.3 |
| 1931 | 94.0 | 83.7 | 134.1 |
| 1932 | 84.3 | 79.6 | 130.7 |
| 1933 | 81.5 | 90.3 | 132.3 |
| 1934 | 82.2 | 99.4 | 145.2 |
| 1935 | 83.8 | 111.9 | 152.4 |
| 1936 | 86.3 | 122.9 | 163.3 |
| 1937 | 90.9 | 135.6 | 174.2 |

フェーリクス・ブーチェク『二〇世紀のオーストリア経済』（Felix *Butschek*, Die österreichische Wirtschaft im 20. Jahrhundert）ウィーン、1985年刊、46頁より。

表34　オーストリア、ドイツ、ノルウェーの失業率の平均（%）

| | 1930/34 | 1934/39 |
|---|---|---|
| オーストリア | 20 | 23.3 |
| ドイツ | 22 | 6.7 |
| ノルウェー | 26 | 20.9 |

ヴォルフラム・フィッシャーほか編『ヨーロッパ経済史／社会史ハンドブック』第6巻（Handbuch der europäischen Wirtschafts- und Sozialgeschichte, 6. Bd.[hg. Von Wolfram *Fischer* u.a.]）シュトゥットガルト、1987年刊、102頁より。

みであった。ナチズム支配の登場とともに顕著な景気上昇が始まり、その好況によりドイツはすでに一九三五年には一九一三年の水準を超えている。オーストリアの景気の動向は、違った経過をたどっていて、一九三三年に落ちこみがもっともひどくなる。権威主義的＝身分制的な体制の登場は、オーストリアを決して上昇機運に乗せはしなかった。数字は遅々とした歩みで改善されるが、一九三七年になってもオーストリアは、一九一三年の水準に達しなかった。こうした発展の違いの政治的な帰結ははっきりしている。つまり、ナチズムが魅力を獲得するのだった。

表34の数字は、人びとに対する危機の影響を具体的に示している。最初の時期ではオーストリアの失業率は、ドイツやノルウェーのそれを下まわっているが、第二の時期にははっきり上まわっている。オーストリアは、立ち直ることができなかったのである。この数字は、別な面で以下のことも証明している。すなわち、深刻な経済危機が必然的にデモクラシーの危機、もしくはその終焉にどこでもつながるとはかぎらない点である（ノルウェーの例をみよ）。それゆえ経済的な危機のほかに、他の要因、とくに「政治文化」という長いスパンの要因も、決定的なものとしてともに考慮に入れねばならない。オーストリアでは三つの危機が同時に発生して、重なりあった。一つは農業危機である——山地の農民の場合、

農産物価格が一〇〇（一九二九年）から七〇（三四年）に下落している。穀物栽培農家の場合には、いくぶんましな状況だった。[1]二つ目は工業危機――工業生産は一九二九年と三二年との間に三八％も落ちこむ（ドイツでは四二％）。[2]もう一つは、信用危機である――一九三一年のクレディット・アンシュタルト銀行の破綻により経済と政治とにきわめて深刻な動揺が起きている。[3]その当時オーストリアの全企業の株式資本の四二％がこの銀行の支配下にあった。[4]オーストリアにとって非常に重要な外国貿易が一〇〇（一九二九年）から五一（三三年）に落ちる。[5]『労働者新聞』が心配げに書いていたように、世界経済危機により「オーストリアが工場や商店の墓場と化する」脅威が迫っていた。[6]それにより大量の失業者があふれ、その数は、一九三三年には五五万七〇〇〇人にのぼる（三四年で七四万一〇〇〇人の失業者数をあげる著者も何人かいる）。[7]産業の被雇用者の四五％に職がなく、そのうちにはとりわけ若い従業員が多かった。[8]

ところで経済政策はどう対応したであろうか？　経済政策はインフレーションの経験で深い後遺症を負っていた。経済政策の信条は、通貨の安定、国家予算の均衡、国家の手になる投資はしないか、してもごく僅か、というものだった。こうした政策の保証人になっていたのが国立銀行の総裁ヴィクトル・キーンベック（一八七三―一九五六）であり、歴代のオーストリア政府もすべてこの路線を堅持する。政府の方針は、国際連盟の経済委員会のメンバーに代表される外国資本の圧力下にあり、国内の学者たちや経済界にも支持されていた。[9]一九三二年、激しい論議のすえに受け入れた「ローザンヌ借款」は三億シリング以上をもたらすが（ジュネーブ借款の三分の一）、国の借金の返済につぎこまれ、経済の再生にはほとんど役立たなかった。[10]社会民主党もそうした政府方針と同じ見解であった。一九三三年になってようやく方針の転換が兆し始める。それはケインズ主義〔従来、自由放任の資本主義経済では市場機構により完全雇用が達成されるとされていた。これに対してジョン・ケインズ（一八八三―一九四六）は批判を展開。完全雇用達成のために政府投資（財政出動）のはたす役割の重要性を強調する。今日の各国の経済政策の在り方に大きな影響を与えた〕を先取りするような方針へのゆるやかな転換であった。その頃オットー・バウアーは労働組合員を前にした長広舌のなかで、国民全体が肉体的精神的に破滅していく危険を説き、それゆえ今では「雇用創出という点で信用拡大や信用創造のあらゆる可能性」の活用に賛成していた。[11] しかしその時点では社会民主党の影響力などほとんどなくなっていた。景気上昇を市場の力にまかせるか、国家主導の反循環的な景気浮揚策をとるかの二つの可能性のうち、オーストリアの経済政策は、一貫して前者のやり方をとりつづけたのである。[12]

一九三一年のクレディット・アンシュタルト銀行の破綻は――その余震はオーストリアの国外にまでおよんだ――政府がとる政策を力づけることになる。銀行の損失額は、当初言われていた一億四〇〇〇万シリングではなく、それよりはるかに多く、八億~九億シリングにのぼった。[13] 国が救済に乗りださねばならなくなり、国債が三分の一ほど増加する。[14] この大銀行の再建はきわめて複雑な事業であり、長年かかってしまった。その理由には、この銀行の株式の三分の一が外国の手にあったこともあり、外国資本の信頼を失わないようたえず国外にも目を向ける必要のこともあった。[15] クレディット・アンシュタルト銀行の再建は、国の支援から国の責任となり、最終的には国立の銀行という経過をたどった。[16] 国際的な銀行が、オーストリアの大銀行となる。ディーター・シュティーフェルの機知に富んだ言い方によれば、世界経済危機はハプスブルク君主制をもう一度解体させたのである。それで今やウィーンは、ドナウ圏で苦労しながら保持していた経済や金融の中心的役割をも失ってしまったのである。[17]

その中心的役割を保持するために、二〇年代のオーストリアは自由な関税政策をとっていて、オーストリアの関税率は、チェコのそれより一三%も低かった。[18] だが、危機のなかでオーストリアも他国に追随せざるをえなくなり、関税率が大きくつり上げられた。こうして高関税と輸入禁止の複雑な体系をつくりあげ、国内市場を世界市場から守ろうとする。なかでも農業が、国内農産物市場の保護を迫った。産業界や労働者たちがそれに反対する（この点では、第一次世界大戦前と同じような昔なじみの利害の一致があらためてみられた）。三〇年代初めの政府の農業優先路線の推進という問題は研究者の間でも議論の的になっていて、ある人たちはそれは造り話だと言い、別な人たちは、じじつ農産物の利益が都市の消費者を無視して罷りとおった、と主張する。[19] ともかく国民総生産に占める農業の割合は、一九二九年から三三年の間に一二%から一五%に上昇したし、[20] 小麦の関税は二〇〇%、牛肉のそれは二五〇%ほども高くなっていた。[21] 異論がないのは、偏った農業優先路線は三二年には峠をこして、「身分制国家」になるとつづけられなくなった点である。一九三一年には農業の統制経済の時代、複雑な市場統制(ミルク調整基金、家畜取引所)の時代が始まる。「ミルク調整基金」は一部農民たちのもとで激しい抵抗にあう。ある集会で興奮した農民が「お上の連中は皆泥棒だ」[22] とくりかえし叫んだが、これはたぶん広まっていた民衆の気分をあらわしたものだったろう。ナチたちが、そうした農民の不満を宣伝に利用した。というのも、農業経営がふたたび大きな負債を抱え、差押えや競売が途方もなく増えていたのは、紛れもない事実だったからである。

一九三〇年代の農業に関する論議は、副産物としてエンゲルベルト・ドルフース像の新しい面を引きだした。オーストリア民主主義の破壊者というドルフースの悪役的イメージを補足するものがえられたし、またかれが、ブーレッシュ(一八七八―一九三六)内閣(一九三一/三二年)の活動的な農相として市場統制を実行した有能な近代的農業政策家であったという像により、ドルフースの姿の部分的な修正もえられた。[23] たしかにドルフースが民主主義者になることはありえない。かれはどこまでも「農民的な独裁者」(ジェームズ・ミラー)であり、危機の権威主義的解決をめざす「保守的革命家」(ウルリヒ・クルーゲ)であった。その点についてはドルフースに、否定しがたい歴史的責任がある。かれはタイプからいって、「ファシスト」ではなかった。しかし、ドルフース死後の神話が、小柄なドルフース(ミニ・メッテルニヒ)を偉大なオーストリアの総統にしようと、かなり奮闘していた事実は残るであろう。

すでに第一共和制時代に観光産業がますます重要になってくる。一九二三年と二九/三〇年との間にツーリストの数は八二%増加して、二九/三〇年時には四二〇万人という高い数字を記録する。[24] 夏だけでなく冬も、ウアラウプ先としての魅力を発揮するようになってくる。一九二五年当時ザルツブルクの場合で冬期の半年と夏期の半年との比率がようやく二八％対七二％だったが、[25]冬期の旅行客数がどんどん差をつめていった。冬の雪焼けの方が最新流行のものになりだしたのである。三〇年代には最初の学校スキー実習や冬季集団旅行も始まる。雪焼けしたスキー教師、身なり振る舞いに無頓着な若者、声楽家やアルコール好きなど、女の子とうまくつきあう者たちが、新しいタイプとして山村に姿をみせるようになっていった。

盛んになりだした観光資源としては、自然だけでなく文化も動員される。そのもっとも適切な例が一九二〇年に創設された「ザルツブルク音楽祭」である。創設者たちの構想は、大きな意図をみせていた。ハプスブルク神話がザルツブルク神話に溶けこむ。音楽祭ではバロック的オーストリア、時代を超越したオーストリアを、平和の国オーストリアとして、ヨーロッパ的な平和綱領、文化的な国際連盟として、精神的に生き長らえさせようとはかった。敗戦と王朝の解体で損なわれたオーストリア人の自信をザルツブルクで癒そうとしたのである。たとえば、芸術でならオーストリアはまだ大国である、と言われていた。[26]しだいにザルツブルクは、政治や金融、芸術各界の国際的な名士たちの夏の出会いの場となっていった。かれらは、レーダーホーゼン〔革で縫ったズボン〕やディアンドルといった民族衣装に身を包んで市内の各地や喫茶店にあふれた。シュテファン・ツヴァイク（一八八一―一九四二）によれば、ザルツブルクが夏には「世界の芸術的な首都」に昇格するのだった。レーオポルツクーロン城での音楽祭は、マックス・ラインハルト（一八七三―一九四三）の入念な演出になるもので、それはオーストリアの由緒ある貴族たちが――「かれらは背が高く、すらりとしていて、長い首に小さな頭を乗せて」[27]たえずグループで姿をみせるものだから、ラインハルトは「フラミンゴ」と呼んでいた――アメリカの億万長者や成り金のヤミ商人たち、それに世界的に有名な指揮者たちと顔を合わせる場でもあった。

一九三三年オーストリアの観光産業は、三重の打撃にみまわれる。世界経済恐慌により全般的に旅行欲が冷えこみ、国内（オーストリア系）ナチスのテロルによって――鉄道や道路の襲撃、はては音楽祭の建物すら聖域ではなかった——ひどく物騒な気分が広まる。また、「一〇〇〇マルク課徴金」は——（ヒトラーの）ドイツ政府は国外旅行をしようとするドイツ人から一〇〇〇マルクを徴収した——、オーストリアの観光産業に決定的な打撃を与え、ドルフース政府を倒そうとするものだった。[28]ドイツからの旅行客が占める割合は、六〇％（一九三一／三二年）から一一％（三四／三五年）に落ちこむ。[29]それでも他の国の旅行客獲得のオーストリアの努力もあって一九三五年にはふたたび上昇に転ずる。ザルツブルク音楽祭が、三〇年代には重要な政治的意義をもつようになった。この音楽祭は、はっきりと反ファシズムの態度をとるアルトゥーロ・トスカニーニ（一八六七—一九五七）を有名な看板にして、バイロイト音楽祭に対抗するものとなるのだった。他方で、一九三六年の「七月協定」〔独墺両政府の間で、主にオーストリアのナチスに関して結ばれた取り決め〕のあとでドイツからの旅行者がふたたびオーストリアにやってきて、その一部の者が公然とナチ・プロパガンダを行なうようになったとき、持ち主がナチズム信奉者とみられるお薦めの旅館リストがでまわるようになる。経済面での競争が、政治的色彩を帯びるようになったのである。[30]

世界経済恐慌にみまわれた人びとの中心的な経験、すなわち長引く失業に、もう一度立ち入っておくことにしよう。長引く失業状態は、政治制度に対する信頼を掘り崩し、政治諸制度の正当化の危機を招いた。国家が失業保険の分担割合を減らし、ますます多くの人間が「失業保険受給資格の打ち切り」となると——一九三七年時で失業者の二人に一人しか国庫支援をうけていなかった[31]——福祉的な保護の義務は、地方自治体に降りかかるようになる。だがその自治体も、財政的にひどい負担過重の状態であった。地元にある唯一の工場が閉鎖に追いこまれた場合、どうなるかを想像してみるだけでよいだろう。その場合一気に村全体が職なしになるのだった。ある議員が嘆いている。「自治体や福祉課の職員のところに毎日そうした気の毒な人たちが押しかける。テーブルの上に小さな子どもを置いてかれらがいう。もしあんたらがなんの支援もできないなら、この子どもたちを引き取って、あんたらの好きなようにしてくれ」[32]、と。国の措置は、中途半端なもので、あまり効果がなかった——一

オットー・ルドルフ・シャッツ『失業者』、木版画、1929年作

九三二年の「自発的な勤労奉仕」、三五年の「労働の戦い」〔シュシュニク首相の音頭で展開された経済危機対策の一つ。三五年時で失業者の約一〇%、五万二〇〇〇人が国の雇用促進活動の枠内で一時的に職についた〕——たえず政府を悩ませていたのは、財政赤字のことだった。国家主導の雇用創出事業は、「パック・シュトラーセ」〔グラーツの西方四〇キロ山岳道路〕、「グロース・グロックナー高地アルペン道路」、「ウィーンの森道路」、「国有の橋」の建設など細切れ的なものでしかなかった。

失業が社会的インテグレーションの分解、自尊心の喪失を招くとしばしば言われてきたが、今や、国や官僚に頼らない生活世界がふたたび目立つようになってきた。ぎりぎりの生活を生き抜く保証となるのは、家族や友人関係、隣近所の関係だけしかない。黒パン、小麦粉、ラード、ジャガイモに頼るだけの耐乏生活で、肉類はほとんどなかった。またしても主婦たちに大きな負担がのしかかる。失業者の家庭では、家計収入のうち夫は今や九%だけ、妻が二〇%の役割貢献分となっていた。[33] 妻たちが苦境の切り抜け策をみつけださねばならなかったのに対して、生き甲斐を失った夫たちはそうした時代のなかでどうすることもできなかった。「気位のある労働者家庭」では、仕事をせずにぶらぶら暮らすことのないよう、また「酒場に入り浸る」ことのないよう、生活スタイルを守ろうと苦労する。思い出にあるのは、まったく希望なき状態という姿ばかりではなかった。「職なし状態はわたしたちもすでにたっぷり味わっていましたから、自転車に乗って遠くまででかけましたよ」[34]、とある主婦が言っている。だが、あきらかなのは、人びとの経済的な生活のチャンスが根本的に狭められたことだった。

失業状態が政治的過激化を招くか、あるいは政治的無関心を招くかは、研究でも明確な答えはでていない。[35] 地方では無関心という図式が多かったようだし、大都市では労働者運動が張りめぐらした緊急対策ネット網が比較的よく機能していたらしい。いずれにせよ失業者たちの運動は、しばしば共産主義者に指導されていたが、比較的僅かな参加者でしかなかった。[36]けれども「ドイツへの憧憬」、失業率の違った展開を目の当たりにしてのドイツへの期待が、全般としてみれば増していった。ウィーンのイギリス大使がロンドンに報告している。とりわけ若者たちが「ドイツの高い就業状態を吹聴する華やかな報道に魅了され、オーストリアにも似たような事態を併合がもたらしてくれるだろう、と信じるよう仕向けられている」[37]、と。

## 第二節　間歇的に飛びだすクーデタ

一九三〇年代の初め、経済的な危機に対処するのに、本質的には二つの可能性があった。一つは、一九一八年から二〇年時のように、大きなコンセンサスをえようとする試みである。この第一の可能性に、時代の基本状況は向いていなかった。ヨーロッパのいたるところで権威主義的・ファシズム的な運動が起こっていた。民主主義は、くたびれて古臭くなったようにみえた。もう一つはオーストリアでも権威主義的体制の実験に賭けよう、議会なしに、社会民主党なしに、あるいは社会民主党に抗して、緊急独裁体制を樹立しようとするものであった。

大きなコンセンサスのチャンスが、すっかり潰え去ったわけでは決してなかった。一九三〇年から三二年時のいくつかの兆候は、このコンセンサスの方向をみせていた。クレディット・アンシュタルト銀行の再建は、社会民主党の賛成をえて行なわれ、その関連法案八つのうち七つには、社民党も同意している。[38]一九三一年のブーレッシュ政府の財政再建案――公務員の給与削減、財産税の大幅引き上げ――にも、また社会民主党の賛成があった。[39]党と労働組合は、キリスト教「社会」党の民主主義的な部分との協調に賭けたのである。かれらの論理は、すべて国の経営全体に向けられていた。[40] オットー・バウアーは、財政再建の問題を突きつめて、この件の処理が民主主義的にできるか、独裁制的手法でしかできないかの問題だ、[41] と言っていた。かれは国民議会で自信をもってこう発言している。「オーストリア議会は次の点を自負してもよいだろう。すなわち、議会がこの共和国の歴史の困難な危機のすべてにあたって——そして困難な危機もたくさんあった——政党間にどんなに激しい対立があっても、また我われがこの議会で主張すべき任務のある世界観や利害のためにそれぞれが義務責任上厳しく粘りづよい戦いを互いにしあうことがあっても、それでも最終的には交渉能力があったし、結局は一致した意志へとたどりつくことができた事実である」。[42] 財政調整という微妙で厄介な問題の場合ですら、ウィーンが大きな犠牲（首都の分け前が五〇％から三七％に低下する）を払うことになったにもかかわらず、一九三一年時にはまだ妥協ができていた。結局のところ、すでに第一共和制は自由なコーポラティズム的な利害調整のできる機構制度をつくりだしていたのだった。三つの部会——まだ中央集権化も政治体制への組みこみもじゅうぶんでなかったけれど——が存在していたし、産業委員会や工業会議所も存在していた。もっとも、一九三〇年の大きな経済会議は失敗し、経済的な基本コンセンサスもえられず、ネオ・リベラルな立場や企業家利害が支配的であった。労働組合にはあまり取り分がなく、おのれの基盤層にも面目がたたない状態であった。[43]

大きなコンセンサスを政治的にみいだすのは、市民政党や農民政党と労働者政党との連立という形をとおしてのみ可能であった。じじつ一九三一年六月にエンダー（一八七五―一九六〇）政府が挫折後に、もう一度イグナーツ・ザイペルに組閣が委ねられた。かれはとっくに大きなコンセンサスの代表的人物ではなくなっていたが、三つの可能性を思案する。それまであったように「市民ブロック」の政府、少数派内閣、挙国一致内閣の三つである。最後のものは、クレディット・アンシュタルト銀行と国家財政の再建を明確にもくろむ非常事態内閣というもので、社会民主党も再建の社会的なコストは負担しなければならず、党の支持者たちには何もうることのないものだった。社会民主党の議員団執行部は、ザイペルの申し出を一致して断った。[44] そのときの拒否は、社会民主党のだから、

1927年から1932年にかけての政府

| | コンセンサス | 抗争 |
|---|---|---|
| | 指標傾向 | |
| ザイペル第4次内閣（1927～29） | | ＋ |
| シュトリールヴィッツ内閣（1929） | ＋ | |
| ショーバー第3次内閣（1929～1930） | ＋ | |
| ヴォゴワン内閣（1930） | | ＋ |
| エンダー内閣（1930～1931） | ＋ | |
| ブーレッシュ第1、2次内閣（1931～1932） | ＋ | |

フランツ・シャウスベルガー『議会を破壊するために、議会のなかへ』、オーストリア各州議会におけるナチスの「議会主義的」煽動活動 1932/33 年』（Franz *Schausberger*, Ins Parlament, um es zu zerstören. Das »parlamentarische« Agitieren der Nationalsozialisten in den österreichischen Landtagen 1932/33）、1955 年刊より。

党を中心とする利害状況に根ざしていたが、政府との部分的な提携でも成果があがるように思われたし、その方が国政的にも賢い振る舞いではなかったろうか？　この点についてはのちに一九八〇年代になって研究上の論争が起こっている。[45] 三〇年代当時の視点からすると、社会民主党には、崩壊しようとする資本主義の営業に手をそめるだけで、えるものは何もなかった。ただし第一共和制の視点にたつと、実際にすべての交渉チャンスがじゅうぶん利用されたのだろうか、というある種の疑念が残るのである。というのも、次の点について結論がでていないからだ。つまり、賃金比率の上昇を前にして労働者階級は犠牲を払う必要があった（第Ⅰ部第四章「階級と社会階層」を参照）。問題はただ、その犠牲が権威主義的な政府によって上から強いられるものか、それともある程度骨が折れ時間のかかるコンセンサスをとおして交渉すべきものなのか、というものであった。

上掲の表をみると、ドルフース時代の前までは、経済危機の民主主義的な対応のチャンスは残されていた。その可能性を利用し損ねていたのである。

こうして残るのは、権威主義的な解決という第二の可能性だけである。そうした解決の支援を産業界はとっくに決めていた。経済ブルジョアジーたちの力がふたたびいくぶん強固になった一九二二年以降、産業の基幹連盟にとっては、福祉政策や賃金コストの切り詰めが重要事であった。危機に遭遇してそうした切り詰め努力が強化される。一九三二年一月二五日の連邦首相ブーレッシュとの朝食会の折、産業界のトップたちが、体制の権限強化というテーマを公然と切りだす。[46] その考えは、前からちらついていたものだが、ドイツの大統領体制が見本となっていた。[47] というのも——産業界の意見によると——政党や議会には「ザッハリッヒな」（事実に則した・実際的な）政策遂行の能力がない、というのである。それゆえ産業界は、社会民主党とのコンセンサスに断固反対する。[48] 産業界にとって大事なのは、議会や労働組合などの制度組織といった障害をできるだけ排除する危機管理であった。そうした政治的な危機管理は、のちのち補強された「憲法一四条体制」の枠内で行なうことができたし〔一八六七年憲法の「緊急令」、一九一四年の「戦時経済令」、一九一七年の「戦時経済全権委任法」。これら法令の趣旨が、一九二〇年の憲法でも受け継がれ、一九二九年の憲法改正では、大統領の権限が拡大され、「緊急指令権」が一定の条件下に大統領に与えられた〕——そのための経験は、君主制時代にじゅうぶんつんであった——、あるいは時代の風潮もあって、程度の差こそあれ、ファシズム的な解決に頼ることもできた。政権担当のキリスト教「社会」党内でも、似たような考えがみられた。一九三一年にアレクサンダー・フルンチャク（一八九一—一九七四）が屁理屈をならべている。「政府は、行政改革、負担の軽減、経済活動の再生などといった問題すべてにおいて、議会の賛成決議なしに、必要と思う措置を政令によって実行できる、広範な（時間的・事項的に制限はあるにしても）全権委任をもつ必要がある」[49]、と。このような考えは、広範な所有者階層に支持された。度重なる農民や商工業者たちの抗議は、キリスト教「社会」党やドイツ民族派などの、支持層の脱落を示していた。民主主義的な経験が国民を呼びこむようになってようやく僅かな歳月しか経っていなかった。くわえてそうした経験はオーストリア革命と結びついていて、財産や市民的安全観念への脅威の流れを思いださせるものだった。歴史的に形成されたオーストリア人ほんらいのメンタリティーでは、問題解決を政府から、お上から期待するというのは、自然なことだった。居酒屋での会話にも、おおやけの議論にも、このままつづけるわけにはいかない、誰かが思い切った手を打つ必要がある、という漠然とした気分があらわれていたが、方向はなおきわめて不確かなものだった。ドルフース政府でさえ、「緊急独裁」という方向に踏みだしたとき、道を探しながらの緩慢な手さぐりの進め方であった。最初の段階となったのは、「行政執行だけをめざした」民主主義であった（ゲルハルト・ボッツ）。君主制時代には憲法一四条でもってやってこられた、それならこの時期に「戦時経済全権委任法」〔一九一七年の七月、戦時中につくられたもの。一九二〇年の憲法にも引き継がれる。経済や市民生活の窮状打開のために必要な処置権限を政府に与えるものだった〕でもってどうしてやれないことがあったろうか？

大きなコンセンサスには、オーストリアが外交的にますます頼りとするファシスト政権のイタリアも反対だし、一九三二年の五月以降ふたたび入閣していた「防郷団」も反対していた。[50] ムッソリーニ（一八八三―一九四五）は連邦首相ドルフースに、「断固ファシズム的な意味での改革」を、とりわけ社会民主党の「牙城ウィーン」の一掃を公然と要求する。[51] ドルフースがためらいがちに答える。ファシズム的な意味の改革を「職業身分的・権威主義的な体制の意味の改革」で実現し、同時にローマ教皇の回勅『四〇年目』に則ったカトリック的な要素のつよい改革を行なう、[52] と〔回勅『四〇年目』とは、教皇ピウス十一世が一九三一年に出したもの。社会主義や労働運動に対してキリスト教徒がとるべき立場なども説いている。四〇年目とは教皇レオ十三世が一八九一年に出した回勅から四〇年後のものという意味〕。最後には「国際連盟」の代表で、のちには熱烈なナチストとなるオランダ人、ロスト・ファン・トニンゲン（一八九四―一九四五）も、権威主義的な路線をとるよう迫っていた。

大きなコンセンサスに反対を招いたのは、またキリスト教「社会」党の内部分裂である。商工業者や農民の抗議に指導部が困惑する。農民指導者のヨーゼフ・シュティックラーは、キリスト教「社会」党議員団内の雰囲気をこうつかんでいた。「わが国の議会主義への信頼はすっかり消え失せてしまった。……国民が待っているのは、独裁政治とてきぱきとした物事の処理である」。[53] すこしのちに首相のクルト・シュシュニク（一八九七―一九七七）がそれに加担してこういう。「大事なのは政府の存続ではなくて、オーストリアのキリスト教「社会」党の存続である。……わたしの考えでは左翼と手を組むのは不可能だし、われわれには耐えられない。そんなことをしたら党の今後の存続放棄になるだろう」。[54] 一九三二年の州議会選挙のあと〔四月にウィーン、ニーダー・オーストリア州、ザルツブルク州で行われた選挙でキリスト教「社会」党は大きく後退する。同じ傾向は同時期に行なわれたシュタイヤーマルク州やケルンテン州の自治体選挙でもみられた〕、キリスト教「社会」党の幹部たちは、次に行なわれる選挙へのパニック的恐怖心にとらえられていた。だが、その次に行なわれた選挙（一一月のフォーァアルルベルク州の州議会選挙）の分析が示すとおり、たぶん過度の不安であったろう。つまり、キリスト教「社会」党は農業者層でもまったく安定した支持をもちつづけていたのである。[55] それでもパニックは党のエリートたちに、状況打開のためにリスクにみちた方策をとらせた。一九三三年三月四日、第一、第二、第三の国会議長が三人とも次々と予想外の辞任をした議会危機の折〔国鉄職員のストライキ問題に関して臨時国民議会が開かれた折、各派の出した議案の取り扱いをめぐって紛糾し、第一議長のレナー（社民党）、第二議長のラーメク（キリスト教「社会」党）、第三議長シュトラフナー（大ドイツ主義派）の三人が次々と辞任してしまい、議会機能が麻痺状態に陥る〕、代議士のリヒアルト・シュミッツ（一八八五―一九五四）は、「神は我われに、国と党とを救うチャンスをもう一度与えてくれたもうた」[56]、とコメントする。

とくにまた、一九三二年のオーストリア・ナチズムの積極的な活動開始は、大きなコンセンサスのその後のチャンスをすべて阻んでしまう。共和国のスタート時に左翼ラディカリズムの脅威が民主主義的な勢力の協調をつよめたのに対して、一九三二／三三年の右翼ラディカリズムの危険はいっそうの政治的分極化をもたらした。政府陣営では、ドルフース首相が三三年三月二五日の討議の際に発言したように、こう信じられていた。「褐色の波（ナチズム）を抑えこむために、我われもナチスが約束し、ドイツで実行したことをやろう。わが国の場合にはさまざまな方向で、そしてとにかく穏和な形でみずから実行する。そうすればゾチの連中（Sozi-Mitglieder）の大部分に、もはや力のないことを教えてやることもできようし、ゾチ離れも起こるだろう」[57]〔「ゾチ」とは「ナチ」を真似た社会民主主義者の蔑称〕。「郷土連合（Heimatblock）」〔一九三〇年に護国団の選挙団体として結成されたもの。ドイツのナチ党のような成功をねらった〕の有力者の一人は、同じ討議の折もっと露骨にこういっていた。「ゾチを従来やってきたような政治的な権力の場につかせるとしたら、我われにはナチスと張り合うという別な目標が達成できないだろう。……我われがオーストリアのナチズムを叩くには、ヒトラー以上のことをする必要がある」。[58] こうして政府は、権威主義的な実験（一種の予防的ファシズム）と、同時に左右双方に対する戦いをあえて始めた。というのも、SDAP〔社会民主主義労働者党、当時の社会民主党の正式名称〕との協調は――政府の見解によれば――自分の支持者たちをNSDAP（ナチ党）陣営に追いやることになろう、というのだった。

もう一つの要因として、ドルフース政府の議会における立場が厄介なものだったということがある。キリスト教「社会」党は、連立相手の「郷土連合」と「農村同盟（Landbund）」という対立しあう勢力の間で動きがとれなくなっていた。多数といっても一票上まわるだけという状況がたえず危険に晒されていた。一九三三年三月四日の議会の危機は、政府にとっては「もっけの幸い」となった。[59] 政府は、権威主義的な路線を推し進め、三二年五月から三三年三月の時期の権威主義的な振る舞いの政府から、三三年三月から三四年一月の時期の権威主義的な半独裁体制となっていく。[60] もっとも当座は、議会の永続的な排除を考えていたわけでは決してない。野党各党を「待たせておく」ことをねらい、政府は行動の余地を経済や政治での決然たる措置に活用し、そのうえで、事情によっては新たな議事運営と憲法修正とをもって議会を右方向に活性化しようとしていた。しかし憲法蹂躙の道は、独自の論理を展開する。民主主義と憲法とのルールをこのように乱暴に破るものが、独裁制に行き着くのは必然であった。[61]

»Von mir aus können alle weggehen. Ich bleibe auf jeden Fall. Ich bin nämlich ein Freund der Demokratie!«

『ゲッツ・フォン・ベルヒリンゲン』をもじった戯画、1933年。議会を廃除したあとのエンゲルベルト・ドルフース。「わしのところから皆去っていってよろしい。どんなことがあってもわしは残る。つまりわしはデモクラシーの理解者なのだ！」、とある

「戦時経済全権委任法」によって――それは共和国体制のオーストリアにとってはハプスブルク君主制の時代遅れの呪いであった[62]――政府は、緊急令という独裁制樹立の手段を手に入れたのである。背後で暗躍していたのは、有能で厚顔無恥な部局トップのロベルト・ヘヒト（一八八一―一九三八）である。民主主義的オーストリアとの断絶は、公然化しないようにし、形式上の合法性で取り繕うとする。「戦時経済全権委任法」との関わりはとくべつ新しいことでなかった――一九一八年から二七年の間にすでに五〇〇を越える政令がこの法律にもとづいて公布されている。[63]目新しいのはただ、この法律が憲法を無視するために乱用された点である。そしてすぐに次の手段がつづくことになる。ずるく陰険なやり方で、憲法裁判所の機能が巧妙に停止されてしまうのだった。[64]

その後政府は、二つの方向で積極的な行動にでる。一つは、経済危機の克服のことで、企業家たちの要望にそって、福祉的な負担の削減、つまり集団的協定の権利の破棄、賃金交渉への権威主義的な介入、失業補助の短縮、ストライキの禁止などであった。もう一つは、リベラルな自由の権利の制約――事前検閲、集会の禁止、示威行進の禁止であった。いくつかの処置は、社会民主党をいっそう強力にねらったものだった（共和国防衛同盟の解散、恒常的な武器探索、『赤いウィーン』の財政的な締めつけなど）。別な措置は、すでにテロリスト的になっていたオーストリア・ナチスをねらったものだった（ナチ党の活動禁止、抑留所、死刑制度の導入、公務員の粛清浄化）。いっそう騒擾的になったナチストたちは、たえず政府を挑発し、より攻勢的な措置をとらせることになる。[65]守勢的な脅しの態度に凝り固まった社会民主主義者に対して、ドルフースは別な戦術を用いる。「ゾチは不満ながらもすべて受け入れてしまった。それでもまだナチズムよりはましだと、自分に言い聞かせているからである」、とドルフースは一九三三年五月三日、議員団執行部の席で言い、付言してこういう。「もっと厳しく迅速にやれという意見の人が何人かいるけれど、このいくぶんのろのろとした戦術の方がゾチの神経には応えるのだ。一気にすべてをやると、かれらを戦闘に立ち上がらせてしまうだろう」。[66]社会民主党との闘争で経験豊富な国防大臣のカール・ヴォゴワン（一八七三―一九四九）は大臣室で勝ち誇ったようにこう断言する。「社会民主党は、共和国防衛同盟の解散、メーデーの禁止、その他政府の指令により、手足が次々ともがれてしまった」[67]と。

さて他方からみると、窮地にたたされた社会民主党は、どんな様子だったのだろうか？　一九一八／一九年の状況とは逆になっていた。当時、人びとが労働組合や党にどっと流れこんだのに対して、今では三分の一の人びとが労働組合を去り、それとほぼ同じ数の人たちが党を去っていた。[68]基盤層では諦めの気分の広まりが、別なグループでは過激化の兆候が──左右双方に向かってひろくみられた。

長年にわたって、「共和国防衛同盟」と「防郷団」とが対抗しあっていたが、今では共和国防衛同盟が禁止されてしまった（密かに存在しつづけ、チェコから送りこまれる武器でせっせと武装してはいたが）のに対して、「防郷団」は連立政府に参加し──その指導者の一人エーミール・ファイ（一八八六－一九三八）〔ドルフース、シュシュニク内閣の内務相兼安全相〕は内務省の担当──、その他の政府寄りの防郷団体と一緒に、国家の補助警察的な存在となっていた。こうして一九三三年時の権力分布は、社会民主党に大きく不利になっており、市民的な公然活動が制限されると、みるみるうちに社会民主党は、潰滅的な状態になってしまう。[69]

重大な危機に陥ったのは、キリスト教「社会」党や大ドイツ主義者たちだけでなかった。社会民主党も崩壊に瀕していたのである。党のエリート層次元でも派閥の分極化が進んでいく。党の右派系（カール・レナーおよびニーダー・オーストリア州のグループが中心）は、ほとんど自己放棄してまで政府側に譲歩し、身分制主義的な要素が含まれる広範な緊急指令権を認める憲法改正まで容認する気構えであった。これに対して左派系は、絶望的な闘争の準備をする。オットー・バウアーを中心に長期間強力であった党中央が瓦解してしまう。[70]下部次元でも、シュタイアー市〔リンツの南方三〇キロのところにある都市〕の例が示すように、社会民主党的なミリューの崩壊により官僚主義化して柔軟性を欠く地方の党指導部が途方にくれながら残されていて、巨大化した組織を救うことしか考えなかった。ダイナミックなナチズムの運動とくらべると、社会民主党は地方次元でも古臭く硬直化した印象を与えていた。[71]そこで、諦め、体制順応、運動からの離反という悪循環を断とうと、左派系は行動に突き進む。一九三四年の二月一二日にそれが現実となる。この共和国防衛同盟の一部の局所的な「蜂起」の場合、たぶん大事だったのは、民主主義を救うことより、党にふたたび行動の余地をつくりだすことであり、惨めに戦いもせずに没落していくのを避けることであったろう。

これが今や第一共和制の四番目のトラウマとなる――一九三四年の二月一二日から一五日にかけての市街戦であり、それは何百人という死者、一万人以上の逮捕者、新たな死刑執行、社会民主党の殲滅であった。その責任は政府側にあった。防郷団はすでに三四年の二月初めに連邦各州において無血の権力掌握をこころみていた。共和国防衛同盟の指導者二〇〇名の逮捕により指揮官のいない兵隊があとに残された。二月一二日の朝、リンツの共和国防衛同盟の指導部が――党の指導部の意志に逆らって――むしろ偶発的に反撃にでたとき、それは、行政当局、連邦軍、右翼系の防郷団体など、準備の整った力に対してほとんど勝ち目のないまったく絶望的な行動であった。ゼネストも頓挫する。戦いはオーストリア東部や南部に集中する。西部はほとんどまったくこの戦いにかかわらなかった。[72]

ドルフース政府の勝利となり、身分制国家的な装いの独裁政治への道に障害がなくなった。あとには情動的な瓦礫の原っぱが残される。激しい憎悪、ファシズムに抗して労働者たちが蜂起したという神話づくり。勝利者たちの疚しい良心。一九三四年二月一二日の影は、はるかのちの第二共和制まで引きずられることになった。

## 第三節　危機のシナリオ

僅かな文章を割いて、デモクラシーを挫折させた危機のことをもう一度とりあげることにしよう。まず第一にあげねばならないのはたぶん、経済的な停滞と戦争、そしてハプスブルク君主制の解体の帰結としての危機である。共和制が一九一三年の経済的水準に達したのは、ほんの僅か数年の間でしかなかった。デモクラシーが根づくには危機の時代はたぶん、好況の時代よりはるかに困難であったろう。経済的な困難により、分配の危機、配分抗争の激化となった。資本と労働の対決は、革命の局面では労働者たちの力の強化、企業家や中産階級の弱体化をもたらす。敗者の側では、経済的・社会的な地位の下落を共和国やデモクラシーのせいにする。「革命の残滓を片づけよう」というスローガンは、敗者の側で調子のいい共鳴を呼んでいた。三〇年代の経済危機の時期に修正のチャンスが訪れる。つよい社会民主党やつよい労働組合が障害のもとと思われていたので、かれらを政治的に弱体化させ締めだすのは容易に思いつく策であった。長い歴史のあるデモクラシー体制なら歯止めになったであろう民主政治的な抑止物も僅かしかなかった。権威主義的な実験という路線変更により企業家の力が強化され、配分の危機はさしあたり資本有利の解決をみた。

皇帝、軍、中央官僚層といった体制統合的な力がなくなったのち、一方では各州（中央対地方の緊張、『赤いウィーン』に対する戦い）にとって、他方では各政党にとって、政治的活動のチャンスが増えた。これが今や体制統合の危機を引き起こす。一体化のシンボルは僅かしかなかったし、あってもあまりに弱々しいものでしかなかった。職業的軍隊は、政党の自由なあやつり対象となる。最初に社会民主党が、ついでもっぱらキリスト教「社会」党が軍隊を自由にあやつった。社会民主党は、中央の官僚層に根を下ろすことができず、この官僚層は、大ドイツ主義者たちやキリスト教「社会」党の手中にあった。しかし、体制統合のもっとも深刻な危機は、政治陣営の次元でみられた。イデオロギー的に高度に武装した戦闘的な強固な陣営が、体制統合的なあらゆる力を一身に集めていた。そうした事態が、国家や共和国を弱体化させ、結局はデモクラシーを弱めることになった。自衛の団体という形で各陣営は、国家から暴力の独占状態すら奪っていた。この事態が高い暴力水位をもたらし、それが他面では（平和的な抗争コントロールの図式としての）デモクラシーを弱体化させた。硬直した陣営形成や、政治的底辺層の分極化があっても、政治的エリート層の柔軟なコンセンサス指向の態度があれば、デモクラシーの体制統合力を強化することもできたろう。ところが実際は――コンセンサスをめざす多くの端緒がみられたにもかかわらず――その逆のことが生じてしまった。それから権威主義的実験が国家の体制統合力の強化、具体的には、軍や警察の強化にとりかかったとき、それはもっぱら上から行なわれ、一方的に議会に対して、また社会民主党に対して向けられたものだった。「身分制国家」というフィクションの体制統合の危機の解決は、社民党陣営や大ドイツ主義陣営（今ではたいはんがナチス）を排除することであり、一方的なものだった。

第一共和制の正当性の危機は、国の内外においていつも話題になった。意に反する国家、誰も望まない国家、オーストリアの生存能力の欠如……君主制の荘厳なオーラも、その祝祭やシンボルも潰えさってしまった。共和国は、永続的に、またすべての社会階層に対して新たな正当性基盤をつくりだせなかった。それゆえ共和国は、物乞いの身なりをして歩くことになる。政党の支配は、利己主義と賄賂腐敗と同列だとみられた。そのつど政治家たちが巻きこまれた多くの銀行スキャンダルは、そうしたルサンチマンにたえず油を注ぐことになった。政党のそうした権力麻痺症が、次のような身分制構想に機会を提供することになった。すなわち、政党政治とは違う国家政治の原理、階級政策とは違う経済的実際主義である。この考えの背後にあるのは、調和的で抗争のない社会という夢だった。もっともそうした夢もすぐさま頓挫する。失敗した「身分制国家」は、新しい正当性の基盤をなんらつくりだせなかった。「国民共同体」というその構想は、「民族共同体」というナチズム的な構想に帰着してしまった。

とくに厄介だったのは、アイデンティティーの危機だった。ドイツ人かオーストリア人か、それともドイツ人にしてオーストリア人なのか――第一共和国の国民とはなんなのだろうか？　ドイツとの合併の期待があいかわらず存続していた。オーストリアという国家を当座のものと思って、いつでも飛びだす姿勢の期待である。ドイツとの合併は、一九一九年、二二年、三二年と外国の手で禁止される。一九三一年の関税同盟の構想すら頓挫する。だが、こうした禁止はそのつど外からの異国の手になる規制だった。アイデンティティーの危機は、くすぶりつづける。ドイツでナチズムが政権を奪取してのち、オーストリアの社会民主党とキリスト教「社会」党とが公式にドイツとの合併を放棄した一九三三年時でも、アイデンティティーの危機はつづく。新しいオーストリアのアイデンティティーの樹立という「身分制国家」の試みは――ドイツ民族精神に取りこまれて――上から決められたもので、たいはんの人びとの経験のなかに根ざしていないという欠点をもっていた。そののち一九三八年の三月になって、このアイデンティティーの危機を利用して、オーストリア人をドイツ人と規定するというのは、比較的簡単なことだった。

# 第四章 ドイツ人のキリスト教的連邦国家
## ——「オーストロ・ファシズム」

一九三四年、共和国オーストリアは国法的に終わりをとげる。代わって登場したのが「オーストリア連邦国家(Bundesstaat Österreich)」の告知であり、それはたんに憲法上の小さな変更ではなかった。名称の変更は、一九一八年との断絶であり、一九世紀、ネオ絶対主義、ローマ教皇との協約にもとづく政治への精神的逆もどりであった。いやそれどころか、もっと古い時代への復古であり、一七八九年との断絶、革命そのものとの断絶であった。閣議でドルフースは、共和国という言葉を避けるよう迫って、オーストリアは、西側のデモクラシー・モデルとははっきり違う、と言っていた。[1] その後一九三四年の五月一日を、新憲法の効力発効と政教条約の批准の日に選んだのも、同様に高度な象徴的意味をもっていた。[2] 労働者階級からその祝日をかすめとって、五月一日を新たに規定する、すなわち反階級闘争的で社会調和的な身分制国家的な日にしたのである。他方で政教条約が、オーストリア的な反宗教改革的特徴をもった、国家と教会とのかつての一体性の樹立をめざしたものであった。

しかしながらここでも、「身分制国家」は、歴史的な慣習にしたがって、第一共和制の枠内で取り扱うことにしよう。為政者たちのイデオロギー的な意図と、現実の歴史的なプロセスとは区別しなければならない。じじつ、一九一八年に始まった社会的・経済的な変化は押しとどめられることはなかった。ただ、神の名において公布された新憲法と、歴史的な現実との乖離がいっそう大きくなったのである。

## 第一節　権威主義的な、それともファシズム的な?

一九三四年から三八年までの体制の理論的組み入れについては、歴史叙述の面でも激しい議論があり、[3] その議論では政治的な立場もある程度関係している。ある場合には、一九一八年以前にさかのぼることのない同時代史研究の短期的な視野がマイナスにはたらき、別な場合には、権威主義的体制とファシズム的体制との類型論的なはっきりした区別が欠けている。とくにまたドルフース／シュシュニク独裁政治にみられた一連の矛盾や相反する傾向そのものが、位置づけを困難にしている。

区別を複雑にするのはまた、ファシズム的なタイプと権威主義的なタイプとがいくつかの特徴を共有する点にある。[4] ネガティヴな次元では、狂信的なアンチ・マルクス主義とアンチ・リベラリズムである。しかしこの次元でも違いがある。ファシズム的なタイプが、明確な反保守主義的な攻撃指向をみせるのに対して、権威主義的なタイプは、その保守的な力、つまり軍隊、官僚機構、教会を支えにする。これらの勢力は実際に、オーストリア独裁制支配の重要な担い手であった。貴族階級の評価、君主制時代のシンボルの復活、オットー・フォン・ハプスブルク（一九一二―二〇一一）に小さな市町村の多くで与えられた名誉市民の称号、（共和制になってつくられた）ハプスブルク家に関する法律の廃止、さらに警察国家的な手段の動員も、そうした保守主義的な手法を証拠だてている。結局のところ、身分制理念というのは、ロマン主義時代以来カトリック的な社会哲学の伝統的な構成要素の一つであった。

目標の次元でファシズムと権威主義とは、「民族共同体」という形で階級を超越した体制統合の樹立を双方ともこころみる。だが、ファシズムはそれにさらに帝国主義的な指向傾向をもっていたが、権威主義にその傾向はほとんどない。オーストリアの政体はたえずドイツの帝国主義に対して抵抗する。オーストリア政体に帝国主義的な特徴があるとの非難は、(時折みられる文化帝国主義的なレトリックは別にして)不可能であろう。ファシズムが世俗化した文化の構築にせっせと励むのに対して、権威主義的な政体は、完全に伝統的な宗教に頼ろうとする。オーストリアがキリスト教的な国家という模範を世界に示すべきだとし、上から広範な宗教的積極性に打ってでて、鼻をつく臭いのカトリック的雰囲気の文化で国中をみたそうとし、学校で子どもたちにふたたびミサを強制したのである。[5]

1934年2月13日における共和国の記念碑。社会民主党の指導者ヤーコプ・ロイマン/ヴィクトル・アードラー/フェルディナント・ハーヌッシュの胸像が(オーストリア身分制国家の国旗)「クルッケンクロイツの旗」で隠されてしまっている

スタイルや組織の次元ではファシズム、権威主義、両タイプとも政治の美的演出、大衆集会や行進の政治的な振りつけを重視する。けれどもファシズムにとっては、運動を重視する党が行なう大衆動員は、政治のもっとも重要な道具であった。権威主義的タイプではそうした大衆動員はほとんど行なわれず、それでも企図された場合には、オーストリアのようにまったくの失敗であった。なるほど、呼びかけ、行進、祝典な

どがあったが、毎年の身分ごとの宣誓式からして、計算ずくの軍隊調のファシズム的な大衆儀式というより、むしろ帝政時代のパレードを偲ばせるものだった。「祖国戦線（die Vaterländische Front）」〔各政党を解散させたあと、三三年五月に結成。祖国に忠誠を誓うすべての国民を結集しようとしてつくられ、オーストリア意識の覚醒をめざした〕、この「情熱のない奇形児」（オットー・バウアー）も、ファシズム的な模範にそって大衆組織をつくろうとする試みであったが、「祖国戦線」にはファシズム的政党のダイナミズムが欠けていた。「祖国戦線」は、メンバー数（一九三五年時で二〇〇万人）[6]をさかんに誇ったけれど、実際のところこの戦線は、職場と宗教宗派をつなぐ国家の後援団体であり、密告・密偵組織であって、そうでなくともオーストリアに潜在していた日和見主義を助長しただけであった。まさに二重路線をとり――外向けには「祖国的」、内側ではしばしばナチズム的であった。[7]

ファシズム・タイプは、党の政治的な力が運動を頼りにつよめられていくのに対して、権威主義的タイプは、国家的な抑圧、つまり警察や軍隊に完全依存の形をとる。ナチズムのテロに対して、地区の防衛隊により対抗テロを実行しようとするが、失敗してしまう。オーストリアの長い伝統もあってあくまで警察国家にとどまり、国家によるテロは、法律で抑えぎみにして、ナチズム的テロのごときダイナミズムを発揮することは決してなかった。

権威主義は、古いエリート層を頼りにしたが、ファシズムは（いろんな提携がみられたにもかかわらず）新しいエリートの創出をめざしていた。「身分制国家」の政治エリートたちを社会構造的に調べてみると、たしかに自営業者が非自営業者たちより大いに優遇され、企業家の利益の貫徹がひろくみられた。けれども政治的分野の大部分を担っていたのはカトリック的保守系のエリートたち（キリスト教「社会」党系が四五％、郷土防衛隊系が二三％、ドイツ民族主義系が七％）であった。[8]

ファシズムには、カリスマ的指導者という神話がつきものである。権威主義もまた指導者原理を知っていた。だが、権威主義の指導者たちには、集団暗示的な能力が欠けていた。プロパガンダは、ドルフースやシュシュニクを指導者像へと仕立てあげようとしきりに努めていたが、「ハイル」の叫びもほとんど役にたたなかった。エンゲ

防郷団の指導者エーミール・ファイと枢機卿テオドーア・イニッツァーの間に立つ、エンゲルベルト・ドルフース

ルベルト・ドルフースは、たしかに使命を自負する政治家で、オーストリアの独立のために容赦なく戦い、オーストリアを巨大な農民屋敷のように統治しようとし、またカトリック的なオーストリアを夢みていた。しかしながらドルフースは、安定感に欠け、神経過敏であり、家父長的な家庭育ちで、あるいはホラブルン〔オーバー・オーストリア州の田舎町〕の少年神学校や軍隊で身につけた権威主義がどこまでもついてまわった。ドルフースは冷酷残忍に振る舞うこともあったが、ファシズム指導者の究極の無思慮・無分別はなかった。暗殺されたのちドルフースは、なるほど（オーストリアのための犠牲的な死と）偶像視されるようになったが、そうした後光も世俗化した世界では弱々しい光を放つにすぎなかった。[9] さらに、人間嫌いで気後れ気味、学者然としたシュシュニクとなると指導者のイメージにはいっそう合わなかった。この教養をつんだ紳士、ステラ・マトゥーティナ〔聖母マリアの尊称〕神学校で厳格なカトリック教育をうけ、一貫して優等生であったシュシュニクは、権力の巧みな策略家ではあったが、カリスマ性の持ち合わせは一切なかった。[10]

　それではファシズムの特徴がいっさい欠けていたのだろうか？　いや、そんなことはない。オーストリアの独裁政治が基盤としたのは、権威主義的なキリスト教「社会」党と本質的にはファシズム的な「防郷団」との同盟であった。その「防郷団」には重要な治安部門がまかされており、一九三四年の二月一二日〔社民党系の共和国防衛同盟との戦い〕と七月二五日〔オーストリア・ナチスとの戦い〕後には勝利の後光のなかで、競ってファシズム的な言辞を弄していて、それが体制全体にファシズム的な外観を与えていた。だがそれは、中身をみるとファシズム的な装いの権威主義的体制であり、模造ファシズム、せいぜいのところ半ファシズム的な権威主義的独裁体制であった。権力の中心は連邦首相にあったが、ドルフースもシュシュニクも自分の発言をファシズム的な装いで飾ることはなかった。すでにヘルマン・ゲーリング（一八九三―一九四六）はそうした模造ファシズムを見抜いていて、一九三七年の二月二日には事務次官のギード・シュミット（一九〇一―一九五七）〔一九三六～三八年の間オーストリア外務省の次官、併合（アンシュルス）当時の外相〕宛てに書いている。オーストリアは「自国の国家構造においてドイツのナチズムをすべて模倣している。つまり同じ形態、同じ組織、同じ表現、同じ条例、符号だけ逆の同じ方法だ。……オーストリアで〝クルッケンクロイツ〟の代わりにハーケンクロイツ、祖国的に代えてナチズム的という言葉さえ使えばよい、そうすればオーストリアはドイツの生きた反射像となるだろう」。[11] こうして模造ファシズムは、オーストリアにおけるナチズム支配の情動的な下準備として完全に作動した。この模造ファシズムは、特産物としての滑稽な特徴にも事欠かなかったし、「祖国戦線」の突撃軍団は黒＝青の制服を着ていて、しきりにドイツ本国の親衛隊の模倣に努めたものである。

　ところでそれは実際、ある歴史家のテーゼがいうように、「上から」のファシズム化（eine Faschisierung von oben）――なんと恐ろしい言葉であろう――だったのだろうか？　そういうテーゼでは、権威主義とファシズムとの類型的な違いが見過ごされているようにわたしには思えるし、権威主義的タイプ特有のものすべてが、無造作にファシズム・タイプに帰属させられている。[12] そのうえさらに――ゲルハルト・ボッツ（一九四一年生まれ）〔ザルツブルク大学、ウィーン大学の歴史学の教授、とくにオーストリア・ナチズム研究の著名な専門家〕が注目したように――オーストリアの体制は発足二年後には変化している。[13] 一九三六年に「ドイツの道」が始まったのは外交面ばかりでなかった。内政面でも連邦首相シュシュニクは、「防郷団」を政府メンバーから排除し、かれらを「祖国戦線」の前線民兵団に組み入れることをしている。そしてこの前線民兵団は、しばらくすると連邦軍の管理下に置かれることになる。

クルト・シュシュニクの写真の前に立つ「祖国戦線」の突撃隊員

連邦軍の方は、皆兵義務の導入により権力を大きく拡大した。こうして、キリスト教「社会」党と「防郷団」との二元主義は終わりを告げ、[14] シュシュニクはしだいに官僚機構と軍隊という保守勢力に基盤を置くようになる。同時にカトリック教会は、体制に距離を置くようになっていった。「祖国戦線」と「カトリックの活動」との間の抗争は、従来の研究ではあまり重要視されていないし、また同じように、「国家青少年団 (die Staatsjugend)」と「カトリック系青少年団」との抗争も軽視されている。[15] この抗争では後者が勝利する。[16]「カトリック系青少年団」は、メンバー数で「国家青少年団」を三倍も上まわっていた。カトリック教会は依然として、連帯パートナーの一つであったが、ファシズム形態に対しては懐疑的でありつづけた。一九三三年オーストリアの司教団は、青少年教育をめぐる抗争のなかではっきりこう指摘していた。「イタリア型のファシズムの模倣を取り入れるにはいくつかの危険要素がある。……わが国の状況ではファシズムの輸入は論外である。いな、むしろ絶対主義的全体主義の国家の基本状況からみて、ファシズムは断固拒否しなければならない」、[17]と。

一九三六年以後、微弱で慎重な多元主義化が始まる。非合法の労働組合がある程度の活動の余地を獲得していった。企業の「工場共同体」や、「祖国戦線」の「社会労働共同体」のなかでみられたものである。企業の職場委員の選挙の際には、委員のほぼ半数が非合法の「自由労働組合」の者だった。[18]もっとも、もっと多くの活動の余地をえていたのは「民族主義的な野党（die nationale Opposition）」で、ますます精力的に国家機関に潜入していった。

「現代化したネオ絶対主義」（ウルリヒ・クルーゲ）の諸特徴がしだいにはっきりとあらわれてくる。一九三六年以降を「脱ファシズム化」といってもいいのだろうか？　こうした捉え方の強力な論拠となっているのが、「防郷団」の政府からの排除であり、ある程度の多元主義化である。指導者原理のいっそう明確な強調は――連邦首相シュシュニクが、シュタルヘムベルク侯〔「防郷団」の指導者〕を解任して、「祖国戦線」内の指導権を握ったこと――むしろ用心すべしとの警告であった。ことはどうであれ、「身分制国家」は同時代のファシズムとの関連でみていかねばならないが、それと同時に特殊オーストリア的な権威主義という伝統――メッテルニヒ流の警察国家からネオ絶対主義、第一次大戦時の戦時絶対主義にいたるまで――のなかで解釈する必要があるだろう。いずれにせよ「身分制国家」は、完全なファシズム・タイプとは異なっている。テロリズム的抑圧の強さの点でも、あるいは不徹底なプロパガンダ、国家機関の不徹底なコントロール、大衆動員を欠いたことなど、そうした違いがある。

## 第二節　カトリックの夢――「身分」対「階級」

遅くとも一一世紀には、人間秩序のトライアングルが登場する。祈りをする人、戦闘をする人、労働をする人、の三つである。三つの階級、三つの身分だった。[19]この身分図式は、時代とともに多岐にわたる展開をみたものの、一八世紀まで支配的であった。領邦君主とこれら諸身分とのたえざる抗争がみせたものは、調和ある社会などではおよそなかった。一八世紀の二重革命以来、大まかにいえば、身分制社会が階級社会へと変わっていく。しかし階級的な形態の浸透が、同じような強さですべての社会層におよんだわけではない。市場から比較的離れた場合には、身分的な残滓があとあとまで残った。聖職者、役人、農民、零細商店、自由業など、すなわち政治的カトリシズムの社会基盤をなしている階層の場合にそうした残滓がみられた。

カトリック的な身分制モデルの基礎には、どんな基本理念や憧憬があったのだろうか？　当座中心となってあらわれていたのは、産業資本的な近代社会に対する不満、現代社会の疎外現象やマス化傾向に対する不快感であった。それとは反対の像として浮かんでいたのが、単純な構造の理想化された農業社会であった。とりわけドルフース首相は、そうした農業社会に異常なほど心酔していたのである。一九三三年九月一一日、トラープレン・プラッツ（プラーター公園の近く）で行なった有名な演説でドルフースはこう言った。「中世は、国民が職業身分的に組織編成されていた時代であり、労働者たちがその主人に対して、組織化も反抗もしなかった時代である」。ドルフースがくりかえし口にした農家の姿は、「農民とその使用人たちとが一緒に労働したあと、夕べに一緒のテーブルにつき、同じ鍋からスープをよそる」[20]光景であった。そうした像のすべてに混じっているのは、社会的な調和や紛争のない状態へのカトリック的な憧憬の響きだった。階級意識というのは、資本主義的産業社会の日常から蓄積された経験ではなくて、抽象的に規定された利益団体の倒錯であった。議会主義的デモクラシー、世界観政党としての大衆政党が、調和的な社会という牧歌的情景を破壊してしまった、というのである。

職業身分的秩序の中核は、企業家と労働者とが同じ職業身分で（理論上）同等の権利の地位にある、との構想である。この点に、プロレタリアートを脱プロレタリアート化するという旧来のカトリックの夢が滲みでている。もっとも現実には、このモデルをほんの少しでも現実化しようとするやいなや、たちまち、企業家の利害を優先することがあらわになる。企業の工場共同体のなかで企業家は、絶対的な拒否権を有していた。一九三三年から三七年にかけて賃金や給与は二％ほど上昇するが、資本家たちの手にした利益は一二一％もの増え方だった。[21]

「身分制国家」という自称は、一九三四年から三八年にわたる期間の偽装的な看板でしかなかった。ただ二つの職業身分だけが実際につくられる。公務員身分と農業・林業身分である。それ以外の場合にはどこでも「身分制国家」は、トルソーのままに終わった。なるほど経営者側では、産業同盟、商工業同盟やその他の団体がつくられ、また被雇用者側では統一労働組合連盟がつくられて、キリスト教的労働者運動が中心勢力となる。その上部にさらに調停機関として、職業身分的に按分比例の代表を出す委員会も存在していた。しかしながら、強制的な社会パートナーシップは頓挫する。キリスト教系の労働者層は多くの自負心を発揮し、年々紛れこんでくる非合法の社会民主党系の労働者たちの支援をうけながら、社会パートナーシップに抵抗しようとする。「カトリック活動」のなかに身をよせながら、キリスト教系労働者運動は、たしかに福祉政策のあまりに急激な削減に抵抗することはできた。それでも福祉削減の全般的な傾向のあったことは見逃してはならない。そうした傾向は、経済的危機を克服しようとする権威主義的な実験の深層論理の一つでもあり、[22] 予算における社会福祉関連支出は、二三％（一九三二年）から一七％（三七年）へと落ちていた。[23]

構想からすると、職業身分制は、社会の自己コントロールの領域を「経済的に」広げて、国家の負担を軽くしようとするものだった。そのようにみれば、民主主義的な構造の取りこみも完全に可能なものだった。ところが実際は、いたるところで権威主義的な原理がまかりとおり、国家が可能なかぎりあらゆる領域に介入した。憲法の権威主義的な構造によりすべての権力が連邦首相の手に集中した。連邦大統領の地位は、形式上は高いにもかかわらず、ヴィルヘルム・ミクラス大統領（一八七二―一九五六）〔大統領であったのは一九二八～三八年の間〕は影の存在であって、少々不平を言いながらも、結局はしたがっていた。[24] エドムント・グレーゼ＝ホルステナウが嘆いているように、シュシュニクはその閣僚たちを補助職員のように取り扱った。[25] 憲法上の諸機関は、権威主義的な決定機構をたんにカモフラージュするだけのものだった。それらの機関には立派な名称がついていた。国家評議会、連邦文化評議会、連邦経済評議会、諸州評議会といった予備協議機関、連邦議会、連邦会議といった決議機関があったが、実際的な力はほとんどなかった。たいはんの法律は、一九三四年四月三〇日の「全権委任法」を介したもので、連邦議会をとおしたものでなかった（前者と後者の比率は六九％対三一％）。[26]

公的な勤務は厳しいコントロール下に置かれ、「祖国戦線」のメンバーになることが義務であり、司法はますます政府の手助けに動員される。警察と軍隊とが存在感を増していった。人員だけをみてもその数は主権行政関連職員のうち五二％（一九三三年）から六五％（三六年）に増えている。[27]このようにはっきりとあらわれていた警察国家の特徴は、合法性の見かけに守られていた。権威主義的国家は、ファシズム・タイプの措置国家（der Maßnahmenstaat）というやり方〔既存の法律にもとづく統治でなく、場当たり的・勝手きままに特別措置を乱発・実行し、ほしいままの統治をするような国家のこと〕を避けようとした。[28]警察国家的コントロールが世論や国家公務員の職場にもおよんだが、経済の領域では頓挫する。企業家層の一部は、権威主義的政体を支持するが、経済の景気刺激が不成功に終わると、しだいに多くの企業家層がナチズム陣営へと転じていった。[29]

「身分制国家」の調和ある姿を、抗争に明け暮れる政党デモクラシーから、はっきり際立たせることをねらおうとする。連邦議会議長のルドルフ・ホーヨス伯はこう総括している。「……極端に走ったまやかし的なデモクラシーと、反国民的で政党ボス寄りの政党政治との災い多いガラクタを捨てて、またマルキシズムや唯物主義の迷惑な精神的厄介物を放擲したうえで、真のキリスト教的な人生観の強力な基礎にたち、教皇の回勅『四〇年目』の指針にしたがい、ファシズム的な偉大な模範に則って新しい堅固な家を建設しようとしたのだ」[30]、と。しかしながら実際は、政府陣営そのものも激しい抗争にみまわれていた。右翼防郷団内部の抗争や、エーミール・ファイ少佐とシュタルヘムベルク侯との個人的な抗争、軍隊と防郷諸団体との抗争、キリスト教「社会」党と「防郷団」との抗争、とりわけキリスト教系の労働運動と「防郷団」との争い、シュシュニクとシュタルヘムベルクとの長期にわたる権力闘争、そしてまた、ナチズムと妥協的な勢力——シュシュニクと外相ギード・シュミットを中心とする——と、ナチズムに抵抗しようとする勢力——カトリック教会とウィーン市長リヒャルト・シュミッツを中心とする——との間の執拗な争いなどであった。

## 第三節　内政上の敵と外交上の敵

オーストリアの独裁制は、錯綜した関連の網になっていて、精密な分析による解明を必要とする。

1　一九三三年にドイツでアドルフ・ヒトラーが権力について以来、オーストリア政府は国の独立維持のために戦った。これは、明確な路線であって、研究によっても裏づけられるが、英雄譚の神話調のものでは決してない。[31]その際、外交上と内政上の紛糾ラインが交錯しあっていた。決定的なジレンマは、ドイツの宰相が、同時に一人でオーストリア国内のナチズム的反体制派の指導者を兼ねていた点にあった。戦いの次元がいつでも、外交面から内政面に、また逆に内政上から外交上に移り変わるのだった。[32]オーストリアの独立維持の戦いは明確に、ナチズムに対する抵抗の（この場合、国家抵抗の）歴史に属する。しかしながらこの戦いは、一九三三年の当初から融和の身振り、つまり「民族主義的な反体制派」を権威主義的な政体に組み入れようとする姿勢がちらついていた。だからオーストリア国内のナチズムの警察国家的な弾圧には、しばしば厳しく非人間的な手段も使われたが、融和の行動も一方ではみられた。一九三六年までは弾圧が支配的だったが、それ以降は融和政策が目立つようになっていった。

2　左翼勢力——非合法の社会民主党員や共産主義者たち——の弾圧の場合に、政府は外交面での配慮ある処置をとる必要がなかった。だから政府は容赦なく断固たる処置をとることができた。しかし左翼に対しても厳しい弾圧の局面と安堵の念をもたせる局面とがあらわれた。もっとも、数のうえからすると、左翼系は右翼系よりもはるかに少ないものだった。一九三四年九月二三日の時点で逮捕されていたのは、ナチズム信奉者が一万一六〇〇名に対して、共産主義者と社会民主主義者は一八〇〇名にすぎなかった。[33]

3　歴史的に分析する研究、したがって倫理的政治的な立場より、むしろ機能的な判断基準を重視する研究では、抵抗や反体制の規定は、そのつどの独断的な支配システム——つまり合法的な野党的発言も抗争の調停も容認しない——にそって行なう。ここでの例でいうなら、なにより「オーストロ・ファシズム」に対する左翼勢力の闘争であろう。[34]この闘争についてはすでにかなりの研究記録が出されている。その戦いは、本質的には対抗のプロパガンダだけに終わっていて、華々しい行動にでることはほとんどなかった。ところで見逃してならないのは社会民主党員とナチズム信奉者との連携の可能性——共通の非合法状態にもとづいての連携——である。あるオーストリアの情報提供者がドイツの情報機関に報告している。「地方では左翼とナチスとの戦術的提携がしばしば事実となっている」、[35]と。国民的なコンセンサス、つまりヒトラーに対抗する左翼勢力とオーストリア政府の提携が——一九三八年二月一二日から三月一二日の間に——ほんの一瞬の間出現するが、あまりに遅すぎたのである。

4　はるかに厄介なのは、「身分制国家」に対する非合法ナチスの抵抗、かれらがいうところの「体制」に対する抵抗の問題である。非合法ナチスの目標が、オーストリアの殲滅、ヒトラー・ドイツの全面的独裁制への「併合」であったというのは正しい。しかしながらオーストリアの「身分制国家」という支配形態が、どんな抵抗を呼び起こしたかという問題をモティーフとする機能的な抵抗を研究しようとするなら、そういう研究には（オーストリア国内の）ナチズムも取り入れる必要がある。つまりそれをしないと、非合法ナチズムの活力を本質的に規定していた推進力を研究の視野から落としてしまうことになるだろう。国家と教会とが一九三三年から三八年の間にもう一度演じた反宗教改革という昔馴染みの活動に対抗してナチスは、国民の革命的宗教改革的な伝統を引き合いに出したのだった。オーストリア・ナチスの解釈によれば、かれらは抑圧された人民の側にたって——国家や教会に反対し、官憲当局そのものに反対するのだ、という。国家の抑圧に対する反抗的な伝統を引き合いに出すことで、非合法運動のエネルギーの一部がえられたのである。

こうした錯綜した関連模様の全体像を視野に入れた場合にのみ、適切な歴史的解釈が可能になるだろう。そして、誰かが誰かを裏切る、どんなグループもそのメンバーの全面的な忠誠など当てにできない、そんな政治倫理の全面的な野蛮化を考察に加味するとなると、ことはさらにいっそう錯綜したものとなる。「二股をかけた」歩みが多くの人たちにいえるし、政府側にも反体制側にもいえるのであった。

ナチズムに対する戦いの分析の出発点となるのは、外交政策であろう。第一共和制でオーストリアは——一方の、パリ平和諸条約体制やそれにもとづく集団安全保障の体制と、他方の、やがてドイツがリーダーシップをとるようになる修正主義的な勢力の間で——ほぼ中立的な立場をとった。[36] イグナーツ・ザイペルは、オーストリアの厳格な中立政策を口にし、ヨハネス・ショーバーは、「我われは外交的には中立を望んでいる」[37]、と言っていた。しかしそうした発言にもかかわらず、オーストリアはドイツに対して、第二の「ドイツ人」国家という国の性格から生じる「特別な」関係をつくりあげた。一九三一年の頓挫した関税同盟計画は、そうした「特別な」関係の一つの現れにすぎなかった。[38] 一九三三年、ドイツでナチズムが権力を握ると、そうした状況が変化する。内政上や外交上の理由からオーストリアは、ドイツとの厳しい抗争路線に陥ってしまう。数十年間つづいた——緊張がなくはなかったが——融和状態が崩れるのである。[39] オーストリアは、同じく内政上・外交上の理由からファシズム体制のイタリアに接近する（一九三四年のローマ議定書〔ドルフース、ムッソリーニ、〔ハンガリー首相〕ゲンボッシュとの間で三月に調印。三国で政治／経済の協力を誓うとともに、オーストリアの独立維持を強調するものであった〕）。イタリアが、オーストリアの独立維持の保護役を引き受ける。オーストリア外交のイタリア寄り路線は、イタリアがオーストリアの独立保証に関して、フランスやイギリスと意見が一致している間は機能していた。一九三五／三六年のイタリアのアベシニア戦争〔一九三五／三六年にかけて、イタリアは、北アフリカのアベシニアを占領し、エリトリア、ソマリアと合わせてイタリア治下の東部アフリカをつくってしまった〕とともに転換期がやってくる。孤立したイタリアはドイツに頼るようになり、そしてオーストリアはしだいに後ろ楯をなくしていった。その結果が、独立を形式的に放棄することなくドイツとの対決姿勢をやわらげようとするオーストリアの試み――一九三六年の七月協定〔シュシュニクのオーストリアとヒトラーのドイツとの間で、緊張緩和をはかろうとしたもの。詳細は四九四頁を見られたい〕――であった。これが外交的局面の大まかな素描である。

ところが決定的な問題は、この時期の外交と内政の政策の区別がつけにくいことにある。オーストリアが、ドイツに対する外交と、オーストリア国内のナチズムとの戦いをできるだけ関連させまいと努めたのに対して、ドイツの政策はそうした分離路線を可能なかぎり消し去ろうとする。そこでかなりの圧力がオーストリアにくわえられた。そうした絡みを典型的に示しているのがテーオ・ハービヒトという人物の例であろう。かれは、ドイツの国会議員であると同時にオーストリア・ナチ党の管区監督官でもあった。[40]

ヒトラーは、経済的な理由、情念的な理由から「併合」を望んだ。その点にはなんの疑問もない。だが、きちんとした計画はなかった。ドイツの政策はかなりいい加減で矛盾だらけのものであり、たくさんの活動家たちの手で行なわれていて、決して統制のとれたものではなかった。この点は、ドイツ軍のオーストリア進駐という結果だけから考える研究が認めたがるのとは、違っている。[41] しかし目的ははっきりしていた。ハービヒトは一九三二年にすでにこう言っていた。「オーストリアはヨーロッパの心臓部の要衝である。オーストリアを手にする者が中部ヨーロッパを支配する」、[42]と。オーストリアのナチスがねらったのは、新たな選挙――政府からはたえず阻止されたが、社会民主党員からは支持された――であったし、権力への参加であり、その後は強制的同質化であり、都合のいい瞬間に「併合」することだった。当座の目標は、ドルフース政府の打倒であり、そのためならどんな手段も正当化した。オーストリア製の、あるいはドイツからもちこんだ、しばしば空想力に富んだプロパガンダの手段を使って行なうさまざまなアジテーション、「一〇〇〇マルク課徴金」、そして結局は多くの生命の犠牲を招いたテロの動員であった。権威主義的政府は、ナチズム・テロに対して容赦なしの厳しい罰則措置と、みみっちい嫌がらせで応えた。爆発物を所有しているだけでも死刑であり、粘りづよく逮捕し、抑留所に送りこんだ。オーストリア・ナチスの有力者たちや活動家たちの多くはドイツに逃げて、そこで「オーストリア軍団」を編成する――この軍団がオーストリア国境をたえず脅かすことになっていく。そうした逃亡ナチスに対して国籍の剥奪と財産の没収が行なわれた。『ホルスト・ヴェッセルの歌』を歌うと五〇シリングの罰金となり、「ハイル・ヒトラー」と叫ぶと三日から三週間、カトリック教会からのこれみよがしの脱会は、六週間の拘禁刑であった。爆竹による被害の弁償は、ときにはナチ信奉者だと知られている実業家に支払わせることもあった――たとえその実業家がその騒ぎとぜんぜん関わりがなくともである。同じように警察は、清掃作業班を集めて、ハーケンクロイツの落書きを消させた。そうした締めつけは、当事者の憤激を募らせるだけで、あまり有効でなかった。[43]ナチスに対する多くの対抗措置が効果のなかった理由としてはまた、役所機関そのもののなかにたくさんの非合法ナチスがいて――たとえば法務省――とられる措置を事前に漏らしたり、帰結の執行を妨げたり弱めたりしたからである。政体の圧力は一部で、経済的なライバルとの競争を政治的な中傷で偽装するような卑怯な考えも生みだした。体制順応主義的風潮のなかにあって、たまには筋金入りのナチスが、おのれの職業チャンスも犠牲にする気構えの「理想主義者」のグループのようにみられることもあった。権威主義的政体は、政治的センシビリティーの真空地帯すらつくりだし、そこにナチズムがたやすく浸透できたのである。

しかしながらドルフース政府は、ナチスのねらった一九三三年秋までに、打倒されることはなかった。「突撃隊」（ＳＡ）と党組織との間に緊張が高まっていたし、テーオ・ハービヒトの政策も頓挫したように思えた。オーストリア・ナチ党のかかる危機のなかから、ヒトラーの考えられる方針転換に逆らっての、反乱計画が生じてくる。計画は、警察や軍隊、行政機関などもくわわるだろう、という間違った推定にたっていた。一九三四年七月二五日のこの反乱は、一部ディレッタント的な計画のものであり、そのうえさまざまな寝返りにあい、「ＳＳ第八九連隊」（そのたいはんはかつての連邦軍兵士）の分遣隊企画といったもので、首相府と中央放送局を占拠し、ドルフース首相を射殺したが、（翌日）いくつかの州で「突撃隊」が主役の蜂起計画に終わってしまった。ウィーンでの反乱は、たちまち頓挫する。その際政府側の二人の野心的な人物が、きわめて胡散臭い役割を演じた。一人はシュタイヤーマルク州のかつての州首相アントン・リンテルン（一八七六―一九四六）で、第一共和制時代のもっとも陰気な政治的人物であり、今ではローマ公使に追いやられていたが、この人物が反乱分子たちから新たな連邦首相に予定されていたのである。もう一人は、すでに力を失っていた「防郷団」リーダーのエーミール・ファイ少佐で、リスクの多い不透明な裏切り的役割によって影響力の復元をはかろうとする。一九三四年二月の内戦が都市部の中心で起こったのに対して、この七月の内戦は、地方が舞台となった。とくに流血の惨事となったのはシュタイヤーマルク州とケルンテン州における戦いだった。オーバー・オーストリア州の場合で検証できるのは、ナチスの蜂起が、数百年も前の農民戦争やプロテスタントの騒擾の中心地であったところ、つまり長年の抵抗の伝統をもったところで起こっている点である。[44] 反乱はいたるところで鎮圧されてしまった。この蜂起は死者二六九名を出し、参加者一三名が処刑された。オーストリア国内ナチスの力ずくでの権力奪取は失敗に終わった。[45] しかしあるイギリスの外交官が一九三四年の夏にはすでに、「オーストリアは遅かれ早かれナチ体制になるだろう」[46]、とメモしていた。

ヒトラーが事前にこの蜂起の情報をえていたのかどうか、議論が分かれている。[47] いずれにせよヒトラーは対外的には方針を急転回させて、テーオ・ハービヒトを交代させ、公式にはドイツのナチ党とオーストリアのナチ党との間のきずなを断った。「革命的な」路線に代えて、もっと効果的な、時間をかけた「漸進的な」路線が登場してくる。ムッソリーニのブレナー峠国境付近での軍隊集結の威嚇も、ドイツにとっては外交的に大きなリスクとなっていたのだった。

ヒトラーの特命全権大使としてウィーンに派遣されたのは、カトリック右翼のフランツ・フォン・パーペン（一八七九—一九六九）で、老獪な策謀家であり政治的な陰謀に長けていた。[48] かれは、エドモント・グレーゼ＝ホルステナウやアルトゥル・ザイス＝インクヴァルト（一八九二—一九四六）などといった穏健なカトリック系民族派を前面にたてるが、かれらの背後にはフリードリヒ・ライナー（一九〇三—一九四七）を中心とする親衛隊（ＳＳ）寄りのケルンテンのグループがいた。「ナチス避難者救援組織」や「ドイツ体操連盟」など、偽装組織がつくられるようになり、オーストリアへの漸進的な経済的な浸透の局面が始まったのである。[49]

ヨーロッパの全体状況の変化により一九三五／三六年時のオーストリアは、独立を保証する基盤拡大のために、両面的な政策をとるようになる。一方で小協商国を介して西側諸国に接近しようとこころみ、他方でドイツとの融和をはかり、[50] その具体的な結果が一九三六年の「七月協定」となる。それは、議論の余地を大いに残す協定文書であった。ヒトラー、シュシュニクともに時間を稼ぎたかった、両者ともプラスとマイナスとを背負いこんだ。ヒトラーは、オーストリアの独立維持の承認と、オーストリア国内のナチズムに対する影響を絶つことを公式に約束せざるをえなかったし、シュシュニクは、「ドイツ」政策を義務づけられ、「民族的な反体制派」を、政治的責任のある立場につかせる義務を負った。[51] もっとも、たちまち両者とも、それぞれ相手が協定に背いている、と苦情を言いだす。シュシュニクは、エドアルト・ターへ時代のオーストリア統治の技術、「不十分だが手慣れた方法でやりつづける」、やり方にかけた。大事なのは行為ではなくて、時間稼ぎだった。「三十年戦争だってやがては終わりになった」、とシュシュニクはグレーゼ＝ホルステナウに宛てて書いている。[52] もっとも、しだいにはっきりしてきたのは、ナチズムとのどんな共存路線も破滅を招くことだった。

一万七〇〇〇人近いナチたちに特赦が与えられた。だがシュシュニクは、「民族的な反体制派」の政府戦線への組み入れはできるだけ先送りにした。たしかに見栄坊でお人好しのグレーゼ＝ホルステナウを無任所大臣にした。だが「祖国戦線」のなかに「民族政策局」〔この部局の設置により「祖国戦線」のなかの重要なポストをナチスに与え、かれらの不満を宥めようとしたもの〕が設けられたのは、一九三七年になってからであった。この部局に関しては、政策の完全な二重底的性格が読みとれる。シュシュニクの考えでは、「民族政策担当官」は非合法のナチスであってはならず、「民族陣営」出身の者でなければならなかったのに対して、ザルツブルクの「民族政策局」の長官アルベルト・ライターは公然と、「当然ながらこの担当官のたいはんは信念的にもナチズム信奉者である」、と言っていた。[53] 一九三六年以降の国内政治の展開の特徴は、合法と非合法の領域の境界がしだいに曖昧になっていくことだった。[54]

一九三六年は、さらにもう一つの要因によって特筆される年だった。「生存圏」の獲得というナチズム支配の外交目標が、四カ年計画によって新たに強調されたのである。外交の目標が軍備増強の推進や経済の戦時体制化と一体になっていった。[55] 四カ年計画の責任者として経済の独裁者に成り上がってきたヘルマン・ゲーリングがドイツの対オーストリア政策を取りしきるようになる。かれの手先となったのが、オーストリア担当の経済専門家ヴィルヘルム・ケプラー（一八八二—一九六〇）だった。[56] ところでなにがなんでも軍備増強というのは——公共支出全体に占める国防支出の割合は三八年ですでに五〇%——一九三七年時に資源の限界につきあたる。原材料、とりわけ鉄、鋼が不足し、外貨が不足し、労働市場が逼迫する。物欲しげな眼差しがオーストリアに向けられる。[57] オーストリアには、シュタイヤーマルク州にある鉱山の鉄、開発の余地のある水力、まだじゅうぶんに活用されていない労働力に「アルプスのドル」（オーストリア・シリングの異名）があった。オーストリアの厳しい通貨政策のおかげで、この国の流通銀行券の三八%は、金と外貨の裏づけがあったが、ドイツではそれは今では一%でしかなかった。「併合」ののち二四億シリングという豊かな獲物を手に入れることになる。[58] 要するにオーストリアには得るものがいくつかあったのだった。

しかしながらドイツにおける危機的現象を過大評価してはならない。外からみると、ドイツは一種の「経済の奇跡」を味わっていたのである。「併合」の経済的な次元は、あくまで一次元にすぎなかった。同じように一九三八年までのドイツの経済的浸透も過大にみすぎてはならない。オーストリアの大企業におけるドイツの割合は、一九三八年の時点でようやく八%から一〇%であった。[59]

さらに政治的な展開となると、僅かな文章を費やせばよい。政治的な緊張は一九三七年末に高まった。打開策をトップ・レベルで、つまり一九三八年二月一二日、ベルヒテスガーデンにおけるヒトラーとシュシュニクの会談でみいだそうとする。しかし実際は、自信のないオーストリアの首相が、ドイツの宰相によって情け容赦なくゆすられたのだった。[60] イタリア外相ガレアッツォー・チアノ（一九〇三―一九四四）の巧みなメモがいうように、「オーストリアという鶏はドイツの鍋のなかにはまってしまった」[61]のだった。もっとはっきりとヨーゼフ・ゲッベルス（一八九七―一九四五）が書いている。「うまい言葉がいえるのはいつでも大砲だ（Kanonen sprechen immer eine gute Sprache）」[62]と。オーストリアでは、「身分制国家」的複合体と、ますます路上を騒がすナチたちとの一種の二重支配が始まる。後者は、新任の内相兼治安相のザイス＝インクヴァルトによってブレーキをかけられたり、鼓舞されたりしていた。一九三八年の三月一三日に国民投票を行なって事態をなんとか安定化させようとするシュシュニクの絶望的な試みが、三月一一日付けのドイツの最後通牒の口実を提供する。[63] 外交的に完全に孤立したオーストリアが、屈することになったのである。[64]

だが、政治の波のざわめきに我われの目を曇らしてはならない。その波頭の下にはいくつかの構造的な問題が横たわっていた。たぶんもっとも重要な問題は、ドイツにはどんな形で達成されたものであれ「経済の奇跡」があったのに対して、オーストリアには経済危機の緩慢な改善しかみられなかった。ベルヒテスガーデンの会談ののちようやく、「ケインズ的な転換」の兆しがみられるようになる。その現れの一つは、産業関連事項の担当部局の設立だった。そのトップに座ったのがステプスキー＝ドリーヴァ中佐で、産業界の国家介入主義派の代表格であった。三億シリングの労働創出計画が打ちだされるも、[65]遅きに失した。手遅れというオーストリア流儀は、体制の左翼への振り向き方にもみられた。とっくに、とくに若者たちの間には次のような気分が広がっていた。「俺たちが暮らしたいのは、大きなつよい国家のなかであって――ちっぽけな奇妙な独裁政治のなかじゃない」。[66]この願いが速やかにみたされる。小さな独裁に代わって大きな独裁が登場することになったのである。

# 第五章　中心地から芸術の田舎へ

## 第一節　政治から遠く、また近く

芸術のリズムは、政治や経済のリズムのあとを従者のように追っていたわけではない。第一次世界大戦後の社会が深刻な構造の断絶を体験したのに対して、芸術では（その間に）古典的になったモダニズムが、社会の断絶を乗り越えて一九世紀の九〇年代から二〇世紀の三〇年代までつづく。三〇年代になってようやく芸術のリズムに変化があらわれた。この時期になって心理的な風潮の転換が始まった――デモクラシーもモダニズム芸術も時代遅れのようにみえて――、新たな時代がめざしたのは「民族共同体」であり、土地に根ざした、反都会的な地方文化であった。そのことをパラダイム的に言い当てているのは、歴史家タラス・フォン・ボロダイケヴィッチ（一九〇二―一九八四）［プラハ大学などの歴史学教授、六五年その反ユダヤ主義的・ネオナチ的な発言により、抗議運動を呼び起こし、死者を出す騒ぎとなる」の評論であろう。この歴史家はカトリック陣営とナチズム陣営に属していた人だった。「今日の世代は、そうしたワサビの効いた食べ物には、以前の世代ほどの食欲をみせない。現代の世代が欲しがっているのは、もっと単純で、もっとがっしりしていて、たぶんまたもっと健康的な作品である」。[1] ジャン・アメリー（一九一二―一九七八）は、一九三〇年代にアルプスの夢魔が首都の上にやってきて、首都の輝きを打ち消してしまったように記憶している。[2]「オーストロ・ファシズム」期の文化の主導理念や敵の像は、ナチズム時代とほとんど区別がつかない。双方の時代とも、「文化ボルシェヴィズム」と戦い、近代の「アスファルト文学」〔大都市的で、もはや故郷に根をもたない作品を指していう蔑称〕と戦った。両者の時代とも民衆に近い文化をめざし、アヴァンギャルド的なエリート文化を攻撃した。とくに文学では、カトリック系の作家とナチズム系の作家との境界線がきわめて曖昧であった。[3] 一九四五年という年の政治的な断絶も、芸術にはほとんど帰結をみいださなかった。なるほど一九四五年後の芸術は、攻撃的な、とりわけ反ユダヤ主義的ないくつかの刃先部分を取り去ってはいた。そして保守的で、反啓蒙的な文化図式が、ふたたびカトリック的な色調を帯びる。だが、反モダニズムという風潮は残った。こうして文化の時代区分というのは、政治の時代区分と少しずれている。一八九〇年から一九三〇年にいたるモダニズムの時期のあとに、一九三〇年から一九六〇年にかけての反モダニズムの時期がくる。もっともこれは荒っぽい図式にすぎず、主導傾向を言ったにすぎない。個別的な展開がかならずしもこの図式にそっているわけではない。

　政治からの逃避――リベラリズムの危機以降にみられたもの――がつづく。オーストリア革命は、芸術の主流にほとんど痕跡を残さなかった。フランツ・ヴェルフェルは、すこしばかり革命に媚を売っていたが、そのあとカトリックに宗旨をかえながら、シュシュニクの親友として「身分制国家」についていく。[4] ダダイズムや構成主義〔幾何学的・技術的な構成をもっとも重視する造形芸術の傾向〕といった芸術上の過激な傾向は、オーストリアのごく一部にしか浸透しなかった。具象的なものは、バロック的な遺産として保持されていた。その時期「ウィーン工芸美術学校」では構成主義の特殊オーストリア的な形態としてキネティズムの発見があった（主催者はフランツ・

シツェク（一八六五―一九四六）〔キネティク・アートとは、運動それ自体を形象化の原理として、動く対象をとおして視覚的にバリエーションのある像を生みだすもの〕。偉大な風刺家のカール・クラウスは、第一共和制にもたっぷり素材をみいだし、くりかえしストレートに政治に口を出していた。たとえば、クラウスは一九二七年七月一五日〔法務省焼き打ち事件〕のあと、警察庁長官ショーバーの退陣を公然と要求した。いくぶん低次元の通俗文学でも、政治的なこと社会的なことがたくさん登場している。成功した作家フーゴー・ベッタウアー（一八七二―一九二五）のウィーン物語なども、時代の諸問題をさっそく即製の文学にしたものだった。[5] 長年アメリカ暮らしをしていたベッタウアーは、文学作品にアメリカ的なテンポを取り入れた。戦争以前のエロティシズムの鬱陶しさを性の解放で解消しようとするのが、ベッタウアーの基本路線であり、そこでは経済的な利益も視野にはいっていた。ベッタウアーは二〇年代のいくつかの傾向を浮かび上がらせているが、こうしてかれは、時代の主導的人物、また憎悪の対象となった。ユダヤ人と性教育という作品の構図に対して、性的にいじけた反ユダヤ主義が殺人で応えた。極右の歯科技工士がベッタウアーを射殺し、正統派の文学研究が喝采する。（文学史家）ヨーゼフ・ナードラー（一八八四―一九六三）は、この殺害を「意義ある行動」[6]だと言ったものである。

An den Polizeipräsidenten von Wien
JOHANN SCHOBER
Ich fordere Sie auf, abzutreten.
KARL KRAUS
Herausgeber der Fackel
法務省焼き討ち事件をめぐる出来事ののち、カール・クラウスは、このプラカードをウィーン市内に立てかけさせた。「ウィーンの警察長官ヨーハン・ショーバー殿、私は貴君の辞任を要求する」

政治は右派の側からも文学にもちこまれた。ミルコ・イェルジッヒ（一八八六―一九六九）〔作家・演劇批評家、非合法ナチ組織「ドイツ文化のための闘争同盟」の指導的メンバー、オーストリアにおけるナチズム文化政策の中心的人物〕やブルーノ・ブレーム（一八九二―一九七四）などの、当時のポピュラーな歴史小説は、民族至上主義的・ドイツ民族主義的な勢力の進入の足場となったし、指導者体験の前段階となるものだった。[7]

政治的な陣営形成は、ポピュラーな次元の芸術活動にも波及する。一方には社民党系の労働者合唱団、他方にはむしろドイツ民族主義派の「市民的」な男性合唱団があった。青少年運動にかぶれた若者たちは、『ワンダーフォーゲル歌集（Zupfgeigenhansl）』〔ハイデルベルクのワンダーフォーゲル・グループのリーダーであったハンス・ブロイエル（一八八三—一九一八）が一九〇九年に出版したもの〕を手にもって灰色の町々の城壁からくりだした。[8]一九二九年にエルンスト・クルシュネク（一九〇〇—一九九一）〔作曲家・詩人、一九三八年アメリカに亡命、新音楽の代表者〕は、『オーストリア・アルプス旅行記（*Reisebuch aus den österreichischen Alpen*）』を書いてこう呻いた。「一体この国では、すべて、すべてが政治でなければならないのだろうか？　我われの罪ゆえに、どうしようもない狂気の罰をうけているのだろうか？」。[9]フリードリヒ・ヘーア（一九一六—一九八三）〔歴史家・文化批評家〕は、それぞれお互いが目にはいらない左右の「ゲットー文化」だと言っていた。[10]

政治的なあらゆる文化陣営に、新たな余暇産業の大衆文化がはいりこむ。アメリカ由来のもので、ジャズをもたらした。エルンスト・クルシュネクのオペラ『ジョニーが演奏する（*Jonny spielt auf*）』（一九二七年）で終幕のコーラスが陶酔しながら歌う。「新しい世界が海を越えてやってきて、ダンスで古きヨーロッパを継承する」。[11]大衆文化の魅力の主体は、大きな映画館や自動車レース、レビューやレコードなどであった。ニュータイプの女性は短いスカートをはき、髪をショートカットにしていた。[12]体つきも魅力的なブロンドの女子事務員が、映画で涙をたっぷり流していた。映画の外見上の美しさや、きわものが日常生活にも反映し歪めるようになっていった。そして人生の意味が消費に移っていく。ヨーゼフ・ロート（一八九四—一九三九）の小説『カプチン派教会納骨堂（*Die Kapuzinergruft*）』の主人公が戦争から帰って、因習をかなぐり捨てた妻の両手にキスしようとしたとき、妻は主人公の腕を押し退けて、「そんな仕草をされるだけでも、わたしはもううろたえてしまう」[13]、と言った。友愛結婚

〔愛情よりも相互理解から発した友情結婚〕が新しい主導タイプとなっていった。この新しい生活スタイルにより、「古い男性」タイプだけでなく、また古い教会も狼狽させられる。司教たちはその牧書のなかで、ひっきりなしに罵っていた。「神が伏せていたものを人間が表沙汰にした。破廉恥なことが大手を振って罷りとおっているのも不思議ではない」。[14]

前にも述べたように、オーストリア革命は、主だった芸術にほとんど痕跡を留めていない。それは、教育政策でも同じだった。社会民主主義者たちは大きな情熱をかけて、教育制度の民主化、すべての人に平等な生活のチャンスをつくりだそうとした。その代表的人物が教育省の次官補で、かつて補助教員のオットー・グレッケル（一八七四―一九三五）だった。[15]かれの計画の拠り所は、世紀転換期頃の改革教育学にあった。帝政時代の「大勢に順応する人びと（Herdentier）」に代えて、「矜持のある共和主義者（stolze Republikaner）」を生みだす。というのもデモクラシーを支えるのは教養をつんだ民衆である。そうした民衆には、戦争の歴史に代えて文化の歴史、支配者の歴史の代わりに民衆の歴史を教える必要がある。[16]民主化された労働の学校が、旧来の訓練の学校に代わらねばならず、教師・生徒・両親の共同決定という要素を学校運営に取りこむ。将来の目標は、一〇歳から一四歳までの統一学校制度〔ギムナージウムなどのいわゆる三コース別の区別を取り払ったもの〕であった。

アントン・ウェーベルン指揮で行なう『労働者シンフォニー・コンサート』開催の予告のビラ。共和国の祝祭1928年――社会民主党芸術局主催とあって、曲目はシェーンベルク『この世に平和を』とマーラーの『交響曲第2番』とある

しかし、大きな紛糾発端のもとは、民主化の問題ではなく、学校の脱教会化にあった。この問題でカトリック教会は、抵抗の動員をかける。学校をめぐる争いは、第一共和制をとおしてつねに大きなイデオロギー的紛糾の一つであった。それでも一九二七／二八年には、学校をめぐる妥協に成功し、極度にイデオロギー化した諸問題の実際的解決能力が、議会にまだ残っていることをもう一度実証した。オーストリアの教育制度は、少しばかりコース相互間の壁が浸透性のあるものとなり、新設の「ハウプト・シューレ」から「ミッテル・シューレ」への移行が才能ある児童にとって可能となった[17]〔「ハウプト・シューレ」というとドイツの場合には、手に職業技術をつけながら通う学校コースのことであるが、オーストリアの場合それとは違っている。それは一七七四年に「小学校」として採り入れられた名称であるが、一八六九年には「Bürgerschule」と名前を替え、一九二七年にはまた「Hauptschule」となる。一般的な教育を行なう中等教育の基礎段階としてオーストリアの教育システムの基礎課程となっている。なお「Mittelschule」とは、中等教育機関のことで、ドイツでいう「ギムナージウム」（大学まで行こうとする進学学校）に近いもの〕。

もっとも、全体としてみると、一九二〇年に連立が頓挫すると改革の情熱も消しとんでしまい、その後は教育制度に二元主義が登場する。守勢にたって行動するカトリック色のつよい教育省と、ひきつづき改革路線を進もうとする社民党色のウィーン市の学校評議会であった。しかしウィーンですら、校長のポストに社会民主党員を据えることができただけで、教員のたいはん、とくに「ミッテル・シューレ」の教員のほとんどは、リベラル・ドイツ民族主義的な考えの持ち主だった。[18]一九三〇年代になると学校の民主化が成果をあげていなかったことが明らかになる。まさに青少年たちが、熱心に軍国主義的で権威主義的な生活図式や文化模様を追いかけたのである。

政治陣営のなかで社会民主党は、モダニズムに対して開かれた感覚をもっていたが、キリスト教「社会」党やドイツ民族主義派は、モダニズムを画一的に「堕落芸術」だと拒否した。社民党系の文化担当官ダーフィット・ヨーゼフ・バッハ（一八七四―一九四七）〔作詞家・批評家、一九〇六年にウィーンに労働者交響楽団を結成する。一九一九～三三年にかけて、社民党系の文化施設の設立者・指導者〕はシェーンベルクのサークルとも緊密に接触していて、「ウィーン音楽の傑作上演」（一九二〇年）にはシェーンベルクの『グレの歌』をプログラムに取り入れさせている。[19] アントン・ウェーベルン（一八八三―一九四五）は長年にわたって労働者シンフォニー・コンサートを指揮した。けれどもモダニズムと聴衆との溝は埋まらなかった。「音楽の私的な上演協会」（一九一八～二二年）は、シェーンベルクの権威ある指揮のもと、掲げる目標からしてエリート的なサークルだった。[20] それに対して、一九二八年の「ドイツ歌手連盟の祭典」〔作曲家シューベルトの没後百年を記念してウィーンで開かれたもの。約二〇万人が参加し、シューベルトへの回想とドイツ民族の連帯への憧憬を中心にした祭典。ドイツ民族の統一のための大規模なデモンストレーションの場となった〕は、大衆の心をほんとうに捉えていた。[21]

ウィーン・リング通りを練り歩く山車『ドイツ・リート』。1928 年『第 10 回ドイツ合唱団の祝日』の折に

芸術家たちがどれほど政治に背を向けたにしても、遅くとも一九三三年になると政治が芸術を捉えるようになる。アントン・ウェーベルンが興奮気味に確認している。「政治から身を引いているのが難しい。というのも命にかかわるからである。……こんにち我われは、芸術家ゆえに牢獄行き、というのがよそごとでなくなっている」。[22] もっとも過激な結論を引きだしたのはアルノルト・シェーンベルク（一八七四―一九五一）だった。ユダヤ教にふたたびもどって、かれはアメリカに亡命する。一九二一年、根本的な変革の「十二音音楽」技法を編みだして、「わたしは一つの

創案をした。その創案で次の一〇〇年間ドイツ音楽の優位は保証ずみである」[23]と予告したのは、ほかならぬシェーンベルクだった。もっともオーストリアにおける一九三三／三四年時の状況変動は、ナチス・ドイツほど激しいものではなかった。労働者文庫図書類の粛清は、なるほど一部の現代文学を振るい落とした。だが、モダニズムは好かれなかったにしても、ともかく黙認されている領域もあった。[24]一九三三年ドイツではオーストリア系の作家のシュニッツラー、ヴェルフェル、ツヴァイクなどの著書も焚書にあった〔一九三三年五月一〇日、ゲッベルス主導のもと、ナチ系大学生たちが、ベルリンを初めドイツ各地の大学キャンパスで、ナチズムに批判的な／またはユダヤ系の、作家／著述家たちの著作を積み上げて焼いた事件〕。この焚書事件は、ラグーザ〔シチリア島の南端近くにある都市〕での「国際ペンクラブ」の大会で激しい紛糾を招くことになり、オーストリア文学でも、リベラルな、反ファシズム的な作家たちと民族主義的な作家たちとの間に公然たる亀裂をもたらした。その際重要だったのは、イデオロギー的な立場だけでなく、ドイツ市場に受け入れられるかどうかという視点であった。フランツ・テオドーア・チョコーア（一八八五―一九六九）〔表現主義の代表的作家、三八年亡命。戦後帰国して、オーストリア・ペンクラブの会長となる〕はさりげなくこう言った。「ひとは、良い商売をとるか――それとも疚しくない良心をとるか（gutes Geschäft oder gutes Gewissen）の決断をしなければならなくなった」[25]、と。

一九一八年から三八年の間に、共和国やデモクラシーを理解し共鳴しながら擁護した代表的な芸術家など、オーストリアにいなかった。芸術の政治からの逃避が、政治による芸術の呪いへと変わっていった。[26]

## 第二節　ネオ・バロックと時期はずれの啓蒙主義

一九一八年の断絶は、政治面、社会面、心理面でもオーストリア社会に深い切れ目を刻んだが、それでも創造的な潜在力、生産的な才能の存続はみられた。学問的・精神的な分野では、君主制時代との連続性がひろくあらわれていた。第一共和制時代は、なお九人のノーベル賞受賞者を出している。[27]しかしながら、国の小ささ、地方主義化の圧力、生活のチャンスの縮小などがすでに二〇年代に、ココシュカ、シェーンベルク、ヴィトゲンシュタインといった偉大な才能の何人かをオーストリアから追いだした。ベルリンが、精神的・芸術的な現代性の中心地として、ウィーンを追い越していく。経済学のルートヴィヒ・フォン・ミーゼス（一八八一－一九七三）〔一九二七年ハイエクとともに景気研究のための経済研究所を設立、四〇年にアメリカに亡命〕、哲学のモーリッツ・シュリック（一八八二－一九三六）〔マックス・プランクの弟子、アインシュタインと親交があり、かれの相対性理論を初めて哲学に取り入れた人〕、精神分析学のジグムント・フロイトのように、ウィーンの場合革新的な仕事は、大学から私的なゼミナールに移ってしまった。その後一九三八年になってオーストリアは知的な面で歴史上最大の災害を引き起こす。国の知性のもっとも生産的な部分の国外への追い立てである。その影響は今日でも顕著に感じられる。

共和制の当初、長い伝統ある文化的な図式との継続性のことがいわれた。具体的には、バロックと啓蒙主義というパラダイムとの結びつきである。バロックとは、全体性、演劇性、表現性であった。そうした伝統が、革命の断絶や弱小国家に逆らう形で、感性的なもの、貴族主義的・ヒエラルキー的なもの、安定的永続的なもの、超民族的なもの、要するに、カトリック的・ハプスブルク的なものを押したてた。その代表者たちが、フーゴー・フォン・ホフマンスタールであり、ヘルマン・バールやマックス・ラインハルトであった。そのセンターは、バロック的な町ザルツブルクであり、一九二〇年に創設された「ザルツブルク音楽祭」であった。ザルツブルクが舞台となって、古くて新しいオーストリアのアイデンティティーを取りつけ、軍事的な敗北を克服して、ハプスブルク王朝崩壊の埋め合わせをし、オーストリアを文化大国として新たに押しだそうとするものだった。[28]ホフマンスタールの『ザルツブルクの偉大な世界劇場（*Großes Salzburger Welttheater*）』（一九二二年）は、そうした傾向のすべてを総括したものである。[29]千年もつづいた世界秩序の総体は、護られねばならないのだった。フィッシャー・フォン・エルラハ（一六五六―一七二三）の建築になるコレジオ教会の舞台にさまざまな身分が登場する。迫り来る社会革命を体現する乞食が、破壊しようと斧を振りかざす――だが斧を捨て、永遠の世界秩序に順応していく。背景にある精神的な綱領は、保守的な伝統へのたんなる回帰ではない。そんなことはもはや不可能である。それは、「保守的な革命」の構想だった。ルネッサンス以降の社会の解放や、世俗の分解現象に抗して、ホフマンスタールは、絆や連携にすべてを期待する。[30]この綱領は、一九三三／三四年にはデモクラシーの破壊へとつながり、身分制的な秩序樹立の試みとなっていった。

ホフマンスタールは、オトマル・シュパン（一八七八―一九五〇）〔経済学・社会理論・歴史哲学者、マルクス主義につよく反対する〕、カール・シュミット（一八八八―一九八五）、ヨーゼフ・ナードラーたちに、こうしたバロック的反宗教改革的な世界刷新の試みの精神的教祖をみてとろうとする。人生の意味の危機は、個人的な創造的解決の契機として（世紀末にはまだそれができた）、多元的に民主主義的に開かれているものでなかった。革命の脅威により、権威主義的な国家とか、「保守的革命」といった一義的な解決が求められることになる。ホフマンスタールではまだ詩的でアンビヴァレントにみちて朧気であったものが、オトマル・シュパンのもとでは、「真の国家」という反リベラル的な政治的綱領に右転回してしまう。哲学者で経済学者であったシュパンは、一九二〇年代には学生たちの英雄であった。[31]その学生たちは、かなり前から反ユダヤ主義的、ドイツ民族主義的になっていて、早々とナチズム的な考え方に染まっていたが、大卒者の失業状態に苛まれていて、大学は、精神的学問的な論議の場から政治的な暴力の場に変質していた。[32]何故シュパンがそんなに受けたのか？　かれはたしかに聴衆を魅了する弁舌家で予言者の役に乗り移っては、指針を見失い意味に飢えた状態の学生たちに、人生の意味を提示した。シュパンは、マックス・ウェーバーが学問と人生哲学との間に引いた厳しい一線をたえず踏み越え、賢者のように振る舞った大学教師であった。[33]そしてシュパンが知識層を自分の国家構造のなかの指導的身分と位置づけると、つまりそれは台頭する教養市民層の虚栄心をくすぐるものだった。

その後一九三三／三四年になって実際に「身分制国家」の樹立がこころみられると、知識層の奇妙な位置変動が生じる。多くの学生やシュパン周囲の一部の人たちは、ナチズムに走り、シュパン自身は、ドルフースに反対の態度をとる（『不気味なカーニバルの悪ふざけ（*unheimlicher Fastnachtsscherz*）』）。それに対してカール・クラウス、ジグムント・フロイト、モーリッツ・シュリックは、ナチズムにくらべたら「小さな悪」だといって、（ドルフースの）権威主義の実験を擁護したのである。

文学では、多民族の帝国崩壊後になってハプスブルク神話が完全な魔力を発揮するようになる。[34] ヨーゼフ・ロートの場合、官能的で色彩豊かに、ロベルト・ムージルでは、皮肉にスマートでしなやかに明るい、ハプスブルクの描き方であった。ハプスブルク帝国のそうした輝かしい対照的な姿は、第一共和国を、零落し障碍をかかえた相続人のように思わせることになって、肯定的な感情を呼び起こすことがほとんどできなかった。自信にみちデモクラシー感覚のある国民という人間像は、文学のなかにほとんど反響がなかった。

たとえば、ヨーゼフ・ヴァインヘーバー（一八九二―一九四五）の評判となった著書『ウィーン言の葉（*Wien wörtlich*）』に登場する人物たちは、いろんな形で王朝時代を引きずっていた。「明るい子ども時代のオアシス」であったシェーンブルン宮殿によって、かつてそこを散歩していた皇帝の思い出がちらつく。「だが、その皇帝ももはやいない」。[35] 時折まったく王侯のような表情をみせる退職官吏たちは、昨日の世界に生きながら「閣下」という聖なる名を呪文のように口にする。「ささやきが祈りのように徘徊している」。[36] 鼻にかかった声の宮廷役人は、「なんなりと、いつでも」、「仕事はあくまで仕事」（公私のけじめが肝要）と言い、アル中の連中がいて、人生哲学をまくしたてる。「ねえ、わしは言いたいことがあれば、なんでも言っちゃうんだ」。[37] がみがみいう女家主、毎日「……により」とか「依頼にもとづき」とか書類に書きこんでいる将来への展望のない役人。太った常連客が「政治なんててんで昔から俺には気にくわねえ」、[38] と政治信念を披露する。そして最後には物悲しい別れと反ユダヤ主義的な危険な脅し、「皇帝も主君たちももういない。ユダヤ人たちが優雅さを独り占めしている」、[39] となっていた。

造形芸術ではオーストリアは、すでに他の大きな首都より霞んだ存在だった。主導的な傾向はオーストリアを素通りしていたし、[40]ウィーンの優位は地方に取って代わられていた。終わり末期の表現主義が、官能的にがっしりした農民的なバロックの諸要素に立ちかえっていた。絵画のヘルベルト・ベッケル（一八九四―一九六六）と建築のクレメンス・ホルツマイスター（一八八六―一九八三）という二人の代表的人物は、どちらも信心深い地方出の人であり、「身分制国家」に結びついていた。[41]もっともはっきりしているのはホルツマイスターで、ザイペル＝ドルフース記念教会を建て、ザルツブルクの祝祭劇場の改築にあたった。いくぶん反ナチズム的な傾向をみせていて、かれは枢密院のメンバーでもあった。

一九三一年制作のベッケルの『人体解剖（*Die Anatomie*）』は、芸術史でオーストリア絵画の代表作とされている。[42]世紀末の肉体認識が、宗教的バロック的な次元を取りもどしていた。クリムトやシーレが生きた瑞々しい少女の裸体に憑かれたようにまとわりついたごとく、ベッケルは同じように夢中になって死せる肉体を題材にした。しかし死は、たんなる死ではない、蘇生や解放の約束を内包するものであった。『人体解剖』の若者の切り開かれた体は、はちきれんばかりの生命力を物語っている。死と生とはお互い間近にあって、生の真っ只中で死が我われにとつぜん襲いかかってくる――これがバロック的なメッセージであり、それをベッケルは新たな形で表現したのだった。山並のようにみえる切り開かれた胸郭、生々しい色、科学も医師たちもいわば機能停止状態になって、生と死の神秘にひたっているのである。

この対極にあるのが啓蒙主義であり、その意味するところはこうだった。すなわち、それは宗教と形而上学への敵対であり、訴えようとする意味内容の明確さ、できるだけヒエラルキーに囚われない科学的なコミュニケーション、持続的なプログラムとしての国民教育、政治的には自由主義ないし社会民主主義への親近感であった。その代表とみられるのが、モーリッツ・シュリックを中心とする「ウィーン学派（Wiener Kreis）」〔シュリックを中心にして一九二八年「エルンスト・マッハ協会」がつくられ、これがのちに「ウィーン学派」と名のるようになる〕であり、論理実証主義であった。[43] この学派の拠点は（いろんなことがあっても）大学であり、成人教育であった。その公式の中心人物であるシュリックはエルンスト・マッハ（一八三八―一九一六）の後継者となったが、教授然としたところのない、世馴れた紳士であり、ヒルデ・シュピール（一九一一―一九九〇）〔作家・翻訳家、一九三六年ロンドンに亡命後、帰国してオーストリア・ペンクラブの副会長になった〕の思い出のなかでも「ほんとうに賢くほんとうによい人間タイプ」だったと言われている。[44]「科学的な世界観の普及宣伝には、世紀末の形而上学的神学的な塵芥を除去する仕事になるという信頼」[45]がともなっていた。「時代の反啓蒙主義者」（オトマル・シュパン）に抗して、「ウィーン学派」は問題提起に意味があるかないかの区別にこだわり、論述の論理的厳密さにこだわった。厳密性――これは、装飾文様や世間の議論の饒舌さに向けた批判であり、同時代の芸術家たち、すなわちアドルフ・ロース、アルノルト・シェーンベルク、ロベルト・ムージル（『厳密さと心の事務総局（*General-sekretariat der Genauigkeit und Seele*）』）などとの類似点を窺わせるものだった。

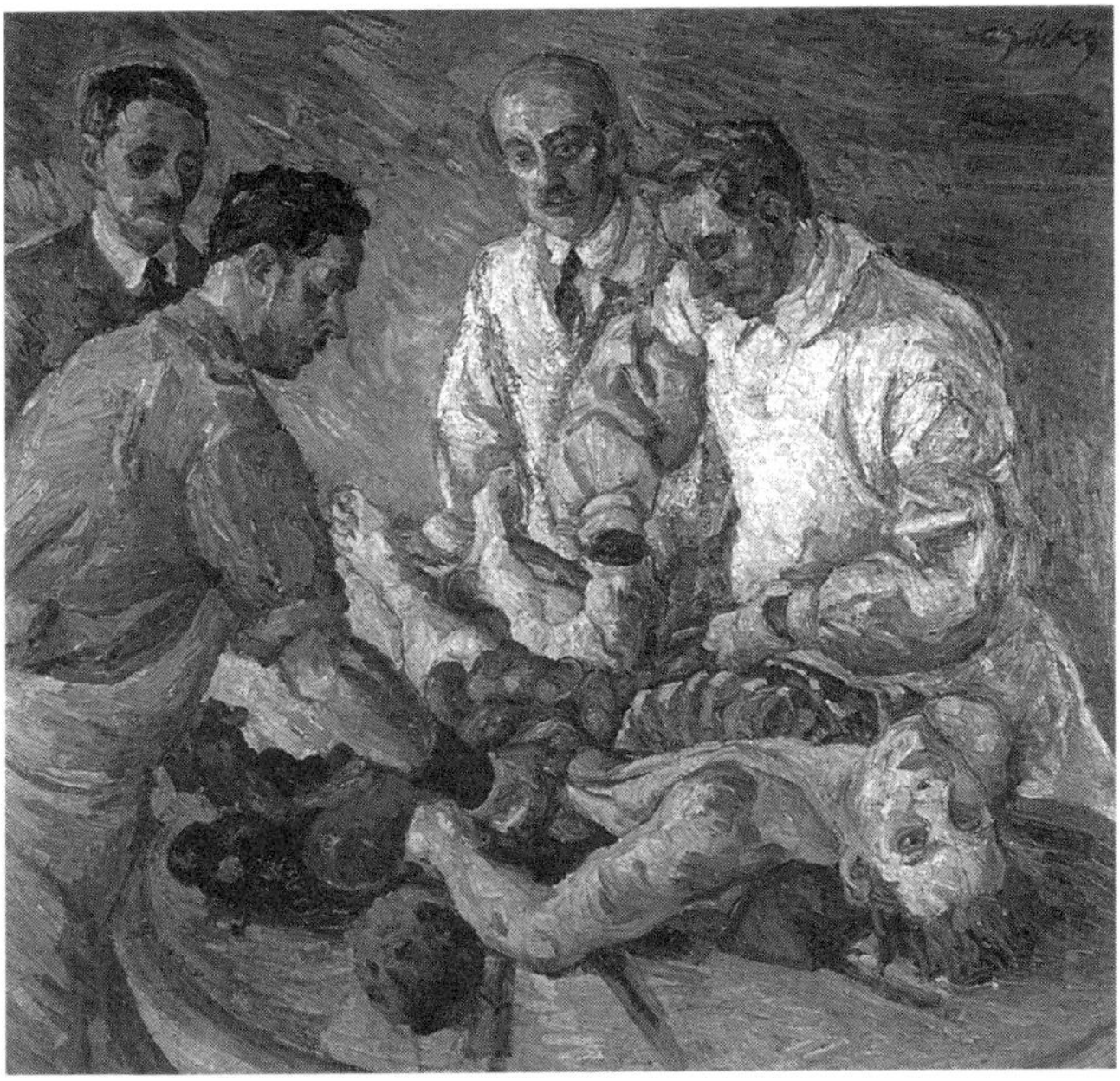

ヘルベルト・ベッケル『人体解剖』、1931年

　この学派の縁に二人の類いまれな哲学者がいて、二〇世紀の思考に根底的な影響を与えた。一人は、小学校の教員もしたことのあるルートヴ

イヒ・ヴィトゲンシュタイン、もう一人は、ハウプト・シューレの教員をしたこともあるカール・ポパー（一九〇二―一九九四）である。

宗教批判だけでなく、「幸福をすすんで求めよ」という倫理的要請も、禁欲を説く教会の教えとぶつかるものだった。[46] 一九三四年「教会の国家」（ドルフースの身分制国家）により「ウィーン学派」の組織的センター、つまり社会民主党に近かった「エルンスト・マッハ協会」は解体されてしまった。[47] シュリックは一九三六年の六月二二日、精神分裂気味の教え子によって殺される[48]〔講義に向かう途中ウィーン大学の階段で一学生により射殺される。犯人はシュリックに学位論文を落とされ、精神的な疾患で入院歴のある学生だった〕。この一件はたしかに政治的な殺人ではなかったが、この事件への世間の反響がそれを政治的な殺人に仕立ててしまった。反啓蒙主義者たちは、この殺人を復讐の時の到来と思った。キリスト教国家ではキリスト教的な哲学者だけが存在を許される。「ウィーン学派」は壊滅し、精神の地方主義化が進行しつづけるのだった。[49]

「モダニズム」と「アンチ・モダニズム」の分断線上に一九三〇年、ジグムント・フロイト晩年の冒険的な著書『文化における不快（*Das Unbehagen in der Kultur*）』があらわれる。[50] 技術の助けで神と類似の状態を手に入れたにもかかわらず、現代人は自分が幸福だとは感じていない、とフロイトの診立てはいう。啓蒙された人間が、神の像のなかにつよい父親への幼児的な憧憬しかはたらいていないのを知って以来、かれらには宗教のごとき古来の幸福源は通じなくなっている。世俗内的な快楽主義は他方、日常という現実にあって頓挫する。「人間は〈幸福〉であれと願う意図は、〈神の創造〉計画のなかに含まれていなかった」[51]のである。文化というものがあくまで生の意味の源であるなら、その文化はとにかく厳しい代価を払ってでも、つまり、たえざる欲動放棄によって獲得しなければならない。エロスと死、生衝動と破壊衝動とが厳しい戦いを執拗につづけており、それは人間の魂をゆさぶる巨人たちの闘争なのである。文化のどんな進歩向上にも、罪悪感の深まりによる幸福感の減衰という犠牲の代価がともなう。人間が生きている場は、悲劇的であるとともにまた英雄的な状況なのである。文化は人間の攻撃性を制御できるだろうか、とますます問われるようになる。ホロコーストの前夜にウィーンの懐疑的な老ユダヤ人（フロイト）は、「人類の決定的な問題」をまとめてこう問うた。「人間の攻撃衝動や自己破壊衝動による共同生活の破壊を、人間文化の発展が抑えこめるだろうか、またどの程度抑えこめるだろうか」[52]、と。永遠のエロスは自分の不滅の敵との戦いに打ち勝とうとあらゆる努力をするだろう。フロイトは、その論文の末尾に疑問符を置きながら、「ところでその結果や帰趨を予見できる人がいるだろうか？」[53]、と結んでいた。

## 第三節　権威主義的な性格
### ——ハンス・ゼップ、ベネディクト・プファフ、オスカー、マリウス・ラッティ

一九一八年ののち危機に陥った教養市民階級、生活の不安におびえ、大卒のプロレタリアート転落の脅威に晒されたこの教養市民たちが、戦間期のオーストリア長編芸術の傑作のなかで文学上のもっとも洗練された展開を体験し——ロベルト・ムージルの『特性のない男（*Der Mann ohne Eigenschaften*）』（一九三〇年）——、そして同時に徹底的な自己破滅への転落を経験する——エリアス・カネッティ（一九〇五—一九九四）の辛辣な小説『目眩（*Die Blendung*）』（一九三五年）——のであった。

我われの叙述のこの箇所で興味を引くのは、ウルリッヒやペーター・キーンといった主要な登場人物ではなくて、大学生のハンス・ゼップ、家の管理人のベネディクト・プファフである。二人とも権威主義的な性格の典型で、一九三四年から四五年のあいだに政治的にのし上がっていったタイプである。ムージルの『特性のない男』に登場するハンス・ゼップは、「地味な若者で、骨ばっていて背も大きくなく逞しさに欠ける男だった。両手を髪の毛や衣服でぬぐい、丸い錫枠どりの小さな鏡をときおり覗きこむ。荒れた顔肌にしょっちゅう何かしらある吹

き出物が気になるからだった」。[54] 小市民出のこの大学生は、確固とした人生計画もなく、意味の危機からの脱出を時代にうごめく非合理主義に求めていた。ゼップは確固たる明快な価値を希求する。リベラルで民主主義的な自由放任主義に反対してかれが据えるのは、血、土地、指導者、服従といったつよい概念である。青少年運動に影響された反ユダヤ主義的なこうした考え方からすると、ヒューマニズムはすでに時代遅れの空虚な言葉であった。救いの在り処はもっぱら民族精神、ドイツ的な神秘的「行為」なのであった。ゼップは、思春期の不安にみちた性欲をうまく発散できず、それを「救済者」への憧憬に転化させた。[55] それは、キリスト教的＝ゲルマン的な特徴をもつきわめて精緻に描かれたプレ・ファシズム的なタイプだった。ハンス・ゼップが代表しているのは、権威主義的な性格、イデオローグ、そしてのちの「デスク犯人」〔責任あるポストにあって机上でことを立案するが、自分では手をそめずほかの者に実行させる人のこと〕という教養市民層の典型的特徴である。これに対してエリアス・カネッティ作『目眩』のなかの家の管理人（ハウス・マイスター）ベネディクト・プファフは（聖職者的権威主義を示唆している）小市民的なタイプの一変種で、実行犯として利用される人間、自分の鬱々とくすぶりつづける攻撃性の捌け口の機会をうかがうような、残虐な強制収容所の獄卒を代表する者である。[56] 退職警官と家の管理人というプファフの二つの職業は、どんな全体主義体制にも不可欠の支配の執行官と密告者という特殊な職業グループの二つをあらわしていて、この二つの役割でかれは「秩序」の維持にあたるのだった。そして秩序を保つには、暴力の支配だけしかない。かれは、女性や娘、乞食たちをなぐる。口にする言葉は、擦り切れた古道具並みのものだが、それでもかれの良心に疚しさはない。かれは動物も家族も好きで、家族の前でだけ自分の支配力を制約なくじゅうぶん発揮できる。妻を死ぬほどなぐりつけ、娘を凌辱する。抑制のきかないかれの暴力が神話になる。「アトラスは惨めな地球を、担わずになぐりつける。その巨大な膝で大地を押しつぶす」。[57] ところが権力が代わると、この「がっしりした赤銅色の粗野な若者」プファフはひれ伏して許しを請うが、新たな秩序にも警官の必要なことが、かれにはわかっていた。[58]

権威主義的な性格のこうした赤裸々な人物描写は——章の副題には皮肉にも「よき父親」とある——オーストリア文学のたぶんもっとも嫌らしい（だが文学的には卓越した）性格研究であったろう。この性格研究も数年後には歴史的現実によって追いつかれ、さらに追い越されてしまった。

第三のタイプは、エーデン・フォン・ホルバート（一九〇一—一九三八）の民衆劇『ウィーンの森の物語（*Geschichten aus dem Wiener Wald*)』（一九三一年）の肉屋オスカーである。この人物は、ちょっと見にはお人好しに思える。だが、かれのオーストリア流のゆったりした穏やかな雰囲気もぞっとさせるようなときがある。俗物的感傷的にオスカーが許嫁のマリアンネに「モーニング・キス」を求める。彼女が口づけすると——かれは噛みついてしまう。かれの生活態度は、どれもサディズムにみちている。マリアンネがかれのことを愛しているかどうか知りたいだけでない。オスカーは、肉屋だけあって、彼女の脳味噌をひっぱりだして、彼女が何を考えているかあらためて調べてみたいのである。[59]そのくせオスカーは、敬虔な男で亡き母親を今でも心にかけている。だが、かれの神はいわば肉屋の親玉的存在で、「真っ赤な焼き網、沸騰するスープで」[60]罰や折檻をくわえる残忍な神である。別れたあともオスカーはマリアンネを「愛しつづける」。もっともかれの愛には脅しのような響きがある。「お前は俺から逃げられないよ」[61]。そしてじじつマリアンネが完全にボロボロになって、オスカーが望んだように、ほかの男の子どもが死ぬと、二人は結婚する。マリアンネが「わたしはもうやっていけない」、という。するとオスカーがいう。「じゃ、来いよ……」[62]、と。

ウィーン八区出身のこのオスカーの特別な資質となっているのは、剥きだしの荒っぽさではなくて、攻撃性と残忍性が敬虔な箴言、関心の薄れた聖書の文言、日めくりカレンダーのくたびれた格言などと巧みな取り合わせになっていることである。感傷性から残忍性がしたたり落ち、この人物のうわべだけの言葉は、とっくに真実と虚偽との区別ができなくなっている。

ハンス・ゼップ、ベネディクト・プファフ、オスカーは、都会的生活圏で暮らす者たちである。だが、一九三

○年代に好まれたジャンルは――ギード・ツェルナット（一九〇三―一九四三）、パウラ・グロッガー（一八九二―一九八四）、カール・ハインリヒ・ヴァッガルル（一八九七―一九七三）などの――郷土小説であった。このジャンルに対抗して、かつて工場主であり挫折した哲学者のヘルマン・ブロッホ（一八八六―一九五一）は、『山岳小説（*Bergroman*）』という「アンチ郷土小説」を書いた。[63]もっとも、完全に成功したわけでなく、この神話的な小説はたえず故郷小説言語の落とし穴に陥ってしまう。ブロッホが診断した哲学的問題は、すでに非宗教的で価値の真空を特徴とする時代が、それでも「信仰」を求めると、代用物にすがるようになることだった。また政治的に問題なのは、村をあげて「救済」を約束する誘惑者についていくが、村人が理解する「救済」の中身が人によって違っていることだった。[64]

誘惑者はマリウス・ラッティというが、かれは、無意味な陶酔ばかりの仮面でしかなく、他の者たちが自分を映す凸面鏡であり、「役者、詐欺師、催眠術師、人間捕獲者であり、憎しみをつくりだそうとするタイプの男である。そしてよい繋がりは愛情だけでなく、憎悪によってもつくりだせることを知っており、生みだされる憎しみをとおしても権力の行使ができることを知っている男であった」。[65]重要なのは、知らせの内容ではなくて、それをもたらす使者であり――村のほぐれない緊張とみたされない憧憬である。マリウスが約束するのは、新しい時代であり新しい共同体であった。それにはスケープゴートが必要であり、それが村では余所者の外交販売員ヴェッチーだった。そのうえ金鉱探しという共同の任務が必要であり、少女殺人という犠牲者が必要だった。ほとんど村全体がかれに追随する。村の医者、作家で啓蒙的な人間味のある科学者ですら、魔術的な舞踏により奈落へと引きこまれる。けれども人間の生贄という神話への退行は、無益で、それはただの殺人や自殺でしかなく、村は従来どおり生活しつづける。

これがブロッホの作品の内容である。比喩的な話なのは明白である。誘惑者のアドルフ・ヒトラーはすでに権力の座にあり、そして一九三九年かれは、生贄を要求する。総統と帝国のための犠牲者の死を要求したのだった。

# 第Ⅳ部　ナチズム支配

# 第一章　併合（アンシュルス）

一九三八年の三月、オーストリアの歴史の断絶が決定的になったように思われた。オーストリアの「特別な道」は、引きかえすことができないほど、大ドイツ主義的な道にはいりこんでしまっていた。その後一九四五年以降になると、逆の視点にもとづいて、ナチズム支配の時代をオーストリアの歴史から消し去って、きわめて残忍な犯罪に汚れたその時代を、ドイツの歴史に押しやろうとする。しかし実際は、一九三八年から四五年の時代は、オーストリアの歴史の一部であり、ドイツの歴史の一部なのである。この点は、この間の研究によって明確になっている。[1]

一九三八年にはオーストリアの歴史の持続と断絶とが重なりあっていた。[2] たくさんの出来事を言葉の達人エルンスト・ヤンドル（一九二五―二〇〇〇）が、『ウィーン英雄広場（*wien: heldenplatz*）』という詩のなかで描写しているが、かれほど簡潔に表現した者はほかにいない。「男どもの大海」のなかで自分の強さや優越を感じる自我の弱い個々の

1934年8月8日のウィーン、英雄広場（射殺されたエンゲルベルト・ドルフースの追悼集会）

人たち、集団的興奮の性的なバイブレーション、「併合」後のましな暮らしへの期待感――「期待太りで」、一見お腹が膨れたようにみえたが、しばらくしてみるとお腹は空であり、期待はしぼんでしまった。カリスマ的な総統の「的はずれの機械体操」、人殺しをたくらむ「血に飢えた声」、民族共同体に対する個人的な抵抗を「大鎌で切り落としながら」である。ナチズムは政治的な宗教であり、崇拝の中心には、「神の台座」があり、アニマックなもの、人種、神格化した男を中心にしての舞踏である。原初的な男らしさ・女らしさの儀式、男性は狩猟人、戦士には生殖能力があった。一方女性たちは身ごもる心構えができており〝男らしいもの〟をギラギラした目つきで見る、「聖霊降臨的に幸せに」なれるようにと。[3]

ナチスは、一九三八年三月一二日、ラジオを通じて、オーストリアは自由になった、[4]と逆説的なことを告げた。のちのリンツ市長フランツ・ランゴートは、ヒトラーに向かって「総統、これはドイツ史最大の瞬間です」[5]、と言った。作家やジャーナリストたちは、宗教上や生物学上の比喩の形象を競いあって、「復活」、「聖霊降臨の奇跡」だの、「ドイツの春」だのと言いあった。反対者や潜在的犠牲者の側からは、(すでに亡命していた) ヒルデ・シュピールがカレンダーに書きこんだように、「悪魔の統治」[6]だといわれた。一九三八年三月が呼び起こした感情の渦は、この三月の理解のために重要である。しかし歴史家は、それを突き抜けて、事件の核心へと進まねばならない。

## 第一節　権力奪取の次元

ザルツブルク大管区長官のフリードリヒ・ライナーは、「アンシュルス」に三つの過程があったと的確に書いている。「つまり、権力奪取は党の仕事であったし、総統の進駐の威嚇を頼りに、政府のなかの合法的な主柱ザイス＝インクヴァルト〔ニュルンベルク裁判により絞首刑〕を支えとするものだった」[7]、と。歴史叙述もこのテーゼを、基本的には裏づける形で展開しつつ、言葉のうえでは違った表現をし、そして――当然のことながら――違った解釈フレームに入れている。[8]

### 疑似革命的な権力奪取――下からのアンシュルス

一九三八年の二月一二日から三月一一日にかけてオーストリアには一種の二重支配が成立していた。その二重支配も、力関係がしだいにナチストたちに有利になっていく。いつものように資本の反応は敏感で、オーストリアから逃げだした。二月二〇日、ナチスの大規模なデモが行なわれると、それに「祖国戦線」のデモが応酬した。特徴的だったのは、リンツにおけるデモのシュプレヒコールで、それぞれ「ハイル・ヒトラー」と「ハイル・シュシュニク」[9]となっていた。状況がとくに流動的でナチスが街路を圧倒していたグラーツでは、二月二四日のシュシュニクの重大演説に対して、デモ隊がオーストリア国旗を破る行動にでた[11]――シュシュニクの演説は感情の高ぶったもので「赤―白―赤（オーストリアの国旗）が死すまで！　オーストリアを！」[10]という言葉で終わっていたが、ひろく人びとの間でしばしの愛国精神を呼びおこした演説であった――。オーストリア社会民主党の国外にあった本部が、一九三八年三月八日にこう伝えていた。「官僚階層は、群れをなしてナチに鞍替えしている。祖国戦線は完全に崩壊してしまって、国の権威は日を追うごとにナチに屈伏していく。ナチスは、当局の指令や法律のすべてを踏みにじっている」[12]、と。

今ほんとうに国民多数の支持をえているのは誰か？　まさにそうしたテストをシュシュニクは、一九三八年三月一三日の「国民投票」でやろうとしたのだった。半分非合法の労働者代表たちが、独立オーストリアの支持を表明したあとで〔シュシュニクが三四年二月一二日事件（内戦）での責任の一部を認める発言のあと、シュシュニクと会った労働者の代表たちは、今は過去の事件のことより、オーストリア国家が問題である。非合法の状態では戦えないから、活動の自由を与えよと注文し、オーストリアの独立のために政府と一緒に戦う条件を提示し、その後一定の妥協が成立した〕、シュシュニクは六五％から七五％の賛成票を見込んでいた。[13] 国民投票阻止をねらったドイツの介入は、そうした見込みが正しかったことの傍証であったろう。だが過熱した雰囲気のなかで投票の正しい実施など期待できないのは今や明らかだった。その後（投票方法の）修正もこころみたが、そうした状況にほとんど変化をもたらさなかった。[14] ナチスは、投票秩序のそうした弱みをじゅうぶんに利用したのだった。

一九三八年三月一一日というドラマティックな日がやってくる。国中のいたるところでナチスが、大規模なデモを組織した。こうした勝ち誇った気分から、各州のナチ指導部の命令にしたがって、各地のナチ党指導者たちがクーデタ的なやり方でそれぞれの州の支配中枢を乗っ取ってしまう。夜の九時には――大統領ミクラスが内務大臣ザイス＝インクヴァルトを首相に任命する約一時間前――ナチスが連邦各州のすべてにおいて地方の権力機構を掌中に収めていた。[15] こうした事実は、あきらかに単純な「犠牲者テーゼ」〔戦後になってさかんに唱えられた、オーストリアはドイツ・ナチズムの最初の犠牲者であった、という主張〕と矛盾している。

ウィーンにいた（作家）カール・ツックマイヤー（一八九六―一九七七）は、ビラが舞う町の熱に浮かされたような興奮を

1938年3月15日のウィーン、英雄広場。アドルフ・ヒトラーの演説を聴く群衆

体験する。三月一一日の夕方ウィーンは、「ヒエロニムス・ボッシュ（一四五〇―一五一六）の悪夢の絵に変わってしまった。悪霊や疑似魔神が汚い卵からかえって、じめじめした地中から這いだしたようだった。大気は、ひっきりなしにがなりたてて荒れ狂うヒステリックな甲高い叫び声にみちている。それは男や女の喉から発せられていたが、その後昼夜を分かたず何日も響きつづけていた」。[16] 時代のある一証人がこう伝えている。「グラーツでは、彼らはいたるところでがなりたてて叫んでおり、人びとは互いに首に抱きつきあっていて、その光景は簡単には描写できないほどのものだった」[17]、と。かつての「ドイツ女子青年同盟」の女の子が五〇年後に「ヒトラー」体験を語っている。「人びとは総統の目を見た、あの鋼のように青い目を見たのである。まったくほんの束のまの出来事だったが、わたしはそれを生涯忘れることはないだろう」。[18]

　三月一二日の朝、ドイツ国防軍の進駐が始まる。二五人の兵士が——交通事故により——命を落とした「花の戦争」〔進駐してくるドイツ軍が花束をもって迎えられた熱狂的歓迎のこと〕が始まったのである。午後にはヒトラー自身がやってくる。かれの空軍副官がメモしている。「歓呼の声は筆舌に尽くしがたいものであり、教会の鐘が鳴った。ブラウナウからリンツまでの一二〇キロは、まるで凱旋行進のようだった」[19]〔ブラウナウは、リンツ西方、イン川河畔、ドイツとの国境近

1938年3月、「総統」を歓迎するドイツ女子青年同盟の乙女たち

くにある町で、ヒトラーが生まれたところ〕。この大衆の熱狂については、記録映画や写真、報告類から知られている。それは、ためらっていた人びとをも巻きこんだ大衆暗示であった。その後に生まれた歴史家（わたしなど）は、いくぶん途方に暮れてしまう。だが、基本図式は、聖書のなかにすでにある。「枝の主日」には「歓呼の声」、「聖金曜日」には「十字架」である〔枝の主日とは、復活祭前の最後の日曜日、聖金曜日とは、キリスト受難の記念日で、復活祭直前の金曜日〕。世界経済の危機や「身分制国家」などによって長い間溜まっていたフラストレーションが、非現実的な期待の爆発となったのである。ヒトラーが次の戦争を準備していることなど、もはや意識に昇らなかった。「戦争なんて過去の話だ、今ではおいらも、具合がいい」、と人びとは叫んだ。あるチロル生まれの人が簡潔にこう言っている。「それだからかれらは叫んだのです。誰もがよりよくなるのを期待していたんです」[20]。そしてザルツブルク生まれの人がもっと簡潔に言っている。「春が来るだろう、万事がよくなるだろうという嬉しさがなんでもさせたのです」[21]。ここで千年至福説的な潮流が生じたのであろう。その潮流は、逆に平和や至福の千年王国を期待していたのである。フランス大使館つき武官が軽蔑一杯にメモしている。「オーストリア人は、どの出身社会階層かを問わずみんな骨のない人たちだ。……これらすべてからこう結論づけてよい。使用人身分

のこの国民は、自分に見合うものしか手にできないのだ、この国民は、独立を維持するだけの資格がなかったのだ」[22]、と。

エリアス・カネッティの言葉を借りれば、「祭りの大衆（Festmassen）」から剥離し生まれてきたのは、「使嗾《しそう》の大衆（Hetzmassen）」[23]であった。その大衆の犠牲者になった人たちは、今や抵抗する術もなく破滅へと追いやられたが、それは「権威主義的身分制政体」の幹部やユダヤ人たちであった。三月一一日の夕方には、すでに逮捕が始まっていた。警察国家的な抑圧に対する復讐の時がやってきたのである。たとえば、オーバー・オーストリア州では、刑事や警官四人が殺されている。[24]各地の村では、演出された「民衆の怒り」が人を公然と辱める、という厄介な形をとった。最初の数カ月で、長期間の逮捕拘禁となった者が約二万人、短期間となるともっと多くの人びとが監獄入りとなった。[25]グムンデン〔ザルツブルクの東方、トラウン湖北端にある町〕での大規模デモの折、大管区長官のアイグルーバー（一九〇七―一九四七）〔戦後、マウトハウゼン強制収容所での犯罪の責任を問われて、絞首刑となる〕が、こう告げた。「オーバー・オーストリア州の人びとは特別の表彰をうけることになった。オーバー・オーストリア州にオーストリア全土の売国奴用の強制収容所がつくられるからである」[26]。耳をつんざくような歓声に演説が中断された。

すごい勢いの憤激や社会的不満がユダヤ人に向けられた。[27]同時にユダヤ人狩りは、経済的社会的な謀叛傾向に対する安全弁の役割もはたす。文明のプロセスが打ち捨てられ、剥きだしの攻撃がユダヤ人に対するポグロムを蒸しかえすことになったが、これは政治文化の反ユダヤ主義的な力の向け方によって、下地ができていたのだった。ヒトラー式敬礼で手を上げるだけでも、ユダヤ人の商店や住居を荒らす合図としてじゅうぶんであった。いま粗暴な攻撃をしているのは、突撃隊であり、「住居の管理人」であり、商売上の競争相手であって、それらが恣意的な逮捕、無数の略奪、人間の尊厳の核心を侵害するような辱め、すでに官僚的に準備されていたアーリア化などとなってあらわれていた。人目を引いたのは、清掃班がすばやく駆り集められ、歯ブラシを使って書きなぐ

1938年3月、歩道の敷石を洗うよう強いられているユダヤ人たち

られていたシュシュニク・スローガンの拭き取りに努めたことである。それこそ、ほんとうに民衆の楽しみであった。ヘルマン・ブロッホが書いている。「わたしは一九三八年までオーストリアにいたけれど、そこで体験した因習的で自主性のない人間の卑俗さや卑劣さは、とにかく筆舌に尽くしがたいものだった」。[28] 国民全体を覆っていたのは、無関心という罪だった、とこの作家はいう。その点で際立っていたのは、ある上級ラビの発言である。このラビは祈祷服を着ながら歩道の雑巾がけをさせられていたが、従容として「わたしは神の大地を洗っているのだ」[29]、と言ったという。シオニズム組織宛てのある秘密報告では、ポグロムのショックに関してこう言われていた。「ポグロムによりユダヤ人たちの個人的な安全感覚や、隣人の人間性への信頼が奪われてしまった。またユダヤ人たちが暮らしているのは、愚者の楽園であるだけでなく、真の地獄であることも思い知らされた。そのときまで平均的なウィーン人を知っていた者は、そのウィーン人がかくなる次元にまで落ちるとは、信じることができなかったろう」。[30]

## ドイツ国家の帝国主義的な干渉――外からのアンシュルス

一九四五年以降になると、帝国主義的な併合という現象次元がもっぱら中心にきて、それをもとに「犠牲者テーゼ」が唱えられた。一九八〇年代のなかば以降には、今度はそうした次元をむしろなおざり視するような傾向がでてくる。だが、バランスのとれた分析なら、この帝国主義的な要因を放棄してはならないだろう。ドイツの最後通牒があった。その最後通牒は、ザイス＝インクヴァルトやグレーゼ＝ホルステナウなどオーストリアの大臣の手で政府に手渡されたものであるにせよ、時間ごとに厳しさを増すものだった。進駐という軍事的な脅迫があって、これが「併合」のプロセスを進行させた。三月一一日の相次いだ劇的な出来事の場合には、電話が決定的な役割をはたし、ヘルマン・ゲーリングが演出を担当する。その展開の各段階は、時間を追って述べることができる。午後にシュシュニクは、ドイツの圧力の下に「国民投票」を断念する。その数時間後、シュシュニクは退陣した。今やゲーリングが徹底的にやろうと賭にでて、ナチスのためにすべての権力を求めるが、当座大統領ミクラスは、ザイス＝インクヴァルトの連邦首相への任命を拒否した。だがその後夜の一〇時には屈伏して、真夜中には閣僚名簿にもサインする。新しいナチ政府は、なお、ドイツ国防軍の進駐をストップさせようとするが、むだであった。[31]

外交的にオーストリアは、かなり以前から完全に孤立していた。トップ外交官のテオドーア・ホルンボステル（一八八九―一九七三）〔一九三三年外務省の政治局担当責任者となり、ドルフース政府の外交政策に大きな影響を与えた〕が、「我われはまったく独りぼっちだった」[32]、とコメントしている。なるほど、イギリスとフランスはドイツの最後通牒に対してベルリンに抗議し、メキシコなどは国際連盟に訴える。だが結局のところ国際社会は、「アンシュルス」[33]を受け入れてしまうのだった。映像記録が示しているように、国民の大部分が「アンシュルス」を願い求めているのに、西側諸国が戦争の危険を冒すべきであったろうか？

あいかわらず論議されているのは、オーストリアの軍事的抵抗という問題である。シュシュニクは、「ドイツ人」の血を流したくないといって、抵抗を断念した。[34]これに対してシュシュニクのカトリック陣営内の好敵手であったエルンスト・カール・ヴィンター（一八九五―一九五九）〔ヴィーンの副市長として、社民党系労働者たちとの融和に努める。一九三八年スイスを経てアメリカに亡命〕は、「オーストリアが抵抗したというだけでも将来の救いとなり、破局後の蘇生に繋がるものがあったろう」[35]と論じている。はっきりしているのは、象徴的な抵抗しかありえなかったろうし、また確実なのは、同時にオーストリア・ナチス相手の内戦になったに違いないことである。それとともに問題は、政治の次元から倫理的決断という深層に移ることになる。象徴的な抵抗のために人命を犠牲にすることが許されるかどうか？　そうした問いに歴史家は、軽々に答えることはできない。

三月一二日の早暁、親衛隊の長官でドイツ警察の総元締めであるハインリヒ・ヒムラー（一九〇〇―一九四五）〔戦犯として拘留中に自殺〕が、連れと一緒にヴィーンに飛来する。オーストリアで成長期を過ごしたアドルフ・アイヒマン（一九〇六―一九六二）〔リンツで育ち、三三年までヴィーンの会社で働く。その後ナチ帝国公安局のユダヤ人担当官となり、ユダヤ人殲滅作戦にいろいろな形でかかわる。戦後アルゼンチンに逃亡潜伏中に捕えられイスラエルで裁判をうけ、絞首刑となる〕もまもなくして姿をあらわす。ドイツ国防軍よりも先に、一万二〇〇〇名の治安警察隊が目的地に着いた。早くも三月一八日には政令がでて、ヒムラーが法律の枠を越えて「必要な措置」をとれるようになる。[36]こうして、一方では法律にもとづく統治国家、他方では放縦な特別措置国家というナチズムに典型的な二重国家が定着する。[37]組織的な国家テロルの開始であった。外部（ドイツ）からヨーゼフ・ビュルケル（一八九五―一九四四）〔ドイツ・プファルツ州生まれ。自殺〕とそのプファルツ州の一味がやってきて、ヒトラーの代理人として国民投票の采配をし、ナチ党を新たに拡充しようとする。この男がまもなくオーストリアのナチ権力の中枢に座ることになった。

## 一見合法的な権力奪取——上からのアンシュルス

一九三八年三月一一日以前にすでにナチたちは、重要な権力ポストを占めていた——トップには、内務省・保安省のチーフであったザイス゠インクヴァルト、それから「祖国戦線」の民族政策担当係官たち、そして官僚機構や経済界、警察や軍隊にも「隠れナチス」がはいっていた。そうした権力構図は、古い政体を排除するテコとして役立った。それ以降は、一九三四年の法律の枠にそって行なわれる。連邦首相のザイス゠インクヴァルトがナチスの新しい州首相を任命し、身分制国家のトップ・ポストにいた役職者たちを一掃する。この人たちの転落はとくにひどく、昨日はまだ権力にあるも、今日は監獄の身であった。印象的なのは、大臣のエドゥアルト・ルートヴィヒ（一八八三—一九六七）〔第一次世界大戦後、連邦報道局を設立し、その要職にあった〕が、刑務所の看守に職業を聞かれたときのシーンである。ルートヴィヒが連邦報道局の長官だと答えると、平手打ちをくらって、「それは過去の君だろう。今はたんなるクソったれだ、そのことをよく覚えておけ」[38]、と言いかえされた。ほんの短期間、ザイス゠インクヴァルトとグレーゼ゠ホルステナウ周辺のカトリック系民族派の者たちが優位にたった。かれらはケルンテン州グループや親衛隊と密接な関係にあって、一種のハプスブルク王朝的なナチズムを夢みていて、オーストリア的な伝統を護ろうとする。だが、すぐに押しつぶされてしまった。ゆっくりとしたアンシュルスが予想されていたが、非常に急激なものとなる。ザイス゠インクヴァルトは、オーバー・オーストリア州の保安長官ペーター・レヴェルテラに向かってこう言ったといわれる。「何を言ってるんですか、驚きですな。これでも我われは全力でアンシュルスに突入したのですぞ」[39]。

この点に関して今では、三つの次元が入り組んでいたことがわかっている。ヒトラーはリンツに着いたとき、完全な「アンシュルス」はまだ少しも考えていなかった。外交上の反発が何もなく、沸きたつ民衆の歓呼が、独自のダイナミズムを展開するのをみて初めて、ヒトラーは全面的な措置にでたのである。三月一三日、オーストリアの閣議がドイツとオーストリアの再統一に関する憲法条文を決議した。三つのファクターとは、「国民投票」にヒトラー、そしてオーストリア・ナチスの連邦政府、という取り合わせであった。

ナチズム体制の多重権力的な支配構造にそって、当座三つの権力中枢がつくられた。オーストリア地区政府長官であるザイス＝インクヴァルト、ヒトラーの直接配下にある帝国長官のヨーゼフ・ビュルケル、それにオーストリア担当の帝国代理人で、帝国省の代表としてのヴィルヘルム・ケプラーである。かなりの素早さでビュルケルがライバルたちを抑えこんでしまう。ビュルケルは、ナチズムの進化モデルを体現しており、また党と国家権力とがこの男のところで交差していたからである。[40]

## 第二節　恒常的な民族の祭典——一九三八年四月一〇日の国民投票

この三重の「アンシュルス」は、資料的に正確に再構成することができる。だが、歴史家が、国民の反応はどうだったのかと問おうとすると、そうした資料では歴史家の役にたたない。しばしば聞かれる答えは——たくさんの人が街路で歓呼の声をあげ、たくさんの人が家で泣いた、という——きわめて不十分なものである。誰が歓呼し、誰が泣いたのか、どのくらいの人が歓呼し、どのくらいの人が泣いたのか？　正確な答えはない。けれども問いをもっと厳密にたて、答えの信憑性をじゅうぶん吟味することはできる。一九三八年の初めにすでに首相シュシュニクはこう言っていたという。自分を支持するものが二五％、ヒトラーへの支持が二五％、残りは成り行きをみたうえで態度を決めるだろう、[41]と。似たような数字をのちにヘルマン・ブロッホもあげている。[42]本書の「政治文化の歴史的伝統」に関する章（第I部第一章）で述べたことを振りかえる必要があるだろう。非政治的なオーストリア人タイプのことや、文学上でいうなら『ヘル・カール』的な現象〔戦後、二人の政治風刺作家がつくったラジオ・ドラマの主人公の名前。政治に背を向け、個人の小さな幸せだけを追い求めるタイプの人間を典型的にあらわしていた〕のことである。

一九三八年時で就業者の五％がナチ党員であったが、ナチズム賛同者の中核は、二五％から三五％とみられる。[43]反対者には、「祖国戦線」、カトリック系の人びと、労働者階級の中核部分、先頭にはコミュニスト、それにもちろんユダヤ人たちがいた。労働者階級の大部分がまず中心的な存在として、新権力者たちの方になびいていったのだが――ハライン〔ザルツブルク南方約二〇キロにある町〕のタバコ工場の女性労働者が基調となる経験をこう述べている。「わたしは事態と折り合いをつけねばならなかった。肝心なときに何もできなかったのは、大勢に逆らうことができなかったからだ」[44]――、インスブルックの秘密警察は、表立った反対者・隠れた反対者が三五％から四〇％と見積もっていた。[45]

一九三八年の春の時点でナチスの重要関心事は、反対者側の非政治的な部分を自分たちの方に引きつけ、他の人たちにテロをくわえて無力化することだった。それには、国民投票の大げさな準備が役にたつだろう。とにかく、一九三八年の三月時には力学的中心、つまり動員のエネルギーは、ナチスのもとにあり、軍備にフル稼働していたドイツ経済の牽引力が強力に作用していたことに、疑問の余地はなかった。「第三帝国」についてたっぷりあった否定的な情報も、知覚のフィルターで抜け落ちて、副次的なものと片づけられてしまった。冷静な歴史的総括ならば、一九三八年の春、国民の圧倒的大多数がましな生活という期待を「アンシュルス」にかけていた、という確認を無視することはないだろう。その場合かなり古くからある憧憬（ドイツとの合体願望）も頭をもたげていた。それでも、「アンシュルス」への賛同をナチズムへの賛同と混同しないよう、注意すべきであろう。

一九三八年三月一五日から四月一〇日にかけての数週間のうちに起こったことは、これまでオーストリアでは、あまり注目されてこなかった。都市や地方が舞台となり、そこで総合芸術といってもいい巨大な民衆の祭りがくりひろげられた。それは、悪の力（売国奴や反対する人）が、善の力（ちゃんと働く国民同胞や賛成する人）により、打ち負かされる神秘劇であった。「祭りめいた革命」(プリンツ・ローハン)により大勢のスペクタクルが演出され、この活劇が政治の全面的な美学化を招いた。[46] プラカード、新聞、光、色、写真など、あらゆるメディアが動員された。ウィーンだけでも二〇万枚のヒトラーの写真が掲げられ、二万台の民衆ラジオが配られた。[47] 飛行機によって大空に「ヤー(賛成)」の文字が描かれ、鐘の音や高い火柱が全国に「新たな出発」を告げた。何事も偶然に委ねられるものはなく、たとえば四月九日のウィーンのラートハウス(市庁舎)でのヒトラーの接見も一二時一分前に終わるようになっていた。[48] すべてが情動を喚起し、知性を眠らせるよう設定されていた。巧みに高揚と引き延ばしとが組みこまれ——やがて投票という頂点を迎えるが、それは集団的なオルガスムスといってよいものだった。

しかしナチスは、きれいにみせるという美学の力、煽動による興奮の情動の威力効果を信じていただけでない。かれらは、経済政策や社会政策上の大衆うけを狙った措置もとった。ヘルマン・ゲーリングは三月二六日、ウィーンで、オーストリアのための大掛かりな経済プランを発表する。ヒトラーは四月六日、ザルツブルクで熱を込めてこう口にした。「数カ月のうちにこの国中に新しい創造と新しい労働のリズムが行き渡るだろう」。[49] 失業保険の受給資格の切れた者たちが直ちに失業救済事業に組みこまれ、ウィーン市当局は、示威的にかつての「共和国防衛同盟」のメンバーを採用する。児童や労働者を選んで、ドイツ本国への保養の旅に差しむけた。競売禁止によって困窮化した農業経営者を宥めようとしたし、窮迫地域には財政的な緊急措置により救いの手がさしのべられた、等々である。「言葉によるプロパガンダ」を「行為によるプロパガンダ」で裏打ちするものだった。[50]

恭順のメッセージが、あらゆる方面から寄せられた。上層階級や労働者から、少数民族から、芸術家、産業界や農民層から寄せられたのである。ザルツブルクの作家カール・ハインリヒ・ヴァッガルルは、政治的宗教的な意味を込めてこう言った。「あらゆる罪が許されていいだろう。ただ一つ許せないのは、今なお疑うか、否定しようとすることだ!」。[51] もっとも大事なのは、かつてのキリスト教「社会」党の人たちや社会民主党の人たちを引きつけることができるかどうかであった。この点で、オーストリアの司教たちや共和国最初の首相であったカール・レナーの賛意の発言は、象徴的で政略的な価値を帯びることになった。いつものごとくレナーは、前面にしゃしゃりでて――ナチズムとの立場の違いは滲みでていたけれど――「アンシュルス」肯定の姿勢を表明した。[52] 一九三八年秋の「ズデーテン危機」の折レナーは（そのときにはもう印刷されたパンフではなかったが）、「ドイツの国家指導部の前例のない粘りづよさと行動力」を称賛することまでやってのけた。[53] もっと厄介で責任が重かったのは、カトリック教会の状況だった。[54] カトリック教会は、崩壊したばかりの権威主義政体を四年間にわたってイデオロギー的に支えてきたのであったし、新しい政体にあっても心のケアの維持という任務を背負っていた。新たな支配者たちは、教会相手にすぐさまアメとムチという定評ある手段を動員した。一九三八年三月一八日、オーストリアの司教たちは、一切を容認するけれど、独りよがりの倫理化に堕しはしない、とおごそかに宣言した。けれどもこの声明はオーストリアの教会のまずい機能麻痺でしかなかった。一九一四年の夏の社会民主党と同様、一九三八年の三月、教会はみずからの基本原則を裏切ったのである。他の教会がもっと熱烈に「アンシュルス」を歓迎したのを思うと、そうした機能麻痺は軽視できるものでなかった。[55] バチカンでは、「意志の弱い体制順応」や「精神的な骨軟化症」だと問題になる。[56] 枢機卿官房長のオイゲーノ・パッツェリー（一八七六―一九五八）〔のちのピウス十二世〕は、オーストリアの司教たちの声明について「教会の歴史上これ以上に恥ずべきエピソードはなかった」[57]、とコメントしたといわれる。

国民投票の結果に関する――投票率九九・七％で賛成投票が九九・六％――詳しいコメントは要らない。それは独裁体制ではよくある結果だった。注記に値するのはただ、大掛かりに不正投票をする必要がなかったこと（ただしばしば通例となっていた公開投票が人びとにプレッシャーをかけた）や、約二〇万人が投票から締めだされていたことだった。[58]

# 第二章　逆行的な近代化

トーマス・マン（一八七五―一九五五）は、その講演『ドイツとドイツ人（*Deutschland und die Deutschen*）』のなかでこう言っている。「きわめて逞しい時代即応性や効率的な進歩性と過去の夢との混合、つまり高度に技術化されたロマンティシズム、これこそまさに、特徴的であり危険なものであります」。[1] 革命的な要素と伝統的な要素とのそうした交錯、近代化とアンチ・モダニズムとの混在、これこそが鬼火に揺れる怪しい独特の性格をナチズムに与えていたものだった。[2] 近代化とはつまりこうである。経済の領域では国民総生産高の増進、工業化や技術化の推進であり、社会の分野では都市化率の高まり、そして社会的流動性の増大（評価の基準が身分から能力へと移ること）であり、政治の領域では参加の可能性の幅が広がること（＝民主化）であり、文化の領域では合理化と世俗化のプロセスの進展であった。[3]

ナチズムに近代化の機能だけを負わせようとする研究者たちは、近代化から民主化のプロセスを外さざるをえなくなる。[4]ところで独裁制的な近代化もあることは疑問の余地がない（スターリニズムやナチズム）。もっとも、問題は近代化と独裁制とが長期にわたってマッチするかどうかにある。歴史的な経験はむしろその反対を物語っている。一八世紀における近代化の根源的争いのなかで経済的な生活のチャンスの増大と政治的な生活のチャンスの拡大とは分離しがたく結びついていた。民主化、自主的決定への願いは、近代化に消しがたく書きこまれていた。

それゆえナチズムにかかわる近代化理論は慎重に取り扱う必要があり、矛盾や歪み、逆行的な傾向、技術礼賛とならぶ血の神話などをよく考えてみなければならない。賢明なのは、解釈のさまざまな次元を区別することであるだろう。

1　ナチズムは、目にみえるほどの近代化推進力をもたらした。その点ではたぶんオーストリアの方がドイツ本国よりもっとはっきりしたものであったろう。まだじゅうぶん能力を発揮していなかったオーストリア経済がドイツの好景気に組みこまれたとき、経済のエンジンが急に回転し始め、驚くべき上昇率を達成した（もっとも、その代償についてはのちに述べることにしよう）。西部オーストリアの工業化は、脱地方化を進捗させ、この脱地方化によりオーストリアの経済や社会の構造は、一九四五年後に急激に明瞭になったように、あとあとまで持続する変化を被った。[5]

2　長い間、次のようなテーゼが出発点になっていた。つまりナチズム時代の目につく近代化は、支配者たちの意図に反して、いわばかれらの関知しないところで起こったものであり、また反近代的なイデオロギーや古めかしい歴史像（農業社会といったユートピア）と、社会の実際のプロセスとの間にはギャップがでていた、[6]というテーゼである。そうこうしているうちに、修正がくわだてられた。一部のナチスのエリートたち、とりわけヒトラー自身の世界像には近代的な要素も含まれていたし、多くの点でアメリカが模範になっていたとの認識がされるようになったのである。[7] しかしまた他方でこの修正を過大視してはならない。ヒトラー、ロベルト・ライ（一八九〇―一九四五）〔ナチの労働組合「ドイツ労働戦線」の指導者、ニュルンベルク裁判拘留中に自殺〕、アルベルト・シュペーア（一九〇五―一九八一）〔ナチ政体の軍備増強・戦時生産の責任者、ニュルンベルク裁判で二〇年の禁固刑〕やその他の人たちにみられる――「劣等人種」を排除したうえでの――近代的で全体主義的な福祉国家というビジョンが、ヒムラー、アルフレート・ローゼンベルク（一八九三―一九四六）やリヒャルト・ヴァルター・ダレ（一八九五―一九五三）〔ナチの農業政策の指導者、ニュルンベルク裁判で七年の禁固刑〕たちにみられる血と土地の神話という先祖返り的な要素を覆い隠してはならない。目標の次元でも、近代的な歴史像と反近代的な歴史像との併存というのが特徴的なことである。[8]

## 3

ナチズムのどんな解釈も、工場的に計画された民族抹殺、「アウシュヴィッツ」のことを中心に据えて一緒に考慮しなければならない。この点では、近代化に批判的であるが、それでも近代化理論の枠内にある解釈が重要なきっかけを与えている。デートレフ・ポイカートは、次のように突き止めてそうした解釈の端緒をつくってくれた。すなわちナチズムは、「きわめて鋭くまた殺人者的な一貫性のうちに現代の文明化プロセスの病理と歪みをはっきり示した」[9]のである。テクノクラート的な知識階級が、思うがままに左右できるという獰猛な信仰に誘惑されて、なんらかの人間味のある制約に阻まれることなく、「価値ある」社会という全面的構想を練り上げた。大量抹殺の立役者たちの考えは、神話的なだけでなく、本質的には広域経済、人口政策学、優生学の範疇のものであった。鎖を解かれた道具的理性〔啓蒙思想が科学的認識によって自然を支配し宗教の束縛から脱しようとするとき、実際は理性が自然と社会との搾取の道具となっているという考え方〕が、近代化と大量殺戮とを一緒に強いたのである。[10] こうしてナチズムは、反リベラル的な近代化の変種を引きだしたのであった。起こったのは、文明のなかへの野蛮の侵入だけでない。人種差別的な社会政策が「健康で」「人種的に混じり気のない」民族の身体というビジョンを考えだした。

専門家たちが、おのれのビジョンを実現するまたとないチャンスに取りついた。「価値のあるもの」には「種の向上」のために出産数の増進、「価値の低いもの」に対しては移住、駆逐、抹殺であった。脅威に晒されたのは、ユダヤ人やロマ族（ジプシー）のような「価値の低いもの」だけでなく、「アーリア」民族もまたそうであった。とにかくドイツ国民の二〇％が遺伝学的に疵をもつとみられて、断種手術により生殖から締めだされることになった。[11] ウィーン管区では住民の四分の一が「社会に合わない（asozial）」とみなされた[12]〔asozialとはナチズムの用語では、強制収容所に入れようとする個々の人間やグループに対して恣意的に使われた。そして強制収容所の囚人の分類としても使われ、その場合には労働嫌い、放浪者やロマ族たちを指していた〕。戦争はそうしたもくろみを阻害したが、他方でこの戦争こそユダヤ人の大量虐殺を可能にしたものである。かくして近代化のプロセスは「ヤヌスの顔」をみせる。一面では人間に資する啓蒙という意味で進歩の方に向いているが、他面では、手段として利用される放縦な合理性の采配の下で、「価値の低いもの」の抹殺を計画したのである。近代化のそうしたパラドックスは、ナチたちが倫理的な概念をかきまわしてごちゃごちゃにしてしまってから生じたことであった。それは、繊細な神学者のディートリヒ・ボンヘッファー（一九〇六―一九四五）〔ナチズムに抵抗したプロティスタント教会運動「告白教会（Bekennende Kirche）」のリーダー。一九四五年四月、強制収容所にて絞首刑〕が見抜いていたとおりで、悪が善行や、歴史的必然性、社会的正義の顔をしてあらわれる――「悪の偽装」なのであった。[13]

近代化のそうしたパラドックスをきちんと押さえてかかる必要がある。その場合オーストリアは、新政策の最初の実験場であった。ウィーンにおけるアーリア化は、高い技能をもつ専門家の手で計画されたものであり、合理化のはっきりした推進力となった。ユダヤ人商店の閉鎖は、きちんと考慮された都市利用計画という基準にそって行なわれる。その際の社会的なコストは、ユダヤ人が払わねばならなかった。ユダヤ人たちはとっくに逆らえなくなっていたのである。[14]

ナチス主導の、景気変動を抑えこもうとする経済政策は、経済理論の現代的な要素を実践したものである。そうした経済政策は決して戦争の準備だけをめざしたものではなかった。社会的経済基盤の充実――アウトバーンも軍事目的だけに役立つものでなかった――消費部門の拡大、職業教育の改善などは、完全に近代化のはたらきをする。技術オイフォリーが新たな理想像の支えとなった。[15] 農業の機械化は、農民神話と合致しないものだった。そうはいっても、その後あらゆる力が軍備や戦争経済に集中するようになると、ますます自前の資源の過度の非合理的な伸長を招くようになる。きちんとした計画に代わって、場当たり的な施策が登場する。政体の「度重なる過激化」が効率低下をいっそう招き、力の分散状態を招いた。ナチズム支配の封建的要素、それにともなう腐敗堕落が示したのは、現代的なというより、むしろ逆行的な特徴だった。ぎこちない民族至上主義的なイデオロギーにより、殺人者的な本能が解き放たれ、同時に北方的な夢の夢想となったが、このイデオロギーは全体的には退行的なものだった。[16] そして結局のところ、モスクワを前にして電撃戦術が挫折した（一九四一／四二年）のち、政体が奈落の底をみたとき、妄想のなかへの集団逃避が起こった。技術オイフォリーが現実感覚の幼稚な喪失へと転化した。奇跡の兵器（V2）〔Vとは報復兵器（Vergeltungswaffen）の略号。ドイツ国防軍が主にイギリス南部やロンドン攻撃のために開発に努めたもの。V1が飛行機、V2がロケットであった〕への期待や、「アルプス要塞」への期

1938年4月7日、バルザーベルクにて、「アウトバーン」建設の鍬入れ式をするアドルフ・ヒトラー

待は、非合理主義の推進力を産みだすが――ロケット生産の坑道をつくらされるエーベンゼー強制収容所の捕虜たちへの迫害がますます生命を脅かすものとなった〔エーベンゼーは、ザルクツカンマーグートのトラウン湖南端にあった〕。ナチスは、みずからつくりだした神話に小心翼々とわれを忘れてしまった。[17]

それでもナチズムは、伝統的な結びつきを解体した。家族、宗教への結びつき、社会階級、生まれ育ったミリューへの結びつきの解体である。社会全体に近代化の情熱がみなぎる。いたるところで、能力主義社会〔個々人の能力・業績が地位や収入を決めることになる社会〕という原則がまかりとおるようになる。同時に福祉国家の充実がはかられる（結婚資金貸付金、児童手当、疾病手当、老齢年金、国民保険計画）――このようにして、肯定的な「よきものの選抜（Auslese）」と、否定的な「人種的に価値の低いものの抹殺（Ausmerzung）」とは隣合わせになってい た。いたるところで平均化するプロセスが推し進められた。身分制的＝伝統的なエリートたちが「役割エリート(Funktionselite)」〔社会のなかで高く評価される機能をはたすエリート〕に転身していくのがもっともはっきりみられたのは軍隊であったし、将校応募者のなかで工業労働者の占める割合がゼロから九％に上昇した。[18] ブルジョア的な生活態度とプロレタリア的な生活態度がしだいに崩れていく。その反面矛盾にも目を向けなければならない。一方で母性崇拝のレトリック、他方では実際上攻撃的人種差別的な男らしさの崇拝があった。センチメンタルな母性のパトスが、自律的でつよいドイツ女性という「ドイツ女子青年同盟」の理想により掘り崩されていった。[19] ナチズムは、女性の本性は母性にありというテーゼを踏みにじってしまう。女性国民のかなりの部分が断種の計画あるいは実行により母性という生物学的任務から締めだされてしまったのである。

「女性解放」というのは、ナチズムでは国民のごく一部の人にしかいえなかった。他の人びとにとっては、法治国家の空洞化により、生活のチャンスの抹殺を招いていた。つまり、普遍的な人権――近代化プロセスの本質的な成果――が無効にされてしまって、支配の多重形態により、支配の合理的なタイプが効力を失っていった。指導者原理、男らしさの度過ぎた強調、デモクラシーの排除、「価値の低いもの」の閉めだし――こうしたことすべてが、西洋の合理主義が旗印にしていたメッセージを否定していたのである。

また芸術においても、モダニズムが手にした形式上や内容上の業績のすべてに「健康な民族感覚」を滲ませようとする。モダニズムに対してかなり前から鬱積していた不快の念が高じて、今や公式に「堕落した芸術（entartete Kunst）」という非難指標がつくりだされた。ナチズムを解明する簡単な表現方式はないが、しかし近代化理論にもとづく我われの解釈図式の枠内では、少なくとも次のような認識を定式化できるだろう。つまり、テクノロジー的な合理化の増大が、意味づけの空白地帯をつくりだしてしまい、その空白地帯にナチズムが、情緒たっぷりで、個々人を高揚させる新たな「共同体」という約束を掲げて浸透したのである。近代化のプロセスの進行中に多くの神話が破壊された。そこで今やナチズムが新たな神話の構築に過激に打ってでたのである。「神格化された人」ヒトラーに対する畏敬が、個別化の苦痛から解放してくれることになった。

## 第一節　平和ブームとナチ戦争経済

歴史家は、当時の同時代人よりもより多くのことを知っている。かれは、初めだけでなく終わりもまた知っている。総括にあたっては、ナチズム時代当初の経済成長率を勘定に入れるだけでなく、一九四五年時をも視野に入れなければならない――とりわけオーストリアにおける空襲によるおびただしい破壊、ソビエトによる大規模な工場施設の解体撤去のことである。ナチズム支配の経済的な総括も矛盾にみちていて、決して一義的ではない。慎重な言葉遣いをするなら、構造の改善があったということができるのかもしれない。オーストリア経済のスタートの諸条件は、（途方もない破壊にもかかわらず）第二次大戦後の方が第一次大戦後よりましであったろう。[20]

当初は多くのオーストリア人の経済的な期待が膨らんだように思えた。第三の「会社設立ブーム時代」と呼べ

表35　年ごとの経済成長率

| | |
|---|---|
| 1938 | +13 |
| 1939 | +13 |
| 1940 | −3 |
| 1941 | +7 |
| 1942 | −5 |
| 1943 | +2 |
| 1944 | +2 |
| 1945 | −50 |

フェーリクス・ブーチェク『オーストリアの経済 1938〜1945』(Felix Butschek, Die österreichische Wirtschaft 1938 bis 1945) ウィーン、1978年刊より。

るような経済ブームが起こったのである。

好況の担い手は、あきらかに工業であり、その第一は軍需産業であった。これに反して農業は目にみえて後退していった。工業の就業者数は、四九万人（一九三九年）から六八万九〇〇〇人（四四年）へと増える。[21]しかしこの工業化推進力の分布は均等ではなく、東西間の大きなずれを示していた。一九三七年と四四年の間に工業就業者が、オーバー・オーストリア州で一〇六％増えたのに対して、ウィーンでは二六％増でしかなかった。[22]むしろ少しずつ増えたのは、工業における女性の就業者で、一五万人（一九四二年）から一八万五〇〇〇人（四四年）に増えて、いずれも全体の二五％という割合であった。[23]しかしナチズム戦争経済の特徴は、外国人強制労働者（民間人、戦争捕虜、強制収容所囚人）の投入であった。こうした労働者の割合は、一〇％（一九四二年）から三六％（四四年）となっている。強制労働者が、就業者全体の八〇％にもなる企業もいくつかあった。[24]この点はこれまであまり注目されてこなかった点である。ナチズム支配の間の近代化の波は、何万という強制労働者たちが死をもって贖ったものである。まさにこの点で逆行的な近代化のほんとうの顔があらわになってくる。奴隷労働への逆もどりであった。

記憶に残っているのはたんに、ナチたちが失業問題を解決したことだけであり、その点は否定すべくもない成果であった。失業率は二二％（一九三七年）から三％（三九年）となる。[25]おおよその見積もりによれば、新たな職場のほぼ三分の一が、直接戦争準備にかかわるものだった。[26]それでも、新たに設立された工業団地の一部は、第二共和制に引き継がれている——窒素工業のヒュッテ・リンツや、アルミ工業のランスホーヘンなどである。

ナチズム時代の工業化は、オーストリアの産業構造を多くの点で変えた。第一に、すでになんども言及したように、工業化を今や西部オーストリアにまで広めたこと、第二に、企業規模の拡大傾向がつよまったこと、第三に、重点が消費財生産から、原料の生産（鉱業・製鉄業など）や投資財の生産（機械・車両・工場）に移ったこと、第四は、ヘルマン・ゲーリング工業の設立によって、民間企業のなかへ国営企業が幅ひろく踏みこんだこと（アルピーネ・モンターン、シュタイヤー＝ダイムラー＝プーフ、ヒュッテ・リンツなど）である。

　生産の拡大には、エネルギー基盤の拡大が必要だった。オーストリアは、将来有望な水力発電の余力を抱えており、第一共和制時代には、じゅうぶん活用されなかった。一八もの大規模な発電所の建設が計画されるが、実際に完成したのは六カ所だけであった。カプルーン水力発電所は、一九五〇年代における再建のシンボルとなるが、一九四五年時にはその能力の三分の一しか仕上がっていなかった。[27] ナチズム支配の間に水力による電力生産は七〇％ほど増える。[28] アルペン電気産業でもってナチスは、電気事業の完全な国有化を導入し、この図式が第二共和制でもひきつづき取り入れられることになった。

1938年4月9日、ウィーンのシュタイル工場総本部。シュタイヤー＝ダイムラー＝プーフ株式会社は、戦争期間中に「第三帝国」最大の軍需産業になっていった

　オーストリアへの干渉によりドイツの本国政府は、二〇億シリングを越える額を確保することになった——国立銀行の金準備や為替準備、手形交換の貸方残高、私的な有価証券などである。[29] オーストリアへのナチズムの投資をいうときには、以上の点も計算に入れなければならない。今やドイツ資本は「オストマルク」（オーストリア地区）でなんの障害もなく手を広げていった。ドイツ資本の割合は、九％（一九三八

年）から五七％（四五年）へと跳ね上がった。オーストリアの工業化の道を追いながら、とりわけ大事だったのは、銀行を支配下に置くことであった――この分野でもドイツの割合は八％から八三％へと飛躍する。[30]最大の銀行であった「クレディット・アンシュタルト銀行連合」も少しばかりの混乱のあと、「ドイツ銀行」の手に落ちたのだった。[31]

大きな獲物がえられたのは、ナチスの手になるアーリア化の場合だった。明確さに程度の差こそあれ没収されたユダヤ人の財産の規模は、数十億（ライヒス）マルクにのぼった。[32]この点でもオーストリア経済が一緒にうまい汁を吸っていたのだ。その点は、たとえばウィーンの大規模デパートであったヘルツマンスキーを、フォーァアルルベルク州の繊維会社のF・M・ヘムルレとフランツ・M・ロームベルクの手でアーリア化したことでもわかる。この企業所有者は二人とも、すでに「身分制国家」時代に非合法ナチ党の積極的なパトロンとみなされていた人物であった。[33]

ウィーンにおける七万戸の住宅のアーリア化は、大々的に予告されていた住宅建設プロジェクトの実現を権力者たちから省いてやることになった。[34]もっとも、新たに兵器産業の中心地となり、南チロルからの移住者に宿舎を提供しなければならなかった地方には、じっさい数多くの新たな住宅団地が誕生した。[35]ドイツ本国では建築ブームがとうに去っていたのに、オーストリアではまだどんどん建築が進められていた。ドイツ本国では一九四〇年に建築労働者の数が二三％減少したのに、オーストリアではなお三％増えている。[36]建築会社や建築資材産業は、そんなわけでナチズム支配時代の大きな利得者であった。

一九三八／三九年時の経済の躍進は、しばしばいわれるように、もっぱら軍備の結果であったのだろうか？そうみるのは、一面的にすぎるだろう。たしかに、「アンシュルス」ののちドイツの買い手がオーストリアに殺到して、高価な食料品を買い集めようとした（「食料買いあさりの旅（Butterreise）」）。だが、この地オーストリアでも、消費ブームが巻き起こる。消費財の売れ行きがほとんど三分の一ほど伸びた。賃金が二分の一ほど増えて、大衆の収入が飛躍的に向上したのだった。[37] たしかに購買力の向上は、質の低下を甘受しなければならず、この点はオーストリア人の敏感な胃袋の好むところではなかった。けれども一九四一／四二年まで「戦時における平和経済」が持続する。観光産業は、ドイツ人の宿泊客が五〇〇％増を記録した一九三八年が頂点であったけれど、戦争当初の時期でもなお御利益に与かっていた。[38] 預金残高も一九四一年時でなお三八％増えている。[39] もっともこれは帳簿の上だけのことだった。というのも、預金残高は、戦時経済の財政を支えるために容赦なく吸い上げられたし、商品の供給がしだいに細くなっていったからである。[40] 戦争終結の頃には、一般市民にとって食料品以外に消費財は何もなかった。

だが、決定的な要因はこうである。つまり食料品の消費がほぼ三分の一ぐらい落ちたにもかかわらず、第一次大戦時とは違って、全国の市民が飢えで苦しむことがなかったことである。[41] そうなったのは、戦争の準備や組織が改善されていたためばかりではない。占領した地域の容赦のない収奪があって初めて、大ドイツ国の比較的高い生活水準が可能となったのである。[42] ――その後そうした地域が失われ、四五年時には経済が断末魔の苦しみに陥るのだった。

オーストリアは、比較的安全な地域、敵の空襲から防護された「国全体が防空壕」とみられていた。この点が、多くのドイツ企業のオーストリアへの疎開を招くことになる。[43] 戦争の終わりの局面で、こうして新たな工業化推進が生まれることになった。一九四一年から四四年にかけて工業就業者の増加が平均して一一％になったのに、「帝国本家」（ドイツ）では一％でしかなかった。[44] 工業就業者のうちの六〇％がすでに軍需産業で働いていた。[45] あるスイスの秘密報告が明らかにしているように、ドイツの企業家たちのそうした疎開には、また隠れた意図もあった。戦争は負けたものとみなされ、工場の資産を救いだそうとして、こう想定されていたのである。「オストマルク（オーストリア地区）は、戦勝国側からドイツの手によって凌辱された国として扱われるだろう、つまりもっとも不都合な場合でも帝国本家ほどはツケの支払いを求められることはないだろう。さらに無視してならないのは、オストマルクは世界の同情と、その同情にもとづく共感をえられるだろう」、[46]と。

## 国家の管理下の「農民の状態」

農業ではナチズム支配のアンビヴァレントな面が、特別はっきりとあらわれた。一方では機械化の波が始まり、他方では農民の決定の自由が極端に制限されたのである。だが、農民の自尊心は、イデオロギー的な武装によって――農民は民族共同体の血の源泉、食料供給源である――くすぐられた。農業の機械化の数字は印象的だった。[47]トラクターの数は、七五〇台（一九三〇年）から四九〇〇台（四五年）、電動機の数は五万から一一万となった。人工肥料の消費は、一九四〇年までに三倍となり、シュタイヤーマルク州では一九三七年に使われた窒素が三七七トンであったのに、四二年には三一八八トンとなった。[48]全体として一億二〇〇〇万（ライヒス）マルクの増強財が農業に投じられた。[49]

しかし戦争が収穫の増進を阻害する。自主独立というのは、以前にもまして遠い話であった。第一次世界大戦時と同様、第二次大戦時にも収穫量が落ちこみ、使役用家畜の数が減少した。もっとも一九一四年から一八年の間ほど急激ではなかった。たとえば、牛の数はほぼ一定であった。[50]一九四一年に農民指導者のアントン・ラインタラー（一八九五―一九五八）〔一九三八年時の農業・林業相〕は次のように認めざるをえなかった。「残念ながらアンシュルス実現ののち、農業部門の持続的な上昇発展が期待したほどみられない。その理由は実際上、ドイツ本国でも知られた農村労働力の都市への流出がオーストリアにおいても生じて、そのテンポたるや、とりわけ思わぬ賃金上昇をともなうほどのものだった。そうしたまずい影響により、肯定的な徴候の他のあらゆる要因が帳消しにされてしまった」。[51]農民の経済状況に関する指数は、一九三七年にくらべてはっきりと悪化を示していた。[52]急激に進んだ労働力の流出は、被雇用の農業労働者の数を年平均で一九％ほどずつ減少させていった。[53]この事態には、賃金の引き上げで対応するしかなかったが（オーバー・オーストリア州では一三三％の上昇になると算出されている。「ヒトラーがやってきたが、庶民にとってしゃくにさわるような形でやってきたのだ」）。[54] これは他方で農民の経済にひどい負担となった。農村の労働力の流動性に「奉仕義務」によってブレーキをかけようとした。同時に都市も農村を助けるよう求められた（女子青年の家庭奉仕、勤労奉仕）。のちになると外国人強制労働者が農家にやってくるが、そのなかには女性もたくさんいた。しかし一般的には、強制労働者たちの生活は、農民のもとの方が企業の場合よりもはるかに我慢のできるものであったらしい。[55] 戦時にあっては労働の負担は、他方で女性たちにつよくのしかかる。農家の女性たちの三分の二は、一日一四時間から一五時間働いていた。[56]

農家における一番の不安、つまり屋敷・農地を失うのではないかという不安は、「身分制国家」の時代には途方もなく大きくなっていた。結局その時代、屋敷・農地の一七％が経済危機ゆえに強制的に競売にかけられた。ナチスはそうした不安を取り除くようにした。強制競売処分の中止、それに免責活動が農民たちのもとでナチたちの株を上げることになった。だが実際の「免責」は、「借換え」であると判明する。新たな債権者は、ドイツ国であり、国家管理がその方面からもつよまった。農民のおよそ半分が、その免責申請をすぐに引っこめることになった。だが、もっと重要だったのは、ナチズム国家がばらまいた象徴的な資本、農民階層の未来に対する信頼という資本だった。業績のあがる農家は、免責活動をとおしてじっさい立ち直ることができた。[57]

「世襲農地法（Reichserbhofgesetz）」〔ドイツ民族の「血の源泉」である農民層維持のためにナチスが採用した法律。分割による細分化防止のため長子の独占相続を認めた〕もオーストリアでは、アンビヴァレントに作用した。この法律に随伴するイデオロギー的なかまびすしさによって、農民たちは丸めこまれた。世襲農地は、市場のやりとりから切り離され、売却できないし抵当にははいらないものとされた。けれども相続権への介入は、それだけいっそう農民たちを苛立たせた。女性の世襲法上の地位が根本的に悪化したことも、ほとんど理解をえられなかったし、結局は一九四三年にこの規定は、修正を余儀なくされた。チロル州やフォーァアルルベルク州などの実物分割地帯では、世襲農地法に非常に執拗な抵抗があったので、この法律は停止せざるをえなかった。[58]

ナチズム支配は、市場管理を完璧にやってのけた。農業は、国家的な秩序の強制カルテルに組みこまれたのである。それは、たしかに価格の安定を保証したが、農民に供給の義務も課した。乳製品製造工場や倉庫共同組合の設立は、統制市場への参加を改善したが、戦時にますます厳格になる農地管理が農民の自主性を阻害した。一五〇もの情報項目がある「農業カード（Hofkarte）」〔農産物やその出荷について農民に出される証明書。農地の大きさや見取り図、収穫量の見積もりなども記入されていた〕によって、すべての農地が把握されていた。統制経済のこうしたシステムには、軍隊への召集令の脅迫で強いられる出荷の義務や、死刑をもって罰せられるヤミの屠殺などもあったが、そのシステムが「自由な農民」を無力化していった。

農業は、経済団体への組み入れや、たくさんのドイツ本国出身の役人などのいる、官僚的に膨れ上がった「生産階層」のしっかりした管理下にあった。三つの管区農民組合が――ドナウラント、ジュートマルク、アルペンラント――ガウ〔ガウとはナチ国家のなかで、全国（Reich）につぐ、組織単位。ドイツ本国では、議会選挙区の数に応じて、三四のガウがあったが、オーストリアの併合やズデーテン地方の組み入れなどにより、四二のガウが存在していた〕全体をカバーするように「オストマルク」（オーストリア地区）に広がっていた。戦争が始まると「生産階層」の各部署は、食料管理庁として直接国家に組みこまれた。村には地区農民組合が置かれ、地区農民組合長はじつに厄介な立場になる。一方で組合長は、国家や党の指令を農民たちに伝達しなければならず、他方でさいさん農民たちの不満を受け止めねばならなかった。よりフレキシブルに対応できるようにと、一九四三年管区農民組合はガウの区分に合わせてつくられることになった。戦争が長引くほど、統制指令がますます厳しいものとなり、それだけ農民層の抵抗の姿勢がみられるようになっていった。[59]

## ナチズムの経済秩序

「組織化した資本主義」が歪んだ形で少しずつ前進する。産業における集中化現象がつよまり、市場に対する国家の影響が途方もなく増大した。市場がすっかり排除されたわけではなかったが、国家の厳しい統制下に置かれ、利害の代表にも歪みが生じていた。自主的な労働運動は、オーストリアではすでに一九三四年以降なくなっていた。今では活動するのは、「ドイツ労働戦線（Deutsche Arbeitsfront）」（ＤＡＦ）だった。大衆組織で、非常に豪華な組織だったが、労働者だけをとくに代表するものでもなかった。この組織には、雇用者も被雇用者もはいっていた。「民族共同体」の模範となるべきものだったが、その実体は、強制的に同質化された人たちの共同体でしかなかった。ほかよりましな保護をうけていたのは、工業と商業の利害であった。かれらの団体もなるほど国家の経済指導に組みこまれていたが、それでもある程度の自主運営権を確保することができた。民族財産の配分替えは、むしろ企業家に有利にはこんだ。国家は、経済政策上の全般的な目標基準値を設定することで満足し、つねに政治の優位が保たれていたが、具体的な指導任務の遂行は、経済団体の自己責任にまかされていた。「シュペーア体制」は、工場的な自己管理の原則を完璧なものにした。第一次大戦時よりはるかに効果的だったのは、マクロ経済にナチス戦争政策への連帯責任が課されたことだった。[60]

社会と経済の国家統制により、賃金協定の自主的な交渉が姿を消した。それに代わって登場したのが、「労働管理官」が公布する労働協約令だった。この管理官は、賃金政策と労使協調の確保に責任をもつ国家の行政ポストであった。行政区分もガウ管区に合わせようとする戦時中の一般傾向にそって、一九四三年には管区労働事務所の長官が労働管理官に任命された。労働市場は、今や商品市場や資本市場と同じように厳しい統制をうけることになった。労働者階級の旧来の権利――ストライキと結社の自由――は、統制下の民族共同体のなかではとっくになくなっていた。[61] 同時に物価は――価格形成の全国管理官の手により――統制をうけていた。その統制は賃金ほど厳しくなかったが、戦争期間中物価統制も厳しくなっていった。[62]

経済の制度上の枠となっていたのは、全国単位のグループであり、のちには中央委員会、中央連合であり、地域レベルでは経済会議所（ほんらい「オストマルク」には四つの経済地区があった）、それからガウ段階では、工業会議所や商工会議所、もしくは手工業会議所であった。後者は、戦時中に管区（ガウ）経済会議所に取って代わられた。どの決定段階においても二重の機能がはっきりとでていた。一方に自律的管理、他方に国家の機能である。それでも大企業に足場を築こうとするナチ党の試みを防ぐことはできた。大企業は、連携の気構えをもっていたにもかかわらず、専門的な権限を奪われることはなかった。より苛酷な状況にあったのは、中小企業者であった。かれらは、さまざまな「淘汰活動」（企業の閉鎖）により工場を失っていったのである。

## 第二節　体制統合と社会の動員

第一次世界大戦時の経験から、ナチズム体制はたえず不安がっていた。労働者階層を宥めておくことができるだろうか？　この階層に、抗議の姿勢を惹起させずに、どれくらい要求できるだろうか？　こうして政体は、体制への組み入れのいろいろな努力をくりひろげていった。努力がうまくいかないときには、国家的なテロルが用意されていた。とりあえず、生活水準を引き上げ、戦時でもあまりそのレベルを低下させないことが大事であった。生活水準について評価するのはかなり難しい。ことに公式の統計の取り扱いが慎重を要するだけに、なおさらである。

すでに通貨の統一は――二（ライヒス）マルクが三シリング、つまりあきらかに平価の切り上げ――「オーストリア地区の住民により大きな購買力を与えよう」[63]とする迎合的な姿勢と解する必要があるだろう。だが、一九三八／三九年時の実質賃金の上昇ののち、大衆の購買力はふたたびひどく低下してしまう。[64]もっとも世界経済危機の時期を基準にするなら、実質収入は（ドイツ全国あたりを正確に計算すると）、一〇〇（一九三二年）から一一九（四三年）に上がっていたといわれる。[65]その際考慮しなければならないのは、労働時間が長くなっていることであったし、また労働者階層のもとでさいさん不安をかきたてていたのは、所得税や「ドイツ労働戦線」、「冬季貧民救済事業」への分担金など、給与から差し引かれる額の増大であった。それはともかく、第一次世界大戦のときほど破局的な実質賃金の下落は起こらなかった。一九三九年の戦争開始時の諸制限も速やかに撤廃しなければならなかった。この点が、どうして一九四四／四五年時に革命が起きなかったか、の理由の一つである。体制への組み入れ努力のもう一つに、一九三九年に導入された労働者のための老齢年金がある。老齢年金は実際上さしたる変化をもたらさなかったが、その象徴的な価値は大きかった。すなわち、労働者たちがサラリーマンや公務員と同列になったのである。[66]職場の保証、もっとも、これにはまもなく職場変更の禁止がついてきたが、それに業績意欲をかきたてようとする業績コンクールやよりよい職業教育、「名誉／懲戒裁判所（das Ehrengericht）」により保証されていた労働者への社会栄誉賞の授与〔公益は私益に優先するという原則のもとに、あらゆる職業義務を良心的にはたすことと、その表彰。それに違反したものは、名誉裁判所により処罰された〕——こうしたことのすべては、労働者階層を「階級」から「身分」へ引きもどそうとするのを支援すべきはずのものだった。

工場自体においても指導者原理は、企業家の立場の強化となった。従業員はなるほど「身分制国家」時代と同じように、上から任命の「職場評議会」をもったが、この評議会にほとんど発言する権利はなかった。埋め合わせは、従業員ルーム、工場食堂、工場付属の幼稚園の設置や、職場の美化といった「ドイツ労働戦線」が実施する、もしくは監視する企業内的な福祉政策にあった。[67]とりわけ余暇利用——労働者たちの隠語で「ビールただ飲み社会主義（Freibiersozialismus）」と言われていた——の点で「喜びを通して力を（Kraft durch Freude）」（ＫｄＦ）〔ドイツ労働戦線の余暇を担当した組織部門〕という組織が、演劇、映画、スポーツの開催、詩人が行なう朗読、ウアラウプ旅行を夢想している人たちのためのスポーツなど、幅ひろいプログラムを提供した。[68]「ちょうど、自動車のエンジンを一定の距離の走行後にオーバーホールしなければならないように」、この「ＫｄＦ」が――略してそう呼ばれた――「いわば時折あらゆる労働力をオーバーホールするのだった」。[69]プロレタリアートから労働の戦士をつくろうとするものであった。この狙いは失敗したけれど、階級的な結びつきは、目にみえて緩んでいった。

「ドイツ労働戦線」の自己理解は、利害の代表者ではなくて、労働者、企業家、国家との間の「利害の仲介者」であった。戦争中この組織は、ますます統制機関となっていき、職場長たちの広範な網を工場にかけ――多くの労働者たちにそうした役割を割り振ることで、かれらにそれなりの存在なんだという自意識をもたせた――、「労働部隊（Werkschar）」〔工場従業員の訓練などをするドイツ労働戦線の宣伝部隊のこと〕をとおして工場を軍隊調で監視させた。結局「ドイツ人」労働者は、外国人強制労働者たちの上役として振る舞い、それがまた自負心を高める象徴的な糧となった。すなわち何も口にする権限のない人たちが、今や人に命令してもよいのだった。[70]それでも錯覚してならないのは、労働者たちが、自己決定の権利を奪われていたこと、国家による労働者階層の厳格な監視が漸次拡大していったことである。共産主義的な、また社会民主主義的な労働者たちの中核部分は、ナチスの福祉政策にほとんど幻惑されることもなかった。

技術的な進歩をめざすことが、体制統合のもう一つの手段であった。「流れ作業生産」、労働の組織的な合理化、賃金に差を設ける能率給、これらすべてが「成果主義社会の戦時動員」（マルティン・ブロスツァート）につながり、この成果主義社会は戦後の時代にまでも影響を残し、「オーストリア流のだらだらした仕事ぶり」に対抗するものだった。[71]もっとも、業績社会の強調は同時に作業意欲のない者、「価値の低い者」や「共同体で暮らすには不適当な者」をあぶりだすことでもあった。こうして対抗手段を互いにつよめることになった。労働者たちは、増大する要求に緩慢な振る舞い、病気の申告、雇用契約破り、そして極端な場合にはサボタージュで応じたが、これに対して体制側は、さまざまな処罰で応え、最後には労働教育キャンプや強制収容所送りが待っていた。[72]

しかしナチズムの動員は、個々の工場現場をはるかに越えたものだった。その動員は、青少年で始まる。[73]「ＨＪ」と「ＢＤＭ」――「ヒトラー・ユーゲント（Hitlerjugend）」と「ドイツ女子青年同盟（Bund Deutscher Mädel）」――がスポーツ、技術、文化的な催しもので気を引いていた。「若者が若者を指導する」という原理は、「同盟青少年運動」〔一九二三～三三年にかけてのドイツの青少年運動で、政党や宗派にとらわれない自由な運動グループの総称。ワンダーフォーゲルはその一つ〕から借用したものだが、この原理により家庭や学校という伝統的なミリューを抜けだして独自の領域を占めるという可能性が開けた。男子リーダー、女子リーダーとして出世のチャンスがたくさんあることになり、そこには自己責任や自己コントロールもみられた。もっとも、一九三九年の「青少年服務規則」により、ヒトラー・ユーゲント服務が、すべての若者にとって義務となった。国家の命令する義務となった「ヒトラー・ユーゲント」は魅力を失い、煩わしい強制義務となる。その義務は――すっかり戦時義務になってしまって――情報提供勤務から数多くの集会、「ヒトラー・ユーゲント巡回勤務」という国家警察的な任務にいたる、たくさんの務めをしなければならなかった。以前になかったほどの政治化が青少年に降りかかったのである。しかしその一方では、多くの若者が、強制勤務を避けて、私的なグループや仲間のなかに身を潜めた（「スイングの若者（Swing-Jugend）」〔ナチズムやヒトラー・ユーゲントによる統制を嫌って独自のサブ・カルチャーの世界に引きこもろうとした若者グループのこと。大都市の、たいていが中間層の出であり高等教育をうけている若者たちで、ジャズやスイングが禁止されていたので、非合法にレコードを買ったり、聴いたりして、ボーイズとかガールズとか呼びあって、アングロ・サクロン的なスタイルをとっていた〕）。実際きわめてパラドキシカルな複合した状況がみられた。画家／建築家のフリーデンライヒ・フンデルトヴァッサー（一九二八―二〇〇〇）（本名はフリードリヒ・シュトヴァッサー）が、自分のヒトラー・ユーゲント時代についてこう報告している。「二分の一ユダヤ人（Halbjude）が、完全なユダヤ人女性（Ganzjüdin）を守ることができた。……わたしの母がユダヤの星をつけて買い物に行くのに、僕はハーケンクロイツをつけて周辺をついてまわった」[74]、と。

体制への組み入れに大きく貢献したのは、国防軍であった。一二〇万人のオーストリアの男子が召集され、ヨーロッパ全土や北アフリカに派遣された。[75]軍隊は厳しい訓練の場であった。想像を絶する惨めさ、死、負傷、そしてたしかに仲間意識、勇気、勇敢さ、大きな冒険という体験などがあった。ナチズムはこうしてまた、男子同盟的なもの、騎士十字勲章佩用者や、さりげないがそれでいてシャキッとした飛行士という理想像の勝利をも意味していた。国防軍のヒエラルキー的な秩序は、地位と勲章を与え、上昇のチャンスを開いた。約二四〇名のオーストリア人が、国防軍、武装親衛隊、警察の将官の地位に就いた。[76]しかしこの国防軍も残虐な犯罪の共犯者となってしまう。そうした犯罪に、アレクサンダー・レール（一八八五―一九四七）〔空軍の将校から、バルカン半島地域のドイツ国防軍の責任者、戦後ユーゴスラヴィアにて銃殺刑〕、ロタール・レンドリック（一八八七―一九七一）〔戦車隊の指揮官から、バルカン、スカンジナヴィア方面の総司令官、国際軍事裁判で二五年の禁固刑〕、フランツ・ベーメ、ユーリウス・リンゲルといったオーストリア人将官がリーダー的にくわわっていた。あるオーストリア人は、ドイツの兵士が一人殺されたら、それに無関係の人質一〇〇名を射殺しろと命令していた。[77]この国防軍もユダヤ人虐殺に共同責任があったのだった。

とりわけロシアにおける戦争は、実態とは違って、民族差別的な殲滅戦争ではなくて、ボルシェヴィズムに対する防衛戦争、ヨーロッパ文化の救済という体験であった。敬虔なカトリック信者の兵士たちの戦地からのたくさんの手紙は、そうした姿勢を裏づけるものだった。「まともにドイツ人だと感じられず、またそう行動できない者は、ならず者だ！　すべてをドイツのために、ドイツをイエス・キリストのために！」。[78]「わたしにとって軍隊勤務は、キリスト教徒としての勤務だ」。[79]「まさにこの地でこそ、悪魔的な力に向かって、神聖なものをぶっつける必要がある、と僕は確信する。たぶんそれが、ボルシェヴィズムという悪質な愚行に対する効果的で徹底的な戦いであるだろう」。[80]「君はまだ一度も、ロシア人を、現代のボルシェヴィストを目の当たりに見たことがないのだ！　このアジア的な原始民族の歪んだお化けじみた顔を見たことがないのだ」。[81]こうした意見の対局にたつ、カトリック信者の兵役拒否者のフランツ・イェーガーシュテッター（一九〇七―一九四三）〔農民・教会事務員、宗教的信念からドイツ国防軍勤務を拒否、絞首刑〕といった人物は、きわめて稀で孤独な姿であった。この人物は、不当な戦争への参加拒否を生命でもって贖ったのである。[82] こうした体験の背景からみて初めて、一九四五年以降の、戦争という過去「処理」の難しさが認識できるのである。

ナチズムの動員が捉えたのは、とりわけ女性たちであった。またしても我われは、きわめて亀裂のある女性像にでくわす。[83] イデオロギーの中心では、女性は「永遠なる母」（アドルフ・ヒトラー）であったが、かなりの数の女性たちが、断種手術により母になることを阻まれる。戦時経済によりますます多くの女性たちが職場で働くことを強いられ、軍務以外の職場での女性の割合が一九四四年時で、イギリスでは三六％なのに対して、ドイツは五一％になっていた。[84] 同時にエレガントでモダンな女性が好まれる。合理化の傾向は、家庭の切りもりという「戦闘区域」にまで推し進められ、女性は、家政の「指導者」へと仕立てあげられた。一九四二年の「母性保護法」は、働く女性にとっていくつかの改善をもたらした。兵士の妻には、第一次世界大戦時とは違って、比較的良好な経済支援が与えられた。厳しく要請される「勤労奉仕」も、子どもの誕生とか、就業のアリバイづくりなどによりさいさん逃れることができて、庶民の間では、こう妬まれていた。「金持ちの情婦たちは家にいられる」[85]、と。

かなりの数の少女たちが、「ドイツ女子青年同盟」を女性解放へのステップとして体験する。彼女たちは、家を離れることもでき――「心が通いあって、楽しく過ごすこができたし」[86]――、男性との付き合いもいくぶんしやすくなった。農民たちは、「ドイツ女子青年同盟」や勤労奉仕で少女たちが「身持ちの悪い女」に教育されてしまうと罵り、[87]「国防軍女子補助員」（一七歳以上の若い女性が司令部付補助員、報道補助員、空襲警報発令補助員として採用され、それぞれの部所の男子が前線で働けるよう、手助けした）が、とくに軽薄だとみられた。実態はどうであれ、たしかな事実は、ますます多くの男子が前線に駆りだされ戦死するようになると、相対的な自立性が女性たちに課せられたのである。避難民、空襲で焼けだされた者、独りで暮らす面倒をみなければならぬ者として、女性たちはますます独りで決断しなければならなくなっていった。そして戦争末期のもう一つの特徴としては、社会がいろいろ混ざりあったことである。遠く離れた農村にまで、児童たちの集団疎開、さまざまな類の難民、強制労働者たちが押し寄せた——「余所者」が長期にわたって居合わせるようになったのである。

文化の領域でも新たな世俗化の波が浸透していく。「身分制国家」時代の政治の教権主義化のあとに、激しい反教権主義がやってきて、ドイツ民族主義の反教会的な伝統が先鋭化された。三〇万人のオーストリア人がカトリック教会を抜けて、「信仰をなくしたわけではないが、教会に属さない」ことになった。[88] しかしそうした局面はすぐに終わって、戦争末期の二年間には人びとが教会にもどるようになる。窮状がじじつ祈ることを教えたのである。多くの地方史や司牧報告は、人びとがふたたび教会に殺到したことを裏づけている。国家と教会との古いバロック的な一体性を、ナチズムはラディカルに断ち切ってしまったのだが、今やはっきりしたのは、社会と教会との新たな一体性が、庶民の方から芽生えてきたことだった。オーストリアの国民文化は、カトリックに踏みとどまったのである。

ナチズムは教会に近代化の進行を強いた。近代化進行の過程から教会は力と若がえりをとげたのである。その場合近代化とは、国家と教会との絡み合いを社会的に解消することであった。その四つの例をあげてみよう。

1　オーストリアの教会は、何十年もの間あらゆる手段を使って——政治的にはキリスト教「社会」党に支援されながら——近代に見合った婚姻法に抵抗してきた。一九三八年七月六日の法律でナチスは、離婚した者が再婚する法的可能性を導入した。これは、社会の変化に合わせる明確な方途であり、多くの家庭にとって心理的な重荷の軽減であった。結婚に国家がつよくかかわるようになり、司祭たちは戸籍簿を管轄するという疑似国家的な役割を失い、この役割は新たな戸籍役所が引き受けることになる。[89]

2　教会と国家との分離をさらに進めることになったのは、一九三九年の「教会会費法」だった〔教会の諸経費をまかなうため、教会税の徴収は正当化されたが、国家からの資金・補助金は廃止された。この法律は、脱教会運動の促進につながった」。たしかにナチスはこの法律でもって教会に痛手を与え、脱教会運動を促進しようとしたのである。国家と教会との財政的な結びつきは緩んだが、同時に教会は国家からの独立を少しばかりはたした。教会が財政をテコにゆすられる可能性が減ったのである。

3　ナチズムは、宗教と政治が分かちがたく絡みあっていたカトリック団体のひどい錯綜状態を片づけ、教会を政治的な日常業務から遠ざけた。このことでかなりの数の司祭たちが気楽になったと感じた。なぜなら司祭は今では、ほんらいの宗教的任務、心のケアのために集中できるよう、雑務が減ったからである。

4　学校の脱宗派化、カトリック系私立学校の閉鎖、公立学校における宗教授業の段階的な廃止、カトリック系学部の廃部、これらの措置は教会の中枢神経にひどく障ることであり、教会と国家との分離をいっそう進めるものだった。だが、この場合にもアンビヴァレントな面に注意しなければならない。宗教は国家的な秩序の性格を失い、ますます意識的な個人的決定のものになっていった。宗教がふたたび精神的な冒険、霊的な経験となっていった。結局こうしてカトリシズムは、反体制的な権利をふたたび獲得したのである。[90]

# 第三章　権力の構図

## 第一節　オーストリア邦、オストマルク、アルペン・ライヒスガウおよびドナウ・ライヒスガウ

一九三八年の三月一三日、連邦国家オーストリアは国法上、オーストリア邦となる。自前の法にもとづくものでなく、ドイツ国の名前と指令により機能し、国家地方長官（ザイス＝インクヴァルト）とオーストリア邦政府の手で運営される一地方となったのである。しかし急速に事実上の権力は、唯一ヒトラーの直属であった再統一担当の管区総督ヨーゼフ・ビュルケルの手に移っていった。[1] ビュルケルの同僚のクリスティアン・オプデンホフは、すでに一九三八年四月二日にこう書き留めている。「いろんな州に行ってみてわたしが一致して確認したのは、党や国民全体にオーストリアの解体が歓迎されていることだ。今となってはオーストリアという概念をできるだ

け徹底的に片づけようという一致した願いがみられる」[2]、と。ドイツ民族主義的な陣営のかねてよりの自己憎悪が一斉に吹きだし、同時に地方が首都に対して蜂起する。オーストリア的なものの抹殺が始まった。ニーダー・オーストリア州とオーバー・オーストリア州は、それぞれ「ニーダー・ドナウ」と「オーバー・ドナウ」となり、オーストリアという名称は、「第一オーストリア貯蓄銀行」、「オーストリア出版」、かつての非合法のナチ雑誌『オーストリア・ベオーバフター』とか「オーストリア歴史研究所」などのように、僅かな痕跡として残るだけとなった。[3]それでもヒトラーからすると、「オストマルク」という呼称ですら、まだまとまりを具現しすぎていたので、一九四二年には「アルペン・ライヒスガウ」と「ドナウ・ライヒスガウ」という呼び方になってしまった。

それでも州はまだ存在していた。かつてヒトラーはウィーンに対する憎悪をたっぷり抱いていたし、そのかぎりでかれもオーストリアの田舎者だったが――ウィーンはその首都としての地位を失い、各州のウィーンとのすべての関係が絶たれてしまった――、それでも各州の構造は重要な点では保たれていた。新たな州の数は減って、七つの長官をもつ七つのガウになる。ブルゲンラントは、シュタイヤーマルクとニーダー・ドナウに分割され、ウィーンは、地域が広げられて「大ウィーン」となり、フォーァアルルベルクはチロルに編入され、その代わり東チロルはケルンテンに、アウスゼー地区はオーバー・ドナウに組みこまれた。ザルツブルクは地理的に変更のなかった唯一の州であった。ズデーテンラントの占領後ニーダー・ドナウとオーバー・ドナウは、南ボヘミアと南モラヴィア地域にまで拡大され、ユーゴスラヴィアへの侵攻後は、ウンター・シュタイヤーマルクと「オーバークライン」がシュタイヤーマルクとケルンテンに吸収された[4]（ここで非常にクールに書き留めていることは、歴史的な想像力を人間の現実に向けることになるだろう。たとえばスロヴェニア系住民の不安と危険とに向けずにはいないだろう）。

一九三九年四月一四日の「オストマルク法」により編入の新たな段階が始まって、その際オーストリアがドイツ全国改革のテストケースとなった。改革では、皮肉なことに、できるだけ統一的な行政というオーストリアの

絵はがき。ザルツブルク市の上に昇る太陽模様のハーケンクロイツ

昔からの原則がモデルとなる。もっとも党と国家との相互浸透は目新しいものであり、「ライヒスガウ」が国家の行政区域、自治体であり、また党のガウでもあった。この三つの役割は、頂点で国家地方長官（Reichsstatthalter）にしてガウ（大管区）長官という人物のなかで一つに融合され〔国家地方長官とは、帝国各地において中央政府を代表するポスト。そのたいはんは、従来のガウ長官が任命されていた。国家地方長官は、帝国内務省の指揮下にあって、総統の出す政治指令が遵守されるよう、目をくばる役割をもっていた〕、この人物が三つの領域すべてにわたって命令権をもつのだった。ただ国家地方長官の代理という形でだけ、三つの権力次元が分割されていた。政府長官は国家行政の面で国家地方長官の代理となり、ガウ知事は自治体の面で、またガウ長官代理はナチ党に関して、国家地方長官の代理を務めていたのである。ライヒスガウの段階のすべての特別行政部門は――司法、財政、鉄道、郵便部門を除いて――国家地方長官の指揮下にあった。特別行政の定着とその権限をめぐってガウ長官たちは相互に熾烈な権力闘争をくりひろげた。というのもライヒスガウの上には、さらに防衛管区、SS上部管区などといったさまざまな範疇の権力次元が重なりあっていたからである。[5] 同時にガウ（大管区）長官たちは、さいさん中央当局と激しい衝突をくりかえした。この中央当局は配下の部局を手放そうとはしなかったからである。けれどもヒ

トラーがよしとしていたのは、なかば封建的な「ガウの頭」で、かれらは個人的忠誠をもっぱらヒトラーに向けなければならなかった。国家地方長官とガウ長官の権限のこうした途方もない拡大は、戦争開始以降、全国防衛委員を任命するにいたって国防軍にまで――当初は二つの防衛管区に、一九四二年以降はすべてのライヒスガウに――およぶことになった。[6]

　行政単一体としてのオーストリアはなくなり、ザイス＝インクヴァルトは、まもなく国務大臣に遠ざけられる。ライヒスガウの設置は、一九三九年の九月三〇日までに完了することになっていたが、行政技術的な理由や戦争などがあって、この期限は守られなかった。移行期間が一九四〇年の四月一日までつづくことになるが、この間建設中のライヒスガウと解体中のオーストリア邦とが併存することになった。[7]

　一九三八年の五月、ヒトラーは長らく考えたのち、オーストリア・ナチ党のリーダー七名をガウ長官に任命する。その際ケルンテン・グループ（および親衛隊）が、最大の権限地区をもつことになった。つまり、オーデロ・グロボチニク（一九〇四―一九四五）〔オーストリア・ナチスの有力者として一九三八年の併合に貢献、各地の親衛隊・警察長官を務め、ポーランド系ユダヤ人の抹殺に指導的役割を演ずる。一九四五年五月自殺〕がウィーンの、フーベルト・クラウスナー（一八九二―一九三九）〔三八年五月オーストリア・ナチ内閣の政治担当相、ケルンテン州ナチスのリーダー、オーストリア内相〕がケルンテンの、フリードリヒ・ライナー（一九〇三―一九四七）〔早くからのオーストリア・ナチスト。アドリア海方面の作戦指揮の責任者。スロヴェニアにて絞首刑〕がザルツブルクの、ガウ長官となった。[8] グロボチニクは経済的な不正事件により数カ月後には更迭されるが、ヒムラーの庇護をうけて、ＳＳの高級将官および警察長官としてルブリンに行き、そこでユダヤ人虐殺の指導的役割をはたす。かれに代わってウィーンのガウ長官になったのがプファルツ（南西ドイツ）出身のヨーゼフ・ビュルケルであった。[9] この粗野で向こうみずな気性の男も、ひどい分裂状態にあって派閥闘争に明け暮れるウィーンの党内で確固とした地位を築くことができず、そのうえビュルケルは、国の中央当局としょっちゅう抗争をくりかえしていた。ビュルケルは、自分の郎党一味をプファルツから連れてきていたが、そのやり方は、クリステイアン・オプデンホフが批判的に報告しているとおりであった。「ウィーンの人たちが次のように言うのも、わしには理解できる。つまり、ビュルケルとプファルツからきた連中は、我われウィーン人のことを知らないし、我われに馴染むこともできない。朝ビュルケルが食事をするのも部下のプファルツ人だけが相手だし、日中一緒に仕事をするのもプファルツ人、夕方ビュルケルが街の酒場に行く際もプファルツ人、その後夜同じ家にいるときもプファルツ人たちが相手だ」。[10]

ビュルケルはなるほど、ザイス＝インクヴァルトが南東ヨーロッパでオストマルク独自の役割（中部ヨーロッパ経済会議、南東ヨーロッパ協会、南東ヨーロッパ研究所）をつくりあげようとする野心を阻むことができたけれども、ウィーン人の不満を抑えることには失敗した。[11] ヒトラーは不機嫌そうに言っていた。「ガウ長官ビュルケルは、ウィーン人を国家の味方につけることができない」。[12]「総統」は長いことためらっていたが、一九四〇年の四月には新たな全国長官を任命する。それでもさしあたりビュルケルをウィーンになお置いていた。もっとも、そのビュルケルも数カ月後には全国青少年指導者のバルドゥア・フォン・シーラッハ（一九〇七―一九七四）〔ナチ青年指導者として多面的な役割をはたす。ニュルンベルク裁判で二〇年の禁固刑〕に取って代わられ、一九四一年にはライナーがかれの故郷のガウのケルンテンに配置替えとなり、比較的穏健な全国学生指導者のグスタフ・アドルフ・シェール（一九〇七―一九七九）〔ドイツ青少年運動で活躍、ナチスの政権奪取後ハイデルベルク大学のナチズムになじまない教授・学生の排除に努め、一九三六年ドイツ・ナチス学生同盟の指導者、第三帝国の最後の時点で文部相を務める〕がザルツブルクに赴任する。戦争終結まで、二人のドイツ本国出身の者が、オーストリアにおける国家と党の最高の地位についていた。二人は――作品『ウィーンのキャバレー』のなかの枢密顧問官ペ・チャ・チェクのセリフにあるように、「心配するな。どうせ俺たちが士気阻喪させてやるさ」[13]――オーストリアの流儀に少しは合わせる必要があったのだった。

バルドゥア・フォン・シーラッハは、自分でも詩をつくり、にやけたお人よしぶりをみせていたが、とりわけかれはウィーンという都市のバロック的なオーラを利用し、皇帝的な輝きに浸っていた。かれはバルハウス・プ

ウィーン国立オペラ劇場。ハーケンクロイツ旗下の芸術

ラッツ（首相府と外務省のあるところ）を根城にして、メッテルニヒ侯ゆかりの書き物机で執務した。その華やかなレセプションには皇帝時代の上等な食器類を並べたてていた。ナチス支配の最後の瞬間になってもシーラッハは、ホーフブルク宮殿の地下室の豪華に飾られた戦闘司令部にこもっていたのである。[14]

さしあたりシーラッハは、ウィーンの上流社会層につよい印象を与えることができた。派手な文化的催し、国立オーパーやフォルクス・オーパー、ブルク劇場などへの花形役者の出演斡旋、時として「堕落した芸術」というタブーに抵触するようないくぶんリベラルな芸術観、こうしたことすべてが「芸術の都ウィーン」をベルリンに対抗させようとするものだった。[15]もっとも、こうした意図は、ヒトラーやゲッベルスの怒りを買うことになる。一九四三年シーラッハは――ナチス高官たちの当時の隠語でいうなら――「ひどく評判を落とした（Reichsverschiß）」[16]のである。そうしたウィーンの文化的自負は、たとえば一九四〇年にアウレル・ヴォルフラム（一八九六―一九四八）〔作家で保守派の文化哲学者〕のベルリンに対する激しい非難にもあらわれているが、この自負をオーストリアの自負と混同してはならない。[17]すべては大ドイツ主義的なナチ・イデオロギーの枠内のことだったし、大目にみられた「民族意識」の枠内でのことだった。シーラッハの庇護があって、とにかくほかならぬモーツァルトやハウプトマン（一八六二―一九四六）の上演がやれたじゃないか、という芸術家がいたとしたら、それは思い違いである。全体主義的な政体のなかでは、どんな非政治的な芸術でも、公衆の前に登場するかぎり、支配の安定化に奉仕するのだった。この点をゲッベルスはかなり正確に見抜いていた。つまり、「良好な気分というのは、軍人服務規定の一つである。そうした気分は状況によっては戦時に重要であるばかりでなく、戦争の帰趨を決めるようなものとなりうる。それだからこの良好な気分というものにとくべつ注意を払い、培う必要があるのだ」[18]、という。権力に近いということが、芸術を権力の堕落の巻き添えにしてしまうのだ。もっとも芸術家それぞれにたくさんの個別的な可能性はあった。ライバル相手の密告、もっぱら仕事への陶酔——ヘルベルト・フォン・カラヤン（一九〇八—一九八九）は、「そのとおりです。つまり、指揮をするためなら、私は人殺しさえ仕出かしたことでしょう」[19]、と言っている——、あるいは、密かにとる反体制的な姿勢などである。

なんのかんの言っても決定的なのは、ウィーンのオペラ劇場で偉大な芸術が大々的に上演されていた間に、各駅から強制移送のユダヤ人たちが東に向けて運ばれていたことである。文化理解のあるパトロンのバルドゥア・フォン・シーラッハは、ヨーロッパのファシスト的な青少年を前にしてこう言った。「ヨーロッパで影響力のあるユダヤ人は誰でもヨーロッパ文化にとって危険である。かつてユダヤ民族のヨーロッパの中心であったこの都市ウィーンから、わたしが何千何万というユダヤ人をゲットーに追いたてたと非難する者がいるなら、こうした措置をヨーロッパ文化に対する積極的な貢献だと思う、とわたしは答えずにはいられない」[20]、と。

## 第二節　中核と周辺——支配の担い手たち

しばしの間オーストリアは、ナチス支配の実験場となった。ハンス・モムゼンは、「集積する過激化」という概念をナチズムにあてたが、その真髄をあらわすたぶんもっとも簡潔な言葉であろう。[21]ナチズム政体は、しょっちゅう現状を変えることを迫っていて、休息を許さなかった。すべてがめざしていたのは、闘いであり、活発な動きであり、成果であった。ますます多くの破壊的な力が解き放たれ、そうした力が「敵対する者」を襲っただけでなく、自己破壊的な風潮をも巻き起こした。一九三八／三九年のオーストリアは、そうした集積的な過激化のリハーサルの場となった。三つの政治領域で――ユダヤ人政策、教会政策、行政（国家と党の合体）――ことあるごとにいっそう過激なバリエーションがあらわれ、それが「本国ドイツ」の模範の役割をはたした。[22]

すべてがヒトラーのカリスマ的な支配に依拠しており、そうした支配に「信奉者たちの共同体」もそったものだった。しかしヒトラーは、決定をすすんでくだす指導者などでは全然なかった。外交や軍事の問題解決にだけ目を向けていて、持続的な仕事の嫌いな男であり、しばしば決断をしぶりながら、内政上のことはしばしば他人まかせにしていた。それも、強者が言い分をとおすというかれの社会ダーウィニズム的な原則に則ってことがはこんだ。当然のことながらしたがうのは「総統の命令」だったが、そうした命令がでることはむしろ稀であったし、出てもしばしば矛盾したものであり、運用にあたっては適当な解釈が必要だった。決定的だったのは、ヒトラーのもとへの出入りである。一九四三年以降、その出入りがますます難しくなる。「総統」がまさに引きこもってしまう。この事態の上に築かれたのが、「総統の書記」であったマルティン・ボルマン（一九〇〇―一九四五）〔ニュルンベルク裁判で死刑の判決がでるも、それ以前に謎の死をとげていたと言われる〕の独占的な采配であった。

カリスマ的な総統独裁の直下に多層的な支配構造が形成され、その際ライバル視しあう支配領域が、相対的に独立した形で異常増殖し、相互に熾烈な闘いをくりひろげていた。ナチズム支配は、隅ずみまで統率のとれた単層的な指導者国家などでは全然なかった。混乱した決定構造、合理的で官僚主義的な行動の解体、そして結局は国家の破壊が、また行政という原理に代わる人間統率という原理、鉄の意志への信頼や狂信的な信仰など、これらすべてにさらに多くのことが相まって、政体を乗るかそるかの大バクチへと駆りたてていたのだった。それでも、単一支配的カリスマ的な総統支配と、多層的な支配構造とが一つになっていて、ヒトラーはあくまで、政体を束ねる磁力であった。総統神話は、予期しない破壊勢力の動員となったが、頑張り抜くという意志もかきたてる。[23]

そうした総統神話の基盤となったのが「被支配者たちのエクスタシー」である。支配のテクニックを分析すると、それらをすぐに列挙できよう。あらゆるメディアを使った巧みなプロパガンダ（これには、陽気な娯楽映画もはいっていた）、ひそかに設定された礼賛儀式（ナチズムの年中行事を、カトリックの祝日の催しにぶつける）、部分的にはまったく進歩的な福祉政策、スケープゴートや敵のイメージの創出、そして最後にはテロルである。そしてこのテロルが、時とともにますます決定的なものとなっていった。[24]

1939年3月28日、ザルツブルクの街中を往く親衛隊のリーダーたち

オーストリアでは、ライヒスガウの設定にともなって、伝統的に多層的な支配構造のなかに、単層的で強力な要素が浸透することになった。多面的な役割をもつガウ長官にして国家地方長官が、党と行政の長として、非常に大きな権限と権力域を手中にしたものだから、他のすべての支配権者たちを制約することになった。もっとも活発な権力要素の親衛隊＝ゲシュタポという連結体ですら、長い間ライヒスガウ次元に活動を分断されていた。そうした連結体に対する優位を容易に保つことができたのは、ガウ長官たちがみな――突撃隊（ＳＡ）所属のシュタイヤーマルクのジークフリート・ウィバーライター（一九〇八―一九八〇）を除いて――ＳＳの上層部の役職にあったからである。親衛隊（ＳＳ）の高官で警察長官、軍管区におけるヒムラーの分身的代表者ですら、ライヒスガウで手にした権力範囲は僅かなものだった。それでも、一八軍管区のＳＳ団長であったエルヴィン・レーゼナー（一九〇二―一九四六）〔一九四六年ユ

ーゴスラヴィアにて処刑される」は、クライン、ケルンテン、南部シュタイヤーマルクなどでのパルチザン掃討にあたって、ありったけの破壊的エネルギーを発揮したのだった。[25]

多層的な支配理論の長所は、単純化された全体主義の図式に歴史的な陰影がつけられることにある。この理論では、支配の担い手をより詳しく特定し、かれらそれぞれの権力域の測定ができる。そうした支配の担い手となるのは、経済・党・国防軍である。国家の行政も独自の支配の担い手として組みこめるかどうかは、はっきりしない。行政の活動は、官僚的な合理性とヒエラルキーの規則にしたがう傾向がある。それゆえ行政はさいさん党の自然発生的で脈絡を欠いた支配の実践といざこざを引き起こすことになった。それでもザルツブルク大管区で典型的にみられたように、党と行政との絡み合いは、権力の下層段階にまでおよんでいた。[26]とにかく、「国家の官僚層に対する党の敗北」などということはなかった。[27]地区の三角形といわれたものでも（市長、地区管区長、地区農民長）、権力の重心ははっきりと党の方にあった。一九四五年の二月にヒトラー自身が、党と国家との絡み合いのあまりの進展ぶりに、文句をつけている。というのもそうなると、党の「権限保持者」が人間の統率という優位を失い、許しがたいほど官僚システムに取りこまれてしまうからだ、というのだった。[28]

ちょっと古いテーゼによると、ドイツ本国の人たちが雲霞のごとくオーストリアに押し寄せて行政の上位のポストをすべて占めてしまった、といわれた。このテーゼは、少し詳しく調べてみると、揺らいでしまう。[29]ナチズム支配は、一部で本国ドイツ人がかなりの割合を占めることがあったにせよ、多くの点でオーストリア人によるオーストリア人の支配であった。ウィーン大管区指導部の一八のポストのうち、オーストリア人でない者がついていたのはたった一つにすぎない。[30]ウィーンのゲシュタポ当局の場合、オーストリア人スタッフの割合は、最初の局面で九五％、最終の時点で八一％であった。もっともゲシュタポの指導的ポストには、一貫して多くの本国ドイツ人がついていて、ほぼ三分の一になっていたし、[31]かれらの割合がことのほか高かったのは、クラーゲンフルトのゲシュタポであったらしい。[32]一般的にみられる傾向は、ガウの行政の担い手はむしろオーストリア人たちが多く、特別行政部門のポストは、ドイツ本国の人が多かったことである。[33] 一九三八年時の役人解雇に関する断片的な報告では、じつにさまざまな状況が描かれている。ウィーンで九％、ニーダー・オーストリア州では一九％が解雇された、という。指導的なポストの新たな任命もさまざまで――ウィーンで四三％、ニーダー・オーストリア州では七五％になったとある。[34]

### ナチ党＝ＳＳ／ゲシュタポ＝連結

一九三八年の三月には、歴史家ゲルハルト・ヤークシッツが述べているように、「熱狂と強欲と中傷の乱痴気騒ぎ、おいしいポスト・世間的な名誉や実入りの多い地位などへの殺到」が始まった。[35] ナチ党は、「前々から」根っからのナチズム信奉者であったという者たちが党に殺到するのを断りきれなかった。それは、人間の昔からある弱さである。しかしながら、重要なポストを占めたのは、かつてオーストリアの州リーダーであったヨーゼフ・レーオポルト大尉（一八八九―一九四一）〔オーストリア・ナチの古くからの活動家。三八年ヒトラーにより役職を解任された〕のようなタイプの「古参闘士」ではなくて、若いテクノクラートであり、かれらはしばしば親衛隊の所属でもあった。一九三八年時でガウ長官七人のうち五人が、三〇歳から三六歳であった。[36]

ポストの配分が終わると、憤懣を抱えた人びとがたくさん残り、感激がしぼんで、ナチ党は、ある種の機能喪失に陥った。ナチ党は、動員の局面から、技術官僚的なデータ信奉主義になっていた。[37] 結果は、度過ぎた官僚主義化であり、権限の交錯・錯綜の頻繁な発生と、指令の洪水であって、そうした指令が党の基盤層で受け入れられることは不可能であった。しかし、こうした機能の変質を、政治的な影響力の喪失と混同してはならない。なぜなら党が役立ったのは、住民のプロパガンダ的な動員や、出世の保証のためばかりではなかった。党員をとおして国民の監視・コントロールもしていたのである。「国民同胞（Volksgenosse）」の批判的な言動をゲシュタポに告発したのも、たいていは「党員（Parteigenosse）」であった。地区グループや地方管区の指導部は、政治的な判定評価という手段を援用して、効果的なコントロール手段を握っていた。その手段は、国家的な任務の割り振り、住居の割り当てから、下水の掃除夫の任命権限にまでおよんでいる。国民のプライベートな生活にまで踏みこんだのは、とりわけ党であった。地区グループ長や、ブロック長で住民を不安や恐怖に追いやった者が何人かいた。本職あるいは名誉職的に積極的な活動家となって働いていた者が、ウィーンだけでも一〇万人はいた。[38]

不満な気分の表面化を、党は周期的に一連の集会を開いて阻もうとした。「総統の代理が民衆と膝つきあわせて語りあう」[39]集会であり、どんな小さな農村でも取りこむ集会であった。党は、期待感をかきたて、総統神話の醸成に努め、威嚇し、けしかける。全国長官（Reichsleiter）〔ナチ党全国指導部で、ヒトラーに直属しながら党の任務を担うポスト〕のロベルト・ライは、一九四一年ザルツブルクで、正直に率直に「ナチズムに気がのらない者は、死んでしまう」[40]、と言っていた。

一九四二／四三年以降、ナチ党はしだいに評判を落としていった。地方支部長が制服姿であらわれると、かれは誰の父や、夫、息子の死を誰のところに告げにきたのか、と不安がらせた。支部長はじっさい、「死の告知鳥」と言われていた。なくてはならない職場として護るべきポストは何かの決定に、支部長もかかわっていたので、間接的に生死の決定権を握っていた。戦争末期頃になると、党の役員がウィーンの労働者街に来るときは、安全装置をはずしたピストルを携行するようになっていた。党が「国民同胞」のために人間的連帯感のようなものを動員できるのは、空襲の被害者の救助の場合くらいでしかなかった。[41]

一九四三年時でオーストリアに、ほぼ七〇万人のナチ党員がいた。戦後の一九四七年には、国民の八％を旧党員として登録しなければならなかった。地方別にみると、カトリック色のつよいチロルが一五％（歴史的になお解明を要する現象である）、貧しいブルゲンラント州が六％であった。[42]一九四二年から四四年のあいだに、「ヒトラー・ユーゲント」や「ドイツ女子青年同盟」のメンバーまで党に組みこまれるようになって、党員の平均年齢はぐっと下がって二三歳となり、女性党員の割合が三六％と、相対的に高くなった。ナチズムにもっとも傾斜したのは、自由業（六〇％）であり、その次が公務員（三八％）で、もっとも少ないのが労働者（一五％）であった。[43]

ところでナチ党は、かなり前から特殊分化の複雑なプロセスに陥っていて、親衛隊＝ゲシュタポ連結体が、権限域をしだいに拡大し始めていた。ハインリヒ・ヒムラーは、ますます多くの職務と権力をたぐりよせていたのである（一九四三年、内務大臣、四四年補充部隊の司令官）。親衛隊のニュー・タイプ――若さや攻撃性、知性と能率とのコンビに、狂信的な人種信仰とをミックスさせたもの――、このニュー・タイプが、秘密情報機関（ＳＤ）と一部ゲシュタポ（秘密警察）に特別な特徴を与えた。[44] オーストリア親衛隊のメンバーはおよそ二万人であった。リンツ市の比較的詳しい社会統計の数字が残っている。それによると、労働者、サラリーマン、自営業者が、親衛隊メンバーのそれぞれ二五％ずつ、秘密情報機関の労働者の割合は三〇％以上で、かなり高かった。[45]

アイヒマン・グループ、つまりユダヤ人の残忍な強制移送を当座はウィーンで、ついでヨーロッパ中で計画した親衛隊グループは、同じく若く（二五歳～三〇歳）、みんな手工業的な職業訓練をすました者だった。職業的にたいはんが挫折していて、「黒い制服の親衛隊」〔髑髏のバッジのついた黒い制服を着ていたので髑髏部隊ともいわれる。強制収容所の管理やオーストリアやチェコスロヴァキアの併合にも活躍する〕に入隊し、残忍で能率的で権力欲をぞんぶんに発揮した。[46] 今やこの手工業的殺人作業で、オーストリア人たちが、とくべつ目立つようになった。オーストリアの歴史は、わが国の同郷人たちがナチのテロ機関で不釣り合いなほど大きな役割を演じていた悲しい事実を正視しなければならない。エルンスト・カルテンブルンナー（一九〇三―一九四六）〔一九四三～四五年の間、国家保安部長官。ニュルンベルク裁判で絞首刑〕はリンツ出身の弁護士で、一九四三年には、ヒムラーに次ぐ（親衛隊の）ナンバー2となった。アドルフ・アイヒマンは、ドイツ生まれだが、オーストリアで育ち、「最終的解決」（ユダヤ人絶滅計画）のオルガナイザーとなった。そして、アイヒマンの協力者として、アントンとアロワのブルンナー兄弟、フランツ・シュタングルその他など、たくさんのオーストリア出身者がいたのである。[47]

「親衛隊」権力の中心には、ゲシュタポがいた。ゲシュタポをつつんでいた秘密にみち謎めいたものが、絶大な力の印象をもり上げた。モルツィーン・プラッツのかつてのホテル、メトロポールには、(ゲシュタポ配下の)ウィーン市警察本部が置かれていて、恐怖と拷問の象徴とみられていた。実際にはその機関は比較的小さなもので――一九四二年時オーストリアで働いていたゲシュタポ職員は二〇〇〇名にすぎず、その出身はたいはんが共和国時代の警察官だった――ゲシュタポの組織も決して完全なものではなかった。[48] 内部競争の雰囲気、アルコール中毒の進行が、攻撃性の増進へとつながっていた。猜疑心や、自然発生的な人間的連帯の崩壊という一般的な雰囲気が、ゲシュタポ機関自体をも捉えるようになっていった。人間が人間にたいして狼となるところでは、同僚の連帯意識も存在しなくなっていくのだった。

拷問と予防拘束、法律の枠外のこの二つを、テロルのもっとも重要な手段として、ゲシュタポは使っていた。だが、この体制は、住民の熱心な協力があった場合にしか機能しないのである。ゲシュタポのたいはんの活動のきっかけは、住民からの密告であった。プライベートな争いの多くが政治的な中傷によって表向き解決するのだった。[49] たとえば離婚したくなったら、パートナーを「外国放送」を聴いていたと告発すれば、それでじゅうぶんだった。一九四二年から、ゲシュタポは、主に強制労働者たちの迫害にとりかかった。「下等人間」と決めつけられていた強制労働者に対する「友好的態度」はご法度だったので、たとえば、一人のポーランド人が農家の娘と性的な関係をもっても、ゲシュタポが容赦なく乗りだすのだった。不名誉な行為だとして、その女の子の髪の毛を切り落とし、あざけりの札を下げさせて地区一帯を引きまわし、相手のポーランド男は公開処刑となるのだった。[50]

ザルツブルクのゲシュタポの例から、二つの典型が浮かび上がる。一つのタイプは、冷酷な法律家で、「デスク犯人」であり、もう一つは、サディスト的に暴力をふるい、汚い行為の実行にあたる人である。法律家のフーベルト・ヘーバーは、博士号の持ち主で、一九四二年以降ゲシュタポ地区長となった。かれは、クレムスミュンスター〔リンツの南方三五キロ位のところにある町〕の修道院付属学校の生徒出身で、一九二五年からオーストリアの警察勤めとなり、つねに義務に忠実な「折り目正しい」公務員だった。暴力のふるい手のゲオルク・ケーニヒはこれに対して、婚外子だったので六カ月間保護施設に入れられたことがあり、盗みと詐欺をいくつかやって少年院入りとなる。靴職人としての修業を途中で放りだして、一九三二年にバイエルンに行ったが、一九三八年警察官としてオーストリアにもどってきた。「名うての乱暴者」（二番目の妻の言）に対して、ゲシュタポは、かれの心の傷を残忍に（合法的に）じゅうぶん発散させ、社会に復讐する機会を与えたのである。[51]

ゲシュタポのために、一連の秘密連絡員たちや、稼働しだした強制収容所帰りの者たちが、敵対する人びとの情報をさぐりだすはたらきをしていた。[52]

マウトハウゼン強制収容所の砕石場にある「死の階段」

強制収容所（KZ）というキーワードで、死の収容所空間をいうことになっているが、それはとくにオーストリアでは、徐々に広まり、親衛隊の支配下にあったものだった。（オーストリア部分の）ドナウ河上流地域、高い工業化率を誇りナチの近代化の中心地域に、同時に大ドイツ帝国のもっとも苛酷な強制収容所の一つが建設された。マウトハウゼンである。[53]一九四一年時で、この強制収容所の死亡率は五八％、それに対して（ミュンヘン近郊の）ダッハウ収容所は一六％であった。[54]四九の付属収容所をもつマウトハウゼンには、全体でおよそ二〇万人が収容され、そのうち一〇万人が死亡したとみられている。[55] これは、想像を絶する数字であり、想像を絶する人間の運命であった。これらすべてが起こったのは、どこか東の国々ではなく、このオーストリアであり、オーストリアのバロックの高度文化のシンボルの裏で、オーストリアの生活様式の裏でのことであり、メルクの修道院のもとであり、このメルクには、一万五〇〇〇人の囚人がはいる付属収容所がつくられていた。[56] 親衛隊の収容所管理部は、そこで行なわれていることをできるだけ外部には隠しておこうと努めるが、近隣の人びとは、それを知っていた。ナチ体制末期の数カ月になると、秘密保持の努力もしなくなった。痛めつけられ飢えに苦しむユダヤ人たちの、オーストリア東部から国の中心部への死の行進が、みんなの目の前で行なわれ、力つきた者や射殺された者の死体が道路脇に転がっていた。目撃者たちの報告は、背筋も凍るものだった。[57] 住民は傍観していただけでない、一部迫害に加担する者もいた。一九四五年二月三日、およそ五〇〇名のソビエト軍将校が、マウトハウゼンから脱走したとき、ミュールフィアテル一帯〔マウトハウゼンのあるドナウ河北岸からチェコ国境までの一帯〕の住民たちは、血に飢えた集団的な興奮状態に捉えられた。不安と攻撃性に殺意が混ざりあって、人間を動物のように見立てて、容赦なく追いまわす「ウサギ狩り」が始まったのである。しかしその場合でも、何百年ものキリスト教的な教育が瓦解するこうした生き地獄にあってすら、歴史家を完全には絶望させない希望のわずかな印をみいだすことができた。つまり、オーストリア人の家庭の手で匿われ、命拾いした脱獄者が四人いたのである。手助けした農婦の一人がのちにこう言った。「わたしはキリスト教徒です。困っている人がいたら、助けるのは義務ですから」[58]、と。

### 国防軍

強制収容所がその残忍な仕事ができたのも、軍の戦線が持ちこたえられていればこそであった。この関連する事態を無視することはできない。強力な宣伝に支えられ、長い伝統もあって、「野蛮な東方」に対する西洋・ヨーロッパ文化の防衛、祖国や故郷の防衛と主観的には感じられたにせよ、実際それは、ナチ支配の防衛なのであった。主観的な受け止め方と歴史的な事実とのこうしたズレが、戦争世代の「自分たちの」時代との取り組みを難しくしてしまうのである。ドイツ国防軍は、とっくに「フェアな軍人精神」という神話（当然ながらそうした神話があった）に合わなくなっていた。歴史的研究がたしかに実証したごとく、軍はナチ体制の犯罪にいろんな点で巻きこまれていた。[59] それでも国防軍は、苛酷な最期にいたるまで、党機関との抗争を部分的には耐え抜いた独自の指揮系統でありつづけた。

何十万というオーストリア人の生活は、男子の生活だけでなく、女子の生活も、この時代にあって「出征兵士」の色彩をつよく出していた。ここに無数の悲嘆や苦痛が生ずることになった。記憶しておかねばならないのは、戦争で息子を三人も失くした婦人たちが一部にいたこと、何十万人もの重篤の負傷兵、二四万七〇〇〇人にもなった戦死者および行方不明者、約五〇万人の捕虜があったことである。[60]

当初、一九三八年時では、すべて比較的スムーズにことがはこび、オーストリア連邦軍がたいした問題もなく、ドイツ国防軍に編入された。もっとも、オーストリア人将校の約三分の一は解任され、何人かの本国ドイツ人将校が自分たちの優越をあからさまに誇示し、オーストリア流のだらだらした仕事ぶりを軽蔑しながら見下していた。[61] 一九三八年の五月、オーストリアを統括する第五軍団の総司令官は、尊大で軽蔑的な批判を一切禁止しなければならなかった。「我われは、オストマルクの戦友たちを支援し、ドイツ国防軍に容易に馴染めるようにしてやらねばならない」[62]、と。

国防軍は、第一七軍管区（東部オーストリア）と第一八軍管区（西部・南部オーストリア）を設けて、オーストリアにひろく包括的な軍事網を張りめぐらした。各軍管区では、兵士の編成・訓練ならびに物資の調達の規制がみられた。軍管区は、「人びとを戦争マシーンに押しこむ」[63] 重要な場所であった。各軍管区にある軍需監視部が、経済をコントロールし、「防衛任務」のために動員するのだった。

一九三八／三九年時で、党の政治的優位を否定する者はいなかった。国防軍は、専門の軍事的な任務に引きこもった。それは――ナチス用語でいう――「人的資源（Menschenmaterial）」を戦争用に調えることだった。その際国防軍は、田舎の人びとの伝統的なメンタリティーを利用した。兵役期間を厳しいが楽しい務めとみなし、その務めが男を初めて男にするという気質である。この点が、自己描写では、「民衆文化的に」オーバーに尾ひれをつけて言われた。「徴兵検査をすますと、希望にみちた戦士たちをそれぞれ粋な女の子たちが嬉しそうに待ちうけており、彼女たちが若い勇士の胸に徴兵検査無事終了の花を誇らしげに飾るのだった」。[64] 専門の分野を越えて、国防軍はナチ党の影響をできるだけ避けようとした。党の書簡は、軍当局によって放りっぱなしにされたり、返事が全然されないこともあった。

戦争の開始や電撃的な戦勝により、国防軍の威信が急激に高まり、党もそれを無視することはできなかった。一九四〇年ヒトラーも、また国防軍も、その力の絶頂期に達する。サン・ジェルマンの屈辱はかき消えて、ヨーロッパはドイツの影響下にあるようにみえた。ソビエトへの攻撃は、はっきり人種差別的な殲滅戦争として練られたものであったが、その攻撃以来、国防軍はしだいに党の影響をうけるようになっていった。一九四一年の六月一一日、軍の総司令部（ＯＫＨ）は、指令を発して次のように言った。軍の精神的な指導方針の基礎は、ナチズムの世界観である。各兵士は、この世界観の担い手でなければならない、[65]と。党の弁舌家が兵舎に頻繁に派遣されるようになっていった。

勝利が遠のいて以来、スターリングラードの戦い（一九四二／四三年）のあとや、一九四四年七月二〇日のヒトラー暗殺未遂事件以来、国防軍の精神的な影響力が低下していった。それでも、まさにこの暗殺未遂事件は、軍が決して無条件にヒトラーを支持しているのではないことを明らかにした。第一七軍管区のウィーンでは、七月二〇日の当日は、比較的成功裏にことがはこび、ナチスのエリートの一部が「拘束」された。しかし、数時間後にはこのウィーンでもすべてが終わり、幕僚長のハインリヒ・コードゥレを先頭とする責任者たちが逮捕された。捜索の過程で逮捕劇が、第一次世界大戦時や「身分制国家」時の昔の政治的エリートの一部にまで波及した。[66]第一八軍管区のザルツブルクでは、何も起こらなかった。大管区長官や軍管区司令官が一緒に暗殺の失敗をワインで祝い、二日後の二二日には、ヒトラーに忠誠を誓うデモとともに姿をみせたのである。そのとき広場には、信心ぶった祈りが轟いた。「神よ、必要なら、われらの小さな命をお使いください。われらドイツ民族を、われらの総統を、お守りください」。[67]我われの知るかぎりでは、暗殺は国民の多数から、たしかに兵士の多数からも、拒否された。ある上等兵が軍事郵便で憤慨しながら妻に書いている。「かつて、大佐で爆弾を投げつけたような者がいただろうか?」[68]〔ここで爆弾を投げつけた大佐とは、七月二〇日ヒトラー暗殺未遂事件の首謀者、クラウス・シュタウヘンベルク大佐(一九〇七―一九四四)のこと〕。この場合でも、ドイツとオーストリアの兵士の間のメンタリティーの違いが完全になくなったわけでなかった。――検閲当局が、あるオーストリア兵の手紙を開いたら、一九四四年の七月二四日付けで、以下のようにこぼしていた。「くわえて、我われ併合オーストリア人に好意的な者など、部隊に一人もいない。(ヒトラーが)〝分捕ったドイツ人(Beutedeutsche)〟とか、いろんな名称で我われは言われる。僕はこんなことを書きたくなかったが、一度は言っておく必要がある。もし、総統が自分も併合オーストリアの出身だということを意識したとしたら、総統はなんと言われるだろう」、[69]と。

一九四四年の夏、ハインリヒ・ヒムラーが補充部隊の命令権を握った。党と国防軍との部分的な合体の象徴といえたのは、ヒトラー式敬礼の導入であった(一九四四年七月二四日)。もっとも活動的で、膨張主義的な支配者である親衛隊が、国防軍に対して優位にたち、親衛隊は、「武装親衛隊(Waffen-SS)」の形で独自の軍事的潜在力をしだいに拡大していった。第二の「国民の兵士」として独自の徴兵部局をもち、イデオロギー的にははるかに攻撃的で、また年齢も若い、この「武装親衛隊」が国防軍のますます手ごわいライバルへと成長していった。[70]

地域のナチズム支配の中心的存在の大管区長官や、軍隊の命令権をもつ軍管区司令官とならんで、親衛隊および警察の指揮官が、ますます意識的に独自の権力者として登場するようになった。この指揮官は、軍管区ごとにいて、警察、ゲシュタポ、秘密情報機関、一般親衛隊、武装親衛隊を配下に置いていた。ヒムラーが、支配領域を強引に拡大するにしたがって、各軍管区の親衛隊長官、警察長官の地位もそれだけつよくなっていった。このポストには、不釣り合いなほど多くのオーストリア人がついていた。ドイツ全体で四七名いた親衛隊および警察の長官のうち九人（二〇％）がオーストリア人であった。[71] ナチ支配の過激化のエスカレートぶりは、第一八軍管区の親衛隊および警察の長官エルヴィーン・レーゼナーのポストでとくにはっきりとみてとることができよう。まず「デスク犯人」としてナチの人種差別政策を事務的に実行し、それからかれは、オーバークラインや南シュタイヤーマルクにおけるパルチザン撲滅の指揮をとった。この一帯で行なわれる戦闘は、国防軍の手をしだいに離れて、親衛隊に委ねられていった。その戦闘は、とてつもない残忍さのものであり、住民に対する勝手放題のテロルへと変質してしまった。それは、ヒムラーの次のような命令にそうものであった。「作戦行動では、人間、食料、武器、宿泊などの提供によりゲリラを自発的に支援した住民一切の輩を排撃処分しなければならない。違反した家庭の男子は、多くの場合その親類筋も、徹底して処刑する必要がある。そうした家庭の女子は逮捕して、強制収容所行きとする。子どもは親から引き離して、ドイツ本国の大管区域に集めなければならない」。[72]

オーストリア全域に分散して国防軍は捕虜施設をつくり、その監視は防郷団、古参兵が行なっていたが、[73] 一九四四年の九月になって、捕虜施設の管理が親衛隊の手に移った。そうした収容所で何が起こったかは、統計が冷たい数字で示している。第一次世界大戦時では、捕虜の死亡率は五％であったのに、第二次大戦になると、ソビエトの収容所でのドイツ軍兵士の死亡率が三七％、ドイツの収容所におけるソビエト兵のそれは五八％と高くなっていた。[74] この恐るべき数字に、二〇世紀の「進歩」の一つがみてとれる。ザルツブルク州のザンクト・ヨーハン基幹収容所一八番のC〔ザルツブルクの南方約五〇キロ〕では、約四〇〇〇人のソビエト兵捕虜が死んでいる。地元の人の記憶によると、ソビエト兵捕虜たちは「草や虫も食べざるをえなかった」。[75] 一九四三年以降、労働力がますます逼迫するようになって初めて体制側は、ましな食料を提供するようにして、強制労働でソビエト・ロシア人を搾取しようとするのだった。

現代戦争は、前線と銃後との境目を消し去った。そのことをオーストリア国民は、一九四三年以降、恐ろしい空襲で体験しなければならなかったし、それはとりわけ女性や子どもたちにとってつよく記憶に残る体験となった。連日連夜サイレンが鳴り響き、町全体が破壊される（ヴィーナー・ノイシュタットでは八八%が破壊された）、死者、負傷者、焼けだされた人たちが無数にでる。[76] 戦争は今や、それを始めた張本人たちに跳ねかえってきた。体制側では、むしろ途方にくれながら、一六歳ないし一七歳の生徒たちを防空補助員として動員して対応した。この生徒たちは、「ベビー兵士（Baby-Soldaten）」として、学校と軍需動員の間でその時代を担ったものである。[77] 結局一九四四年秋になると、老人も武器をとるようにいわれた（「我われ経験者も新たな兵力となろう」）。効果のなかった「国民突撃隊（Volkssturm）」〔一九四四年九月二五日の総統指令にもとづいて導入される。一六歳から六〇歳までの、武器をとれる一切の男子から構成する〕の創設を――チロルでは特徴的なことに身分防衛団と呼んで、伝統的な郷土防衛を呼びかけようとする――、ヒトラーは、もはや国防軍でなく、党の手にすべてをまかせたのだった。[78]

1944年10月、国民突撃隊が配備され、16～60歳までの武器操作のできる男子が動員された

## カトリック教会

もちろん教会は、ナチズム体制の支配の担い手ではなかった。だが、教会は、体制のなかの一つの支配者であった。[79]支配者というのは、明確な政治的利害をもち、その利害を少なくとも国民の一部では実現する手段ももつ組織的な社会的大規模集団と考えてよい。[80]教会も、(ひろい意味でいう)政治的利害を社会生活上で、あるいは規範や価値の影響の次元で、実現しようとする大規模集団とみてよいだろう。とりわけ、田舎の地域や、閉鎖的な農村のミリューでは、教会は世論形成の決定的な堡塁となっていた。教会は、非ナチズム的・非軍事的な素性の唯一の大規模集団であり、その組織構造を一貫して維持していた。

オーストリアのカトリック教会は、一九三八年まったく新しい状況に置かれたことを悟らされる。何百年来の守護者・パートナーで、資金援助者でもある国家が、劇的にその立場を変えていて、支配者仲間から世界観的にも政治的にも敵対者となっていた。さしあたり教会は、ナチ支配に迎合し、前例がないほどの卑屈な身振りで、なお救えるものは救おうとする。けれども、教会とナチズムとの抗争は、双方のイデオロギー的な体制に根ざすものであった。両体制とも人びとに対して全体的な要求を出すが、その場合教会には歴史的な優位性があった。それだからナチズムは、教会のイデオロギー的物質的財産に対して、自己の存在・主張を押しとおす必要があった。オーストリアの教会のとくべつ強力な地位に対抗して、「ドイツ本国」よりも強力な教会闘争が展開された。というのも、「オストマルク」(オーストリア)には、政教条約という公式のバリアがなかったからである。今や粗暴なドイツ民族主義的な反聖職者主義が勝利していく。それは、「身分制国家」のカトリック的な反宗教改革ゆえのこともあって、いっそう熱くなった反聖職者主義であった。ナチズム国家は、あらゆる手段を駆使して、教会を個人の私的な領域へと追いやろうとした。今や決定的だったのは、教会が国民への影響力を維持し、また守ることができるかどうかであった。というのも、その点はナチ党も配慮しなければならなかったからである。

教会は、機能的には体制の同盟パートナーの一つだった。この同盟の動機は、ナチズムも「お上」である、それなら聖書の「ローマ人への手紙」、第一三章があてはまる、つまり、お上には、（不当なお上でも）したがわねばならないという信念であった〔新約聖書のこの部分には、「人はみな、上にたつ権威にしたがうべきである。神によらない権威はなく、存在している権威はすべて、神によってたてられたものだ。したがって、権威に逆らっている人は、神の定めに背いているのだ。背いた人は自分の身に裁きをまねく」などとある〕。もっとも、背後にはどんな状況下にあっても、教会が心のケアを確保する、という生活実践的な考慮があった。教会はさいさん自分たちは原則的に国家に忠誠である、と強調した。ザルツブルクの司教区事務局は、ある請願の折こう言っていた。「見せかけであれ、現実であれ、過去にいくつかの困難があったとすれば、たしかに今もまたそういう時がきている。すべての祖国に忠実な人びとに――それには教会や司祭も入れてよい――当局との喜ばしい共同作業を可能にし、容易にしてやるべき時なのである」[81]。戦争開始時には、カトリックの兵士たちは、「指導者にしたがって、自分の全人格を犠牲的に捧げながら、それぞれの義務をはたす」[82]のが、自明の理であった。とりわけ、ソビエトに対する戦争は――ボルシェヴィズムに対する聖戦として――教会とナチズムの間に共通の目標を再構築することができた。一九四一年一一月二七日付けの、ボルシェヴィズムに対するオーストリアの司教たちの態度表明は、そうした利害の一致をじつに明瞭に示していた。「東部戦線におけるものすごい戦いでドイツが行なっているのは、たんに住民をこれまで例がないほど抑圧している国に対する戦いだけでない。それはまた、ヨーロッパ文化のすべてにとって看過しえない危険となっている世界観に対する戦いなのである」[83]。

同時に、ナチ体制は、教会が自負する倫理的・道徳的な番人の職務を部分的に隠蔽し、無難なものにしてくれた。少なくとも、「ほかの人びと」、つまり非キリスト教徒、とりわけユダヤ人、ロマ族（ジプシー）、エホバの証人が対象の場合にはそうであった。ユダヤ人資産のアーリア化、一一月ポグロム（いわゆる「水晶の夜」といわれる一九三八年の略奪放火）、ユダヤ人の公職からの排除、そして強制移送、こうしたすべてを教会は公式には黙

1938年10月7日、ナチズム反対のカトリック青年団のデモのあと、反教権的な示威行動をする人たち

って受け入れたのだった。教会は、ユダヤ人との関わり合いを恐れた。というのも、過激な反聖職者の人びとの間では、カトリック教が「ユダヤ人という犯罪民族を美化している」（『イニッツァーとユダ、ろくでなし（Innitzer und Jud, eine Brut）』）のはたしかだとみなされていたからである。[84] 個人的には、はっきり抗議する司祭たちも個々にはいたし、カトリック教徒たちがユダヤ人のために尽力した個別的ケースもあった。公式的、あるいは半公式的にはイニッツァー枢機卿（一八七五―一九五五）〔一九三三～五五年の間、枢機卿〕も、勇気を出して、少なくとも改宗したユダヤ人を助けようとした。そうした「非アーリア的」キリスト教徒の出国認可や献金を、イニッツァーはたえず請い求めた。オーストリアの教会は、ユダヤ人キリスト教徒用に独自のミサの実行を拒否した。「教会のなかでは、どんな区別もしてはならない」[85]、と。

結局のところ、一九三八年一〇月七日、カトリックの青年たち六〇〇〇人がウィーンのシュテファンドーム前で印象的なデモをするが、これが、ナチズムに対する広範な唯一人目を引いた抗議であった。そのときナチたちは、枢機卿の館に突入し、乱暴狼藉と人身攻撃で反撃にでた。[86]

一九三八年の秋に始まった教会闘争〔それまで教会の専管事項であった結婚や家庭生活のことを、ナチ党はドイツにならってオーストリアでも、国家の後見のもとに置いた。それに対する教会の闘争」は、教会をますます世論から遠ざけてしまった。カトリックの新聞は、強制的に同質化されるか、または禁止となり、カトリック系の学校や神学学校施設のたいはんが解体され、宗教の授業は——地域により違いはあるが——教会のなかに追いやられてしまった。ナチ国家は、教会の建物を略奪欲に駆られながらみやっていた。何百という家屋、修道院、また教会そのものも押収され、ナチ当局に占拠されてしまった。ナチ党は、こまごまとした嫌がらせ（たとえば、道路交通の指令など）、恫喝、禁止、中傷、逮捕などを使って闘争を進めた。司祭や教会信徒たちは、狡さと無邪気さを装って戦ったが、他方では諦めもあって、ヨーゼフ主義的な国家への忠誠という伝統により、いたるところで思うようにいかなかった。教会は、日曜日ごとの説教という大きなプロパガンダの道具を依然もっていて、誕生から死まで、節目の儀礼を支配していた。ゲシュタポは——ヘビのように聡くあれ、という聖書のモットーなどのように——隠喩的になっていて、「第三帝国」の具体的実情をいっているような両義的な説教に苛立ち、ほんとうに捨て鉢になっていった。とりわけ、周知のキリストが王であるという隠喩が、しばしば抵抗の手がかりとして役にたった。この世の真の支配者は、ヒトラーでなく、キリストである！　教会という保護された空間のなかで、カトリックの青年たちも、魂のケアの時間や、家庭的なハイキングや寝泊まりの折などに、抵抗の形をいろいろ編みだした。取りこまれている不毛の国家青少年に対して、かれらは、自由と自己決定、冒険の空間を獲得するのだった。

ナチズム国家は、象徴的な権力を介して戦うだけでなかった。国家権力の完璧な厳しさを教会に肌で感じさせることもした。八〇〇人以上の司祭たちが、監獄や強制収容所行きとなり、そのうち二七名が死亡した。一五名の司祭が処刑され、一五〇〇名以上に対して説教と学習の禁止措置がとられた。[87]この数字は、感銘を与える殉教の総決算を証明している。

なんどとなく誘惑に屈しながら、どうにか勝利者顔でいられるオーストリアの教会は、今やみずから十字架を背負わねばならなかった。オーストリアの教会は——ラインホルト・シュナイダーの言葉を借りれば——敗者たちが決して征服されたものでないことを体験した。[88]ナチズム支配ののちカトリック教会は、無益なものを払拭し、若がえった姿で立ちあらわれた。これも、第二共和制に向けての重要な一章であった。

# 第四章　死のさまざまな顔
## ——またいかに国民がナチズムに熱狂し、ナチズムに耐え、ナチズムと戦ったか

ナチズム研究の中心問題は、多くの人びとがナチズムのもっていた近代化作用を一部肯定的に体験したことと、何百万もの殺人行為とをいかに結びつけられるかにあるし——今後もそうありつづけるだろう。つまり、それは、二重の現実ではなく、一つの現実、唯一の現実であったことを示す点にある。ナチズム支配を「アウシュヴィッツ」に収斂することもできないし、「アウシュヴィッツ」を視野から失うことも許されない。そうした関連づけの端緒は、すでに退行的な近代化を問題にした前章で展開しておいた。つまり大量殺戮はテクノクラート的な近代化の結果であり、「異物を含まないというデーモンによってすさんだ」(ミヒャエル・トゥルニール)うえの、やりたい放題の計画的オイフォリーであった。

この章で問題になるのは、ユダヤ人、ロマ族、病人、同性愛者、「価値の劣る人びと」への迫害の叙述であり、無残な死に追いやられたたくさんの顔の直視である。それと同時に国民の態度——かれらの賛同、レジスタンス、

抵抗をはっきりさせることである。歴史家がしなければならないのは、多くの人びとのやむをえないとする部分的な体験、かれらの「体験したものの自覚的な受容の拒絶」、「第三帝国」の現実全体を認めることのできない能力、目をそらしてもっぱら個人的な事柄のみを重視しようとする姿勢などを突き破ることである。そうするのは、安っぽい倫理化ではなくて、歴史家の義務である。歴史家は、あとから生まれた者として、一応完結した時代と取り組みながらその時期全体に照準を合わせねばならないのである。

国民のたいはんが、ナチ党員から構成されていたわけでなかったし、抵抗運動家から成り立っていたのでもなかった。たいはんは政治的には身を潜めて、生き延びようとしていたのである。国民の大多数は、ある程度の忠誠心と一部抵抗の気持ちとのきわめてさまざまな形態、資料的にもきわめて把握しにくい形態をみせていて、その形態には、政治陣営の伝統的な形成の名残り、階級構造、歴史的時点などが一緒になって作用していた。体制のあらゆる措置を是認するような理念型的な「ナチ主義者」の存在も、あらゆる措置と一貫して戦うような理念型的な「抵抗活動家」の存在も、「第三帝国」の歴史の現実ではむしろ稀であった。特徴をなしていたのは、体制順応と非順応との混ざりあったものである。こうしたミックス関係の規模によって初めて、じっさい誰がどんな位置をとっていたかがわかるだろう。いずれにせよ、(ナチ)党員であるというだけで決めつけるわけにはいかない。党員でなくても、体制を原則的に肯定する人がいたし、党員であっても、反体制の姿勢をとる人もいたのである。[1]

そうであっても、体制賛同の傾向を計るには、党員がおよそ七〇万人いたという事実をもとにする必要があるだろう。その反対の片隅には、積極的な抵抗運動家として処刑されていった二七〇〇名の男女がいた。専門家の推定によると、政治的な理由で逮捕されたオーストリア人はおよそ一〇万人といわれる。[2] これらの数字は、ほんのちっぽけな周辺集団を示しているにすぎないが、それでも体制賛同の風潮のなかにあっては、かなりの重みをもっている。じじつ人びとの気分の報告分析をみると、体制の支持は――ときおり体制への不満があらわれることがあったにしても――ウィーンではスターリングラードにおける戦いまで（一九四三年）、他の諸州ではそれ以降まで持続していた。[3] そうしたナチズム支配肯定のもとになっていたのは、イデオロギー的な提供物というより、むしろ経済的な好況の経験であり、それでも規律と秩序があるべしとする官憲国家の明確な基準則であり、一部にみられた社会政策的な前進であった。戦争そのものには、多くの不安がつきまとっていたが、軍事的な勝利が他方で気分の高揚につながった。戦争と同時に始まった迫害にみまわれたのは、「他者たち」であった。そうした迫害は、一部（国民の）下からも要求されていたし、一部黙認されていたのだった。

## 第一節　ユダヤ人、ロマ族、病人の迫害

本書の主要な視点は、生活のチャンスに向けられている。一八九〇年代と一九八〇年代とを比較すると、いろいろな点で（女性の）解放・同権の可能性や経済成長のチャンスを示していた。ところが一九四〇年代初期に目をやると、まったくのどん底、二〇世紀だけでなく、オーストリアの歴史全体をとおしてのどん底をみることになる。つまり、官僚主義的＝工場的に行なわれた民族虐殺である。

言語に絶する事柄に直面すると、歴史家はいつも冷静な分析と道徳的な憤激との板挟みに陥る。けれども歴史家は、学問的な言葉を使った叙述に徹しなければならない。前もって三つの見解を述べておこう。第一は、オーストリアの国民文化に深く根を張った反ユダヤ主義があってこそ、オーストリアで直接生じたすべての事柄の前提が生みだされたのである。強制移送を含めてナチズム支配の一切の措置はなんらかの形で君主制時代や第一共和制のときにあらかじめ考えられ、あれこれの側からすでに要求されていたものだった。[4] それだから国民にとってあまり意外感がなかったのである。この点では、ナチズム支配者たちは、口にされていたものを実行に移した

1941年以降衣服のよく見えるところに付けねばならなかった「ユダヤの星」の紋章

にすぎなかった。もっとも、強制移送を大量虐殺にまでもっていったのは、ナチズム支配そのものの構造上の事情に発する決定的な行動であったし、もちろんそうした大量虐殺は自国民の目には隠しておかねばならなかった。そのために偽装用語が使われたし、大量虐殺の実行も占領した東部において行なわれたのである。二つ目は、国民がユダヤ人迫害を目にしていただけでなく、見て見ぬふりをし、けしかけてもいたのだった。——一部の国民はユダヤ人の迫害によって大いなる利益をえたのである。急に住居、商店、価値ある資産などが手にはいるようになった。再三にわたって国家や党の各部署は、沸き上がる過激な行動の抑えにかからねばならなかった。なんのかんのいっても問題は巨額にのぼる資本であった。[5]第三の点は、ユダヤ人に対する措置が漸次的に過激化したことが、見て見ぬふりを容易にしたことである。戦争は、人びとの気をそらすようなたくさんの個人的な心配の種をもたらしたし、ユダヤ人たちは徐々に人間としての尊厳を奪われ、結局は実質的な存在を失っていった。[6]バーデン〔ウィーンの南二〇キロ、「ウィーンの森」の縁にある保養地〕のクーア・パルク（保養地の公園）前には、「ユダヤ人と犬の立ち入りを禁ず」[7]との立て札が立っていた。こうしてユダヤ人は人の知覚から消えていった。これがすべてだった。

　たくさんの法律的な措置に裏打ちされて、迫害が少しずつ過激化していった。ユダヤ人を教育機関や職業生活から排除することに始まって、経済的な実体を破壊し、アーリア化へと進めていく。アーリア化とは、ユダヤ人の財産の乱暴にして——しばしば無償による——「合法的な」没収にほかならなかった。ナチ政体の記録によれば、ウィーンにある企業のおよそ二五％がユダヤ人の手中にあったものだから、約二万五〇〇〇名の委託管理人が配置されることになった。[8] アーリア化は、ネガティヴな社会政策の一つであって、ナチズム支持者たちの一部の財産渇望をみたすことができたし、不満をかわすことにもなった。無能で破廉恥な委託管理人が数多くいたことも、当座大目にみられていた。一方でユダヤ人の証言によると、かならずしもすべての委託管理人が私腹を肥やそうとしていたわけでなかった。「きちんと」任務をはたし、以前の所有者（ユダヤ人）を助けていた逆の例もあったという。[9]

次にとられた措置は、「ユダヤ人国外移住のためのセンター」の設立であった。このセンターの目的は、ユダヤ人に国外移住を組織的に強いることであった。アドルフ・アイヒマンとその手下どもは、ユダヤ人を国外に追いだすために、想像力豊かなたくさんの戦術を編みだした（たとえば、かれらはユダヤ人のうち裕福な者に貧しい人たちが出国する資金を出させた）。このセンターの活動はたいへん成果があったので、ドイツ本国の模範とされたほどである。じじつオーストリア系ユダヤ人のほぼ三分の二が国外避難に成功したが、しばしばきわめて厄介な事情のもと、きわめて屈辱的な条件のもとにおける脱出であった。ユダヤ人大衆たちの状況は——そうした事態にあっても裕福なユダヤ人たちはいくぶん楽だったが——、絶望と逃げ道のない事態と恐怖の感情にみちたものだった。「いつなんどき新たな迫害が起きるかもしれなかった」[10]し、ある生き延びた女性の回想によると、「わたしたちは社会から排斥された者であって、世間はわたしたちを近くに置きたがらなかった。すべての門が閉ざされていた。……自国内での亡命、わたしたちを賤民のように扱う外国の態度——こうしたことが陰鬱な気分状態をつくりだしていて、その傷は今にいたるも癒えていないのです」。[11]

一九三八年一一月のポグロムは、少し下火になってはふたたび燃え上がるというふうに、恒常的に燻っていた従来の一般的なポグロムを激化させたものだった。あるユダヤ人商店が略奪にあった際の、一中年女性の叫び声が忘れられない、という。「あたしは血が見たいもんだ！」。[12] 一九三八年一一月の九日から一〇日の夜にかけて、変装したナチたちがウィーンでは四〇のシナゴーグを破壊し、二七名のユダヤ人を殺害し（さらにインスブルック

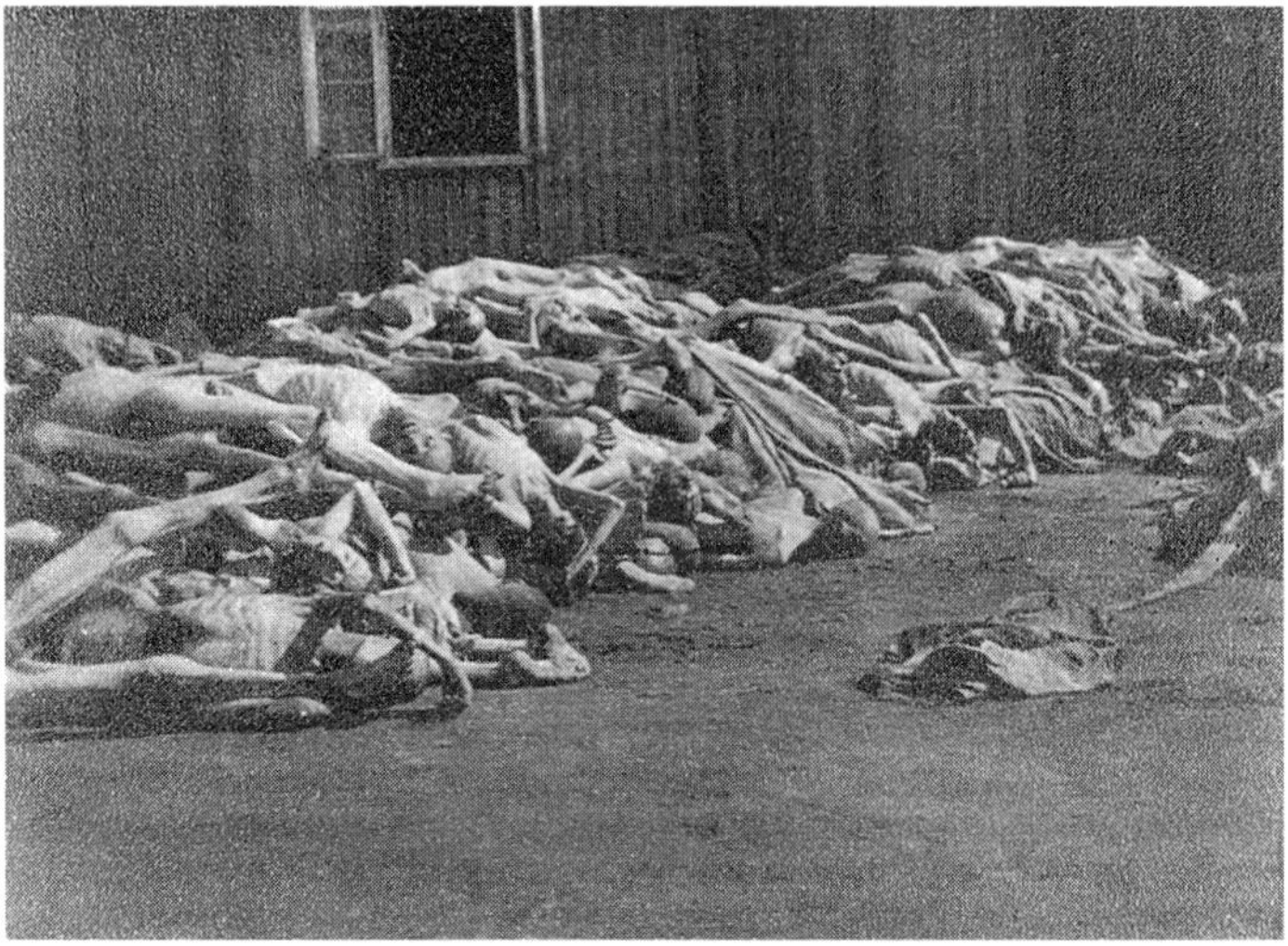

解放後のマウトハウゼン強制収容所

では死者四人)、ユダヤ人六〇〇〇名を逮捕、住居や商店を略奪し破壊した。[13] ユダヤ人以外の人たちはどうしていたのだろう? 迫害のこの夜にはウィーンでも地方の都市でも、赤々と炎が燃え上がっていた。これらすべてが人目につかないということはありえなかった。この夜は、一方では体制に賛同の限界をはっきりさせたのである。迫害が比較的目立たない形で「合法的」に行なわれたかぎりでは、住民の憂慮はごく僅かでしかなかった。ところが親衛隊の報告にはこうあった。「ナチ党となんのつながりもないアーリア系住民の圧倒的な部分は、本日の出来事に対して否定的な態度を示している。……住民のたいはんを不安にしているのは、やり方の非合法性なのである」[14]、と。

そのあとゲットー化の局面が始まった。国外移住ができない、あるいはしたくない者は、たいはんが老人であり、ついで女性の多くがそうであったが、住居から追いたてられ、レーオポルト・シュタットのゲットー状態のところに押しこめられた。窮乏し零落し、ほとんどの生活領域から締めだされ、「ユダヤ人識別用のワッペン」をつけて外見的にも烙印を押され、「きたないユダヤ人」という反ユダヤ主義的なステレオ・タイプにしだいに似た姿になっていった。その姿は、アーリア系の人びとの目には今ではまったく耐えがたいものだった。住民の気分を引き合いにだしながら、あるユダヤ人ゲットー地区の支部リーダーが提案している。ユダヤ人を強制労働のためにキャンプに収容するか、ポーランドに疎開させたらどうか、[15]と。
これが最後の一つ前の段階を導くことになった。一九四一年に始まった東方への強制移送である。とくに陰険なのは、ユダヤ人の補助スタッフを「狩りだし人」として使い、ユダヤ人の諸機関にユダヤ人集めに協力させたことである。工場的な大量殺人は、オーストリア人には知られないようにしていた。六万五四五九人のオーストリア系ユダヤ人が収容所で命を落としていったのである。[16]
「一つの人間の命を救う者は、全世界を救う」。[17]歴史のやり切れなさを前にすると、「義とされた人（Gerechte）」として――イスラエルではそう顕彰された――ユダヤ人を助け、大きな危険を冒してユダヤ人を匿った、数にしたら多くはないオーストリア人たちのことを思い起こさざるをえないのである。[18]
ユダヤ人と同様、ロマ族もまた、ブロンドのゲルマン的英雄を理想像とするナチズムの社会健全化策の犠牲となった。民衆意識のなかに深く根をはった何百年にもわたる烙印の押し方がここかしこにあったし、ナチズム時代をとおして「解決」の漸次的な過激化があちこちにあり、そうした過激化の本質的な推進力が、ここかしこの下級の役職部署から発していた。もっともその際決定的な違いは、あっさり「敵だ」と決めつけられていたユダヤ人たちが上や中の階層に属していたのに対して、ロマ族はつねに下層民として細々と暮らしていたことだった。
オーストリアにいた一万一〇〇〇人のロマ族のたいはんは、一九三八年時にはすでにブルゲンラント州に定住していたか、なかば定住していた。[19]ブルゲンラントの大管区長官トビアス・ポルチュー（一九〇五－一九九六）〔早くからのオーストリア・ナチで、ロマ族の迫害に精を出した〕により、ロマ族に対する強制労働、不妊手術、強制移住が提案された。[20]さしあたりロマ族問題は、労働嫌いや放浪者問題とみなされていたが、しだいに人種差別的な規定が前面にでてくる。オーストリアの西部地区ではロマ族は、ある地区から他の地区へ、ある管区から隣の管区へと追いやられていった。一九三九年の一〇月に第二の段階が始まる。ハインリヒ・ヒムラーは拘禁命令を発し、ロマ族の人たちは現に滞在中の個々の場所で拘禁されることになった。そこで収容の問題が生じたが、市町村にとって比較的高額の負担をともなうものだった。決まった生活費ももたずに、ロマ族は今でもじじつ物乞いや盗み、売春に頼っていた。それだから各市町村はあらゆる手だてをしてロマ族を厄介払いしようとした。その点が次の段階を招いて、ブルゲンラント州のラケンバッハやザルツブルク郊外のマクスグラーンなどの労働キャンプへの収容となったのである。当座これらのキャンプは、比較的ゆるやかなものだったが、少し経つと生活条件がしだいに厳しさを増し、強制収容所に近いものになった。疫病も発生する。所轄の刑事警察はみずから、「人間にふさわしくない」生活と言っていた。[21] そして次の段階となる。一九四二年一二月六日の「アウシュヴィッツ指令」により、強制移送が可能となった。アウシュヴィッツでロマ族の人たちは口ずさんだ。「我われは煙突をくぐり抜けていかねばならない。なんと辛いことか、リリー・マルレーン、なんと悲しいことか、リリー・マルレーン」[22]、と。マクスグラーンのキャンプは撤去されたが、ラケンバッハの方は――すでに労働力が必要になっていたので――一九四五年まで存続しつづけた。オーストリアにいたロマ族の半数以上が、ナチズム支配を生き延びることはなかった。[23]

精神病者たちの組織だった殺戮は、ナチズムのさらに「生物政策的な恐怖のガス室」(クルト・ノーヴァク)へと進んだ。モダニズムの爆発は、伝統的なもろもろの価値を解体してしまっていた。そこへ今やナチズムが新たな価値を提供するのだった。北方的で業績指向のつよい人間という理想像は、生活世界の多様性を狭め、人間の規格化に貢献した。肉体的にまた精神的に不適合の者や障害をもつ者は、「生きるに値しない」とみなされた。[24] 医者たちは、「安楽死」を授けてやることで、医学の進歩のために自分は尽くしているのだと思った。とつぜん医師たちは、生と死を左右する主人公になっていた。ある講習会の席上、親衛隊の小隊長のヴァルター・ビルクマイヤー博士(一九一〇—一九九六)がこう述べている。「我われは熱狂的な信奉者として、病的なもの、不純なものや破滅をもたらすものすべてを、わが民族のなかから根絶しなければならない。こうした浄化により何世代かのちには、わが民族に与えられた使命をはたす力がえられるものと、めざしてのことである」[25]、と。

殲滅施設ハルトハイム城

「安楽死」はすでに一九三九年の夏に病弱な子どもたちに対して始められた。それから戦争の開始により精神病者の殺害が広範な規模でできるようになった（「行動計画T４」〔T４とは、総統の官房があったベルリンの「ティーアガルテン通り四番地（Tiergartenstraße 4）」に由来する。そこからこの計画の指令・指揮がとられていた〕）。オーストリアにおける殺害のセンターは、エーファディング〔リンツ西方の小さな町〕近くのハルトハイム城であった。二万人とみられる病人がその城において毒ガスで殺された。[26] 関係家族の悲しみと憤激は、ナチ当局の連中の耳にすら達した。しかしこうした殺人モデルが――歴然と――工場的な大量殺戮の訓練として役立ったのである。クリスティアン・ヴィルト（一八八五―一九四四）〔ほんらいは木工職人、警察官として親衛隊にはいり、安楽死施設に配置され、最初のガス抹殺を実行した〕とかフランツ・シュタングル（一九〇八―一九七一）〔ほんらいは警察官、四〇年に安楽死施設「ハルトハイム城」の監視官、その後殲滅収容所ソビボール、トレブリンカに配属される。戦後アメリカ軍に逮捕されるも、脱走してイタリア、シリア、ブラジルへと逃避行。六七年ジーモン・ヴィーゼンタール機関に潜伏先を突き止められ、西ドイツに引き渡されて、七〇年に終身刑となる。かれがトレブリンカ強制収容所の指揮官として殺害したユダヤ人は少なくとも九〇万人にのぼる、といわれる〕といった死のスペシャリストたちが、ハルトハイムからさらにポーランドの絶滅収容所に移されていった。

雪崩に巻きこむように、病者の範囲が次つぎと拡大していった。民衆の間では、病人や老人はすべて、いつか死のリストに載せられるかもしれないという恐怖が広まった。今や教会が、伝統的な諸価値の守護の役を求められた。教会はユダヤ人の強制移送の折には沈黙していたが、この安楽死の件では口を開いた。声高にしかも聞き逃しのないほどに。公式にナチたちは、「行動計画T４」を中止せざるをえなかった。でも密かに「野蛮な安楽死」は一九四五年までつづけられていたのだった。

## 第二節　ダンスに恋愛、そして働く二人の若い娘のこと

社会史とはいつも、異質なものを一緒に考える試みである。強制収容所の生活世界は、「若い娘盛り」（マルセル・プルースト）の生活世界とはかぎりなく縁遠いものである。二つの日記がこの後者のもう一つの世界を我われに少しは開いてみせる。二人の娘の生活にも体制が介入していた。二人は勤労奉仕で働かねばならなかったし、その勤労の場で――故郷から離れて――じつに不幸な思いをしていた。二人ともナチズムの信奉者ではなく、体制がかの女たちに強いるイデオロギー的な「徒手体操」を嫌がっていた。二人は空襲の昼夜を不安一杯で耐えねばならなかったし、戦争末期の数年間の物資欠乏に難渋していた。

それでも、ウィーン大学の建築科の学生であった一方の女性は、生活をフルに満喫していた。映画、酒場、ダンスに水泳、それに恋人との愛撫である。[27] 彼女のボーイフレンドは、一九四一年の四月にはまだ「召集令状」がきていなかったものだから、すっかり捨て鉢になっていた。やっと北極海の前線に出征となると、かれは勿体ぶってこう書いた。「我われが生きている時代は偉大である。そして払うべき犠牲も偉大である」。[28] その一年後にかれは戦死する。「偉大な時代」なのに日記ではさいさん「私にはたいぃぃぃぃへん退屈だ（Mir ist sooooo fad）」。[29] 当時流行っていた『何事もすべて過ぎ去る』という歌が、生活のモットーとなっていた。一九四一年の一一月に彼女は、強制移送されていったユダヤ人すべてが射殺される、ということをある兵士から聞かされた。彼女は憤激する。それでも三日後にはまた、（かれとの）口づけについて書いている。[30] 英雄的な死という決まり文句に、彼

女は嫌悪感を覚えるし、戦争もナチズム政体も憎んでいる。「先頃、わたしがヒトラーを殺したがっている夢をみた。わたしに実行できないのが残念だ。このけだものを、この呪わしい人非人を抹殺できないのが」（一九四二年四月一五日）。[31] そのすこしあとで彼女は、ふたたび蘇ったオーストリアの夢をみた。「誰もがひざまずき、泣いて祈っていた」（一九四三年二月二六日）。[32] 戦争が終結間近の一九四五年四月五日には、たいはんの人間の基本経験を次のような文章でまとめている。「きっとロシア兵のもとで恐ろしい目にあうだろう。だが不愉快なことを振り払うのも困難な時代である。ああ、もう〈ハイル・ヒトラー〉を聞くこともない。ゲシュタポもいないし、戦争も空襲もない」。[33] この日記があらわしているのは、人びとの気持ちを覆っていた生き延びるために必要なノーマルな状態への意思、ならびにまた絶望と無気力と快楽欲との混ざりあったものだった。

もう一人の娘の人生は、もっと暗い背景のもとに進行する。[34] 母親は結核で死に、父親は戦死し、兄は監獄にあり、婚約者は行方不明ということだった。彼女自身は、リンツの軍需工場で速記タイピストとして働いていたが、住まいがプレガルテン〔リンツの北東約二〇キロ位のところにある町〕だったので、毎日朝の三時に起き、窓ガラスも暖房もない列車でリンツに通わねばならなかった。彼女の見た町は板が打ちつけられ、指示規則だらけであった。人びとは「陰鬱で無口なくすんだ顔をして」通りをせかせかと歩いていた。[35] それでも若者たちは惨めな状況から一握りの幸せをもぎ取ろうとしている。すでに一九四四年の五月に彼女はこう書いている。「政治のことは少しもわからないが、それでもわたしは、戦争に負けるんじゃないか……何百万の人間が無駄死にするんじゃないか、という恐ろしい気分になっている」。[36] 一九四五年の二月に彼女は、オーストリア人のたいはんの感情を「わたしたちは平和を願い、その前に震えている」[37]、と、おそらく信じてよい言葉であらわしていた。彼女は、勝者たちの報復を恐れた。ロシア兵に対する彼女の恐怖はまさにパニック状態のものだった。何も知らなかったとしきりに言われることに対して、彼女の日記の一九四四年一一月一一日の記入にはこう書かれている。「ユダヤ人が世界中でなんの犯罪を犯したというのだろう？　何故かれらに生活させ存在させてやれないのだろう？　なぜユダヤ人を迫害し逮捕するのだろう？　ユダヤ人だって我われみんなとまったく同じ人間じゃないのか？　なんと多くのユダヤ人がミステリアスな仕方で姿を消し、二度と顔をみせないのだろう」。[38]

この二つの日記が裏づけているのは、政体に対する不満がしだいに大きくなっていったが、それでもまとまった反体制運動になることはなかったことである。[39]　一九四一年四月二五日のある手紙の引用は、非政治的なオーストリア人の生活感をかなりはっきりとあらわしている。「狼どもと一緒に吠えねばならないのだ。そうしなかったら食べられてしまうだろう（Mit den Wölfen muß man heulen, sonst wird man gefressen）」。[40]

## 第三節　農村的なミリューや都市の若者たちの間における反抗的な態度

マルティン・ブロスツァートによって、ナチズム研究に抵抗観念がもちこまれたが、そこで言われていたのは、「動機や理由や勢力がいかなるものであれ、ナチズム支配あるいはその主張への効果的な反発、制限、抑止」のことだった。[41]　抵抗観念のこうした捉え方は、とりわけ農村的なミリューの分析の場合に効果を発揮する。というのも、全体主義的なナチズム政体の基本的な特徴は、大衆動員をめざして、社会文化的なミリューがもつ影響力を、傾向としてそもそも解体させることではないにしても、弱体化させることにあった。だからミリューに依存しつづけるというのは、政体の不当な要求に「抵抗」することであった。ミリューは、地方社会が国家や党の影響に対抗してもった一種の防御板のはたらきをしたからである。ナチ党への同調的な態度は、農村ではミリューに対する非同調的な態度とうけとられた。一九四〇年の秘密情報機関の状況報告でこう言われている。「チロル地方では、数少ないナチ信奉の男女教師たちが、農村共同体の住民から敵意をもって扱われている。その教師たちが教会から脱会している場合にはことのほかそうである」[42]、と。その一方で、ミリューに対する同調的な姿勢は

——廃止になった農民の祝いの日の堅持や「グリュース・ゴット」（こんにちは！）という馴染んでいた挨拶などは——ナチ機関により国家や党に対する非同調的な態度とみなされた。

農村そのものも、はっきりと社会的な区別をする必要がある。一方に社会のブルジョア的な名士たち、他方に農民的＝伝統的なエリート有力者たちである。地方の名士階層の人びと——医師、公証人、裁判官、教師——は、比較的動きの目立つ階層で、農村自体への根の下ろし方は、ごくかぎられたものでしかなかった。そうした名士階層は一九世紀以来政治的にはリベラルであったが、その後ドイツ民族主義的な姿勢をとるようになる。かれらは通例さっさとナチズムに移行していったのである。その際、組織の核となったのはたいてい地方の体操連盟であった。土地の農民的なエリート有力者たちは、これとは違っていた。かれらのたいはんの考え方は、保守的＝カトリック的であり、「祖国愛」の持ち主であった。

ウィーンの女性歴史家ルーシー・ヴァルガはすでに一九三六年、有名なフランスの雑誌『アナール』で、ツーリズムによって農村が都市化し、世俗化がどんどん進むことを示していた。[43] 進歩が具体的な形であらわれたのは、新しいホテル、映画館、ラジオ機器などであった。そしてナチたちは、進歩の強靭なパイオニアであることを示したのである。それゆえ観光産業のエージェントたちも、ナチズムにかぶれたもう一つの階層であり、観光業の人たちは、農村の若者の一部を道連れにした。ヴァルガは、次のような文章でその含蓄のある考察を結んでいる。「農村のナチズムはしたがって、田舎が都市化する一段階である」[44]、と。

農村へのナチズムの浸透は、その後一九三八年には次のような社会的図式をとおして行なわれた。ナチの地区支部長のほとんどが、地方の名士階層か、あるいは新たな観光産業分野からリクルートされていた。これに対して、市町村長たちはむしろ土地の農民層か事業主階層の出であった。農村的＝伝統的なエリート有力者はたいてい反抗的でありつづけ、土地の司祭のもとに集まった。農村の教会は、ナチズムにとっても攻略しがたい城砦でありつづけた。一九四一年には秘密情報機関の教会担当官が大管区長官宛てにこう報告している。教会は教区教会評議会のなかに信頼のおける人びととの組織をつくりあげることに成功し、この組織がしだいに政治的な宣伝部隊の先頭にたち、カトリック教会の報道機関となりつつある、[45]と。それは政治的には厳密にいうと抵抗運動ではなかった。そこには、ナチ支配体制に関するストレートな批判などほとんどなかった。そこにあったのは、馴染んできたもの、旧来のものに対する頑強な固執であった——いつもあったように、どこまでもありつづけようとしたのである！　農村におけるナチズムの成果と限界とをはっきり示しているのが、ザルツブルク市近郊のある農村の母親たち九名の手紙である。その手紙ではこう言われていた。「ここに名を連ねたわたしたち母親は、この遠征にすでに息子たちを捧げ、息子たちを出征させたものですが、ここに、ほとんどが最低各自息子一人は戦線に送りだし、また子どもたちを学校に通わせているわが地区の他の母親たちに代わって、心からお願いするものです。わたしたちの子どもたちが祖国や総統のために、神のご加護をお祈りする十字架をふたたび取り付けてくださるようにと……」。[46]母親たちは、学校から十字架が撤去されたことに抗議したのである。彼女たちは、国家への伝来の忠誠心、ナチ国家への忠誠も強調していた。祖国のために息子たちの死を要求するナチ国家の権利も少しも否定はしていない。ボルシェヴィズムを阻む遠征と称するものも否定していない。けれども十字架（Kreuz）のない遠征（Kreuzzug）はナンセンスであった。この点で母親たちは、明確な論理的な一線を画したのである。

農村的な地方ミリューとナチズムとの間には、完全に共通する目標もいくつかあった。しかし問題が、戦争とか敬虔な慣習のことになると、田舎の住民は粘りづよい抵抗精神を発揮した。農民の反抗は、不思議なほど言葉少ないものであって、教会のミサに通うことや、禁じられている（祝祭・葬送の）行列・巡礼などでみせる態度に、また廃止されたはずの祝いの日を実行すること、外国人労働者と一緒のテーブルで食事すること、などにあらわれていた。「悪巧み取締り法」違反——ナチ体制に対する否定的な意見をおおやけの場で口にするなど——の告発をうけた審理に関する今日までの研究によると、農村住民がかかわったという記録は、実際よりあきらかに少ないものとなっている。

農民の反抗的姿勢の印象的な例としては、一九四〇年にみられたハイリゲンブルート〔グロースグロックナー峠近くにある観光地で、一五世紀末に建てられた巡礼教会のあるところ〕へのピンツガウ一帯〔ザルツブルクの南方六〇キロ、東西に広がる一帯をいう〕の人びとの巡礼がある。ゲシュタポが禁止したにもかかわらず、九四名の「一匹狼たち」が電話で連絡をとりあって集まった。先頭に立ったのは、ブルック出身の七八歳になる新老人ホームの管理者で、この人はこの異常に厳しい巡礼にすでに六四回もくわわっていた。警察の警告は、「強情な連中」により無視された。たいへんな難儀の末——降雪と霧——巡礼者たちはタウエルン高地を越え、ハイリゲンブルートに到着した。それは、国家や党の不当な要請に対する旧来の農民的な抵抗精神の勝利であった。[47]

表36 「悪巧み取締り法」により有罪になった人たち（有罪者の割合%）

| | 農民 | 労働者 |
|---|---|---|
| ニーダー・オーストリア | 8.8 | 27.3 |
| オーバー・オーストリア | 6.3 | 38.3 |
| ザルツブルク | 4.9 | 39.0 |

エルンスト・ハーニッシュ『アルペン・ガウにおける農民的ミリューと労働者的ミリュー。ある歴史的な比較。オーストリアにおける労働者階級とナチズム』（ルドルフ・アーデルト／ハンス・ハウトマン編）（Ernst *Hanisch*, Bäuerliches Milieu und Arbeitermilieu in den Alpengauen. Ein historischer Vergleich. Arbeiterschaft und Nationalsozialismus in Österreich [hg. von Rudolf *Ardelt*/Hans *Hautmann*]）ウィーン、1990刊、591頁より。

さて、農民の村からウィーンのプラーター公園に目を転じて、モダンな衣装だがあまり教養のない若者や、そうした若者のガールフレンド、労働者ミリュー出身の青少年などをみることにしよう。[48] かれらは、ナチズム政体下だけで人目についたわけではないが、ポマードをつけた長髪を後頭部のところでコテをかけ、ひどく長目の上着に、幅広のズボン、底革のついた短靴を履いていた。態度はエレガントで投げやり、タバコを口の端にくわえて、アメリカのハリウッド映画のお手本を真似ていた。ポータブル蓄音機から「デカダン的な」西欧音楽、「セントルイス・ブルース」が流れる。戦争による窮乏社会、旧来の労働者階級の禁欲的な文化に逆らって西側世界の消費主義を据え、現実よりも楽しい生活をという夢をむしろ対置したのだった。夢にみる消費物資を入手することは簡単でなく、ヤミ市場をとおしてしか可能でなかった。軽犯罪との境もはっきりせず、肉体的な暴力がグループのヒエラルキー形成の一つになっていた。かれらは、「ヒトラー・ユーゲント」の奉仕や軍隊勤務から、うまくいくかぎり逃れていた。こうした若者の生活スタイル全体が、ナチズム政体の推奨する軍人的な男らしさに対する唯一の挑発であった。そうした伊達男たちに警察が一斉手入れをし、かれらを逮捕すると、「ヒトラー・ユーゲント」のパトロール隊がかれらの髪の毛を短く刈り落とすのだった。ナチズム当局はかれらを労働嫌い・放浪者として追及した。一方でこの洒落者たちは、「ヒトラー・ユーゲント」に復讐しようとして、その制服を破いたりもした。洒落者たちの歌の一つに、こんなセリフがあった。「ドイツ女子青年同盟やヒトラー・ユーゲントの人たちよ、君たちの人生のことを考えるがいい！……おいらの方も不満は発散させるし、〈セントルイス・ブルース〉をいたるところで鳴り響かせよう」。[49] こうした態度は、厳密には政治的な反体制の姿勢では決してなかったが、それでも、ナチズムの支配当局側からは危険なものと思われたし、一九五〇年代の消費社会の始まりの、すでに前触れでもあった。

## 第四節　抵抗運動

ナチズムに対する抵抗運動が、オーストリアで神話を生むことはなかったし、人びとの空想力を揺さぶることもなく、政治文化に痕跡を残すこともほとんどなかった。「強制収容所の囚人（KZler）」であったというのは一九四五年後になっても、罵りの言葉とみられた。何世紀もかけて形づくられた、官憲主義的＝官僚主義的な色彩のつよいオーストリアの政治文化は、非同調主義や体制批判主義を受け入れることは稀でしかなく、義務の遂行が国民最高の徳、つまり臣下の徳と評価されていた。ドイツ国防軍での義務の遂行者と、武器をとる「軍務」拒否者、この両者どちらも言い分が正しいとされることはなかった。大多数のオーストリア人は自分たちの「義務」を遂行したものだから、義務の遂行がおおやけの意識にも浸透して、軍務の忌避者は戦争終結後もあくまで世間の埒外の存在であった。

そのうえ抵抗運動それ自体にも問題があった。他のほとんどの国とは違って、国民に根をはった広範な民族的な抵抗運動が形成されることもなかった。存在している抵抗運動グループもお互いの連絡など、ほんの微かなものでしかなかった。たいはんのオーストリア人にとってナチズム支配は、合法的な支配だけでなく、正当な支配でもあった。抵抗運動が体制の安定を、実際に危険に晒すことは一瞬たりともなかった。

戦後の抵抗運動研究は当座、厳格に倫理的=政治的な立場にたつものであった。そうした立場は六〇年代から姿を消して、抵抗運動の構造の歴史に注目するようになった。[50]反体制や、反抗的な態度、抵抗の姿勢、世間一般から外れた態度などますます多くの形態が研究の視野にはいるようになった。抵抗運動研究の領域は広まったが、また拡散したものになった。そうした研究状況で有効であったのが、抵抗運動観念の新たな構想であった。そしてもっとも大胆だったのがゲルハルト・ボッツの考え方であり、抵抗運動の流動的な範疇のなかに非政治的な犯罪行為までも含めている。だが、本質的にとりだしたのは、次の三つのグループである。[51]その場合に重要なのは、抵抗運動のオーバーな取り扱いをしないようにしたこと、その概念を流動的で、柔軟なもの、生成発展過程をきめ細かくみるものにしたことだった。抵抗運動の「歴史化」も行なわれた。つまり、ナチズムの完璧な全体主義的な国家像が崩れたように、抵抗運動の英雄的な像も「相対化」したのである。ナチズム支配の間でも異議を唱える可能性はたくさんあったし、命を危険に晒すことなく、結果を恐れず自分の信念を主張する市民として勇気を発揮するチャンスもあったのである。

抵抗運動の「歴史化」は必要であったし、研究の目を抵抗運動の構造の歴史に向けることも必要だった。もっともその場合、視野の新たな狭隘化の危険も生じた。なるほど倫理的=政治的な評価の相対化も必要であったが、そうした評価の完全な抹消もすべきでない。ある人が反抗的な態度をあらわにして、村のなかで「ハイル・ヒトラー」でなく「グリュース・ゴット」と一貫して挨拶しつづけるか、誰かが密かに外国のラジオ放送を聴いているか——ナチ政体が虚偽の宣伝をするほど、そうしたことも増えていった——、あるいは誰かが自己の世界観にもとづく抗議の気持ちから体制反対のビラをまくか、それともパルチザンとなって山にこもるのとでは、大きな違いがあった。抵抗運動を決断することの苦悩にみちた無限の孤独感——周囲の人びとの体制同調の圧力に逆らって——民主主義的な社会にあっても、孤独に独りぼっちで多数とは違った意見をもつことが、我われにどれほど難しいことであろうか！——、自分の家族のことの心配と戦いながら——そうした決断の倫理的な質、その「英雄的な」性格を無視してはならないだろう。アルベール・カミユ（一九一三—一九六〇）が回想している。「レジスタンスのなかで自分は、生と死に尊厳を与えるものの何かを再発見した」[52]、と。処刑されていった人びとの辞世の手紙の多くが、そうした尊厳を語っている。たとえば、一九四四年四月七日に書かれた社会主義系の抵抗運動グループの指導者の手紙にはこうあった。「聖金曜日の今夕六時にわたしの生命は終わりを告げる。わたしは胸を張って死んでいく」[53]。チロル出身のヴァルター・カルドナッチィの辞世の手紙にはこんな言葉があった。「俺たちは、犯罪者として死んでいくのではない。故郷を愛するオーストリア人として、この戦争の反対者、この民族殺戮の反対者として死んでいくのだ」[54]。「宗教上の大家」といわれ、カトリック信者の兵役拒否者であったフランツ・イェガーシュテッターは日記にこう書いていた。「今になっても祖国の防衛などと口にされている。……だが、我われに対してなんの罪も犯していない国々に闇雲に押し入り、略奪や殺人を行なっていながら、そもそも祖国防衛などと口にできるだろうか？」[55]、と。

オーストリアの抵抗運動は、オーストリアの亡命政府といったようなものの支援もなく孤立した活動をしなければならなかった。ひとり共産主義者たちだけが——可能なかぎりで——モスクワから指導をうけていた。オーストリアに典型的な政治党派的な分裂分化が、抵抗運動にまでおよんでいた。終わり頃になってようやく緩い指導部がつくられ——「臨時オーストリア国民委員会、O5」——、連絡調整にあたると主張した。徐々にではあるがやっと、オーストリア＝イデオロギーの形成があらゆる政治グループをとらえ始めた。舞台の裏では旧来の政党や新しい政党の結成がみられ、新しい民主主義的なオーストリア建設のために備えようとしたのである。[56]

ラドミール・ルーシャの研究によると、抵抗運動のうち数からいうと五二％が左派系、四四％が保守系のものだったが、もっとも犠牲の多い抵抗運動を行なったのは共産主義者たちであった（犠牲者の四四％）。一九三八年から四三年の間にウィーンとニーダー・オーストリア州だけでも約六〇〇〇名のコミュニストが逮捕されている。[57] 他のどんなグループでも、コミュニストほどリスクを恐れず、犠牲を厭わない、いやそれどころかまさに自殺行為に近い姿勢を示したものはなかった。曖昧さが少々あるにしても、共産主義者たちは独立オーストリアのために戦った。それは一九四五年後にはあまりに早々と忘れられてしまった戦いである。オーストリア共産党の中央集権的な構造は、中央の指導部をつくろうと粘りづよく試みたが、その中央指導部は送りこまれたスパイをとおしてゲシュタポによりなんども暴かれてしまうのだった。共産党地下組織のもっとも大事な問いの一つは、逮捕された同志がゲシュタポの拷問に屈しなかっただろうかであった。くりかえし相互不信を呼び起こす問いであった。[58]

オーストリア共産党の激しい抵抗運動にくらべると、社民党系の抵抗運動は五％ほどで、じつに微弱なものだった。共産党がその幹部の人たちを「むちゃな仕方で犠牲にし」、もっとも積極的な活動家を失ったのに対して、社会民主党の幹部たちは地下に潜伏して、動きをみせずじっと耐えていて――ゲシュタポはそれを皮肉って「飲み屋の常連一味」[59]と言っていた――ファシズム後の時期のために力を温存していたのだった。こうした姿勢の理由の一つは、社会民主党員たちの「大ドイツ主義的な」姿勢にあったが、それは第二次大戦の過程でようやく、か弱いオーストリア愛国主義に代わっていったのである。

かなり分裂した活動をしたのが保守派の抵抗運動である。多数のグループに分かれ、しっかりした組織の中核もなく――軍隊だけは例外だったが――、「内なる亡命」（国内亡命）にいたるまで境界も流動的であった。それでも当初かなり積極的に行動したのは、ほかならぬ君主制主義者たちであって、何千枚とビラを撒いた。アウグスティノ修道参事会会員の抵抗運動グループには、およそ二〇〇名の人たちが参加していた。もっともこの参加者たちは地下活動の経験もほとんどなく、政治的にはまったく無知であった。だが、非常に活発なオーストリア意識が形づくられていったのも、とりわけこうした一連のグループだった。[60]

社会構造からいうと、オーストリアの抵抗運動は、労働者と知識層の抵抗運動であった。農民とサラリーマンはほんの少ししか参加していない。ある人びとは伝統的な反抗の姿勢を選んだし、他の人びとはむしろナチ党に傾いていった。[61]

ドイツの敗北がはっきりしだした一九四三年以降、旧来の政治的エリートたちがふたたび集まるようになった。「祖国戦線」でかつて宣伝部長をしていたハンス・フォン・ベッカーは、一九四四年に抵抗運動の比較的大きな諸グループをまとめて緩い「中央センターＯ５」をつくり、このセンターが戦争も末頃になって連合軍と接触をもつようになった。しかし、一九四五年の四月の初めに計画されていた、オーストリア人の軍人グループによる決起の企ては頓挫してしまった。ただ、その一カ月後のインスブルックにおける試みだけは成功した[62]〔「チロル抵抗運動」という組織が、カール・グルーバー（一九〇九―一九九五）指揮のもとに決起し、インスブルックをアメリカ軍がはいってくる直前に、自分たちの支配下に置くことができた〕。戦争終結間近の最後の数週間になって諸勢力はさらに分極化する。窮地に追いこまれた親衛隊は、自分たちに失うものが何もないことを意識しつつ、なお狂気の殺戮をくりひろげていた。これに対して抵抗運動グループはいたるところで、それ以上の破壊を阻止し、住宅集落をできるだけ無傷のまま連合軍の手に委ねようとしていたのだった。

おおやけの次元でほとんど知られることがなかったのは、「エホヴァの証人たち」の犠牲を厭わぬ態度だった。かれらの一致した兵役拒否は、四一七名のメンバーのうち一三一名の死者を出すことになった。[63]

信じられないような厳しさでぶつかりあったのは、パルチザン闘争での小競り合いであったし――今でも尾を引いている。[64] パルチザン闘争は、最高度に組織され、もっとも成果をあげた抵抗運動の形態であった。パルチザンたちは、国民的な独立闘争と提携しあったところでもっとも効果的にナチズム体制と戦った。オーストリアでは（ケルンテン州南部やシュタイヤーマルク州南部は例外として）ナチズムが、異国による占領体制だと受けとられたのはごく稀なことであった。それだからつねにパルチザン闘争は内戦の要素をはらんでいたのである。

パルチザン・グループの一部は、独立オーストリアのためという自己理解にたって戦った。シュタイヤーマルク州のパルチザンの歌のなかには、「オーストリアが汚辱から解放されるまで、戦い、死んでいこう！」というリフレーンがある。[65] その地区でのパルチザンの誓いは、オーストリアへの忠誠を告げるものだった。[66] 家族の一員がドイツ国防軍に駆りだされていたのに、九〇〇名以上のスロヴェニア人が南ケルンテンから強制移住させられた。このことに憤慨したスロヴェニア人パルチザンの誓いにはこうあった。「おれは、スロヴェニア民族解放軍のパルチザンであり……スロヴェニア民族の解放と統一のために戦う」[67]、と。パルチザンたちが村の駐在所を襲撃すれば、ドイツ国家の一機構を攻撃したことになった。だが、殺された駐在所所長はたいていオーストリア人であり、誘拐され殺害される者も同じく、重度傷痍軍人の地区農民班長であった。生き延びるために、パルチザンたちは、牛や羊を盗むしかなかった——かれらは、山賊と呼ばれていた——。そうした行為は他方で農民社会の傷つきやすい神経を刺激した。こうしてパルチザンたちは、自由のための闘士というより、泥棒か追いはぎのように受けとられていたのである。

パルチザンとしての厳しさ、スパイや第五列的人物といったシステムなどが、「先祖返り的な復讐欲」（クリスティアン・フレック）を誘発し、政治的暗殺やそれに類似のことをやらかした。こうしたことが他面で地方社会の一部にパルチザンに対する怒りを巻き起こしたのである。強制移住にあった人たちのキャンプでは、子どもたちが「ドイツ人の首をはねる」遊びをしていた。[68] ナチズム支持者たちは、パルチザンたちの目の前でヒトラーの写真を食いちぎるよう強いられた。ゲシュタポは、あらゆる残忍性を駆使して、パルチザンに食事を提供する農民の探りだしにあたった。共産主義者やスロヴェニア人、逃亡兵や逃げたロシア人捕虜などがリーダー的な役割を演じることは、地方の民衆文化に深く根をはっていたアンチ・コミュニズム感情に触れるものだった。農村の社会ミリューが晒される脅威は、パルチザンであれ、ゲシュタポやナチの軍隊であれ、同じだと思っていたのである。ある者たちを支援すると、別な者たちの復讐が待っていた。「夜にパルチザンたちがやってきたかと思うと、昼には警官隊があらわれた」[69]、とケルンテンのある女性が思いだしている。またあるパルチザンがこう語っている。「活用できる地域はどっちみちそれほど広くない。……小さな田舎でパルチザンであるというのは、それ自体生易しいことではない。そのうえ我われには住民からの支援がほとんどないとなると、事態はことのほか困難であった」[70]、と。

一九四五年の五月になるとパルチザンたちの復讐活動が始まった。数百人の文民たちがユーゴスラヴィアに連行されていき、そのうちとくに名の知られた九一名のオーストリア人が二度ともどらなかった。[71]しかしながらパルチザン闘争は――この点は指摘しておく必要がある――ナチズムに対する戦いの一部であった。数多くのサボタージュ活動によりパルチザンたちは、軍需生産を混乱させたし、その活動によりドイツ軍を牽制したのである。どこにおいてもそうであるように、暴力のスパイラルをまず動員したのは、ナチズム支配なのである。

# 第V部　第二共和制

# 第一章　逆もどり

社会の歴史の基本的潮流というものは、政治の出来事の歴史の慌ただしい小波が映しだすものよりゆっくりと緩慢に流れる。一九四五年に政治的な体制崩壊となって明瞭に生じたものは、ウィーンの外交官であったヨーゼフ・シェーナーが簡潔に日記で書いていたように、「逆もどり（Rückbruch）」であり、第一共和制への復帰であった。[1]そうした旧体制復古のもっとも顕著な例といえば、一九二〇／二九年憲法の復活であろう。新旧のエリートたちの一部の生活感情を、作家のアレクサンダー・レルネット＝ホレーニア（一八九七―一九七六）〔ハプスブルク神話を濃厚に引きずっている作品をたくさん書いている〕は、次のように表現していた。オーストリア人たちは、「一人の気違いの妄想によって中断されたところから、つづけさえすれば」それでよかったのだ、[2]と。しかしながら「第三帝国」との継続性も簡単にケリのつくものではなかった。とりわけドイツの研究が強調するのは、一九四三年から四七／四九年にかけての変革の時期である。「貧富の差なしに誰もが同じように辛酸をなめた非常事態の社会」の時代であり、避難民や他の被追放流民とがひどく混入した社会の時期であり、きわめて粗暴な営業と業績の社会が出現した時期、政治的アパシーが広範な国民層をおおっていた時期であった。青少年たちの理想主義的な社会参加が「ヒトラー・ユーゲント」や「ドイツ女子青年同盟」のなかで消耗しきってしまい、青少年の過度の政治化が「懐疑的な世代」をあとに残すことになった時代であり、デモクラシーへの飛躍が簡単にはいかず、むしろナチズム的なメンタリティーがひろく底流に残りつづけていた時代であった。その教訓的な例となっていたのがあいかわらずの反ユダヤ主義であり、「東方への不安」であった。[3]

経済の構造上の諸条件も、必要な経営措置の継続も、むしろナチズム時代への逆もどりのようであった。戦後期の経済の舵取りは、なおひどく反資本主義的な基調によって行なわれていた。要するに、一九四五年の厳密な分析が示すのは、非常に複雑な諸要素のごた混ぜ状況であって、単一の因果関係で解釈してはならないものである。[4]

復古のいくつかのシグナルからみていくことにしよう。共和国時代の憲法の施行についで、すばやくもどってきたのは旧来のエリートたちであった。政治の世界では、カール・レナー（一八七〇―一九五〇）、テオドーア・ケルナー将軍（一八七三―一九五七）、レーオポルト・クンシャク（一八七一―一九五三）のほかに、第二世代、つまりレーオポルト・フィーグル（一九〇二―一九六五）やアドルフ・シェルフ（一八九〇―一九六五）といった世代が前面に登場する。かれらは、強制収容所体験とか、あるいは「国内亡命」といった特徴をもっていた。もっとも、一九三四年から三八年の間の事実上の亡命者たちは、国外に残ったままだった。旧来の諸政党が驚くほどすみやかに政治の舞台にもどってきて、抵抗運動家たちは独自の政治勢力としては排除されてしまったり、政党に吸収されてしまった。[5] モスクワからもどった亡命者たちをリーダーとする共産主義者たちは、当座は反ファシズム的で、名目上の民主主義的な政党として重要な役割を演じたが、東部オーストリア地区のソビエト占領軍により独特な形の支援をうけるとともに、また阻害もされたのである。伝統的にドイツ民族主義的な陣営で、今では広範にナチズム的になってしまった陣営は、当座閉めだしをくったままだった。官僚機構のトップは粛清され、たくさんのナチたちは職務を解かれることになった。一九三八年以前のトップ役人たちが復帰し、オーストリアのトップ官僚たち（枢密顧問官）があらためて行政の指揮をとり、「人びとはふたたび自分の仕事に就いたのだった」[6]。

スローガンがいうのは、第一共和制時代の民主主義の諸制度の復活であった。そうはいっても、「身分制国家」の四年間が具合悪く横たわっていた。当座は、あたかも非ナチ化が「非ファシズム化の形態」をとっていて、「オーストロ・ファシズム的な」エリートたちをもみまっているようにみえたものである。――とりわけアメリカの占領軍当局はそうした方針を強力に進めた。だが、すぐさまわかったのは、大部分の「オーストリア国民党」〔戦前のキリスト教「社会」党の流れをくむ人たちの政党〕のエリートたちがなんらかの形で「身分制国家」の出であり、かれらこそ一九三八年にはとくに厳しい状況に遭遇したこと、したがって一九四五年には当然ナチズムの犠牲者とみられてよいことになった点である。なるほど、ユーリウス・ラープ（一八九一―一九六四）のような著名な国民党政治家などはやむをえず当座いくぶん表立つことを控えていたが、けれども「身分制国家」という問題は、触れずじまいであった――その点は、社会民主党（SPÖ）の方が選挙戦用の爆弾にしたてて、時折その活用をはかったのである。

問題ランクの上位にあったのは、時代の途方もない困窮、さしせまる飢餓、住宅不足、何十万もの難民であり、機能する行政の確立、非ナチ化の問題、占領の非情な措置であった。これらすべてが容易に、社会の構造の深部ではたいして変わらない事実を覆い隠すことになってしまった。おそらく、ナチズムのもっていた近代化作用、身分制的なバリアの疑似的な撤去、たとえばプチブル的な根性の根絶などは、つよく復古的な特徴を帯びた一九四五年の政治的な崩壊よりもより持続的な影響をもったであろう。政治的イデオロギーや支配形態としてのナチズムは、あとに途方もない荒廃、それも物質的だけでない荒廃を残しながら焼失してしまった。それでも、注目してよいのは、ナチス残党のパルチザン的活動はみられなかったし、ひどく恐れられた「人狼部隊（Werwolf）」〔大戦末期に計画されたナチスのパルチザン組織」も幻でしかなかった。

しかしそれでも、一九四五年の「逆もどり」はたんに旧状への復帰だけでなく、また断絶でもあり、完全に新たな出発のシグナルもあった。再建という神話、その神話はのちになるとこう言われた。「再建にあたってはもちろんみんな一緒に助けあった。エンジニアからごく未熟な見習工にいたるまで、みんな一緒になってもっとも困難な仕事をやってのけた。不平も言わず、じっさい食べる物もなしに」。[7] こうした神話はたしかにそうとう疑ってかかる必要があるだろうが、それでも新たなスタートの気風は息吹いていたのである。政治的に決定的であったのは、各政党のエリートたちの、原則的なコンセンサスをもとう、とする気構えであった。この点の原因は、「収容所街の精神」〔ヒトラーによる併合時代に、左派系の人びとと、身分制国家時代を支えた保守系の人たちが、ともに強制収容所暮らしを強いられて、親近感や連帯感をもつようになったこと〕という美化されたものよりも、厳しい現実や占領軍当局による強制に求めるべきであろう。誰もが学びとっていた第一共和制の教訓は、二度と内戦を起こさないことであった。それでもより厳密に目を凝らすと、あいかわらず諸政党を隔てる感情的な深い溝が認められた。とりわけ「オーストリア社会党」〔オーストリア社会民主党（Sozialdemokratische Partei Österreichs, SPÖ）は、第二次世界大戦後、党名を「オーストリア社会党（Sozialistische Partei Österreichs, SPÖ）」とする。だが、一九九〇年代にはふたたび「オーストリア社会民主党」にもどしている〕は、国民党の代表者たちと一つのテーブルにつくとき、さいさん心理的なバリアを乗り越えねばならなかった。かれらは、一〇年前に俺たちを監獄に閉じこめた連中ではないのか、と。国民党の方では推測する。社会党には、かつてナチズムとうまく話をつけあって、反教会主義を唱えたかつての人たちがうごめいているのではないか、と。[8] それだからいっそう重要であったのは、教会に政治からはっきり手を引かせることだった。そうした決断が、政治の脱イデオロギー化を招くことになる。当座は微弱なものだったが、のちにはますます強固なものになっていった。社会が世界観的に多元化するのを教会はもはや神の冒涜とはいえなくなった。これと似たような恰好で、マルクス主義もまた影響力を失った。とくにソビエト型モデルがロシア軍兵士との実体験によって、どうしようもないほど信用を失墜していただけにそうだった。さらにナチズムにより、旧来の社会ミリュー、すなわちカトリック的なミリューも社民党的なミリューも、擦りつぶされたとまではいかないまでも、かなり弱体化してしまっていて、階級の境界線も流動性のあるものとなっていた。政党間の潜在的な不信感が動機となって人事の比例配分制度がつくられた。このシステムはすでに一九四五年に定着し、独特の影響を与えるのは、第二共和制の最初の時期ばかりでなかった。安定した「社会パートナーシップ」〔いわゆるコーポラティズムのことで、ドイツ語ではこのように表現する。高度な集中と組織をもった経済界・労働界の代表たちが、経済上の問題の調停・解決のために話しあう。その際、協力の精神と利益の均衡を最優先しながら協議を進める。こうした労使の関係のことをいう〕の構築ということが、おそらくもっとも重要なファクターであり、端的に目新しいことであった。早々ともろもろの利益団体が再建されたが、第一共和制時代とは違って、より中央集権的なものとなり、したがって闘争力のあるものとなった。商工会議所や農業会議所の場合、「第三帝国」から第二共和制への跳躍は、かなりスムーズにはこんだ。――ザルツブルクの商工会議所についてこう報告されている。「役人たちは当然のように自分の務めをはたし、一日たりとも党との連携が中断したことはなかった」。[9]帝国の鷲の紋章とハーケンクロイツだけがスタンプから削られた。他方労働者の代表の場合にはいくぶん面倒であった。統一的な労働組合連盟が、第一共和制時代の宗派別労働組合に取って代わった。社会パートナーシップにいたる道は、カトリック系の部門の方が社会民主党系の部門よりイデオロギー的に容易であったようである。「コーポラティズム」が、その全体主義的要素だけが取り除かれて、多元的に新たに規定されることになったのである。

オーストリア人たちの大規模国家への憧れは、消え去った。小さな国が今では、ドイツの瓦解からわが身を救うことのできる小島のように思われた。ドイツ的なものは一切、忌み嫌われることになる。ナチズム政体の犯罪の責任ももっぱらドイツ人たちに帰せられた。上の方から、熱狂的で、ぎこちないオーストリア愛国主義の宣伝が開始されるが、そのプロパガンダは、歴史的な事実にはほとんど無頓着で、保守派の人びとやコミュニストたちのもとで、うまみのある共同作業となった。その際、社会主義者たちだけがいくぶん反抗的な態度にでた。すでに一九四五年の四月一一日、ヨーゼフ・シェーナーは、戦争末期の抵抗運動のセンターであったアウアースペルクの館を訪ねたときのことをメモしている。「シュタイヤーマルクの帽子が制服となっているのが、わたしの目を引いた」[10]、と。ちなみに、それはナチたちによってもカモフラージュのために利用されていた制服であった。

# 第二章　戦後世界

## 第一節　連合国のオーストリア計画と戦争の終結

列強諸国は、一九三八年の「併合（Anschluß）」を事実上も法的にも承認していたのである。[1] だが、第二次大戦中に大国は態度を変える。ドイツの弱体化というのが、今やドイツからオーストリアを分離する焦眉の動機として浮上していた。では、どのような形で？　ソビエト連邦はすでに一九四一年以来、オーストリアの国家としての独立に賭けていたように思われる。[2] 西側、とりわけイギリスは三つの可能性を探っていた。第一は、南ドイツ連合（バイエルンにオーストリアをくわえて）という考えであり、第二は、ドナウ国家連合というもの、三番目が独立国家であった。イギリスの計画立案者たちは、ヴェルサイユ条約とサン・ジェルマン条約の過ちだけは、どんなことがあってもくりかえしたくなかった。「民族自決」という原理は、中部ヨーロッパや南東ヨーロッパでは暴発力となることが、実証ずみであった。ウィンストン・チャーチル（一八七四―一九六五）は、「懐古趣味的なロマン主義者」（R・カイザーリング）であって、地政学的な理由からかつての「ドナウ帝国」の再構築を望んでいた。しかしソビエトは、そうしたプランに激しく抵抗する。東ヨーロッパや南東ヨーロッパへの自分たちの影響力のことを憂慮したからである。こうして、オーストリアの再建設という計画だけが残ることになった。オーストリア人亡命者たちは、ソビエトからアメリカにいたるまで散らばっていたが、党派的に分裂し、ちりぢりになっていて、戦後の計画についてはなんの影響力もないに等しかった。

大国がたどりついた合意の形は、一九四三年のモスクワ会談の席上、世界に発表された。イギリスの予備草案にそう形のもので、オーストリアの再建設である。政治的な伝統は、一九四三年一〇月三〇日／一一月一日の「モスクワ宣言」を第二共和制の設立の証拠書類にまで仕立てあげてしまった。この間にアメリカの研究が示すところによると、この記録には西側の計画立案者の意図に根ざしたものは、事実上ほんの僅かしかない、[3]という。モスクワ宣言は、オーストリア国民をナチズムに対する抵抗運動へと呼びこもうとする、宣伝道具として役立てようとしたものだった。その点が頓挫し、さらに連合国側の報告で、オーストリア人はチェコ人やポーランド人とは違って、熱烈な国民感情も、あるいはたんに肯定的な国民感情さえ少しもみせていないことが確認されると、オーストリア問題は、あいかわらず見通しのないままであった。[4]

人間の意図と決定の影響とはしばしばあるように、大きく食い違うものである。モスクワ宣言は、第二共和制の正当化にとって事実上、大きな力を発揮することになった。[5]それも三つの理由からである。一つには、「自由で独立したオーストリア」の再建という計画と、「ドイツによりオーストリアに押しつけられた併合」（すなわち、「アンシュルス」）の無効宣言とは、第一共和制との継続性をいうことになった。二つ目は、オーストリアは、「ヒトラーの典型的な侵略政策の犠牲になった最初の自由な国」と宣言された。こうして、「犠牲者理論」という中途半端な真実——完全に間違っているともいえないし、かといって全面的に正しいものでもない——が公式の基盤をうることになって、オーストリア政府も世論も、全力でこの理論を中心に据えようとしたのだった。冷戦の過程で西側もこの一面的な解釈にますますしたがうようになっていく。三つ目は、この点でモスクワ宣言の記録の戦略的な立場が明確になるのであるが、オーストリアは、ヒトラー・ドイツの側にたって戦争に参加した責任を負わねばならない、というものだった。

モスクワ宣言のアンビヴァレントな文言は、そのつどの選別恣意的な解釈を可能にした。オーストリアがさいさん強調するのは、第一と第二の点であり、列強は必要に応じて第二と第三の点をとりあげた。しかし全体としてモスクワ宣言は、一九四五年後のこの国の二重性格を見事にあらわしていた。すなわちオーストリアは、解放された国であり、また占領の対象国である、という性格である。

ところで西側列強のオーストリアに関する意見の不一致はさらにつづいた。アメリカのこの国に対する関心は比較的低いもので、占領地区の一つを引き受けるよう説得するのに苦労する。占領地区分割が最終的に決まったのは、ようやく一九四五年の夏になってからだった。[6]

「モスクワ宣言」の一部を抜粋したウィーン解放のプラカード、1945 年 4 月

焦眉の気がかりは、当然ながら戦争の経過そのものであった。一九四四年末と四五年当初にオーストリアに対する空爆が激しくなり、その空襲でおよそ二万人の

死者がでた。[7] 南東ヨーロッパからの避難民の群れが、「第三帝国」と手を結んだ政府も含めて、オーストリア国内に流れこんでいた。ナチズム政体は、やけっぱちの破壊的なエネルギーをすべて吐きだしていた。決して完成することのなかった「南東の防塁」(ウィーンの南東)の構築は、予備役の人たち、囚人たち、とりわけハンガリー系ユダヤ人たちにひどい犠牲者を出した。今や失うものが何もなくなった親衛隊は、文字通り血の放埒行為にふけっていた。かれらに対して安全でいられる者は誰一人いなかったし、国中いたるところで大規模な虐殺が引き起こされた。シュタイン(死者三〇〇人以上)でも、ザンクト・ペルテン、ハルトベルク、フライシュタットでも……。即決裁判が荒れ狂った。戦争終末の日々にニーダー・オーストリア州だけでも一七〇〇名の文民が親衛隊に射殺されている。そしてこのニーダー・オーストリア州では、五〇〇名以上のナチスが自殺していた。[8]

あらゆる秩序の解体により、しゃにむに生き延びようとする欲望が解き放たれた。一部で商品倉庫が公式に開放されたところもあったが、それから略奪が始まり、無意味な破壊や狂乱的な所有欲が広まった。参加したのは強制労働者たちと、多くの、じつに多くのオーストリア人であった。いたるところで姿をあらわした抵抗運動グループが少しは秩序を確保しようとする。それは、ナチ権力者どものやけっぱちの破壊の猛威に対抗し、自国民たちの生への執念に対抗し、それからまた押し入ってきたソビエト兵の略奪欲に対抗して、秩序を維持しようとするものだった。総じて南部オーストリアや西部オーストリアの状況の方が、東部オーストリアよりも、混乱が僅かばかり少なかったようである。

一九四五年三月、受難週の二九日の午前一一時五分、戦闘中のソビエト軍がクロスターマリーエンブルク(ブルゲンラント州)でオーストリアの国境を越えた。[9] かれらは、白旗として掲げられる古い下着で迎えられ、ワインで歓迎された。[10] ソビエト軍は、征服者としてではなく、ファシズムからの解放者としてみられることを望んだ――少なくともロシアのプロパガンダではそう言われていた。[11] トルブーヒン元帥(一八九四―一九四九)〔スターリングラード駐屯第五七赤軍の司令官、ウィーン占領時の指揮官〕指揮下の第三ウクライナ前線部隊が急速にウィーンに迫った。オーストリア人勢力の――ウィーンの無血譲渡をめざしての――軍事蜂起は失敗に終わる。ウィーンをめぐる激しい戦闘が一週間つづいた。ゼップ・ディートリヒ（一八九二―一九六六）〔親衛隊の指揮官、一九四五年に終身刑〕指揮下のドイツ第六戦車部隊は、後退せざるをえなかった。ウィーンは一九四五年の四月一三日、征服され解放された。[12] ソビエト軍の進軍は、トライゼン川〔ザンクト・ペルテンの南方から、北方に流れてドナウ河に合流する川〕で停止する。ロシア軍は、戦争同盟の組み合わせ替えを恐れていた。つまり、アメリカがドイツと手を組んでソビエト連邦に対抗することを恐れていたのである。まさにこれこそ、ドイツ指導部の最後のすてばちの希望でもあった。だが、むなしい希望だった。「アルプス要塞」という妄想の産物〔ドイツ軍やナチスの砦で、最後の抵抗の拠点と噂されていたもので、実際には存在しなかった〕に呪縛されていたアメリカ軍とフランス軍が西部オーストリアに迫ってきた。東部でも西部でも最後のドイツ軍予備軍と考えられていた「国民突撃隊（Volkssturm）」、ヒトラー・ユーゲント出撃隊、アドルフ・ヒトラー義勇軍などは、急速に解体していったが、さいさん死者を出しながらの解体であった。[13] 四月の末から五月の初め、フランス軍がフォーアアルルベルク州で、アメリカ軍はチロルとザルツブルクで、オーストリア国境を越える。オーストリア人の抵抗運動の手ですでに解放されていたインスブルックが、客に与える土産として連合軍に引き渡された。少し遅れて、イギリス軍、パルチザン、ユーゴスラヴィア部隊がケルンテンを占領する。一九四五年五月

焼け落ちたシュテファンドームの前に立つソビエト・ロシアの将校たち、1945年4月

八日、ドイツ国防軍の兵士とそれと同盟していたオーストリアの兵士一五〇万人が降伏することになった。[14] 戦争は終わったが、平和はまだこなかった。

## 第二節　レナー臨時政府、解放と占領という狭い論法

オーストリアの行政機関の構築は、地方自治体などの市長の手で、下から始まった。かれらの一部は、占領軍による任命であり、一部は住民の手で推挙されたが、一九三八年以前時代の政治のリーダー的人物であることが多く、時には旧来のナチ市長がなおしばらく職務に留まりつづけていることもあった。東部オーストリアでは、性悪な人物が何人かコミュニストに成りすましていることもあった。地元、地区、州が各自それぞれ独立したありかたをしていて、[15] なおしばらくは、もろもろの境界線がオーストリアの国土をばらばらに分断していた。

占領時代の最初の数カ月の経過は、州によりきわめて大きく違っていた。ケルンテン州では、土地の伝統的に力のある農村同盟（Landbund）〔農民の利害を代表してつくられていた組織〕が州政府に参加していたし、チロル州やフォーアアルルベルク州では抵抗運動のグループがしばらくなお政治的な役割を引き受けていた。オーバー・オーストリア州では指導的なポストにナチスのいる役人政府が職務を執行していた。ミュールフィアテル地方のフライシュタット市〔リンツの北方、チェコの国境近くにある町〕では短期間アメリカ軍とロシア軍が同時に町の占領にあたっていた。[16]

戦争がまだつづいていたときに、ウィーンにオーストリア全体の政府が構成された。カール・レナーがロシア軍に自分が任務を引き受ける用意があると申しでていたし、同時にロシア軍からもかれにお呼びがかかった。レナーはいろんな時期に対応できる人物で、機転が利き、どんな事態にも適応能力があり、今やすでに七〇歳を越

えていたが、それでも老練なヴァイタリティーのある男だった。かれは、第一共和制の場合と同様、第二共和制の創設者の使命も自分にあると思っていた。[17] それだから国家形成のプロセスは、いろんな点でじっさい第一共和制のモデルにしたがうことになった。ただし、諸前提は新しいものだった。一九四五年四月一五日付けのスターリンに宛てたへりくだった手紙のなかでレナーが書いている。「国の将来が社会主義にあることは、疑問の余地がありませんし、今さら強調するまでもないことです」。[18] こうした期待はヨーロッパ中の知識階級が抱いていたことであったし、そうした予測は遠くカトリック陣営にまで浸透していた。そうこうしているうちに、ウィーンではもちろん「反ファシズム的な」政党が旗揚げされる。レナーの臨時政府は、ポストの配分システム、つまり「三分配方式」に厳密にしたがって構成された。社会主義者一一名、共産主義者七名、国民党の代表が九名で、左派系がはっきり優勢であった。[19] 初めて政府に女性が一人参加する。国民栄養担当省のヘレーネ・ポストラネッキー（一九〇三―一九九五）で、共産党から送りこまれた人だった。二つの重要な分野、つまり内務省（フランツ・ホナー）と国民啓蒙教育省（エルンスト・フィッシャー）は、共産主義者たちが握っていた。ソビエト軍やコミュニストたちの意図をあれこれ推測せずとも、確認しておかねばならないのは、全体主義的な権力掌握はいずれも、国家警察と宣伝のコントロールという微妙な部門を手中にしようと努めることであった。一九三八年のザイス＝インクヴァルトの場合がそうであったし、一九四五年の東ヨーロッパがそうであった。警察からナチズムの影響を一掃する必要性を加味したにしろ、あるいは共産主義者たちがもっとも強力な抵抗運動グループであったことを想起するにしても、不愉快な思いがどこまでも残るのだった。とくに国家警察長官のハインリヒ・ドュルマイヤー博士（一九〇五―二〇〇〇）は、アメリカ軍の観察者たちが驚きながら認めたように、高い知性の持ち主で戦術的な訓練をつんだコミュニストであり、厳しく「狡猾な論理」を見事に駆使する人であっただけに、なおさらであった。[20]

一九四五年の四月二七日、オーストリア国民の代表として政党がオーストリアの独立に関する布告を発する。この独立声明は第二共和制の「根源的な基礎」をなすものであり、新たなオーストリアという神話をつくることになったが、その声明は歴史的批判に耐えうるようなものではなかった。「アドルフ・ヒトラーのナチ帝国政府は、わが国の政治・経済・文化の完全な併合により、無力でひとの言いなりになってしまったオーストリア国民を無意味で展望のない征服戦争へと駆りたてたのだ。そんな戦争などオーストリア人はかつて欲したこともなかったし、予見もできなければ、同意もできないものであった。真のオーストリア人なら今まで敵対や憎悪の感情などもったこともない諸国民相手に交戦するよう、オーストリア人は仕向けられた。この事実を前にすると」[21]、という文面であったが、この文章が今やオーストリア側では「犠牲者テーゼ」となって、生半可な真実を定着させることになっていく。この政府声明は国策としては高度な意義をもっていたが、国民の感情世界とはかけ離れたものだった。その点は、オーストリアの自由がオーストリア人自身の解放闘争によるものでなく、連合軍の勝利によってえられたことと関連していた。またそれはさらに、声明のご都合主義的な性格がすぐに見抜かれてしまったこととも関連していたであろう。もっとも、それで浸透するようになったのは、ドイツ国家からの離脱がひろく受け入れられたことであり、それも、オーストリアの新たな生きるチャンスとしての離脱であった！

なるほど今やソビエト軍のおかげでオーストリア政府というものが存在していたが、政府の権威のおよぶ範囲は、ウィーンとニーダー・オーストリア州の一部くらいでしかなかった。まだ戦闘がつづいていたし、実権は占領軍のもとにあった。特徴的だったのは、事務次官が官庁に出勤する道中もソビエト兵士によって横帯ワッペン〔中央に横帯線の入ったワッペン〕の着用を強制されたことである。[22] 西部オーストリアは不信の目でウィーンをみていたし、かなり前からイギリス／ソビエト間の冷たい戦争が、アメリカ／ソビエト間の冷戦に先行する形で始まっていた。[23] イギリスは、東部ヨーロッパや南東ヨーロッパにおけるソビエトのやり方に疑心をもっていたが、今やレナー政府もロシアの「操り人形」と思えたのである。首相レナーは、西側諸国からちょうど不治の病の患者のような扱いをされている感じだったが、そうした不信感は度すぎたものであった。というのもソビエト連邦がオーストリアのソビエト化を企図していた証拠は何もなかったし、狡猾な首相は、ロシア人にもまた共産主義者にも操り人形のような扱いはさせなかったからである。[24] それでもヨーロッパの政治状況からすると、そうした不信感はしごく当然であった。なにしろ国家警察のコントロールは事実上共産主義者の手に握られていたし、結局のところ政府の設立は西側の同意なしに行なわれたものであった。

一九四五年の夏から秋の初めにかけて、今や三つのプロセスが同時平行的に進行した。一つは、レナー政府の西部／南部オーストリアにおける受け入れである。受容の兆候はあちこちにあった（たとえば、ザルツブルクからも）。けれども一九四五年九月レナーが、またしても第一共和制の例にならって、諸州会議をウィーンに召集し、政府スタッフの拡大をはかって初めて、その権威を全国的に定着させることができたのである。チロル出身のカール・グルーバー博士（一九〇九―一九九五）が外務次官補となることで、抵抗運動の男、しかも――西部オーストリアと西側連合国のという二重の意味で――西側の代弁者が入閣することになったが、この人物は、きわめて癖のある権力意識のつよい男であり、感情の起伏が激しく、いつも唐突な決定をする人であった。[25] 内務相のフランツ・ホナー（一八九三―一九六四）は、一九四五年の一一月二五日に予定された国会選挙のための五人からなる選挙監視委員会ができて、いくぶん権限を削られることになった。[26] だが、最高権力は、一九四五年七月四日の第一管理協定にあるように、連合国理事会が握っていた。[27] このことはもう一つには、今や占領地区が最終的に確定したことを意味する。一九四五年の九月一一日に連合国理事会が産業会館で開かれた。この建物はシュヴァルツェンベルク・プラッツにあ

占領下ウィーンの分割地図

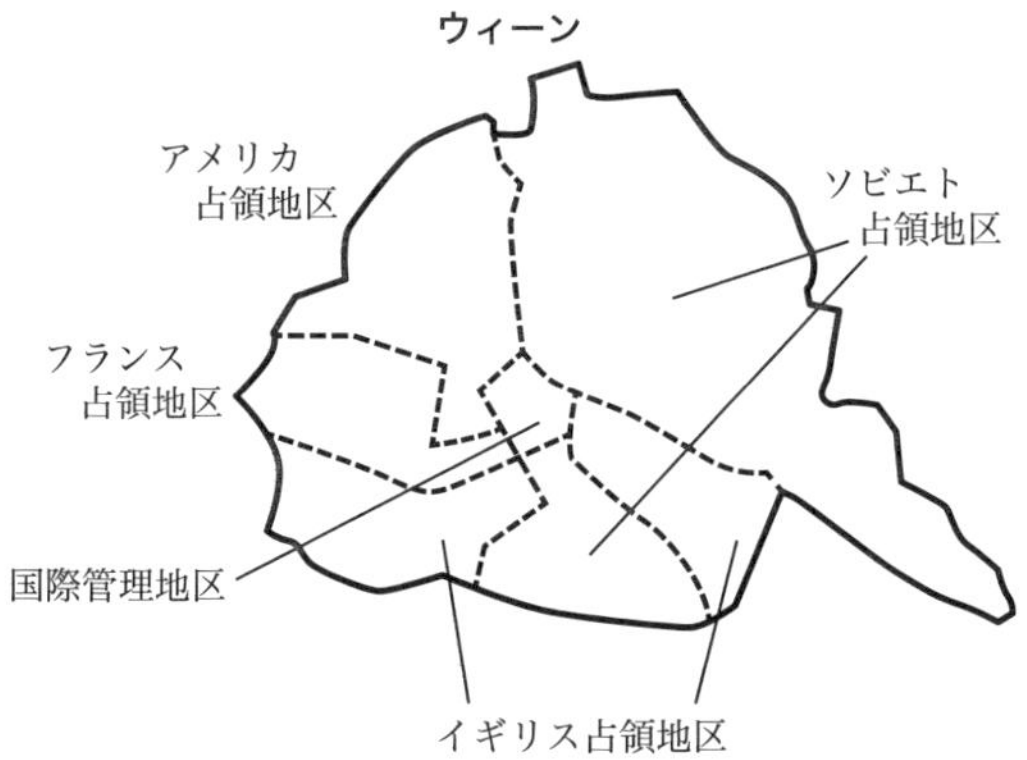


エリッヒ・シャイトハウエル『キーワードでみるオーストリア編年史 1934 – 1955』(Erich Scheithauer, Geschichte Österreichs in Stichworten) ウィーン、1984 年刊、135 頁より。

ったが、そこは今では「スターリン・プラッツ」と呼ばれていた――どんな政治的崩壊も象徴の世界を変えるし、街路名などは、そのつど恰好の犠牲となる――。ウィーンは前から共同占領下にあったが、ニーダー・オーストリア州、ブルゲンラント州、およびオーバー・オーストリア州の北部がソビエト軍の占領地区、オーバー・オーストリア州の南部とザルツブルクがアメリカ軍の、チロル州とフォーァアルルベルク州がフランス軍の、ケルンテン州（東部チロルを含む）とシュタイヤーマルク州がイギリス軍の占領地区となった。[28]

三つ目は、臨時政府が一九四五年一〇月二〇日、連合国理事会から承認されたことである。マーク・クラーク司令官（一八九六―一九八四）を先頭とするアメリカが苦労して、イギリスの不信感を宥めることに成功したのである。[29]

一九四五年一一月二五日、一五年ぶりに真に歴史的な選挙が行なわれた。元ナチスは選挙から閉めだしをくったままだった。この点は、民主主義的な政策からいうと疑念があるようにみえようが、国策からいっても、ナチズムと距離を置く印としても、必要なことであった。戦争の影響もあって有権者の多数を占めたのは女性（六三％）であったが、オーストリアは共産主義に反対の決定をはっきり打ちだした。落ちつきと日常への渇望が上まわったのである。政治と暴力とに憔悴しきっていたオーストリアは、社会的な実験に反対の態度をはっきりさせた。こうして一九一九年とは違って、票の五〇％を国民党が、四五％を社会党がえた。五％しか取れなかった共産主義者たちはひどくがっかりしたが、かれらは、ソビエト兵の罪の償いもさせられたのである。[30]

デモクラシーの実験は、占領諸国の監視下に成功するが、権威主義的なものから民主主義的なものへの跳躍が、社会の深部においてもうまくいったのだろうか？　歴史家としてメンタリティーの変化の緩慢なことを知っている者には、疑念をもたざるをえないだろう。たしかにデモクラシーとは、「呪物」といわれて、いたるところで紹介されたが、その理解となると、ニュアンスにかなりの違いがあった。政治的エリートたちは、デモクラシーとは本質的に、内戦のない、また「非オーストリア的な」ナチズムを排除しながら、第一共和制の諸制度に立ちかえることだと理解した。西側列強の考えでは、オーストリアはまずデモクラシーの学習が必要であり、それには教師の忍耐づよい、ときには厳しい手が必要である、という。ソビエトとその配下にあったオーストリア共産党が望むものも、たしかにデモクラシーであったが、その言葉の下にあるのはおそらく、西側の理解が意味するものとはいくぶん違った内容であり、むしろ「人民民主主義（Volksdemokratie）」〔マルクス主義によると、資本主義から社会主義に移行する際の国家の社会主義的な統治形態で、共産党が国民代表として主導権を握る体制のこと〕なる方向のものであった。そして結局のところ、戦後最初の数年間の大きなパラドックスといえば、デモクラシー的な手段を使って定着させねばならないことであった。

一九四五年の春の日々を国民はどんなふうに体験していたのだろうか？　政治のエリートたちには、解放の日々であった。こうした受け止め方に、第二共和制の基本的コンセンサスは根ざしていた。これに対し一般国民の感情は、解放—敗北—占領という極の間で揺れていた。すべての政治グループも、国民のすべての階層も、戦争が終わったこと、空襲の不安がなくなったことにほっとしていた。この共通の安堵感の下の局面ですら、すでに感情の違いを生んでいた。強制収容所や監獄からもどることのできた人たちからすると、自由の体験であるのは明らかであった。同じことは、オーストリア志向の思想の持ち主にも、カトリック教会にも、新しく設立された民主主義政党の人たちにもいえることだった。ナチズムの支持者たち——とにかく成人国民の二〇％は存在した——からすると、挫折の日々であることは否定できなかった。かれらは、政体の犯罪の責めを負わされるという不安におののいていた。作家エーリヒ・ケストナー（一八九九—一九七四）はチロルで次のような光景を目にしている。すなわち、家長たちが第三の性徴である総統ヒゲを上唇から剃りおとす様子、そして新たに赤＝白＝赤の旗（オーストリア国旗）を掲げて、ハーケンクロイツの旗の影を薄めようとしている光景だった。[31] 七年間もさまざまな戦線で戦い、もしかして片手、片足を失っていたかもしれない何万という兵士にとっては、自分たちの軍事的敗北が同時に解放劇であろうとは、感情的になかなか実感しにくいことだった。そして進駐してくる軍隊は、解放者などとはとても思えず、勝利者と征服者としてあらわれたのである。問題が厳しい様相であらわれた。たとえ

爆撃で破壊されたウィーンの美術館「アルベルティーナ」。約4万4000点のスケッチ／絵画と150万点の印刷物を所蔵していた

ば、そのありさまは、一九四六年三月一五日付けのある主婦の日記にこう書かれている。「逃亡兵やパルチザンが英雄視され、兵士たちが愚か者よばわりされる」[32]、と。当時の日々をいかように分析しようとも、アンビヴァレントな受け止め方があくまで残る――解放の日々、敗北の日々、占領の日々である。

国の様子は、どんなであったろうか？　いたるところにひどい破壊がみられ、オーストリアのアイデンティティーのもろもろの象徴、とりわけシュテファン大聖堂、国立オペラ劇場、ブルク劇場などが瓦礫のなかにあった。ウィーンだけでも八万戸の住居が爆撃で壊され、飢餓の苦境と伝染病の危険が迫っていた。商店もなければ、食料品、郵便物、ラジオ放送もなく、その代わり噂ばかりがしきりに飛び交っていた。[33]食べ物がほとんどないのに、人間はあふれていた。ミュールフィアテルのフライシュタット市の場合、住民五〇〇〇人の町が、八〇〇〇人の難民を宿泊させねばならず、フライシュタットの盆地では、ときには八万九〇〇〇人の占領軍が宿営していた。[34]生活は原始的なものに逆もどりであった。家族、親戚、友人関係といったものが、生き延びるツテとして以前より重要になっており、文字通り、農民たちが「養う身分(Nährstand)」となり、親類に農民が一人でもいれば、大きな資本とみなされた。

そんな情景の一部となっていたものに、占領軍兵士による略奪や婦女暴行がある。こうしたものは、西部でも南部でもみられたが、その規模となると東部、つまりソビエト占領地区がはるかに度を越していた。ロシア兵による略奪と暴行は、国民の不安のなかにふかく根をおろし、記憶に残るものだった。ある教会編年史はこう記録している。「五月一一日、わが国で文字通りフン族のように暴れまわるソビエト兵」が当地にやってきた。「パルチザンやドイツの将校・武器の取り締まりを口実にしているが、婦人や少女の凌辱や暴行が目当てなのだ。昼ごとに、夜ごとに、ときには昼夜を分かたず、ソビエト兵があらわれて、想像しがたいやり方で強奪、略奪、凌辱をしていく」。[35] この点に関する数字は、たいへんばらつきがあるが、何人かの著者はウィーンで七万件から一〇万件の婦女暴行があったといっている。[36] 公式記録では一九四五年だけで、フライシュタット地区で六〇〇〇件以上の略奪と八六一件の婦女暴行を確認している。かならずしも犯人がロシア兵ばかりではなかったが、[37] ソビエト軍司令部は、性的に飢えた部隊の指揮権を失っていたのである。そのうえまかりとおっていた基本原則がある。「戦争の規則とは、獲物を手にしたものはその獲物を徹底的に利用することである」。これは、トルブーヒン元帥が、レナー首相に向かって言った言葉である。[38] この原始的な規則にしたがえば、獲物には女性もまた含まれるのだった。ロシア兵たちはたまっていた復讐の感情を発散させたのである。なんのかんのいっても、ドイツ兵（そしてオーストリア兵）がソビエト連邦で想像をこえるような狼藉をはたらいていたからだった。こんなことを言っても暴行をうけた女性たちには個人的になんの慰めにもならない。だが、歴史家は事態に関連性があるならそう解釈せざるをえないのだ。すべてのロシア兵が強奪や暴行をはたらいたのではない。そうしたのは少数派であったし、親切な別な面もみせてくれたのである。ミュールフィアテルからの報告には教養の高いソビエト軍の地区司令官のことが書かれている。この人は自分の妻と子どもたちを親衛隊に殺されていたのに、それでも非の打ちどころのない振る舞いをした、という。[39]

子どものような欲望をもって、ロシア兵は時計を漁った。かれらにとって時計は西洋文明のシンボルだった。下の方で起こったことは、上層部でもくりかえされた。ソビエト軍政部は、工業設備の解体撤去を大規模に始めた。その価値は一〇億シリングになったといわれる。[40] これがオーストリア経済にとってどれほど手痛い打撃だったたにしても、ロシア本国における戦争による破壊を前にすると、倫理的な正当性がソビエトにないとはとてもいえないのである。それに食料援助のこともある。虫食いの豆類だったというウィーン人の揶揄があるにしても、ソビエト連邦は、最初の数カ月の間、自国民が飢えていたのに、ウィーンに食料品を提供してくれたのである。[41]

戦後期の最初の間、アメリカ軍政部の方が、ソビエト軍政部より厳格な印象だった。後者の場合、地方の司令官の恣意的介入がときおり面倒を引き起こすことがあったにしても、オーストリア行政当局におしなべて自由裁量の余地を多く許していた。西部オーストリアの占領にあたったアメリカ軍には「手違い」があった。オーストリアの占領用に用意されていたイタリア方面からの軍隊という当初の計画とは違って、それが、北方からの軍隊となってしまった。この点が、少しは言い訳になるかもしれない。けれどもオーストリア全土からみると、オーストリアの行政と占領軍の軍政という二重行政の時代が始まったのである。なお長い間、国境線も合法と非合法の間にあって不鮮明であったし、規定・規則より個人の創意の方が肝心であって、きわめて粗暴な、いわば初期資本主義的なタイプのものが、ほしいままに振る舞える時期が始まったのであり、急激に富が築ける時代となった。

## 第三節　経済再建の基盤

一見して一九四五年のオーストリアの経済状況は、暗澹たるものとしか言いようがなかった。鉄道網の三分の一が破壊されており、機関車の現存数は一九三七年時の半分でしかなかった。住居の一〇％が瓦礫と化し、資本蓄積の損失は一六％に達し、一九四五年の農産物の収穫量は、三七年の収穫の半分でしかなかった。戦争末期にはまだ一日二〇〇〇カロリーの配給が可能であったのに、四五年五月のウィーンでは、この数値が三五〇カロリーに落ちこんでしまった。飢餓の不安がいたるところを覆っていたし、くわえて悪いことには、占領軍の費用が国家予算のほとんど三〇%をくっていた。[42]

もっとも、もう少し丁寧にみると、ナチズムによる工業化がオーストリア経済の発達基盤をあきらかに改善していたことがわかる。機械工業における工作機械の例をとりあげてみると、その数は八八六八（一九三七年）から一万八〇九六（四五年）に増えている。もっとも、その後ソビエトによる解体撤去があって、一九四六年一月には、この分野では七二七六の工作機械になってしまう。[43]けれどもオーストリアは、高い資質の勤勉な労働力と発達した技術的ノーハウをもっていた。ナチズム時代に工業の重心が西部オーストリアに移っていたが、西部では工業従事者の割合が四〇%（一九三七年）から五一%（四七年）になっている。[44]この事情が、今になって明確な利点となる。というのも、オーストリアの戦争被害は全国にわたってひどいものであったが、オーストリア工業の建物被害のうち七〇%は、ニーダー・オーストリア州のものであったからだった。銑鉄の生産能力は、一九三七年が年産三八万九〇〇〇トンであったのに対して、四六年にはすでに一六〇万トンになっている。[45]第一次大戦後（一九二〇〜二四年）の経済成長率が七・五%であったのに、第二次大戦後（一九四六〜五〇年）の成長率は一七%の高い記録を達成する。[46]一九五〇年の国民総生産高はすでに、一九三七年や夢の年といわれた一九一三年の水準も上まわっていた。オーストリアの経済は、第一次大戦前の成長軌道にもどっていたのである。戦間期や戦後期の長い危機は終わっていた。

一九四五年の時点ではどんな大胆な夢ですら、こうした未来を予想してはいなかったであろう。当時のオーストリアは、外国の手で餓死から守られていた。――この点も占領期の忘れがちな局面の一つである。人びとの当時の生活感情をたぶん的確に表現していたのは、連邦首相レーオポルト・フィーグルの有名なクリスマス・メッセージであったろう。「わたしは、国民の皆さんにクリスマスにあたって何も与えることができません。皆さんがクリスマス・ツリーをおもちだったにしても、そのツリー用のロウソクも与えることができず、一切れのパンも、暖をとるための石炭も、窓に嵌めるガラスもプレゼントできません。……我われは何ももっていないのです。わたしは皆さんにただお願いするだけです。こんなオーストリアでも信じてください、と」。[47] しばしば絶望からむりやり取りつけたにせよ、ある程度の建設精神はあったし、国際的にも有利な大枠の条件はあった。「ブレトン・ウッズ体制」〔一九四四年七月、世界四四カ国が、アメリカのニュー・ハンプシャー州のブレトン・ウッズに集まって、通貨と経済に関する会議を開いた。この協定で、国際通貨基金と世界銀行の設立が決められた〕——世界経済政策の新秩序——が、遠い将来の目標として自由市場をめざしていて、ドルを主軸通貨と定め、国際通貨基金と世界銀行とによって為替レートの安定を実現しようとしたのである。[48] たしかにこれらは、資本主義そのものであったし、アメリカの経済利害にそったものであることもはっきりしていた。だが、長期的にみると、このモデルが成果をあげたことがわかる。このモデルからオーストリアに関する西側の経済目標も導きだされた。その目標とは、この小さな国を自由貿易的な世界経済にふたたび組み入れることであり、そのための諸前提を安定したデモクラシーによりつくりださせようとしたのである。

もっとも、一九四五年の時点では、そうした目標からなおはるか遠い状態にあった。まず緊急に輸送問題や——その解決も同じく占領軍の助力なしには難しい——、各占領地区間にくすぶる経済戦争を克服し、国内市場を再構築しなければならなかった。それに、戦争中に増幅したインフレゆえに、巨大な通貨量が「威嚇的な雲のように小規模な物資流通」[49] の上を覆っていた。この「雲」は、一九三七年の一六億レンテン・マルクに対して、九〇億レンテン・マルクにも達していた。[50] 物資の統制を続行し、賃金=物価の抑制を堅持するしか道はなかった。通貨量は、さまざまな過剰通貨引き上げ措置によって縮小されていった——一九四五年七月の「窓口規制(Schaltergesetz)」——、一九四五年一一月のシリング法、一九四七年末の通貨保護法。[51] 二〇世紀において、オーストリアが貯蓄残高を失ったのは二度目のことであった。

いつものように、市場の「管理統制」となると、そのかたわらに巨大な黒く灰色の市場が生まれるが、この市

協定を結んでのインフレーション（1947～1951年）

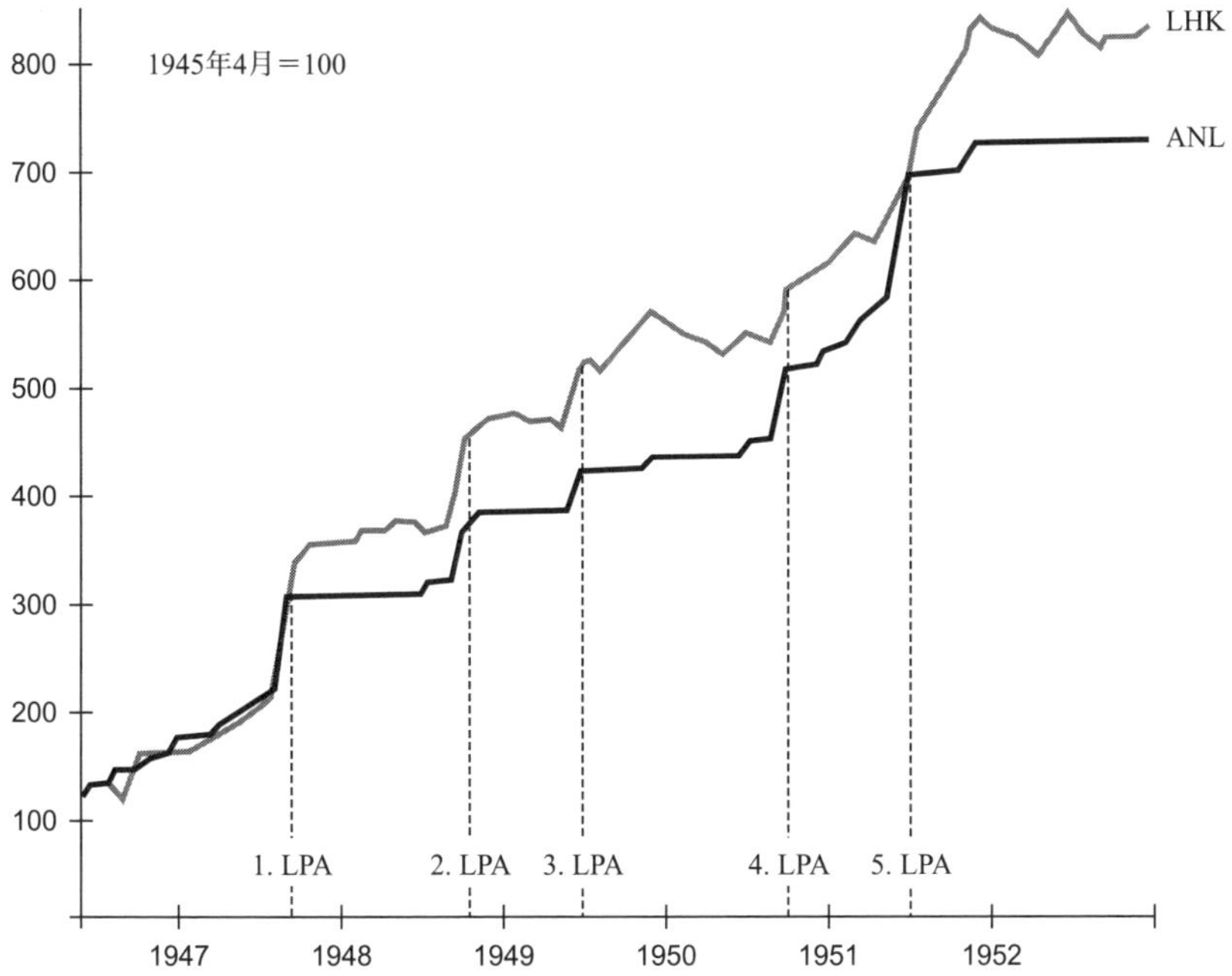


LHK＝ウィーンにおける四人家族労働者家庭の通常消費パターン
ANL＝税金、社会保険料、労働組合費を差し引いた後の、ウィーンにおける労働者の手取り賃金
LPA＝賃金＝物価協定

カール・バッヒンガー／ヘルベルト・マティス『オーストリア・シリング』（Karl *Bachinger*/Herbert *Matis,* Der österreichische Schilling）グラーツ、1974刊）219頁

場の取り締りは、民主主義社会では独裁体制下ほど厳しくはやれないものだった。誰もがこのヤミ市場を利用したが、そこでの物価は、公的市場よりも二六〇倍も高かった。[52] 山師的な人物は、一気に百万長者になることもできた。こうした点でも、二つの戦後期は似通ったものだった。自由市場の「パイオニア」であり、憎悪の対象人物でもあるヤミ商人の出現である。ヤミ市場の象徴であるウィーンのレッセル広場に如才なくエレガントな詐欺師がデラックスなリムジンで乗りつける。そのかたわらでは絶望的になった年金生活者が、タバコの吸殻を拾い集めていた。一九四七年の通貨改革のあと、ためこまれていた物資が急激に店にでまわるようになる。金融引き締めがつよまると、売手側がふたたび愛想のよい顔をみせるようになった、とアメリカの外交官マーチン・ハーツが巧みな観察記録を残している。[53]

それでも、二つの戦後期を区別する決定的なファクターがある。労働組合指導者たちの解釈では、第一共和制の賃金の物価スライド制が否定的な例として記憶されていた。つまりこの制度が超インフレーションを招き、結局はブルジョアジーの影響力を強固にしてしまった、[54] とされる。第一共和制時代とはまったく対照的に、労働組合指導者たちは一つのモットーに賭けた。そのモットーをオーストリア労働組合連盟（ÖGB）の委員長ヨーハン・ベーム（一八八六―一九五九）〔オーストリア労働総同盟の議長、社会パートナーシップの主要な担い手の一人〕は、「我われはより多く消費する前に、より多く生産しなければならない」、[55] と述べていた。経済史家のフリッツ・ウェーバーがこのモットーを評してこう言っている。「オーストリアの被雇用者たちは、二重の意味で再建の重荷を担った。つまり一つには、およそ最悪の食料事情のもとで肉体的な労働に従事したことによって、二つ目は、労働組合連盟の指導的な人物たちの同意のもとに被雇用者に課せられた賃上げ断念の強制によってである」、[56] と。当時のデータが示しているように一九四七年から五一年の時期の賃金は、物価の後追いをしていた。それでいて投資率の実際は、計画どおり上昇している。それは、第一共和制の経済的に最良の年の一九二九年で一〇％だったのに対して、一九四八年にはすでに一四％、五二年には二一％にもなっていたのである。[57]

この大きな断念を労働組合指導部は、下部の労働者たちのもとで貫徹しなければならなかった。そのためには、大連立による政府政策に対するかれら指導部の影響力に信憑性をもたせなければならない。また、そのためには、社会党と国民党との間にくすぶる不信感を、あらゆる次元にわたるポストの比例配分原則の助けを借りて静める必要があった。こうして第二共和制のグランドデザインは、戦後最初の数年間で決まっていたのである。すなわち、「社会パートナーシップ」であった。オーストリアで一八九〇年代に始まった資本主義の組織化が、一九四〇年代の後半になって新しい形をとるようになった。すなわち「緑のテーブルにおける階級闘争（Klassenkampf am grünen Tisch）」[58]（「緑のテーブルで協議する」とは「実際の状況を配慮せずに机上の論理を展開する」という意味で使われるが、ここでは「妥協的な労使の戦い」を言っているのだろう）というものだった。資本と労働との歴史的な妥協が機能しうるには、共通の目標というものが打ちたてられねばならなかった。その共通目標が、一九二〇／二九年の憲法を基盤にした民主主義的な法治国家であり、経済の成長、完全雇用、物価の安定といった要素をもつ市場経済の建設であり、社会政策と、特殊オーストリア的なもの、つまり広範な国有化部門の樹立であった。「社会主義」という遠方にかすんで見える像は、社会党の手で日曜の演説用に留めおかれた。企業家側の態度も戦後当初の数年間は「穏やかで譲歩的なもの」（オイゲン・マルガレータ）であった。

こうした歴史的な妥協の試みは、オーストリアの歴史のなかで決して新しいものではない。記憶にあるものでは、君主政体最後の二〇年間のいくつかの初歩的なもの、第一次大戦中や、第一共和制の初期段階のもの、一九三〇年のスタート・ミスで頓挫した経済会議、そして最後には「身分制国家」におけるゆがんだ調整形態などがある。[59] ところが今度は突破し実現したのである。突破実現のためには、三つの組織的前提が不可欠であった。一つは、利害組織の高度な中央集権化と集約化であり――統一的な労働組合連盟、産業界の連邦会議所、農業会議所の会長会議、労働者会議所会議――、二つ目は政党と利害代表者との密接な関係と、それをとおしての政府と利害代表者たちの緊密な関係、三つ目は経済計画的な要素の採用であった。一九四五年以来財産保証と経済計画のための連邦省があって、正体の怪しげな国民党の政治家ペーター・クラウラント博士（一九〇三―一九八五）が指揮をとっていた。[60]二八歳の女性のマルガレーテ・オッティリンガー博士（一九一九―一九九二）が、この省の計画部門とそれに付属の借款運用中央委員会を担当していた〔ロシア軍に逮捕され、二五年間の禁固刑に処せられるが、五五年に釈放される〕。彼女の個人的な運命には、状況全体の不安定さを注目させるものがある。一九四八年彼女はスパイの嫌疑でロシア軍に逮捕され――この年だけでほかに三〇〇名のオーストリア人が同じく逮捕された――ソビエトの「収容所列島」での長く辛い歳月にわたって姿を消すことになる。[61]

社会パートナーシップの始まりの核心として、一九四七年には経済委員会が設立され、政府の審議委員会の役をはたすことになった。この委員会により、一九四七年から五一年にわたる五カ年の物価・賃金協定の発案が練られ、この協定がオーストリア再建の社会経済的な骨格となった。こうしたオーストリア的方式が決して反発を招くことなく実現したわけでないこと、また労働組合指導部の大きな断念が下部で反乱を誘発したことは、一九四七年の飢餓デモと五〇年の危機的な一〇月ストライキが実証している。なるほど共産主義者たちは、一九四五年以降国家レベルの政治ではほとんど影響力を失っていたが、企業の次元ではまだしっかりした基盤をもっていた。なんのかんのいってもコミュニストたちは、大企業の「事業所委員会（Betriebsrat）」〔被雇用者のみから構成される委員会で、従業員の要求・利益を代表して、経営者側とわたりあう組織のこと〕の三分の一を占めていたのである。[62]企業現場の日常では、社会主義者と共産主義者との間で激しい闘いが、公然と進められていた。オーストリアの社会民主主義が、統一戦線という全体主義的な誘惑に――他のソビエト占領下の国々とは違って――屈しなかったのは、まさに世界政治的な意義をもつことであった。逆に労働組合指導部は、一九五〇年の一〇月ストライキの際、反発する共産主義系労働者たちに、ムチを用いて大きな断念を受け入れさせようとしたのである。

オーストリアの経済は、ナチズムの経済政策が重工業重視の方針をとおして前もって切り拓いていたレールの上にあった。けれども、資本と労働と国家という三つの関係が根本から変わった。伝統的なオーストリアの国益最優先思想（Etatismus）が、一九四六／四七年の国有化によって社会のなかにさらにいっそう浸透したのである。大部分の経済ブルジョアジーが長期にわたって力を失った。第二次大戦後の状況は、第一次大戦後より恵まれていた。すなわち資本の不足、企業家階層の崩壊、大規模なドイツ資産などがあって、基幹産業の国有化こそオーストリア経済再建の唯一の可能性だと周知徹底させてくれたのである。このうち企業家階層の崩壊についていえば、一部はナチズム支配と深く絡んでいたこともあって、自分の企業を放りだし西側に逃げてしまったのである――一九四五年には六〇〇〇の企業のためにおおやけの管理人を配備しなければならなかった。[63] 東欧だけでなく、西ヨーロッパでもこの時期国有化が行なわれた。オーストリア社会党は、戦前時代の国有化構想をふたたびもちだすことができたが、国民党にとってはそうした跳躍はより困難であった。けれどもカトリックの伝統も、特定領域の国営化を完全に容認していた。それなのに、国民党内のリベラル派がかなり弱体であったので、結局問題の決め手となったのは、ドイツ資産をめぐるソビエトとの競争という事情であった。だからユーリウス・ラープのような実用主義者も回顧のなかでこう確認せざるをえなかった。「当時は私的な経営では、基幹産業をふたたび軌道にのせるに必要な巨額の資金を調達することはできなかったろう」[64]、と。

それだから政党間の争いは、たんに国有化の規模にかかわることであって、社会党はより多くの国有化を望み、国民党はより少なくなるよう欲した。だが両政党とも、ドイツ資産にかかわるソビエトの圧力下に置かれていたので、一九四六年七月二六日の最初の国有化法案は、全会一致で決議された。ためらっていた共産党まで賛成せざるをえなかった。よりによってソビエト連邦が国有化に抗議するなんて、ほんとうにすこぶる珍妙なことだった〔法案の審議に先立ってフィーグル首相がソビエト側の抗議文を議会で読み上げた。ソビエトの手に移っている企業の国有化を断念するよう求める内容のものだった〕。ソビエトにとって、自国の経済的な利害という下着の方が、イデオロギーという上着より大事なことは、当然のことらしかった。国民党は、企業共同組合――従業員の企業資本への参加――に関する法律でも譲歩する。プロレタリアートの脱プロレタリア化という旧来のカトリックの夢が、労働者が共同所有者になるという形で実現するはずであった。ところが社会党がこの法案をつぶしてしまう。法案は反故にされたままだった。「経済デモクラシー」という理念が、「企業共同組合」という理念と対峙しあっていた。[65]

七〇の企業と三つのオーストリア最大の銀行が国有化された。五〇年代の初め、国有化部門は、雇用全体の二二%、価値生産の四分の一を担うことになった。[66] しかし国有化された企業は、決して国の計画を押しつけられるのではなく、私的資本主義的に、株式会社として運営されるものであり、ただ、四つの計画構成の形で――石炭、電気、鉄鋼と金属物資に対する――計画大綱が存在していたにすぎない。国有企業はそのあと再建の牽引車となり、基本物資に関するかれらの低価格政策は、私的な企業部門の発展を助けることになった。同時に厳格な政党比例配分のための広範な分野が開けることになり、新たな企業家タイプ、つまり「党役員＝企業家」の誕生となったのである。

法のいう国有化と歴史的現実としての国有化では、一九五五年までに大きな開きが生じた。ソビエトの抗議を大胆に無視したにもかかわらず、オーストリア議会はドイツ資産をめぐる競争に負けてしまっていた。ドイツ資産の何が問題だったのだろうか？　列強は（四五年夏の）ポツダム会談で、オーストリアが賠償金を支払う必要はないが、ドイツ資産はそれぞれの地域の占領軍のものになる、と決めていた。[67] この問題は当座たいしたことがないようにみえた。ところが、ヨーロッパ中のドイツ資産の六二%がオーストリアに置かれていることが判明すると、問題の次元があらわになってきた。[68] ところで何を「ドイツ資産」というのだろうか。オーストリアは制限的な論拠にたって、一九三八年時にドイツの手中にあったものすべてと言い、ソビエトは拡張的な論拠にたって、一九四五年時に「ドイツのもの」と言われた一切だという。すなわちソビエトの主張は、がっちりとしたナチズムの工業化も含め、さらに圧力あるいは約束によって、またアーリア化によって、ドイツ資本の手中にはいったもの一切だというのだ。力をもっていたのはソビエトなので、かれらの主張がとおることになった。七〇の国有企業のうち、二一九の企業が悪評高い「指令第一七号」にもとづきソビエト連邦の所有するところとなった〔一九四六年七月ソビエト高等弁務官クラーゾフ将軍によって出されたもので、ソビエト占領地区にあるドイツ資産を占領軍に引き渡すよう命じていた。この指令により、一四億三〇〇〇万シリングと見積もられていたドイツ資産のうち、七億三一〇〇万シリングがソビエト軍のものとなった」。そのなかには、マルフェヘルトの油田地帯〔ウィーンの東方二〇キロ位のところ〕もはいっていた。それは当時とにかくヨーロッパで第二の規模をほこる石油産出量の油田だった。[69] 他面で想起する必要があるのは、オーストリアで経済的な手ひどい痛手と感じられたものが、ソビエトの目からすると、第二次大戦中に破壊されたロシア資本財の埋め合わせなのであった。最近の研究の算定によると、一〇年にわたる占領の間に二〇億ドルから二五億ドルの密かな賠償額がオーストリアからソビエト連邦に流れた、という。[70]

西側列強が自分たちの取り分のドイツ資産をオーストリアの管理に委ねたのに対して、ソビエト連邦は、最終的に手中にした三〇〇の企業をもとに東部オーストリアで独自の経済帝国を築いていった。それが「東部オーストリアにおけるソビエト資産の管理機関」（USIA）である。この強力な連合体は、五〇年時で約四万人の従業員を抱えていて、オーストリアの法律の枠外で活動し、オーストリア共産党の力の中心的基盤となり、二〇〇〇人もの武装した工場保安要員がいて、即座に動員をかけることもできた。小売業でつくりあげた販売網により安価な値段で、土地の小売店（「庶民のためのマーシャル・プラン」）と競いあった。上からの密かな宣伝と下からの公然たるボイコットの挟み打ちにあって、「USIA」系の商店は孤立してしまった。そうした店で買い物をするのは恥とみられたのである。[71]

社会的にも共産主義とは一線を画すことで、「マーシャル・プラン」においても、その経済的な影響が顕著にみられるようになっていく。国内での資本と労働との大きなコンセンサスの貫徹には、外国から経済的な支援があってこそ可能なのであった。ドイツでは「マーシャル・プラン」の経済的＝戦略的な意義について活発な論議がみられるが、オーストリアの場合誰もが意見は一致している。つまり「ヨーロッパ復興計画（European Recovery Programm）」の資材がなかったら、オーストリア経済のあれほど急速な復興はなかったろう、というのである。結局のところ、オーストリアは一人あたり一三七ドルの外国援助をうけたの対して、のちの西ドイツとなる地区ではそれが一九ドルでしかなかった。[72]

初めに言っておかねばならないのは、一九四六／四七年の飢餓と寒さの厳しい冬のことであり、再建を非常な危険に晒した一九四七年の麻痺的な危機である。四六年時のオーストリアは、公式の食料品の配給の六〇％を「連合国救済復興機関」（UNRRA、アンラ）からの供給品で賄わねばならなかったし、ひきつづき国際機関による援助がなかったなら、この国は生き延びることができなかったのである。[73]もっとも「マーシャル・プラン」にはもっと野心的な目標があった。すなわち一つには、西ヨーロッパの経済的な再建と政治的な安定をはかることであり、オーストリアにとっては、西側経済体制への組み入れということであった。二つ目は、アメリカの生産方式や運営方法を、西ヨーロッパの経済的政治的な統合をめざして取り入れることであった。三つ目は、そこから共産主義の抑止につなげることであり、四つ目は、自助努力のための支援であって、この点はその後西ヨーロッパの経済政策に対するアメリカの影響力をかなり拡大することになった。

これは核心ではたしかに、資本主義の安定をはかることであった。しかし、共産主義者たちの悲壮感をもってまくし立てる宣伝とは違って、それは「オーストリアの奴隷化でも植民地化」でも決してなかった。[74]というのも今や一般世論において、物を与える実直な「アメリカ人サンタクロース」と、物を奪う意地悪な「ロシア人クランプス（Krampus）」〔悪魔の姿をしたサンタクロースの従者であって、悪いことをする子どもたちをムチで罰して歩くと言われている〕という像が最終的に確立したのである。しかし、一九四七／四八年頃のオーストリアの状況は、ことのほか危機的であった。オーストリアは、複数の国によって占領された国としては、「マーシャル・プラン」の資金を受けとった唯一の国であった。アメリカの金が政治的な分割につながるのだろうか？　ソビエト連邦とそのいいなりのオーストリア共産党は、声をかぎりに非難したが、具体的な行動にはでなかった。

「マーシャル・プラン」は、オーストリアの戦後経済の離陸を促すことになった。生産のために消費をあとまわしにするというすでに始まっていた傾向がつよまり、商品の流れが東ヨーロッパから西ヨーロッパに向かうようになり、オーストリア国内での東＝西関係がさらに西部に有利に変化していく。国民の五〇％を抱える西部地区が「ヨーロッパ復興基金」の援助資金の八一％をえていたのに対して、（ソビエト占領地区の）東部オーストリアは、（ソビエトへの）秘密の「賠償金」を支払わされていた。[75] アメリカ人はさいさんオーストリアの伝統については悪口をいっていたけれど、国益最優先的なオーストリアの企業家気質が「マーシャル・プラン」の枠のなかで、真の凱歌をあげていった。[76] 一九四五年から五五年にかけての外国援助の規模は一六億ドルに達し、第一次大戦後の支援の四倍になっていた。けれども、第一共和制時代とは違って、「ヨーロッパ経済復興基金」の資金の五二％は企業投資、第一に電気産業（カプルーン発電所）、ついで国有化産業部門に投じられた。工業部門の純価値生産は、三七％（一九三七年）から四七％（五二年）へと増加する。[77]

中庭における臨時焚き出し所、ウィーン、1945 年

こうしてみるかぎり「マーシャル・プラン」の成功の物語である。この成功も、一九四五年から四八年の間の国民の政治的メンタリティーをこの成功と突きあわせてみれば、実際にはっきりする。一九四五年の末アメリカ側のある秘密報告は、顔を曇らせながら、次のように確認せざるをえなかった。つまりオーストリア人には、希望も、独立した将来への信頼もみられない。デモクラシーのおおやけの威信は僅かであり、[78] 少し大げさにいうなら、国民の気分はカロリー量の増減に左右されている、と。一九四六／四七年には落ちこみもどん底となる。地方警察官の報告からも気分の落ちこみを正確にたどることができよう。一九四六年一〇月の状況報告では、住民はひもじい思

いの運命にあい、気分はすっかり滅入っている、となっていた。ザルツブルクの労働者会議所の報告でも、「無気力な状態、兆し始めた絶望、見放されたというますますつよまる感情が、徐々に労働者階級に広がっており、不機嫌、立腹、憤慨の言動とならんで、改善の必要ある事態の変革は、過激な手段に訴えてでもはたそうという声が大きくなりつつある」[79]、と。ある主婦は一九四六年の春と夏の日記にこう書いている。「わたしたちに対する配給は、すでに強制収容所の水準にまでなった。……いたるところで悪い方向に向かっていて、多くの人たちが国外に移住したがっている。当地での将来への展望が非常に惨めだからである」[80]。食料危機は、国民の底辺における政治体制の危機につながっていた。かつてのナチ連中のしきりに口にすることが、ふたたび共感をうるようになる。すなわち、デモクラシーでない方がはるかにうまくいったし、政府は機能麻痺に陥っている、というのだ。他面では、「とくに労働者たちが、経済事情を全面的に安定させるには共産主義を甘受してもよい、という気構えになっており、そうすれば今ある物資のもっと公平な分配も期待できる」[81]、というのである。まだか弱い新生民主主義の危機は歴然としていた。すでに次のような駄洒落が広まっていた——メッテルニヒ時代の伝統にそって警察は駄洒落も報告している。——オーストリアは将来暗くなるだろう。なぜか？　隣の国々に没落をみられないようにするためである[82]、と。

「マーシャル・プラン」によって初めて希望が芽生えてきたのである。それは当座動員効果がある資金投与などではなくて、大きくて力のあるアメリカが見捨てはしないという期待であった。実際すでに一九四八年には経済状況が安定し、国民の気分も目にみえてよくなった。不安がっていた前掲の主婦が、一九四八年三月三一日の日記に書いている。「今ではすでに家のきりもりに必要なあらゆる品物が手にはいる、下着も上着も出まわるようになった」[83]、と。

成功した再建という見方に立つと、ややもすると視点の歪みを招きがちになる。一九四六／四七年の危機が示しているように、解放から民主主義の確立への道は決してストレートな経過をたどったのではなく、他の選択肢もありえたのである。結局は多元主義的、民主主義的な体制の安定化は、経済成長の安定化にかかっていたのである。

## 第四節　フィーグル政府と占領時代の強制圧力

カール・レナーのあとを継いだのがレーオポルト・フィーグル（一九〇二―一九六五）である。かれは、ハンス・モーザァ（一八八〇―一九六四）〔映画俳優として活躍ののち、二二年から映画監督として人気を博す。『ユダヤ人のいない町』、『ブルク劇場』、『ウィーン物語』など〕の映画から抜けでてきたような典型的なオーストリア人タイプであって、ナチズム時代の軍人的なけばけばしさとはまったく対照的な人物だった。エンゲルベルト・ドルフースと同様、フィーグルも農民階級の出であり、生涯田舎の民衆文化から離れられなかった。敬虔で農民的な抜け目のなさがあったフィーグルは、一九三八年四月一日の最初の移送で送りこまれたダッハウ強制収容所で粘りづよさを身につけ、個人的な勇気を発揮する。かれにとってロシア人は事実上自分の解放者であった――そうしたことも、ロシア軍を相手に、フィーグルがへりくだった図太さの戦術を行使してわたりあう妨げとはならなかった。ダッハウ強制収容所でうけた殴打で、かれは犠牲者側となった。その後じじつフィーグルは確信をもって、「ドイツによるオーストリア占領」をいうようになる。かれの愛国主義は、ごく自然で非イデオロギー的なものだったが、またあまり知性的でもなかった。政治の専門家という点になると、それはフィーグルには生涯無縁のものだった。かれが好んだのは、ホイリゲ・レストラン的集会の政治だった。墓碑銘に刻まれた生涯追悼の言葉が称賛しながら確認しているように、「なぜならかれは、オーストリアのために飲んだからである」。[84]

かれは、即興的にことにあたる人であった。オーストリアの格言の「共存共栄（Leben und leben lassen）」〔ほんらい他人に干渉せず、他人からも干渉されずに暮らす、という意味〕を国内政治にも国際政治にも適用する。[85] それは、国内政治では、社会党との提携であり、国際政治ではどの占領軍の機嫌も損ねないでやるが、明確な西側優先政策の堅持であった。オーストリアは、東／西抗争の境界線上に位置していて、激しさを増す冷戦により大きな試練に晒される。ハンガリー（一九四七年）、チェコスロヴァキア（一九四八年）で共産主義勢力が権力を握った。オーストリアが次の番なのだろうか？　オーストリアの分割があるのだろうか？

とりあえず、一九四六年六月二八日の第二次管理協定により、オーストリア政府の裁量余地がはっきり広げられ、細かな法律に対する連合国側の一般的な異議権が廃止となり、徐々にオーストリアは、占領軍の対象から事実上若輩のパートナーになっていった。[86] けれども問題はあいかわらず残っていた。

残っていたのは、国境の未画定という外交問題であった。一九一八年後と同様、ユーゴスラヴィアは、南シュタイヤーマルク、南ケルンテン、とりわけクラーゲンフルトに対する領有権を主張していた。オーストリアは激しく抵抗する。その後一九四八年六月にスターリン（一八七九―一九五三）とチトー（一八九二―一九八〇）との仲違いが起こると、ユーゴスラヴィアは強力な代弁者を失い、要求も沙汰止みになってしまった。[87] しかし、マイノリティー保護の問題が未解決のまま残った。さしあたりケルンテン州は、一九四五年一〇月三日の暫定的な学校法によりスロヴェニア語の授業に関して度量のある態度を示した。もっとも五〇年代初めには、「独立者連盟」〔元ナチたちが、政治活動の禁止を解かれたあと、結成したもので、現在の自由党につながる政党〕の煽動に焚きつけられて雰囲気が厳しさをいっそう増すことになった。ケルンテン州議会の事務局長が一九五二年の各党間の協議の際に述べた見解のように、「ケルンテンのスロヴェニア人は永久に救済不可能」[88] なのであった。

フィーグルもいうように、「すべてのオーストリア人の心にかかる事柄」にまでなっていたのが、南チロルの返還問題であった。派手なデモや、「イエスの愛の誓約」の巡礼や修復などによる民族文化の動員など、広範なアジテーションにより、幻想の雰囲気がつくりだされた。それだけに、一九四六年パリの外相会議で、南チロルはイタリア帰属のままにすると決まると、この件の現実的な着地はいっそう厳しいものとなった。それはたしかに西側列強も認めるように、民族的には不当なことであったが、それら列強にとっては、次元を越えた政治的な観点の方がより重要であった。冷戦の複合状況が南チロルの運命をも決めたのである。つまり、イタリアを共産主義から護る必要があり、ユーゴスラヴィアでイタリアが失った代償を確保してやろう、というのである。最近の研究が明らかにしたところでは、チロル出身で、じつに感情的な外務大臣カール・グルーバーが行なったオール・オワ・ナッシングの政策が戦術的にかならずしも賢明でなかったというのである。選択の余地のある立場という配慮がなさすぎたというのだ。最終的には西側列強の圧力下に四六年の「グルーバー＝デ・ガスペリ協定」となり、この協定により、南チロル人たちにある程度の自治が保証された。数十年が経過するうちに、南チロルの人たちは、ヨーロッパでもっともよく保護されたマイノリティーとなっていった。[89]

しかし問題の本命は、待ち焦がれている占領状態の終結であった。一九四七年ロンドンで「国家条約」に関する協議が始まる。——国家条約（Staatsvertrag）とはオーストリア人が口にする言い方であって、サン・ジェルマンの国家条約にひっかけたものであり、オーストリアが交戦国でなかったという印として使いたがるものであった。連続して会議が二六〇回もたれた。たくさんの幻滅を忍ばねばならなかったが、粘りづよい楽観主義の必要なこともわかった。世論は、国家条約を妨げているのはもっぱらロシアだという像をつくりあげていたが、責任をともかく西側にも求めようとしないでは、誠実な歴史記述を損なうことになってしまうだろう。[90]オーストリアの地政学的な位置によりこの国は、今や冷戦の交渉対象になってしまった。ソビエトは、自由になったオーストリアが西側の影響圏に陥るのを恐れ、アメリカは、自由になったオーストリアが東側の影響圏にはいるのではないかと恐れた。一九四七年のモスクワにおける協議で外相グルーバーは、かなり大幅な思い切った態度にでる——その当時のグルーバーにとっては、まずい条約でもないよりましであった。——これに対して、オーストリア自身の一部や、とりわけ西側列強では、まずい条約ならない方がよい、という意見が支配的であった。アンケートによると、オーストリア人の六〇%から八〇%がいかなる犠牲を払っても条約を、ということに反対であった。[91]

ロシア側の資料文書が公開されれば、きっとたくさんの新たな認識がえられることだろうが、とりあえず状況は次のような図であった。すなわち、ソビエトがめざしていたのは、占領の継続でもなければ、オーストリアの分割でもなかった。オーストリアは、ソビエト連邦が経済上できるだけ多くのものをせしめようとする、冷戦のなかの駆け引き材料であった。それだから、ドイツの資産問題が決定的な問題となったのでもあるが、そのドイツ資産はすでにソビエトの手中にあった。それに対応する戦術として金銭的な償還という考えも浮上する。だがソビエトは、軍の撤退後もオーストリアに地歩を維持したいし、またマルヒフェルト油田も完全には手放したくなかった。その問題は、西側の経済利害に触れるだけでなく、ドアのなかにある片足はたやすくドアを蹴破りかねないのを人びとは恐れたのである。

現実の利害も一つの要件なら、浮遊しだした敵の像もまたもう一つの要件であった。冷戦はとても感情的な敵の像をつくりだしていた。一方の共産主義も、他方の資本主義も悪以外の何ものでもなかった。募る不安、危険な敵=味方図式が人びとをたやすく盲目にし、それどころか、西側の民主主義的な政治文化までも歪めかねなくなる。[92]（たとえば）いわゆる「フィーグル=フィッシャー事件」がある〔一九四七年六月五日、首相フィーグルと、共産党の有力国会議員フィッシャーとが秘密裡に会談する。これを知った外相のグルーバーが、ただちにアメリカ側に伝える。内閣改造をして親米派の閣僚を切らないかぎり、ソビエトは折から交渉中の国家条約を認めるつもりはないと、フィッシャーが言ったとか、いろいろな情報がみだれとんだ。折から隣国ハンガリーでは、穏健派のナジ首相がソビエトの圧力で退陣に追いこまれ、西側では「マーシャル・プラン」が打ちだされたときだった。それゆえに、この事件はいろいろな憶測をよび、波紋を広げた〕。それは、一つはユーリウス・ラープとエルンスト・フィッシャー（一八九九—一九七二）間で、もう一つはレーオポルト・フィーグルとフィッシャーとの間で一九四七年に行なわれた私的な会話が、オーストリアの東方傾斜がつよまったという噂の事例をみても、いかに情動的なものが冷静な政治的考量を掘り崩してしまうかがよくわかるであろう。蚊帳の外に置かれて苛立ったグルーバーが会話をぶちこわしにかかった。形からみると、政府首脳と議会に代表を送っている政党とが政治の基本路線に関して話し合いをしたにすぎないものだったが、それが冷戦の目でみるといわば「国家反逆罪」にみえるのだった。[93] 共産主義者は話の相手ではなく戦う相手にしなければならない、というのである。もっとも、忘れてならないのは、ソビエト化という東側のモデルは、威嚇的な黒い影としてそのつど眼前にあったことである。一九四八年のベルリン危機、隣国チェコスロヴァキアにおける共産主義政権の登場など、信頼をもたらすどころではなかった。最後には一九四八年の一一月一五日にオーストリア共産党が政権奪取の反乱を起こす計画があるという噂が広まった。デッチあげにせよ、ほんとうのことにせよ、さらに混乱を助長することとなった。[94]

それから、国家条約をブロックするような問題がさらに持ち上がる。つまりオーストリアが、自前の軍事力なしに自国の独立をほんとうに守れるのだろうか、というものだった。「安全の隙間」は西側を不安にし、オーストリアを西側の安全条約のなかに組みこもうとする考えを誘発したが、それは他方でソビエトにとってはまったく受け入れがたいことだった。交渉はつづけられ、東西間の糸が完全に切れたわけではなかったが、国家条約の締結にはいたらなかった。かなりのオーストリア人、とりわけ西部のオーストリア人たちは、国境内のロシア人や企業のなかの不気味な共産主義者より、国に駐留するアメリカ人の方がましと考えていた。

「共存共栄」という処世術は、戦争とそれにつづく政治的激動によりオーストリアに押し寄せてきた人びとの群れにはほとんど通用しなかった。難民問題の巨大な次元は、おそらくどんな国民にとっても重すぎる負担であったろう。一九四五年の時点でオーストリアには、異国語系一〇〇万人、ドイツ語系六〇万人の追放流民が暮らしていて、「ファシスト」だった人や「反ファシスト」だった人など、色とりどりの混在となっていた。異国語系の難民が「アンラ」の支援を受けていた（たいはんが、土地のオーストリア住民より恵まれていたほどであっ

1947年11月、ウィーン南駅に到着したロシア捕虜収容所からの帰還兵たち

た）のに対して、ドイツ語系難民（外国籍ではあるが民族的にはドイツ人）のことは、オーストリア当局の手に委ねられていた。たいはんの追放流民が自発的にあるいは強制的に早々とオーストリアから去っていった。コサック兵やクロアチア人の場合はイギリス軍の手で本国に強制送還されたが、それは当人たちの多くにとって死を意味していた。一九四七年時でなお、オーストリアには五〇万人の追放流民がいたのである。[95]

さらに、たえず新たな難民の流入がみられた。一九四五年の夏には一〇万人の被追放者の惨めな群れが、チェコスロヴァキアからニーダー・オーストリア州に足取り重くやってきた。[96]一九四六年には難民の第二波がつづくが、東欧のポグロムを恐れて逃げてきた一五万人ものユダヤ人の場合は、様子が異なっていて、かれらはオーストリアを経て密かにパレスチナか他の国に亡命しようとしていた。かれらはアメリカ軍により特別優遇の扱いをうけ、比較的良好な生活支援をされていたので働く必要もなかった。ユダヤ人に対するナチズム犯罪に関するオーストリア人の責任感情には、みるべきものがほとんどなく、むしろ逆であった。ユダヤ人の特別優遇的な扱いが、急速に嫉妬の感情を引き起こし、この感情が外国人憎悪と結びついたり、また潜在的――そして時にはあからさまな――反ユダヤ主義と混ざりあったりした。[97]地方自治体が、「そうした嫉妬感情によりわが国民の風俗習慣が、平然とないがしろにされている」[98]、とこぼしていた。政府は外国人が過度に増えることで、反ユダヤ主義が公然とふたたび活発になるのを恐れた。[99]オーストリア人もユダヤ人と同様、ナチズムの「犠牲者」ということになっていたので、ユダヤ人に対して特別な責任感情が生じなかったのも事実である。「損害補償」問題は引き延ばしにされたし、実行も後年遅れでだらだらとされるか、あるいは全然されずじまいであった。[100]

否定できないのは、追放流民たちは土地ほんらいの住民たちより犯罪に巻きこまれる割合が総じて高かったことである。この点は、事情からして予想できたことである。外国人に占めるユダヤ人の割合は一〇％にすぎなかったけれど、ほどなく油断のならない悪どい稼ぎ手という旧来のユダヤ人像が定着してしまう。実際そうした戦後の動乱の時代では法律の効果などあっちにもこっちにもほとんどなかったし、くわえてオーストリアの警察の装備はひどいものか、全然ない状態であって、占領軍当局によっていたるところで権限行使を阻まれていた。スパイ行為もヤミ商売も大繁盛であった。

研究のあきらかなエアポケットとなっているのは、オーストリア人戦争捕虜の問題である。一九四七年でなおかれらの数は八万人あった。[101]この事実は家庭生活につよく影響していたし、日常生活につらい影を落としていた。それにより、生きていくために女性の能力と創造力とがとくに求められたのである。

## 第五節　非ナチ化措置

かれは皇帝に仕え、第一共和制に仕え、ドルフースに、それからヒトラーに仕え、最後には第二共和制に仕えた。これが几帳面な警察官レーオ・シュースターの一生であった。[102]かれは――俗な言葉がいうところの――「職務に熱心な犬（scharfer Hund）」であって、どんな状況下のものであれ、秩序をつくりだそうと情熱をかたむけた。

当然ながら、かれは、許しがあり上から望まれたものであれば、ナチ党にもはいった。戦争の一時期をかれはプラハで過ごし、そこで豪勢な生活をする。大臣のような事務室をもち、注文の欲しい工場主たちをずらりと並ばせたのである。その後ワイン栽培地方のポイスドルフ〔ウィーンの北方五〇キロ、スロヴァキア国境に近い町〕に派出所所長として転勤になった。かれは法治国家にしたがい、「特別措置国家」〔既存の法律とはまた別に、特別立法により種々の措置施策を実行する統治の進め方を行なう国家のこと〕には不信感をもっていた。そんなわけでかれは、地方のナチの権力者どもとはさかんに衝突する。強制労働者に対する殴打の刑は真っ当だと思うが、土地の女の子と寝たというたったそれだけの罪で、素晴らしい五月の花ざかりの桜の木の下で強制労働者を縛り首にする、そうした処刑を、シュースターはなるほど「見せ物」としては楽しめるが、しかしそれはあきらかに殺人行為だと思った。一九四五年、かれの人生報告にみる言葉によると、「我われの責任でみすみす戦争に負けたあとで」[103]、かれはロシア兵に逮捕され、多くのナチたちと同様清掃作業に駆りだされた。しかし早くも四五年六月にはふたたび近くの村の巡査として勤務するが、四六年一月には、ナチ党に所属していたかどで解雇されてしまう。それは、ひどいショックだった。かれは今さら「情けない思い」だったし、誇り高き警察官であるかれが、農民たちのもとで働かねばならなかった。ただ「秩序」にのみ奉仕してきたかれには、不当な扱いをうけたという思いだった。それは、「法の保護を奪われ、身を護る術もなく」ずるずると不愉快な状態に落ちこんでいくと思っていたたいはんのナチ連中と同じようだった。いつものように個人的なコネに助けられて、一九四八年シュースターはふたたび採用になった。

警察官レーオ・シュースターのような経歴のケースは、多くの人にも当てはまる。一九四五年ナチ政体の犯罪に関する通知がおおやけにひろく伝わったとき、驚愕の一瞬があったが、その驚きも気がかりな再建や、官僚主義的な非ナチ化措置、それに忘れようとする努力などのうちに早々と埋もれてしまった。一九五三年インゲボルク・バッハマン（一九二六―一九七三）〔クラーゲンフルト生まれの叙情詩人〕が苦痛にみちて書いている。

七年後には、
死者の家のなかで、
昨日までの死刑執行人たちが、
金の杯を飲み干している。
お前は目を伏せることになるだろう。[104]

オーストリアは、公式にはヒトラーの最初の犠牲者ということになっていた。ハンス・レーベルト（一九一九―一九九三）〔ワーグナーの作品を得意とするオペラ歌手、オーストリアの抵抗運動に協力、晩年にかれの書いた小説は、地方におけるナチズムの過去に関する沈黙、隠蔽、抑圧などを描きだしている〕に、「沈黙」地帯で忘却に努める様子を描いた『狼肌（*Wolfshaut*）』（一九六〇年）という小説があって、そのなかにこんな箇所がある。「我われ別な者たちは、当時すでにふたたびぐっすり眠れるようになっていた。もっとも、我われには、よく眠れない原因など何もなかったのだ。戦争とそのさまざまな結果も乗り越えたと我われは信じた。国中でふたたび上昇の機運がみられ、好景気すら始まりだしたのである」。[105]「おいらはおいらさ（Mir san mir）」〔他のすべてに勝っていると思いこみながら、他者に関心をもたず自分の殻のなかに閉じこもる心情の表現。オーストリア人にありがちなメンタリティーと言われる〕という原則がまたしても実証されたようにみえた。「一緒にやろうぜ、と強欲な男が言った。いつもちゃんと一緒にやろう！　それが大事であって、それが政治であり、それが商売さ。おいらは昔のおいらであり、おいらはどこまでもおいらなのさ」。[106]

挑発的に問えば、忘却もまた想起とまったく同様、人間の本性の一つではなかろうか？　アウシュヴィッツに関して我われの心をもっとも揺さぶるような本を書いたプリモ・レーヴィ（一九一九―一九八七）〔イタリア生まれのユダヤ人、化学者・作家、アウシュヴィッツからの数少ない生還者、かれの小説『これでも人間か』、『休戦』、『周期律表』などは、強制収容所の実態について書かれたものである」は、『傷の想起（*Das Erinnern der Wunde*）』というエッセイのなかで重要な観察を中心に据えている。「……一瞬の間、あるいは永久にほんらいの記憶をかなぐりすてて、より快適な現実をむりやりつくりあげようと、錨をあげるような人が世界中あちこちにたくさんいる。自分の過去が自分の重荷になるのだ。そういう人たちは、自分のしたことや、また身にうけた行動に嫌悪感を覚えるものだから、そうした行動の代わりに何か別なものを置きたがるのだ。真実と虚偽との区別がだんだんとその輪郭を失っていく。人間というのは結局のところ、自分でしばしば語ってきたし、今なお語りつづける自分の物語だけを、自信たっぷりに信じるのである」。[107]

ここで個人的なケースの事例として描かれているのは、集団にも当てはまる。オーストリアは、犠牲者という快適な「真実」をうまい具合につくりだしたのである。それは、賢明な外交的方策であったし、この理論を抜け目なく練り上げたのは外務省であった。強制収容所の囚人であったレーオポルト・フィーグルが首相として犠牲者という言葉を口にすると、信憑性があるように聞こえた。一九四八年の秋「一一月ポグロム」一〇周年にあたってウィーンのイスラエル文化協会にフィーグルが顔をみせたとき、かれはこう言った。「わたしはオーストリア国民を代表してここに来ております。オーストリア全体がわたしと一緒にこの瞬間頭を垂れております。一〇年前に起こったことを思いだしながら、悲しみと恥ずかしさのなかで頭を垂れているのであります。オーストリアの名誉のためにいうなら、そうした犯罪やおぞましきことのすべては、わが国の国境の向こう側で考えだされ組織されたのだということが、あまりじゅうぶんには想起されていないきらいがありますが、それでも頭を垂れているのであります」。[108] こうした事実のとらえ方が、間違っていることは明らかだった。

倫理的にいうなら、たいはんの同時代人は犯人でも犠牲者でもなしに、傍観者であったし、そして傍観者として無関心の罪を背負いこんでいた[109]（ヘルマン・ブロッホ）のである。けれどもオーストリアでは、そうしたカテゴリーはぐらついてしまう。一九三八年、ナチズム支配の真の犠牲者であるユダヤ人たちがまず人間としての尊厳を奪われ次いで生存権を奪われたときに始まっていたプロセス、そのプロセスが一九四五年後もつづいていたのである。ユダヤ人の代わりにオーストリア人自身が犠牲者の椅子に座り、四〇年代の末には皮肉なことに、元ナチの連中が犠牲者だといわれるようになった。非ナチ化措置の犠牲者だというのである。それから五〇年代の長い沈黙が始まり、その沈黙は八〇年代のなかばになってのちに述べる「ヴァルトハイム事件」でもってようやく破られるのである。

政治文化の次元でいうなら非ナチ化措置は、表37が示すように、大部分が失敗であった。

表37　オーストリア人のコミュニズムおよびナチズムに対する態度（1948年）（%）

| | ウィーン | リンツ | ザルツブルク |
|---|---|---|---|
| コミュニズムに賛成 | 6.1 | 3.0 | 2.6 |
| ナチズムに賛成 | 35.6 | 29.4 | 43.2 |
| どちらでもない | 50.1 | 62.8 | 50.4 |
| 意見なし | 8.2 | 4.8 | 3.8 |

セバスティアン・マイスルほか編『罪の抑圧、償いの失敗。オーストリア 1945−1955 年における非ナチ化措置』（Verdrängte Schuld, verfehlte Sühne. Entnazifizierung in Österreich 1945-1955 [hg.von Sebastian Meissl u.a.]）ウィーン、1986 年刊、77 頁より。

もちろんこの種のアンケートは、方法論的理由をもとに、簡単に批判することもできよう。しかし、大まかな傾向は当たっているといってよいだろう。コミュニズムへの拒絶反応はナチズムに対してよりもはるかにつよかったが、ウィーンと地方でははっきりと差がある。たぶん、ナチズムに〇印をつけた人たちが今でもナチズム信奉者ということではなかろうが、むしろ肯定的な側面が重要視されたのだろう。もっとも、この表はまた違った読み方もできよう。とにかくアンケートに答えた過半数の人たちがコミュニズムもナチズムも拒否している。つまり過半数のオーストリア人はすでにデモクラシーという西側モデルに賭けている。なるほど全体主義は残基として生きつづけているが、支配図式としての魅力は決定的になくなってしまっている。その点からすると歴史家は、非ナチ化措置を失敗とばかり記録すべきではない、ということになるだろう。

この問題はそもそも決着がつくものだろうか？　ある国民を上から、いわば一夜にして民主主義へと教育することなどできることだろうか？　結局のところ可能性は三つだけしかなかった。

一つは、国民の革命的な怒りがナチの連中を、(イタリアであったように)場合によったら盲目的な大虐殺でも行なって一掃する。二つ目は、官僚主義的＝略式的な解決であり、三つ目は、法治国家的＝個々人ごとの処理である。

具体的な状況を考えると、第一と第三の可能性はおそらく問題外であった。そうした国民の怒りなどなかったし、下からの革命などオーストリアの伝統になかった。個別的な解決には一〇年から一五年もの間、裁判所が取りかかることになったろうし(ナチ的でない裁判官を何処からもってくるのか?)、またこの種の解決には、ナチ連中のある程度の罪の自覚が前提になっていたであろう。そんなものなど全然みられなかった。歴史的にいうならナチズムの責任は、程度に差こそあれすべてのオーストリア人にあったし、ナチ党の同志にはとくべつ多くあったことになる。ナチス陣営から罪の自覚の言葉など一つとして声があがらなかったのが、オーストリア的「処理」の特徴であって、聞こえるのはただしきりにぼやく言葉だけであった。特徴的だったのは、逮捕された作家カール・イッチンガー(一八八八－一九四八)〔ドイツ民族主義的で、ナチスの要職についたこともあるオーストリアの作家〕の言葉である。「わたしはいつも真面目に振る舞ってきた。誰からも物を奪わなかったし、誰に何をしたわけでもない。したのはせいぜいよいことだけだ」。[110] こうしてあるのは、あくまで官僚主義的な同一物がさまざまにとる形だけであった。他面でコーベルナウスの森〔ザルツブルクの北東約四〇キロに広がる森〕における大量殺人者のゲオルク・ハミンガーの事例が語っているのは、状況が一部ではどんなに混乱していたかである。この男の一切の「秩序」に対する冷酷な憎悪は、ナチズム政体への憎悪と結びついた。そこでかれは一九四五年時には短期間「抵抗運動家」に化けることができたのだった。[111]

一九四六年までに二つの非ナチ化審理が平行して行われた。一つは、占領軍のもので、とくにアメリカ軍はナチスの役員全部を網羅したとする逮捕者リストを機械的につくって厳しく対応した。もう一つは、ナチス禁止法と戦犯法をもとにしたオーストリア当局の審理である。[112]ナチスの記録リストは、一九四六年までに五〇万人を把握している。[113]そのうちの三分の二が、個人的に自分は積極的な活動をしなかった、と言い張った。それは、「政治的な潔白証明書」に大騒ぎの時代であった。オーストリアにはほとんど「よい人間」しかいないことになった。一九四六年の秋までに五万人が逮捕されるが、[114]処罰と「再教育」には大きな開きがあった。ザルツブルク郊外のグラーゼンバッハのアメリカ軍収容所マークス・オル（オーストリアの地で戦死した最初のアメリカ兵の名をつけたもの）の事例では、そこにときには一万二〇〇〇名の収容者がいたが、精神的な面での「非ナチ化措置」など、あきらかに実行の試みすらなかった。[115]その逆のことが起こっていた。収容所の厳しさが囚人たちを一体化させ、自分たちが「不当」な目にあっているという感情をつよめたのである。ウィーンでは短期間ナチたちには（かつてのユダヤ人の星マークに似て）ハーケンクロイツで傍から識別できるようにしたことがあったが、このやり方では、犯罪者と犠牲者という明確なカテゴリーをいっそう不明瞭にするだけであった。

大戦後当初の数年間、かつてのナチ党員たちは、ハーケンクロイツ（ナチス）の紋章をつけて、労働作業の義務を負わされた

オーストリアの国民裁判所（Volks-gericht）（またしても象徴的な名称変更）では、一三万七〇〇〇件が審理されたが、そのうちの一七%が有罪、その有罪のうち死刑が四三件であった。総数で三万年間分の禁固刑が言い渡された。[116]しばしの間、解雇された者が職業従事者の七・五%、そのうち短期間公職から外された者が一〇万人（従

事者のほぼ三分の一）、経済界から追放された者が七万人であった。[117] 一九四七年までの非ナチ化措置はある程度の厳しさをもって進められたが、その後は徐々に手ぬるいものとなっていった。四七年のナチスに関する法律は、連合軍の干渉があってまだ厳しかったが、すでに広範な拒絶にあっていた。ザルツブルクの警察署長が報告している。「広範な大衆が、ナチスの追求をしだいに不当だと思うようになっている。ナチスのたいはんがなんの法律も犯したわけでないのだし、むしろナチ党員のメンバー資格は、望まれただけでなく、一部要請があってなった場合もあるからだ。それゆえナチスに関する法律は、途方もなく厳しいものと感じられている」。[118]

総括すると以下のようにまとめることができるだろう。

1 非ナチ化措置の最初の段階は、実際にエリート層の入れ換えにつながった。ナチズムに染められた教養市民層は、一時そのポストを失った。住居を明け渡し、臨時雇いや低い地位のポスト要員として働かねばならなかったし、罪滅ぼしの務めをしなければならなかった。

2 しかしたちまち、二つのかち合う目標が平行して登場した。一方に経済的政治的な再建という目標で、それは専門的な人材を必要とした。他方はナチズム根絶という目標で、これはそうした専門的人材の大きな部分を排除することになった。

3 一九四六年以降、冷戦により西側列強とナチズムとの間に、共通の敵の像がふたたび復活した。共産主義という敵の像である。（そこで）西側の秘密情報機関は、ソビエトとの戦いで経験のあるかつてのナチの秘密情報機関（ＳＤ）の職員の確保に走った。オーストリアの場合には、かつてのナチスが反共産主義的な政党にはいっていった。一九四九年の選挙戦のなかで、かつての著名なナチの一人の手になる公開書簡には、こうあった。「一九四五年には軍事的な敗北の結果ナチズムの政治的な体制は永久に崩壊してしまった。かつてのナチズム信奉者たちは、憎悪と中傷との壊滅的なうねりに翻弄され、かれらが例のない理想をもって奉仕した体制の没落に深く動揺させられて、さて何をしたらいいのか、という疑問の前にたたされたものだった」。そこででた答えはこうだった。「ボルシェヴィズムに対する戦いを、基盤は変わったにしても、それでもつづけねばならない」。というのも、西洋文化の救済が大事であり、故郷をマルクス主義から安全に護ることが大事だからである、[119]というのである。

4　一九四八年、ナチズム汚染度軽微の人たちに対する特赦（該当者四八万人）があって、この新たな有権者層をめぐる政党間の競争が始まった。今では政党間の競争圧力は、かつてのナチたちに有利に作用した。各政党は、恩赦の請願の速やかな実現の点で、しのぎをけずることになった。実際には、政党献金をするにあたって、ナチ汚染の疵のある親類縁者のために一肌脱いでくれるようにとの密かな頼みをそえるような形でことがはこんだのだった。一九四九年ナチスは、かなりの自意識をもって政治に登場する。かれらは、一九四九年の選挙で自分たちの票が重要性をもつことを知っていたし、かなり露骨に各政党に脅しをかけ始めたのである。

5　民主主義政治の問題の核心をイギリス上院でロード・シュースター卿はこう言った。すなわち、非ナチ化措置は、地位を追われて、ひたすら復讐のみを考え、ナチズムの潜在力をもちつづけるようなかたくなな人たちをつくりだしはしないだろうか、[120]と。オーストリアの議会でも、この意見には支持があった。「デモクラシーのなかにあって二流の国民が存在する状態を長期にわたって耐えることなどできはしない」、[121]と。実際上の問題を正確に捉えた言葉であった。かつてのナチズム信奉者たちをオーストリア社会のなかに組み入れることが必要になっていた。非ナチ化措置は、少なくとも、イタリアとは違って、公然とファシズム的な政党の結成がなかった点では、成功であった。しかし同時に別な問題が生じた。すなわち、オーストリア政府の公式の反ナチズム的な立場と並んで、ナチズムに密かに理解を示すグレーゾーンが形成されたことである。――ナチズムはそんなに悪くはなかった。たしかに行きすぎた面もあったが、それは戦争だったからだ——そうした密かな理解が、伝統的な諸団体によって支持され、それがナチズム問題図式の真剣な議論をブロックすることになってしまったのである。オーストリアにおいては、「長い五〇年代」にナチズムについて非常に曖昧な形で語られていて、それは西ドイツであったらとっくにスキャンダルになったであろうような語られ方であった。この点で、公式の犠牲者理論と、無理につくられたオーストリア・イデオロギーの弱点があらわになるのである。[122]

# 第三章　長い五〇年代

歴史はカレンダーどおりにはいかない。五〇年代という時期は、一九四七／四九年に始まって一九六〇年代のなかばで終わった。[1] 社会経済的には一九四七年の通貨改革と最初の賃金＝物価協定、そして安定した社会パートナーシップの開始でスタートして、経営にかかわるもろもろの措置の削減で戦後期が終わった。「マーシャル・プラン」が「小さな経済の奇跡」に道を開いた。政治的には一九四八年に、軽微な罪のナチたちに対する特赦でもって非ナチ化措置が事実上沙汰やみとなり、伝統にいう「第三陣営」が政治の世界に復帰した（一九四九年）。冷戦がこの時期全体を外交的に圧迫する。文化的には、戦中・戦後の時代の非常時対応の共同体が解体する。軍事的な敗北と異国の手になる占領により、極端な男性的要素の高揚が消えていき、男女の伝統的な役割の貫徹がふたたびつよまった。[2] 六〇年代の初期は、「結婚と子どもの誕生の黄金時代」（ベビーブーム）といわれた。高度文化の芸術においても、反啓蒙主義の復帰が——一九四五年から四八年の間の遅れの取りもどしや新たな出発の短い時期に代わって――みられるようになった。総じて長い五〇年代は保守的な枠組のもとにあった、といってよいだろう。その象徴的存在といえるのが、言葉遣いが激しく高い教養の持ち主の教育大臣ハインリヒ・ドゥリンメル（一九一二―一九九一）〔一九五四～六四年まで教育相。学校改革や高等教育機関の設置に尽力〕であろう。――保守的知識人の典型そのものであった。[3]

保守的なパラダイムは、六〇年代のなかばになって統合力を失う。一九六七年には経済成長がいくぶん鈍くなり、有権者層がはっきりと流動化し、陣営メンタリティーが融通性あるものとなっていった。政党のポスト比例配分が憎悪の対象に思われ、今では政治のなかに実際に則した性格と科学性とを取り入れようとし、デモクラシーの改革がいわれだした。教会に通うことが急激に減っていく。学生運動が文化的な革命を誘発し、「セックス革命」の少なくとも端緒はみられた。新たな芸術が、作為的に再生された真・善・美の統一を破壊する。教育の分野の猛烈な推進力により、各都市地区に少なくとも高等学校がつくられた。ラルフ・ダーレンドルフ（一九二九―二〇〇九）の命名した言葉を使えば――「社会民主主義的なコンセンサス」の時代が始まったのである。[4] そして逆説的ではあるが、一九六六年から七〇年にかけての国民党単独の政府もそうしたコンセンサスの一部であった。

他方で我われは、長い五〇年代の保守的なパラダイムにより、幻惑されてはならない。エリック・ホブズボーム（一九一七―二〇一二）のような傑出した歴史家が指摘しているように、一九五〇年から八〇年の間に従来の世界史のなかでたぶんもっとも革命的といってよい時期が、我われの目の前を駆け抜けていったのである。[5] 五〇年代に対しては、爆発的な経済成長、技術、生産や労働の崇拝など、そうした世界史的な時期の始まりを認識しなければならない。同時にアメリカナイズされ、工業化された大衆文化の突破が始まり、人びとの日常生活を鋤きかえしたのである。

## 第一節　保守的な文化パラダイムと対照的なアメリカ的大衆文化

戦時中の最後の二年間と戦争終結直後には、日曜日に教会にいく傾向がふたたび高まって、ほんらい行くべき人の四〇％弱とまでになった（もっとも、スイスのカトリック層では九〇％であった）。この高い水準が五〇年代の間は持続する。同様のことは「復活祭の義務」の履行の点でも観察できた。一九六〇年には修道院共同体にはいる「着衣式（Einkleidung）」の回数も最高になった。[6] たくさんの元ナチたちも教会の庇護マントに潜りこんで、自分の子どもたちに遅ればせながら洗礼をさせた。[7] 伝統的なカトリックのミリューがもう一度強固なものとなったようであった。安定への憧憬や、政治的＝情緒的なカオスによって、教会への指向がつよまったのである。学校における祈りがふたたび導入され、宗教の授業も復活した。諸団体、巡礼、民衆伝導などとともに、国民カトリシズムがあらためてカトリック・オーストリアという像を浮かび上がらせた。少なくとも田舎では、教会が人びとの時間のリズム、日常、とりわけ祭日をとりしきっていた。

けれども旧来のタイプの政治的カトリシズムは、二度と復活しなかった。教会は政党政治にある程度距離を置いていたし、デモクラシーを政治の生活形態として受け入れていた。一九五二年の「マリアツェル宣言」〔一九五二年の五月に開かれたカトリック司祭・信者の大規模な集会における宣言。これまで数世紀にわたる、教会やカトリシズムのあり方を大転換したもので、教会の脱政治化、政党などの脱教会化を謳っていた〕は、すっかり自信をもって、自由な社会における自由な教会をスローガンとして謳っていた。「今日の教会は後ろ楯としての皇帝も政府もなければ、政党も階級ももたず、教理問答書も、またなんの資本ももっていない」。[8] 一九五六年の「社会司教教書」〔時の司教が出したもの。社会党の若手政治家たちは、伝統的な反教権的姿勢を捨てて、教会と社会主義との連携の道をさぐろうとしていた。社会秩序改革の社会党の努力を教会も認め、肯定的に対応しようとする〕は、自由な資本主義にも共産主義にもはっきり断りをいって、社会パートナーシップの道を支持していた。五〇年代の末には——国民党の何人かの人たちが苛立ったことには――、カトリック教会と社会党との間の関係正常化のプロセスが始まった。一九三三年の「ドルフース政教条約」〔首相ドルフースが国家におけるカトリック教会の影響力をつよめようとした措置を俗にいった言葉〕が社会党によってどうにか受け入れられ、オーストリアとバチカンとは、資産法上の問題や学校問題を調整することになった。[9]バチカンの第二回公会議（一九六二～六五年）によって、教会は何世紀にもわたる黴臭さを捨てて、現代に順応しようとしたのである。

けれども同時に消費社会や余暇社会の進展により、国民の教会志向が徐々に蒸発するようになっていく。六〇年代のなかばから教会に通う数が急カーブで低下する。[10]名目上のカトリック教徒の数もこの傾向に追随して、九二％（一九四五年）から八八％（七五年）になる。[11]今や世俗化がこの国オーストリアをもとらえだしたのである。聖体の祝日の行列行進も示威的な性格を失い、食前食後の祈りも姿を消し、精進の戒律もゆるみ、告解に行くのも稀になり、「日曜日」に代わって「ウィークエンド」となる。残ったものは、いくぶん散漫な「キリスト教的風習のつまみ食い（Auswahlchristentum）」であって、誕生、結婚、死などの人生の儀式の執り行ないの役だけとなる。高度経済成長による快楽主義的な裕福な社会は、あらゆるエネルギーを引きよせ、象徴的な世界のシンボル的なあり方を枯渇させ、そうして意義の欠落を残すことになった。

一九五〇年代にはカトリック的なあり方は、まだ比較的はっきりした輪郭をもっていた。ナチズム支配の犯罪に関する教会の答えは、ネオ・スコラ的な色彩の自然法であって、ヨハネス・メスナー（一八九一－一九八四）〔キリスト教社会学の代表的存在。資本主義および社会主義の批判的著作多数〕の『自然法（*Das Naturrecht*）』（一九五〇年）という著書は、道標とみられた。かれの名前は「身分制国家」時代に属するものだが、また一方で亡命生活によって浄化された西側デモクラシーへの理解ももっていた。とりわけ教会が得意とするテーマである性のモラルの規制の点では、教会はなお揺るぎない力を発揮する。おそらく五〇年代の若者が、「純潔を失うこと」が何を意味するかを知っていた最後の若者世代であったろう。それは、禁制のあらゆる快楽と重荷を体験するものであったし、当時「自慰」

という犯罪はとても恐ろしいものだった。「若い人が自分のなかの下等な衝動に屈伏するとき、最大の不幸がかれを襲うのである」。[12] 六〇年代後半と七〇年代の性の自由化した規範との対照的格差といったら、これ以上のものはなかったろう！

一九五〇年代にも若者は街頭にでた。――カトリック系の青少年は「低俗猥褻な作品」に抗議した。総じて社会は、正常な状態の心地よさに順応し始めていて、よい振る舞い、こざっぱりとした服装がふたたび求められるようになっていた。これらすべてを学ぶのは、足しげく通うダンス教室においてであって、上昇志向の階層は、そうしたよい振る舞いを家庭の外で身につける必要があったのだった。――それはまた、「市民性」が自明のものという意味合いを失っていた印でもあった。何をおいても、迷うことなく上昇しようとする意欲と業績意欲とが、当時を特徴づける傾向の一つであった。

保守的なパラダイムの一つに、また、ハプスブルク・ノスタルジー、ウィーンやオーストリア賛美があった。田舎では伝統的な民族文化の再活性化が起こり、スタートし始めたツーリズムのための民衆芸能にまもなく変わっていった。反全体主義的なコンセンサス――今やとりわけ反共産主義というコンセンサス――が社会をイデオロギー的に束ねていた。そうした反共産主義が、政治文化の定着したレパートリーの一つになっていた。この点に、昔の、かなり古い不安や悪夢が流れこんでいる。東方を前にした大きな不安は、フン族の襲来から、アヴァール人〔アジア系の遊牧民族の名。六世紀なかばのトルコ帝国の建国を期に、アヴァール人たちは西方に移動し、ハンガリーやニーダー・オーストリア地域に定着し、そこを拠点にバルカン半島や、イタリア、ドイツのチューリンゲン地方にまで、略奪や戦闘の手を伸ばした〕やハンガリー人の襲来、さらにトルコ人相手の戦いにいたる歴史的経験に根ざしていた。一六世紀のトルコ人に対する不安と二〇世紀のコミュニストに対する不安との間にほとんど差がなかった。いずれの場合にも婦女暴行のシンドロームがみられたし、いずれの場合にも相手側世界の膨張的な性格が恐れられていた。いずれの場合にもまったく別種のものが、社会モデルの選択肢として立ちあらわれ、そのモデルが自分たちの価値ヒエラルキーに根本的な脅威となっていた。[13] そうした古いメンタリティー層の上に、ナチズム的な反共産主義と占領時代におけるロシア人経験という新たな層が堆積した。アンチ・コミュニズムはこうして一面では、自由な体制の社会をめぐる戦いの基盤であったが、また他面ではそうした自由な社会にとって危険でもあった。つまり、度すぎたコミュニスト狩りがデモクラシーの中心的な基本法を危うくしていたのである。

新たな有能性という領域が定着するが、それは無限の技術の陶酔に根ざしていた。五〇年代の魔法の言葉は原子力エネルギーの平和利用というものであったが、この時期の真の礼賛対象は自動車である。車に誰もが奉仕した。都市や農村は、自動車にふさわしいようにつくられねばならなかった。そうした礼賛は、若者たちの場合モペット（小型オートバイ）で始まる。一九五三年に四万台であったものが、六二年には四四万台となる、そして大人の場合にはながらく夢にみた自動車がぞくぞくと増えていく。その数は、一九四八年の三万四〇〇〇台から六六年には八八万台となった。[14]

一方オートバイは比較的貧しい人たちの通勤用に使われたが、また「つっぱり少年（Halbstarke）」たちのプロテストの象徴ともなった。つまりそれは、労働者ミリューの特殊な若者文化で、ジーンズや革ジャンパー、とりわけ器械の力でもって、自分たちの肉体強調の乱暴な言動を誇示しようとするものだった。偶像は、マーロン・ブランド（一九二四―二〇〇四）という荒くれ男だった。ヘルムート・クヴァルティンガー（一九二八―一九八六）が、一九五六年に皮肉っている。「もちろんわたしはいつだってモダンなものに賛成だ、この節は誰もが車をもたねばならない」。[15] そしてかつての「チンピラ少年」が思いだしている。「あの頃は荒くれ者だったなあ。……おお、とんでもない、そこには多くの人が群らがっていたっけ……政治のこと？　そんなの興味なかったね。連邦首相が誰かも、関心なかったよ。それもみんなポストの比例配分で決められていたんだろう、どうせ……」。[16]

五〇年代の文化の骨格は、それゆえ独特の緊張感にみたされていた。非常に自負にみちて登場したオーストリア強調の文化が、アメリカ由来の大衆文化によってストレスの多い状況に陥ってしまう。たしかにある種の「文化帝国主義」がみられ、ハリウッド映画を力のテキストと読み解くこともでき、映画館で上映されるハリウッド映画の数が五二本（一九四九年）から二二九本（五五年）となった。[17] そのうえこうした文化産業は、冷戦時のもっとも効果的な武器ともなった。高等文化の面でのロシアの文化攻勢がかぎられたものでしかなかったのに対して、アメリカはジーンズ、ジャズ、コカコーラなどを提供した。そもその初めからソビエト連邦は、文化次元での冷戦に負けていたのである。というのもアメリカ由来のものは、モダンなものという符号をもっていて、それに対してはイデオロギー的な薬では効き目がなかったからである。五〇年代に兆し始めたものは、世界文化と読むこともでき、この世界文化は、文化悲観論者たちの予想に反して、国民文化や地方文化を圧迫することもなく、むしろ独特の混在関係をつくりだしたのである。象徴的でリアルにみえたのは、ジーンズに民族衣装の上着を着ている姿だった（それは、純粋主義の民俗学者には、ぞっとするような光景だったろう）。のちの七〇年代には、「オーストロ・ポップス」が――ヴォルフガング・アンブロス（一九五二年生まれ）やラインハルト・ヘンドリヒ（一九五五年生まれ）――オーストリアの方言や民族音楽の要素を取り入れることになっていった。

それにしてもブルージーンズは、衣装のなんという進軍だったろう。このジーンズは新たな自由の告知であったが、その自由も同時にふたたび体制順応に終わってしまうことになる。ジーンズは、折り目のあるズボンに対する反乱と、市民的な習慣への反乱を演出していた。ジーンズには新しい音楽が似つかわしい。――ジャズの激しいシンコペーションは、オペレッタ調の響きのべとつくような甘ったるさに取って代わった。ブギ＝ウギやロックンロールは若者たちの、足並揃えた行進を不可能にしてしまった。新しい肉体感覚の官能性が――しきりに嘆かれた言葉を使えばヨーロッパの真っ只中における原始林といったものが――文明のプロセスを徐々に内部から掘り崩していったのである。汗ばんだ野卑なものが、文化ショックを引き起こし、五〇年代が苦労して手に入れた秩序を長時間かけて掘り崩していった。それは、一九五八年の国民党の綱領のなかで重々しく言われていたように、「わが国のキリスト教的＝西洋文化の先祖の遺産」の掘り崩しなのであった。[18]

けれどもモダンなもののアメリカ・コードにはまた、もっと心地よい別な側面もあって、それには保守的な人たちでも折り合うことができた。機能的になった台所、感じのよい掃除の楽な家具、ナイロンのストッキング、透けてみえる白いナイロンのブラウス、愛くるしく体を揺すりながら道路をハイヒールで気取って歩く、ペチコートを着た身だしなみのいい、セキレイのような女の子たち——新しい女性の理想像は、職業に就いていること、夫と子どもの面倒をみながら、しかも身だしなみのいいことであった。[19] 結局のところ決定的なのはそうした符号が、買う楽しみ、使う楽しみをもった、消費の魔法の箱を開けたのである。[20]

## 第二節　中庸の喪失、オーストリア的秩序のもとでの芸術

二つのポピュラーな書物をとりあげて、我われも五〇年代の精神に感情移入してみよう。二つとも、ナチス時代にウィーン大学で活躍していて、一九四五年後に辞めなければならなかった二人の教授の書いたものである。[21] 時一つ目の著者は、アルノルト・ゲーレン（一九〇四—一九七六）で、『技術時代の魂（*Die Seele im technischen Zeitalter*）』（一九四九年）というタイトルである。[22] この著書は、人間がそのつどことの善し悪しについて決断しなければならない負担を軽くしてくれる、安定した諸制度の価値の独特の擁護論になっている。ゲーレンは啓蒙主義の終焉を前提にする。啓蒙主義の推進力的な刺激は、底をついてしまった。それに対する芸術の反応は、秘儀の世界に逃避することだった（たとえば、シュール・リアリズム）。芸術の仕様が、ますます抽象的で、感性的でないものになっていく。芸術がエキスパートの芸術となってしまっていて、「巨匠の秘密庫」を開き、一九世紀末まで教養市民層を束ねていた芸術宗教の次元から離れてしまった。社会には粗っぽい文化的な保守主義が残され、この保守主義が実践的技術的な進歩性と無造作に結びついている、というのだ。

ゲーレンが冷めた目で確認したもの――芸術の自立性――をハンス・ゼードルマイル（一八九六―一九八四）は、原罪そのもの、『中庸の喪失（*Verlust der Mitte*）』だと弾劾する。[23] そうしたタイトルのこの本は一九四八年にでて、九万部売れた。大成功である。この成功は容易に説明がつく。高度でしかも読みやすいレベルでこの文化史家は、「堕落した芸術（entartete Kunst）」（この本の本質的な部分はすでに一九四一年に構想されていた）というパラダイムを正当化する。けれどもゼードルマイルは、今ではモダニズムに対するこの激しい攻撃を、カトリック的な宗教的基本姿勢と結びつける。病理の核心は、神との関係の混乱にある。その混乱した関係から結果したのが、現代芸術にみられる人間の尊厳の剥奪、組織の破壊とカオス化である、という。こうした分析の隠れた基本線は、バロック芸術の総体であったし（だてにゼードルマイルは偉大なバロック研究家ではなかった）、当時オーストリアでもさかんに議論されたシュール・リアリズムは、かれの公然たる敵であった。「シュール・リアリズムが本性をあらわした。それが公然と蔑むのは、神と人間、死者と生命ある人であり、美と倫理、構造と様式、理性と芸術である」。[24] 萎えることを知らないエネルギーでもってゼードルマイルは、現代芸術を「下等のヒューマニズム」だと告発する。かれはナチズムには一言も触れない。つい先頃人間の像や尊厳がかつて例をみないほど凌辱されたこと、その凌辱に対して答えようとしたのがまさに芸術だったことなど、そうした関連は議論にならなかった。その種の間隙に、この本の成功の理由がある。この本の沈黙は、社会の沈黙の支持や正当化であったのだ。もっとも――この点に言及しないわけにはいかないが――モダニズムに疎遠なそうした芸術論的な立場が、かなり早い時点で（五〇年代の傾向に逆らう形で）エコロジー問題に関してセンシティブにしたことはたしかである。力づよい言葉で地球の破壊が嘆かれ、対抗ビジョンとして地方の風景がかつぎだされた。「森や灌木の茂み、生け垣、沼や池に豊かにみちていたもの……つまりそうしたじつに古くからある地方の風景を今でもあいかわらず我われは破壊している。それは、我われが一九世紀の機械論的な精神に囚われているからなのだ」。[25] 一九六五年にゼードルマイルは、「美の破壊（Demolierte Schönheit）」というキャッチフレーズでエコロジー的な市民運動に刺激を与えた一人となった。[26]

ゼードルマイルの攻撃の矛先は、一九四五年直後に始まった芸術にあった。この芸術は、長期にわたって優勢であった反啓蒙主義的で反モダニズム的な地方芸術を、ほんのちょっとの間中断させることになったものである。オットー・バジール（一九〇二―一九八三）〔一九三八年執筆禁止。一九四五〜四八年の間アヴァンギャルド的な文学・芸術雑誌『計画』の編集出版者となる〕の『計画（*Plan*）』、エルンスト・シェーンヴィーゼ（一九〇五―一九九一）の『銀のボート（*Silberboot*）』、『アート・クラブ（*Art-Club*）』は、世界芸術に目を向け、一二年間の遅れを取りもどそうとする。そうした芸術ミリューから出されたのが、公式の「犠牲者理論」に対する異議であり、そこに浮かび上がったのが、「偽善者的な手品師のトリックでもって、我われに新しい歴史の時代が開けるのだろうか」[27]、という疑問であった。そこでイルゼ・アイヒンガー（一九二一年生まれ）は『不信への呼びかけ（*Aufruf zum Mißtrauen*）』を口にする。「お互い見ないふりをし、口に出す代わりに囁き、歩く代わりに忍び足というのも、すでにあまりに長すぎるのではなかろうか？」[28]。ここに出されたのは、民主主義的な自己批判への要求であった。

一九四八年頃には、すべてがふたたび過ぎ去ったようにみえた。雑誌『計画』に載った新しい出発への呼びかけに答えて、あらためて影響力を身につけたルドルフ・ヘンツ（一八九七―一九八七）〔作家、オーストリアにおけるラジオ放送の先駆的指導者。一九五五年より文学雑誌『時代のなかの言葉』の出版責任者〕が、雑誌『塔（*Turm*）』のなかで次のように主張した。三〇年代に立ちかえれ、叙情詩も散文や戯曲も古典的な単純さに立ちかえれ[29]、と。そしてかれの主張は、公式にもとおることになり、保守的なパラダイムが、芸術においてもふたたび支配的になり始めた。一九五一年から六〇年の間に、文学関係でオーストリアの大きな国家賞をもらった受賞者たちが、このテーゼを裏づけている。[30] 傑出しているのは一人ハイミート・フォン・ドーデラー（一八九六―一九六六）である。もっともかれは、根っからの保守主義者で、ナチズムの全体主義的な誘惑に負けたが、それでも賢くなったし、おそらく少々偏屈にもなったろう。ドーデラーは、偉大な芸術はあくまで保守的な原理と手を組むものだ、と具体的に説得力ある説明を展開する。[31]統覚へのかれの心の用意（多様な経験を総合して可能になる意識の統一性）——人間になる基礎——は、アヴァンギャルド的なウィーン・グループをも擁護するかれの心構えも含んでいた。[32]

予期されたように、芸術も冷戦の嵐に巻きこまれる。西洋やオーストリアの秩序の擁護が危険に晒されていた。この西洋は、精神的要塞として、あるいはまた、フリードリヒ・ヘーア（一九一六—一九八三）が高揚した精神状態で書いた『敵同士の対話（*Gespräch der Feinde*）』（一九四九年）のなかでいうように、一千年にもわたる抗争の場として、緊張にみちた対話の空間として、まとまった形で構想できるものだった。[33]この空間のなかで、オーストリアはあらゆる方向に開かれた十字路となっており、南北や東西の対話ができる立場にある。それこそヘーアがオーストリアの使命として熱狂的に押したてた点であり、そこではこうも言われている。「真のオーストリア人なら、その任務は、旅支度を整え日夜松明を掲げながら世界中を駆けまわって、新しいヨーロッパを探そうとする。古きヨーロッパは死んだ——さあ、新たなヨーロッパをつくろう……と各国民の間に呼びかけながら」。[34]その場合オーストリアは、西側の一方的な橋頭堡ではなく、架け橋になるべきなのだ。冷戦の閉じた世界、凝り固まった敵の像をもちあった新たな宗教戦争に対してヘーアは、開かれた社会の開かれた世界を対置したのである。

フリードリヒ・トルベルク（一九〇八—一九七九）〔作家・批評家。『高校生ゲルバー』が有名〕から返事がくる。[35]亡命先からまいもどったトルベルクは、アメリカの支援をうけて、冷戦の知性の先兵となっていた。敵＝味方という厳しい線を引く。少々シニカルにトルベルクは、こういう文を書いている。「戦車もなかなかいいもんだ、その芸術性も見上げたものだ」。[36]というのも戦車があらゆる対話の後ろ楯となってくれるからだ。この後ろ楯なしにコミュニストとの対話に臨む者は、もう始める前から負けている。共産主義者たちのやたら平和会議を吹き鳴らす平和のラッパは、まったくの偽装でしかない。平和とは、共産主義的な言い方では、東側の勝利のことなのである、[37]という。トルベルクは一九五四年に雑誌『フォーラム（*Forum*）』を創刊する。知的な討論の雑誌であり、冷戦の武器であった。——それは、水準の高い激論が戦わされた雑誌でもあって、むしろオーストリアでは、稀有な存在であった。

冷戦では犠牲者もでた。その一人が、作曲家のゴットフリート・フォン・アイネム（一九一八—一九九六）〔二〇世紀オーストリアの最大の作曲家の一人〕であり、ザルツブルク音楽祭の枠内で穏健なモダニズム（ビューヒナー『ダントンの死（*Dantons Tod*）』の上演、四七年）を根づかせようと努めていた人である。ベルトルト・ブレヒト（一八九八—一九五六）をザルツブルクにかかわらせようとして、かれにオーストリアでの市民権をとってやった。このことが憤激の嵐を引き起こして——ザルツブルクの文化的な鳥小屋にいるコミュニズム的なイタチのような者だ、との非難がでる——、フォン・アイネムは音楽祭から放りだされてしまう。[38] もう一つの犠牲は、スカラ座の新演劇（一九四八〜五六年）であった。それは数人のコミュニストの手で運営され、オーストリア共産党により経済的支援がされていたもので、左翼的演劇や古典的演劇をめざすが、官僚主義的嫌がらせや住民のボイコットに晒されていた。その新劇で一九四八年に、ペーター・プレゼス（一九〇七—一九六一）とウルリヒ・ベッヒャー（一九一〇—一九九〇）の戯曲『ボッケラー（*Der Bockerer*）』の初演があった。主役に民衆演劇俳優のフリッツ・イムホフ（一八九一—一九六一）を使う。——その戯曲は、オーストリアのナチズムとのきめ細かな文学的対決をした数少ないものの一つだった。[39]

五〇年代の知識層の顔の二面性は、一方では、精神的にひろく西側に向いていたことにあらわれていたし——パウル・ファイヤーアーベント（一九二四—一九九四）のような特異な思想家が、オットー・モルデン（一九一八—二〇〇二）のアルペンバッハの大学週間のこと〔インスブルックの北西五〇キロ位のところにある町。「アルペンバッハ・ヨーロッパ・フォーラム」が開催されて、「文化・政治・経済の大学週間」が催されるところだった〕を感激しながら思いだしている。「ここで我われは直接、自由な国に暮らすということ、政治問題でも、絵画の問題、恒星間の物質でも神の存在でも、いずれもまったく同じように大胆に伸び伸びと取り扱えることがどういうことかを学んだのである」[40]——、他方では、ナチズムへのオーストリアの関与に触れないことで本性があらわれていた。五〇年代の代表的な作家ハイミート・フォン・ドーデラーは、君主制と第一共和制とをたくみに結びつけていたが、ナチズム支配には一言も触れなかった。

もう一度精神的な風が、ハプスブルク神話を吹き煽る。オーストリアの遺産、オーストリアの秩序を護ることが大事となっていた。

ところでナチズムに関するそうした沈黙が決してすべてではなかった。イルゼ・アイヒンガーの穏やかでつよく訴えかける小説『より大きな希望（*Die größere Hoffnung*）』（一九四八年）、インゲボルク・バッハマンの詩などは、その逆の裏づけとなっている。しかしオーストリアで欠けていたのは、たとえば西ドイツのように（ハインリヒ・ベル（一九一七―一九八五）、ギュンター・グラス（一九二七―二〇一五）、ジークフリート・レンツ（一九二六―二〇一四））、戦争やナチズムと積極的に取り組み、しかも要求も高度だがそれでもポピュラーなリアルな散文であった。五〇年代の視点からすると、オーストリアの運命の年は、一九一八年と三四年であって、一九三八年ではなかった。ブルーノ・ブレーム（一八九二―一九七四）〔ナチスの視点にたった歴史小説を書いていた〕、ミルコ・イェルジッヒ（一八八六―一九六九）〔オーストリアにおけるナチズム文化政策の中心人物の一人〕、マックス・メル（一八八二―一九七一）〔民族神話にもとづく作品を書く〕、カール・ハインリヒ・ヴァッガルル（一八九七―一九七三）〔田舎の生活を理想化した作品を書く〕のような、脛に傷もつ作家たちが文学市場にもどってきて、共鳴する読者層をみいだしたのだった。[41] ミヒャエル・グッテンブルナー（一九一九―二〇〇四）は、そういう「郷土に根ざした書き手」の特徴をこう描いている。[42]

この国の歌い手たちは
郷土の皮下脂肪をもった歌い手である
……
大難事をはらんだ大きな時代が始まると、
その歌い手たちは、
鉄砲の前に立たされまいとして、

その折々の暴君たちの
泥酔状態のその日毎の言葉をほめ讃える。
でもそういう時代が過ぎさると、歌い手たちはふたたび、
何事もなかったかのように
串刺しのブタや、郷土の薬草、大根を歌うのだ。

郷土が、五〇年代のもう一つのキャッチフレーズとなる。通俗映画、いわゆる郷土映画でも、集団の夢、平穏と秩序とを心がける社会の想像上のものが、結晶となってあらわれていた。先行した歳月の乱暴な文明破壊や、現代の技術陶酔に対して郷土映画は、逃避の場として破壊のない自然に全幅の信頼を寄せ、社会的な位階がはっきりしていて、男女の役割が「自然のままに」形成されている、健全で保守的な価値ヒエラルキーに信頼を寄せたのである。『銀の森の林務官』（一九五四年）という映画の大成功は、そうした企図がひろく受け入れられたことを物語っている。もっとも五〇年代末には、こうしたことも終わりとなる。テレビと余暇社会が、比較的安い映画館通いとは違った娯楽で人びとを引きつけたからである。今やポピュラーとなったセックス映画もたしかに、社会が受け入れる価値の変化を告げるものであったが、映画の凋落を長期にわたって押し止めることはできなかった。[43]

高度文化の次元では、偉大な指揮者のヘルベルト・フォン・カラヤンが機械化したビーダーマイヤー〔ビーダーマイヤーとは、社会や政治などおおやけの次元のことには関心を向けず、法には従順、体制には逆らわない。もっぱら自分の世界に閉じこもって、個人的な小さな幸せに浸ろうとする生活態度のことを指して言われる言葉〕の時代、「音楽的な飽食の時代」（テオドーア・アドルノ）の夢と希望を引きつけたのである。専制的にいらいらした身振りでカラヤンは、自分がナチズムに巻きこまれた事実を無視するが、その際の手助けを帰国した亡命者たちが行なってやった。カラヤンの

偉大な能力、大きな自負心、完璧さへの情熱が――それが音楽であれ、車の運転、自家用飛行機やスポーツであれ――「スーパー・スター」をつくりだし、社会の密かな欲望に奉仕したのである。かれは、音楽のアヴァンギャルドには距離を置き、クラシックのプログラムに集中して、それを技術的に完璧な形で提供した。かれはある種の国際性を身につけ、「ヨーロッパの音楽総監督」として、いたるところをホームグランドとし、次から次へとポストを積み上げていった（一九五六年ザルツブルク音楽祭の技術監督、ウィーン国立オペラ座の支配人……）。ヴィルヘルム・フルトヴェングラー（一八八六―一九五四）とかれとの大きな競争は、創造力をかきたてた。かれの「スキャンダル」は、世論の注目を引きつけ、かれの振る舞いは、帝王神話と指揮者神話とをミックスさせることになった。技術的なことのすべてや、新たなメディア（レコード、テレビ、映画）に関するかれの情熱、エレガントさの様式化された冷たい雰囲気、商売センス、これらすべてがカラヤンを時代の真の典型にしたのだった。[44]

保守的な芸術パラダイムが、教養システムの構造により下支えされた。意味深長な例といえるのは、一九四五年の一〇月二五日にオーストリアで出された布告である。その布告では学校に対して、学校編年史から一九三八年から四五年の部分は削除し――新しく書くよう指示されていたのだった。ナチズムの時期はまったく公式に記憶から消され、オーストリア的な解釈で置き替えられることになった。[45]

大学は、一九三四年、三八年の手ひどいさまざまな失点、そして今や一九四五年の損失により苦悩する。残っていたのは、かなり古臭く、政治的にはむしろ保守的な志向の教授陣であった。それに似通った形の学生たちがおり、かれらのほとんど三分の二が国民党に近い姿勢をみせていた。五〇年代の初めにドイツ民族主義的な学生グループが、大学キャンパスにもどってきたが、かれらは六〇年代にいたるまでほぼ三〇％という高い割合になっていた。社会主義者に、大学はまだ完全に閉ざされたままだった。[46]

旧来の、イデオロギー的にも上位を占める学校問題は、長年の交渉により解決にこぎつけた。交渉は一九四八年に始まって、ようやく六二年に終結する。国民党はより多くのエリート教育を、社会党はより多くの社会的な平等追求の教育を求めた。それにさらに学校に対する教会の影響力という、微妙な領域があった。結果は、真の意味での妥協だった。[47] 所轄担当の教育大臣ハインリヒ・ドゥリンメルがはっきり述べているように、一九六二年の学校法という成果は、「社会グループ間の平和条約の一部」といってもいいものだった。キリスト教的ヒューマニズムの伝統、西洋型のヒューマニズム的な社会主義、それに自由主義的な国民的伝統が一点に集約され、その点では、第一共和制時代のイデオロギー的爆薬物の信管を外すことになった、といってもいいだろう。[48] 一九六二年のそうした「教育パートナーシップ」により、ばらばらになっていた学校立法を統一的にまとめることができ、同時に「教育パートナーシップ」は、各州の学校評議会を介して学校に対する政党の影響力を公然と直接的に大きく拡大することになっていった。学校組織法の目的条項では五〇年代の精神が信憑性のある形で表現されていた。「オーストリアの学校の任務は、青少年の資質を道徳的・宗教的・社会的な価値や、真・善・美という価値にそって、かれらの成長段階や教育課程に応じた授業をとおして発達させるのに資することである」。[49] これは、旧来の教養市民層の精神の考えだった。しかしすでにドゥリンメル教育相には、消費社会の諸価値とこの市民層の精神とが衝突するのがみえていた。教育大臣が追求しようとしたのも、大臣が学校をとおして達成しようとしたのも、押し寄せ始めた消費社会に対してバリアを築くことであった。

今さら真・善・美とは！　モダニズムの芸術のほとんどすべてが、この基本要請に楯突いたものだった。政治や文化の幹部役員たちが苦労してそうしたファサードを構築したにしても、その裏で芸術は芸術独自の道を歩んでいた。たとえば、ヘルベルト・ベッケル（一八九四—一九六六）〔この画家は一九二〇年頃絵画上の表現主義スタイルを生みだす。戦後は国際的な抽象的な絵画に対して独特の答えを生みだした〕とフリッツ・ヴォトルーバ（一九〇七—一九七五）〔二〇世紀のもっとも重要な彫刻家の一人〕の二人をとりあげてみよう。前者のベッケルは五〇歳を越えていたのに、新しい道を探しにでかけ、抽象に近づいていく。深く根ざしたカトリシズムをあくまで基盤にしながら、物質の精神への変換や、秘跡の核心が、かれの芸術の霊的な推進力となっている。なんどもかれはドミニコ会修道士の画像に変容をくわえている。

一九五二年から六〇年にかけて、ゼッカウ〔グラーツの北西六〇キロ位のところにある町〕にある守護神礼拝堂の神秘的で暗示にみちたフレスコ画を手がけている。[50] かれの描く人物から窺えるのは、カトリック教会を徐々に近代精神に開こうとしていることであった。新しくなったカトリシズムが、精神的には時代の高みにあるのを完全に意識しつつ、フランスの刺激をうけながら、モダニズムへの接近を慎重にさぐっている。仲介者としてのはたらきをしたのが、司教座教会の説教者オットー・マウアー（一九〇七―一九七三）である。この人は、「新開地」運動（**Neuland-Bewegung**）の出で、かれの信条は、芸術とは真実にあり――美と善とはすでに脱落してしまった、というものだった。マウアーは、カトリックの雑誌『言葉と真実（*Wort und Wahrheit*）』の発行人の一人であり、一九五四年に「画廊聖シュテファン」を設立し、その画廊の開館は、綱領宣言でもするように、ベッケルと手を結んで行なわれた。[51] マウアーは転向してアヴァンギャルドに向かい、反逆者アルヌルフ・ライナー（一九二九年生まれ）に避難所を提供する。このライナーは、多くの人から第二共和制のもっとも重要な画家とみられていた。ライナーは一九五一年、芸術愛好家たちに向かって、君たちなんかクソくらえだ、と言って挑発したことがある。ライナーの再度にわたる彩色補筆は、ラディカルな反乱からエネルギーを汲みだしたものだった。何千という絵を使って創造性を圧迫している伝統という悪夢の打破が大切である、というのだ。ライナーは非常にオーストリア的な画家であり、のちのトーマス・ベルンハルト（一九三一―一九八九）と同様、愛情に発する偉大な反逆者であって、内に自己破壊の気持ちをもっていた。[52]

フリッツ・ヴォトルーバは、スイスからオーストリアにもどってきた彫刻家であった。エリアス・カネッティは、この彫刻家のことを、石から栄養をとっている黒ヒョウだと言っている。ヴォトルーバの妥協なき厳しさ、その「アルカイックなもののずっしりとした重み」は、逆説的なことには、啓蒙主義の綱領である大きさ・透明性・単純さ・自己規定を、もう一度過激化させていった。[53] 一九五〇年ザルツブルクで啓蒙と反啓蒙が対峙しあうことになった。時を同じくして、ヴォトルーバとヨーゼフ・トーラック（一八八九―一九五二）〔ナチズムの芸術理想である力と強さの賛美に共鳴し、ナチズム時代のもっとも成功した彫刻家〕が個展を開いたのである。前者は亡命者でロベルト・ムージルの友人であったし、後者はヒトラーのお気に入りで、その巨大で比喩的な描写は第三帝国の芸術趣味にまさしく合っていた。トーラックの個展の入場者が二万二〇〇〇人、ヴォトルーバの方は八〇〇人でしかなかった。[54]この二つの個展をめぐっての論争は、五〇年代の対立の構図をはっきりさせてくれるものだった。ジャーナリストで「独立者連盟」創立者のヴィクトル・ライマン（一九一五―一九九六）〔元ナチたちが結成した「独立者連盟」の機関紙や『ザルツブルク新報』の編集長を務める〕は、トーラックには真・善・美に対する瑞々しいセンスがあり、それだからかれは人びとの理解をえたのだ、それに反してヴォトルーバは、低級なもの、醜いものをかきまわしているだけだ、という。そして公然たる中傷を口にする。「なるほど有害出版物取締法はある。けれどもたとえばヴォトルーバの作品のような、いわゆる現代芸術を介して、有害なものがどっさりと青少年たちの上に降りかかるのだ」[55]と。

五〇年代の芸術パラダイムの保守性をいうなら、それは、芸術政策の表側や世論にもいえることだった。だが、裏面下では気づかないところで、かなり以前から別な芸術が展開していた。五〇年代のなかば、フリードリヒ・チェルハ（一九二六年生まれ）は、現代音楽の担い手として合奏団「隊列（die reihe）」を創設する。[56]「ウィーン・グループ」は、意地の悪い快感を覚えながら、文学で言葉遊びをする。そのグループの一人ハンス・アルトマン（一九二一―二〇〇〇）は詩集『沸き立つ黒インク』（一九五八年）でおおやけの次元で成功を収め、オーストリア連邦軍の創設（五五年）に反対するかれの声明は、臆せずに「人間浪費の合法化!!!」の準備だと言い、「我われはこの前の戦争でもまだ足りないのか」[57]と言っていた。グラーツでは、「フォーラム・市の公園」が結成された。フリーデンスライヒ・フンデルトヴァッサーは、「建築の合理主義に対する時代遅れ宣言」（一九五八年）を発表した。アイデアに欠ける建築を全国にまき散らしていた「堕落したロース門弟」への宣戦布告であった。アドルフ・ロース（一八七〇―一九三三）の言葉――装飾は犯罪である――に反対してフンデルトヴァッサーは、直線こそ反モラルだ、と言ったのである。[58]「ウィーン行動主義」〔フロイトやユングの深層心理学を視野に入れた芸術活動で、芸術的なタブーを打破し、人間の攻撃性を弱め、ほんらいのアルカイックな創造性の解放をめざす。社会が人間におよぼす破壊的な強制力を例示しようと、自殺までしてみせた芸術家もいた」は、あらゆる芸術形式をミックスし、自分自身の身体すら容赦しなかった。結局のところ、怠惰で保守的な芸術の雰囲気環境が、間接的に新しい敵対的な芸術の誕生を促し、この新しい芸術は、抑えがたい欲求を挑発的な形であらわしていたのだった。

ゲルハルト・フリッチ（一九二四—一九六九）の例をみれば、「長い五〇年代」から社会党＝自由党連立の時代への移行を簡単にたどることができよう。かれの小説『石の上の苔（*Moos auf den Steinen*）』（一九五六年）はまだハプスブルク神話、オーストリア的バロック秩序にどっぷり漬かっていた。つまり、オーストリア・モードで慈悲深く高潔で、心のざわつきがないのである。[59] 最後の言葉は、まったくバロック調で「恩寵」となっている。それに対して自信と繁栄の時代であり排気ガスの臭いで一杯の現在は、徹底して否定的に評価されている。この作品のなかで現在は、別れと悲しみで挫折する。数年後にフリッチは批判的な結論を出す。「バロックは、叙情的には苔で覆われた朽ちた立像と思われる。……それをわたしは褒め、称賛し、呪文で呼びだし、説得し、ぺちゃくちゃ喋らせ、ゲロを吐きかけてきた」。[60] かれの次の、そして最後の小説『カーニバル（*Fasching*）』（一九六七年）では『石の上の苔』の取り消しとなる。フリッチは、オーストリア的なご都合主義を容赦なく糾弾する。[61] この小説のテーマは、「脱走兵」である。——このテーマでフリッチは、第二次大戦中の共犯者といわれる在り方を、男らしい行為・郷土の護りとして神話化するオーストリア的な常套文句の沼に直接踏みこんでいく。かれは見方を根本から引っくりかえす。「正義とか人間の知性から逃亡した人たちが、国防軍の制服を着ていたのだ」。[62] 逃亡兵は婦人服を着るべきなのだ。こうして、男女の役割をめぐる混乱にみち、ひどく気を揉ませる戦いが始まる。まさにカーニバルであり、倒錯した世界である。しかし最後に勝利するのは同一歩調であり、田舎風のミリューの慣習である。「左に二、三……どうして今頃になって……どうしてそんなに足並を揃えるのだろうか」。[63]

## 第三節　大きな飛躍

保守的な文化パラダイムは、先行した三〇年戦争（一九一四～四五年）の暴力的な放縦が原因の疲弊から説明がつくだろう。すべてのエネルギーが経済の再建に注がれたが、それには、落ちつきと秩序が必要だった。じじつオーストリアは、今や経済成長の「黄金時代」を体験したのである。

表38にみるような、驚くべき成長率をオーストリアの経済史家たちは――三〇年間にわたる停滞のあとの――遅れを取りもどす過程、挽回のプロセスと解釈する。そうした一気のスパートが終わると、オーストリアはふたたび第一次世界大戦以前と同じような、いくぶんゆっくりとした成長軌道にはいる。[64] こうした成長ができたのも、国際的な好景気に支えられてのことだった。一九五三年から六二年にかけての実質国内総生産の変化は、西ヨーロッパでプラス四・八％、スイスがプラス五・二％、西ドイツ、プラス六・八％、オーストリア、プラス六・八％、もしくはプラス六・四％であった[65]（フェーリクス・ブーチェクの数字による）。

オーストリアは一九四五年、どん底からスタートしなければならなかった。それだから、一二％という途方もない成長率が結果したのである。同時にこの期間（一九四六～五二年）は高いインフレ率（三七％）をもともなっていた。賃金＝物価協定によりブレーキをかけようところみたにもかかわらず、一九四八年から五一年までに、物価水準は一四〇％ほど上昇する。[66] これは、統制経済から市場経済に移行期の随伴現象であった。一九五二／五三年頃に急激な変化が起こる。連邦首相のユー

表38　「長い50年代」の経済発展

| | 経済成長率 | インフレ率 |
|---|---|---|
| 1946－1952 | 12.0 | 37.0 |
| 1953－1963 | 5.7 | 2.0 |
| 1964－1969 | 4.8 | 3.5 |

テシュー・グンター『経済と経済政策。オーストリアにおける政治。第二共和国。数値と変遷』（ヴォルフガング・マントル編）（Gunther *Tichy*, Wirtschaft und Wirtschaftspolitik. Politik in Österreich. Die Zweite Republik. Bestand und Wandel [hg. von Wolfgang *Mantl*]）ウィーン、1992年刊、709頁より。

リウス・ラープと大蔵大臣のラインハルト・カーミッツ（一九〇七—一九九三）〔伝説的な「ラープ＝カーミッツ路線」の父であり、オーストリア経済奇跡の産みの親〕が、経済リベラリズムをさかんに強調しながら、「社会的市場経済」という新秩序構想の宣伝に努める。企業家たちの意向がふたたびつよく反映されるようになり、社会パートナーシップがいくぶん影をうすくする。国民党内でも、経済リベラル派が影響力を増して、社会改良派が不利になる。資金貸出の引き締めと国庫支出の制限により通貨の安定に成功する。経済界は自発的に物価を下げ、労働者たちは賃上げを諦める。[67] 安定化の結果として失業率の増加（五三年時でほぼ九％）を招いたが、それは政治的には処理の難しいことであった。もっとも全体としてみれば、この構想はきわめて成果の多いものだった。一九五三年から六二年にかけて市場経済の「ベル・エポック」がみられた。生産性の向上は——一九五〇年には「生産性本部」が設立される——、ある思考図式の動機となり、その図式がひろく賛同をえた。つまり、工業技術上の進歩がいっそうの経済成長を招き、この成長が消費を拡大する。その消費が他方では裕福と満足感をもたらし、その結果によりデモクラシーの安定に寄与し、そしてさらにいっそうの進歩の前提をつくりだす、という思考図式であった。[68]

一九五三年の「ラープ＝カーミッツ路線」は、税金を引き下げ、減価償却の前倒しにより投資を促し、インフラ（アウトバーン、タウエルンのカプルーン発電所）を拡充し、国内の金融市場にふたたび信用をつくりだし（きわめて効果的なエネルギー公債）、貿易の自由化をはかった。一九五九年には通貨シリングの他国通貨への交換可能性がえられるようになる。この時点までに国民総生産は、一九三七年時にくらべてすでに二倍になっていた。[69]「驚嘆すべき出来事の年」、つまり「国家条約」（平和条約）の年の一九五五年には、実質国民総生産が一一・五％、工業生産は一六％も増加した。[70]

成長の牽引車は、工業であった（一九五〇～五五年、プラス九％）。基本財工業の拡充がこの時期に正しかったことがわかる。国営化された工業がその黄金時代を迎える。中心的な技術革新、「リンツ・ドナヴィッツ酸素吹きこみ製鋼法」（ＬＤ製鋼法）の発明が、オーストリアを工業技術上のトップに押し上げる。国営化された工業の輸出実績が一〇〇ポイント（一九五〇年）から六〇〇ポイント（六三年）に増加する。輸出総額では、一三〇億シリング（一九五三年）から三三〇億シリング（六二年）に増える。[71] 国営化された鉄工業と鉄鋼産業が牽引役となって経済の伸長を促した。総じてこの時期には、国営企業の成長率が私有産業の成長率を一七九％対一五六％で上まわっていた。[72] もっとも政治的には、国営化された企業は、イデオロギー上の争点でありつづけた。一九四七年から六三年の間に管理の権限が立てつづけに五回変更になる。五〇年代の初期には、「ヴァルトブルンナー王国」――連邦大臣としてカール・ヴァルトブルンナー（一九〇六―一九八〇）〔社会党の書記長、交通相など歴任〕が国営企業の担当――が、その権限を縦横にふるった。五〇年代のなかばになると、政党政治的なポスト比例配分があらゆる次元で実行される。ネオ封建的な政党間ポスト比例配分が、社会主義の要素とテクノロジー的な効率の要素と結びつく。国営化された企業が不沈戦艦であり、失業の防波堤である、という神話が誕生した。出世したい者は、そのつど得策となる政党に入党する必要があった。だが、すでに五〇年代の末には、政党間ポスト比例配分が必要な改革を阻んでいて、あまりにも柔軟性に欠ける反応になっているのがはっきりしてくる。[73]

建築ブーム――贈収賄事件をともなっての――とモータリゼーションの波が人びとの日常の世界を今までになかったほど変化させる。町外れに建っていた集合住宅のバラックが徐々に姿を消す。一九五五年以降、マイホームの建設が大きく伸びる。大いに苦労し、余暇にハードな作業をし、他のいろいろなものを断念しつつ、労働者たちにもマイホームの建築ができるようになった。それにともなってメンタリティーの変化が起き、労働の可動性がつよく制約されるようになる。[74] この風潮の反対が、自動車による可動性の高まりであった。一九四九年に住民一〇〇〇人あたり乗用車六台であったものが、六九年には一五一台、八三年には早くも三二〇台となる（西ドイツの場合は、この数字は、それぞれ七台、二〇七台、四〇一台）。[75]

建築ブームとモータリゼーションとがツーリズムに有利に作用して、観光産業が他方で成長産業部門として定着する。一九五〇年から六〇年の間に、観光宿泊客用のベッドが八八％増加し、六八年には、山間にすでに二〇

○○人の登山ガイドがいて、宿泊者の数が一七〇〇万人（一九五一年）から六四〇〇万人（六六年）に増加する。五〇年代のなかばには西ドイツ人もふたたび旅行するようになり、オーストリアが割安の国としてもっとも好まれる旅行先国の一つになる。前に触れた郷土映画のことは、またこうした関連でもみる必要があるだろう。スキーヤーのトニー・ザイラー（一九三五―二〇〇九）のように颯爽と素敵なスポーツマンが広告塔として役立ったし、一九六四年にインスブルックで開かれた冬季オリンピック競技は、冬のスポーツランドとしてオーストリアの名声を定着させた。[76]政治ですら、雪焼けしたスキーヤーの連邦首相ヨーゼフ・クラウス（一九一〇―二〇〇一）〔戦後の「改革首相」といわれる〕を先頭に、この国のウィンター・スポーツのメッカとしてのイメージに自分を合わせていた。

オーストリアの経済も、物乞いの衣装を脱ぎ捨てる――他国依存を脱する。人びとの経済的な生活のチャンスが以前になかったほど増大する。実質賃金が上昇し、一九五八年から六三年にかけて個人一人あたりの収入が、実質二一％増えた。[77]五六年の生活水準は、五〇年時の二倍になる。[78]その点を裕福指数で思い切った表示をしてみると、一九三七年の一人あたりのビール消費量が三三リットルであったの対して、六〇年には七二リットルになっていた。[79]

連立相手の社会党は――自由経済主義的な基本潮流にもかかわらず――福祉国家の拡充がスムーズにはこぶよう気を配った。社会保障は人間の権利としてしだいに国民全体に広げられていった。そのプロセスは、健康保険の例をみれば明瞭であろう。一八九〇年時では、健康保険の対象になっていたのは、国民の七％でしかなかったのに対して、一九八〇年には九九％になっている。[80]最大の飛躍は、すでに第一共和制時代にみられた。「長い五〇年代」期には、五五年に基盤法として「一般社会保険法」がつくられる――資本市場法（長期金融市場(Kapitalmarktgesetz) との典型的な抱き合わせであった。この法律にはその後一九八一年までに三五回の改正・補充がくわえられた。その四年後（五九年）には、週四五時間労働が導入され、さらにその五年後（六四年）には、三週間＝休暇（ウアラウプ）が決められた。五〇年代の末には、激しい闘いを経て、自営業者も社会保険に組み入れられた。[81]

福祉国家は、二〇世紀の典型的な目印の一つである。ますます多くの機能任務が初歩的なグループ（家庭、近隣関係）から国家へと移されていった。これは一面では、生活のリスクに対する護りの強化を意味するが、他面では中央集権化、官僚主義化や画一化の増大でもあった。福祉国家（Sozialstaat）と社会保護国家（Versorgungsstaat）との境界線が曖昧になっていく。社会への国家の浸透が急速に進む。逆説的なことには、たいはんが声高に規制緩和を叫ぶ自営業者たちが、労働者やサラリーマンより、こうした展開からときにはより多くの利益をえるのだった。一九七九年で年金拠出用の連邦の負担部分が非自営業者で一五％なのに、自営業者では七八％となっていた。[82]

福祉上の進歩はいずれも、福祉国家のコストという問題につきまとわれる。

表39　社会保障のコスト（1950～1980年）（国内総生産に占める％）

| | 1950 | 1960 | 1970 | 1980 |
|---|---|---|---|---|
| オーストリア | 14 | 15 | 19 | 20 |
| 西ドイツ | 20 | 15 | 17 | 24 |
| スイス | 6 | 7 | 10 | 14 |
| スウェーデン | 10 | 11 | 19 | 32 |
| アメリカ | 5 | 7 | 10 | 13 |

ゲルハルト・リッター『福祉国家。誕生と発展の国際比較』（Gerhard A. *Ritter*, Der Sozialstaat. Entstehung und Entwicklung im nationalen Vergleich）ミュンヘン、1989年刊、194頁より。

表39にみるように、オーストリアは決してトップグループにいるわけではない。一九七〇年以降、もっとも急激な上昇をみたのがスウェーデンであるが、この国ではその後まもなく福祉国家が危機に陥る。もっとも低い値を示しているのが、スイスとアメリカである。文民社会がとりわけもっとも強力に発達したところでは、福祉国家にブレーキがかけられている。オーストリアは、ゆっくりだが一貫した発展を示している。西ドイツが五〇年代に福祉よりもより多く市場に力を入れたのに対して、オーストリアは福祉国家路線に踏みとどまっている。七〇年代になってようやく、西ドイツはわが国を追い越していった。

五〇年代の末になって「ラープ＝カーミッツ路線」が行き詰まり、オーストリアの国民経済は構造的な危機に陥り、成長率が鈍化する（一九六二～六七年で平均プラス四・三％）。[83] 一九六二年と、とりわけ六七年の景気停滞の年は、衝撃的であった。予算不足が拡大し、忍び寄るインフレが蔓延し始めた。社会党／国民党の連立二党は、緩慢な対応をするだけで、経済政策に明確な構想がなかった。原料産業（鉱業・製鉄業など）は、困難な調整の危機を経なければならなかった。工業技術の研究や高等教育をないがしろにしてきたことのツケが今や全面的にまわってきたのである。

近代化、構造改革、予算の安定化が新たな目標といわれるようになる。一九五七／五八年に成立の「ヨーロッパ経済共同体」（EWG）や六〇年の「ヨーロッパ自由貿易連合」（EFTA）の成立によって、オーストリアにとっての調整危機がいっそう深刻になった。オーストリアのとるべき道は何か？「ヨーロッパ経済共同体」には中立政策的な理由が障害になっていたし、無防備の競争に晒される一部経済界の不安もあった。くわえて「ヨーロッパ経済共同体」については、当時社会党サイドから「ブルジョア的＝資本主義的」だと悪者扱いがされていた。これに対して国民党の改革主義者たちは、「ヨーロッパ経済共同体」から近代化の推進を期待していた。[84] そうした議論の結果が、「ヨーロッパ自由貿易連合」への参加であった。「ヨーロッパ経済共同体」諸国への輸出が五〇％から四一％へと減少する。[85] しかし長期的には、「ヨーロッパ経済共同体」メンバーのドイツが、飛び抜けた貿易パートナーとなってくれた。ドイツへの輸出は一九三七年時一五％でしかなかったものが、八八年には四五％に増大する。そこから今や、「ヨーロッパ経済共同体」と協調しようという明白な圧力がかかってきた。[86]

構造的な危機により企業は急激な合理化を迫られる。一九六三年から六八年にかけて五万人の人員削減が行なわれ、時間あたりの生産性が七％上昇する。[87] とりわけ投資率が高まり、第一共和制時代全体を通じて六％でしかなかったものが、五〇年代には一七％、六〇年代には二三％になる。[88] こうして投資率は、ヨーロッパの平均よりはるかに高い水準となった。第二共和制の最初の時期には賃金収入の上昇がみられなかったが、その次の時期になると被雇用者に有利な伸びが達成された。[89]

ところでここで、五〇年代に制度的な結晶となり、第二共和制の全般的な特色となった社会経済的な大枠、つまり「社会パートナーシップ」のことをとりあげておこう。組織化した資本主義がいわゆるネオ・コーポラティズムという新しい形をとるようになった。これまで長い時間をかけて拓けてきたものが、今やその完成の域に達したのである。労働者階級の利害団体は、第一共和制時代には政治体制に組み入れられることはほとんどなかったが、第二共和制時代には歴史的な妥協により対等の権利をもつパートナーになっていた。

それは、五〇年代の末にみいだされたきわめてオーストリア的な解決策であった。社会パートナーシップは、いわば模型であり、宛て名もなく、脈絡もなく、非公式に民主主義的な規制もなしに暫定措置として考えだされたものだった。「経済管理局（Wirtschaftsdirektorium）」〔すべての閣僚、労働組合、産業院、中央銀行が参加し、経済運営の広範な権限が、議会により認められ（一九五一年四月）、発足しようとした機関〕は、一九五一年に憲法に抵触して頓挫するが、五七年には、「物価と賃金問題の労使対等委員会」という中核でもって新たなスタートを切った。この委員会のなかで四つの大きな利害団体（工業団体は除く）と政府の代表者たちとが集うことになる。一九六二年には、「ラープ＝オーラ協定」が結ばれ、この協定により社会パートナーシップが強固なものとなり、六三年には「経済と社会問題のための諮問委員会」が誕生して、経済政策全体に影響力を広げていった。

五〇年代末と六〇年代初めの経済の停滞や連立の危機が、ラープやアドルフ・シェルフにみるような古い実践家タイプの伝統的な政治に対するテクノクラート的な知性の反乱を招くことになる。死にかけている連立二大政党の問題引き延ばし策や、社会の閉塞状況に反対して、諸団体の若いエキスパートたちが、自分たちの経済上の専門知識に拠り所を求めたのである。[90] 政治を客観的に行なうことがスローガンとなり、国民党内の改革論者や社会党内の脱イデオロギー的な知性たちが担い手となって動いた。それはまたしても上からの啓蒙であり、その啓蒙は、「テクノ・コーポラティズム」のなかでヒエラルキー的なモデルとして形づくられたのだった。国民党／社会党連立の「枝分かれ社会」の共通目標が、「経済成長／完全雇用／通貨安定」という魔法の三角形をつくりだしていた。こうして、これまでに例のない政治の経済化が始まり、また議会と国家が、疑似身分制的＝テクノクラート的な知性により脇役に追いやられてしまった。――民主主義的な正当性のない団体国家とか、脇役的政府、脇役的官僚とか、団体による国家の植民地化だ、とか言われた。時が経ってみるといずれにせよ、そうしたモデルが六〇年代、七〇年代にはきわめて上首尾だったことが、はっきりしている。七〇年代末になって成長哲学がしだいに疑問視されるようになり、環境破壊が世論の意識にますますつよくのぼるようになって初めて、オーストリア的な「社会パートナーシップ」という図式も危機を迎えるようになるのだった。[91]

## 第四節　ポストの比例配分的デモクラシー

一九六七年、政治学者のゲアハルト・レームブルッフ（一九二八年生まれ）は、オーストリアにみられる政治体制を「ポストの比例配分的デモクラシー」だとして、理論的把握をこころみた。[92] この体制の基盤は、政治的に閉じられたグループ（陣営）の存在にあり、このグループ間でバランスをとる必要があった。こうした陣営は、比較的安定していて、有権者支持層の流動性の少ないのが特徴である。政治の「分節化」のために、社会のすべての領域が政治勢力の浸透した形となり、陣営の磁力圏に引きこまれている。スポーツ団体から住宅建設協会、自動車クラブからアルプスの山小屋にいたるまで、政党の磁力圏にはいらない社会的利害集団など一つもないようなありさまで、すべてが政党政治的な帰属関係にあった。

こうした条件下では、エリートたちの間で「友好的な話し合い関係」が定着した場合にのみ、比較的安定したデモクラシーが可能となる。これを肯定的に解すれば話し合いのうえの妥協の決着といえるし、否定的にみれば「談合」といわれることになる。すでに古く帝国議会において抱き合わせという政治的手法が使われていたが、それが第二共和制時代に全盛時代を迎えたのである。社会党と国民党はたとえば、農産物市場の秩序に関する妥協と社会政策における妥協とを、二つの問題領域に相互関連がないのに取り引きしあった。もっとも、ある政治領域があまりにイデオロギー過剰になっていて、妥協による解決が個々の陣営に期待できなくなると、状況は深刻になる。その場合問題はそのまま残され、それがのちに問題山積という事態を容易に招きがちとなる。

ポストの比例配分的デモクラシーと深くかかわる形で、「支持者へのポスト提供（Ämterpatronage）」〔専門的な資格など考慮もせずに、政治上の支持者にポストを与えること〕がはびこるようになり、私的な領域にいたるまで支持者の面倒をみることになっていく。いつも問われるのは、ある人がどの党の支持者なのか、社会党なのか、国民党なのかである。党の支持は利害を代表してもらうことでもあるから、社会の上に支持者配慮関係の目の細かい網が張りめぐらされることになる。国家ががっちり政党の手に握られ、行政が客観的な距離を失う。野党勢力（一九四七年以降の共産党、四九年以降の「独立者連盟」）には僅かな活動空間しかない。いやそれどころか、政治上の野党はそうした政治の場からはっきり締めだされることになる。

こうした体制の特徴といえるのは、一九四五年以降の連立協定である。それらはどれもまず第一に、ポストの比例配分原則を堅持していた。四九年にはそうしたポストの比例配分が国有化された企業の指導的役職にまで広げられたし、「独立者連盟」のショッキングな進出もあって、二大政党の利権特別区域があらゆる次元で（住民一万人以上の地方自治体にいたるまで）がっちり護られることになった。[93]

ポストの比例配分は当座、内戦時代の傷をいやすための、安定要素としてのはたらきをもったが、五〇年代の末になると批判の集中砲火を浴びるようになる。一九五九年、二大政党はおずおずと、連立に拘束されない分野を定めて、議会にもっと活動の余地を与えようとこころみた。六〇年代のなかばには、ポストの比例配分的なデモクラシーの体制全体が揺らぐようになった。

オランダの政治学者アーレント・リイプハルトは、別な観点にたって、民主主義体制の類型学をこころみ、第一共和制と第二共和制との違いを大雑把に把握できるようにした。

民主主義体制の類型

| | 社会構造 同質の | 社会構造 分節化した |
|---|---|---|
| エリートの姿勢 コンセンサス | 非政治化したデモクラシー | 遠心的デモクラシー |
| エリートの姿勢 抗争 | 求心的なデモクラシー | コンセンサス・デモクラシー |

アーレント・リイプハルト『複数主義的社会のデモクラシー』（Arend Lijphart, Democracy in Plural Societies）ニュー・ヘーブン、1967年刊、106頁より。

第一共和制は、コンセンサス・デモクラシー（分節化した基盤とエリートとのコンセンサス）として始まり、これが一九二〇年までつづいた。その後エリートたちの態度が変わってしまう。オーストリアは、遠心的なデモクラシー（分節化した基盤とエリートたちの抗争）の典型的な例となっていき、それは一九三三／三四年に、デモクラシーの破壊で終わりを告げた。第二共和制もおなじくコンセンサス・デモクラシーとして始まるが、今度は長期的なものとなる。五〇年代末以降、オーストリアは非政治化したデモクラシー（同質の基盤とエリートたちのコンセンサス）のタイプに近づく兆候をみせる。新たな問題の挑戦に対する政治体制の対応に柔軟性がほとんどなく、政党や団体がみせる利害を物差しにした恣意的な対応が、「新たな」問題に対する感受性の希薄化を招いてしまうのだった。

一九二〇年代や三〇年代が、国民の異常に高い政治的分極化（デモ行進、集会、政治的暴力）をみせたのに対して、一九五〇年代の末には私的な消費組合への逃避がみられるようになる。危機と抗争の古い形態がなくなった。そうした状況の目にみえる兆候は、メーデーの行進や聖体の祝日の行列に対する無関心の増大であった。ラルフ・ダーレンドルフは、「連帯的な行動から個人的な行動への転向が、政治の闘争場裡や広場からエネルギーを取り去ることになった」[94]と認めている。大連立が、やる気もなしにだらだらとつづく。ポストの比例配分的デモクラシーがますます疑いの目でみられるようになり、政治体制に固い皮膜ができ、デモクラシーがそのダイナミズムと緊張性を失っていった。デモクラシーの再活性化の必要性が、六〇年代なかばにははっきりみえていた。抗争を民主的に制御することが、政治体制の近代化の要因として発見できるだろうか?

## 大連立の時代(一九四七〜六六年)

一九四九年のドラマティックな選挙で「独立者連盟(Verband der Unabhängigen)」(VdU)〔かつてのナチス、故郷を追われた者/故郷に帰ってきた者たちのつくった政党。一九四九年登場後、初めての選挙で約一二%の得票を獲得。これが一九五五/五六年には「オーストリア自由党」と名のるようになる〕が一六名をとって進出したことが、国民党と社会党とのいっそうの接近を強いることになった。この新たな第四の政党が西部オーストリアの「事業所委員会」の選挙でも成功を収めることになったとき——たとえば、リンツの企業(VOEST)でも——、緒についたばかりの「社会パートナーシップ」の実行力が問題となり、五〇年秋の第四次の賃金=物価協定が試金石となった。

朝鮮戦争(一九五〇〜五三年)は、世界市場の物価を押し上げていたし、「マーシャル・プラン」当局は、基本食料品(小麦粉、ジャガイモ、牛乳など)への国庫助成金の削減を迫った。まだつよい立場にあった農業者は——他の国民グループとくらべると比較的恵まれていたが——農産物の価格を世界市場水準に合わせるよう願っていた。第四次の賃金=物価協定は、秘密裡に苦労しながらの交渉で決着がつけられ、被雇用者たちにいっそうの消費の切り詰めを求めるものとなった。一九五〇年九月末に勃発した不穏な状態は目新しいものではなかったが〔この賃金切り下げの決定をうけて、オーストリア全土でストライキの機運が一挙に高まった〕、その規模はこれまで見慣れてきたものを上まわった。ひろく「ブルジョア」陣営にまで不満がみられ、企業からも「我われはもうたくさんだ」、「我われにとってまともなことなど一つとしてない」[95]と、かなり声高に言われていた。

九月二五日、地方でストライキが始まる。先陣をきったのは、リンツの「独立者連盟」であった。それから大衆の行進、危機をはらんだ状況、場所によっては暴力の行使もみられた。二六日には、バルハウス・プラッツ(首相府・外務省などのあるところ）が危険な状況となる。[96] 共産党がアジテーションの指揮をとる。かれらは、大衆の不穏な状況を介してふたたび政治の舞台に復帰し、労働組合や政府で失ったポストを取りもどすチャンスとみたのだった。ところがこの共産党の姿勢こそ、政府や労働組合のチャンスでもあった。後者は、共産党の煽動に対して、共産主義者たちが政権奪取の反乱を計画している、というスローガンで応酬したのである。深く根を張った反共産主義の気分に訴えるのは、ストライキに対抗するもっとも効果的な宣伝であった。こうしてストライキ中の者たちは分断され、エネルギーが削がれることになった。政権奪取の反乱という非難は、巧みな対抗宣伝だけであっただけでない。そうした非難の背後にある不安は、じつにリアルなものだった。――なぜならプラハにおける共産主義たちによるクーデタから二年しか経っていなかったからである〔一九四八年の二月、チェコスロバキアで、共産主義者たちがソ連軍の支援なしに、政権奪取に成功する。その際外相を務めていたヤン・マサリク（チェコ建国の父トマシュ・マサリクの息子）が窓から転落して謎の死を遂げて、世界中を驚かした〕。結局、「社会パートナーシップ」再構築の全体図式が整えられつつあった。オーストリア労働組合連盟（ÖGB）と社会党が大衆基盤を失って、それ以降のエリート・コンセンサスはいずれも実効のないものになった。これが五〇年秋のじつに大きな抗争であった。

ソビエトはなるほど、オーストリアにおけるストライキを場所によっては支援したが、それ以外は控えた態度だった。ストライキが中断され、共産党が一九五〇年九月三〇日、「全オーストリア事業所委員会会議」を開いて新たな力を結集しようとしたとき、すでに活力は失われていた。労働組合連盟は、ストライキをボイコットし、政府はストライキ反対を呼びかける。一〇月四日のゼネストも失敗に終わった。サボタージュ行動や暴力沙汰になり負傷者もでたが、死者はなかった。共産党の機動襲撃班（Rollkommando）〔襲撃や暴力的制裁のために動員されるグループ〕がストライキに乗り気でない事業所を力ずくでストライキに駆りたてようとしたのに対して、フランツ・オーラ（一九一〇―二〇〇九）〔社会党の政治家で、一九六三～六四年に内務大臣。六五年に民主進歩党を結成〕指導下の建築や製材の労働者たちは――会社の支援もうけて――逆の暴力でもって応酬した。すべてが――あるイギリス人の目撃者が書いているように――形式的には、大掛かりなストライキの型どおりのものに終始した。[97]

政治の舞台にあらためて参入しようとする共産党の試みは、決定的な形で頓挫する。けれども権力奪取をねらう反乱という比喩は、外交・内政面でいつでも利用できるカードとして残った。政府や労働組合といった勝利者たちは、さっそく政治的な浄化に着手する。労働組合連盟から共産党系の副会長が除名されたし、労働者たちは解雇されるか、配置転換となった。内務大臣のオスカー・ヘルメル（一八八七―一九六三）〔社会党の政治家〕は、根っからの反共主義者であり、あらゆる、かならずしも綺麗とばかりはいえない、政治的陰謀に熟練していた人であった。かれは、その任期を警察組織への介入に利用し（とにかく四八年時で刑事警察における共産主義者の割合は二五％にもなっていた）、二六七名の警察官をクビにする。その反面で、かつてのゲシュタポ職員四〇名をオーストリア警察署に復帰させた。[98]

大規模ストライキのもう一つの結果として、西部オーストリアでは、アメリカ軍の支援をうけて、「B＝警察隊(B-Gendarmerie)」の設立が連邦軍の準備として始まった〔すでに一九四八年の夏、西側占領地区では小さな規模の特別な警察隊グループの養成が始まっていた。連邦政府に安寧と秩序の維持を可能にさせる目的からである。それが、五〇年のストライキ騒動と朝鮮戦争の勃発を契機にいっそう強化された。五五年時までに七〇〇〇名になっていて、これが「国家条約」締結後、オーストリア連邦軍の中核となった〕。一九五三年には、この警察隊は四〇〇〇名の規模となる。もっとも、その当時ソビエトは、オーストリアに四万四〇〇〇人の軍隊を駐留させていた。[99] フランツ・オーラは、反共主義の英雄で一九四八年以降アメリカ軍とも緊密な接触があり、かつての強制収容所の囚人として表看板的な存在でもあったが、そのかれが、労働組合連盟の枠内で秘密の「特別企画」、つまりコミュニストに対する防衛隊として、二〇〇〇人の建築・製材労働者からなる準軍隊的なグループを設けていた。偽装した協会や会社を介して、オーラは独自の電波網をもつ社会活動のための緻密な社会基盤をつくりあげていたのである。それは、民主主義を護るのに役立つたが、また当時すでに一政治家の不透明で個人的な権力闘争のためにも役立っていた。そのかれは、かなり無分別な形で資金を政治目的に使うカリスマ的＝ポピュリスト的政治家であった。[100]野党の共産党は、今や最終的に無力な存在となってしまった。もう一度、積極的な口出しをするのは一九六六年の選挙の際であるが、そのときのかれらの社会党支援は、国民党が絶対多数をとるのに一部貢献することになった。冷戦の陰でオーストリア共産党は、三〇〇もの会社の一大コンツェルンを傘下に収めて、東欧貿易で商売をさせることにより、「社会の恵まれない人たち」の党をオーストリアでたぶんもっとも裕福な党に押し上げていたのである。[101]

もう一つの野党、「独立者連盟」もしくは「オーストリア自由党」は、すでに国内政治にかなりつよい影響力をもつようになっていた。小連立〔自由党と二大政党のうち国民党か社会党のどちらかが組む連立〕という脅迫が、大連立の相手側に譲歩を迫る圧力手段として使われるようになっていく。一九五一年、共和国の大統領の国民投票による初めての選出にあたって、第三陣営（「独立者連盟」）の支持者たちは、決戦投票においてテオドーア・ケルナー（社会党）の勝利に決定的な影響をおよぼした。こうして、オーストリア政治の選択肢として反教権的な連立という兆候があらわれたのである。社会主義大卒者同盟（ＢＳＡ）などの底辺基盤では、すでにそうした選択肢は現実味を帯びていた。五〇年代の行政機構における「カトリック系学生連盟」（ＣＶ）の圧倒的優勢が社会党をして――比例配分のポストをたくさん有しながら、資格のある専門家たちをあまりもっていなかった――かつてのナチたちに頼るよう仕向けたのである。社会主義大卒者同盟の会員数が一五〇〇名（一九四七年）から一万名（五六年）に増えた。[102]

もっと別な選択肢、一種の「中産階級ブロック」を、ときおり国民党がちらつかすことがあった。一九五三年ユーリウス・ラープは、三党連立（国民党、社会党、「独立者連盟」）をもちだそうとしたが、大統領ケルナーの反対にあって頓挫する。一九五七年の大統領選挙では、国民党と自由党が推す候補の医者ヴォルフガング・デンク（一八八二―一九七〇）〔癌の研究者として有名だった〕が、社会党の候補者アドルフ・シェルフ（一八九〇―一九六五）（ヒトラーと同じ四月二〇日生まれのもう一人のアドルフ）〔ただし前者は一八九〇年、後者は一八八九年の生まれ〕に敗れてしまう。この「中産階級ブロック」という選択肢は、第二共和制のなかで現実化することはなかった。そういう事態を招いた一因には、国民党のなかの「強制収容所世代」がはたした役割もあった。

それよりもはるかに現実味を帯びていたのは、社会党と自由党との連立である。とりわけフランツ・オーラがそうした連立の下準備をする。一九六二年オーラは、自由党の生き残りを保証することになった、一〇〇万シリングの評判となった資金を密かに与えている。選挙法改革も約束したが、これは履行されなかった。――ブルーノ・クライスキー（一九一一―一九九〇）になってようやく選挙改革は実現するが、かれは一九七〇年、自由党の好意によって少数派内閣を維持することができたのである。一九六三年の「ハプスブルク危機」〔ハプスブルク最後の皇帝カール一世の息子、オットー・ハプスブルクがオーストリアへの帰国を願って、共和国への忠誠の声明を出す（六一年）。その声明を認めるかどうかで、議会の意見が分かれ、裁判所の決定も、憲法裁判所と行政裁判所で食い違ってしまった〕では、社会党と自由党とが一致して国民党に対抗する。ブルーノ・ピッターマン（一九〇五―一九八三）〔カトリック教会や戦間期の政治的敵対者たちとの融和に努めた社会党の政治家〕は、かれの方から自由党との連立可能性をさぐった。その探りは一九八三年までつづくが、実現した小連立は、じじつ短命（一九八三～八六年）のものでしかなかった。

第二共和制の一種の在庫調べをしてみると、一九六三年にイデオローギッシュな環境がくっきりと照らしだされたことがあった。社会党のトップ政治家アルフレート・ミグシュ（一九〇一―一九七五）〔第一共和制時代からの活動家で、マウトハウゼン強制収容所からの帰還者〕が、国民党は全体主義的で専制的な乱暴なイデオロギーをもっていると非難する――国民党内の改革派の人たちはデモクラシーの潜在的な破壊者だとみなされ、これに対して、自由党には民主主義的な政党で全体主義的な傾向は一切もっていない、とのお墨付きが与えられた。[103]もっとも同じ在庫調べのなかで社会党の左派に属するヨーゼフ・ヒンデルス（一九一六―一九九〇）は、兵士連盟（Soldertenbund）や体操連盟など、五〇年代にふたたび許されるようになった伝統的な団体に関する豊富な資料を提供している。これらの団体は一部ではかなり率直に「第三帝国」の賛美を始めようとしていたし、自由党の一部の人たちのそうした伝統的な団体との結びつきは、歴然としていたのである。[104]

しかしながら占領時代の間に、大連立以外に現実的な選択肢はなかった。この占領時代も一九五三年からは希薄化して「占領のビーダーマイヤー期」となっていたが、その五三年に、国民党の真の主人といえるユーリウス・ラープが連邦首相となって中心的存在になっていた。経済連盟が主導権を握り、「若い戦線」という実験（かつての兵士や帰国者を国民党に引き入れようとする試み）は打ち切りとなり、同じくレーオポルト・フィーグルに代表される強制収容所＝世代も後退を余儀なくされていた。「ラープ＝カーミッツ路線」が経済的な興隆を引き寄せていく。

ラープの時代にはまたしてもオーストリア政治の基本図式が明瞭になる。一方に旧来政治型の偉大なマイスターであるユーリウス・ラープ。かれは、口数少なく低い声でぼそぼそつぶやくタイプで、ニーダー・オーストリア州流のバロック調が色濃くでていて、敬虔であり人間嫌いで、親方＝徒弟という職業モデルを家父長的に固守しながら、あくまで権威主義的であった。他方にアドルフ・シェルフ。かれは、啓蒙主義の国益第一主義の伝統を受け継いでいて、反教権的であり、スパルタ的なテオドーア・ケルナーと同様、後期ヨーゼフ主義者のタイプに属し、陰でうまく立ちまわる策士であり、福祉国家に心酔しているが、すべては国民のために、だができるだけ国民の手をとおさずに、というモットーにもとづくものだった。シェルフが欲し、粘りづよく護ろうとしたのは、権力の社会党の分け前の保証と拡大であり、ポストの比例配分をあらゆる手立てを尽くして護ることだった。議会は、蚊帳の外的な存在であり、エルンスト・フィッシャー（共産党）が嘲笑したように、「各省庁の活動のゴミを投げこむ屑籠」といった感じで、連立二党の交渉委員会が権力の中心になっていた。[105]その委員会で合意が不可能なら、決定は阻まれ立ち往生したままだった。同時に連立の二大政党は、「連立の封建国家」をつくりあげる。皮肉っていわれたように「国家を半分ずつ」二分していたのである。国民党系の教育省と社会党系の福祉省、濃い黒（国民党のシンボルカラー）のニーダー・オーストリア州と赤い（社会党のシンボルカラー）ウィーン都市州である。[106]

五〇年代のなかば、外交が「国家条約」という奇跡をもって政治を支配した（この点については後述）。むしろ気乗りしない状態で――国家条約の間接的な結果として――連邦軍の創設となった。主にアメリカ軍の武器で装備し、かつてのドイツ国防軍の中堅クラスの将校や下士官たちを幹部とする連邦軍は、国民一般の意識のなかにそれほどしっかりと根づくことはできなかった。戦後期の反軍国主義のつよい雰囲気がつづいていた。レーオポルト・フィーグルはいう。「それだからわが国も、国境での有事に際して五発の弾丸を発射するくらいの国防軍をもつ必要がある」[107]、と。

今や主権を回復した国としての真価が問われる試練が、一九五六年の「ハンガリー動乱」とともにやってきた。その危機をオーストリアは巧みに切り抜ける。人権の擁護を鮮明にした政策は、二度とみられないほどの勇気ある自由のシグナルとなった。親切に対応しようとする気分が国中にみなぎった。なにせ、一八万人ものハンガリー難民が押し寄せたのである。そのときオーストリアは、国家条約の好意にふさわしい国であることを示したのだった。ある外国人作家が書いている。「もしいつか逃げださねばならなくなったら、行き先はオーストリアになるよう願っている」[108]、と。一九五六年時ユーリウス・ラープと国民党は、成功の絶頂にあった。例をみない経済成長、国家条約、中立性、それからさらにその年の選挙での国民党の勝利である。その後まもなくして下降期が訪れる。一九五七年にはラープが卒中発作にみまわれ、大連立は断末魔の長期間にわたる苦しみに陥っていく。[109]それでも二つの重要な領域でなお妥協による解決を達成した。一九六〇年の農業問題（『緑の計画』）と六二年の学校問題である。

政府の動脈硬化がみられ、それにより生じた権力の真空地帯に、新たな勢力が進出することになった。つまり、一方では社会パートナーシップがその組織構造をつくりあげ、コンセンサス政治という基本図式を別な次元でまっとうするようにさせたし、他方では司法が一九六三年の「ハプスブルク問題」で政治的な権限を主張することになった。

二大政党では改革派が政治の新しいモデルを展開し始める。硬直した「ポストの比例配分的デモクラシー」に代えて、もっと実際に即し、多数派決定に依拠し、テクノクラートの支援をえた政治、要するにアメリカナイズされた政治を行なおうとしたのである。両政党(社会党と国民党)のなかで、各州やテクノクラート的な政治家世代が改革の推進役となり、四五年世代は、時代遅れとなってしまった。両政党において世論を味方につけようという闘いが始まり、世論を使って密室での談合を無力化しようとする。そうした動きは、労働組合が資金を出していた『クローネン・ツァイトゥング』をめぐるフランツ・オーラの怪しげな振る舞いにも、また一九六三年の蔵相ヨーゼフ・クラウスのセンセーショナルな「退陣」にもあらわれていたが、それは世論に訴えることを意図した手段であった。両党内で伝統主義的な勢力が無力化に抵抗しようとする。そうした状況の背後にあった問題は、次のようにいえるだろう。オーストリアのデモクラシーは、開かれた社会のなかで抗争の自由な展開に耐えられるほどしっかりしたものになったのだろうか? それとも、第一共和制時代の不安とトラウマがなお強烈に残っていて、ポストの比例配分をやめることは、新たな内戦の危険を誘発することになるのだろうか?

社会党内の改革の推進力は、労働組合連盟の会長でのちの内務大臣フランツ・オーラという人物に集められていた。オーラは、実践重視で、カトリック教会に対して融和の気持ちをもち、アメリカナイズされた政治に理解があった。反ユダヤ主義的なものを思わせがちなことも厭わず、労働者階級の一部になお影響の残るナチズム的な伝統にも訴えかけようとするポピュリストであった。そのオーラが、足を取られる。つまずきの元は、ウィーンの伝統主義であり、また、深く根を張った世界観と生活様式となっていた民主的な社会主義なる理解にあった。党内の権力闘争により、社会党員たちは自己破壊的な自己批判の淵にたたされる。一九六四年ブルジョア新聞(『ディ・プレッセ』)でのインタビュー〔内務大臣オーラは、怪しげな金の使い方や有力政治家たちの過去歴の資料公表などにより辞任に追い込まれたとき、インタビューで、「政敵たちよりも酷い中傷誹謗を自党の仲間たちから受けた」、と言っていた」ゆえにオーラを追い落とそうとする党の公式の意図は、民主政治のグロテスクとなってしまう。主導的な大衆紙にまで成長した『クローネン・ツァイトゥング』の度重なる押収は、憤激の嵐を巻き起こす。——言論の表現の自由が危機に瀕しているように思われ、人民民主主義的な方法という噂が広まる。各州における連邦主義的な気質に対するセンシビリティー不足（「フッサハ事件」〔一九六四年の一一月、フォーァアルルベルク州の造船所フッサハでつくられたボーデン湖用の客船に、「カール・レナー」という船名をつけようとする中央政府の方針に地元民が反発し、進水式の当日三万人ものデモ隊が式典を妨害した事件〕）、一九六六年の選挙戦の際に共産党の支援を受け入れたこと、競合するオーラの政党「民主進歩党」（DFP）の設立〔社会党を除名されたオーラがつくった政党で、六六年三月の選挙で約一五万票をとるが、議席の獲得はならなかった〕など——これらすべてが一九六六年の国会選挙の際の社会党の敗北につながった。新しい政治のための最初の試みは社会党内ではなるほど頓挫したけれど、問題は山積みになったままであり、新たな解決の試みを求めていた。[110]

　新しい政治は、さしあたり国民党内で比較的成果をあげることができたし、病気がちであるラープは徐々に権力を奪われていった。アルフォンス・ゴルバッハ（一八九八―一九七二）の連邦首相時代（一九六一～六四年）に、シュタイヤーマルク州やザルツブルク州出身の国民党改革派の人たちが連立相手に対してかなり厳しい路線を主張する。だが、かれらがかちえた成果は、部分的なものでしかなかった。というのもゴルバッハは、なるほど改革派に近かったけれど、かつての身分制国家時代の役員や強制収容所入所組の一人として、またナチズムに対する融和路線の代表的人物として、古い政治の図式を体現している人だったからである。クラーゲンフルトの党大会（六三年）でようやく、ヨーゼフ・クラウスとヘルマン・ヴィットハルム（一九一二―二〇〇三）のコンビは断固たる連立主義者のハインリヒ・ドゥリンメルに対抗して新しい政治を貫徹することができた。国民党内では一九六三年に「長い五〇年代」が終わりを告げる。しかし大連立が政府次元で「品よく」没落していくまでには、さらに三年を要した。

一九六四年クラウスが連邦首相の座についたが、大きな突破が成功するのは、六六年になってからだった。内部的に意見の分かれていた社会党とは対照的にヨーゼフ・クラウスは、今や汚れを落とし、実際問題に目を向ける現代的な国民党を率いることになった。

二つの問題分野がそうした転換をかなりの程度まではっきりさせてくれた。一九六三年の「ハプスブルク問題」が、大連立をきわめて深刻な危機に陥れる。何が問題の核心であったろうか？　オットー・フォン・ハプスブルク（一九一二―二〇一一）の放棄宣言〔かつてのハプスブルク家のメンバー帰国許可については、一九一九年の法律により、あらゆる支配権要求の放棄宣言と、連邦政府と議会とによる同意が義務づけられていた。オットーは一九六一年オーストリア政府にそうした宣言とともに帰国請願を出すが、オットーの過去の言動に不信感をもつ社会党の反対がつよく、連立政府内でも賛成・反対の意見が拮抗して結論が出せなかった〕は、またしても統一見解の出せない政府によって店晒しにされてしまった。そこで今や司法の出番となる。憲法裁判所は、決定権限がないといったのに対して、行政裁判所の方は、皇帝の息子（オットー）の国外追放解除の判決を出す。この「ハプスブルク危機」のなかに、連立で溜まった危機の諸現象が集中的にあらわれ、「引き延ばしながらどうにかお茶を濁してやっていく」（ブルーノ・ピッターマン）のが、今や不可能なことが明らかになった。同時に、オーストリアがおのれの過去とまだケリをつけていないことも示されたのだった。

社会党内の情動がこの党を真の「ハプスブルク・カニバリズム」（ギュンター・ネニング）へと追いやった――そこには心的抑圧と間違った歴史像がたくさんあらわれでることになる。しかし現実問題もかなり深刻であった。行政裁判所の判決を社会党は「裁判官の衣をまとった司法の反乱」だと受け止める。議会の政治的な次元が危険に晒されていた。社会党が地平線のかなたに脅威としてみたものは、議会排除の傾向であり、クーデタの潜在可能性であり、いな、それどころか、憲法の最高の価値である国民主権の掘り崩しであった。

それに対して国民党は、権力分立を民主主義の原理、法治国家や自然法の最高の財として擁護する。ニュアンスの違いのうちに、じつにさまざまな民主主義の見解がかかわっていた。政党政治的に国民党は、社会党と自由党がハプスブルク問題であけすけに協力しあい、国民党にプレッシャーをかけるというジレンマの前に立たされた。国民党の書記長ヘルマン・ヴィットハルムがオットー・フォン・ハプスブルクのもとに頼みに出向いて、入国を諦めてくれるよう頼みこむ。こうした苦労の末に妥協することができて、危機がそれほど綺麗ではない形にせよ、一応乗り越えられた。しかしながら大連立は、よろよろしながら終焉に近づいていくのだった。[111]

旧来の社会政治的なミリューが解体し、陣営気質が少しずつ浸食され、サラリーマン社会や消費社会が出現する。こうした社会の変化全般が「ポストの比例配分的デモクラシー」という旧来の図式を時代遅れであり、解体の時期にきているように思わせたのである。はるかに批判的になった世論、党派に左右されない報道機関の新たな役割が、今やパラダイム的にみて、放送局の厳格なポストの比例配分と衝突するようになる。一九六四年の党派から自由なラジオ局をという国民請願は、八〇万人の署名を集めて、新しい政治の第二のシグナルとなった。それは、社会の自由化の出発の合図のようであったし、また死にかけている「ポストの比例配分的デモクラシー」に対する弔砲のようにも受けとることもできた。

## 国家条約と中立主義

オーストリアのような占領下にある国にとっては、国家の主権をかちとる闘いが外交の突出したテーマとならざるをえなかった。一九四九年パリの外相会談の折、国家条約はすでに目前にあるように思われた。しかしながら、冷戦やオーストリアの石油資源に対する東西の利害、軍部の戦略的な思惑などが、その後の障害となる。期待は消え、国民は諦めの心境になる。[112]

しかし一九五三年、スターリンの死、ソビエトにおける雪解け期の始まりや、東西の軍事ブロックの形成などとともに、オーストリア問題の新たな展望が開けてきた。インドを仲介役にしてオーストリアは、国家条約交渉を暗礁から引きだそうと努めた。新たな目標ポイントは、中立主義ということになる。なるほどそれは決して目新しいものではなかった。というのもすでに第一共和制時代にオーストリアは（ドイツとの特別な結びつきにもかかわらず）事実上中立政策をとろうとしたことがあったからである。しかし今やたくさんの考えの潮流が流れこんできた。全面的な世界観の闘いのなかにあって、中立主義とは何をいうのだろうか？　苦労を重ねながら徐々に中立主義理解の範囲がはっきりしたものになっていく。核心として明らかになったのは、いかなる軍事ブロックの形成にも参加しないことだった。アメリカでもオーストリアの社会党内でも、中立という中心概念はオーストリアにとって危険だとする見方があった。オーストリアが事実上の西側との結びつきを離れて、共産主義の恰好の餌食になるのではないか？　オーストリアの中立という事態は西ドイツに対してどんな影響をもたらすのか？　それによって、激しい論議を呼んだ西ドイツの再軍備とＮＡＴＯへの組み入れが実質を削がれるのではないか？　ヨーロッパの真ん中に軍事的真空地帯が出現するのだろうか？[113]

局外中立という中心概念を内政上・外交上貫いたのは、ユーリウス・ラープの勘のいい偉大な歴史的功績であった。一九五三年のラープ時代の始まりは、新しい経済政策（「福祉的な市場経済」）だけでなく、新たな自主的外交もともなっていた。「小さな資本主義者」とのちにラープはロシア人から愛想のいい呼ばれ方をするが、そのかれが、共産主義に媚びていると疑われることはほとんどなかった。ラープの方は、レトリック的な反共産主義では空まわりするだけだ、と認識していた。かれが面白い表現で言ったことがある。「オーストリアという庭の真ん中にいるロシアの熊に向かって、くりかえし日曜日ごとに大声の演説をまくしたてて尻尾をつねるだけでは……無意味である」。[114]オーストリアは、西側への緊密な結びつきからいくぶん離脱することになり、そこで西側との連携の象徴的存在だった外務大臣カール・グルーバーは去らねばならなかった。かれの代わりに登場したのはより柔軟性のあるレーオポルト・フィーグルだった。つい先頃（八カ月前）ラープによって連邦首相の地位を取って代わられ、心情的に深く傷ついていた生涯の友であった。

すでに一九五四年のベルリンの外相会議にはオーストリアもパートナーとして交渉に参加していた。オーストリア代表団（フィーグルとクライスキー）は堂々と振る舞った。あるアメリカの政治家がこうメモしている。「かれら流の平和を口にし、それが拒絶されると、威厳にみちた態度で部屋をでていった」[115]。アメリカにとってもソビエトにとっても、ドイツ問題が優先していた。とくに後者にとっては五〇年代の前半期オーストリア問題はドイツ問題と切り離せなく結びついていた。ロシア人のトラウマは、「オーストリアの併合」であり、ドイツの強化であった。そうしたトラウマがいくぶん薄れた形になって初めて——そのきっかけとなったのが中立というテーマだった——国家条約への道の障害がなくなったのである。ソビエトにとっては、スウェーデンからフィンランドを経て（オーストリアと）ユーゴスラヴィアにいたる中立地帯が、自分の権力域の防護カヴァーとしてある種の魅力をもったのである。その反面西側では不安を呼び起こした。この中立ベルト地帯（オーストリア）も中立主義へと転化して、ソビエトの影響力の拡大になるのではないか？　そのうえオーストリアの中立というのは、NATO内の軍事的な南北提携を分断し、もう一つの危機的な地点になる、と思われた。オーストリア側でも中立（Neutralität）という概念を口にするのは当座なかなか難しく、むしろ「同盟からの自由（Bündnisfreiheit）」ということが言われた。なるほどスイスという模範があったけれど、オーストリアは東西対立の接点にそれより近い存在であった。社会党内の左派に属する人たちの反共産主義が、保守派の人びとの右派的反共産主義と、ラープ政策を批判する点で一致した[116]。

しかし決定的だったのは、ソビエトが一九五五年の春にオーストリア問題をドイツ問題から切り離すつもりになっていたこと、また始まりつつあった緊張緩和政策には何かシグナルが必要だったし、アメリカもオーストリアの自主的な中立を受け入れる気持ちになっていたことだった。中立というプログラムは、今や東西にとって実りある妥協ということになる。

ラープを団長とするオーストリア代表団は、モスクワで終始たくみに交渉する。その結果が一九五五年四月一五日の「モスクワ覚書」であった。オーストリアは、「恒久的に、スイスがとっているような類の中立の実行」[117]を義務づけられた。この中立は第一に、自主的な中立であった――その点に西側がこだわった。それだから中立の義務は国家条約のなかに書かれず、憲法の独自の条文（五五年一〇月二六日）を必要とするものとなった。第二にこの中立は武装中立であった――この点も西側にとって譲れぬものであり、それはすでに五四年アイゼンハワー大統領（一八九〇―一九六九）の確認したところだった。[118]オーストリアの反軍国主義的な基調雰囲気にもかかわらず、連邦軍なしに国家条約はない、という関連は明確に認識しなければならなかった。三番目はソビエトが、軍隊の撤収と「ドイツ資産」の返還に関してたっぷり支払いをうけたことである。国家条約のコストは、ほぼ八〇億シリングと表示される。[119]俗な言い方をするなら、オーストリアは財政的に奮発して国家条約を買いとることができたのであるし、それには、同時に驚異的な好景気が進行していたこともある。結局は一九五五年五月一〇日の「ウィーン覚書」で西側の石油会社にも同じように、かれらの石油採掘権の補償が約束された。長い交渉の末一九六〇年に四億シリングという額で合意する。最近の研究が示しているように、オーストリアは国家条約に有頂天になってしまって、大いに疑問の余地のある権利の要求まで飲んでしまったのである。[120]

条約の微調整の作業がその後五五年五月にウィーンで行なわれた。外相フィーグルはさらに、第二次世界大戦でのオーストリアの共同責任という文言を交渉のすえ削除することに成功する。それは文句なしの外交的成果であった。「犠牲者テーゼ」が十全な形で貫徹されたからである。だがそれはまた、内政的には「敗北」でもあった。ナチズム犯罪の心的抑圧傾向が、非常につよい支えをもつことになったからである――それは、八〇年代なかばの「ヴァルトハイム事件」〔一九八六年、ヴァルトハイムはオーストリアの大統領に選ばれる。だが、第二次大戦中のドイツ国防軍の兵士としての過去歴が問題にされる。国際的にも論議・批判を呼び、国連事務総長を一〇年も勤めたオーストリア新任大統領が、アメリカ入国も認められない事態となる。この事件をきっかけにオーストリアが、ナチス時代の自国の過去問題に真剣に取り組んできたかどうかに、反省が加えられるようになっていく〕で複合問題のすべてが吹きだすまでつづくことになった。

一九五五年五月一五日は——ウィーンのベルヴェデーレ宮殿での国家条約の調印式——、二〇世紀のオーストリア史における数少ない真の祝いの日の一つだった。それは、記録映画や写真にみるとおりである。けれどもそうした沸き立つ歓喜の気分に対して、ある批判的な作家の思い出に心を留めるのも必要であろう。ペーター・ハントケが五月一五日を体験したのは一三歳の時だった。ハントケやかれの世代にとっては、それはむしろスポーツ的なイベントで、自分の世界とはかけ離れたものだった。「その時分の世界は、ロシア軍やイギリス軍が居なくとも占領されているという感じのオーストリアであった。占領しているのは物質的困窮という占領軍であり、宗教の冷淡さ、伝統のもつ暴力、官憲の粗暴な大仰さといった占領軍……であった」。[121]

政治ではかなり楽観的になった。オーストリアは自由になれた！　一九五五年一〇月二六日——占領軍は撤退していた——の中立法の論議の際、自負にみちてラープがいう。「中立の義務があるのは国家であって、個々の国民ではない。……それだからイデオロギー的な中立への義務もなんら根拠がない」。[122]「わが国外交の持続的な基盤」としての中立にもかかわらず、オーストリアは西側の価値共同体の一員であった。

一九五五年からオーストリア外交の第二の局面が始まった。中立政策の具体化の局面であり、一九六八／七〇年頃までつづく。さしあたり国家条約は西ドイツとの間にひどい感情のこじれをもたらした。オーストリアは自分の利益のことばかり考えていて、ナチズムへの連帯責任は拒否し、「ドイツ」資産は自国のものにする、また西側への統合に反対するドイツ国内の勢力に対して、中立国家としてのモデルを提供していた。ようやく一九五八年になって西ドイツとの間に資産権の調整協定が締結された。[123]

中立は初めからできるだけ自主的なものと定められていた。オーストリアは一九五五年に国連、五六年には「ヨーロッパ評議会（Europarat）」に加入した。歴史的な伝統と地政学的な位置をもちだして、オーストリアは「東側世界に対する窓」だとの解釈にたっていた。別言すれば、古い橋渡し神話——東西が出会う場所（一九六一年ウィーンでのフルシチョフ＝ケネディー会談）——の復活であった。[124]自主的な中立政策をいうには、まず占領軍の保護監督から解放される必要があった。それは厄介な緊張を招くことになった。たとえば一九五六年の「ハンガリー動乱」ではソビエトとの間に緊張、また「ヨーロッパ経済共同体」にはいろうとするオーストリアの試みでも緊張が生じた——後者はロシアの大きな抵抗にぶつかる。ロシアが苦痛の限界にきているのは明らかだった。新たな「併合」が——ソビエトの解釈では——迫っているのだった。オーストリアは一九五五年以後もアメリカの隠れた同盟者とみなすことができたし、軍事的な接触も緊密であって、アメリカの情報機関がかなりの資金を投入していたが、にもかかわらずアメリカとの間でも緊張がないわけではなかった。たとえば、一九五八年レバノン危機にあたって、アメリカがオーストリアの領空権を臆面もなく侵害したときがそうだった。またとりわけ経済の分野で、石油＝ロビイストたちがアメリカ外交に圧力をくわえたときに緊張が生じたし、ユダヤ人の経済的な損害補償問題で、あまりにぐずぐずしたオーストリアの姿勢をあらためさせようとする場合にも緊張が生じた。[125] しかし全体としてみれば、歴史家はこう総括してよいだろう。中立への手さぐりの歩みは成果をあげたし、この中立によってオーストリアのアイデンティティーに安定要因が与えられたのだ！と。[126]

# 第四章　社会／自由＝連立時代――反権威主義の波と消費社会の欲望

## 第一節　節目――六〇年代なかばと八〇年代なかば

一九六〇年代のなかばにオーストリア社会はあらためて変化し始める。第三の技術革新的な革命によりコンピュータ時代の導入となる。当時の首相ヨーゼフ・クラウスは、そうした変化を鋭い洞察力で見抜いて、プライベートな時間を使ってコンピュータの知識を身につけようとした。一九七〇年時に電算式データ処理センターがオーストリアに五〇〇〇カ所あった。[1] 社会の各分野の重みが急速に入れ代わっていった。農業部門は、一九五一年から七一年の間に就業者の一七％を失い、自営業者が一三％減り、第三次産業が一三％増加する。[2]「サラリーマン」という職業タイプが、社会の優勢な構成要素となる。サラリーマンは、政治的な点からいうと、農民や労働者とは違って、ある特定の陣営にはっきり帰属させることはできず、全体として流動的であった。六〇年代の末になってすでにポスト工業社会〔経済活動の重点が物の生産からサービス業に移り、情報技術を多く駆使して、生活のあらゆる領域の技術化が進んだ社会〕への移行がはっきりしてくる。世俗化／宗教離れが急激に進む。国民党の明確な支持者の間ですら定期的に教会通いをする人の割合は、六七％（一九五五年）から五五％（七二年）に落ちていく。[3] 公会議後の教会は、教会会議や民主的に選ばれた教区評議会などをとおして開かれた教会をめざすようになった。説教壇が民衆に近づき、司祭の顔が教区の方に向けられる。司教が秘儀のオーラを失うことになった。すべての社会機関と同じように教会も消費社会の圧力に晒されていたのである。建築が集団気質の表現だと理解するなら、一九九〇年ウィーンに出現した（建築家）ハンス・ホライン（一九三四―二〇一四）制作の「ハース・ハウス」という世俗化した消費の殿堂は、シュテファン大聖堂という聖なる家に向けて誇示されたコントラストと読み解くことができるだろう。

一九三〇年当時と同じように、一九六八年時にも政治化の波が若者、とりわけ学生を捉える。しかし三〇年代とは違って、政治化の方向は右ではなくて、左であった。国民のなかの反共産主義の気分は持続していたけれど、たとえばヘルベルト・マルクーゼ（一八九八―一九七九）が唱えるようなネオ・マルクス主義が学生たち若者に知的な魅力を発揮していた。学生たちを越えてひろくみられたのは、原則的に反権威主義的な姿勢である。つまり、「既存の体制」への反抗、家父長的な家庭やヒエラルキー的な教会、大学での正教授支配、また企業家の絶大な力に対する反抗であった。

いくぶんの遅れはあるが、そうした反権威主義の波と緊密に結びついて、女性解放という世俗的風潮がしだいにつよい推進力をもつようになった。二〇世紀の特徴は、この女性解放という風潮につよく決定的に彩られたものとなっている。かつての繊維工場労働者で労働組合の役員であったグレーテ・レホール（一九一〇―一九八七）が、クラウス単独政権の福祉大臣に任命された（一九六六年）というのは、当座はたんなる象徴的なものであったかもしれない。[4] だが、このシンボルが生活態度の変化を告げることになる。オーストリア国民議会の女性議員が一九七一年には一一名であったものが、九〇年には四〇名となっていた。[5]

政治がそうした社会変化に反応せざるをえなくなる。「民主主義の活性化」（ヨーゼフ・クラウス）、あるいは「社会の民主化」（ブルーノ・クライスキー）が、呪文となる。民主化をクラウスは政治に限定していたけれど、クライスキーは社会全体をねらっていた。政治が対応を迫られたもう一つの理由は、六〇年代のなかばに有権者の流動化が始まり、古い陣営の結びつきが――当座は徐々に、七五年以降は加速度的に、八五年後は劇的に――緩み始めたからである。オーストリアの流動化は、二つの大政党の綱領にも反映される。なるほどテンポの違いはあったけれど、目標には共通したものが認められた。いずれにせよ、こうして政治的には一つの区切りの時代、社会／自由提携の時代ということができる。六〇年代のなかばに始まって八〇年代のなかばまでつづく時代である。それは、少なくとも最初の一〇年（一九六五～七五年）は、オーストリアの歴史では珍しい改革の時期であり、第二の一〇年（一九七五～八五年）は、程度の差こそあれ危機管理に成功した局面であった。

政治も今ではより厳しい視線に晒されるようになった。批判的なジャーナリズム、真相暴露のジャーナリズムという新しいタイプにより――一九六六／六七年の放送局の改革、七〇年の雑誌『プロフィール（*Profil*）』の創刊など――密室での裏取り引きがより困難になった。単独政権以来のアングロサクソン流の政治のやり方、つまり大きな政党が政権につき、もう一つの政党が野党となり、監視するというやり方とともに、議会にも一面で独自性が多くみられるようになる。政治が活性化し、オーストリアがいくぶんより民主的、より寛容で、より現代的になっていった。[6]

一九〇〇年、一九三〇年、さらに一九五〇年頃に多くの階層が晒されていた貧困な文化を抑えこむことができ、消費の文化が広範な階層に浸透していく。持つこと（Haben）の方が在ること（Sein）より重要になる。ウアラウプの期間がますます長くなり、その休暇先がますます遠方になり、そうしたウアラウプにより生活が本質的に変わっていく。個人消費が六〇年代のうちにほぼ二倍になった。伝統と権威が失われて、平等と自己決定が促される。個人の生活スタイルが多様化して、伝統にそれほど縛られずに自分の手で選択を強いられる場面が増え、感情生活に、孤独や攻撃をともなった陰りが発生するようになる。二〇世紀は――的確に言われたように――貧困の危機から意識の危機にいたる道であった。[7] 個人主義化というのは、じっさい脱連帯化のことであった。共同体に注がれるエネルギーがしだいに少なくなり、「体験社会（Erlebnisgesellschaft）」の自己演出にますます多くのエネルギーが投じられるようになっていく。

なるほど高齢者が増えたけれど、若さ礼賛に圧されて、年老いることそれ自体や死が忌避される。一九八〇年頃の人間は、一九〇〇年頃の人たちよりじっさい若くみえた。一九六八年の文化抗争のなかで若者たちが力づよく進出する。それは一面では「体験社会」の始まりであり、いつも新たな生のよろこびを探しては、あっさり捨て去って、また探すという「緊張にみちたミリュー」の形成の始まりであった。またそれは他面では、「消費社会」に対する「新左翼」の厳しい批判の始まりでもあった。この消費社会における独自の市場の展開は急激であった。「消費バカ」や「操られる人間」などが軽蔑視され、反伝統的なものが持て囃される。六〇年代の「セーター世代（Pullovergeneration）」が五〇年代の「ネクタイ世代」に取って代わる。けれどももっぱら美的見地からものをみる勢いは、その年代でもやむことはなかった。六〇年代の「新左翼」から、八〇年代の社会党内の「トスカーナ派」が生まれる。この派の人たちは、最高級のワインや「甘い生活」をちゃんと評価することを知っていた。

六〇年代に発達した消費社会は、八〇年代なかばという違ったパースペクティヴのもとにある節目も覆うことになった。八〇年代なかばという節目は、現代史に終止符を打ち、現在の歴史への蝶番となるものであった。それを簡潔にいうなら、こうである。クラウス／クライスキー時代が歴史的にじゅうぶん伸びきって、決定的に終わりを告げ、原理的には現代史の分析に委ねられるようになったことである。それに対してフラニツキー時代は、まだ未来に対して位置が定まらないもので、現在史の一部であり、学問のうえでは、むしろ社会学者、経済学者、政治学者や未来研究者の腕が試される分野である。

しかし、一九八五／八六年という節目は、もっと正確に規定する必要があるだろう。オーストリアが新たな共和国をめざしてスタートしたのである。[8] 第二共和制の基本図式のいくつかがぐらついて、正統性の危機に遭遇していた。政党の黄金時代ははっきり終わっていた。政党は「クライスキー時代」になお最後の輝きを発することになるが、その後急激に党員や支持有権者を失っていった。[9] 二大政党の凋落により、七五年時に有権者票の九三％あったものが、九〇年には七五％になる。ヨルク・ハイダー（一九五〇—二〇〇八）というカリスマ的なリーダーに煽動された自由党の八六年以降の上昇は、九〇年に一七％の投票をえて、「第三陣営」のほんらいの支持有権者層をはるかに越えたものとなる。[10] この右翼ポピュリズムは、第二共和制に対する原理主義的な野党となっており、くりかえし意識的に第二共和制の大きなタブーに挑戦している。五％をえた八六年の「緑の党」の進出は、政党の風土をより多彩なものにし、エコノミーとエコロジーとの間に始まった七〇年代末以降の抗争を、政党を樹立しての分節化ラインとして浮きだたせるものであった。

一九八四年の——ドナウ水力発電所の建設を阻止しようとする——ハインブルクの湿地帯〔ウィーンの東約四〇キロ、スロヴァキア国境近くのドナウの岸辺に広がる湿地帯〕占拠は、ツヴェンテンドルフ〔ウィーンの北西約四〇キロ、ドナウの岸辺にある村〕の原子力発電所に反対という国民投票の決定（一九七八年）に次ぐ、第二の象徴的な力の衝突の場であった。そこでは、経済成長にシフトした社会パートナーシップの論理が、ポスト工業社会的な生活哲学のエコロジー運動の論理とぶつかりあうことになったのである。それだからアントン・ペーリンカ（一九四一年生まれ）[11]〔インスブルック大学の政治学教授〕は、ハインブルク事件を「第三共和制」へのゲネプロだと言ったのである。それが今度は、第二共和制のもう一つのパラダイム、つまり社会パートナーシップというパラダイムを揺さぶることになる。社会パートナーシップの黄昏は、すでに次のような問いを生みだしていた。オーストリアにおけるネオ・コーポラティズムの時代は終焉を迎えているのではなかろうか、[12] と。

一九八五年の何十億シリングという赤字をみせた国有企業の危機は、第二共和制のパラダイムの一つをさらに根底から揺さぶった。その結果が経済哲学と経済政策の変更であった。またそこには、フランツ・フラニツキー（一九三七年生まれ）指導下の社会党の路線変更もあった。「オーストロ・ケインズ主義」は魅力を失った。新しい政策がめざしたものは、もっと多くの市場経済であり、それは社会党内で「企業の国有化」というタブーを破って、規制緩和や私有化に努めることになった。じじつ私的資本の勝利の行進が始まった。その名目資本金(Nominalkapital)〔株式の額面による資本金のことをいう〕は二四〇億シリング（一九七八年）から、八四〇億シリング（八九年）に増え、ふたたび第一の地位についた。したがって名目資本金に占める国家の割合は、三三％（七八年）から二六％（八九年）へと低下する。[13]「国家の長い影」が、はっきり短くなったのである。

別な視点からみても、伝統的に国家が占めていた領域に市民の社会が進出する。市民運動、平和運動、反核運動、同性愛者の運動、女性運動などが自律的に自由な連合体の形をとってつくられ、一つの「カウンター・カルチャー（Gegenkultur）」を生みだし、国家の権限を奪い取ったのである。道路をつくり、大きな建築物を建てるのがかなり難しくなってしまった。悲観論者たちは早くも、社会が統治不能な状態になってしまったと言いだした。[14]そのうえに数々のスキャンダル（「ルコーナ事件」、つまり社会党と緊密な関係にあったウドゥ・プロクシュという道楽者の保険金詐欺未遂事件や、「ノリクム事件」という国営企業の不法な武器取り引き）が、一九八三年から八六年にかけての小連立時代に発覚し、オーストリアは世界世論の目からすると「幸せ者の島（Insel der Seligen）」から「スキャンダル共和国（Skandalrepublik）」に変わってしまった。しかし社会史的にみて重要だったのは、司法が国家に左右されずに動いたことであり、政府のメンバーであっても告発しようとする司法の気構えであった。

一九八六年の「ヴァルトハイム事件」は、「オーストリア的人間」の暴露となり、オーストリアのご都合主義の正体をあらわにした。国家神話であり、オーストリア外交が営々と築いてきた指針――この国は、ナチズム侵略の第一の犠牲者であるという神話――が崩れてしまった。国民的な意気込みで選ばれ、歴史的に周知の「おいらはおいらさ（Mir-san-mir）」という気分から選ばれた、連邦大統領クルト・ヴァルトハイム（一九一八―二〇〇七）が、西側の民主主義諸国から、忌み嫌われ蔑まれる人、「接触を厭われる人」という扱いをされた。同時にオーストリア社会は、数十年も遅れて、自分のナチズム時代という過去や自家製の反ユダヤ主義との対決という苦痛にみちた過程に身を晒さざるをえなくなった。[15]

東ヨーロッパにおける共産主義支配の崩壊、ヨーロッパ連合加盟への努力が、もう一つの、アンタッチャブルと思われていたオーストリア外交のパラダイム、つまり中立というパラダイムを徐々に掘り崩すことになった。それにまた、一九八五年にフランツ・ケーニヒ枢機卿（一九〇五―二〇〇四）が年齢的な理由で退き、それをうけた司教の任命劇もカトリック教会内部のはっきりした変化を告げるものであった。第二回バチカン公会議（一九六二～六五年）後の改革の機運が消え去ってしまって、保守的な要素の回帰が積み重なってカトリック的な原理主義となった。それをあきらかに具現していたのが、クルト・クレン司教（一九三六年生まれ）であった。

ヴァルトハイムにハイダーにクレンは、それ自身が八〇年代のなかばオーストリアの歴史が体験した断裂を明示するものであった。

## 第二節　もっと多くのデモクラシーを

### クラウスとチーム・スタッフ

六〇年代の社会の精神状態の基調は、まだまったく別なものであった。いたるところに改革の機運がみられたし、ある種のスタートの気分にみちていた。時代精神は、むしろ左方向からオーストリアに吹きこんでおり、五

○年代の保守的な文化パラダイムは崩壊していた。ポストの比例配分的なデモクラシーの歪みが、デモクラシーの改革を求めていた。ポストの比例配分の原理（das Proporzprinzip）――この原理をギュンター・ネニング（一九二一年生まれ）〔ジャーナリスト、各種の雑誌編集長を務める〕は、一九六五年にこう表現していた。「一人の若者がお前さんのところへきたら、助けてやりたまえ。その代わりはっきり言ってやるんだね。どのポストであれ、いずれかの党員証とリンクしたものだとね」[16]――が、とつぜん通用しなくなったわけではないが、しばしば批判されるようになった。一九六七年から七四年の間に、デモクラシーの改革に取り組む本が一一冊も出される。[17] キーワードは、チャンスの平等であったが、その点では社会党相手に国民党も合意することができた。

改革の担い手は当座、社会党ではなくて国民党であった。この党でかかわっていたのは、改革者のヨーゼフ・クラウスとヘルマン・ヴィットハルムである。かれらのプログラムがめざしたのは政治の、事実に即したやり方と科学化であった。そうした目標は、カトリック系のインテリ層からも支持された。この層は、第二回バチカン公会議という大きな期待の渦に浸っていた。因習的な庇護主義の牙城である「カトリック系学生連盟」（CV）ですら、新たな潮流を受け入れ始めた。一九六五年、ウィーン大学創立六百年記念祭にあたって、ルドルフ・アウクシュタイン（一九二三―二〇〇二）〔ドイツの雑誌『シュピーゲル』の発行人〕やエルンスト・ブロッホ（一八八五―一九七七）を交えて行なった伝説的なシンポジウムも、知性上の分水嶺となった。保守的原則の代表者であったハインリヒ・ドゥリンメルは、国民党内で敗北を喫するが、苦々しげに政治のテクノクラート化や、キリスト教陣営内の「いやらしい左派系」のことを口にした。[18]

一九六六年に事態がさらに進展する。国民党が単独で政権につく。独自の強さというより、社会党の弱みにもとづくものであった。社会党は「オーラ危機」〔社会党を除名された元内相のフランツ・オーラが新党を結成して選挙に臨んだ〕によって麻痺状態にあり、またほかにも次々と政治的失策を重ねていたからである。オーストリアは一瞬息を止める。単独政権という実験がうまくいくだろうか、第一共和制の亡霊は、完全に追い払われているのだろうか、と。ことはうまくはこんだ。「国民党の統治は全体としてみれば適正だったし」、かれらは「非の打ちどころのない政治家」であった、とのちに国民党を認めてやったのは、（社会党の）ブルーノ・クライスキーである。[19] 国民党は野党とのコンタクトを決して絶つことなく、大部分の法律は一緒に決めたし、社会パートナーシップは、以前にもまして政治力をつよめていたのであった。

クラウス政府は無類の改革熱を発揮して、法律が矢継ぎ早に決められる。政府の顔に吹きつけたのは、野党の冷たい風だけではなかった。一九六六年のＯＲＦ（オーストリア国営放送）に関する法律によってかなり批判的な世論に晒され、この世論に対してバタバタと組閣した政府の閣僚たちは、まずい対応しかできなかったし、またとりわけリベラルで左派調の時代精神が、政府にとって逆風となった。クラウスとそのチームが代表していたのは、啓蒙的な保守主義といっていいだろう。実直で、几帳面で、少々融通性に欠けていた。「カトリック系学生連盟」がふたたび本領を発揮することになる。この学生連盟が政府のスタッフ的な支えとなった。この「保育所」から国民党の次世代政治家——ヨーゼフ・タウス（一九三三年生まれ）、アーロイス・モック（一九三四年生まれ）——が輩出してくる。たえず知的なプロフィールに努めていた首相クラウスは、とても敬虔だったものだから、政府の仕事を首相府におけるミサから始めさせた。それは副次的なことかもしれない。だが、クラウスの政治上の模範が高位聖職者（から政治家になった）イグナーツ・ザイペルだったことを考慮すると、一部で新たなユートピアを求めていた当時の社会のイメージとあまり合わない感情世界であるのは明らかであった。[20] 若者たちの新たな生活感情をもっと信頼できる形で表現していたのは、ラジオ（第三放送）のポップ＝ミュージック放送であったろう。国民党に関する歴史家のルートヴィヒ・ライヒホルト（一九一一－一九九六）〔『国民党の歴史』一九七五年刊の著者〕がクラウス政府について簡潔にこう評している。「一言でいえば、クラウス内閣は一九六六年、今日の社会にふさわしい構想もなしに、単独政権についた」[21]、と。

めざした改革の多くが宙に浮いたままか、あるいは尻つぼみの状態に終わる——刑法の改革、基本法の集大成などである。しかしプロジェクトを政府は一貫して進めた。一九六三年から六八年の間に教育の爆発的進展の基礎が置かれる。「教育の窮状」が経済界をびっくりさせていたからであった。今後の成長は、国民教育の改善にかかっている、と当時のテーゼは言っていた。一九六二／六三年時で一三歳児のうち「ミッテル・シューレ（中等学校）」〔ドイツでいうギムナージウム（大学まで行こうとする進学校）に近い中等教育機関〕に通うものが一〇％でしかなかった。[22]だが五〇年代のなかばと八〇年代なかばとをくらべると、大学で学ぶ者が二万人から一七万五〇〇〇人に増えている。[23]国民党政府の四年間だけでも、二二校の高等学校が設立される。一九六五年から七五年の間に中等学校教員の数が二倍半ほど増え、職業学校の生徒数が五倍にもなる。[24]広範な教育改革は、学生運動が過激化し始めるはるか以前から始まっていたのであった。学校改革委員会、大学改革委員会、研究助成基金、新たな大学の創立（リンツ、ザルツブルク、少し遅れてクラーゲンフルト）――クラウス政権は、じっさい事態を真剣に考えていたのだった。[25]オーストリア社会が徹底的に掘りかえされ、社会的な上昇モビリティーが醸成されることになった。もっとも数年後には、大卒者の過剰生産がいわれ、職業見習い生の不足がいわれるようになった。

政府はじっさい公約した学問との接触をはかろうとこころみる。「行動計画20」サークル〔六六年の国民党大会で、学者と政治家との協力をはかることを決めた活動プログラム〕が熱心に行動し、成果がなくもなかった。この活動は一九六六年の秋、国民党の党大会でとりあげられ、きわめてリベラルなラルフ・ダーレンドルフが報告を行なう。それは、開かれた社会をめざすあきらかな狼煙であった。[26]だが、まもなくいくつか誤解が生じて、政治と学問とは互いに興味を失ってしまった。

日常の次元でもっと人びとの心を引いていたのは、恩給や年金の物価スライド制であり、精力的な住宅建設であり、持ち家制度の奨励であった。後者は古くからのカトリックの夢であり、自己主体性奨励への方針転換であった。六〇年代の住宅建設は四五万戸で、現在住宅戸数の四分の一に相当した。[27]たしかに巨大な実績であったが、美観やエコロジーの点では失敗であった。町並や集落が自然の景観を配慮することなく醜く蝕みながら浸食していったのである。

一九六七年の経済危機は、とにかく政府や国民を不安にした。税収の落ちこみ、その後の厳しい緊縮財政政策とさまざまな増税策、これらはそれ相応の混乱を意味していた。それでも一九六八年の「コーレン・プラン」――経済相のシュテファン・コーレン（一九一九―一九八八）の名にちなむ（かれは当時もっとも有能な閣僚だったろう）――が、新しい経済政策の基礎となり、経済の近代化を推し進め、その後の好景気を可能にした。ただしこのプランから得点を稼いだのは、クラウスでなくてクライスキーということになっていく。一九六七年の「ビッグ・バーゲン」――低い賃上げ交渉と引き換えの減税の前倒し――は、評価が分かれるにせよ、社会パートナーシップ図式の強化になったのである。[28]

では民主主義の改革は、どうであったろうか？　六〇年代全体をとおしてみると、政治の民主化が進んだといってよいだろう。議会は独自性を獲得するし、「国民請願（Volksbegehren）」、「国民投票（Volksabstimmung）」〔連邦憲法の基本的変更や、連邦大統領の罷免に関して国民の意見を問うもの〕、「国民意見投票（Volksbefragung）」〔既存の制度の変更に関してではなく、新しい法律・施策などに関して国民の意見を問うもの。この投票結果に法律的拘束力はないが、立法機関における「多数派の独裁」裁量に少しでも時の国民意向を反映させようとするもの〕などの直接民主主義の手段が整えられ、その後クライスキー政権下で、「行政監察（Volksanwaltschaft）」〔北欧諸国のオンブズマン制度にならったもので、行政に対する国民の監察・異議申立てなど〕の制度の導入があった。

国民党単独政権の成果総括は決して悪いものでなく、オーストリアの近代化が軌道に乗ったのである。では何故に政府は次々と選挙で敗北したのか、当初は地方選挙で、そののちには七〇年の国会選挙で、決定的な敗北を喫したのだろうか？　問題はとりわけ国民党の選挙戦術にあり、多くの理由があげられよう。ヨーゼフ・クラウス自身注目すべき自己批判のなかで問題点をあげているが、[29]二つの主要問題点が目立っていた。

1　社会の変容により、農民や自営業者といった国民党の古典的な支持層が縮小してしまった。集団的メンタリティーに少し綻びができて、新しいものや非因習的なものを端から拒否するようなことはなくなった。生活のチャンスの重要度判定が人との絆から自由な選択権へと移り、解放と決定参加という主導概念が想像力を解き放つ（「想像力に優位を！」）とともに、徐々に事態を流動化させていった。政治のアメリカ流の新しいスタイルが消費社会の営業戦略にもはいってくる。包装や視覚的な信号が情報社会のなかで新しい価値評価をもつようになった。サラリーマン社会は、出自の絆で動くことは少なくなり、より高い娯楽価値に楽しみを求める。非革命時にはそのつど伝統と近代化との間で妥協が必要であるが、それが政権にある国民党では、ほどなく伝統の方向をとり、クライスキーのもとで自己変革をはかる社会党の場合には、近代化の方向に振れた。クライスキーは硬直した諸要素の排除に努めたし、上述の諸傾向は社会党に有利にはたらいた。まだ一九六六年時では、オーストリア社会主義が自分でことを難しくしていて、党と近代的なものとの合流を阻んでいた。それだから国民党が近代化という魔法の杖を握ることができたのである。だが四年後にはその杖を社会党に渡さねばならなかった。

2　もう一つの答えは、国民党の構造のなかにあった。政治の新たなスタイルは、各種団体の利害が支配する政党ではほとんど反響がなかった。公正を期す政治も、具体的な農業利害に直面すると、どうしていいかわからない。まもなく各団体の抗争が、政党の争いに取って代わる。クラウス首相は、日常から超然としていて、お得意の西洋哲学に入れこみ、古典的な絆を自慢しながら、アルプス山岳州生まれ特有の頑固さにメシア信仰心の厚い国民教師のようであって、伝説的な学校ノートを開いて大臣や党の幹部たちの宿題を調べようとした。禁欲、倹約、非常に勤勉だが、同じようにとても傷つきやすく、すぐに気分を害する人だった。そのクラウス博士がまもなく自分の党のコントロールもできなくなる。その力の間隙を埋めたのが、党書記長で議員団長のヘルマン・ヴィットハルムであった。かれは首相クラウスにとことん忠誠をつくしていたが、まもなく党の実力者となる。これによりしばしば思わぬ失策が生まれた。たとえば、孤立していると思ったクラウスが不注意に口にした「権力の禅譲（Hofübergabe）」（なんと古めかしい言葉だろう）はじっさい早まった予告であった。一九七〇年の選挙で選ばれるのは、「真のオーストリア人（der echte Österreicher）」クラウスか——これはあきらかに潜在的に在る反ユダヤ主義をユダヤ人クライスキーに向けさせようとしたもの——それとも「つよい男」のヴィットハルムか？国民党は旧来の同盟者である教会をもはや無条件には頼れなくなっていた。クライスキーも教会を味方につけようとする。間口拡大により教会の政治的なプロフィールが拡散したものになったように思われた。カトリック左派の人びとは、マルクス主義にさかんに色目を使い、カトリック陣営でも、議論の種類や方向が変化してしまっていた。[30]

一九六七年の景気後退により政府は苦境にたたされる。建築関係のスキャンダルが発覚する。それは、時期的には、昔の連立時代にさかのぼるものであったが、国民党に近い多くの企業が巻きこまれ、党に重くのしかかった。クラウスはスキャンダルに敢然と立ち向かい、誠実にそれを解明しようとする。しかしながら選挙敗北の決定的な理由は、たぶん首相クラウスの人間タイプにあったろう。この「学校教師」は、社会の変革よりも、むしろ社会の道徳的な整備をしようと意欲したのだった。政治が個人に左右される時代になると、テレビへの登場の仕方が決定的な重要性をもってくる。クラウス自身が、このテレビ・メディアを前にすると、どんなに気後れし臆するかを認めていた。[31]

かれのライバルのブルーノ・クライスキーはまったく違っていた。広く外界の事象に心を開き、世故にたけ、相容れない諸傾向をまとめる能力があった。新しい開かれた党をカリスマ的に代表しながら、リベラルな社会の成功者たちに愛想をみせつつ一緒に道を歩み、国民から社会主義に対する不安を議論しつつ取り除く能力もあった。

老練な戦略家であり、天分に恵まれた自己演出家であった。クライスキーはジャーナリストに囲まれるのを苦にせず、のちに首相になってから、かれは火曜日ごとに閣議のあと「政治的なメディア・ミサ」を執り行なうようになった。[32] クライスキーにはカリスマ性だけでなく、ビジョンもあった。そのビジョンは、社会民主主義の伝統に由来し、スウェーデン・モデルによって活性化されたものであって、「社会的デモクラシー」といってよく、政治の民主主義化だけでなく、社会のあらゆる領域での民主化をめざすものであった。それはヨーゼフ主義的な伝統にそって――上から行なうものであった。一九七〇年時の問題は、近代化への道をより信頼にたるように代表しているのは、クラウスとクライスキーのうちのどちらだろうか、であった。国民や若者は、それはクライスキーの方だと決めたのである。

## クライスキーとそのチーム

一九七〇年、二五年におよぶ保守的／キリスト教「社会」党的／リベラル系の支配が終わる。それにつづいたのは、社会党／自由党の支配の歳月であった。国民党は野党に追いやられ、一九八六年になってようやく連立の第二政党として受け入れられる。ブルーノ・クライスキーが実際にどれほどずぬけた戦略家であったかは、一九七〇年三月一日の選挙のあった夜に披露された。相対的な多数派となったクライスキーは、自由党と暗黙の連立をとりつける。選挙法改革を約束して、自由党を政治的に生き長らえさせ、多数派形成の手助けとしていつでも役立つ気構えにさせたのである。[33]

一九世紀や二〇世紀のオーストリアの歴史をみると、反ユダヤ主義の根づよい国民文化のなかでユダヤ系の男が連邦首相に選ばれるなんて、ちょっとした政治的奇跡のように思えてならない。もっともクライスキーは、自分のユダヤ的出自を忘れさせるよう、いろんなことを行なっている。ときおりかれは激しいイスラエル攻撃を口にする。ただし、ナチス犯罪の有名な暴き人、ジーモン・ヴィーゼンタール（一九〇八―二〇〇五）に対するクライスキーの攻撃的な非難言辞は、比較的下層の人たちの情動に触れるものであった。一面でヴィーゼンタール非難は、同化ユダヤ人と東方からきた新参ユダヤ人との間の旧来の抗争の現代版であり、他面で自由党党首フリードリヒ・ペーター（一九二一―二〇〇五）がナチス親衛隊に所属していたという過去歴のヴィーゼンタールによる暴露は、自由党との暗黙の連立を吹き飛ばす恐れがあった。そうなると、国民党を権力から遠ざけるというクライスキーの長期的戦略が成り立たなくなるのだった。[34] クライスキーは、オーストリアのナチズムとの絡みをかなり無頓着に無視し、また元ナチ四人を含む閣僚リストを発表する。[35] それは一つには、ナチスのテクノクラートの一部が社会党に流れ逃れていたことを示すものであり、もう一つは国民に対して、「過去は問題にしないでおこう」という、はっきりしたメッセージでもあった。この点が、共産主義者とは明確に一線を画す態度と相まって、クライスキー時代の連立基盤の下地となり、産業労働者、プラス一部の中間層、プラス知識階級を引きつけた。クライスキーは、選挙では重要性のある四％から六％とみられるリベラルな人びとのご機嫌をとろうとして、無党派の人たちを重要なポストに据える政策を採用する。無党派のカトリック信者であるルドルフ・キルヒシュレーガー（一九一五―二〇〇〇）を外務大臣に据え、七四年には連邦大統領に当選させた。

若者たちをクライスキーは、基本兵役義務を六カ月〔それまでは八カ月〕に短縮するとの約束で引きつける。ベトナム戦争が世界的に引き起こした厭戦気分の風潮を利用したのである。連邦軍の廃止をもとめる「国民請願」が行なわれ、それ自体は失敗に終わるが、基本的な雰囲気を弛緩させることになり、よい外交こそ最良の安全保障政策だというテーゼが説得力をもって聞こえるようになった。独創的なのは一九七一年の連邦軍の改革に将軍たちを大臣にしてかかわらせ、そうすることで抵抗する将校団そのもののなかに楔を打ちこんだことであった。[36] だが、えり抜きの将校ヨーハン・フライスラーもカール・リュトゲンドルフ（一九一四―一九八一）もとくべつ有能な政治家でないことが判明する。それでもとにかく一九七四年には、兵役勤務に代わる「社会奉仕勤務（Zivildienst）」ができるようになった。

クライスキーは、若者たちの反乱の大きなテーマ——ベトナム戦争、決定参加、性の自由——を自分の政策の一部として取り入れる。「自分たちのなかを歴史が通過していくように」感じるプロテストの若者たちの生活感情も、クライスキーにとって無縁なものではなかった。[37]かれ自身の家でも反抗する息子を体験していた。なるほどオーストリアの学生運動は、ドイツの貧弱な焼き直しでしかなく、反権威主義的な言辞にもかかわらず、まったく権威主義的・教条主義的な潜在資質を秘めていた。だがそれでも、かれらのデモや行動の目新しい形態（セット・イン、ラブ・イン、シュット・イン）や、複数の人間・家族で一つの住居を共有して暮らす新しい生活形態は、日常文化を変え、じっさい文化の革命に道を拓くものであった。そうした左翼運動のマルクス主義かぶれの信念には、尊大さのあらゆる徴候がみられ、かれらの前提する労働者など現実にはとっくにみられなくなった存在か、かつて一度も存在しなかったものだった——のちに経済大臣になったフェルディナント・ラーツィナ（一九四二年生まれ）はこう述べている。「あの当時は労働者をつくって、聖像安置所に祀ったのだ」。[38]社会党にとっては、自陣営の若者による一九六八年のメーデーの聖なる式典の折に起こった吹奏楽演奏の妨害〔ウィーンの市役所前広場での祝典が、三〇〇名ほどの極左グループによって妨害され、警官とデモ隊に負傷者を出した〕は、困惑する事態であったが、クライスキーの方は、若者の話し相手ともなれる姿勢をみせ——ちなみに若者との対話姿勢はすでに国民党単独政権時の教育大臣テオドーア・ピフィル＝ペルセヴィッチ（一九一一—一九九四）がみせていた——、同時にまた、学生たちをあけすけに「革命ごっこの道化役者」と言い、奨学金の貸与を絶って厳格な教師振りも発揮したのである。[39]

社会党単独政権の改革作業を可能にした要因は二つあった。一つは一九六八年から七四／七五年までつづいて政府に潤沢な財政資金をもたらした長期にわたる好景気であり、もう一つは集団的なメンタリティーの文化面でのゆるみであった。オーストリアの歴史がふたたび啓蒙と民主化方向に振れる。社会的諸関係に風が通るようになって、五〇年代のカビ臭い空気が吹き払われる。たしかに学生運動のダイナミズムからいくぶんかのエネルギーを社会党単独政権は引きだしたが、ほかならぬクライスキーには、七〇年代でもカトリック教会、労働組合団体、新聞『クローネン・ツァイトゥンク』に逆らって統治はできないことがわかっていた。

1　一九七一年クライスキーは教会に譲歩するが、それは国民党政権でもあえてしなかったもので、国がカトリック系私立学校の人件費を一〇〇％引き受けようというものだった。しかしながら、「妊娠後一定期間にかぎって中絶を認める法案（Fristenlösung）」——妊娠三カ月以内なら妊娠中絶ができる——でクライスキーは（意志に反して自党に迫られる形で）文化闘争になりかねない紛糾の危険をおかす。この問題に関するカトリックの立場は妥協を許さない強固なもので、教会はカトリックの立場を断固守ろうとする。一九七六年のこの中絶法案に反対する国民請願は、ほぼ九〇万人の署名を集めた。だが、ケーニヒ枢機卿は、この過熱した雰囲気が実際に文化闘争になるのを阻んでくれた。そのうえ世論調査では、この中絶法案がオーストリア国民の過半数からはっきりと支持されていることが明らかとなった。[40]

2　労働組合団体は、七〇年代にその力の歴史的な頂点に達し、すでに「労働組合国家」ということも言われていた。エルヴィン・フリューバウアー（一九二六年生まれ）、フランツ・ルーアルティンガー、カール・ゼカニーナ（一九二六年生まれ）といった労働組合指導者たちは、タフであらゆる政治階層と付き合いがあり、荒っぽい口調で高飛車に交渉を進めた。そして自分たちの基盤階層やまた自分自身をも甘やかしてしまった。国有企業では「事業所委員たち」（「企業の皇帝（Betriebskaiser）」）が企業の経営陣より発言権が大きいことがしばしばであった。一九七三年の労働憲章により、「事業所委員会」には資本会社の監査委員会の三分の一が割り当てられたが、これは、経済民主化の一つであった。別な面では、「事業所委員会」が特権化する危険性も当然ながら生じていた。かれらは、所長と気安く口をきき（du＝君で呼びかける）、自分の車を乗りまわし、基盤労働者から遊離していった。企業のなかで、社会党の党員にならなくてはという有形無形の圧力がつよまった。同時に不況時になると、上層部がきっと支援してくれるに違いないといった期待もたかまった。そして結局は「特権的上層役員（Bonzen）」に対する不満が生じてくる。労働組合の民主化は、特徴的なことに、進まなかった。けれども、社会党単独政権の時期の特徴的な事柄は、労働組合トップと政府との間の精力集中的な政策にあったし、個人的にみれば、アントン・ベニヤ（一九一二―二〇〇一）〔一九七一～八七年の間オーストリア労働組合連盟の議長〕とブルーノ・クライスキーとの間の政策協議であった。[41]

3　『クローネン・ツァイトゥンク』紙は、めざましい躍進をつづけ、日刊新聞に占める発行部数の割合は、二九％（一九七一年）から三八％（八一年）となる。[42] 比較的リベラルな「オーストリア国営放送」（ORF）とは違って、この新聞は国民のどろどろした言動をとりあげ、同時に国民はどう語りどう考えるべきかを紙面にするのであった。この新聞は、どんな近代化にもともなう随伴現象といっていい漠然とした不安を記事にし、共同体底辺のもやもやした感情を伝え、伝統的な権威主義的政治文化や、知的に優位なもの／都会的なものに対するこの種の政治文化のルサンチマンを煽り、潜在的な反ユダヤ主義、外国人憎悪、戦争世代のかなり公然たる擁護などに全力で肩入れするのであった。

ここに啓蒙の限界があらわになる。政府というのは、さしあたり国民の容認があるかぎり先を進められる。しかし、選挙での敗北のリスクをおかしたくなかったら、国民からあまり離れることがあってはならない。クライスキーはその限界にはまともな配慮をみせていたが、一九七二年にクライスキーがケルンテン州の「土地名表示」紛争であえてこの限界を越えようとしたとき、敗北を嘗める。たいした協議も準備もせずに政府は――国家条約第七条〔ケルンテン州、ブルゲンラント州、シュタイヤーマルク州におけるクロアチア系、スロヴェニア系住民の権利や言語表記に関する条項〕の履行をようやく実行しようとして――ケルンテン州南部において二カ国語による地名表示をさせようとした。それはケルンテン人たちのドイツ民族主義的な熱源とぶつかり、住民の激しい抵抗を招くことになった。クライスキー自身が州都クラーゲンフルトで事態の打開にあたろうとしたとき、「裏切り者（Judas）」、「ユダヤ人め（Saujud）」とかいう往時の言葉を浴びせられた。[43]

こうした限界内にあるとはいえ、オーストリア社会党はヨーロッパでもっとも成果をあげる社会民主主義政党となった。立てつづけに三度（一九七一、七五、七九年）、社会党は絶対多数を獲得する。少々意地わるくアントン・ペーリンカ（一九四一年生まれ）〔政治学者〕は、「社会党は、オーストリアに今までにあったもっともリベラルな政党である」[44]、との所見を述べている。新たな出発の気分に支えられ、非常な熱狂をもってもろもろの改革に着手するが、多くは前例のあるもののたんなる追随措置であって――マルクス主義流にいえば――変化した社会に上部構造を合わせるものであった。目標としての社会主義は、イデオロギー的な遊戯場で、党内左派用の一種の作業療法でしかなかった。実際には七〇年代のなかば以降の伸びは、企業家収入の方が労働者収入よりはるかに大きかった。[45]それでも全体として生活の豊かさは増え、余暇も同じように増え（週四〇時間労働、四週間のウアラウプ）、そして消費社会が全盛期を迎えた。

機会の均等も学校改革の続行によって実現しようとする。これは社会民主主義にとって昔からの関心事であった。生徒の自由な進路選択と無料教科書により、地方住民のチャンスが改善され、都市と地方との格差がこの分野では縮まった。教養特権の打破と民主化という、さらに二つの社会民主主義的な要請が交差したのは大学であった。一九七五年、粘りづよい戦いを経て、女性文部大臣のヘルタ・フィルンベルク（一九〇九―一九九四）は、多くの教授たちの抗議にあいながらも、「大学組織法」を実現する。旧来の正教授支配の大学に終止符をうち、助教授や助手、学生たちも決定に参加できるようになった。社会民主主義的な志向の大学教員が、大学で目立って数を増した。しかしながら、大学が過度に政治化するのではないかという不安は、オーバーであったろう。現実は、官僚主義化と会議の増加であったが、それは民主化の（不可避の?）代価であった。[46]教授たちは、新たな状況とほどなく折り合いをつけるようになる。九〇年代になるとたいはんの教授たちは、いくつかの新たな改革に抗して(先の)「大学組織法」を弁護するようになるのであった。

日常行動のリベラル化と脱ヒエラルキー化は、こまごまとしたことやアウトサイダー的グループに関するものから始めなければならなかった。法務大臣のクリスティアン・ブローダ（一九一六－一九八七）は、クライスキーの親友ではなかったが、執拗な抵抗や障害があっても決して怯まない改革者であった。啓蒙と古典的な社会民主主義の伝統にたち（共産主義への短い脱線を除けば）、賢くて冷静、妥協に努力する複雑な人格の持ち主であったが、それでもブローダは、司法を政治的道具として使って、自分の党の同志を追及から守ることもした。刑法の大・小の改革（一九七一年、七五年）がかれのライフワークであった。一九世紀の初期に由来する多くの残滓をかたづけ、ホモ・セクシュアリティーや離婚の犯罪性を取り除くことで、世間の変化に合わせた。家族法の改正で、夫が「家長」ということはなくなり、新しいパートナーシップ的な婚姻モデルが法的にもしっかり位置づけられた。一九七九年の「男女均等法」が少なくとも理想の表現であったが、[47]男女の関係は、徐々にではあるが確実に変化する。女性たちははるかにつよい自負心をもって社会に登場してくる。これはたぶん陳腐な一つの例ではあるが、今世紀初めの頃の女性の水着と七〇年代のトップレス水着とを比較してもらえばいいだろう。変化は視覚的にも明らかであった。

一九七五年から八三年にかけての第二の時期に改革熱はぐっと冷めてしまった。七三年の石油危機、さらに七五年の危機では経済成長の鈍化もともなっていたので、今では雇用水準の維持と失業を是が非でも食い止めることが唯一の目標であった。それも、急激に膨れ上がる赤字予算を前にして、選挙で公約した徹底した福祉保障を犠牲にしての目標達成であった。問題解決のようにみえたものが、実際にはしばしば問題の先送りであって、失業者を少なくするのに、早期に年金生活にはいる人を多くする（一九七九年時に年金生活にはいった人は五万九〇〇〇人、八三年にはその数が九万九〇〇〇人）といったものであった。[48]

権力の座にある社会党が変貌をとげて「国家政党（Staatspartei）」〔国家の支配権を単独で行使して、すべての重要な国家機関や、公的生活のひろい分野を管理する政党のこと〕になった。それは、社会民主主義政党とオーストリアとの最終的な和解を意味していたが、同時に権力の誘惑に屈したことも意味していた。新たな政治階級の誕生であるが、スマートで有能で、権力の尊大さもみせながら、今や汚職事件に巻きこまれるようにもなった。その代表格は、たしかに有能な大蔵大臣のハネス・アンドロシュ（一九三八年生まれ）であった。重病のクライスキーは、この自分のかつての「養子」に対する古風な嫌悪の念を最後のインタビューで吐露する。[49] 七〇年代末から、汚職事件が腫瘍のように発生する――アンドロシュ、ウィーン総合病院、ゼカニア、ルコーナ、ノリクム……などとつづいた。同じ陣営の人で労働組合の活動家であり長い間、福祉大臣も務めたアルフレート・ダリンガー（一九二六―一九八九）が、苦々しげに言っている。「党にはビジョンの力も、ユートピアへの勇気もなくなってしまったようだ。社会的正義や平等、不利な立場にある人たちとの連帯が中心的関心であるはずの党が、多くの人の目には、自分の財産や利益の擁護のための一大圧力団体になってしまったようにみえる。……自陣営のスキャンダルや堕落に対してひろく無感覚になっているのだ」。[50]

若き皇帝フランツ・ヨーゼフの写真をバックにした首相府におけるブルーノ・クライスキー。社民党によって選挙用パンフレットに利用された写真

それでも、クライスキー時代の総括は、汚職とスキャンダルとに矮小化することはできない。クラウス時代が「啓蒙された保守主義」と要約

できるなら、クライスキー時代は「国家主導の改革主義」といってよいだろう。批判的にいうと、国家と官僚機構との密着度が増し、新たなテーマに対するセンシビリティーが希薄になった。国のトップ・ジャナリーストのペーター・リンゲンス（一九三九年生まれ）〔週刊誌『プロフィール』の創設者、日刊紙『スタンダード』の編集長〕が書いたように、偉大なブルーノ・クライスキーの時代は、「今まであったなかで最良のオーストリア」といえるだろうか？[51] そうかもしれない。二〇世紀のオーストリアの歴史をみると、この評価はまったくオーバーともいえないであろう。だが、クライスキーはオーストリアの古きよき近代社会の最後の皇帝でもあった[52]（マリーナ・フィッシャー＝コワルスキー）。

## ダイナミックな中立主義

オーストリアは、速やかに中立の衣服を品よく着こなすようになる。一九五五年から八〇年代の末にかけて、「国家条約」と「中立主義」がオーストリア外交の安定した基軸となった。解釈にいろんなニュアンスがあり、首相や外相の個人的なタイプが種々あったにせよ、この小国にはできるだけ超党派的な外交政策が必要であった。東西間の難しいバランス外交をマスターすることが大事であった。隣の国々とよい関係をもつことも、ヨーロッパに対する経済関係（「経済共同体」）を条約でもって保障することも大事であった。阻害要因もいろいろたくさんあらわれた。[53] クラウス時代の外交は、三つの軸を中心に展開する。東方との接触に力を入れて、頻繁に国家間の訪問をこころみ、経済的・文化的・科学的な情報伝達を密にした。南チロル問題も、チロルでのテロに阻まれながらも、ある点では解決に向けて進捗がみられた。それに、「ヨーロッパ経済共同体」との連携の努力もある。[54] この三つの分野とも関連しあっていた。

一九六八年八月二一日に起きた「ワルシャワ条約機構諸国」のチェコ侵入により、オーストリアは困難な状況に置かれる。クラウス政府の危機管理は、ディレッタンティズムの特徴をみせるが、ほんとうは――とにかく一九五六年のハンガリー動乱のときとくらべると――腰の引けたものであった。[55] 一九六一年以来オーストリアは、「ヨーロッパ経済共同体」との連携に努めてきたが、その点で急に国内の紛糾がもちあがる。国民党は、商務大臣フリッツ・ボック（一九一一―一九九三）の指揮の下、「ヨーロッパ経済共同体」との結びつきをできるかぎり緊密にしようとするのに対し、社会党はできるかぎり緩いものを求めた。これに中立の活動範囲に関する解釈の違いがくわわる。しかしながら外交の決定的なファクターは、ソビエトの強硬な抗議であった。ソビエトにとっては、「ヨーロッパ経済共同体」とのどんな協定も、ドイツの潜在力の強化であり、したがって間接的な「アンシュルス（合併）」であり、国家条約に抵触するものであった。南チロルにおけるテロによりイタリアは、交渉の継続をストップし、そうした大きな困難にもかかわらず、部分的な成果をあげた。一九六九年イタリアとの間に「包括的解決」（「実施日程」も含めて）を取り決めた。七二年には「ヨーロッパ共同体」と自由貿易協定を結ぶ。「ヨーロッパ自由貿易連合」を迂回したことは、一部の経済学者たちからは、「間違った道」であり、成長の損失だと評価されたが、そうした論評は、政治も含めた全体分野を度外視した場合にのみいえることであった。[56]

こうした経験により、情熱的な外交家ブルーノ・クライスキーの基本信念がつよめられた。その信念とは、どんな世界史的問題にも解決はある、というものであった。前提としては、相争う政党にも、状況をリアルに分析し粘りづよく交渉しながら一歩一歩暫定的な協定にこぎつける気構えのあることだった。クラウス時代の外交がヨーロッパに目を向けたものであったの対して、クライスキー時代には地球規模のものになった。外交のこのグローバル化は国民党の外相クルト・ヴァルトハイム（一九六八年以降）が始めたことであった。かれの外交官としての礼儀正しい如才なさがのちの国連事務総長のポスト（一九七一～八一年）を約束していたのであるが、新たな外交の縁取りや特徴はクライスキー首相のもとで初めてえられたものであった。ハプスブルク君主制時代以降では初めてオーストリアがある種の世界史的な顔をもつようになった。その外交の焦点が中近東だったというのも古きオーストリアの伝統にそうものであった。もちろんその場合重要であったのは、つねにもっとも重要なエネルギー源の一つの石油であり、その背景には産業界やクライスキーの友人カール・カハーネ（一九二〇―一九九三）〔クライスキーの経済政策の顧問格の産業人〕がかかわる大企業のことであった。クライスキーの先見の明ある創造的な中近東政策は、世界政治のもっとも熱い領域の一つ――イスラエル／パレスチナ紛争――を冷却しようとするものであった。大胆でしかも見通す力を備え、忍耐づよくまた厳しい批判にも動ぜず、クライスキーはイスラエルとパレスチナとの対話をはかった。かれは西側にみられた慣習を無視して、イデオロギー的な偏見に代えて、プラグマティックな政治を進めたが、「敵対する者同士の対話」だけが時間をかけた交渉によって解決をもたらすことができる、という信念にもとづくものであった。こうしたグローバルな外交は、九〇年代になって成果をみるが、クライスキーの個性につよく左右されたものであった。一九八三年にクライスキーが退陣すると、小連立や大連立政権の外交政策は、ふたたびヨーロッパ中心のものになる。[57]

## 第三節　オーストロ・ケインズ主義
### ――オーストリアは如何にして危機を先延ばししたか

重要な概念はすべて議論がわかれるように、一九七〇年代のオーストリアの経済政策を「オーストロ・ケインズ主義」として類型化することも、定説とはなっていない。この政策の産みの親の一人、大蔵大臣のハネス・アンドロシュはそう呼ばれるのを嫌っていた。[58] それでもこの類型表記は、文献のなかに定着している。「オーストロ・ケインズ主義」という呼び方は、七〇年代のオーストリアがたどった道を、アメリカの財政運営上の「保守的な転換（レーガノミクス）」やイギリスのサッチャーリズムと、簡潔明瞭に区別できるからである。この「オーストロ・ケインズ主義」は、純粋の「ケインズ主義」ではなく、特殊な経済政策のカクテルであり、経済学者たちがいうように混合政策であった。[59] このカクテルの添加物はなんであったろうか。失業者を出さない、これが信条で、一九三〇年代の痛切な経験にもとづく政治の最上級の目標であった。クライスキーは、この信条を俗受けするようにこう表現した。「わたしには、数十億シリングの借金の方が、数千人の失業者より、まだ耐えられる」。[60] そうした目標の達成の手段は、ケインズ流の予算拡大政策であった。同時にアンドロシュは、「交換可能な通貨政策（Hartwährungspolitik）」〔オーストリアのシリングを金やアメリカ・ドルなどの外貨に自由に交換できる通貨政策〕をとり、シリングをドイツ・マルクに連動させた。一九七〇年代までは、オーストリア通貨は、輸出産業奨励のため、意識的に評価を低くしていた。[61] だが一九七一年、固定為替相場制をとる「ブレトン・ウッズ体制」が破綻すると、オーストリアは、いくつかの実験ののち、断固「交換可能な通貨政策」をとることにした。この政策の結果は、比較的低いインフレ率、物価上昇の抑制であったが、このことが一方では、社会パートナーシップの交渉者たちに比較的低い賃金協定を可能にしたのである。フランツ・フラニツキー（一九三七年生まれ）〔ほんらい銀行マン。社会党の政治家に転じ、一九八四〜八六年蔵相、八七〜九七年首相〕などは、こう評している。「七〇年代の経済政策の成功のほんらいの秘密は、通貨政策について社会パートナーシップの交渉当事者たちと水面下で接触したことにある」。[62] ほんらい弱い通貨歓迎の輸出産業が、反旗をひるがえす。工業連盟会長のハンス・イーグラー（一九二〇―二〇一〇）は、クライスキーと連れ立っての散歩の折、クライスキーの説得をこころみる。実際クライスキーの気持ちが揺れる。しかしクライスキーは、蔵相アンドロシュと、中央銀行総裁コーレンの厳しい抵抗戦線に遭遇した――このコーレンの場合も、クライスキー政治の細心の人事だった。クライスキーは、国民党のもっとも有能な男、シュテファン・コーレンを、国民党の議員団長から中央銀行の総裁に転じさせて、中立的な立場にしてしまったのである。構造的にみるなら、「交換可能な通貨政策」は、ハインツ・キーンツル（一九二二年生まれ）〔労働運動家、金融通〕が評したように、オーストリアの産業に対する生産性向上のムチであって、世界市場での競争力をつけるために、産業界に構造改革

表40　経済の発展（%）

| | 成長率 | インフレ率 | 予算の赤字 |
|---|---|---|---|
| 1964－1969 | 4.8 | 3.5 | －1.1 |
| 1970－1973 | 5.6 | 5.7 | －1.0 |
| 1974－1982 | 2.3 | 6.3 | －3.6 |
| 1983－1991 | 2.7 | 2.9 | －4.4 |

グンター・テシュー『経済と経済政策。オーストリアにおける政治。第二共和制、実態と変遷』（ヴォルフガング・マントル編）（Gunther *Tichy*, Wirtschaft und Wirtschaftspolitik. Politik in Österreich. Die Zweite Republik. Bestand und Wande [hg. von Wolfgang *Mantl*]）ウィーン、1992年刊、709頁より。

を強いることになる。[63] 輸出促進の支援によって、産業界の生活を容易にしようとするものであった。間接的に「交換可能な通貨政策」は、マネタリズム的傾向〔経済を通貨の流通量を介して、操作しようとする〕の導入につながった。[64]

それから「オーストロ・ケインズ主義」は、公共部門の拡大を意図していた。国家がさらにいっそう社会に介入する。国有企業では、たいへんな努力のあと、「ヴエスト／アルピーネ（VOEST-Alpine）」の合併に成功するが、疑問の多い成功であった。その国有企業は、職場の確保の点では重要な役割をはたした。[65] 同時に政府は、外国企業のオーストリアへの誘致に努めた（ジュネラル・モータース、ドイツ自動車産業用の下請け工場など）。

「オーストロ・ケインズ主義」の始まりについても、学者間で意見が分かれる。フォルクマール・ラウバーやエーリヒ・シュトライスラーは、カーミッツ時代がその始まりとみる。[66] しかしこの方式が完全な展開をみるのは、クライスキーの政権下になってからである。ここでふたたび、六〇年代初めのエキスパートたちの反乱を思いだす必要があるだろう。労働者会議所や労働組合連盟においてケインズ主義のグループ（カウツキー・グループ）が形成されていて、クライスキー総裁のもとで、「若い飢えたる獅子」となって、一九六八年の社会党の経済綱領作成のチャンスをつかんだ。党のエリートたちと経済のエキスパートたちとの集まりは、社会党の計画経済的な欲求を薄めていった。「現実重視のデモクラシー」[67]という合言葉のもとに結集し、国民党の経済につよい権限を奪ってしまった。これは、七〇年代と八〇年代の政策を決定づける重要な出来事であった。

「オーストロ・ケインズ主義」のマイナス面の分析に移る前に、経済的な基本データを簡単に把握しておこう

表41　国民一人あたりの国内総生産（年間の平均的な成長率）

| | 1960−1968 | 1968−1973 | 1973−1979 | 1979−1984 |
|---|---|---|---|---|
| オーストリア | 3.7 | 5.4 | 3.0 | 1.4 |
| 西ドイツ | 3.3 | 4.0 | 2.6 | 0.7 |
| OECD−ヨーロッパ | 3.6 | 4.0 | 1.9 | 0.5 |

クルト・ロートシルト「フェーリックス・オーストリア？　経済危機における経済と政治を数字でみる」『オーストリアの政治学雑誌』1985 年号（Kurt *Rothschild*, Felix Austria? Zur Evaluierung der Ökonomie und Politik in der Wirtschaftskrise. Österreichische Zeitschrift für Politikwissenschaft 1985）、266 頁より。

（表40）。

一九六〇年代初めの構造的な問題のあと、一九六八年から七四年にかけて、戦後でもっとも長い成長の局面がやってくる。[68]たいした困難もなく消費税が導入され、七三年の所得税改革では、個人別課税を決め、間接的に女性の収入を評価することになる。「黄金の七〇年代」の初期は、経済的にも、政治的、文化的にもオプティミズムの時代であった。一九七〇年の一月二二日、経済研究所の所長をしていたフランツ・ネムシャク（一九〇七―一九九二）がコンツェルト・ハウスで講演する。その講演内容は、七〇年代の展望にあたってやたらオプティミズムばかりであった。経済成長の増大、無尽蔵のエネルギー源としての原子力エネルギー、有害物質による自然の汚染もオーストリアでは小さいなど、[69]といわれていた。

それから、一九七三年にオイル・ショックがやってくる。そして世界規模の危機、また成長の限界に関するエコロジー的な視点からのペシミズムが生まれる。あとから振りかえると、七三／七五年の構造の大きな崩壊が歴然としている。戦後期の遅れの取りもどしの過程がはっきり終わりとなる。今や比較的厳しい時代の到来となった。一九七五年は八一年同様、オーストリアの国民総生産が落ちこんだ。今や危機の、いや、妖怪の到来であった。フェルナン・ブローデルの表現を借りれば、「長期にわたる不運」がやってきたのである。[70]

オーストリアはこの時期をどうやって乗り越えたであろうか。答えは、比較データのなかにみつけられるだろう。

オーストリアの事情は、目立って良好である。どの時期の成長率も、ヨーロッパ工

表42　経済政策の指標（1974～1982年）（%）

| | オーストリア | 西ドイツ | スイス |
|---|---|---|---|
| 平均的な失業率 | 2.1 | 4.6 | 0.3 |
| 経済成長率 | 19.0 | 15.5 | 1.5 |
| 経常収支／国内総生産 | －1.7 | 10.4 | 3.4 |
| 予算赤字／国内総生産 | 3.6 | 2.1 | 0.9 |
| 国債／国民総生産 | 39.2 | 35.3 | 26.5 |

テシュー・グンター『経済と経済政策。オーストリアにおける政治。第二共和制。現状と変遷』（ヴォルフガング・マントル編）（Gunther *Tichy*, Wirtschaft und Wirtschaftspolitik. Politik in Österreich. Die Zweite Republik. Bestand und Wandel [hg. von Wolfgang *Mantl*]）ウィーン、1992年刊、712頁より。

業国家の平均値を上まわっている。

危機をかいくぐろうとする連邦政府の政策は、部分的には効果をあげた。オーストリアの誇りは、平均以上の経済成長率、スイスをはるかに凌ぐ成長率と、比較的低い失業率にあった（オランダで六・三%）。もっとも、その他の指数は、比較すると問題のある値になっていた。経常収支のマイナス、それに、とりわけ国の借金の爆発的な増大である。大きな労力を費やした研究の立証するところによると、小国オーストリアは、市場としてその位置をじゅうぶん利用しきっている。だが、一九五四年から八二年まで輸入が年率プラス一〇%ずつであり、輸出の年プラス八・五%をはっきり上まわっている。[71] 疑いもなく、オーストリアの経済は、西ドイツやスイスに対しても差をつめたのである。[72] しかしながら、「オーストロ・ケインズ主義」の成果とみるのは、慎重でなければならない。とりわけ一九七九年の第二次オイル・ショックは、オーストリアにとって深刻であり、予算を介しての経済操縦力を一段と制約した。なるほど七〇年代末には、政策修正がこころみられる。しかしながら、長引く危機を前にして思うような効果はあげられなかった。

オーストリアの「雇用の奇跡」はどのようにして実現したのだろうか？　まず、外国人雇用の削減を指摘しておく必要がある。だが次いで——そして決定的なのは——国営企業を厳しくみていかなければならない。[73] 一九七三年から八〇年の間に産業被雇用者は七%ほど減ったのに、国営企業では総被雇用者数が二%ほど増えている。同時に、産業全体の生産性が三〇%増えているのに、国営企業の生産性は一二%しか上がっていない。[74] 国営企業は、いわば、解雇のない保障された職場をもった不沈戦艦のようであった。国営企業には、非生産的職場がたくさんためこまれていたのである。全体をみない局所政策に、企業指導部と、力を誇示する事業所委員会の三つの連合がはたらいていた。八〇年代の初めになると、連邦政府は、強力な事業所委員会に対して、意向を通すことができなくなっていた。危機が予想以上に長引くと、かいくぐることに希望がかけられ、みんなが経済的に怪しくなってしまった。この点については、たいはんの経済学者の見解が一致している。つまり、職場の保障によって、産業の構造改革がおろそかになってしまった、[75]と。彌縫策でことを進めるのでは成果もかぎられ、問題の先延ばしでしかなかった。八五年ついに国営企業の危機が訪れる。

一九八〇年代には、さまざまな危機が重なった。予算の危機、福祉体制の危機、国営企業の危機、政治システムの危機（スキャンダルと贈収賄事件）。[76]すでに重い病におかされていたクライスキー首相は、もう一度方針の転換をこころみる。その手段は、モラル上のアピールやかなりの増税を招く「マロルカ包括案」〔八三年の一月初め、失業者の増大に対する対策など、滞在先のマロルカ島でザルヒャー蔵相とクライスキー首相が会談して決めた新方針のこと〕などであった（このマロルカ包括案のことを、解任された前の大蔵大臣アンドロシュはのちに、日光のふりそそぐマロルカ島から「血と涙の包括案」を発表したと言って、その無神経さを嘲笑した）。[77]この案も効果がなかった。一九八三年社会党は、選挙の結果、絶対多数を失った。ブルーノ・クライスキーは退陣する。まえもって、ジノヴァッツ（社会党）とシュティーガー（自由党）（一九四四年生まれ）との小連立のお膳立てはしてあった。[78]

一九八三年から八六年までの小連立は、過渡的局面とみてよいだろう。いつも荷が重すぎるといった感じのフレート・ジノヴァッツ（一九二九年生まれ）は、いろんな立場の間を手さぐりでくぐりぬけるのに苦労していた。八〇年代のなかば以降、社会党の内部に流れの変化が始まる。「オーストロ・ケインズ主義」は、説得力を失い、市場の救済力に対する期待感が野党の国民党からつよく打ちだされてきて、社会党によっても援用せざるをえなくなる。今や国営企業は、社会民主主義にとっても、その神話力を失ってしまう。それは、青少年時代の夢からの長い別れといった感じで、非常につらかった。国営企業の建て直しには、何十億シリングもかかったばかりでなく、ますます多くの職場が犠牲になった。

社会党の新しい政策には、新しい指導部スタッフが必要であった。フランツ・フラニツキーのなかに、その後ほどなく名称変更する社会党〔第二次世界大戦後、「オーストリア社会党」と名乗っていたが、一九九一年に元の「オーストリア社会民主党」にもどした〕は、新しい看板になる男をみつける。かれは、労働者の息子で見事な経歴の持ち主であり、出世人らしくない出世の人であり、可能なことに対する醒めた感覚をもつ現実政治家であった。

八〇年代の危機を話題にするとき、一つのことをはっきりさせておかねばならない。なるほど、失業率は五％にまでなったけれど（もっとも、ヨーロッパでは一一％）[79]、それとならんで「陽気なカジノ資本主義」の展開もあった。証券市場が大きな博打に人びとを誘い、消費社会・使い捨て社会が一貫してつづいていたのである。要するに、危機にみまわれたのは、周辺階層の人びとであって、広範な中間層は、まったく屈託なく暮らしていて、消費社会の欲望に身をまかせていた。たしかに、エコロジー的な破局への不安が地平線を曇らせていた（一九八六年にはチェルノブイリの原発事故）、だが、日常では人びとは、今の状態がさらに持続するかのように、振る舞っていた。

## 第四節　父親に対する反抗——文化革命

### オーストリアへの意地悪な視線

衝撃的な印象を与えた論争のなかで、カール＝マルクス・ガウス（一九五四年生まれ）〔文学評論家、九一年より雑誌『文学と批評』の編集長〕は、七〇年代の文化は国有化だ、というテーゼを言いだした。ブルーノ・クライスキーは、啓蒙的な一八世紀の「善意の独裁者」の再来であったというのだ。知識人たちが権力にすりよる。五〇年代のゴリゴリの硬直した思考の保守主義の打破がみられた。社会党は、是が非でも世間に対して開かれた、リベラルで、モダンな感じ、とりわけローカル性を抜けでたものであるとの感じを振りまこうとした。クライスキーは二〇世紀の歴史で初めて、権力と精神との和解の約束を代表していたという。[80] ペーター・トゥリーニ（一九四四年生まれ）〔台本作家〕が、タマゴの値段で連邦首相と議論する。ゲルハルト・ロート（一九四二年生まれ）〔作家、『沈黙のアルヒーフ』でオーストリアの過去と取り組む〕ですら、雑談するクライスキーの「影響力ある思索」にくわわっていた。[81]

文化国家としての福祉国家は、今では芸術家たちのことも考慮していた。国からの助成金をめぐる戦いで、ほんとうの精神の戦闘が演ぜられる。しかし、芸術は性格上恩知らずなものだから、スポンサーの手を噛むのも厭わない。国家に対する敬虔さと辛辣な社会批評とが隣り合わせになっていた。[82]

このテーゼは、ほんの僅かでも真実味があるなら、大部分の芸術家にあてはまる。トーマス・ベルンハルトやペーター・ハントケのような、真に偉大な詩人も、早々とそうした国家への敬虔さをかなぐり捨てた。五〇年代のオーストリア賛美のあとは、六〇年代や七〇年代の（カール・クラウス流の）激烈なオーストリア批判であった。

このオーストリア批判の時代は、スキャンダルに始まって、スキャンダルで終わる。当然ながら、オーストリアの文学的な主要挑発人のトーマス・ベルンハルトがそのつど原因となっていた。一九六八年のスキャンダルの演出は、まだ控えたものだった。国の奨励賞の授与の折ベルンハルトは――敬愛する大臣閣下や親愛なる出席者に向けて――こう言った。「称賛すべきものもないし、非難すべきもの、告発すべきものもありません。だが、多くのことが滑稽であります。死のことを思うと、何もかもが笑止であります」。[83] これは、この世の自惚れに対する古いバロック的なメッセージであった。ところがベルンハルトは、このメッセージを過激にしてこう言った。「国家は、たえず挫折の定めにある建造物であり、国民は、つねに下劣と精神薄弱だと定められた代物であります」。[84] それを聞くと出席していた教育相のテオドーア・ピフィル＝ペルセヴィッチはひどい侮辱と感じた。大臣は演壇に近寄って、憤慨して言った。「それでもわたしは、オーストリア人であることに誇りをもっています」――そういうと大臣は、抗議のためにホールをあとにした。[85]

スキャンダルに関するそのつどの報道にも、肝心の点で誤解がみられる。ピフィル＝ペルセヴィッチは、ベルンハルトの話を現実の描写と受けとって、それは間違いで不当だと思った。名誉というものの古風な考え方にみちて（その考え方がのちに辞任する気にさせる）、教育相は、少なくはない賞金の返還を想定していた。だが、そんなことをベルンハルトはしなかった。大臣の癇に障ったのは、批判的言辞それ自体でなく、むしろ大臣やお上に対してそれ相応に振る舞う意思の欠如、個人的な品位の欠落、賞金だけ受けとる浅ましさなどであった。ピフィル＝ペルセヴィッチは、ベルンハルトの発言の文学的性格を完全に見逃してしまって、ベルンハルトが狡猾にしかけた罠にうっかりはまってしまった。大臣が落ちついて反応していたら、作家の発言の破壊力はすぐになくなっていたであろう。作家と大臣、双方が演じた役割は、互いに調整しあったようなものであり、それだから、こんな芝居じみたものが可能になったのだ。一〇年後にベルンハルトがクライスキーのことを「ワルツのチトー」だと攻撃したとき、クライスキーの反応は超然としたもので、ベルンハルト氏はその非難を具体的に示すことができるだろうか、と問うた。――そう問うてクライスキーは芝居を壊してしまい、ベルンハルトは、「相手もなく」ひとり舞台に立ちつくしていた。[86]

もう一度ベルンハルトは、戯曲『ヴィトゲンシュタインの甥（*Wittgensteins Neffe*）』（一九八二年）のなかで国家賞授与の場面を文学的にとりあげる。当然のことながら、誇張表現の芸術家であったベルンハルトは、歴史的な出来事というより、いわば一種のお説教のネタとしてとりあげた。「シュタイヤーマルク州生まれの愚かな人間」である教育大臣の発言の今度のヴァージョンは、馬鹿げたことばかりだった。それに対して、受賞者の話をベルンハルトは、「哲学的な脱線」だという。大臣の反応には、ベルンハルトのフィクションがいくつか劇的な要素となってでている。大臣は受賞者の顔に向かって拳を振り上げ、出席者の面前で受賞者のことを卑劣漢だと言い、怒ってホールをでていく。その際ガラス戸を「かなり荒っぽく締めたものだから、ガラスが粉々に飛び散ってしまう」。出席していた人たちは、「ご都合主義の群れ」であったが、拳をまるめ、罵りながら大臣のあとについていく。受賞者は、不治の病の患者のように残っている。詩人の総括では、受賞者が大臣を無愛想に扱ったのではない。「大臣ピフィル＝ペルセヴィッチが、作家ベルンハルトに無礼な振る舞いをしたのだ」[87]、となっていた。

賞金を受けとったという非難が残った。ベルンハルトはその非難をとりあげて、今度は自分自身に対するお説教に使う。どんな賞の授与も辱めである、という。自分が賞をうけたのももっぱら金欲しさからだといわれる。「わたしは、それほど困ってもいないし、生命や生活の窮迫もないのに賞をもらった。その受賞によって、わたしは卑俗で卑しくなり、ほんとうの意味で嫌われ者になってしまった」[88]。

そうこうしているうちに、ベルンハルトの子ども時代の話から、きわめて繊細で、あるときは重い病にかかっていた少年が深く傷つき、屈辱的な目にあっていたことを、我われは知る。ベルンハルトの世界像では、慈悲深い国家もテロの装置に変わってしまう。ナチ国家であれ、民主主義国家であれ、国家ならどれも同じである。「国家などじつにくだらないものである」、と断定的に言われる。[89] ベルンハルトは、具体的な社会批判の彼方に身を置き、高飛車な態度で世の中すべてを非難する。どこまでも否定的である。残るのは演劇の世界であり、長たらしい文句のくりかえしや、言葉のすぐれた音楽であり、生の可笑しさに対するバロック的な笑いであった。

ベルンハルトが一九八八年、かれの最後の戯曲『英雄広場（*Heldenplatz*）』をブルク劇場で上演したとき、すでに演劇でいろいろ経験していたし、またオーストリア社会は、ヴァルトハイム事件でもってひどく波立っていた。ウィーン全体、オーストリア全体が、今では舞台となって、熱狂した演技の当事者となっていたし、「英雄広場」（ヘルデンプラッツ）とか「ブルク劇場」といった象徴性をたくさんもっている歴史的な思い出の場所が、上演劇に時代の深みにいたる眺望を与えていた。西ドイツ（ブレーメン）生まれのいやに挑発的なクラウス・パイマン（一九三七年生まれ）がブルク劇場の演劇監督（一九八六〜九九年）となって、オーストリアのほの暗い愛国心をひっかきまわした。潜在していた反ユダヤ主義が、上演劇にパイマンの計算どおりの反響をみせる。

楽しむように仕組まれたこの挑発がまんまと成功する。筋書きは、初演のときまで秘密にされている。報道機関が文句を言い、脅迫状がまいこむ。政治が露骨に介入し、ベルンハルトは、街頭で暴力沙汰にあう。するとベルンハルトの方は、筋書きをさらに過激にして面白がって脅しにかかる。「オーストリア的模範行動」だといって、ブルク劇場の前に馬糞をばらまく。戯曲家のハイナー・ミュラー（一九二九―一九九五）は出来事に皮肉なコメントをする。「オーストリアの宣伝で、トーマス・ベルンハルトよりましなものはない」[90]、と。

戯曲のなかでは、容赦なく誰もがやられる。連邦大統領も、国民も、労働組合も、大学教授、新聞、劇場、産業も教会も容赦なくやられる。

……世界は、今ではもうめちゃくちゃなものだ、
要するに我慢ならないほど醜い世界でしかない。
人びとは世界中好きなところへ行けるが、
世界は今日では、醜いものでしかない。……[91]

劇の終わりも、同じようである。

自分の死を迎えた最後の瞬間になって、ベルンハルトは遺言で、「ぼくは、オーストリア国家となんの関わりももちたくない」[92]、と書き残す。自分が書いたものはどれも、オーストリアで上演することも、印刷や朗読することもしてはならない、と。罵りが墓の上まで押しかけるが、巧妙な売りこみ策である。つまり、そうした遺書で、

興味がいつまでも持続するという寸法である。

五〇年代の「自由な考えに対する静かな戦争」（ゲルハルト・ロート）により、それでなくともモダニズムのなかにほんらいあった挑発意欲がいっそうかき立てられた。六〇年代になると、アングラ的なグループがひろく表舞台に登場する（ウィーン・サークル、ウィーン行動主義、フォーラム・シュタットパルク）。今では別な次元でスキャンダルが起こる。たしかに社会党単独政権は、とりわけ思い切った補助支援策によって、アヴァンギャルドを明るい場に連れもどそうと努力する。[93]芸術の自由の境界線がぐっと広がる。だが、そのつど燃え上がる国民の憤激によって、政府の政策が不安定な日和見的なものにされてしまう。

もう一人の文学の巨匠、ペーター・ハントケも同じように、挑発でもってドイツ語文学の場に登場する。一九六六年プリンストンにおける「グルッペ47」〔西ドイツの敗戦直後の復古調のつよい保守的な雰囲気のなかで、時代批判・社会批判の声をあげつづけた若い作家グループのこと〕の大会で、参集の有力参加者たちを無遠慮に、「インポテンツな書き手」だと非難する。五〇年代の精神に苦しめられていたハントケは、宗教学校の寄宿舎でグレアム・グリーン（一九〇四―一九九一）を読んでいた廉で叱責され、それがもとで退学してしまう。ハントケはやがて、文学のポップスターとなる。かれの朗読はどれも、文学の「ハプニング」であり、作家はショーの名手であった。[94]やがてハントケは、七〇年代に宗旨替えをする。新たな主観性を取り入れ、言葉の卓越した技量を発揮する。その言葉の名人芸は、古い貴重な楽器から発するように、言葉の響きのあらゆる素晴らしさを誘いだすのだった。

六〇年代の文化の趨勢は、単純な公式に還元できる。すなわち、父親に対する反乱、国家や学校、家庭など、一切の権威の打破である。反権威主義的な波がめざしたのは、父権のない社会であり、オーストリアの六八年の学生の反乱は、政治的なうねりというよりも、むしろ文化的なうねりだった。少なくとも芸術での密かな方向指針となっていたのは、マルクス主義より、アナーキズムであった。じっさい六八年運動が呼び起こしたのは、文化の革命であった。風俗、人間相互の付き合い、両親と子どもの関係、男女の役割が、持続的な変化をみせる。生活のチャンスの選択の次元が、（人間同士の）結びつきを犠牲にして拡大する。大急ぎで遅れを取りもどそうとする、戦闘的なフェミニズム（ヴァリー・エクスポート（一九四〇年生まれ）〔写真芸術家〕、エルフリーデ・イェリネク（一九四六年生まれ）〔女性文学の代表的な存在、ノーベル文学賞受賞〕）が古色蒼然とした男性的理想像を笑い物にした。

少なくとも芸術では、かつてあったものでそのまま残っているものは何一つない。ソフトなインゲボルク・バッハマン（一九二六—一九七三）（小説『マリーナ（*Malina*）』一九七一年）が夢の連続シーンで残忍な父親像を描いた。それは、彼女にナイン（否）と言わせないために舌を抜こうとする父親であり、彼女の体を切り刻む父親、わめき荒れ狂う父親だが、世間的にはこの界隈で一番の日曜日の説教者である。かつては血の滲んだ屠殺者の白い前掛けをしていたが、ついで、死刑執行人の赤いマントを着る。最後には親衛隊（SS）の黒い制服を着て、乗馬用のムチをもっていた。わたしの父は、わたしの殺人者なのであった！[95]

バッハマンが描いたのは、不安の比喩に富んだ像であるが、それに対して、『カスパル（*Kaspar*）』（一九六七年）を書いたペーター・ハントケ、あるいはエルンスト・ヤンドル（一九二五—二〇〇〇）などの言語批判的な方向は、啓蒙の刺激を取り入れて、言語そのものが、抑圧の秩序権力であり、政治や広告に利用され、汚される人心操作の非常に大きな道具であると暴きだす。

こうしてその一方で、中心になったのは、パラダイムとしてのナチズムである。「犠牲者理論」が、この時代の文学の手で粉砕される。トーマス・ベルンハルト（『原因（*Die Ursache*）』一九七五年）では意地悪く攻撃的に、マリー＝テレーゼ・ケルシュバウマー（一九三六年生まれ）（『抵抗運動の女性たち（*Der weibliche Name des Widerstandes*）』八〇年）では実験的に、ハントケ（『たっぷりとした不幸（*Wunschloses Unglük*）』七二年）やペーター・ヘーニッシュ（一九四三年生まれ）（『風采のあがらない父親（*Die kleine Figur meines Vaters*）』七五年）では理解と思いやりをこめて、「犠牲者理論」がとりあげられていた。カール・メルツ（一九〇六—一九七九）とヘルムート・クヴァルティンガー（一九二八—一九八六）の『ヘル・カール（*Der Herr Karl*）』（六一年）は、当初はあまり注目されなかったが、やがて、非政治的でご都合主義的なオーストリア人の典型となっていく。

ハントケは、自分の母親を例としてとりあげ、一九三八年時の気分を呼びもどし、当時の新聞やラジオ番組を引用する。田舎の住民は、政治を自然のみせる印象深い出来事、感動的な共同体体験と受けとる。いろんな理解不可能なこと・異質なことが、大きな関連のなかに組みこまれる。「その際くりひろげられた運動は、人びとの意識では同時に他の無数の人たちによって担われていると思えることで成り立っていたし、スポーツのようなリズムをみせていた。……こうして生活に、じゅうぶんに保護され、自由だと思える形が備わったのである」[96]国中に、やっと手にした生活感情といった姿勢・表現としてのある種の誇らしさが生まれる。これが、政治とかかわっているとはあまり思えないような雰囲気をつくっていた。政治が、抽象的で、遠い存在であったが、だがすぐさま、政治が人びとのすべてを具体的に巻きこみ、戦争へと投げこむのであった。

ヘーニッシュは、風采のあがらない父親をモデルにする。はやくも一〇頁目ではっきりこう言っている。「ウィーンがヒトラーの前にひれ伏している」[97]。だが、どうして、どうして、一部ユダヤの血が流れている親父が、ナチズムの吸引作用に巻きこまれてしまったのだろうか？　この物語は、婚外子としての誕生に始まり、徹底したカトリック教育や、処世訓としての「義務の遂行」というキーワードとつづき、体操連盟やヒトラー・ユーゲントで制服を着てみたい欲望のことを語り、ドイツ人英雄たちへの熱狂に光を当て、「英雄広場」におけるエクスタシーを報告する。それはどんなポップ・コンサートよりも、はるかに恍惚感のあるものだった。そして、ナチズムのテクノクラート的な要素を浮かび上がらせる。父親は、成功した従軍記者、写真家として戦争を体験する。そこでこの戦争は、一連の報道写真のたんなるシミュレーションに還元されてしまう。「写真は、現実よりもはるかに重要だった」[98]。ヘーニッシュは、父親に物知り顔で迫ることをしないで、六八年世代として、自分や自分の世代に議論を促す。「今日左翼の側で一緒になって走っている人たちの多くは、当時右翼サイドで一緒に走っていたのだ」[99]。

政治的にこだわりのない新たな世代の文学が、ナチズムについての五〇年代の沈黙を破るようになる。現実面で先行していたのは、「ボロダイケヴィッチ（一九〇二―一九八四）事件」であり〔ドイツ民族主義者であったタラス・ボロダイケヴィッチが大学の教壇に復帰して、ナチズムや反ユダヤ主義の正当性を公言していた。これに対し学生たちが抗議のデモを起こすと、かれを支持する右翼系学生との衝突となり、六五年三月、六七歳になるかつての抵抗運動の一闘士が死亡する騒ぎとなった〕、その際の思わせぶりな曖昧な解決であった。初期のカトリック的ドイツ民族主義者であったこの男は、かれと同類の多くの人たちと同じように、五〇年代に大学の教壇に復帰して、ナチズムや反ユダヤ主義を公然と正当化していた。それゆえ、社会主義系およびカトリック系の学生たち（ハインツ・フィッシャー（一九三八年生まれ）〔一九九〇～二〇〇二年、またそのあと二〇〇四年から二〇一六年までと、二度にわたってオーストリアの大統領となる〕、フェルディナント・ラーツィナ、アルフレート・シュティルネマン）の抗議をうけて、かれは聴講の学生たちを抗議と支持に分断する。一つのデモが、第二共和制でこれまで唯一の政治的な死者を出すことになる。パウル・レンドボイ（一九二九年ブダペスト生まれ）〔ジャーナリスト〕は、事件当時重要な問いをはっきりとこう口にした。「第二共和制は、過去を未処理のまま、いつまでやっていくのだろう？」[100]。同時に問題となったのは、大学の自由はどこまで、ということであった。結局、タラス・フォン・ボロダイケヴィッチは六六年に退職させられるが、「ボロダイケヴィッチ事件」は、保守的な五〇年代を打ち破るもう一つのシグナルとなったのである。この教授の名前は、三〇年代の地方芸術の始まりの折に登場して、今やその文化の終わりにまたあらわれることになった。

　というのも、今や文化の図柄は、逆になっていたからである。カール・ハインリヒ・ヴァッガルルのような非常にポピュラーな作家の描くへこたれない貧しき人たちや、つましい事柄の賛美、全般的な地方生活の礼賛に対して、批判的な郷土芸術が登場して、村落の粗暴なこと、かたくなさ、意地悪さなどを暴きだす。「アンチ・郷土小説」も、言語批判的な方向と、リアリズム的・神話的な方向にまた分かれていく。前者には、ゲルト・フリードリヒ・ヨーンケ（一九四六年生まれ）の『幾何学的な郷土小説（*Geometrischer Heimatroman*）』（一九六九年）、クラウス・

ホッファー（一九四二年生まれ）の『ビーレッシュにて（*Bei den Bieresch*）』（一九七九年）、後者には、フランツ・イナーホーファー（一九四四年生まれ）の『素敵な日々（*Schöne Tage*）』（一九七四年）がある。それからゲルハルト・ロートは、いくつかの本を書いて『沈黙のアルヒーフ（*Archive des Schweigens*）』を開こうとする。

イナーホーファーは、容赦なく厳しい非難を浴びせる。聖なるミサは、仰々しいわざとらしい儀式で、聖体を安置する聖櫃（タベルナーケル）は、キリストの獄舎とされる。家庭は、ほんとうはテロの共同生活体であり、そこでは何一つ語られも説明もされず、ただ叫び声とびんたがとぶのである。宮廷も、家庭を大きくしただけのもので、同じように粗暴な序列体制と力ずくの社会であり、使用人は奴隷身分として扱われ、搾取され、そこでは、仕事があらゆる愛情をすりつぶし、どす黒い性欲が突然吹きだす。学校は、完全に腐りきった白痴化の施設であり、村落は、まったくの弱肉強食の社会であることをあらわにし、お互い誰もが、敵と競争相手の関係にあり、それを宗教的につくろう嘘で誤魔化している。またしても、家の中心には父親がおり、少年ホルの頭は、人殺しの考えで一杯である。「なんどでも、父を殺す、ある日、僕は父を殺してやる」。[101] イナーホーファーは、自分の傷ついた子ども時代の苦痛と憎しみを吐きだすように叫んでいる。しかしながら、これは自伝的な物語ではなくて、一つの文学である。公平さを期す歴史家としては、作者のそうした足跡をたどることはほとんどできないが、こうした文学の問題提起を批判的な指摘として受け止めるつもりである。

### 抑圧されていたものの取りもどし――「ウィーン行動主義」

一九六〇年代に始まった消費社会・使い捨ての社会は、祭りも秘儀もない社会であった。一年中をとおして、なんでも買うことができる。季節のリズムも、昼と夜、朝と夕方も、区切りがなくなる。供養精進や祭りなど一切なしである。インゲボルク・バッハマンは、そうした感情の動きのない消費社会のモットーを、「憂いなしは、憂いなしであって欲しい！」「快活に音楽つきで！」[102]と呼びかける。

わたしたちは旅行することにしよう。
イトスギあるいはヤシの木の下、またはオレンジの林のなかで、
割り安料金で、またとない日没をみることにしよう。
そして昨日に宛てた何も答えていない手紙のことは忘れることにしよう！[103]

微温的な感情のそうした社会に、「ウィーン行動主義」〔行動主義とは、人間の意識や社会の現状を挑発的・革命的・芸術的な行動によって変えようと努めること〕が、野獣の群れのように闖入する。文明のプロセスは、羞恥と嘔吐の高い柵をつくってしまった。白い陶器の皿の美味しそうな子羊のカツレツに、色とりどりの野菜をもりつけたものを、我われも楽しそうに食べる。屠殺場で子羊が殺されたことを思いださせるものは何もない。しかし、殺傷は、文明化した食儀式の一部であり、前提である。他方、子羊は人身御供の代わりとなった、原始時代からの犠牲の動物である。ミサでは、キリストが屠殺される神の羊である。信者は、かれの肉を食べ、かれの血を飲む。ホル少年が大仰なもの、空虚な身振りとして体験するミサを、行動主義者のヘルマン・ニッチュ（一九三八年生まれ）は――かれのことをここでとりあげてみたいが――ラディカルにまともに問題にする。ミサは、ニッチュによると、規模の大きな遊戯であり、バロック的な総合芸術であり、文字通りの犠牲、つまり隠蔽されたカニバリズムである。ミサの中心的な儀式、聖なる舞踏の中心になるのは、死と復活という極である。だが、ニッチュはキリストの背後に――この点で、かれはモダニズムの偉大な仕掛け人であるフリードリヒ・ニーチェ（一八四四―一九〇〇）に追随して――ディオニュソスという奔放で放縦な神を発見する。ミサの十字架にかけられたキリスト受難をめぐる儀式化し飼い馴らされた劇は、行動主義の芸術では、ディオニュソス的にずたずたに引き裂く神話に敷衍される。子羊が、実際に

引きちぎられ、血や糞、小便が、劇の一部となり、嘔吐の垣根が打ち破られる。宗教的な情熱（Inbrunst）から性的な欲情（Brunst）、エクスタシー、放縦が隠蔽されずに剥き出しにあらわれる。その核心は、サド・マゾ的な基本体験であるが、しかし目標は——ニッチュによると——解除反応〔不快な体験であったがゆえに、抑圧され、心の奥にあって意識の表面にでなかったものを、なんらかの手段で言葉や行為にあらわれるようにすること〕であり、味気なく感情の皮相な文明の呪縛から引き離すことであり、抑圧されていたものの取りもどし、祭りを取りもどして、持てるものをフルに発揮できる円満な人間のユートピアであった。ニッチュが追求したのは、存在に酔いしれる生、現存在の謳歌、祭りの復活であり、その生も、生の一部である死をじゅうぶん染みこませたものである。[104]

感情の希薄な抽象的な芸術に反対して、ニッチュは、官能の力の発揮をめざした。芸術を解体し、キャンバスに描く絵を破壊する。行動は、結果より重要である。そのクライマックスとしようとしたのが、「オルギア神話劇場」〔音楽、ダンス、動物の屠殺などからなる数日間にわたる総合劇を上演。一九五七年から七一年以降は定期的なものとなった〕であり、ニッチュが一九七五年から八四年までプリンツェンドルフ城（ニーダー・オーストリア州のワイン街）で厳格な総譜にもとづいて設えたものだった。ホイリゲ（新酒ワイン）の詩人的愛好家は、その自分の城で、殺傷、飲み食いを、祭式的な催しにして、あらゆる感覚に訴えようとしたのである。

ウィーンの行動主義は、世論をひどく当惑させた。ウィーン大学の研究所新館で一九六八年六月七日に行なわれた「芸術と革命」の催しは、オーストリアの政治的シンボルの侮辱であり、文明社会のあらゆる基準の侵害であった。理論のテキストには、あらゆる構造——国家、宗教、芸術——に対する激しい解体欲が存分に荒れ狂っていた。「オーストリア人たちよ、高位高官にある人たちを片づけてしまおう。最上位の司祭たちの化けの皮を剥がしてやろうじゃないか」。「日常の妄想を捨てよう。現実に決着をつけよう」。[105]

しかし、現実が反撃にでる。警察が動き、逮捕、有罪判決となった。あらためて芸術の限界はどこまでかが、問題になる。アルヌルフ・ライナーは、ニッチュの祭式的なものへのインスピレーションに富んだ姿勢を讃える。

「ニッチュの場合、バロックの世界、官能的な祭式の世界、つまり、神聖化された肉体の絢爛豪華な世界である」。これに対して、フリーデンライヒ・フンデルトヴァッサーは、平然と「芸術の堕落」[106]だと言った。ネオ・マルクス主義タイプの啓蒙主義は、ニッチュのなかにファシズム的なモデルの噴出をみてとった。[107]じじつニッチュのテキストには、そうした見方を裏づけるものがいくつかあった。サド・マゾ的な度すぎた行為が、肉体の破壊、しかも女性の肉体の破壊へと転化していく。攻撃の形而上学は、人間的なモラルの問題をすべて否定し、暴力の美学が、「殺傷の欲望」[108]にふけるのであった。ここで、自由な社会でも明確な一線を引かねばならない地点にいたったのである。

ロベルト・ムージルは、ファシズム・モデルへの転化をすでに第一次世界大戦以前に具体的に分析していたが、「ウィーン行動主義」がファシズム・モデルに転化する例を、オットー・ミュール（一九二五―二〇一三）でもう一つ示してみよう。以前中学の教師をしていたミュールは、ウィーン行動主義者の最初の催しでもリーダー的な役割をはたすが、その後一風変わった心理学をつくりあげ、「行動分析コミューン」を設立した。設立者が修道院長の役をする一種のセックス修道院であって、一九七一年から九一年の間に約二〇〇〇人の人びとを引きつけた。[109]敵視する対象は、時流に乗って、性的な関係を二人にかぎることや、両親と子どもだけの家庭生活であった。夢は、性の解放にあって、私的所有や固定したパートナー関係の枠に縛られない性の自由をめざした。すでに第一次世界大戦前、グスタフ・クリムトなどの場合、官能の解放という個人的なビジョンは、「女」に対する男性の不安となっていたが、ミュールの生活共同体の集団的実験は、独裁に行きついてしまった。性の自由は、きちんとしたセックス・プランによって管理されていたが、結果は男性たちのインポテンツの発作をしばしば招いていた。絶対的な自己決定という夢が、厳格な新たなヒエラルキー（意識貴族）をつくりだし、それは、教祖ミュールに完全に依存するものだった。私有財産の否定が、職務命令権の拡大に変じて、反権威主義的な自由な教育が、教化手段としての伝統的な「鉄拳制裁」にすぐ訴えるようになっていた。かつての「ファーストレディー」がこぼしながら確認しているように、「権威主義的な父親社会へのプロテストから始まったはずのわたしたちなのに、結局は、ファシズム的な教育理想に陥ってしまった」。[110] 実験は、破滅的な形で頓挫し、オットー・ミュールは、裁判で有罪という結末となった。

これが、六八年型の夢の必然的な結末だったのだろうか？　そんな結論では、歴史的な現実を完全にゆがめることになるだろう。六八年運動の影響力は、もっと繊細な配分となって各分野におよんだ。新たなエコロジー意識の育成、女性解放運動の促進、相互に対等な結婚モデル・教育モデル、生活様式の新たな選択肢などとなって実をむすんだのである。

# 一九八〇年頃の生活状態

一九〇〇年当時の世界は、まだ詩的な文言で描写できたのに対して、一九八〇年頃の世界は、まず数字でもって語る必要がある。七〇年時で、オーストリアの個人あたりの裕福指数は、ヨーロッパ共同体の平均より一〇ポイントほど下まわっていたが、九一年時には、それを一ポイント上まわっていた。しかし、裕福さの配分の不平等さは、あいかわらず残っている。八九年時で、なお貧困の境界のところにいた人が四三万人、そのうちの多くは、女性であった。[1]

オーストリア社会の「長期にわたる持続性」という基本図式は、他国と比較しても、一世紀以上にわたって、比較的コンスタントに保たれていた。すなわち、多くの従事者をかかえる第一次産業、相対的に未発達な第二次産業、たっぷり人を抱えた第三次産業である。個人消費がさかんとなる。軍事費、研究費、高等教育段階の高校生や大学生では、オーストリアは後れをとっており、同じく、テレビ受像機や自動車の数でも、西ドイツやスイス

表43　1970年代のいくつかの指標比較

| | オーストリア | 西ドイツ | スイス |
|---|---|---|---|
| 産業別産業従事者（1976年） | | | |
| 第一次産業 | 12 | 7 | 6 |
| 第二次産業 | 40 | 45 | 47 |
| 第三次産業 | 47 | 48 | 47 |
| 個人消費／国内総生産（1976年）に占める％ | 56 | 55 | 63 |
| 軍事費／国内総生産（1977年）に占める％ | 1.3 | 2.8 | 2.7 |
| 研究費／国内総生産（1977年）に占める％ | 1.2 | 2.3 | 2.2 |
| テレビ（1000人あたり）（1975年） | 271 | 312 | 294 |
| 乗用車（1000人あたり）（1975年） | 230 | 291 | 280 |
| 医師（1000人あたり）（1973年） | 2.0 | 1.7 | 1.5 |
| 高等教育機関の学生（15～19歳）（1975年）（％） | 37 | 51 | 52 |
| ストライキとロックアウト（従業員1000人あたりの失われた労働日数） | 1 | 10 | 4 |
| 食費　消費に占める％ | 32 | 27 | 28 |
| 自殺者数（10万人あたり）（1973/4年） | 24 | 21 | 20 |

マリーナ・フィッシャー＝コワルスキーほか編『オーストリアの生活事情』（Lebensverhältnisse in Österreich [hg. Von Marina Fischer-Kowalski u.a.]）フランクフルト、1980年刊、14頁より）

よりも、少なかった。しかしオーストリアは、医者の数の点でもわかるように、福祉国家をじゅうぶん拡充している。自殺率ではオーストリアは、あいかわらず高い方にあり、歴史的に解明を要する憂慮すべき現象である。オーストリアは、経済面で紛争の少ない国ということができるが、その原因は「社会パートナーシップ」にはっきり帰せられる。オーストリア人は、飲み食いを好み、あいかわらず享楽的なパイアケス人〔オデッセイが漂着した伝説的な島国の裕福な住民のことで、憂いを知らず安逸を楽しむ人のことをいう〕である。

機会均等は、一九〇〇年頃にくらべると、いくつかの次元ではっきり改善された。たとえば、教育の機会があげられるが、その恩恵にまず与かったのが、女性たちである。一八九七年時ウィーン大学で学ぶ女性は三人であったが、一九八五年になると、女子学生の数は男子学生の数よりすでに多くなっている。[2] しかし、機会均等の増大が、かならずしも生活環境や生活圏の平等とはならない。あいかわらず収入、教育程度、健康への備え、余暇の過ごし方、住居、男女の置かれた状況などで、かなりの不平等がみられる。農民、労働者、女性は、今あげたすべての次元で、不利な立場にたたされている。家事の八〇%から九〇%がもっぱら女性の負担となっている。理屈では、女性の解放は誰しも認めるところだが、実際や具体的な面では、なかなか実現していない。[3] しかしこれらすべての次元で、グループ間の差は、小さくなってきている。

二〇世紀における生活のチャンスの比較は、比較する時点の選び方に大きく左右される。たとえば、一九一七年、三三年、四四年をとって比較すると、一九八〇年代の大衆の物質的な生活のチャンスが、大きく改善されていることは、誰も否定はしないだろう。だが、一九一一年の時点で社会層として市民階級を比較してみると、結果はかならずしも一義的ではない。この場合、帳尻はマイナスとならざるをえない。たとえば、ウィーンの創造的・ユダヤ的・リベラルなミリューが破壊されてしまっている。

世紀の転換期頃の社会民主党の実践的綱領は、好んで詩の形で唱えられていた。

我われが、遠い未来に所望するのは、
われらにパンと労働の備えある姿であり、
我われの子どもたちを学校で学ばせ、
年老いた両親をもう物乞いに出さないことである。[4]

この綱領は、二〇世紀のうちに実現できた。もっとも、その上をめざす「社会主義」というユートピア的な綱領は、しだいに干からびてしまった。消費社会の発達は、社会主義とは違った主導的展望を追いかけている。

しかしながら、人間はパンのみにて生くるにあらず、である。意味の問題は、答えを用意してくれていた大きな集団(教会や政党)から、個人のもとへと移ってしまった。外部からの助けなしに、自分の生涯プラン、自分の自伝の「夢の歌」を構想するのは、かなり難しいことになっている。多くの人たちが、荷が重いと感じている。歴史的に目新しく例のないことといえるのは、この世における幸福への人間の要求であり、幸福への権利があると思われていることである。消費社会は、宗教的な終末論や、政治的世俗的な終末論を役にたたないものにしてしまった。現世で、しかもこの瞬間の幸福への期待が、彼岸への期待——天国や階級社会のかなたへの期待——に取って代わってしまったが、この転換が、しょっちゅう失敗に終わることは必定であろうし、それが多くのフラストレーションを生みだすことになるだろう。

幸福を求める足跡をいくつかたどってみることにしよう。[5]するとまずナルシズム的な肉体崇拝が目にはいる。肉体の復権は、教会のコントロールから脱することになった。女性たちは、すでに一九二〇年代にコルセットを投げ捨て、一九七〇年代になると胸を好きなようにぶらつかせるようになった。肉体は今や個人的アイデンティティーの場となった。おのれの肉体に対する宗教的な色合いの羞恥心は姿を消し、それに対しておのれの体がコマーシャル媒体などでいわれる理想基準にそぐわないと、人前で羞じることが多くなっていった。コマーシャル的な吹聴により、肉体は性的なインパクトをたえず発現するように仕向けられた。商品の性を意識した価値づけにより、決してみたされることのない購買スタイルが誘発された。肉体の手入れが必要となり、浴室がプライベートな神聖な場所となった。保健衛生が専制的な規範となり、肉体を鍛えることが必要となり、大衆スポーツ、フィットネス練習場に、すらりとしたスポーツ的な身体をつくりだす使命が与えられた。そうしたことは、審美的な規範の変化によっても規定される。貧しき時代の文化は、栄養がよく肉付きのいい肉体を評価し、堂々たるブルジョアのお腹は裕福のシンボルであった。これに対し消費の文化は、誰もがじゅうぶん食べられるので、日光で焼きトレーニングをしたスマートな肉体をよしとする。健康な肉体でなければならず、病気が敬虔なものと受け入れられることはもはやない。健康が、価値ヒエラルキーの頂点になる。それにともなって、医者もプレステージ階段の上の方になっていく。肉体には、無数の不安が巣くうようになり、「癌」という不安な言葉が、今では現代的な呪いとして、人間の上にただよっている。そこで、病院が医学の真の殿堂として、ますます高い費用をかけて建設される。一九〇〇年頃はまだ、家庭での出産が圧倒的だったのに対して、一九八〇年時では、それもほとんどみられない。健康の領域こそ国家の影響力がとてつもなく拡大した分野である。

肉体は、官能の幸福を発展させることになり、オルガスムスの遠慮会釈ない追求が始まった。おおやけの次元での議論も、性を熱心にとりあげ、セックスについての長広舌が始まる。[6] いたるところで、性教育や性に関するアドバイス、具体的な例示が行われる。ポルノグラフィー——以前は、社会の上層部の特権であったものが——の洪水に、社会がみまわれている。市場が、いろんな倒錯を提供しようと待ち構えている。「この瞬間のパラダイス」を、官能的な幸福だけでなく、薬物による危険で性急な幸福であっても、力ずくで獲得しようというのである。

肉体を人前にさらすには、衣服を選び、髪型を整える必要があり、そのための出費がかなりの額になる。[7] 同時に政治の受け止め方も変化した。一九二〇年代のプラカードでは、象徴的な人物を登場させ、潜在的なもろもろの不安に呼びかけ、敵の情動的な像をつくりだしていた。八〇年代のプラカードになると、国でもっとも素敵な男、ベスト・ドレッサーは誰か、といったモットーになる。肉体は、息抜きの休養を求め、休暇先での新たな刺激を求める。一九七五年時で、国民の三六%が、すくなくとも年に一度は旅行しており、サラリーマン（一般企業の従業員）や公務員では六〇%、労働者（ブルーカラー）の場合には三一%となっている。[8] 大衆文化にあって肉体には、たくさんの刺激、過度の合図・シグナルが浴びせられる。そうした状況にすべての人びとが晒されている。テレビとラジオは、国民の七〇%をとらえているのに対して、古典的な高尚文化——劇場、博物館、音楽会——は、一%でしかない。言い換えると、そうした高尚文化の提供物をときおり消費しているのは、高級サラリーマンで八五%だが、農業経営者となると二〇%、労働者で二五%にすぎない。[9]

こうしたデータの列挙をもう少しつづけてみよう。三つの領域をさらにあげてみる。生活のチャンスが増えるということは、またプライベートな生活空間が増すことでもある。ウィーンに居住する人口は、一九一〇年以降四分の一ほど減少して、世帯数は、一九八〇年代までにおよそ五〇％増大する。一九一〇年時で平均四人所帯であったのに、一九八五年時では、一世帯あたりの人数は二人にすぎない。住民一人が、今や（統計上では）すくなくとも一部屋をもっている。[10] 生活空間の増大は、違った生活を意味する。都市改造や大きな住宅団地の建設は、近隣関係や、なじんできた居住地域を破壊する。コミュニケーションの場であった街角の小売り店・食料品店が姿を消してしまった。それは確実に、暮らし方の匿名性の増大であった。もっとも他面では、技術的な革命などにより（電話等）、より大きな範囲での社会的コンタクトの拡大になったが、匿名性化は、緊密な共同体の強固なコントロールを破壊し、個人主義化の前提や、流行や現代的なものという情報にらくらく接する前提をつくりだした。

もう一つの例としてダンスをとりあげてみよう。一面で大衆スポーツは、流行が命ずるように、肉体の鍛練をめざすが、他面では、こちこちの教育をとおして作法として早々と教えこまれた肉体的なしつけが、急激になくなってしまった。世紀の転換期頃の厳格な形式のダンスの作法から、光と音にあふれたディスコにおける自分一人のダンスとなり、男も女も、自分だけのために踊って、自分の肉体の祝いに没頭するのである。これはなるほど一面では、解放の一歩であり、「壁の花」〔ダンスの相手がいなくて壁際に座っている少女〕はみられなくなった。だが、これは他面では、社会的な関係の喪失、唯我主義や孤独のシグナルなのである。

制度としての結婚が、社会的意義を失ってしまうが、同時に結婚に対する、幸福の実現という点での要求、情緒的・性的な調和という意味での要求がひどく高まった。こうして制度としての結婚に対する要求が過大なものになっているゆえに、離婚にいたるものが三件に一つの割合になっている。歴史的にみて例がないのは、一人所帯の増加である（三〇％）。そうした「シングル」の暮らしは、決して孤立したものでなく、少なくとも若いシングルたちは、人とのコンタクトを異常にとりたがるのである。[11]

現代のプロジェクトは——おもなキーワードをあげれば、技術革新、田舎の都市化、社会の民主化、福祉国家の発達、大衆文化の展開——、一九〇〇年頃の世界を根底から変えてしまった。現代性の三種の神器、マイホーム・自動車・テレビがひろく浸透したが、人間のもろもろの不安も減りはしなかった。消費社会の欲望は高いものにつく。現代の消費社会の成果は、一部第三世界の不首尾に負っているところがあり、先進諸国の発展も、ひっくりかえる恐れの地点にたどりついたようである。終末論的な象徴として、エコロジー的な破局が浮かび上がってきた。その象徴の一つが、森が枯れる現象である。昔から人間の期待や不安をかきたててきた神話的な場所である森が[12]、「オーストリアのエコ統計」によると、三分の一も被害にあっている。一九七九年から八七年の間に、被害をうけた森の面積は、二〇〇㎢から一万一〇〇〇㎢に増えている[13]。ここは、エコロジーの説教をする場ではないが、それでも消費社会の影の部分は、歴史家も考えに入れる必要がある。

　わずかな文章で、二〇世紀オーストリア社会の総決算をしてみるとどうなるだろう。世紀の前半は、三〇年にわたる戦争と内戦（一九一四～四五年）となっている。そこから社会は、たぶん学んだことだろう。のちの半分の世紀の経過は、より落ちついたものとなり、西側工業国家や、西側のデモクラシー・モデルに歩調を合わせた力づよい歩みとなった。経済的な生活力、政治的統合の国民、民主主義などが、国民の大多数により肯定された。だが、オーストリアのデモクラシーの実際は、あいかわらず国家的・官僚的な指向がつよい——それは、決定的な推進力をほとんどいつも上からえてきたわが国の歴史的経過の結果としての指向であった。力づよい草の根民主主義や、自意識のある国民社会、要するに市民社会という伝統は、あまり根づいていない。自分たちの領域の自分たちの問題を、いきなり国家にすがることなく、助成説的に解決する〔国家には、家庭などの次元では解決できないものだけをゆだね、逆に国家は個人・団体に対して助成的機能だけをはたすに留めること〕、自由なる者・平等なる者の社会の伝統、「進化論的方向指針」（ハンス＝ウルリヒ・ヴェーラー）の市民社会は、発達程度が低い。オーストリア社会は、二〇世紀後半の五〇年間に、権威主義という極に対して、デモクラシーという極の発展をひろくとげた。ところで、このデモクラシーは、新たな第三の千年紀の押し寄せる諸問題を処理するにじゅうぶんつよいものであろうか？　我われには、多様性と多元論を踏まえ、ギリシャ政教のスラブ世界やイスラムの世界と共存する、ヨーロッパ的なアイデンティティーをつくりだす用意があるだろうか？　それとも我われは、一九一四年や一九三八年時のように、「おいらはおいらの道をいく」とふたたび視野を狭め、我われの不安が、権威主義的な新たな全体主義を呼びだすことになるのだろうか。第一次世界大戦からナチズムにいたる権威主義的な実験の諸経験の思い出は、我われが次の世紀をやっていけるほど、じゅうぶん強力だろうか？　それとも、情報化社会が浴びせる目まぐるしい像の氾濫のなかで、「狼の世紀」のもろもろのカタストローフを我われは忘れてしまうのだろうか？

こうしたことを我われは知らないし、知ることもできない。

社会の批判的な記憶を色褪せさせないのが、歴史学のもっとも大切な課題であるだろう。[14]

# 訳者あとがき

イギリスのEU離脱の決定が話題をさらっている。それにくらべると注目度は劣るが、オーストリアの政治の動きもたいへん気になる。雲行きが怪しくなっているからだ。というのも、今年（二〇一六）の五月二二日にオーストリアで大統領選の決戦投票が行なわれた。決戦投票に残ったのは（連立与党の国民党や社民党の候補は初戦で敗退）、自由党（右翼ポピュリスト集団）と「緑の党」（州レベルをみても政権参加の経験ゼロ）の候補者だった。投票は、二〇〇万票台で激しく競り合ったうえ、三万票余りの僅差で、後者の勝利となった。やれやれと思っていたところ、この七月の初めにオーストリアの憲法裁判所が、大統領選挙は無効との判決を出した。再選挙が今年の秋に行なわれることになったのである。

ところで、決戦投票が無効とされた理由がいかにもオーストリアらしい。開票の際規則を守らずに作業を進めたという。これは、オーストリアの歴史でよくみかける「シュランペライ」(Schlamperei) というやつである（法規を規定どおり執行しないで、役人の個人裁量でことを進める／だらしないやり方、といった意味）。憲法裁判所の下した無効判決の根拠は次のようなものだった。投票区の選挙管理委員長が開票体制を法規どおりに整えることなく作業を進めた箇所が一四あった（開票スタッフとか立会人とか、所定の関係者が揃う前に開票したケースがほとんど）。一四箇所の票の合計は七万七九二六。大統領決戦投票の際の両候補の差は三万〇八六三票でしかなかった。だから、この一四箇所の開票作業は勝敗を左右しかねない処理の仕方であった。それゆえ無効とする、というもの。このように官僚や公的立場にある人が事柄の処理にあたってみせるいい加減さ／ルーズさというのは、オーストリアの歴史をみると、伝統的なものといっていい。それにしても、たくさんの国民が直接参加した大統領選挙が無効になるなんて、世界的にも滅多にない珍事であろう。

オーストリアの場合、大統領の権限は、ドイツなどとは違って、政府の任命・罷免など、かなり大きなものをもっている。もし再選挙で自由党系の候補が勝利したら、さまざまな政治的変動が起こるのは必至であろう（反難民のつよい措置から反ＥＵの動きなど）。

さて、このハーニッシュの著作は、ヘルヴィッヒ・ヴォルフラムが企画編集の『一〇巻本オーストリア史』（「Österreichische Geschichte in 10 Bänden」）のなかの一冊。この歴史シリーズは、いわゆる通史ではないが、オーストリアの古代から現代までを、特徴的なテーマを軸にしてボリューム豊かに詳述している。そのなかで、本書はシリーズの九巻目にあたり、『国家の長き影――二〇世紀オーストリア社会史――1890–1990』（「Der lange Schatten des Staates—Österreichische Gesellschaftsgeschichte im 20.Jahrhundert 1890–1990」）とのタイトル。「国家の長き影」とは、何事にも国の手が種々の分野でのちのちまではたらき／影響していたことを指している。たとえば、「改革は上から与えられるもので、下から闘いとられたものでなかった。改革は臣民たち向けに官僚主義的に執り行なわれた」（五四頁）ものであり、「すべては国民のために／だが国民抜きにである」（六九一頁）、と。要するに帝政時代にすでに世界でも先進的な福祉制度を作り、第二共和制時代にみせた、労使間／社会問題の「パートナーシップ的な」（一三〇頁）解決システムにいたるまで、すべてが国家の介入により進められ、影響が二〇世紀後半になっても色濃く残っている、というのである。また二〇世紀を一八九〇年からとしているのは、どの領域においても二〇世紀を象徴するような動きの端緒は、一八九〇年代の中頃からみられ始めたから、という。

本書は第一部でオーストリア現代史の大まかな流れが詳述され、第二部以降で各時代の具体的な歴史の叙述となっている。しかし第一部に全体の三分一以上の紙幅を割いているのは、ちょっと量的バランスを欠いているように思う。これが必要以上に、読む人に「詳しすぎて面倒だな」と感じさせる原因になっている。

それに対して著者ハーニッシュの歴史把握／叙述スタンスの方は、バランスがよくとれている。たとえば五八五〜五八六頁をはじめ、各章の導入部分の叙述などを覗いてくだされば、その点じゅうぶん納得いただけるであろう。そして歴史の展開把握の基本的な物差しとして、ラルフ・ダーレンドルフ提唱の「生活のチャンス」を使い、その拡大・縮小で捉えていく。これも素人にはわかりやすい。

歴史家ハーニッシュは、長年ザルツブルク地方の地域史の研究を徹底して行ない、その後オーストリア全体の歴史へと研究を広げていった人である。もう一つこの歴史家の特徴として、オーストリア文学の素養をじゅうぶんにもったうえで、歴史の研究に携わっていることである。ちなみに、ゲオルゲ、トラークル、リルケといった第一級の詩人たちの作品に社会史的な視点から言及しているし、ホフマンスタール、シュニッツラー、ムージルなど数多くの作家の作品や回想録などに随所で触れている。この点が著者ハーニッシの歴史をみる目の魅力の一つであり、レトリックに富みワサビの利いた叙述の下地になっていると思われる。

そしてこの歴史書では、為政者側の人たちだけでなく、一般の人びと／市井の名もない人たちの日記や回想もしばしば資料として使われている。この点がとても新鮮な印象を与えているし、読む人が時代の姿をイメージするのに、じつに効果的である。いくつか引いてみよう。

まずは、典型的なオーストリア人タイプを描きだす「ヴィーナー・リート」の一節。「俺は自分の隅っこに引きこもる、それがおれの静かな幸せ、おいらはどうのこうのと言いはしない。政治なんか問題にしない。争いごとは他の連中にまかせて、静かにおいらのワインを口にする、時代のことなどおいらが気に病むことはない、好んでほろ酔い機嫌でいたいだけだ」（五八頁）。これぞ、「ビーダーマイヤー的な」（社会や政治に背を向けて、自分の殻のなかで小さな幸せを追い求める）暮らし方の典型であろう。そしてヨーハン・シュトラウスの音楽に酔いしれるウィーン人の生活モットー「忘れられる人は幸せ。だって何が変えられるというの?」に見合う人生観であったし、かれらが好んで口にする「Mir-san-mir（おいらはおいらさ）」（五九頁）に相応しいものだった。

そして、強烈な印象で目をひくのは、一九世紀末の労働者の現場ルポのくだり。銑鉄を加工しやすい鉄や鋼にする熟練労働者の現場の実態報告。摂氏六〇度に耐えながらの厳しい作業、四〇歳ぐらいしか体が持たないのだ。一人の銑鉄工が溜め息まじりにいう。「鉄に人間がやられるんだ。誰かが病気になると――一週間後にはもう板切れの上さ。鉄炉から墓場までの道は近いもんだ」。そして、「出来高払い」で働く労働者が子ども連れの妻がもってきた夕食弁当にありつく様子が描かれる。「かれはベンチに行って小さな女の子を抱き上げ、頬ずりし、それから妻の方を向く。彼女は夫に濡らしたタオルを差しだす。そのタオルで汗と煤で汚れた顔を拭き、両手をぬぐう。汗を拭きとってから、妻がベンチの子どもの脇に置いた手提げ鍋からスプーンで肉塊をとりだす。忙しげに食べ物を口に流しこんだかとおもうと、次の瞬間にはふたたび棒をつかんで鉄をかきまわしている……そんな（食事）光景が三〇分ほどつづく。働きながら一口また一口とかれは噛んでいる」（三一〇頁）。この苛酷な労働の実態こそ、労働者を結集させ、やがてオーストリア社会民主党をヨーロッパ最強の労働者政党へと押し上げた原動力の一つであったろう。

次は、第一次世界大戦中の飢餓の苦しみのなかから、戦地の夫に宛てた妻の手紙。「わたしも今までにいろんなことを体験してきましたが、こんな惨めさと飢えは初めてです。子どもたちを手にかけて始末するか、一緒に川に飛びこもうかとなんど考えたことでしょう。でもあなたが、悲惨な住居にいつか帰ってくることが気の毒でなりません。子どもたちは空腹のあまり泣くことがよくありますが、わたしには子どもたちにやれる食べ物がありません」（三二五頁）。そして一九三八年一一月、ユダヤ人の商店が略奪にあっている最中に、中年女性が非情にも方言丸出しでこう叫んだ。「あたしは血が見たいもんだ！」、と（五八九頁）。

こんな文章を目にするだけでも、一般庶民がそれぞれの時代をどんな思いで生きていたか、はっきりイメージでき、なんら解説を要しないであろう。

オーストリアとドイツ、同じドイツ人を主役とした国であったから、共通するものも多々あるが、異なる点も数多くみられた。オーストリア流のシュランペライと、ドイツ流の能率重視の秩序感覚など、まさに対照的な国民気質といっていいだろう（ここでシュランペライという気質誕生の下地に触れておこう。チェコやハンガリーなど八つの民族、一七の国、こうした多民族を抱えながら、皇帝の威光と官僚機構をとおして一元的に／全国画一的に統治しようとする。すると、中央からの命令・指令を下っ端役人が、各地方の実情を加味して適用する／それぞれの任地の事情、住民の実情を汲んで、役人の個人裁量でことを進め、手心を加えるようになる。こんな事情から、シュランペライという風潮が生まれたのだ、という。オーストリア社民党創設の立役者ヴィクトル・アードラーは「シュランペライによってオーストリアは絶対主義を和らげた」、といっていた）。

最近日本で緊急事態に備える法律をつくろうとする動きがある。それに対して禍根を残した事例として引き合いに出されるのが（ヴァイマル憲法四八条で大統領に与えられた「緊急令」発動権限や）ヒトラー時代の「全権委任法」である。しかし、この種の件になるとオーストリアの方が歴史は古い（一八六七年制定の憲法にある「緊急令」条項）。この法律の主旨は、オーストリアの場合、名前を変えながら連綿と引き継がれ、各政治体制において大いに濫用されてきた事実がある。その弊害は、オーストリアの歴史にも学ぶべきものがあるだろう。

戦後では首都ベルリンとウィーンとで占領下の運命に大きな差が生じた。厳しい冷戦のなか、ベルリンは東西に分けられ、分断国家の樹立へとつながる。それに対してウィーンは分断を免れる（隣国のハンガリー〔一九四七年〕やチェコ〔一九四八年〕が共産化して、オーストリアの分割も懸念された時期もあったが）。原因の一つは、六二三頁の四カ国占領分割地図にみるように、英ソの占領地域がサンドウィッチ状に隣り合わせの飛び地になっていたし、中心のウィーン一区は一カ月ごとに四カ国が交代で管理責任者になる占領体制がとられていた。これなども新興ベルリンと違って、古都ウィーンが共同管理を強いるほどの由緒ある一帯（かつて城壁に囲まれていた旧市街地一区）をもっていたことに帰するものであったろう（これでは、ベルリンと違って、市行政の分割・地理的分断など強行することはできない。ウィーンの思わぬ幸運の一つだったといってよい）。

また、ドイツとオーストリア両国の社会民主党の比較も面白いであろう。とくにこの二党の第一共和制時代の権力への関わり方から、オーストロ・ファシズム、ドイツ・ナチズムという全体主義体制に対する対応。さらに第二共和制時代のブラントとクライスキー、両社会民主党政権のはたした役割の対比も興味深いことであろう。二つの社民党は、似ているところと違っているところがいろいろあって、関心をそそられる事柄だと思う（オーストリアの社民党については、本書二一五〜二三〇頁、四〇九〜四七四頁、七一六〜七三二頁。ドイツ社民党に関しては、拙訳書『ドイツ社会民主党の戦後史』三元社、一九九七年刊を参照）。

オーストリアには、ドイツと一つになりたいという願望が潜在的にいつも存在していた。ハプスブルク君主制が崩壊後あらためて国造りを始めるにあたって、ドイツと一緒にならなければ国としてやっていけないと国際的に泣きをいれたり、逆にヒトラーの手で乱暴に併合されたりもした。それでもやはり（ドイツが強くなりすぎるのは困る／とにかくドイツからオーストリアを切り離そう、という国際的な思惑もあって）、別な国としての存在を強いられ／それを維持しつづけたことは、歴史的に正解であったように思える。由緒あるハプスブルク王朝の後継国家が存在しえた点だけでない。現在の世界的なグローバル化の進行のなかで画一化が進み、差異性を押しつぶしていく止めどない歴史の流れにあって、個性的で特色ある独自な国民性や文化が存在し維持されるには、それなりの大きな意味があるだろう。ドイツ語文化圏がドイツ／オーストリア／スイスと三つも存在するのは、フランス一国を楽しむよりも、多様な味わいがするといっていいものだろう。

ところで私は、先に戦後西ドイツを牽引した政治家／外交家の二人、ブラントとバールを紹介しながら（『ヴィリー・ブラントの生涯』二〇一五年刊、『西ドイツ外交とエーゴン・バール』二〇一四年刊、いずれも三元社）、かれらの強靱な思考力、国際政治の醒めた分析と粘りづよい外交力に驚嘆しつつ、日本でまずこんな人物は望めないだろうなと思った。そして直近の過去との向き合い方でも、日独との間に大きな落差を感じたものだった。

それに反してオーストリアをみていると、この国は日本と似ている点が数多くあるように思えてくる。そんなところをいくつか拾いだしてみよう。

まず、オーストリアは政治的無関心と体制順応主義が目立つ雰囲気、「共同体のなかに身を沈めていたい」という国民性、そしてほとんど官僚主導でことを運び、時の為政者たちは「問題の解決の先延ばしで凌ぐ」のが特徴といえる国とある。何やら日本の正体を言われているように考えてしまう。

さらにオーストリアは、第二次大戦後「犠牲者テーゼ」、つまり「オーストリアはヒトラー侵略の最初の犠牲になった自由国家である」と言い張って、ナチズムに関してオーストリアがもつ共犯性の責任を回避しようとした。また国の主権を回復する交渉にあたって「平和条約／講和条約」と言わずに、「国家条約」という言葉にして、交戦当事国であった事実を意識的に避ける表現を使っている。これなど、日本が「敗戦」と言わずに「終戦」という、世界で最初の「核被爆国」であるのを強調しつつ、つい被害者意識のなかに身を潜めて／アジア・太平洋戦争における加害者としての意識をネグろうとしたがるのと、どこか共通するところがある。こんな点にも過去を意識する際の心理構造の似かよりを感じてしまうのである。

それに最近の観光客誘致に狂奔する日本の姿を重ね合わせると、オーストリアについて戦後言われていたことが、そのまま日本にも当てはまるように思えてならない。つまり「戦後のオーストリアは、歴史からウアラウプ（長期休暇）をとって、郷土をウアラウプの目的地に仕立て上げることに狂奔してきた」、というのである。

それでもオーストリアは、自分たちの選んだ大統領が国際的に忌避される「ヴァルトハイム事件」（六九九頁）を起こし国際的な批判に晒されて、一九九〇年代になってようやく、遅ればせながら過去と真面目に取り組むようになったのである。

オーストリアは、ドイツとの関わりでいつも自己規定するところがあったが、第二次世界大戦後になると「ドイツ的なオーストリア」という意識がしだいに薄れていく。とくに若い人たちの間でますます薄れていっている、という。ドイツ人のオーストリアでなく、オーストリア人のオーストリアというアイデンティティーを求めているように思える。これはオーストリアにとって画期的なことといっていいだろう。

訳者は、オーストリア史の研究者でもなければ、歴史の専門家でもない。ただ、少しは身についているドイツ語力を活かして、わかりやすい日本語の訳書づくりを心がけ、読者に少しでも貢献したいと思うだけである。そうした訳者にとって、気になることが二つある。それをあえてここで述べさせていただきたい。一つは、オーストリア関連の日本語文献をみると、地名や人名の表記がバラバラであり、たいていは間違っている点である（ジョンストンの『ウィーン精神』はその点一番的確。ドイツ文学関係の人たちが携わっているからであろう）。地名や人名の発音については、「ドゥーデン」（Duden）に地名・人名などの『発音辞典』（『Das Aussprachewörterbuch』）というのがあって、これを覗いてくだされば、どういう日本語表記にしたらいいか、簡単におわかりいただけるはずである。そう思って「発音辞典」の参照を勧めているのだが、なかなか実行してくれない。

問題ある例をいくつか挙げてみよう。オーストリア史でなんどとなく顔をだす人物Rennerは「レナー」であって、「レンナー」ではない。これはかつて作家Schillerを「シルラー」と表記して、連続する同じ子音を分離して読んだ時代の誤りと同じことになるだろう。またDollfußは「ドルフース」であって「ドルフス」ではないし、Figlも「フィーグル」であって「フィグル」は変である。もっとも間違いやすいのは「Olah」であろう。字面からみると「オラー」と読めそうだが、「オーラ」でなければならない。ドイツ語人名辞典などでみれば、わざわざ「オーラ」と読むと発音記号がついている。また、Vaugoinを「ファウゴイン」としている人がいるが、これは「ヴォゴワン」であろう。ただし、Luegerは「ルエーガー」「ルーエガー」、どちらでもよいとなっている。

私は、一九八〇～八一年にかけて初めて渡独、長期滞在した折、日本からわざわざソニー製のラジオカセット二台をもっていき、ドイツのラジオ放送の録音を熱をいれて行なった。毎日番組表をみては目ぼしきものをせっせと録音し、編集作業もした。テープの数は、「六〇分」「九〇分」「一二〇分」のもの合計二五〇本超、延べ四〇〇時間以上のドイツ語の音声記録になっている。

それらを聴いていると、一番気になるのは、社会思想家「Habermas」の表記ではなかろうか。字面をみると、「ハーバーマス」と読めそうだが、「ハーバマース」でなければならない。とにかく「ハーバーマス」、「ハバーマス」「ハーバマス」など、日本での表記は混乱している。この点をかれの専門研究者たちに言っても、少しも直そうとしてくれないのである（二〇年以上も前のこと、篠原一先生が『市民の政治学』を出されたとき、出版のお祝いの席で岩波書店の前の社長さんにお会いした。「Habermas」の日本語表記の問題点の話をしたら、「自分たちも困っている」と言われた。そこで、かれがアドルノ賞受賞記念の折に講演したラジオ放送の録音テープをお渡ししたことがある。しかし、表記訂正の動きは未だ起きていないようである）。

それとは少し話は違うが、「Max Weber」は、上記の発音辞典では「ヴェーバー」と濁っている。しかしドイツのラジオ放送では、「ウェーバー」と発音しているのがほとんど。日本でも、「ヴェーバー」などと耳障りな表記にする必要はなさそうである。

細かいことを問題にしているように思われるだろうが、今は「インターネット・ラジオ」でドイツやオーストリアの放送も数多く簡単に受信できるし、現地発音がストレートに耳にはいってくる時代。そして異国の研究者仲間との交流もみられ、研究もグローバル化している。そんななかで、日本だけ自己流の勝手な読みの表記で済まされる時代ではないだろう、と思っている（日本で一番慣れ親しんでいる「ベートーヴェン」でさえ、この日本流の勝手な発音ではウィーンでもベルリンでも通じない。現地発音どおりに「ベートホーフェン」と、小学校の音楽の教科書でも表記しなければならない時代がくるかもしれない）。

もう一つは、歴史的な用語の遣い方に関してのものである。近年では「Gegenreformation」の訳語に「反宗教改革」でなく、「対抗宗教改革」を使うのが一般的とか。しかし本訳書ではそれをあえて避けることにした。本書には「外敵のトルコ人に対する戦いと内敵なプロテスタンティズムに対する戦い」とか、「内面的なGegenreformationは、粗暴な洗脳、人間の従属化への規制」であった、という表現がでてくる。これは、従来どおりの「反宗教改革」の方がぴったりする。もちろん「対抗宗教改革」との訳語を当てた方が適切な場合もあるだろう。カトリック側の自己変革の動きを評価するとき、そんな訳語も使いたくなるだろう。しかし「宗教改革」に対する「Gegen宗教改革」の動きを一律に「対抗宗教改革」とするのは、無理な話であろう。ちなみに、ヘーゲル哲学の改訳に努めている長谷川宏さんが言っている。「ドイツ語一語に日本語一語を対応させず、文脈に応じて適宜訳し分けた」、と（『ヘーゲル　哲学史講義』の訳者まえがき）。たとえば、「Sozialstaat」も「福祉国家」とばかりは訳せない。使われる文脈では、別な訳語を考えなければならない場合もある（「社会的国家」の訳語をあて、立法・行政・裁判のなかで社会的正義をできるだけ広範に実現しようとする国家をいう場合もある）。

二〇〇〇年の夏だったか、たまたまウィーンに長逗留した折、本書の原書を手にし、拾い読みして魅了された。日本に紹介したくて、さっそく翻訳権をとってもらったが、作業はもたついて一〇数年もかかってしまった。この間にドイツ東西の『外交史』、『ヴィリー・ブラント』の仕事が割り込んできたからであった。ようやく完成にこぎ着けると、訳書の分厚さに困惑した。分冊にしていないのでなおさらである。厚さをみて尻込みされる人もおられるだろう。でも、日本語で読めるオーストリア関連の文献としては、最善・最良のものといってお勧めで

# ウィーン／オーストリア二〇世紀社会史

1890—1990

発行日　二〇一六年一〇月二五日　初版第一刷発行

著者　エルンスト・ハーニッシュ

訳者　岡田浩平

発行所　株式会社 三元社

〒一一三-〇〇三三
東京都文京区本郷一-二八-三六　鳳明ビル一階
電話／〇三-五八〇三-四一五五
ファックス／〇三-五八〇三-四一五六

印刷
製本　モリモト印刷 株式会社

ISBN978-4-88303-408-6
://www.sangensha.co.jp

著者紹介

## エルンスト・ハーニッシュ［Ernst Hanisch］

エルンスト・ハーニッシュは、1940年の生まれ。若い時代に、『シュテファン・ゲオルゲ；かれのサークルとナチズム』、『ゲオルク・トラークルの時代のザルツブルク』など文学者と時代状況を中心にした仕事を行なう。その後オーストロ・ファシズム研究に取り組む。ついでザルツブルク大学の教授として、当地の地方史研究を進め、農村におけるナチズム、それに対するさまざまな組織の抵抗運動の研究などを通して、たくさんの論文を纏めあげる。主要著書としては、本原書の他に、『ザルツブルクにおけるナチズム支配 1938–1945』。『偉大な夢想家 オットー・バウアー（1881–1938）』、『男たち、20世紀のもう一つの歴史』など。編著者としても、たくさんの書籍編纂にかかわる。『オーストリア政治体制のハンドブック——第一共和制 1918–1933』、『オーストリアにおけるナチズム支配 1938–1945』、『オーストリアの歴史におけるナチズムの位置』など。

訳者紹介

## 岡田浩平［おかだ・こうへい］

1937年生まれ。1967年早稲田大学大学院文学研究科博士課程修了。1969年早稲田大学専任講師、1972年助教授、1978年教授。2008年定年退職。現在早稲田大学名誉教授。専攻は1933～1945年の間のドイツ亡命文学。

主要論文：「亡命ドイツ・ペンクラブのこと」、「ドイツ亡命文学の初期作品のなかから」、「亡命女性作家二人の作品について」、「亡命作家クラウス・マンの作品『火山』について」など。

訳書：B・ジーグラー『いま、なぜネオナチか？』（共訳）、P・レッシェ／F・ヴァルター『ドイツ社会民主党の戦後史』、ヴェルナー・ベルクマン他編著『「負の遺産」との取り組み——オーストリア・東西ドイツの戦後比較』、クラウス・ハープレヒト『トーマス・マン物語——その1　少年時代からノーベル賞受賞まで』『トーマス・マン物語——その2　亡命時代のトーマス・マン』『トーマス・マン物語——その3　晩年のトーマス・マン』、ヘルマン・ヴェントカー『東ドイツ外交史 1949–1989』、アンドレアス・フォークトマイヤー『西ドイツ外交とエーゴン・バール』、グレゴーア・ショレゲン『ヴィリー・ブラントの生涯』など、他に責任編集『考えるとは乗り越えることである——好村冨士彦遺稿・追悼集』、『早稲田の片隅で——16号館に集った教師と学生たち』（以上、三元社刊）。

# 人名索引

## ア

## カ

## サ

## タ

## ナ



## ハ

## マ

## ヤ



## ラ

## ワ

# 事項索引

## ア

## カ

## サ

## タ

## ナ



## ハ

## マ

## ヤ



## ラ

## ワ

# 19世紀末以降のオーストリア歴史年表

1886 ――― シャイプスに最初の公的な発電所建設
1888 / 89 ――― ハインフェルトにおいて社会民主党の第一回党大会（ヴィクトル・アードラーの手になる党綱領の承認。穏健派と過激派との妥協）
1890·5·1 ――― ウィーンにて最初の正式な社会民主党のメーデー
1892 ――― 大工業の産業中央連盟の設立
1892·8 ――― 通貨（クローネ）の導入
1892·12 ――― レーオポルト・クンシャクのイニシアティブでウィーンにキリスト教「社会」党系労働者連盟の結成（これによりキリスト教系労働者諸団体が一つになる）
1893 ――― 中央労働組合委員会の設立
1896 ――― 選挙法改正――5段階の有権者層の導入（すべての男子に選挙権）
1896 ――― オーストリアに初めて映画館。テオドーア・ヘルツェル『ユダヤ人国家』
1897 ――― バデーニ危機。言語令（ボヘミアとモラヴィアでは二つの言語で公的な事務処理をせよとのこと）に対する激しい反対が起こる
1897 ――― 工業同盟（地域別での編成）の設立
1897 ――― 初めて女性に大学で講義をうける正式な学籍登録が認められる
1897 ――― カール・ルーエガー、ウィーン市長となる
1897 ――― 「分離派」の立ち上げ
1905 ――― ベルタ・フォン・ズットナーに「ノーベル平和賞」
1906 ――― サラリーマン年金保険法
1906 ――― 工業者連盟の設立
1906 / 07 ――― 男子に対する普通一般直接秘密選挙権
1907 ――― 企業家組織の中央本部の設立
1908 ――― ボスニアとヘルツェゴヴィナの併合

1912 ――――ウィーンにおける第23回国際聖体大会（カトリックの国際会議）
1914·6·28 ――サラエヴォでオーストリア皇太子夫妻暗殺
1914·7·28 ――オーストリア=ハンガリー、セルビアに対して宣戦布告。第一次大戦開始
1915 ――――帝国の西側半分に対してオーストリアの名称使用、法的にも定まる
1916·10·21 ―首相カール・シュトゥルク伯、フリードリヒ・アードラーにより暗殺
1916·11·21 ―皇帝フランツ・ヨーゼフ死去
1917 ――――ジクストゥス事件（皇帝カールが義兄のジクストゥス・フォン・ブルボン=パルマを介してフランスと秘密裏に平和交渉をしようとして失敗に終わったもの）
1917·7·24 ――戦時経済全権委任法（政府に経済問題の非常指令権を与えたもの）。権威主義的なドルフース政府の基礎となったもので、正式には1946年になってようやく廃止
1917 ――――借家人保護法
1917·5·30 ――帝国評議会の召集
1918·1 ―――工業労働者のストライキ広がる。戦争の終結を要求
1918·10·16 ―皇帝の声明。ライタ川此岸を国民国家連合に換える
1918·10·21 ―ニーダー・オーストリア州の州議会会館において、ライタ川此岸の議会のドイツ語を話すメンバーによるドイツ人オーストリアの暫定国民議会の制憲会議
1918·10月末 ―君主政体の崩壊
1918·10·30 ―ドイツ・オーストリアの暫定憲法
1918·11·3 ――オーストリア=ハンガリーと協商国との間で戦闘停止の取り決め
1918·11·11 ―皇帝カールの声明（国務を断念して、国家形態に関する一切の決定も認めるとしたもの）
1918·11·12 ―暫定国民議会による「ドイツ人のオーストリア共和国」の宣言
1919·3月末 ―皇帝一家スイスに出国
1919·4·3 ――オーストリアにおける貴族制度の廃止。アンチ・ハプスブルク法（国外追放および資産没収）。死刑の廃止
1919·4·17 / 6·15 ――ウィーンにおいて共産主義的「反乱の試み」
1918 / 1919 ―婦人選挙権
1919·9·10 ――サン・ジェルマン平和条約の調印。国名を「オーストリア共和国」と変更させられる
1919 / 20 ――社会立法（8時間労働の法律、労働者にもウアラウプ、失業保険、団体協約、労働者会議所法、その他）

1920·9 ———大ドイツ民族党の統一・創立大会
1920·10·1 ——オーストリア共和国憲法、国民議会により承認
1920·10·10 —ケルンテン州における住民投票（ケルンテン州の分割をめぐって）
1920 ————ザルツブルク音楽祭の創設
1921·11 ———ブルゲンラント州、オーストリア連邦軍によって「占領される」
1921·12·14〜16 ——エーデンブルクとその周囲、住民投票によってオーストリアから失われる
1922·10·4 ——ジュネーヴ議定書（オーストリア、国際連盟より借款供与）
1924 ————オーストリアにおけるラジオ時代の始まり
1925 ————通貨シリングの導入
1925·7·30 ——憲法改正
1926 / 27 ———学校改革の決定
1927·1·30 ——シャッテンドルフにおいて「共和国防衛同盟」と「前線兵士協会」との間に衝突があり、死者2名を出す
1927·7·15 ——シャッテンドルフ裁判で被告たちの無罪判決が出され、これに対する抗議デモの最中にユスティーツ・パラスト（法務省）の焼き打ち事件
1929 ————憲法改正（大統領権限が強化される）
1931 ————クレディット・アンシュタルト銀行の破綻
1931·9·13 ——シュタイヤーマルク州の防郷団団長ヴァルター・プフリーマーの一揆計画失敗
1932 ————ローザンヌ協定（新たな国際連盟借款）
1933·3·4 ———議会の「自己機能停止」、ドルフース独裁統治の始まり
1933·3 ———共和国防衛同盟の禁止
1933·5 ———共産党の禁止
1933·5 / 6 ——ドイツ「1000マルク課徴金」を課す（ドイツ国民がオーストリアに旅行する場合、事前に1000マルク払わねばならない）
1933·6 ———（オーストリア）ナチ党の活動禁止
1934·2·12〜15 ——内戦状態（共和国防衛同盟の一部が蜂起して、政府により残虐な弾圧をうける）。社会民主党の禁止
1934·3·17 ——「ローマ議定書」——オーストリア＝イタリア提携の強化
1934·5·1 ———新しい身分制国家的憲法の発効、政教条約の公表
1934·7·25 ——（オーストリア）ナチスの一揆の企て失敗、連邦首相ドルフース、ウィーンで射殺される。連邦各地において7月30日まで戦闘
1934·9 ———フランス、イギリス、イタリアの3カ国、オーストリアの独立維持に関して

声明

1936·7·11——ドイツとの7月協定——ドイツ政府はオーストリアの主権を認め、オーストリア政府は（オーストリア）ナチスに譲歩する。その代わり1000マルク課徴金は廃止

1936——防郷団の解散

1938·2·12——ベルヒテスガーデンにおいてヒトラー＝シュシュニク会談——大げさな脅迫によりナチスに有利な協定

1938·3·11——オーストリアに対するドイツの最後通牒。シュシュニクが3月13日に予定している国民投票を拒絶。シュシュニクの退陣

1938·3·12——ドイツ国防軍のオーストリア進駐

1938·3·13——ドイツとオーストリアとの再統一に関する連邦政体法がオーストリアの閣僚評議会にて決議される

1938·3·15——ヘルデン・プラッツ（英雄広場）における政治集会

1938·4·10——併合に関する国民投票

1938·5·24——オーストリアを7つのガウに分割。オーストリアの名称はオストマルクに替え、のちにさらに組織編成替え

1938·10·7——カトリック系の若者たちがウィーンのシュテファン大聖堂前でデモ（オーストリアにおける唯一の、ナチズム反対の広範なおおやけのプロテスト）。それに対する反応としてナチスが枢機卿の館になだれこむ

1938·11·9 / 10——「11月のポグロム」（「水晶の夜」）

1939——労働者たちも老齢年金に組み入れられる

1939夏——病弱な子どもたちに対して「安楽死」の開始

1939·9·1——ポーランドに対する攻撃。第二次世界大戦開始

1941——東部へのユダヤ人強制輸送開始

1943以降——オーストリアの諸都市にも空襲

1943·10·30 / 11·1——モスクワ宣言（オーストリア国家の連合国による再生が視野に入れられていた）

1944·7·20——ヒトラー暗殺失敗ののち、とくにウィーンではオーストリアの抵抗運動が厳しい目に遇う

1945·3·29——最初の連合国の軍隊（ソビエト赤軍）がオーストリア地域に到達

1945·4——オーストリア社会党（社会民主党）、オーストリア国民党結成される

1945·4·27——（ソビエトにより承認された）臨時政府によりオーストリアの独立に関する宣言

1945·5·8——ドイツ無条件降伏

1945·7 ——オーストリアに関する連合国の最初の管理協定。オーストリア用の連合国理事会の設置、占領地域の分割

1945·9·11 ——連合国理事会、会議を開始

1945·10·20 ——連合国理事会により臨時政府の承認

1945·11·25 ——第二共和国最初の国民評議会選挙

1945 / 46 ——ナチズム処理に関する諸法律（ナチ党の禁止、ナチ党員の登録の義務）

1946·3 ——アンラ（連合国救済復興機関）の最初の食料給付が到着

1946 ——統一的な連邦経済会議所の設立

1946·6·28 ——第二次管理協定（オーストリア政府の余地が拡大される）

1946·9·5 ——グルーバー＝デ・ガスペリ協定（南チロルにある程度の自治を保障）

1946 / 47 ——国有化の諸法律

1947夏 ——最初のマーシャル・プラン会議。オーストリアもマーシャル・プラン援助に組み込まれる

1947〜51 ——5回にわたる物価協定と賃金協定

1947 ——飢餓のデモストレーション

1947 ——通貨改革

1948 ——軽度のナチズム汚染者に対する恩赦

1949 ——「独立者連盟」の創立

1950·9〜10 ——共産党系のストライキ運動

1953 ——ラープ＝カーミッツ路線の開始

1954 ——ベルリン外相会議（ソビエト連邦、ドイツとの講和条約締結にいたるまで、オーストリア占領を固執する）

1955·4·15 ——モスクワ覚書（ソビエト連邦、オーストリアにおけてソビエトのものとされた資産価値のものを、相応の弁済金の代わりに放棄する。オーストリアは永世中立の義務を負う）

1955·5·15 ——ウィーンのベルヴェデーレ宮殿において国家条約調印

1955·10·26 ——中立に関する憲法規定、国民評議会にて決議される

1955 ——国連加盟

1955 ——一般社会保険法

1955 / 56 ——オーストリア自由党の創立

1956 ——ヨーロッパ評議会に加入

1956 ——ハンガリーから難民が押し寄せる

1957 ——物価と賃金問題の労使対等委員会

1958 ——自営業者にも老齢年金受給資格を与える（商工業＝自営業老齢年金および

農業年金保険助成金を通じてのもの）
1959 ――――週45時間労働制の導入
1959 ――――通貨シリングの交換可能性の達成
1960 ――――ヨーロッパ自由貿易連合（EFTA）の設立
1963 ――――「ハプスブルク危機」。オットー・ハプスブルク博士の入国と論議の的になった忠誠宣言をめぐって激しい対決論争
1964 ――――初めての国民請願（ラジオ放送の独立制のための）
1964 ――――3週間のウアラウプ（休暇）導入
1964 ――――オーラ危機（社会党所属の内務大臣フランツ・オーラの人物と政策をめぐる紛糾。かれの退陣、有罪判決、かれ独自の政党の設立で幕）
1966 ――――オーストリア国民党の単独政権
1968 ――――チェコスロヴァキアからの難民殺到
1969 ――――南チロルに関してイタリアと包括的解決
1970 ――――オーストリア社会民主党の少数派政権
1971 ――――オーストリア社会民主党の単独政権
1972 ――――ヨーロッパ共同体との自由貿易協定
1973 ――――石油危機
1975 ――――週40時間労働制の導入
1978 ――――ツヴェンテンドルフの原子力発電所に反対という国民投票の決定
1980 ――――ポーランドから難民殺到
1983～1986 ―社民党と自由党の小連立
1984 ――――ドナウ発電所阻止のため、ハインブルク占拠
1985 ――――国有企業の危機があらわになる
1986 ――――社民党と国民党との大連立。緑の党が議会に登場
1986 ――――クルト・ヴァルトハイムが連邦大統領就任。かれのナチズムという過去とオーストリア社会の対決が引き起こされる

# 原　註

## はじめに

1 Bloch, Die seltsame Niederlage 28; vgl. auch: Stourzh, Einige Überlegungen zur Lage der Zeitgeschichte 141–143; kämpferisch von einem traditionellen Standpunkt: Elton, Return to Essentials.
2 Rüsen, Postmoderne Geschichtstheorie 27–48; Geschichtsdiskurs Bd. 1: Grundlagen und Methoden der Historiographiegeschichte (hg. von Wolfgang Küttler); Iggers, Geschichtswissenschaft im 20. Jahrhundert; in Österreich: Clios Rache (hg. von Karl Kaser u.a.).
3 Kocka, Sozialgeschichte; Wehler, Historische Sozialwissenschaft und Geschichtschreibung; ders., Aus der Geschichte lernen?; vorbildhaft: Wehler, Deutsche Gesellschaftsgeschichte. 2 Bde. Sozialgeschichte im internationalen Überblick (hg. von Jürgen Kocka); Was ist Gesellschaftsgeschichte? (hg. von Manfred Hettling).
4 Seibt, Bleierne Zeit.
5 Gehler, »Regionale« Zeitgeschichte 108.
6 Vgl. die neue Zeitschrift: Historische Anthropologie. Kultur. Gesellschaft. Alltag 1 (1993). Alltagsgeschichte (hg. von Alf Lüdtke).
7 Sieder, Was heißt Sozialgeschichte? 25–48.
8 Ebd. 47.
9 W. Schulze, Mikrohistorie versus Makrohistorie? 319–341.
10 Saurer, Frauengeschichte in Österreich 37–63.
11 I. Bauer, Welche Zentren? 305–313.
12 Pomata, Partikulargeschichte und Universalgeschichte 19.
13 Febvre, Das Gewissen des Historikers 226.
14 Geertz, Dichte Beschreibung; klassisches Beispiel: Darnton, The Great Cat Massacre.
15 Seit 1983 sind fast 30 Bände erschienen.
16 Vermittlungen (hg. von Walter Weiss); Hanisch/Fleischer, Im Schatten berühmter Zeiten.
17 Dahrendorf, Lebenschancen.
18 Ebd. 53.
19 Wehler, Modernisierungstheorie und Geschichte; Zur Diagnose der Moderne (hg. von Heinrich Meier); Fukuyama, Das Ende der Geschichte!; dagegen: Lukacs, Die Geschichte geht weiter; Niethammer, Posthistorie; Loo/Reijen, Modernisierung.
20 Böll, Einmischung erwünscht 36.
21 Stourzh, Der Umfang der österreichischen Geschichte 24 f.
22 Plaschka, Nationale Integration 288.
23 Schweiz – Österreich (hg. von Friedrich Koja).
24 Haider, Die Freiheit, die ich meine 9.
25 Habermas, Die neue Intimität zwischen Politik und Kultur 64.
26 Febvre, Das Gewissen des Historikers 237.
27 Hanisch, Nationalsozialistische Herrschaft in der Provinz; Hanisch/Fleischer, Im Schatten berühmter Zeiten.
28 Wolfram, Einleitung XXX.

## 今とは違った生活

1 Doderer, Die Wasserfälle von Slunj 48.
2 Schobloch, Hinterlegte Zeichen 196 f.
3 Elias, Veränderungen europäischer Verhaltensstandards 33–60.
4 Hanisch, Arbeiterkindheit in Österreich 134.
5 O. Friedlaender, Letzter Glanz der Märchenstadt 164.
6 Ehrhart, Im Dienst des alten Österreich 289.
7 Sint, »Buibm und Gitschn beinando is ka Zoig!« 143.
8 Gremel, Mit neun Jahren im Dienst 124.
9 K. Renner, An der Wende zweier Zeiten 145.
10 Zweig, Die Welt von Gestern. Erinnerungen eines Europäers.

11 Troch, Rebellensonntag 15.
12 Reichspost, 31. 12. 1899.
13 Salzburger Volksblatt, 30. 12. 1899.

## 第I部　発展のプロット

### 第1章　政治文化の歴史的伝統

1 Kaase, Sinn oder Unsinn des Konzeptes Politische Kultur 144–172.
2 Rohe, Politische Kultur und ihre Analyse 328. Als gutes negatives Beispiel: Politische Kultur in Österreich (hg. von Hans-Georg Heinrich u.a.).
3 Klassisch: Almond/Verba, The Civic Culture. Political Attitudes and Democracy in Five Nations; Politische Kultur in Deutschland. Bilanz und Perspektiven der Forschung (hg. von Dirk Berg-Schlosser u.a.).
4 Braudel, Geschichte und Sozialwissenschaften. Die longue durée; ders., Das Mittelmeer und die mediterrane Welt in der Epoche Philipps II.
5 Mentalitäten-Geschichte (hg. von Ulrich Raulff); Schöttler, Mentalitäten, Ideologien, Diskurse 85–136.
6 Politische Beteiligung und Wertwandel in Österreich (hg. von Leopold Rosenmayr); Werthaltungen und Lebensformen in Österreich (hg. von Max Haller); Staatsbürger oder Untertanen? Politische Kultur Deutschlands, Österreichs und der Schweiz im Vergleich (hg. von Fritz Plasser/Peter A. Ulram).
7 Pallaver, Das Ende der schamlosen Zeit; Muchembled, Die Erfindung des modernen Menschen.
8 Becker, Leben und Lieben in einem kalten Land.
9 Chaunu, Europäische Kultur im Zeitalter des Barock; Evans, Das Werden der Habsburgermonarchie 1550–1700; Bossy, Counter-Reformation 51–70.
10 Wildgans, Musik der Kindheit 281–284.
11 Ebd. 285.
12 Brandl, Kaiser, Politiker und Mensch 16.
13 Lhotsky, Österreichischer Barock 214.
14 Wölfling, Als ich Erzherzog war 11.
15 Leser, Salz der Gesellschaft 111.
16 Twain, Stirring Times in Austria 200–249.
17 Demokratierituale (hg. von Fritz Plasser).
18 Franz Rehrl. Landeshauptmann von Salzburg 1922–1938 (hg. von Wolfgang Huber) 174.
19 Heinrich, Politische Kultur in Wien 21.
20 Ardelt, Der Prozeß gegen Friedrich Adler 200 f.
21 Valjavec, Der Josephinismus; Österreich zur Zeit Kaiser Josephs II.; Wangermann, Aufklärung und staatsbürgerliche Erziehung; Von der Glückseligkeit des Staates (hg. von Herbert Matis); Österreich im Europa der Aufklärung; Garber, Recht und Utilitarismus 139–156; P. Gerlich, Politik in Österreich 40–53.
22 Reinalter, Aufgeklärter Absolutismus; Austria in the Age of the French Revolution (ed. Kinley Brauer).
23 Wangermann, Die unerwarteten Reaktionen 116.
24 Ebd.
25 Reinalter, Österreich und die Französische Revolution 39.
26 Wildgans, Kirbisch 398.
27 Saiko, Hinter dem Gesicht des Österreichers 206.
28 G. Ritter, Der Sozialstaat 88.
29 Altermatt, Katholizismus und Moderne.
30 Religion und Alltag (hg. von Andreas Heller).
31 Mitterauer, »Heut' ist eine heilige Samstagnacht« 260–299.
32 Zahlen bei Zulehner, Wie kommen wir aus der Krise 23, 26.
33 Zulehner, Säkularisierung von Gesellschaft, Person und Religion; ders., »Leutereligion«.
34 Schlögl, Wiener Luft 72.
35 Zohn, Das Wienerlied 457.
36 Bled, Franz Joseph 347–392; Vermittlungen (hg. von Walter Weiss) 136–144.
37 Stenographische Protokolle, 24. 4., 25. 4. 1919; Beilage Nr. 158/1919; St.GBl 246/1919.
38 O. Bauer, Die österreichische Revolution 625.
39 Zur politischen Instrumentierung der Erinnerung vgl. Mitterauer, Politischer Katholizismus 111–120.
40 Röhrig, Leopold III.; Kovács, Der heilige Leopold 159–211.
41 Hanisch, Der Politische Katholizismus 53–73.

42 AZ, 14. 11. 1927.
43 Schorske, Fin de Siècle Vienna.
44 AZ, 13. 11. 1926, 14. 11. 1927, 13. 11. 1928, 13. 11. 1930, 14. 12. 1932.
45 Rilke, Die Weisen von Liebe und Tod des Cornets Christoph Rilke 32.
46 Vom Justizpalast zum Heldenplatz.
47 AZ, 13. 11. 1933.
48 AZ, 12. 11. 1920, 12. 11. 1921.
49 AZ, 12. 11. 1921.
50 AZ, 14. 11. 1919.
51 AZ, 14. 11. 1919.
52 AZ, 12. 11. 1919.
53 AZ, 12. 11. 1931.
54 AZ, 14. 12. 1932. Am 3. 11. 1932 beschäftigte sich der Ministerrat fast ausschließlich mit der Diskussion über den Staatsfeiertag. Vgl. Protokolle des Ministerrates der Ersten Republik. Kabinett Engelbert Dollfuß, Bd. 2, 16 ff.
55 Der Katholizismus in Österreich (hg. von Alois Hudal) 22.
56 Reichspost, 12. 11. 1928.
57 Reichspost, 12. 11. 1929.
58 Reichspost, 12. 11. 1932.
59 Ebd.
60 Reichspost, 12. 11. 1925.
61 Vgl. dazu die Rede Miklas' im Parlament am Staatsfeiertag des Jahres 1928. Stenographische Protokolle, 12. 11. 1928.
62 Reichspost, 12. 11. 1932.
63 Reichspost, 12. 11. 1925.
64 Reichspost, 12. 11. 1932.
65 Reichspost, 13. 11. 1929, 13. 11. 1930, 12. 11. 1933.
66 Reichspost, 12. 11. 1933.
67 Das deutsche Hausbuch (hg. vom Hauptkulturamt der Reichspropagandaleitung der NSDAP) 250.
68 Ebd. 31.
69 S. Friedländer, Kitsch und Tod.
70 Kershaw, Der Hitler-Mythos.
71 Tagebuch von K.H. Im Besitz der Verfasserin.
72 Ebd.
73 Mai, »Warum steht der deutsche Arbeiter zu Hitler?« 212–234; Recker, Nationalsozialistische Sozialpolitik.
74 Das große Tabu (hg. von Anton Pelinka); Botz, Österreich und die NS-Vergangenheit 185–197.
75 Rathkolb, NS-Problem und politische Restauration 74 f.
76 Weidenholzer, Faschistische Überreste 114.
77 Hanisch, Von den schwierigen Jahren der Zweiten Republik 24.
78 Zit. in: »Ich bin dafür, die Sache in die Länge zu ziehen« (hg. von Robert Knight) 56.
79 Beispielhaft: Holtmann, Politik und Nichtpolitik.
80 Ich folge hier der Analyse von Ulram, Hegemonie und Erosion.
81 Ebd. 226 f.
82 Ebd. 67.
83 Ebd. 74 f.
84 Ebd. 87, 97, 163.
85 Ebd. 187.
86 Ebd. 209–213.
87 Ebd. 215–222; vgl. Plasser/Ulram, Unbehagen im Parteienstaat.
88 Ulram, Hegemonie 220.
89 Huchel, Gezählte Tage 94.

## 第2章　数の戯れ

1 Helczmanovszki, Die Entwicklung der Bevölkerung 117.
2 Ebd.
3 Banik-Schweitzer/Meißl, Industriestadt Wien.

4 Sperber, Die Wasserträger Gottes 90.
5 Helczmanovszki, Die Bevölkerung 378 f.
6 Historischer Atlas von Wien, 3. Lieferung, 3.1.5/1.
7 Lichtenberger, Wirtschaftsfunktion 72.
8 Glettler, Die Wiener Tschechen 34; John/Lichtblau, Česká Víden: Von der tschechischen Großstadt 36 f.; dies., Schmelztiegel Wien.
9 Süß, Erinnerungen 341.
10 Hanusch, Aus meinen Wanderjahren, zit. nach: Geschrieben in Böhmen, in Mähren und in Schlesien (hg. von Friedrich G. Kürbisch) 67 f.
11 Zit. nach: John, Zuwanderung in Österreich 120.
12 Tartakower, Jewish Migratory Movements 289 f.; Sperber, Die Wasserträger 123.
13 J. Roth, Juden auf Wanderschaft 40.
14 Zweig, Tagebücher 185, 14. Juli 1915.
15 Brousek, Wien und seine Tschechen 34.
16 Bachinger u.a., Grundriß 10.
17 Bruckmüller, Sozialgeschichte 473.
18 Helczmanovszki, Die Bevölkerung 124.
19 Rokkan/Urwin, Economy 10.
20 Helczmanovszki, Die Bevölkerung 123.
21 Schlag, Burgenland 796.
22 Eppel, Österreicher im Exil 553–570.
23 Die Zahlen schwanken enorm. Vgl.: Vertriebene Vernunft (hg. von Friedrich Stadler).
24 Kelfeit, Ich kann nicht schweigen 8.
25 Engel-Janosi, ... aber ein stolzer Bettler 169.
26 Stanek, Verfolgt, verjagt, vertrieben 17 f.
27 Ausgewogen dazu: Sudetendeutsche – Opfer und Täter (hg. von Leopold Grünwald).
28 Helczmanovszki, Die Bevölkerung 119.
29 Ebd. 141.
30 Marschalck, Bevölkerungsgeschichte Deutschlands 122.
31 Findl u.a., Bevölkerung und Sozialstaat 15; Helczmanovszki, Die Bevölkerung 127.
32 Helczmanovszki, Die Bevölkerung 129.
33 Münz, Kinder als Last 6; Sieder, Sozialgeschichte der Familie 256.
34 Ortmayr, Späte Heirat.
35 W. Lutz, Heiraten 11 f., Tab. 6.
36 Kytir, Die »verzögerte« Modernisierung 45–61.
37 W. Lutz, Heiraten 12; vgl. allgemein: Leben mit Kindern (hg. von Rainer Münz).
38 Vgl. allgemein: Mitterauer, Ledige Mütter.
39 Sieder, Sozialgeschichte der Familie 270 f.
40 Helczmanovszki, Die Bevölkerung 127.
41 Findl, Mortalität 432.
42 W. Winkler, Die Totenverluste der österreich-ungarischen Monarchie; Totenverluste des Zweiten Weltkrieges 146 f.
43 Borscheid, Geschichte des Alters.
44 Findl u.a., Bevölkerung und Sozialstaat 19.
45 L. u. H. Rosenmayr, Der alte Mensch 356.
46 Findl u.a., Bevölkerung und Sozialstaat 19.
47 Imhof, Reife des Lebens 49 f.; vgl. ders., Die gewonnenen Jahre; ders., Die Lebenszeit.
48 Mitterauer, Problemfelder 51; vgl. Rosenmayr, Die späte Freiheit.
49 Zit. bei: Borscheid, Geschichte des Alters 19.
50 Geschichte und Gesellschaft 14 (1988) H. 4. Sozialgeschichte des Alters 417–494.
51 Vgl. Menger, Beamte; Bruckmüller u.a., Soziale Sicherheit; Tálos, Staatliche Sozialpolitik; Ein Jahrhundert Sozialversicherung (hg. von Peter A. Köhler) 445–729; Ehmer, Sozialgeschichte des Alters 109.
52 »... Und i sitz' jetzt allein« (hg. von Helmut Konrad) 73.

## 第3章　経済成長

1 Pollard, Peaceful Conquest 219–228.
2 Good, Der wirtschaftliche Aufstieg 113–143.

3 Ebd.
4 Ebd. 209.
5 Rothschild, Wurzeln 53.
6 Zu den Begriffen vgl. Borchardt, Trend, Zyklus, Strukturbrüche, Zufälle 145–178; ders., Die Bundesrepublik in den säkularen Trends 20–45.
7 Botz, Von der Ersten zur Zweiten Republik 359–383.
8 Zit. in: Stiefel, Entnazifizierung 128.
9 Butschek, Die österreichische Wirtschaft 46.
10 Rothschild, Wurzeln 51.
11 Bruckmann, Megatrends 94; Bachinger u.a., Grundriß 95.
12 Bruckmann, Megatrends 122; vgl. auch: Öko-Bilanz Österreich.
13 Sekera, Vom Leben der ganz kleinen Leute 66.
14 Girtler, Aschenlauge 35.
15 Ebd. 310.
16 Ebd. 25.
17 Blaumeister u.a., Ottakringer Lesebuch 123.
18 »Als das Licht kam« (hg. von Viktoria Arnold).
19 Girtler, Aschenlauge 27.
20 »Als das Licht kam« 46.
21 Ambrosius/Hubbard, Sozial- und Wirtschaftsgeschichte 61.
22 Bachinger u.a., Grundriß 97.
23 Ebd. 95.
24 Ebd. 64.
25 Butschek, Die österreichische Wirtschaft 197.
26 Rothschild, Wurzeln 111.
27 Ebd. 114.
28 Ebd. 73.
29 Bachinger u.a., Grundriß 99.
30 Rothschild, Wurzeln 56.
31 Karl Bachinger u.a., Grundriß 71.
32 Seidel, Die Entfaltung der Produktivkräfte 117.
33 D. Kramer, Der sanfte Tourismus; Die Eroberung der Landschaft (hg. von Wolfgang Kos).
34 Walther, Die Entwicklung Obergurgls 195; Haid, Vom alten Leben.
35 Bachinger u.a., Grundriß 108.
36 Ambrosius/Hubbard, Sozial- und Wirtschaftsgeschichte 61.
37 Butschek, Die österreichische Wirtschaft 42.
38 Ebd.
39 Hanisch, Salzburg 920.
40 Zusammenfassend: Stiefel, Arbeitslosigkeit; vgl. den Roman von Rudolf Brunngraber, Karl und das 20. Jahrhundert.
41 Jahoda u.a., Die Arbeitslosen in Marienthal.
42 Ebd. 96.
43 Ebd. 41.
44 Hanisch, Die Erste Republik 1108.
45 Butschek, Die österreichische Wirtschaft 159.
46 Ebd. 156–168. Rothschild, Felix Austria? 261–274.
47 Tálos/Fischer, Arbeitslosigkeit 351–365; Aufrisse 9 (1988) Nr. 3, 1–52.

## 第4章　階級と社会階層

1 Klassen in der europäischen Sozialgeschichte (hg. von Hans-Ulrich Wehler); Giddens, Die Klassenstruktur; M. Haller, Theorie der Klassenbildung.
2 M. Weber, Wirtschaft und Gesellschaft; Wehler, Max Webers Klassentheorie 152–160.
3 Kocka, Lohnarbeit.
4 Zwahr, Zur Konstituierung des Proletariats; Ehmer, Familienstruktur.
5 K. Renner, Wandlungen 36.
6 Ebd. 214.
7 P. Berger, Entstrukturierte Klassengesellschaft.

8 Österreichs Volkseinkommen 1913 bis 1963, 14 f.; Szecsi, Der Lohnanteil am österreichischen Volkseinkommen.
9 »Austrofaschismus« (hg. von Emmerich Tálos).
10 Einkommensverteilung in Österreich (hg. von Hannes Suppanz) 44 f.
11 Ebd. 16.
12 Rigler, Frauenleitbild und Frauenarbeit; Bruckmüller, Sozialgeschichte 378.
13 Ebd. 480 f.; Ehmer, Frauenerwerbsarbeit 97–106.
14 Soziale Struktur Österreichs (hg. vom Bundesminister für soziale Verwaltung) 64.
15 Kaelble, Soziale Mobilität 40.
16 M. Haller, Klassenbildung 300.
17 Kaelble, Auf dem Weg zu einer europäischen Gesellschaft 41.
18 Kaelble, Soziale Mobilität 204, 206, 214.
19 Schumpeter, Theorie der wirtschaftlichen Entwicklung 99–140; März, Joseph Alois Schumpeter – Forscher, Lehrer und Politiker; allgemein zum Unternehmer vgl. F. Redlich, Der Unternehmer; Kocka, Der Unternehmer.
20 Mentschl/Otruba, Österreichische Industrielle; Mentschl, Das österreichische Unternehmertum 250–277; Tenfelde, Unternehmer in Deutschland und Österreich 125–138. Zum Problem Kirche – Kaufleute vgl. Le Goff, Kaufleute und Bankiers im Mittelalter.
21 Neuausgabe 1968: Hilferding, Das Finanzkapital; Wehler, Rudolf Hilferding – Theoretiker des Finanzkapitals 272–287.
22 Recht und Entwicklung der Großunternehmen (hg. von Norbert Horn); H. Matis, Das Industriesystem 133 f.
23 Gerschenkron, Economic Backwardness.
24 März, Österreichische Bankpolitik 75.
25 Liebscher, Renaissance des Unternehmers 345. Über einzelne Unternehmen informiert: F. Mathis, Big Business in Österreich.
26 Morawetz, Die verborgene Macht; Stahl und Eisen bricht ... Industrie und staatliche Politik in Österreich (hg. von Margit Scherb/Inge Morawetz); Faulhaber, Die Vereinigung Österreichischer Industrieller.
27 Mosser, Unternehmertum und Familie 69–79.
28 R. Sieghart, Die letzten Jahrzehnte einer Großmacht; Spitzmüller, »... und hat auch Ursach, es zu lieben«.
29 Urbanitsch, Bürgertum und Politik 83.
30 Bruckmüller/Stekl, Zur Geschichte des Bürgertums in Österreich 172; Bürgertum in der Habsburgermonarchie (hg. von Ernst Bruckmüller); »Durch Arbeit, Besitz, Wissen und Gerechtigkeit« (hg. von Hannes Stekl).
31 Kaelble, Wie feudal waren die deutschen Unternehmer 148–171.
32 Mentschl, Österreichisches Unternehmertum des 19. Jahrhunderts 138–150. Vgl. auch Streeruwitz, Wie es war; ders., Springflut über Österreich. Streeruwitz war auch in den zwanziger Jahren Gründer und Leiter des österreichischen »Kuratoriums für Wirtschaftlichkeit«.
33 Hinner u.a., Frohnsdorf 198.
34 Mosser, Industrielles Unternehmertum 192.
35 Bruckmüller/Stekl, Zur Geschichte des Bürgertums in Österreich 169. »Durch Arbeit, Besitz, Wissen und Gerechtigkeit« 11.
36 Bramann, Karl Wittgenstein – Ein Amerikaner in Wien 33.
37 Zit. ebd. 36.
38 Janik/Toulmin, Wittgensteins Wien; McGuinness, Wittgensteins frühe Jahre.
39 Kreisky, Zwischen den Zeiten 61–102.
40 Vgl. dazu: Wehler, Bürger, Arbeiter 161–190; Bürger und Bürgerlichkeit im 19. Jahrhundert (hg. von Jürgen Kocka).
41 »Es war eine Welt der Geborgenheit ...« (hg. von Andrea Schnöller); Zeitgeschichte 20 (1993), Heft 3/4, 59–129.
42 O. Bauer, Die österreichische Revolution 757.
43 Wiltschegg, Die Heimwehr 278–287; Hwaletz u.a., Bergmann oder Werksoldat.
44 Ausch, Als die Banken fielen; März, Österreichische Bankpolitik 465–469; F. Mathis, Camillo Castiglioni 423–432.
45 F. Mathis, Big Business in Österreich 23–29; Fiereder, Reichswerke »Hermann Göring«; Mollin, Montankonzerne und »Drittes Reich«.
46 Grünwald/Lacina, Auslandskapital 13.
47 Wailand, Die Reichen und Superreichen in Österreich.
48 H. Matis/Stiefel, Unternehmenskultur in Österreich.

49 E. Lederer, Kapitalismus, Klassenstruktur 175.
50 Zit. in: Mühlberg, Proletariat 236.
51 Shell, Jenseits der Klassen?
52 Hahn, Rauhe Gesellen 30.
53 Riesenfellner, Der Sozialreporter Max Winter; Arbeitswelt um 1900 (hg. von Stefan Riesenfellner); Popp, Jugend einer Arbeiterin; Petzold, Das rauhe Leben; Sekera, Vom Leben der ganz kleinen Leute.
54 Böhm, Erinnerungen 6.
55 Mooser, Arbeiterleben 82.
56 Eigner/Wagner, Lohnpyramiden 148.
57 Landes, Der entfesselte Prometheus; Der dressierte Arbeiter (hg. von Walter Sauer); Arbeit und Arbeitserfahrung in der Geschichte (hg. von Klaus Tenfelde); Arbeit/Mensch/Maschine (hg. von Rudolf Kropf); Radkau, Technik in Deutschland.
58 Klenner, Die österreichischen Gewerkschaften 1, 181.
59 Ebd. 285.
60 Ebd. 481.
61 Stubenvoll, Die christlichsoziale Arbeiterbewegung 209.
62 Ders., Die Genesis und Funktion des »Antiterrorgesetzes« 213–245.
63 Ehmer, Wiener Arbeitswelten 196.
64 Meißl, Die Anfänge der »Wissenschaftlichen Betriebsführung« 41–100; ders., »Für mich wäre es Freiheit« 18–31.
65 Ehmer, Vaterlandslose Gesellen 109–153.
66 Maderthaner/Sprengnagel, Klassenbildung auf dem Lande.
67 Sieder, »Vata, derf i aufstehn?« 54.
68 Ehmer, Wiener Arbeitswelten 203–205.
69 Pirhofer/Sieder, Zur Konstituierung der Arbeiterfamilie 326–368.
70 Banik-Schweitzer, Überleben war das Erste 152–159.
71 John, Hausherrenmacht 70 f.; ders., »Kultur der Armut« 158–186.
72 Bauböck, Wohnungspolitik; Weihsmann, Das Rote Wien.
73 Pirhofer/Sieder, Zur Konstituierung 326–368; Byer, Rassenhygiene und Wohlfahrtspflege.
74 I. Bauer, »Tschikweiber haum's uns gnennt ...« 27, 30.
75 Ebd. 205, 206.
76 Die ersten hundert Jahre 230. Maderthaner, Die Entwicklung der Organisationsstruktur 25–52.
77 Klenner, Die österreichischen Gewerkschaften 1, 310.
78 Buttinger, Ortswechsel 79–108.
79 Ebd. 118 f.
80 Schumpeter, Kapitalismus, Sozialismus und Demokratie 21.
81 Hanisch, Die ideologische Entwicklung 85–99.
82 Arbeiterkultur (hg. von Gerhard A. Ritter); Arbeiterkulturen zwischen Alltag und Politik (hg. von Friedhelm Boll).
83 Mooser, Arbeiterleben 161.
84 Kaschuba, Volkskultur und Arbeiterkultur 191–223.
85 Langewiesche, Arbeiterkultur 53.
86 Weidenholzer, Auf dem Weg zum »Neuen Menschen«.
87 Sozialismus und persönliche Lebensgestaltung 71.
88 Ebd. 66.
89 Vgl. Piperger, Zu meiner Zeit.
90 H. Gruber, Working Class Women 199–212.
91 Taucher, Schattenreise 49.
92 Langewiesche, Zur Freizeit des Arbeiters.
93 Meißl, Harte Zeiten 107–110.
94 Johler, Behinderte Klassenbildung 51–57.
95 O. Bauer, Gewerkschaften und Unternehmerverbände 443.
96 Mesch, Arbeiterexistenz in der Spätgründerzeit 72 f.
97 Botz, Streik in Österreich 286.
98 Karlhofer, »Wilde« Streiks 114.
99 Ebd. 93; vgl. allgemein: Traxler, Evolution gewerkschaftlicher Interessenvertretung.
100 Bednarik, Der junge Arbeiter 21.
101 Ebd. 37–42.

102 M. Haller, Klassenbildung und soziale Ungleichheit 144; vgl. auch: ders., Klassenstrukturen und Mobilität.
103 Beck, Risikogesellschaft 97.
104 Musil, Der Mann ohne Eigenschaften 195.
105 R. Sieghart, Die letzten Jahrzehnte 258.
106 Hofmannsthal, Der Schwierige 10.
107 Rohan, Heimat Europa 14.
108 M. Csáky, Adel in Österreich 216.
109 Wandruszka, Die »Zweite Gesellschaft« 56–67.
110 Kielmansegg, Kaiserhaus, Staatsmänner und Politiker 51.
111 Waldstein-Wartenberg, Aus dem Adelsrecht 348.
112 Hanisch/Fleischer, Im Schatten berühmter Zeiten 159.
113 Friedjung, Österreich von 1848 bis 1860. II, 1, 270.
114 Suttner, Memoiren; Hamann, Bertha von Suttner.
115 Powis, Der Adel.
116 A. Mayer, Adelsmacht und Bürgertum.
117 März, Österreichische Industrie- und Bankpolitik 48.
118 Stekl/Wakounig, Windisch-Graetz 76. Vgl. dazu vorbildhaft: Reif, Westfälischer Adel; ders., Der Adel in der modernen Sozialgeschichte 34–60; O. Brunner, Adeliges Landleben; Stekl, Österreichs Aristokratie; ders., Zwischen Machtverlust und Selbstbehauptung.
119 Rohan, Heimat Europa 31; Fritsche, Bilder aus dem österreichischen Hof- und Gesellschaftsleben; Clary-Aldringen, Geschichten eines alten Österreichers.
120 Marx, Die Frühschriften 361.
121 Starhemberg, Memoiren 29; auf der anderen Seite Mayenburg, Blaues Blut und rote Fahnen.
122 Allmayer-Beck, Die Allzeit-Getreuen 315.
123 Kronprinz Rudolf (hg. von Brigitte Hamann) 27.
124 Hanisch/Fleischer, Im Schatten 28; Slapnicka, Oberösterreich 251.
125 Preradovich, Die Führungsschichten 20 f; Matsch, Der auswärtige Dienst; Rumpler, Die rechtlich-organisatorischen und sozialen Rahmenbedingungen 91.
126 Eddie, Die soziale Verteilung 333.
127 H. Siegert, Esterházy 336.
128 Kielmansegg, Kaiserhaus 53.
129 Stenographische Protokolle über die Sitzungen der Konstituierenden Nationalversammlung der Republik Österreich, 3. April 1919, 182.
130 Ebd. 190.
131 Streeruwitz, Springflut über Österreich 188.
132 Brief vom 7. 2. 1921, Hugo von Hofmannsthal, Leopold von Andrian, Briefwechsel 322.
133 Kleinwaechter, Der Untergang der Österreichisch-ungarischen Monarchie 25–44.
134 Starhemberg, Memoiren 38; Doppelbauer, Zum Elend noch die Schande.
135 Hammerstein, Im Anfang war der Mord 34.
136 Botz, Soziale »Basis« 22; vgl. die zahlreichen adeligen Namen in: Heimatschutz in Österreich; Wiltschegg, Die Heimwehr 275 f.
137 Andrian, Österreich im Prisma der Idee.
138 Hitler, Mein Kampf 270.
139 Allmayer-Beck, Die Träger der staatlichen Macht 158.
140 Olscher, Alles Recht geht vom Volk aus 83.
141 Rauchensteiner, Die Zwei 172 ff., 456 f.; Leser, Salz der Gesellschaft 124–132.
142 Wolf, Peasants; Hanisch, Bäuerliche Kindheit 129–148, dort weitere Literaturangaben.
143 Wiebel-Fanderl, »Frömmigkeit war nicht Inbrunst« 105.
144 Vgl. Passrugger, Hartes Brot.
145 Unterlercher, In der Einschicht 83.
146 Familienstruktur und Arbeitsorganisation (hg. von Josef Ehmer) 11.
147 Mitterauer, Formen ländlicher Familienwirtschaft 185–323.
148 Das österreichische Agrarsystem 1, 20 f.
149 Scheicher, Erlebnisse 289.
150 Szabo, Zwielicht der Kindheit 32.
151 Braudel, Frankreich 1, 177.
152 Walleitner, Volk am Hof und Berg.
153 Mattl, Agrarstruktur 27.

154 Hanisch, Bäuerliche Kindheit 139 f.
155 Bruckmüller, Sozialgeschichte 381.
156 Ebd. 483.
157 Ebd. 484 f.
158 Das österreichische Agrarsystem 1, 17.
159 Prüller, Dorf im Umbruch 51.
160 Miller, Engelbert Dollfuß als Agrarfachmann.
161 Dazu exemplarisch: Lewis, The Peasantry 119–143.
162 Eine gute Regionalstudie dazu: Kaser/Stocker, Bäuerliches Leben in der Oststeiermark seit 1848. Bd. 1.
163 Ortmayr, Beim Bauern im Dienst 95–141; viele Belege auch in dem ausgezeichneten Buch: Schulte, Das Dorf im Verhör.
164 Kaser/Stocker, Bäuerliches Leben in der Oststeiermark seit 1848. Bd. 2, 54 f.
165 Gremel, Mit neun Jahren im Dienst 109; Felder, Aus meinem Leben 71; Unterlercher, In der Einschicht 201 ff.
166 Szabo, Zwielicht der Kindheit 48 f.
167 Wiesberger, Das Dienstbotenbuch.
168 Schäfer, Sozialdemokratie und Landvolk 27.
169 Bruckmüller, Landwirtschaftliche Organisationen; Knechte (hg. von Norbert Ortmayr).
170 Günther, Die alpenländische Gesellschaft 85.
171 Mattl, Agrarstruktur 100, 105 f.; vgl. auch: Genner, Mein Vater Laurenz Genner.
172 Bruckmüller u.a., Soziale Sicherheit im Nachziehverfahren; Bruckmüller, Die Bauern und die Erste Republik 113–125.
173 Hanisch/Fleischer, Im Schatten berühmter Zeiten 36.
174 Das österreichische Agrarsystem 1, 143.
175 Kaser/Stocker, Bäuerliches Leben 1, 176.
176 Hanisch, Nationalsozialismus im Dorf 69.
177 Atlas zur Geschichte des steirischen Bauerntums (hg. von Fritz Posch) 42.
178 Das österreichische Agrarsystem 1, 3 f.
179 Das österreichische Agrarsystem 1, 159.
180 M. Haller, Klassenbildung 107.
181 Komlosy, An den Rand gedrängt.
182 Vgl. die Zusammenstellung der einzelnen Gesetze in: Christliche Demokratie 3 (1985) 193 f.
183 Ortmayr, Selbstmord in Österreich 213.
184 Waentig, Gewerbliche Mittelstandspolitik 4.
185 Noch immer beste Zusammenfassung: Rosenberg, Große Depression und Bismarckzeit 227–252.
186 Kaelble, Der Mythos von der rapiden Industrialisierung 113.
187 Ehmer, Lage und Bewußtsein des gewerblichen Kleinbürgertums 351–358; ders., Das Heiratsverhalten und die Tradition 218; jetzt in Druck erschienen als: ders., Heiratsverhalten, Sozialstruktur.
188 Bachinger, Die Entwicklung des Gewerbes 359–366.
189 Sandgruber, Gewerbeentwicklung und Gewerbepolitik 385–392.
190 Hutschinski, Der Wandel der gewerblichen Struktur 398.
191 Bachinger u.a., Grundriß 101.
192 Vgl. »Bourgeois und Volk zugleich?« (hg. von Heinz-Gerhard Haupt); Die radikale Mitte (hg. von Heinz-Gerhard Haupt); Ehmer, Handwerk und Gewerbe 139–144; Lenger, Sozialgeschichte der deutschen Handwerker.
193 Als literarisches Beispiel: Hinterberger, Kleine Leute.
194 Haupt, Kleine und große Bürger 252–275; Streller, Fleiß und Leichtsinn 238–245.
195 Bruckmüller u.a., Soziale Sicherung im Nahziehverfahren 130–168.
196 Zit. in: Waentig, Gewerbliche Mittelstandspolitik 336.
197 Raab, Selbstporträt 59.
198 Ehmer, Heiratsverhalten 350 ff.
199 Bruckmüller, Sozialgeschichte 385, 388.
200 Meißl, Daten zur Gewerbeentwicklung 338.
201 Ehmer, Handwerk und Gewerbe 142.
202 Zit. in: Waentig, Gewerbliche Mittelstandspolitik 236.
203 Metschl, Wiener Lehrlingselend 3.
204 Farge, Das brüchige Leben 133.
205 Boyer, Political Radicalism 40–121.
206 Kolmer, Parlament und Verfassung 7, 32; Scheicher, Erlebnisse 5, 110.

207 Julius Raab. Eine Biographie (hg. von Alois Brusatti) 90:
208 Zur Geschichte der Handelskammerorganisation.
209 Geißler, Österreichs Handelskammer-Organisation.
210 Julius Raab. Eine Biographie 98.
211 Mattl, Krise und Radikalisierung 52.
212 Botz, Der Übergang der Mittelstände 377.
213 Ebd. 381.
214 Zur Geschichte der Handelskammerorganisation 41.
215 Ebd. 45.
216 H. A. Winkler, Mittelstand, Demokratie und Nationalsozialismus; ders., Der entbehrliche Stand 1–40; Saldern, Mittelstand im »Dritten Reich«.
217 Witek/Safrian, Und keiner war dabei 86.
218 Ebd. 95.
219 Witek, »Arisierung« in Wien 211 f.
220 Zit. in ebd. 210.
221 Mulley, Die Entnazifizierung der österreichischen Wirtschaft 100–128.
222 Geißler, Österreichs Handelskammer-Organisation 2, 600 ff.
223 M. Haller, Klassenbildung 59.
224 Ebd. 134.
225 M. Haller, Klassenstrukturen und Mobilität 288 f.
226 M. Haller, Klassenbildung und soziale Schichtung 429.
227 M. Haller, Klassenstrukturen und Mobilität 312.
228 Hutschinski, Der Wandel der gewerblichen Struktur 401.
229 E. Lederer, Die Angestellten im Wilhelminischen Reich 55.
230 Zit. in: Botz, Angestellte 213.
231 AZ, 22. 12. 1927, in: O. Bauer, Werkausgabe 7, 164.
232 Botz, Angestellte 207.
233 Österreichisches Staatswörterbuch (hg. von Ernst Mischler) Bd. 2, 2. H., 1720.
234 Kocka, Die Angestellten in der deutschen Geschichte 12–22; ders., Angestellte zwischen Faschismus und Demokratie 49–57.
235 Lakenbacher, Die österreichische Angestelltengewerkschaften 26.
236 Koref, Die Gezeiten meines Lebens 16.
237 Lakenbacher, Die österreichischen Angestelltengewerkschaften 150.
238 Otruba, Privatbeamte-, Handlungsgehilfen- und Angestelltenorganisationen 240–256.
239 Bruckmüller, Sozialgeschichte 377.
240 Lakenbacher, Die österreichischen Angestelltengewerkschaften 28–44.
241 Rozenblit, The Jews of Vienna 1867–1914, 64 ff.
242 Jahrbuch 1913 für Deutschnationale Handlungsgehilfen, 14. Jg., 242.
243 Hanisch, Zur Frühgeschichte des Nationalsozialismus in Salzburg 371–410.
244 Appelt, Von Ladenmädchen 61, 217.
245 Ebd. 79.
246 Ebd. 139.
247 Ebd. 88.
248 Ebd. 131.
249 Kocka, Angestellte 49–57.
250 Spree, Angestellte als Modernisierungsagenten 279–308.
251 Zusammenfassend dazu: Prinz, »Ein Bilderbuchverhalten an Mäßigung?« 83–106.
252 Botz, Angestellte 225.
253 M. Lederer, Grundriß des österreichischen Sozialrechtes 560.
254 Botz, Angestellte 215; Lakenbacher, Die österreichischen Angestelltengewerkschaften 95–103; Versicherungsgeschichte Österreichs 3, 172.
255 A. Kaufmann, Soziale Schichtung und Berufsstatistik 322.
256 Botz, Angestellte 219.
257 Falter/Hänisch, Wahlerfolge 227.
258 Botz, Angestellte 234.
259 Lakenbacher, Die österreichischen Angestelltengewerkschaften 205.
260 Falter/Hänisch, Wahlerfolge 240.
261 Botz, Angestellte 237; vgl. auch: ders., Das Organisationsverhalten der österreichischen Angestellten 255–284.

262 Prinz, Vom neuen Mittelstand zum Volksgenossen; Smelser, Robert Ley. Hitlers Mann an der Arbeitsfront.
263 Kocka/Prinz, Vom »neuen Mittelstand« zum angestellten Arbeitnehmer 210–255; März, Die Klassenstruktur der Zweiten österreichischen Republik 88; B. Neumann, Die österreichischen Angestellten 208 f.
264 Lakenbacher, Die österreichischen Angestelltengewerkschaften 349–410.
265 Ebd. 368.
266 Mayer-Maly, Arbeiter und Angestellte; Tálos, Staatliche Sozialpolitik 337, 345.
267 M. Haller, Klassenbildung 144.
268 Scharmann/Neubauer, Die berufliche und gesellschaftliche Orientierung 54.
269 Wolfsgruber, Niemandsland 54.
270 Ebd. 309.
271 Scharmann/Neubauer, Die berufliche und gesellschaftliche Orientierung; B. Neumann, Die österreichischen Angestellten.
272 Österreichisches Jahrbuch für Politik 1989 (Wien 1990) 116.
273 Gehmacher/Haerpfer, Wahlverhalten und Parteiensystem 156.
274 Bruckmüller, Sozialgeschichte 478 f.
275 Beck, Risikogesellschaft 121–160.
276 Zit. in: Peukert, Max Webers Diagnose der Moderne 31.
277 Kreutz, Altersrolle 393.

## 第5章　政治陣営

1 Das österreichische Parteiensystem (hg. von Anton Pelinka) 29.
2 W. Müller, Patronage im österreichischen Parteiensystem 457–488.
3 Rokkan, Citizens, Elections, Parties; ders., Eine Familie von Modellen 118–128; Immerfall, Territorium und Wahlverhalten.
4 Boyer, Political Radicalism, passim.
5 Rürup, Emanzipation und Antisemitismus; Wistrich, The Jews of Vienna; Pulzer, The Rise of Political Antisemitism.
6 Lewis, Kirche und Partei im Politischen Katholizismus.
7 Stubenvoll, Die christlichsoziale Arbeiterbewegung 206–215.
8 Bruckmüller, Landwirtschaftliche Organisationen.
9 Erhard, Bauernstand und Politik; Wadl, Beiträge zur Geschichte der Christlichsozialen Partei 383–407.
10 Scheicher, Erlebnisse 4, 303.
11 Ehrhard, Der Katholizismus und das zwanzigste Jahrhundert; Boyer, Austrian Catholics 315–352.
12 Seliger/Ucakar, Wien 2, 713–985; Brinkmann Brown, Karl Lueger; Rossbacher, Karl Lueger im Essay 117–150.
13 Molisch, Geschichte der deutschnationalen Bewegung in Österreich; Fuchs, Geistige Strömungen 165–196; Höbelt, Die Deutschfreiheitlichen Österreichs 161–171; ders., Die Deutschnationalen und liberalen Gruppierungen 77–90.
14 H. Lutz, Österreich-Ungarn 485.
15 Hanisch/Fleischer, Im Schatten berühmter Zeiten 66.
16 Zur Badeni-Krise siehe Seite 154.
17 Scheicher, Erlebnisse Bd. 3 und 4.
18 H. Haas, Vom Liberalismus zum Deutschnationalismus 833–900; Tweraser, Carl Beurle and the Triumph 403–426; ders., Der Linzer Gemeinderat 293–341.
19 Grogger, Der Paradeisgarten 255 f.
20 Whiteside, Austrian National Socialism; Wandruszka, Der »Landbund für Österreich« 587–602; Burkert, Deutschnationale Beeinflussungsversuche 94–108.
21 Whiteside, Georg Ritter von Schönerer; Schorske, Wien. Geist und Gesellschaft im Fin de Siècle 115–126.
22 Ardelt, Sozialdemokratie und bürgerliche Öffentlichkeit 214–238; Maderthaner, Entwicklung der Organisationsstruktur 25–52; Mattl, Die österreichische sozialdemokratische Arbeiterbewegung; Ehmer, Die Struktur der Arbeiterklasse 487–554.
23 Schöffler, Der Wahlrechtskampf 573.
24 Ebd. 608–688; Kulemann, Am Beispiel des Austromarxismus.
25 Hanisch/Fleischer, Im Schatten 54 ff.

26 Mozetic, Die Gesellschaftstheorie des Austromarxismus 38; Austromarxistische Positionen (hg. von Gerald Mozetic).
27 Mommsen, Die Sozialdemokratie und die Nationalitäten.
28 Konrad, Nationalismus und Internationalismus; Löw, Der Zerfall der »Kleinen Internationale«.
29 Hanisch, Die Marx-Rezeption 113.
30 Die beste Skizze über Victor Adler bei: Ardelt, Friedrich Adler.
31 So endet der berühmte Leitartikel von Friedrich Austerlitz (bezeichnenderweise ein ehemaliger Handelsangestellter). F. Kaufmann, Sozialdemokratie in Österreich 53.
32 Botz, Gewalt in der Politik.
33 Salzburger Quellenbuch (hg. von Eberhard Zwink) 157 f.
34 Hanisch, Die Ideologie des Politischen Katholizismus.
35 Beyme, Parteien in westlichen Demokratien 61.
36 Hanisch, Provinz und Metropole.
37 Sully, Political Parties; Zwischen Koalition und Konkurrenz (hg. von Peter Gerlich); Das österreichische Parteiensystem (hg. von Anton Pelinka).
38 Gehmacher/Haerpfer, Wahlverhalten 156.
39 Hanisch, Die Ideologie des Politischen Katholizismus 4–10; Staudinger, Aspekte christlichsozialer Politik.
40 Staudinger, Christlichsoziale Partei 249–276.
41 Streeruwitz, Springflut über Österreich.
42 Dubrovic, Veruntreute Geschichte 166–168.
43 Ausch, Als die Banken fielen.
44 Hanisch, Demokratieverständnis 73–86.
45 Weinzierl, Kirche und Politik 437–496.
46 Der Katholizismus in Österreich (hg. von Alois Hudal) 27 f.
47 Protokolle des Klubvorstandes der Christlichsozialen Partei (hg. von Walter Goldinger) 331.
48 Ebd. 334.
49 Die beste Biographie: Klemperer, Ignaz Seipel; als Dokumentation brauchbar: Rennhofer, Ignaz Seipel.
50 H. Matis/Stiefel, Der österreichische Abgeordnete.
51 Hanisch, Die Christlich-soziale Partei für das Land Salzburg 494.
52 Staudinger, Christlichsoziale Partei und Errichtung des »Autoritären Ständestaates« 65–81; ders., Zu den Bemühungen katholischer Jungakademiker 221–231.
53 Kriechbaumer, Von der Illegalität.
54 Reichhold, Geschichte der ÖVP.
55 Zit. in: Kriechbaumer, Von der Illegalität 165. Vgl. auch Horner, Austria 1949–1979, 289.
56 Reichhold, Geschichte der ÖVP 271.
57 Withalm, Aus meinem Gästebuch 40. Vgl. Stirnemann, Rekrutierung 630.
58 So Gorbach zit. in: Bleier-Bissinger, Bundeskanzler Dr. Alfons Gorbach 93.
59 Ebd. 108–120.
60 Vgl. dazu die Erinnerungen: Klaus, Macht und Ohnmacht; Withalm, Aufzeichnungen; Drimmel, Die Häuser meines Lebens.
61 Horner, Austria 1949–1979, 289.
62 Klaus, Macht und Ohnmacht 127.
63 Sully, Political Parties 69–97.
64 Urban/Zeidner, Vom Umfang und Nutzen 156 f.
65 Trotzki, Mein Leben 184.
66 Leser, Zwischen Reformismus und Bolschewismus.
67 Hanisch, Die Erste Republik 1064.
68 Zit. in: Kulemann, Am Beispiel des Austromarxismus 352.
69 Adler, Demokratie und Rätesystem 253; vgl. auch: Sozialdemokratie und Verfassung (hg. von Manfred Matzka).
70 Österreichische Parteiprogramme 1868–1966 (hg. von Klaus Berchtold) 253.
71 Gulick, Österreich von Habsburg zu Hitler 89–167; Kulemann, Am Beispiel des Austromarxismus 295–332; Enderle-Burcel, Die österreichische Arbeiterbank 337–350.
72 Kulemann, Am Beispiel des Austromarxismus 174.
73 Ebd. 298.
74 Beyme, Parteien 233 f.
75 Rabinbach, Vom Roten Wien 152.
76 Kykal/Stadler, Richard Bernaschek 82.

77 Langewiesche, Zur Freizeit 75.
78 Kulemann, Am Beispiel des Austromarxismus 295, 302.
79 Neck, Karl Seitz 204–208.
80 Kulemann, Am Beispiel des Austromarxismus 313 f.
81 Ellenbogen, Mensch und Prinzipien 71; Sturmthal, Zwei Leben 55.
82 O. Bauer, Werkausgabe Bd. 9, 134, 248.
83 O. Leichter, Otto Bauer; Otto Bauer (hg. von Erich Fröschl); Decker, Freud.
84 Holtmann, Zwischen Unterdrückung und Befriedung; Rabinbach, Vom Roten Wien, passim.
85 K. Stadler, Opfer verlorener Zeiten; Marschalek, Untergrund; J. Deutsch, Ein weiter Weg; Mark, 75 Jahre Roter Hund; Kreisky, Zwischen den Zeiten.
86 Arbeiterschaft und Nationalsozialismus (hg. von Rudolf G. Ardelt).
87 Holtmann, Zwischen Unterdrückung und Befriedung; P. Pelinka, Erbe und Neubeginn.
88 K. Stadler, Adolf Schärf.
89 Buchegger/Stamminger, Anspruch und Wirklichkeit 17–52.
90 Weber, Der Kalte Krieg in der SPÖ; Scharf, Ich hab's gewagt mit Sinnen.
91 Kremsmayer, Instrumentalisierte Intelligenz 368 f.
92 Auf dem Weg zur Staatspartei.
93 Thurner, Nach '45 war man als »Rote/Roter« auch ein Mensch 115.
94 Kaut, Schöpferischer Sozialismus 15.
95 Ebd. 116.
96 Auf dem Weg zur Staatspartei 128.
97 Ebd. 128; Österreichs Parteien seit 1945, 154.
98 Österreichs Parteien seit 1945, 154.
99 Kadan/A. Pelinka, Die Grundsatzprogramme.
100 Leser, Salz 109–146.
101 Svoboda, Franz Olah.
102 Diese Interpretationslinie entwickelte Pleschberger, Die »Olah-Krise« 695–715.
103 Dazu exemplarisch: Ardelt, Die Sozialistische Partei 249–280.
104 Leser, Salz 147–186.
105 Ebd. 143.
106 A. Vodopivec, Die Quadratur des Kreisky; Reimann, Bruno Kreisky.
107 Lendvai/Ritschel, Kreisky 112.
108 Der junge Kreisky (hg. von Oliver Rathkolb).
109 Zit. in: Horvath, Ära oder Episode 89.
110 Zit. in: Hartl, Österreich 106.
111 Horvath, Ära oder Episode 118.
112 Ackerl, Die Großdeutsche Volkspartei; Wandruszka, Das »nationale Lager« 277–315; Höbelt, Die Parteien des nationalen Lagers.
113 Österreichische Parteiprogramme 1868–1966, 439–482.
114 Ackerl, Das Kampfbündnis der NSDAP 121.
115 Hanisch, Salzburg 916.
116 K. Jung, Die Großdeutsche Volkspartei 173–225.
117 Wache, Land und Volk 62.
118 Falter/Hänisch, Wahlerfolge und Wählerschaft 223–244.
119 Aspetsberger, Literarisches Leben im Austrofaschismus; Amann, Der Anschluß österreichischer Schriftsteller; K. Müller, Zäsuren ohne Folgen; Sonnleitner, Die Geschäfte des Herrn Robert Hohlbaum.
120 Hubert, Schober.
121 Hanisch, Salzburg 917.
122 Gasselich, Landbund für Österreich 227–240; Heidrich, Burgenländische Politik.
123 Carsten, Faschismus in Österreich; Pauley, Der Weg in den Nationalsozialismus.
124 Frauenfeld, Und trage keine Reu'; Walser, Die illegale NSDAP; Mulley, Nationalsozialismus im Bezirk Scheibbs.
125 Stuhlpfarrer/Steurer, Die Ossa in Österreich 35–64; Walser, Die illegale NSDAP 53–58; M. Williams, Aid, Assistance and Advice 230–242.
126 Dazu zahlreiche Arbeiten von Gerhard Botz. Hier: Botz, Strukturwandlungen 63–193.
127 Pauley, Der Weg in den Nationalsozialismus 170.
128 Albrich, Die Linken für die Rechten 432–451.
129 Reimann, Die Dritte Kraft; Perchinig, National oder liberal 69–90; Sully, Political Parties 98–121; Riedlsperger, FPÖ: Liberal or Nazi? 257–278.

130 Rathkolb, NS-Problem und politische Restauration 73–99.
131 H. Kraus, »Untragbare Objektivität« 194.
132 Ebd. 275.
133 Stüber, Ich war Abgeordneter 65 ff.
134 Reimann, Die Dritte Kraft 145–163.
135 Perchinig, National oder liberal 78.
136 Sully, Political Parties 109.
137 Österreichs Parteien 160.
138 Österreichische Parteiprogramme 489.
139 Ebd.
140 Piringer, Die Geschichte der Freiheitlichen.
141 Horner, Austria 1949–1978, 289.
142 Gehmacher/Haerpfer, Wahlverhalten 177.

## 第6章　矛盾したプロセス

1 Ich verzichte auf eine ausführliche Literaturangabe. Als kurze Einführung: Alter, Nationalismus; Hobsbawm, Nationen und Nationalismus.
2 Szücs, Nation und Geschichte 96.
3 Heer, Der Kampf um die österreichische Identität; Bruckmüller, Nation Österreich; Zöllner, Der Österreichbegriff.
4 Die Habsburgermonarchie 1848–1918 (hg. von Adam Wandruszka u.a.) Bd. 3/1, 222–240.
5 Briefe und Dokumente zur Geschichte der österreichisch-ungarischen Monarchie 1, 83.
6 Ebd. 462.
7 Baernreither, Der Verfall des Habsburgerreiches 18.
8 Lhotsky, Geschichte des Instituts für Österreichische Geschichtsforschung 227.
9 Jászi, The Dissolution 433–455.
10 Federn, Zur Psychologie der Revolution 7.
11 M. Csáky, Identität – in der Operette zu finden? Vgl. auch den wichtigen Aufsatz: M. Csáky, Pluralität 19–28.
12 Bidermann, Geschichte der österreichischen Gesamt-Staats-Idee Bd. 2, IV.
13 Musil, Der Mann ohne Eigenschaften 451.
14 Schullern, Jung-Österreich.
15 Katzenstein, Disjoined Partners 101–109.
16 Trotzki, Mein Leben 206.
17 Zweig, Tagebücher 99.
18 Ebd. 149.
19 Zöllner, Der Österreichbegriff 67.
20 Hofmannsthal, Österreich im Spiegel seiner Dichtung 13.
21 Ebd. 22.
22 Brief vom 18. 9. 1913. Hofmannsthal/Andrian, Briefwechsel 202.
23 Hofmannsthal, Die österreichische Idee 456; vgl. F. Ritter, Hugo von Hofmannsthal und Österreich; A. Berger, Lyrische Zurüstung der »Österreich«-Idee 144–152.
24 Österreich. Zeitschrift für Geschichte (hg. von Wilhelm Bauer, 1918/19) 16.
25 K. Kraus, Nachruf. Weltgericht II, 187.
26 Sieger, Der österreichische Staatsgedanke.
27 O. Schmitz, Der österreichische Mensch.
28 Kleinwaechter, Der deutschösterreichische Mensch 165. Von seiten der Kunst vgl. Flotzinger, Musikwissenschaft und österreichischer Mensch 147–166.
29 Die Österreichische Aktion. Programmatische Studien 281.
30 Ebd. 115.
31 Musil, Buridans Österreicher 1031.
32 Z.B. Nachruf. Weltgericht II, 232 ff. Auch als Antwort auf: Salten, Das österreichische Anlitz.
33 Bielka, Die Volksabstimmung in Tirol 1921, 303–326; ders., Salzburger Volksabstimmung 1921, 327–349; Geschichte des Landes Tirol (hg. von Josef Fontana) 4, 800 f.
34 Katzenstein, Disjoined Partners 140, 142; Pyle, Austrian Patriotism 72–90.
35 Diesen Argumentationsstrang hat Ernst Bruckmüller in »Nation Österreich« mit Recht stark verfolgt.
36 Das Buch für das Salzburger Haus (hg. von Josef Steger) 434.

37 Göbhart, Schule und Nation 53; vgl. auch: Dachs, Schule und Politik.
38 Grasberger, Die Hymnen Österreichs; Früh, Gott erhalte? 280–301.
39 Staudinger, Zur »Österreich«-Ideologie des Ständestaates 198–240.
40 Klahr, Zur nationalen Frage 70–86.
41 Csokor an Bruckner, 23. 4. 1937, in: Csokor, Zeuge einer Zeit 141.
42 M. Williams, Captain Josef Leopold 57–71.
43 Ein General im Zwielicht (hg. von Peter Broucek) 3, 185.
44 Diesen Unterschied vernachlässigt Kreissler, Der Österreicher und seine Nation.
45 Danimann, Flüsterwitze 62.
46 National Archives, Washington, RG 226, E 16, Box 0807, doc. 69480. Für die Überlassung des Dokuments danke ich Evan B. Bukey.
47 Gottschlich, Was die Kanzler sagten 93.
48 Katzenstein, Disjoined Partners 183; vgl. auch: Washietl, Österreich und die Deutschen.
49 F. Fellner, Das Problem der österreichischen Nation 193–219.
50 The Invention of Tradition (ed. by Eric Hobsbawm); vgl. auch: Für und wider eine österreichische Literatur (hg. von Kurt Bartsch).
51 G. Steiner, Die Heimat-Macher.
52 Petschar/Schmid, Erinnerung und Vision; Medienkultur in Österreich (hg. von Hans H. Fabris).
53 Österreich. Von der Staatsidee zum Nationalbewußtsein (hg. von Georg Wagner) 109–152; Kreissler, Der Österreicher 497; vgl. auch: Bluhm, Building an Austrian Nation.
54 Nation und Nationalbewußtsein in Österreich (hg. von Albert F. Reiterer).
55 Erdmann, Die Spuren Österreichs in der deutschen Geschichte; dagegen Stourzh, Vom Reich zur Republik. Den weitesten Anspruch auf eine deutsche Geschichte (plus »deutsche« Schweiz, plus »deutsches« Österreich) erhebt Mirow, Schwierigkeit und Möglichkeit einer deutschen Nationalgeschichte 475–504.

## 第7章　大衆文化

1 Salzburger Volkszeitung, 15. 3. 1965.
2 Hanisch, Kultur – einmal ohne Festspiele 461; Strasser, The Sound of Klein-Hollywood 225–228.
3 Handke, Versuch über die Jukebox 87 f.
4 Ebd. 90.
5 Vgl. für die pessimistische Version: Horkheimer/Adorno, Dialektik der Aufklärung; für die optimistische Version: Eco, Apokalyptiker und Integrierte; eine gute Zusammenfassung gängiger Theorien: Luger, Die konsumierte Rebellion 5–83.
6 Hobsbawm, Mass-Producing Traditions 263–307.
7 Hofmannsthal/Schnitzler, Briefwechsel 61.
8 Sandgruber, Cyclisation und Zivilisation 285–304; Fahrrad, Auto, Fernsehschrank (hg. von Wolfgang Ruppert).
9 Radkau, Technik in Deutschland 145.
10 Barthes, Mythen des Alltags 76.
11 Peukert, Max Webers Diagnose der Moderne 91.
12 Salzburger Quellenbuch 47.
13 Zit. in: Sachs, Die Liebe zum Automobil 27.
14 Seper, Österreichische Automobilgeschichte 93.
15 Zit. ebd. 30.
16 »Es war eine Welt der Geborgenheit ...« (hg. von Andrea Schnöller) 168 f.
17 Seper, Österreichische Automobilgeschichte 82 ff.
18 Ebd. 204.
19 Ebd. 254.
20 Ebd. 264.
21 Sachs, Die Liebe 42; Rigele, Die Wiener Höhenstraße.
22 Sachs, Die Liebe 72.
23 Flink, The Car Culture.
24 Kracauer, Von Caligari zu Hitler; zur Filmgeschichte: Sorlin, The Film in History; W. Schwarz, Kino und Kinos.
25 Balázs, Schriften zum Film.
26 Ebd. 133.
27 Brief vom 19. 12. 1925. Richard Strauss, Briefwechsel, 548.

28 Gregor, Das Zeitalter des Films.
29 Fritz, Geschichte des österreichischen Films 21.
30 Hofmannsthal in: Neue Freie Presse, 27. 3. 1921, zit. in Fritz, Geschichte, 90.
31 Hermand/Trommler, Die Kultur der Weimarer Republik 261–298; Langewiesche, Zur Freizeit 337.
32 Arbeiter-Zeitung, 18. 1. 1920, zit. in: Grafl, »Hinein ins Kino!« 69–86; H. Gruber, Red Vienna 126–134.
33 Pfoser, Skandal um ein Buch und einen Film 44–54.
34 Polgar, Zum Thema: Tonfilm 55.
35 Fritz, Kino in Österreich 1929–1945, 102.
36 G. Schmid, Kinogeschichte 711; G. Renner, Der Anschluß der österreichischen Filmindustrie 1–34.
37 Kracauer, Von Caligari 150.
38 Hermand/Trommler, Die Kultur 288.
39 Zit. in: Fritz, Kino in Österreich 1929–1945, 124.
40 Ergert, 50 Jahre Rundfunk Bd. 1, 10. Vgl. Glaser, Die Kulturleistung des Hörfunks 25–41.
41 Hallo, Hallo! Hier Radio Wien! Aus dem Schlagerliederbuch 1925 (ORF-Schallplatte 1984).
42 Ergert, 50 Jahre, Bd. 1, 45.
43 Henz, Fügung und Widerstand 119.
44 Ebd. 131; Ergert, 50 Jahre, Bd. 1, 125.
45 Ebd. 137.
46 Venus, Bis zum Ende gespielt 108–157.
47 Ergert, 50 Jahre, Bd. 1, 106.
48 Salten, Wiener Adel 35.
49 Elias, Der Fußballsport 13.
50 Musil, Der Mann ohne Eigenschaften 44 f.
51 Gebauer/Hortleber, Die künstlerischen Paradiese des Sports 9; vgl. auch: Eichberg, Die Veränderung des Sports; Sport zwischen Disziplinierung und neuen sozialen Bewegungen (hg. von Hubert Ch. Ehalt).
52 Hanisch, Der Politische Katholizismus als ideologischer Träger des »Austrofaschismus« 64 f.
53 Kracauer, Von Caligari 120.
54 Kastler, Fußballsport in Österreich; Beiträge zur historischen Sozialkunde 22 (1992).
55 Polednik, Weltwunder Skisport 84.
56 Ebd. 53.
57 Ebd. 72.
58 Ebd. 85.
59 Ebd. 136.
60 Doderer, Die Dämonen, Bd. 1, 283 f.; vgl. auch: Spiel, Die hellen und die finsteren Zeiten 59 f.
61 H. Haas, Zu den Anfängen der Salzburger Brauchtumspflege 9–25.
62 Volkskultur in der Moderne (hg. von Utz Jeggle).
63 Kerschbaumer, Faszination Drittes Reich 72–78.
64 Massenmedien in Österreich 184.
65 Hauser, Soziologie der Kunst 649.
66 Ebd. 675.
67 Ebd. 676.
68 Sekera, Vom Leben der ganz kleinen Leute 98.
69 Wagnleitner, Die kulturelle Reorientierung 326–344; ders., Die Kinder von Schmal(t)z und Coca-Cola 144–173.
70 Salzburger Nachrichten, 24. 12. 1945.
71 Ergert, 50 Jahre, Bd. 2; Glaser, Die »Russische Stunde« 1–12.
72 Medienkultur in Österreich (hg. von Hans H. Fabris); Luger, Die konsumierte Rebellion.
73 Zit. in: Luger, Die konsumierte Rebellion 106 f.
74 Zit. in: Medienkultur in Österreich 89.
75 Exemplarisch: Waitzbauer, Bildgewinn ist Bildverlust 383–415.
76 Weitlaner, Heimatbuch Saalbach-Hinterglemm.
77 Ebd. 97, 104.
78 Ebd. 405.
79 Gstrein, Einer.
80 Ergert, 50 Jahre, Bd. 2; Feldinger, Nachkriegsrundfunk in Österreich.
81 Ergert, 50 Jahre, Bd. 2, 201.
82 Ders., Bd. 3, 58 ff.
83 Ebd. 174 ff.
84 Andics, 50 Jahre Rundfunk in Österreich, Bd. 4, 20.

## 第II部　君主制時代

### 第1章　組織化した資本主義

1 Wehler, Rudolf Hilferding 272–287.
2 Vgl. ausführlich: Hanisch, Das Konzept des »Organisierten Kapitalismus« 27–42.
3 Stourzh, Zur Institutionengeschichte der Arbeitsbeziehungen 356 f.
4 Erinnerungen von Ludwig v. Mises.
5 Good, Der wirtschaftliche Aufstieg 164–206; Handbuch der europäischen Wirtschafts- und Sozialgeschichte Bd. 5 (hg. von Wolfram Fischer) 106.
6 F. Mathis, Big Business in Österreich II. 46 f.
7 Ebd. 54.
8 Ebd. 71.
9 Ebd. 83–104.
10 Mosser, Die Industrieaktiengesellschaft.
11 Mosser, Konzentrationserscheinungen 188.
12 Good, Der wirtschaftliche Aufstieg 185.
13 März, Österreichische Industrie- und Bankpolitik; ders., Österreichische Bankpolitik; Rudolph, Banking and Industrialization in Austria-Hungary.
14 Good, Der wirtschaftliche Aufstieg 186.
15 Ebd. 188.
16 Rudolph, Banking 192.
17 März, Österreichische Bankpolitik 59.
18 Ebd. 100 ff. Theodor Gomperz. Ein Gelehrtenleben (hg. von Robert A. Kann).
19 Good, Der wirtschaftliche Aufstieg 190.
20 Gross, Die Industrielle Revolution 222.
21 Streeruwitz, Wie es war 266.
22 H. Matis, Leitlinien 53–58; Höbelt, Kornblume und Kaiseradler.
23 Ungersböck, Vom »freien« Arbeitsvertrag 123–152; Traxler, Zur Entwicklung kooperativer Arbeitsbeziehungen.
24 Stourzh, Wege zur Grundrechtsdemokratie 346.
25 Pellar, »Arbeitsstatistik« 153–190; Grandner, Die Beschwerdekommission 191–224; dies., Kooperative Gewerkschaftspolitik 271–307.
26 Vgl. allgemein: Kocka, Arbeitsverhältnisse 29.
27 Wysocki, Die österreichische Finanzpolitik 90; ders., Infrastruktur und wachsende Staatsausgaben.
28 Mosser, Die Industrieaktiengesellschaft 171–194.
29 Mesch, Arbeiterexistenz 124.
30 Ebd. 181–194.
31 O. Bauer, Die Teuerung 680; März, Österreichische Bankpolitik 49.
32 O. Bauer, Die Teuerung 740.
33 Ebd. 700.
34 Handbuch der europäischen Wirtschafts- und Sozialgeschichte Bd. 5, 131.
35 Neue Freie Presse, 15. 8. 1888, Nachdruck in: K. Wittgenstein, Politico-economic Writings 11.
36 Ebd. 58.
37 Hertz, The Economic Problem 28.
38 Österreich-Ungarn als Agrarstaat (hg. von Alfred Hoffmann) 70, 73.
39 Ebd. 111.
40 Ebd. 164–174.
41 Handbuch der europäischen Wirtschafts- und Sozialgeschichte Bd. 5, 142.
42 Österreich-Ungarn als Agrarstaat 245; Zanden, The First Green Revolution 231.
43 Strakosch, Die Grundlagen der Agrarwirtschaft.
44 Österreich-Ungarn als Agrarstaat 247.
45 Zit. in: Sandgruber, Die Anfänge der Konsumgesellschaft 90 f.
46 Österreich-Ungarn als Agrarstaat 256.
47 O. Bauer, Der Kampf um Wald und Weide 156; Bruckmüller, Sozialgeschichte 381.
48 O. Bauer, Der Kampf um Wald und Weide 158; Pantz, Die Bauernlegung.
49 Rosegger, Jakob der Letzte; vgl. »Fremd gemacht?« (hg. von Uwe Baur).

50 Mitterauer, Formen ländlicher Familienwirtschaft 194; Bolognese-Leuchtenmüller, Bevölkerungsentwicklung und Berufsstruktur 157 f.
51 Bruckmüller, Die Entwicklung der Landwirtschaft 56 f.; Rösener, Die Bauern 242–251.
52 Hanisch/Fleischer, Im Schatten berühmter Zeiten 40.
53 Sandgruber, Österreichische Agrarstatistik 105.
54 Mosser, Die Wirtschaft im Habsburgerreich 65.
55 Hertz, Die Produktionsgrundlagen der österreichischen Industrie.
56 Ebd. 80, 85.
57 Ebd. 61.
58 Ebd. 256 ff.
59 Bachinger u.a., Grundriß der österreichischen Sozial- und Wirtschaftsgeschichte 23.
60 März, Österreichische Bankpolitik 38.
61 Handbuch der europäischen Wirtschafts- und Sozialgeschichte, Bd. 5, 154.
62 Kocka, Neue Energie 17–31.
63 Buchleitner, Der Weg zur rationellen Elektrizitätsversorgung 5.
64 Ebd. 4.
65 Kocka, Neue Energie 28.
66 Sandgruber, Das elektrische Jahrhundert 34–48.
67 Meißl, Klassenkampf 95; Archiv. Jahrbuch des Vereins für Geschichte der Arbeiterbewegung 9 (1993) 7–113.
68 Kocka, Arbeitsverhältnisse und Arbeiterexistenzen 487–496; Meißl, Die Anfänge der Wissenschaftlichen Betriebsführung 41–100.
69 Cerman, »Bei den Sklaven der Alpinen« 28–63.
70 Zit. in: Riesenfellner, Der Sozialreporter Max Winter 135.
71 Ebd. 124.
72 Maderthaner/Mattl, »... den Straßenexcessen ein Ende machen« 117–152.
73 Trakl, Dichtungen und Briefe. Bd. 1, 293 f.
74 Bruckmüller, Sozialgeschichte 377.
75 Bolognese-Leuchtenmüller, Bevölkerungsentwicklung 178, Tabelle 59.
76 Nipperdey, Deutsche Geschichte Bd. 1, 263 f; Tremel, Der Binnenhandel 369–402; Kiesewetter, Industrielle Revolution 267–283.
77 Oxaal, Die Juden im Wien des jungen Hitler 58; vgl. auch: Rozenblit, Die Juden Wiens 55–79.
78 S. Mayer, Ein jüdischer Kaufmann 31.
79 Mosser, Die Wirtschaft im Habsburgerreich 62. Vgl. allgemein: Eddie, Economic Policy 814–886.
80 Hertz, Die Produktionsgrundlagen 86.
81 Tessner, Der Außenhandel Österreich-Ungarns 19.
82 Ebd. 36.
83 Ebd. 55.
84 Bachinger u.a., Grundriß 30.
85 Europäische Wirtschafts- und Sozialgeschichte, Bd. 5, 108; Grimm, The Austro-German Relationship 111–120.
86 Mosser, Die Wirtschaft im Habsburgerreich 62.
87 Tremel, Der Binnenhandel 388.
88 Bachinger, Das Verkehrswesen 278–322.
89 Handbuch der europäischen Wirtschafts- und Sozialgeschichte, Bd. 5, 157.
90 Ebd. 161.
91 Ebd. 166.
92 Tremel, Der Binnenhandel 400.
93 Brusatti, 100 Jahre österreichischer Fremdenverkehr 86, 89.
94 Mündl, Fremdenverkehr 564.
95 Mechtler, Die staatliche Förderung des Fremdenverkehrs; Stradner, Der Fremdenverkehr.
96 Zit. in: Burkert, Der Beginn des modernen Fremdenverkehrs 22.
97 Grunzel, Aufgaben der österreichischen Wirtschaftspolitik 307.
98 R. Sieghart, Die letzten Jahrzehnte einer Großmacht 49; Baernreither, Der Verfall des Habsburgerreiches 115–141; Kielmannsegg, Kaiserhaus 287–301.
99 Gerschenkron, An Economic Spurt That Failed; kritisch: H. Binder, Die Wasserstraßevorlage 43–61.
100 So Grunzel, Aufgaben 315.
101 Zit. in: März, Österreichische Bankpolitik 44.
102 Pantz, Die Hochschutzzoll-Politik.

103 Grunzel, Die Wirtschaftspolitik Österreichs 412.
104 Hertz, Die Produktionsgrundlagen 148–151; Pantz, Österreichs Landwirtschafts-Politik 20.
105 Handbuch der europäischen Wirtschafts- und Sozialgeschichte, Bd. 5, 186.
106 Palotás, Die außenwirtschaftlichen Beziehungen 609–629; Baernreither, Unsere Handelsbeziehungen mit Serbien 12.
107 Zur Blockade: Hardach, Der Erste Weltkrieg 19–43; Modelle einer neuen Wirtschaftsordnung (hg. von Wilhelm Brauneder).
108 Riedl, Die Industrie 10 f; Grandner, Kooperative Gewerkschaftspolitik 38–55.
109 Hautmann, Geschichte der Rätebewegung 33–88; Grandner, Die Beschwerdekommission 194–199.
110 Hautmann, Kriegsgesetze und Militärjustiz 101–122.
111 Loewenfeld-Russ, Im Kampf gegen den Hunger 41.
112 Ebd. 20.
113 Ebd. 22.
114 Werfel, Barbara oder Die Frömmigkeit 310.
115 J. Redlich, Österreichische Regierung 180 ff.
116 Riedl, Die Industrie 28–44.
117 Loewenfeld-Russ, Im Kampf 31; März, Österreichische Bankpolitik 222–225; Kaus, Von Wien nach Hollywood 26–60.
118 Riedl, Die Industrie 62–88.
119 Ebd. 76.
120 Ebd. 151–206.
121 Loewenfeld-Russ, Im Kampf 86, 117.
122 J. Redlich, Österreichische Regierung 113 ff.
123 Führ, Das k.u.k. Armeekommando.
124 Zit. in: J. Redlich, Österreichische Regierung 240.
125 Köfner, Hunger, Not und Korruption 54–57, hier 55.
126 Loewenfeld-Russ, Die Regelung der Volksernährung; Gratz/Schüller, Der wirtschaftliche Zusammenbruch; Haselsteiner, The Habsburg Empire 87–102.
127 Loewenfeld-Russ, Die Regelung 118, 156, 199; Gratz/Schüller, Der wirtschaftliche Zusammenbruch 81.
128 Loewenfeld-Russ, Die Regelung 335.
129 Sperber, Die Wasserträger 158 f.
130 Ebd. 159.
131 Spann, Vom Leben im Kriege 157.
132 Von der alten Solidarität zur neuen sozialen Frage (hg. von Ingrid Bauer) 77.
133 Ebd. 81; Kindheit im Ersten Weltkrieg (hg. von Christa Hämmerle).
134 Augeneder, Arbeiterinnen im Ersten Weltkrieg 7.
135 Wegs, Die österreichische Kriegswirtschaft 120.
136 Gratz/Schüller, Der wirtschaftliche Zusammenbruch 93.
137 Wegs, Die österreichische Kriegswirtschaft 65.
138 März, Österreichische Bankpolitik 231.
139 Ebd. 139–156.
140 Ebd. 197.
141 Ebd. 189.
142 Gratz/Schüller, Der wirtschaftliche Zusammenbruch 145.
143 März, Österreichische Bankpolitik 188.
144 J. Redlich, Österreichische Regierung 242–283; Rauchensteiner, Der Tod des Doppeladlers 428–432.
145 Vgl. Kocka, Klassengesellschaft im Krieg.
146 W. Winkler, Die Einkommensverschiebungen 159, 206.
147 Schicksalsjahre Österreichs, Bd. 2, 103.
148 W. Winkler, Die Einkommensverschiebungen 32.
149 Augeneder, Arbeiterinnen 33.
150 Hautmann, Geschichte der Rätebewegung 70.
151 Grandner, Die Beschwerdekommissionen 191–224.
152 Loewenfeld-Russ, Die Regelung 286–318.
153 Schicksalsjahre Österreichs, Bd. 2, 143. Eintragung vom 20. 9. 1916.
154 Ebd. 218, Eintragung vom 6. 7. 1917.
155 Unfried, Entwicklungsebenen der Arbeiterbewegung 300–315.
156 Huemer, Sektionschef Robert Hecht 138–142.

## 第2章　支配体制

1 Wank, Pessimism in the Austrian Establishment 295–314.
2 Rauchberg, Österreichische Bürgerkunde 33.
3 Vgl. den kurzen Beitrag von Glatz, Die Habsburgermonarchie und die Geschichtsschreibung 374–378.
4 Dazu: Kocka, Deutsche Geschichte vor Hitler 101–113; Wehler, Wie »bürgerlich« 191–217.
5 Boyer, The End of an Old Regime 159–193.
6 Ebd. 188.
7 Arbeiter-Zeitung, 24. 12. 1899.
8 Schicksalsjahre Österreichs, Bd. 1, 37 f. zu 12. 12. 1909.
9 J. Redlich, Österreichische Regierung 62–81; ders., Kaiser Franz Joseph von Österreich 399.
10 O. Bauer, Die Lehren des Zusammenbruchs 250–258.
11 O. Bauer, Werkausgabe Bd. 8, 881 f. Vgl. auch: Zenker, Der Parlamentarismus.
12 Schuster, »... Und immer wieder mußten wir einschreiten!« 55.
13 K. Renner, An der Wende zweier Zeiten 296.
14 Hanusch, Die Namenlosen 74.
15 Popp, Meine Erinnerung an den Wahlrechtskampf 150.
16 Rauchberg, Österreichische Bürgerkunde 77; vgl. auch: Tezner, Der Kaiser.
17 Österreichisches Staatswörterbuch, Bd. 2, 1696.
18 Cankar, Der Knecht Jernej 176.
19 Srbik, Franz Joseph I. 509–526.
20 Anna Nahowski und Kaiser Franz Joseph (hg. von Friedrich Saathen).
21 J. Redlich, Kaiser Franz Joseph; Bled, Franz Joseph.
22 J. Redlich, Kaiser Franz Joseph 429.
23 Zit. in: Weissensteiner, Franz Ferdinand 153. Egger, Die Militärkanzlei 141–163.
24 Kann, Erzherzog Franz Ferdinand Studien 181.
25 Österreichisches Staatswörterbuch, Bd. 2, 1696.
26 Vgl. beispielsweise: Lobkowicz, Erinnerungen an die Monarchie.
27 Vgl. Deutsches Lesebuch für vier- und mehrklassige Volksschulen, 2. T. (Wien 1918) 173 f.
28 XXIII. Internationaler Eucharistischer Kongreß in Wien. Festalbum. Wien 1912; Bericht über den XXIII. Internationalen Eucharistischen Kongreß 12. bis 15. September 1912; Funder, Vom Gestern ins Heute 269 ff.
29 Leisching, Die römisch-katholische Kirche 88 f.
30 Steed, The Habsburg Monarchy 118; vgl. auch: Palmer, Austro-Hungarian Life 267.
31 Dazu: Zenker, Kirche und Staat.
32 Vgl. auch Nipperdey, Deutsche Geschichte Bd. 1, 428–467; ders., Religion und Gesellschaft 591–615.
33 Österreichisches Staatswörterbuch, Bd. 2, 332.
34 Preradovich, Die soziale Herkunft der österreichischen Kirchenfürsten 223–243; Saurer, Die politischen Aspekte der österreichischen Bischofsernennungen.
35 Lewis, Kirche und Partei 44.
36 Leisching, Die römisch-katholische Kirche Tab. 19.
37 Krammer, Analyse einer Ausbeutung 37.
38 Leisching, Die römisch-katholische Kirche 99.
39 Funder, Vom Gestern 65 ff.
40 Hanisch/Fleischer, Im Schatten 97–100.
41 Engel-Janosi, Österreich und der Vatikan, Bd. 2, 86–102; Leisching, Die römisch-katholische Kirche 161 f.
42 Ehrhard, Der Katholizismus und das zwanzigste Jahrhundert.
43 Der Modernismus (hg. von Erika Weinzierl).
44 Eine Pionierarbeit daher: Mitterauer, »Heut' ist eine heilige Samstagnacht« 260–299; vgl. auch Volksfrömmigkeit (hg. von Helmut Eberhard).
45 Leisching, Die römisch-katholische Kirche 134 f.
46 Jetzt: Frevert, Ehrenmänner 238.
47 Leisching, Die römisch-katholische Kirche 86.
48 Sauer, Katholisches Vereinswesen in Wien.
49 Der Modernismus 176.
50 Leisching, Die römisch-katholische Kirche 207.
51 Stone, Army and Society 95–111; W. Wagner, Die k.(u.)k. Armee 590 f.

52 Deak, Beyond Nationalism 65.
53 Zit. in: Allmayer-Beck, Die bewaffnete Macht 106. Vgl. auch: Ein General im Zwielicht, Bd. 1 (hg. von Peter Broucek).
54 Bardolff, Soldat im alten Österreich 55.
55 Schnitzler, Leutnant Gustl 131; Bruckbauer, Der militärische Aspekt 27; Janz/Laermann, Arthur Schnitzler.
56 Musil, Der Mann ohne Eigenschaften 377.
57 Deak, Beyond Nationalism 87.
58 Ebd. 109.
59 Ebd. 182.
60 Ebd. 107.
61 Allmayer-Beck, Die bewaffnete Macht 111.
62 Kleinwaechter, Der Untergang der Österreichisch-ungarischen Monarchie 245.
63 W. Wagner, Die k.(u.)k. Armee 591.
64 Deak, Beyond Nationalism 74.
65 Suttner, Die Waffen nieder!
66 Hamann, Bertha von Suttner.
67 Vgl. darüber Wehler, Das Deutsche Kaiserreich 179 f.
68 Franz Graf Conrad von Hötzendorf. Private Aufzeichnungen (hg. von Kurt Peball) 148.
69 Ebd. 52 f. Vgl. auch: Conrad von Hötzendorf, Aus meiner Dienstzeit; Regele, Feldmarschall Conrad.
70 Gremel, Vom Land zur Stadt 61.
71 Bahr, Austriaca 15 f.
72 Jetzt sehr gut: Heindl, Gehorsame Rebellen.
73 Als kurzer Überblick: Hanisch, Beobachtungen zur Geschichte der österreichischen Bürokratie 1–18.
74 J. Redlich, Zustand; Hasiba, Die Kommission zur Förderung der Verwaltungsreform 237–262.
75 Goldinger, Die Zentralverwaltung 114; Menger, Beamte 344; Wunder, Geschichte der Bürokratie 72.
76 Menger, Beamte 254.
77 Hugelmann, Die Ausübung der allgemeinen staatsbürgerlichen Rechte 352–364.
78 Kleinwaechter, Der Untergang 250.
79 Maser, Adolf Hitler.
80 Beller, Vienna and the Jews 34.
81 Unterhändler des Vertrauens (hg. von Jürgen Nautz) 100; Goldinger, Die Wiener Hochbürokratie 322 f.
82 Brockhausen, Österreichische Verwaltungsreformen 47.
83 Goldinger, Die Zentralverwaltung 113; Menger, Beamte 140 f; Heindl, Was ist Reform? 166–175; Die Dienstpragmatik (hg. von Graf Anton Pace)
84 Stimmer, Zur Herkunft der höchsten österreichischen Beamtenschaft 311.
85 Kielmannsegg, Kaiserhaus 306.
86 Mikoletzky, Österreich im 20. Jh. 27.
87 Kielmannsegg, Kaiserhaus 222. Vgl. auch: Ehrhart, Im Dienste des alten Österreich.
88 J. Redlich, Zustand 37.
89 Ders., Österreichische Regierung 25–33.
90 Ders., Zustand 41.
91 Seidler, Zwei Konzeptionen 12.
92 Kann, Geschichte des Habsburgerreiches 383.
93 Zit. in: Allmayer-Beck, Ministerpräsident Baron Beck 127.
94 K. Wittgenstein, Politico-economic Writings 168.
95 Schimetscheck, Der österreichische Beamte 8.
96 Schicksalsjahre Österreichs Bd. 1, 229.
97 Mechtler, Sozialgeschichtliche Notizen 189–194.
98 Goldinger, Die Zentralverwaltung 149 ff.
99 Kurzbiographie in: A. Czedik, Zur Geschichte der k.k. österreichischen Ministerien, Bd. 1, 112; Baernreither, Der Verfall 1–32; Kielmannsegg, Kaiserhaus 260–270.
100 Ucakar, Demokratie und Wahlrecht in Österreich 256–267.
101 Sutter, Die Badenischen Sprachverordnungen.
102 J. Redlich, Kaiser Franz Joseph 391.
103 Sutter, Die Badenischen Sprachverordnungen Bd. 1, 261.
104 Ebd. 236.
105 Ebd. Bd. 2, 176–230.
106 H. Haas, Vom Liberalismus zum Deutschnationalismus 854.

107 Sutter, Die Badenischen Sprachverordnungen Bd. 2, 50–175.
108 Gerschenkron, Economic Spurt.
109 Ableitinger, Ernest von Koerber 187.
110 R. Sieghart, Die letzten Jahrzehnte 34–72; Kielmannsegg, Kaiserhaus 260–270.
111 Sieghart an Beck, 11. 8. 1908, in: M. Sieghart, Rudolf Sieghart und das Ministerium Beck 552.
112 Schorske, Wien. Geist und Gesellschaft 219–231.
113 Kolmer, Parlament und Verfassung.
114 Grabmayr, Erinnerungen eines Tiroler Politikers 120.
115 Dazu ausführlich: Allmayer-Beck, Ministerpräsident Baron Beck.
116 Höglinger, Ministerpräsident Heinrich Graf Clam-Martinic; Rumpler, Max Hussarek.
117 Schicksalsjahre Österreichs Bd. 2, 190, 12. 2. 1917.
118 Lorenz, Kaiser Karl und der Untergang der Donaumonarchie.
119 Bericht Werkmanns zit. in: ebd. 201.
120 Tezner, Die Volksvertretung III.
121 Zenker, Der Parlamentarismus IV.
122 Kann, Erzherzog 201.
123 Schicksalsjahre Österreichs Bd. 1, 1.
124 Stourzh, Die österreichische Dezemberverfassung 239–258.
125 Tezner, Die Volksvertretung 222; Rauchberg, Österreichische Bürgerkunde 81.
126 Rauchberg, Österreichische Bürgerkunde 99.
127 Höbelt, Die Vertretung der Nationalitäten 204.
128 Skottsberg, Der österreichische Parlamentarismus 88–148.
129 Kolmer, Parlament und Verfassung Bd. 6, 313–333.
130 Baernreither, Der Verfall 32.
131 Hasiba, Das Notverordnungsrecht 125, 152–154.
132 Ucakar, Demokratie und Wahlrecht 290–358.
133 Schicksalsjahre Österreichs Bd. 1, 29.
134 Luger, Advokatur und Politik 233, Tab. 1.
135 G. Schmid, Der Ballhausplatz 19; Engel-Janosi, Der »Ballhausplatz« 9–28.
136 Rumpler, Die rechtlich-organisatorischen 44
137 Ebd. 87.
138 Österreich-Ungarn in der Weltpolitik 16; Klein, Innere Widersprüche 225–262.
139 Suppan, Zur Frage eines österreichisch-ungarischen Imperialismus 103–136; Behnen, Rüstung – Bündnis – Sicherheit.
140 Bridge, The Habsburg Monarchy 224–287; Zitat, 253; vgl. Verosta, Theorie 169–206.
141 Charmatz, Geschichte der auswärtigen Politik Österreichs Teil 2, 130; Bridge, The Habsburg Monarchy 390 f.
142 Musulin, Das Haus am Ballhausplatz 153–160; Bridge, The Habsburg Monarchy 269 f; Verosta, Theorie 317–340; Cormons, Schicksale und Schatten 70 f.
143 Hantsch, Leopold Graf Berchtold Bd. 1, 117; Bridge, The Habsburg Monarchy 281.
144 Hantsch, Berchtold Bd. 1, 62.
145 Dedijer, Die Zeitbombe.
146 Andric, Die Brücke über die Drina 233.
147 Hantsch, Berchtold Bd. 2, 849.
148 Kleinwaechter, Der Untergang 270.
149 Vgl. zusammenfassend: Joll, Die Ursprünge des Ersten Weltkrieges; The Coming of the First World War (ed. R. J. W. Evans); Galántai, Die österreichisch-ungarische Monarchie; jetzt: Rauchensteiner, Der Tod des Doppeladlers; Williamson, Austria-Hungary.
150 Neue Freie Presse, 1. August 1914; Brockhausen, Österreichs Kriegsziele.
151 K. Kraus, Die letzten Tage der Menschheit 71.
152 Österreich-Ungarn in der Weltpolitik, passim.
153 F. Fischer, Griff nach der Weltmacht; ders., Krieg der Illusionen.
154 März, Österreichische Bankpolitik 14.
155 Diese These wird vor allem von Francis Roy Bridge vertreten, vgl. Österreich(-Ungarn) unter den Großmächten 334–338.
156 Conrad von Hötzendorf, Aus meiner Dienstzeit, Bd. 1, 537.
157 Ebd. Bd. 4, 162; vgl. auch: Kann, Kaiser Franz Joseph.
158 Kann, Erzherzog Franz Ferdinand Studien 204.

159 Wehler, Das Deutsche Kaiserreich 171–175; gegen diese These argumentiert Bridge, Österreich(-Ungarn) unter den Großmächten 336.
160 F. Fellner, Die »Mission Hoyos« 387–418.
161 Leslie, Österreich-Ungarn vor dem Kriegsausbruch 668; vgl. auch: Mitrovic, Die Balkanpläne 343–372.
162 Beide Beispiele in: Hanisch/Fleischer, Im Schatten 207–209.
163 K. Kraus, In dieser großen Zeit 9.
164 Zit. in: F. Fellner, Der Krieg in Tagebüchern und Briefen 209.
165 Sint, »Buibm und Gitschn beinando is ka Zoig!« 171.
166 Denscher, Gold gab ich für Eisen 9.
167 Die Zeit Nr. 30, 20. Juli 1990.
168 Rothenberg, The Habsburg Army 73–86.
169 Hašek, Die Abenteuer des braven Soldaten Schwejk 60.
170 F. Fellner, Der Dreibund; Valiani, Verhandlungen zwischen Italien und Österreich-Ungarn 317–346.
171 Rumpler, Die Kriegsziele Österreich-Ungarns 465–482.
172 Lilla, Innen- und außenpolitische Aspekte 221–250.
173 Silberstein, The Troubled Alliance; Shanafelt, The Secret Enemy; Rauchensteiner, Der Tod 379–384.
174 Sweet, Germany 180–212; F. Fellner, Denkschriften aus Österreich 145–162; Naumann, Mitteleuropa.
175 Broucek, Die deutschen Bemühungen 440–470.
176 Gratz/Schüller, Die äußere Wirtschaftspolitik.
177 Zit. in: März, Österreichische Bankpolitik 262.
178 Zit. in: Meckling, Die Außenpolitik 87.
179 Bihl, Österreich-Ungarn und die Friedensschlüsse; Kann, Die Sixtusaffäre.
180 Zit. in: Meckling, Die Außenpolitik 127.
181 Zeman, Der Zusammenbruch des Habsburgerreiches; sehr einseitig: Fejtö, Requiem für eine Monarchie; Sked, Der Fall des Hauses Habsburg.
182 Weitlaner, Heimatbuch Saalbach-Hinterglemm 125.

## 第3章　世紀末の芸術

1 Wehler, Bürger, Arbeiter 161–190; ders., Deutsches Bildungsbürgertum 218–240; Kocka, Bürgertum und bürgerliche Gesellschaft 11–78; Bildungsbürgertum im 19. Jahrhundert. Teil 4 (hg. von Jürgen Kocka); Nipperdey, Deutsche Geschichte Bd. 1, 382–388; Bürgertum in der Habsburgermonarchie (hg. von Ernst Bruckmüller).
2 Cohen, Die Studenten der Wiener Universität 290–316; Rozenblit, Die Juden 106.
3 Zit. in: Le Rider, Das Ende der Illusion 251.
4 Hanisch, Provinzbürgertum 130.
5 Engelbrecht, Geschichte des österreichischen Bildungswesens Bd. 4, 467.
6 Ebd. 63–85.
7 Ebd. 278–294.
8 Musil, Der Mann ohne Eigenschaften 54.
9 Nipperdey, Wie das Bürgertum die Moderne fand 24.
10 A. J. Mayer, Adelsmacht und Bürgertum 233; Adolf Loos. Katalog zur Ausstellung 211.
11 Martino, Lektüre in Wien 392.
12 Habermas, Die Moderne 446.
13 Ebd. 446 f.; vgl. auch: ders., Der philosophische Diskurs.
14 Schorske, Wien, passim.
15 Ders., Österreichs ästhetische Kultur 12–25, vgl. ders., Grace and the Word 21–34; etwas andere Akzente: Weiss, Thematisierung der »Ordnung« 19–44.
16 Jauß, Literarische Tradition; Hepp, Avantgarde; Dankl, Die »Moderne« in Österreich.
17 Kiss, Der Tod der k.u.k. Weltordnung 169.
18 Bahr, Prophet der Moderne 75.
19 Shedel, Art and Society.
20 Schorske, Abschied von der Öffentlichkeit 47–56; Nebehay, Ver Sacrum.
21 W. Hofmann, Gustav Klimt 24.
22 Schönberg, Über Musikkritik 606.
23 An Ludwig von Ficker, Ende Oktober oder November 1919, L. Wittgenstein, Briefe an Ludwig von Ficker 35.
24 Vgl. dazu noch: Broch, Hofmannsthal und seine Zeit 111–284; Wien um 1900 (hg. von Peter Berner);

Debut eines Jahrhunderts (hg. von Wolfgang Pircher); Die Wiener Moderne (hg. von Emil Brix); Die Wiener Jahrhundertwende (hg. von Jürgen Nautz).
25 Braudel, Das Mittelmeer und die mediterrane Welt Bd. 3, 458.
26 Magris, Der habsburgische Mythos.
27 K. Wittgenstein, Politico-economic Writings 172.
28 Cormons, Schicksale und Schatten 73.
29 Schorske, Wien; Johnston, Österreichische Kultur- und Geistesgeschichte.
30 M. Csáky, Pluralität 19–28.
31 Lash, Bürgerliche Identität 457–480.
32 Botstein, Judentum und Modernität 72.
33 Le Rider, Das Ende der Illusion.
34 Beller, Vienna and the Jews.
35 Steinberg, The Meaning of the Salzburg Festival 173.
36 Botstein, Judentum 133.
37 A. Mahler, Gustav Mahler 139.
38 Blaukopf, Gustav Mahler 144.
39 Ebd. 145.
40 Schreiber, Gustav Mahler 141.
41 Eine einprägsame Interpretation bei: McGrath, Dionysian Art 120–164.
42 Nietzsche, Also sprach Zarathustra 404.
43 McGrath, Dionysian Art 146.
44 Gay, Freud. Eine Biographie 98.
45 Schorske, Wien 169–194.
46 Gay, Freud, Juden und andere Deutsche.
47 Zit. in: Gay, Freud. Eine Biographie 289.
48 Freud, Die Traumdeutung 9.
49 Ebd. 170 f.
50 Ebd. 167.
51 Ebd. 382 f.
52 Ebd. 179–185.
53 Ebd. 180.
54 Corino, Robert Musil 56 ff.
55 U. Baur, Zeit- und Gesellschaftskritik 93–114.
56 Musil, Die Verwirrungen des Zöglings Törleß 17.
57 Ebd.
58 Ebd. 33.
59 Ebd.
60 Ebd. 63.
61 Ebd. 74; vgl. Luft, Robert Musil; Rossbacher, Mathematik und Gefühl 127–140.
62 Zit. in: U. Baur, Zeit- und Gesellschaftskritik 94.
63 Musil, Die Verwirrungen 46.
64 Ebd. 43.
65 Polgar, Fall Loos, Das Tagebuch, 13. 9. 1928, in: Kontroversen (hg. von Adolf Oppel, Wien 1985) 119. Vgl. auch: Czech/Mistelbauer, Das Looshaus.
66 Neue Freie Presse, 4. 12. 1910, in: Kontroversen (hg. von Adolf Oppel) 36–40.
67 Die Fackel, 31. 12. 1910, in: Kontroversen (hg. von Adolf Oppel) 42.
68 Rukschcio/Schachel, Adolf Loos.
69 Musil, Der Mann ohne Eigenschaften 279.
70 A. Mahler-Werfel, Mein Leben 29; Das ewige Klischee; Die Frau im Korsett (hg. von Reingard Witzmann).
71 N. Wagner, Geist und Geschlecht.
72 Über den Autor vgl. Weichinger, Schluß mit Genuß!
73 Rogoff, Gustav Klimt 29–44.
74 W. G. Fischer, Gustav Klimt und Emilie Flöge 107–129.
75 Zaunschirm, Gustav Klimt 62.
76 Gustav Klimt (hg. von Christian M. Nebehay) 254.
77 Strobl, Gustav Klimt; vgl. auch W. Hofmann, Gustav Klimt.
78 Schorske, Wien 195–264.
79 W. Hofmann, Das Fleisch erkennen 120–129; Werkner, Physis und Psyche.

80 So der Freund Arthur Roessler in einer Besprechung. Egon Schiele und seine Zeit (hg. von Klaus Albrecht Schröder) 29.
81 Ebd.
82 Nebehay, Egon Schiele 110–147.
83 Egon Schiele und seine Zeit (hg. von Klaus Albrecht Schröder) 37.
84 Kokoschka, Mörder Hoffnung der Frauen 37.
85 Ebd. 38.
86 Kokoschka, Mein Leben 64–69.
87 Zit.in: Le Rider, Der Fall Otto Weininger 12.
88 Mayer, Außenseiter 118–126.
89 Weininger, Geschlecht und Charakter 344–408.
90 Ebd. 79–93.
91 Denscher, Frauenliteratur zur Zeit Rosa Mayreders 84; Anderson, Utopian Feminism.
92 Mayreder, Zur Kritik der Weiblichkeit 45.
93 Ebd. 90; Reden/Schweikhardt, Eros unterm Doppeladler 36–38.
94 Schnitzler, Ausgewählte Werke 232; Pfoser u.a., Schnitzlers »Reigen«.

## 第III部　第一共和制

### 第1章　断絶の演出

1 Rumpler, Das Völkermanifest Kaiser Karls.
2 Österreich im Jahre 1918 (hg. von Rudolf Neck) 51 f.
3 Ebd. 60.
4 Ebd. 55; vgl. Jedlicka, Ende und Anfang 18–23; Fiala, Die letzte Offensive Altösterreichs.
5 Die Auflösung des Habsburgerreiches (hg. von Richard G. Plaschka) 22.
6 Glaise-Horstenau, Die Katastrophe 232–253.
7 Plaschka u.a., Innere Front Bd. 1, 327.
8 Ebd. 340.
9 Ebd. Bd. 2, 88.
10 J. Deutsch, Aus Österreichs Revolution 7–9.
11 Glaise-Horstenau, Die Katastrophe 247; Kerchnawe, Der Zusammenbruch der österr.-ungar. Wehrmacht.
12 Österreich im Jahre 1918, 109.
13 Innsbruck-Venedig (hg. von Adam Wandruszka) 61–100; Rauchensteiner, Der Tod des Doppeladlers 616–622.
14 Goldinger, Der Staatsrat 1918/19, 55–65.
15 O. Bauer, Die österreichische Revolution 614.
16 Österreich im Jahre 1918, 79.
17 Klemperer, Die Revolution von 1918–1920 und der österreichische Konsens.
18 Dietrich, Feindbilder und Ausgrenzung 164.
19 Owerdieck, Der Verfassungsbeschluß der Provisorischen Nationalversammlung 75–88.
20 Kelsen, Österreichisches Staatsrecht 79.
21 O. Bauer, Die österreichische Revolution 588.
22 Owerdieck, Parteien und Verfassungsfragen 40–42.
23 Jedlicka, Ende und Anfang 60 f.; Österreich im Jahre 1918, 159.
24 Mayreder, Tagebücher 194.
25 Klemperer, Ignaz Seipel 79 f.
26 Österreich im Jahre 1918, 123.
27 Klemperer, Die Revolution von 1918–1920 und der österreichische Konsens 14.
28 O. Bauer, Die österreichische Revolution 624.
29 J. Deutsch, Aus Österreichs Revolution 21–23.
30 O. Bauer, Die österreichische Revolution 620.
31 Hannak, Renner und seine Zeit 311.
32 Kleinwaechter, Von Schönbrunn bis St-Germain 127–142.
33 Leser, Der Bruch der Koalition 1920, 33–45.
34 Ermacora, Die Grundrechte in der Verfassungsfrage 53–61.

35 Quellen zum Verfassungsrecht (1920) (hg. von Felix Ermacora); Ermacora, Die Entstehung der Bundesverfassung 1920; G. Schmitz, Die Vorentwürfe Hans Kelsens; ders., Karl Renners Briefe aus Saint Germain.
36 Köfner, Eine oder wie viele Revolutionen? 131–168.
37 Ermacora, Die Entstehung der Bundesverfassung 1920, Bd. 2, 140.
38 Rumpler, Parlamentarismus und Demokratieverständnis 2–17; vgl. auch: A. Pelinka/Welan, Demokratie und Verfassung in Österreich; Ableitinger, Grundlegung der Verfassung 147–194.
39 Rumpler, Parlamentarismus 8.
40 Zit. in: K. Stadler, Hypothek auf die Zukunft 56.
41 Vor allem Fritz Fellner und seine Schule hat diese Umwertung eingeleitet: F. Fellner, Die Pariser Vororteverträge 174; vgl. auch: ders., Der Vertrag von St-Germain 85–106; ders., Die Friedensordnung von Paris 39–54.
42 Für die Stimmung in St-Germain vgl. die depressiven Briefe von Franz Klein: »St. Germain, im Sommer 1919«. Die Briefe Franz Kleins aus der Zeit seiner Mitwirkung in der österreichischen Friedensdelegation. Mai–August 1919 (hg. von Fritz Fellner).
43 Kleinwaechter, Von Schönbrunn bis St-Germain 207.
44 G. Schmid, Selbstbestimmung 1919, 127–142; Myers, National Self-Determination 45–66.
45 H. Haas, Otto Bauer und der Anschluß 36–44; Low, Die Anschlußbewegung in Österreich und Deutschland.
46 Zit. in: Wessely, Die Pariser Vororte-Friedensverträge 160.
47 Ebd. 143–165; K. Stadler, Hypothek 213–230; Unterhändler des Vertrauens (hg. von Jürgen Nautz) 230–242.
48 Stuhlpfarrer, Südtirol 1919, 54–77; H. Haas, Südtirol 1919, 95–130; Schober, Die Tiroler Frage.
49 Zit. ebd. 424 f.
50 Stuhlpfarrer, Volksabstimmungsfeiern und Geschichtsbild 13–28; Pluch, Modellfall Kärnten 17–27.
51 W. Neumann, Abwehrkampf und Volksabstimmung; Der 10. Oktober 1920 (hg. von Alfred Ogris).
52 H. Haas/Stuhlpfarrer, Österreich und seine Slowenen 26–38.
53 Grafenauer, Die Kärntner Volksabstimmung 418.
54 P. Vodopivec, Jugoslawien und die Volksabstimmung 73.
55 Zorn, Zur Kärntner Volksabstimmungs-Propaganda 209–218.
56 Ogris, Kärnten 1918–1920, 383.
57 Rumpler, Perspektiven 11.
58 Moritsch, Die wirtschaftliche und soziale Lage der Kärntner Slowenen 215–231.
59 Karner, Die Abtrennung der Untersteiermark 254–296.
60 Schlag, Burgenland 747–761; Ernst, Geschichte des Burgenlandes 186–198.
61 Allmayer-Beck, Ministerpräsident Baron Beck 284.
62 Zit. in: Doppelbauer, Zum Elend noch die Schande 11.
63 So vor allem bei Hautmann, Geschichte der Rätebewegung in Österreich.
64 O. Bauer, Rätediktatur oder Demokratie 133–156.
65 Botz, Gewalt in der Politik 23; Hautmann, Geschichte der Rätebewegung 234 f.
66 Hautmann, Geschichte der Rätebewegung 157.
67 Ebd. 153–176.
68 Neck, Arbeiterschaft und Staat im Ersten Weltkrieg Bd. 1, 717.
69 Botz, Handlungsspielräume der Sozialdemokratie 59.
70 O. Bauer, Die österreichische Revolution 670.
71 J. Deutsch, Aus Österreichs Revolution 33 ff.; Carsten, Revolution in Central Europe 78–107.
72 Botz, Gewalt in der Politik 43–71.
73 H. Haas, Österreich und die Alliierten 33.
74 Zit. in: Hautmann, Geschichte der Rätebewegung 322.
75 Weissel, Die Ohnmacht des Sieges; R. Gerlich, Die gescheiterte Alternative.
76 Garamvölgyi, Betriebsräte und sozialer Wandel.
77 Zit. in: ebd. 261.
78 März, Österreichische Bankpolitik 275–290, hier 282.
79 Ebd. 297.
80 Ebd. 354.
81 Ebd. 300.
82 P. Fischer, Ansätze zur Sozialpartnerschaft 124–140.

1 F. Weber, Vor dem großen Krach 9. Vgl. zum Agrarwesen: Kluge, Bauern, Agrarkrise und Volksernährung.
2 F. Weber, Vor dem großen Krach 16.
3 Stiefel, Die Kluft zwischen Wirtschaft und Politik 96.
4 Ebd. 98.
5 Ebd. 109.
6 Ladner, Seipel als Überwinder der Staatskrise 118.
7 Bachinger/Matis, Der österreichische Schilling 45; März, Österreichische Bankpolitik 474.
8 Butschek, Die österreichische Wirtschaft im 20. Jahrhundert 33.
9 Bachinger/Matis, Der österreichische Schilling 26.
10 Ebd. 29.
11 Kernbauer/März/Weber, Die wirtschaftliche Entwicklung 356 f.
12 Butschek, Die österreichische Wirtschaft im 20. Jahrhundert 42.
13 Ladner, Seipel als Überwinder 126.
14 Ausch, Als die Banken fielen 82.
15 Ausch, Als die Banken fielen 101.
16 Butschek, Die österreichische Wirtschaft im 20. Jahrhundert 33.
17 Kernbauer/März/Weber, Die wirtschaftliche Entwicklung 358 f.
18 So die Neue Freie Presse, zitiert in: Kernbauer, Währungspolitik 94.
19 Ausch, Als die Banken fielen; F. Weber, Vor dem großen Krach.
20 Bachinger/Matis, Der österreichische Schilling 75.
21 Butschek, Die österreichische Wirtschaft im 20. Jahrhundert 46.
22 F. Weber, Vor dem großen Krach 351; Kernbauer, Währungspolitik 247–254; Kernbauer/Weber, Multinationales Banking 588.
23 Kernbauer/März/Weber, Die wirtschaftliche Entwicklung 359.
24 F. Weber, Vor dem großen Krach 474.
25 Stenographische Protokolle, 12. 11. 1928.
26 Protokolle des Ministerrates der Ersten Republik, Abteilung V, Bd. 2, Kabinett Dr. Ignaz Seipel, 707 f.
27 Ebd.
28 Verfassungsreform von 1929 (hg. von Klaus Berchtold) Bd. 1, 27.
29 Ebd. Bd. 2, 348.
30 Ebd. Bd. 2, 344.
31 Brauneder/Lachmayer, Österreichische Verfassungsgeschichte 215; vgl. auch: Hasiba, Die Zweite Bundes-Verfassungsnovelle.
32 Vgl. die Länderanalysen in: Österreich 1918–1938, Bd. 2, 747–1066.
33 Nick/Pelinka, Bürgerkrieg – Sozialpartnerschaft 53; Lehnert, Kommunale Politik.
34 Zit. in: Kollmann, Theodor Körner 87.
35 Die österreichischen Bundeskanzler 472.
36 Botz, Gewalt in der Politik 121.
37 Klemperer, Ignaz Seipel. Die österreichischen Bundeskanzler 113.
38 Nick/Pelinka, Bürgerkrieg 24.
39 Botz, Formen politischer Gewaltanwendung 16.
40 Ebd. 15 f.
41 Botz, Gewalt in der Politik 310–312.
42 Ebd. 120–129, 138–141.
43 Die Ereignisse des 15. Juli 1927 (hg. von Rudolf Neck); Botz, Gewalt in der Politik 141–160.
44 Zit. in: Die Ereignisse des 15. Juli 1927, 145.
45 Stieg, Frucht des Feuers.
46 Gsöllpointner, Der 15. Juli 1927, 137–154.
47 Rape, Die österreichischen Heimwehren.
48 Schneeberger, Sozialstruktur der Heimwehr in Österreich 64.
49 Pauley, Hahnenschwanz und Hakenkreuz.
50 Zit. in: Wiltschegg, Die Heimwehr 256.
51 Ebd. 269.
52 Kerekes, Abenddämmerung einer Demokratie.
53 J. Hofmann, Der Pfrimer-Putsch.

54 Wiltschegg, Die Heimwehr 292; Schneeberger, Sozialstruktur der Heimwehr 7.
55 Das Jahr 1934: 12. Februar (hg. von Ludwig Jedlicka) 26.
56 Bruckmüller, Zur Sozialstruktur Österreichs 35–49; Schneeberger, Heimwehr und Bauern 135–145.
57 Wiltschegg, Die Heimwehr 275–288.
58 Vgl. ebd. 325–333.
59 Kollmann, Theodor Körner; Duczynska, Der demokratische Bolschewik.
60 Reichspost, 28. 9. 1926, zit.in: Kollmann, Theodor Körner 417.
61 Duczynska, Der demokratische Bolschewik 138 f.; McLoughlin, Zur Wehrpolitik der SDAPÖ 277–297.
62 Stenographische Protokolle, Sitzung vom 27. 7. 1927, 235.
63 Österreichische Parteiprogramme 247–264; 374–376.
64 Zit. in: Hanisch, Die Ideologie des Politischen Katholizismus 17.
65 Ebd. 4–10.
66 Weinzierl, Kirche und Politik 455.
67 Ebd. 443.
68 Ebd. 451.
69 Ebd. 458.
70 Hanisch, Die Ideologie 3 f.
71 Botz, Das Anschlußproblem 179–198; Garscha, Die deutsch-österreichische Arbeitsgemeinschaft; Panzenböck, Ein deutscher Traum.
72 Pauley, From Prejudice to Persecution.

## 第 3 章　世界経済危機とデモクラシーの危機

1 Kluge, Bauern, Agrarkrise und Volksernährung 275.
2 F. Weber, Die Weltwirtschaftskrise 40.
3 Stiefel, Finanzdiplomatie und Weltwirtschaftskrise.
4 F. Weber, Vor dem großen Krach 596.
5 Stiefel, Die große Krise 378.
6 Zit. in ebd. 356.
7 Stiefel, Arbeitslosigkeit 29. Höhere Zahlen bei: F. Weber, Die Weltwirtschaftskrise 38.
8 März/Weber, Österreichische Wirtschaftspolitik 15.
9 Stiefel, Die große Krise, passim.
10 Klingenstein, Die Anleihe von Lausanne.
11 O. Bauer, Arbeit für 200.000, 945; vgl. dazu: Weber-Felber, Wege aus der Krise.
12 Stiefel, Die große Krise 39.
13 F. Weber, Vor dem großen Krach 622 f; Stiefel, Finanzdiplomatie 15.
14 Stiefel, Finanzdiplomatie 7.
15 Ebd. 36.
16 F. Weber, Vor dem großen Krach 587.
17 Stiefel, Die große Krise 394.
18 Ebd. 323.
19 Ebd. 372–375; dagegen: Kluge, Bauern 373.
20 Stiefel, Die große Krise 374.
21 Miller, Engelbert Dollfuß 102.
22 Miller, Engelbert Dollfuß 127; Mattl, Krise und sozialer Protest 1–22.
23 Zu nennen sind die Arbeiten von Kluge und Miller.
24 Bachinger u.a., Grundriß 70 f.
25 Hanisch, Wirtschaftswachstum ohne Industrialisierung 828.
26 Gallup, Die Geschichte der Salzburger Festspiele; Steinberg, The Meaning of the Salzburg Festival.
27 G. Adler, Max Reinhardt 102.
28 Otruba, Hitlers »Tausend-Mark-Sperre«.
29 Bachinger u.a., Grundriß 71.
30 Das Juliabkommen 1936 (hg. von Ludwig Jedlicka).
31 Stiefel, Arbeitslosigkeit 23, vgl. Gestohlene Jugend (hg. von Karl Stocker).
32 Zit. in: Wilding, »... für Arbeit und Brot« 157.
33 Stiefel, Arbeitslosigkeit 149.
34 Safrian, »Wir ham die Zeit der Arbeitslosigkeit schon richtig genossen auch« 320.
35 Russ, Zwischen Protest und Resignation 23–52.

36 Wilding, »... für Arbeit und Brot« 248–294.
37 Zit. in: Stiefel, Arbeitslosigkeit 133.
38 F. Weber, Die Weltwirtschaftskrise 62.
39 Stiefel, Die große Krise 59 ff.
40 Weber-Felber, Wege aus der Krise 127 ff.
41 O. Bauer, Das Budgetsanierungsgesetz 709.
42 Zit. in: Stiefel, Die große Krise 111 f.
43 Grandner/Traxler, Sozialpartnerschaft 75–117; Lehnert, Kommunale Politik 500.
44 Staudinger, Konzentrationsregierung 1–18.
45 Ebd.; K. Haas, Gegen den »reformistischen Ministerialismus« 221–244; Leser, Die politischen Aspekte der Krise 151; Kluge, Bauern 344 f.; Goldinger/Binder, Geschichte der Republik 184.
46 K. Haas, Industrielle Interessenpolitik 97–126.
47 Mommsen, Die verspielte Freiheit 404–494.
48 K. Haas, Industrielle Interessenpolitik 113.
49 Zit. in: Stiefel, Die große Krise 31.
50 K. Haas, Die römische Allianz 1934, 69–92.
51 Geheimer Briefwechsel Mussolini – Dollfuß 24.
52 Ebd. 24.
53 Protokolle des Klubvorstandes der Christlichsozialen Partei, 7. März 1933, 135 f.
54 Ebd., 9. März 1933, 145 f.
55 Hänisch, Die soziale Wählerbasis der NSDAP 263–288.
56 Protokolle des Klubvorstandes der Christlichsozialen Partei, 7. März 1933, 133; vgl. dazu von einem anderen Gesichtspunkt: F. Schausberger, Letzte Chance für die Demokratie.
57 Protokolle des Klubvorstandes der Christlichsozialen Partei 212.
58 Ebd. 204; vgl auch das Memorandum von Otto Bauer, S. Beer, Der »unmoralische« Anschluß 185 f.
59 Die beste Analyse des Umfeldes: Botz, Der »4. März 1933« 13–35.
60 Vgl. die Periodisierung bei Botz, Faschismus und Ständestaat 320–322.
61 Huemer, Sektionschef Robert Hecht.
62 Kluge, Bauern 425.
63 Hasiba, Die »rechtliche Zeitgeschichte« 100 f.
64 Huemer, Sektionschef Robert Hecht 178–191.
65 Eine Lektüre der Ministerratsprotokolle zeigt, daß die Regierung mit der Bekämpfung des Nationalsozialismus intensiver beschäftigt war als mit der Bekämpfung der Sozialdemokratie. Protokolle des Ministerrates der Ersten Republik. Kabinett Dr. Engelbert Dollfuß, Bd. 1–7.
66 Protokolle des Klubvorstandes der Christlichsozialen Partei 242, 248.
67 Protokolle des Ministerrates der Ersten Republik. Kabinett Engelbert Dollfuß, Bd. 3, 490.
68 Weber-Felber, Wege aus der Krise 215; Goldinger/Binder, Geschichte der Republik 217.
69 Ardelt, Der Staatsstreich auf Raten 217–231.
70 Rabinbach, Der Parteitag im Oktober 1933, 341–366; K. Haas, Das Ende des Austromarxismus 421–442.
71 Jeffery, The Social Democratic Movement in Steyr; Stockinger, Zeit, die prägt.
72 Peball, Die Kämpfe in Wien; Das Jahr 1934: 12. Februar (hg. von Ludwig Jedlicka); Februar 1934 (hg. von Erich Fröschl); Botz, Krisenzonen 181–210; Die Kälte des Februar (hg. von Helene Maimann); von kommunistischer Seite: Reisberg, Februar 1934; Garscha/Hautmann, Februar 1934 in Österreich.

## 第４章　ドイツ人のキリスト教的連邦国家

1 Protokolle des Ministerrates, Kabinett Dr. Engelbert Dollfuß, 20. 3. 1934, Bd. 6, 141; Bd. 7, 463.
2 Brauneder/Lachmayer, Österreichische Verfassungsgeschichte 231–243; Wohnout, Regierungsdiktatur oder Ständeparlament?
3 Eine Zusammenfassung der Diskussion bei Tálos, Das Herrschaftssystem 1934–1938, 317–341; dazu noch: Holzer, Faschisierung »von oben«? 133–156; Bracher, Nationalsozialismus 1–28.
4 Payne, The Concept of Fascism 14–25.
5 Hanisch, Der Politische Katholizismus 53–74.
6 »Austrofaschismus« 104; Zernatto, Die Wahrheit über Österreich 79–100; Bärnthaler, Die Vaterländische Front.
7 So die Formulierung in dem beachtenswerten Roman über diese Zeit: Saiko, Der Mann im Schilf.
8 Enderle-Burcel, Christlich – ständisch – autoritär; J. Kraus, Volksvertreter 379–414.
9 Jagschitz, Bundeskanzler Engelbert Dollfuß 233–238.

10 Streitle, Die Rolle Kurt von Schuschniggs; Hopfgarten, Kurt von Schuschnigg; Meysels, Austrofaschismus.
11 Der Hochverratsprozeß gegen Dr. Guido Schmidt 307.
12 Holzer, Faschisierung »von oben«? passim.
13 Botz, Gewalt in der Politik, 2. Aufl. 243–245.
14 Edmonson, The Heimwehr and Austrian Politics 233–264.
15 Gellott, The Catholic Church.
16 Ebd. 233.
17 Abgedruckt in: Liebmann, Jugend – Kirche – Ständestaat 193.
18 A. Pelinka, Stand oder Klasse? 113; Hindels, Österreichs Gewerkschaften im Widerstand 121–138.
19 Duby, Die drei Ordnungen.
20 Dollfuß an Österreich (hg. von Edmund Weber) 32; vgl. auch Jagschitz, Ideologie und Werdegang 90.
21 A. Pelinka, Stand oder Klasse 64; Stiefel, Utopie und Realität 417.
22 »Austrofaschismus« 161–178.
23 Ebd. 174.
24 H. Lang, Wilhelm Miklas 192–203.
25 Ein General im Zwielicht Bd. 2, 179.
26 »Austrofaschismus« 84; Enderle-Burcel, Christlich – ständisch – autoritär 22; Wohnout, Regierungsdiktatur 305.
27 Bruckmüller, Sozialstruktur 407.
28 Holtmann, Zwischen Unterdrückung und Befriedung.
29 Walser, Die illegale NSDAP.
30 Zit. in: Enderle-Burcel, Christlich – ständisch – autoritär 26.
31 Zu diesem unhistorischen Heldenmythos gehört: Kindermann, Hitlers Niederlage in Österreich.
32 Langoth, Der Kampf um Österreich; Ross, Hitler und Dollfuß; D. Binder, Dollfuß und Hitler.
33 Jagschitz, Die Anhaltelager in Österreich 149.
34 Vgl. die Quelleneditionen des Dokumentationsarchivs des österreichischen Widerstandes über Burgenland, Wien, Niederösterreich, Oberösterreich, Salzburg, Tirol.
35 Militärarchiv Freiburg, RW 5/418.
36 Verosta, Die österreichische Außenpolitik 107–146; Stuhlpfarrer, Austrofaschistische Außenpolitik 267–285.
37 Stourzh, Geschichte des Staatsvertrages 96 f.
38 Goldinger, Das Projekt einer deutsch-österreichischen Zollunion 527–546.
39 Stourzh, Die Außenpolitik der österreichischen Bundesregierung 319–346.
40 Ross, Hitler und Dollfuß 38.
41 Eine übertrieben intentionalistische Interpretation bei: Weinberg, Die deutsche Außenpolitik 61–74; ders., The Foreign Policy of Hitler's Germany Bd. 2; ebenso bei N. Schausberger, Der Griff nach Österreich; dazu kritisch: Kube, Pour le mérite und Hakenkreuz 215–264.
42 Zit. in: Kindermann, Der Feindcharakter Österreichs 77.
43 Jagschitz, Der Putsch; Reichhold, Kampf um Österreich.
44 Haydter/Mayr, Regionale Zusammenhänge 406–421.
45 Jagschitz, Der Putsch; Etschmann, Die Kämpfe in Österreich im Juli 1934.
46 Zit. in: S. Beer, Der »unmoralische« Anschluß 355.
47 Österreich, Deutschland und die Mächte, 63, 242.
48 F. Müller, Ein »Rechtskatholik« zwischen Kreuz und Hakenkreuz.
49 Stuhlpfarrer, Das Problem der deutschen Penetration Österreichs 315–327.
50 H. Haas, Österreich und das Ende der kollektiven Sicherheit 11–52; Burgwyn, Italy, the Heimwehr, and the Austro-German Agreement 305–325.
51 Text jetzt auch in Reichhold, Kampf um Österreich 220–224.
52 Ebd. 287.
53 Ebd. 251, 291; Pembaur, Im letzten Kampf um Österreich.
54 Rosar, Deutsche Gemeinschaft.
55 Petzina, Die deutsche Wirtschaftsplanung 453–480.
56 Kube, Pour le mérite 151 ff.
57 N. Schausberger, Der Griff nach Österreich 451–471.
58 Petzina, Die deutsche Wirtschaftsplanung 466–468.
59 F. Mathis, Deutsches Kapital in Österreich 451–452.
60 Eichstädt, Von Dollfuß zu Hitler 260–353.
61 Zit. in: Österreich, Deutschland und die Mächte 123.

62 Tagebucheintragung 16. 2. 1938, Der Spiegel, 27. 7. 1992, 102.
63 Botz, Schuschniggs geplante »Volksbefragung« 220–243.
64 »Anschluß« 1938. Eine Dokumentation.
65 F. Weber, Die Spuren der NS-Zeit 145.
66 Ringler, Illusion einer Jugend 28.

## 第5章　中心地から芸術の田舎へ

1 Zit in: Scheichl, Literatur in österreichischen Zeitschriften der dreißiger Jahre 191.
2 Améry, Unmeisterliche Wanderjahre 10.
3 Aspetsberger, Literarisches Leben im Austrofaschismus; Amann, Der Anschluß österreichischer Schriftsteller; Müller, Zäsuren ohne Folgen.
4 Jungk, Franz Werfel; Kaus, Von Wien nach Hollywood; Hirnwelten funkeln (hg. von Ernst Fischer).
5 Hall, Der Fall Bettauer.
6 Ebd. 25; zur Kunst der Ersten Republik jetzt ausführlich: Die ungewisse Hoffnung (hg. von Christoph Bertsch).
7 Schmidt-Dengler, Bedürfnis nach Geschichte 393–407.
8 Flotzinger, Musik als Medium und Argument 373–382.
9 Křenek, Prosa – Dramen – Verse 392.
10 Heer, Kultur und Politik in der Ersten Republik 300–309.
11 Hermand/Trommler, Die Kultur der Weimarer Republik 318.
12 Peukert, Die Weimarer Republik 91–110.
13 J. Roth, Die Kapuzinergruft 304.
14 Pfoser, Verstörte Männer und emanzipierte Frauen 211.
15 Dachs, Schule und Politik 29–207; Engelbrecht, Geschichte des österreichischen Bildungswesens Bd. 5, 64–91.
16 Glöckel, Ausgewählte Schriften und Reden 123, 130, 137.
17 Geistiges Leben im Österreich der Ersten Republik (hg. von Isabella Ackerl) 231–248; 264–278.
18 Engelbrecht, Geschichte des österreichischen Bildungswesens Bd. 5, 32.
19 G. Eder, Wiener Musikfeste 50; Kotlan-Werner, Kunst und Volk.
20 Stuckenschmidt, Schönberg; Moldenhauer, Anton von Webern.
21 G. Eder, Wiener Musikfeste 155–200.
22 Moldenhauer, Anton von Webern 354.
23 Stuckenschmidt, Schönberg 252.
24 Pfoser, Literatur und Austromarxismus 207–244.
25 Zit. in: Amann, P.E.N. Politik 46.
26 C. E. Williams, The Broken Eagle.
27 Geistiges Leben im Österreich 54 f.
28 Steinberg, The Meaning 1–36.
29 Weiss, Salzburger Mythos? 109–119.
30 Hofmannsthal, Das Schrifttum als geistiger Raum der Nation (1926) 24–41.
31 Siegfried, Universalismus und Faschismus.
32 Weinzierl, Universität und Politik in Österreich; Lichtenberger-Fenz, Österreichs Universitäten und Hochschulen 3–16.
33 M. Weber, Wissenschaft als Beruf 195–227.
34 Magris, Der habsburgische Mythos.
35 Weinheber, Wien wörtlich 23.
36 Ebd. 37.
37 Ebd. 55.
38 Ebd. 147.
39 Ebd. 24.
40 W. Hofmann, Moderne Malerei in Österreich; W. Schmid, Die österreichische Malerei in der Zwischenkriegszeit 685–704.
41 Frodl, Herbert Boeckl; Holzmeister, Architekt in der Zeitenwende.
42 W. Hofmann, Das Fleisch erkennen 126 f; Boeckl, Die Bilder und Zeichnungen zur Anatomie 29.
43 Philosophie, Wissenschaft, Aufklärung (hg. von Hans-Joachim Dahms); Geier, Der Wiener Kreis; R. Haller, Neopositivismus.
44 Spiel, Die hellen und die finsteren Zeiten 74.

45 Zit. in: Schlick, Fragen der Ethik 16.
46 Schlick, Fragen der Ethik 193.
47 F. Stadler, Vom Positivismus zur »Wissenschaftlichen Weltauffassung« 196 ff.
48 M. Siegert, Der Mord an Professor Moritz Schlick 123–131.
49 Vertriebene Vernunft (hg. von Friedrich Stadler).
50 Freud, Kulturtheoretische Schriften 191–270.
51 Ebd. 208.
52 Ebd. 270.
53 Ebd.
54 Musil, Der Mann ohne Eigenschaften 551.
55 Ebd. 562, vgl. Luft, Robert Musil; Robert Musil und die kulturellen Tendenzen seiner Zeit (hg. von Josef Strutz).
56 Canetti, Die Blendung.
57 Ebd. 375.
58 Ebd. 404; vgl. auch: Elias Canetti. Blendung als Lebensform (hg. von Friedbert Aspetsberger).
59 Ö. v. Horvath, Stücke 63.
60 Ebd. 91.
61 Ebd. 76.
62 Ebd. 115; vgl. Hildebrandt, Ödön von Horvath; Materialien zu Ödön von Horvaths »Geschichten aus dem Wiener Wald« (hg. von Traugott Krischke).
63 Ich verwende die erste gedruckte Fassung. Broch, Der Versucher; die erste unpublizierte Fassung: Broch, Die Verzauberung.
64 Durzak, Hermann Broch; Lützeler, Hermann Broch.
65 Broch, Der Versucher 29 f.

## 第IV部　ナチズム支配

### 第１章　併合（アンシュルス）

1 Botz, Eine deutsche Geschichte 1938 bis 1945? 19–38; zur Literatur: Bukey, Nazi Rule in Austria 202–233; Stubenvoll, Bibliographie zum Nationalsozialismus.
2 Die beste kurzgefaßte Darstellung: Botz, Der »Anschluß« von 1938 als innerösterreichisches Problem 3–19.
3 Vermittlungen (hg. von Walter Weiss) 196–200.
4 »Anschluß« 1938 (hg. vom Dokumentationsarchiv des österreichischen Widerstandes) 269 f.
5 Ebd. 331.
6 Österreichs Fall (hg. von Ulrich Weinzierl) 20, 62, 84.
7 Denkschrift vom 6. Juli 1939, in: Der Prozeß gegen die Hauptkriegsverbrecher vor dem Internationalen Gerichtshof in Nürnberg, Bd. 26, 358.
8 Botz, Wien vom »Anschluß« zum Krieg 107–112.
9 »Anschluß« 1938, 175.
10 Ebd. 193–195.
11 Karner, Die Steiermark im Dritten Reich 45.
12 »Anschluß« 1938, 210 f.
13 Botz, Schuschniggs geplante »Volksbefragung« 267.
14 Schuschnigg, Im Kampf gegen Hitler 295–304.
15 Schmidl, März 38, 111–134.
16 Zuckmayer, Als wär's ein Stück von mir 61.
17 Schöpfer, Das Jahr 1938, 80.
18 Ebd. 81.
19 Schmidl, März 38, 213.
20 Erhard/Natter, »Wir waren ja alle arbeitslos.« 560.
21 Hanisch, Nationalsozialistische Herrschaft in der Provinz 54.
22 Schmidl, März 38, 226.
23 Canetti, Masse und Macht.
24 Schmidl, März 38, 121.
25 Luža, Österreich und die großdeutsche Idee 53.

26 »Anschluß« 1938, 514.
27 Rosenkranz, Verfolgung und Selbstbehauptung; Der Pogrom 1938 (hg. von Kurt Schmid).
28 Broch, Briefe über Deutschland 135.
29 Rosenkranz, Verfolgung 23.
30 Ebd. 43.
31 Eine neuere Zusammenfassung bei Schmidl, März 38, 96–110.
32 »Anschluß« 1938, 272.
33 Ebd. 368–419; Stourzh, Die Außenpolitik der österreichischen Bundesregierung 319–346.
34 »Anschluß« 1938, 261.
35 Ebd. 216. Zum militärischen Potential: Steinböck, Österreichs militärisches Potential.
36 »Anschluß« 1938, 621.
37 Fraenkel, Der Doppelstaat.
38 »Anschluß« 1938, 539.
39 Ebd. 328; Black, Ernst Kaltenbrunner.
40 Botz, Die Eingliederung Österreichs.
41 Schmidl, März 38, 75.
42 Broch, Briefe über Deutschland 81; vgl. auch Lagebericht der Gestapo Innsbruck, 29. 6. 1938, in: »Anschluß« 1938, 618 f.
43 Botz, Zwischen Akzeptanz und Distanz 439.
44 Hanisch, März 1938: eine Salzburger Perspektive 23.
45 »Anschluß« 1938, 619.
46 Luža, Österreich und die großdeutsche Idee 50–55; Botz, Wien 151–174; Schrage, Die totalitäre Inszenierung 98–113; Die veruntreute Wahrheit (hg. von Oliver Rathkolb).
47 Albrich, »Gebt dem Führer euer Ja.« 519.
48 »Anschluß« 1938, 503.
49 Hanisch, Nationalsozialistische Herrschaft 62.
50 Botz, Wien 113–190; R. Schwarz, »Sozialismus der Propaganda«.
51 »Anschluß« 1938, 498.
52 Sozialdemokratie und »Anschluß« (hg. von Helmut Konrad); Ranzenböck, Ein deutscher Traum.
53 K. Renner, Die Gründung der Republik Deutsch-Österreich.
54 Liebmann, Theodor Innitzer; Weinzierl, Prüfstand.
55 »Anschluß« 1938, 459 f.; Quellentexte zur österreichischen Evangelischen Kirche zwischen 1918 und 1945 (hg. von Gustav Reingrabner).
56 Liebmann, Theodor Innitzer 124.
57 Ebd. 138.
58 Anschluß 1938 (hg. von Rudolf Neck) 240; Österreich, Deutschland und die Mächte 469 f.

## 第2章　逆行的な近代化

1 Mann, Deutschland und die Deutschen 295; vgl. auch: Herf, Reactionary Modernism.
2 Bracher, Der Nationalsozialismus in Deutschland; Kershaw, Der NS-Staat.
3 Wehler, Modernisierungstheorie; Flora, Modernisierungsforschung; Loo/Reijen, Modernisierung.
4 Nationalsozialismus und Modernisierung (hg. von Michael Prinz); Die Schatten der Vergangenheit (hg. von Uwe Backes); dazu kritisch: Steinbach, »Enttabuisierung« der Zeitgeschichte 121–134; Alber, Nationalsozialismus und Modernisierung 346–363; Mommsen, Nationalsozialismus als vorgetäuschte Modernisierung 31–46.
5 Hanisch, Nationalsozialistische Herrschaft in der Provinz 10–14.
6 Turner, Faschismus und Anti-Modernismus 157–182.
7 Zitelmann, Hitler.
8 Rauh, Anti-Modernismus 94–121.
9 Peukert, Volksgenossen und Gemeinschaftsfremde 296; ausführlich: Bauman, Die Dialektik der Ordnung.
10 Soziale Arbeit und Faschismus (hg. von Hans-Uwe Otto); Aly/Heim, Vordenker der Vernichtung; Zivilisation und Barbarei (hg. von Frank Bajohr); dazu: Diner, Rationalisierung und Methode; Frei, Wie modern war der Nationalsozialismus? 367–387.
11 Bock, Zwangssterilisation im Nationalsozialismus 131.
12 Seliger, Die Verfolgung normabweichenden Verhaltens 411.
13 Bonhoeffer, Widerstand und Ergebung 10.

14 Sozialpolitik und Judenvernichtung 20–30; Aly/Heim, Vordenker 25–39.
15 Barkai, Das Wirtschaftssystem des Nationalsozialismus; Ritschl, Die NS-Wirtschaftsideologie 48–70.
16 Mommsen, Nationalsozialismus als vorgetäuschte Modernisierung 31–46.
17 Freund, Arbeitslager Zement.
18 Kroener, Strukturelle Veränderungen 291.
19 Bock, Zwangssterilisation 156; Reese, Emanzipation oder Vergesellschaftung 203–225.
20 Jetzt abwägend: F. Weber, Die Spuren der NS-Zeit 135–165.
21 Butschek, Die österreichische Wirtschaft 1938–1945, 81.
22 N. Schausberger, Die Auswirkungen der Rüstungs- und Kriegswirtschaft 251.
23 Freund/Perz, Industrialisierung durch Zwangsarbeit 104.
24 Ebd. 104, 106.
25 Butschek, Die österreichische Wirtschaft 1938–1945, 71.
26 F. Weber, Die Spuren der NS-Zeit 152.
27 F. Weber, Österreichs Wirtschaft in der Rekonstruktionsperiode 271.
28 N. Schausberger, Die Auswirkungen der Rüstungs- und Kriegswirtschaft 250.
29 F. Weber, Die Spuren der NS-Zeit 139 f.
30 Klambauer, Die Frage des deutschen Eigentums 148.
31 Kernbauer/Weber, Österreichs Wirtschaft 56.
32 N. Schausberger, Der Strukturwandel 162.
33 Walser, Bombengeschäfte 32–41.
34 Botz, Wohnungspolitik und Judendeportation.
35 Kepplinger, Nationalsozialistische Wohnbaupolitik 265–288.
36 Butschek, Die österreichische Wirtschaft 1938–1945, 79.
37 F. Weber, Die Spuren der NS-Zeit 137; Kernbauer/Weber, Österreichs Wirtschaft 54.
38 Butschek, Die österreichische Wirtschaft 1938–1945, 84.
39 Ebd. 85.
40 Dirninger, Aspekte des wirtschaftlichen Systems 188.
41 Butschek, Die österreichische Wirtschaft 1938–1945, 99.
42 Barkai, Das Wirtschaftssystem 225.
43 N. Schausberger, Rüstung in Österreich 199 f. Die Angaben sind aber unvollständig, wie Walser, Bombengeschäfte 178–197 nachweisen konnte.
44 Butschek, Die österreichische Wirtschaft 1938–1945, 89.
45 N. Schausberger, Die Auswirkungen 242.
46 Zit. in: Walser, Bombengeschäfte 191 f.
47 Mooslechner/Stadler, Landwirtschaft und Agrarpolitik 80.
48 Ebd. 78; Kaser/Stocker, Bäuerliches Leben Bd. 1, 176.
49 Mooslechner/Stadler, Landwirtschaft und Agrarpolitik 82.
50 Ebd. 88 f.
51 Ebd. 69.
52 Ebd. 86.
53 Butschek, Die österreichische Wirtschaft 1938–1945, 68.
54 Mooslechner/Stadler, Landwirtschaft und Agrarpolitik 79; Knechte (hg. von Norbert Ortmayr) 338.
55 Eine eindrucksvolle literarische Darstellung: J. Winkler, Die Verschleppung.
56 Ammerer u.a., Vom Feudalverband zur Landwirtschaftskammer 236 f.
57 Mooslechner/Stadler, Landwirtschaft und Agrarpolitik 82–84; R. Stadler/Mooslechner, St. Johann/Pg. 70–78.
58 Mooslechner/Stadler, Landwirtschaft und Agrarpolitik 74–77; Walser, Bombengeschäfte 136; allgemein: Exel, Der Reichsnährstand in Österreich.
59 Mooslechner/Stadler, Landwirtschaft und Agrarpolitik 70–73; Hanisch, Nationalsozialismus im Dorf 69–81.
60 Jaeger, Geschichte der Wirtschaftsordnung in Deutschland 175–207; Ullmann, Interessenverbände in Deutschland 183–227; Dirninger, Aspekte 172–179.
61 Spohn, Betriebsgemeinschaft 274–351.
62 Bettelheim, Die deutsche Wirtschaft 230 ff.
63 Weber, Die Spuren der NS-Zeit 147.
64 Ebd.
65 Hachtmann, Lebenshaltungskosten und Reallöhne 70 Tab. 10.
66 Tálos, Sozialpolitik 1938 bis 1945, 122–127.
67 Karner, Zur sozialen Lage der Arbeiterschaft 27–35.

68 Walser, Bombengeschäfte 212.
69 Lackner, Die Körperökonomie 368.
70 Spohn, Betriebsgemeinschaft 126–273; Mai, »Warum steht der deutsche Arbeiter zu Hitler?« 212–234; Herbert, Arbeiterschaft unter der NS-Diktatur 447–471; ders., Arbeiterschaft im »Dritten Reich« 320–360.
71 Hachtmann, Industriearbeit im »Dritten Reich«.
72 Karner, Arbeitsvertragsbrüche 268–328.
73 Peukert, Youth in the Third Reich 25–40; Reese, Bund Deutscher Mädel 163–187; Dachs, Schule und Jugenderziehung 217–242.
74 Hundertwasser, Zwischen »HJ« und Judenstern 180 f.
75 Manoschek/Safrian, Österreicher in der Wehrmacht 331.
76 Bihl, Von der Donaumonarchie zur Zweiten Republik 209.
77 Manoschek/Safrian, Österreicher in der Wehrmacht 340 f., 347. Vgl. auch: Österreicher und der Zweite Weltkrieg (hg. von Wolfgang Neugebauer).
78 Klostermann, Ich weiß, wem ich geglaubt habe 108.
79 Ganz in Gottes Hand (hg. von Franz König) 37.
80 Ebd. 150.
81 Bader, 1670 Tage unterm Hakenkreuz. Teil 4, 186 f.
82 Putz, Franz Jägerstätter; Gefängnisbriefe und Aufzeichnungen (hg. von Erna Putz).
83 K. Berger, Zwischen Eintopf und Fließband; dies., »Hut ab vor der Frau Sedlmayer!« 141–162; I. Bauer, »Ich hab' geglaubt, die Welt fällt zusammen ...« 388–402; I. Bauer/Embacher, »Um Politik hab' ich mich damals nicht viel gekümmert« 145–182.
84 Overy, Blitzkriegswirtschaft? 434.
85 K. Berger, Zwischen Eintopf 77.
86 Ebd. 206.
87 Widerstand und Verfolgung in Niederösterreich 1934–1945, Bd. 3, 559.
88 Bihl, Von der Donaumonarchie 209.
89 Liebmann, Theodor Innitzer 209–238.
90 Hanisch, Der österreichische Katholizismus 171–179.

## 第3章　権力の構図

1 Botz, Die Eingliederung Österreichs 61–81; Goldinger, Gleichschaltung Bd. 1, 91–108.
2 Botz, Die Eingliederung Österreichs 76 f.
3 Stourzh, Vom Reich zur Republik 42.
4 Brauneder/Lachmayer, Österreichische Verfassungsgeschichte 253; Karner, Die Steiermark im Dritten Reich 123–166; Walzl, »Als erster Gau ...!« 206–256.
5 Botz, Die Eingliederung Österreichs 113, 124.
6 Die Ostmark (hg. von Helfried Pfeiffer); Rebenitsch, Führerstaat und Verwaltung.
7 Die Ostmark 81.
8 Botz, Die Eingliederung Österreichs 97 f.
9 Botz, Wien 413–428.
10 Luža, Österreich und die großdeutsche Idee 100.
11 Ebd. 89–102.
12 Schirach, Ich glaubte an Hitler 264.
13 Weys, Cabaret und Kabarett in Wien 67.
14 Wortmann, Baldur von Schirach; J. v. Lang, Der Hitler-Junge.
15 Rathkolb, Führertreu und Gott begnadet; ziemlich unbrauchbar: Rebhann, Das braune Glück.
16 Schirach, Ich glaubte an Hitler 294.
17 Rathkolb, Führertreu 69.
18 Ebd. 244.
19 Ebd. 211.
20 Wortmann, Baldur von Schirach 212.
21 Mommsen, Der Nationalsozialismus 785 ff.
22 Hanisch, Fragmentarische Bemerkungen 493–495.
23 Broszat, Der Staat Hitlers; Hüttenberger, Nationalsozialistische Polykratie; Kershaw, Hitlers Macht.
24 Hüttenberger, Führer und Polykratie 123–138.
25 Birn, Die Höheren SS- und Polizeiführer.

26 Hanisch, Nationalsozialistische Herrschaft in der Provinz 138.
27 Jagschitz, Die österreichischen Nationalsozialisten 262.
28 Rebenitsch, Führerstaat 531.
29 Bernbaum, »The New Elite« 145–188.
30 Ebd. 155.
31 W. Neugebauer, Das NS-Terrorsystem 167; Weiß, Die Gestapo in Wien 215 f.
32 Walzl, »Als erster Gau« 143.
33 Slapnicka, Oberösterreich als es »Oberdonau« hieß 64.
34 Seliger, NS-Herrschaft in Wien 409 f.
35 Jagschitz, Von der »Bewegung« zum Apparat 494.
36 Ebd. 560.
37 Mommsen, Hitlers Stellung 58.
38 Jagschitz, Die österreichischen Nationalsozialisten 263.
39 Hanisch, Nationalsozialistische Herrschaft in der Provinz 132.
40 Ebd. 136.
41 Jagschitz, Die österreichischen Nationalsozialisten 268.
42 Jagschitz, Von der »Bewegung« 505; Luža, Österreich und die großdeutsche Idee 87.
43 Botz, Strukturwandlungen 181, 187.
44 Jagschitz, Von der »Bewegung« 506.
45 Katzinger, Arbeiter(innen) als Mitglieder der NSDAP 309.
46 Safrian, Die Eichmann-Männer 50–56.
47 Botz, Eine deutsche Geschichte 1938 bis 1945? 28.
48 W. Neugebauer, Das NS-Terrorsystem 167; Weiß, Die Gestapo in Wien 210–222.
49 Gellately, The German Gestapo.
50 Hanisch, Nationalsozialismus im Dorf 77 f.
51 Widerstand und Verfolgung in Salzburg 1934–1945. Bd. 1, 24 f.
52 Weyrauch, Gestapo V-Leute.
53 Marsalek, Die Geschichte des Konzentrationslagers Mauthausen.
54 Horwitz, In the Shadow of Death 10.
55 W. Neugebauer, Das NS-Terrorsystem 170.
56 Perz, Projekt Quarz.
57 Horwitz, In the Shadow of Death 144–163; Kannonier, Auf den Spuren der Gejagten 181–214.
58 Horwitz, In the Shadow of Death 136.
59 K. J. Müller, Armee, Politik und Gesellschaft in Deutschland; Botz, Die Rolle der Wehrmacht 231–258.
60 Tuider, Die Wehrkreise; als relativ kritischer Bericht vgl: Feurstein, Irrwege der Pflicht.
61 Schmidl, März 38, 221.
62 Hanisch, Westösterreich 446.
63 Tuider, Die Wehrkreise 2.
64 Hanisch, Westösterreich 447.
65 Ebd. 449.
66 Jedlicka, Der 20. Juli 1944 in Österreich.
67 Hanisch, Nationalsozialistische Herrschaft in der Provinz 233–237.
68 Hanisch, Westösterreich 448.
69 Ebd.
70 Wegner, Hitlers politische Soldaten; Preradovich, Die Generale der Waffen-SS.
71 Birn, Die Höheren SS- und Polizeiführer 353.
72 Ebd. 167 Anm. 3.
73 Tuider, Die Wehrkreise 33.
74 Streit, Keine Kameraden.
75 R. Stadler/Mooslechner, St. Johann/Pg. 98–116; Gatterbauer, Arbeitseinsatz und Behandlung der Kriegsgefangenen.
76 Albrich/Gisinger, Im Bombenkrieg.
77 Banny, Dröhnender Himmel.
78 Mammach, Der Volkssturm.
79 Hanisch, Nationalsozialistische Herrschaft in der Provinz 166; conträr dazu: Rinnerthaler, Der Konfessionsunterricht 7.
80 Hüttenberger, Nationalsozialistische Polykratie 423.
81 Rinnerthaler, Der Konfessionsunterricht 101.
82 Hanisch, Der österreichische Katholizismus 172.

83 Sauer, Österreichische Kirchen 529.
84 Rinnerthaler, Der Konfessionsunterricht 54.
85 Weinzierl, Prüfstand 273.
86 Ebd. 143–151; Liebmann, Theodor Innitzer 190–203; Erzählte Geschichte (hg. vom Dokumentationsarchiv des österreichischen Widerstandes) Bd. 2, 224–228.
87 Weinzierl, Prüfstand 179.
88 R. Schneider, Philipp der Zweite 302.

en Nationalsozialismus

## 第4章　死のさまざまな顔

1 Nicht nur Hitlers Krieg (hg. von Christoph Kleßmann).
2 W. Neugebauer, Widerstand und Opposition 549.
3 Bukey, Popular Opinion in Vienna 151–164.
4 Moser, Österreichs Juden 185–198.
5 Botz, Stufen der Ausgliederung der Juden 364; Rosenkranz, Der Novemberpogrom 10; G. Fellner, Der Novemberpogrom 42.
6 Rosenthal, Antisemitismus 449–480.
7 Vertreibung und Neubeginn (hg. von Erika Weinzierl) 106.
8 Botz, Stufen 364 f.; Rosenkranz, Verfolgung und Selbstbehauptung 60–70; Walzl, Die Juden in Kärnten.
9 Vgl. z.B. Jüdische Schicksale (hg. vom Dokumentationsarchiv des österreichischen Widerstandes) 149; Vertreibung und Neubeginn 55; »Gelobt sei, der dem Schwachen Kraft verleiht.« (hg. von Michael Mitterauer) 309.
10 Rosenkranz, Der Novemberpogrom 3.
11 Jüdische Schicksale 122.
12 Ebd. 104.
13 G. Fellner, Der Novemberpogrom; Gehler, Spontaner Ausdruck des »Volkszorns«? 1–21.
14 Rosenkranz, Der Novemberpogrom 8.
15 Botz, Stufen 369 f.
16 Genaue Tabelle bei Moser, Österreich 67–94.
17 Weinzierl, Zu wenig Gerechte.
18 Klein-Löw, Erinnerungen 93–117; Jüdische Schicksale 604–700.
19 Thurner, Nationalsozialismus und Zigeuner; dies., Kurzgeschichte; dies., »Ortsfremde« 531–551.
20 Thurner, Kurzgeschichte 9.
21 Hanisch, Nationalsozialistische Herrschaft in der Provinz 206.
22 Stojka, Wir leben im Verborgenen 23.
23 Thurner, »Ortsfremde« 545; vgl. auch: Mayerhofer, Dorfzigeuner.
24 Eine gute Zusammenfassung: Nowak, Sterilisation und »Euthanasie« 327–341; Malina, »In Diensten von Macht und Mehrheit« 26–49.
25 W. Neugebauer, Zur Psychiatrie in Österreich 207.
26 W. Neugebauer, Das NS-Terrorsystem 175; Hartheim (hg. von Johannes Neuhauser).
27 M. Czedik, Uns fragt man nicht ...
28 Ebd. 52.
29 Ebd. 54.
30 Ebd. 36.
31 Ebd. 53.
32 Ebd. 87.
33 Ebd. 133.
34 F. Berger (Pseudonym), Tage wie schwarze Perlen.
35 Ebd. 13.
36 Ebd. 72.
37 Ebd. 139.
38 Ebd. 109.
39 Bukey, The Austrian People and Hitler's War.
40 Wenn erst Frieden ist (hg. von Ruth Linhart).
41 Broszat, Nach Hitler 144.
42 Hanisch, Bäuerliches Milieu 584.

43 Varga, Ein Tal in Vorarlberg 146–169.
44 Ebd. 163.
45 Hanisch, Bäuerliches Milieu 589.
46 Ebd. 589.
47 Ebd. 595.
48 Gerbel u.a., Die »Schlurfs« 243–268; ders. u.a., »Jugendopposition« 181–195.
49 Gerbel u.a., »Jugendopposition« 191.
50 Der Widerstand gegen den Nationalsozialismus (hg. von Jürgen Schmädeke); Mommsen, Widerstand und politische Kultur.
51 Botz, Methoden- und Theorieprobleme 137–152.
52 Broszat, Zur Sozialgeschichte des Widerstandes 311.
53 Widerstand und Verfolgung in Salzburg 1934–1945, Bd. 1, 290.
54 H. Steiner, Gestorben für Österreich 54.
55 Gefängnisbriefe und Aufzeichnungen (hg. von Erna Putz) 52.
56 Luža, Der Widerstand in Österreich.
57 Ebd. 327, 165.
58 Meisel, »Jetzt haben wir Ihnen, Meisel!« 104–166.
59 W. Neugebauer, Widerstand und Opposition 541.
60 Luža, Der Widerstand 64–78.
61 Ebd. 341.
62 Ebd. 240–292.
63 Ebd. 80.
64 Rausch, Der Partisanenkampf; C. Fleck, Koralmpartisanen. Wadl, Das Jahr 1945.
65 Muchitisch, Der rote Stafette 492.
66 Ebd. 326–330.
67 Pust, Titostern über Kärnten 252 f.
68 Spurensuche (hg. vom Dokumentationsarchiv des österreichischen Widerstandes) 158, 343.
69 Der Himmel ist blau (hg. von Karin Berger/Elisabeth Holzinger) 144.
70 Erzählte Geschichte. Bd. 1 Arbeiterbewegung 260.
71 Rausch, Der Partisanenkampf 82.

## 第V部　第二共和制

### 第1章　逆もどり

1 Schöner, Wiener Tagebuch; dann: Zeuge der Stunde Null (hg. von Alois Brusatti).
2 Amann, P.E.N. Politik 80.
3 Von Stalingrad zur Währungsreform (hg. von Martin Broszat); Doering-Manteuffel, Deutsche Zeitgeschichte nach 1945; dagegen noch: Die Stunde Null – Niederösterreich 1945.
4 Exemplarisch Kocka, 1945: Neubeginn oder Restauration? 141–168.
5 Rathkolb, Raoul Bumballa 295–320.
6 Botz, Krisenzonen 367.
7 Portisch, Österreich II. Der lange Weg zur Freiheit 32.
8 Reiches Material dazu: Gesellschaft und Politik am Beginn der Zweiten Republik (hg. von Oliver Rathkolb).
9 Dirninger, Die Arbeitgebervertretung 32.
10 Schöner, Wiener Tagebuch 143.

### 第2章　戦後世界

1 Keyserlingk, Austria in World War II; Bischof, Between Responsibility and Rehabilitation.
2 F. Fellner, Die außenpolitische und völkerrechtliche Situation Österreichs 63.
3 Vor allem: Keyserlingk, Austria; dann: Bischof, Die Instrumentalisierung der Moskauer Erklärung 345–366.
4 Keyserlingk, Austria 160.

5 Text bei E. Csáky, Der Weg zur Freiheit und Neutralität 33.
6 Bischof, Between Responsibility 55.
7 Rauchensteiner, Der Krieg 77; Albrich/Gisinger, Im Bombenkrieg.
8 Die Stunde Null – Niederösterreich 1945, 15.
9 Rauchensteiner, Der Krieg 126.
10 Portisch, Österreich II. Die Wiedergeburt unseres Staates 34.
11 W. Aichinger, Sowjetische Österreichpolitik 411–424.
12 Rauchensteiner, Der Krieg 153–192.
13 Borth, Nicht zu jung zum Sterben.
14 Rauchensteiner, Der Krieg 393.
15 Eindrucksvoll: Merl, Besatzungszeit im Mühlviertel 108–112.
16 Ebd. 46; Rauchensteiner, Die Zwei 44–48.
17 Rauchensteiner, Die Zwei 40–59.
18 E. Csáky, Der Weg zur Freiheit 35.
19 Rauchensteiner, Die Zwei 38.
20 Gesellschaft und Politik 153.
21 E. Csáky, Der Weg zur Freiheit 36.
22 Schöner, Wiener Tagebuch 203.
23 Bischof, Between Responsibility 101–115.
24 Die bevormundete Nation (hg. von Günter Bischof).
25 K. Gruber, Ein politisches Leben.
26 Die bevormundete Nation 132.
27 E. Csáky, Der Weg zur Feiheit 42.
28 Abkommen vom 9. Juli 1945, ebd. 45.
29 Ebd. 54; Bischof, Between Responsibility 165.
30 Rauchensteiner, Die Zwei 66.
31 Kästner, Notabene 45, 100.
32 Hanisch, Der politische Wiederaufbau 1171.
33 Rauchensteiner, Der Sonderfall 77.
34 Merl, Besatzungszeit 51.
35 Merl, Besatzungszeit 70; Croy, Wien 1945.
36 Bischof, Between Responsibility 246.
37 Merl, Besatzungszeit 143.
38 »Ich bin dafür, die Sache in die Länge zu ziehen« 31.
39 Merl, Besatzungszeit 83; vgl. Hannl, Mit den »Russen« leben 147–166. Schadauer, Das Jahr 1945 im politischen Bezirk Waidhofen an der Thaya; Härtling, Zwettl; Baumgartner, Zwischen Mythos und Realität 73–108.
40 Bischof, Between Responsibility 250.
41 Ebd. 241.
42 Alle Zahlen aus: Butschek, Die österreichische Wirtschaft im 20. Jahrhundert 65–73; F. Weber, Österreichs Wirtschaft 267–277.
43 Butschek, Die österreichische Wirtschaft 65.
44 F. Weber, Österreichs Wirtschaft 272.
45 Butschek, Die österreichische Wirtschaft 65.
46 F. Weber, Österreichs Wirtschaft 270.
47 Zitiert nach: Bachinger/Matis, Der österreichische Schilling 170.
48 Ebd. 198. Wee, Der gebremste Wohlstand 484–489.
49 Butschek, Die österreichische Wirtschaft 76.
50 Ebd. 75.
51 F. Weber, Österreichs Wirtschaft 277.
52 Butschek, Die österreichische Wirtschaft 102.
53 Wagnleitner, Observations on a City in Distress 189–200.
54 F. Weber, Österreichs Wirtschaft 278.
55 Bachinger/Matis, Der österreichische Schilling 216.
56 F. Weber, Österreichs Wirtschaft 277 f.
57 Butschek, Die österreichische Wirtschaft 91.
58 Eine gute Zusammenfassung bei Tálos, Sozialpartnerschaft 41–84; Traxler, Evolution gewerkschaftlicher Interessenvertretung 172–189; Sozialpartnerschaft. Kontinuität und Wandel eines Modells (hg. von Emmerich Tálos).

59 Historische Wurzeln der Sozialpartnerschaft (hg. von Gerald Stourzh).
60 Hollerer, Verstaatlichung.
61 Geheime Akten des KGB. »Margarita Ottilinger« (hg. von Stefan Karner).
62 Ehmer, Die Kommunistische Partei Österreichs 276.
63 R. Deutsch, Chronologie eines Kampfes 21.
64 Ebd. 22.
65 Hollerer, Verstaatlichung.
66 Brusatti, Entwicklung der Wirtschaft 431; R. Deutsch, Chancen auf Veränderung; F. Weber, Österreichs Wirtschaft 282.
67 E. Csáky, Der Weg zur Freiheit 46 f.; Bollmus, Ein kalkuliertes Risiko? 107–127.
68 Klambauer, Die Frage des Deutschen Eigentums 135.
69 Hollerer, Verstaatlichung 107; E. Csáky, Der Weg zur Feiheit 99–108.
70 Bischof, Between Responsibility 320.
71 Die USIA-Betriebe in Niederösterreich. Geschichte, Organisation, Dokumentation.
72 Deutschland und der Marshall-Plan (hg. von Charles Maier); Mähr, Der Marshallplan in Österreich; Bischof, Der Marshallplan 463–474; Butschek, Die österreichische Wirtschaft 90; sehr kritisch: Hofbauer, Westwärts.
73 F. Weber, Österreichs Wirtschaft 275.
74 Ardelt/Haas, Die Westintegration Österreichs 379–400.
75 Bischof, Der Marshallplan 467.
76 März, Österreichs Wirtschaft zwischen Ost und West 20.
77 F. Weber, Österreichs Wirtschaft 293, 284; Butschek, Die österreichische Wirtschaft 94.
78 Gesellschaft und Politik am Beginn der Zweiten Republik 210; Understanding Austria 52–55.
79 Hanisch, Der politische Wiederaufbau 1205.
80 Ebd.
81 Ebd.
82 Ebd.
83 Ebd. 1208.
84 Trost, Figl von Österreich 317.
85 Erklärung Karl Grubers vom 17. Oktober 1945, in: E. Csáky, Der Weg zur Freiheit 54.
86 Ebd. 83–88; »Ich bin dafür, die Sache in die Länge zu ziehen« 48.
87 Stourzh, Geschichte des Staatsvertrages 22–31; Schilcher, Österreich 51–53, 70–99.
88 Schilcher, Österreich 92.
89 Steininger, Los von Rom?
90 Stourzh, Geschichte des Staatsvertrages 19–70; ders., The Origins of Austrian Neutrality 35–57.
91 Bischof, Between Responsibility 605–622, vor allem 665.
92 Eine kurze prägnante Zusammenfassung: Rohfels, Weder Krieg noch Frieden 265–293.
93 Vgl. die Darstellung bei E. Fischer, Das Ende einer Illusion 213–230; Rauchensteiner, Der Sonderfall 204 f.; Für Österreichs Freiheit (hg. von Lothar Höbelt).
94 Bischof, »Prag liegt westlich von Wien« 336.
95 Albrich, Asylland wider Willen 217–244.
96 Bischof, Between Responsibility 379.
97 Albrich, Exodus durch Österreich.
98 Albrich, Zur Kontinuität eines Vorurteils 264.
99 »Ich bin dafür, die Sache in die Länge zu ziehen« 240.
100 Albrich, Jewish Interests 137–164; Bailer, Wiedergutmachung kein Thema.
101 Rauchensteiner, Der Sonderfall 196.
102 Schuster »... Und immer wieder mußten wir einschreiten!« 164–209.
103 Ebd. 174.
104 Bachmann, Früher Mittag. Die gestundete Zeit 26.
105 Lebert, Die Wolfshaut 8.
106 Ebd. 32; Ziegler/Kannonier-Finster, Österreichisches Gedächtnis.
107 Levi, Ist das ein Mensch? 8.
108 Knight, Einige vergleichende Beobachtungen 69.
109 Hilberg, Täter, Opfer, Zuschauer 11.
110 Hanisch, Zeitgeschichtliche Dimensionen der Politischen Kultur 27.
111 S. und C. Schiller, Georg Hamminger.
112 Stiefel, Entnazifizierung; Verdrängte Schuld, verfehlte Sühne (hg. von Sebastian Meissl).
113 Stiefel, Entnazifizierung 93.

114 Ebd. 264.
115 Hanisch, Von den schwierigen Jahren 23.
116 Volks-Gerichtsbarkeit und Verfolgung von nationalsozialistischen Gewaltverbrechen in Österreich (1945 bis 1972) (hg. vom Bundesministerium für Justiz).
117 Stiefel, Entnazifizierung 271.
118 Hanisch, Von den schwierigen Jahren 22.
119 Hanisch, Zeitgeschichtliche Dimensionen der Politischen Kultur 40.
120 Knight, Britische Entnazifizierungspolitik 287.
121 Stiefel, Entnazifizierung 307.
122 Das große Tabu (hg. von Anton Pelinka); Rathkolb, Zur Kontinuität antisemitischer und rassistischer Vorurteile 167–179; »Ich bin dafür, die Sache in die Länge zu ziehen« (hg. von Robert Knight).

## 第3章　長い50年代

1 Abelshauser, Die langen Fünfziger Jahre.
2 Wiederaufbau weiblich (hg. von Irene Bandhauer-Schöffmann).
3 Drimmel, Die Häuser meines Lebens.
4 Dahrendorf, Lebenschancen 147.
5 Hobsbawm, Sinn und Zweck der Geschichte der Arbeiterbewegung 351.
6 Zulehner, Wie kommen wir aus der Krise? 24–28. Altermatt, Katholizismus und Moderne 282.
7 Hanisch, Kirche im Widerstand? 158–164.
8 H. Schneider, Kirche – Staat – Gesellschaft 535. Barta, Freie Kirche in freier Gesellschaft 92–108.
9 Weinzierl, Die katholische Kirche 285–322; Leitner, Kirche und Parteien.
10 Zulehner, Wie kommen wir 24.
11 Ebd. 43.
12 Huemer, Die Angst vor der Freiheit 214.
13 W. Schulze, Reich und Türkengefahr.
14 Wagnleitner, Coca-Colonisation 350.
15 Die »wilden« fünfziger Jahre 312.
16 Ebd. 86; Schmidlechner, Jugendliches Protestverhalten 105–113.
17 Wagnleitner, Coca-Colonisation 319; Larkey, Pungent Sounds.
18 Österreichische Parteiprogramme 388.
19 Die »wilden« fünfziger Jahre 46; Mattl, Frauen in Österreich 101–128; Thurner, »Dann haben wir wieder unsere Arbeit gemacht« 403–425.
20 Hermand, Kultur im Wiederaufbau.
21 Willfährige Wissenschaft (hg. von Gernot Heiß) 77–88; Der geistige Anschluß (hg. von Kurt R. Fischer) 130–169.
22 Gehlen, Die Seele im technischen Zeitalter.
23 Sedlmayr, Verlust der Mitte.
24 Ebd. 135.
25 Ebd. 242.
26 Sedlmayr, Die demolierte Schönheit.
27 A. Berger, Schwieriges Erwachen 190.
28 I. Aichinger, Aufruf zum Mißtrauen 10. Zur Malerei: Malerei der Widerstände; Der Art-Club in Österreich (hg. von Otto Breicha).
29 A. Berger, Schwieriges Erwachen 192 f.
30 Schmid, Die »Falschen« Fuffziger 14.
31 Doderer, Commentarii 1951 bis 1956.
32 W. Weiss, Literatur 442; Die Wiener Gruppe (hg. von Gerhard Rühm).
33 Heer, Gespräch der Feinde.
34 Ebd. 90.
35 Torberg, Gespräch mit dem Feind?
36 Ebd. 363.
37 F. Tichy, Ein fauler Hund 60–67.
38 Palm, Vom Boykott zur Anerkennung.
39 Pellert, Roter Vorhang, rotes Tuch.
40 Feyerabend, Eindrücke 1945–1954, 269.
41 K. Müller, Zäsuren ohne Folgen.

42 Aufforderung zum Mißtrauen 194.
43 G. Steiner, Die Heimat-Macher.
44 Lothar, Das Wunder des Überlebens; Haeusserman, Herbert von Karajan; Vaughan, Herbert von Karajan; Karajan, Mein Lebensbericht.
45 Schoiswohl, Schule nach Auschwitz 245–261.
46 Bestandsaufnahme Österreich 1945–1963 (hg. von Jacques Hannak) 287–326; Engelbrecht, Geschichte des österreichischen Bildungswesens Bd. 5, 391 f.; Kozlik, Wie wird man Akademiker?
47 M. Neugebauer, Schulwesen 323–346.
48 Leser, Begegnung und Auftrag 235; Engelbrecht, Geschichte des österreichischen Bildungswesens Bd. 5, 465–521.
49 Drimmel, Die Wendung zur Bildungsgesellschaft 293.
50 Frodl, Herbert Boeckl.
51 Otto Mauer, Über Kunst und Künstler (hg. von Günter Rombold); R. Fleck, Avantgarde in Wien; Otto Mauer 1907–1973 Symposion (hg. von Uta Krammer).
52 W. Schmid, Bildende Kunst 510 f.
53 Canetti, Fritz Wotruba; ders., Das Augenspiel 92–111.
54 Kerschbaumer/Müller, Begnadet für das Schöne 103–108.
55 Ebd. 107; vgl. Zaunschirm, Die Fünfziger Jahre.
56 Aufforderung zum Mißtrauen 642.
57 Ebd. 347.
58 Ebd. 212–218.
59 Fritsch, Moos auf den Steinen 147, 150.
60 W. Weiss, Literatur 460.
61 Menasse, Die sozialpartnerschaftliche Ästhetik 126–143.
62 Fritsch, Fasching 44.
63 Ebd. 238.
64 G. Tichy, Wirtschaft und Wirtschaftspolitik 714 f.
65 Butschek, Die österreichische Wirtschaft im 20. Jahrhundert 119.
66 Rothschild, Wurzeln und Triebkräfte der österreichischen Wirtschaftsstruktur 249.
67 Bachinger/Matis, Der österreichische Schilling 227.
68 Hwaletz u.a., Industriesystem 99.
69 Rothschild, Wurzeln und Triebkräfte der österreichischen Wirtschaftsstruktur 116.
70 Ebd. 336; Butschek, Die österreichische Wirtschaft im 20. Jahrhundert 217.
71 Ausch, Licht und Irrlicht 262; Butschek, Die österreichische Wirtschaft im 20. Jahrhundert 122.
72 Die Verstaatlichung in Österreich (hg. von Wilhelm Weber) 115.
73 Ebd. 129 ff.
74 Hwaletz u.a., Industriesystem 207 ff.
75 Handbuch der europäischen Wirtschafts- und Sozialgeschichte Bd. 6, 143.
76 Brusatti, 100 Jahre österreichischer Fremdenverkehr 153–168.
77 Bachinger/Matis, Der österreichische Schilling 272.
78 Ausch, Licht und Irrlicht 354.
79 F. Mathis, Big Business Bd. 2, 144.
80 Tálos, Sozialpolitik 531.
81 Tálos, Staatliche Sozialpolitik in Österreich 304–368; zum theoretischen Hintergrund: Staat – Wohlfahrtsstaat 37–56.
82 Tálos, Sozialpolitik 530.
83 Butschek, Die österreichische Wirtschaft im 20. Jahrhundert 129.
84 Luif, Außenwirtschaftspolitik 674–689.
85 Brusatti, Entwicklung der Wirtschaft 472.
86 Luif, Außenwirtschaftspolitik 680.
87 G. Tichy, Wirtschaft und Wirtschaftspolitik 710.
88 Handbuch der europäischen Wirtschafts- und Sozialgeschichte Bd. 6, 100.
89 Butschek, Die österreichische Wirtschaft im 20. Jahrhundert 130.
90 Marin, Die paritätische Kommission.
91 Sozialpartnerschaft in der Krise (hg. von Peter Gerlich); Sozialpartnerschaft. Kontinuität und Wandel eines Modells (hg. von Emmerich Tálos).
92 Lehmbruch, Proporzdemokratie.
93 Rauchensteiner, Die Zwei 539–560.
94 Dahrendorf, Konflikt und Freiheit 90.

95 Ludwig u.a, Der Oktoberstreik 1950, 45, 183.
96 Rauchensteiner, Die Zwei 155–160.
97 Ludwig u.a., Der Oktoberstreik 1950, 136.
98 Ebd. 93; Svoboda, Die Partei 94, 138, 146.
99 Rauchensteiner, Die Zwei 221.
100 Konrad/Lechner, »Millionenverwechslung«.
101 Toch, Enklave KPÖ 75 f.
102 Svoboda, Die Partei 100.
103 Migsch, Parlament ohne Opposition 16, 19.
104 Hindels, Nationale Strömungen 83–111.
105 Rauchensteiner, Die Zwei 437.
106 A. Vodopivec, Die Balkanisierung Österreichs.
107 Schild ohne Schwert 132; Rauchensteiner, Die Zwei 331 ff.
108 Ebd. 350; ders., Spätherbst 1956; Eger, Krisen an Österreichs Grenzen.
109 Ritschel, Julius Raab.
110 Konrad/Lechner, »Millionenverwechslung«.
111 Mommsen-Reindl, Die österreichische Proporzdemokratie.
112 Stourzh, Geschichte des Staatsvertrages 54–70.
113 Ebd. 93–111; Rathkolb, Großmachtpolitik 12–134.
114 Rauchensteiner, Die Zwei 201.
115 Rathkolb, Großmachtpolitik 87.
116 Eine präzise Zusammenfassung: Stourzh, The Origins of Austrian Neutrality 35–57; Bischof, Österreichische Neutralität 133–175.
117 Stourzh, Geschichte des Staatsvertrages 226.
118 Stourzh, The Origins 45.
119 Butschek, Die österreichische Wirtschaft im 20. Jahrhundert 128.
120 Rathkolb, Großmachtpolitik 384.
121 Handke, Persönliche Bemerkungen 268.
122 E. Csáky, Der Weg zur Freiheit 440.
123 Rauchensteiner, Die Zwei 279 f.
124 H. Kramer, Strukturentwicklung der Außenpolitik 637–657.
125 Rathkolb, Großmachtpolitik 292–386.
126 L. Steiner, Zur Außenpolitik der Zweiten Republik 169–188.

## 第4章　社会／自由＝連立時代

1 Klaus, Macht und Ohnmacht 135, 196; zum Problem der Zäsuren: Schildt, Nachkriegszeit 567–584.
2 Politics in Austria 20.
3 Ebd. 21.
4 Festschrift für Grete Rehor (hg. von Maria Hampel-Fuchs).
5 A. Pelinka, Die Kleine Koalition 103.
6 Weinzierl, Josef Klaus 348–379; K. Stadler, Bruno Kreisky 380–417.
7 G. Schulze, Die Erlebnisgesellschaft; Zahlen zum privaten Konsum in Österreich: Brusatti, Entwicklung der Wirtschaft 467, 483.
8 Österreich auf dem Weg zur 3. Republik.
9 W. Müller, After the »Golden Age« 439–463.
10 A. Pelinka, Die Kleine Koalition 91; Scharsach, Haiders Kampf.
11 A. Pelinka, Hainburg 93–108.
12 Sozialpartnerschaft in der Krise (hg. von Peter Gerlich); Sozialpartnerschaft. Kontinuität und Wandel eines Modells (hg. von Emmerich Tálos); P. Gerlich, A Farewell to Corporatism 132–146.
13 E. Beer u.a., Wem gehört Österreichs Wirtschaft wirklich? 28–35.
14 Gottweis, Neue soziale Bewegungen 309–324.
15 Mitten, The Politics of Antisemitic Prejudice; Uhl, Zwischen Versöhnung und Verstörung.
16 Zur Reform der österreichischen Innenpolitik (hg. von René Marcic) 749.
17 Weinzierl, Demokratiediskussion in Österreich 76–81.
18 Drimmel, Die Häuser meines Lebens, passim.

19 Kreisky, Im Strom der Politik 394.
20 Tončić-Sorinj, Erfüllte Träume 314; Weinzierl, Josef Klaus 350.
21 Reichhold, Geschichte der ÖVP 375; Symbiose von Politik und Wissenschaft (hg. von der Gesellschaft für Politik).
22 Kozlik, Wie wird man Akademiker 14.
23 Engelbrecht, Geschichte des österreichischen Bildungswesens Bd. 5, 754.
24 Durchbruch in die Moderne (hg. von Alois Mock) 19; Auf dem Weg zur Staatspartei (hg. von Peter Pelinka) 331 f.
25 Piffl-Perčević, Zuspruch und Widerspruch.
26 Reichhold, Geschichte der ÖVP 384–386.
27 Durchbruch in die Moderne 104 f.
28 Lauber, Wirtschafts- und Finanzpolitik 503; Pfeifer, Stephan Koren.
29 Klaus, Macht und Ohnmacht; K. Gruber, Ein politisches Leben 227–238. Tončić-Sorinj, Erfüllte Träume 398–401; Withalm, Aufzeichnungen; Reichhold, Geschichte der ÖVP 426–441. Kriechbaumer, Parteiprogramme 371–422; A. Vodopivec, Der verspielte Ballhausplatz.
30 Kriechbaumer, Parteiprogramme 390–407.
31 Klaus, Macht und Ohnmacht 184.
32 Politik in Österreich 289; Etzersdorfer, Kreiskys große Liebe.
33 A. Pelinka, Die Kleine Koalition 15–27; jetzt ausführlich: H. Fischer, Die Kreisky-Jahre; The Kreisky-Era in Austria (ed. Günter Bischof).
34 Etzersdorfer, James Bond oder Don Quichotte?; Wiesenthal, Recht, nicht Rache 360–374.
35 Ebd. 63.
36 Schild ohne Schwert 168; Maislinger, Anti-Bundesheer-Volksbegehren 138–150; Kriechbaumer, Österreichs Innenpolitik 47–66.
37 Welzig, Die 68er 29.
38 Ebd. 54.
39 F. Keller, Wien, Mai 68; Profil, 19. April 1993; Fischer-Kowalski, 1958-Hooligans and 1968-Students.
40 Kriechbaumer, Österreichs Innenpolitik 211–248; Weinzierl, Kirche seit 1970, 239–248.
41 A. Vodopivec, Die Quadratur des Kreisky; Kriechbaumer, Österreichs Innenpolitik 249–277; Tálos, Sozialpolitik in Österreich seit 1970, 93–114; Hwaletz u.a., Industriesystem.
42 Fabris, Ein österreichischer Weg 227; Marin, »Die Juden« in der Kronen-Zeitung 89–170; Das österreichische Format (hg. von Peter A. Bruck).
43 Kriechbaumer, Österreichs Innenpolitik 181.
44 A. Pelinka, Sozialdemokratie an der Macht 533.
45 Ebd. 540.
46 Kriechbaumer, Österreichs Innenpolitik 278–296.
47 Ebd. 211–248; H. Keller, Die Rechtsreform 177–186.
48 Tálos, Sozialpolitik in Österreich seit 1970, 108.
49 Profil, 6. August 1990.
50 Dallinger, Die österreichische Sozialdemokratie 87.
51 Lingens, Auf der Suche nach den verlorenen Werten 178.
52 Fischer-Kowalski, A Social Change 106.
53 Österreich im internationalen Kräftefeld (hg. von Gertraud Diem-Wille); H. Kramer, Strukturentwicklung der Außenpolitik 637–657. Außenpolitik und Demokratie in Österreich (hg. von Renate Kicker).
54 Meier-Walser, Die Außenpolitik der monocoloren Regierung Klaus.
55 Eger, Krisen 73–123.
56 Die Ära Kreisky (hg. von Erich Bielka); Gehler, Die politische Entwicklung; Österreich und die europäische Integration 1945–1993 (hg. von Michael Gehler) 474.
57 Kreisky, Im Strom der Politik 307–351; Thalberg, Die Nahostpolitik 294–322.
58 Austro-Keynesianismus in Theorie und Praxis (hg. von Fritz Weber) 189?; Winckler, Der Austrokeynesianismus und sein Ende 221–230.
59 Nowotny, Die Wirtschaftspolitik 37–60.
60 Kriechbaumer, Parteiprogramme im Widerstreit 640.
61 Austro-Keynesianismus 75.
62 Ebd. 12.
63 Ebd. 18.
64 Nowotny, Die Wirtschaftspolitik 49.
65 Grünwald, Die Verstaatlichte Industrie 118–128.
66 Lauber, Wirtschafts- und Finanzpolitik 505; Streissler, Kritische Bemerkungen 113–117.

67 Austro-Keynesianismus 21–62.
68 Butschek, Die österreichische Wirtschaft im 20. Jahrhundert 144.
69 Nemschak, Österreichs Wirtschaft.
70 Braudel, Schriften zur Geschichte Bd. 2, 369.
71 Breuss, Österreichs Außenwirtschaft 655.
72 Butschek, Die österreichische Volkswirtschaft im 20. Jahrhundert 207.
73 Ebd. 160.
74 Nowotny, Die Wirtschaftspolitik 48, 57.
75 G. Tichy, Wirtschaft und Wirtschaftspolitik 713; Austro-Keynesianismus 88; Butschek, Die österreichische Wirtschaft im 20. Jahrhundert 189.
76 H. Eder, Vom »österreichischen Weg« zur Sanierungspartnerschaft.
77 Austro-Keynesianismus 203.
78 A. Pelinka, Die Kleine Koalition 15–26.
79 Politics in Austria 155.
80 Gauß, Der wohlwollende Despot.
81 G. Roth, Kreisky und Emil Jannings 192.
82 Glückliches Österreich (hg. von Jochen Jung); Literatur in Österreich (hg. von Gustav Ernst); Scheichl, Weder Kahlschlag noch Stunde Null! 37–51.
83 Schmidt-Dengler, Der Übertreibungskünstler 96.
84 Ebd.
85 Piffl-Perčević, Zuspruch und Widerspruch 168–171. Sachlich: Die Weltwoche, 22. 3. 1968.
86 Schmidt-Dengler, Der Übertreibungskünstler 99.
87 Bernhard, Wittgensteins Neffe 114–118; hier 118.
88 Ebd. 109.
89 Höller, Thomas Bernhard 24.
90 Heldenplatz. Eine Dokumentation (hg. vom Burgtheater Wien) 283.
91 Bernhard, Heldenplatz 87.
92 Höller, Thomas Bernhard 7.
93 W. Weiss, Dichtung und politisches System 884–891.
94 Haslinger, Peter Handke 42, 106–110.
95 Bachmann, Malina 181–247.
96 Handke, Wunschloses Unglück 22.
97 Henisch, Die kleine Figur meines Vaters 10.
98 Ebd. 56.
99 Ebd. 108.
100 Einer im Vordergrund: Taras Borodajkewycz (hg. von Heinz Fischer) 270.
101 Innerhofer, Schöne Tage 118.
102 Bachmann, Anrufung des großen Bären 43.
103 Bachmann, Die gestundete Zeit 17.
104 Nitsch, Das Orgien Mysterien Theater; Nitsch. Das bildnerische Werk; Miteinander, Zueinander, Gegeneinander (hg. von Otto Breicha); Österreich zum Beispiel (hg. von Otto Breicha).
105 Miteinander, Zueinander, Gegeneinander 184.
106 Das rote Tuch 449, 267.
107 Ebd. 153–158.
108 Nitsch, Das Orgien Mysterien Theater 37; ders., Zur Metaphysik der Aggression 147–152. Hier wirken im übrigen Parallelen zum »Futurismus«, vgl. Schmidt-Bergmann, Futurismus.
109 Schlothauer, Die Diktatur der freien Sexualität.
110 Ebd. 177.

## 1980年頃の生活状態

1 Bericht über die soziale Lage 34 f.
2 »Durch Erkenntnis zu Freiheit und Glück ...« (hg. von Waltraud Heindl) 79 f.
3 Lebensverhältnisse in Österreich (hg. von Marina Fischer-Kowalski) 109; Feigl, Frausein in Österreich.
4 Die ersten hundert Jahre (hg. von Helene Maimann) 9.
5 Ausführlich dazu: Geschichte des privaten Lebens Bd. 5 (hg. von Antoine Prost); Zeitgeschichte 14 (1987) H. 11/12; 16 (1989) H. 11/12.
6 Giddens, Wandel der Intimität.

7 Lebensverhältnisse in Österreich 142 f.
8 Ebd. 210.
9 Ebd. 223 f.
10 Klinger/Supper, Bevölkerungsentwicklung in Budapest und Wien 62, 67.
11 Ehmer, Die Geschichte der Familie 18 f.
12 Harrison, Wälder.
13 Öko-Bilanz Österreich (hg. von Marina Fischer-Kowalski).
14 Le Goff, Geschichte und Gedächtnis.

## 引用参考文献


Werner *Abelshauser,* Die langen Fünfziger Jahre. Wirtschaft und Gesellschaft der Bundesrepublik Deutschland 1949–1966 (Düsseldorf 1987).

Alfred *Ableitinger,* Grundlegung der Verfassung. Österreich 1918–1938. Geschichte der Ersten Republik. Bd. 1 (hg. von Erika *Weinzierl*/Kurt *Skalnik,* Graz 1983) 147–194.

Alfred *Ableitinger,* Ernest von Koerber und das Verfassungsproblem im Jahre 1900 (Wien 1973).

Isabella *Ackerl,* Die Großdeutsche Volkspartei 1920–1934. Versuch einer Parteigeschichte (phil. Diss., Wien 1967).

Isabella *Ackerl,* Das Kampfbündnis der NSDAP mit der Großdeutschen Volkspartei vom 15. Mai 1933. Vom Justizpalast zum Heldenplatz. Studien und Dokumentationen 1927 bis 1938 (hg. von Ludwig *Jedlicka*/Rudolf *Neck,* Wien 1975) 121–128.

Adel in Österreich (hg. von Heinz *Siegert,* Wien 1971).

Gusti *Adler,* Max Reinhardt. Sein Leben (Salzburg 1964).

Max *Adler,* Demokratie und Rätesystem. Austromarxistische Positionen (hg. von Gerald *Mozetic,* Wien 1983) 244–254.

Die Ära Kreisky. Schwerpunkte der österreichischen Außenpolitik (hg. von Erich *Bielka* u.a., Wien 1983).

Ilse *Aichinger,* Aufruf zum Mißtrauen. Aufforderung zum Mißtrauen. Literatur, Bildende Kunst, Musik in Österreich seit 1945 (hg. von Otto *Breicha* u.a., Salzburg 1967) 10 ff.

Wilfried *Aichinger,* Sowjetische Österreichpolitik 1943–1945 (Wien 1977).

Jens *Alber,* Nationalsozialismus und Modernisierung. Kölner Zeitschrift für Soziologie und Sozialpsychologie 41 (1989) 346–363.

Thomas *Albrich,* Asylland wider Willen. Die bevormundete Nation. Österreich und die Alliierten 1945–1949 (hg. von Günter *Bischof*/Josef *Leidenfrost,* Innsbruck 1988) 217–244.

Thomas *Albrich,* Exodus durch Österreich. Die jüdischen Flüchtlinge 1945–1948 (Innsbruck 1987).

Thomas *Albrich,* »Gebt dem Führer euer Ja.« Die NS-Propaganda in Tirol für die Volksabstimmung am 10. April 1938. Tirol und der Anschluß. Voraussetzungen, Entwicklungen, Rahmenbedingungen 1918–1938 (hg. von Thomas *Albrich* u.a., Innsbruck 1988) 505–537.

Thomas *Albrich,* Jewish Interests and the Austrian State Treaty. Austria in the New Europe. Contemporary Austrian Studies Vol. 1. (ed. Günter *Bischof,* New Brunswick 1993) 137–164.

Thomas *Albrich,* Zur Kontinuität eines Vorurteils. Die ostjüdischen Flüchtlinge in Vorarlberg nach dem Zweiten Weltkrieg. Antisemitismus in Vorarlberg. Regionalstudie zur Geschichte eines Vorurteils (hg. von Werner *Dreier,* Bregenz 1988) 250–286.

Thomas *Albrich,* Die Linken für die Rechten: Labour Party, SPÖ und die »Vierte« Partei 1948/49. Zeitgeschichte 17 (1990) 432–451.

Thomas *Albrich*/Arno *Gisinger,* Im Bombenkrieg. Tirol und Vorarlberg 1943–1945 (Innsbruck 1992).

Johann Christoph *Allmayer-Beck,* Die Allzeit-Getreuen. Adel in Österreich (hg. von Heinz *Siegert,* Wien 1971) 303–318.

Johann Christoph *Allmayer-Beck,* Die bewaffnete Macht in Staat und Gesellschaft. Die Habsburgermonarchie 1848–1918. Bd. 5 (hg. von Adam *Wandruszka*/Peter *Urbanitsch,* Wien 1987) 1–141.

Johann Christoph *Allmayer-Beck,* Ministerpräsident Baron Beck. Ein Staatsmann im alten Österreich (Wien 1956).

Johann Christoph *Allmayer-Beck,* Die Träger der staatlichen Macht. Adel, Armee und Bürokratie. Spectrum Austriae. Österreich in Geschichte und Gegenwart (hg. von Otto *Schulmeister,* Wien $^{2}$1980) 151–166.

Alltagsgeschichte. Zur Rekonstruktion historischer Erfahrungen und Lebensweisen (hg. von Alf *Lüdtke,* Frankfurt/M. 1989).

Gabriel A. *Almond*/Sidney *Verba,* The Civic Culture. Political Attitudes and Democracy in Five Nations (Princeton 1963).

»Als das Licht kam«. Erinnerungen an die Elektrifizierung (hg. von Viktoria *Arnold,* Wien 1986).

Der alte Mensch in der Geschichte (hg. von Helmut *Konrad,* Wien 1982).

Von der alten Solidarität zur neuen sozialen Frage. Ein Salzburger Bilderlesebuch (hg. von Ingrid *Bauer,* Wien 1988).

Peter *Alter,* Nationalismus (Frankfurt/M. 1985).

Urs *Altermatt,* Katholizismus und Moderne. Zur Sozial- und Mentalitätsgeschichte der Schweizer Katholiken im 19. und 20. Jahrhundert (Zürich 1989).

Götz *Aly*/Susanne *Heim,* Vordenker der Vernichtung. Auschwitz und die deutschen Pläne für eine neue europäische Ordnung (Hamburg 1991).

Klaus *Amann,* Der Anschluß österreichischer Schriftsteller an das Dritte Reich. Institutionelle und bewußtseinsgeschichtliche Aspekte (Frankfurt/M. 1988).
Klaus *Amann,* P.E.N. Politik, Emigration, Nationalsozialismus. Ein österreichischer Schriftstellerclub (Wien 1984).
Gerold *Ambrosius*/William H. *Hubbard,* Sozial- und Wirtschaftsgeschichte Europas im 20. Jahrhundert (München 1986).
Jean *Améry,* Unmeisterliche Wanderjahre (Stuttgart 1971).
Gerhard *Ammerer* u.a., Vom Feudalverband zur Landwirtschaftskammer. Agrarische Korporations- und Organisationsformen in Salzburg vom Beginn der Neuzeit bis heute (Salzburg 1992).
Harriet *Anderson,* Utopian Feminism. Women's Movements in fin-de-siècle Vienna (New Haven 1992).
Helmut *Andics* u.a., 50 Jahre Rundfunk in Österreich. Bd. 4 (Salzburg 1985).
Leopold *Andrian,* Österreich im Prisma der Idee. Katechismus der Führenden (Graz 1937).
Ivo *Andric,* Die Brücke über die Drina (Frankfurt/M. 1981).
Angestellte im europäischen Vergleich (hg. von Jürgen *Kocka,* Göttingen 1981).
Anschluß 1938 (hg. von Rudolf *Neck* u.a., Wien 1981).
»Anschluß« 1938. Eine Dokumentation (hg. vom Dokumentationsarchiv des österreichischen Widerstandes, Wien 1988).
Antisemitismus in Österreich. Sozialhistorische und soziologische Studien (Innsbruck 1983).
Erna *Appelt,* Von Ladenmädchen, Schreibfräulein und Gouvernanten 1900–1934 (Wien 1985).
Arbeit und Arbeitserfahrung in der Geschichte (hg. von Klaus *Tenfelde,* Göttingen 1986).
»Durch Arbeit, Besitz, Wissen und Gerechtigkeit«. Bürgertum in der Habsburgermonarchie II (hg. von Hannes *Stekl* u.a., Wien 1992).
Arbeit/Mensch/Maschine. Der Weg in die Industriegesellschaft. Katalog der Oberösterreichischen Landesausstellung (hg. von Rudolf *Kropf,* Linz 1987).
Arbeiterbewegung, Faschismus, Nationalbewußtsein (hg. von Helmut *Konrad* u.a., Wien 1983).
Arbeiterkultur (hg. von Gerhard A. *Ritter,* Königstein/Ts. 1979).
Arbeiterkulturen zwischen Alltag und Politik. Beiträge zum europäischen Vergleich in der Zwischenkriegszeit (hg. von Friedhelm *Boll,* Wien 1986).
Arbeiterschaft und Nationalsozialismus in Österreich (hg. von Rudolf G. *Ardelt*/Hans *Hautmann,* Wien 1990).
Arbeitswelt um 1900. Texte zur Alltagsgeschichte von Max Winter (hg. von Stefan *Riesenfellner,* Wien 1988).
Rudolf G. *Ardelt,* Friedrich Adler. Probleme einer Persönlichkeitsentwicklung um die Jahrhundertwende (Wien 1984).
Rudolf G. *Ardelt,* Der Prozeß gegen Friedrich Adler. Sozialistenprozesse. Politische Justiz in Österreich 1870–1936 (hg. von Karl R. *Stadler,* Wien 1986) 181–232.
Rudolf G. *Ardelt,* Sozialdemokratie und bürgerliche Öffentlichkeit. Überlegungen zum Hainfelder Parteitag. Politik und Gesellschaft im alten und neuen Österreich. Festschrift für Rudolf Neck. Bd. 1 (hg. von Isabella *Ackerl* u.a., Wien 1981) 214–238.
Rudolf G. *Ardelt,* Die Sozialistische Partei. Die Ära Lechner. Das Land Salzburg in den sechziger und siebziger Jahren (hg. von Eberhard *Zwink,* Salzburg 1988) 249–280.
Rudolf G. *Ardelt,* Der Staatsstreich auf Raten. Die Ministerratsprotokolle der Regierung Dollfuß. Zeitgeschichte 12 (1985) 217–231.
Rudolf G. *Ardelt*/Hanns *Haas,* Die Westintegration Österreichs nach 1945. Österreichische Zeitschrift für Politikwissenschaft 4 (1975) 379–400.
Der Art-Club in Österreich (hg. von Otto *Breicha,* Wien 1981).
Friedbert *Aspetsberger,* Literarisches Leben im Austrofaschismus. Der Staatspreis (Königstein/Ts. 1980).
Atlas zur Geschichte des steirischen Bauerntums (hg. von Fritz *Posch,* Graz 1976).
Aufbruch in der Provinz. Niederösterreichische Arbeiter im 19. Jahrhundert (hg. von Sylvia *Hahn* u.a., Wien 1989).
Aufbruch und Untergang. Österreichische Kultur zwischen 1918 und 1938 (hg. von Franz *Kadrnoska,* Wien 1981).
Aufforderung zum Mißtrauen. Literatur, Bildende Kunst, Musik in Österreich seit 1945 (hg. von Otto *Breicha* u.a., Salzburg 1967).
Die Auflösung des Habsburgerreiches. Zusammenbruch und Neuorientierung im Donauraum (hg. von Richard G. *Plaschka* u.a., Wien 1970).
Sigrid *Augeneder,* Arbeiterinnen im Ersten Weltkrieg. Lebens- und Arbeitsbedingungen proletarischer Frauen in Österreich (Wien 1987).
Karl *Ausch,* Als die Banken fielen. Zur Soziologie der politischen Korruption (Wien 1968).
Karl *Ausch,* Licht und Irrlicht des österreichischen Wirtschaftswunders (Wien 1965).

Außenpolitik und Demokratie in Österreich. Strukturen – Strategien – Stellungnahmen (hg. von Renate *Kicker* u.a., Salzburg 1983).
Außenpolitische Dokumente der Republik Österreich. Bd. 1 (hg. von Klaus *Koch* u.a., Wien 1993).
Austria in the Age of the French Revolution (ed. Kinley *Brauer,* Minneapolis 1990).
Austria in the New Europe. Contemporary Austrian Studies. Vol. 1 (ed. Günter *Bischof,* New Brunswick 1993).
»Austrofaschismus«. Beiträge über Politik, Ökonomie und Kultur 1934–1938 (hg. von Emmerich *Tálos*/Wolfgang *Neugebauer,* Wien [4]1988).
Austro-Keynesianismus in Theorie und Praxis (hg. von Fritz *Weber* u.a., Wien 1993).
Austromarxistische Positionen (hg. von Gerald *Mozetic,* Wien 1983).

Karl *Bachinger,* Die Entwicklung des Gewerbes in der Ersten Republik. Christliche Demokratie 2 (1984) 359–366.
Karl *Bachinger,* Das Verkehrswesen. Die Habsburgermonarchie 1848–1918. Bd. 1 (hg. von Adam *Wandruszka*/Peter *Urbanitsch,* Wien 1973) 278–322.
Karl *Bachinger* u.a., Grundriß der österreichischischen Sozial- und Wirtschaftsgeschichte von 1848 bis zur Gegenwart (Wien 1987).
Karl *Bachinger*/Herbert *Matis,* Der österreichische Schilling. Geschichte einer Währung (Graz 1974).
Ingeborg *Bachmann,* Anrufung des Großen Bären (München 1989).
Ingeborg *Bachmann,* Die gestundete Zeit (München 1990).
Ingeborg *Bachmann,* Malina (Frankfurt/M. 1977).
Alois *Bader,* 1670 Tage unterm Hakenkreuz (unveröffentlichtes Manuskript).
Joseph Maria *Baernreither,* Unsere Handelsbeziehungen mit Serbien. Österreichische Rundschau (1911) 1–16.
Joseph Maria *Baernreither,* Der Verfall des Habsburgerreiches und die Deutschen. Fragmente eines politischen Tagebuches 1897–1917 (hg. von Oskar *Mitis,* Wien 1939).
Irmgard *Bärnthaler,* Die Vaterländische Front. Geschichte und Organisation (Wien 1971).
Hermann *Bahr,* Austriaca (Berlin 1911).
Hermann *Bahr,* Prophet der Moderne. Tagebücher 1888–1904 (hg. von Reinhard *Farkas,* Wien 1987).
Brigitte *Bailer,* Wiedergutmachung kein Thema. Österreich und die Opfer des Nationalsozialismus (Wien 1993).
Béla *Balázs,* Schriften zum Film. Bd. 1 (Budapest 1982).
Renate *Banik-Schweitzer,* Überleben war das Erste. Wohnverhältnisse der Industriearbeiter im 19. Jahrhundert. Magie der Industrie. Leben und Arbeiten im Fabrikzeitalter. Katalog der Niederösterreichischen Landesausstellung (München 1989) 152–159.
Renate *Banik-Schweitzer*/Gerhard *Meißl,* Industriestadt Wien. Die Durchsetzung der industriellen Marktproduktion in der Habsburgerresidenz (Wien 1983).
Leopold *Banny,* Dröhnender Himmel. Brennendes Land. Der Einsatz der Luftwaffenhelfer in Österreich 1943–1945 (Wien 1988).
Carl Freiherr von *Bardolff,* Soldat im alten Österreich. Erinnerungen aus meinem Leben (Jena 1939).
Avraham *Barkai,* Das Wirtschaftssystem des Nationalsozialismus. Ideologie, Theorie, Politik 1933–1945 (Frankfurt/M. 1988).
Richard *Barta,* Freie Kirche in freier Gesellschaft. Zwanzig Jahre Zweite Republik (hg. von Ludwig *Reichhold,* Wien 1965) 92–108.
Roland *Barthes,* Mythen des Alltags (Frankfurt/M. 1964).
Rainer *Bauböck,* Wohnungspolitik im sozialdemokratischen Wien 1919–1934 (Salzburg 1979).
Ingrid *Bauer,* »Ich hab' geglaubt, die Welt fällt zusammen ...« Notizen zu einem nicht einkalkulierten Dialog mit einer Nationalsozialistin. Zeitgeschichte 15 (1988) 388–402.
Ingrid *Bauer,* »Tschikweiber haum's uns gnennt ...« Frauenleben und Frauenarbeit an der »Peripherie«: Die Halleiner Zigarrenfabriksarbeiterinnen 1869 bis 1940 (Wien 1988).
Ingrid *Bauer,* Welche Zentren? – Welche Peripherien? Österreichische Zeitschrift für Geschichtswissenschaften 4 (1993) 305–313.
Ingrid *Bauer*/Helga *Embacher,* »Um Politik hab' ich mich damals nicht viel gekümmert«: Frauenerfahrung im Nationalsozialismus – Ergebnisse mündlicher Geschichte. Feministische Wissenschaft. Methoden und Perspektiven (hg. von Katarina *Bachinger* u.a., Stuttgart 1990) 145–182.
Otto *Bauer,* Arbeit für 200.000. Werkausgabe Bd. 3 (Wien 1976) 941–952.
Otto *Bauer,* Das Budgetsanierungsgesetz. Werkausgabe Bd. 3 (Wien 1976) 697–718.
Otto *Bauer,* Gewerkschaften und Unternehmerverbände. Der Kampf 4 (1911) oder Werkausgabe Bd. 8 (Wien 1980) 442–451.

Otto *Bauer,* Der Kampf um Wald und Weide. Werkausgabe Bd. 3 (Wien 1976) 31–248.
Otto *Bauer,* Die Lehren des Zusammenbruchs. Werkausgabe Bd. 8 (Wien 1980) 250–258.
Otto *Bauer,* Die österreichische Revolution. Werkausgabe Bd. 2 (Wien 1976) 489–866.
Otto *Bauer,* Rätediktatur oder Demokratie. Werkausgabe Bd. 2 (Wien 1976) 133–156.
Otto *Bauer,* Die Teuerung. Eine Einführung in die Wirtschaftspolitik der Sozialdemokratie (Wien 1910) oder Werkausgabe Bd. 1 (Wien 1975) 641–760.
Otto *Bauer,* Werkausgabe. 9 Bde. (hg. von Arbeitsgemeinschaft für Geschichte der österreichischen Arbeiterbewegung, Wien 1975–1980).
Otto Bauer (1881–1938). Theorie und Praxis (hg. von Erich *Fröschl* u.a., Wien 1985).
Zygmunt *Bauman,* Die Dialektik der Ordnung. Die Moderne und der Holocaust (Hamburg 1992).
Marianne *Baumgartner,* Zwischen Mythos und Realität. Massenvergewaltigungen im sowjetisch besetzten Mostviertel. Unsere Heimat 64 (1993) 73–108.
Uwe *Baur,* Zeit- und Gesellschaftskritik in Robert Musils Roman »Die Verwirrungen des Zöglings Törleß«. Zeit- und Gesellschaftskritik in der österreichischen Literatur des 19. und 20. Jahrhunderts (hg. vom Institut für Österreichkunde, Wien 1973) 93–114.
Ulrich *Beck,* Risikogesellschaft. Auf dem Weg in eine andere Moderne (Frankfurt/M. 1986).
Peter *Becker,* Leben und Lieben in einem kalten Land. Sexualität im Spannungsfeld von Ökonomie und Demographie. Das Beispiel St. Lambrecht 1600–1850 (Frankfurt/M. 1990).
Karl *Bednarik,* Der junge Arbeiter von heute – ein neuer Typ (Stuttgart 1953).
Elisabeth *Beer* u.a., Wem gehört Österreichs Wirtschaft wirklich? (Wien 1991).
Siegfried *Beer,* Der »unmoralische« Anschluß. Britische Österreichpolitik zwischen Containment und Appeasement 1931–1934 (Wien 1988).
Michael *Behnen,* Rüstung – Bündnis – Sicherheit. Dreibund und informeller Imperialismus 1900–1908 (Tübingen 1985).
Beiträge zur Bevölkerungs- und Sozialgeschichte Österreichs (hg. von Heimold *Helczmanovszki,* Wien 1973).
Beiträge zur historischen Sozialkunde 19 (1989) 35–62.
Beiträge zur historischen Sozialkunde 22 (1992) 76–102.
Steven *Beller,* Vienna and the Jews 1867–1938. A Cultural History (Cambridge 1989).
Festschrift für Heinrich Benedikt (hg. von Hugo *Hantsch* u.a., Wien 1957).
Albert *Berger,* Lyrische Zurüstung der »Österreich«-Idee: Anton Wildgans und Hugo von Hofmannsthal. Österreich und der Große Krieg 1914–1918 (hg. von Klaus *Amann* u.a., Wien 1989) 144–152.
Albert *Berger,* Schwieriges Erwachen. Zur Lyrik der jungen Generation in den ersten Nachkriegsjahren (1945–1948). Literatur der Nachkriegszeit und der 50er Jahre in Österreich (hg. von Friedbert *Aspetsberger,* Wien 1984) 190–206.
Franziska *Berger* (Pseudonym), Tage wie schwarze Perlen. Tagebuch einer jungen Frau. Oberösterreich 1942–1945 (Grünbach 1989).
Karin *Berger,* »Hut ab vor der Frau Sedlmayer!« Zur Militarisierung und Ausbeutung der Arbeit von Frauen im nationalsozialistischen Österreich. NS-Herrschaft in Österreich 1938–1945 (hg. von Emmerich *Tálos* u.a., Wien 1988) 141–162.
Karin *Berger,* Zwischen Eintopf und Fließband. Frauenarbeit und Frauenbild im Faschismus. Österreich 1938–1945 (Wien 1984).
Peter A. *Berger,* Entstrukturierte Klassengesellschaft (Opladen 1986).
Bericht über den XXIII. Internationalen Eucharistischen Kongreß 12. bis 15. September 1912 (Wien 1913).
Bericht über die soziale Lage (hg. vom Bundesministerium für Arbeit und Soziales, Wien 1992).
John A. *Bernbaum,* »The New Elite«: Nazi Leadership in Austria 1938–1945. Austrian History Yearbook 14 (1978) 145–188.
Thomas *Bernhard,* Heldenplatz (Frankfurt/M. 1988).
Thomas *Bernhard,* Wittgensteins Neffe. Eine Freundschaft (Frankfurt/M. 1987).
Bestandaufnahme Österreich 1945–1963 (hg. von Jacques *Hannak,* Wien 1963).
Charles *Bettelheim,* Die deutsche Wirtschaft unter dem Nationalsozialismus (München 1974).
Die bevormundete Nation. Österreich und die Alliierten 1945–1949 (hg. von Günter *Bischof*/Josef *Leidenfrost,* Innsbruck 1988).
Die Bewegung. Hundert Jahre Sozialdemokratie in Österreich (hg. von Erich *Fröschl* u.a., Wien 1990).
Klaus von *Beyme,* Parteien in westlichen Demokratien (München 1984).
Hermann Ignaz *Bidermann,* Geschichte der österreichischen Gesamt-Staats-Idee 1526–1804. 2. Bd. (Nachdruck Wien 1972).
Erich *Bielka,* Salzburger Volksabstimmung 1921 – auch manipuliert? Saint-Germain 1919 (hg. von Isabella *Ackerl*/Rudolf *Neck,* Wien 1989) 327–349.

Erich *Bielka,* Die Volksabstimmung in Tirol 1921 und ihre Vorgeschichte. Saint-Germain 1919 (hg. von Isabella *Ackerl*/Rudolf *Neck,* Wien 1989) 303–326.
Wolfdieter *Bihl,* Von der Donaumonarchie zur Zweiten Republik (Wien 1989).
Wolfdieter *Bihl,* Österreich-Ungarn und die Friedensschlüsse von Brest-Litovsk (Wien 1970).
Bildungsbürgertum im 19. Jahrhundert. Teil 4 (hg. von Jürgen *Kocka,* Stuttgart 1989).
Dieter Anton *Binder,* Dollfuß und Hitler. Die Außenpolitik des autoritären Ständestaates in den Jahren 1933/34 (Graz 1976).
Harald *Binder,* Die Wasserstraßevorlage im Jahre 1901. Österreichische Zeitschrift für Geschichtswissenschaften 3 (1992) 43–61.
Ruth Bettina *Birn,* Die Höheren SS- und Polizeiführer (Düsseldorf 1986).
Günter J. *Bischof,* Between Responsibility and Rehabilitation: Austria in International Politics, 1940–1950 (Diss. Harvard 1989).
Günter *Bischof,* Die Instrumentalisierung der Moskauer Erklärung nach dem 2. Weltkrieg. Zeitgeschichte 20 (1993) 345–366.
Günter *Bischof,* Der Marshallplan und Österreich. Zeitgeschichte 17 (1990) 463–474.
Günter *Bischof,* Österreichische Neutralität, die deutsche Frage und europäische Sicherheit 1953–1955. Die doppelte Eindämmung (hg. von Rolf *Steininger* u.a., München 1993) 133–175.
Günter *Bischof,* »Prag liegt westlich von Wien«. Internationale Krisen im Jahre 1948 und ihr Einfluß auf Österreich. Die bevormundete Nation (hg. von Günter *Bischof*/Josef *Leidenfrost,* Innsbruck 1988) 315–345.
Peter *Black,* Ernst Kaltenbrunner. Vasall Himmlers: Eine SS-Karriere (Paderborn 1991).
Kurt *Blaukopf,* Gustav Mahler oder der Zeitgenosse der Zukunft (Wien 1969).
Heinz *Blaumeister* u.a., Ottakringer Lesebuch (Wien 1988).
Jean Paul *Bled,* Franz Joseph. »Der letzte Monarch alter Schule« (Wien 1988).
Hanna *Bleier-Bissinger,* Bundeskanzler Dr. Alfons Gorbach und seine Zeit. Leben und Sterben der Nachkriegskoalition (Graz 1988).
Marc *Bloch,* Die seltsame Niederlage: Frankreich 1940. Der Historiker als Zeuge (Frankfurt/M. 1992).
William T. *Bluhm,* Building an Austrian Nation (New Haven 1973).
Gisela *Bock,* Zwangssterilisation im Nationalsozialismus. Studien zur Rassenpolitik und Frauenpolitik (Opladen 1986).
Erich *Bodzenta,* Änderungen der österreichischen Sozialstruktur in der Ersten und Zweiten Republik. Österreichs Sozialstrukturen in historischer Sicht (hg. von Erich *Zöllner,* Wien 1980) 155–172.
Herbert *Boeckl,* Die Bilder und Zeichnungen zur Anatomie (hg. von Otto *Breicha,* Graz 1984).
Johann *Böhm,* Erinnerungen aus meinem Leben (Wien 1953).
Heinrich *Böll,* Einmischung erwünscht. Schriften zur Zeit (Köln 1977).
Reinhard *Bollmus,* Ein kalkuliertes Risiko? Großbritannien, die USA und das »Deutsche Eigentum« auf der Konferenz von Potsdam. Die bevormundete Nation (hg. von Günter *Bischof*/Josef *Leidenfrost,* Innsbruck 1988) 107–127.
Birgit *Bolognese-Leuchtenmüller,* Bevölkerungsentwicklung und Berufsstruktur, Gesundheits- und Fürsorgewesen in Österreich 1750–1918 (Wien 1978).
Karl Martin *Bolte,* Deutsche Gesellschaft im Wandel (Opladen 1967).
Dietrich *Bonhoeffer,* Widerstand und Ergebung. Briefe und Aufzeichnungen aus der Haft (hg. von Eberhard *Bethge,* München 1964).
Knut *Borchardt,* Die Bundesrepublik in den säkularen Trends der wirtschaftlichen Entwicklung. Sozialgeschichte der Bundesrepublik Deutschland. Beiträge zum Kontinuitätsproblem (hg. von Werner *Conze* u.a., Stuttgart 1985) 20–45.
Knut *Borchardt,* Trend, Zyklus, Strukturbrüche, Zufälle: Was bestimmt die deutsche Wirtschaftsgeschichte des 20. Jahrhunderts. Vierteljahrschrift für Sozial- und Wirtschaftsgeschichte 64 (1977) 145–178.
Peter *Borscheid,* Geschichte des Alters. Vom Spätmittelalter zum 18. Jahrhundert (München 1989).
Fred *Borth,* Nicht zu jung zum Sterben. Die Hitler-Jugend im Kampf um Wien 1945 (Wien 1988).
John *Bossy,* The Counter-Reformation and the People of Catholic Europe. Past and Present 47 (1970) 51–70.
Leon *Botstein,* Judentum und Modernität. Essays zur Rolle der Juden in der deutschen und österreichischen Kultur 1848 bis 1938 (Wien 1990).
Gerhard *Botz,* Angestellte zwischen Ständegesellschaft, Revolution und Faschismus. Angestellte im europäischen Vergleich (hg. von Jürgen *Kocka,* Göttingen 1981) 213 ff.
Gerhard *Botz,* Der »Anschluß« von 1938 als innerösterreichisches Problem. Aus Politik und Zeitgeschichte, B9/88, 26. 2. 1988, 3–19.
Gerhard *Botz,* Das Anschlußproblem (1918–1945) aus österreichischer Sicht. Deutschland und Österreich. Ein bilaterales Geschichtsbuch (hg. von Robert A. *Kann* u.a., Wien 1980) 179–198.

Gerhard *Botz,* Eine deutsche Geschichte 1938 bis 1945? Österreichische Geschichte zwischen Exil, Widerstand und Verstrickung. Zeitgeschichte 14 (1986) 19–38.
Gerhard *Botz,* Die Eingliederung Österreichs in das Deutsche Reich. Planung und Verwirklichung des politisch-administrativen Anschlusses (1938–1940) (Wien 1988).
Gerhard *Botz,* Von der Ersten zur Zweiten Republik: Kontinuität und Diskontinuität. *Ders.,* Krisenzonen einer Demokratie (Frankfurt/M. 1987) 359–383.
Gerhard *Botz,* Faschismus und Ständestaat vor und nach dem »12. Februar 1934«. Februar 1934. Ursachen, Fakten, Folgen (hg. von Erich *Fröschl* u.a., Wien 1984) 311–322.
Gerhard *Botz,* Formen politischer Gewaltanwendung und Gewaltstrategien in der Ersten Republik. *Ders.,* Krisenzonen einer Demokratie (Frankfurt/M. 1987) 13–48.
Gerhard *Botz,* Gewalt in der Politik. Attentate, Zusammenstöße, Putschversuche, Unruhen in Österreich 1918 bis 1938 (München [2]1983).
Gerhard *Botz,* Handlungsspielräume der Sozialdemokratie während der »österreichischen Revolution«. *Ders.,* Krisenzonen einer Demokratie (Frankfurt/M. 1987) 49–64.
Gerhard *Botz,* Krisenzonen einer Demokratie. Gewalt, Streik und Konfliktunterdrückung in Österreich seit 1918 (Frankfurt/M. 1987).
Gerhard *Botz,* Der »4. März 1933« als Konsequenz ständischer Strukturen, ökonomischer Krisen und autoritärer Tendenzen. 4. März 1933. Vom Verfassungsbruch zur Diktatur (hg. von Erich *Fröschl* u.a., Wien 1984) 13–35.
Gerhard *Botz,* Methoden- und Theorieprobleme der historischen Widerstandsforschung. Arbeiterbewegung, Faschismus, Nationalbewußtsein (hg. von Helmut *Konrad* u.a., Wien 1983) 137–152.
Gerhard *Botz,* Österreich und die NS-Vergangenheit. Verdrängung, Pflichterfüllung, Geschichtsklitterung. Ist der Nationalsozialismus Geschichte? (hg. von Dan *Diner,* Frankfurt/M. 1987) 185–197.
Gerhard *Botz,* Das Organisationsverhalten der österreichischen Angestellten (und Beamten) von 1880 bis 1938. Internationale Tagung der Historiker der Arbeiterbewegung, 18. Linzer Konferenz 1982 (Wien 1985) 255–284.
Gerhard *Botz,* Die Rolle der Wehrmacht im »Dritten Reich« und im Zweiten Weltkrieg. Geschichte und Verantwortung (hg. von Aurelius *Freytag,* Wien 1988) 231–258.
Gerhard *Botz,* Schuschniggs geplante »Volksbefragung« und Hitlers »Volksabstimmung« in Österreich. Ein Vergleich. Anschluß 1938 (hg. von Rudolf *Neck* u.a., Wien 1981) 220–243.
Gerhard *Botz,* Soziale »Basis« und Typologie der österreichischen Faschismen im innerösterreichischen und europäischen Vergleich. Jahrbuch für Zeitgeschichte 1980/81 (Wien 1982) 15–55.
Gerhard *Botz,* Streik in Österreich 1918 bis 1975. Probleme und Ergebnisse einer quantitativen Analyse. *Ders.,* Krisenzonen einer Demokratie (Frankfurt/M. 1987) 279–304.
Gerhard *Botz,* Strukturwandlungen des österreichischen Nationalsozialismus (1904–1945). Politik und Gesellschaft im alten und neuen Österreich. Festschrift für Rudolf Neck. Bd. 2 (hg. von Isabella *Ackerl* u.a., Wien 1981) 163–193.
Gerhard *Botz,* Stufen der Ausgliederung der Juden aus der Gesellschaft. Zeitgeschichte 14 (1987) 359–378.
Gerhard *Botz,* Der Übergang der Mittelstände vom katholischen ins nationalsozialistische Lager. Christliche Demokratie 2 (1984) 371–384.
Gerhard *Botz,* Wien vom »Anschluß« zum Krieg. Nationalsozialistische Machtübernahme und politisch-soziale Umgestaltung am Beispiel der Stadt Wien 1938/39 (Wien 1978).
Gerhard *Botz,* Wohnungspolitik und Judendeportation in Wien 1938 bis 1945. Zur Funktion des Antisemitismus als Ersatz nationalsozialistischer Sozialpolitik (Wien 1975).
Gerhard *Botz,* Zwischen Akzeptanz und Distanz. Die österreichische Bevölkerung und das NS-Regime nach dem »Anschluß«. Österreich, Deutschland und die Mächte. Internationale und österreichische Aspekte des »Anschlusses« vom März 1938 (hg. von Gerald *Stourzh* u.a., Wien 1990) 429–455.
»Bourgeois und Volk zugleich?«. Zur Geschichte des Kleinbürgertums im 19. und 20. Jahrhundert (hg. von Heinz-Gerhard *Haupt,* Frankfurt/M. 1978).
John W. *Boyer,* Austrian Catholics and the World: Facing Political Turmoil in the Early Twentieth Century. The Mirror of History. Essays in Honor of Fritz Fellner (ed. by Solomon *Wank,* Santa Barbara 1988) 315–352.
John W. *Boyer,* The End of an Old Regime: Visions of Political Reform in Late Imperial Austria. The Journal of Modern History 58 (1986) 159–193.
John W. *Boyer,* Political Radicalism in Late Imperial Vienna. Origins of the Christian Social Movement (Chicago 1981).
Karl Dietrich *Bracher,* Der Nationalsozialismus in Deutschland. Probleme der Interpretation. Faschismus und Nationalsozialismus (hg. von Karl Dietrich *Bracher* u.a., Berlin 1991).
Karl Dietrich *Bracher,* Nationalsozialismus, Faschismus und autoritäre Regime. Österreich, Deutschland und

die Mächte. Internationale und österreichische Aspekte des »Anschlusses« vom März 1938 (hg. von Gerald *Stourzh* u.a., Wien 1990) 1–28.
Jorn K. *Bramann,* Karl Wittgenstein – Ein Amerikaner in Wien. Zeitgeschichte 2 (1974) 29–40.
Franz *Brandl,* Kaiser, Politiker und Mensch (Leipzig 1936).
Fernand *Braudel,* Frankreich. Bd. 1 (Stuttgart 1989).
Fernand *Braudel,* Geschichte und Sozialwissenschaften. Die longue durée. Schrift und Materie der Geschichte. Vorschläge zur systematischen Aneignung historischer Prozesse (hg. von Claudia *Honegger,* Frankfurt/M. 1977).
Fernand *Braudel,* Das Mittelmeer und die mediterrane Welt in der Epoche Philipps II. 3 Bde. (Frankfurt/M. 1990).
Fernand *Braudel,* Schriften zur Geschichte. Bd. 2 (Stuttgart 1993).
Wilhelm *Brauneder*/Friedrich *Lachmayer,* Österreichische Verfassungsgeschichte (Wien ²1980).
Fritz *Breuss,* Österreichs Außenwirtschaft 1945–1982 (Wien 1983).
F. R. *Bridge,* The Habsburg Monarchy among the Great Powers, 1815–1918 (New York 1990).
Francis Roy *Bridge,* Österreich(-Ungarn) unter den Großmächten. Die Habsburgermonarchie 1848–1918. Bd. 6,1 (hg. von Adam *Wandruszka*/Peter *Urbanitsch,* Wien 1989) 196–373.
Briefe und Dokumente zur Geschichte der österreichisch-ungarischen Monarchie. Teil 1 (hg. von Ernst *Rutkowski,* Wien 1983).
Karin *Brinkmann Brown,* Karl Lueger. The liberal years (New York 1987).
Hermann *Broch,* Briefe über Deutschland 1945–1949. Die Korrespondenz mit Volkmar von Zühlsdorff (hg. von Paul M. *Lützeler,* Frankfurt/M. 1986).
Hermann *Broch,* Hofmannsthal und seine Zeit. *Ders.,* Schriften zur Literatur und Kritik Bd. 1 (hg. von Paul Michael *Lützeler,* Frankfurt/M. 1975) 111–284.
Hermann *Broch,* Der Versucher (Reinbek 1967)
Hermann *Broch,* Die Verzauberung (Frankfurt/M. 1976).
Carl *Brockhausen,* Österreichische Verwaltungsreformen (Wien 1911).
Carl *Brockhausen,* Österreichs Kriegsziele (Wien 1915).
Martin *Broszat,* Nach Hitler. Der schwierige Umgang mit der Geschichte (München 1988).
Martin *Broszat,* Zur Sozialgeschichte des Widerstandes. Vierteljahrshefte für Zeitgeschichte 34 (1986) 293–311.
Martin *Broszat,* Der Staat Hitlers (München 1969).
Peter *Broucek,* Die deutschen Bemühungen um eine Militärkonvention mit Österreich-Ungarn (1915–1918). Mitteilungen des Instituts für Österreichische Geschichtsforschung 87 (1979) 440–470.
Karl M. *Brousek,* Wien und seine Tschechen (Wien 1980).
Gertraudis Maria *Bruckbauer,* Der militärische Aspekt besonders in den Erzählungen Arthur Schnitzlers (Diplomarbeit Salzburg 1985).
Gerhart *Bruckmann,* Megatrends für Österreich. Wege in die Zukunft (Wien 1988).
Ernst *Bruckmüller,* Die Bauern und die Erste Republik. Christliche Demokratie 3 (1985) 113–125.
Ernst *Bruckmüller,* Die Entwicklung der Landwirtschaft zwischen etwa 1880 und 1916. Das Zeitalter Kaiser Franz Josephs. 2. Teil. Ausstellungskatalog Schloß Grafenegg, Bd. 1 (Wien 1987) 51–60.
Ernst *Bruckmüller,* Landwirtschaftliche Organisationen und gesellschaftliche Modernisierung. Vereine, Genossenschaften und politische Mobilisierung der Landwirtschaft Österreichs vom Vormärz bis 1914 (Salzburg 1977).
Ernst *Bruckmüller,* Nation Österreich. Sozialhistorische Aspekte ihrer Entwicklung (Wien 1984).
Ernst *Bruckmüller* u.a., Soziale Sicherheit im Nachziehverfahren. Die Einbeziehung der Bauern, Landarbeiter, Gewerbetreibenden und Hausgehilfen in das System der österreichischen Sozialversicherung (Salzburg 1978).
Ernst *Bruckmüller,* Sozialgeschichte Österreichs (Wien 1985).
Ernst *Bruckmüller,* Zur Sozialstruktur Österreichs in den dreißiger Jahren. Februar 1934. Ursachen, Fakten, Folgen (hg. von Erich *Fröschl* u.a., Wien 1984) 35–49.
Ernst *Bruckmüller,* Sozialstruktur und Sozialpolitik. Österreich 1918–1938. Geschichte der Ersten Republik. Bd. 1 (hg. von Erika *Weinzierl*/Kurt *Skalnik,* Graz 1983) 381–436.
Ernst *Bruckmüller*/Hannes *Stekl,* Zur Geschichte des Bürgertums in Österreich. Bürgertum im 19. Jahrhundert. Deutschland im europäischen Vergleich. Bd. 1 (hg. von Jürgen *Kocka,* München 1988) 160–192.
Otto *Brunner,* Adeliges Landleben und europäischer Geist. Leben und Werk Wolf Helmhards von Hohberg (Salzburg 1949).
Rudolf *Brunngraber,* Karl und das 20. Jahrhundert (Kronberg 1978).
Alois *Brusatti,* Entwicklung der Wirtschaft und Wirtschaftspolitik. Österreich. Die Zweite Republik. Bd. 1 (hg. von Erika *Weinzierl*/Kurt *Skalnik,* Graz 1972) 417–494.

Alois *Brusatti,* 100 Jahre österreichischer Fremdenverkehr. Historische Entwicklung 1884–1984 (Wien 1984).
Das Buch für das Salzburger Haus (hg. von Josef *Steger* u.a., Innsbruck 1924).
Franz *Buchegger*/Walter *Stamminger,* Anspruch und Wirklichkeit. Marginalien zur Geschichte der SPÖ. Österreichs Parteien seit 1945 (hg. von Peter *Gerlich* u.a., Wien 1983) 17–52.
Adolph *Buchleitner,* Der Weg zur rationellen Elektrizitätsversorgung und Wasserverwertung Österreichs (Wien 1914).
Bürgertum im 19. Jahrhundert. Deutschland im europäischen Vergleich. Bd. 1–3 (hg. von Jürgen *Kocka,* München 1988).
Bürgertum in der Habsburgermonarchie (hg. von Ernst *Bruckmüller* u.a., Wien 1990).
Evan B. *Bukey,* The Austrian People and Hitler's War: Popular Opinion in the Ostmark, 1939–1945 (unpublizierter Aufsatz).
Evan *Bukey,* Nazi Rule in Austria. Austrian History Yearbook 23 (1992) 202–233.
Evan B. *Bukey,* Popular Opinion in Vienna after the Anschluss. Conquering the Past. Austrian Nazism Yesterday and Today (ed. F. *Parkinson,* Detroit 1989) 151–164.
H. James *Burgwyn,* Italy, the Heimwehr, and the Austro-German Agreement of 11 July 1936. Mitteilungen des österreichischen Staatsarchivs 38 (1985) 305–325.
Günther *Burkert,* Der Beginn des modernen Fremdenverkehrs in den österreichischen Kronländern (Schriftenreihe der Arbeitsgemeinschaft für Wirtschafts- und Sozialgeschichte, Graz 1981).
Günther R. *Burkert,* Deutschnationale Beeinflussungsversuche steirischer Bauern 1880–1914. Österreich in Geschichte und Literatur 30 (1986) 94–108.
Felix *Butschek,* Die österreichische Wirtschaft 1938–1945 (Wien 1978).
Felix *Butschek,* Die österreichische Wirtschaft im 20. Jahrhundert (Wien 1985).
Joseph *Buttinger,* Ortswechsel. Die Geschichte meiner Jugend (Frankfurt/M. 1979).
Doris *Byer,* Rassenhygiene und Wohlfahrtspflege. Zur Entstehung eines sozialdemokratischen Machtdispositivs in Österreich bis 1934 (Frankfurt/M. 1988).

The Cambridge Economic History of Europe. Vol. 8 (ed. Peter *Mathias* et. al., Cambridge 1989).
Elias *Canetti,* Das Augenspiel. Lebensgeschichte 1931–1937 (Frankfurt/M. 1988).
Elias *Canetti,* Die Blendung (Frankfurt/M. 1965).
Elias *Canetti,* Fritz Wotruba (Wien 1955).
Elias *Canetti,* Masse und Macht (München 1976).
Elias Canetti. Blendung als Lebensform (hg. von Friedbert *Aspetsberger* u.a., Königstein/Ts. 1985).
Ivan *Cankar,* Der Knecht Jernej (Wien 1970).
Francis L. *Carsten,* Faschismus in Österreich. Von Schönerer zu Hitler (München 1977).
Francis L. *Carsten,* Revolution in Central Europe 1918–1919 (London 1972).
Markus *Cerman,* »Bei den Sklaven der Alpinen« – Die Belegschaft des Schwechater Hüttenwerkes 1873–1902. Archiv. Jahrbuch des Vereins für Geschichte der Arbeiterbewegung 6 (1990) 28–63.
Richard *Charmatz,* Geschichte der auswärtigen Politik Österreichs im 19. Jahrhundert. Teil 2 (Leipzig 1914).
Pierre *Chaunu,* Europäische Kultur im Zeitalter des Barock (Frankfurt/M. 1990).
Alfons *Clary-Aldringen,* Geschichten eines alten Österreichers (Frankfurt/M. 1977).
Clios Rache. Neue Aspekte kulturgeschichtlicher und theoriegeleiteter Geschichtsforschung in Österreich (hg. von Karl *Kaser* u.a., Wien 1992).
Gary B. *Cohen,* Die Studenten der Wiener Universität von 1860 bis 1900. Ein soziales und geographisches Profil. Wegnetz europäischen Geistes II (hg. von Richard G. *Plaschka* u.a., Wien 1987) 290–316.
The Coming of the First World War (ed. R. J. W. *Evans,* Oxford 1988).
Conquering the Past. Austrian Nazism Yesterday and Today (ed. F. *Parkinson,* Detroit 1989).
Franz Graf *Conrad von Hötzendorf,* Aus meiner Dienstzeit 1906–1918. 5 Bde. (Berlin 1921–1925).
Franz Graf Conrad von Hötzendorf. Private Aufzeichnungen (hg. von Kurt *Peball,* Wien 1977).
Karl *Corino,* Robert Musil. Leben und Werk in Bildern und Texten (Reinbek 1988).
Ernest U. *Cormons,* Schicksale und Schatten. Eine österreichische Autobiographie (Salzburg 1951).
Otto R. *Croy,* Wien 1945. Ein Tagebuch in Wort und Bild (Eisenstadt 1975).
Eva-Marie *Csáky,* Der Weg zur Freiheit und Neutralität. Dokumentation zur österreichischen Außenpolitik 1945–1955 (Wien 1980).
Moritz *Csáky,* Adel in Österreich. Das Zeitalter Kaiser Franz Josephs. 1. Teil. Ausstellungskatalog Schloß Grafenegg (Wien 1984) 212–219.
Moritz *Csáky,* Identität – in der Operette zu finden? Das Erbe der Donaumonarchie im Lebensgefühl ihrer Völker. Die Presse 16./17. April 1983.
Moritz *Csáky,* Pluralität. Beiträge zu einer Theorie der österreichischen Geschichte. Geschichtsforschung in

Graz. Festschrift zum 125-Jahr-Jubiläum des Instituts für Geschichte der Karl-Franzens-Universität Graz (hg. von Herwig *Ebner* u.a., Graz 1990) 19–28.
Franz Theodor *Csokor,* Zeuge einer Zeit. Briefe aus dem Exil (München 1964).
Hermann *Czech*/Wolfgang *Mistelbauer,* Das Looshaus (Wien 1976).
Alois Freiherr von *Czedik,* Zur Geschichte der k.k. österreichischen Ministerien 1861–1916. Bd. 1 (Teschen 1917).
Maria *Czedik,* Uns fragt man nicht ... Ein Tagebuch 1941–1945 (Wien 1988).

Herbert *Dachs,* Schule und Jugenderziehung in der »Ostmark«. NS-Herrschaft in Österreich 1938–1945 (hg. von Emmerich *Tálos* u.a., Wien 1988) 217–242.
Herbert *Dachs,* Schule und Politik. Die politische Erziehung an den österreichischen Schulen 1918 bis 1938 (Wien 1982).
Ralf *Dahrendorf,* Konflikt und Freiheit (München 1972).
Ralf *Dahrendorf,* Lebenschancen. Anläufe zur sozialen und politischen Theorie (Frankfurt/M. 1979).
Alfred *Dallinger,* Die österreichische Sozialdemokratie im Jahr 2000. Rekonstruktion der Sozialdemokratie (hg. von Josef *Weidenholzer,* Linz 1987) 87 ff.
Franz *Danimann,* Flüsterwitze und Spottgedichte unterm Hakenkreuz (Wien 1983).
Günther *Dankl,* Die »Moderne« in Österreich. Zur Genese und Bestimmung eines Begriffes in der österreichischen Kunst um 1900 (Wien 1986).
Robert *Darnton,* The Great Cat Massacre (New York 1985).
Dauer im Wandel. Aspekte österreichischer Kulturentwicklung (hg. von Walter *Strolz,* Wien 1975).
István *Deak,* Beyond Nationalism. A Social and Political History of the Habsburg Officer Corps, 1848–1918 (New York 1990).
Debut eines Jahrhunderts. Essays zur Wiener Moderne (hg. von Wolfgang *Pircher,* Wien 1985).
Hannah *Decker,* Freud, Dora and Vienna 1900 (New York 1991).
Vladimir *Dedijer,* Die Zeitbombe. Sarajewo 1914 (Wien 1967).
Demokratierituale (hg. von Fritz *Plasser* u.a., Wien 1985).
Demokratisierung und Verfassung in den Ländern 1918–1920 (hg. von der Österreichischen Forschungsgemeinschaft, St. Pölten 1983).
Barbara *Denscher,* Frauenliteratur zur Zeit Rosa Mayreders. Aufbruch in das Jahrhundert der Frau? Rosa Mayreder und der Feminismus in Wien um 1900 (hg. von Reingard *Witzmann,* Wien 1989) 84–89.
Bernhard *Denscher,* Gold gab ich für Eisen. Österreichische Kriegsjahre 1914–1918 (Wien 1987).
Julius *Deutsch,* Aus Österreichs Revolution. Militärpolitische Erinnerungen (Wien 1921).
Julius *Deutsch,* Ein weiter Weg. Lebenserinnerungen (Zürich 1960).
Renate *Deutsch,* Chronologie eines Kampfes. Geschichte der Verstaatlichung in Österreich I (Wien 1978).
Renate *Deutsch,* Chancen auf Veränderung. Geschichte der Verstaatlichung in Österreich II (Wien 1979).
Das deutsche Hausbuch (hg. vom Hauptkulturamt der Reichspropagandaleitung der NSDAP, Berlin 1943).
Die deutsche und österreichische Arbeiterbewegung zur Zeit der Zweiten Internationale (hg. von Helmut *Konrad,* Wien 1982).
Deutscher Geist in Österreich. Ein Handbuch des völkischen Lebens der Ostmark (hg. von Karl *Wache,* Dornbirn 1933).
Deutsches Lesebuch für vier- und mehrklassige Volksschulen. 2. Teil (Wien 1918).
Deutschland und der Marshall-Plan (hg. von Charles *Maier* u.a., Baden-Baden 1992).
Deutschland und Österreich. Ein bilaterales Geschichtsbuch (hg. von Robert A. *Kann* u.a., Wien 1980).
Zur Diagnose der Moderne (hg. von Heinrich *Meier,* München 1990).
Die Dienstpragmatik (hg. von Graf Anton *Pace,* Wien 1914).
Elisabeth *Dietrich,* Feindbilder und Ausgrenzung als Fermente der politischen Radikalisierung in Tirol zwischen 1918 bis 1923. Revolutionäres Potential in Europa Ende des Ersten Weltkrieges (hg. von Helmut *Konrad* u.a., Wien 1991) 155–171.
Dimension des Völkermords. Die Zahl der jüdischen Opfer des Nationalsozialismus (hg. von Wolfgang *Benz,* München 1991).
Dan *Diner,* Rationalisierung und Methode. Zu einem neuen Erklärungsversuch der »Endlösung«. Vierteljahrshefte für Zeitgeschichte 40 (1992) 359–382.
Diplomatie und Außenpolitik Österreichs (hg. von Erich *Zöllner,* Wien 1977).
Christian *Dirninger,* Die Arbeitgebervertretung im Bundesland Salzburg (Salzburg 1984).
Christian *Dirninger,* Aspekte des wirtschaftlichen Systems unter dem Nationalsozialismus. Arbeiterschaft und Nationalsozialismus in Österreich (hg. von Rudolf G. *Ardelt*/Hans *Hautmann,* Wien 1990) 169–199.
Heimito von *Doderer,* Commentarii 1951 bis 1956. Tagebücher aus dem Nachlaß (München 1976).
Heimito von *Doderer,* Die Dämonen. Bd. 1 (München 1956).

Heimito von *Doderer,* Die Wasserfälle von Slunj (München 1963).
Anselm *Doering-Manteuffel,* Deutsche Zeitgeschichte nach 1945. Vierteljahrshefte für Zeitgeschichte 41 (1993).
Dollfuß an Österreich. Eines Mannes Wort und Ziel (hg. von Edmund *Weber,* Wien 1935).
Die Donaumonarchie und die südslawische Frage von 1848 bis 1918 (hg. von Adam *Wandruszka* u.a., Wien 1978).
Wolfgang *Doppelbauer,* Zum Elend noch die Schande. Das altösterreichische Offizierskorps am Beginn der Republik (Wien 1988).
Die doppelte Eindämmung (hg. von Rolf *Steininger* u.a., München 1993).
Der dressierte Arbeiter. Geschichte und Gegenwart der industriellen Arbeitswelt (hg. von Walter *Sauer,* München 1984).
Heinrich *Drimmel,* Die Häuser meines Lebens. Erinnerungen eines Engagierten (Wien 1975).
Heinrich *Drimmel,* Die Wendung zur Bildungsgesellschaft. Zwanzig Jahre Zweite Republik (hg. von Ludwig *Reichhold,* Wien 1965) 289–297.
Milan *Dubrovic,* Veruntreute Geschichte. Die Wiener Salons und Literaturcafés (Frankfurt/M. 1987).
Georges *Duby,* Die drei Ordnungen. Das Weltbild des Feudalismus (Frankfurt/M. 1981).
Ilona *Duczynska,* Der demokratische Bolschewik. Zur Theorie und Praxis der Gewalt (München 1975).
»Durch Erkenntnis zu Freiheit und Glück ...« Frauen an der Universität Wien (hg. von Waltraud *Heindl* u.a., Wien 1990).
Durchbruch in die Moderne. Von der industriellen zur nachindustriellen Gesellschaft (hg. von Alois *Mock,* Graz 1981).
Manfred *Durzak,* Hermann Broch (Stuttgart 1967).

East Central European Society in World War I. (ed. Béla K. *Király* et al., New York 1985).
Umberto *Eco,* Apokalyptiker und Integrierte. Zur kritischen Kritik der Massenkultur (Frankfurt/M. 1984).
Scott M. *Eddie,* Economic Policy and Economic Development in Austria-Hungary, 1867–1913. The Cambridge Economic History of Europe. Vol. 8 (ed. Peter *Mathias* et. al., Cambridge 1989) 814–886.
Scott M. *Eddie,* Die soziale Verteilung des Großgrundbesitzes in Pommern, Transdanubien und Böhmen in den frühen neunziger Jahren des 19. Jahrhunderts. 17. Österreichischer Historikertag. Eisenstadt 1987 (Wien 1989) 329–337.
Gabriele Johanna *Eder,* Wiener Musikfeste zwischen 1918 und 1938. Ein Beitrag zur Vergangenheitsbewältigung (Wien 1991).
Hans *Eder,* Vom »österreichischen Weg« zur Sanierungspartnerschaft. Die SPÖ und die Wirtschaftspolitik der Bundesregierung in den achtziger Jahren (phil. Diss., Salzburg 1992).
Festschrift Karl Eder (hg. von Helmut J. *Mezler-Andelberg,* Innsbruck 1959).
C. Earl *Edmonson,* The Heimwehr and Austrian Politics 1918–1936 (The University of Georgia Press 1978).
Reiner *Eger,* Krisen an Österreichs Grenzen. Das Verhalten Österreichs während des Ungarnaufstandes 1956 und der tschechoslowakischen Krise 1968 (Wien 1981).
Rainer *Egger,* Die Militärkanzlei des Erzherzog-Thronfolgers Franz Ferdinand und ihr Archiv im Kriegsarchiv Wien. Mitteilungen des österreichischen Staatsarchivs 28 (1975) 141–163.
Josef *Ehmer,* Familienstruktur und Arbeitsorganisation im frühindustriellen Wien (Wien 1980).
Josef *Ehmer,* Frauenerwerbsarbeit in der industriellen Gesellschaft. Beiträge zur historischen Sozialkunde 11 (1981) 97–106.
Josef *Ehmer,* Die Geschichte der Familie. Wandel der Ideale – Vielfalt der Wirklichkeit. Familie. Ideal und Realität (hg. von Elisabeth *Vavra,* Horn 1993) 5–20.
Josef *Ehmer,* Handwerk und Gewerbe. Das Zeitalter Kaiser Franz Josephs. 1. Teil. Ausstellungskatalog Schloß Grafenegg (Wien 1984) 139–144.
Josef *Ehmer,* Heiratsverhalten, Sozialstruktur, ökonomischer Wandel (Göttingen 1991).
Josef *Ehmer,* Das Heiratsverhalten und die Tradition des Kapitalismus in England und Mitteleuropa im Vergleich (Habil. Schrift Wien 1988).
Josef *Ehmer,* Die Kommunistische Partei Österreichs. Handbuch des politischen Systems Österreichs (hg. von Herbert *Dachs* u.a., Wien 1991) 275–285.
Josef *Ehmer,* Lage und Bewußtsein des gewerblichen Kleinbürgertums aus Zeugnissen Wiener Innungen um 1880. Christliche Demokratie 2 (1984) 351–358.
Josef *Ehmer,* Sozialgeschichte des Alters (Frankfurt/M. 1990).
Josef *Ehmer,* Zur Stellung alter Menschen in Haushalt und Familie. Der alte Mensch in der Geschichte (hg. von Helmut *Konrad,* Wien 1982) 62–103.
Josef *Ehmer,* Die Struktur der Arbeiterklasse und die Entstehung der Arbeiterbewegung in Wien, 1867–1873.

Bürgertum und bürgerliche Entwicklung in Mittel- und Osteuropa (hg. von Vera *Bácskai,* Budapest 1986) 487–554.
Josef *Ehmer,* Vaterlandslose Gesellen und respektable Familienväter. Entwicklungsformen der Arbeiterfamilie im internationalen Vergleich 1850–1930. Die deutsche und österreichische Arbeiterbewegung zur Zeit der Zweiten Internationale (hg. von Helmut *Konrad,* Wien 1982) 109–153.
Josef *Ehmer,* Wiener Arbeitswelten um 1900. Glücklich ist, wer vergißt ...? Das andere Wien um 1900 (hg. von Hubert Ch. *Ehalt* u.a., Wien 1986) 195–214.
Albert *Ehrhard,* Der Katholizismus und das zwanzigste Jahrhundert im Lichte der kirchlichen Entwicklung der Neuzeit (Stuttgart 1902).
Robert *Ehrhart,* Im Dienst des alten Österreich (Wien 1958).
Henning *Eichberg,* Die Veränderung des Sports ist gesellschaftlich (hg. von W. *Hopf,* Münster 1986).
Ulrich *Eichstädt,* Von Dollfuß zu Hitler. Geschichte des Anschlusses Österreichs 1933–1938 (Wiesbaden 1955).
Peter *Eigner*/Michael *Wagner,* Lohnpyramiden. Magie der Industrie. Leben und Arbeiten im Fabrikzeitalter. Katalog der Niederösterreichischen Landesausstellung (München 1989) 146–151.
Einer im Vordergrund: Taras Borodajkewycz (hg. von Heinz *Fischer,* Wien 1966).
Einkommensverteilung in Österreich. Ein einführender Überblick (hg. von Hannes *Suppanz* u.a., München 1981).
Norbert *Elias,* Der Fußballsport im Prozeß der Zivilisation. Der Satz »Der Ball ist rund« hat eine gewisse philosophische Tiefe. Sport, Kultur, Zivilisation (hg. von Rolf *Lindner,* Berlin 1983) 12–21.
Norbert *Elias,* Studien über die Deutschen (Frankfurt/M. 1989).
Norbert *Elias,* Veränderungen europäischer Verhaltensstandards im 20. Jahrhundert. *Ders.,* Studien über die Deutschen (Frankfurt/M. 1989) 33–60.
Wilhelm Ellenbogen, Mensch und Prinzipien. Erinnerungen, Urteile und Reflexionen eines kritischen Sozialdemokraten (hg. von Friedrich *Weissensteiner,* Wien 1981).
Mein Elternhaus. Ein österreichisches Familienalbum (hg. von Georg *Markus,* München 1992).
G. R. *Elton,* Return to Essentials. Some Reflections on the Present State of Historical Study (Cambridge 1991).
Gertrude *Enderle-Burcel,* Christlich – ständisch – autoritär. Mandatare im Ständestaat 1934–1938 (Wien 1991).
Gertrude *Enderle-Burcel,* Die österreichische Arbeiterbank – Soziales Kreditinstitut oder bürgerliches Bankwesen? Zeitgeschichte 18 (1990/91) 337–350.
Helmut *Engelbrecht,* Geschichte des österreichischen Bildungswesens. Bd. 4 und 5 (Wien 1986/1988).
Friedrich *Engel-Janosi,* ... aber ein stolzer Bettler. Erinnerungen (Graz 1974).
Friedrich *Engel-Janosi,* Der »Ballhausplatz« 1848–1918. *Ders.,* Geschichte auf dem Ballhausplatz. Essays zur österreichischen Außenpolitik 1830–1945 (Graz 1963) 9–28.
Friedrich *Engel-Janosi,* Österreich und der Vatikan 1846–1918. Bd. 2 (Graz 1960).
Peter *Eppel,* Österreicher im Exil 1938–1945. NS-Herrschaft in Österreich 1938–1945 (hg. von Emmerich *Tálos* u.a., Wien 1988) 553–570.
Karl Dietrich *Erdmann,* Die Spuren Österreichs in der deutschen Geschichte. Drei Staaten, zwei Nationen, ein Volk? (Zürich 1989).
Die Ereignisse des 15. Juli 1927 (hg. von Rudolf *Neck* u.a., Wien 1979).
Viktor *Ergert,* 50 Jahre Rundfunk in Österreich. Bd. 1–3 (Salzburg 1974–1977).
Benedikt *Erhard,* Bauernstand und Politik. Zur Geschichte des Tiroler Bauernstandes (München 1981).
Benedikt *Erhard*/Bernhard *Natter,* »Wir waren ja alle arbeitslos.« NS-Sympathisanten deuten ihre Motive. Tirol und der Anschluß. Voraussetzungen, Entwicklungen, Rahmenbedingungen 1918–1938 (hg. von Thomas *Albrich* u.a., Innsbruck 1988) 539–569.
Erinnerungen von Ludwig v. Mises (Stuttgart 1978).
Felix *Ermacora,* Die Entstehung der Bundesverfassung 1920. 4 Bde. (Wien 1989/1990).
Felix *Ermacora,* Die Grundrechte in der Verfassungsfrage 1919/20. Die österreichische Verfassung von 1918 bis 1938 (hg. von Rudolf *Neck* u.a., Wien 1980) 53–61.
August *Ernst,* Geschichte des Burgenlandes (Wien 1987).
Die Eroberung der Landschaft. Semmering, Rax, Schneeberg. Katalog der Niederösterreichischen Landesausstellung Schloß Gloggnitz (hg. von Wolfgang *Kos,* Wien 1992).
Die ersten hundert Jahre. Österreichische Sozialdemokratie 1888–1988 (hg. von Helene *Maimann,* Wien 1988).
Erster Weltkrieg. Ursachen, Entstehung und Kriegsziele (hg. von Wolfgang *Schieder,* Köln 1969).
Erzählte Geschichte. Berichte von Widerstandskämpfern und Verfolgten. Bd. 1: Arbeiterbewegung (hg. vom Dokumentationsarchiv des österreichischen Widerstandes, Wien 1985).

Erzählte Geschichte. Berichte von Männern und Frauen in Widerstand und Verfolgung. Bd. 2 (hg. vom Dokumentationsarchiv des österreichischen Widerstandes, Wien 1992).

»Es war eine Welt der Geborgenheit ...« Bürgerliche Kindheit in Monarchie und Republik (hg. von Andrea *Schnöller*/Hannes *Stekl*, Wien 1987).

Wolfgang *Etschmann*, Die Kämpfe in Österreich im Juli 1934 (Wien 1984).

Irene *Etzersdorfer*, James Bond oder Don Quichotte? Simon Wiesenthals Kampf gegen Lüge und Verdrängung (Wien 1992).

Irene *Etzersdorfer*, Kreiskys große Liebe. Inszenierung eines Staatsmannes (Wien 1987).

Europäische Bauernparteien im 20. Jahrhundert (hg. von Heinz *Gollwitzer*, Stuttgart 1977).

Europäische Wirtschaftsgeschichte. Bd. 4 (hg. von Carlo M. *Cipolla*, Stuttgart 1977).

R. J. W. *Evans*, Das Werden der Habsburgermonarchie 1550–1700. Gesellschaft, Kultur, Institutionen (Wien 1986).

Das ewige Klischee. Zum Rollenbild und Selbstverständnis bei Männer und Frauen (hg. von Autorinnengruppe Universität Wien, Wien 1981).

Emmerich *Exel*, Der Reichsnährstand in Österreich (Agrar- und Umweltrecht 1, Wien 1991).

Heinz *Fabris*, Ein österreichischer Weg in die »Informationsgesellschaft«? Der österreichische Weg 1970–1985. Fünfzehn Jahre, die Österreich verändert haben (hg. von Erich *Fröschl* u.a., Wien 1986) 225–238.

Fahrrad, Auto, Fernsehschrank. Zur Kulturgeschichte der Alltagsdinge (hg. von Wolfgang *Ruppert*, Frankfurt/M. 1993).

Jürgen W. *Falter*/Dirk *Hänisch*, Wahlerfolge und Wählerschaft der NSDAP in Österreich. Zeitgeschichte 15 (1988) 223–244.

Familie. Ideal und Realität. Katalog der Niederösterreichischen Landesausstellung Riegersburg (hg. von Elisabeth *Vavra*, Horn 1993).

Familien in Wien und Budapest (hg. von Laszlo *Cseh-Szobathy* u.a., Wien 1993).

Familienstruktur und Arbeitsorganisation in ländlichen Gesellschaften (hg. von Josef *Ehmer*/Michael *Mitterauer*, Wien 1986).

Arlette *Farge*, Das brüchige Leben. Verführung und Aufruhr im Paris des 18. Jahrhunderts (Berlin 1989).

Faschismus und Nationalsozialismus (hg. von Karl Dietrich *Bracher* u.a., Berlin 1991).

Theodor *Faulhaber*, Die Vereinigung Österreichischer Industrieller (Wien 1980).

Februar 1934. Ursachen, Fakten, Folgen (hg. von Erich *Fröschl* u.a., Wien 1984).

Lucien *Febvre*, Das Gewissen des Historikers (Berlin 1988).

Paul *Federn*, Zur Psychologie der Revolution. Die vaterlose Gesellschaft (Wien 1919).

Susanne *Feigl*, Frausein in Österreich, 1975–1985 (Wien o.J.).

François *Fejtö*, Requiem für eine Monarchie. Die Zerschlagung Österreich-Ungarns (Wien 1991).

Franz Michael *Felder*, Aus meinem Leben (Wien 1904).

Norbert R. *Feldinger*, Nachkriegsrundfunk in Österreich (München 1990).

Fritz *Fellner*, Die außenpolitische und völkerrechtliche Situation Österreichs 1938. Österreichs Wiederherstellung als Kriegsziel der Alliierten. Österreich. Die Zweite Republik. Bd. 1 (hg. von Erika *Weinzierl*/Kurt *Skalnik*, Graz 1972) 53–90.

Fritz *Fellner*, Denkschriften aus Österreich. Die österreichische Mitteleuropa-Diskussion in Wissenschaft und Politik 1915/16. Geschichte zwischen Freiheit und Ordnung. Gerald Stourzh zum 60. Geburtstag (Graz 1991) 145–162.

Fritz *Fellner*, Der Dreibund. Europäische Diplomatie vor dem Ersten Weltkrieg (Wien 1960).

Fritz *Fellner*, Die Friedensordnung von Paris 1919/20 – Machtdiktat oder Rechtsfrieden? Versuch einer Interpretation. Politik und Gesellschaft im alten und neuen Österreich. Bd. 2 (hg. von Isabella *Ackerl*, Wien 1981) 39–54.

Fritz *Fellner*, Der Krieg in Tagebüchern und Briefen. Überlegungen zu einer wenig genützten Quellenart. Österreich und der Große Krieg 1914–1918. Die andere Seite der Geschichte (hg. von Klaus *Amann* u.a., Wien 1989) 205–213.

Fritz *Fellner*, Die »Mission Hoyos«. Recueil des travaux aux Assises scientifiques internationales les grandes puissances et la Serbie à la veille de la Premiere guerre mondiale (Beograd 1976) 387–418.

Fritz *Fellner*, Die Pariser Vororteverträge von 1919/20. Versailles – St-Germain – Trianon. Umbruch in Europa vor fünfzig Jahren (hg. von Karl *Bosl*, München 1971) 7–24.

Fritz *Fellner*, Das Problem der österreichischen Nation nach 1945. Die Rolle der Nation in der deutschen Geschichte und Gegenwart (hg. von Otto *Büsch*, Berlin 1985) 193–219.

Fritz *Fellner*, Der Vertrag von St-Germain. Österreich 1918–1938. Geschichte der Ersten Republik. Bd. 1 (hg. von Erika *Weinzierl*/Kurt *Skalnik*, Graz 1983) 85–106.

Günter *Fellner,* Der Novemberpogrom 1938. Bemerkungen zur Forschung. Zeitgeschichte 16 (1988) 35–58.
Feministische Wissenschaft. Methoden und Perspektiven (hg. von Katarina *Bachinger* u.a., Stuttgart 1990).
Marc *Ferro,* Der große Krieg 1914–1918 (Frankfurt/M. 1988).
Valentin *Feurstein,* Irrwege der Pflicht 1938–1945 (München 1963).
Paul *Feyerabend,* Eindrücke 1945–1954. Vom Reich zu Österreich (hg. von Jochen *Jung,* Salzburg 1983) 263–271.
Peter *Fiala,* Die letzte Offensive Altösterreichs. Führungsprobleme und Führungsverantwortlichkeit bei der öst.-ung. Offensive in Venetien, Juni 1918 (Boppard/Rhein 1967).
Helmut *Fiereder,* Reichswerke »Hermann Göring« in Österreich (1938–1945) (Wien/Salzburg 1983).
Peter *Findl,* Mortalität und Lebenserwartung in den österreichischen Alpenländern im Zeitalter der Hochindustrialisierung (1868–1912). Geschichte und Ergebnisse der zentralen amtlichen Statistik in Österreich 1829–1979. Festschrift aus Anlaß des 150jährigen Bestehens der zentralen amtlichen Statistik in Österreich (Wien 1979) 425–452.
Peter *Findl* u.a., Bevölkerung und Sozialstaat (Wien 1987).
Ernst *Fischer,* Das Ende einer Illusion. Erinnerungen 1945–1955 (Wien 1973).
Fritz *Fischer,* Griff nach der Weltmacht. Die Kriegszielpolitik des kaiserlichen Deutschland 1914/18 (Düsseldorf 1964).
Fritz *Fischer,* Krieg der Illusionen. Die deutsche Politik von 1911 bis 1914 (Düsseldorf 1969).
Heinz *Fischer,* Die Kreisky-Jahre. 1967–1983 (Wien 1993).
Peter G. *Fischer,* Ansätze zur Sozialpartnerschaft am Beginn der Ersten Republik. Das Paritätische Industriekomitee und die Industriekonferenzen. Österreich, November 1918. Die Entstehung der Ersten Republik (Wien 1986) 124–139.
Wolfgang Georg *Fischer,* Gustav Klimt und Emilie Flöge. Genie und Talent, Freundschaft und Besessenheit (Wien 1988).
Marina *Fischer-Kowalski,* 1958-Hooligans and 1968-Students: One Generation and Two Rebellions (Wien 1982).
Marina *Fischer-Kowalski,* A Social Change in the Kreisky-Era. The Kreisky-Era in Austria (ed. Günter *Bischof,* New Brunswick 1994) 96–118.
Christian *Fleck,* Koralmpartisanen. Über abweichende Karrieren politisch motivierter Widerstandskämpfer (Wien 1986).
Robert *Fleck,* Avantgarde in Wien. Die Geschichte der Galerie nächst St. Stephan 1954–1982 (Wien 1982).
James F. *Flink,* The Car Culture (Cambridge, Mass. 1980).
Peter *Flora,* Modernisierungsforschung. Zur empirischen Analyse der gesellschaftlichen Entwicklung (Opladen 1974).
Rudolf *Flotzinger,* Musik als Medium und Argument. Aufbruch und Untergang. Österreichische Kultur zwischen 1918 und 1938 (hg. von Franz *Kadrnoska,* Wien 1981) 373–382.
Rudolf *Flotzinger,* Musikwissenschaft und österreichischer Mensch. Die Universität und 1938 (hg. von Helmut *Konrad* u.a., Graz 1989) 147–166.
Die Frau im Korsett. Wiener Frauenalltag zwischen Klischee und Wirklichkeit (hg. von Reingard *Witzmann,* Wien 1985).
Ernst *Fraenkel,* Der Doppelstaat (Frankfurt/M. 1974).
Alfred E. *Frauenfeld,* Und trage keine Reu'. Vom Wiener Gauleiter zum Generalkommissar der Krim. Erinnerungen und Aufzeichnungen (Leoni am Starnberger See 1978).
Norbert *Frei,* Wie modern war der Nationalsozialismus? Geschichte und Gesellschaft 19 (1993) 367–387.
»Fremd gemacht?« Der Volksschriftsteller Peter Rosegger (hg. von Uwe *Baur* u.a., Wien 1988).
Sigmund *Freud,* Kulturtheoretische Schriften (Frankfurt/M. 1986).
Sigmund *Freud,* Die Traumdeutung (Frankfurt/M. 1987).
Florian *Freund,* Arbeitslager Zement. Das Konzentrationslager Ebensee und die Raketenrüstung (Wien 1989).
Florian *Freund*/Bertrand *Perz,* Industrialisierung durch Zwangsarbeit. NS-Herrschaft in Österreich 1938–1945 (hg. von Emmerich *Tálos* u.a., Wien 1988) 95–114.
Ute *Frevert,* Ehrenmänner. Das Duell in der bürgerlichen Gesellschaft (München 1991).
Heinrich *Friedjung,* Österreich von 1848 bis 1860. Bd. II,1 (Stuttgart 1912).
Otto *Friedlaender,* Letzter Glanz der Märchenstadt. Das war Wien um 1900 (Wien 1969).
Saul *Friedländer,* Kitsch und Tod. Der Widerschein des Nazismus (München 1986).
Gerhard *Fritsch,* Fasching (Reinbek 1967).
Gerhard *Fritsch,* Moos auf den Steinen (Lausanne o.J.).
Victor von *Fritsche,* Bilder aus dem österreichischen Hof- und Gesellschaftsleben (Wien 1914).
Walter *Fritz,* Geschichte des österreichischen Films (Wien 1969).

Walter *Fritz,* Kino in Österreich 1929–1945. Der Tonfilm (Wien 1991).
Gerbert *Frodl,* Herbert Boeckl (Salzburg 1976).
Eckart *Früh,* Gott erhalte? Gott bewahre! Österreich in Geschichte und Literatur 32 (1988) 280–301.
Albert *Fuchs,* Geistige Strömungen in Österreich 1867–1918 (Wien 1949).
Christoph *Führ,* Das k.u.k. Armeekommando und die Innenpolitik in Österreich (Graz 1968).
Der »Führerstaat«: Mythos und Realität (hg. von Gerhard *Hirschfeld,* Stuttgart 1981).
Für und wider eine österreichische Literatur (hg. von Kurt *Bartsch* u.a., Königstein/Ts. 1982).
Francis *Fukuyama,* Das Ende der Geschichte! Wo stehen wir? (München 1992).
Friedrich *Funder,* Vom Gestern ins Heute. Aus dem Kaiserreich in die Republik (Wien [3]1971).

József *Galántai,* Die österreichisch-ungarische Monarchie und der Weltkrieg (Budapest 1979).
Stephen *Gallup,* Die Geschichte der Salzburger Festspiele (Wien 1989).
Ganz in Gottes Hand. Briefe gefallener und hingerichteter Katholiken 1939–1945 (hg. von Franz *König,* Wien 1957).
Judit *Garamvölgyi,* Betriebsräte und sozialer Wandel in Österreich 1919/1920 (Wien 1983).
Jörn *Garber,* Recht und Utilitarismus: Joseph von Sonnenfels und das späte Naturrecht. Joseph von Sonnenfels (hg. von Helmut *Reinalter,* Wien 1988) 139–156.
Winfried R. *Garscha,* Die deutsch-österreichische Arbeitsgemeinschaft (Wien 1984).
Winfried *Garscha*/Hans *Hautmann,* Februar 1934 in Österreich (Berlin 1984).
Anton *Gasselich,* Landbund für Österreich. Deutscher Geist in Österreich. Ein Handbuch des völkischen Lebens der Ostmark (hg. von Karl *Wache,* Dornbirn 1933) 227–240.
R. H. *Gatterbauer,* Arbeitseinsatz und Behandlung der Kriegsgefangenen in der Ostmark während des 2. Weltkrieges (phil. Diss., Salzburg 1975).
Karl-Markus *Gauß,* Der wohlwollende Despot. Über die Staats-Schattengewächse (Klagenfurt 1989).
Peter *Gay,* Freud. Eine Biographie für unsere Zeit (Frankfurt/M. 1989).
Peter *Gay,* Freud, Juden und andere Deutsche. Herren und Opfer in der modernen Kultur (München 1989).
Gunter *Gebauer*/Gerd *Hortleber,* Die künstlerischen Paradiese des Sports. Sport – Eros – Tod (hg. von *dies.,* Frankfurt/M. 1986) 9 ff.
Clifford *Geertz,* Dichte Beschreibung. Beiträge zum Verstehen kultureller Systeme (Frankfurt/M. 1983).
Gefängnisbriefe und Aufzeichnungen. Franz Jägerstätter verweigert 1943 den Wehrdienst (hg. von Erna *Putz,* Linz 1987).
Geheime Akten des KGB. »Margarita Ottilinger« (hg. von Stefan *Karner,* Graz 1992).
Geheimer Briefwechsel Mussolini – Dollfuß (hg. von Adolf *Schärf,* Wien 1949).
Arnold *Gehlen,* Die Seele im technischen Zeitalter. Sozialpsychologische Probleme in der industriellen Gesellschaft (Hamburg 1957).
Michael *Gehler,* Die politische Entwicklung von 1960 bis 1990. Geschichte der Republik Österreich 1918–1990 (hg. von Dieter A. *Binder* u.a., im Erscheinen).
Michael *Gehler,* »Regionale« Zeitgeschichte als »Geschichte überschaubarer Räume«. Geschichte und Region. Storia e regione 1 (1992) 85–120.
Michael *Gehler,* Spontaner Ausdruck des »Volkszorns«? Neue Aspekte zum Innsbrucker Judenpogrom vom 9./10. November 1938. Zeitgeschichte 18 (1990/91) 1–21.
Ernst *Gehmacher*/Christian *Haerpfer,* Wahlverhalten und Parteiensystem. Das österreichische Parteiensystem (hg. von Anton *Pelinka* u.a., Wien 1988) 155–180.
Manfred *Geier,* Der Wiener Kreis (Reinbek 1992).
Franz *Geißler,* Österreichs Handelskammer-Organisation in der Zwischenkriegszeit. 2 Bde. (Wien 1977).
Der geistige Anschluß. Philosophie und Politik an der Universität Wien 1930–1950 (hg. von Kurt R. *Fischer* u.a., Wien 1993).
Geistiges Leben im Österreich der Ersten Republik (hg. von Isabella *Ackerl* u.a., Wien 1986).
Robert *Gellately,* The German Gestapo and German Society. Enforcing Radical Policy 1933–1945 (Oxford 1990).
Laura *Gellott,* The Catholic Church and the Autoritarian Regime in Austria 1933–38 (New York 1987).
»Gelobt sei, der dem Schwachen Kraft verleiht.« Zehn Generationen einer jüdischen Familie im alten und neuen Österreich (hg. von Michael *Mitterauer,* Wien 1987).
Ein General im Zwielicht. Die Erinnerungen Edmund Glaises von Horstenau. Bd. 1–3 (hg. von Peter *Broucek,* Wien 1980–1988).
Michael *Genner,* Mein Vater Laurenz Genner. Ein Sozialist im Dorf (Wien 1979).
Christian *Gerbel* u.a., »Jugendopposition« gegen den Nationalsozialismus? Eine Kritik am Beispiel der Wiener »Schlurfs«. Geschichte und Verantwortung (hg. von Aurelius *Freytag,* Wien 1988) 181–195.
Christian *Gerbel* u.a., Die »Schlurfs«. Verweigerung und Opposition von Wiener Arbeiterjugendlichen im

»Dritten Reich«. NS-Herrschaft in Österreich 1938–1945 (hg. von Emmerich *Tálos* u.a., Wien 1988) 243–268.
Peter *Gerlich,* A Farewell to Corporatism. Politics in Austria. Still a Case of Consociationalism? (ed. Kurt Richard *Luther* et al., London 1992) 132–146.
Peter *Gerlich,* Politik in Österreich. Anmerkungen zur politischen Kultur. Österreich (hg. von Hans-Georg *Wehling,* Stuttgart 1988) 40–53.
Rudolf *Gerlich,* Die gescheiterte Alternative. Sozialisierung in Österreich nach dem Ersten Weltkrieg (Wien 1980).
Alexander *Gerschenkron,* Economic Backwardness in Historical Perspective (Cambridge, Mass. 1962).
Alexander *Gerschenkron,* An Economic Spurt That Failed. Four Lectures in Austrian History (Princeton 1976).
Geschichte und Ergebnisse der zentralen amtlichen Statistik in Österreich 1829–1979. Festschrift aus Anlaß des 150jährigen Bestehens der zentralen amtlichen Statistik in Österreich (Wien 1979).
Zur Geschichte der Handelskammerorganisation. Spitzenkörperschaften der gewerblichen Wirtschaft vor ihrer Eingliederung in die Handelskammerorganisation (Wien 1978).
Geschichte des Landes Tirol. Bd. 4 (hg. von Josef *Fontana* u.a., Bozen 1988).
Geschichte des privaten Lebens. Bd. 5 (hg. von Antoine *Prost* u.a., Frankfurt/M. 1993).
Geschichte Salzburgs. Bd. II/2 (hg. von Heinz *Dopsch* u.a., Salzburg 1988).
Geschichte und Verantwortung (hg. von Aurelius *Freytag,* Wien 1988).
Geschichte von unten (hg. von Hubert Ch. *Ehalt,* Wien 1984).
Geschichte zwischen Freiheit und Ordnung. Gerald Stourzh zum 60. Geburtstag (Graz 1991).
Geschichten aus der Geschichte Österreichs 1945–1983 (hg. von Michael *Scharang,* Darmstadt 1984).
Geschichtsdiskurs. Bd. 1: Grundlagen und Methoden der Historiographiegeschichte (hg. von Wolfgang *Küttler* u.a., Frankfurt/M. 1993).
Geschichtsforschung in Graz (hg. von Herwig *Ebner* u.a., Graz 1990).
Geschrieben in Böhmen, in Mähren und in Schlesien (hg. von Friedrich G. *Kürbisch,* Stuttgart 1978).
Gesellschaft, Politik und Verwaltung in der Habsburgermonarchie 1830–1918 (hg. von Ferenc *Glatz* u.a., Stuttgart 1987).
Gesellschaft und Politik am Beginn der Zweiten Republik. Vertrauliche Berichte der US-Militäradministration aus Österreich 1945 in englischer Originalfassung (hg. von Oliver *Rathkolb,* Wien 1985).
Gestohlene Jugend. Die Tagebücher und Aufzeichnungen des Franz Schick 1930 bis 1933 (hg. von Karl *Stocker,* Graz 1991).
Anthony *Giddens,* Die Klassenstruktur fortgeschrittener Gesellschaften (Frankfurt/M. 1979).
Anthony *Giddens,* Wandel der Intimität. Sexualität, Liebe und Erotik in modernen Gesellschaften (Frankfurt/M. 1993).
Roland *Girtler,* Aschenlauge. Bergbauernleben im Wandel (Linz 1987).
Edmund von *Glaise-Horstenau,* Die Katastrophe. Die Zertrümmerung Österreich-Ungarns und das Werden der Nachfolgestaaten (Zürich 1929).
Ernst *Glaser,* Die Kulturleistung des Hörfunks in der Ersten Republik. Geistiges Leben im Österreich der Ersten Republik (hg. von Isabella *Ackerl* u.a., Wien 1986) 25–41.
Ernst *Glaser,* Die »Russische Stunde« in Radio Wien (1945–1955). Wiener Geschichtsblätter 46 (1991) 1–12.
Ferenc *Glatz,* Die Habsburgermonarchie und die Geschichtsschreibung. Gesellschaft, Politik und Verwaltung in der Habsburgermonarchie 1830–1918 (hg. von Ferenc *Glatz* u.a., Stuttgart 1987) 374–378.
Monika *Glettler,* Die Wiener Tschechen um 1900 (Wien 1972).
Otto *Glöckel,* Ausgewählte Schriften und Reden (hg. von Oskar *Achs,* Wien 1985).
Glücklich ist, wer vergißt ...? Das andere Wien um 1900 (hg. von Hubert Ch. *Ehalt* u.a., Wien 1986).
Glückliches Österreich. Literarische Besichtigung eines Vaterlandes (hg. von Jochen *Jung,* Salzburg 1978).
Von der Glückseligkeit des Staates. Staat, Wirtschaft und Gesellschaft im Zeitalter des aufgeklärten Absolutismus (hg. von Herbert *Matis,* Berlin 1981).
Franz *Göbhart,* Schule und Nation. Die österreichische Nation. Zwischen zwei Nationalismen (hg. von Albert *Massiczek,* Wien 1967) 49–68.
Walter *Goldinger,* Gleichschaltung. Österreich. Die Zweite Republik. Bd. 1 (hg. von Erika *Weinzierl*/Kurt *Skalnik,* Graz 1972) 91–108.
Walter *Goldinger,* Das Projekt einer deutsch-österreichischen Zollunion von 1931. Österreich und Europa. Festgabe für Hugo Hantsch zum 70. Geburtstag (Graz 1965) 527–546.
Walter *Goldinger,* Der Staatsrat 1918/19. Österreich, November 1918. Die Entstehung der Ersten Republik (Wien 1986) 55–65.
Walter *Goldinger,* Die Wiener Hochbürokratie 1848–1918. Anzeiger der Österreichischen Akademie der Wissenschaften, phil.-histor. Klasse 117 (1980) 310–333.

Walter *Goldinger,* Die Zentralverwaltung in Cisleithanien – Die zivile gemeinsame Zentralverwaltung. Die Habsburgermonarchie 1848–1918. Bd. 2 (hg. von Adam *Wandruszka*/Peter *Urbanitsch,* Wien 1975) 100–189.

Walter *Goldinger*/Dieter A. *Binder,* Geschichte der Republik Österreich 1918–1938 (Wien 1992).

Theodor Gomperz. Ein Gelehrtenleben im Bürgertum der Franz-Joseph-Zeit (hg. von Robert A. *Kann,* Wien 1974).

David F. *Good,* Der wirtschaftliche Aufstieg des Habsburgerreiches 1750–1914 (Wien 1986).

Maximilian *Gottschlich* u.a., Was die Kanzler sagten. Regierungserklärungen der Zweiten Republik 1945–1987 (Wien 1989).

Herbert *Gottweis,* Neue soziale Bewegungen in Österreich. Handbuch des politischen Systems Österreichs (hg. von Herbert *Dachs* u.a., Wien 1991) 309–324.

Karl von *Grabmayr,* Erinnerungen eines Tiroler Politikers 1892–1920 (Innsbruck 1955).

Bodo *Grafenauer,* Die Kärntner Volksabstimmung im Lichte der neueren Forschung. Kärntens Volksabstimmung 1920 (hg. von Helmut *Rumpler,* Klagenfurt 1981) 408–426.

Franz *Grafl,* »Hinein ins Kino!« Ein Beitrag zur Aufarbeitung der österreichischen Arbeiterfilmbewegung 1918–1934. Aufbruch und Untergang. Österreichische Kultur zwischen 1918 und 1938 (hg. von Franz *Kadrnoska,* Wien 1981) 69–86.

Margarete *Grandner,* Die Beschwerdekommission für die Rüstungsindustrie Österreichs während des Ersten Weltkrieges – der Versuch einer »sozialpartnerschaftlichen« Institution in der Kriegswirtschaft? Historische Wurzeln der Sozialpartnerschaft (hg. von Gerald *Stourzh* u.a., Wien 1986) 191–224.

Margarete *Grandner,* Kooperative Gewerkschaftspolitik in der Kriegswirtschaft. Die freien Gewerkschaften Österreichs im ersten Weltkrieg (Wien 1992).

Margarete *Grandner*/Franz *Traxler,* Sozialpartnerschaft als Option der Zwischenkriegszeit? Liberalkorporatistisches Krisenmanagement am Beispiel der Wirtschaftskonferenz von 1930. Februar 1934. Ursachen, Fakten, Folgen (hg. von Erich *Fröschl* u.a., Wien 1984) 75–117.

Franz *Grasberger,* Die Hymnen Österreichs (Tutzing 1968).

Gustav *Gratz*/Richard *Schüller,* Die äußere Wirtschaftspolitik Österreich-Ungarns. Mitteleuropäische Pläne (Wien 1925).

Gustav *Gratz*/Richard *Schüller,* Der wirtschaftliche Zusammenbruch Österreich-Ungarns. Die Tragödie der Erschöpfung (Wien 1930).

Joseph *Gregor,* Das Zeitalter des Films (Wien 1932).

Maria *Gremel,* Mit neun Jahren im Dienst. Mein Leben im Stübl und am Bauernhof 1900–1930 (Wien 1983).

Maria *Gremel,* Vom Land zur Stadt. Lebenserinnerungen 1930 bis 1950 (Wien 1991).

Richard *Grimm,* The Austro-German Relationship. The Journal of European Economic History 21 (1992) 111–120.

Paula *Grogger,* Der Paradeisgarten. Geschichte einer Kindheit (Wien 1980).

N. T. *Gross,* Die Industrielle Revolution im Habsburgerreich 1750–1914. Europäische Wirtschaftsgeschichte. Bd. 4 (hg. von Carlo M. *Cipolla,* Stuttgart 1977) 203–236.

Das große Tabu. Österreichs Umgang mit seiner Vergangenheit (hg. von Anton *Pelinka* u.a., Wien 1987).

Helmut *Gruber,* Red Vienna. Experiment in Working-Class Culture 1919–1934 (New York 1991).

Helmut *Gruber,* Working Class Women in Red Vienna: Socialist Concepts of the »New Woman« v. the Reality of the Triple Burden. Arbeiterkulturen zwischen Alltag und Politik. Beiträge zum europäischen Vergleich in der Zwischenkriegszeit (hg. von Friedhelm *Boll,* Wien 1986) 199–212.

Karl *Gruber,* Ein politisches Leben. Österreichs Weg zwischen den Diktaturen (Wien o.J.).

Oskar *Grünwald,* Die Verstaatlichte Industrie in der Ära Kreisky. Austro-Keynesianismus in Theorie und Praxis (hg. von Fritz *Weber* u.a, Wien 1993) 118–128.

Oskar *Grünwald*/Ferdinand *Lacina,* Auslandskapital in der österreichischen Wirtschaft (Wien 1970).

Josef *Grunzel,* Aufgaben der österreichischen Wirtschaftspolitik. Österreichische Rundschau (1906) 307–328.

Josef *Grunzel,* Die Wirtschaftspolitik Österreichs. Österreichische Rundschau (1910) 411–418.

Norbert *Gstrein,* Einer. Erzählung (Frankfurt/M. 1988).

Christoph *Gsöllpointner,* Der 15. Juli 1927. Ereignis und sprachliche Darstellung. Zeitgeschichte 18 (1990/91) 137–154.

Adolf *Günther,* Die alpenländische Gesellschaft (Jena 1930).

Charles A. *Gulick,* Österreich von Habsburg zu Hitler (Wien 1976).

Hanns *Haas,* Zu den Anfängen der Salzburger Brauchtumspflege. Ländliches Brauchtum aus der Stadt. Salzburger Landesfest 1990. 100 Jahre Brauchtumspflege (hg. von Roland *Floimair* u.a., Salzburg 1990) 9–25.

Hanns *Haas,* Vom Liberalismus zum Deutschnationalismus. Geschichte Salzburgs. Bd. II/2 (hg. von Heinz *Dopsch* u.a., Salzburg 1988) 833–900.

Hanns *Haas,* Österreich und die Alliierten 1918–1919. Saint-Germain 1919 (hg. von Isabella *Ackerl*/Rudolf *Neck,* Wien 1989) 11–40.
Hanns *Haas,* Österreich und das Ende der kollektiven Sicherheit. Zur Rolle der französischen und sowjetischen Politik der Friedenssicherung in bezug auf Österreich. Das Juliabkommen von 1936 (hg. von Ludwig *Jedlicka* u.a., Wien 1977) 11–52.
Hanns *Haas,* Otto Bauer und der Anschluß 1918/19. Sozialdemokratie und »Anschluß«. Historische Wurzeln. Anschluß 1918 und 1938. Nachwirkungen (hg. von Helmut *Konrad,* Wien 1978) 36–44.
Hanns *Haas,* Südtirol 1919. Handbuch zur neueren Geschichte Tirols. Bd. 2,1 (hg. von Anton *Pelinka* u.a., Innsbruck 1993) 95–130.
Hanns *Haas*/Karl *Stuhlpfarrer,* Österreich und seine Slowenen (Wien 1977).
Karl *Haas,* Das Ende des Austromarxismus. Sozialdemokratische Politik 1933/34. Die Bewegung. Hundert Jahre Sozialdemokratie in Österreich (hg. von Erich *Fröschl* u.a., Wien 1990) 421–442.
Karl *Haas,* Gegen den »reformistischen Ministerialismus«. Zur Haltung der österreichischen Sozialdemokratie in der Koalitionsfrage. Unterdrückung und Emanzipation. Festschrift für Erika Weinzierl zum 60. Geburtstag (hg. von Rudolf G. *Ardelt* u.a., Wien 1985) 221–244.
Karl *Haas,* Industrielle Interessenpolitik in Österreich zur Zeit der Weltwirtschaftskrise. Jahrbuch für Zeitgeschichte 1978, 97–126.
Karl *Haas,* Die römische Allianz 1934. 4. März 1933. Vom Verfassungsbruch zur Diktatur (hg. von Erich *Fröschl* u.a., Wien 1984) 69–92.
Jürgen *Habermas,* Die Moderne – ein unvollendetes Projekt. *Ders.,* Kleine politische Schriften (Frankfurt/M. 1981).
Jürgen *Habermas,* Die neue Intimität zwischen Politik und Kultur. Die Zukunft der Aufklärung (hg. von Jörg *Rüsen* u.a., Frankfurt/M. 1988) 59–68.
Jürgen *Habermas,* Der philosophische Diskurs der Moderne (Frankfurt/M. 1988).
The Habsburg Empire in World War I (ed. Robert A. *Kann* et al., New York 1977).
Die Habsburgermonarchie 1848–1918. Bd. 1–6,1 (hg. von Adam *Wandruszka*/Peter *Urbanitsch,* Wien 1973–1989).
Rüdiger *Hachtmann,* Industriearbeit im »Dritten Reich« (Göttingen 1989).
Rüdiger *Hachtmann,* Lebenshaltungskosten und Reallöhne während des »Dritten Reiches«. Vierteljahrschrift für Sozial- und Wirtschaftsgeschichte 75 (1988) 32–73.
Dirk *Hänisch,* Die soziale Wählerbasis der NSDAP und der übrigen Parteien in der Ersten Österreichischen Republik im Vergleich zum Deutschen Reich. Politik und Milieu. Wahl- und Elitenforschung im historischen und interkulturellen Vergleich (hg. von Heinrich *Best,* St. Katharinen 1989) 263–288.
Peter *Härtling,* Zwettl. Nachprüfung einer Erinnerung (Frankfurt/M. 1975).
Ernst *Haeusserman,* Herbert von Karajan (Wien 1978).
Sylvia *Hahn,* Rauhe Gesellen, achtbare Männer. Facharbeiter im 19. Jahrhundert. Die ersten hundert Jahre. Österreichische Sozialdemokratie 1888–1988 (hg. von Helene *Maimann,* Wien 1988) 28–31.
Hans *Haid,* Vom alten Leben (Wien 1986).
Jörg *Haider,* Die Freiheit, die ich meine. Das Ende des Proporzstaates. Plädoyer für die Dritte Republik (Frankfurt/M. 1993).
Murray G. *Hall,* Der Fall Bettauer (Wien 1978).
Max *Haller,* Klassenbildung und soziale Schichtung in Österreich. Analysen zur Sozialstruktur, sozialen Ungleichheit und Mobilität (Frankfurt/M. 1982).
Max *Haller,* Klassenstrukturen und Mobilität in fortgeschrittenen Gesellschaften. Eine vergleichende Analyse der Bundesrepublik Deutschland, Österreichs, Frankreichs und der Vereinigten Staaten von Amerika (Frankfurt/M. 1989).
Max *Haller,* Theorie der Klassenbildung und sozialen Schichtung (Frankfurt/M. 1983).
Rudolf *Haller,* Neopositivismus. Eine historische Einführung in die Philosophie des Wiener Kreises (Darmstadt 1993).
Hallo, Hallo! Hier Radio Wien! Aus dem Schlagerliederbuch 1925 (ORF-Schallplatte 1984).
Brigitte *Hamann,* Bertha von Suttner. Ein Leben für den Frieden (München 1986).
Hans von *Hammerstein,* Im Anfang war der Mord. Erlebnisse als Bezirkshauptmann von Braunau am Inn und als Sicherheitsdirektor von Oberösterreich in den Jahren 1933 und 1934 (Wien 1981).
Handbuch der europäischen Wirtschafts- und Sozialgeschichte. Bd. 5 und 6 (hg. von Wolfram *Fischer* u.a., Stuttgart 1985 und 1987).
Handbuch des politischen Systems Österreichs (hg. von Herbert *Dachs* u.a., Wien 1991).
Handbuch zur neueren Geschichte Tirols. Bd. 2,1 (hg. von Anton *Pelinka* u.a., Innsbruck 1993).
Peter *Handke,* Persönliche Bemerkungen zum Jubiläum der Republik. Geschichten aus der Geschichte Österreichs 1945–1983 (hg. von Michael *Scharang,* Darmstadt 1984) 268–270.

Peter *Handke,* Versuch über die Jukebox (Frankfurt/M. 1990).
Peter *Handke,* Wunschloses Unglück (Salzburg 1972).
Ernst *Hanisch,* Arbeiterkindheit in Österreich vor dem Ersten Weltkrieg. Internationales Archiv für Sozialgeschichte der deutschen Literatur 7 (1982) 109–147.
Ernst *Hanisch,* Bäuerliche Kindheit in Österreich vor dem Ersten Weltkrieg. Unterdrückung und Emanzipation. Festschrift für Erika Weinzierl (hg. von Rudolf G. *Ardelt* u.a., Wien 1985) 129–148.
Ernst *Hanisch,* Bäuerliches Milieu und Arbeitermilieu in den Alpengauen: ein historischer Vergleich. Arbeiterschaft und Nationalsozialismus in Österreich (hg. von Rudolf *Ardelt*/Hans *Hautmann,* Wien 1990) 583–598.
Ernst *Hanisch,* Beobachtungen zur Geschichte der österreichischen Bürokratie. Zeitgeschichte 14 (1986) 1–18.
Ernst *Hanisch,* Die Christlich-soziale Partei für das Land Salzburg 1918–1934. Mitteilungen der Gesellschaft für Salzburger Landeskunde 124 (1984) 477–496.
Ernst *Hanisch,* Demokratieverständnis, parlamentarische Haltung und nationale Frage bei den Österreichischen Christlichsozialen. Das Parteienwesen Österreichs und Ungarns in der Zwischenkriegszeit (hg. von Anna M. *Drabek* u.a., Wien 1990) 73–86.
Ernst *Hanisch,* Die Erste Republik. Geschichte Salzburgs. Bd. II/2 (hg. von Heinz *Dopsch* u.a., Salzburg 1988) 1057–1120.
Ernst *Hanisch,* Fragmentarische Bemerkungen zur Konzeptualisierung der NS-Herrschaft in Österreich. Österreich, Deutschland und die Mächte. Internationale und österreichische Aspekte des »Anschlusses« vom März 1938 (hg. von Gerald *Stourzh* u.a., Wien 1990) 493–495.
Ernst *Hanisch,* Zur Frühgeschichte des Nationalsozialismus in Salzburg (1913–1925). Mitteilungen der Gesellschaft für Salzburger Landeskunde 117 (1978) 371–410.
Ernst *Hanisch,* Die Ideologie des Politischen Katholizismus in Österreich 1918–1938 (Wien 1977).
Ernst *Hanisch,* Die ideologische Entwicklung der österreichischen Arbeiterbewegung. Der Konstituierungsprozeß der sozialistischen Arbeiterbewegung in Deutschland und Österreich (hg. von der Karl-Marx-Universität, Leipzig 1983) 85–99.
Ernst *Hanisch,* Kirche im Widerstand? Die Auseinandersetzung der katholischen Kirche in Österreich mit dem Nationalsozialismus nach 1945. Kirchliche Zeitgeschichte 1 (1989) 158–164.
Ernst *Hanisch,* Das Konzept des »Organisierten Kapitalismus«. Imperialismus und Arbeiterbewegung in Deutschland und Österreich (hg. von Helmut *Konrad,* Wien 1985) 27–42.
Ernst *Hanisch,* Kultur – einmal ohne Festspiele. Die Ära Lechner. Das Land Salzburg in den sechziger und siebziger Jahren (hg. von Eberhard *Zwink,* Salzburg 1988) 461–480.
Ernst *Hanisch,* März 1938: eine Salzburger Perspektive. Der März 1938 in Salzburg. Gedenkstunde am 10. März 1988 (hg. von Eberhard *Zwink,* Salzburg 1988) 20–28.
Ernst *Hanisch,* Die Marx-Rezeption in der österreichischen Arbeiterbewegung. Südostforschungen 37 (1978) 92–121.
Ernst *Hanisch,* Nationalsozialismus im Dorf: Salzburger Beobachtungen. Arbeiterbewegung, Faschismus, Nationalbewußtsein (hg. von Helmut *Konrad* u.a., Wien 1983) 69–81.
Ernst *Hanisch,* Nationalsozialistische Herrschaft in der Provinz. Salzburg im Dritten Reich (Salzburg 1983).
Ernst *Hanisch,* Der österreichische Katholizismus zwischen Anpassung und Widerstand (1938–1945). Zeitgeschichte 15 (1988) 171–179.
Ernst *Hanisch,* Der Politische Katholizismus als ideologischer Träger des »Austrofaschismus«. »Austrofaschismus«. Beiträge über Politik, Ökonomie und Kultur 1934–1938 (hg. von Emmerich *Tálos*/Wolfgang *Neugebauer,* Wien [4]1988) 53–73.
Ernst *Hanisch,* Der politische Wiederaufbau. Geschichte Salzburgs. Bd. II/2 (hg. von Heinz *Dopsch* u.a., Salzburg 1988) 1171–1208.
Ernst *Hanisch,* Provinz und Metropole. Gesellschaftsgeschichtliche Perspektiven der Beziehungen des Bundeslandes Salzburg zu Wien (1918–1934). Beiträge zur Föderalismusdiskussion (hg. von Alfred *Edelmayer* u.a., Salzburg 1981) 67–105.
Ernst *Hanisch,* Provinzbürgertum und die Kunst der Moderne. Bürgertum in der Habsburgermonarchie (hg. von Ernst *Bruckmüller* u.a., Wien 1990) 127–139.
Ernst *Hanisch,* Salzburg. Österreich 1918–1938. Geschichte der Ersten Republik. Bd. 2 (hg. von Erika *Weinzierl*/Kurt *Skalnik,* Graz 1983) 903–937.
Ernst *Hanisch,* Von den schwierigen Jahren der Zweiten Republik – Salzburg im Wiederaufbau. Salzburg und das Werden der Zweiten Republik (hg. von Roland *Floimair,* Salzburg 1985) 13–26.
Ernst *Hanisch,* Westösterreich. NS-Herrschaft in Österreich 1938–1945 (hg. von Emmerich *Tálos* u.a., Wien 1988) 437–456.

Ernst *Hanisch,* Wirtschaftswachstum ohne Industrialisierung. Fremdenverkehr und sozialer Wandel in Salzburg 1918–1938. Mitteilungen der Gesellschaft für Salzburger Landeskunde 125 (1985) 817–835.
Ernst *Hanisch,* Zeitgeschichtliche Dimensionen der Politischen Kultur in Salzburg. Das politische, soziale und wirtschaftliche System im Bundesland Salzburg (hg. von Herbert *Dachs,* Salzburg 1985) 15–52.
Ernst *Hanisch*/Ulrike *Fleischer,* Im Schatten berühmter Zeiten. Salzburg in den Jahren Georg Trakls (1887–1914) (Salzburg 1986).
Jacques *Hannak,* Renner und seine Zeit. Versuch einer Biographie (Wien 1965).
Margarete *Hannl,* Mit den »Russen« leben. Besatzungszeit im Mühlviertel 1945–1955. Zeitgeschichte 16 (1989) 147–166.
Hugo *Hantsch,* Leopold Graf Berchtold. Grandseigneur und Staatsmann. 2 Bde. (Graz 1963).
Ferdinand *Hanusch,* Aus meinen Wanderjahren. Erinnerungen eines Walzbruders (Reichenberg o.J.).
Ferdinand *Hanusch,* Die Namenlosen. Geschichten aus dem Leben der Arbeiter und Armen (Wien 1911).
Gerd *Hardach,* Der Erste Weltkrieg 1914–1918 (München 1973).
Robert Pogue *Harrison,* Wälder. Ursprung und Spiegel der Kultur (München 1992).
Hartheim. Briefe und Dokumente (hg. von Johannes *Neuhauser,* Freistadt 1992).
Rupert *Hartl,* Österreich oder der schwierige Weg zum Sozialismus (Wien 1986).
Jaroslav *Hašek,* Die Abenteuer des braven Soldaten Schwejk (Reinbek 1967).
Horst *Haselsteiner,* The Habsburg Empire in World War I: Mobilization of Food Supplies. East Central European Society in World War I. (ed. Béla K. *Király* et al., New York 1985) 87–102.
Gernot D. *Hasiba,* Die Kommission zur Förderung der Verwaltungsreform (1911–1914). Recht und Geschichte. Festschrift Hermann Baltl zum 70. Geburtstag (Graz 1988) 237–262.
Gernot D. *Hasiba,* Das Notverordnungsrecht in Österreich (1848–1917). Notwendigkeit und Mißbrauch eines »Staatserhaltenden Instrumentes« (Wien 1985).
Gernot D. *Hasiba,* Die »rechtliche Zeitgeschichte« – ein anderer Weg zur Bewältigung der Vergangenheit. Österreich 1934–1984, Erfahrungen, Erkenntnisse, Besinnung (hg. von Joseph F. *Desput,* Graz 1984) 91–103.
Gernot D. *Hasiba,* Die Zweite Bundes-Verfassungsnovelle von 1929 (Wien 1976).
Adolf *Haslinger,* Peter Handke. Jugend eines Schriftstellers (Salzburg 1992).
Heinz-Gerhard *Haupt,* Kleine und große Bürger in Deutschland und Frankreich am Ende des 19. Jahrhunderts. Bürgertum im 19. Jahrhundert. Deutschland im europäischen Vergleich. Bd. 2 (hg. von Jürgen *Kocka,* München 1988) 252–275.
Arnold *Hauser,* Soziologie der Kunst (München 1983).
Hans *Hautmann,* Geschichte der Rätebewegung in Österreich 1918–1924 (Wien 1987).
Hans *Hautmann,* Kriegsgesetze und Militärjustiz in der österreichischen Reichshälfte 1914–1918. Justiz und Zeitgeschichte (hg. von Erika *Weinzierl* u.a., Wien 1977) 101–122.
Margarethe *Haydter*/Johann *Mayr,* Regionale Zusammenhänge zwischen Hauptwiderstandsgebieten zur Zeit der Gegenreformation und den Julikämpfen 1934 in Oberösterreich. Bericht über den 15. österreichischen Historikertag in Salzburg (Wien 1984) 406–421.
Friedrich *Heer,* Gespräch der Feinde (Wien 1949).
Friedrich *Heer,* Der Kampf um die österreichische Identität (Wien 1981).
Friedrich *Heer,* Kultur und Politik in der Ersten Republik. Das geistige Leben Wiens in der Zwischenkriegszeit (hg. von Norbert *Leser,* Wien 1981) 300–309.
Charlotte *Heidrich,* Burgenländische Politik in der Ersten Republik (Wien 1982).
Heimatschutz in Österreich (Wien 1935).
Waltraud *Heindl,* Gehorsame Rebellen. Bürokratie und Beamte in Österreich 1780–1848 (Wien 1991).
Waltraud *Heindl,* Was ist Reform? Überlegungen zum Verhältnis von Bürokratie, Staat und Gesellschaft in Österreich. Innere Staatsbildung und gesellschaftliche Modernisierung in Österreich und Deutschland 1867/71–1914 (hg. von Helmut *Rumpler,* Wien 1991) 166–175.
Hans-Georg *Heinrich,* Politische Kultur in Wien. Politische Kultur in Österreich (hg. von Hans-Georg *Heinrich* u.a., Linz 1989) 10–27.
Heimold *Helczmanovszki,* Die Bevölkerung Österreich-Ungarns. Geschichte und Ergebnisse der zentralen amtlichen Statistik in Österreich 1829–1979. Festschrift aus Anlaß des 150jährigen Bestehens der zentralen amtlichen Statistik in Österreich (Wien 1979) 369–402.
Heimold *Helczmanovszki,* Die Entwicklung der Bevölkerung Österreichs in den letzten hundert Jahren nach den wichtigsten demographischen Komponenten. Beiträge zur Bevölkerungs- und Sozialgeschichte Österreichs (hg. von *ders.,* Wien 1973) 113–166.
Heldenplatz. Eine Dokumentation (hg. vom Burgtheater Wien, Wien 1989).
Peter *Henisch,* Die kleine Figur meines Vaters (Frankfurt/M. 1980).
Rudolf *Henz,* Fügung und Widerstand (Graz 1981).

Corona *Hepp,* Avantgarde. Moderne Kunst, Kulturkritik und Reformbewegungen nach der Jahrhundertwende (München 1987).
Ulrich *Herbert,* Arbeiterschaft im »Dritten Reich«. Zwischenbilanz und offene Fragen. Geschichte und Gesellschaft 15 (1989) 320–360.
Ulrich *Herbert,* Arbeiterschaft unter der NS-Diktatur. Bürgerliche Gesellschaft in Deutschland (hg. von Lutz *Niethammer,* Frankfurt/M. 1990) 447–471.
Jeffrey *Herf,* Reactionary Modernism. Technology, Culture and Politics in Weimar and the Third Reich (Cambridge 1987).
Jost *Hermand,* Kultur im Wiederaufbau. Die Bundesrepublik Deutschland 1945–1965 (Frankfurt/M. 1989).
Jost *Hermand*/Frank *Trommler,* Die Kultur der Weimarer Republik (Frankfurt/M. 1988).
Frederick *Hertz,* The Economic Problem of the Danubian States. A Study in Economic Nationalism (London 1947).
Friedrich *Hertz,* Die Produktionsgrundlagen der österreichischen Industrie vor und nach dem Kriege insbesondere im Vergleich mit Deutschland (Wien 1917).
Raul *Hilberg,* Täter, Opfer, Zuschauer. Die Vernichtung der Juden 1933–1945 (Frankfurt/M. 1992).
Dieter *Hildebrandt,* Ödön von Horváth (Reinbek 1975).
Rudolf *Hilferding,* Das Finanzkapital. 2 Bde. (Neuausgabe Frankfurt/M. 1968).
Der Himmel ist blau. Kann sein. Frauen im Widerstand 1938–1945 (hg. von Karin *Berger*/Elisabeth *Holzinger,* Wien 1985).
Josef *Hindels,* Nationale Strömungen. Bestandaufnahme Österreich 1945–1963 (hg. von Jacques *Hannak,* Wien 1963) 83–111.
Josef *Hindels,* Österreichs Gewerkschaften im Widerstand 1934–1945 (Wien 1976).
Ernst *Hinner* u.a., Fohnsdorf. Aufstieg und Krise einer österreichischen Kohlenbergwerksgemeinde in der Region Aichfeld-Murboden (Graz 1982).
Ernst *Hinterberger,* Kleine Leute. Roman einer Zeit und einer Familie (Wien 1989).
Hirnwelten funkeln. Literatur des Expressionismus in Wien (hg. von Ernst *Fischer* u.a., Salzburg 1988).
Historische Anthropologie. Kultur. Gesellschaft. Alltag 1 (1993).
Historische Familienforschung (hg. von Michael *Mitterauer* u.a., Frankfurt/M. 1982).
Historische Methode (hg. von Christian *Meier* u.a., München 1988).
Der historische Ort des Nationalsozialismus. Annäherungen (hg. von Walter H. *Pehle,* Frankfurt/M. 1990).
Historische Wurzeln der Sozialpartnerschaft (hg. von Gerald *Stourzh* u.a., Wien 1986).
Historischer Atlas von Wien. Dokumentation und Kurzbeschreibung der Karten der 3. Lieferung (hg. von Renate *Banik-Schweitzer*/Gerhard *Meißl,* Wien 1987).
Adolf *Hitler,* Mein Kampf (o.O., o.J.).
Eric *Hobsbawm,* Mass-Producing Traditions: Europe, 1870–1914. The Invention of Tradition (ed. Eric *Hobsbawm,* Cambridge 1983) 263–307.
Eric J. *Hobsbawm,* Nationen und Nationalismus. Mythos und Realität seit 1780 (Frankfurt/M. 1991).
Eric J. *Hobsbawm,* Sinn und Zweck der Geschichte der Arbeiterbewegung. Beiträge zur Geschichte der Arbeiterbewegung 33 (1991) 349–355.
Der Hochverratsprozeß gegen Dr. Guido Schmidt vor dem Wiener Volksgericht (Wien 1947).
Lothar *Höbelt,* Die Deutschfreiheitlichen Österreichs. Bürgerliche Politik unter den Bedingungen eines katholischen Vielvölkerstaates. Liberalismus im 19. Jahrhundert (hg. von Dieter *Langewiesche,* Göttingen 1988) 161–171.
Lothar *Höbelt,* Die Deutschnationalen und liberalen Gruppierungen in Cisleithanien. Das Parteienwesen Österreich-Ungarns (hg. von Gábor *Erdödy,* Budapest 1987) 77–90.
Lothar *Höbelt,* Kornblume und Kaiseradler. Die deutschfreiheitlichen Parteien Altösterreichs 1882–1918 (Wien 1993).
Lothar *Höbelt,* Die Parteien des nationalen Lagers in der Ersten Republik. Carinthia 179 (1989) 359–384.
Lothar *Höbelt,* Die Vertretung der Nationalitäten im Reichsrat. Österreichs Parlamentarismus (hg. von Herbert *Schambeck,* Berlin 1986) 185–222.
Felix *Höglinger,* Ministerpräsident Heinrich Graf Clam-Martinic (Graz 1964).
Hans *Höller,* Thomas Bernhard (Reinbek 1993).
Hannes *Hofbauer,* Westwärts. Österreichs Wirtschaft im Wiederaufbau (Wien 1992).
Josef *Hofmann,* Der Pfrimer-Putsch (Wien 1965).
Werner *Hofmann,* Das Fleisch erkennen. Ornament und Askese im Zeitgeist des Wien der Jahrhundertwende (hg. von Alfred *Pfabigan,* Wien 1985) 120–129.
Werner *Hofmann,* Gustav Klimt und die Wiener Jahrhundertwende (Salzburg 1970).
Werner *Hofmann,* Moderne Malerei in Österreich (Wien 1965).

Hugo von *Hofmannsthal,* Österreich im Spiegel seiner Dichtung (1916). Reden und Aufsätze. Bd. 2 (Frankfurt/M. 1979) 13–25.
Hugo von *Hofmannsthal,* Die österreichische Idee (1917). Reden und Aufsätze. Bd. 2 (Frankfurt/M. 1979) 454–458.
Hugo von *Hofmannsthal,* Das Schrifttum als geistiger Raum der Nation (1926). Reden und Aufsätze. Bd. 3 (Frankfurt/M. 1980) 24–41.
Hugo von *Hofmannsthal,* Der Schwierige (Frankfurt/M. 1958).
Hugo von *Hofmannsthal*/Leopold von *Andrian,* Briefwechsel (Frankfurt/M. 1968).
Hugo von *Hofmannsthal*/Arthur *Schnitzler,* Briefwechsel (Frankfurt/M. 1983).
Siegfried *Hollerer,* Verstaatlichung und Wirtschaftsplanung in Österreich (1946–1949) (Wien 1974).
Everhard *Holtmann,* Politik und Nichtpolitik. Lokale Erscheinungsformen Politischer Kultur im frühen Nachkriegsdeutschland (Opladen 1989).
Everhard *Holtmann,* Zwischen Unterdrückung und Befriedung. Sozialistische Arbeiterbewegung und autoritäres Regime in Österreich 1933–1938 (Wien 1978).
Willibald I. *Holzer,* Faschisierung »von oben«? Das Beispiel des »autoritären Ständestaates«. Bericht über den 16. Österreichischen Historikertag in Krems/Donau (Wien 1985) 133–156.
Clemens *Holzmeister,* Architekt in der Zeitenwende. Selbstbiographie, Werkverzeichnis (Salzburg o.J.).
Anton *Hopfgarten,* Kurt von Schuschnigg. Ein Staatsmann im Kampf gegen Hitler (Wien 1988).
Max *Horkheimer*/Theodor W. *Adorno,* Dialektik der Aufklärung (Frankfurt/M. 1969).
Franz *Horner,* Austria 1949–1979. Ideology, Strategy and Party Change (ed. Ian *Budgeetral,* Cambridge 1987) 270–293.
Elisabeth *Horvath,* Ära oder Episode. Das Phänomen Bruno Kreisky (Wien 1989).
Ödön von *Horváth,* Stücke (hg. von Traugott *Krischke,* Reinbek 1961).
Gordon J. *Horwitz,* In the Shadow of Death. Living Outside the Gates of Mauthausen (New York 1990).
William H. *Hubbard,* Auf dem Weg zur Großstadt. Eine Sozialgeschichte der Stadt Graz 1850–1914 (Wien 1984).
Rainer *Hubert,* Schober. »Arbeitermörder« und »Hort der Republik«. Biographie eines Gestrigen (Wien 1990).
Peter *Huchel,* Gezählte Tage. Gedichte (Frankfurt/M. 1985).
Peter *Huemer,* Die Angst vor der Freiheit. Ratschläge für Tisch und Bett: Anstandsbücher und Aufklärungsbroschüren als Spiegel des Jahrzehnts. Die »wilden« fünfziger Jahre. Gesellschaft, Formen und Gefühle eines Jahrzehnts in Österreich (hg. von Gerhard *Jagschitz* u.a., St. Pölten 1985) 208–221.
Peter *Huemer,* Sektionschef Robert Hecht und die Zerstörung der Demokratie in Österreich (Wien 1975).
Peter *Hüttenberger,* Führer und Polykratie im Nationalsozialismus. Geschichte und Verantwortung (hg. von Aurelius *Freytag,* Wien 1988) 123–138.
Peter *Hüttenberger,* Nationalsozialistische Polykratie. Geschichte und Gesellschaft 2 (1976) 417–442.
Karl *Hugelmann,* Die Ausübung der allgemeinen staatsbürgerlichen Rechte seitens der Staatsbeamten. *Ders.,* Historisch-politische Studien (Wien 1915) 352–364.
Friedensreich *Hundertwasser,* Zwischen »HJ« und Judenstern. Mein Elternhaus. Ein österreichisches Familienalbum (hg. von Georg *Markus,* München 1992) 178–184.
Karl *Husa*/Helmut *Wohlschlägl,* Raumzeitliche Aspekte der Bevölkerungsentwicklung im österreichischen Alpenraum. Beiträge zur Bevölkerungsforschung (hg. von Karl *Husa* u.a., Wien 1986) 19–42.
Werner *Hutschinski,* Der Wandel der gewerblichen Struktur seit 1970. Christliche Demokratie 2 (1984) 393–417.
Otto *Hwaletz* u.a., Bergmann oder Werksoldat. Eisenerz als Fallbeispiel industrieller Politik. Dokumente und Analysen über die Österreich-Alpine Montangesellschaft in der Zwischenkriegszeit (Graz 1984).
Otto *Hwaletz* u.a., Industriesystem, Region und Arbeiterbewußtsein. Das historische Beispiel der Obersteiermark nach 1945 (Wien 1991).

»Ich bin dafür, die Sache in die Länge zu ziehen«. Wortprotokolle der österreichischen Bundesregierung von 1945 bis 1952 über die Entschädigung der Juden (hg. von Robert *Knight,* Frankfurt/M. 1988).
Ideology, Strategy and Party Change (ed. Ian *Budgeetral,* Cambridge 1987).
Georg G. *Iggers,* Geschichtswissenschaft im 20. Jahrhundert (Göttingen 1993).
Arthur E. *Imhof,* Die gewonnenen Jahre (München 1981).
Arthur E. *Imhof,* Die Lebenszeit. Vom aufgeschobenen Tod und von der Kunst des Lebens (München 1988).
Arthur E. *Imhof,* Reife des Lebens. Gedanken eines Historikers zum längeren Dasein (München 1988).
Stefan *Immerfall,* Territorium und Wahlverhalten. Zur Modellierung geopolitischer und geoökonomischer Entwicklungsprozesse (phil. Diss., Passau 1989).
Imperialismus und Arbeiterbewegung in Deutschland und Österreich (hg. von Helmut *Konrad,* Wien 1985).

Innere Staatsbildung und gesellschaftliche Modernisierung in Österreich und Deutschland 1867/71–1914 (hg. von Helmut *Rumpler,* Wien 1991).
Franz *Innerhofer,* Schöne Tage (Salzburg 1974).
Innsbruck–Venedig. Österreichisch-italienische Historikertreffen 1971 und 1972 (hg. von Adam *Wandruszka* u.a., Wien 1975) 61–100.
Internationale Tagung der Historiker der Arbeiterbewegung, 18. Linzer Konferenz 1982 (Wien 1985).
XXIII. Internationaler Eucharistischer Kongreß in Wien. Festalbum (Wien 1912).
Ist der Nationalsozialismus Geschichte? (hg. von Dan *Diner,* Frankfurt/M. 1987).

Hans *Jaeger,* Geschichte der Wirtschaftsordnung in Deutschland (Frankfurt/M. 1988).
Gerhard *Jagschitz,* Die Anhaltelager in Österreich. Vom Justizpalast zum Heldenplatz. Studien und Dokumentationen 1927 bis 1938 (hg. von Ludwig *Jedlicka*/Rudolf *Neck,* Wien 1975) 128–151.
Gerhard *Jagschitz,* Von der »Bewegung« zum Apparat. Zur Phänomenologie der NSDAP 1938 bis 1945. NS-Herrschaft in Österreich 1938–1945 (hg. von Emmerich *Tálos* u.a., Wien 1988) 487–516.
Gerhard *Jagschitz,* Bundeskanzler Engelbert Dollfuß. Vom Justizpalast zum Heldenplatz. Studien und Dokumentationen 1927 bis 1938 (hg. von Ludwig *Jedlicka*/Rudolf *Neck,* Wien 1975) 233–238.
Gerhard *Jagschitz,* Ideologie und Politik im Werdegang von Engelbert Dollfuß. Bericht über den 12. österreichischen Historikertag in Bregenz 1973 (Wien 1974) 82–92.
Gerhard *Jagschitz,* Die österreichischen Nationalsozialisten. Österreich, Deutschland und die Mächte. Internationale und österreichische Aspekte des »Anschlusses« vom März 1938 (hg. von Gerald *Stourzh* u.a., Wien 1990) 229–262.
Gerhard *Jagschitz,* Der Putsch. Die Nationalsozialisten 1934 in Österreich (Graz 1976).
Marie *Jahoda* u.a., Die Arbeitslosen in Marienthal. Ein soziographischer Versuch (Leipzig 1939, Neuausgabe Frankfurt/M. 1975).
Das Jahr 1934: 12. Februar (hg. von Ludwig *Jedlicka* u.a., Wien 1975).
Das Jahr 1934: 25. Juli (hg. von Ludwig *Jedlicka* u.a., Wien 1975).
Jahrbuch 1913 für Deutschnationale Handlungsgehilfen, 14. Jg.
Ein Jahrhundert Sozialversicherung (hg. von Peter A. *Köhler* u.a., Berlin 1981).
Allan *Janik*/Stephen *Toulmin,* Wittgensteins Wien (München 1984).
Rolf-Peter *Janz*/Klaus *Laermann,* Arthur Schnitzler: Zur Diagnose des Wiener Bürgertums im Fin de siècle (Stuttgart 1977).
Oscar *Jászi,* The Dissolution of the Habsburg Monarchy (Chicago 1971).
Hans Robert *Jauß,* Literarische Tradition und gegenwärtiges Bewußtsein der Modernität. *Ders.,* Literaturgeschichte als Provokation (Frankfurt/M. 1974).
Ludwig *Jedlicka,* Vom alten zum neuen Österreich. Fallstudien zur österreichischen Zeitgeschichte 1900–1975 (St. Pölten 1975).
Ludwig *Jedlicka,* Ende und Anfang. Österreich 1918/19 (Salzburg 1969).
Ludwig *Jedlicka,* Der 20. Juli 1944 in Österreich (Wien 1965).
Charles *Jeffery,* The Social Democratic Movement in Steyr, Austria, 1927–1934 (Doctoral Thesis, Loughborough 1989).
The Jews of Austria (ed. Josef *Fraenkel,* London 1967).
Reinhard *Johler,* Behinderte Klassenbildung – am Beispiel Vorarlbergs. Beiträge zur historischen Sozialkunde 16 (1986) 51–57.
Michael *John,* Hausherrenmacht und Mieterelend. Wohnverhältnisse und Wohnerfahrung der Unterschichten in Wien 1890–1923 (Wien 1982).
Michael *John,* »Kultur der Armut« in Wien 1890–1923. Zeitgeschichte 20 (1993) 158–186.
Michael *John,* Zuwanderung in Österreich 1848–1914. Archiv. Jahrbuch des Vereins für Geschichte der Arbeiterbewegung 4 (1988) 102–132.
Michael *John*/Albert *Lichtblau,* Česká Víden: Von der tschechischen Großstadt zum tschechischen Dorf. Archiv. Jahrbuch des Vereins für Geschichte der Arbeiterbewegung 3 (1987) 34–55.
Michael *John*/Albert *Lichtblau,* Schmelztiegel Wien – einst und jetzt (Wien 1993).
William M. *Johnston,* Österreichische Kultur- und Geistesgeschichte. Gesellschaft und Ideen im Donauraum 1848 bis 1938 (Wien 1972).
James *Joll,* Die Ursprünge des Ersten Weltkrieges (München 1988).
Joseph von Sonnenfels (hg. von Helmut *Reinalter,* Wien 1988).
Jüdische Schicksale. Berichte von Verfolgten (hg. vom Dokumentationsarchiv des österreichischen Widerstandes, Wien 1992).
Das Juliabkommen von 1936 (hg. von Ludwig *Jedlicka* u.a., Wien 1977).

Karl *Jung,* Die Großdeutsche Volkspartei. Deutscher Geist in Österreich. Ein Handbuch des völkischen Lebens der Ostmark (hg. von Karl *Wache,* Dornbirn 1933) 173–225.
Peter Stephan *Jungk,* Franz Werfel. Eine Lebensgeschichte (Frankfurt/M. 1987).
Justiz und Zeitgeschichte (hg. von Erika *Weinzierl* u.a., Wien 1977).
Vom Justizpalast zum Heldenplatz. Studien und Dokumentationen 1927 bis 1938 (hg. von Ludwig *Jedlicka*/Rudolf *Neck,* Wien 1975).

Max *Kaase,* Sinn oder Unsinn des Konzeptes Politische Kultur für die vergleichende Politikforschung, oder auch: Der Versuch, einen Pudding an die Wand zu nageln. Wahlen und politisches System. Analysen aus Anlaß der Bundestagswahlen 1980 (Opladen 1983) 144–172.
Albert *Kadan*/Anton *Pelinka,* Die Grundsatzprogramme der österreichischen Parteien. Dokumentation und Analyse (St. Pölten 1979).
Hartmut *Kaelble,* Auf dem Weg zu einer europäischen Gesellschaft. Eine Sozialgeschichte Westeuropas 1880–1980 (München 1987).
Hartmut *Kaelble,* Soziale Mobilität und Chancengleichheit im 19. und 20. Jahrhundert (Göttingen 1983).
Hartmut *Kaelble,* Der Mythos von der rapiden Industrialisierung in Deutschland. Geschichte und Gesellschaft 9 (1983) 106–118.
Hartmut *Kaelble,* Wie feudal waren die deutschen Unternehmer im Kaiserreich? Ein Zwischenbericht. Beiträge zur quantitativen vergleichenden Unternehmergeschichte (hg. von Richard *Tilly,* Stuttgart 1985) 148–171.
Die Kälte des Februar. Österreich 1933–1938 (hg. von Helene *Maimann,* Wien 1984).
Kärnten – Volksabstimmung 1920. Voraussetzungen, Verlauf, Folgen. Studien zur Geschichte und Gesellschaft in Slowenien, Österreich und Italien (Wien 1981).
Kärntens Volksabstimmung 1920. Wissenschaftliche Kontroversen und historisch-politische Diskussionen anläßlich des internationalen Symposions Klagenfurt 1980 (hg. von Helmut *Rumpler,* Klagenfurt 1981).
Erich *Kästner,* Notabene 45 (Frankfurt/M. 1961).
»Kakanien« (hg. von Eugen *Thurnher* u.a., Wien 1991).
Robert A. *Kann,* Erzherzog Franz Ferdinand Studien (Wien 1976).
Robert A. *Kann,* Geschichte des Habsburgerreiches 1526–1918 (Wien 1977).
Robert A. *Kann,* Kaiser Franz Joseph und der Ausbruch des Weltkrieges. Eine Betrachtung über den Quellenwert der Aufzeichnungen von Dr. Heinrich Kanner (Wien 1971).
Robert A. *Kann,* Die Sixtusaffäre und die geheimen Friedensverhandlungen Österreich-Ungarns im Ersten Weltkrieg (Wien 1966).
Reinhard *Kannonier,* Auf den Spuren der Gejagten und Gequälten. Die Pflicht zum Widerstand. Festschrift Peter Kammerstätter zum 75. Geburtstag (hg. von Hubert *Hummer* u.a., Wien 1986) 181–214.
Herbert von *Karajan.* Mein Lebensbericht. Aufgezeichnet von Franz Endler (Wien 1988).
Ferdinand *Karlhofer,* »Wilde« Streiks in Österreich (Wien 1983).
Stefan *Karner,* Die Abtrennung der Untersteiermark von Österreich 1918/19. Ökonomische Aspekte und Relevanz für Kärnten und die Steiermark. Kärntens Volksabstimmung 1920 (hg. von Helmut *Rumpler,* Klagenfurt 1981) 254–296.
Stefan *Karner,* Arbeitsvertragsbrüche als Verletzung der Arbeitspflicht im »Dritten Reich«. Archiv für Sozialgeschichte 21 (1981) 268–328.
Stefan *Karner,* Zur sozialen Lage der Arbeiterschaft unter dem Nationalsozialismus. Aufrisse 2 (1981) 27–35.
Stefan *Karner,* Die Steiermark im Dritten Reich 1938–1945 (Graz 1986).
Wolfgang *Kaschuba,* Volkskultur und Arbeiterkultur als symbolische Ordnungen. Einige volkskundliche Anmerkungen zur Debatte um Alltags- und Kulturgeschichte. Alltagsgeschichte. Zur Rekonstruktion historischer Erfahrungen und Lebensweisen (hg. von Alf *Lüdtke,* Frankfurt/M. 1989) 191–223.
Karl *Kaser*/Karl *Stocker,* Bäuerliches Leben in der Oststeiermark seit 1848. Bd. 1 und 2 (Wien 1986 und 1988).
Karl *Kastler,* Fußballsport in Österreich. Von den Anfängen bis zur Gegenwart (Linz 1972).
Der Katholizismus in Österreich. Sein Wirken, Kämpfen und Hoffen (hg. von Alois *Hudal,* Innsbruck 1931).
Peter J. *Katzenstein,* Disjoined Partners. Austria and Germany since 1815 (Berkeley 1976).
Willibald *Katzinger,* Arbeiter(innen) als Mitglieder der NSDAP und ihrer Teilorganisationen (Am Beispiel Linz). Arbeiterschaft und Nationalsozialismus in Österreich (hg. von Rudolf G. *Ardelt*/Hans *Hautmann,* Wien 1990) 289–316.
Albert *Kaufmann,* Soziale Schichtung und Berufsstatistik. Soziologie. Forschung in Österreich (hg. von Leopold *Rosenmayr* u.a., Wien 1969) 322 ff.
Fritz *Kaufmann,* Sozialdemokratie in Österreich. Idee und Geschichte einer Partei von 1889 bis zur Gegenwart (Wien 1978)
Gina *Kaus,* Von Wien nach Hollywood (Frankfurt/M. 1990).

Josef *Kaut,* Schöpferischer Sozialismus. Beiträge zur Kulturpolitik (Wien 1960).
Chas *Kelfeit,* Ich kann nicht schweigen (Wien 1988).
Fritz *Keller,* Wien, Mai 68 – eine heiße Viertelstunde (Wien 1983).
Heinrich *Keller,* Die Rechtsreform seit 1970. Der österreichische Weg 1970–1985. Fünfzehn Jahre, die Österreich verändert haben (hg. von Erich *Fröschl* u.a., Wien 1986) 177–186.
Hans *Kelsen,* Österreichisches Staatsrecht. Ein Grundriß entwicklungsgeschichtlich dargestellt (Tübingen 1923).
Brigitte *Kepplinger,* Nationalsozialistische Wohnbaupolitik in Oberösterreich. Arbeiterschaft und Nationalsozialismus in Österreich (hg. von Rudolf G. *Ardelt*/Hans *Hautmann,* Wien 1990) 265–288.
Hugo *Kerchnawe,* Der Zusammenbruch der österr.-ungar. Wehrmacht im Herbst 1918 (München 1921).
Lajos *Kerekes,* Abenddämmerung einer Demokratie. Mussolini, Gömbös und die Heimwehr (Wien 1966).
Hans *Kernbauer,* Währungspolitik in der Zwischenkriegszeit (Wien 1991).
Hans *Kernbauer*/Eduard *März*/Fritz *Weber,* Die wirtschaftliche Entwicklung. Österreich 1918–1938. Geschichte der Ersten Republik. Bd. 1 (hg. von Erika *Weinzierl*/Kurt *Skalnik,* Graz 1983) 343–380.
Hans *Kernbauer*/Fritz *Weber,* Multinationales Banking im Donauraum? Die Geschäftspolitik der Wiener Großbanken 1918–1929. Österreichische Zeitschrift für Geschichtswissenschaften 4 (1993) 585–616.
Hans *Kernbauer*/Fritz *Weber,* Österreichs Wirtschaft 1938–1945. NS-Herrschaft in Österreich 1938–1945 (hg. von Emmerich *Tálos* u.a., Wien 1988) 49–67.
Gert *Kerschbaumer,* Faszination Drittes Reich. Kunst und Alltag der Kulturmetropole Salzburg (Salzburg 1988).
Gert *Kerschbaumer*/Karl *Müller,* Begnadet für das Schöne. Der rot-weiß-rote Kulturkampf gegen die Moderne (Wien 1992).
Ian *Kershaw,* Hitlers Macht. Das Profil der NS-Herrschaft (München 1992).
Ian *Kershaw,* Der Hitler-Mythos. Volksmeinung und Propaganda im Dritten Reich (Stuttgart 1980).
Ian *Kershaw,* Der NS-Staat. Geschichtsinterpretationen und Kontroversen im Überblick (Reinbek 1988).
Robert *Keyserlingk,* Austria in World War II: An Anglo-American Dilemma (Kingston/Montreal 1988).
Erich Graf *Kielmannsegg,* Kaiserhaus, Staatsmänner und Politiker. Aufzeichnungen des k.k. Statthalters Erich Graf Kielmannsegg (Wien 1966).
Hubert *Kiesewetter,* Industrielle Revolution in Deutschland 1815–1914 (Frankfurt/M. 1989).
Gottfried-Karl *Kindermann,* Der Feindcharakter Österreichs in der Perzeption des Dritten Reiches. Österreich, Deutschland und die Mächte. Internationale und österreichische Aspekte des »Anschlusses« vom März 1938 (hg. von Gerald *Stourzh* u.a., Wien 1990) 75–76.
Gottfried-Karl *Kindermann,* Hitlers Niederlage in Österreich. Bewaffneter NS-Putsch, Kanzlermord und Österreichs Abwehrsieg von 1934 (Hamburg 1984).
Kindheit im Ersten Weltkrieg (hg. von Christa *Hämmerle,* Wien 1993).
Endre *Kiss,* Der Tod der k.u.k. Weltordnung in Wien. Ideengeschichte Österreichs um die Jahrhundertwende (Wien 1986).
Alfred *Klahr,* Zur nationalen Frage in Österreich. Weg und Ziel, Nr. 3 (1937) [Nachdruck. Fortschrittliche Wissenschaft 19 (1988)] 70–86.
Otto *Klambauer,* Die Frage des deutschen Eigentums in Österreich. Jahrbuch für Zeitgeschichte 1978, 127–174.
Klassen in der europäischen Sozialgeschichte (hg. von Hans-Ulrich *Wehler,* Göttingen 1979).
Josef *Klaus,* Macht und Ohnmacht in Österreich. Konfrontationen und Versuche (Wien 1971).
Fritz *Klein,* Innere Widersprüche im Bündnis zwischen Deutschland und Österreich-Ungarn zu Beginn der imperialistischen Epoche (1897 bis 1902). Studien zum deutschen Imperialismus (hg. von *ders.,* Berlin 1976) 225–262.
Stella *Klein-Löw,* Erinnerungen. Erlebtes und Gedachtes (Wien 1980).
Friedrich F. G. *Kleinwaechter,* Der deutschösterreichische Mensch und der Anschluß (Wien 1926).
Friedrich F. G. *Kleinwaechter,* Von Schönbrunn bis St-Germain. Die Entstehung der Republik Österreich (Graz 1964).
Friedrich F. G. *Kleinwaechter,* Der Untergang der Österreichisch-ungarischen Monarchie (Leipzig 1920).
Klemens von *Klemperer,* Ignaz Seipel. Die österreichischen Bundeskanzler. Leben und Werk (hg. von Erika *Weinzierl*/Friedrich *Weissensteiner,* Wien 1983) 92–116.
Klemens von *Klemperer,* Ignaz Seipel. Staatsmann einer Krisenzeit (Graz 1976).
Klemens von *Klemperer,* Die Revolution von 1918–1920 und der österreichische Konsens. Oder: Der pragmatische Stil in der österreichischen Politik. Demokratisierung und Verfassung in den Ländern 1918–1920 (hg. von der Österreichischen Forschungsgemeinschaft, St. Pölten 1983) 9–17.
Fritz *Klenner,* Die österreichischen Gewerkschaften. Bd. 1 (Wien 1951).

Rupert *Klieber,* Politischer Katholizismus in der Provinz. Salzburgs Christlichsoziale in der Parteienlandschaft Alt-Österreichs (Wien 1994).
Gustav Klimt. Dokumentation (hg. von Christian M. *Nebehay,* Wien 1969).
Grete *Klingenstein,* Die Anleihe von Lausanne. Ein Beitrag zur Geschichte der Ersten Republik in den Jahren 1931–1934 (Wien 1965).
András *Klinger*/Sylvia *Supper,* Bevölkerungsentwicklung in Budapest und Wien im Vergleich. Familien in Wien und Budapest (hg. von Lászlo *Cseh-Szobathy* u.a., Wien 1993) 62 ff.
Ferdinand *Klostermann,* Ich weiß, wem ich geglaubt habe. Erinnerungen und Briefe aus der NS-Zeit (hg. von Rudolf *Zinnhobler,* Wien 1987) 108 ff.
Ulrich *Kluge,* Bauern, Agrarkrise und Volksernährung in der europäischen Zwischenkriegszeit. Studien zur Agrargesellschaft und -wirtschaft der Republik Österreich 1918 bis 1938 (Stuttgart 1988).
Knechte. Autobiographische Dokumente und sozialhistorische Skizzen (hg. von Norbert *Ortmayr,* Wien 1992).
Robert *Knight,* Britische Entnazifizierungspolitik 1945–1949. Zeitgeschichte 11 (1984) 287 ff.
Robert *Knight,* Einige vergleichende Beobachtungen zur »Vergangenheitsbewältigung« in Österreich und Großbritannien. Zeitgeschichte 15 (1987) 63–71.
Koalitionsregierungen in Österreich. Ihr Ende 1920 und 1966 (hg. von Rudolf *Neck* u.a., Wien 1985).
Jürgen *Kocka,* Angestellte zwischen Faschismus und Demokratie (Göttingen 1977).
Jürgen *Kocka,* Die Angestellten in der deutschen Geschichte 1850–1980 (Göttingen 1981).
Jürgen *Kocka,* Arbeitsverhältnisse und Arbeiterexistenzfragen. Grundlagen der Klassenbildung im 19. Jahrhundert (Bonn 1990).
Jürgen *Kocka,* Bürgertum und bürgerliche Gesellschaft im 19. Jahrhundert. Europäische Entwicklungen und deutsche Eigenarten. Bürgertum im 19. Jahrhundert. Deutschland im europäischen Vergleich. Bd. 1 (hg. von Jürgen *Kocka,* München 1988) 11–78.
Jürgen *Kocka,* Deutsche Geschichte vor Hitler. Zur Diskussion über den »deutschen Sonderweg«. *Ders.,* Geschichte und Aufklärung (Göttingen 1989) 101–113.
Jürgen *Kocka,* Klassengesellschaft im Krieg. Deutsche Sozialgeschichte 1914–1918 (Göttingen 1973).
Jürgen *Kocka,* Lohnarbeit und Klassenbildung. Arbeiter und Arbeiterbewegung in Deutschland 1800–1875 (Berlin/Bonn 1983).
Jürgen *Kocka,* 1945: Neubeginn oder Restauration? Wendepunkte deutscher Geschichte 1848–1945 (hg. von Heinrich A. *Winkler,* Frankfurt/M. 1979) 141–168.
Jürgen *Kocka,* Neue Energie im 19. Jahrhundert. Zur Sozialgeschichte der Elektrizitätswirtschaft. Licht und Schatten. Dimensionen von Technik, Energie und Politik (hg. von Evelyn *Gröbl-Steinbach,* Wien 1990) 17–31.
Jürgen *Kocka,* Sozialgeschichte. Begriff, Entwicklung, Probleme (Göttingen 1986).
Jürgen *Kocka,* Der Unternehmer in der deutschen Industrialisierung (Göttingen 1975).
Jürgen *Kocka*/Michael *Prinz,* Vom »neuen Mittelstand« zum angestellten Arbeitnehmer. Kontinuität und Wandel der deutschen Angestellten seit der Weimarer Republik. Sozialgeschichte der Bundesrepublik Deutschland. Beiträge zum Kontinuitätsproblem (hg. von Werner *Conze* u.a., Stuttgart 1985) 210–255.
Gottfried *Köfner,* Eine oder wie viele Revolutionen? Das Verhältnis zwischen Staat und Ländern in Deutschösterreich im Oktober und November 1918. Jahrbuch für Zeitgeschichte 1979 (1980) 131–168.
Gottfried *Köfner,* Hunger, Not und Korruption. Der Übergang Österreichs von der Monarchie zur Republik am Beispiel Salzburgs (Salzburg 1980).
Oskar *Kokoschka,* Mein Leben (München 1974).
Oskar *Kokoschka,* Mörder Hoffnung der Frauen. *Ders.,* Dichtungen und Drama (Hamburg 1973).
Eric C. *Kollmann,* Theodor Körner. Militär und Politik (Wien 1973).
Gustav *Kolmer,* Parlament und Verfassung in Österreich. 8 Bde. (Wien 1911, Neudruck Graz 1980).
Andrea *Komlosy,* An den Rand gedrängt. Wirtschafts- und Sozialgeschichte des Oberen Waldviertels (Wien 1988).
Helmut *Konrad,* Nationalismus und Internationalismus. Die österreichische Arbeiterbewegung vor dem Ersten Weltkrieg (Wien 1976).
Helmut *Konrad*/Manfred *Lechner,* »Millionenverwechslung«. Franz Olah. Die Kronenzeitung. Geheimdienste (Wien 1992).
Der Konstituierungsprozeß der sozialistischen Arbeiterbewegung in Deutschland und Österreich (hg. von der Karl-Marx-Universität, Leipzig 1983).
Kontroversen. Adolf Loos im Spiegel der Zeitgenossen (hg. von Adolf *Oppel,* Wien 1985).
Ernst *Koref,* Die Gezeiten meines Lebens (Wien 1980).
Henriette *Kotlan-Werner,* Kunst und Volk. David Josef Bach 1874–1947 (Wien 1977).

Elisabeth *Kovács,* Der heilige Leopold – Rex perpetuus Austriae. Jahrbuch des Stiftes Klosterneuburg 13 (1985) 159–211.
Adolf *Kozlik,* Wie wird man Akademiker? Zum österreichischen Schul- und Hochschulwesen (Wien 1965).
Siegfried *Kracauer,* Von Caligari zu Hitler. Eine psychologische Geschichte des deutschen Films. Schriften. Bd. 2 (Frankfurt/M. 1979).
Dieter *Kramer,* Der sanfte Tourismus. Umwelt- und sozialverträglicher Tourismus in den Alpen (Wien 1983).
Helmut *Kramer,* Strukturentwicklung der Außenpolitik (1945–1990). Handbuch des politischen Systems Österreichs (hg. von Herbert *Dachs* u.a., Wien 1991) 637–657.
Josef *Krammer,* Analyse einer Ausbeutung (Wien 1976).
Herbert *Kraus,* »Untragbare Objektivität«. Politische Erinnerungen 1917 bis 1987 (Wien 1988).
Johannes *Kraus,* Volksvertreter. Beiträge zu einer Analyse der Organe der Bundesgesetzgebung 1934–1938 und der politischen Elite des Austrofaschismus. Zeitgeschichte 18 (1990/91) 379–414.
Karl *Kraus,* In dieser großen Zeit. *Ders.,* Weltgericht I (Frankfurt/M. 1988) 9–24.
Karl *Kraus,* Die letzten Tage der Menschheit (Frankfurt/M. 1986).
Karl *Kraus,* Nachruf. Weltgericht II (hg. von Christian *Wagenknecht,* Frankfurt/M. 1988) 185–291.
Bruno *Kreisky,* Im Strom der Politik. Der Memoiren zweiter Teil (Wien 1988).
Bruno *Kreisky,* Zwischen den Zeiten. Erinnerungen aus fünf Jahrzehnten (Berlin 1986).
The Kreisky-Era in Austria (ed. Günter *Bischof,* New Brunswick 1994).
Der junge Kreisky. Schriften, Reden, Dokumente 1931–1945 (hg. von Oliver *Rathkolb* u.a., Wien 1986).
Felix *Kreissler,* Der Österreicher und seine Nation. Ein Lernprozeß mit Hindernissen (Wien 1984).
Ulla *Kremsmayer,* Instrumentalisierte Intelligenz. Sozialdemokratie und Intellektuelle. Österreichische Zeitschrift für Politikwissenschaft 18 (1989) 361–372.
Ernst *Křenek,* Prosa – Dramen – Verse (München 1965).
Henrik *Kreutz,* Altersrolle, soziale Schicht und politische Generationsbildung in Österreich. Soziologie. Forschung in Österreich (hg. von Leopold *Rosenmayr* u.a., Wien 1969) 363–401.
Robert *Kriechbaumer,* Von der Illegalität zur Legalität. Die ÖVP im Jahre 1945 (Wien 1985).
Robert *Kriechbaumer,* Österreichs Innenpolitik 1970–1975 (Wien 1981).
Robert *Kriechbaumer,* Parteiprogramme im Widerstreit der Interessen. Die Programmdiskussion und die Programme von ÖVP und SPÖ 1945–1986 (Wien 1990).
Kriegswirtschaft und Rüstung 1939–1945 (hg. von Friedrich *Forstmeier* u.a., Düsseldorf 1977).
Bernhard R. *Kroener,* Strukturelle Veränderungen in der militärischen Gesellschaft des Dritten Reiches. Nationalsozialismus und Modernisierung (hg. von Michael *Prinz* u.a., Darmstadt 1991) 291 ff.
Kronprinz Rudolf. Majestät, ich warne Sie ... Geheime und private Schriften (hg. von Brigitte *Hamann,* Wien 1979).
Alfred *Kube,* Pour le mérite und Hakenkreuz. Hermann Göring im Dritten Reich (München 1986).
Peter *Kulemann,* Am Beispiel des Austromarxismus. Sozialdemokratische Arbeiterbewegung in Österreich von Hainfeld bis zur Dollfuß-Diktatur (Hamburg 1979).
Inez *Kykal*/Karl R. *Stadler,* Richard Bernaschek. Odyssee eines Rebellen (Wien 1976).
Josef *Kytir,* Die »verzögerte« Modernisierung. Räumliche Aspekte des ehelichen Fruchtbarkeitsrückganges in den Bundesländern Tirol und Vorarlberg in den sechziger und siebziger Jahren. Demographische Informationen 1986, 45–61.

Helmut *Lackner,* Die Körperökonomie in den Werkschulen und Lehrwerkstätten als Vorbereitung für den »soldatischen Mann«. Arbeiterschaft und Nationalsozialismus in Österreich (hg. von Rudolf G. *Ardelt* u.a., Wien 1990) 359–387.
Gottlieb *Ladner,* Seipel als Überwinder der Staatskrise vom Sommer 1922. Zur Geschichte der Entstehung der Genfer Protokolle vom 4. Oktober 1922 (Graz 1964).
Ernst *Lakenbacher,* Die österreichischen Angestelltengewerkschaften. Geschichte und Gegenwart (Wien 1967).
David S. *Landes,* Der entfesselte Prometheus. Technologischer Wandel und industrielle Entwicklung in Westeuropa von 1750 bis zur Gegenwart (Köln 1973).
Hilde Verena *Lang,* Wilhelm Miklas. Vom Justizpalast zum Heldenplatz. Studien und Dokumentationen 1927 bis 1938 (hg. von Ludwig *Jedlicka*/Rudolf *Neck,* Wien 1975) 192–203.
Jochen von *Lang,* Der Hitler-Junge. Baldur von Schirach: Der Mann, der Deutschlands Jugend erzog (Hamburg 1988).
Dieter *Langewiesche,* Arbeiterkultur in Österreich. Arbeiterkultur (hg. von Gerhard A. *Ritter,* Königstein/Ts. 1979) 40–57.
Dieter *Langewiesche,* Zur Freizeit des Arbeiters. Bildungsbestrebungen und Freizeitgestaltung österreichischer Arbeiter im Kaiserreich und in der Ersten Republik (Stuttgart 1979).

Franz *Langoth,* Der Kampf um Österreich. Erinnerungen eines Politikers (Wels 1951).
Edward *Larkey,* Pungent Sounds. Constructing Identity with Popular Music in Austria (New York 1993).
Scott *Lash,* Bürgerliche Identität und Moderne: Paris–Wien–Berlin. Soziale Welt 40 (1989) 457–480.
Volkmar *Lauber,* Wirtschafts- und Finanzpolitik. Handbuch des politischen Systems Österreichs (hg. von Herbert *Dachs* u.a., Wien 1991) 501–512.
Leben mit Kindern. Wunsch und Wirklichkeit (hg. von Rainer *Münz,* Wien 1985).
Lebensverhältnisse in Österreich (hg. von Marina *Fischer-Kowalski* u.a., Frankfurt/M./Wien 1980).
Hans *Lebert,* Die Wolfshaut (1. Aufl. 1960, Wien 1991).
Emil *Lederer,* Die Angestellten im Wilhelminischen Reich. *Ders.,* Kapitalismus, Klassenstruktur und Probleme der Demokratie in Deutschland (Göttingen 1979) 51–82.
Emil *Lederer,* Kapitalismus, Klassenstruktur und Probleme der Demokratie in Deutschland (Göttingen 1979).
Max *Lederer,* Grundriß des österreichischen Sozialrechtes (Wien 1929).
Jacques *Le Goff,* Geschichte und Gedächtnis (Frankfurt/M. 1992).
Jacques *Le Goff,* Kaufleute und Bankiers im Mittelalter (Frankfurt/M. 1989).
Gerhard *Lehmbruch,* Proporzdemokratie. Politisches System und politische Kultur in der Schweiz und Österreich (Tübingen 1967).
Detlef *Lehnert,* Kommunale Politik, Parteisystem und Interessenkonflikte in Berlin und Wien 1919–1932 (Berlin 1991).
Otto *Leichter,* Otto Bauer (Wien 1970).
Peter *Leisching,* Die römisch-katholische Kirche in Cisleithanien. Die Habsburgermonarchie 1848–1918. Bd. 4 (hg. von Adam *Wandruszka*/Peter *Urbanitsch,* Wien 1985) 1–247.
Franz *Leitner,* Kirche und Parteien in Österreich nach 1945 (Paderborn 1988).
Paul *Lendvai*/Karl Heinz *Ritschel,* Kreisky. Porträt eines Staatsmannes (Wien 1972).
Friedrich *Lenger,* Sozialgeschichte der deutschen Handwerker seit 1800 (Frankfurt/M. 1988).
Jacques *Le Rider,* Das Ende der Illusion. Die Wiener Moderne und die Krisen der Identität (Wien 1990).
Jacques *Le Rider,* Der Fall Otto Weininger. Wurzeln des Antifeminismus und Antisemitismus (Wien 1985).
Norbert *Leser,* Begegnung und Auftrag. Beiträge zur Orientierung im zeitgenössischen Sozialismus (Wien 1963).
Norbert *Leser,* Der Bruch der Koalition 1920 – Voraussetzungen und Konsequenzen. Koalitionsregierungen in Österreich. Ihr Ende 1920 und 1966 (hg. von Rudolf *Neck* u.a., Wien 1985) 33–45.
Norbert *Leser,* Die politischen Aspekte der Krise der Demokratie und der Sozialdemokratie. Februar 1934. Ursachen, Fakten, Folgen (hg. von Erich *Fröschl* u.a., Wien 1984) 143–154.
Norbert *Leser,* Salz der Gesellschaft. Wesen und Wandel des österreichischen Sozialismus (Wien 1988).
Norbert *Leser,* Zwischen Reformismus und Bolschewismus. Der Austromarxismus als Theorie und Praxis (Wien 1985).
John *Leslie,* Österreich-Ungarn vor dem Kriegsausbruch. Deutschland und Europa in der Neuzeit. Festschrift für Karl Otmar von Aretin. 2 Bde. (Stuttgart 1988).
Primo *Levi,* Ist das ein Mensch? Die Atempause (München 1988).
Gavin *Lewis,* Kirche und Partei im Politischen Katholizismus. Klerus und Christlichsoziale in Niederösterreich 1885–1907 (Wien 1977).
Gavin *Lewis,* The Peasantry. Rural Change and Conservative Agrarianism: Lower Austria at the Turn of the Century. Past and Present 81 (1978) 119–143.
Alphons *Lhotsky,* Geschichte des Instituts für Österreichische Geschichtsforschung 1854–1954 (Graz 1954).
Alphons *Lhotsky,* Österreichischer Barock. *Ders.,* Aufsätze und Vorträge. Bd. 5 (Wien 1976) 200–219.
Liberalismus im 19. Jahrhundert (hg. von Dieter *Langewiesche,* Göttingen 1988).
Licht und Schatten. Dimensionen von Technik, Energie und Politik (hg. von Evelyn *Gröbl-Steinbach,* Wien 1990).
Elisabeth *Lichtenberger,* Wirtschaftsfunktion und Sozialstruktur der Wiener Ringstraße (Wien 1970).
Brigitte *Lichtenberger-Fenz,* Österreichs Universitäten und Hochschulen – Opfer oder Wegbereiter der nationalsozialistischen Gewaltherrschaft (Am Beispiel der Universität Wien). Willfährige Wissenschaft. Die Universität Wien 1938–1945 (hg. von Gernot *Heiß* u.a., Wien 1989) 3–16.
Maximilian *Liebmann,* Jugend – Kirche – Ständestaat. Festgabe des Hauses Styria. Hanns Sassmann zum 60. Geburtstag (Graz 1984) 187–204.
Maximilian *Liebmann,* Theodor Innitzer und der Anschluß. Österreichs Kirche 1938 (Graz 1988).
Klaus *Liebscher,* Renaissance des Unternehmers. Unternehmer und Unternehmen. Festschrift für Alois Brusatti (hg. von der Österreichischen Gesellschaft für Unternehmensgeschichte, Wien 1989) 345 ff.
Life in the Third Reich (ed. Richard *Bessel,* Oxford 1987).
Arend *Lijphart,* Democracy in Plural Societies (New Haven 1967).

Joachim *Lilla,* Innen- und außenpolitische Aspekte der austropolnischen Lösung 1914–1916. Mitteilungen des österreichischen Staatsarchivs 30 (1977) 221–250.
Peter Michael *Lingens,* Auf der Suche nach den verlorenen Werten (Wien 1986).
Literatur der Nachkriegszeit und der 50er Jahre in Österreich (hg. von Friedbert *Aspetsberger,* Wien 1984).
Literatur in Österreich. Rot ich Weiß Rot (hg. von Gustav *Ernst,* Berlin 1979).
Erwein *Lobkowicz,* Erinnerungen an die Monarchie (Wien 1989).
Raimund *Löw,* Der Zerfall der »Kleinen Internationale«. Nationalitätenkonflikte in der Arbeiterbewegung des alten Österreich (1889–1914) (Wien 1984).
Hans *Loewenfeld-Russ,* Im Kampf gegen den Hunger. Aus den Erinnerungen des Staatssekretärs für Volksernährung 1918–1920 (hg. von Isabella *Ackerl,* Wien 1986).
Hans *Loewenfeld-Russ,* Die Regelung der Volksernährung im Kriege (Wien 1926).
Hans van der *Loo*/Wilhelm van *Reijen,* Modernisierung. Projekt und Paradox (München 1992).
Adolf Loos (hg. von Burkhardt *Rukschcio,* Wien 1989).
Reinhold *Lorenz,* Kaiser Karl und der Untergang der Donaumonarchie (Graz 1959).
Ernst *Lothar,* Das Wunder des Überlebens. Erinnerungen und Ergebnisse (Hamburg 1960).
Alfred D. *Low,* Die Anschlußbewegung in Österreich und Deutschland, 1918–1919 und die Pariser Friedenskonferenz (Wien 1975).
Michael *Ludwig* u.a, Der Oktoberstreik 1950. Ein Wendepunkt der Zweiten Republik (Wien 1991).
Paul Michael *Lützeler,* Hermann Broch. Eine Biographie (Frankfurt/M. 1988).
David *Luft,* Robert Musil and the Crisis of European Culture 1880–1942 (Berkeley 1980).
Klaus *Luger,* Advokatur und Politik. Politische und soziale Funktionen cisleithanischer Anwälte von 1867 bis 1917. Zeitgeschichte 16 (1989) 221–234.
Kurt *Luger,* Die konsumierte Rebellion. Geschichte der Jugendkultur 1945–1990 (Habil. Schrift, Salzburg 1990 bzw. Wien 1991).
Paul *Luif,* Außenwirtschaftspolitik. Handbuch des politischen Systems Österreichs (hg. von Herbert *Dachs* u.a., Wien 1991) 674–689.
John *Lukacs,* Die Geschichte geht weiter. Das Ende des zwanzigsten Jahrhunderts und die Wiederkehr des Nationalismus (München 1994).
Heinrich *Lutz,* Österreich-Ungarn und die Gründung des Deutschen Reiches. Europäische Entscheidungen 1867–1871 (Frankfurt/M. 1979).
Wolfgang *Lutz,* Heiraten, Scheidungen und Kinderzahl. Demographische Informationen 1985, 3–20.
Radomir *Luža,* Österreich und die großdeutsche Idee in der NS-Zeit (Wien 1977).
Radomir *Luža,* Der Widerstand in Österreich 1938–1945 (Wien 1985).

Wolfgang *Maderthaner,* Die Entwicklung der Organisationsstruktur der deutschen Sozialdemokratie in Österreich 1889 bis 1913. Sozialdemokratie und Habsburgerstaat (hg. von Wolfgang *Maderthaner,* Wien 1988) 25–52.
Wolfgang *Maderthaner*/Siegfried *Mattl,* »... den Straßenexcessen ein Ende machen«. Septemberunruhen und Arbeitermassenprozeß 1911. Sozialistenprozesse. Politische Justiz in Österreich 1870–1936 (hg. von Karl R. *Stadler,* Wien 1986) 117–152.
Wolfgang *Maderthaner*/Gerald *Sprengnagel,* Klassenbildung auf dem Lande: Die Feilenhauer von Furthof. Aufbruch in der Provinz. Niederösterreichische Arbeiter im 19. Jahrhundert (hg. von Sylvia *Hahn* u.a., Wien 1989).
Wilfried *Mähr,* Der Marshallplan in Österreich (Graz 1989).
4. März 1933. Vom Verfassungsbruch zur Diktatur (hg. von Erich *Fröschl* u.a., Wien 1984).
Eduard *März,* Joseph Alois Schumpeter – Forscher, Lehrer und Politiker (Wien 1983).
Eduard *März,* Die Klassenstruktur der Zweiten österreichischen Republik. Probleme der österreichischen Politik. Bd. 1 (Wien 1968) 67–112.
Eduard *März,* Österreichische Bankpolitik in der Zeit der großen Wende 1913–1923. Am Beispiel der Creditanstalt für Handel und Gewerbe (Wien 1981).
Eduard *März,* Österreichische Industrie- und Bankpolitik in der Zeit Franz Josephs I. Am Beispiel der k.k. priv. Österreichischen Credit-Anstalt für Handel und Gewerbe (Wien 1968).
Eduard *März,* Österreichs Wirtschaft zwischen Ost und West (Wien 1965).
Eduard *März*/Fritz *Weber,* Österreichische Wirtschaftspolitik in der Zeit der großen Krise. Bürgerliche Strategie und sozialdemokratische Alternative. Februar 1934. Ursachen, Fakten, Folgen (hg. von Erich *Fröschl* u.a., Wien 1984) 15–33.
Magie der Industrie. Leben und Arbeiten im Fabrikzeitalter. Katalog der Niederösterreichischen Landesausstellung (München 1989).
Claudio *Magris,* Der habsburgische Mythos in der österreichischen Literatur (Salzburg 1966).

Alma *Mahler,* Gustav Mahler. Erinnerungen und Briefe (Wien 1949).
Alma *Mahler-Werfel,* Mein Leben (Frankfurt/M. 1963).
Gunther *Mai,* »Warum steht der deutsche Arbeiter zu Hitler?« Zur Rolle der deutschen Arbeitsfront im Herrschaftssystem des Dritten Reiches. Geschichte und Gesellschaft 12 (1986) 212–234.
Andreas *Maislinger,* Anti-Bundesheer-Volksbegehren: Volksbegehren oder Spielwiese verstreuter 68er? Populismus in Österreich (hg. von Anton *Pelinka,* Wien 1987) 138–150.
Malerei der Widerstände. Wiener Positionen 1945–1955 (Wien 1992).
Peter *Malina,* »In Diensten von Macht und Mehrheit«. Überlegungen zur »Endlösung der sozialen Frage« im Nationalsozialismus. Jahrbuch 1992 (hg. vom Dokumentationsarchiv des österreichischen Widerstandes) 26–49.
Klaus *Mammach,* Der Volkssturm. Bestandteil des totalen Kriegseinsatzes der deutschen Bevölkerung 1944/45 (Berlin 1981).
Thomas *Mann,* Deutschland und die Deutschen. *Ders.,* Essays. Bd. 2 (hg. von Hermann *Kurzke,* Frankfurt/M. 1977) 281–298.
Walter *Manoschek*/Hans *Safrian,* Österreicher in der Wehrmacht. NS-Herrschaft in Österreich 1938–1945 (hg. von Emmerich *Tálos* u.a., Wien 1988) 331–360.
Bernd *Marin,* »Die Juden« in der Kronen-Zeitung. *Ders.*/John *Bunzl,* Antisemitismus in Österreich. Sozialhistorische und soziologische Studien (Innsbruck 1983) 89–170.
Bernd *Marin,* Die paritätische Kommission. Aufgeklärter Technokorporatismus in Österreich (Wien 1982).
Karl *Mark,* 75 Jahre Roter Hund. Lebenserinnerungen (Wien 1990).
Hans *Marsalek,* Die Geschichte des Konzentrationslagers Mauthausen (Wien 1980).
Peter *Marschalck,* Bevölkerungsgeschichte Deutschlands im 19. und 20. Jahrhundert (Frankfurt/M. 1984).
Manfred *Marschalek,* Untergrund und Exil. Österreichs Sozialisten zwischen 1934 und 1945 (Wien 1990).
Alberto *Martino,* Lektüre in Wien um die Jahrhundertwende (1889–1914). Buchhandel und Literatur. Festschrift für Herbert G. Göpfert (hg. von Reinhard *Wittmann* u.a., Wiesbaden 1982) 314–394.
Karl *Marx,* Die Frühschriften (hg. von Siegfried *Landshut,* Stuttgart 1964).
Werner *Maser,* Adolf Hitler (München 1973).
Massenmedien in Österreich (hg. von Benno *Signitzer,* Wien 1983).
Materialien zu Ödön von Horváths »Geschichten aus dem Wiener Wald« (hg. von Traugott *Krischke,* Frankfurt/M. 1972).
Franz *Mathis,* Big Business in Österreich. Österreichische Großunternehmen in Kurzdarstellungen (Wien 1987).
Franz *Mathis,* Big Business in Österreich II. Wachstum und Eigentumsstruktur der österreichischen Großunternehmen im 19. und 20. Jahrhundert (Wien 1990).
Franz *Mathis,* Camillo Castiglioni und sein Einfluß auf die österreichische Industrie. Historische Blickpunkte. Festschrift für Johann Rainer (hg. von Sabine *Weiss,* Innsbruck 1988) 423–432.
Franz *Mathis,* Deutsches Kapital in Österreich vor 1938. Tirol und der Anschluß. Voraussetzungen, Entwicklungen, Rahmenbedingungen 1918–1938 (hg. von Thomas *Albrich* u.a., Innsbruck 1988) 435–452.
Franz *Mathis,* Fusion und Konzentration in der österreichischen Großindustrie. Unternehmer und Unternehmen. Festschrift für Alois Brusatti (hg. von der Österreichischen Gesellschaft für Unternehmensgeschichte, Wien 1989) 192 ff.
Herbert *Matis,* Das Industriesystem. Wirtschaftswachstum und sozialer Wandel im 19. Jahrhundert (Wien 1988).
Herbert *Matis,* Leitlinien der österreichischen Wirtschaftspolitik. Die Habsburgermonarchie 1848–1918. Bd. 1 (hg. von Adam *Wandruszka*/Peter *Urbanitsch,* Wien 1973) 29–67.
Herbert *Matis*/Dieter *Stiefel,* Der österreichische Abgeordnete. Der österreichische Nationalrat 1919–1979. Versuch einer historischen Kollektivbiographie (Wien o.J.).
Herbert *Matis*/Dieter *Stiefel,* Unternehmenskultur in Österreich. Ideal und Wirklichkeit (Wien 1987).
Erwin *Matsch,* Der auswärtige Dienst von Österreich(-Ungarn) 1720–1920 (Wien 1986).
Siegfried *Mattl,* Agrarstruktur, Bauernbewegung und Agrarpolitik in Österreich 1919–1929 (Wien 1981).
Siegfried *Mattl,* Frauen in Österreich nach 1945. Unterdrückung und Emanzipation. Festschrift für Erika Weinzierl (hg. von Rudolf G. *Ardelt* u.a., Wien 1985) 101–128.
Siegfried *Mattl,* Krise und Radikalisierung des »alten Mittelstandes«: Gewerbeproteste 1932/33. Februar 1934. Ursachen, Fakten, Folgen (hg. von Erich *Fröschl* u.a., Wien 1984) 51–63.
Siegfried *Mattl,* Krise und sozialer Protest. Die Widerstandshandlungen österreichischer Bauern gegen das behördliche Exekutionssystem in den Jahren 1931 bis 1933. Zeitgeschichte 20 (1993) 1–22.
Otto *Mauer,* Über Kunst und Künstler (hg. von Günter *Rombold,* Salzburg 1993).
Otto Mauer 1907–1973 Symposion (hg. von Uta *Krammer,* Wien 1993).
Ruth von *Mayenburg,* Blaues Blut und rote Fahnen. Ein Leben unter vielen Namen (Wien 1969).

Arno J. *Mayer,* Adelsmacht und Bürgertum. Die Krise der europäischen Gesellschaft 1848–1914 (München 1984).
Hans *Mayer,* Außenseiter (Frankfurt/M. 1977).
Sigmund *Mayer,* Ein jüdischer Kaufmann 1831 bis 1911. Lebenserinnerungen (Leipzig 1911).
Claudia *Mayerhofer,* Dorfzigeuner (Wien 1987).
Theo *Mayer-Maly,* Arbeiter und Angestellte (Wien 1969).
Rosa *Mayreder,* Zur Kritik der Weiblichkeit. Essays (hg. von Hanna *Schnedl,* München 1982).
Rosa *Mayreder,* Tagebücher (hg. von Harriet *Anderson,* Frankfurt/M. 1988).
William J. *McGrath,* Dionysian Art and Populist Politics in Austria (New Haven 1974).
Brian *McGuinness,* Wittgensteins frühe Jahre (Frankfurt/M. 1988).
Barry *McLoughlin,* Zur Wehrpolitik der SDAPÖ 1923–1934. Februar 1934. Ursachen, Fakten, Folgen (hg. von Erich *Fröschl* u.a., Wien 1984) 277–297.
Paul *Mechtler,* Sozialgeschichtliche Notizen über die österreichischen Minister von 1848 bis 1920. Politik und Gesellschaft im alten und neuen Österreich. Festschrift für Rudolf Neck zum 60. Geburtstag (hg. von Isabella *Ackerl* u.a., Wien 1981) 189–194.
Paul *Mechtler,* Die staatliche Förderung des Fremdenverkehrs in Österreich bis zur Errichtung eines Ministeriums für öffentliche Arbeiten im Jahre 1908. Mitteilungen des österreichischen Staatsarchivs 7 (1954) 256–267.
Ingeborg *Meckling,* Die Außenpolitik des Grafen Czernin (Wien 1969).
Medienkultur in Österreich (hg. von Hans H. *Fabris* u.a., Wien 1988).
Reinhard *Meier-Walser,* Die Außenpolitik der monocoloren Regierung Klaus in Österreich 1966–1970 (München 1988).
Josef *Meisel,* »Jetzt haben wir Ihnen, Meisel!« Kampf, Widerstand und Verfolgung eines österreichischen Antifaschisten (1911–1945) (Wien 1985).
Gerhard *Meißl,* Die Anfänge der »Wissenschaftlichen Betriebsführung« am Beispiel der Wiener Elektroindustrie vor dem Ersten Weltkrieg. Neuere Studien zur Arbeitergeschichte. Bd. 1 (hg. von Helmut *Konrad*/Wolfgang *Maderthaner,* Wien 1984) 41–100.
Gerhard *Meißl,* Daten zur Gewerbeentwicklung. Christliche Demokratie 2 (1984) 337–344.
Gerhard *Meißl,* »Für mich wäre es Freiheit, wenn ich in die Fabrik ginge«. Zum Wandel der Arbeitsorganisation und Arbeitserfahrung in Wien zwischen 1890 und 1914. Archiv. Jahrbuch des Vereins für Geschichte der Arbeiterbewegung 1 (1985) 18–31.
Gerhard *Meißl,* Harte Zeiten. Der dressierte Arbeiter (hg. von Walter *Sauer,* München 1984) 94–110.
Gerhard *Meißl,* Klassenkampf oder Harmonieduselei? Auf dem österreichischen Weg zur Massengewerkschaft (1890 bis 1914). Die Bewegung. Hundert Jahre Sozialdemokratie in Österreich (hg. von Erich *Fröschl* u.a., Wien 1989) 95–103.
Heinrich *Mejzlik,* Die Eisenbewirtschaftung im Ersten Weltkrieg. Die Planwirtschaft des k.u.k. Kriegsministeriums (Wien 1977).
Robert *Menasse,* Die sozialpartnerschaftliche Ästhetik. Essays zum österreichischen Geist (Wien 1990).
Karl *Menger,* Beamte. Wirtschafts- und sozialgeschichtliche Aspekte des k.k. Beamtentums (Wien 1985).
Mentalitäten-Geschichte (hg. von Ulrich *Raulff,* Berlin 1987).
Josef *Mentschl,* Das österreichische Unternehmertum. Die Habsburgermonarchie 1848–1918. Bd. 1 (hg. von Adam *Wandruszka*/Peter *Urbanitsch,* Wien 1973) 250–277.
Josef *Mentschl,* Österreichisches Unternehmertum des 19. Jahrhunderts in seiner Selbstdarstellung. Unternehmer und Unternehmen. Festschrift für Alois Brusatti (hg. von der Österreichischen Gesellschaft für Unternehmensgeschichte, Wien 1989) 138–150.
Josef *Mentschl*/Gustav *Otruba,* Österreichische Industrielle und Bankiers (Wien 1965).
Edmund *Merl,* Besatzungszeit im Mühlviertel (Linz 1980).
Michael *Mesch,* Arbeiterexistenz in der Spätgründerzeit. Gewerkschaften und Lohnentwicklung in Österreich 1890–1914 (Wien 1984).
Karl *Metschl,* Wiener Lehrlingselend (Wien o.J.).
Lucian O. *Meysels,* Austrofaschismus. Das Ende der Ersten Republik und ihr letzter Kanzler (Wien 1992).
Alfred *Migsch,* Parlament ohne Opposition. Bestandaufnahme Österreich 1945–1963 (hg. von Jacques *Hannak,* Wien 1963) 9–24.
Hanns Leo *Mikoletzky,* Österreich im 20. Jahrhundert (Wien 1969).
James William *Miller,* Engelbert Dollfuß als Agrarfachmann. Eine Analyse bäuerlicher Führungsbegriffe und die österreichische Agrarpolitik 1918–1934 (Wien 1989).
Jürgen *Mirow,* Schwierigkeit und Möglichkeit einer deutschen Nationalgeschichte. Mitteilungen des Instituts für österreichische Geschichtsforschung 99 (1991) 475–504.
The Mirror of History. Essays in Honor of Fritz Fellner (ed. Solomon *Wank,* Santa Barbara 1988).

Miteinander, Zueinander, Gegeneinander. Gemeinschaftsarbeiten österreichischer Künstler und ihrer Freunde nach 1950 bis in die achtziger Jahre (hg. von Otto *Breicha,* Klagenfurt 1992).
Andrej *Mitrovic,* Die Balkanpläne der Ballhausplatz-Bürokratie im Ersten Weltkrieg (1914–1916). Gesellschaft, Politik und Verwaltung in der Habsburgermonarchie 1830–1918 (hg. von Ferenc *Glatz* u.a., Stuttgart 1987) 343–372.
Richard *Mitten,* The Politics of Antisemitic Prejudice. The Waldheim Phenomenon in Austria (Boulder 1992).
Michael *Mitterauer,* Formen ländlicher Familienwirtschaft. Familienstruktur und Arbeitsorganisation in ländlichen Gesellschaften (hg. von Josef *Ehmer,* Wien 1980) 185–323.
Michael *Mitterauer,* »Heut' ist eine heilige Samstagnacht«. Ein Passionsgebet im sozialgeschichtlichen Kontext seiner Überlieferung. Arbeit, Frömmigkeit und Eigensinn. Studien zur historischen Kulturforschung (hg. von Richard *van Dülmen,* Frankfurt/M. 1990) 260–299.
Michael *Mitterauer,* Ledige Mütter. Zur Geschichte illegitimer Geburten in Europa (München 1983).
Michael *Mitterauer,* Politischer Katholizismus, Österreichbewußtsein und Türkenfeindbild. Zur Aktualisierung von Geschichte bei Jubiläen. Beiträge zur historischen Sozialkunde 12 (1982) 111–120.
Michael *Mitterauer,* Problemfelder einer Sozialgeschichte des Alters. Der alte Mensch in der Geschichte (hg. von Helmut *Konrad,* Wien 1982) 9–61.
Modelle einer neuen Wirtschaftsordnung. Wirtschaftsverwaltung in Österreich 1914–1918 (hg. von Wilhelm *Brauneder* u.a., Frankfurt/M. 1991).
Der Modernismus. Beiträge zu seiner Erforschung (hg. von Erika *Weinzierl,* Graz 1974).
Hans und Rosaleen *Moldenhauer,* Anton von Webern. Chronik seines Lebens und Werkes (Zürich 1980).
Paul *Molisch,* Geschichte der deutschnationalen Bewegung in Österreich von ihren Anfängen bis zum Zerfall der Monarchie (Jena 1926).
Gerhard *Mollin,* Montankonzerne und »Drittes Reich« (Göttingen 1988).
Hans *Mommsen,* Hitlers Stellung im nationalsozialistischen Herrschaftssystem. Der »Führerstaat«: Mythos und Realität (hg. von Gerhard *Hirschfeld,* Stuttgart 1981) 58 ff.
Hans *Mommsen,* Der Nationalsozialismus. Meyers Enzyklopädisches Lexikon. Bd. 16 (Mannheim 1976) 785 ff.
Hans *Mommsen,* Nationalsozialismus als vorgetäuschte Modernisierung. Der historische Ort des Nationalsozialismus. Annäherungen (hg. von Walter H. *Pehle,* Frankfurt/M. 1990) 31–46.
Hans *Mommsen,* Die Sozialdemokratie und die Nationalitäten im habsburgischen Vielvölkerstaat (Wien 1963).
Hans *Mommsen,* Die verspielte Freiheit. Der Weg der Republik von Weimar in den Untergang 1918 bis 1933 (Berlin 1989).
Hans *Mommsen,* Widerstand und politische Kultur in Deutschland und Österreich (Wien 1994).
Margarete *Mommsen-Reindl,* Die österreichische Proporzdemokratie und der Fall Habsburg (Graz 1976).
Josef *Mooser,* Arbeiterleben in Deutschland 1900–1970. Klassenlage, Kultur und Politik (Frankfurt/M. 1984).
Michael *Mooslechner*/Robert *Stadler,* Landwirtschaft und Agrarpolitik. NS-Herrschaft in Österreich 1939–1945 (hg. von Emmerich *Tálos* u.a., Wien 1988) 69–94.
Inge *Morawetz,* Die verborgene Macht. Personelle Verflechtungen zwischen Großbanken, Industrie und Unternehmerverbänden in Österreich (Frankfurt/M. 1986).
Andreas *Moritsch,* Die wirtschaftliche und soziale Lage der Kärntner Slowenen und deren Einfluß auf die Volksabstimmung 1920. Kärntens Volksabstimmung 1920 (hg. von Helmut *Rumpler,* Klagenfurt 1981) 215–231.
Jonny *Moser,* Österreich. Dimension des Völkermords. Die Zahl der jüdischen Opfer des Nationalsozialismus (hg. von Wolfgang *Benz,* München 1991) 67–94.
Jonny *Moser,* Österreichs Juden unter der NS-Herrschaft. NS-Herrschaft in Österreich 1938–1945 (hg. von Emmerich *Tálos* u.a., Wien 1988) 185–198.
Alois *Mosser,* Die Industrieaktiengesellschaft in Österreich 1880–1913 (Wien 1980).
Alois *Mosser,* Industrielles Unternehmertum. Das Zeitalter Kaiser Franz Josephs. 1. Teil. Ausstellungskatalog Schloß Grafenegg (Wien 1984) 187–196.
Alois *Mosser,* Konzentrationserscheinungen in der österreichischen Industrie bis 1914. Bericht über den elften österreichischen Historikertag in Innsbruck (Wien 1972) 186–200.
Alois *Mosser,* Unternehmertum und Familie in Österreich. Zur Funktionalität des patriarchalischen Systems in der Industrialisierung. Unternehmer und Unternehmen. Festschrift für Alois Brusatti (hg. von der Österreichischen Gesellschaft für Unternehmensgeschichte, Wien 1989) 69–79.
Alois *Mosser,* Die Wirtschaft im Habsburgerreich. Das Zeitalter Kaiser Franz Josephs. 2. Teil. Ausstellungskatalog Schloß Grafenegg, Bd. 1 (Wien 1987) 60–72.
Gerald *Mozetic,* Die Gesellschaftstheorie des Austromarxismus (Darmstadt 1987).

Robert *Muchembled,* Die Erfindung des modernen Menschen. Gefühlsdifferenzierung und kollektive Verhaltensweise im Zeitalter des Absolutismus (Reinbek 1990).
Max *Muchitisch,* Der rote Stafette. Vom Triglaw zum Hochschwab (Wien 1985).
Dietrich *Mühlberg,* Proletariat. Kultur und Lebensweise (Wien 1986).
Franz *Müller,* Ein »Rechtskatholik« zwischen Kreuz und Hakenkreuz: Franz von Papen als Sonderbevollmächtigter Hitlers in Wien 1934–1938 (Frankfurt/M. 1990).
K. J. *Müller,* Armee, Politik und Gesellschaft in Deutschland 1933–1945 (Paderborn 1979).
Karl *Müller,* Zäsuren ohne Folgen. Das lange Leben der literarischen Antimoderne Österreichs seit den dreißiger Jahren (Salzburg 1990).
Wolfgang C. *Müller,* After the »Golden Age«: Research into Austrian Political Parties since the 1980s. European Journal of Political Research 23 (1993) 439–463.
Wolfgang C. *Müller,* Patronage im österreichischen Parteiensystem. Theoretische Überlegungen und empirische Befunde. Das österreichische Parteiensystem (hg. von Anton *Pelinka* u.a., Wien 1988) 457–488.
Richard *Mündl,* Fremdenverkehr. Österreichische Rundschau (1905) 560–564.
Mündliche Geschichte und Arbeiterbewegung (hg. von Gerhard *Botz* u.a., Wien 1984).
Rainer *Münz,* Kinder als Last, Kinder aus Lust. Demographische Informationen 1984, 2–20.
Klaus-Dieter *Mulley,* Die Entnazifizierung der österreichischen Wirtschaft. Verdrängte Schuld, verfehlte Sühne. Entnazifizierung in Österreich 1945–1955 (hg. von Sebastian *Meissl* u.a., Wien 1986) 100–128.
Klaus-Dieter *Mulley,* Nationalsozialismus im Bezirk Scheibbs 1930–1945 (Scheibbs 1988).
Robert *Musil,* Buridans Österreicher (1919). Gesammelte Werke. Bd. 8: Essays und Reden (hg. von Adolf *Frisé,* Reinbek 1978) 1030–1032.
Robert *Musil,* Der Mann ohne Eigenschaften (Hamburg 1970).
Robert *Musil,* Die Verwirrungen des Zöglings Törleß. Gesammelte Werke. Bd. 6: Prosa und Stücke (hg. von Adolf *Frisé,* Reinbek 1978) 7–140.
Robert Musil und die kulturellen Tendenzen seiner Zeit (hg. von Josef *Strutz,* München 1983).
Freiherr von *Musulin,* Das Haus am Ballhausplatz (München 1924).
Mutterkreuz und Arbeitsbuch. Zur Geschichte der Frauen in der Weimarer Republik und im Nationalsozialismus (Frankfurt/M. 1981).
Duan P. *Myers,* National Self-Determination in 1918–1919. The Case of Austria. Liberalitas. Festschrift für Erich Angermann (hg. von Norbert *Finzsch* u.a., Stuttgart 1992) 45–66.

Anna Nahowski und Kaiser Franz Joseph. Aufzeichnungen (hg. von Friedrich *Saathen,* Wien 1986).
Nation und Nationalbewußtsein in Österreich. Ergebnisse einer empirischen Untersuchung (hg. von Albert F. *Reiterer,* Wien 1988).
Nationalsozialismus und Modernisierung (hg. von Michael *Prinz* u.a., Darmstadt 1991).
Friedrich *Naumann,* Mitteleuropa (Berlin 1915).
Rudolf *Neck,* Arbeiterschaft und Staat im Ersten Weltkrieg 1914–1918. Bd. 1 (Wien 1968).
Rudolf *Neck,* Karl Seitz – Mensch und Politiker. Vom Justizpalast zum Heldenplatz. Studien und Dokumentationen 1927 bis 1938 (hg. von Ludwig *Jedlicka*/Rudolf *Neck,* Wien 1975) 204–208.
Christian M. *Nebehay,* Egon Schiele, Leben und Werk in Dokumenten und Bildern (München 1983).
Christian M. *Nebehay,* Ver Sacrum 1898–1903 (Wien 1975).
Franz *Nemschak,* Österreichs Wirtschaft in den 60er und 70er Jahren. Rückschau und Ausblick (Wien 1970).
Neuere Studien zur Arbeitergeschichte. Bd. 1 (hg. von Helmut *Konrad* u.a., Wien 1984).
Max *Neugebauer,* Schulwesen. Österreich. Die Zweite Republik. Bd. 2 (hg. von Erika *Weinzierl*/Kurt *Skalnik,* Graz 1972) 323–346.
Wolfgang *Neugebauer,* Das NS-Terrorsystem. NS-Herrschaft in Österreich 1938–1945 (hg. von Emmerich *Tálos* u.a., Wien 1988) 163–183.
Wolfgang *Neugebauer,* Zur Psychiatrie in Österreich 1938–1945: »Euthanasie« und Sterilisation. Schutz der Persönlichkeitsrechte am Beispiel der Behandlung von Geisteskranken 1780–1982 (hg. von Erika *Weinzierl* u.a., Wien 1983) 197–285.
Wolfgang *Neugebauer,* Widerstand und Opposition. NS-Herrschaft in Österreich 1938–1945 (hg. von Emmerich *Tálos* u.a., Wien 1988) 537–552.
Bernt *Neumann,* Die österreichischen Angestellten – Soziale Lage und gesellschaftliches Bewußtsein (phil. Diss. Salzburg 1979).
Wilhelm *Neumann,* Abwehrkampf und Volksabstimmung in Kärnten 1918–1920. Legenden und Tatsachen (Klagenfurt 1970).
Neutrality. Changing Concepts and Practices (ed. Alan T. *Leonhard,* Lanham 1988).
Nicht nur Hitlers Krieg. Der Zweite Weltkrieg und die Deutschen (hg. von Christoph *Kleßmann,* Düsseldorf 1989).

Rainer *Nick*/Anton *Pelinka,* Bürgerkrieg – Sozialpartnerschaft. Das politische System Österreichs. 1. und 2. Republik. Ein Vergleich (Wien 1983).
Lutz *Niethammer,* Posthistorie. Ist die Geschichte zu Ende? (Reinbek 1989).
Friedrich *Nietzsche,* Also sprach Zarathustra (hg. von Giorgio *Colli* u.a., München 1988).
Thomas *Nipperdey,* Deutsche Geschichte 1866–1918. Bd. 1 (München 1990).
Thomas *Nipperdey,* Religion und Gesellschaft: Deutschland um 1900. Historische Zeitschrift 264 (1988) 591–615.
Thomas *Nipperdey,* Wie das Bürgertum die Moderne fand (Berlin 1988).
Nitsch. Das bildnerische Werk (Salzburg 1988).
Hermann *Nitsch,* Zur Metaphysik der Aggression. Das rote Tuch. Hermann Nitsch. Das Orgien und Mysterien Theater im Spiegel der Presse 1960–1988 (Wien 1988) 147–152.
Hermann *Nitsch,* Das Orgien Mysterien Theater. Manifeste, Aufsätze, Vorträge (Salzburg 1990).
Kurt *Nowak,* Sterilisation und »Euthanasie« im Dritten Reich. Tatsachen und Deutungen. Geschichte in Wissenschaft und Unterricht 39 (1988) 327–341.
Ewald *Nowotny,* Die Wirtschaftspolitik in Österreich seit 1970. Der österreichische Weg 1970–1985. Fünfzehn Jahre, die Österreich verändert haben (hg. von Erich *Fröschl* u.a., Wien 1986) 37–60.
NS-Herrschaft in Österreich 1938–1945 (hg. von Emmerich *Tálos* u.a., Wien 1988).

Öko-Bilanz Österreich. Zustand, Entwicklungen, Strategien (hg. von Marina *Fischer-Kowalski,* Wien 1988).
Österreich (hg. von Hans-Georg *Wehling,* Stuttgart 1988).
Österreich. Von der Staatsidee zum Nationalbewußtsein (hg. von Georg *Wagner,* Wien 1982).
Österreich. Zeitschrift für Geschichte (hg. von Wilhelm *Bauer,* 1918/19).
Österreich 1918–1938. Geschichte der Ersten Republik. 2 Bde. (hg. von Erika *Weinzierl*/Kurt *Skalnik,* Graz 1983).
Österreich 1934–1984. Erfahrungen, Erkenntnisse, Besinnung (hg. von Joseph F. *Desput,* Graz 1984).
Österreich. Die Zweite Republik. 2 Bde. (hg. von Erika *Weinzierl*/Kurt *Skalnik,* Graz 1972).
Österreich, November 1918. Die Entstehung der Ersten Republik (Wien 1986).
Österreich im Wandel. Gesellschaft, Wirtschaft, Raum (hg. von Erich *Bodzenta* u.a., Wien 1985).
Österreich auf dem Weg zur 3. Republik. Zwischen »Deutschnationalismus« und »Habsburg-Mythos« (hg. von der Österreichischen Assoziation kritischer Geographen, Wien 1992).
Österreich, Deutschland und die Mächte. Internationale und österreichische Aspekte des »Anschlusses« vom März 1938 (hg. von Gerald *Stourzh*/Brigitte *Zaar,* Wien 1990).
Österreich im Europa der Aufklärung. Kontinuität und Zäsur in Europa zur Zeit Maria Theresias und Josephs II. (Wien 1985).
Österreich und Europa. Festgabe für Hugo Hantsch zum 70. Geburtstag (Graz 1965).
Österreich und der Große Krieg 1914–1918 (hg. von Klaus *Amann* u.a., Wien 1989).
Österreich im internationalen Kräftefeld (hg. von Gertraud *Diem-Wille,* Wien 1990).
Österreich im Jahre 1918. Berichte und Dokumente (hg. von Rudolf *Neck,* Wien 1968).
Österreich und die europäische Integration 1945–1993. Aspekte einer wechselvollen Entwicklung (hg. von Michael *Gehler* u.a., Wien 1993).
Österreich zum Beispiel. Literatur, Bildende Kunst, Film und Musik seit 1968 (hg. von Otto *Breicha,* Salzburg 1982).
Österreich zur Zeit Kaiser Josephs II. Mitregent Kaiserin Maria Theresias, Kaiser und Landesfürst. Katalog der Niederösterreichischen Landesausstellung Stift Melk (Wien 1980).
Österreicher und der Zweite Weltkrieg (hg. von Wolfgang *Neugebauer* u.a., Wien 1989).
Das österreichische Agrarsystem. Bd. 1 (hg. von Josef *Krammer,* Wien 1978).
Die Österreichische Aktion. Programmatische Studien (hg. von August M. *Knoll* u.a., Wien 1927).
Das österreichische Format. Kulturkritische Beiträge zur Analyse des Medienerfolges »Neue Kronen-Zeitung« (hg. von Peter A. *Bruck,* Wien 1991).
Österreichische Literatur der dreißiger Jahre (hg. von Klaus *Amann* u.a., Wien 1985).
Österreichische Literatur des 20. Jahrhunderts. Französische und österreichische Beiträge (hg. von Sigurd Paul *Scheichl* u.a., Innsbruck 1986).
Österreichische Parteiprogramme 1868–1966 (hg. von Klaus *Berchtold,* Wien 1967).
Das österreichische Parteiensystem (hg. von Anton *Pelinka* u.a., Wien 1988).
Der österreichische Weg 1970–1985. Fünfzehn Jahre, die Österreich verändert haben (hg. von Erich *Fröschl* u.a., Wien 1986).
Die österreichischen Bundeskanzler. Leben und Werk (hg. von Erika *Weinzierl*/Friedrich *Weissensteiner,* Wien 1983).
Die österreichische Nation. Zwischen zwei Nationalismen (hg. von Albert *Massiczek,* Wien 1967).

Die österreichische Verfassung von 1918 bis 1938 (hg. von Rudolf *Neck* u.a., Wien 1980).
Österreichisches Staatswörterbuch. Handbuch des gesamten österreichischen öffentlichen Rechts. 3 Bde. (hg. von Ernst *Mischler*/Josef *Ulbrich,* Wien 1897–1908).
Österreichs Erste und Zweite Republik (hg. von Erich *Zöllner,* Wien 1985).
Österreichs Fall. Schriftsteller berichten vom »Anschluß« (hg. von Ulrich *Weinzierl,* Wien 1987).
Für Österreichs Freiheit. Karl Gruber – Landeshauptmann und Außenminister 1945–1953 (hg. von Lothar *Höbelt* u.a., Innsbruck 1991).
Österreichs Parlamentarismus (hg. von Herbert *Schambeck,* Berlin 1986).
Österreichs Sozialstrukturen in historischer Sicht (hg. von Erich *Zöllner,* Wien 1980).
Österreichs Volkseinkommen 1913 bis 1963 (Monatsberichte des Österreichischen Institutes für Wirtschaftsforschung Sonderheft 14, Wien 1963).
Österreichs Wirtschaftsstruktur. Bd. 1 (hg. von Wilhelm *Weber,* Wien 1961).
Österreich-Ungarn als Agrarstaat. Wirtschaftliches Wachstum und Agrarverhältnisse in Österreich im 19. Jahrhundert (hg. von Alfred *Hoffmann,* Wien 1978).
Österreich-Ungarn in der Weltpolitik 1900–1918 (hg. von Fritz *Klein,* Berlin 1965).
Alfred *Ogris,* Kärnten 1918–1920: Bilanz der wissenschaftlichen Diskussion zwischen zwei Jubiläen 1970–1980. Kärntens Volksabstimmung 1920 (hg. von Helmut *Rumpler,* Klagenfurt 1981) 382–407.
Der 10. Oktober 1920. Kärntens Tag der Selbstbestimmung (hg. von Alfred *Ogris,* Klagenfurt 1990).
Werner *Olscher,* Alles Recht geht vom Volk aus. Adel in Österreich (hg. von Heinz *Siegert,* Wien 1971) 71–90.
Ornament und Askese im Zeitgeist des Wien der Jahrhundertwende (hg. von Alfred *Pfabigan,* Wien 1985).
Norbert *Ortmayr,* Beim Bauern im Dienst. Geschichte von unten (hg. von Hubert Ch. *Ehalt,* Wien 1984) 95–141.
Norbert *Ortmayr,* Selbstmord in Österreich 1819–1988. Zeitgeschichte 17 (1990) 209–225.
Norbert *Ortmayr,* Späte Heirat. Ursachen und Folgen des alpinen Heiratsmusters. Zeitgeschichte 16 (1989) 119–134.
Die Ostmark. Eingliederung und Neugestaltung (hg. von Helfried *Pfeiffer,* Wien 1941).
Gustav *Otruba,* Hitlers »Tausend-Mark-Sperre« und die Folgen für Österreichs Fremdenverkehr (1933–1938) (Linz 1983).
Gustav *Otruba,* Privatbeamte-, Handlungsgehilfen- und Angestelltenorganisationen. Angestellte im europäischen Vergleich (hg. von Jürgen *Kocka,* Göttingen 1981) 240–256.
Richard J. *Overy,* Blitzkriegswirtschaft? Finanzpolitik, Lebensstandard und Arbeitseinsatz in Deutschland 1939–1942. Vierteljahrshefte für Zeitgeschichte 36 (1988) 379–435.
Reinhard *Owerdieck,* Parteien und Verfassungsfragen in Österreich. Die Entstehung des Verfassungsprovisoriums der Ersten Republik 1918–1920 (Diss. Bochum o.J.).
Reinhard *Owerdieck,* Der Verfassungsbeschluß der Provisorischen Nationalversammlung Deutschösterreichs vom 30. Oktober 1918. Die österreichische Verfassung von 1918 bis 1938 (hg. von Rudolf *Neck* u.a., Wien 1980) 75–88.
Ivar *Oxaal,* Die Juden im Wien des jungen Hitler: Historische und soziologische Aspekte. Eine zerstörte Kultur. Jüdisches Leben und Antisemitismus in Wien seit dem 19. Jahrhundert (hg. von Gerhard *Botz* u.a., Buchloe 1990) 29–60.

Günther *Pallaver,* Das Ende der schamlosen Zeit. Die Verdrängung der Sexualität in der frühen Neuzeit am Beispiel Tirols (Wien 1987).
Kurt *Palm,* Vom Boykott zur Anerkennung. Brecht und Österreich (Wien 1984).
Francis H. E. *Palmer,* Austro-Hungarian Life in Town and Country (New York 1903).
Emil *Palotás,* Die außenwirtschaftlichen Beziehungen zum Balkan und zu Rußland. Die Habsburgermonarchie 1848–1918. Bd. 6,1 (hg. von Adam *Wandruszka*/Peter *Urbanitsch,* Wien 1989) 609–629.
Ferdinand von *Pantz,* Die Bauernlegung in den Alpentälern Niederösterreichs (Wien 1905).
Ferdinand von *Pantz,* Die Hochschutzzoll-Politik Hohenblums und der österreichische Bauernstand (Wien 1910).
Ferdinand von *Pantz,* Österreichs Landwirtschafts-Politik nach dem Krieg (Graz 1916).
Ernst *Panzenböck,* Ein deutscher Traum. Die Anschlußidee und Anschlußpolitik bei Karl Renner und Otto Bauer (Wien 1985).
Das Parteienwesen Österreich-Ungarns (hg. von Gábor *Erdődy,* Budapest 1987).
Das Parteienwesen Österreichs und Ungarns in der Zwischenkriegszeit (hg. von Anna M. *Drabek* u.a., Wien 1990).
Barbara *Passrugger,* Hartes Brot. Aus dem Leben einer Bergbäuerin (Wien 1989).
Bruce F. *Pauley,* Hahnenschwanz und Hakenkreuz. Steirischer Heimatschutz und österreichischer Nationalsozialismus 1918–1934 (Wien 1972).

Bruce F. *Pauley,* From Prejudice to Persecution. A History of Austrian Antisemitism (Chapel Hill 1992).
Bruce F. *Pauley,* Der Weg in den Nationalsozialismus. Ursprünge und Entwicklung in Österreich (Wien 1988).
Stanley G. *Payne,* The Concept of Fascism. Who were the Fascists. Social Roots of European Fascism (ed. Stein U. *Larsen,* Bergen 1980) 14–25.
Kurt *Peball,* Die Kämpfe in Wien im Februar 1934 (Wien 1974).
Anton *Pelinka,* Hainburg – mehr als nur ein Kraftwerk. Österreichisches Jahrbuch für Politik 1985 (München 1986) 93–108.
Anton *Pelinka,* Die Kleine Koalition. SPÖ–FPÖ. 1983–1986 (Wien 1993).
Anton *Pelinka,* Zur österreichischen Identität. Zwischen deutscher Vereinigung und Mitteleuropa (Wien 1990).
Anton *Pelinka,* Sozialdemokratie an der Macht. Die Bewegung. Hundert Jahre Sozialdemokratie in Österreich (hg. von Erich *Fröschl* u.a., Wien 1990) 531–541.
Anton *Pelinka,* Stand oder Klasse? Die Christliche Arbeiterbewegung Österreichs 1933–1938 (Wien 1972).
Anton *Pelinka*/Manfried *Welan,* Demokratie und Verfassung in Österreich (Wien 1971).
Peter *Pelinka,* Erbe und Neubeginn. Die Revolutionären Sozialisten in Österreich 1934–1938 (Wien 1981).
Brigitte *Pellar,* »Arbeitsstatistik«, soziale Verwaltung und Sozialpolitik in den letzten zwei Jahrzehnten der Habsburgermonarchie. Das arbeitsstatistische Amt im k.k. Handelsministerium und sein »ständiger Arbeitsbeirat«. Historische Wurzeln der Sozialpartnerschaft (hg. von Gerald *Stourzh* u.a., Wien 1986) 153–190.
Wilhelm *Pellert,* Roter Vorhang, rotes Tuch. Das Neue Theater in der Scala (1948–1956) (Wien 1979).
Walter *Pembaur,* Im letzten Kampf um Österreich (Wien 1939).
Bernhard *Perchinig,* National oder liberal: Die Freiheitliche Partei Österreichs. Österreichs Parteien seit 1945 (hg. von Peter *Gerlich* u.a., Linz 1983) 69–90.
Bertrand *Perz,* Projekt Quarz. Steyr-Daimler-Puch und das Konzentrationslager Melk (Wien 1991).
Hans *Petschar*/Georg *Schmid,* Erinnerung und Vision. Die Legitimation Österreichs aus Bildern. Eine semiohistorische Analyse der Austria Wochenschau 1949–1960 (Graz 1990).
Dietmar *Petzina,* Die deutsche Wirtschaftsplanung und der Anschluß Österreichs. Tirol und der Anschluß. Voraussetzungen, Entwicklungen, Rahmenbedingungen 1918–1938 (hg. von Thomas *Albrich* u.a., Innsbruck 1988) 453–480.
Alfons *Petzold,* Das rauhe Leben (Graz 1979).
Detlev J. K. *Peukert,* Max Webers Diagnose der Moderne (Göttingen 1989).
Detlev *Peukert,* Volksgenossen und Gemeinschaftsfremde. Anpassung, Ausmerze und Aufbegehren unter dem Nationalsozialismus (Köln 1982).
Detlev J. K. *Peukert,* Die Weimarer Republik (Frankfurt/M. 1987).
Detlev *Peukert,* Youth in the Third Reich. Life in the Third Reich (ed. Richard *Bessel,* Oxford 1987) 25–40.
Gabriele *Pfeifer,* Stephan Koren. Wirtschaft im Spannungsfeld von Wissenschaft und Politik 1967–1970 (Salzburg 1993).
Alfred *Pfoser,* Literatur und Austromarxismus (Wien 1980).
Alfred *Pfoser,* Skandal um ein Buch und einen Film: »Im Westen nichts Neues«. Archiv. Jahrbuch des Vereins für Geschichte der Arbeiterbewegung 1 (1985) 44–54.
Alfred *Pfoser,* Verstörte Männer und emanzipierte Frauen. Zur Sitten- und Literaturgeschichte der Ersten Republik. Aufbruch und Untergang. Österreichische Kultur zwischen 1918 und 1938 (hg. von Franz *Kadrnoska,* Wien 1981) 205–222.
Alfred *Pfoser* u.a., Schnitzlers »Reigen«. Zehn Dialoge und ihre Skandalgeschichte. 2 Bde. (Frankfurt/M. 1993).
Philosophie, Wissenschaft, Aufklärung. Beiträge zur Geschichte und Wirkung des Wiener Kreises (hg. von Hans-Joachim *Dahms,* Berlin 1985).
Theodor *Piffl-Perčević,* Zuspruch und Widerspruch (Graz 1977).
Alois *Piperger,* Zu meiner Zeit. Ein Leben im Spiegel unseres Jahrhunderts (Wien 1988).
Gottfried *Pirhofer*/Reinhard *Sieder,* Zur Konstituierung der Arbeiterfamilie im Roten Wien. Familienpolitik, Kulturreform, Alltag und Ästhetik. Historische Familienforschung (hg. von Michael *Mitterauer* u.a., Frankfurt/M. 1982) 326–368.
Kurt *Piringer,* Die Geschichte der Freiheitlichen. Beitrag der Dritten Kraft zur österreichischen Politik (Wien 1982).
Richard Georg *Plaschka,* Nationale Integration und historische Perspektiven im Wandel. Probleme der Geschichte Österreichs und ihrer Darstellung (hg. von Herwig *Wolfram*/Walter *Pohl,* Wien 1991) 285–301.
Richard G. *Plaschka* u.a., Innere Front. Militärassistenz, Widerstand und Umsturz in der Donaumonarchie 1918. Bd. 1–2 (Wien 1974).

Fritz *Plasser*/Peter A. *Ulram,* Unbehagen im Parteienstaat: Jugend und Politik in Österreich (Wien 1982).
Werner *Pleschberger,* Die »Olah-Krise«: Politische Probleme der Modernisierung des österreichischen Parteiensystems in den sechziger Jahren. Das österreichische Parteiensystem (hg. von Anton *Pelinka* u.a., Wien 1988) 695–715.
Thomas *Pluch,* Modellfall Kärnten. Das große Tabu. Österreichs Umgang mit seiner Vergangenheit (hg. von Anton *Pelinka* u.a., Wien 1987) 17–27.
Der Pogrom 1938. Judenverfolgung in Österreich und Deutschland (hg. von Kurt *Schmid* u.a., Wien 1990).
Heinz *Polednik,* Weltwunder Skisport (Wels 1969).
Alfred *Polgar,* Fall Loos, Das Tagebuch, 13. 9. 1928. Kontroversen. Adolf Loos im Spiegel der Zeitgenossen (hg. von Adolf *Oppel,* Wien 1985) 117–119.
Alfred *Polgar,* Zum Thema: Tonfilm (1929). *Ders.,* Taschenspiegel (hg. von Ulrich *Weinzierl,* Wien 1979) 53–55.
Politics in Austria. Still a Case of Consociationalism? (ed. Kurt Richard *Luther* u.a., London 1992).
Politik in Österreich. Die Zweite Republik: Bestand und Wandel (hg. von Wolfgang *Mantl,* Wien 1992).
Politik und Gesellschaft im alten und neuen Österreich. Festschrift für Rudolf Neck. 2 Bde. (hg. von Isabella *Ackerl* u.a., Wien 1981).
Politische Beteiligung und Wertwandel in Österreich (hg. von Leopold *Rosenmayr,* Wien 1980).
Politische Kultur in Deutschland. Bilanz und Perspektiven der Forschung (hg. von Dirk *Berg-Schlosser* u.a., Opladen 1987).
Politische Kultur in Österreich (hg. von Hans-Georg *Heinrich* u.a., Linz 1989).
Das politische, soziale und wirtschaftliche System im Bundesland Salzburg (hg. von Herbert *Dachs,* Salzburg 1985).
Sidney *Pollard,* Peaceful Conquest. The Industrialization of Europe 1760–1970 (Oxford 1981).
Gianna *Pomata,* Partikulargeschichte und Universalgeschichte – Bemerkungen zu einigen Handbüchern der Frauengeschichte. L'Homme 1 (1991) 5–44.
Adelheid *Popp,* Meine Erinnerung an den Wahlrechtskampf (1895). Arbeiterinnen kämpfen um ihr Recht. Autobiographische Texte rechtloser und entrechteter »Frauenspersonen« in Deutschland, Österreich und der Schweiz des 19. und 20. Jahrhunderts (hg. von Richard *Klucsarits* u.a., Wuppertal o.J.) 149–151.
Adelheid *Popp,* Jugend einer Arbeiterin (1. Aufl. 1909, Berlin 1977).
Populismus in Österreich (hg. von Anton *Pelinka,* Wien 1987).
Hugo *Portisch,* Österreich II. Der lange Weg zur Freiheit (Wien 1986).
Hugo *Portisch,* Österreich II. Die Wiedergeburt unseres Staates (Wien 1985).
Jonathan *Powis,* Der Adel (Paderborn 1986).
Nikolaus von *Preradovich,* Die Führungsschichten in Österreich und Preussen (1804–1918) (Wiesbaden 1955).
Nikolaus von *Preradovich,* Die Generale der Waffen-SS (Berg am See 1985).
Nikolaus *Preradovich,* Die soziale Herkunft der österreichischen Kirchenfürsten (1648–1918). Festschrift Karl Eder (hg. von Helmut J. *Mezler-Andelberg,* Innsbruck 1959) 223–243.
Michael *Prinz,* »Ein Bilderbuchverhalten an Mäßigung?« Kritische Fragen zu den Angestellten in Weimar. Jahrbuch für deutsche Geschichte 17 (1988) 83–106.
Michael *Prinz,* Vom neuen Mittelstand zum Volksgenossen. Die Entwicklung des sozialen Status der Angestellten von der Weimarer Republik bis zum Ende der NS-Zeit (München 1986).
Michael *Prinz,* Wandel durch Beharrung. Sozialdemokratie und »neue Mittelschichten« in historischer Perspektive. Archiv für Sozialgeschichte 29 (1989) 39 ff.
Probleme der Geschichte Österreichs und ihrer Darstellung (hg. von Herwig *Wolfram*/Walter *Pohl,* Wien 1991).
Probleme der österreichischen Politik. Bd. 1 (Wien 1968).
Protokolle des Klubvorstandes der Christlichsozialen Partei 1932–1934 (hg. von Walter *Goldinger,* Wien 1981).
Protokolle des Ministerrates der Ersten Republik. Abteilung V, Kabinett Dr. Ignaz Seipel, Bd. 2 (hg. von Rudolf *Neck* u.a., Wien 1986).
Protokolle des Ministerrates der Ersten Republik. Abteilung VIII, Kabinett Engelbert Dollfuß, Bd. 1–7 (hg. von Rudolf *Neck* u.a., Wien 1980–1986).
Der Prozeß gegen die Hauptkriegsverbrecher vor dem Internationalen Gerichtshof in Nürnberg. Bd. 26 (Nürnberg 1947).
Leo *Prüller,* Dorf im Umbruch (Wien 1958).
Peter *Pulzer,* The Rise of Political Antisemitism in Germany and Austria (Harvard 1988).
Ingomar *Pust,* Titostern über Kärnten 1942–1945. Totgeschwiegene Tragödien (Klagenfurt 1984).
Erna *Putz,* Franz Jägerstätter (Linz 1987).

Jerry W. *Pyle,* Austrian Patriotism: Alternative to the Anschluss. Conquering the Past. Austrian Nazism Yesterday and Today (ed. F. *Parkinson,* Detroit 1989) 72–90.

Quellen zum Verfassungsrecht (1920) (hg. von Felix *Ermacora,* Mitteilungen des österreichischen Staatsarchivs, Erg.Bd. 8, Wien 1967).
Quellentexte zur österreichischen Evangelischen Kirche zwischen 1918 und 1945 (hg. von Gustav *Reingrabner* u.a., Jahrbuch für die Geschichte des Protestantismus in Österreich 104/105 [1988/89]).

Julius *Raab,* Selbstporträt eines Politikers (Wien 1964).
Julius Raab. Eine Biographie in Einzeldarstellungen (hg. von Alois *Brusatti* u.a., Linz o.J.).
Anson *Rabinbach,* Der Parteitag im Oktober 1933. Die innere Krise der österreichischen Sozialdemokratie und die Ursprünge des Februar 1934. Februar 1934. Ursachen, Fakten, Folgen (hg. von Erich *Fröschl* u.a., Wien 1984) 341–366.
Anson *Rabinbach,* Vom Roten Wien zum Bürgerkrieg (Wien 1989).
Die radikale Mitte. Lebensweise und Politik von Handwerkern und Kleinhändlern in Deutschland seit 1848 (hg. von Heinz-Gerhard *Haupt,* München 1985).
Joachim *Radkau,* Technik in Deutschland. Vom 18. Jahrhundert bis zur Gegenwart (Frankfurt/M. 1989).
Ernst *Ranzenböck,* Ein deutscher Traum. Die Anschlußidee und Anschlußpolitik bei Karl Renner und Otto Bauer (Wien 1985).
Ludger *Rape,* Die österreichischen Heimwehren und die bayerische Rechte 1920–1923 (Wien 1977).
Oliver *Rathkolb,* Führertreu und Gott begnadet. Künstlereliten im Dritten Reich (Wien 1991).
Oliver *Rathkolb,* Großmachtpolitik gegenüber Österreich 1952/53–1961/62 im U.S.-Entscheidungsprozeß (Habil.Schrift, Wien 1993).
Oliver *Rathkolb,* Zur Kontinuität antisemitischer und rassistischer Vorurteile 1945/1950. Zeitgeschichte 16 (1989) 167–179.
Oliver *Rathkolb,* NS-Problem und politische Restauration: Vorgeschichte und Etablierung des VdU. Verdrängte Schuld, verfehlte Sühne. Entnazifizierung in Österreich 1945–1955 (hg. von Sebastian *Meissl* u.a., Wien 1986) 73–99.
Oliver *Rathkolb,* Raoul Bumballa, ein politischer Nonkonformist 1945. Fallstudie zur Funktion der O5 im Widerstand und der Parteienrestauration. Unterdrückung und Emanzipation. Festschrift für Erika Weinzierl zum 60. Geburtstag (hg. von Rudolf G. *Ardelt* u.a., Wien 1985) 295–320.
Heinrich *Rauchberg,* Österreichische Bürgerkunde (Wien 1911).
Manfried *Rauchensteiner,* Der Krieg in Österreich 1945 (Wien 1984).
Manfried *Rauchensteiner,* Der Sonderfall. Die Besatzungszeit in Österreich 1945 bis 1955 (Graz 1979).
Manfried *Rauchensteiner,* Spätherbst 1956. Die Neutralität auf dem Prüfstand (Wien 1981).
Manfried *Rauchensteiner,* Der Tod des Doppeladlers. Österreich-Ungarn und der Erste Weltkrieg (Graz 1993).
Manfried *Rauchensteiner,* Die Zwei. Die große Koalition in Österreich 1945–1966 (Wien 1987).
Manfred *Rauh,* Anti-Modernismus im nationalsozialistischen Staat. Historisches Jahrbuch 107 (1987) 94–121.
Josef *Rausch,* Der Partisanenkampf in Kärnten im Zweiten Weltkrieg (Wien 1979).
Dieter *Rebenitsch,* Führerstaat und Verwaltung im Zweiten Weltkrieg. Verfassungsentwicklung und Verwaltungspolitik 1939–1945 (Stuttgart 1989).
Fritz M. *Rebhann,* Das braune Glück zu Wien (Wien 1973).
Recht und Entwicklung der Großunternehmen im 19. und frühen 20. Jahrhundert (hg. von Norbert *Horn* u.a., Göttingen 1979).
Marie-Luise *Recker,* Nationalsozialistische Sozialpolitik im Zweiten Weltkrieg (München 1985).
Alexander Sixtus von *Reden*/Josef *Schweikhardt,* Eros unterm Doppeladler. Eine Sittengeschichte Altösterreichs (Wien 1993).
Fritz *Redlich,* Der Unternehmer (Göttingen 1964).
Joseph *Redlich,* Kaiser Franz Joseph von Österreich. Eine Biographie (Berlin 1929).
Joseph *Redlich,* Österreichische Regierung und Verwaltung im Ersten Weltkrieg (Wien 1925).
Joseph *Redlich,* Zustand und Reform der österreichischen Verwaltung (Wien 1911).
Dagmar *Reese,* Bund Deutscher Mädel – Zur Geschichte der weiblichen deutschen Jugend im Dritten Reich. Mutterkreuz und Arbeitsbuch. Zur Geschichte der Frauen in der Weimarer Republik und im Nationalsozialismus (hg. von der Frauengruppe Frauenforschung, Frankfurt/M. 1981) 163–187.
Dagmar *Reese,* Emanzipation oder Vergesellschaftung: Mädchen im »Bund deutscher Mädel«. Politische Formierung und soziale Erziehung im Nationalsozialismus (hg. von Hans-Uwe *Otto* u.a., Frankfurt/M. 1991) 203–225.

Zur Reform der österreichischen Innenpolitik 1955–1965. Bd. 1 (hg. von René *Marcic* u.a., Wien 1966).
Oskar *Regele,* Feldmarschall Conrad. Auftrag und Erfüllung 1906–1918 (Wien 1955).
Franz Rehrl. Landeshauptmann von Salzburg 1922–1938 (hg. von Wolfgang *Huber,* Salzburg 1975).
Festschrift für Grete Rehor (hg. von Maria *Hampel-Fuchs* u.a., Wien 1980).
Vom Reich zu Österreich. Kriegsende und Nachkriegszeit in Österreich erinnert von Augen- und Ohrenzeugen (hg. von Jochen *Jung,* Salzburg 1983).
Ludwig *Reichhold,* Geschichte der ÖVP (Graz 1975).
Ludwig *Reichhold,* Kampf um Österreich. Die Vaterländische Front und ihr Widerstand gegen den Anschluß 1933–1938 (Wien 1984).
Heinz *Reif,* Der Adel in der modernen Sozialgeschichte. Sozialgeschichte in Deutschland. Entwicklungen und Perspektiven im internationalen Zusammenhang. Bd. 4 (hg. von Wolfgang *Schieder*/Volker *Sellin,* Göttingen 1987) 34–60.
Heinz *Reif,* Westfälischer Adel 1770–1860. Vom Herrschaftsstand zur regionalen Elite (Göttingen 1979).
Viktor *Reimann,* Bruno Kreisky. Das Porträt eines Staatsmannes (Wien 1972).
Viktor *Reimann,* Die Dritte Kraft in Österreich (Wien 1980).
Helmut *Reinalter,* Aufgeklärter Absolutismus und Revolution. Zur Geschichte des Jakobinertums und der frühdemokratischen Bestrebungen in der Habsburgermonarchie (Wien 1980).
Helmut *Reinalter,* Österreich und die Französische Revolution (Wien 1988).
Arnold *Reisberg,* Februar 1934. Hintergründe und Folgen (Wien 1974).
Rekonstruktion der Sozialdemokratie (hg. von Josef *Weidenholzer,* Linz 1987).
Religion und Alltag. Interdisziplinäre Beiträge zu einer Sozialgeschichte des Katholizismus in lebensgeschichtlichen Aufzeichnungen (hg. von Andreas *Heller* u.a., Wien 1990).
Gerhard *Renner,* Der Anschluß der österreichischen Filmindustrie seit 1934. Die veruntreute Wahrheit (hg. von Oliver *Rathkolb* u.a., Salzburg 1988) 1–34.
Karl *Renner,* Die Gründung der Republik Deutsch-Österreich, der Anschluß und die Sudetendeutschen (hg. von Eduard *Rabofsky,* Wien 1990).
Karl *Renner,* Wandlungen der modernen Gesellschaft (Wien 1953).
Karl *Renner,* An der Wende zweier Zeiten. Lebenserinnerungen (Wien 1946).
Friedrich *Rennhofer,* Ignaz Seipel. Mensch und Staatsmann. Eine biographische Dokumentation (Wien 1978).
Revolutionäres Potential in Europa Ende des Ersten Weltkrieges (hg. von Helmut *Konrad* u.a., Wien 1991).
Richard *Riedl,* Die Industrie Österreichs während des Krieges (Wien 1932).
Max E. *Riedlsperger,* FPÖ: Liberal or Nazi? Conquering the Past. Austrian Nazism Yesterday and Today (ed. F. *Parkinson,* Detroit 1989) 257–278.
Stefan *Riesenfellner,* Der Sozialreporter Max Winter im alten Österreich (Wien 1987).
Georg *Rigele,* Die Wiener Höhenstraße. Autos, Landschaft und Politik in den dreißiger Jahren (Wien 1993).
Edith *Rigler,* Frauenleitbild und Frauenarbeit in Österreich vom ausgehenden 19. Jahrhundert bis zum Zweiten Weltkrieg (Wien 1976).
Rainer Maria *Rilke,* Die Weisen von Liebe und Tod des Cornets Christoph Rilke (Frankfurt/M. 1912, hier 1962).
Ralf Roland *Ringler,* Illusion einer Jugend (St. Pölten 1977).
Alfred *Rinnerthaler,* Der Konfessionsunterricht im Reichsgau Salzburg (Salzburg 1991).
Karl Heinz *Ritschel,* Julius Raab. Der Staatsvertragskanzler (Salzburg 1975).
Albrecht *Ritschl,* Die NS-Wirtschaftsideologie – Modernisierungsprogramm oder reaktionäre Utopie. Nationalsozialismus und Modernisierung (hg. von Michael *Prinz* u.a., Darmstadt 1991) 48–70.
Frederick *Ritter,* Hugo von Hofmannsthal und Österreich (Heidelberg 1967).
Gerhard A. *Ritter,* Der Sozialstaat. Entstehung und Entwicklung im internationalen Vergleich (München 1989).
Floridus *Röhrig,* Leopold III. Der Heilige Markgraf von Österreich (Wien 1985).
Werner *Rösener,* Die Bauern in der europäischen Geschichte (München 1993).
Irit *Rogoff,* Gustav Klimt. A Bridgehead to Modernism. Intellectuals and the Future in the Habsburg Monarchy (ed. László *Péter,* New York 1988) 29–44.
Karl Anton *Rohan,* Heimat Europa. Erinnerungen und Erfahrungen (Düsseldorf 1954).
Karl *Rohe,* Politische Kultur und ihre Analyse. Probleme und Perspektiven der Politischen Kulturforschung. Historische Zeitschrift 250 (1990) 321–346.
Joachim *Rohfels,* Weder Krieg noch Frieden: Ost-West-Konflikt und Kalter Krieg. Geschichte in Wissenschaft und Unterricht 37 (1986) 265–293.
Stein *Rokkan,* Citizens, Elections, Parties (Oslo 1970).

Stein *Rokkan,* Eine Familie von Modellen für die vergleichende Geschichte Europas. Zeitschrift für Soziologie 9 (1980) 118–128.
Stein *Rokkan*/Derek W. *Urwin,* Economy, Territory, Identity (London 1983).
Die Rolle der Nation in der deutschen Geschichte und Gegenwart (hg. von Otto *Büsch,* Berlin 1985).
Wolfgang *Rosar,* Deutsche Gemeinschaft. Seyss-Inquart und der Anschluß (Wien 1971).
Peter *Rosegger,* Jakob der Letzte (1886, hier München 1979).
Hans *Rosenberg,* Große Depression und Bismarckzeit. Wirtschaftsablauf, Gesellschaft und Politik in Mitteleuropa (Frankfurt/M. 1976).
Herbert *Rosenkranz,* Der Novemberpogrom 1938 in Wien (Wien 1988).
Herbert *Rosenkranz,* Verfolgung und Selbstbehauptung. Die Juden in Österreich 1938–1945 (Wien 1978).
Leopold *Rosenmayr,* Die späte Freiheit. Das Alter – ein Stück bewußt gelebten Lebens (Berlin 1983).
Leopold und Hilde *Rosenmayr,* Der alte Mensch in der Gesellschaft (Reinbek 1978).
Gabriele *Rosenthal,* Antisemitismus im lebensgeschichtlichen Kontext. Österreichische Zeitschrift für Geschichtswissenschaften 3 (1992) 449–480.
Dieter *Ross,* Hitler und Dollfuß. Die deutsche Österreich-Politik 1933–1934 (Hamburg 1966).
Karlheinz *Rossbacher,* Karl Lueger im Essay. »Kakanien« (hg. von Eugen *Thurnher* u.a., Wien 1991) 117–150.
Karlheinz *Rossbacher,* Mathematik und Gefühl. Zu Robert Musils »Die Verwirrungen des Zöglings Törleß«. Österreichische Literatur des 20. Jahrhunderts. Französische und österreichische Beiträge (hg. von Sigurd Paul *Scheichl* u.a., Innsbruck 1986) 127–140.
Das rote Tuch. Hermann Nitsch. Das Orgien und Mysterien Theater im Spiegel der Presse 1960–1988 (Wien 1988).
Gerhard *Roth,* Kreisky und Emil Jannings. Geschichten aus der Geschichte Österreichs 1945–1983 (hg. von Michael *Scharang,* Darmstadt 1984) 191–195.
Joseph *Roth,* Juden auf Wanderschaft (Köln 1985).
Joseph *Roth,* Die Kapuzinergruft. Romane 2 (Köln 1984).
Gunther E. *Rothenberg,* The Habsburg Army in the First World War: 1914–1918. The Habsburg Empire in World War I (ed. Robert A. *Kann* et al., New York 1977) 73–86.
Kurt W. *Rothschild,* Felix Austria? Zur Evaluierung der Ökonomie und Politik in der Wirtschaftskrise. Österreichische Zeitschrift für Politikwissenschaft 1985, 261–274.
Kurt W. *Rothschild,* Wurzeln und Triebkräfte der österreichischen Wirtschaftsstruktur. Österreichs Wirtschaftsstruktur. Bd. 1 (hg. von Wilhelm *Weber,* Wien 1961) 1–159.
Marshalla L. *Rozenblit,* The Jews of Vienna 1867–1914. Assimilation and Identity (New York 1983), dt: Die Juden Wiens 1867–1914. Assimilation und Identität (Wien 1988).
Richard L. *Rudolph,* Banking and Industrialization in Austria-Hungary. The Role of Banks in the Industrialization of the Czech Crownland 1873–1914 (Cambridge 1976).
Reinhard *Rürup,* Emanzipation und Antisemitismus. Studien zur »Judenfrage« der bürgerlichen Gesellschaft (Frankfurt/M. 1987).
Jörg *Rüsen,* Postmoderne Geschichtstheorie. Geschichtswissenschaft vor 2000. Perspektiven der Geschichtstheorie, Historiographiegeschichte und Sozialgeschichte (hg. von Konrad *Jarausch* u.a., Hagen 1991) 27–48.
Burkhardt *Rukschcio*/Roland *Schachel,* Adolf Loos. Leben und Werk (Salzburg 1982).
Helmut *Rumpler,* Die Kriegsziele Österreich-Ungarns auf dem Balkan 1915/16. Österreich und Europa. Festgabe für Hugo Hantsch zum 70. Geburtstag (Graz 1965) 465–482.
Helmut *Rumpler,* Max Hussarek. Nationalitäten und Nationalitätenpolitik in Österreich im Sommer des Jahres 1918 (Graz 1965).
Helmut *Rumpler,* Parlamentarismus und Demokratieverständnis in Österreich 1918–1933. Das Parteienwesen Österreichs und Ungarns in der Zwischenkriegszeit (hg. von Anna M. *Drabek* u.a., Wien 1990) 2–17.
Helmut *Rumpler,* Perspektiven der Forschung und Politik. Kärntens Volksabstimmung 1920 (hg. von *ders.,* Klagenfurt 1981) 11 ff.
Helmut *Rumpler,* Die rechtlich-organisatorischen und sozialen Rahmenbedingungen für die Außenpolitik der Habsburgermonarchie 1848–1918. Die Habsburgermonarchie 1848–1918. Bd. 6,1 (hg. von Adam *Wandruszka*/Peter *Urbanitsch,* Wien 1989) 1–121.
Helmut *Rumpler,* Das Völkermanifest Kaiser Karls vom 16. Oktober 1918. Letzter Versuch zur Rettung des Habsburgerreiches (Wien 1966).
Wolfgang *Russ,* Zwischen Protest und Resignation. Arbeitslose und Arbeitslosenbewegung in der Zeit der Weltwirtschaftskrise. Österreichische Zeitschrift für Geschichtswissenschaften 1 (1990) 23–52.

Wolfgang *Sachs,* Die Liebe zum Automobil. Ein Rückblick in die Geschichte unserer Wünsche (Reinbek 1984).

Hans *Safrian,* Die Eichmann-Männer (Wien 1993).
Hans *Safrian,* »Wir ham die Zeit der Arbeitslosigkeit schon richtig genossen auch«. Ein Versuch zur (Über-) Lebensweise von Arbeitslosen in Wien zur Zeit der Weltwirtschaftskrise um 1930. Mündliche Geschichte und Arbeiterbewegung (hg. von Gerhard *Botz* u.a., Wien 1984) 293–332.
George *Saiko,* Hinter dem Gesicht des Österreichers. *Ders.,* Drama und Essays (hg. von Adolf *Haslinger,* Salzburg 1986) 203–215.
George *Saiko,* Der Mann im Schilf (Frankfurt/M. 1979).
Saint-Germain 1919 (hg. von Isabella *Ackerl*/Rudolf *Neck,* Wien 1989).
»St. Germain, im Sommer 1919«. Die Briefe Franz Kleins aus der Zeit seiner Mitwirkung in der österreichischen Friedensdelegation. Mai–August 1919 (hg. von Fritz *Fellner* u.a., Salzburg 1977).
Adelheid von *Saldern,* Mittelstand im »Dritten Reich« (Frankfurt/M. 1979).
Felix *Salten,* Das österreichische Anlitz (Berlin 1909).
Felix *Salten,* Wiener Adel (Berlin 1905).
Salzburg und das Werden der Zweiten Republik (Salzburg 1985).
Salzburger Quellenbuch. Von der Monarchie bis zum Anschluß (hg. von Eberhard *Zwink,* Salzburg 1985).
Roman *Sandgruber,* Die Anfänge der Konsumgesellschaft. Konsumgüterverbrauch, Lebensstandard und Alltagskulturen in Österreich im 18. und 19. Jahrhundert (Wien 1982).
Roman *Sandgruber,* Cyclisation und Zivilisation. Fahrradkultur um 1900. Glücklich ist, wer vergißt ...? Das andere Wien um 1900 (hg. von Hubert Ch. *Ehalt* u.a., Wien 1986) 285–304.
Roman *Sandgruber,* Das elektrische Jahrhundert. Die Wirtschafts- und Sozialgeschichte der Elektrizitätsnutzung in Österreich. Licht und Schatten. Dimensionen von Technik, Energie und Politik (hg. von Evelyn *Gröbl-Steinbach,* Wien 1990) 34–48.
Roman *Sandgruber,* Gewerbeentwicklung und Gewerbepolitik in der Zweiten Republik. Christliche Demokratie 2 (1984) 385–392.
Roman *Sandgruber,* Österreichische Agrarstatistik 1750–1918 (Wien 1978).
Walter *Sauer,* Katholisches Vereinswesen in Wien. Zur Geschichte des christlich-sozial-konservativen Lagers vor 1914 (Salzburg 1980).
Walter *Sauer,* Österreichische Kirchen 1938–1945. NS-Herrschaft in Österreich 1938–1945 (hg. von Emmerich *Tálos* u.a., Wien 1988) 517–536.
Edith *Saurer,* Frauengeschichte in Österreich. Eine fast kritische Bestandsaufnahme. L'Homme 4 (1993), 37–63.
Edith *Saurer,* Die politischen Aspekte der österreichischen Bischofsernennungen 1867–1903 (Wien 1968).
Christoph *Schadauer,* Das Jahr 1945 im politischen Bezirk Waidhofen an der Thaya (Horn 1992).
Albert *Schäfer,* Sozialdemokratie und Landvolk (Wien 1920).
Erwin *Scharf,* Ich hab's gewagt mit Sinnen ... Entscheidungen im antifaschistischen Widerstand. Erlebnisse in der politischen Konfrontation (Wien 1988).
Theodor *Scharmann*/Walter F. *Neubauer,* Die berufliche und gesellschaftliche Orientierung junger Angestellter (Salzburg 1973).
Hans-Henning *Scharsach,* Haiders Kampf (München 1993).
Die Schatten der Vergangenheit. Impulse zur Historisierung des Nationalsozialismus (hg. von Uwe *Backes* u.a., Frankfurt/M. 1990).
Franz *Schausberger,* Ins Parlament, um es zu zerstören. Das »parlamentarische« Agitieren der Nationalsozialisten in den österreichischen Landtagen 1932/33 (1995).
Franz *Schausberger,* Letzte Chance für die Demokratie. Die Bildung der Regierung Dollfuß I im Mai 1932 (Wien 1993).
Norbert *Schausberger,* Die Auswirkungen der Rüstungs- und Kriegswirtschaft 1938–1945 auf die soziale und ökonomische Struktur Österreichs. Kriegswirtschaft und Rüstung 1939–1945 (hg. von Friedrich *Forstmeier* u.a., Düsseldorf 1977) 219–255.
Norbert *Schausberger,* Der Griff nach Österreich. Der Anschluß (Wien 1978).
Norbert *Schausberger,* Rüstung in Österreich 1938–1945 (Wien 1970).
Norbert *Schausberger,* Der Strukturwandel des ökonomischen Systems 1938–1945. Arbeiterschaft und Nationalsozialismus in Österreich (hg. von Rudolf G. *Ardelt*/Hans *Hautmann,* Wien 1990) 151–168.
Josef *Scheicher,* Erlebnisse und Erinnerungen. Bd. 3–6 (Wien o.J.).
Sigurd Paul *Scheichl,* Literatur in österreichischen Zeitschriften der dreißiger Jahre. Österreichische Literatur der dreißiger Jahre (hg. von Klaus *Amann* u.a., Wien 1985) 178–214.
Sigurd Paul *Scheichl,* Weder Kahlschlag noch Stunde Null! Besonderheiten des Voraussetzungssystems der Literatur in Österreich zwischen 1945 und 1966. Vier deutsche Literaturen? (hg. von Karl *Pestalozzi* u.a., Tübingen 1986) 37–51.

Schicksalsjahre Österreichs 1908–1919. Das politische Tagebuch Joseph Redlichs. 2 Bde. (hg. von Fritz *Fellner,* Graz 1953/1954).
Egon Schiele und seine Zeit. Österreichische Malerei und Zeichnung von 1900 bis 1930. Aus der Sammlung Leopold (hg. von Klaus Albrecht *Schröder* u.a., München 1988).
Alfons *Schilcher,* Österreich und die Großmächte. Dokumente zur österreichischen Außenpolitik 1945–1955 (Wien 1980).
Schild ohne Schwert. Das österreichische Bundesheer 1955–1970 (hg. von Manfried *Rauchensteiner* u.a., Graz 1991).
Axel *Schildt,* Nachkriegszeit. Möglichkeiten und Probleme einer Periodisierung der westdeutschen Geschichte nach dem Zweiten Weltkrieg und ihrer Einordnung in die deutsche Geschichte des 20. Jahrhunderts. Geschichte in Wissenschaft und Unterricht 44 (1993) 567–584.
Silvana und Christian *Schiller,* Georg Hamminger. Ein Mörder und seine Zeit (Grünbach 1993).
Bruno *Schimetscheck,* Der österreichische Beamte (Wien 1984).
Baldur von *Schirach,* Ich glaubte an Hitler (Hamburg 1967).
Gerald *Schlag,* Burgenland. Österreich 1918–1938. Geschichte der Ersten Republik. Bd. 2 (hg. von Erika *Weinzierl*/Kurt *Skalnik,* Graz 1983) 747–800.
Moritz *Schlick,* Fragen der Ethik (hg. von Rainer *Hegselmann,* Frankfurt/M. 1984).
Friedrich *Schlögl,* Wiener Luft. Kleine Culturbilder aus dem Volksleben der alten Kaiserstadt an der Donau (Wien o.J.).
Andreas *Schlothauer,* Die Diktatur der freien Sexualität. AAO, Mühl-Kommune, Friedrichshof (Wien 1992).
Georg *Schmid,* Der Ballhausplatz 1848–1918. Österreichische Osthefte 23/1 (1981) 18–37.
Georg *Schmid,* Die »Falschen« Fuffziger. Literatur der Nachkriegszeit und der 50er Jahre in Österreich (hg. von Friedbert *Aspetsberger,* Wien 1984) 7–23.
Georg *Schmid,* Kinogeschichte der Zwischenkriegszeit. Österreich 1918–1938. Geschichte der Ersten Republik. Bd. 2 (hg. von Erika *Weinzierl*/Kurt *Skalnik,* Graz 1983) 705–714.
Georg E. *Schmid,* Selbstbestimmung 1919. Anmerkungen zur historischen Dimension und Relevanz eines politischen Schlagwortes. Versailles – St-Germain – Trianon. Umbruch in Europa vor fünfzig Jahren (hg. von Karl *Bosl,* München 1971) 127–142.
Wieland *Schmid,* Bildende Kunst. Österreich. Die Zweite Republik. Bd. 2 (hg. von Erika *Weinzierl*/Kurt *Skalnik,* Graz 1972) 492–529.
Wieland *Schmid,* Die österreichische Malerei in der Zwischenkriegszeit. Österreich 1918–1938. Geschichte der Ersten Republik. Bd. 2 (hg. von Erika *Weinzierl*/Kurt *Skalnik,* Graz 1983) 685–704.
Erwin A. *Schmidl,* März 38. Der deutsche Einmarsch in Österreich (Wien 1988).
Karin M. *Schmidlechner,* Jugendliches Protestverhalten in der Nachkriegszeit. 18. Österreichischer Historikertag, Linz 1990 (Wien 1991) 105–113.
Hansgeorg *Schmidt-Bergmann,* Futurismus. Geschichte, Ästhetik, Dokumente (Reinbek 1993).
Wendelin *Schmidt-Dengler,* Bedürfnis nach Geschichte. Aufbruch und Untergang. Österreichische Kultur zwischen 1918 und 1938 (hg. von Franz *Kadrnoska,* Wien 1981) 393–407.
Wendelin *Schmidt-Dengler,* Der Übertreibungskünstler. Studien zu Thomas Bernhard (Wien 1986).
Georg *Schmitz,* Karl Renners Briefe aus Saint-Germain und ihre rechtspolitischen Folgen (Wien 1991).
Georg *Schmitz,* Die Vorentwürfe Hans Kelsens für die österreichische Bundesverfassung (Wien 1981).
Oscar A. H. *Schmitz,* Der österreichische Mensch. Zum Anschauungsunterricht für Europäer insbesondere für Reichsdeutsche (Wien 1924).
Franziska *Schneeberger,* Heimwehr und Bauern – ein Mythos. Zeitgeschichte 16 (1989) 135–145.
Franziska *Schneeberger,* Sozialstruktur der Heimwehr in Österreich. Eine vergleichende politische Sozialgeschichte der Heimwehrbewegung (phil. Diss., Salzburg 1988).
Heinrich *Schneider,* Kirche – Staat – Gesellschaft: ihre Beziehungen im Wandel. Politik in Österreich. Die Zweite Republik: Bestand und Wandel (hg. von Wolfgang *Mantl,* Wien 1992) 523–570.
Reinhold *Schneider,* Philipp der Zweite oder Religion und Macht (Frankfurt/M. 1987).
Arthur *Schnitzler,* Ausgewählte Werke (Frankfurt/M. 1962).
Arthur *Schnitzler,* Leutnant Gustl und andere Erzählungen (Wien 1961).
Richard *Schober,* Die Tiroler Frage auf der Friedenskonferenz von Saint-Germain (Innsbruck 1982).
Therese *Schobloch,* Hinterlegte Zeichen. »Es war eine Welt der Geborgenheit ...« Bürgerliche Kindheit in Monarchie und Republik (hg. von Andrea *Schnöller* u.a., Wien 1987) 117–200.
Peter *Schöffler,* Der Wahlrechtskampf der österreichischen Sozialdemokratie 1888/89–1897 (Stuttgart 1986).
Arnold *Schönberg,* Über Musikkritik. Die Wiener Moderne. Literatur, Kunst und Musik zwischen 1890 und 1910 (hg. von Gotthart *Wunberg,* Stuttgart 1981) 605–607.
Josef *Schöner,* Wiener Tagebuch 1944/1945 (hg. von Eva-Marie *Csáky* u.a., Wien 1992).

Gerold *Schöpfer,* Das Jahr 1938 im Lichte von Augenzeugenberichten. Graz 1938 (hg. von Friedrich *Bouvier* u.a., Historisches Jahrbuch der Stadt Graz 18/19, 1987) 75–86.

Peter *Schöttler,* Mentalitäten, Ideologien, Diskurse. Zur sozialgeschichtlichen Thematisierung der »dritten Ebene«. Alltagsgeschichte. Zur Rekonstruktion historischer Erfahrungen und Lebensweisen (hg. von Alf *Lüdtke,* Frankfurt/M. 1989) 85–136.

Johann *Schoiswohl,* Schule nach Auschwitz. Fünf Thesen zur Struktur der österreichischen Pflichtschule in der unmittelbaren Nachkriegszeit. Zeitgeschichte 15 (1988) 245–261.

Carl E. *Schorske,* Abschied von der Öffentlichkeit. Kulturkritik und Modernismus in der Wiener Architektur. Ornament und Askese im Zeitgeist des Wien der Jahrhundertwende (hg. von Alfred *Pfabigan,* Wien 1985) 47–56.

Carl E. *Schorske,* Fin de Siècle Vienna, Politics and Culture (New York 1980), dt: Wien. Geist und Gesellschaft im Fin de Siècle (Frankfurt/M. 1982).

Carl E. *Schorske,* Grace and the Word: Austria's Two Cultures and Their Modern Fate. Austrian History Yearbook 22 (1991) 21–34.

Carl E. *Schorske,* Österreichs ästhetische Kultur 1870–1914. Betrachtungen eines Historikers. Traum und Wirklichkeit. Wien 1870–1930 (hg. von Robert *Waissenberger,* Wien 1985) 12–25.

Dieter *Schrage,* Die totalitäre Inszenierung der Massen: Volksabstimmung vom 10. April 1938. Wien 1938 (hg. von Siegwald *Ganglmair,* Wien 1988) 98–113.

Wolfgang *Schreiber,* Gustav Mahler (Reinbek 1990).

Schrift und Materie der Geschichte. Vorschläge zur systematischen Aneignung historischer Prozesse (hg. von Claudia *Honegger,* Frankfurt/M. 1977).

Heinrich von *Schullern,* Jung-Österreich. Roman eines Burschenschafters (München 1920).

Regina *Schulte,* Das Dorf im Verhör. Brandstifter, Kindsmörderinnen und Wilderer vor den Schranken des bürgerlichen Gerichts Oberbayern 1848–1910 (Reinbek 1989).

Gerhard *Schulze,* Die Erlebnisgesellschaft. Kultursoziologie der Gegenwart (Frankfurt/M. 1993).

Winfried *Schulze,* Mikrohistorie versus Makrohistorie? Anmerkungen zu einem aktuellen Thema. Historische Methode (hg. von Christian *Meier* u.a., München 1988) 319–341.

Winfried *Schulze,* Reich und Türkengefahr im späten 16. Jahrhundert (München 1978).

Joseph A. *Schumpeter,* Kapitalismus, Sozialismus und Demokratie (Stuttgart 1972).

Joseph *Schumpeter,* Theorie der wirtschaftlichen Entwicklung (Berlin [6]1964).

Kurt *Schuschnigg,* Im Kampf gegen Hitler. Die Überwindung der Anschlußidee (Wien 1969).

Leo *Schuster,* »... und immer wieder mußten wir einschreiten!« Ein Leben »im Dienste der Ordnung« (Wien 1986).

Robert *Schwarz,* »Sozialismus der Propaganda«. Das Werben des »Völkischen Beobachters« um die österreichische Arbeiterschaft 1938/39 (Wien 1975).

Werner M. *Schwarz,* Kino und Kinos in Wien. Eine Entwicklungsgeschichte bis 1934 (Wien 1992).

Schweiz – Österreich. Ähnlichkeit und Kontraste (hg. von Friedrich *Koja* u.a., Wien 1986).

Hans *Sedlmayr,* Die demolierte Schönheit. Ein Aufruf zur Rettung Salzburgs (Salzburg 1965).

Hans *Sedlmayr,* Verlust der Mitte. Die bildende Kunst des 19. und 20. Jahrhunderts als Symptom und Symbol der Zeit (Frankfurt/M. 1985).

Gustav *Seibt,* Bleierne Zeit. Frankfurter Allgemeine Zeitung, 27. Februar 1992.

Hans *Seidel,* Die Entfaltung der Produktivkräfte der österreichischen Wirtschaft. Österreich im Wandel. Gesellschaft, Wirtschaft, Raum (hg. von Erich *Bodzenta* u.a., Wien 1985) 77–123.

Gregorz L. *Seidler,* Zwei Konzeptionen der Bürokratie (Innsbruck 1987).

Elisabeth *Sekera,* Vom Leben der ganz kleinen Leute 1890–1986 (Wien 1988).

Maren *Seliger,* NS-Herrschaft in Wien und Niederösterreich. NS-Herrschaft in Österreich 1938–1945 (hg. von Emmerich *Tálos* u.a., Wien 1988) 397–416.

Maren *Seliger,* Die Verfolgung normabweichenden Verhaltens im NS-System. Am Beispiel der Politik gegenüber »Asozialen« in Wien. Österreichische Zeitschrift für Politikwissenschaft 20 (1991) 409–429.

Maren *Seliger*/Karl *Ucakar,* Wien. Politische Geschichte 1740–1934. Bd. 2 (Wien 1985).

Hans *Seper,* Österreichische Automobilgeschichte. 1815 bis heute (Wien 1986).

Gary W. *Shanafelt,* The Secret Enemy: Austria-Hungary and the German Alliance 1914–1918 (New York 1985).

James *Shedel,* Art and Society. The New Art Movement in Vienna 1897–1914 (Palo Alto 1981).

Kurt L. *Shell,* Jenseits der Klassen? Österreichs Sozialdemokratie seit 1934 (Wien 1969).

Reinhard *Sieder,* Sozialgeschichte der Familie (Frankfurt/M. 1987).

Reinhard *Sieder,* »Vata, derf i aufstehn?« Kindheitserfahrungen um 1900. Glücklich ist, wer vergißt ...? Das andere Wien um 1900 (hg. von Hubert Ch. *Ehalt* u.a., Wien 1986) 39–89.

Reinhard *Sieder,* Was heißt Sozialgeschichte? Österreichische Zeitschrift für Geschichtswissenschaften 1 (1990) 25–48.
Robert *Sieger,* Der österreichische Staatsgedanke und seine geographischen Grundlagen (Wien 1918).
Heinz *Siegert,* Esterházy – Symbol und Symptom. Adel in Österreich (hg. von Heinz *Siegert,* Wien 1971) 336–343.
Michael *Siegert,* Der Mord an Professor Moritz Schlick. Attentate, die Österreich erschütterten (hg. von Leopold *Spira,* Wien 1981) 123–131.
Klaus-Jörg *Siegfried,* Universalismus und Faschismus. Das Gesellschaftsbild Othmar Spanns (Wien 1974).
Margarete *Sieghart,* Rudolf Sieghart und das Ministerium Beck. Österreich in Geschichte und Literatur 16 (1972) 540–557.
Rudolf *Sieghart,* Die letzten Jahrzehnte einer Großmacht (Berlin 1932).
Gerard E. *Silberstein,* The Troubled Alliance. German-Austrian Relation 1914 to 1917 (Lexington, Kentucky 1970).
Oswalt *Sint,* »Buibm und Gitschn beinando is ka Zoig!« Jugend in Osttirol 1900–1930 (Wien 1986).
Alan *Sked,* Der Fall des Hauses Habsburg. Der unzeitige Tod eines Kaiserreichs (Berlin 1993).
Brita *Skottsberg,* Der österreichische Parlamentarismus (Göteborg 1940).
Harry *Slapnicka,* Oberösterreich als es »Oberdonau« hieß 1938–1945 (Linz 1978).
Harry *Slapnicka,* Oberösterreich unter Kaiser Franz Joseph 1861–1918 (Linz 1982).
Ronald *Smelser,* Robert Ley. Hitlers Mann an der Arbeitsfront (Paderborn 1989).
Johann *Sonnleitner,* Die Geschäfte des Herrn Robert Hohlbaum. Die Schriftstellerkarriere eines Österreichers in der Zwischenkriegszeit und im Dritten Reich (Wien 1989).
Pierre *Sorlin,* The Film in History. Restaging the Past (Oxford 1980).
Sozialdemokratie und »Anschluß«. Historische Wurzeln, Anschluß 1918 und 1938 (hg. von Helmut *Konrad,* Wien 1978).
Sozialdemokratie und Habsburgerstaat (hg. von Wolfgang *Maderthaner,* Wien 1988).
Sozialdemokratie und Verfassung (hg. von Manfred *Matzka,* Wien 1985).
Sozialgeschichte der Bundesrepublik Deutschland. Beiträge zum Kontinuitätsproblem (hg. von Werner *Conze* u.a., Stuttgart 1985).
Sozialgeschichte im internationalen Überblick. Ergebnisse und Tendenzen der Forschung (hg. von Jürgen *Kocka,* Darmstadt 1989).
Sozialistenprozesse. Politische Justiz in Österreich 1870–1936 (hg. von Karl R. *Stadler,* Wien 1986).
Sozialpartnerschaft. Kontinuität und Wandel eines Modells (hg. von Emmerich *Tálos,* Wien 1993).
Sozialpartnerschaft in der Krise. Leistungen und Grenzen des Neokorporatismus in Österreich (hg. von Peter *Gerlich* u.a., Wien 1985).
Sozialpolitik und Judenvernichtung. Gibt es eine Ökonomie der Endlösung? (Beiträge zur nationalsozialistischen Gesundheits- und Sozialpolitik 5, hg. von Götz *Aly,* Berlin 1987) 20–30.
Soziale Arbeit und Faschismus (hg. von Hans-Uwe *Otto,* Frankfurt/M. 1989).
Soziale Struktur Österreichs. Soziale Schichten, Arbeitswelt, soziale Sicherung (hg. vom Bundesminister für soziale Verwaltung, Wien 1982).
Sozialismus und persönliche Lebensgestaltung. Texte aus der Zwischenkriegszeit (Wien 1981).
Soziologie. Forschung in Österreich (hg. von Leopold *Rosenmayr* u.a., Wien 1969).
Gustav *Spann,* Vom Leben im Kriege. Die Erkundung der Lebensverhältnisse der Bevölkerung Österreich-Ungarns im Ersten Weltkrieg durch die Briefzensur. Unterdrückung und Emanzipation. Festschrift für Erika Weinzierl (hg. von Rudolf G. *Ardelt* u.a., Wien 1985) 149–165.
Spectrum Austriae. Österreich in Geschichte und Gegenwart (hg. von Otto *Schulmeister,* Wien ²1980).
Manès *Sperber,* Die Wasserträger Gottes. All das Vergangene ... (München 1974).
Alexander *Spitzmüller,* »... und hat auch Ursach, es zu lieben« (Wien 1955).
Hilde *Spiel,* Die hellen und die finsteren Zeiten. Erinnerungen 1911–1946 (München 1989).
Wolfgang *Spohn,* Betriebsgemeinschaft und Volksgemeinschaft. Die rechtliche und institutionelle Regelung der Arbeitsbeziehungen im NS-Staat (Berlin 1987).
Sport zwischen Disziplinierung und neuen sozialen Bewegungen (hg. von Hubert Ch. *Ehalt,* Wien 1993).
Reinhard *Spree,* Angestellte als Modernisierungsagenten. Indikation und Thesen zum reproduktiven Verhalten von Angestellten im späten 19. und frühen 20. Jahrhundert. Angestellte im europäischen Vergleich (hg. von Jürgen *Kocka,* Göttingen 1981) 279–308.
Spurensuche. Erzählte Geschichte der Kärntner Slowenen (hg. vom Dokumentationsarchiv des österreichischen Widerstandes, Wien 1990).
Heinrich von *Srbik,* Franz Joseph I. Charakter und Regierungsgrundsätze. Historische Zeitschrift 144 (1931) 509–526.
Staat – Wohlfahrtsstaat. Österreichische Zeitschrift für Politikwissenschaft 22 (1993).

Staatsbürger oder Untertanen? Politische Kultur Deutschlands, Österreichs und der Schweiz im Vergleich (hg. von Fritz *Plasser*/Peter A. *Ulram,* Frankfurt/M. 1991).
Friedrich *Stadler,* Vom Positivismus zur »Wissenschaftlichen Weltauffassung«. Am Beispiel der Wirkungsgeschichte von Ernst Mach in Österreich von 1895 bis 1934 (Wien 1982).
Karl R. *Stadler,* Adolf Schärf. Mensch, Politiker, Staatsmann (Wien 1982).
Karl R. *Stadler,* Bruno Kreisky. Die österreichischen Bundeskanzler. Leben und Werk (hg. von Erika *Weinzierl*/Friedrich *Weissensteiner,* Wien 1983) 380–417.
Karl R. *Stadler,* Hypothek auf die Zukunft. Die Entstehung der österreichischen Republik 1918–1921 (Wien 1968).
Karl R. *Stadler,* Opfer verlorener Zeiten. Geschichte der Schutzbund-Emigration 1934 (Wien 1974).
Robert *Stadler*/Michael *Mooslechner,* St. Johann/Pg. 1938–1945 (St. Johann 1986).
Stahl und Eisen bricht ... Industrie und staatliche Politik in Österreich (hg. von Margit *Scherb*/Inge *Morawetz,* Wien 1986).
Von Stalingrad zur Währungsreform. Zur Sozialgeschichte des Umbruchs in Deutschland (hg. von Martin *Broszat* u.a., München 1988).
Eduard *Stanek,* Verfolgt, verjagt, vertrieben. Flüchtlinge in Österreich (Wien 1985).
Ernst Rüdiger *Starhemberg,* Memoiren (Wien 1971).
Anton *Staudinger,* Aspekte christlichsozialer Politik 1917 bis 1920 (unpubl. Habil.Schrift, Wien 1980).
Anton *Staudinger,* Zu den Bemühungen katholischer Jungakademiker um eine ständisch-antiparlamentarische und deutsch-völkische Orientierung der Christlichsozialen Partei. Februar 1934. Ursachen, Fakten, Folgen (hg. von Erich *Fröschl* u.a., Wien 1984) 221–231.
Anton *Staudinger,* Christlichsoziale Partei. Österreich 1918–1938. Geschichte der Ersten Republik. Bd. 1 (hg. von Erika *Weinzierl*/Kurt *Skalnik,* Graz 1983) 249–276.
Anton *Staudinger,* Christlichsoziale Partei und Errichtung des »Autoritären Ständestaates« in Österreich. Vom Justizpalast zum Heldenplatz. Studien und Dokumentationen 1927 bis 1938 (hg. von Ludwig *Jedlicka*/Rudolf *Neck,* Wien 1975) 65–81.
Anton *Staudinger,* Konzentrationsregierung, Bürgerblock oder präsidiales Minderheitsregime? Zum angeblichen Koalitionsangebot Ignaz Seipels an die Sozialdemokratie im Juni 1931. Zeitgeschichte 12 (1984) 1–18.
Anton *Staudinger,* Zur »Österreich«-Ideologie des Ständestaates. Das Juliabkommen von 1936 (hg. von Ludwig *Jedlicka* u.a., Wien 1977) 198–240.
Henry Wickham *Steed,* The Habsburg Monarchy (London 1913).
Peter *Steinbach,* »Enttabuisierung« der Zeitgeschichte als Vergangenheitsbewältigung. Kirchliche Zeitgeschichte 5 (1992) 121–134.
Michael P. *Steinberg,* The Meaning of the Salzburg Festival. Austria as Theater and Ideology, 1890–1938 (Ithaca/London 1990).
Erwin *Steinböck,* Österreichs militärisches Potential im März 1938 (Wien 1988).
Gertrud *Steiner,* Die Heimat-Macher. Kino in Österreich 1946–1966 (Wien 1987).
Herbert *Steiner,* Gestorben für Österreich. Widerstand gegen Hitler (Wien 1968).
Ludwig *Steiner,* Zur Außenpolitik der Zweiten Republik. Diplomatie und Außenpolitik Österreichs (hg. von Erich *Zöllner,* Wien 1977) 169–188.
Rolf *Steininger,* Los von Rom? Die Südtirolfrage 1945/46 und das Gruber-De Gasperi-Abkommen (Innsbruck 1987).
Hannes *Stekl,* Österreichs Aristokratie im Vormärz. Herrschaftsstil und Lebensformen der Fürstenhäuser Liechtenstein und Schwarzenberg (München 1973).
Hannes *Stekl,* Zwischen Machtverlust und Selbstbehauptung. Österreichs Hocharistokratie vom 18. bis ins 20. Jahrhundert. Europäischer Adel 1750–1950 (hg. von Hans-Ulrich *Wehler,* Göttingen 1990) 144–165.
Hannes *Stekl*/Marija *Wakounig,* Windisch-Graetz. Ein Fürstenhaus im 19. und 20. Jahrhundert (Wien 1992).
Stenographische Protokolle über die Sitzungen der Konstituierenden Nationalversammlung der Republik Österreich (Wien 1919).
Stenographische Protokolle des Nationalrates der Republik Österreich (Wien 1929).
Dieter *Stiefel,* Arbeitslosigkeit. Soziale, politische und wirtschaftliche Auswirkungen – am Beispiel Österreichs 1918–1938 (Berlin 1979).
Dieter *Stiefel,* Entnazifizierung in Österreich (Wien 1981).
Dieter *Stiefel,* Finanzdiplomatie und Weltwirtschaftskrise. Die Krise der Kredit-Anstalt für Handel und Gewerbe 1931 (Frankfurt/M. 1989).
Dieter *Stiefel,* Die große Krise in einem kleinen Land. Österreichische Finanz- und Wirtschaftspolitik 1929–1938 (Wien 1988).
Dieter *Stiefel,* Die Kluft zwischen Wirtschaft und Politik. Zur Bedeutung der 1930er Jahre für die öster-

reichische Wirtschaftspolitik in der Gegenwart. Unternehmer und Unternehmen. Festschrift für Alois Brusatti (hg. von der österreichischen Gesellschaft für Unternehmensgeschichte, Wien 1989) 94–115.
Dieter *Stiefel,* Utopie und Realität. Die Wirtschaftspolitik des Ständestaates. Tirol und der Anschluß. Voraussetzungen, Entwicklungen, Rahmenbedingungen 1918–1938 (hg. von Thomas *Albrich* u.a., Innsbruck 1988) 403–433.
Gerald *Stieg,* Frucht des Feuers. Canetti, Doderer, Kraus und der Justizpalastbrand (Wien 1990).
Gernot *Stimmer,* Zur Herkunft der höchsten österreichischen Beamtenschaft. Die Bedeutung des Theresianums und der Konsularakademie. Student und Hochschule im 19. Jahrhundert (hg. von Otto *Neuloh,* Göttingen 1975) 303–345.
Alfred *Stirnemann,* Rekrutierung und Rekrutierungsstrategien. Das österreichische Parteiensystem (hg. von Anton *Pelinka* u.a., Wien 1988) 599–644.
Josef *Stockinger,* Zeit, die prägt. Arbeiterbewegung in Steyr (Linz 1989).
Ceija *Stojka,* Wir leben im Verborgenen. Erinnerungen einer Rom-Zigeunerin (hg. von Karin *Berger,* Wien 1989).
Norman *Stone,* Army and Society in the Habsburg Monarchy 1900–1914. Past and Present 33 (1966) 95–111.
Gerald *Stourzh,* Die Außenpolitik der österreichischen Bundesregierung gegenüber der nationalsozialistischen Bedrohung. Österreich, Deutschland und die Mächte. Internationale und österreichische Aspekte des »Anschlusses« vom März 1938 (hg. von Gerald *Stourzh* u.a., Wien 1990) 319–346.
Gerald *Stourzh,* Einige Überlegungen zur Lage der Zeitgeschichte. Wissenschaft und Freiheit. Ideen zur Universität und Universalität (hg. von Erhard *Busek* u.a., Wien 1989) 141–143.
Gerald *Stourzh,* Geschichte des Staatsvertrages 1945–1955. Österreichs Weg zur Neutralität (Graz 1985).
Gerald *Stourzh,* Zur Institutionengeschichte der Arbeitsbeziehungen und der sozialen Sicherung. *Ders.,* Wege zur Grundrechtsdemokratie. Studien zur Begriffs- und Institutionengeschichte des liberalen Verfassungsstaates (Wien 1989) 335–361.
Gerald *Stourzh,* Die österreichische Dezemberverfassung von 1867. *Ders.,* Wege zur Grundrechtsdemokratie. Studien zur Begriffs- und Institutionengeschichte des liberalen Verfassungsstaates (Wien 1989) 239–258.
Gerald *Stourzh,* The Origins of Austrian Neutrality. Neutrality. Changing Concepts and Practices (ed. Alan T. *Leonhard,* Lanham 1988) 35–57.
Gerald *Stourzh,* Vom Reich zur Republik. Studien zum Österreichbewußtsein im 20. Jahrhundert (Wien 1990).
Gerald *Stourzh,* Der Umfang der österreichischen Geschichte. Probleme der Geschichte Österreichs und ihrer Darstellung (hg. von Herwig *Wolfram*/Walter *Pohl,* Wien 1991) 3–27.
Gerald *Stourzh,* Wege zur Grundrechtsdemokratie. Studien zur Begriffs- und Institutionengeschichte des liberalen Verfassungsstaates (Wien 1989).
Josef *Stradner,* Der Fremdenverkehr (Graz 1917).
Siegfried von *Strakosch,* Die Grundlagen der Agrarwirtschaft in Österreich (Wien 1916).
Christian *Strasser,* The Sound of Klein-Hollywood. Filmproduktion in Salzburg – Salzburg im Film (Wien 1993).
Richard *Strauss*/Hugo von *Hofmannsthal,* Briefwechsel (hg. von Willi *Schuh,* Zürich 1978).
Ernst *Streeruwitz,* Springflut über Österreich. Erinnerungen, Erlebnisse und Gedanken aus bewegter Zeit 1914–1929 (Wien 1937).
Ernst *Streeruwitz,* Wie es war. Erinnerungen und Erlebnisse eines alten Österreichers (Wien 1934)
Erich *Streissler,* Kritische Bemerkungen zur These keynesianischer Ausgabenpolitik in der Ära Kreisky. Austro-Keynesianismus in Theorie und Praxis (hg. von Fritz *Weber* u.a., Wien 1993) 113–117.
Christian *Streit,* Keine Kameraden. Die Wehrmacht und die sowjetischen Kriegsgefangenen 1941–1945 (Stuttgart 1978).
Peter *Streitle,* Die Rolle Kurt von Schuschniggs im österreichischen Abwehrkampf gegen den Nationalsozialismus (1934–1936) (München 1988).
Vera *Streller,* Fleiß und Leichtsinn. Österreichische Unternehmer: ein Querschnitt für das Jahr 1906. Magie der Industrie. Leben und Arbeiten im Fabrikzeitalter. Katalog der Niederösterreichischen Landesausstellung (München 1989) 238–245.
Alice *Strobl,* Gustav Klimt. Die Zeichnungen. 3 Bde. (Salzburg 1980–1984).
Karl *Stubenvoll,* Bibliographie zum Nationalsozialismus in Österreich (Wien 1992).
Karl *Stubenvoll,* Die christlichsoziale Arbeiterbewegung. Magie der Industrie. Leben und Arbeiten im Fabrikzeitalter. Katalog der Niederösterreichischen Landesausstellung (München 1989) 206–215.
Karl *Stubenvoll,* Die Genesis und Funktion des »Antiterrorgesetzes« vom 5. April 1930. Neuere Studien zur Arbeitergeschichte. Bd. 1 (hg. von Helmut *Konrad*/Wolfgang *Maderthaner,* Wien 1984) 213–245.
H. H. *Stuckenschmidt,* Schönberg. Leben, Umwelt, Werk (Zürich 1974).

Fritz *Stüber*, Ich war Abgeordneter. Die Entstehung der freiheitlichen Opposition in Österreich (Graz 1974).
Karl *Stuhlpfarrer*, Austrofaschistische Außenpolitik – ihre Rahmenbedingungen und ihre Auswirkungen. »Austrofaschismus«. Beiträge über Politik, Ökonomie und Kultur 1934–1938 (hg. von Emmerich *Tálos*/Wolfgang *Neugebauer*, Wien [4]1988) 267–285.
Karl *Stuhlpfarrer*, Das Problem der deutschen Penetration Österreichs. Das Juliabkommen von 1936 (hg. von Ludwig *Jedlicka* u.a., Wien 1977) 315–327.
Karl *Stuhlpfarrer*, Südtirol 1919. Saint-Germain 1919 (hg. von Isabella *Ackerl*/Rudolf *Neck*, Wien 1989) 54–77.
Karl *Stuhlpfarrer*, Volksabstimmungsfeiern und Geschichtsbild. Kärnten – Volksabstimmung 1920 (Wien 1981) 13–28.
Karl *Stuhlpfarrer*/Leopold *Steurer*, Die Ossa in Österreich. Vom Justizpalast zum Heldenplatz. Studien und Dokumentationen 1927 bis 1938 (hg. von Ludwig *Jedlicka*/Rudolf *Neck*, Wien 1975) 35–64.
Die Stunde Null – Niederösterreich 1945 (Wien 1975).
Adolf *Sturmthal*, Zwei Leben. Erinnerungen eines sozialistischen Internationalisten zwischen Österreich und den USA (hg. von Georg *Hauptfeld* u.a., Wien 1989).
Sudetendeutsche – Opfer und Täter. Verletzungen des Selbstbestimmungsrechts und ihre Folgen 1918–1982 (hg. von Leopold Grünwald, Wien 1983).
Eduard *Süß*, Erinnerungen (Leipzig 1916).
Melanie A. *Sully*, Political Parties and Elections in Austria. The Search for Stability (London 1981).
Arnold *Suppan*, Zur Frage eines österreichisch-ungarischen Imperialismus in Südosteuropa: Regierungspolitik und öffentliche Meinung um die Annexion Bosniens und Herzegowina. Die Donaumonarchie und die südslawische Frage von 1848 bis 1918 (hg. von Adam *Wandruszka* u.a., Wien 1978) 103–136.
Berthold *Sutter*, Die Badenischen Sprachverordnungen von 1897. 2 Bde. (Wien 1960/1965).
Bertha von *Suttner*, Memoiren (Stuttgart 1909).
Bertha von *Suttner*, Die Waffen nieder! (Hamburg o.J.).
Wilhelm *Svoboda*, Die Partei, die Republik und der Mann mit den vielen Gesichtern. Oskar Helmer und Österreich II (Wien 1993).
Wilhelm *Svoboda*, Franz Olah. Eine Spurensammlung (Wien 1990).
Paul R. *Sweet*, Germany, Austria-Hungary and Mitteleuropa. August 1915–April 1916. Festschrift für Heinrich Benedikt (hg. von Hugo *Hantsch* u.a., Wien 1957) 180–212.
Symbiose von Politik und Wissenschaft (hg. von der Gesellschaft für Politik, Wien 1967).
Wilhelm *Szabo*, Zwielicht der Kindheit (St. Pölten 1986).
Maria *Szecsi*, Der Lohnanteil am österreichischen Volkseinkommen 1913 bis 1967 (Schriftenreihe der Wiener Kammer für Arbeiter und Angestellte, Wien o.J.).
Jenö *Szücs*, Nation und Geschichte. Studien (Budapest 1981).

Emmerich *Tálos*, Das Herrschaftssystem 1934–1938. Erklärungen und begriffliche Bestimmungen. »Austrofaschismus«. Beiträge über Politik, Ökonomie und Kultur 1934–1938 (hg. von Emmerich *Tálos*/Wolfgang *Neugebauer*, Wien 1984) 267–284.
Emmerich *Tálos*, Sozialpartnerschaft: Zur Entwicklung und Entwicklungsdynamik kooperativ-konzentrierter Politik in Österreich. Sozialpartnerschaft in der Krise. Leistungen und Grenzen des Neokorporatismus in Österreich (hg. von Peter *Gerlich* u.a., Wien 1985) 41–84.
Emmerich *Tálos*, Sozialpolitik. Handbuch des politischen Systems Österreichs (hg. von Herbert *Dachs* u.a., Wien 1991) 525–535.
Emmerich *Tálos*, Sozialpolitik 1938 bis 1945. NS-Herrschaft in Österreich 1938–1945 (hg. von Emmerich *Tálos* u.a., Wien 1988) 122–127.
Emmerich *Tálos*, Sozialpolitik in Österreich seit 1970. Der österreichische Weg 1970–1985. Fünfzehn Jahre, die Österreich verändert haben (hg. von Erich *Fröschl* u.a., Wien 1986) 93–114.
Emmerich *Tálos*, Staatliche Sozialpolitik in Österreich. Rekonstruktion und Analyse (Wien 1981).
Emmerich *Tálos*/Georg *Fischer*, Arbeitslosigkeit und Verarmungsrisiko. Am Beispiel der Arbeitslosenversicherung. Österreichische Zeitschrift für Politikwissenschaft 1986, 351–365.
Arieh *Tartakower*, Jewish Migratory Movements in Austria in Recent Generations. The Jews of Austria (ed. Josef *Fraenkel*, London 1967) 289 ff.
Franz *Taucher*, Schattenreise. Von Landsleuten und anderen Menschen (Wien 1973).
Klaus *Tenfelde*, Unternehmer in Deutschland und Österreich während des 19. Jahrhunderts: Forschungsprobleme. Innere Staatsbildung und gesellschaftliche Modernisierung in Österreich und Deutschland 1867/71–1914 (hg. von Helmut *Rumpler*, Wien 1991) 125–138.
Magnus *Tessner*, Der Außenhandel Österreich-Ungarns von 1867 bis 1913 (Köln 1989).
Friedrich *Tezner*, Der Kaiser (Wien 1909).

Friedrich *Tezner,* Die Volksvertretung (Wien 1912).
Hans *Thalberg,* Die Nahostpolitik. Die Ära Kreisky. Schwerpunkte der österreichischen Außenpolitik (hg. von Erich *Bielka* u.a., Wien 1983) 294–322.
Erika *Thurner,* »Dann haben wir wieder unsere Arbeit gemacht«. Frauenarbeit und Frauenleben nach dem Zweiten Weltkrieg. Zeitgeschichte 15 (1988) 403–425.
Erika *Thurner,* Kurzgeschichte des nationalsozialistischen Zigeunerlagers in Lackenbach (1940–1945) (Eisenstadt 1984).
Erika *Thurner,* Nach '45 war man als »Rote/Roter« auch ein Mensch. Der Wiederaufbau der Salzburger Sozialdemokratie nach 1945 (Wien 1990).
Erika *Thurner,* Nationalsozialismus und Zigeuner in Österreich (Wien 1983).
Erika *Thurner,* »Ortsfremde, asoziale Gemeinschaftsschädlinge« – die Konsequenz des »Anschlusses« für Sinti und Roma (Zigeuner). Arbeiterschaft und Nationalsozialismus in Österreich (hg. von Rudolf G. *Ardelt*/Hans *Hautmann,* Wien 1990) 531–551.
Frank *Tichy,* Ein fauler Hund. Forum, September/November 1988, 60–67.
Gunther *Tichy,* Wirtschaft und Wirtschaftspolitik. Politik in Österreich. Die Zweite Republik: Bestand und Wandel (hg. von Wolfgang *Mantl,* Wien 1992) 707–722.
Edward *Timms,* Karl Kraus. Apocalyptic Satirist. Culture and Catastrophe in Habsburg Vienna (New Haven-London 1986).
Tirol und der Anschluß. Voraussetzungen, Entwicklungen, Rahmenbedingungen 1918–1938 (hg. von Thomas *Albrich* u.a., Innsbruck 1988).
Josef *Toch,* Enklave KPÖ. Bestandaufnahme Österreich 1945–1963 (hg. von Jacques *Hannak,* Wien 1963) 63–82.
Lujo *Tončić-Sorinj,* Erfüllte Träume. Kroatien – Österreich – Europa (Wien 1982).
Friedrich *Torberg,* Gespräch mit dem Feind? (1954). *Ders.,* Apropos. Nachgelassenes – Kritisches – Bleibendes (München 1981).
Totenverluste des Zweiten Weltkrieges. Statistische Nachrichten 10 (1955) 146 ff.
Georg *Trakl,* Dichtungen und Briefe. Bd. 1 (hg. von Walter *Killy* u.a., Salzburg [2]1987).
Traum und Wirklichkeit. Wien 1870–1930 (hg. von Robert *Waissenberger,* Wien 1985).
Franz *Traxler,* Zur Entwicklung kooperativer Arbeitsbeziehungen: Versuch einer Prozeßanalyse. Zeitschrift für Soziologie 11 (1982) 335–352.
Franz *Traxler,* Evolution gewerkschaftlicher Interessenvertretung, Entwicklungslogik und Organisationsdynamik gewerkschaftlichen Handelns am Beispiel Österreich (Wien 1982).
Ferdinand *Tremel,* Der Binnenhandel und seine Organisation. Der Fremdenverkehr. Die Habsburgermonarchie 1848–1918. Bd. 1 (hg. von Adam *Wandruszka*/Peter *Urbanitsch,* Wien 1973) 369–402.
Harald *Troch,* Rebellensonntag. Der 1. Mai zwischen Politik, Arbeiterkultur und Volksfest in Österreich (1890–1919) (Wien 1991).
Ernst *Trost,* Figl von Österreich. Der Weg zum Staatsvertrag (Wien 1985).
Leo *Trotzki,* Mein Leben. Versuch einer Autobiographie (Frankfurt/M. 1974).
Othmar *Tuider,* Die Wehrkreise XVII und XVIII 1938–1945 (Wien 1975).
Henry A. *Turner,* Faschismus und Anti-Modernismus. *Ders.,* Faschismus und Kapitalismus in Deutschland. Studien zum Verhältnis zwischen Nationalsozialismus und Wirtschaft (Göttingen 1980) 157–182.
Mark *Twain,* Stirring Times in Austria. How to Tell a Story and other Essays (New York 1897) 200–249.
Kurt *Tweraser,* Carl Beurle and the Triumph of German Nationalism in Austria. German Studies Review 6 (1981) 403–426.
Kurt *Tweraser,* Der Linzer Gemeinderat 1880–1914. Historisches Jahrbuch der Stadt Linz 1979 (1980) 293–341.

Karl *Ucakar,* Demokratie und Wahlrecht in Österreich. Zur Entwicklung politischer Partizipation und staatlicher Legitimationspolitik (Wien 1985).
Über das Studium der Geschichte (hg. von Wolfgang *Hardtwig,* München 1990).
Heidemarie *Uhl,* Zwischen Versöhnung und Verstörung. Eine Kontroverse um Österreichs historische Identität fünfzig Jahre nach dem »Anschluß« (Wien 1992).
Hans-Peter *Ullmann,* Interessenverbände in Deutschland (Frankfurt/M. 1988).
Peter A. *Ulram,* Hegemonie und Erosion. Politische Kultur und politischer Wandel in Österreich (Wien 1990).
Understanding Austria. The Political Reports and Analyses of Martin F. Herz (hg. von Reinhold *Wagnleitner,* Salzburg 1984).
»... und i sitz' jetzt allein«. Geschichte mit und von alten Menschen (hg. von Helmut *Konrad* u.a., Wien 1987).
Berthold *Unfried,* Entwicklungsebenen der Arbeiterbewegung in Österreich während des Ersten Weltkrie-

ges. Die Bewegung. Hundert Jahre Sozialdemokratie in Österreich (hg. von Erich *Fröschl* u.a., Wien 1990) 300–315.
Gerhard *Ungersböck,* Vom »freien« Arbeitsvertrag zum Kollektivvertrag. Historische Wurzeln der Sozialpartnerschaft (hg. von Gerald *Stourzh* u.a., Wien 1986) 123–152.
Die ungewisse Hoffnung. Österreichische Malerei und Graphik zwischen 1918 und 1938 (hg. von Christoph *Bertsch* u.a., Salzburg 1993).
Die Universität und 1938 (hg. von Helmut *Konrad* u.a., Graz 1989).
Unterdrückung und Emanzipation. Festschrift für Erika Weinzierl (hg. von Rudolf G. *Ardelt* u.a., Wien 1985).
Unterhändler des Vertrauens. Aus den nachgelassenen Schriften von Sektionschef Dr. Richard Schüller (hg. von Jürgen *Nautz,* Wien 1990).
Michael *Unterlercher,* In der Einschicht (Klagenfurt 1976).
Unternehmer und Unternehmen. Festschrift für Alois Brusatti (hg. von der österreichischen Gesellschaft für Unternehmensgeschichte, Wien 1989).
Walter *Urban*/Eva *Zeidner,* Vom Umfang und Nutzen der Parteimitgliedschaft. Österreichs Parteien seit 1945 (hg. von Peter *Gerlich* u.a., Wien 1983) 151–171.
Peter *Urbanitsch,* Bürgertum und Politik im Österreich des 19. Jahrhunderts. Beiträge zur historischen Sozialkunde 18 (1988) 80–86.
Die USIA-Betriebe in Niederösterreich. Geschichte, Organisation, Dokumentation (Wien 1983).

Leo *Valiani,* Verhandlungen zwischen Italien und Österreich-Ungarn 1914–1915. Erster Weltkrieg. Ursachen, Entstehung und Kriegsziele (hg. von Wolfgang *Schieder,* Köln 1969) 317–346.
Fritz *Valjavec,* Der Josephinismus. Zur geistigen Entwicklung Österreichs im 18. und 19. Jahrhundert (Brünn 1944).
Lucie *Varga,* Ein Tal in Vorarlberg – zwischen Vorgestern und Heute. *Dies.,* Zeitenwende. Mentalitätshistorische Studien 1936–1939 (hg. von Peter *Schöttler,* Frankfurt 1991) 146–169.
Robert *Vaughan,* Herbert von Karajan. Ein biographisches Porträt (Frankfurt/M. 1986).
Theodor *Venus,* Bis zum Ende gespielt – Zur Geschichte des Reichssenders Wien im Dritten Reich. Die veruntreute Wahrheit (hg. von Oliver *Rathkolb* u.a., Salzburg 1988) 108–157.
Verdrängte Schuld, verfehlte Sühne. Entnazifizierung in Österreich 1945–1955 (hg. von Sebastian *Meissl* u.a., Wien 1986).
Verfassungsreform von 1929. Dokumente und Materialien zur Bundes-Verfassungsgesetz-Novelle von 1929. Bd. 1–2 (hg. von Klaus *Berchtold,* Wien 1979).
Vermittlungen. Texte und Kontexte österreichischer Literatur und Geschichte im 20. Jahrhundert (hg. von Walter *Weiss* u.a., Salzburg/Wien 1990).
Stephan *Verosta,* Die österreichische Außenpolitik 1918–1938 im europäischen Staatensystem 1914–1955. Österreich 1918–1938. Geschichte der Ersten Republik. Bd. 1 (hg. von Erika *Weinzierl*/Kurt *Skalnik,* Graz 1983) 107–146.
Stephan *Verosta,* Theorie und Realität von Bündnissen. Heinrich Lammasch, Karl Renner und der Zweibund (Wien 1971).
Versailles – St-Germain – Trianon. Umbruch in Europa vor fünfzig Jahren (hg. von Karl *Bosl,* München 1971).
Versicherungsgeschichte Österreichs. Bd. 3: Das Zeitalter des modernen Versicherungswesens (hg. von Wolfgang *Rohrbach,* Wien 1988).
Die Verstaatlichung in Österreich (hg. von Wilhelm *Weber,* Berlin 1964).
Vertreibung und Neubeginn. Israelische Bürger österreichischer Herkunft (hg. von Erika *Weinzierl* u.a., Wien 1992).
Vertriebene Vernunft. Emigranten und Exil österreichischer Wissenschaft. 2 Bde. (hg. von Friedrich *Stadler,* Wien 1987/88).
Die veruntreute Wahrheit. Hitlers Propagandisten in Österreich '38 (hg. von Oliver *Rathkolb* u.a., Salzburg 1988).
Vier deutsche Literaturen? (hg. von Karl *Pestalozzi* u.a., Tübingen 1986).
Alexander *Vodopivec,* Die Balkanisierung Österreichs. Folgen einer großen Koalition (Wien 1966).
Alexander *Vodopivec,* Die Quadratur des Kreisky. Österreich zwischen parlamentarischer Demokratie und Gewerkschaftsstaat (Wien 1973).
Alexander *Vodopivec,* Der verspielte Ballhausplatz. Vom schwarzen zum roten Österreich (Wien 1970).
Peter *Vodopivec,* Jugoslawien und die Volksabstimmung. Kärnten – Volksabstimmung 1920 (Wien 1981) 59–81.
Volksfrömmigkeit. Österreichische Volkskundetagung 1989 in Graz (hg. von Helmut *Eberhard* u.a., Wien 1990).

Volks-Gerichtsbarkeit und Verfolgung von nationalsozialistischen Gewaltverbrechen in Österreich (1945 bis 1972) (hg. vom Bundesministerium für Justiz, Wien 1977).
Volkskultur in der Moderne. Probleme und Perspektiven empirischer Kulturforschung (hg. von Utz *Jeggle* u.a., Reinbek 1986).

Karl *Wache,* Land und Volk. Deutscher Geist in Österreich. Ein Handbuch des völkischen Lebens der Ostmark (hg. von Karl *Wache,* Dornbirn 1933) 9–68.
Wilhelm *Wadl,* Beiträge zur Geschichte der Christlichsozialen Partei in Kärnten. Carinthia 181 (1991) 383–407.
Wilhelm *Wadl,* Das Jahr 1945 in Kärnten. Ein Überblick (Klagenfurt 1985).
Heinrich *Waentig,* Gewerbliche Mittelstandspolitik. Eine rechtshistorisch-wirtschaftliche Studie auf Grund österreichischer Quellen (Leipzig 1898).
Nike *Wagner,* Geist und Geschlecht. Karl Kraus und die Erotik der Wiener Moderne (Frankfurt/M. 1981).
Walter *Wagner,* Die k.(u.)k. Armee – Gliederung und Aufgabenstellung. Die Habsburgermonarchie 1848–1918. Bd. 5 (hg. von Adam *Wandruszka*/Peter *Urbanitsch,* Wien 1987) 142–633.
Reinhold *Wagnleitner,* Coca-Colonisation und Kalter Krieg. Die Kulturmission der USA in Österreich nach dem Zweiten Weltkrieg (Wien 1991).
Reinhold *Wagnleitner,* Die Kinder von Schmal(t)z und Coca-Cola. Der kulturelle Einfluß der USA im Österreich der fünfziger Jahre. Die »wilden« fünfziger Jahre. Gesellschaft, Formen und Gefühle eines Jahrzehnts in Österreich (hg. von Gerhard *Jagschitz* u.a., St. Pölten 1985) 144–173.
Reinhold *Wagnleitner,* Die kulturelle Reorientierung Österreichs nach dem Zweiten Weltkrieg: Prolegomena zum Phänomen der symbolischen Penetration. Zeitgeschichte 11 (1984) 326–344.
Reinhold *Wagnleitner,* Observations on a City in Distress: A Private Letter from Vienna by U.S.-Diplomat Martin F. Herz, May 1948. Austrian History Yearbook 24 (1993) 189–200.
Wahlen und politisches System. Analysen aus Anlaß der Bundestagswahlen 1980 (Opladen 1983).
Georg *Wailand,* Die Reichen und Superreichen in Österreich (Stuttgart 1977).
Harald *Waitzbauer,* Bildgewinn ist Bildverlust. Zur Veränderung der Bilderwelt im ländlichen Raum. Medienkultur in Österreich (hg. von Hans H. *Fabris,* Wien 1988) 383–415.
Berthold *Waldstein-Wartenberg,* Aus dem Adelsrecht 1804–1918. Adel in Österreich (hg. von Heinz *Siegert,* Wien 1971) 347–366.
Josef *Walleitner,* Volk am Hof und Berg. Erlauschtes aus dem Volksleben (Salzburg 1952).
Harald *Walser,* Bombengeschäfte. Vorarlbergs Wirtschaft in der NS-Zeit (Bregenz 1989).
Harald *Walser,* Die illegale NSDAP in Tirol und Vorarlberg 1933–1938 (Wien 1983).
Ursula *Walther,* Die Entwicklung Obergurgls vom Bergbauerndorf zum Touristenzentrum. Geschichte von unten (hg. von Hubert Ch. *Ehalt,* Wien 1984) 183–200.
August *Walzl,* »Als erster Gau ...!« Entwicklung und Strukturen des Nationalsozialismus in Kärnten (Klagenfurt 1992).
August *Walzl,* Die Juden in Kärnten und das Dritte Reich (Klagenfurt 1987).
Adam *Wandruszka,* Der »Landbund für Österreich«. Europäische Bauernparteien im 20. Jahrhundert (hg. von Heinz *Gollwitzer,* Stuttgart 1977) 587–602.
Adam *Wandruszka,* Das »nationale Lager«. Österreich 1918–1938. Geschichte der Ersten Republik. Bd. 1 (hg. von Erika *Weinzierl*/Kurt *Skalnik,* Graz 1983) 277–315.
Adam *Wandruszka,* Die »Zweite Gesellschaft« der Donaumonarchie. Adel in Österreich (hg. von Heinz *Siegert,* Wien 1971) 56–67.
Ernst *Wangermann,* Aufklärung und staatsbürgerliche Erziehung. Gottfried van Swieten als Reformer des österreichischen Unterrichtswesens 1781–1791 (Wien 1978).
Ernst *Wangermann,* Die unerwarteten Reaktionen auf die Josephinischen Reformen in Österreich. Unité et diversité de l'empire des Habsbourg à la fin du XVIIIe siècle (ed. Roland *Mortier,* Brüssel 1988) 116 ff.
Solomon *Wank,* Pessimism in the Austrian Establishment at the Turn of the Century. The Mirror of History. Essays in Honor of Fritz Fellner (ed. Solomon *Wank,* Santa Barbara 1988) 295–314.
Was ist Gesellschaftsgeschichte? Positionen, Themen, Analysen (hg. von Manfred *Hettling* u.a., München 1991).
Engelbert *Washietl,* Österreich und die Deutschen (Wien 1987).
Fritz *Weber,* Vor dem großen Krach. Die Krise des österreichischen Bankwesens in den zwanziger Jahren (unpublizierte Habil.Schrift, Salzburg 1991).
Fritz *Weber,* Der Kalte Krieg in der SPÖ (Wien 1986).
Fritz *Weber,* Österreichs Wirtschaft in der Rekonstruktionsperiode nach 1945. Zeitgeschichte 14 (1987) 267–298.

Fritz *Weber,* Die Spuren der NS-Zeit in der österreichischen Wirtschaftsentwicklung. Österreichische Zeitschrift für Geschichtswissenschaften 3 (1992) 135–165.

Fritz *Weber,* Die Weltwirtschaftskrise und das Ende der Demokratie in Österreich. 4. März 1933. Vom Verfassungsbruch zur Diktatur (hg. von Erich *Fröschl* u.a., Wien 1984) 37–67.

Fritz *Weber,* Wirtschaft und Wirtschaftspolitik in der Ersten und Zweiten Republik. Österreichs Erste und Zweite Republik (hg. von Erich *Zöllner,* Wien 1985) 121–152.

Max *Weber,* Wirtschaft und Gesellschaft (Tübingen 1980).

Max *Weber,* Wissenschaft als Beruf. Über das Studium der Geschichte (hg. von Wolfgang *Hardtwig,* München 1990) 195–227.

Ulrike *Weber-Felber,* Wege aus der Krise. Freie Gewerkschaften und Wirtschaftspolitik in der Ersten Republik (Wien 1990).

Hermann van der *Wee,* Der gebremste Wohlstand, Wiederaufbau, Wachstum, Strukturwandel 1945–1980 (München 1984).

Auf dem Weg zur Staatspartei. Zur Geschichte und Politik der SPÖ seit 1945 (hg. von Peter *Pelinka* u.a., Wien 1988).

B. *Wegner,* Hitlers politische Soldaten: Die Waffen-SS 1933–1945 (Paderborn 1983).

Wegnetz europäischen Geistes II (hg. von Richard G. *Plaschka* u.a., Wien 1987).

Robert J. *Wegs,* Die österreichische Kriegswirtschaft 1914–1918 (Wien 1979).

Hans-Ulrich *Wehler,* Aus der Geschichte lernen? (München 1988).

Hans-Ulrich *Wehler,* Bürger, Arbeiter und das Problem der Klassenbildung 1800–1870. *Ders.,* Aus der Geschichte lernen? (München 1988) 161–190.

Hans-Ulrich *Wehler,* Deutsches Bildungsbürgertum in vergleichender Perspektive – Elemente eines »Sonderweges«? *Ders.,* Aus der Geschichte lernen? (München 1988) 218–240.

Hans-Ulrich *Wehler,* Deutsche Gesellschaftsgeschichte. 2 Bde. (München 1987).

Hans-Ulrich *Wehler,* Das Deutsche Kaiserreich 1871–1918 (Göttingen [3]1977).

Hans-Ulrich *Wehler,* Historische Sozialwissenschaft und Geschichtsschreibung (Göttingen 1980).

Hans-Ulrich *Wehler,* Max Webers Klassentheorie und die neuere Sozialgeschichte. *Ders.,* Aus der Geschichte lernen? (München 1988) 152–160.

Hans-Ulrich *Wehler,* Modernisierungstheorie und Geschichte (Göttingen 1975).

Hans-Ulrich *Wehler,* Rudolf Hilferding – Theoretiker des Finanzkapitals. *Ders.,* Aus der Geschichte lernen? (München 1988) 272–287.

Hans-Ulrich *Wehler,* Wie »bürgerlich« war das deutsche Kaiserreich? *Ders.,* Aus der Geschichte lernen? (München 1988) 191–217.

Robert *Weichinger,* Schluß mit Genuß! Die Presse, 2./3. Februar 1991.

Josef *Weidenholzer,* Auf dem Weg zum »Neuen Menschen«. Bildungs- und Kulturarbeit der österreichischen Sozialdemokratie in der Ersten Republik (Wien 1981).

Josef *Weidenholzer,* Faschistische Überreste im Bewußtsein der österreichischen Bevölkerung. Sozialdemokratie und »Anschluß« (hg. von Helmut *Konrad,* Wien 1978) 107–115.

Helmut *Weihsmann,* Das Rote Wien. Sozialdemokratische Architektur und Kommunalpolitik 1919–1934 (Wien 1985).

Gerhard L. *Weinberg,* Die deutsche Außenpolitik und Österreich 1937/38. Österreich, Deutschland und die Mächte. Internationale und österreichische Aspekte des »Anschlusses« vom März 1938 (hg. von Gerald *Stourzh* u.a., Wien 1990) 61–74.

Gerhard L. *Weinberg,* The Foreign Policy of Hitler's Germany. 2 Bde. (Chicago 1970, 1980).

Josef *Weinheber,* Wien wörtlich (o.O. 1972).

Otto *Weininger,* Geschlecht und Charakter (Wien [3]1904).

Erika *Weinzierl,* Demokratiediskussion in Österreich. Zeitgeschichte 2 (1974) 76–81.

Erika *Weinzierl,* Josef Klaus. Die österreichischen Bundeskanzler (hg. von Erika *Weinzierl*/Friedrich *Weissensteiner,* Wien 1983) 348–379.

Erika *Weinzierl,* Die katholische Kirche. Österreich. Die Zweite Republik. Bd. 2 (hg. von Erika *Weinzierl*/Kurt *Skalnik,* Graz 1972) 285–322.

Erika *Weinzierl,* Kirche seit 1970. Der österreichische Weg 1970–1985. Fünfzehn Jahre, die Österreich verändert haben (hg. von Erich *Fröschl* u.a., Wien 1986) 239–248.

Erika *Weinzierl,* Kirche und Politik. Österreich 1918–1938. Geschichte der Ersten Republik. Bd. 1 (hg. von Erika *Weinzierl*/Kurt *Skalnik,* Graz 1983) 437–496.

Erika *Weinzierl,* Prüfstand. Österreichs Katholiken und der Nationalsozialismus (Mödling 1988).

Erika *Weinzierl,* Universität und Politik in Österreich (Salzburg 1969).

Erika *Weinzierl,* Zu wenig Gerechte. Österreicher und Judenverfolgung 1938–1945 (Graz 1985).

Franz *Weiß,* Die Gestapo in Wien. Archiv. Jahrbuch des Vereins für Geschichte der Arbeiterbewegung 1992, 210–222.
Walter *Weiss,* Dichtung und politisches System in Österreich seit 1945. Politik in Österreich. Die Zweite Republik: Bestand und Wandel (hg. von Wolfgang *Mantl,* Wien 1992) 884–891.
Walter *Weiss,* Literatur. Österreich. Die Zweite Republik. Bd. 2 (hg. von Erika *Weinzierl*/Kurt *Skalnik,* Graz 1972) 439–476.
Walter *Weiss,* Salzburger Mythos? Hofmannsthals und Reinhardts Welttheater. Zeitgeschichte 2 (1975) 109–119.
Walter *Weiss,* Thematisierung der »Ordnung« in der österreichischen Literatur. Dauer im Wandel. Aspekte österreichischer Kulturentwicklung (hg. von Walter *Strolz,* Wien 1975) 19–44.
Erwin *Weissel,* Die Ohnmacht des Sieges. Arbeiterschaft und Sozialisierung nach dem Ersten Weltkrieg in Österreich (Wien 1976).
Friedrich *Weissensteiner,* Franz Ferdinand. Der verhinderte Herrscher (Wien 1983).
Siegfried *Weitlaner,* Heimatbuch Saalbach-Hinterglemm. Vom armen Bergbauerndorf zum internationalen Fremdenverkehrsort (Salzburg o.J.).
Elisabeth *Welzig,* Die 68er. Karrieren einer rebellischen Generation (Wien 1985).
Wendepunkte deutscher Geschichte 1848–1945 (hg. von Heinrich A. *Winkler,* Frankfurt/M. 1979).
Wenn erst Frieden ist. Überleben mit Anstand in lautloser Opposition. Ein Briefwechsel 1940–1945 (hg. von Ruth *Linhart,* Wien 1987).
Franz *Werfel,* Barbara oder Die Frömmigkeit (Frankfurt/M. 1988).
Patrick *Werkner,* Physis und Psyche. Der österreichische Frühexpressionismus (Wien 1986).
Werthaltungen und Lebensformen in Österreich (hg. von Max *Haller,* München 1987).
Kurt *Wessely,* Die Pariser Vororte-Friedensverträge in ihrer wirtschaftlichen Auswirkung. Versailles – St-Germain – Trianon. Umbruch in Europa vor fünfzig Jahren (hg. von Karl *Bosl,* München 1971) 160 ff.
Walter Otto *Weyrauch,* Gestapo V-Leute. Tatsachen und Theorie des Geheimdienstes (Frankfurt/M. 1992).
Rudolf *Weys,* Cabaret und Kabarett in Wien (Wien 1970).
Andrew G. *Whiteside,* Austrian National Socialism before 1918 (Den Haag 1962).
Andrew G. *Whiteside,* Georg Ritter von Schönerer. Alldeutschland und sein Prophet (Graz 1981).
Who were the Fascists. Social Roots of European Fascism (ed. Stein U. *Larsen,* Bergen 1980).
Der Widerstand gegen den Nationalsozialismus. Die deutsche Gesellschaft und der Widerstand gegen Hitler (hg. von Jürgen *Schmädeke* u.a., München 1986).
Widerstand und Verfolgung in Niederösterreich 1934–1945. Bd. 3 (hg. vom Dokumentationsarchiv des österreichischen Widerstandes, Wien 1987).
Widerstand und Verfolgung in Salzburg 1934–1945. Bd. 1 (hg. vom Dokumentationsarchiv des österreichischen Widerstandes, Wien 1991).
Oliva *Wiebel-Fanderl,* »Frömmigkeit war nicht Inbrunst sondern Brauch«. Beiträge zur historischen Sozialkunde 4/1989, 104–110.
Wiederaufbau weiblich. Dokumentation der Tagung »Frauen in der österreichischen und deutschen Nachkriegszeit« (hg. von Irene *Bandhauer-Schöffmann* u.a., Wien 1992).
Wien um 1900. Aufbruch in die Moderne (hg. von Peter *Berner* u.a., Wien 1986).
Die Wiener Gruppe (hg. von Gerhard *Rühm,* Reinbek 1967).
Die Wiener Jahrhundertwende (hg. von Jürgen *Nautz* u.a., Wien 1993).
Die Wiener Moderne (hg. von Emil *Brix* u.a., Wien 1990).
Die Wiener Moderne. Literatur, Kunst und Musik zwischen 1890 und 1910 (hg. von Gotthart *Wunberg,* Stuttgart 1981).
Dorothea *Wiesberger,* Das Dienstbotenbuch. Ein Beitrag zum steirischen Dienstbotenwesen von 1857–1922. Mitteilungen des steiermärkischen Landesarchivs 34 (1984) 113–136.
Simon *Wiesenthal,* Recht, nicht Rache. Erinnerungen (Berlin 1988).
Die »wilden« fünfziger Jahre. Gesellschaft, Formen und Gefühle eines Jahrzehnts in Österreich (hg. von Gerhard *Jagschitz* u.a., St. Pölten 1985).
Anton *Wildgans,* Gedichte, Musik der Kindheit, Kirbisch (hg. von Gottfried *Wildgans,* Wien 1981)
Peter *Wilding,* »... für Arbeit und Brot«. Arbeitslose in Bewegung. Arbeitslosenpolitik und Arbeitslosenbewegung in der Zwischenkriegszeit in Österreich (mit dem regionalen Schwerpunkt Steiermark) (Wien 1990).
Willfährige Wissenschaft. Die Universität Wien 1938–1945 (hg. von Gernot *Heiß* u.a., Wien 1989).
Cedric Ellis *Williams,* The Broken Eagle. The Politics of Austrian Literature from Empire to Anschluss (London 1974).
Maurice *Williams,* Aid, Assistance and Advice: Germany and the Austrian Hilfswerk. Central European History 14 (1981) 230–242.

Maurice *Williams*, Captain Josef Leopold: Austro-Nazi and Austro-Nationalist? Conquering the Past. Austrian Nazism Yesterday and Today (ed. F. *Parkinson*, Detroit 1989) 57–71.
Samuel R. *Williamson*, Austria-Hungary and the Origins of the First World War (Basingstoke 1991).
Walter *Wiltschegg*, Die Heimwehr (Wien 1985).
Georg *Winckler*, Der Austrokeynesianismus und sein Ende. Österreichische Zeitschrift für Politikwissenschaft 1988, 221–230.
Heinrich August *Winkler*, Der entbehrliche Stand. Zur Mittelstandspolitik im »Dritten Reich«. Archiv für Sozialgeschichte 17 (1977) 1–40.
Heinrich August *Winkler*, Mittelstand, Demokratie und Nationalsozialismus. Die politische Entwicklung von Handwerk und Kleinhandel in der Weimarer Republik (Köln 1972).
Heinrich August *Winkler*, Weimar 1918–1933 (München 1993).
Josef *Winkler*, Die Verschleppung. Njetotschka Iljaschenko erzählt ihre russische Kindheit (Frankfurt/M. 1984).
Wilhelm *Winkler*, Die Einkommensverschiebungen in Österreich während des Weltkrieges (Wien 1930).
Wilhelm *Winkler*, Die Totenverluste der österreich-ungarischen Monarchie nach Nationalitäten (Wien 1919).
Wissenschaft und Freiheit. Ideen zur Universität und Universalität (hg. von Erhard *Busek* u.a., Wien 1989).
Robert *Wistrich*, The Jews of Vienna in the Age of Franz Joseph (Oxford 1989).
Hans *Witek*, »Arisierung« in Wien. Aspekte nationalsozialistischer Enteignungspolitik 1938–1940. NS-Herrschaft in Österreich 1938–1945 (hg. von Emmerich *Tálos* u.a., Wien 1988) 199–216.
Hans *Witek*/Hans *Safrian*, Und keiner war dabei. Dokumente des alltäglichen Antisemitismus in Wien 1938 (Wien 1988).
Hermann *Withalm*, Aufzeichnungen (Graz 1973).
Hermann *Withalm*, Aus meinem Gästebuch (Graz 1977).
Karl *Wittgenstein*, Politico-economic Writings (ed. J. C. *Nyiri*, Amsterdam 1984).
Ludwig *Wittgenstein*, Briefe an Ludwig von Ficker (hg. von Georg Henrik von *Wright*, Salzburg 1969).
Leopold *Wölfling*, Als ich Erzherzog war (Wien 1988).
Helmut *Wohnout*, Regierungsdiktatur oder Ständeparlament? Gesetzgebung im autoritären Österreich (Wien 1993).
Eric R. *Wolf*, Peasants (Englewood Cliffs 1966).
Herwig *Wolfram*, Einleitung. Probleme der Geschichte Österreichs und ihrer Darstellung (hg. von Herwig *Wolfram*/Walter *Pohl*, Wien 1991) XIX-XXXIII.
Gernot *Wolfsgruber*, Niemandsland (München 1980).
Michael *Wortmann*, Baldur von Schirach. Hitlers Jugendführer (Köln 1982).
Bernd *Wunder*, Geschichte der Bürokratie in Deutschland (Frankfurt/M. 1986).
Josef *Wysocki*, Infrastruktur und wachsende Staatsausgaben. Das Fallbeispiel Österreichs 1868–1913 (Stuttgart 1975).
Josef *Wysocki*, Die österreichische Finanzpolitik. Die Habsburgermonarchie 1848–1918. Bd. 1 (hg. von Adam *Wandruszka*/Peter *Urbanitsch*, Wien 1973) 69–104.

J. L. van *Zanden*, The First Green Revolution: the Growth of Production and Productivity in European Agriculture, 1870–1914. Economic History Review 44 (1991) 215–239.
Thomas *Zaunschirm*, Die Fünfziger Jahre (München 1980).
Thomas *Zaunschirm*, Gustav Klimt – Margarethe Stonborough-Wittgenstein. Ein österreichisches Schicksal (Frankfurt/M. 1987).
Das Zeitalter Kaiser Franz Josephs. 1. Teil: Von der Revolution zur Gründerzeit, 1848–1880. Ausstellungskatalog Schloß Grafenegg (Wien 1984).
Das Zeitalter Kaiser Franz Josephs. 2. Teil: Glanz und Elend, 1880–1916. Ausstellungskatalog Schloß Grafenegg (Wien 1987).
Zeit- und Gesellschaftskritik in der österreichischen Literatur des 19. und 20. Jahrhunderts (hg. vom Institut für Österreichkunde, Wien 1973).
Zbynek A. *Zeman*, Der Zusammenbruch des Habsburgerreiches 1914–1918 (München 1963).
Ernst Viktor *Zenker*, Kirche und Staat unter besonderer Berücksichtigung der Verhältnisse in Österreich (Wien 1909).
Ernst Viktor *Zenker*, Der Parlamentarismus. Sein Wesen und seine Entwicklung (Wien 1914).
Guido *Zernatto*, Die Wahrheit über Österreich (New York 1938).
Eine zerstörte Kultur. Jüdisches Leben und Antisemitismus in Wien seit dem 19. Jahrhundert (hg. von Gerhard *Botz* u.a., Buchloe 1990).
Zeuge der Stunde Null. Das Tagebuch Eugen Margaréthas 1945–1947 (hg. von Alois *Brusatti* u.a., Linz 1990).

Meinrad *Ziegler*/Waltraud *Kannonier-Finster,* Österreichisches Gedächtnis. Über Erinnern und Vergessen der NS-Vergangenheit (Wien 1993).
Rainer *Zitelmann,* Hitler. Selbstverständnis eines Revolutionärs (Hamburg 1987).
Zivilisation und Barbarei. Die widersprüchlichen Potentiale der Moderne. Detlev Peukert zum Gedenken (hg. von Frank *Bajohr,* Hamburg 1991).
Erich *Zöllner,* Der Österreichbegriff. Formen und Wandlungen in der Geschichte (Wien 1988).
Harry *Zohn,* Das Wienerlied als Psychogramm einer Bevölkerung. Literatur und Kritik 24 (1989) 457 ff.
Tone *Zorn,* Zur Kärntner Volksabstimmungs-Propaganda 1920. Kärnten – Volksabstimmung 1920 (Wien 1981) 209–218.
Carl *Zuckmayer,* Als wär's ein Stück von mir. Erinnerungen (Frankfurt/M. 1969).
Die Zukunft der Aufklärung (hg. von Jörg *Rüsen* u.a., Frankfurt/M. 1988).
Paul Michael *Zulehner,* »Leutereligion«. Eine neue Gestalt des Christentums auf dem Weg durch die achtziger Jahre? (Wien 1982).
Paul Michael *Zulehner,* Säkularisierung von Gesellschaft, Person und Religion. Religion und Kirche in Österreich (Wien 1973).
Paul Michael *Zulehner,* Wie kommen wir aus der Krise? Kirchliche Statistik Österreichs 1945–1975 und ihre pastoralen Konsequenzen (Wien 1978).
Hartmut *Zwahr,* Zur Konstituierung des Proletariats als Klasse. Strukturuntersuchung über das Leipziger Proletariat während der industriellen Revolution (Berlin 1978).
Zwanzig Jahre Zweite Republik (hg. von Ludwig *Reichhold,* Wien 1965).
Stefan *Zweig,* Tagebücher (Frankfurt/M. 1984).
Stefan *Zweig,* Die Welt von Gestern. Erinnerungen eines Europäers (Frankfurt/M. 1982).
Zwischen Koalition und Konkurrenz. Österreichs Parteien seit 1945 (hg. von Peter *Gerlich* u.a., Wien 1983).

# Bildnachweis

F. Achleitner: 193 · Arbeiterkammer: 313 · Chr. L. Attersee (© VBK): 464 r · Gerhard Benesch: 428 · Archiv Chr. Brandstätter: 229 · Bundesdenkmalamt: 26 · Bundesministerium f. Unterricht und Kunst: 335 (Foto Otto), 454 · Bundespolizeidirektion Wien: 413, 445 · Burgenländ. Landesbibliothek: 273 · P. Croy, Maria Enzersdorf (Otto Croy): 415 · Prof. W. Daim: 288, 299 · Dokumentationsarchiv d. österr. Widerstandes: 340, 342, 372, 377, 383, 384, 392 · P. Flora: 458 · Franziskanerkloster Maria Enzersdorf: 168 · Joram Harel, Wien (701A): 436 · Hartheim Institut: 385 · Heeresgeschichtl. Museum Wien: 159, 207, 237 · Galerie Ursula Hieke, Wien: 308 · Histor. Museum Wien: 81, 88, 238, 239, 258 (© VBK), 277 (© VBK), 331 · Archiv F. Hubmann: 98, 213, 215 · Karl von Vogelsang-Institut: 311 · Karl-Steinocher-Fonds, Salzburg: 364, 376, 406 · Kärntner Landesarchiv: 272 · F. Krieger, Salzburg: 350, 368 · A. Lehmden: 396 · Dr. Rudolf Leopold: 259 · H. Nitsch: 483 · Oesterr. Nationalbank: 281 · Österr. Nationalbibliothek, Bildarchiv: 21, 28, 47, 85, 163, 268, 310, 326, 328, 338, 359 r, 401, 418, 419, 452 · Österr. Nationalbibliothek, Plakatsammlung: 149, 290, 292 · Österr. Galerie im Belvedere: 257 · Österr. Institut für Zeitgeschichte: 106, 366, 382 (Hilscher), 423 (Obransky), 352 (Rübelt), 405 (Spiegel) · G. Peichl: 181 · Michelle Piquee-Audrain, Nicolas und Véronique: 353 · B. Peithner-Richtenfels: 476 · P. Philipp, Graz: 457 · R. Pap: 197 · Privat: 132, 141, 231, 240, 249, 325, 330, 346, 358, 424, 439 · R. Semotan: 487 · Tiroler Landesmuseum Ferdinandeum: 30 · Universitätsbibliothek Wien: 39, 91, 293, 304, 398 Verlagsarchiv: 219, 339 · Völs, Privatbesitz: 298 · Vorarlberger Nachrichten: 449 · Pressebilddienst Votava: 466, 469 (P. Lehner) · Harry Weber: 393, 429, 480 · Wr. Städt. Wechselseitige Versicherungsanstalt (© VBK): 343 · Wr. Stadt- und Landesbibliothek: 36, 37, 59, 82, 120, 131, 137, 146, 169, 205, 254, 267, 289, 327, 359 l, 400, 464 l · Wintersportmuseum Mürzzuschlag: 175, 176 · Aus: Die Ehre Erbhof (hg. von Alfons Dworsky, Salzburg 1980): 96 · Aus: Walter Göhring: Um Freiheit und Mitbestimmung (Wien 1992): 83, 112, 123 · Aus: Metallerleben. 100 Jahre Gewerkschaft Metall (hg. von Sigrid Augeneder, Wien 1990): 64

きるものかもしれない。そこで、興味をひきそうな「事項索引」を細かくつくって、一部でも覗いてもらえるように心がけた。

なお、この原書には、オーストリア方言がたくさんでてくる。そうした部分は、現在も早稲田で教壇に立っておられる、友人のエグモント・ヘルメル氏にお知恵を拝借して、解決した。かれには心から感謝したい。

この書の翻訳権を早々と取って下さった三元社の石田社長、途中なんどか訳業を中断し、放りだしたくなっていた訳者を辛抱強くプッシュしつづけてくださった上山さん、装丁担当の山野さん。それにさまざまな情報を得意の機器操作で探してくれた、早稲田大学政治学研究科博士課程在学中の佐和賢太郎君、この方々のご協力・ご支援にはここで謝意を表しておきたい。

二〇一六年　残暑厳しき季節に